中国快递年鉴
（2012 年卷）

《中国快递年鉴》编辑部　编

人民交通出版社
China Communications Press

内 容 提 要

本年鉴客观记载、全面反映了2012年我国快递业的发展情况以及各地区的进展和主要成就。全书共10部分,分别为:特载、发展概览、发展环境、发展数据、人才建设、市场主体、各地纵览、协会活动、行业展望和附录。

本书为我国快递领域具有权威性的综合性、资料性、史册性工具书,是读者全面了解我国2012年快递领域发展情况的翔实史料,可供快递行业相关人员及其他社会各界人士阅读参考。

图书在版编目(CIP)数据

中国快递年鉴. 2012年卷/《中国快递年鉴》编辑部编. —北京:人民交通出版社, 2013.12

ISBN 978-7-114-11094-8

Ⅰ. ①中… Ⅱ. ①中… Ⅲ. ①邮件投递—中国—年鉴—2012 Ⅳ. ①F618.1-54

中国版本图书馆CIP数据核字(2013)第311271号

广告许可证号:京朝工商广字第8042号(1-1)

书　　名: 中国快递年鉴(2012年卷)
著 作 者:《中国快递年鉴》编辑部
责任编辑: 孙　玺　黎小东
出版发行: 人民交通出版社
地　　址: (100011)北京市朝阳区安定门外外馆斜街3号
网　　址: http://www.ccpress.com.cn
销售电话: (010)59757973
总 经 销: 人民交通出版社发行部
经　　销: 各地新华书店
印　　刷: 北京市密东印刷有限公司
开　　本: 880×1230　1/16
印　　张: 37
插　　页: 10
字　　数: 880千
版　　次: 2013年12月　第1版
印　　次: 2013年12月　第1次印刷
书　　号: ISBN 978-7-114-11094-8
定　　价: 296.00元
(有印刷、装订质量问题的图书由本社负责调换)

《中国快递年鉴》编委会

刘彦辰　黑龙江省邮政管理局局长

曾军山　上海市邮政管理局局长

张水芳　江苏省邮政管理局局长

王文海　浙江省邮政管理局局长

方晓潜　安徽省邮政管理局局长

江明发　福建省邮政管理局局长

彭志先　江西省邮政管理局局长

赵　民　山东省邮政管理局局长

丁　平　河南省邮政管理局局长

唐顺益　湖北省邮政管理局局长

周国繁　湖南省邮政管理局局长

罗建青　广东省邮政管理局局长

梁　勤　广西壮族自治区邮政管理局局长

吴铁砚　海南省邮政管理局局长

徐文葛　重庆市邮政管理局局长

戚兰州　四川省邮政管理局局长

李云山　云南省邮政管理局局长

宗永涛　贵州省邮政管理局局长

成建政　西藏自治区邮政管理局局长

李洛郑　陕西省邮政管理局局长

张玉虎　甘肃省邮政管理局局长

孙海伟　青海省邮政管理局局长

李志炜　宁夏回族自治区邮政管理局局长

董党生　新疆维吾尔自治区邮政管理局局长

特邀委员：陈洪涛　中国邮政速递物流股份有限公司副总经理（主持工作）

王　卫　顺丰速运（集团）有限公司董事长

陈德军　申通快递有限公司董事长

喻渭蛟　上海圆通速递有限公司董事长兼总裁

聂腾云　韵达快递集团董事长兼总裁

赖梅松　中通速递服务有限公司董事长兼总裁

周韶宁　百世集团董事长兼总裁

陈显宝　北京宅急送快运股份有限公司董事长

奚春阳　天天快递有限公司董事长

朱宝良　红楼集团董事长

陈加海　全峰快递集团董事长

余联兵　广东优速物流有限公司总裁

饶国荣　上海龙邦速递有限公司总裁

《中国快递年鉴》编辑部

编 辑 说 明

《中国快递年鉴》是我国快递领域具有权威性的综合性、资料性、史册性工具书，旨在客观记载、全面反映我国快递领域发展情况以及各地区每年度的最新进展和主要成就，可为读者全面了解我国快递领域的发展提供翔实的史料。

《中国快递年鉴(2012年卷)》着重反映2012年期间我国快递领域的发展情况。

《中国快递年鉴(2012年卷)》共10部分，具体内容如下。

1. 特载：包括领导关怀和重要专文专访，反映一年来行业发展中的重要节点性事件；

2. 发展概览：包括2012年我国快递服务发展综述、快递领域十大事件、快递发展大事记，以及各省(区、市)快递发展大事记；

3. 发展环境：包括2012年快递市场监管和安全监管情况，2012年修正或颁布的快递法律规章，快递标准、相关政策及解读，同时包含部分省(区、市)关于快递发展的"十二五"规划和与快递服务相关的政策法规；

4. 发展数据：包括2012年邮政行业运行情况及发展统计公报、快递服务满意度数据及邮政业消费者申诉情况通告；

5. 人才建设：包括快递行业人才队伍建设概述、完善省级以下邮政监管体制、快递"百千万人才工程"、2012年职鉴工作进展和骨干企业人才培养特色举措；

6. 市场主体：介绍了我国快递市场14家重点企业发展情况；

7. 各地纵览：介绍了全国各省(区、市)快递市场发展及管理情况；

8. 协会活动：介绍了中国快递协会及各省(区、市)快递协会2012年工作情况；

9. 行业展望：介绍了我国快递领域未来的发展趋势；

10. 附录：包括与快递领域有关的重要文件、快递企业名录、"2012中国快递论坛"论文集目录。

《中国快递年鉴(2012年卷)》的出版得到了国家邮政局各有关部门，各省(区、市）邮政管理部门，中国快递协会及各省（区、市）快递协会，有关快递企业的大力支持。在此，我们向所有为本年鉴编辑出版作出贡献的单位和个人表示衷心感谢！

本年鉴内容未包括香港特别行政区、澳门特别行政区和台湾省资料。

《中国快递年鉴》编辑部

2013 年 10 月

2012年11月8日，为庆祝中国共产党第十八次全国代表大会的胜利召开，中国邮政发行了党的十八大纪念封和纪念邮票小型张，胡锦涛同志为纪念封亲笔题写了“中国共产党第十八次全国代表大会”的题词。全国人大常委会副委员长桑国卫、全国政协副主席李金华为纪念封揭幕。

王 兆 国 同 志 接 见 在 北 戴

的劳动模范合影留念

2012年“五一”前夕，圆通速递北京师范大学分公司快递员曹中希被中华全国总工会授予“全国五一劳动奖章”。8月，曹中希获邀到北戴河休养，期间，中共中央政治局委员、中华全国总工会主席王兆国专程到北戴河看望慰问劳动者代表，并与大家合影留念。

2012年8月22日，交通运输部党组书记杨传堂到国家邮政局调研并与局领导班子座谈。杨传堂强调，邮政业事关国计民生，要不断提升公共服务水平，满足经济社会发展和人民群众的用邮需求。

2012 年 6 月 11 日晚，交通运输部部长李盛霖、副部长冯正霖，在国家邮政局局长马军胜、中国邮政集团公司总经理李国华等陪同下来到快递企业忙碌的快件处理中心进行调研。李盛霖慰问了现场工作人员，他勉励干部职工要抓住机遇、增强能力、提升服务，为“稳增长、扩内需”作出积极贡献。

2012年10月23日起，全国人大常委会审议邮政法修正案，国家邮政局局长马军胜受国务院委托作提请审议的说明。10月26日，十一届全国人大常委会第二十九次会议表决通过了《全国人民代表大会常务委员会关于修改〈中华人民共和国邮政法〉的决定》。

2012 年 10 月 8 日，万国邮联大会历史上首次部长级会议在卡塔尔多哈召开，取代以往的大会一般性辩论。中国代表团团长、国家邮政局局长马军胜就“邮政在 2020 年世界中的作用和地位”进行了主题发言，并就新经济新技术形势下的邮政可持续发展问题，回答了与会者提问。

2012 年 11 月 11 日，国家邮政局局长马军胜，副局长苏和、刘君夜察视频监控中心，了解当日快件处理情况。马军胜要求，面对突然激增的业务量，各地邮政管理部门和快递企业要及时启动应急响应，认真落实应对措施，确保十八大期间快递服务平稳、安全运行，确保消费者利益。

2012 年“双 11”快递旺季期间，全国快递最高日处理量突破 3000 万件，这是快递最高日处理量继 2010 年 10 月突破 1000 万件、2011 年突破 1800 万件后的又一次跨越。

2012年9月29日，深圳市邮政管理局成立揭牌仪式在深圳市福田区隆重举行，这是全国首个揭牌成立的市（地）邮政管理局。国家邮政局副局长徐建洲、深圳市副市长张文共同为深圳市邮政管理局成立揭牌。

2012年12月3日，浙江省11个市级邮政管理局在杭州市集中揭牌成立。交通运输部副部长冯正霖、国家邮政局局长马军胜和浙江省副省长王建满共同为其揭牌。之后，随着天津市邮政管理局派出机构全部挂牌，全国省级以下邮政监管机构组建工作基本完成。

2012年10月26日，国家邮政局党组成员、副局长王梅到中国政府网访谈室，就“完善省级以下邮政监管体制 促进邮政业健康发展”接受专访，同网民在线交流。

2012 年 7 月 26 日，市（地）邮政管理局长任职培训班在井冈山开班，这是省以下邮政监管机构组建工作的重要组成部分，国家邮政局党组书记、局长马军胜在开班仪式上作了开班动员讲话，并讲授了开班第一课。

2012 年 7 月 9-12 日，国家邮政局党组成员、纪检组长解畅带队到江苏学习考察权力阳光运行机制建设，先后赴南京、南通、苏州等地实地考察推进行政权力网上公开透明运行和电子监察的工作情况。

2012 年 9 月 12 日，海峡两岸邮政交流协会第一次会员大会在北京召开。作为以服务两岸邮政交流合作、促进两岸邮政共同发展为宗旨的社团组织，海峡两岸邮政交流协会对深化两岸合作交流、推动共同发展发挥着重要作用。

2012 年 2 月 15 日，山东省交通运输厅、山东省邮政管理局和山东省邮政公司签署山东交通运输和邮政战略合作协议。这种合作，是对大部制实施以来如何推动综合交通运输体系建设，服务国民经济发展，交通运输和邮政如何充分发挥各自资源优势，全面推动两大行业和谐发展进行的探索。

2012 年 12 月，国家邮政局党组成员、副局长赵晓光带领调研组赴广东调研邮政法规建设工作。调研组在广州分别召开《快递市场管理办法》（修订草案）和《邮政行政处罚程序规定》（征求意见稿）的征求意见座谈会，还先后赴广州、惠州等地调研邮政、快递企业。

2012 年 7 月 3 日，第五届中日邮政政策对话在日本东京召开。国家邮政局副局长徐建洲和日本总务省邮政行政部长福岡徹出席会议并致辞。中日邮政政策对话是中日两国邮政管理部门之间，就中日两国邮政体制改革和邮政行业发展等宏观政策进行定期沟通交流的重要机制。

2012年5月29日，以“提升质量 服务民生”为主题的“2012中国快递论坛”在北京举行，国家邮政局局长马军胜在致辞时表示，邮政管理部门将采取四项措施，努力保障《快递服务“十二五”规划》中提出的三大发展目标的实现。

2012年5月28日，在商务部副部长王超，国家邮政局局长马军胜、副局长苏和，北京市政府副秘书长杨志强的共同见证下，阿里巴巴集团旗下B2C平台天猫与国内9大快递商宣布，达成战略合作协议，一同打造电商社会化物流体系，即日起开通5000条城市对城市的快递线路“次日达”及“1-3日限时达”服务。

2012年10月底至11月初，为认真贯彻国家邮政局和北京市委、市政府有关部署，督导落实党的十八大快递服务安全保障工作，确保为十八大胜利召开营造安全稳定的快递服务环境，由国家邮政局副局长刘君率领的“十八大寄递渠道安保国家督导组”先后前往北京、河北等地邮政、快递企业检查指导工作。

2012 年 10 月 20–21 日，全国首次高级技能快递业务员职业技能鉴定试考在山东举行。此后，12 月 8 日，全国高级技能快递业务员职业技能鉴定第二次试考开考。来自福建、吉林、云南、河北、江苏、浙江、山东、河南、辽宁、广东、四川、新疆 12 个省（区）的 1800 名快递员参加考试。

目录

第一篇 特载

第二篇 发展概览

第三篇　发展环境

第四篇 发展数据

第五篇　人才建设

第六篇　市场主体

第七篇　各地纵览

第八篇　协会活动

第九篇 行业展望

附录

第一篇　特　载

第一章　领导关怀

胡锦涛同志为党的十八大纪念封题词

为庆祝中国共产党第十八次全国代表大会的胜利召开，中国邮政于2012年11月8日发行了"中国共产党第十八次全国代表大会"纪念封一枚，纪念邮票一套2枚，小型张1枚。胡锦涛总书记为纪念封亲笔题写了"中国共产党第十八次全国代表大会"的题词。

2012年11月7日，国家邮政局和中国邮政集团公司在北京举行党的十八大纪念封和纪念邮票揭幕仪式。十一届全国人大常委会副委员长桑国卫、十一届全国政协副主席李金华为纪念封揭幕，人力资源和社会保障部副部长胡晓义、中国邮政集团公司党组书记张亚非为纪念邮票和小型张揭幕。受交通运输部部长杨传堂委托，交通运输部副部长冯正霖讲话，揭幕式由国家邮政局局长马军胜主持，中国邮政集团公司总经理李国华介绍了纪念封和纪念邮票的有关情况。

冯正霖指出，党的十六大以来，在党中央、国务院的正确领导下，全国交通运输和邮政业取得了长足发展。当前正值邮政业实施"十二五"规划承上启下的关键时期，全行业干部职工要把党中央的亲切关怀转化为奋发有为、开拓进取的精神动力，认真贯彻落实党的十八大精神，全面实施《中华人民共和国邮政法》和邮政业发展"十二五"规划，改革创新、转型升级，加快发展中国特色现代邮政业，着力提升公共服务能力和科学发展水平，为经济社会发展和人民生活改善作出新的更大贡献。

王兆国、刘淇等中央领导同志先后接见"全国五一劳动奖章"获得者曹中希

"五一"前夕，圆通速递北京师范大学分公司快递员曹中希，因工作出色，被中华全国总工会授予"全国五一劳动奖章"。作为劳动模范代表，8月，曹中希获邀到北戴河休养，期间，中共中央政治局委员、中华全国总工会主席王兆国专程到北戴河看望慰问劳动者代表，并与大家合影留念。4月28日，曹中希受到中共中央政治局委员、北京市委书记刘淇接见。

沙祖康副秘书长会见中国"书信女孩"王飒

2012年2月10日下午，联合国副秘书长沙祖康在纽约联合国总部亲切会见了"2011年第四十届国际少年书信写作比赛"金奖获得者、中国浙江省绍兴县柯桥实验中学学生王飒。王飒此行是受联合国森林论坛的邀请，参加2012年2月9日举行的"国际森林年"闭幕仪式，并在仪式上朗读她的获奖作品。沙祖康称赞王飒为国争了光，鼓励她好好学习，将来不仅为国争光，也要为世界争光。万国邮政联盟国际局宣传部负责人勒布朗和国家邮政局有关人员参加了会见。

李盛霖部长出席国家邮政局2012年工作会议并作重要指示

2012年1月5日，交通运输部部长李盛霖在出席国家邮政局2012年工作会议时表示，2011

年，邮政业实现了“十二五”良好开局，为全国交通运输业发展增添了浓墨重彩的一笔。2012年，邮政业将继续平稳较快发展，面对当前的“四大机遇”和“四大挑战”，要努力做好各项工作，不断开拓邮政业发展新局面。

李盛霖强调，2012年邮政业面临“四大机遇”和“四大挑战”。“四大机遇”主要体现在：一是中央强调实施扩大内需这一战略基点，更多地依靠内需拉动、发展服务业，邮政业是服务业优先发展的领域，在拉动消费需求、改善消费环境、挖掘内需潜力、扩大就业中的地位和作用将更加凸显。二是中央强调把握发展实体经济这一坚实基础，继续支持国家重大基础设施自建和续建项目，这为继续完善邮政基础设施网络、夯实公共服务基础提供了有利条件。三是中央强调加快改革创新这一强大动力，这为邮政发展理顺体制、激发活力带来了新的契机。四是中央强调牢牢把握保障和改善民生这一根本目的，这为推进邮政基本公共服务均等化，提高服务质量和水平提出了新要求，也创造了新的发展空间。

“四大挑战”主要体现在：一是世界经济仍然处于国际金融危机的“近中期”，对邮政发展带来了新的影响。二是邮政发展还不平衡、结构不合理、区域和城乡差距较大，加快转变发展方式刻不容缓。三是邮政业面临既要提供覆盖面更广的均等化服务，又要提供更高品质的个性化服务的双重压力。四是恶劣天气、自然灾害以及突发性事件等对邮政安全产生影响。这对邮政业来说，是一个严峻的考验，要始终把安全放在第一位。

李盛霖部长元宵节慰问西沙邮政局所干部职工

2012年2月6日，元宵佳节，交通运输部部长李盛霖来到西沙群岛的永兴岛亲切看望和慰问了邮政局所干部职工，向节日期间坚守一线的干部职工及家属致以新春的问候与祝福。李盛霖强调，各部门一定要将安全工作放在第一位，要杜绝麻痹思想和侥幸心理，把安全工作做细做实做好。

李盛霖还看望和慰问了西沙海事局、西沙航标处、西沙救助基地的干部职工及驻岛海军部队官兵。

李盛霖部长到济南考察社区邮政便民服务站

2012年2月16日，交通运输部部长李盛霖在山东济南考察了社区邮政便民服务站情况，强调邮政便民服务站是公共服务，要整合各种资源，提供更多服务，为老百姓的生活提供更大便利。山东省委常委、副省长王军民，国家邮政局副局长徐建洲，中国邮政集团公司总经理李国华等陪同考察。

翁孟勇副部长调研邮政业信息化建设情况

2012年4月9日，交通运输部党组副书记、副部长翁孟勇来到国家邮政局，调研邮政业信息化建设情况，强调邮政业信息化建设，要服务于邮政行业改革发展，要服务于邮政管理部门履行政府职能，要服务于企业和公众的信息需求，维护邮政通信和信息安全，促进邮政行业健康发展。国家邮政局局长马军胜、副局长苏和陪同调研。

在听取了国家邮政局关于邮政业信息化建设工作的情况汇报后，翁孟勇指出，邮政业是基础性服务行业，近年来，我国的邮政业得到了快速发展，尤其是以快递为标志的邮政业新业态的出现和发展，使网购直销这种方式在商业活动中的占比越来越大，甚至改变了人们传统意义上的生活方式。另外，网购直销方式的发展也对快递服务的发展起到了很大的推动作用。面对这种形势，信息化建设在邮政业发展，尤其是邮政管理部门履行政府职能方面发挥了非常重要的作用。

翁孟勇强调，2008年以后，国家邮政局结合快递业高速发展的新情况，抓住机遇，以治理快递“爆仓”为切入点，对行业安全监管的信息化工作进行了积极的、富有成效的推动。这些措施，不仅对“爆仓”现象的发生起到了很好的预警作用，也对快件流量和流向进行了有效的监控和监测，保障了行业的健康发展。

李盛霖部长、冯正霖副部长、马军胜局长调研快递企业

2012年6月11日晚，交通运输部部长李盛霖、副部长冯正霖，在国家邮政局局长马军胜、中国邮政集团公司总经理李国华等陪同下，来到快递企业忙碌的快件处理中心进行调研。李盛霖慰问了现场工作人员，他勉励干部职工要抓住机遇、增强能力、提升服务质量，为“稳增长、扩内需”作出积极贡献。

李盛霖指出，我国经济发展和消费需求的变化促生了快递服务，当前，快递服务业的壮大又可以扩大内需、提振经济，这正是我国快递服务业发展难得的重大历史机遇。快递企业要抓住机遇、做强做大，为拉动消费、扩大内需作贡献，为经济稳中求进、优化升级作支撑。

李盛霖一行来到北京市邮政速递物流公司所属的北京航空邮件交换站。在分拣机和各种生产设备的轰鸣声中，李盛霖详细了解了邮件分拣环节、国际邮件处理环节和邮件航空转运环节的运作情况。当得知所有高考录取通知书都通过邮政速递安全、准确送达考生，特别是边远地区考生的手中时，李盛霖称赞邮政速递为群众做了好事。

在国际邮件处理隔离区，李盛霖表示，邮政速递物流拥有自主航空运力，是市场竞争中的一大优势。在国内总包邮件处理场地，他详细了解了电子商务速递业务、代收货款业务的发展情况。他说，电子商务是一项有很好市场前景的业务，也是快递业的一个发展方向，要加大这一业务的发展力度，发挥邮政速递物流的优势，提升传递速度，为用户提供更好的服务。李盛霖还详细了解了邮政速递物流网络组织和架构、运行以及生产作业机械化的相关情况，肯定了他们“白天留给客户，夜晚留给自己”的敬业精神。

参观了北京航空邮件交换站后，李盛霖一行来到了民营快递企业顺丰速运(集团)有限公司北京分拨中心参观调研。在听取顺丰速运(集团)有限公司总裁王卫的汇报后，李盛霖评价，作为民营快递企业的领头羊，顺丰诚信经营、科技引领、服务至上、贴近市场等特点十分鲜明，值得肯定。他希望，在新一轮的竞争中，民营企业要抢抓机遇，继续前进。

李盛霖说，快递市场的竞争将越来越激烈，国企、民企和外企都将在此同台竞技，希望发挥各自优势，互相学习、共同提高，全力以赴为行业大发展上水平作贡献。政府将为行业的发展创造环境，提供平等的市场机会，促进公平竞争。

杨传堂书记来国家邮政局调研

2012年8月22日，交通运输部党组书记杨传堂到国家邮政局调研并与局领导班子座谈。杨传堂强调，邮政业事关国计民生，要不断提升公共服务水平，满足经济社会发展和人民群众的用邮需求。

杨传堂首先来到国家邮政局邮政业安全监控中心，现场查看了邮政业安全监管信息系统、协同电子商务数据平台系统、邮政普遍服务监督管理信息系统的实时运行情况，充分肯定了通过信息化手段实现的数据实时监控、快件“爆仓”预警、运单量分析等功能。随后，杨传堂到邮政业消费者申诉受理中心看望了一线工作人员，勉励他们不断提升工作能力，更好地为人民群众服务。

调研期间，杨传堂听取了国家邮政局党组书记、局长马军胜的工作汇报。他说，近年来，尤其是大部制改革以来，国家邮政局认真贯彻党中央国务院的决策部署，坚持以科学发展为主题，以加快转变经济发展方式为主线，邮政行业面貌发生了很大变化，发展速度不断加快，产业结构不断优化，服务能力持续增强，实现了科学发展、加快发展、跨越发展。

杨传堂指出，当前，面对新形势新要求，邮政业必须以转型升级促发展，深入落实科学发展观，

全面实施《中华人民共和国邮政法》，深化改革，努力向现代邮政业转变，不断提升邮政公共服务水平，推进邮政公共服务均等化，满足经济社会发展和人民群众的需求。

对国家邮政局提出的下阶段的工作思路，杨传堂表示赞同，他指出，邮政行业不仅是一个行业，同时也是民生，是责任，要加强班子建设、队伍建设，以过硬的队伍成就事业的发展。同时他强调，要不断推动企业做大做强，要甄选有影响的企业参与国际竞争，提高竞争力，扩大影响力。

交通运输部办公厅主任杨咏、政策法规司副巡视员高强华、道路运输司副司长徐亚华、部长办公室主任段宝成，国家邮政局副局长徐建洲、纪检组长解畅、副局长王梅等陪同调研。

杨传堂书记到邮政企业调研

2012 年 8 月 30 日上午，交通运输部党组书记杨传堂和部党组成员、国家邮政局局长马军胜在中国邮政集团公司总经理李国华、党组书记张亚非等陪同下，详细了解了邮政储蓄银行业务情况，看望慰问了一线员工，并与邮政集团有关负责人进行座谈。杨传堂强调，要坚持主题主线，深入贯彻落实科学发展观，不断拓展邮政服务领域，提高服务水平，把优质温馨的邮政服务送到人民群众心坎上，以实际行动迎接党的十八大胜利召开。

杨传堂指出，近年来，在党中央、国务院的正确领导和有关各方的大力支持下，集团领导班子团结带领 90 万邮政职工，深入贯彻落实科学发展观，牢牢把握现代邮政发展规律，深化改革、锐意创新、艰苦奋斗、无私奉献，各项工作扎实推进，使邮政这一历史悠久的传统行业取得了令人瞩目的新成就，为国民经济和社会发展作出了重要贡献，为我国邮政事业总体提升打下了坚实基础。

杨传堂强调，面对邮政事业发展的新形势、新任务，邮政集团要进一步拓宽服务领域、提高服务水平，竭诚为民服务，把党和政府关注和改善民生的政策落到实处，不断提升人民群众的认可度和满意度。要进一步加快转变发展方式，积极整合业务资源，切实推进邮政行业向现代服务业转型。要进一步加强邮政普遍服务，特别是老少边穷地区的通邮条件十分艰苦，仍需努力推动公共邮政服务均等化，让人民群众共享改革发展的成果。

杨传堂同时要求，交通运输和邮政行政管理部门要切实为集团改革发展做好服务，要想企业之所想、急企业之所急、帮企业之所需，积极帮助企业解决发展中存在的困难和问题，共同推动邮政集团和邮政事业健康、有序、科学发展。

冯正霖副部长、马军胜局长、王建满副省长共同为浙江 11 个市局集中揭牌

2012 年 12 月 3 日，浙江省 11 个市级邮政管理局在浙江杭州集中揭牌成立。交通运输部副部长冯正霖、国家邮政局局长马军胜和浙江省副省长王建满出席仪式，并共同为其揭牌。这标志着浙江省完善省级以下邮政监管体制工作取得了重要阶段性成果，也标志着按照国务院部署，全国的省级以下邮政监管机构组建工作基本完成。

第二章 专文专访

改革创新 转型升级 促进邮政业又好又快发展

——马军胜局长在国家邮政局2012年工作会议上的讲话

2012年1月5日

同志们：

本次工作会议的主要任务是：贯彻党的“十七大”和十七届三中、四中、五中、六中全会精神，落实中央经济工作会议部署，总结2011年工作，研究部署加强行业文化建设，重点安排2012年工作，全面贯彻《中华人民共和国邮政法》，认真实施邮政业发展“十二五”规划，促进行业又好又快发展，以优异成绩迎接党的十八大的胜利召开。

下面，我讲三个方面内容。

一、2011年工作回顾

2011年是我们全面实施“十二五”规划实现良好开局的一年。胡锦涛总书记亲笔为中国共产党成立90周年纪念封题词，极大地鼓舞了我们全力以赴地做好邮政工作的信心和决心。国务院领导同志作出重要批示，对“十一五”邮政业取得的成绩给予充分肯定，并对“十二五”行业改革发展提出明确要求，为我们做好新时期邮政工作指明了方向。一年来，我们以科学发展为主题，以加快转变发展方式为主线，以结构调整为主攻方向，深化邮政改革，优化发展环境，不断增强服务能力，健全保障机制，满足社会需求，推动邮政基本公共服务均等化，促进快递转型升级，各项工作取得显著成绩。全行业呈现稳步提高、加速发展的态势。业务总量预计完成1600亿元，同比增长24%，同比提高3个百分点；实现业务收入（不包括邮政储蓄银行直接营业收入）1570亿元，同比增长23%，同比提高4个百分点。规模以上快递服务企业预计完成业务量36.5亿件，同比增长56%，快递最高日业务量突破1800万件；实现快递业务收入750亿元，同比增长31%。

（一）集中力量抓好三件大事，促进行业科学发展

一是突出转变发展方式，科学制定并实施邮政业发展“十二五”规划。我们准确把握国内外形势的新变化、行业发展的新特点和社会民众的新期待，科学制定了邮政业发展“十二五”规划。这是邮政体制改革后邮政业第一个覆盖完整周期的五年规划，也是新时期全行业改革创新、转型升级、跨越发展的行动纲领。

我们高度重视行业规划与国家“十二五”规划纲要和专项规划的衔接。“加强农村邮政设施建设”和“邮政服务做到乡乡设所、村村通邮”等具体内容，纳入国家“十二五”规划纲要；在综合交通运输体系规划、服务业规划等12部国家专项规划或部门规划中，邮政规划的相关内容都有具体体现。同时，4个专项规划、31个省级行业规划以及海峡西岸经济区快递服务发展规划等区域性规划，相继编制完成，并与地方规划有效衔接。基本建立起层次清晰、统筹协调、功能衔接、符合业情的行业规划体系。

邮政业发展“十二五”规划发布后，全行业立即行动起来，认真学习领会，积极贯彻落实，并取得初步成果，为全面完成规划提出的各项任务打

下了坚实的基础。

二是深入开展庆祝建党九十周年系列活动，推进党建和党风廉政建设。中国共产党成立九十周年之际，胡锦涛总书记发表了“七一”重要讲话。这是继续推进中国特色社会主义伟大事业的纲领性文献，也是推动我国邮政业又好又快发展的强大思想武器。国家局党组带领全系统干部职工认真学习，深刻领会精神实质，把思想统一到中央精神上，增强了走中国特色社会主义道路、建设现代邮政业的信心和决心。我们召开了全系统党建工作会议，对优秀党员、优秀党务工作者和先进党支部予以表彰。通过文艺汇演、系列党课、党史知识竞赛、青年党员座谈会、专题党日等丰富多彩的纪念活动，有力推动了全系统党建工作，达到了振奋精神、凝聚力量、锤炼作风、培养队伍的目的。

党风廉政建设进一步加强。紧密结合邮政管理系统特点和规律，惩防腐败体系建设深入推进。进一步落实了党风廉政建设责任制，加强廉政监督检查，推进省（区、市）局主要领导干部述职述廉汇报和离任经济责任审计。深入开展反腐倡廉理论研究，推进廉政文化建设。强化对行政审批权、行政执法权和“三公”经费使用的监督，对公务用车和庆典论坛活动进行了专项治理。

三是深化省级以下邮政监管体制改革。这是2006年邮政体制改革的深化和延续，也是重组后国家邮政局五年来的工作重点。中央领导高度重视，明确要求加快改革进度。我们主动配合中央编办，深入调研，反复论证，提出了改革的总体思路，并得到了中央和地方相关部门的积极支持。同时，全系统坚定信心，齐心协力，把握改革大局和工作方向，加大政策研究力度和工作支撑力度。目前，改革已经取得积极成果。

（二）集中力量优化行业发展环境，加快结构调整步伐

一年来，我们不断深化对科学发展观的理解和践行，正确发挥政府职能，积极争取有利的发展政策，不断优化发展环境。

一是邮政基础设施建设取得新突破。我们积极探索中央和地方共建共投模式，在实践中不断总结经验，不断完善提高。确立了“统筹规划、条块结合、分层负责、联合建设”的基本思路，建立健全“中央和地方相衔接、财力与事权相匹配”的邮政基础设施建设体制。同时，鼓励、支持地方政府“自选动作”，建立地方性的建设投资和运营保障机制，形成各级各部门同心协力的可喜局面。2011年，各级地方政府以多种形式支持邮政普遍服务发展的资金超过10亿元。

在推进全国空白乡镇邮政局所补建方面。我们配合国家发改委组织空白乡镇邮政局所补建工程，两年安排补建局所5053处，达到补建局所总数的60%。补建覆盖面推进到新疆生产建设兵团团场、云南独龙江民族乡等边疆边防和民族地区。2011年，落实中央预算投资4亿元，地方配套资金3.1亿元。另外，积极争取国家投资支持新疆、西藏和云南、四川、青海、甘肃四省藏区，已落实中央资金3亿元专项投入西藏邮政基础设施建设。甘肃、湖南、河北、辽宁等地政府高度重视邮政局所补建工作，加强督导，层层落实地方政府责任制。在推进村邮站建设方面。继续强化村邮站的建设和管理，建设数量、覆盖范围和服务功能都有显著提升。全年新建村邮站超过3.5万个，覆盖东中西部地区。海南省政府将村邮站建设作为社会主义新农村建设规划项目，由省财政全额投资。河南、浙江、重庆等地政府落实村邮站补助资金。北京、贵州将农村邮政服务人员纳入公益性岗位，明确了村邮员职责，并由地方财政按月支付酬劳。在推进信报箱建设方面。我们积极协调住房和城乡建设部，发布实施《住宅信报箱工程技术规范》，出台《住宅设计规范》并将信报箱设置纳入强制条款，从源头上解决了新建楼房信报箱的设置问题。连同此前发布的《住宅信报箱》国家标准，我国基本建立起较完整的住宅信报箱设置建设国家标准体系。抽查显示，2011年全国新建住宅楼房的信报箱平均安装率明显提升，已达70%以上。对已

建居民楼房需补建信报箱的，通过多种方式积极争取各级政府支持，列入地方政府民生工程，有力推进了存量问题的解决。北京市年内更新补建8940栋58万户住宅楼房信报箱。上海中心城区信报箱安装率已达95%以上。

二是争取全方位的行业发展政策，建设良好的发展环境。推动国家“十二五”规划将邮政服务列为“国家基本公共服务的范围和重点”，推动出台扶持政策。将邮政业纳入国家鼓励发展产业目录。修订后的国家《产业结构调整指导目录》，大大强化了促进邮政业发展的政策导向：第一次单设“邮政业”门类；第一次在邮政业项下增设快递发展内容；第一次将邮政全行业纳入鼓励类项目，不仅保留原有条目，而且新增了6个大项。体现了国家对邮政业的重视与肯定，标志着邮政业正式纳入国家鼓励发展的产业政策体系。配合对《国民经济行业分类》进行了调整，在邮政业下确立了“邮政基本服务”和“快递服务”两大分类，更加准确地反映了行业改革发展的新情况。推进设立邮政普遍服务基金，并就若干重点问题与有关部门开展了调研。推动各地邮政普遍服务扶持政策陆续出台。各省（区、市）政府已发布实施支持邮政普遍服务的文件180余件。各地颁布的邮政地方性法规，也把邮政普遍服务政策作为重点内容。北京市政府制定了促进邮政普遍服务提升的十四条意见。内蒙古自治区政府研究“建立邮政普遍服务补偿机制，对农牧区邮政网络建设和运营给予政策和资金支持”。近20个省（区、市）落实了邮政车辆通行费减免的有关政策。

三是密集出台快递管理政策，引导快递转型升级。我们遵循“按规模分等，按服务分级”的原则，制定快递企业等级评定管理制度，为保护消费者知情权和选择权，推动企业提升服务、规模发展，提供了有效抓手，邮政管理部门指导快递市场发展的能力进一步提高；研究制订《快递业务操作指导规范》，从源头上解决因快递作业不规范引发的服务质量问题；发布关于快递企业兼并重组的指导意见，既鼓励社会资本向快递市场的集中，又坚持“调控与管理并重，企业自主与政府指导相结合”，维护快递市场的稳定和繁荣；与工商总局联合印发《快递行业特许经营（加盟）合同（示范文本）》，规范加盟行为，规避市场无序风险；着力推进邮政改革，邮政速递物流改制上市取得重要进展；大力推进快递科技进步，出台相关指导意见，组织起草《快递服务》、《快递运单》等国家标准，编制《快递与电子商务信息交换标准化指南》；快递职业技能鉴定工作见到成效，工作机构进一步完善，年内又有5.25万人参加了快递业务员鉴定考试，通过率达到70%以上，并首次举行了中级职鉴考试。

（三）集中力量夯实基础，依法履行职责

一是行业法律法规体系建设进一步加强。《邮政法》宣贯取得较好成绩。各地积极开展工作，贯彻落实《邮政法》有关规定，营造良好的法制环境。全面实施行业“六五”普法规划。邮政立法成果显著。制定了《邮政行业安全监督管理办法》、《邮政行业统计管理办法》，修订了《集邮市场管理办法》，并先后发布施行。天津、新疆、江西、黑龙江、内蒙古、海南等省（区、市）颁布地方性法规规章。河北、广西、云南、西藏等地方性邮政条例的制订工作也进展顺利。行政执法监督力度加强，办理行政复议9件，加强了行政规范性文件的管理。

二是认真履行邮政普遍服务监管职责。开展了对邮政企业负责人经营业绩考核。推进了财政补贴预算和普遍服务水平挂钩机制研究。依法严格审批邮政局所撤销和停办、限办普遍服务业务事项。继续进行普遍服务满意度调查和邮件时限测试。邮件传递时限有了较大提高，直辖市、省会城市间信函传递时限比上年提高7.68个百分点。对邮政企业贯彻执行《邮政法》和《邮政普遍服务标准》情况进行监督检查。社会监督员机制有效运行。广东、湖北、重庆、海南等省（市）注重保障与监督并举，建立邮政管理部门和财政部门联合监管地方补贴资金使用的工作机制。湖南省将邮政监管内容纳入《湖南省政府服务规定》。强化邮票发行监管工作。全年审定发行纪特邮票30套，完成“中国共产党成立九十周年”、“辛亥革命一百周年”等重大题材纪念邮票图稿的审查工作。在全国范围内组织开展了《辛卯年》等纪特邮票印制销售服务的监督检查。开展机要通信监督检查。组织开展了全国性的“邮政机要通信寄递范围”专项检查。会同有关部门，联合督导了新疆机要通信工作。

三是健全完善邮政市场管理。首先，加强快递业务经营许可管理。截至目前，全国邮政管理部门共核准经营快递业务企业7500家。我们出台有关规定，将工作重心逐步转入准入后监管，并加强许可变更的审核。首次组织了经营许可年度报告工作，审核通过6405家企业的年度报告，对违规企业进行约谈、责令整改及处罚，并分批向社会公布。其次，加大市场监管力度。开展了以“规范市场秩序、维护用户权益”为主题的全国性快递市场专项执法检查活动，检查企业7548家，对一批违规经营企业依法予以行政处罚，取缔未经许可经营快递业务的企业140家，树立了为民执法、有所作为的良好形象。继续开展快递服务满意度调查和时限测试工作。同时，大力强化集邮市场的日常监管，组织邮政用品用具质量检查，努力将服务的理念贯穿于执法监督全过程。此外，充分发挥邮政业申诉机制作用，年内受理申诉10万余件，为消费者挽回经济损失700万元，维护了消费者合法权益。

四是支撑系统的保障能力进一步提升。坚持德才兼备、以德为先的用人标准，扎实推进领导班子建设，完善干部管理制度，认真组织开展“一报告两评议”，加大干部交流轮岗力度，公务员队伍结构进一步优化。组织了第一次大规模、全口径的行业人才资源统计调查，启动《职业分类大典》修订工作，多方位推进行业人才队伍建设。行业统计体系基本建立，覆盖面大幅扩展，支撑和服务功能日益增强。财务基础工作进一步夯实。《快递》杂志办刊水平不断提高，国家邮政局网站在政府网站测评中排名继续上升。发展研究中心完善组织体系，加强队伍建设，为支撑国家邮政局工作和服务行业发展作出了积极贡献。集邮联加强集邮文化建设，抓好全国最佳邮票评选、集邮文化先进城市创建等有关工作。快递协会积极促进市场发展和规范，进一步发挥了服务、协调、自律作用，“2011中国快递论坛”在行业内外引起广泛影响。机关服务中心开展精细化管理，提升服务水平。北京邮电疗养院积极转变经营机制，经营管理取得明显成绩。加强离退休干部工作和工青妇组织建设。

五是开展系列重大外事活动和加强港澳台工作，在国际舞台展现中国邮政业风采。围绕中心工作，树立“大外事”理念，积极推进对外交流合作。认真履行代表国家参加政府间国际组织活动的职责，加强与国际组织的工作联系，提升了我国在国际邮政领域的影响力。加强与重点国家邮政部门的交流与合作，成功举办了第四届“中日邮政政策对话”、第五届“中美邮政改革和快递服务”研讨会。两岸三地邮政部门的合作与交流进一步深化，主办了“第三届海峡论坛·两岸邮政发展圆桌会议”。精心组织2011年国际少年书信写作比赛的参赛活动，中国中学生王飒获得金奖。我国主办的第27届亚洲国际邮展，有53个国家（地区）参展，展品达到1373框，中国选送展品获得两项大奖。集邮联和江苏省邮政管理局会同地方政府做了大量细致准备。无锡邮展被誉为“历届亚洲邮展中参展国家（地区）最多、活动内容最丰实、文化底蕴最深厚的一届”，得到国际集邮界的好评。

（四）集中力量克难攻坚，大力提升应急处变能力

一是妥善处置快递“爆仓”，做好旺季服务保障工作。针对年初出现的业务旺季快递服务能力不足的问题，积极建立健全快递服务保障应急机制，提高快递业务旺季的应对能力。印发了《关于

做好快递业务旺季服务保障工作的意见》，明确邮政管理部门、快递协会、快递企业有关职责、工作要求和责任追究措施。采取提前召开旺季工作保障会、签订服务承诺书，以及停业报告、季前演练、信息通报、视频监控、运力调配、消费提示、现场督导、表彰先进、社会监督等一系列有效措施，在2011年中秋、国庆、“双11”、“双12”等快递业务量远高于年初的情况下，确保了旺季服务工作有序开展，平稳度过业务高峰期，社会反响良好，快递的基础产业地位更加凸显。

二是强化行业安全监管，确保寄递渠道安全畅通。积极参与国务院有关寄递渠道反恐工作协调机制。研究拟订《邮政行业安全防范工作规范》。与公安部、国家安全部联合加强寄递渠道治安管理工作。妥善处置寄递渠道安全责任事故事件。认真汲取“7·23”甬温线特别重大铁路交通事故的教训，深入开展铁道邮路安全专项检查。协助民航管理部门做好航空货物运输安保专项整治工作。在行业内开展安全生产教育，增强全行业的安全生产意识，提高安全生产能力。加快安全监管信息系统建设。云南省财政连续三年补助邮政业禁毒专项资金。辽宁、北京、重庆等省(市)制定行业反恐怖防范标准。

三是完善重特大事件处置应急机制。积极做好深圳第26届世界大学生夏季运动会、2011西安世界园艺博览会和首届中国—亚欧博览会等重大活动寄递渠道安全保卫的指导和协调工作。大运会期间，广东邮政业以“零事故、零案件、零投诉”的良好成绩，圆满完成了“平安大运”任务。新疆邮政管理局全力做好亚欧博览会安保工作。

面对2011年繁重的任务和严峻的挑战，我们取得的成绩来之不易。这是党中央、国务院亲切关怀，交通运输部正确领导的结果，是中央各部门、各级地方党委政府和社会各界大力支持帮助的结果，也是全行业广大干部职工同舟共济、迎难而上、顽强拼搏、埋头苦干的结果。在此，我代表国家邮政局，向大家表示崇高敬意和衷心的感谢！

二、深入学习贯彻党的十七届六中全会精神，积极推进邮政业文化建设和发展

贯彻落实党的十七届六中全会精神，推进行业文化建设，是邮政业当前和今后一个时期的一项重要政治任务。对于邮政业在新的历史起点上推进改革创新、加快转型升级、实现科学发展具有重要意义。

(一)要围绕十七届六中全会决定加强行业文化建设

邮政业是公共服务业，既服务经济社会发展，又服务文化建设，既是文化发展的关联者，也是传承优秀文化的参与者。加强行业文化建设，必须按照十七届六中全会审议通过的《中共中央关于深化文化体制改革　推动社会主义文化大发展大繁荣若干重大问题的决定》(以下简称《决定》)的指导思想和要求，结合实际，科学谋划，不折不扣地扎实开展。要深入宣传和学习胡锦涛总书记重要讲话和《决定》精神，迅速把思想和行动统一到中央关于深化文化体制改革、推动社会主义文化大发展大繁荣的总体部署上来。要把加强行业文化建设作为服务改革创新、转型升级的引导力和推动力。要研究制定邮政业支持文化事业、文化产业发展的总体规划和指导意见，打造邮政服务文化建设的公共服务平台。要着力提炼打造行业文化核心价值观，弘扬新时期邮政文化和集邮文化，培育新时代企业精神和英模人物。要着力构建和谐行业，不断增强行业软实力，支撑行业科学发展，服务文化大发展大繁荣。

(二)要围绕推进行业科学发展加强行业文化建设

邮政业的发展，是经济、社会、文化和人的协调发展。五年前，国家邮政局党组从打造精神支柱、提高队伍素质入手，带队上井冈山学习培训，意在确立方向，凝炼精神，积聚力量，提振士气。在井冈山精神的激励下，我们迎难而上，克难攻坚，负重前进，开拓创新，使邮政管理工作和邮政

业呈现了良好发展的态势。今天的成绩来之不易，明天的发展任重道远。目前，行业还处于改革攻坚期和矛盾的凸显期，改革发展形势十分严峻。部分企业文化建设缺乏，不太注重员工精神追求，凝聚力、向心力、竞争力不强，持续发展的后劲不足，社会责任意识还较薄弱。在这种情况下，加强行业文化建设就显得尤为重要、极为迫切。必须围绕中心、服务大局，坚持业务工作与文化建设两手抓，两手硬，以文化促发展，以发展促文化。把文化建设融入行业改革发展顶层设计之中，在制度建设、政策制定和行政执法过程中，具备更强烈的文化自觉和文化自信，注重从行业服务国家政治、经济、社会文化发展的高度，从实现行业全面、协调、可持续发展的高度，从满足人们日益增长的物质和文化需求的高度，从有利于发挥传承、弘扬、传播中华先进文化和主流思想重要作用的高度，来谋划加强行业文化建设，拓展行业发展空间，提高行业发展水平，提升行业在国家经济社会发展和文化改革创新中的地位和作用。

（三）要围绕凝炼核心价值理念加强行业文化建设

文化是民族的血脉，是人民的精神家园。民族要振兴，国家要发展，离不开核心价值的引领。一个行业要积蓄精神动力，实现科学发展同样需要凝炼核心价值理念。建设先进的行业文化，必须紧紧围绕行业发展的根本方向，形成核心价值观。邮政业作为服务行业，服务的对象是全社会最广大的人民群众。实现和维护好人民群众的基本通信权益、不断满足经济社会发展和人民群众日益增长的用邮需求，是我们的根本发展方向。我们要围绕社会主义核心价值体系建设的根本任务，围绕党的十七届六中全会《决定》确立的四个方面的核心价值，结合邮政业实际，建设具有中国特色的行业文化，树立行业核心价值理念，引导全行业形成统一指导思想、共同理想信念、强大精神力量、基本道德规范，以行业核心价值的影响力和带动力催生出行业发展的聚合力、向心力和发展力，最终提升行业整体实力。由此，我们初步建议由“4S”组成行业核心价值理念，即：诚信（Sincerity）、服务（Service）、规范（Standard）、共享（Share）。

诚信，就是要坚持信守承诺，诚信为本。主要包括三层含义：行业对社会要诚信；企业对员工要诚信；员工对客户要诚信。

服务，就是全行业要以服务为宗旨，发挥好服务功能和作用。主要包括如下三层含义：服务国家政权，保障政令畅通；服务生产生活，适应经济社会发展和人民需要；服务上下环节，坚持全网一盘棋，为用户提供迅速、准确、安全、方便的寄递服务。

规范，就是在《邮政法》的统领下，坚持按有关法规、规章、制度、标准办事，实现全行业运行的法制化、规范化和标准化。主要包括三层含义：政府要依法依规行政；企业要依法依规经营；员工要依法依规服务。

共享，就是共谋发展，共享繁荣，共赢未来。主要包括三层含义：人人共担发展责任；人人分享发展成果；与社会共同发展进步。

这四个方面相互关联，有机衔接，融为一体。诚信，是行业发展之基。服务，是行业本质体现。规范，是行业发展关键。共享，是行业发展目的。

（四）要围绕传承与创新相结合加强行业文化建设

继承邮政传统，创新邮政文化，既是新时期加强行业文化建设的重要途径，也是坚持与时俱进、建设先进行业文化的重要目标。百年邮政，有着深厚的文化底蕴和丰富的文化资源，在其发展的各个历史时期，形成了富有行业特点和时代特色的优秀文化，彰显了“疆土所及，邮路所至”、“邮通国脉，信达天下”的传统。在新中国邮政改革发展的历程中，积累了许许多多先进的文化和成功的经验，涌现了王顺友、尼玛拉木等一批又一批先进人物和行业模范。厚重而坚实的邮政传统文化，在今天仍然弥足珍贵。加强行业文化建设，就必须坚持继承与创新相结合。一方面,要继续注重继承优良传统。重视挖掘邮政文化历史资源,借鉴邮政文化先进经验,传承英雄模范人物身上所体现出的共同价值和光荣传统,汲取邮政文化精髓,打造邮政文化的核心价值。另一方面,要更加注重改革创新。面对快速变化的新形势,面对转型升级的新任务,行业要实现科学发展,必须进一步开阔视野,改革创新,不断研究新情况,解决新问题,开拓新路子,拓展新空间,创造新文化,树立新形象。

(五)要围绕以人为本加强行业文化建设

行业文化建设的核心和根本是人。邮政业员工是行业文化的创造者、发展者和实践者。加强行业文化建设,必须坚持以人为本的理念,从尊重人、信任人、依靠人、关爱人、培养人做起。要进一步确立员工的主体地位,充分调动和发挥广大员工的积极性和创造性,全心全意为员工服务。要尊重员工人格,提高员工待遇,使员工能够有尊严地工作与生活。要着眼人的全面发展,建立健全人才培养和教育机制,提升从业人员的思想素质、文化素质、道德素质和业务素质,不断增强核心竞争力,夯实行业科学发展的基础。使行业和个人、企业和员工成为利益共同体、命运共同体,在行业发展的共同目标下凝聚奋斗力量,形成强大的向心力和推动力,同心同德、共谋发展。

(六)要围绕服务社会主义文化大发展大繁荣加强行业文化建设

邮政业担负着服务文化大发展大繁荣的光荣责任。要不断丰富服务内涵,全力服务文化事业和文化产业的发展,为文化大发展大繁荣作出积极贡献。大力推进建设邮政服务文化建设的公共平台。以邮政网络健全、局所功能完善为基础,以报刊发行为抓手,以邮票发行、集邮文化建设、邮政、快递与文化事业、文化产业的融合发展为重点,打造行业服务文化大发展大繁荣的阵地。拓展服务领域,拓宽覆盖范围,加快传递速度,扩展投递深度,切实将行业服务文化大发展大繁荣的职能落到实处。

三、2012年工作安排

2012年是实施“十二五”规划承上启下的重要一年。我们将喜迎党的十八大的胜利召开。

邮政业发展既面临重大发展机遇,也面临巨大挑战。国民经济继续保持平稳较快发展,带动邮政业快速发展。中央高度重视服务业发展,加快推进基本公共服务均等化,对邮政普遍服务提出了更高要求。信息技术迅猛发展,推动邮政业增长方式深度调整。社会生产和消费方式的转变,使快递成为行业新的增长点。综合交通运输体系一体化发展,为邮政业加快发展创造了条件。邮政业法规体系不断健全,发展环境不断改善,为行业科学发展提供了持续动力。同时,今年国内外影响经济运行的不利因素仍然较多,形势更加复杂。邮政业发展还处于较低水平,服务能力和服务水平亟待提高。促进行业科学发展的内生动力不足。制约行业科学发展的体制机制性障碍依然存在,普遍服务保障监督机制有待完善,发展环境仍然需要进一步优化。行业管理基础依然薄弱,管理水平有待提升。

因此,我们必须准确把握形势,适应变化,坚定信心,真抓实干,开创邮政业科学发展的新局面。2012年工作的总体要求是:全面贯彻落实党的十七大和十七届三中、四中、五中、六中全会精神,按照中央经济工作会议决策部署,以邓小平理论和“三个代表”重要思想为指导,深入贯彻落实科学发展观,全面贯彻《中华人民共和国邮政法》,认真实施邮政业发展“十二五”规划,着力完善邮政普遍服务保障监督机制,推进邮政基本公共服务均等化;着力健全快递服务体系,推进快递大发展上水平;着力加强服务型政府建设,推进行业科学发展,以优异成绩迎接党的十八大胜利召开。

全行业发展预期目标:业务总量完成1860亿元,同比增长16%;业务收入完成1810亿元,同比增长15%。其中，快递业务收入完成900亿元，同比增长20%。快递业务量达到47亿件，同比增长29%。邮政、快递满意度稳中有升。

（一）加快转变发展方式，努力保持行业平稳较快发展态势

要毫不松懈地牢牢把握发展机遇，始终坚持以发展为第一要务，加快转变发展方式，大力优化发展环境，推进行业实现科学发展、跨越发展。

一是着力做好“十二五”规划实施工作。进一步加强领导，落实责任，强化协调，推动规划主要任务的落实和重点工程的实施。做好行业规划与综合交通运输体系规划、服务业规划、物流业中长期规划等重点规划的衔接。推动邮政、快递服务设施建设纳入地方城乡规划、专项规划。不断健全完善共建共投建设模式，积极争取中央和地方政府的支持，扎实开展邮政转型升级工程、普遍服务建设工程、快递转型升级工程和邮政业安全与监管工程建设，着力提升行业服务能力和水平。抓住全国及地方性综合交通枢纽建设机遇，推动邮政、快递处理中心、服务网点等作业设施配套建设。推动开展快递与制造业、电子商务协同发展示范工程，提升产业链一体化发展水平。

二是不断优化行业发展环境。抓住邮政服务列入“国家基本公共服务范围和重点”、快递在内的邮政业纳入“国家鼓励发展产业目录”的契机，进一步完善行业发展政策，突破行业发展政策瓶颈。继续推动各地制订和落实支持邮政企业提供邮政普遍服务的政策。推进行业政策体系、与综合交通运输体系协同发展问题研究。结合国家营业税改征增值税试点工作进展，研究争取邮政业相关扶持政策。开展快递服务价格形成机制和快递结构优化政策研究。制定发布《关于促进快递与制造业联动发展的指导意见》和《关于促进快递与网络零售联动发展的指导意见》。推动将快递车辆及其技术规范纳入城市配送管理办法和配套标准。

三是积极推动结构调整。要把经济结构调整作为加快转变发展方式的主攻方向，着力优化市场主体结构、业务结构、网络结构和区域发展结构。优化市场格局，进一步提高产业集中度，促进多种所有制企业共同发展。鼓励邮政、快递企业细分服务市场，丰富服务内涵，拓展服务领域，创新服务产品，积极发展实物流、资金流、信息流融合型业务，向服务链、供应链、产业链上下游延伸，提升服务价值。引导企业根据市场需求完善基础网络，整合网络资源，不断提高运行效率和效益。继续实施好区域发展规划，促进区域产业协调发展。

四是扎实推进改革创新。推动企业体制机制创新，加速向现代邮政业转变。继续完善邮政普遍服务业务与竞争性业务，分业经营、分账核算，支持邮政速递物流加快改制上市步伐。引导快递企业健全完善体制机制，推动建立现代企业制度，建立科学有效的企业内部管控体系和绩效评价体系。进一步规范特许经营快递业务行为。推动企业创新经营方式，转变经营模式，从单一寄递模式向多元化综合服务模式转变，由粗放经营向集约经营转变。

五是大力促进行业科技进步。坚持把科技进步和创新作为推动行业转型升级的重要支撑，大力提升行业标准化、信息化和自动化水平。认真落实“十二五”标准化发展规划，启动行业机构代码、邮政地址信息数据结构及编码规则等基础通用类信息标准编制工作，编制快件信息跟踪查询、网上服务等规范，不断深化和完善快递服务标准体系。认真实施“十二五”科技发展规划，发挥科技专家咨询组力量，深入研究行业地址库建设和信息化公共服务平台建设相关问题。搭建科技交流平台，加强科技交流活动。加强标准的宣传和培训，推动标准的贯彻执行。

（二）加快健全邮政普遍服务体系，保障邮政普遍服务

2012年，邮政普遍服务工作要紧紧围绕建立健全“覆盖城乡、惠及全民、水平适度、持续发展”的邮政普遍服务体系这一中心，保障与监督并举，

做到保基本、强基础、建机制，提升普遍服务质量和水平。

一是加快构建邮政公共服务平台。积极支持邮政企业打造面向全社会的综合服务平台。着力完善局所业务功能，加快在所有的邮政局所开办法律规定的全部四项邮政普遍服务业务，力争在2~3年内实现邮政汇兑业务的全覆盖。大力发展全国性的金融、保险、政务和公共事务代理代办业务，积极发展农村邮政物流。推动村邮站与村级公共服务平台有机结合，将村邮站建设成为邮政服务“三农”的前沿阵地。

二是推进五大工程。一要推进乡乡设所工程。配合发展改革委做好局所投资建设计划下达工作。做好补建局所验收和运营的衔接工作。将投入运营的补建局所纳入监管范围。建设全国邮政基础设施管理信息系统。争取相关部门政策支持，鼓励补建局所开办邮政储蓄、邮政保险等代理代办业务。二要推进村村建站工程。制定出台《“十二五”期间村邮站建设推进工作指导意见》，周密部署，强化责任，实行“一把手”负责制。推动将村邮员纳入公益性岗位，因地制宜探索建立村邮站运营长效机制。三要推进户户设箱工程。实施好《住宅设计规范》、《住宅信报箱工程技术规范》和《住宅信报箱》国家标准，切实履行好验收职责，确保新建居民住宅楼房安装信报箱。推动地方政府在旧城改造、民生工程中逐步安排解决存量楼房信报箱安装。四要推进城乡局所改造工程。推动邮政企业实施好城乡邮政局所标准化、电子化改造工程，协调相关部门解决改造过程中和改造后出现的问题。实施好机要网点安全标准化改造及信息系统建设工程，提升机要通信保密安全防范和服务能力。五要推进邮政服务进社区工程。依托示范性城市综合社区服务设施，协调出台政策措施，推动解决邮政进社区场地及邮政代办人员公益性岗位设置等问题。

三是完善邮政普遍服务投资建设机制和财政补贴机制。进一步探索建立城市地区和农村地区邮政设施建设机制。配合相关部门做好邮政局所运营成本的分类测算工作。着手研究制定邮政普遍服务基金的配套规范。推动建立财政补贴预算与邮政普遍服务标准挂钩、财政补贴资金与邮政普遍服务质量挂钩的财政补贴机制。

四是夯实邮政普遍服务制度基础。制定《邮政基础设施管理办法》、《城镇居民楼信报箱设置监督管理办法》和《无法投递又无法退回邮件管理暂行办法》，出台《邮件寄递服务规范》、《交通不便的边远地区邮政普遍服务标准》和《邮政机要通信服务规范》。加紧研究制定党报党刊时限等邮政特殊服务标准。

五是强化邮政普遍服务监督检查。依法全面加强政府监管、企业自律和社会监督。健全邮政普遍服务质量指标考核体系，完善邮政服务质量和企业负责人绩效考核挂钩的联动机制。认真做好提供普遍服务的邮政营业场所撤销和停限办普遍服务业务两项行政审批。组织开展《邮政法》贯彻实施、信报箱设置和机要通信保密安全与关键制度落实情况的专项检查。做好邮件时限监测和满意度调查。继续做好邮票发行监管工作。认真落实2012年纪特邮票发行计划，做好“中国共产党第十八次全国代表大会”等纪念邮票发行的有关工作。

（三）加快转型升级步伐，促进快递大发展上水平

2012年，市场监管工作要由打基础、重规范，向抓落实、促升级转变，要以“发展上规模、服务上水平、管理上层次、能力上等级”为核心，服务与规范并重，切实加强行业监督管理。

一是大力加强能力建设。要高度重视，统筹安排，多管齐下，下大力气扎扎实实提升服务能力，切实缓解供需矛盾，满足日益增长的经济社会发展和人民生活需要。加强重点区域和重点线路的能力建设。加强快递物流园区、大型分拣中心、航空快递中心等基础设施建设。加快推进南京邮政航空速递物流集散中心建设。依托综合交通运

输体系整合资源，推动重点地区航空“绿色通道”和信息互联互通建设。支持和鼓励企业打造自主快递航空运递网络。引导企业加强揽、投能力建设。鼓励企业增强中西部地区网络能力。

二是着力推进服务升级。落实好《快递服务标准》。继续做好快递服务满意度调查和时限测试，继续完善以“公众满意度、时限准时率、用户申诉率”三项指标为核心的快递服务评价体系。积极推进快递诚信体系建设。推进落实《快递业务操作指导规范》等制度。完善快递业务代理管理政策。

三是进一步扶持快递企业做大做强。实施好快递企业兼并重组的指导意见，加快企业兼并重组步伐。鼓励有条件的企业上市融资。实施好快递企业分等分级管理，加快培养快递骨干企业。引导企业加强基层基础建设和品牌建设。支持有条件的快递企业走出去，开拓国际市场。落实《快递行业特许经营（加盟）合同（示范文本）》，规范企业加盟行为。

四是进一步规范市场秩序。坚持严格标准，注重质量，加强审核，依法做好经营许可常态化管理工作。稳妥有序开放国内快递市场。加大执法检查力度，坚决依法查处扰乱市场经营秩序、侵犯消费者合法权益等违法违规行为，重点解决积压延误、丢失损毁、投诉赔偿难等重点问题。积极做好修订后《集邮市场管理办法》的宣贯和实施工作。做好邮政用品用具监管工作。做好快递码号资源管理。

五是进一步强化安全监管。进一步完善邮政业安全监管工作配套制度和寄递渠道安全保障机制。加大寄递渠道反恐、禁毒、“扫黄打非”等重点工作力度。落实安全生产责任制，着力加强行业安全生产监管。修订《邮政业突发事件应急预案》，深入推进行业应急预案体系建设，规范突发事件处置流程，实现国家邮政局、省（区、市）局和企业应急预案的有机衔接。做好各类大型活动的寄递渠道安全保障工作。在进一步完善市场监管信息系统的基础上，适时建设应急指挥系统，逐步建立省级市场监管信息平台。

六是切实做好旺季服务保障工作。建立健全快递业务旺季服务保障应急机制，提高旺季服务的应变能力。研究拟订旺季服务的应急标准，使旺季服务保障工作规范化、标准化、制度化。落实好旺季服务保障工作方案。全面加强行业运行监控。加强对企业的指导、协调、监督和服务，督促企业加强组织管理，合理调配资源，做好旺季服务保障工作。

（四）加强法治政府建设，着力提升依法行政能力

要大力完善法规制度体系，着力做好监管体系建设，全面推进依法行政，做到法律法规体系基本健全，法律法规得到全面、正确实施，依法行政水平有明显提升，基本建立权责明确、行为规范、监督有效、保障有力的行政执法体制。

一是推进行业法制建设。加强邮政业行政立法工作。制定《邮政行业标准管理办法》，继续加强对《邮政用品用具监督管理办法》、《快递市场管理办法》和《邮政普遍服务监督管理办法》等规章修改的研究。配合做好《邮政普遍服务基金征收使用管理办法》的制定工作。稳步推进邮政地方立法，进一步提高地方立法质量。深入开展“六五”普法工作，以“六五”普法为契机，以法治政府建设为先导，带动全行业加强依法治理。

二是完善重点制度。制定并完善行政执法程序、规则和监督检查等相关规范，逐步形成完备的制度体系。全面理清法定权力和权限。制定自由裁量权基准。严格依照法定权限和程序，开展邮政普遍服务和邮政市场监管以及行业管理活动。做到既不失职，又不越权，既要保护公民和法人的合法权益，又要提高行政效率，维护公共利益和社会秩序，保证政府工作在法制轨道上高效运行，推进各项事业的顺利发展。

三是全面提升依法行政能力。加强宏观指导和协调，完善行政执法机制和信息通报制度。深

入开展依法行政研究和案例研究，加强案卷管理，编写专题培训教材，编制行政执法手册。突出针对性和实效性，分层次、有重点地开展培训，全面增强依法行政意识，提高依法行政能力。使邮政管理队伍的全体同志能够按照“严格执法、规范执法、公正执法、文明执法”的理念和“合法行政、合理行政、程序正当、高效便民、诚实守信、权责统一、清正廉洁”的要求，切实做到有法可依，有法必依，执法必严，违法必究。

四是强化执法监督。建立机制，明确职责，加强法制工作队伍建设。制定规范性文件管理办法，严格开展合法性审查，完善规范性文件的发布机制。推进行政执法责任制和评议考核制度，着手开展执法案卷评查。继续做好行政复议工作，不断总结实践经验，提升工作水平。自觉接受人大政协监督、司法监督和社会监督。

五是推进支撑体系建设。发展研究中心要树立“开放、求是、创新、卓越”的核心理念，完善组织体系和运行机制，逐步形成软科学研究、管理咨询、情报资讯和信息化建设同步提升的工作格局。新闻宣传工作要继续围绕中心工作，努力提升办刊水平，力争打造一流网络平台，积极筹办行业报纸，强化对外宣传。申诉中心要贯彻落实好相关制度规范，加强申诉全过程管理，提升申诉处理效率和质量。职业技能鉴定指导中心要不断完善职鉴工作组织、培训和鉴定体系，逐步健全邮政业职业能力建设工作制度，完善邮政业职业技能标准体系，做好快递业务员职鉴考试实施工作。集邮联要加强组织建设，切实做好换届工作，大力弘扬集邮文化，组织好中英集邮展览。快递协会要围绕促进快递转型升级进一步发挥服务、协调、自律作用，做好等级评定等重点工作，办好“2012 中国快递论坛”。机关服务中心和北京邮电疗养院要进一步提升经营管理和服务水平。

（五）加强党建和各项基础工作，大力推进队伍建设

一是加强党建和党风廉政建设。继续深入开展创先争优和建设学习型党组织活动。深入贯彻落实《中国共产党党和国家机关基层组织工作条例》，坚持用党建带团建、党建带工建、党建带妇建，重视发挥工青妇组织的作用，继续加强离退休干部工作。深入推进党务公开和政务公开。推动非公企业党建工作和工会建设。筹建行业工会组织机构。研究制定《加强国家邮政局系统精神文明建设的意见》，以“青年文明号”创建工作为着力点，以文明单位、精神文明建设先进单位评选为抓手，加强精神文明建设，引领、促进企业规范经营行为，提升服务水平。坚持标本兼治、综合治理、惩防并举、注重预防的方针，推进惩防腐败体系建设，建立和完善廉政风险防控机制，进一步规范权力运行，提高工作效能，发挥党风廉政建设对推动全局工作的服务保障作用。贯彻落实《廉政准则》。加强党风廉政教育。抓好党风廉政建设责任制落实。加强监督检查和制度建设。以密切联系群众、努力解决群众反映强烈的突出问题为重点，推进政风行风建设。发挥国家邮政局行风建设指导小组及其办公室的作用，抓紧研究全行业行风建设和服务工作思路、对策和措施。认真巩固专项治理工作成果。

二是推进队伍建设。着力推进干部队伍建设科学化、制度化和现代化，努力建设一支政治坚定、业务精湛、作风优良、社会满意的邮政管理队伍。加强领导班子建设。坚持德才兼备、以德为先标准和公开、公平、公正原则，加大调整力度，拓宽选人视野，完善选拔方式，切实把邮政管理需要的优秀干部选拔到领导岗位。坚持动态管理，加强后备干部队伍建设。加大竞争性选拔干部力度。认真落实“一报告两评议”制度。做好干部交流相关配套制度建设。加强公务员队伍建设。继续加强系统干部教育培训。进一步改进和完善公务员考核办法和指标体系。做好国家邮政局系统新进人员的补充工作。加强年轻干部培养，促其加速成长。推进公务员管理规范化、制度化。推进行业队伍建设。制定行业人才队伍建设的重要

政策措施，做好人才发展指标与企业分等分级管理等制度的衔接，建立完善人才培养工作的体制机制。做好快递专业技术资格制度研究工作，加大同有关部门的沟通力度，争取尽快建立快递专业技术资格评审体系。积极推进院校专业人才培养。整合资源开展快递服务管理人员和专业技术人员的继续教育项目。

三是加强基础管理。全面贯彻实施《邮政行业统计管理办法》，加强统计体系建设，完善配套制度，落实工作责任，提高统计数据质量，提升统计工作水平。按照“保全局、保重点、保能力”的要求，强化预算全过程管理，稳步推行预算资金绩效评价工作，努力提高预算资金使用效益。切实加强国有资产管理，进一步规范房产收入、罚没收入等非税收入管理。推进信访、档案、安全保密等基础管理工作。做好信息化二期建设工作。

四是做好外事和港澳台工作。要加大参与国际组织力度，提高我国在国际邮政组织中的地位和影响力，维护好国家利益。认真做好参加第25届万国邮政联盟大会的有关工作。积极支持香港办好亚太邮联执行理事会年会。重点关注、深入研究与我国邮政业利益相关的重大问题，研究和跟踪世界邮政业发展的新趋势和新动态，服务全局工作。加强与相关国家邮政部门的合作与交流。巩固双边交流机制，扩大对外交流渠道，提升合作交流质量。积极参与国际邮政监管，积极参与中美、中日、中欧邮政和快递发展会议。做好世贸组织第4次对华贸易政策审议、中日韩自贸区谈判及海峡两岸经济合作框架协议谈判相关工作。进一步做好港澳台各项工作，巩固和完善内地与港澳台邮政之间的交流与合作。精心组织好国际少年书信写作比赛。

目前，正值春节业务旺季，社会对我们高度关注，消费者对我们寄予厚望。全行业要团结一致，真抓实干，切实保障邮政、快递服务，确保邮件、快件正常收寄、分拣、运输和投递，保持行业安全稳定，满足节日期间人民群众用邮需求，履行好我们承担的光荣而艰巨的社会责任。

2012年，我们还有一项十分重要的工作，就是要学习贯彻即将召开的党的十八大精神，在深刻领会会议精神的基础上，落实到邮政业的各个方面。

同志们，2012年是党和国家事业发展进程中具有重要意义的一年。邮政业改革发展任务艰巨，责任重大。让我们紧密团结在以胡锦涛为总书记的党中央周围，深入贯彻落实科学发展观，改革创新，开拓进取，真抓实干，务求实效，以优异成绩迎接党的十八大胜利召开。

谢谢大家！

国家邮政局局长马军胜在“2012中国快递论坛”开幕式上的致辞

2012年5月29日

各位嘉宾、各位朋友，女士们、先生们：

大家上午好！

“2012中国快递论坛”今天开幕了。论坛的主题既反映了当今中国快递业高速发展进程中需要面对的挑战，又体现了广大消费者对快递服务的热切期盼。对于推动新时期快递服务科学发展、和谐发展、健康发展意义重大。在此，我代表国家邮政局对论坛的召开表示热烈祝贺！对参加论坛的各位来宾、各位代表表示诚挚的欢迎和衷心的感谢！

邮政体制改革以来，快递服务快速崛起，已经成为我国重要的经济形式和新型的服务业态，广泛和深入地渗透到生产、流通、消费等各个领域，在增强国民经济发展活力，提高资源配置效率，促进关联行业发展，带动创新就业等方面，发挥了不可替代的重要作用。今年前4个月，全国规模以上快递企业业务量同比增长46%；业务收入同比增长37%，均比上年同期提高11个百分点，特别是进入5月份以来，连续有10个工作日我们的快递业务量每天超过了1500万票，基本已经达到了去年旺季高端的水平，发展很快。特别是随着电子商务的兴起、跨区域贸易的迅速增长以及制造业、信息产业的调整转型，快递服务充分发挥了突破时空限制、联系生产生活等优势，改变了传统的经营管理架构和生产组织形态，创新了社会服务模式，展现出广阔的发展前景。

近年来，国家连续出台政策，推进快递服务加快转型升级，国务院批准的《国家产业结构调整指导目录》，已经将快递列为国家鼓励发展产业。2012年3月21日，国务院通过了《"十二五"综合交通运输体系规划》，明确提出要"大力发展便捷、高效快递服务"。在国家制定的关于服务业、电子商务、基础设施建设等一系列推动发展改革的重大政策中，快递服务都占有相当重要的位置，而且都制定了针对性的措施。今年年初，国家邮政局发布了《快递服务"十二五"规划》。按照规划，到2015年，快递服务要努力实现三个目标：一是行业要做大，实现快递服务业务收入在2011年基础上翻一番以上，总体规模进入世界前列；二是企业要做强，形成一批规模较大、服务质量好、核心能力强、管理规范的大型快递企业或企业集团；三是品牌要做优，打造一批五星级优质快递服务品牌，从主要依靠价格和网络转向主要依靠品牌和品质来巩固国内市场，开拓国际市场。

为了实现以上目标，我们需要从宏观层面上，着力构建便捷高效、竞争有序、技术先进、服务优质的快递服务体系，着力推进快递服务转方式、调结构、大发展、上水平。我们将采取以下措施：一是要坚持快递市场化的改革方向，进一步加大改革攻坚力度，更加注重顶层设计和总体规划，明确改革的优先顺序和重点任务，形成有激励有约束的制度安排，引导快递企业加快建设现代企业制度，发挥市场主体转变发展方式的积极性、主动性和创造性；二是要依托综合交通运输体系，完善快递服务网络，提升传递速度，解决好快递运输的瓶颈问题。当前特别是要注重解决快递车辆"进城难"和配送最后一公里"配送难"问题；三是要支持快递企业向服务链、供应链、产业链上下游延伸，持续提升快递品牌的服务价值，加快发展电子商务代收货款新兴业务，大力推进快递服务与制造业的深度融合，促进产业联动发展；四是要强化市场监督管理，营造各类所有制企业平等使用生产要素、公平参与市场竞争、同等受到法律保护的竞争环境，更加注重行业诚信体系的建设，更加重视消费者合法权益的保护，让消费者和企业共享行业改革发展的成果。

"不断改善和提升服务，满足人民群众对快递服务日益增长的需求"，是快递转型升级的出发点，也是我们长期的目标。2012年，国家邮政局提出以"诚信、服务、规范、共享"为框架的行业核心价值理念，"服务"正是这一理念的核心内容。我们的目标是要把行业发展与社会进步、民生受益统一起来，进一步催生全行业的聚合力、向心力和发展力，形成积极向上的价值观和行业文化，提升服务水平，满足人民生产生活需要。

各位嘉宾、各位朋友，今年是"中国（北京）国际服务贸易交易会"的首办年，也是中国快递协会走向这一国家平台的第一年。我高兴地看到，商务部、北京市人民政府和有关部门高度重视，为论坛的顺利举办创造了良好条件，本届论坛的议题更加贴近行业发展的前沿，更加富有时代的意义和挑战性，其中综合交通运输体系与快递、世贸组织快递服务的谈判、全民质量管理和产业联动发展国际化道路、维护消费者权益等议题都与提升质量、服务民生密切相关，也是社会关切、企业关注的重大问题，得到了广大快递企业、专家学者和关联行业的积极响应和热情参与，参加今天会议的代表智力密集、人才荟萃，同时，与快递论坛相呼应，中国快递协会将组织签订企业合作的协议、召开设备技术推介会、专家互动等一系列内容丰富的活动，搭建多层次的沟通交流平台。因此，我相信本届论坛一定能够汇集更多的真知灼见，为我国快递服务的改革发展实践提供更加广阔的思路。同时，我也期待通过大家的共同努力，展现中国快递服务取得的可喜成就，展望发展的美好前景，推动行业内外开辟新的合作领域，引导社会资源更多地投向快递服务，实现新事业、新机遇、新发展的美好愿望。

最后，预祝“2012 中国快递论坛”取得圆满成功，祝中国快递事业蒸蒸日上、兴旺昌盛，为我国经济社会全面发展作出新的更大的贡献。谢谢大家！

坚持发展现代邮政　把邮政事业不断推向前进

——国家邮政局局长马军胜在第 43 届世界邮政日上的致辞

2012 年 10 月 9 日

在举国欢庆中华人民共和国 63 华诞、喜迎党的十八大胜利召开的日子里，我们迎来了第 43 届世界邮政日。借此机会，我代表国家邮政局，向关心、支持邮政事业发展的各地区、各部门和社会各界表示崇高的敬意和衷心的感谢！向邮政系统的广大干部职工致以节日的问候和良好的祝愿！

当前，我国正处在全面建设小康社会的关键时期和深化改革开放、加快转变经济发展方式的攻坚时期。邮政业发展既面临难得的机遇也面临严峻的挑战。中央实施扩内需、稳增长战略，更加强调保障和改善民生，更加重视发展服务业，为邮政业发展提供重要机遇。国家将邮政服务列为基本公共服务的重点项目，中央和地方不断出台鼓励邮政发展政策，综合交通运输体系一体化发展，为邮政发展提供良好环境。随着经济社会不断发展，对信息传递、物品递送和资金流通的需求更加旺盛，为邮政业发展提供了广阔的市场空间。同时，我国邮政事业虽然取得长足发展，但仍然处于发展的初级阶段，邮政服务能力和水平还不能适应经济社会发展和人民生活需要，邮政公共服务和竞争性业务、区域和城乡发展还不够协调，加快转变发展方式的任务十分迫切。我们要认清形势，明确任务，抓好机遇，应对挑战。要深入学习贯彻即将召开的党的十八大精神，以邓小平理论和“三个代表”重要思想为指导，深入贯彻落实科学发展观，牢牢把握发展第一要务，认真贯彻“稳中求进”的工作总基调，全面贯彻《中华人民共和国邮政法》，认真实施《邮政业发展“十二五”规划》，更加注重提升邮政服务能力和水平，更加注重推进邮政普遍服务均等化，更加注重转变邮政发展方式，改革创新，转型升级，加快发展现代邮政，服务经济社会发展和民生改善，全面提高科学发展水平，把我国邮政事业不断推向前进。

着力转变邮政发展方式。加快转变发展方式是发展现代邮政的关键。要以结构调整为主攻方向，统筹邮政普遍服务业务、邮政速递物流业务和邮政金融业务的协调发展。由主要依靠扩大外延投入向主要依靠改革创新、科技进步、从业者素质提高和发挥网络、品牌、渠道优势、提升核心能力转变；由主要注重规模增长向规模、结构、质量、安全、效益并重转变，走全面协调可持续的发展道路。

着力推进邮政普遍服务均等化。邮政普遍服务是国家基本公共服务的重要组成部分，是重要的民生领域。做好邮政普遍服务是发展现代邮政的基础，是邮政的核心价值。要不断完善中央地方共投共建模式，大力加强邮政基础设施建设，推进乡乡设所、村村建站、户户设箱、局所改造和邮政服务进社区工程建设。加快打造面向全社会的便民服务平台。大力提升邮政综合服务能力，加快完善局所业务功能，加强为“三农”服务的工作。完善邮政普遍服务保障和监督机制。推动设立邮政普遍服务基金。推动建立科学透明的邮政普遍服务收支核算和补贴制度。研究建立邮政普遍服务综合评价体系。制定邮政企业普遍服务综合绩效考核办法。在推动发达地区邮政普遍服务向更高标准提升的同时，逐步提高中西部和农村地区邮政普遍服务水平，更好地适应经济社会发展和人民生活需要。

着力深化邮政改革，做大做强邮政企业。改革是发展现代邮政的强大动力。要继续完善邮政普遍服务业务和竞争性业务分业经营、分账核算体制机制和三大板块共同发展机制。加快邮政速递物流改制步伐，建立现代企业制度，实现资本化运作、集约化管理、规模化运营。依托综合交通运输体系，推动企业功能整合和服务延伸，融入产业链、服务链和供应链，促进与电子商务、制造业协同发展。不断增强邮政综合实力，努力将中国邮政建设成为品牌强大、实力雄厚、具有较强国际竞争力的现代服务业集团。

着力推进现代邮政文化建设。建设现代邮政文化是发展现代邮政的根本保障。要坚持以人为本，调动一切积极因素，扎实推进和谐邮政建设，使企业改革发展成果惠及全体员工。充分利用邮政厚重历史文化底蕴优势，顺应时代改革发展要求，加强邮政文化建设，构建符合邮政实际、适应发展需要的邮政核心价值体系，打造服务文化建设公共平台，为社会主义文化大发展大繁荣作出贡献。

邮政改革发展处于关键时期。我相信，在各级政府和全社会的共同关心和支持下，在邮政系统全体干部职工的共同努力下，通过坚持发展现代邮政，邮政事业必将不断取得新的进步，必将为经济社会发展和民生改善作出更大贡献。

完善省级以下邮政监管体制　促进邮政业健康发展

——国家邮政局副局长王梅就“完善省级以下邮政监管体制”接受中国政府网专访

2012 年 10 月 26 日，国家邮政局副局长王梅接受中国政府网专访，就“完善省级以下邮政监管体制 促进邮政业健康发展”与网民在线交流，解读相关政策。以下为访谈实录。

主持人：各位网友，大家好，这里是中国政府网在线访谈。邮政业是国家重要的基础性产业，广泛服务于经济建设、社会发展和人民生活。邮政体制改革 5 年来，行业各项工作都取得明显成效，但是，面对新的形势和任务，省级以下没有机构、邮政管理缺乏组织保障的问题日益突出。就在今年的 3 月 1 日，完善省级以下邮政监管体制实施工作正式启动。今天我们邀请到国家邮政局党组成员、副局长王梅接受中国政府网专访，就“完善省级以下邮政监管体制 促进邮政业健康发展”与网民在线交流。欢迎您，王局长。

王梅：主持人好。各位网友好。很高兴到中国政府网就完善省级以下邮政监管体制相关工作进行交流，也很感谢大家对我们邮政监管体制改革的关心。

网友 木易木辛：首先，请您介绍一下完善省级以下邮政监管体制相关工作的背景，好吗？

王梅：完善省以下邮政监管体制，是中央按照行政管理体制改革的方向和要求通盘考虑作出的重大决策，下面我主要从三个方面介绍一下背景：

首先是改革给邮政行业发展注入活力，带来了巨大的变化。全行业业务量收快速增长，行业规模进一步扩大，发展速度和质量都有了很大提高，快递已经成为我国重要的经济形式和新型的服务业态。邮政业有力地支撑了电子商务和制造业、国内国际贸易的发展，在国民经济中的地位日益突出：中国邮政经营规模不断扩大，两次进入世界500强。快递服务迅速崛起，快递包裹市场从300万件激增到1800万件，其就业人员从30万人增长至80万人。这也体现了我们行业发展的规模。

二是邮政体制改革的深化和继续。2005年，根据国务院的部署，启动了以“政企分开”为重点的邮政体制改革，重组国家邮政局，并设立垂直管理的31个省（区、市）邮政管理局，就是两级管理体制，中央和地方。整个两级承担的就是行业管理和市场监管等职责。但是，改革只在国家和省一级建立了邮政管理机构，国务院有关文件明确：进一步完善省级以下邮政监管体制问题另行研究。由于省以下没有基层邮政管理机构，省一级邮政管理人员总数不足500人，平均一个省份16人，力量严重不足，直接影响管理职责的有效落实。

三是随着行业迅速发展，邮政安全问题日益突出。主要反映在：寄递渠道每年的涉恐涉爆案件有几十起，查获的违禁品数量也一直居高不下。国内外不法分子利用寄递渠道实施违法犯罪行为，危害国家统一和安全。修订后的《邮政法》明确规定了邮政监管部门保障通信安全和信息安全的法律责任，在日益严峻的安全形势下，邮政行业必须完善管理机构，充实监管力量，落实安全责任。

因此，完善省以下邮政监管体制，是邮政领域深化行政管理体制改革的重要步骤，是转变政府职能，实行政企分开，保证公共服务，确保通信安全的有效举措。

网友 极地紫光：请问完善省级以下邮政监管体制改革的主要内容有哪些？

王梅：2012年1月20日，《国务院办公厅关于完善省级以下邮政监管体制的通知》（国办发〔2012〕6号）正式印发。按照文件的要求，完善省级以下邮政监管体制主要内容有：一是按照市（地）行政区划设立市（地）邮政管理局，我们是在两级邮政管理体制的基础上完善三级邮政管理体制，具体承担监督管理本地区邮政市场以及邮政普遍服务的实施等职责。

二是调整邮政监管体制。将目前实行的中央、省两级垂直管理体制调整为中央和地方双重管理，就是我们的管理体制发生变化了，以中央为主，省及市（地）邮政管理机构由上级邮政管理部门与地方人民政府双重管理，邮政业务、机构编制、干部、财务等以上级邮政管理部门为主的体制。省、市（地）邮政管理局局长兼任地方交通运输部门副职领导，其任免需征得当地党委、政府同意。

三是明确了地方政府的职责，主要体现在邮政规划衔接、政策资金支持、邮政管理相关工作考核等三个方面。并加强省级以下邮政管理机构与交通运输部门的协作，发挥综合运输体系的整体效能。

网友 福佑居士：这次邮政监管体系改革的目标是什么？

王梅：此项改革有三大目标：一是进一步转变政府职能，解决邮政体制改革中的遗留问题。转变政府职能的一项重要内容就是推进政企分开，进一步强化市场配置资源的基础性作用，更好地提供公共服务和产品。邮政普遍服务直接服务基层群众，建立地市邮政监管机构，将促进邮政管理部门有效履行对基层邮政普遍服务的保障监督职能，提高政府的公信力。另外，邮政体制改革后，省级以下邮政企业仍然叫“××邮政局”,他们已经是公司了,还叫这个名字会让社会误解市地及县以下邮政未实行政企分开。这既不利于邮政企业集中精力开展经营,也不利于建立公平公正的邮政市场环境,进一步深化改革将有利于邮政企业集中力量谋发展、促转型,有利于实现行业规范经营和健康发展。

二是合理划分中央地方事权,充分发挥两个方面积极性。修订后的《邮政法》在明确邮政监管部门责任的同时,也明确了地方政府在加强基础设施建设、保障邮政普遍服务、扶持边远地区邮政发展等方面的职责。此次将省级以下邮政监管体制由垂直管理调整为双重管理,既考虑了邮政全程全网的作业特性和管理特点,同时也为地方政府依法履行职责提供了抓手,有利于推进中央和地方出台的邮政规划、政策措施等的有效实施,有利于强化对各类企业的有效监管。这也符合责权一致、合理划分中央地方事权的行政体制改革要求。

三是促进邮政业与交通运输业融合,推进大部门体制改革。2008 年国务院大部门体制改革,将国家邮政局、中国民航局改由交通运输部管理,迈出了探索综合交通运输体系建设的第一步。近年来,交通、邮政部门发挥各自优势,积极推进邮政业与各种运输方式衔接融合,取得了很好的成果。这次调整,将完善省级以下邮政监管体制与交通运输大部门体制改革相结合,相应地在职能配置、运行机制、工作衔接、干部管理等方面理顺管理体制,强化政府责任,既有利于两个行业的联系协同,也有利于综合运输体系的进步和发展。

网友 平易:地方党委、政府参与邮政事务管理的主要内容体现在哪些方面?

王梅:这个在 6 号文件里已经明确表述了。地方党委、政府对邮政事务的管理主要体现在对邮政管理的统筹协调和对邮政普遍服务的保障支持等方面。具体包括:一是邮政普遍服务支持方面。地方人民政府应当将邮政设施的布局和建设纳入本地城乡规划,对提供邮政普遍服务邮政设施的建设等提供政策和资金支持。

二是领导干部任免方面。省(区、市)及市(地)邮政管理局领导班子(含党组)成员的任免,上一级邮政管理部门党组作出决定前,征求地方党委意见。其中,局长、党组书记的任免,征得当地党委的同意。

三是地方邮政管理部门主要负责人兼任同级交通运输部门副职领导,由地方党委、政府按照有关规定和程序办理。四是支持邮政管理部门工作方面。地方人民政府应统筹协调和指导邮政管理部门与相关方面的工作。五是监督考核方面。邮政管理相关工作纳入地方人民政府考核体系。加强邮政队伍思想政治和廉政监督等工作。六是促进综合交通运输体系发展方面。地方交通运输部门根据地方人民政府要求,协助做好邮政管理相关工作,统筹协调本地邮政行业规划与交通运输规划的衔接,促进邮政与交通运输资源的整合,负责邮政管理部门党务等工作。

网友 小明:邮政企业在此次改革中的主要任务有哪些?

王梅:按照《国务院办公厅关于完善省级以下邮政监管体制的通知》的要求,中国邮政集团公司及各级邮政企业要进一步深化企业经营机制改革,充分发挥市场主体作用,切实履行好邮政普遍服务义务。要开展企业更名工作。按照国务院要求,中国邮政集团公司设在市(地)、县的邮政企业不再使用"××邮政局"的名称,更名为"××邮政分公司"。按照要求,各级邮政企业应在 2012 年年底前完成更名、换牌和企业登记变更工作。

网友 云彩飘飘:您能否具体介绍一下全国市(地)一级邮政管理局的数量和规格呢?

王梅:根据中央编办发〔2012〕3 号的规定,市地一级总共设立 357 个邮政监管机构。也就是在 27 个省(区)按照市(地)行政区划设置 332 个市(地)邮政管理局,在 4 个直辖市和海南省,除海口市、三亚市,跨区域设置 25 个邮政监管派出机构。

上述机构的规格比照同级政府部门管理机构确定。

网友 青山依旧：市（地）邮政管理局的主要职责有哪些？

王梅：主要有六项职责：（1）贯彻执行国家邮政法律法规、方针政策和邮政服务标准。（2）研究拟订本地区邮政发展规划。（3）监督管理本地区邮政市场以及邮政普遍服务和机要通信等特殊服务的实施。（4）负责行业安全生产监管、统计等工作。（5）保障邮政通信与信息安全。（6）承办省（区、市）邮政管理局及市（地）人民政府交办的其他事项。

网友 聪慧：已经开展在市级建立邮政管理局，是否有打算在县区级建立邮政监管单位呢？邮政系统刚刚政企分离不久，而邮政监管这么多，会不会存在工作不饱和、工作职责不明确的问题呢？

王梅：根据文件规定，县级原则上不再设置邮政监管机构，但是对于一些业务集中、情况特殊的，比如业务量特别大，这些县市可以依托县级交通部门来承担有关监管工作，或者由上级邮政管理部门设置派出机构来履行监管职责。具体形式是由上级邮政管理部门和地方人民政府协商确定。

网友 生活：完善省级以下邮政监管体制的具体实施分哪几个阶段？

王梅：从今年初开始，国家邮政局坚持"统筹实施、精心组织、重点先行、稳步推进"的原则，分四个阶段，有重点地交叉推进相关工作。主要是筹备启动、调查摸底、推进实施、总结验收四个阶段。

一是筹备启动阶段，主要工作是建立部、省两级工作协调机制，印发实施工作指导意见和工作方案，沟通协调有关政策，召开全国电视电话会议进行动员部署等。

二是调查摸底阶段。主要工作是各省（区、市）邮政管理局按照国家邮政局的要求，对省级以下邮政监管机构组建的人员、经费、资产情况进行摸底调查，并将需求和建议上报国家邮政局。

三是推进实施阶段，也是目前正进入关键时期。主要工作是在国家邮政局的指导下，各省局分期分批完成市（地）一级邮政监管机构领导班子选调、培训工作，基本完成内设机构架构的搭建和其他公务员的招录工作。积极协调争取地方政府和有关部门的支持，解决市（地）局的办公用房、车辆配备、开办及运行经费等问题。正在与地方交通运输部门对接，落实党务管理工作，推动邮政行业规划和交通运输规划的统筹衔接。下一步要协助邮政企业，落实市（地）、县邮政企业更名、换牌和企业登记变更工作。按照国务院要求，整体实施工作要在2012年年底前完成。

四是工作总结阶段。由交通运输部、国家邮政局牵头，相关部门组成检查验收组，对各省（区、市）完善省级以下邮政监管体制实施工作进行检查总结。

网友 zjptsd：请问王局长：根据国家局的统一部署，2012年11月底前要基本完成市（地）邮政管理局的组建工作，这对完善省级以下邮政监管工作无疑产生巨大而深远的影响，现在我想问的是，这对于今后我国市（地）以下快递业的发展带来怎样的机遇和挑战？谢谢！

王梅：现在快递确实发展很快，主要是随着现在电子商务、网购的发展，需求很大。我可以解说一组数据，我们现在"十一五"期间，快递业务量年均增长29.7%，快递业务收入年均增长21%。日业务量突破1800万件，为就业作出很大贡献。2012年9月份，平均快件日处理量达到了1700万件，现在马上进入旺季，比如双"11"，一方面要加强引导，另外对于快递企业出现的一些问题、一些困难，我们要提供帮助和支持，有些工作要帮助他们协调。地市监管机构成立以后，因为很多快递网点都在县市，这样可以更直接地为他们提供服务，同时为他们创造好的发展环境。

另一方面要加强监管。邮政部门监管职能有

两块，一是保证邮政普遍服务，二就是邮政市场的监管，邮政市场其中包括快递，使我们的快递企业规范化发展。比如说现在快递企业投诉很多，比如说服务质量问题、服务时限问题。现在国家局包括省局，我们有专门的申诉热线，但是有些由于原来都在省一级，人员有限、力量有限，又不能覆盖到地市，所以在处理这些问题上，包括随时的监督管理上确实会出现一些空白，组建以后，在这方面的能力力度会逐渐加大，主要目的还是使我们的快递能够有序发展，快递市场能够规范运作，给老百姓提供更好的、高质量的服务。

网友 世界：为了指导各省局做好完善省级以下邮政监管体制工作，国家邮政局采取的具体措施有哪些？

王梅：国家局党组按照中央的要求和交通运输部的部署，集中精力，上下同心，全力以赴地推进相关工作。我们采取的主要措施有：

首先是明确工作思路。通过认真组织学习国务院6号文和中央编办文件精神，统一认识，形成清晰的工作框架。坚持“分步实施、试点先行、突出重点、循序渐进”的工作原则和“先组建、后完善”的工作路径，按照“筹备启动、调查摸底、推进实施、工作总结”四个阶段扎实推进各项工作。

二是加强领导，建立工作机构。国家局和各省（区、市）局分别成立了领导小组和工作机构。我们联合相关部委，召开了电视电话动员会议。推动从中央到各省（区、市）普遍建立了多部门参加的工作协调机制并制定印发了工作实施方案。

三是健全沟通机制，确保信息畅通。国家局与各省（区、市）局之间迅速建立了工作联系人制度、重大情况汇报制度和统计旬报制度，始终保持上下渠道的畅通。

四是全面统筹研究，形成比较全面的工作文件体系。以中央两个文件为总纲，制定印发了实施工作指导意见、工作安排和宣传口径以及关于组织人事工作、公务员招考、基础条件保障等方面的30多个配套文件，编印了文件汇编，促进了整体工作的有序开展。五是抓好试点，以点带面，加强工作指导。我们确定了6个重点联系省份，实行有针对性的指导帮扶，并及时总结经验，向全国推广。同时，不断总结工作推进中具有代表性、苗头性和倾向性问题，以多种形式及时加强工作指导，妥善解决相关问题。六是建立了监督机制，严明实施工作纪律。我们主动引入监督机制，专门组建了监督工作机构，加强了纪律检查、行政监督和制度防控，有效防范了不正之风。各省（区、市）局按照国家局的总体部署，克难攻坚，拼搏奋进，积极争取地方党委、政府支持，主动协调有关方面解决问题，取得重大阶段性成果。整体看，我们已经进入“推进实施”的最后攻坚阶段，为下一步工作奠定了坚实基础。

网友 茉莉：请您介绍一下到目前为止的主要工作进展？

王梅：目前，市（地）局领导班子总体到位率达到95%，重点城市领导班子到位率达到99%以上；内设机构领导干部选配工作正在有序展开；专门组织的省以下机构公务员招录的笔试、面试工作已经顺利完成；市（地）局领导班子任职培训工作圆满结束；市（地）局组建资产、房产、开办经费等政策已经明确，各局正在积极协调、大力推进有关工作。经过大家的共同努力，省以下前期工作取得的成效是显著的，省级以下邮政监管机构组建工作有序推进，得到中央有关部门和地方政府的肯定。

网友 边城小生：很多网友都非常关心省级以下邮政监管机构领导班子配备情况，能否给我们做一些介绍？

王梅：在班子配备过程中，我们始终强调三个“坚持”：

一是坚持党管干部原则。我们坚决贯彻中央的要求和中央组织部的具体指示，研究制定了领导班子配备工作指导意见，并随着工作的不断深入，综合省局反映的实际问题，及时研究下发相关政策、程序和规定，加强对班子配备工作各个环节的具体指导。各省局党组认真贯彻国家局党组的决策指示，严格执行有关文件规定，总体上做到了严谨、规范、有序、高效。

二是坚持把"德才兼备、以德为先"的用人标准贯穿到市（地）局班子配备的全过程。在人选推荐、考察和配备过程中，坚持遵守规定的标准条件和遴选范围，注重思想品德、注重工作能力、注重任职经历、注重班子结构，坚持五湖四海，不断扩大选人视野。目前，市（地）局领导班子677名人选的平均年龄为42.8岁，其中局长人选平均年龄为44.3岁，副局长平均年龄为41.5岁；大学本科以上学历占82.7%，其中研究生学历达到六分之一。干部来源主要集中在四个方面，其中局长人选，来自邮政管理系统的占18%，地方交通系统的占22%，邮政企业的占34%，其他政府部门和单位的占26%。绝大多数都有基层管理工作经验，其中部分干部曾长期担任过一个方面的领导职务。班子的年龄、学历、专业结构比较合理，任职经历丰富，整体素质较高，达到了国家局党组的预期目标。

三是坚持严格按程序办事。在班子配备过程中，特别是在确定考察对象、确定配备方案等关键环节，严格按照规定的程序，加大审核把关力度。工作中，各省局严格执行规定的程序，坚持原则不变通，执行规定不走样，上下反映比较好。国家局党组对省局上报的方案，从资格条件、班子结构、工作程序、有关材料等方面，认真进行审核。经过两上两下，反复酝酿，并认真听取地方党委意见，形成班子人选方案，用程序公开保证了选人用人的公平、公正。

网友　金兰：请您介绍一下国家邮政局组织开展的市（地）邮政管理局长任职培训相关情况好吗？

王梅：为尽快帮助市（地）局领导班子成员转变观念、进入角色、胜任岗位，从2012年7月中旬开始至9月初，国家邮政局分四期在井冈山和北京两地举办了全国市（地）邮政管理局长任职培训班，共有来自354个市（地）邮政管理局的660名局长、副局长参加了任职培训，取得了很好的效果。本次培训有几个特点。一是国家局领导高度重视，局党组审定培训方案，马军胜局长亲自讲授开班第一课并在每期结业时与学员集体谈话，局党组全体成员参加授课和学员联欢，全程指导参与。二是学习内容丰富，培训方式新颖。培训第一阶段在井冈山以理想信念和革命传统教育为主，第二阶段在北京以邮政管理业务知识为主。三是组织实施周密，日程安排紧凑、学员管理到位、后勤保障得力。学员们普遍反映，通过学习，加深了对邮政管理工作的认识，坚定了做好市（地）邮政管理的工作，开好局、起好步的信心。

网友　小芳：能否简要介绍一下下一阶段完善省级以下邮政管理体制有关工作思路和主要工作内容？

王梅：完善省级以下邮政监管体制的决定，充分体现了党中央、国务院对邮政管理工作的重视和对邮政业的关怀。全系统只有扎扎实实地做好省以下邮政监管各项工作，才能不辜负党中央、国务院的关怀和期望。目前正在进行的工作主要有以下几项：

首先，是启动了《中华人民共和国邮政法》的修订工作。省级以下邮政监管机构组建之后，需要相应修改现行邮政法的有关规定，增加关于省级以下邮政管理机构的规定，明确省级以下邮政管理机构的法律地位和职责。全国人大常委会已于2012年10月23日开始审议邮政法修正案草案，听取了马军胜局长受国务院委托所作的提请审议说明。

就在今天上午，就在我们访谈的同时，第十一届全国人大常委会第29次会议上，《邮政法》修正案增加了关于省级以下邮政管理机构的规定，明确了省级以下邮政管理机构的法律地位和职责，做到了各级邮政管理部门职权法定，确保省级以下邮政管理机构能够依法履职。下一步我们将继续加大《邮政法》的宣传力度，明确地方各级政府和部门的职责，介绍邮政管理体制改革成果以及

《邮政法》新的规定，通过各种宣传报道，进一步树立省级邮政管理机构的政府部门的形象。

其次，是指导市（地）邮政管理局组建后尽快开展工作，全面履职、依法行政、有效作为。国家邮政局根据《邮政法》和国办发〔2012〕6号文件精神，专门研究印发了《关于地市邮政管理局工作的指导意见》，对市（地）邮政管理局业务工作提出了总体要求，明确了具体工作内容。意见从全面做好政策法规工作、组织开展邮政普遍服务和特殊服务保障监督工作、强化市场监管工作等3个方面，提出了24项具体工作任务。同时国家局和各省局还要指导市地局开展行业状况的调查研究，做好开局建章立制等基础管理工作，积极推进资金、资产保障工作，为市地邮政监管机构全面开展工作提供指导和保证。

第三，继续认真做好组织人事工作。今后的重点应逐步转到加强领导班子和干部队伍建设上来，要认真抓好市（地）局班子配备后续工作，新招录公务员的培训工作，加强队伍思想教育和业务培训。第四，不断强化纪律监督。强化对“班子配备”、“资金使用”、“物品采购”、“人员招录”等重点领域和重点环节的监督，从市地局组建一开始就加强反腐倡廉教育，开好局、起好步，筑牢廉洁从政的基础，树立好政府的形象。

第二篇　发展概览

第一章　2012 年快递服务发展综述

2012 年是实施“十二五”规划承上启下的重要一年。党中央、国务院坚持以科学发展为主题，以加快转变经济发展方式为主线，在稳中求进的工作总基调指引下，国民经济运行缓中企稳，经济社会发展稳中有进，人民生活水平持续提升。全年邮政业各项工作持续稳步推进，全行业发展态势不断巩固、发展质量不断提升，普遍服务运行稳定，快递服务增势显著。

为了加快快递服务转型升级，提升快递服务能力和水平，更好地服务经济社会生活，满足人民群众日益增长的快递服务需求，2012 年，邮政管理部门着力优化快递发展环境，提升快递市场监管水平，规范快递市场秩序；各主要快递企业加大投入，加强基础设施建设，提升科技应用水平，不断完善产品服务体系，改进客户服务，提高快递服务能力与服务质量。

一、快递业务量收持续高增长，与电子商务协同发展加强

2012 年，随着市场发展环境的进一步优化，快递业务得到了持续快速的发展，业务收入达到 1055.3 亿元，同比增长 39.2%；业务量达到 56.9 亿件，同比增长 54.8%，连续 23 个月增长速度超过 50%。我国快递日均处理量超过 1500 万件，最高日处理量突破 3000 万件，位列世界第二。在邮政管理部门的大力推动下，快递企业与电子商务企业加强协同发展，“双 11”、“双 12”电子商务促销以及快递旺季期间，在单日最高处理量同比增长 67% 的情况下，快递服务没有发生全网性“爆仓”积压现象，圆满完成了旺季服务保障工作，得到了社会的好评，用户比较满意。

（一）快递业务收入突破千亿，行业占比首次过半

2012 年，快递业务增势迅猛，全年累计实现快递业务量 56.9 亿件，同比增长 54.8%，增速与上年同期基本持平（图 2-1）；全年累计快递业务收入首次突破千亿大关，实现收入 1055.3 亿元，同比增长 39.2%，较上年同期提高了 7.3 个百分点（图 2-2）。其中，同城快递业务量和业务收入分别完成 13.1 亿件和 110.2 亿元，同比分别增长 60.6% 和 67.3%；异地快递业务量和业务收入分别完成 41.9 亿件和 635.5 亿元，同比分别增长 53.6% 和 42.5%；国际及港澳台快递业务量和业务收入分别完成 1.8 亿件和 205.6 亿元，同比分别增长 43.1% 和 11.3%。

从月度来看，2012 年我国快递分月业务量、业务收入整体呈上升趋势。到年底业务旺季，因电子商务促销力度较大，网购产生的快递量激增，使快递业务量收分别在 11 月、12 月创下单月之最。11 月，完成快递业务量 6.7 亿件（同比增长 70.4%），创单月业务量历史新高；完成快递业务收入 111.6 亿元（同比增长 48.4%），首次突破单月业务收入百亿大关。12 月，完成快递业务量 6.6 亿件（同比增长 53.2%），较 11 月略有回落；完成快递业务收入 112.7 亿元（同比增长 32.6%），再度刷新单月

业务收入纪录(图2-3、图2-4)。

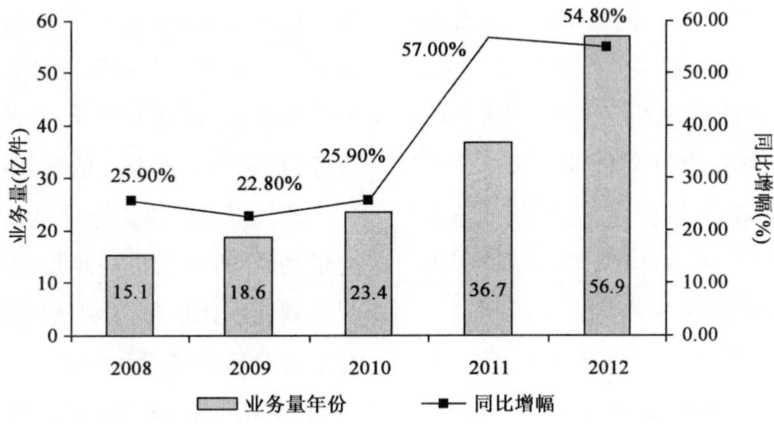

图2-1 2008－2012年我国快递业务量增长情况

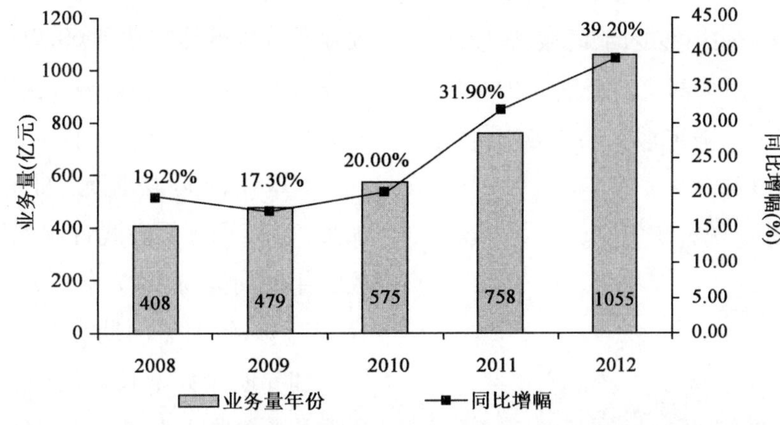

图2-2 2008－2012年我国快递业务收入增长情况

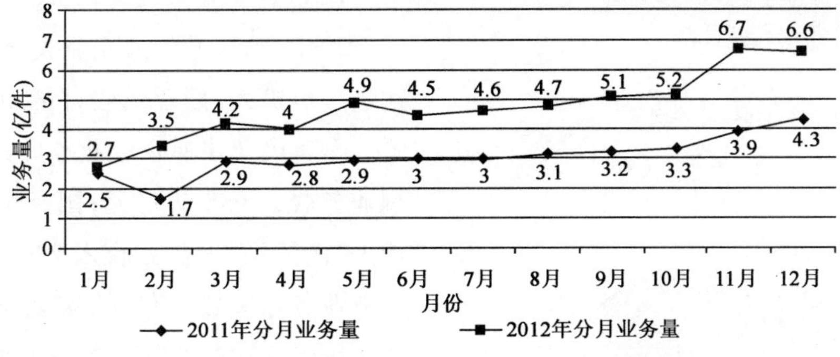

图2-3 2011年和2012年我国快递分月业务量对比

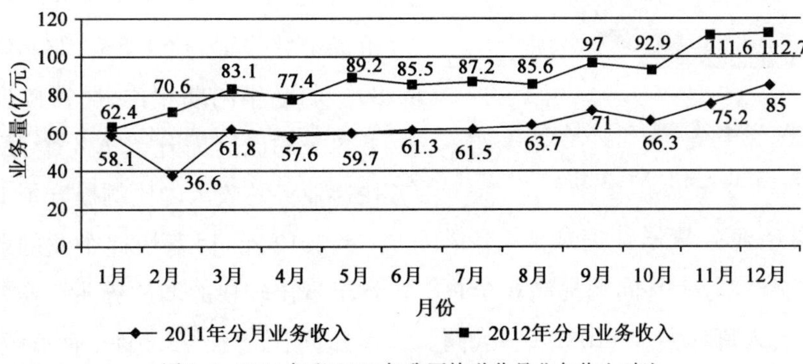

图2-4 2011年和2012年我国快递分月业务收入对比

快递业务的快速发展,使邮政全行业的收入构成比例发生明显调整。2012 年,快递业务收入在全行业业务收入中的占比继续提高。至第三季度末,快递业务收入占全行业业务收入的比重达 50.7%,刷新该指标历史最高水平,较上年同期扩大 5 个百分点,首次超过五成。2012 年全年,快递业务累计收入占全行业业务收入的比重达 53.3%,较上年末提高了 4.8 个百分点。快递业务收入份额超过一半,意味着快递业务对邮政业增长的贡献进一步加大,逐渐成为邮政业发展的主要引领。

(二)各项业务增势良好,同城业务增速较快

2012 年,快递业务结构小幅变动,同城、异地、国际及港澳台快递业务量占全部比例分别为 23.1%、73.7%和 3.2%(图 2-5),业务收入占全部比例分别为 10.4%、60.2%和 19.5%(图 2-6)。与上年末相比,同城快递业务比例有所上升。

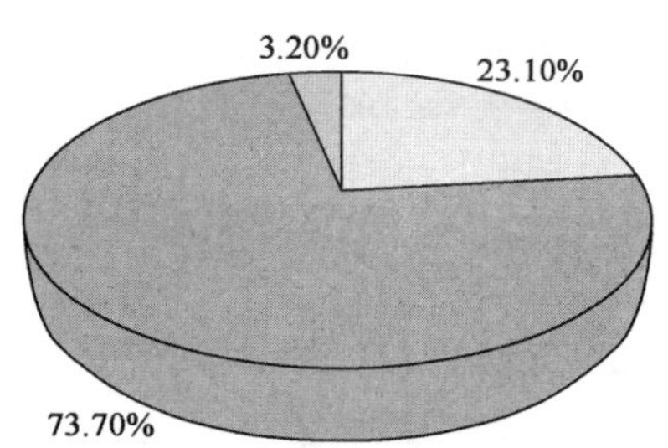

图 2-5 2012 年快递业务量结构图

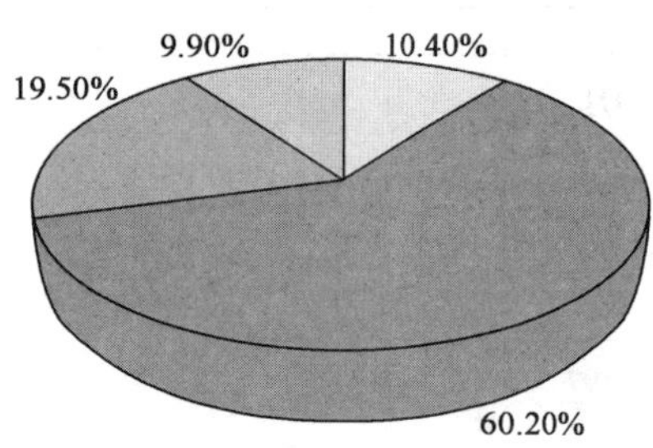

图 2-6 2012 年快递业务收入结构图

2012 年,同城快递业务量累计完成 13.1 亿件,同比增长 60.6%,增速较上年同期提高 6 个百分点;同城快递业务收入累计实现 110.2 亿元,同比增长 67.3%,增速较上年同期提高 8.5 个百分点。在本年快递服务高速发展的过程中,同城业务增长速度最快,除个别月份受淡季影响外,大多数月份的同城业务量和业务收入都保持 50%以上的大幅增长,增速均领先于异地和国际及港澳台业务,也高于快递业务的整体增速。

2012 年,异地快递业务受电子商务促销活动的带动,业务增长进一步加快,全年业务量和业务收入累计同比增幅分别达到了 53.6%和 42.5%,对全部快递业务量和业务收入增长的贡献率分别达到 72.6%和 63.8%。异地业务在快递服务中的主导地位越来越凸显,全年收入累计占整个快递业务收入的比重达到 60.2%,在 11 月首次超过六成后又有小幅上升,较上年同期提高了 1.4 个百分点。

2012 年,国际及港澳台业务增长回暖步伐继续加快。全年国际及港澳台业务量同比增长 43.1%,较上年同期提高 44.7 个百分点;业务收入同比增长 11.3%,较上年同期提高 8 个百分点。但由于同城和异地业务增长速度较快,国际及港澳台业务量和业务收入占比有所下降。

(三)民营企业快速成长,市场份额不断提升

2012 年,民营快递企业成长速度较快,市场份额进一步扩大,显现出较好的市场潜力和发展前景。全年民营快递企业业务量完成 42.9 亿件,实现业务收入 638.7 亿元;国有快递企业业务量完成 13 亿件,实现业务收入 299.1 亿元;外资快递企业业务量完成 1 亿件,实现业务收入 117.5 亿元。民营、国有、外资快递企业业务量市场份额分别为 75.4%、22.8%和 1.8%(图 2-7),业务收入市场份额分别为 60.5%、28.4%和 11.1%(图 2-8)。与上年同期相比,民营快递业务量占快递业务总量的比例提升了 7.8 个百分点,业务收入占快递业务总收入的比例提升了 11.1 个百分点。

2012 年,民营快递企业的业务量和业务收入均呈现出较快的增长势头。全年民营快递业务量累计同比增长 72.7%,业务收入累计同比增长 70.6%。其中,民营企业的同城业务增长最快,业

务量和业务收入的同比增幅分别达到85.1%和92.2%。

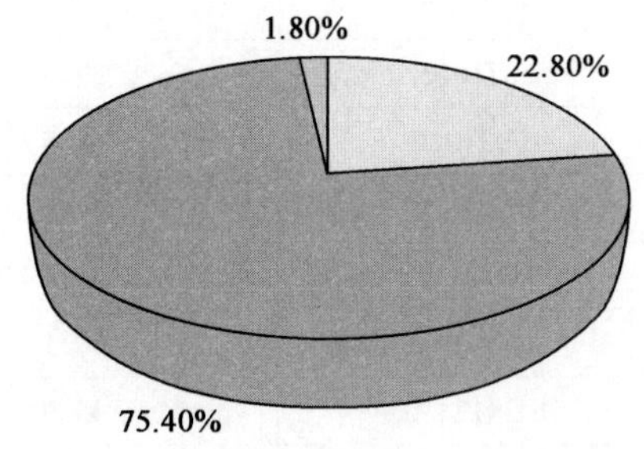

图2-7　2012年不同所有制市场主体快递业务量市场份额

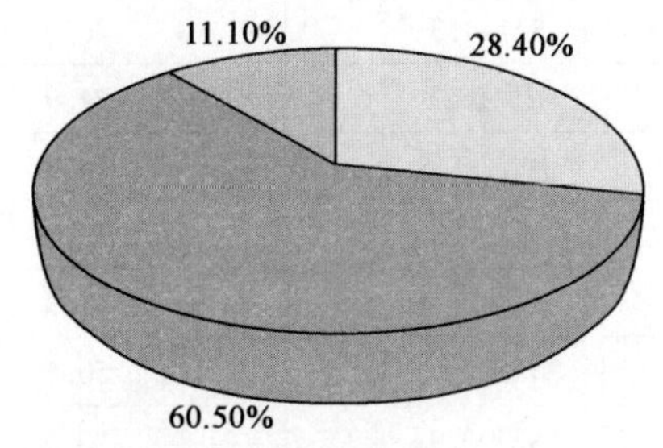

图2-8　2012年不同所有制市场主体快递业务收入市场份额

（四）三大区域增速提升，东部保持市场优势

2012年，东、中、西部地区各项快递业务均保持了较好的增长势头。其中，东部地区快递业务量增幅达58.6%，对全部快递业务量增长的贡献率达85.5%；中部地区业务增长速度有所提高，业务量同比增幅为44.9%；西部地区增长幅度稍有提升，业务量和业务收入增幅均超过30%。

2012年，各地区间业务结构基本保持稳定，东部地区快递业务占全国快递业务的比重继续上升。全年东部地区完成快递业务量46.6亿件，实现业务收入868.1亿元；中部地区完成快递业务量6.0亿件，实现业务收入98.7亿元；西部地区完成快递业务量4.3亿件，实现业务收入88.6亿元。东、中、西部地区快递业务量比重分别为81.9%、10.5%和7.6%（图2-9），快递业务收入比重分别为82.3%、9.3%和8.4%（图2-10）。与2011年末相比，东部地区比重出现小幅上升，业务量和业务收入比重分别扩大2个百分点和1.2个百分点，中西部地区比重则略有下降。

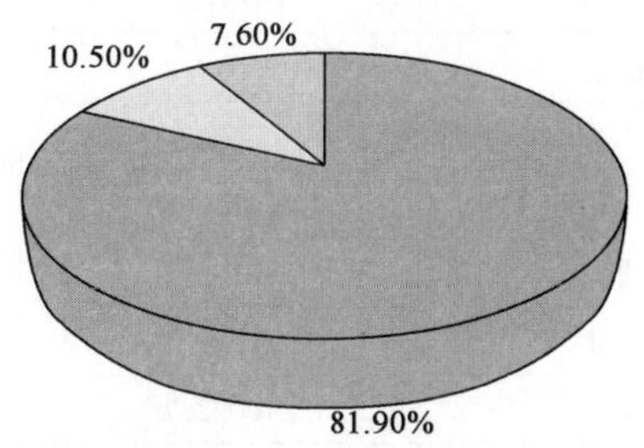

图2-9　2012年东、中、西部快递业务量结构图

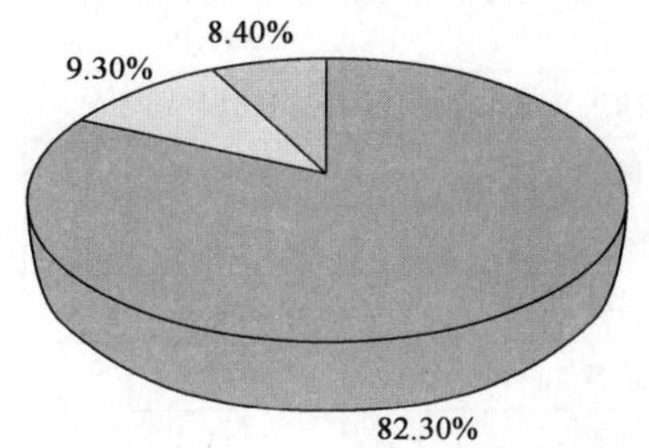

图2-10　2012年东、中、西部快递业务收入结构图

全国及各省（市、自治区）规模以上快递服务企业在2012年的业务量及同比增幅、业务收入及同比增幅见表2-1。

表2-1　2012年分省规模以上快递服务企业业务量和业务收入情况

单　　位	快递业务量累计（万件）	同比增长（%）	快递收入累计（万元）	同比增长（%）
全国	568548.0	54.8	10553324.2	39.2
北京	48073.7	42.8	762737.0	21.9
天津	6364.0	24.0	144376.7	13.6
河北	12469.1	44.0	214740.6	32.3
山西	2805.3	33.7	54284.2	17.0

续上表

单　　位	快递业务量累计（万件）	同比增长（%）	快递收入累计（万元）	同比增长（%）
内蒙古	2440.0	22.3	58718.6	29.5
辽宁	7757.4	24.9	179310.6	18.5
吉林	3854.4	45.6	80722.5	27.9
黑龙江	3623.5	18.2	81909.5	14.6
上海	59905.3	46.4	1828629.3	50.1
江苏	63870.5	65.9	1034124.0	45.9
浙江	81986.8	65.1	1197342.6	41.7
安徽	9731.4	46.8	145715.8	30.1
福建	25593.8	62.4	420985.5	33.0
江西	5472.6	47.3	84144.3	26.3
山东	24731.8	34.1	419168.3	24.9
河南	12503.4	49.2	192209.6	36.8
湖北	11629.8	40.4	183033.8	33.0
湖南	10022.7	58.0	164752.9	43.3
广东	133770.5	76.7	2456278.2	50.5
广西	4395.1	25.7	87490.9	20.5
海南	1123.6	17.8	23230.1	15.2
重庆	5497.9	35.1	103426.5	34.6
四川	12814.4	25.4	225753.7	26.9
贵州	1801.0	17.4	40386.8	10.4
云南	3774.4	24.1	85357.5	21.2
西藏	320.1	12.6	12989.2	10.6
陕西	5085.0	29.0	101893.6	21.7
甘肃	1470.3	29.5	35255.3	27.1
青海	286.7	17.3	9844.1	13.0
宁夏	2967.8	337.1	52709.0	249.7
新疆	2406.0	25.3	71803.8	24.4

（五）快递电商协同发展，关联产业加快联动

据商务部发布的《中国电子商务发展报告（2012）》显示，2012年我国电子商务保持持续快速增长的势头，电子商务交易额突破8万亿元，同比增长31.7%。其中，网络购物大面积普及，销售规模呈现爆发式增长，网络零售市场交易规模达到1.3万亿元，同比增长67.5%，增速约为当年社会消费品零售总额的4.7倍。同时，跨境电子商务成为新的发展热点，其快速增长对平台、物流、支付、结算、海关等环节提出新的要求。随着电子商务尤其是网络购物等新型业态的迅猛发展，社会对快递服务的需求持续增长，为快递服务加快发展提供了广阔的市场空间，也提出了更高的要求。

2012年，政府部门推动快递和电子商务协同发展的力度进一步加大。3月，国家邮政局、商务部联合发布了《关于促进快递服务与网络零售协同发展的指导意见》，提出了“优化协同发展政策环境，推动双方信息共享、标准对接，推动信用体系建设，鼓励快递企业构建与网络零售配套的服务体系，积极探索创新服务模式，深化安全领域合作，提升快递服务网络零售科技应用水平”等七个

方面的政策措施，并对两部门落实政策提出了具体要求。2012 年 7 月，国家邮政局发布《快递服务与电子商务信息交换标准化指南》邮政行业标准，对双方信息交换的通信接口、报文种类、数据安全控制等做了明确规定，以简化双方操作程序，提高处理效率，改善用户体验，推动快递服务与电子商务深度融合、协同发展。

2012 年，电子商务和快递的协同发展进一步加强。2012 年 5 月 28 日，在首届中国（北京）国际服务贸易交易会上，邮政速递物流（EMS）、顺丰速运、申通快递、圆通速递、韵达快递、中通快递、宅急送、百世汇通、天天快递等九家全国性快递企业与浙江淘宝商城网络有限公司（天猫）签订战略合作框架协议，加强快递与电商的协同，合作标的为 50 亿元。“双 11”期间，上述九家快递企业与天猫成立了“11 月 11 日网购促销活动”专项组，开通专线，专网沟通，新增 2.95 万辆运输车和 20 余万平方米分拣场地，投入 6.5 万人员补充到作业一线。最终，双方在“双 11”创造了 10 天内达到了近 2 亿件包裹的处理量，日处理量突破 3000 万件，实际服务规模超过 100 亿元。

2012 年，电子商务企业和快递企业的“跨界”进一步加深。继京东商城（江苏京东信息技术有限公司）、亚马逊（北京世纪卓越快递服务有限公司）在 2011 年取得快递业务经营许可证之后，2012 年，1 号店（上海益实多电子商务有限公司）、凡客诚品（北京如风达快递有限公司）、苏宁易购（苏宁电器股份有限公司）等电子商务企业开始跨界经营快递业务。同时，2012 年 5 月 31 日，顺丰速运旗下的电子商务网站“顺丰优选”正式上线，定位于以全球优质安全美食为主的网购商城，北京区域全品配送。同年 12 月 12 日，顺丰优选“时令优选”频道上线，特色经济产品开通全国配送。

二、行业发展环境优化，快递市场监管加强

2012 年，邮政管理部门继续加强邮政法律法规体系和标准体系建设，优化法制环境；加强《邮政业发展“十二五”规划》和《快递服务“十二五”规划》宣贯实施工作，推进快递服务转型升级；出台扶持政策，推进产业协同；加强快递业务经营许可管理，进一步开放国内市场；加大市场检查力度，严格服务质量监管；不断完善服务评价体系，提升消费者满意度；强化行业安全监管，确保寄递渠道安全；做好旺季服务保障工作，妥善应对业务高峰；推进快递专业人才培养，推动校企合作；加强行业合作交流，不断提升国际国内影响力。

（一）法规标准建设加强，法制环境进一步优化

2012 年，邮政管理部门积极推动《中华人民共和国邮政法》修订完善。第十一届全国人大常委会第二十九次会议于 2012 年 10 月 26 日表决通过了《全国人民代表大会常务委员会关于修改〈中华人民共和国邮政法〉的决定》，国家主席胡锦涛签署第 70 号主席令予以公布。本次修正案对《邮政法》的有关条款作了修改，明确了省级以下邮政管理机构的法律地位，实现了职权法定，对加强邮政市场管理、规范邮政市场秩序、促进邮政事业发展具有重要意义。

快递市场的法制建设在 2012 年取得重要进展。《快递市场管理办法》的修订是交通运输部 2012 年一类立法计划项目，国家邮政局高度重视，严格按照规章修订程序，精心组织落实，认真开展基础研究，梳理相关法律规定，开展专题调研，广泛征求意见，经反复研究、修改，形成了《快递市场管理办法（修订草案）》。修订文本于 2012 年 12 月 31 日经交通运输部第 10 次部务会议通过，自 2013 年 3 月 1 日起施行。同时，邮政管理部门认真总结邮政管理行政执法工作实际，修订了《邮政行政处罚程序规定》，提高了依法行政水平。

2012 年，地方邮政立法工作取得新成效。上海、河北、宁夏等 10 个省（区、市）邮政地方性法规规章陆续出台（表 2-2）。法制工作的新进展，为加强市场监管和依法行政奠定了扎实基础。

表 2-2　2012 年全国部分省(区、市)邮政立法情况

省(区、市)	日　期	事　件
河北省	3 月 28 日	《河北省邮政条例》经省第十一届人民代表大会常务委员会第二十九次会议审议通过
	12 月 11 日	《河北省邮政业安全监督管理规定》经省人民政府第 113 次常务会议讨论通过
上海市	9 月 26 日	《上海市实施〈中华人民共和国邮政法〉办法》经市第十三届人民代表大会常务委员会第三十六次会议审议通过
福建省	9 月 27 日	《福建省邮政条例》经省第十一届人民代表大会常务委员会第三十二次会议审议通过
河南省	11 月 29 日	《河南省邮政条例》经省第十一届人大常委会第三十次会议审议通过
广西壮族自治区	7 月 26 日	《广西壮族自治区邮政条例》经自治区第十一届人民代表大会常务委员会第二十九次会议审议通过
重庆市	11 月 29 日	《重庆市邮政条例》经市第三届人大常委会第三十八次会议审议通过
云南省	7 月 29 日	《云南省邮政条例》经省第十一届人民代表大会常务委员会第三十二次会议修订通过
西藏自治区	3 月 30 日	《西藏自治区邮政条例》经自治区第九届人民代表大会常务委员会第二十七次会议审议通过
甘肃省	8 月 10 日	《甘肃省邮政条例》经省第十一届人民代表大会常务委员会第二十八次会议修订通过
宁夏回族自治区	9 月 25 日	《宁夏回族自治区邮政条例》经自治区第十届人民代表大会常务委员会第三十二次会议审议通过

同时,标准建设取得突破。2012 年 5 月 1 日,《快递服务》国家标准正式施行。相较此前的行业标准,《快递服务》标准的层次更高、权威性更强、适用范围更广,填补了我国快递领域国家标准的空白。2012 年 4 月 12 日,国家邮政局召开《快递服务》国家标准电视电话培训会议,推进标准实施工作。各地邮政管理部门也采取多种形式,推动当地企业按照新颁布的标准改进服务。此外,《快递运单》国家标准(GB/T 28582—2012)正式发布,于 2012 年 12 月 10 日实施。国家邮政局还组织完成了《快件信息跟踪查询规范》、《快递服务与电子商务信息交换标准化指南》行业标准的起草工作,启动了《快递代收货款服务规范》行业标准的研究。

(二)“十二五”规划宣传贯彻实施,快递转型升级加速推进

为促进邮政业又好又快发展,积极推动快递服务转型升级和做大做强,国家邮政局组织开展了《快递服务“十二五”规划》的宣传贯彻工作,积极推动规划落地实施。按照《邮政业发展“十二五”规划》的总体部署和要求,宣传贯彻工作紧紧围绕构建快递服务体系,转变快递发展方式,推进快递大发展上水平,实现跨越式发展等核心内容,扩大宣传、增进共识、明确责任、推动落实。规划衔接力度进一步加大,邮政业重点内容陆续列入国家综合交通运输体系规划和服务业发展规划。同时,31 个省级邮政业规划相继发布,区域和地方快递服务规划陆续贯彻实施(表 2-3)。

表 2-3　2012 年全国部分省(区、市)规划发布情况

省(区、市)	日　期	事　件
山西省	8 月 8 日	《山西省邮政业发展“十二五”规划》经山西省人民政府同意印发
内蒙古自治区	6 月 6 日	《内蒙古自治区邮政业发展“十二五”规划》正式出台
辽宁省	3 月	《辽宁省邮政业发展“十二五”规划》正式发布实施
上海市	4 月 1 日	《上海市邮政业发展“十二五”规划》印发
江西省	3 月 7 日	《江西省快递服务发展规划(2011－2015)》正式发布实施
河南省	2 月	《河南省快递业“十二五”发展规划》正式发布实施
湖南省	2 月 21 日	《湖南省“十二五”邮政业发展规划》正式发布
贵州省	5 月 15 日	《贵州省“十二五”邮政业发展规划》正式发布

（三）产业协同迈出新步伐，扶持政策陆续出台

2012年，产业协同迈出新步伐。国家邮政局与商务部联合出台了《关于促进快递服务与网络零售协同发展的指导意见》，推动快递服务与电子商务信息对接、资源共享，为产业协同发展创造了有利条件；与工商总局联合出台了《规范经营快递业务的企业许可审批和登记管理有关事项的通知》，规范了快递企业分支机构工商注册登记程序，完善了快递业务经营许可与注册登记联动机制。与此同时，抓紧落实国务院促进物流发展的有关政策，积极争取符合业情的快递税收扶持政策，深入开展邮政业营业税改征增值税测算和政策研究，协调争取将快递纳入加强和改进城市配送管理工作政策体系，推动解决快递车辆“进城难”问题。

同时，各地邮政管理部门积极加强与地方有关部门的沟通协调，陆续出台扶持政策，加快建立“快件绿色通道”，协调解决快递企业用地、快递车辆城市通行和作业等问题。广东省邮政管理局与省经信委组织开展了“广货网上行”活动，推动快递服务与电子商务协同发展；上海市邮政管理局争取市政府支持，发布了《关于促进本市快递业健康发展的若干意见》，提出了扶持快递发展的13项政策和措施；山东、江苏和福建等局与交通运输部门建立合作，积极利用综合交通运输体系为快递发展提供支撑；河南、重庆、天津等地快递产业园区建设取得进展，为快递提升服务能力创造条件（表2-4）。

表2-4　全国部分省（市）支持快递发展政策

省（市）	支持快递发展的政策与工作
北京市	市邮政管理局、市快递协会组织召开了全市规模以上快递企业协调会议，落实《关于做好高等院校校园快递服务工作的意见》，推动落实快递进校园工作 市快递协会与保险公司沟通协商，为行业争取优惠政策
天津市	启动快递物流园区筹建调研工作，吸引快递企业区域总部落户 加快推动快递服务电动三轮车规范标准出台，探索解决快递“最后一公里”的投递问题
河北省	省内有关部门与省邮政管理局联合印发了解决快递企业通行难、税费难、注册难、通关难、报案难、配仓难等政策文件
上海市	市政府常务会议审议并原则通过《关于促进上海市快递业健康发展若干意见》
江苏省	重点推进南京、无锡两个快递园区建设工作 继续推进实施快递车辆进城“畅通工程”，新核发快递车辆统一标识证668个
浙江省	出台《浙江省人民政府关于进一步加快电子商务发展的若干意见》 引进一批浙商投资的快递物流和国际先进快递物流企业设立总部 支持重点电子商务企业建设物流中心 支持城市社区建设网络购物快递投送场所，新建小区应将快递投送场所纳入规划 杭州市政府出台《关于加快推进我市快递行业健康发展的实施办法》
山东省	积极落实《关于邮件和快（运）递车辆通行问题的通知》，帮助企业解决发展中遇到的车辆通行难等实际问题
河南省	在郑州举行河南全国性快递集散交换中心项目签约暨电子商务·快递物流园启动仪式。郑州国际物流园区管委会分别与申通、中通、圆通、宅急送等7家快递企业签订了投资协议
广东省	深入开展“广货网上行”活动 省邮政管理局会同省经信委联合召开了促进快递服务与网络零售协同发展座谈会
重庆市	市邮政管理局与市发展改革委牵头组织了快递园区规划选址研讨会，积极打造西南快递中心。结合两江新区发展战略，积极推进西南集散中心规划建设，实现快递基础设施建设的集聚化、集约化和功能化
青海省	省邮政管理局开展小微快递企业政策利用研究，提出有利于快递小微企业发展的政策措施 与省民航局联合出台《关于促进快递与民航产业协同发展的实施意见》

（四）经营许可管理加强，国内市场进一步开放

2012年，邮政管理部门严格依法做好快递业务经营许可管理工作，做好新申请企业的受理、审核工作。进一步完善公开、公平、规范的行业准入制度，加强经营许可常态化管理和规范化建设。同时，认真开展经营许可年度报告工作。全年共有8437家快递企业提交经营许可年度报告，邮政管理部门综合运用约谈、责令整改、注销许可证等手段对市场秩序进行规范，审核通过报告企业8256家，实地核查企业1443家，约谈企业382家，责令整改372家，行政处罚116家，依法注销116家。

同时，国家邮政局认真履行中国WTO入世承诺，稳妥有序地开展了美国联邦快递、联合包裹等企业申请经营国内快递业务许可核准工作。2012年9月6日，国家邮政局批准联邦快递（中国）有限公司（联邦快递）、优比速包裹运送（广东）有限公司（联合包裹）在部分城市开展国内快递业务。联邦快递首批获准在上海、广州、深圳、杭州、天津、大连、郑州、成都等8个城市，联合包裹首批获准在上海、广州、深圳、天津、西安等5个城市，分别开展除信件之外的国内快递业务。这次核准外资企业经营国内快递业务，是中国履行WTO入世承诺的积极举措，也是进一步开放国内快递市场的重要标志。

（五）市场检查力度加大，服务质量监管更趋严格

2012年，全国各级邮政管理部门共开展市场检查、督促指导、协调服务12319次，检查、走访单位8598个，纠正和查处违法违规行为1308件，下达整改通知551份，下达行政处罚决定263份。积极推进市场监督检查工作创新，充分利用《全国邮政市场监管情况通报》，及时汇总全国市场检查总体情况和存在的突出问题，促进各地学习、借鉴。

2012年，快递服务质量监管更趋严格。自2012年6月20日起，国家邮政局组织开展了快递服务质量专项整治活动。各地邮政管理部门按照统一部署，针对快件延误、丢失损毁、赔偿难等消费者反映的热点问题进行重点查处。截至2012年12月31日，全国共开展快递服务质量专项检查10907次，涉及单位5436个，出检30693人次，纠正和查处违法违规行为1265件，下达整改通知522份，下达行政处罚决定258份。全国快递服务质量明显好转，企业依法依标服务意识显著增强。

（六）服务评价体系更加完善，消费者满意度稳步提升

2012年，邮政管理部门进一步完善以“服务满意度、时限准时率、用户申诉率”为主要指标的快递服务评价体系。

首先，继续委托社会中介机构开展快递服务满意度调查，加强对快递服务质量的监督。扩大调查范围，增加样本数量，提高调查精度。调查城市数量达到50个，比2011年增加了66%，调查样本数量达到16500份，比2011年增加了150%。从连续五年的满意度调查结果看，快递服务满意度呈现稳步提升趋势。2012年，快递服务总体满意度首次突破70分。

其次，认真做好申诉受理工作。全国共受理消费者申诉17.9万件，其中快递服务问题17.2万件，占96.1%，为消费者挽回经济损失1333万元。消费者对快递服务有效申诉13.7万件，同比增长177.7%。其中，快件延误占46%，投递服务问题占27.3%，快件丢失占16%，快件损毁占6%。在快递业务量持续高速增长的情况下，多家快递企业强化了服务质量管理，部分企业的申诉率逐步下降，服务质量有所上升。

同时，各地邮政管理部门也结合本地实际，组织开展了多种形式的快递服务质量监督活动，江苏局全面开展快递服务放心消费活动，上海局积极推动快递服务网点标准化工作，海南局组织快件时限测试。这种从监督服务质量入手，促进快递提升服务水平的方式，不仅得到了快递企业的重视、社会的认可和消费者的赞同，也推动了快递服务水平的整体提升。

（七）行业安全监管强化，保障寄递渠道安全

2012年，邮政管理部门着力加强邮政行业安全监管。一是加强行业安全基础管理。贯彻落实《邮政行业安全防范工作规范》，提升行业安全防范能力与安全保障水平；下发《关于进一步加强快递企业收寄验视工作的通知》，督导企业切实落实执行收寄验视制度；制定《寄递渠道反恐怖工作标准》，严格按照标准开展寄递渠道反恐工作；组织全国邮政市场执法和安全监管培训，以及全国寄递企业安全管理培训，提升邮政管理部门和寄递企业安全管理能力。

二是保障重大活动期间邮路安全。根据国务院领导的批示精神，会同国家安全部、公安部、海关总署、新闻出版总署等部门召开了邮路安全保障协作机制联席会议，明确了党的十八大期间邮路安全保障工作目标、任务、要求和措施，下发《关于做好党的十八大期间寄递渠道安全保障工作的通知》，召开了全系统动员部署电视电话会议，会同国家安全部、公安部、海关总署、新闻出版总署等部门开展联合督导检查，圆满完成了党的十八大期间邮政服务和邮路安全保障任务。同时，认真做好博鳌亚洲论坛、第三届亚洲沙滩运动会、第二届新疆—亚欧博览会等重大活动期间的邮路安全。

三是加强应急管理与突发事件处置。修订了《国家邮政业突发事件应急预案》，为完善应急机制，妥善处置突发事件提供了法律保障。妥善处置星晨急便·鑫飞鸿公司倒闭、CCES快递公司部分地区服务网络阻断事件；依法处置了广州顺丰速运快件爆炸、云南申通临沧公司特大交通事故、天水市邮车着火、福州圆通因经营权纠纷扣押快件、优速公司南昌分拨中心聚众围堵等突发事件。

四是配合做好禁毒、反恐、打击假药、扫黄打非等专项工作。贯彻落实《国家邮政局关于加强邮政业禁毒工作的实施意见》，指导全行业做好寄递渠道禁毒、堵源、截流工作；按照国家反恐办要求，大力支持新疆开展寄递渠道“三非”治理工作；严厉打击利用寄递渠道贩运销售各类违禁品的犯罪行为；配合全国“扫黄打非”办，对快递企业“扫黄打非”工作进行监督检查；组织开展邮政业安全生产“打非治违”专项行动。

（八）旺季服务保障水平提升，业务高峰平稳应对

2012年，邮政管理部门多措并举，推动快递服务旺季保障水平不断提升。一是发挥行业引导作用。2012年2月，国家邮政局举行全国电视电话会议，表彰2012年全国快递旺季服务保障优秀企业，引导行业内借鉴学习。二是助力产业协同互通。2012年5月，国家邮政局促成9家主要快递企业与天猫签署战略合作协议，就推动快递信息系统与网络购物互联互通达成共识。三是重点工作提早安排。2012年9月，国家邮政局召开全国电视电话会议，就确保旺季寄递服务和安全作具体部署。四是行业协会促进沟通。2012年11月初，中国快递协会在上海召开会议，落实“双11”物流保障方案，协调电商与快递企业之间的工作对接。五是行业内外共同参与。天猫、淘宝等电子商务平台呼吁网络零售商户错峰发货。六是科学引导旺季需求。国家邮政局通过网站先后发布4期旺季消费提示，并对旺季业务运行情况开展动态监测，及时为消费者提供快递业务流量、流向变化信息，引导消费者对交寄快件的时间作出合理安排。

“双11”、“双12”电子商务促销以及快递旺季期间，在单日业务量同比增长80%的情况下，快递服务没有发生全网性爆仓，圆满完成了旺季服务保障工作，为“稳增长，促内需”作出了积极贡献。2012年快递旺季服务保障，受到了社会和消费者的肯定和理解，也得到了媒体的积极评价。

（九）人才培养方式多样化，职鉴工作再上新台阶

伴随快递网络由东部向西部、城市向农村迅速扩展，截至2012年年底，全国快递从业人员已达80余万。快递服务为社会提供了大量的就业

岗位。与此同时，为适应快递领域转型升级、加快发展的需要，快递从业人员队伍素质提升显得越来越紧迫。国家邮政局高度重视快递人才队伍建设工作，采取多种措施加快快递人才建设。专业人才培养方式更加多样，目前已有5所高校成功申报快递专业，吉林等地与地方院校联合创建人才培养基地。各层次人才不断涌现，人才队伍梯次格局逐步形成(表2-5)。

表2-5　2012年校企合作代表案例

省(市)	校企合作案例
北京市	北京交通运输职业学院正式获得北京市教委批准，在本院三年制高职开设邮政物流管理专业大专班，并开始面向社会招生。合作院校根据企业需求，组织开展短期"订单式"培训，为企业量身打造"冠名班"，全方位为北京快递人员培养提供智力支撑
吉林省	省邮政管理局研究确定吉林工业经济学校为省内第二个邮政业人才培养基地，并举行了授牌仪式
江苏省	南京邮电大学与上海圆通速递有限公司战略合作框架协议签约仪式在南京举行。双方将根据战略合作协议，开展管理、实习、培训、科研等方面的合作
四川省	成都交通和机械技师学院"韵达班"开班。韵达快递西南大区向成都交通和机械技师学院分别授予"订单式培养合作院校"、"成都交通和机械技师学院—韵达班"铭牌

同时，职业鉴定工作再上台阶。2012年共组织快递业务员职业技能鉴定考试15批次，鉴定人数约6.6万人。截至2012年年底，全国累计鉴定人数已达到28.3万人，合格率达到70%以上。通过鉴定促培训，快递从业人员增长了专业知识，提升了规范操作水平，服务能力得到增强，整体素质得以提高，企业核心竞争力获得提升。

(十)行业合作交流加强，国际国内影响力提升

2012年，国家邮政局积极推动国际和港澳台交流合作。第五届中日邮政政策对话顺利举办，快递领域的双边交往得到拓展。海峡两岸邮政交流协会成立，组织两岸邮政业务合作商谈，建立坦诚、高效的交流机制，召开"两岸邮政发展研讨会"。中国快递协会与世界贸易网点联盟、香港快递业协会签订战略合作框架协议，为中国企业参与国际快递业务搭建桥梁纽带。

2012年，行业宣传力度进一步加强，国家邮政局初步搭建完成"3＋X"宣传格局，为快递市场营造良好的舆论环境。国家邮政局网站完善公众参与渠道，先后开展6次在线访谈和1次在线直播。《快递》杂志办刊水平不断提高，2012年单期发行量为创刊年(2010年)的单期最高发行量的2.32倍。2012年9月，《中国邮政快递报》获得新闻出版总署出版发行批复，定于2013年起面向全国公开发行。充分利用中央主要新闻媒体宣传行业发展成就，取得良好效果，人民日报、中央电视台、新华社、经济日报、中央人民广播电台等中央媒体全年刊发新闻210条(篇)，引导社会关注理解快递市场的改革发展。

2012年5月29日，由中国快递协会、《快递》杂志、国家邮政局发展研究中心联合主办的"2012中国快递论坛"在北京举行。本次论坛以"提升质量·服务民生"为主题，旨在展望行业发展趋势，汇集众智献计献策。5月30日－31日，作为首届"京交会"的重要内容，中国快递服务贸易推介会在国家会议中心举行。推介会共设快递物流园区专题、快件处理自动化专题、快递专用车辆专题、手持终端设备专题、快递信息平台建设专题、快递服务国际化专题、快递服务与电子商务专题、快递服务与金融服务专题等8个专题研讨会暨推介会，与会者就相应的主题进行了专题研讨，有针对性地分析影响快递发展的相关因素，把脉快递业如何实现持续健康发展。

同时，中国快递协会积极发挥桥梁作用，推动行业发展。除成功举办快递论坛、组织快递企业参加"京交会"外，还稳步推进企业等级评定工作，部分地区先行先试。积极组织会员企业贯彻执行

《快递服务》国家标准，推进行业诚信体系建设，启动快递服务保证金制度研究与试点。组团访问欧洲快递协会，加强与国际间行业协会组织交往。

三、快递企业加强能力建设，提高服务水平

近年来，快递企业的服务能力和装备水平不断提升，快递网络由东部向西部、城市向农村迅速扩展。截至2012年年底，全国主要的快递品牌达到20个，较2011年增加了3个。其中，快递业务量超过1亿件的品牌有9个，比2011年增加1个，业务量超过5亿件的品牌有6个；快递业务收入超过10亿元的品牌有13个，业务收入超过20亿元的品牌有10个，业务收入超过50亿元的品牌有6个，业务收入超过200亿元的品牌有2个。

目前，快递市场多种所有制并存、多元主体竞合、多层次服务共生的市场格局已初步形成，呈现出了规模化、市场化、国际化的发展趋势。截至2012年年底，在全国范围(跨省、自治区、直辖市)经营快递业务的企业已达49家，在省、自治区、直辖市范围内经营快递业务的企业已达8358家，其中全国网络型总部企业已达49家。

2012年，各主要快递企业不断加强基础设施建设，加大科技投入，加速转型升级，不断完善产品服务体系，改进客户服务，加快实施人才建设战略，扩大深化校企合作，着力提升快递服务能力与水平。

(一)基础设施建设升级，快递航空运力提升

日益增长的快递服务需求对快递企业的服务能力提出了更大挑战。2012年，主要快递企业纷纷加大装备、设施和技术投入，提升服务质量和服务水平。截至2012年年底，全国快递服务营业网点已达8.9万处，比上年末增长18.3%，快递服务汽车12.1万辆，比上年末增长26.1%。已有16家企业开通了全国统一客服电话，9家企业提供在线下单服务，6家企业开发了手机应用客户端，试水无线服务。快递企业纷纷采取措施改进服务质量，2012年快递服务总体满意度首次突破70分，快递服务满意度连续五年稳步提升。

2012年，主要快递企业基础建设持续加强，加快网络拓展和优化，不断提升作业自动化水平，确保服务质量稳步提升。中国邮政速递物流于年底正式启用南京中邮速递物流航空集散中心，截至年底在全国设立了168个集散(处理)中心和203个仓储物流中心。顺丰速运目前已在全网100余个一二级中转场全部投入皮带机等大型分拣设备。申通快递2012年新开通网点127家，截至年底共有转运中心67个，占地面积138万平方米，自有车辆40000余辆。圆通速递新建和改扩建转运中心共30个，对30余个中心的输送带进行改造及更新，添置或更新监控设施，已经竣工和在建工程项目总数达80多个；经新建和改扩建后，全网转运中心业务处理能力比2011年增长50%以上。截至年底，韵达快递在全国设立了2万多家营业网点，开通了1500条陆运主干线、500条陆运支干线，建设了71个分拨中心，各级分拨中心均安装了机械化操作流水线和视频监控系统。中通速递无锡分拨中心投入运营，淮安分拨中心、中山分拨中心、北京分拨中心等项目加快建设，2013年内可投入使用；此外还在杭州、南京、嘉兴、泰州等地购置了300余亩土地，拟投资5亿多元建设大型分拨中心。天天快递新建了揭阳、温州、嘉兴、南京等多个分拨中心，同时对其他场地也进行了扩建和升级改造，对分拨中心外观、设备、操作人员等方面也进行了大的投入。优速快递北京、山东、浦东、嘉兴、金华、宁波、南京、重庆、泉州、厦门等分拨中心先后乔迁新场地，配备自动分拣设备和信息传输系统，有利于提高快件的操作质量和分拨效率。国通快递投入巨资先后在华东、华南、华北等区域购地扩建直属上海总部的快递分拨中心，重点地区配备有自动流水线操作设备。全峰快递通过缜密的分拨中心建设，推动网络的快速建设和发展，在北京、上海、东莞、杭州、无锡、南京、绍兴、宁波等地共计建设转运中心48个。

同时，各主要快递企业加大信息化投入，积极研发和引进具有高科技含量的信息技术设备。中

国邮政速递物流通过应用最新的移动技术，实现手机支付和 APP 应用，为客户提供服务便利。顺丰对公司订单收派管理、巴枪分拣管理、时效监控管理、质量监控管理、营运核心数据管理、物流供应链管理等信息系统进行了优化升级，增设了短信满意度测评和运单查询系统。申通在信息化建设方面，建立了申通协同办公系统、业务分析与决策预警系统、电话下单系统、申通信息化智能平台、巴枪管控平台等，投资 1 亿元自行搭建 4 套标准数据中心机房、6 台 RAC 架构的节点小型机、1500 个网络分布式呼叫中心坐席等。圆通加强对全网各分公司客服热线的管控，提升全网服务效能；自主开发 CRM 系统与呼叫系统对接，实现总部与各分公司客服信息的无缝对接。中通信息系统全面升级，完成上海、北京、广东的信息系统统一工作，全网汽运班车 GPS 配置率达到 100%，适应中通业务发展的 PDA 手持终端的推广与运用基本实现网络全覆盖，全网一体化的呼叫中心的设立与推进工作取得重要进展。

此外，顺丰、圆通、韵达等快递企业加大了航空运力建设，提升快件时效。2012 年 1 月 4 日，顺丰第 7 架自有飞机投入运营，2012 年 12 月 29 日，第 10 架自有全货机投入运营。2012 年，顺丰共计投入全货机 28 架，运能同比增长 42.68%。2012 年 6 月 4 日，圆通速递全货机在杭州萧山国际机场成功首航，2012 年 7 月 9 日，第二架波音 737－300F 全货运飞机启航，2012 年 12 月 12 日，再增飞杭州至深圳 330 型全货机，进一步扩大了圆通速递华东—华北—华南之间的时效产品运营能力，提高了圆通速递的时效服务。韵达快递在全国各省会城市、重点城市设立航空部，通过与各大航空公司开展战略合作，设立航空直发线路 800 余条。

（二）转型升级加速推进，产品服务内容逐渐丰富

2012 年，主要快递企业加快转型升级的步伐，对市场战略、产品结构进行调整。中国邮政速递物流进入深化改革阶段，变革经营策略，突出发展质量与效益，进一步推动重点地区、核心业务发展，集中力量突出标准快递业务发展。申通于年底实施了仓配一体化（仓储＋配送）业务的试点工作，陆续推出了 24 小时件、贵重物品通道、代收货款业务，同时逐步在各个省份推动实施省内件路径优化方案。圆通速递将 2012 年定为转型升级飞跃年，确定“重安全、抓时效、讲品质、落标准、求平衡、促发展”六大工作举措，全网进一步发挥信息化优势，实施标准化战略，提升机械化程度，并着力推进航空战略，以提升运能和快件时效。宅急送坚持“保持存量，发展增量”的市场策略，全面推动市场创收起量，全面推进落地配业务，并全面拓展仓配一体化业务、华东区域内试点开放平台，进军淘宝业务；还与英国皇家邮政集团旗下的欧洲包裹业务提供商 GLS 公司合作，推出中国到欧洲的快递服务——欧洲商务包裹。优速逐步推进产品的结构转型，由传统企业、工厂件向电子商务网购件转型升级，网购件业务比例由年初的 8% 上升到年末的 30%。中铁快运落实全路货运组织改革部署，实施“百千工程”，实行网上公开销售运力；加强重点客户和新产品的盯控，狠抓配送、中转、装卸作业质量；积极实施多元化经营，延伸服务链条，全方位拓展仓储、装卸、包装、配送、加工、网购物流等业务，增强经营手段，扩大物流增值服务收益；在 108 个城市开办高铁快运、时限快运业务。

在此情况下，各主要快递企业的产品服务体系进一步完善。中国邮政速递物流面向电子商务市场，实施推进了将原中邮快货、e 邮宝和经济快递产品整合为新经济快递产品的相关工作，使业务产品的导向风格简约，进一步贴近市场的需求；推行揽投部站“一图一表”，推进协议客户营销；推进重点城市会战等多项措施，以提升服务品质来带动市场营销。顺丰梳理完善产品服务体系并实施立项管理，其中产品包括“即日”、“标快”、“特惠”、普货等快递产品，冷链等物流产品，保价、特

安、代收货款、委托收件、包装服务、定时派送、改派服务、客制化账单等增值服务，为不同行业客户提出适合的行业解决方案。申通专门成立电商部门负责应对电商业务，在负责与电商平台淘宝、天猫、京东、亚马逊等对接的同时，及时与电商大客户对接，快速、高效，反应、解决电商票件在产生、配送过程中出现的问题。优速向客户推出开箱验货、货款直退、全额保险等增值服务，使快递普通服务升级成具有针对性的专业服务。

（三）客户服务能力增强，末端服务不断创新

2012年，各主要快递企业加速推进客户服务信息化、流程标准化、规范化。顺丰在2012年重点关注收派服务质量改善，针对收派员形象、礼仪、服务态度和行为等方面实施流程优化、奖罚激励强化、KPI考核调整、服务质量培训深化等系列举措，同时在客服方面采取客服流程优化、理赔标准提高、支付时效加快等措施，并将客户满意度水平与员工激励挂钩，最终促使公司整体服务投诉率环比年初降幅超过80%，投诉平均处理时长缩短10%，年度客户满意度水平较大幅度提升。圆通于4月推出“一站式”自助服务网站——易通诚信系统，可以让客户轻松便捷地管理快递业务，除了实现自助下单、快递追踪、运单打印、账单管理等基本功能外，还能够进行收寄件地址管理、快递业务分析；同时推出具备快捷查单和下单等功能的智能手机客户端。韵达在全网络推广标准门店，方便客户寄递快件。天天快递于11月重建申诉处理中心，下发《关于申诉件的处理规定》，引导发件网点主动做好客户维护工作，从源头控制申诉件的发生；制定下发《天天快递网络客服标准化服务手册》、《天天快递总部客服中心常见问题标准解答》手册，推广全网客服的标准化服务及规范化操作。

同时，各主要快递企业加快了客户服务呼叫中心的建设。百世汇通将2012年定为品牌形象晋级年，全面启动了公司新形象的升级工作，其全国客户服务呼叫中心在浙江海宁正式上线运行，该项目第一期建成300个呼叫席位，在全国任何一个地方，只要拨打“4009565656”服务热线，就能提供下单、查询、业务咨询、投诉、仲裁、理赔等全流程服务。10月，天天快递呼叫中心正式成立，拥有158个坐席，至年底共开通110个呼叫通道。12月1日，国通快递4001111123呼叫中心投入试运行。

此外，各主要快递企业着力提升“最后一百米”的服务水平。顺丰在深圳、东莞、厦门等地推广自营便利店，增加合作便利店，提供快件自寄自取、个人地址服务等增值服务。申通加快进学校、进社区、进商业区“三进”工作步伐，与区域内连锁超市、小区便利店、服务社等建立多样化的合作模式，实现快件末端派送的方便、安全、快捷、高效。5月，圆通速递携手上海万科30家小区物业合作代、派快递业务，拉开了城市配送体系中“物业快递代办点”的序幕；为开拓校园市场，抓住校园包裹收寄的有利时机，走进大学城，开展校园收寄试点工作。

（四）兼并重组风生水起，直营进程加速推进

2012年，快递领域发生两起影响较大的兼并重组案例。第一起是红楼集团收购上海希伊艾斯快递（CCES），重组为国通快递。7月初，CCES部分地区发生网络阻断事件；7月11日，公司进行重组，红楼集团进驻，并于7月18日恢复网络运营；8月5日，公司取得“国通快递”商标所有权。此后，国通快递不断扩大直营覆盖范围，目前已经直营的省份有广东、海南、福建、江苏、浙江、上海、安徽、山东、湖北、湖南、北京、河北、贵州及辽宁等重点省份。第二起是大新华物流出售海航天天60%的股份，申通公司原总裁奚春阳接手天天快递。8月16日，天天快递召开全国网络大会，进行重组，对原有的14个直营公司进行改革，持续加大资金投入，进一步消除派件盲区。

申通、百世汇通、优速等公司在2012年也加强对管理片区和加盟网点的管理，加速推进直营工作。申通从原来十大片区变更为华东、华中、华

南、华北、华西五大管理区，制定了详细的《管理区管理制度》；对网点进行分区域实地检查，从服务质量、软硬件投资、公司形象、快件操作四大项20小项进行达标考核，对于考核不合格网点公司实行限期整改或回收经营权。百世汇通从年初开始，先后收回了北京、天津、云南、河南、福建、四川、贵州、吉林、山西等重要省市的网络经营权。在直营化进程中，百世汇通采用了对重点城市直营、对三四线城市加盟的网络升级之路。截至年底，百世汇通实现了全国除了西藏、新疆、青海等部分偏远省份外，所有省会城市及核心城市的直营管理工作。为增强对各省级中心的跨区域整合与管理，优速通过股权收购与股权置换等方式实行兼并重组，陆续完成江西、陕西、四川、山东、重庆、山西、江西、哈尔滨、云南等9个省区的股权收购，同时增加投资30家直营站点，通过注入发展资金和配备专业团队，进一步夯实了网络基础平台。

（五）企业人才建设战略加快实施，校企合作持续深入

2012年，主要快递企业加速实施人才建设战略，通过各种渠道引进人才、培育人才、保留人才、用好人才。

首先，是建立健全人才招聘网络，多渠道、全方位地招聘人才。中国邮政速递物流全面加强选才、育才、用才、留才机制建设，不断推进专业领军人才队伍建设，加大对高级营销人员的培养，进一步优化营销队伍结构。顺丰坚持公开、公平、公正用人原则，积极引进各类优秀人才，与全国55所高校建立“顺丰班”合作模式，实现地区人才队伍定向培养，并在中南大学、湖南大学、武汉理工大学等100多所高校开展校园招聘活动，吸引各类优秀人才加入顺丰。韵达坚持“德才兼备，主动创新”的用人原则，构建引进与培养相结合的人才机制，从学历、考核以及遵守公司规章制度的角度通过测评进行人才选拔。百世汇通抓好“招人、育人、用人、管人、留人”五大环节，建立合理的绩效考核机制、晋升机制、激励机制，为员工设计职业生涯规划，吸引和培养更多的优秀人才。优速主要采取“内育外引”的方式，积极推进公司的人才建设战略。

其次，是创新和完善人才培训体系，加大人才培养力度。中国邮政速递物流健全完善了总部、省公司两级教育培训管理体系，以集中培训、网络培训等多种方式强化了员工培训工作，2012年共举办各级各类集中培训班2621期，参训97685人，远程培训19011人。顺丰推出了领导力项目，在公司内部开展人才环境建设工作，做好各岗位人才储备，同时启动国际人才派遣工作，摸索国际人才培养之道。申通先后在上海、西安、武汉、绍兴设立申通干部培训学院，为约400位经理级以上管理人员提供了关于信息技术、质量控制、海外业务、客服、电子商务等相关知识的培训。圆通充分利用现场培训、网络培训等多种培训形式，同时在全网深入开展“师带徒”学教培训活动，基本实现上岗必培训的工作目标。韵达在育人方面实行接班人制度，要求接班人随相关负责人参加常规会议、拜访客户、参与重大决策。中通建设完成了一个系统的、与企业的发展以及人力资源管理相配套的企业培训管理体系、培训课程体系以及培训实施体系，确保有效培育人才，着力实现让每一个中通人“有可学、学可用、用可赢”的局面。宅急送制定各单位干部储备及“宅苗”指标，建立储备分总梯队，为加强干部管理，规范全国干部培养、任用规范等相关工作，制定并下发《宅急送干部管理条例》，建立健全“课程体系、讲师体系、管控体系”三位一体的培训。全峰针对分公司在人才方面采取两种手段，一种为总部输出，一种为当地培养，通过系统性的培训，向全国各地输出优质人才。

第三，是多措并举激励员工，以制度、情感留人。顺丰通过配套机制改善、针对性群体需求研究、人员投入合理控制等举措留人，全年员工流失率同比环比均呈下降趋势，人员质量得到进一步提升。韵达通过开展优秀员工评选、文体活动拓

展等，将精神留人与工资、福利、休假等待遇留人相结合。百世汇通采取多种措施鼓舞员工的工作积极性和对企业的忠诚度，上线企业内部管理人员招聘网，所公布的每一个管理岗位都优先向员工开放，年终绩效考核与员工的收入挂钩，每一位考核达标的员工都能得到加薪和年终奖的激励。宅急送制定下发《2012 年荣誉体系》和管理办法，保证利润达标，设计“9－12 月”创利激励方案，并就保底补贴、带车补贴、全勤奖和业务高峰期补贴政策作出调整，放宽限制条件，给予分公司上涨空间。优速注重营造员工的幸福感，不断通过改善薪酬和福利待遇提高员工对优速的认同感，成立“员工关爱委员会”，开展节日晚会、员工生日月、竞技运动会、秋游等各项集体娱乐活动，通过多种途径增强员工归属感。

第四，是校企合作呈现增点扩面、持续深入的特点。顺丰与浙江交通职业技术学院等 80 多所大专院校建立合作关系，在部分院校设立定向培养班，为企业发展储备人才。申通在 3－5 月间，对成都、长沙、西安、吉林等地 30 多所校企合作和意向合作单位进行走访，并在部分学校预定毕业生，同时在部分学校组建了申通快递订单班，并开展课程讲座，传导申通企业文化和服务理念。圆通先后与北京邮电大学、南京邮电大学、山东淄博职业学院等 63 所高校就人才培养、技术攻关、学术研究等全方位展开战略合作，并就人才引进、培训基地、科研项目等展开深入合作。百世汇通和上海、浙江、江西、湖南、河南、广西等地的多家院校建立了长期合作关系，合作方式灵活多样，包含勤工助学、集中实习、定向培养等。优速与广东女子职业技术学院、长春金融高等专科学校和湖南科技术职业技术学院等数家大中专院校保持友好合作关系，为学生提供实训基地，引进 200 余名学生到公司实习就业。

（六）公益事业格局初步成型，企业彰显社会责任

经过多年的发展，我国快递企业公益事业已初步形成公益捐赠、公益活动、爱心救援、爱心寄递等多位一体的格局。例如，顺丰公益事业目前已逐步形成以孤儿助养、贫困助学、优秀奖学为主，兼顾其他公益活动的格局，2012 年全年投入慈善事业资金约 300 余万元；韵达先后在就业、扶贫济困、抗击自然灾害和地方经济建设等方面奉献爱心、捐款捐物，免费运送救灾物资。

公益捐赠是快递企业感恩客户、回报社会的重要方式。2012 年，申通赞助桐庐县横村初级中学学生宿舍床铺更新费 10 万元，为桐庐县慈善总会资助贫困学生捐赠 10 万元。圆通向桐庐县教育发展基金会、桐庐县石阜小学、杭州见义勇为基金会等累计捐赠 158 万元。中通在快速发展的同时，始终坚持开展并参与各项公益活动，捐钱捐物，奉献爱心，在“春风行动”及中通网络互助活动中，为贫困人群捐出近百万元。全峰通过内部捐赠、社会捐助等方式分别用于支持发展教育、健康、城建、环保、助残赈灾等各项社会公益活动。

结合自身特长，深度参与甚至策划组织各类公益活动，成为快递企业公益事业的新特点。顺丰在全国 26 所高校建立“顺丰奖学金”项目，帮助贫苦优秀大学生完成学业，并提供实习及工作机会。韵达携手上海某高校慈善组织，开展暖冬慈善活动，将一批棉袄、围巾和鞋帽等御寒用品以及书籍、文具等学习用品，免费运往云南省玉溪市江川县山区和山东省临沂市兰山区。中通与湖南湘潭大学联合成立名为“环中微益”的公益组织，旨在环绕中国，通过中通网络，做一些力所能及的公益活动；中通上海总部与上海市青浦区教育局联手开展“圆梦 1＋1”爱心捐书云南的大型公益活动，免费为云南偏远山区学校寄递上万本爱心书籍。宅急送成为中国扶贫基金会“爱心合作单位”，并作为 2012 年度善品网合作支持单位，为善品网提供全年所有物品的免费仓储，并零利润保障各地区的物流派送。“优速快递特约之爱心速递藏北行”活动，将大量生活物资、保暖衣物及学习用品送到西藏。全峰携手腾讯“新年新衣”为贫

困儿童送温暖，并助力“心系四川阿坝藏族羌族少数民族学生”大型募捐义卖活动，均得到媒体好评。

面对各种突发自然灾害，快递企业发挥自身运输、投递优势，积极承担社会责任。7月16－17日，湖南省邵东市突降暴雨，不少道路桥梁被冲毁，电力中断，农田大量被淹。中通邵东公司加入邵东爱心义工联组织的爱心援救行列，出动3台满载救灾物资的卡车、15台爱心私家车、118位爱心义工，前往灾区给受灾群众送去生活急需物资。北京“7·21”特大暴雨灾害后，自8月7－19日，宅急送北京分公司免费协助台湾慈济赈灾，动用25辆次车辆、128人次员工的保障，300名义工，圆满完成了从机场提货、分赈灾包到救灾物资送达捐赠现场的各项工作。

第二章 2012年快递领域十大事件

一、《邮政法》修正获全国人大常委会通过

10月26日，十一届全国人大常委会第二十九次会议表决通过了《全国人民代表大会常务委员会关于修改〈中华人民共和国邮政法〉的决定》，国家主席胡锦涛签署第70号主席令予以公布。此次修改进一步明确了省级以下邮政管理体制，对加强邮政市场管理、规范邮政市场秩序、促进邮政事业发展将起到积极作用。

二、三级邮政管理体制正式建立

9月29日，全国首个市（地）邮政管理局在深圳成立，拉开省级以下邮政管理机构组建序幕。根据国办6号文件精神，全国357个市（地）邮政管理机构于2012年年底前全部组建完成，国家、省、市（地）三级邮政管理体制的正式建立，将更加有利于保障邮政普遍服务，更加有利于加强邮政市场管理，更加有利于维护邮政通信与信息安全，更加有利于促进邮政业健康发展。

三、行业规划衔接取得重大突破

1月，国务院印发《社区服务体系建设规划（2011－2015年）》，包括快递在内的邮政业相关重点内容被纳入《规划》；3月21日，国务院常务会议讨论通过《“十二五”综合交通运输体系规划》，邮政业首次被纳入综合交通运输体系规划。这标志着邮政行业规划衔接取得重大进展，必将有力地促进行业服务水平的提升和邮政业的又好又快发展。

四、快递服务系列标准相继发布

5月1日，由国家质检总局和国家标准委批准发布的《快递服务》系列国家标准正式实施；10月1日，《快递运单》国家标准、《快递服务与电子商务信息交换标准化指南》行业标准正式实施。两项国家标准填补了我国快递领域国家标准的空白；行业标准则旨在引导快递与电商规范信息交换行为，推动协同发展。

五、民间资本进入快递领域获支持

6月，国家发改委、公安部、财政部、国土资源部、交通运输部、国家工商总局等六部委联合出台《关于鼓励和引导民间投资进入物流领域的实施意见》，提出鼓励民间资本进入快递、城市配送（含冷链）、医药物流、再生资源物流、汽车及家电物流、特种货物运输、多式联运、供应链管理等重点物流领域。

六、快递与电商协同发展破冰

3月27日，工信部发布《电子商务“十二五”发展规划》，支持快递服务与电子商务联动发展的内容被纳入其中；同月，国家邮政局、商务部联合发布的《关于促进快递服务与网络零售协同发展的指导意见》，也从优化协同发展政策环境，推动双方信息共享、标准对接等方面对两部门落实政策提出了具体要求。快递与电商协同发展迈出实质性步伐。

七、快递服务企业与淘宝实现战略“联盟”

5月28日，中国邮政速递物流、顺丰、申通、圆通、韵达、中通、宅急送、百世汇通、海航天天等九家全国性快递服务企业亮相“京交会”，并与淘宝签订战略合作框架协议。协议规定，淘宝进行重大促销活动前，应提前告知快递协会和签约的快递服务企业，为企业预留充足时间以做好人力、物力等资源配置，及时启动应对业务量突增的应急

预案。新机制在“双11”期间发挥效力，快递服务企业平稳度过日处理量首次突破3000万件的业务高峰。

八、国内快递市场对外资开放

9月6日，国家邮政局批准联邦快递（中国）有限公司、优比速包裹运送（广东）有限公司经营国内快递业务。联邦快递首批获准在上海、广州、深圳、杭州、天津、大连、郑州、成都8个城市，联合包裹首批获准在上海、广州、深圳、天津、西安5个城市，分别开展除信件之外的国内快递业务。这标志着国内快递市场正式对外资企业开放。

九、快递企业兼并重组波澜再起

3月初，合并不到半年的星晨急便·鑫飞鸿一夜之间轰然倒塌，双方分道扬镳；7月初，CCES部分地区发生网络阻断事件，红楼集团董事长朱宝良注资2046万元收购；7月中旬，大新华物流出售海航天天60%的股份，奚春阳低调接手，天天快递再度易主。

十、六家企业日均件量突破200万件

自9月起，中国邮政速递物流、顺丰、申通、圆通、中通、韵达等6家快递服务企业日均件量突破200万件。其业务总量占到快递市场份额的80%以上，快递服务企业的规模效应进一步显现，市场的集中度进一步提升。其中，邮政速递物流发力资本市场取得重大进展，首次公开发行A股申请于5月4日获得证监会发审委通过。

第三章 2012年中国快递发展大事记

快递企业代表参观国家邮政局安全监控中心

1月4日，国家邮政局组织顺丰、申通等10家快递企业负责人参观邮政业安全监控中心，苏和副局长出席活动，并就信息化建设在邮政业安全监管和快递领域发展中的作用做重要讲话。快递企业代表观看了企业生产现场视频，了解了各企业的生产总体情况、企业员工分拣操作情况、转运中心快件处理情况以及企业端视频传输质量等。

国家邮政局召开2012年工作会议

1月5—6日，国家邮政局在北京召开2012年工作会议和党风廉政建设工作会议。交通运输部部长李盛霖、副部长冯正霖出席工作会议，李盛霖部长作重要讲话。交通运输部党组成员、纪检组组长杨利民同志出席党风廉政建设工作会议作了书面讲话。国家邮政局局长马军胜作了题为《改革创新 转型升级 促进邮政行业又好又快发展》的工作报告，全面总结了2011年邮政行业发展情况，并对2012年邮政管理工作进行了部署：一是加快转变发展方式，努力保持行业平稳较快发展态势；二是加快健全邮政普遍服务体系，保障邮政普遍服务；三是加快转型升级步伐，促进快递大发展上水平；四是加强法治政府建设，着力提升依法行政能力；五是加强党建和各项基础工作，大力推进队伍建设。工作报告中还首次提出“诚信、服务、规范、共享”邮政行业核心价值理念。

快递企业代表座谈会在京举行

1月5日，国家邮政局在北京召开快递企业代表座谈会，13家快递企业负责人以及相关院校代表参加了座谈会。国家邮政局副局长苏和主持会议，国家邮政局副局长王渝次出席会议。苏和充分肯定快递市场2011年的快速发展，以及在此期间快递企业对社会的贡献和责任感，并对2012年的工作重点做了重点部署。结合国家邮政局发布的《快递服务“十二五”规划》，企业代表对各自2012年的工作思路及未来几年的规划做了介绍和说明，同时针对旺季生产与春节快递服务保障中的做法、经验以及遇到的难题等进行了沟通和交流。

邮政局财政部就税制改革有关问题调研

1月6日，为了解营业税改征增值税涉及快递企业有关问题，国家邮政局政策法规司会同财政部税政司、财政部科学研究所赴北京部分快递企业调研。调研组参观了北京顺丰公司客服中心和快件监控系统、北京申通公司分拨中心和北京圆通揽收和派送网点，并与有关企业财务和业务管理人员开展了座谈。通过调研，进一步了解了快递的发展情况和产业特点，为有关政策的研究和制定奠定了良好基础。

国家邮政局部署“六五”普法

1月11日，国家邮政局举行全系统电视电话会议，对“六五”普法工作进行全面部署。国家邮政局党组书记、局长马军胜强调，要加强学习、提高认识，严格行政执法，加强行政执法监督，强化行政问责，提高全行业依法治理的执行力。会议由国家邮政局党组成员、纪检组长解畅主持，国家行政学院法学部副主任杨小军教授应邀做了题为《依法行政和法治政府建设》的专题讲座。国家邮政局党组成员、副局长徐建洲、王渝次、王梅出席会议。

快递内容纳入《社区服务体系建设规划(2011－2015年)》

1月,《社区服务体系建设规划(2011－2015年)》已经国务院同意并正式印发。国家邮政局经过多番沟通和衔接,成功将邮政业相关重点内容纳入到《规划》中,这是行业规划工作取得的又一重要成果。快递内容也纳入了该部国家“十二五”专项规划之中,《规划》提出:“鼓励和支持各类组织、企业和个人兴办居民服务业,重点发展 快递派送等服务,培育新型服务业态和服务品牌”。

马军胜局长、苏和副局长夜访快递企业旺季服务

1月18日,国家邮政局局长马军胜、副局长苏和分别带领检查组,赴顺丰、圆通、申通、韵达、中通等快递企业的北京转运中心,突击检查企业旺季服务运行保障情况。此前,国家邮政局专门召开电视电话会议,部署了2012年春节快递旺季服务保障工作,国家邮政局对春节快递服务的保障工作早部署、早安排,为的就是使快递企业满足节前广大人民群众对快递服务的需求。

国家邮政局六度发布业务旺季快递服务消费提示

1月19日,国家邮政局第六次发布“业务旺季快递服务消费提示”,向社会公布了市场监管信息系统反映出的快递单日业务量增长情况、日寄发快件量排名前十的城市、日投递快件量排名前十的城市等信息。自2012年11月起至春节前夕,国内快递市场进入旺季运营。为保证快递服务质量,减轻快递服务压力,国家邮政局通过发布消费提示,建议消费者合理安排购物时间,并做好错峰收、发件准备;主动配合收寄验视工作;准确填写快递运单上的收、寄件人地址、姓名和联系电话;及时关注国家邮政局官网和各快递企业网站上的有关提示信息,选择使用快递服务。

国办印发《关于省级以下邮政监管体制的通知》

1月20日,国务院办公厅印发《国务院办公厅关于省级以下邮政监管体制的通知》(国办发〔2012〕6号),要求做好完善省级以下邮政监管体制工作,通知明确了完善省级以下邮政监管体制的重要意义、指导思想和总体目标、主要内容和组织实施。为保障邮政普遍服务,加强邮政市场监管,维护邮政通信与信息安全,促进邮政业健康发展,根据《中华人民共和国邮政法》、《国务院关于印发邮政体制改革方案的通知》(国发〔2005〕27号)和《国务院办公厅关于印发省(区、市)邮政监管机构机构设置主要职责和人员编制规定的通知》(国办发〔2006〕8号)等有关规定,设置市(地)一级邮政管理局:在27个省(区)按照市(地)行政区划设置332个市(地)邮政管理局,在4个直辖市和海南省(除海口市、三亚市)跨区域设置25个邮政监管派出机构。

《2011年快递服务满意度调查报告》审议通过

2月7日,《2011年快递服务满意度调查报告》在国家邮政局第112次局长办公会议审议通过。这是国家邮政局重组以来连续第五年委托第三方研究机构在全国范围开展快递服务满意度调查,2011年下半年的调查已经是第八次。2011年快递服务满意度调查呈现出三大变化:一是扩大了调查范围;二是优化了调查指标体系;三是调整了企业用户和个人用户样本比例,增加了电子商务卖家样本。2011年快递服务满意度调查结果显示,快递服务总体满意度为68.9分,比2010年提升0.2分。

快递旺季服务保障优秀企业和先进企业获表彰

2月17日,国家邮政局发布《关于表彰2012年全国快递旺季服务保障优秀企业和先进企业的决定》,授予邮政速递物流、顺丰速运2家企业“2012年全国快递旺季服务保障优秀企业”荣誉称号,授予申通快递、圆通速递、中通速递、韵达快

运4家企业“2012年全国快递旺季服务保障先进企业”荣誉称号。

国家邮政局部署全国“两会”期间寄递服务和安全工作

2月24日，国家邮政局发出通知，要求切实做好2012年全国“两会”期间的邮政、快递服务和安全工作。通知要求，各地邮政管理部门要提高认识，加强组织领导。督促邮政、快递企业建立健全工作责任制和工作制度，逐级落实工作责任，细化各项工作措施。要指导邮政、快递企业采取有效措施改善服务，保障邮件、快件传递准确和及时。

《关于促进快递服务与网络零售协同发展的指导意见》发布

2月27日，国家邮政局、商务部联合发布了《关于促进快递服务与网络零售协同发展的指导意见》(国邮发〔2012〕1号)。《意见》围绕近年来快递服务与网络零售发展的实际，指出了二者共同发展的重要意义。《意见》明确提出了促进协同发展的指导思想，确立了科学发展、协调推进，平等互利、互信合作，消除瓶颈、以点带面的基本原则。为促进二者协同发展，《意见》提出了“优化协同发展政策环境，推动双方信息共享、标准对接，推动信用体系建设，鼓励快递企业构建与网络零售配套的服务体系，积极探索创新服务模式，深化安全领域合作，提升快递服务网络零售科技应用水平”等七个方面的政策措施，并对两部门落实政策提出了具体要求。

国家邮政局要求进一步加强快递企业收寄验视工作

2月28日，国家邮政局发出通知，重申收寄验视是《邮政法》、《邮政行业安全监督管理办法》等明确规定的一项基本制度。严格执行收寄验视制度，是保证用户生命财产安全的行之有效方法。通知要求各省(区、市)邮政管理局进一步加大监督检查力度，对收寄验视制度落实不到位的邮政企业，要依照《邮政法》第七十五条的规定，严肃处分企业直接负责的主管人员和其他责任人员，对快递企业，可以责令停业整顿直至吊销快递业务经营许可证。

《关于开展2012年快递业务经营许可年度报告工作的通知》印发

2月28日，国家邮政局印发《关于开展2012年快递业务经营许可年度报告工作的通知》，要求快递企业参加2012年快递许可年度报告。要求各省、自治区、直辖市邮政管理局对快递许可年度报告工作高度重视，认真组织，认真审核，依法推进，强化管理，依法查处。

省级以下邮政监管体制实施工作正式启动

3月1日，省级以下邮政监管体制实施工作正式启动，交通运输部、中央编办和国家邮政局联合召开电视电话会议，对实施工作进行动员部署。交通运输部部长李盛霖、中央编办副主任王峰、国家邮政局局长马军胜分别在动员会议上讲话，交通运输部副部长冯正霖主持会议。中央编办会同交通运输部、国家邮政局等部门对完善省级以下邮政监管体制问题进行了认真研究，并到部分省市进行深入调研，充分听取意见，经报国务院、中央编委批准，国务院办公厅近日印发了《关于完善省级以下邮政监管体制的通知》，中央编办印发了《关于省级以下邮政监管机构设置人员编制的通知》。完善省级以下邮政监管体制实施工作正式拉开序幕。

马军胜委员建议推进快递服务与网络零售联动发展

3月7日，全国政协委员、国家邮政局局长马军胜在全国政协十一届五次会议上提交提案，建议推进快递服务与网络零售(网购业务)联动发展。马军胜委员建议，有关部门积极有效引导更多资源进入快递市场，鼓励国内多元社会资本进入快递领域；建立电子商务平台与快递平台系统的对接标准；商务、工业信息、工商、质检和邮政部门建立联席工作机制，行业管理部门之间信用信息资源共享；建设在线信用信息服务平台；研究健全完善快递服务价格定价机制，降低快递企业办理代收货款业务和旺季价格调整的社会风险；有效解决城市中转配送难、配送货车停靠难等问题，采取措施鼓励快递企业加强快递基层服务网点设施建设，试行社区便利店（物流配送站）提供快递收寄、投递服务等。

《寄递渠道治安检查工作规定》发布

3 月 14 日，国家邮政局、公安部、国家安全部联合印发了《寄递渠道治安检查工作规定》，共同加强寄递渠道治安检查。《规定》要求，省级邮政管理部门要定期对本行政区域内邮政企业、快递企业的安全管理工作进行检查，对检查中发现的问题，每月在全行业通报一次。《规定》对公安机关应当立即组织调查核实的情形作出了要求。明确规定，对违规收寄禁寄物品的邮政企业、快递企业及其主要负责人，邮政管理部门应当依法予以行政处罚；邮政企业、快递企业从业人员因未执行验视制度而收寄禁寄物品或明知是禁寄物品仍收寄，构成违反治安管理的，公安机关应当依法予以治安处罚；构成犯罪的，应当依法追究刑事责任。

邮政快递被纳入《十二五综合交通运输体系规划》

3 月 21 日，在国务院总理温家宝主持召开国务院常务会议上，邮政快递被纳入《十二五综合交通运输体系规划》。邮政业首次纳入综合交通运输体系规划，体现了国家“加强邮政与交通运输统筹管理”的战略意图。《规划》确定的九大发展目标之一为“增强邮政普遍服务能力，发展农村邮政，实现乡乡设所、村村通邮”。《规划》主要任务中明确提出：“依托综合交通运输体系，完善邮政和快递服务网络，提升传递速度。加强邮政设施建设，积极发展农村邮政，实现普遍服务覆盖城乡。同时，充分发挥邮政综合服务平台作用，拓展邮政物流、代理代办等业务。加快发展电子商务配送等新兴业务，推进航空快件等绿色通道建设。大力发展便捷、高效快递服务。健全保障和监督机制，提高邮政业服务能力和水平”。

2012 年全国邮政市场监管工作座谈会召开

3 月 26 — 28 日，2012 年全国邮政市场监管工作座谈会在山东济南召开。国家邮政局副局长苏和出席会议并讲话，他强调，2012 年邮政市场监管工作要以提高服务水平为核心，加快构建“依法合规、公平公正、规范高效、权责统一”的市场监管体系，着力完善“便捷高效、竞争有序、技术先进、服务优质”的快递服务体系，努力实现“四个转变”。“四个转变”的内涵是，从重制度建设向制度建设和制度落实并重转变；从重事前审批向全过程监管转变；从重行政执法向依法行政转变；从重快递监管向快递、集邮、邮政用品用具并重监管转变。这些“转变”中孕育着邮政管理工作的转型升级。

《电子商务“十二五”发展规划》发布

3 月 27 日，工业和信息化部发布了《电子商务“十二五”发展规划》。《规划》明确将支持快递服务与电子商务联动发展内容纳入其中。《规划》在“重点任务”中明确提出，推动交通运输、铁路、邮政、文化、旅游、教育、医疗和金融等行业应用电子商务，促进行业服务方式的转变。鼓励邮政、快递、物流配送企业依托实体网络发展电子商务。加快建设适应电子商务发展需要的社会化物流体系，优化物流公共配送中心、中转分拨场站、社区集散网点等物流设施的规划布局，积极探索区域性、行业性物流信息平台的发展模式。推动快递、零担、城市配送企业依托信息化提高社会化服务水平，增强对网络零售的支撑能力。

国家邮政局表彰2011年邮政行业统计工作先进企业

2012年4月，依据《邮政行业统计管理办法》的相关规定，国家邮政局授予中国邮政速递物流股份有限公司等150家企业“2011年度邮政行业统计工作先进企业”荣誉称号，表彰其先进，弘扬统计工作者求真务实、开拓创新、艰苦奋斗、无私奉献的精神，以引导各方充分认识行业统计工作的重要性，营造有利于行业统计工作深入推进的良好环境。

《快递服务》系列国家标准开始实施

国家邮政局于2012年4月12日举行了《快递服务》系列国家标准（下称《标准》）电视电话培训会议。《标准》于2012年5月1日起开始施行。相比行业标准，国家标准在形式和内容上都有了很大提升，标准的层次更高，权威性更强、适用范围更广，填补了我国快递领域国家标准的空白。《标准》根据经营范围的不同，细化了快递服务组织的最低从业人数要求，新增了加盟企业管理和国际业务代理相关规定，还专门增加了对国际快递服务时限的相关要求。细化了对快件验视和封装的要求，增加了无着快件等处理规定，并特别针对快件是“先签后验”还是“先验后签”，明确给出了答案。

邮政速递物流公司A股IPO通过审核

5月4日，中国邮政速递物流股份有限公司首次公开发行A股申请获得证监会发审委通过。中国邮政速递本次拟发行不超过40亿股A股股票，发行后总股本不超过120亿股。中信证券担任中国速递本次A股发行的保荐人及主承销商。中国邮政速递本次募集资金主要用于生产场地建设、信息系统及配套建设、营投网点及配套建设、车辆及设备购置、邮航相关项目建设和补充流动资金等。中国邮政速递是国内经营时间最久、规模最大、网络覆盖范围最广、业务品种最丰富的快递物流综合服务提供商，其国内速递业务收入长期居国内同行业首位，国际速递业务收入处于市场领先地位，国际特快专递（EMS）业务量在全球邮政企业中排名第一。目前，中国邮政速递在全国拥有揽投部4152个，揽投线路24691条。

2012年首次职鉴统考顺利举行

5月19日上午9点，2012年首次快递业务员职业技能鉴定全国统考在29个省（区、市）同时开考，本次考试全国共设考点54个，考场983个，参加考试人数29531人，其中，参加初级鉴定25882人，中级3649人。此次中级鉴定考试是继去年在部分省试点考试后进行的较大范围的考试，覆盖全国29个省（区、市），操作考核部分采取实际动手操作的形式进行考核，为保证考试顺利进行，各省考试前做好充分准备，严格按照考核要求备制考件，部分省为方便企业员工和院校学生参加考试，将考试场地直接设置在企业或院校，考评员进行现场评分，“送鉴定到企业，送鉴定到学校”，提高工作效率，降低参考单位成本。

2012年首期全国邮政市场执法和安全监管培训班举办

5月15－18日，2012年第一期全国邮政市场执法和安全监管培训班在贵阳举办。各省（区、市）邮政管理局市场监管处负责安全监管工作的处领导及工作人员，以及国家邮政局消费者申诉中心、新闻宣传中心、中国快递协会的相关人员70多人参加了培训。第一期培训班邀请了公安部、国家安全部、国家安监总局信息研究院、国家濒管办等单位的专家对学员进行专题培训。受邀专家围绕邮政通信与信息安全、反恐防范、安全生产、应急管理等内容，讲授《邮政通信与信息安全的维护》、《邮政行业安全生产监管的有关问题》、《控制非法运输濒危物种》等课程。培训班还对《邮政行业安全防范工作规范》、《寄递渠道治安检查工作规定》等相关内容进行了重点解读。

马军胜局长、王梅副局长在香港参观考察快递企业

在香港参加亚太邮联执行理事会2012年年会的国家邮政局局长马军胜、副局长王梅2012年5月17日到顺丰速运(香港)有限公司参观考察。马军胜、王梅首先听取了顺丰速运总裁王卫的情况介绍,详细询问了公司在香港的业务发展以及国际业务的开拓情况,并对公司几年来在国内业务的迅速发展予以充分肯定。马军胜建议顺丰公司在稳步开拓国际市场的同时,一定要把国内业务做得更好更扎实,这才是企业走出去的基础。马军胜、王梅还对顺丰公司在人力资源管理方面的先进做法和经验表示赞赏。此前的5月15日,马军胜还参观了位于香港机场的DHL扩展后的中亚区枢纽中心,详细了解了该中心的运行管理及其对DHL公司在亚洲及全球业务开展所发挥的作用。

快递企业高级管理人员研修班举办

5月,快递企业高级管理人员研修班在上海成功举办。来自EMS等全国18家规模以上快递企业的60余名高级管理人员参加研修。国家邮政局人事司蒋强司长、上海市邮政管理局李惠德局长出席研修班开班式并讲话。研修班上,来自国家发改委、国家邮政局、中国标准化研究院等部门和单位的有关领导和相关高校学者、业内专家为研修班学员讲授了国家"十二五"规划与邮政业发展、《快递服务》国家标准、快递服务合同难点与热点解析、快递企业兼并重组和快递发展趋势等课程。

职业分类大典修订工作专家委员会会议召开

5月,国家邮政局人事司在北京组织召开职业分类大典修订工作专家委员会会议。大典修订工作直接关系行业职业资格体系的构建,是邮政行业专业人才教育学科分类和专业设置的重要参考。会议通报了前期邮政业职业分类大典修订工作总体情况,充分肯定了邮政和快递两个项目组所开展的工作。会上,邮政和快递两个项目组分别作了汇报,对研究提出的职业分类修订内容进行了详细的解释和说明。专家还就行业归属、职业工种设置、绿色职业标注等一些具体问题进行了认真研究,对大典修订中的关键问题作了明确,提出了文本补充和完善的建议。

快递板块亮相首届京交会

5月28日至6月1日,首届中国(北京)国际服务贸易交易会在北京举办,国家邮政局作为京交会16个支持单位之一,组织国内主要快递企业参加会议。国家邮政局是京交会永久支持单位。5月28日当天,EMS、顺丰、申通、圆通、韵达、中通、宅急送、百世汇通、海航天天等九家全国性快递企业与浙江淘宝商城网络有限公司签订战略合作框架协议;中国快递协会与世界贸易网点联盟签订战略合作框架协议,建立长期战略合作伙伴关系;中国邮政速递物流股份有限公司与泛亚班拿国际运输代理(中国)有限公司签订战略合作协议;顺丰速运和巴西亚洲商务中心就顺丰快递开发巴西市场业务的相关事宜,在互惠互利、优势互补的基础上签订了合作意向书。商务部副部长王超,国家邮政局局长马军胜、副局长苏和,北京市政府副秘书长杨志强出席签约仪式。

"2012中国快递论坛"举办

以"提升质量·服务民生"为主题的"2012中国快递论坛"5月29日在北京举行,国家邮政局局长马军胜在致辞时表示,邮政管理部门将采取4项措施,努力保障《快递服务"十二五"规划》中提出的三大发展目标的实现。会上,来自国家发改委、商务部等政府部门的相关领导,行业专家学者、企业界的代表,分别就综合交通运输体系建设与快递发展、中国快递服务国际化发展、如何通过提高服务促进快递发展、快递业与制造业联动发

展、电子商务与快递等话题广泛进行了研讨，论坛还举办了两场互动交流专场。

马军胜局长祝贺中国交通运输协会成立三十周年

5月30日，中国交通运输协会召开成立30周年纪念大会，国家邮政局局长马军胜应邀出席大会并致辞，并代表国家邮政局向中国交通运输协会30年来取得的成就表示热烈祝贺。马军胜表示，今后，国家邮政局将会同邮政全行业，一如既往地与中国交通运输协会心手相连、坦诚相见、共谋发展，积极搭建合作平台，努力推动政企沟通和行业合作，支持配合协会各项工作的开展，共同打造一个众望所归、名副其实的“交通运输行业之家”。

鼓励和引导民间投资进入物流领域实施意见出台

5月31日，国家发改委、公安部、财政部、国土资源部、交通运输部、国家工商总局等部委近日联合出台了《关于鼓励和引导民间投资进入物流领域的实施意见》，明确支持民间资本进入快递等重点物流领域。《实施意见》明确支持民间资本进入快递等重点物流领域。《实施意见》提出，鼓励民间资本进入快递、城市配送（含冷链）、医药物流、再生资源物流、汽车及家电物流、特种货物运输、多式联运、供应链管理等重点物流领域。鼓励现有单一从事运输、仓储、联运、快递等服务的民营企业整合功能、延伸服务，加快向具有较强资源整合和综合服务能力的现代物流企业转型。积极支持民营物流企业开展国际合作。《实施意见》要求，简化注册经营手续。民间资本投资设立物流企业，在总部统一办理工商登记注册和经营审批手续后，其非法人分支机构可持总部出具的文件，直接到所在地工商行政管理机关申请登记注册，免予办理工商登记核转手续。同时，打破阻碍物流设施资源整合利用的管理瓶颈，完善资质审批管理。《实施意见》还要求，切实减轻民营物流企业税收负担，加大对民营物流企业的土地政策支持力度，优化民营物流企业融资环境，促进民营物流企业车辆便利通行。

国家邮政局在银川召开统计工作研讨会

6月5－6日，国家邮政局政策法规司在宁夏回族自治区银川市召开统计工作研讨会。国家邮政局政策法规司司长邢小江、宁夏回族自治区邮政管理局局长李洛郑在会上作了讲话。北京、山西、吉林、上海、广东等15个省（市）邮政管理局的统计工作人员共20多人参加了会议。会议回顾总结了2008年邮政行业统计报表制度建立以来国家局系统统计工作情况。要求面对新的形势和任务，各省局明年的统计工作必须做到“四个要”，即要完成角色转变、要充实人员力量、要细化统计数据、要强化培训检查。会上，与会代表围绕当前统计工作中存在的不足及改进意见、明年工作措施、邮政行业统计报表制度、统计信息系统改造等议题进行了研讨。

国家邮政局召开片区申诉受理工作座谈会

6月，国家邮政局西南、华北区消费者申诉受理工作座谈会近日在云南召开。国家邮政局市场监管司副司长王永利、消费者申诉受理中心主任李滨、云南省邮政管理局局长李云山在会上作了讲话。北京、天津、河北、山西、四川等10省（市）邮政管理局的申诉受理工作人员参加了会议。会议介绍了全国邮政业消费者申诉受理工作情况，并要求各省邮政业消费者申诉受理中心继续以“维护消费者合法权益，促进企业提高服务质量”为目标，提升申诉受理效率和质量，切实维护消费者的合法权益。

国家邮政局在广东检查邮政用品用具产品质量

6月3－8日，为贯彻落实邮政用品用具国家标准和行业标准，提高产品质量，维护消费者权益，国家邮政局市场监管司派出检查组来到广东省，采取抽检、检测等方式，实地检查邮政用品用具产品质量，并就快递封装用品使用情况开展调研。检查组检查了8家邮政用品用具生产企业的生产情况，现场抽查了邮政特快专递封套、国内邮政包裹详情单、邮件包装箱、包装袋等产品。检查期间，检查组在东莞市召开了《快递封装用品》国家标准宣贯座谈会，广东省18家网络型快递企业的代表参加了会议。

国家邮政局到广东开展《邮政业标准化管理办法》专题调研

国家邮政局政策法规司6月初与中国标准化研究院组成联合调研组，来到广东开展《邮政业标准化管理办法》专题调研，对广东省邮政业标准化工作发展情况进行深入考察。广东省邮政管理局相关领导及工作人员全程陪同调研。调研组在广州召开座谈会，认真听取了广东省快递协会、省邮政公司、省邮政速递物流公司、省内部分重点快递企业对《办法》的意见和建议。调研组还来到广州全日通、深圳顺丰速运等快递企业，深入考察了企业生产作业流程，全面了解了企业标准化工作开展情况，提出了指导意见和建议。

马军胜局长分别约见两家美国快递公司代表

6月6日，国家邮政局局长马军胜在京分别约见了美国联邦快递公司中国区总裁陈嘉良和联合包裹公司亚太区高级副总裁兼中国区总裁黎松江，就联邦快递和联合包裹两公司在华经营业务问题进行了沟通。国家邮政局办公室（外事司）副司长杨金、政策法规司副司长金京华和市场监管司副司长王丰等参加约见。

李盛霖部长、冯正霖副部长、马军胜局长调研快递企业

6月11日晚，交通运输部部长李盛霖、副部长冯正霖，在国家邮政局局长马军胜、中国邮政集团公司总经理李国华等陪同下来到快递企业忙碌的快件处理中心进行调研。李盛霖慰问了现场工作人员，他勉励干部职工要抓住机遇、增强能力、提升服务，为“稳增长、扩内需”作出积极贡献。李盛霖指出，我国经济发展和消费需求的变化促生了快递服务，当前，快递服务业的壮大又可以扩大内需、提振经济，这正是我国快递服务业发展难得的重大历史机遇。快递企业要抓住机遇、做强做大，为拉动消费、扩大内需作贡献，为经济稳中求进、优化升级作支撑。

马军胜局长陪同李盛霖部长会见美国驻华大使

6月12日，交通运输部部长李盛霖在北京会见了来访的美国驻华大使骆家辉一行，双方就共同关心的话题，特别是有关快递业务的具体事宜进行了深入交流。国家邮政局局长马军胜陪同会见。李盛霖首先对骆家辉的到访表示热烈欢迎。他指出，两国在交通运输领域的合作进展顺利，双方通过建立中美交通论坛等沟通机制，交流频繁，合作密切，希望骆家辉今后对交通运输合作给予更多关注。骆家辉表示，中国近年来交通运输发展迅速，为社会发展作出了重要贡献，令人印象深刻。希望两国加强合作，进一步深化在交通运输各个领域的合作。

交通运输部、国家邮政局召开规章立法调研座谈会

6月12－13日，交通运输部政策法规司、国家邮政局政策法规司在河北省召开《邮政业标准化管理办法（草案）》规章立法调研座谈会。河北省邮政管理局曾军山局长、王跃副局长介绍了河北省邮政业标准化工作情况，并对草案提出了具体修改意见和建议。会议还交流讨论了邮政业标准化管理的实践情况。调研组表示，河北省邮政管理局提出的修改意见和建议，符合实际情况，有助于提高规章立法的针对性和可操作性，对这些意见和建议在立法过程中将认真研究，吸收和采纳。

国家邮政局研究部署专项教育和治理活动

6月15日，国家邮政局党组召开专题会议，研究制定了全国邮政行业道德领域突出问题专项教育和治理活动的实施方案，对教育和治理活动作出具体部署。6月27日，国家邮政局举行了电视会议进行动员部署。根据行业实际，此次专项教育和治理活动以邮政行业窗口单位和生产服务一线干部职工为重点，在全行业普遍开展。活动主要围绕强化道德意识、建立诚信体系、提升服务质量、端正政风行风4个方面展开，按照“动员部署”、“宣传教育”、“专项治理”、“检查验收”、“总结表彰”5个阶段稳步推进，从6月下旬开始，持续到年底。

国家邮政局与公安部联合检查亚沙会邮路安保工作

第三届亚洲沙滩运动会于2012年6月16－22日在山东省海阳市举办。为强化寄递渠道安全监管，确保第三届亚洲沙滩运动会期间寄递物品安全，6月15日，国家邮政局与公安部联合派出检查组，赴山东海阳检查亚沙会期间寄递渠道安保工作。检查组来到海阳市邮政局，现场查看了亚沙会邮件、快件安全检查点，听取了山东省邮政管理局、海阳市邮政局关于亚沙会邮件、快件的收寄、投递与安全检查工作汇报，并对做好亚沙会邮路安保与邮政服务工作提出了要求。

国家邮政局部署财务管理工作

6月18日，国家邮政局在青岛召开全系统财务工作座谈会，按照财政部中央单位2013年部门预算编制工作动员会的要求，部署省以下邮政监管机构组建期间财务资产保障工作和2013年部门预算编制工作。国家邮政局徐建洲副局长出席会议并讲话，他要求全系统财务工作者要深入贯彻落实科学发展观，扎实工作，不断取得邮政监管财务工作新成效，为邮政业科学发展、和谐发展、跨越发展作出新贡献。会上，江苏、浙江、山东、江西、广东等省邮政管理局就各自在财务管理方面的经验进行了交流发言。

海峡两岸邮政部门扩大业务合作商谈活动在京举行

6月18－19日，海峡两岸邮政部门扩大业务合作商谈活动在北京举行，国家邮政局副局长王梅出席并主持商谈活动。王梅副局长表示，在两岸邮政同仁的共同努力下，双方建立了坦诚、高效的交流机制，并采取多种形式就两岸开展业务合作进行了沟通，为扩大两岸邮政合作范围、促进两岸民众交流和经贸发展，以及两岸邮政业的发展作出了贡献。此次商谈，双方代表本着“落实协议、立足合作、互惠双赢、促进发展”的目标，着眼于贴近主流，贴近民众，贴近市场，提升竞争力，为两岸民众谋福祉，对扩大业务合作的有关事宜进行深入交流。国台办经济局、国家邮政局办公室（外事司）和邮政集团公司有关部门负责人参加了此次商谈活动。

国家邮政局在内蒙古检查邮政用品用具质量

6月中旬，为贯彻落实邮政用品用具国家标准和行业标准，提高产品质量，维护消费者权益，国家邮政局组织检查组前往内蒙古开展邮政用品用具质量检查。检查组采取问卷调查、现场检测、抽查等方式，检查了6家邮政用品用具生产企业的生产情况和8家快递企业邮政用品用具使用情况。检查组还召开了座谈会，对《快递封装用品》国家标准进行宣贯，通报了本次检查中发现的个别问题，要求相关企业及时整改，生产企业和快递企业都要按照标准生产、使用邮政用品用具。

首批通过2012年年审企业名单公布

6月，国家邮政局公布了第一批260家通过2012年快递业务经营许可年度报告审核的企业名单。按照《关于开展2012年快递业务经营许可年度报告工作的通知》要求，国家邮政局2012年快递业务经营许可年度报告审核的企业范围是2011年12月31日前（含12月31日）经国家邮政局批准，取得《快递业务经营许可证》，依法从事跨省、自治区、直辖市业务或者国际快递业务的企业。在省、自治区、直辖市范围内经营的，向相应的省、自治区、直辖市邮政管理局提交快递业务经营许可年度报告。根据《快递业务经营许可管理办法》，依照《快递业务经营许可年度报告规定》，国家邮政局于2012年4月开始实施一年一度的快递业务经营许可年度报告工作。

国家邮政局召开邮政行政复议工作座谈会

为加强邮政行政复议工作规范化建设，提高行政复议工作水平和能力，国家邮政局政策法规司于6月18日至19日在甘肃省召开了邮政行政复议工作座谈会。国家局政策法规司司长邢小江在会上作了讲话。甘肃省邮政管理局局长张玉虎出席会议并致欢迎词。会议由国家局政策法规司副司长靳兵主持。部分省（区、市）邮政管理局法制工作机构负责人参会，并对邮政行政复议工作规范化建设和如何推动邮政行政复议体制与新的邮政监管体制相衔接提出了意见和建议。

国家邮政局审议通过《2011年快递市场监管报告》

6月27日，国家邮政局局长马军胜主持召开第121次局长办公会，讨论并通过《2011年快递市场监管报告》。这是国家邮政局连续第三个年度编制快递市场监管报告，编制工作已逐步走上规范化和制度化轨道。报告以图文并茂的形式展现2011年快递市场发展和市场监管情况。报告的主体部分回顾了2011年快递市场发展现状和环境，以及邮政管理部门在优化行业发展、促进行业科学发展、规范市场经营秩序、维护用户合法权益、保障邮政通信信息安全等方面履行监管职责的情况。报告直面快递市场中存在的三大问题——服务水平亟待提高、行业安全不容乐观和发展难题仍待破解，并提出了2012年快递市场监管工作的基本思路。

国家邮政局启动快递服务质量专项整治活动

从2012年6月20日至2013年2月28日，国家邮政局在全国开展快递服务质量专项整治活动，提升申诉处理质量，加强快递服务质量监管，着力解决当前快递服务中存在的快件丢失、短少、损毁等热点问题，查处严重侵犯用户利益违法行为，维护市场秩序和用户利益，切实提高快递服务水平，促进行业健康发展。根据部署，邮政管理部门将落实《邮政业消费者申诉处理办法》，督促快递企业认真负责、妥善及时处理邮政管理部门转办的申诉；组织快递企业对2011年以来快件延误、快件丢失及短少、快件损毁、收投服务等问题进行自查，并要求对自查发现的问题提出切实可行的整改措施。为保证专项整治活动顺利推进，邮政管理部门将加大执法力度。

国家邮政局举行先进基层党组织事迹报告会

在“七一”党的生日到来之际，6月29日，国家邮政局召开“岗位建功、创先争优”先进基层党组织事迹报告会，宣传基层先进党组织，激励基层党组织和广大党员干部立足本职，敬业奉献，做服务发展的表率，当创先争优的楷模。国家邮政局党组书记、局长马军胜发表讲话，强调向先进典型学习，就要进一步加强基层组织建设，努力提高党建科学化水平；就要充分发挥战斗堡垒作用，努力推动邮政行业转型升级改革创新；就要着眼长远立足当前，努力完成各项工作任务。国家局先进党支部市场监管司副司长、党支部书记王丰，做了“岗位建功、创先争优”主题报告。会议还举行了新党员宣誓仪式。

邮政管理部门积极处置CCES部分地区网络阻断事件

6月，上海希伊艾斯快递有限公司（以下简称

"CCES")在重组过程中,发生网络阻断事件。事件发生后,国家邮政局发出紧急通知,要求有关省(市)邮政管理局迅速介入,深入了解当地 CCES 的运行情况,及时启动应急响应。7 月 3 日,国家邮政局召开专题会议,研究事件的处置工作。会议认为,此次事件是由于 CCES 经营管理不善,重组不当造成的。事件导致部分快件的积压,侵害了消费者的合法权益,也对行业声誉造成了一定的影响。会议要求:①各级邮政管理部门要高度重视,突出重点,注重实效,积极稳妥,依法依规做好处置工作;②督促 CCES 尽快解决欠款、欠薪问题,维护职工的合法权益,认真清理输运积压的快件,最大限度减少用户的损失;③协调相关经营快递业务的企业,配合投递积压快件,保障消费者的合法权益;④对事件的起因进行认真分析,指导企业吸取教训,在经营和重组活动中严格按照法律法规进行,降低企业的运行风险。此后,各省(区、市)邮政管理局认真贯彻落实国家邮政局部署,积极稳妥,依法有序地开展对 CCES 部分地区网络阻断事件的处置工作。

宅急送等 12 家企业申请国际快递业务许可

7 月 2 日,国家邮政局发布公示,北京宅急送快运股份有限公司、杭州百世网络技术有限公司等 12 家企业提出经营国际快递业务许可审核情况的申请。

第五届中日邮政政策对话召开

7 月 3 日,第五届中日邮政政策对话在日本东京召开。中日邮政政策对话是中日两国邮政管理部门之间,就中日两国邮政体制改革和邮政行业发展等宏观政策进行定期沟通交流的重要机制。国家邮政局副局长徐建洲和日本总务省邮政行政部长福冈徹出席会议并致词。对话中,中日两国的代表就邮政体制改革进展情况、邮政普遍服务的保障措施、快递行业与电子商务的关系,以及万国邮联和亚太邮联事务等四个议题分别进行了发言和研讨。其中,重点对日方国会通过的邮政改革法案、中方出台的快递业"十二五"发展规划,以及中方开展的空白乡镇邮政局所补建工程等问题展开了深入交流,提出了很多建设性的意见和建议,真正实现了通过中日邮政政策对话这一交流平台,共同探索改革途径、创新发展思路的目的。双方代表均期望中日两国能够继续深化合作、互相支持,共同为促进国际邮政事业的发展作出积极贡献。

国家邮政局审议《邮政业标准化管理办法》

7 月 5 日,国家邮政局局长马军胜主持召开第 122 次局长办公会,审议《邮政业标准化管理办法》。《办法》的制定,有利于规范行业的标准化管理,有利于提高邮政业服务质量,有利于促进邮政业健康发展。国家邮政局于 2012 年 2 月启动了《办法》的起草工作,在制定过程中征求了各方意见。会议审议认为,《办法》有着很强的群众性、广泛性和深入性,内容丰富、重点突出、定位准确。马军胜要求,下一步,相关部门要本着瞄准目标、稳步前进的原则,积极稳妥地推进邮政行业安全作业、管理及安全设施标准等其他标准的制定工作。

高级快递业务员职鉴题库及培训大纲通过终审

7 月 6 —7 日,国家邮政局职业技能鉴定指导中心在浙江绍兴组织召开了"高级快递业务员职业技能鉴定题库及培训大纲终审会"。会议审议通过了题库和培训大纲(即《高级快递业务员职业技能鉴定考试指导手册》),来自人力资源和社会保障部职业技能鉴定中心、部分省(区、市)邮政管理局、相关院校的专家及编写组成员参加了会议。此前 6 月 17 —19 日,国家邮政局职业技能鉴定指导中心在京组织召开高级快递业务员职业技能鉴定培训大纲及题库研讨会,来自国家邮政局相关部门、部分省(市)邮政管理局、快递协会、相关院校的专家学者以及编写组成员参加了会议。

国家邮政局在吉林检查邮政用品用具质量和监制工作

为进一步贯彻落实邮政用品用具国家标准和行业标准，提高产品质量，维护消费者权益，国家邮政局7月派出检查组，来到吉林省检查邮政用品用具质量和监制工作。检查组采取问卷调查、现场检测、抽查等方式，检查了4家邮政用品用具生产企业的生产情况和4个邮政支局营业窗口邮政用品用具使用情况，对信封、邮件包装箱、快递封套等按品种、型号进行了抽查，并前往4个住宅小区，对信报箱进行了现场检测。检查组还向11家快递企业发放了调查问卷，详细了解了企业贯彻落实《快递封装用品》国家标准、使用标准封装用品的情况。

马军胜局长会见德国邮政敦豪集团总裁兼首席执行官安澎

7月6日下午，国家邮政局局长马军胜在京会见了德国邮政敦豪集团总裁兼首席执行官安澎。双方就国际邮政市场和中国快递市场发展情况交换了意见。马军胜对安澎带领德国邮政敦豪集团董事会来华短期工作表示欢迎，希望德国邮政继续为中国快递业发展作出积极贡献。安澎表示，亚太区域特别是中国市场是德国邮政的重要收入来源，此行将与中国政府有关部门和重要客户进行交流，了解行业发展走向和客户需求。他邀请马军胜局长出席7月12日在上海浦东国际机场举行的德国邮政敦豪北亚转运枢纽开业庆典活动。

省级以下邮政监管机构公务员招考公共科目笔试举行

7月8日，省级以下邮政监管机构公务员招考公共科目笔试，在全国31个考区的41个考点顺利举行。国家邮政局局长马军胜当天上午来到北京信息职业技术学院（东区）考点视察考试情况。马军胜对国家公务员局考录司、人社部人事考试中心、北京市人事考试中心和北京信息职业信息学院等单位和部门对此次招考工作的大力支持表示感谢。他表示，相信通过此次招考，一定会让优秀人才脱颖而出，为省以下邮政管理工作提供强大的人才保障。2012年，全国省级以下邮政监管机构面向社会公开招录929名公务员。据统计，共有49155人报名确认参加公共科目笔试，考录比例为52.9:1，职位竞争比较激烈。

马军胜局长在上海调研邮政和快递企业

7月11－13日，国家邮政局局长马军胜调研上海市邮政普遍服务及快递业务发展情况。马军胜视察了中通速递卢湾二部服务网点，调研快递营业场所规范化建设试点工作。在上海市邮政管理局主持召开快递企业提高服务质量调研座谈会时，马军胜听取了各企业在提升快递服务能力、提高服务水平、保障通信安全等方面的汇报。针对提升快递服务质量，提出五点要求：一是明晰工作指导思想；二是健全完善快递服务质量管理体系；三是加强特许经营（加盟）企业的质量管理；四是充分发挥科技创新在提升服务质量方面的作用；五是在行业内树立标杆典型。马军胜强调，邮政业要深入贯彻落实科学发展观，以提升服务质量为核心，持续改善经营管理，促进行业健康发展。在沪调研期间，马军胜局长与上海市副市长沈骏就加快上海市邮政业发展和健全省以下邮政监管体制等工作交换了意见。

马军胜局长出席敦豪快递北亚枢纽开业典礼

7月12日上午，敦豪快递北亚枢纽开业典礼在上海浦东国际机场举行。国家邮政局局长马军胜应邀出席典礼，并和其他贵宾一同按下北亚枢纽启用按钮。受国家邮政局局长马军胜委托，上海市邮政管理局局长李惠德在典礼上致辞。中国民航局、商务部服务贸易司、上海海关、检验检疫、口岸办、上海机场集团等单位部门负责人及德国邮政敦豪集团、中外运敦豪高管与会。典礼开始前，马军胜参观了新启用的敦豪快递北亚枢纽，并与以安澎为首的德国邮政敦豪集团董事会成员进行了交流。敦豪快递北亚枢纽耗资1.75亿欧元,是敦豪快递近年在亚洲地区的最大单笔投资项目。

《快递市场管理办法》规章修订调研组在穗调研

7月11－12日,国家邮政局专门与交通运输部组成联合调研组,到广州开展专题调研。为修订《快递市场管理办法》,深入了解快递业发展现状,听取有关协会和企业的意见。调研组就《办法(修订草案)》征求广东省快递行业协会、省邮政速递物流公司和省内大型快递企业代表的意见,对企业关注的一些问题进行说明。与会代表积极支持规章修订,并结合自身实际情况,对相关条款和内容提出了合理化建议。调研组还深入广东省邮政速递物流公司广州航空邮件处理中心进行实地考察,现场与处理中心工作人员沟通,详细了解该处理中心的运行情况,为规章修订工作提供更详实的事实依据。

邮政行业应急预案管理工作座谈会在石家庄召开

为进一步营造邮政管理干部乐于钻研、理论联系实际的应急管理工作作风,全面推进行业应急管理工作,根据国务院应急管理办公室有关要求,国家邮政局组织开展了"完善应急预案管理"有奖征文活动。7月13－14日,国家邮政局在石家庄市召开了"完善应急预案管理"有奖征文评审颁奖暨邮政行业应急预案管理工作座谈会。国家邮政局市场监管司、河北省邮政管理局、国家邮政局新闻宣传中心、中国快递协会、国家安全生产监督管理总局信息研究院、中国人民公安大学、石家庄邮电职业技术学院的有关专家,以及参赛论文一、二、三等奖作者参加了会议。

国家邮政局召开全系统年中工作会议

国家邮政局7月17日召开电视电话会议,对上半年工作进行总结,对下半年工作进行重点部署。国家邮政局党组书记、局长马军胜做重要讲话。他强调,下半年,要深入学习贯彻党的十八大精神,牢牢把握发展第一要务,认真贯彻"稳中求进"工作总基调,以更大的决心,下更大的力气,保持行业平稳较快发展态势,保持行业生产安全和运行安全,不断提高行业服务质量,基本完成省以下邮政监管机构组建工作,为国家实施"稳增长"战略作出贡献。马军胜强调,当前,我国经济总体平稳,但下行压力仍然较大。中央把"稳增长"放在更加重要的位置,强调要巩固和增强消费对经济增长的拉动作用。为此,马军胜要求下半年全系统要深入学习贯彻党的十八大精神,全力做好党的十八大期间服务和安全保障工作,全面推进省级以下邮政监管机构组建工作,不断强化监管持续提升行业服务质量水平,持续推进法治政府建设,六是持续加强党建和党风廉政建设。

上半年我国邮政业保持平稳较快发展势头

国家邮政局公布,上半年,我国邮政行业准确把握经济形势,重点加强行业引导,持续优化发展环境,切实抓好产业联动,大力促进结构调整,努力推进资源整合,全行业呈现出发展快速、结构优化、能力增强的良好局面。上半年,全行业业务收入完成973.4亿元,同比增长24.4%;业务总量完成933.9亿元,同比增长21.2%,全行业增速达同期GDP增速的3倍左右。全国规模以上快递服务企业业务量完成近24亿件,超过2010年全年的业务量,同比增长51%,实现连续16个月增长速度超过50%;业务收入完成468.2亿元,同比增长39.7%,比去年同期提高了13.2个百分点。快递业务收入占全行业业务收入比重达48.1%,比去年同期提高5.3个百分点。

马军胜局长会见敦豪快递首席执行官林经伦

7月17日,国家邮政局局长马军胜在京会见了敦豪快递首席执行官林经伦一行。双方就国际邮政和中国快递市场发展等问题交换了意见。

马军胜局长会见联邦快递首席运营官兼国际业务总裁邓博华

7月18日，国家邮政局局长马军胜在京会见了美国联邦快递公司首席运营官兼国际业务总裁邓博华一行。双方就联邦快递公司在华业务发展问题交换了意见。

国家邮政局召开行风建设和纠风工作座谈会

7月，国家邮政局在长春召开行风建设和纠风工作座谈会，局党组成员、纪检组长解畅出席会议并讲话。15个省局的纪检组长，国家局普遍服务司、市场监管司、消费者申诉中心有关负责人参加会议。吉林省邮政管理局刘英杰局长致词。与会代表围绕贯彻国家局《关于加强邮政行业作风建设的意见》和上半年工作情况发言，国家局三个业务部门的代表通报了邮政普遍服务、快递服务和申诉工作情况，并就有关业务工作问题进行了解答和交流。

寄递渠道反恐标准化建设研讨座谈会召开

7月23－26日，为切实推进寄递渠道反恐标准化建设工作，国家邮政局在吉林长春召开寄递渠道反恐标准化建设研讨座谈会。

全国市（地）邮政管理局长第一期任职培训班开班

作为省以下邮政监管机构组建工作的重要组成部分，市（地）邮政管理局长任职培训班7月26日在井冈山开班，国家邮政局党组书记、局长马军胜在开班仪式上做了开班动员讲话，并讲授了开班第一课。开班仪式由国家邮政局党组成员、纪检组长解畅主持。马军胜在讲话中要求大家继续弘扬“坚定信念、艰苦奋斗、实事求是、敢闯新路、依靠群众、勇于胜利”的井冈山精神，坚定理想信念，努力开创邮政管理工作新局面。8月1日，为期一周的全国市（地）邮政管理局长第一期任职培训班在北京结业，国家邮政局党组书记、局长马军胜代表局党组与全体学员进行了集体谈话，他希望大家在即将赴任的新岗位上，振奋精神，解放思想，大胆创新，真抓实干，努力开创新局面，为全面落实邮政业“十二五”规划，推进行业改革创新、转型升级作出积极贡献。

省级以下公务员招考面试工作电视电话会议召开

8月2日，省级以下邮政监管机构公务员招考面试工作电视电话会议召开，国家邮政局副局长王梅出席并作重要讲话，国家公务员局考试录用司和国家邮政局人事司共同部署面试等工作。王梅强调，面试是公务员招考工作中的关键环节，事关省级以下邮政监管机构公务员招考总体部署，事关邮政管理部门形象，涉及众多考生的切身利益，社会关注度高，政治性、政策性强，是一项复杂的系统工程。组织好面试工作对于提高公务员录用考试科学水平和效果，保证新录用公务员的质量都具有重要意义。各省（区、市）局要严格程序、严格标准、严格监督，严明纪律，确保面试工作顺利进行。

五部门召开十八大期间寄递安全保障联席会

8月2日，国家邮政局会同公安部、国家安全部、海关总署、新闻出版总署在京召开了寄递渠道安全保障协作机制第二次联席会议。会议由苏和副局长主持，会议围绕确保党的十八大期间寄递渠道安全，交流了工作情况，研究了下一步工作措施。此前，国家邮政局局长马军胜主持召开专题会议，研究贯彻落实国务院领导同志批示精神，全力做好党的十八大期间邮政服务与安全工作。

国家邮政局学习贯彻胡锦涛同志“7·23”重要讲话精神

8月3日，国家邮政局党组举行中心组扩大学习会议，认真学习贯彻胡锦涛总书记7月23日在省部级主要领导干部专题研讨班开班式上发表的重要讲话精神。国家邮政局党组书记、局长马军胜要求，全系统要迅速行动起来，尽快把思想认识统一到中央的重大决策上来，扎扎实实抓好邮政业发展、改革、稳定的各项工作，集中力量完成完善省以下邮政监管体系工作，以优异的成绩迎接党的十八大的胜利召开。

《快递运单》国家标准发布

国家质量监督检验检疫总局、国家标准化管理委员会联合发布了2012年第13号国家标准公告，批准发布了352项国家标准。其中，GB/T 28582—2012《快递运单》国家标准也在其列，并将于2012年10月1日起实施。8月7日，国家邮政局转发了GB/T 28585—2012《快递运单》国家标准发布公告。国家邮政局强调，快递运单是记录快件原始收寄信息及服务约定的重要单据，也是生产组织和服务监督的重要凭证。各省（区、市）邮政管理局要认真组织《快递运单》国家标准的宣贯工作，推动标准的实施，进一步规范服务行为，更好地保障用户权益。

王梅副局长会见台湾“大陆邮政现代化”考察组

8月8日，国家邮政局副局长王梅在京会见了由中华邮政前总经理黄水成率领的“大陆邮政现代化”考察组。王梅代表国家邮政局对考察组的到来表示热烈欢迎。她表示，自2008年两岸签署《海峡两岸邮政协议》以来，双方邮政部门采取多种形式加强交流与合作，不断拓展两岸邮政业务合作领域，为促进两岸民众交流和经贸发展，以及两岸邮政业的发展作出了贡献。王梅介绍了大陆邮政体制改革和邮政市场的发展情况，邮政管理部门建设法治政府和服务型政府的做法和经验。双方就如何更好地完善、创新、提升邮政服务进行了沟通交流。王梅希望通过这次考察，双方可以共享经验，促进共同发展，并预祝此次考察圆满顺利。

解畅一行参观德国邮政邮件处理中心

8月9日，国家邮政局纪检组长解畅率中国代表团参观了德国邮政位于法兰克福的国际邮件处理中心，对该中心的信息化运行情况进行了详细了解。

苏和副局长会见美国驻华大使馆经济处公使衔参赞史墨客

8月15日上午，国家邮政局副局长苏和应约在京会见了美国驻华大使馆经济处公使衔参赞史墨客一行。双方就中国邮政改革、快递市场发展和开放，以及万国邮联有关问题交换了意见。

解畅组长率团访问万国邮联

8月14日，正在瑞士访问的国家邮政局党组成员、纪检组组长解畅率中国代表团访问了位于伯尔尼的万国邮联总部，与万国邮联副总局长黄国忠举行了会谈。黄国忠对中国代表团一行的来访表示欢迎，他向代表团介绍了万国邮联各成员国参与邮联事务的情况。解畅组长感谢黄国忠副总局长多年来对中国的支持。她表示，中国作为万国邮联的重要成员国，将继续积极参与邮联事务，加强同其他成员国的合作与交流，促进国际邮政的持续发展。双方还就万国邮联多哈大会有关筹备情况交换了意见。

第25届万国邮联大会提案协调会议召开

8月15－19日，第25届万国邮联大会提案协调会议在哈尔滨召开。来自国家邮政局、外交部、中国邮政集团公司、香港邮政署和澳门邮政局的20余名代表参加了会议。会议对第25届万国邮联大会提案进行审议。国家邮政局副局长王梅出席会议并讲话。王梅通报了第25届万国邮联大会的主要任务、重要活动、涉及的相关问题以及前期筹备工作情况，对开好协调会议和做好第25届万国邮联大会的各项准备工作提出了要求。

解畅组长率团访问列支敦士登公国

8月16日，国家邮政局党组成员、纪检组组长解畅率中国代表团访问了列支敦士登公国。当天上午，应列支敦士登公国经济部邀请，解畅率中国代表团出席了列支敦士登公国首枚邮票发行一百周年纪念活动开幕式。当天下午，解畅一行会见了列支敦士登公国邮政公司首席执行官赫伯特·鲁迪斯。双方就邮政改革、邮政普遍服务保障、市场开放等问题进行了交流。

全国市（地）邮政管理局长第二期任职培训班开班

8月17日，全国市（地）邮政管理局长第二期任职培训班在井冈山开班，国家邮政局副局长徐建洲在开班仪式上做开班动员讲话，并以《邮政业改革与发展》为题讲授了开班第一课。徐建洲强调，希望大家继续弘扬井冈山精神，坚定理想信念、实践科学发展、勤奋扎实工作、勇于开拓创新、自觉无私奉献，努力开创邮政管理工作新局面。江西邮政管理局局长彭志先向学员们介绍了江西省情和邮政业情，对大家的到来表示热烈欢迎。开班仪式由国家邮政局人事司司长蒋强主持。来自全国6个副省级城市、154个市（地）和14个邮政管理派出机构的178名学员参加了本期培训班。

马军胜局长要求做好快递服务满意度调查

8月20日，国家邮政局局长马军胜主持召开第125次局长办公会议，听取2012年上半年快递服务满意度调查和2012年快递时限测试情况汇报。马军胜局长指出，快递服务满意度调查是国家邮政局加强快递服务管理的三大举措之一，满意度已成为引导快递企业提升服务、规范发展的风向标，对于推动快递服务大发展上水平、推动快递行业转型升级都有着重大意义。此次满意度调查对调查方式进行了改进，增加了调查城市数量和调查样本数量，调查结果更具科学性、客观性。下一步要继续改进和完善调查测试与分析研究工作，为强化快递市场监管提供服务。

杨传堂书记来国家邮政局调研

8月22日，交通运输部党组书记杨传堂到国家邮政局调研并举行座谈。杨传堂首先来到国家邮政局邮政业安全监控中心，现场查看了邮政业安全监管信息系统、电商协同数据平台系统、邮政普遍服务监督管理信息系统的实时运行情况，充分肯定了通过信息化手段实现的数据实时监控、快件“爆仓”预警、运单量分析等功能。随后，杨传堂到邮政业消费者申诉受理中心看望了一线工作人员，勉励他们不断提升工作能力，更好地为人民群众服务。调研期间，杨传堂听取了国家邮政局党组书记、局长马军胜的工作汇报，充分肯定了国家邮政局近年来科学发展所取得的成效。对国家邮政局提出的下阶段的工作思路，杨传堂表示赞同，他指出，邮政行业不仅是一个行业，同时也是民生、是责任，要加强班子建设、队伍建设，以过硬的队伍成就事业的发展。同时他强调，要不断推动企业做大做强，要甄选有影响的企业参与国际竞争，提高竞争力，扩大影响力。

全国市（地）邮政管理局长第三期任职培训班开班

8月22日，第三期全国市（地）邮政管理局长任职培训班在井冈山开班，国家邮政局党组成员、副局长苏和在开班仪式上做开班动员讲话，他代表国家邮政局党组、代表马军胜局长勉励全体学员，继续弘扬“坚定信念、艰苦奋斗、实事求是、敢闯新路、依靠群众、勇于胜利”的井冈山精神，坚定理想信念，努力开创邮政管理工作新局面。在本期培训班上，来自全国7个副省级城市、146个市（地）和10个邮政管理派出机构的177名学员聆听了苏和副局长以《邮政业改革与发展》为题讲授的开班第一课。江西省邮政管理局局长彭志先向学员们介绍了江西省情和邮政业情，对大家的到来表示热烈欢迎。开班仪式由国家邮政局办公室主任韩瑞林主持。

首次全国邮政行业职业技能鉴定管理人员业务培训班举办

8月22－23日，由国家邮政局职鉴中心组织的首次全国邮政行业职业技能鉴定管理人员业务培训班在国家邮政局南戴河培训中心举办。培训班邀请人力资源和社会保障部专家对国家职业资格证书制度、职业技能鉴定工作进行系统讲解，对关于加强企业技能人才队伍建设意见（国办〔2012〕34号文件）进行了详细解读。来自全国30个省（区、市）的66名学员参加了培训。

快递服务领域刑法适用专题座谈会在京召开

8月24日，国家邮政局政策法规司、中国快递协会在北京组织召开快递服务领域刑法适用座谈会，专题研究民营快递企业内针对快件的犯罪行为的刑法适用问题。全国人大法工委、最高人民法院、最高人民检察院、公安部、国务院法制办以及中国政法大学等高等院校的法律专家应邀参加会议。圆通、顺丰、汇通、韵达等快递企业相关负责人和法务总监介绍了近些年因从业人员犯罪导致的快件丢失、损毁情况，提出了相关刑事法律规定的适用和修改建议。

全国市（地）邮政管理局长第四期任职培训班开班

第四期市（地）邮政管理局长任职培训班8月27日在井冈山开班，国家邮政局党组成员、副局长王梅做开班动员讲话，她希望即将步入市（地）邮政管理局领导岗位的学员们通过此次学习，努力践行伟大的井冈山精神，尽快熟悉和掌握邮政管理的基本业务，尽快把握邮政业改革发展的形势和任务，尽快统一思想认识、进入角色，确保市（地）邮政管理工作实现完美开篇。本期培训班是国家邮政局举办的市（地）邮政管理局长任职培训班的最后一期，共有来自不同领域的123名学员参加。王梅表示，2007年，国家邮政局重组之初，邮政管理工作面临诸多困难，是井冈山精神使我们统一了思想，明确了方向，振奋了精神、克服困难、勇往直前，开创了邮政管理工作的新局面，并且实现了一个又一个跨越。今天，市（地）邮政管理工作同样面临困难多、起步难的问题，同样需要大家学习和弘扬井冈山精神，坚定信念，迈出市（地）邮政管理工作坚实的第一步。

杨传堂书记调研中国邮政集团

8月30日上午，交通运输部党组书记杨传堂和部党组成员、国家邮政局局长马军胜在中国邮政集团总经理李国华、党组书记张亚非等陪同下，详细了解了邮政储蓄银行业务情况，看望慰问了一线员工，并与邮政集团有关负责人进行座谈。杨传堂强调，要坚持主题主线，深入贯彻落实科学发展观，不断拓展邮政服务领域，提高服务水平，把优质温馨的邮政服务送到人民群众心坎上，以实际行动迎接党的十八大胜利召开。

马军胜局长约见美国驻华大使馆公使王晓岷

8月30日下午，国家邮政局局长马军胜在京约见了美国驻华大使馆公使王晓岷一行。双方就我国国内快递市场开放问题进一步交换了意见。

联合检查组调研指导亚欧博览会寄递渠道安全保障工作

为贯彻落实国家邮政局《关于做好第二届中国——亚欧博览会期间寄递渠道安全监管工作的通知》要求，切实做好亚欧博览会期间寄递渠道安全保障工作，8月30日至9月2日，国家邮政局联合公安部等有关部门对亚欧博览会寄递渠道安全工作进行专项检查。联合检查组在乌鲁木齐邮区中心局召开座谈会，听取新疆邮政公司关于邮政企业亚欧博览会期间邮路安保工作情况的专题汇报，还前往乌鲁木齐邮区中心局邮件处理场所实地调研。此外，检查组一行还对乌鲁木齐市邮政营业支局、顺丰、圆通、申通公司，以及博尔塔拉州、伊犁州部分邮政企业、快递企业亚欧博览会安全保障措施落实情况进行检查。

市（地）邮政管理局长任职培训圆满结束

9月2日，随着第四期培训班的顺利结业，历时一月有余的市（地）邮政管理局长任职培训工作圆满结束。当天，第四期培训班结业仪式举行，国家邮政局党组书记、局长马军胜和全体学员进行了集体谈话，代表局党组对学员们通过培训学习所取得的成果表示祝贺，并对学员们做好邮政基层管理工作寄予了殷切期望。局党组成员、副局长徐建洲、苏和；局党组成员、纪检组长解畅出席，局党组成员、副局长王梅主持。市（地）邮政管理局长任职培训7月26日在井冈山正式开班，至9月3日，共举办4期培训班，来自全国354个市（地）邮政管理局、派出机构的学员共660人参加了培训。

国家邮政局发布上半年快递服务满意度调查结果

9月4日，国家邮政局公布了上半年快递服务满意度调查结果。调查显示，快递服务总体满意度为71.1分，比2011年提升2.2分。其中，公众满意度为74.4分，比2011年提升1.5分；网络时限查询满意度为67.8分，比2011年提升2.9分。满意度较高的企业有顺丰速运、邮政EMS、圆通速递、申通快递、宅急送快运、韵达快运。其中，顺丰速运、邮政EMS满意度达到75分以上。从公众满意度得分来看，公众对快递服务环节中的受理服务和揽收服务比较满意，满意度分别为80.2分和81.7分，首次达到80分水平。其中，揽收服务比2011年提升了7.3分，提升明显；公众对投递服务和售后服务不满意，满意度分别为72.3分和63.3分，相比2011年均有所下降。

联邦快递公司和联合包裹公司经营国内快递业务获批

9月6日，国家邮政局批准联邦快递（中国）有限公司（联邦快递）、优比速包裹运送（广东）有限公司（联合包裹）经营国内快递业务。据悉，此次联邦快递首批获准在上海、广州、深圳、杭州、天津、大连、郑州、成都8个城市，联合包裹首批获准在上海、广州、深圳、天津、西安5个城市，分别开展除信件之外的国内快递业务。此次核准外资企业经营国内快递业务，是中国履行WTO入世承诺的积极举措，也是进一步开放国内快递市场的重要标志。中国快递市场潜力大，服务区域广，希望外资企业立足长远，夯实基础，稳步推进在中国的业务发展。

《快递服务》国家标准宣贯培训班在沪、苏、浙举行

9月，由中国快递协会主办，上海、江苏和浙江三省（市）快递协会承办的《快递服务》国家标准宣贯培训班分别在沪、苏、浙举行，以落实国家邮政局对实施快递企业等级评定工作、推动企业转型升级的部署要求。这标志着《快递服务》国家标准全国巡回宣贯培训工作正式拉开帷幕。快递企业积极报名参训。三地共有来自200余家企业的600多人参加了培训，覆盖了国有、民营、外资等各类市场主体。中国快递协会联合标准起草单位组成培训团，计划用一年时间，在全国举行巡回宣贯培训，下一步将继续在华北、华南等地开展培训，2013年上半年将以片会的形式在其他地区进行集中培训，以培训宣贯带动《快递服务》国家标准达标工作。

邮政业规划政策工作培训会议在内蒙古召开

为进一步做好邮政行业规划和政策工作，推动《邮政业发展“十二五”规划》及相关政策的贯彻实施，促进行业转型升级和跨越发展，按照国家邮政局年度培训计划和《邮政业发展“十二五”规划贯彻实施方案》的安排，9月10－13日，国家邮政局政策法规司在内蒙古呼和浩特市召开2012年邮政行业规划政策工作培训会议。政策法规司

金京华副司长作培训动员和会议总结。内蒙古自治区邮政管理局吴邦柱副局长出席会议并致辞。各省(区、市)邮政管理局负责规划政策工作的处长和相关代表参加了会议。

全国邮政管理局长座谈会召开

9月11－12日,全国邮政管理局长座谈会在北京召开,会议总结了前一阶段完善省级以下邮政监管体制的工作情况,对下一阶段工作进行部署。国家邮政局局长马军胜作了重要讲话,要求各级邮政管理部门增强责任意识、担当意识,坚定改革信心,调动各方面的积极性、创造性,确保在11月底之前实现市(地)邮政管理局组建工作"机构、人员、经费、设施"四个到位,基本完成组建工作。徐建洲副局长重点部署了市(地)局组建财务保障工作。苏和副局长、解畅组长出席座谈会。会议由王梅副局长主持。

马军胜局长会见福建省委常委、副省长张志南一行

9月12日,国家邮政局局长马军胜在京会见了福建省委常委、副省长张志南一行。双方就完善省级以下邮政监管体制、促进福建省邮政业改革发展等事宜交换了意见。国家邮政局王梅副局长、普遍服务司林洪亮司长、市场监管司王丰副司长等陪同会见。

海峡两岸邮政交流协会会员大会在京召开

海峡两岸邮政交流协会9月12日在北京举行全体会员大会。交通运输部党组成员、国家邮政局局长马军胜出席大会并做重要讲话,他要求海峡两岸邮政交流协会切实履行服务宗旨,充分发挥桥梁纽带作用,开拓创新,扎实工作,推进两岸邮政交流合作蓬勃发展,提升两岸邮政合作交流质量和水平,为开创两岸关系和平发展的新局面作出应有的贡献。海峡两岸邮政交流协会共有会员113个。协会主要工作是促进两岸邮政的交流与合作。

解畅组长到中国邮政集团公司调研企业文化建设

国家邮政局党组成员、纪检组长解畅9月13日到中国邮政集团公司,就企业文化建设工作进行调研,她指出,贯彻落实党的十七届六中全会精神,推进邮政文化建设,是邮政系统当前和今后一个时期的一项重要政治任务,企业文化是行业文化的重要组成部分,希望集团公司努力做好企业文化建设,为整个邮政行业的文化建设作出应有的贡献。调研期间,解畅组长和中国邮政集团公司党组书记、副总经理张亚非就企业文化建设工作进行了交流。

邮政管理信息系统建设方案通过审议

9月13日,国家邮政局信息化建设领导小组召开第一次会议,重点审议了国家邮政局发展研究中心提交的邮政管理信息系统建设方案。围绕省以下邮政监管体系建设,国家邮政局今年将重点完成基础网络和相关应用系统的建设任务。经国家邮政局信息化建设领导小组审议,原则同意邮政管理信息系统建设方案。

国家邮政局部署党的十八大期间寄递渠道安全保障工作

9月14日,国家邮政局召开全国电视电话会议,动员部署党的十八大期间寄递渠道安全保障工作,苏和副局长出席会议并作重要讲话。苏和副局长强调,各级邮政管理部门要从政治和全局的高度,以对党、对人民、对国家高度负责的精神,采取有力有效措施,全力以赴确保党的十八大期间寄递渠道安全万无一失,全力以赴为党的十八大胜利召开创造稳定的社会环境。

马军胜局长会见西藏自治区党委常委、常务副主席秦宜智一行

9月14日,国家邮政局局长马军胜在京会见了西藏自治区党委常委、常务副主席秦宜智一行。

双方就保障西藏自治区邮政普遍服务、加强自治区邮政基础设施建设，以及完善省级以下邮政监管体制等事宜交换了意见。

国家邮政局部署中秋国庆期间快递服务和行业安全工作

为指导邮政、快递企业做好中秋、国庆“两节”服务工作，9月14日，国家邮政局下发通知，要求各地邮政管理部门加强“两节”期间快递服务和行业安全监管，督导企业严格履行服务承诺，强化安全生产和应急管理，确保节日期间寄递渠道安全畅通。

马军胜局长会见澳大利亚维多利亚州议会议长布鲁斯·阿特金森

9月17日下午，国家邮政局局长马军胜在京会见了来华参加第九届中国—东盟博览会的澳大利亚国际商会名誉顾问、澳大利亚维多利亚州议会议长布鲁斯·阿特金森一行。双方就中澳两国邮政市场发展情况进行了交流。

马军胜局长检查快递企业节前安全生产和旺季服务情况

9月21日晚，正值快递生产最繁忙时段，国家邮政局局长马军胜先后来到圆通、申通和顺丰公司北京快件处理中心，检查快递企业迎战“中秋”、国庆业务旺季和企业安全生产情况。在企业生产场地，马军胜详细核查了各家企业节前快递业务量数据以及能力准备情况，检查企业应对业务旺季情况和安全生产的有关保障措施，并深入企业的生产操作环节和信息处理系统进行了实地检查。

全国高级技能快递业务员师资骨干培训班举办

9月21－22日，全国高级技能快递业务员师资骨干培训班在山东济南举办。国家邮政局十分重视此次培训，国家邮政局副局长王梅在培训筹备时强调，要做好培训，培养一批有职业道德、具备扎实功底、培训经验丰富的师资骨干，为2013年全面推进高级技能快递业务员鉴定考试提供有力支撑和保障。

徐建洲副局长检查督导十八大期间北京机要通信服务和保障工作

为落实国家邮政局、国家保密局《关于加强十八大期间邮政机要通信国家秘密载体寄递管理通知》精神，2012年9月25日，国家邮政局副局长徐建洲一行到北京机要通信局督导检查十八大期间邮政机要通信服务和安全保障工作。徐建洲认真听取了北京机要通信局的汇报，充分肯定了北京机要通信工作所取得的成效，代表国家邮政局向机要通信职工表示慰问和感谢，并就加强十八大期间机要通信国家秘密载体安全寄递与服务问题提出四点要求。

国家邮政局开展邮政业“扫黄打非”专项督导检查

根据2012年度工作安排和有关部门的要求，全面落实邮政业“扫黄打非”各项工作措施，9月17－21日，国家邮政局派出三个检查组，分赴江苏、福建、湖南、广东、甘肃、宁夏开展邮政业“扫黄打非”专项督导检查。

如风达等11家企业申请快递业务许可

9月21日，国家邮政局发布公示，北京如风达快递有限公司等11家企业提出经营快递业务许可的申请。

中国出席第25届万国邮联全权代表大会

9月24日，第25届万国邮联全权代表大会在卡塔尔多哈开幕。万国邮联192个成员国中165个国家派全权代表出席大会。国家邮政局、中国邮政集团公司、香港邮政署、澳门邮政局以及外交部、国家知识产权局组成的中国代表团出席大会。开幕式上，卡塔尔文化艺术遗产部部长、沙特信息技术部长、万国邮联国际局局长爱德华·达扬在开幕式上致辞。10月2－7日，在多哈第25届万国邮联大会召开期间，中国作为第八委员会（发展合作委员会）主席国，主持召开该会议。

全国寄递企业安全管理培训班举办

为进一步提高寄递企业安全防范意识与能力，切实做好寄递渠道安全保障工作，根据年初培训计划，9月23－27日，国家邮政局市场监管司与中国快递协会在上海联合举办了全国寄递企业安全管理培训班。国家邮政局市场监管司副司长王永利、中国快递协会副会长兼秘书长达瓦、上海市邮政管理局副局长刘宪民等分别在开班仪式上致辞和讲话。各省（区、市）快递协会秘书长、部分快递企业总部和各省（区、市）邮政、快递企业负责安全管理的人员约110人参加了培训。

网商与快递企业召开“双11”协调会

2012年9月25日，中国快递协会在上海组织国内九家大型快递企业召开了“双11”协调会。会议的主题是“喜迎十八大，战旺季高峰”。中国快递协会副会长兼秘书长达瓦、副秘书长沙迪、王宝华出席了会议。中国邮政、天猫商城、邮政速递、顺丰、申通、圆通、宅急送、韵达、中通、汇通、天天等国内大型快递企业营运副总经理、副总裁等30余人参加了会议。

全国首个市（地）邮政管理局揭牌成立

深圳市邮政管理局成立揭牌仪式9月29日上午在深圳市福田区隆重举行，这是全国首个揭牌成立的市（地）邮政管理局。国家邮政局徐建洲副局长、深圳市政府张文副市长共同为深圳市邮政管理局成立揭牌。根据国办6号文件精神，我国在27个省（区）按照市（地）行政区划设置332个市（地）邮政管理局，在4个直辖市和海南省（除海口、三亚市）跨区域设置25个邮政监管派出机构。

马军胜局长在万国邮联大会上作主题发言

10月6日，国家邮政局局长马军胜一行抵达卡塔尔多哈，参加第25届万国邮联大会。当天与第25届万国邮联大会主席、卡塔尔邮政公司总裁Abdul Raham Ali Al-Aqaily进行会晤。双方就共同关注的邮政发展与合作问题交换了意见。2012年10月7日，马军胜在会议间歇会见澳大利亚邮政总裁Ahmed Fahour先生，还与中国驻卡塔尔国大使张志良进行了工作会谈。2012年10月8日，万国邮联大会历史上首次部长级会议召开，取代以往的大会一般性辩论。中国代表团团长、国家邮政局局长马军胜，就“邮政在2020年世界中的作用和地位”进行了主题发言，并就新经济新技术形势下的邮政可持续发展等问题，回答了与会者提问。

中国高票连任邮政经营理事会理事国

在2012年10月10日举行的第25届万国邮联大会全会上，选举产生了新一届行政理事会和邮政经营理事会理事国，中国高票连任邮政经营理事会理事国。2012年10月14日，第25届万国邮联大会在卡塔尔多哈国家会议中心闭幕。经国务院授权，出席大会的中国代表团副团长、国家邮政局副局长王梅代表中国政府签署了《万国邮联总规则第二附加议定书》以及经大会修改的《万国邮政公约》、《邮政支付业务协定》。

马军胜局长为第43届世界邮政日致辞

10月9日，国家邮政局局长马军胜为第43个世界邮政日发表了题为“坚持发展现代邮政，把邮政事业不断推向前进”的致辞。马军胜在致辞中提出要认清形势，明确任务，抓好机遇，应对挑战，着力转变邮政发展方式、着力推进邮政普遍服务均等化、着力深化邮政改革做大做强邮政企业、着力推进现代邮政文化建设。

国家局职鉴指导中心为企业“送培训上门”

10月13－14日，国家邮政局职业技能鉴定指导中心为中铁快运公司组织“送培训上门”活动。对快递基本理论、技能操作等相关课程进行了系统性讲解，并立足企业工作实际，就如何优化作业流程和提高操作技能进行了重点培训。中铁快运公司来自全国27个省区市的756名学员参加了此次培训。这次培训为企业员工参加2012年10月20日举行的全国快递业务员职业技能鉴定考试奠定了基础。

马军胜局长会见美国联合包裹公司国际总裁丹尼尔·布鲁托

10月12日下午，国家邮政局局长马军胜应约在京会见了美国联合包裹公司国际总裁丹尼尔·布鲁托。双方就联合包裹公司在华业务发展等问题交换了意见。

国家邮政局与公安部联合赴北京市寄递企业开展调研检查

10月12日，国家邮政局市场监管司与公安部治安管理局联合组成工作组赴北京市寄递企业开展调研检查，工作组由国家邮政局市场监管司王永利副司长和公安部治安管理局马维亚副局长带队，北京市邮政管理局、市公安局内保局有关人员随同调研检查。工作组先后到北京市建国门内大街邮政支局、北京邮区中心局包刷处、北京邮政EMS首都机场邮件处理中心、北京顺丰速递公司分拨中心等地进行了现场考察。

全国人大法工委调研组来邮政管理部门调研立法工作

10月18日，全国人大法工委调研组来邮政管理部门调研座谈，详细了解邮政业发展情况，为全国人大常委会审议邮政法修正案草案做准备。座谈会在北京市邮政管理局举行。全国人大法工委经济法室副主任袁杰一行听取了国家邮政局政策法规司关于邮政业改革发展情况的介绍，以及北京市邮政管理局对本市邮政普遍服务和快递市场发展情况的汇报。座谈会由国家邮政局副局长王梅主持。北京市邮政管理局局长刘君、国家邮政局政策法规司副司长靳兵等参加座谈汇报。

国家邮政局赴广东开展快递市场条例立法调研

为进一步了解快递市场状况，提升法律制度层级，规范经济秩序，促进快递市场健康有序发展，有效解决发展中出现的新情况、新问题，2012年10月10－12日，国家邮政局政策法规司靳兵副司长一行就快递市场条例立法工作赴广东省调研。调研组在广州与快递企业、省局管理人员分别召开座谈会，广泛听取他们的立法意见和建议。调研组一行还前往东莞，对联昊通、速尔等快递企业进行了实地考察。

全国高级职鉴试考在山东顺利举行

10月20－21日，全国首次高级技能快递业务员职业技能鉴定试考在山东举行。来自省内58家快递企业和6所职业院校的945名考生，在济南、青岛、淄博、聊城4个地区的6个考点参加了考试。

交通运输部专家委员会邮政组年会在天津召开

10月22－23日，交通运输部专家委员会2012年年会在天津召开。专家委员会副主任、邮政组组长、湖北省邮政管理局局长李庭中代表邮政组在大会上作了发言。他介绍了近年来邮政业发展情况及完善省级以下邮政监管体制工作进程，对邮政业调整结构转型升级、发挥邮政资源优势推进综合交通运输体系建设等提出重要建议。杨传堂部长、冯正霖副部长听取了汇报，并给予充分肯定。邮政组焦铮、夏鹰两位委员在会上作了交流发言。

全国人大常委会23日起审议邮政法修正案

10月23日上午，第十一届全国人大常委会第二十九次会议审议国务院关于提请审议《中华人民共和国邮政法修正案(草案)》的议案。国家邮政局局长马军胜受国务院委托作提请审议的说明。第十一届全国人大常委会第二十九次会议将于2012年10月26日结束。根据此前委员长会议建议的议程,会议还将继续审议精神卫生法草案、证券投资基金法修订草案;审议全国人大常委会关于修改监狱法等七部法律个别条款的决定草案。

北京部署落实全市物流寄递企业十八大安保工作

10月25日,北京市召开物流寄递企业落实十八大安保责任部署会。市公安局、市国家安全局、市工商局、市商委、市交通委、市邮政管理局等部门以及全市物流、寄递企业代表近200人参加了会议。

全国人大常委会表决通过关于修改邮政法的决定

十一届全国人大常委会第二十九次会议2012年10月26日表决通过了《全国人民代表大会常务委员会关于修改〈中华人民共和国邮政法〉的决定》,国家主席胡锦涛签署第70号主席令予以公布。修改决定自公布之日起施行,《中华人民共和国邮政法》根据该决定作相应修改,并重新公布。本次会议对邮政法的个别条款作了修改,进一步明确了省级以下邮政管理体制,对加强邮政市场管理、规范邮政市场秩序、促进邮政事业发展将起到积极作用。

苏和副局长出席南邮与圆通校企合作签约仪式

10月26日,南京邮电大学与圆通速递有限公司战略合作框架协议签订仪式在南京举行,双方将根据战略合作协议,开展管理、实习、培训、科研等方面的合作,国家邮政局副局长苏和与南京邮电大学党委书记刘陈出席仪式并讲话。根据战略合作协议,校企双方将着力在人才输送、企业内部人才培养、企业信息化平台建设、科学研究项目合作等多个方面展开深度合作。

王梅副局长做客中国政府网同网民在线交流

10月26日上午,国家邮政局党组成员、副局长王梅到中国政府网访谈室,就“完善省级以下邮政监管体制 促进邮政业健康发展”接受专访,同网民在线交流。她表示,完善省以下邮政监管体制,是中央按照行政管理体制改革的方向和要求通盘考虑作出的重大决策,是邮政领域深化行政管理体制改革的重要步骤,是转变政府职能,实行政企分开,保证公共服务,确保通信安全的有效举措。

国家邮政局补充调整领导班子成员

10月底,国家邮政局召开局机关和直属单位干部会议,宣布领导班子补充调整通知。中央组织部和国务院相继下发了关于赵晓光、刘君、徐建洲同志的任免通知:任命赵晓光和刘君同志为国家邮政局党组成员、副局长,免去徐建洲同志国家邮政局党组成员、副局长职务。国家邮政局党组书记、局长马军胜主持会议,并宣读了相关通知。

五部门开展十八大寄递渠道安全督导检查专项行动

10月29日至11月5日,国家邮政局会同国家安全部、公安部、海关总署、新闻出版总署联合开展了十八大寄递渠道安全督导检查专项行动。五部门组成三个督导检查组,分别赴河北、天津、内蒙古、辽宁、山东、河南等地进行了督导检查。国家邮政局副局长刘君带队检查了河北省寄递渠道安全保障工作。

刘君副局长强调全力做好党的十八大服务安全保障工作

10月30日,国家邮政局副局长刘君带领由国家邮政局与国家安全部组成的联合督导检查组，赴河北省督导检查党的十八大寄递渠道安全保障工作。督导检查组详细听取了河北省邮政管理局、省公安厅、省国家安全厅、省新闻出版局的负责人关于十八大期间全省寄递渠道安保工作的汇报。在充分肯定河北省邮政管理部门和相关单位所做工作基础上，刘君强调，全力做好十八大期间的邮政服务和安全保障工作。督导检查组还来到顺丰河北分拨中心、韵达河北处理中心、石家庄邮区中心局开展督导检查，深入各企业实地了解十八大安保工作和旺季服务保障工作情况，并提出具体工作要求。

国家邮政局赴上海开展快递代收货款服务规范项目调研

为进一步了解快递代收货款业务发展状况，为标准起草奠定坚实基础，2012 年 10 月 31 日至 11 月 1 日，国家邮政局政策法规司就快递代收货款服务规范的起草工作赴上海进行调研。调研组由政策法规司副司长靳兵带队，在上海走访了圆通、港中能达快递公司，并召开座谈会议听取企业关于代收货款业务发展情况、存在问题，以及对国家局制定行业标准的意见和建议。《快递代收货款服务规范》将重点对企业开展代收货款业务在服务流程、服务质量、信息监控、资金管理等方面提出要求，以进一步引导企业建立规范的操作程序，加强对代收货款的信息监控和资金安全管理，提高服务质量，促进快递市场健康发展。

快递协会“双 11”协调会在上海召开

11 月 1 日，中国快递协会快递与网上购物专业委员会在上海召开会议，了解“双 11”网购促销活动即将启动之际，快递企业与网商之间信息互联互通情况和“双 11”快递保障措施的落实情况，预判分析可能产生的问题。来自邮政集团邮务局、邮政速递物流、顺丰、申通、圆通、韵达、中通、百世汇通、宅急送、天天、国通等快递企业的副总经理和运营总监、电子商务部负责人，以及天猫物流事务部、淘宝商城、阿里公关部的代表参加了会议。双方就网购促销规则、商家物流操作流程细节、快递揽收分拣运输投递各环节能力保障等进行了深入沟通。

快递企业增加 3 万车辆 6.5 万人保障“双 11”服务

11 月初，淘宝商城与 EMS、顺丰、申通、圆通、韵达、中通、宅急送、百世汇通、天天等九大快递企业携手发布“11 月 11 日网购促销活动”入围商家物流指南。指南透露，为应对即将到来的快递业务旺季，九大快递企业在原有 15 万多辆运输车辆的基础上，又新增 2.95 万辆运输车，增设 20 余万平方米分拣场地，新增 6.5 万名揽收派送人员，全力保证“双 11”快递服务。快递企业还与淘宝商城成立“11 月 11 日网购促销活动”专项组，开通专人热线和专项网络沟通渠道，为入围商家提供网购促销活动期间的个性化物流解决方案。此外，淘宝商城的物流预警雷达系统也已对参加促销的商家开放。

国家邮政局部署快递旺季和重大活动期间服务安全保障工作

国家邮政局 11 月初下发通知，要求各地邮政管理部门督导本辖区快递企业，认真贯彻落实国家局《关于做好快递业务旺季服务保障工作的意见》和 9 月 14 日全国电视电话会议精神，结合本地实际，采取有效措施，强化监督指导，依法严格监管，确保快递业务旺季期间寄递渠道安全畅通和全行业和谐稳定。

国家邮政局与蒙古信息技术和邮电局签署谅解备忘录

11 月 5 日上午，国家邮政局局长马军胜、副局长赵晓光在北京会见了以蒙古信息技术和邮电局主席扎丹巴为团长的蒙古邮政代表团。双方就中蒙邮政改革与发展、进一步加强两国邮政部门在国际邮政事务等领域的合作问题广泛交换了意见。马军胜局长与扎丹巴主席共同签署了《中国国家邮政局与蒙古信息技术和邮电局谅解备忘录》。

国家邮政局召开党组扩大会传达十七届七中全会精神

11 月 5 日,国家邮政局党组中心组召开(扩大)学习会,传达学习党的十七届七中全会精神,研究部署贯彻落实工作。国家邮政局党组书记、局长马军胜主持会议。他强调,要深入学习贯彻十七届七中全会精神,进一步统一思想,提高认识,振奋精神,真抓实干,积极做好学习宣传贯彻落实党的十八大精神各项准备工作,认真做好邮政行业发展改革稳定工作,以优异成绩迎接党的十八大胜利召开。

国家邮政局发布第一号业务旺季快递服务消费提示

11 月 9 日,国家邮政局发布业务旺季快递服务消费提示:2012 年 11 月起至春节前夕,快递市场进入旺季运营。近期,随着多家电子商务企业集中开展促销活动和网民购物需求的释放,快递业务量将急剧增长。为保证快递服务质量,减轻快递服务压力,国家邮政局建议消费者合理安排购物时间并做好错峰收、发件准备;主动配合收寄验视工作;准确填写快递运单上的收、寄件人地址、姓名和联系电话;及时关注国家邮政局网站和各快递企业网站上的有关提示信息。同时,欢迎社会监督快递服务情况。国家邮政局要求各重点快递企业,积极采取措施,完善应急预案,加强科学调度,努力做好网络购物的配送服务,确保快递业务旺季期间寄递渠道安全畅通和全行业和谐稳定。

邮政系统 7 名十八大代表参加交通运输部座谈

11 月 11 日,交通运输部党组邀请全国交通运输系统出席党的十八大的代表及列席人员到交通运输部进行座谈,畅谈参加党的十八大的体会。邮政系统的 7 名代表参加了座谈。党的十八大代表、交通运输部党组成员、国家邮政局局长马军胜出席座谈会。交通运输部党组书记、部长杨传堂作了重要讲话,代表部党组对包括邮政系统在内的全系统广大党员干部提出了 6 个方面的要求,希望代表们共同努力,同心同德,团结实干,为全面建设小康社会提供服务和保障。

马军胜局长夜察信息监控中心了解“双 11”应对情况

11 月 11 日深夜,快递企业夜间分拨作业进入高峰时段,作为十八大代表的国家邮政局局长马军胜利用夜间休会时间来到国家邮政局信息监控中心,第一时间了解各快递企业应对“双 11”活动期间业务量数据及现场分拣情况。马军胜要求,面对突然激增的业务量,各地邮政管理部门和快递企业要及时启动应急响应,认真落实应对措施,确保十八大期间快递服务平稳、安全运行,确保消费者利益。国家邮政局副局长苏和、刘君,国家邮政局市场监管司、发展研究中心相关负责人陪同视察。

国家邮政局传达学习十八大精神

国家邮政局 2012 年 11 月 15 日上午举行机关全体党员大会,党的十八大代表、局党组书记、局长马军胜传达了党的十八大精神,并对全系统宣传贯彻十八大精神工作进行了部署,提出了要求。局党组成员、副局长苏和、王梅出席会议,会议由局党组成员,纪检组长解畅主持。马军胜要求学习贯彻十八大精神要做到“五结合”,一是把握主题主线,着力将行业发展重点转变到提高质量和提升效率上来,推动行业更有效率、更加公平、更可持续发展;二是着力提高普遍服务能力和水平;

三是着力解决影响行业健康发展的突出问题；四是着力推进政府职能转变；五是着力加强党的建设和邮政管理队伍建设。

国家邮政局通知要求做好快件疏运投递服务

“双11”之后，国家邮政局分别向各地邮政管理局、各主要快递企业发出通知，要求做好快递旺季服务督导工作和疏运投递服务。通知指出，今年“双11”单日，电子商务企业产生的订单数量超过一亿笔，预计整体产生快递配送业务量接近八千万件。根据邮政市场监管信息系统数据显示，本周内，在北京、上海、重庆市，以及江苏、浙江、安徽、福建、江西、山东、湖北、湖南、广东、四川等省的重点城市，快件出口疏运和进口投递量将急剧增加。在网购快递业务占比较大的重点企业中，2012年11月12日当天全网揽收业务量已超过500万件的有申通、圆通、韵达等，其他企业的业务量也普遍超过100万件。

国家邮政局发布第二号业务旺季快递服务消费提示

11月16日，国家邮政局发布第二号业务旺季快递服务消费提示：2012年11月11－15日，国内快递业务量日均突破2700万件。在网购快递业务占比较大的快递企业中，日均揽收业务量超过400万件的有申通、圆通，中通、韵达等，日均揽收业务量超过100万件的有汇通、天天等。本周内，北京、上海市，以及江苏、浙江、安徽、福建、江西、山东、湖北、湖南、广东、四川、河南等省的重点城市，快件出口疏运量急剧增加。后续产生的快递配送业务主要流向北京、上海、天津、重庆、浙江、广东、江苏、四川、湖北、湖南、陕西、福建、河南、山东等省市。国家邮政局提示广大消费者，未来几日，受到快递业务量在短期内呈现爆发式增长、各地区收投业务量分布不均以及雨雪天气等因素影响，部分地区，特别是东北及中西部地区快件投递压力凸显，快件派送近期会出现延期情况，请广大消费者给予理解。同时，希望广大消费者尽量错峰使用快递服务。

中国快递协会组团访问欧洲快递协会

11月，应欧洲快递协会邀请，中国快递协会副秘书长沙迪、王宝华等一行8人代表团赴比利时访问，分别与欧盟委员会、欧洲快递协会和比利时邮政监管机构进行了交流，并参观了德国邮政敦豪的分拨中心。在与欧盟委员会的会谈中，代表团与该委员会服务贸易事务处、政策改革与电子商务事务处和海关事务处就服务贸易和市场开放、法律建设和改革、电子商务与快递发展、快件安全和通关等问题进行了交流。

快递日最高处理量突破3000万件

据国家邮政局的监测数据，2012年11月11－13日，全国快递日处理量突破了3000万件。对于这次“洪峰”，邮政行业做了充分准备的。快递企业大都购置、租赁了大型的运输车辆，扩大了分拨场地，进行了人员储备。另外，旺季期间，主要快递公司都通过官方网站或微博不断更新企业运营情况。这些措施使得今年的“双11”网购大战，快递没有出现大面积延误。虽然部分地区的雨雪天气使快递服务受到影响，但并不影响大局。国家邮政局市场监管司负责人介绍，与往年相比，今年的“双11”有两个最大的变化：一是快递与电商的协作更为密切，双方的运营信息都更加公开；二是社会各方面对快递行业的理解和支持在增加。

全国高级技能快递业务员第二期师资骨干培训班举办

11月15－17日，全国高级技能快递业务员第二期师资骨干培训班在山东济南顺利举办。来自全国18个省（区、市），包括12所院校、56家快递企业以及各省职鉴中心相关工作人员在内，共145人参加了此次培训。国家邮政局职业技能鉴定指导中心聘请了院校专业讲师授课。学员们系统了解了快件处理、收派理论及实操考核要点和考务管理系统的运用,还现场观摩了高级技能实操的现场操作演示。此外,国家邮政局职业技能鉴定指导中心还组织了各省(区、市)邮政管理局职鉴中心工作人员座谈,交流了职鉴工作的心得体会。

马军胜局长会见英国皇家邮政集团 CEO 高茉雅

11 月 19 日,国家邮政局局长马军胜在京会见了来访的英国皇家邮政集团首席执行官高茉雅和英国驻华大使伍思田一行。双方就中英两国邮政部门积极推进邮政改革和邮政企业转型等问题交换了意见。

国家邮政局召开年度务虚会

11 月 19 —20 日国家邮政局召开年度务虚会,会议的主题是:认真学习领会党的十八大精神,分析行业当前面临的形势,集中智慧,对 2013 年的工作进行研讨。会上,机关各司局、各直属单位介绍了本单位 2012 年的工作情况,以及对 2013 年工作的思考。国家邮政局局长马军胜主持会议并作了重点发言。局党组成员、副局长苏和,局党组成员、纪检组长解畅,局党组成员、副局长王梅、赵晓光、刘君出席会议并发言。

国家邮政局党组安排部署全系统学习宣传贯彻十八大精神

11 月 21 日,国家邮政局党组印发了《关于认真学习贯彻党的十八大精神的意见》,指导全系统深入学习宣传贯彻党的十八大精神,全面深刻领会精神实质,以十八大精神为动力,统一思想,振奋精神,坚定走中国特色社会主义道路的信心,坚持以邓小平理论、“三个代表”重要思想、科学发展观为指导,推动全行业持续、稳定、健康发展。《关于认真学习贯彻党的十八大精神的意见》结合邮政系统实际,对学习宣传贯彻党的十八大精神作出具体部署:一是要充分认识学习贯彻党的十八大精神的重大意义;二是要迅速掀起学习贯彻党的十八大精神的热潮;三是要不断深化对党的十八大精神实质的理解把握;四是要坚持理论联系实际,以党的十八大精神为指导统领邮政行业科学发展;五是要切实加强对学习贯彻党的十八大精神的组织领导。

苏和副局长出席 2012 中国(四川)国际物流博览会并发表演讲

11 月 22 日,2012 中国(四川)国际物流博览会在四川成都开幕。国家邮政局副局长苏和应邀出席开幕式,并在“2012 中国现代物流全球峰会”上发表了题为《积极促进快递与电子商务协同发展》的演讲。2012 中国(四川)国际物流博览会设置了包括邮政与快递物流在内的十大展区,展出面积达 18000 平方米,共有来自国内外的 183 家企业参展,预计展会期间将有超过 1400 名专业观众到场参观。中国邮政速递物流、申通、国通、宅急送等 7 家快递企业参加了此次展出。

赵晓光副局长指导海峡两岸邮政交流协会工作

11 月 21 日,国家邮政局副局长赵晓光听取了海峡两岸邮政交流协会工作情况汇报,并作重要指示。赵晓光听取了海峡两岸邮政交流协会副会长兼秘书长盛汇萍关于协会近期工作情况汇报,主要包括协会内设机构、人员编制方案、工作机制及 2013 年工作思路等。赵晓光副局长对协会近期工作给予了充分肯定,并对协会下一步工作提出了四点指导意见。

国家局邮政科技专家咨询组研讨《邮政业机构代码编码规范》

11 月 22 日,国家邮政局科技专家咨询组召开 2012 年度工作会议,研究讨论《邮政业机构代码编码规范》有关问题。会议由咨询组组长武士雄主持。国家邮政局副局长赵晓光出席会议并发表重要讲话。会议期间，结合工作实际积极发表意见和建议。专家认为，机构代码是实现系统对接、信息共享的一项基础性工作，国家邮政局组织研究制定其编码规范非常重要，也非常及时。研究报告总体结构清晰、方法可行，充分考虑了各级邮政管理部门的监管需求。同时，专家们也提出了很多建设性意见。

马军胜局长会见美国联邦快递公司亚太区总裁简力行

11月23日下午，国家邮政局局长马军胜、副局长赵晓光在京约见了美国联邦快递公司亚太区总裁简力行等一行。双方就联邦快递公司在华业务发展交换了意见。

寄递企业信息系统数据报送工作会在上海召开

11月23日，国家邮政局在上海召开了寄递企业信息系统数据报送工作座谈会。市场监管司副司长王永利对寄递企业完善系统功能，加快信息化建设，确保企业和用户个人信息安全提出了明确要求。座谈会上，国家邮政局发展研究中心通报了各寄递企业目前数据报送工作情况及存在的问题；各企业汇报了信息系统建设、数据报送和信息安全工作情况，并对完善相关工作提出了意见建议；市场监管司安全监管处就数据报送管理及信息安全管理等方面进行了安排部署。中国邮政EMS、顺丰、申通、DHL等企业总部相关负责人参加了座谈会。

刘君副局长巡考北京快递业务员职业技能鉴定考试

11月25日，北京市2012年第二批次快递业务员职业技能鉴定考试在北京邮电大学网络（继续）教育学院和北京交通运输职业学院两个考点同时举行。国家邮政局副局长刘君赴考试现场视察考试情况，并对职鉴工作进行了指导。此次考试由北京邮政行业职业技能鉴定中心主办，是全国职鉴考试的重要组成部分。本次职鉴考试的特点是，人员多、范围广。来自顺丰、宅急送、圆通、申通、中铁快运等55家企业的1800名和406名考生分别参加了初级和中级技能职鉴考试。国家邮政局职业技能鉴定指导中心副主任尹贻军等陪同巡考。

杨传堂部长会见美国驻华大使

11月26日，交通运输部部长杨传堂在京会见了来访的美国驻华大使骆家辉一行，双方就共同关心的话题，特别是快递业务进行了深入交流。国家邮政局局长马军胜陪同会见。杨传堂指出，中美两国在交通运输领域拥有非常密切友好的合作关系，双方通过建立中美交通论坛、中美海运论坛等沟通机制，交流频繁，合作密切。美国驻华大使馆为推动中美交通运输合作做了大量卓有成效的工作。杨传堂代表中国交通运输部对此表示感谢，希望骆家辉大使今后对中美交通运输合作给予更多关注。骆家辉表示，中国近年来交通运输发展迅速，为经济社会发展作出了重要贡献，令人印象深刻。希望两国进一步深化在交通运输各个领域的合作。

《邮政业标准化管理办法》公布

11月，交通运输部杨传堂部长主持召开第8次部务会议，审议通过《邮政业标准化管理办法》。11月17日，交通运输部2012年第7号令公布《办法》，并明确《办法》自2013年1月1日起施行。《邮政业标准化管理办法》由国家邮政局负责组织起草，并征求了国家有关部门、邮政企业和快递企业意见。《办法》结合邮政业标准化工作实际，依据《中华人民共和国标准化法》等法律法规，进一步明确了邮政业标准化工作的原则、标准制定范围与类型、标准制定程序、企业标准的制定、标准的实施与监督等内容。《办法》的出台，对于规范邮政业标准化工作，加强行业标准化管理，促进邮政业健康发展，提高服务质量和水平意义重大。

马军胜局长对北京局新领导班子提要求

11 月 30 日，国家邮政局局长马军胜到北京市邮政管理局宣布对主要领导同志的职务任免决定。强调要认真学习贯彻党的十八大精神，深入贯彻实施修正后的《邮政法》，积极推进落实“十二五”规划，为促进首都经济社会发展，推动邮政行业科学发展作出新的贡献。在北京市邮政管理局全体干部大会上，马军胜代表局党组，宣布刘君同志已任国家邮政局副局长，免去其北京市邮政管理局党组书记、局长职务，韩瑞林同志任北京市邮政管理局党组书记、局长。

国家邮政局举行十八大精神辅导报告会

11 月 29 日，国家邮政局举行电视电话会，邀请十八大报告宣讲团成员、国务院发展研究中心宏观经济部部长余斌，就学习领会党的十八大精神为全系统党员干部作辅导报告。国家邮政局局长马军胜，副局长王梅、赵晓光等领导班子成员出席会议，会议由局党组成员、纪检组长解畅主持。

国家邮政局党组中心组学习贯彻十八大精神

11 月 30 日，国家邮政局党组书记马军胜主持召开主题为“学习贯彻党的十八大精神，不断推进邮政业改革发展”的局党组中心组（扩大）学习会议。局党组成员苏和、解畅、赵晓光、刘君做了发言，在外出差的局党组成员王梅做了书面发言。大家结合所分管工作的实际，畅谈了学习贯彻十八大精神的感受和体会。在听取了大家的发言后，马军胜做了重点发言，就下一步深入学习贯彻十八大精神提出三点要求：一是要把学习贯彻党的十八大精神作为当前头等的政治任务抓紧抓好；二是要以十八大精神为指导，谋划好明年和今后一个时期的工作；三是要以十八大精神为动力，进一步振奋精神、有所作为。

国家邮政局网站排名升至第 21 位

12 月 5 日，由中国软件评测中心、人民网、新浪网、百度共同举办的第十一届（2012）中国政府网站绩效评估结果发布暨经验交流会在北京人民大会堂隆重举行。会议发布了 2012 年中国政府网站绩效评估报告。国家邮政局网站在 57 个部委网站综合绩效排名中位列第 21 位，与 2011 年相比上升 4 位。在 12 个部管局网站中位列第 2 位，比 2011 年上升 1 位。

国家邮政局召开纪检组长座谈会

12 月 5 －7 日，国家邮政局在贵阳召开部分省（区、市）局纪检组长座谈会，总结交流 2012 年纪检监察工作，研究讨论 2013 年工作思路。局党组成员、纪检组长解畅出席会议并讲话，18 个省局的纪检组长、国家局纪检组监察局有关代表参加会议。解畅组长对做好明年纪检监察工作，提出了三点要求：一是要认真学习领会十八大精神，坚定信心，增强责任感；二是要深刻领会十八大关于全面提高党的建设科学化水平的新要求，进一步振奋精神，提高水平；三是要以十八大精神为指导，深入调研，科学谋划好明年工作。

苏和副局长会见斯洛伐克共和国驻华大使

12 月 6 日下午，国家邮政局副局长苏和在京会见了斯洛伐克驻华大使费兰季谢克·德霍波切克一行。双方就加强中斯两国在邮政领域的合作以及在京举办斯洛伐克邮展等问题交换了意见。

国家邮政局举办部分省市邮政市场监管工作培训班

为指导省级以下邮政管理机构做好邮政市场监管工作，提高市场监管干部的工作能力，国家邮政局市场监管司于 12 月 6 －10 日在福建省福州市举办了部分省市邮政市场监管工作培训班。北京、天津、上海、江苏、浙江、山东、福建、重庆、广东 9 省（市）邮政管理局市场监管处处长、省级以下邮政管理机构分管市场监管工作的负责人近 130 人参加了培训。

全国高级快递员职鉴第二次试考举行

12月8日，全国高级技能快递业务员职业技能鉴定第二次试考开考。来自福建、吉林、云南、河北、江苏、浙江、山东、河南、辽宁、广东、四川、新疆12个省（区）的1800名快递员参加了此次考试。国家邮政局职业技能鉴定指导中心带队，专程赴福建厦门华厦职业学院考点进行督导，并就该省职鉴工作开展情况进行了调研。福建省邮政管理局局长江明发全程陪同。当日还有691名考生也同步参加了初、中级快递业务员职业技能鉴定考试。

邮政管理部门严查非法泄露用户使用寄递服务信息问题

12月10日，国家邮政局下发了《关于严密防范寄递企业及从业人员非法泄露用户使用邮政服务或快递服务信息的通知》，要求全行业迅速开展寄递企业信息安全检查工作。《通知》强调，各省（区、市）邮政管理局要加大检查和处罚力度，对不具备信息安全保障条件、经整改后仍存在重大安全隐患的，要依照《邮政行业安全监督管理办法》第五十二条的规定予以处罚。对寄递企业及从业人员非法泄露用户使用邮政服务或快递服务信息查证属实的，要依照《邮政法》第七十六条规定处罚，构成犯罪的，依法移送司法机关追究法律责任。邮政企业、各主要快递企业按照国家邮政局的统一部署，正在开展信息安全自查工作，对涉及用户信息安全的各环节逐一排查，对重要岗位和关键环节进行重点检查，严密用户信息录入和面单管理的措施，加强对有关人员的教育与管控，防止用户信息泄露。

苏宁等12家企业递交经营快递业务许可申请

12月13日，国家邮政局发布公示，上海佳吉快运有限公司、苏宁电器股份有限公司等12家企业提出经营快递业务许可的申请。

《服务业发展“十二五”规划》提出加快邮政服务业发展

国务院日前印发了《服务业发展“十二五”规划》，并下发通知要求有关部门和各地认真执行。《规划》明确提出，“十二五”时期，要加快邮政服务业发展，提高服务能力和水平。在回顾“十一五”服务业发展形势时，《规划》指出，主要服务行业实现较快发展。其中，交通运输仓储和邮政业门类的增加值年均增速达8.3%。邮政体制领域改革取得积极进展。针对“十二五”时期服务业的发展重点，《规划》明确提出，加快邮政服务业发展，提高服务能力和水平。拓展邮政物流，支持快递能力建设，推动快递与电子商务、制造业协同发展。鼓励有条件的地区培育新型农村金融机构，发展农村邮政金融业务，建立农村信贷担保体系。在扩大服务业开放方面，《规划》提出，将重点国别（地区）与重点领域相结合，分类指导，积极引导包括分销、通信、快递等有发展潜力行业的企业对外投资。同时，《规划》要求，拓展两岸邮政合作领域，提高邮政服务质量。在改革完善服务业发展体制机制方面，《规划》要求，深化服务行业改革，进一步放宽市场准入，实现投资主体多元化，形成有效竞争的市场格局。完善邮政普遍服务和竞争性业务分业经营制度。

国家邮政局传达学习中央经济工作会议精神

12月17日，国家邮政局党组书记、局长马军胜主持召开党组扩大会议，传达学习中央经济工作会议精神。马军胜指出，中央经济工作会议提出了明年经济工作的总体要求并作出了部署，邮政行业要认真学习、抓好落实。要以科学发展观为指导，认真实施修正后的邮政法和“十二五”规划，注重转变行业发展方式，注重提升邮政普遍服务能力和水平，注重推动快递产业转型升级，注重提高邮政管理系统的运行效能，为建设小康社会作出新的更大贡献。国家邮政局党组成员苏和、解畅、王梅、赵晓光、刘君出席会议。

国家邮政局认真学习贯彻落实八项规定

国家邮政局党组书记、局长马军胜2012年12月17日主持召开局党组扩大会议，学习《十八届中央政治局关于改进工作作风、密切联系群众的八项规定》（下称“八项规定”）和中央办公厅、国务院办公厅印发的《贯彻落实〈十八届中央政治局关于改进工作作风、密切联系群众的八项规定〉实施细则》。会议审议并通过了“国家邮政局贯彻落实《八项规定》及实施细则的措施”。

国家邮政局开展专项行动打击寄递信息泄露行为

12月17日，国家邮政局召开全系统电视电话会议，针对寄递服务信息安全管理工作进行部署和安排。国家邮政局副局长刘君在会上指出，将于近期开展专项行动，打击泄露寄递服务信息的行为，维护公民通信秘密和个人信息安全，确保行业持续稳定健康发展。刘君强调，围绕寄递服务信息安全保障这一主题，各级邮政管理部门要集中力量全面排查寄递企业的信息安全隐患，查堵漏洞。将寄递服务信息安全列为日常执法检查的重要内容，并建立起寄递服务信息安全监督检查的长效机制。

国家邮政局明确2013年行业新闻宣传主要任务和总体要求

12月17日，国家邮政局召开全系统电视电话会，明确当前及今后一个时期邮政行业新闻宣传工作的主要任务和总体要求，部署《中国邮政快递报》创刊工作。国家邮政局副局长王梅出席会议并讲话，要求全系统深刻认识新闻宣传工作对于推动邮政管理创新、促进行业健康发展的重要意义，围绕中心、突出重点，主动谋划好明年宣传工作，用改革创新精神推进行业新闻宣传工作上新台阶。会上，国家局办公室副主任沈鸿雁宣读了国家邮政局《关于表彰2012年度省（区、市）局网站和邮政政务信息工作先进单位的通报》，河北、广东、河南、上海、北京等15个省（区、市）局受到表彰。

全国首个市（地）级快递行业协会正式揭牌成立

12月17日，广东省深圳市快递行业协会揭牌成立仪式在深圳市举行。这是全国首个市（地）级快递行业协会正式揭牌成立。中国快递协会和广东省邮政管理局的领导出席仪式，共同为协会揭牌。深圳市民间组织管理局、深圳市邮政管理局、深圳市交通运输委员会、广东省快递行业协会的领导以及128家会员单位的代表参加了揭牌仪式。

联合调研组赴粤调研高铁运输快件和快递园区建设

为做好综合交通运输相关政策协调和全国物流园区规划衔接工作，国家邮政局、国家发改委综合运输研究所、中国快递协会组成联合调研组，于2012年12月17－18日就快递企业利用高铁运输快件和快递物流园区建设情况，赴广东省开展实地调研。在广州期间，调研组与广东省邮政管理局、广铁集团公司、省邮政公司、省邮政速递物流公司、顺丰速运公司等部门和单位进行了座谈，还前往广州南站高铁运输场地进行了实地考察，现场了解高铁运输快件的流程，并前往深圳顺丰速运总部听取了公司关于高铁运输快件业务情况的汇报，全面考察了指挥调度中心运作情况。

张大卫副省长、刘君副局长出席河南全国性快递集散中心签约和建设启动仪式

12月18日上午，河南全国性快递集散交换中心项目签约暨电子商务·快递物流园建设启动仪式在郑州隆重举行。河南省人民政府副省长张大卫、国家邮政局副局长刘君共同为河南全国性快递集散交换中心项目暨电子商务·快递物流园建设启幕。河南省邮政管理局、郑州市政府、郑州国际物流园区的领导分别致辞。顺丰、申通、圆通、

韵达、中通、宅急送、百世汇通 7 家全国快递企业总部负责人分别与郑州国际物流园区就在园区内的自建项目签订了投资意向书。项目规划用地 1096 亩，规划建设面积 62.11 万平方米，一期投资总额 21.18 亿元，建成后日处理快件能力为 600 万件，对在河南形成全国性快件集散交换枢纽具有重要意义。

快递业务员职业技能区域大赛实施方案座谈会在京召开

12 月 21 日，国家邮政局职业技能鉴定指导中心在北京组织召开快递业务员职业技能区域大赛实施方案座谈会。来自山东省邮政管理局，北京、江苏、山东、河南、福建等 5 省（市）邮政行业职业技能鉴定中心以及部分省职业院校的相关负责人参加了会议。会议主要讨论了“2013 年山东省首届快递业务员职业技能竞赛”实施方案内容，为切实做好大赛前期准备工作奠定基础。

国家邮政局要求切实加强快递服务监督管理

12 月 31 日，国家邮政局发出通知，要求各省（区、市）邮政管理局切实加强对快递服务的监督管理，提高快递服务质量。通知指出，近日，有媒体先后对部分快递企业发生内件丢失、野蛮分拣、霸王条款等违规行为进行了报道，引起了社会公众的高度关注。针对报道中涉嫌违规的快递企业，有关省（市）邮政管理局要进行约谈和依法严肃处理。

116 家快递企业被注销快递业务经营许可证

12 月 31 日，国家邮政局发出公告称，根据《中华人民共和国邮政法》和《快递业务经营许可管理办法》的有关规定，2012 年国家邮政局和各省（区、市）邮政管理局共对包括青岛中迅国际物流有限公司、宁波外运国际集装箱货运有限公司、东莞市华茂国际货运代理有限公司在内的 116 家快递企业注销了《快递业务经营许可证》。

交通运输部审议通过《快递市场管理办法（送审修改稿）》

12 月 31 日，交通运输部部长杨传堂主持召开部务会。会议审议通过了《快递市场管理办法（送审修改稿）》等事项。会议认为，近年来我国快递市场发展迅猛，进一步完善快递市场管理办法，有助于提升快递服务水平，更好地促进快递业健康发展。《办法》补充了管理主体，明确省级以下邮政管理机构对快递市场实施监督管理的职责；规定经营快递业务的企业不得超越经营许可范围和地域范围；对开展快递加盟行为的双方资质、权利义务关系等内容进行了规范。同时，《办法》还针对当前社会反映强烈的野蛮分拣、随意处理无着快件等行为明确了行为规范和法律责任。

《收寄验视现场工作手册》出版发行

12 月，国家邮政局和国家安全生产监督管理总局组织有关专家编写了《收寄验视现场工作手册》，由新华出版社正式出版发行。《手册》较全面地阐述了收寄验视的有关知识，是贯彻实施有关法律法规的有效载体，是促进从业人员提高收寄验视意识与操作能力的指导性读物。《手册》较全面地梳理了收寄验视工作流程，对于指导营业员、收派员认真做好收寄验视工作，切实加强行业安全防范具有一定的积极意义。

第四章 2012各省(区、市)快递发展大事记

北京市快递发展大事记

开展旺季服务保障检查

1月12日,北京市邮政管理局局长刘君、副局长李新中分别带队,开始为期一周的快递企业业务旺季服务保障和安全生产工作专项督导检查。工作组听取了快递企业网络运营情况、旺季业务量变化及业务处理能力、稳定员工队伍的保障措施、突发事件应急准备等情况的汇报,重点检查了企业安全生产、收寄验视制度及烟花爆竹禁放工作的落实执行情况,运输、生产、消防、监控等设备以及处理场地的安全防范措施和快递服务标准等规范执行情况。

印发《关于加强快递安全生产工作的通知》

1月17日,北京市邮政管理局向全市快递企业印发《关于加强快递安全生产工作的通知》,对强化旺季安全生产、确保邮政行业通信畅通和安全运行提出明确要求。

开展节后生产检查

1月29日,春节后上班第一天,北京市邮政管理局组织人员对顺丰、圆通、申通、中通、海航天天等快递企业"春节"期间生产运转以及节后生产恢复情况进行专项检查。要求企业:一要高度重视,妥善安排,保障寄递网络畅通;二要严格执行收寄验视制度,保障寄递渠道安全;三要认真做好用户投诉处理工作,保障快递服务质量。

通报快递安全服务质量

2月22日,北京市邮政管理局组织召开快递安全服务质量通报会,在对2011年北京市快递业务发展情况、用户申诉及处理情况以及第四季度行政执法检查情况等进行通报的基础上,明确了2012年北京市邮政管理局规范快递市场经营秩序、保障邮路安全的重点工作。

印发《关于推进实施快件收寄加盖验视章管理的通知》

2月28日,北京市邮政管理局印发《关于推进实施快件收寄加盖验视章管理的通知》,要求全市快递企业从2012年3月1日起在物品类快件收寄环节实行验视盖章制度。《通知》要求快递企业要牢固树立"安全第一"的意识,把企业安全管理工作放在首要位置,充分认识验视盖章制度对企业落实收寄验视工作的积极推动作用,并在实际工作中坚持制度。

开展"两会"安全服务保障监督检查

2月29日,北京市邮政管理局"两会"安全服务保障督导检查组对顺丰、圆通、申通、宅急送、天昊、韵达等10家快递企业的18个营业网点以及邮政企业进入代表、委员驻地的邮件安全检查点进行专项检查。

实施为期一个月的收寄验视制度检查

4月1日,北京市邮政管理局采取操作现场突击检查与快件实物寄递测试相结合的方式,开始为期一个月的收寄验视制度专项执法检查。

召开一季度快递企业安全质量通报会

4月25日，北京市邮政管理局组织召开全市快递企业一季度安全质量通报会，结合北京快递市场监管工作实际，提出了“以提高服务水平为核心，以强化安全管理为重点，促进快递行业健康稳步发展”的年度监管工作思路，从七个方面进行了工作部署。

举办“北京市快递服务标准培训班”

5月11日，为做好《快递服务》国家标准贯彻实施工作，北京市邮政管理局与市快递协会联合举办“北京市快递服务标准培训班”，100余家主要快递企业负责人参加培训，重点对《快递服务》标准的关键技术指标进行了解读，进一步提高了快递企业对标准的准确理解和掌握能力。

举办快递企业安全管理高级培训班

5月16日和6月8日，北京市邮政管理局先后举办两期快递企业安全管理高级培训班，特邀北京市公安局内部单位保卫局以及北京市国家安全局的相关专家进行授课，要求快递企业一要切实增强对企业安全管理工作重要性和紧迫性的认识，明确将安全管理作为常态化工作的重要意义；二要继续建立健全安全管理体系和企业内控制度，切实做好安全管控各项工作的执行落实；三要深入开展自查自纠，自觉纠正存在的违法违规行为，严格按照法律法规及标准的要求规范经营行为，维护寄递渠道安全畅通和行业平稳发展。

开展为期1年的“快递企业争创优质服务活动”

7月1日，为全面贯彻落实国家邮政局《关于印发〈全国邮政行业开展道德领域突出问题专项教育和治理活动实施方案〉的通知》精神，推进邮政业行风建设，北京市邮政管理局联合市快递协会在全市范围内组织开展为期1年的“快递企业争创优质服务活动”。

召开二季度快递企业安全质量通报会

7月27日，北京市邮政管理局组织召开第二季度快递企业安全服务质量通报会，全市百余家品牌快递企业主要负责人参加会议。传达了国家邮政局年中工作会精神，通报了上半年全市快递业务发展情况、第二季度消费者对快递服务申诉情况、第二季度行政执法检查情况以及4、5月份开展的快件实地测试情况，并对下半年重点工作进行了全面部署。会议还邀请北京市药品监督管理局的专业人员对寄递渠道药品管理工作相关事项进行了说明。

推动落实快递“进校园”工作

8月23日，为有效落实《关于做好高等院校校园快递服务工作的意见》，北京市邮政管理局与市快递协会联合召开规模以上快递企业协调会议，推动落实快递“进校园”工作。会议学习传达了三部门联合印发的《意见》精神，对文件中提出的五种快递进校园模式的推进和运作方式进行了重点解读，同时充分听取了快递企业负责人的意见和建议。与会快递企业纷纷表示要积极配合行业管理部门和高校，早日促成快递服务“进校园”，为广大高校师生提供优质高效的快递服务。

《北京市快递服务规范与安全管理办法》列入2013年一类立法项目

9月7日，北京市政府法制办王荣梅副主任主持召开《北京市快递服务规范与安全管理办法》规章立法专家立项论证会议。9月23日，经市政府法制办第13次室办公会议审议决定，同意将《北京市快递服务规范与安全管理办法》立项列为2013年一类立法项目。

市政府法制办调研快递企业

9月24日，北京市政府法制办主任刘振刚、副主任王荣梅一行到北京顺丰速运公司大兴分拣中心、北京申通快递亦庄分公司和中外运DHL调研，视察快递企业发展现状及安全生产情况。

开展“双节”前安全检查

9月29日，北京市邮政管理局局长刘君带队，对邮政EMS、顺丰、宅急送等规模以上快递企业进行中秋、国庆“两节”前快递服务和安全检查。检查组对快递企业生产作业组织以及作业现场的安全监控、防火设施等进行了督导检查，详细了解了企业应急处置预案和旺季服务保障预案的制订和演练情况，并对做好“两节”快递服务和安全工作提出要求。

召开第三季度快递企业安全质量通报会

10月24日，北京市邮政管理局组织召开第三季度快递企业安全服务质量通报会，全市百余家品牌快递企业主要负责人参加会议。会议通报了三季度消费者对快递服务的申诉情况、北京局开展的行政执法检查情况以及快件实地测试情况，对北京市公安局、北京市国家安全局、北京市交通委员会、北京市商务委员会、北京市工商行政管理局和北京市邮政管理局等六部门联合印发的《关于进一步加强全市物流寄递渠道安全管理工作的通告》进行了重点宣传和解读，在此基础上，明确了下一阶段市场监管的重点工作。

检查十八大快递服务安全保障工作

11月6日，国家邮政局副局长刘君带领督导检查组，对北京邮政EMS组织落实十八大快递服务安全保障工作进行检查督导。北京市邮政管理局、市国家安全局相关领导陪同检查。

督导检查“双11”旺季服务保障工作

11月11日，北京市邮政管理局组成两个督导检查组，对顺丰、宅急送、申通、圆通、中通、韵达等12家规模以上快递企业“双11”快递业务旺季服务保障工作进行专项检查。

开展安全监督检查

12月25日，北京市邮政管理局副局长李新中带队，对顺丰、宅急送、申通、圆通、中通等部分规模以上快递企业进行安全监督检查。

天津市快递发展大事记

部署春节期间快递服务工作

为保障广大用户的快递服务需求，1月19日，天津市邮政管理局召开全市规模以上13家品牌快递企业的工作会议，安排部署春节期间快递服务工作。会议强调，各企业要品牌快递企业确保“三畅通”，即揽收畅通、投递畅通、客服电话接听畅通，对无故擅自停办快递业务的，将依法给予处罚并收回《快递业务经营许可证》。会上，顺丰、申通等13家企业负责人和业务主管承诺春节期间不停止快递服务，13家企业均安排了春节期间的专门值班人员和客服人员，畅通了投诉渠道。

开展春节快递服务检查

1月24－25日，天津市邮政管理局分赴顺丰、圆通、韵达、中通等快递企业检查春节服务情况。检查发现，品牌快递企业春节期间全部营业或安排了专人值班，照常揽投用户快件。据统计，春节期间顺丰、申通、圆通、韵达、中通共投、收快件达1万余件，值班人员3000余人，160余个服务网点营业。

解畅组长到天津韵达调研

国家邮政局党组成员、纪检组长解畅赴天津市韵达快递服务有限公司开展调研。解畅充分肯定了天津韵达对邮政业发展作出的贡献。她指出，快递行业发展前景广阔，快递企业发展应当把握当前、考虑长远，既要能够借助当前良好的政策环境，迎风而上，大有作为，又应坚持以民生为本，维护消费者权益，关注员工利益，保障员工队伍稳定。天津邮政管理局局长齐亚力陪同参加调研。

组织法律专题培训

天津市快递协会组织法律专题培训，协会会员单位及部分快递企业代表参加。协会法律顾问结合一年来天津快递企业运营中涉及的快件丢失损毁索赔、用户长期拖欠服务费用、企业发生劳动争议、交通事故处理和其他违法违规情况等实际案例，由浅入深，由表及里的分析讲解。同时，建议快递企业在运营中树立风险意识，知法守法，加强管理，严密措施，落实防范，杜绝由于工作失误所酿成的企业经济损失。

召开非公快递企业党建工作座谈会

3 月 23 日，中共天津市邮政管理局机关党委召开部分非公快递企业党建工作座谈会。中共天津市邮政管理局机关党委书记、局长齐亚力出席会议并对非公快递企业党建工作作重点部署。中共天津市邮政管理局机关党委副书记、副局长陈敏认真听取了参会企业的意见和建议，并做专题党课辅导。中共天津市快递协会党总支书记、第一、二联合党支部书记参会并传达了《天津市邮政管理局 2012 年党建工作报告》和《天津市邮政业深入开展为民服务创先争优活动的实施意见》的文件精神。

推动落实区域邮政布局规划

4 月 6 日，应天津市邮政管理局局长齐亚力邀请，天津市河东区副区长毕宝泉到天津市邮政管理局调研，就河东区落实《天津市邮政设施布局规划》的情况，及出台优惠政策吸引快递企业投资等事宜进行了座谈。

举办爱国主义教育活动

为纪念五四运动，弘扬爱国主义精神，5 月 4 日，天津市邮政管理局与市快递协会党组织共同组织局机关及部分快递企业青年代表参观大沽口炮台遗址博物馆。青年们纷纷表示，要勿忘国耻，进一步传承民族精神，树立远大理想，刻苦学习，勤奋工作，为天津市邮政业又好又快发展贡献青春和力量。

召开“迎接十八大”邮路安全保障会

为保障十八大期间邮路安全稳定，贯彻落实全国邮政市场执法和安全监管培训班精神，5 月 22 日，天津市邮政管理局召开“迎接十八大”邮路安全保障会，对全市邮路安全保障工作进行部署。天津市邮路寄递物品安全监管领导小组成员单位的负责人；市邮政公司，全市重点快递企业总部以及承包区、分支机构负责人共 70 余人参加会议。

举办《快递服务》国家标准知识竞赛

5 月 25 日，天津市快递协会在和平宾馆举办《快递服务》国家标准知识竞赛，经过角逐，圆通、申通、中通公司分获竞赛一、二、三等奖；顺丰、韵达及邮政速递物流公司获优秀奖。本市十余家快递企业 120 余人进行了观摩。天津市邮政管理局市场监管处领导应邀出席。本次竞赛活动针对新标准与原标准的异同，以新标准细化及新增内容为重点，通过必答题和抢答题两种形式，使参赛企业掌握新标准的主要内容，进一步提升快递企业服务水平。

建设天津快递产业园区

6 月 25 日，天津空港经济区管委会和上海中通吉速递有限公司签署在天津空港经济区投资建设中通速递华北区域总部《投资协议》，此举标志着，《天津市快递服务发展“十二五”规划》重点工程之一的“建设空港快递产业园区”已取得阶段性突破，以运输为主的传统快递物流正在向以信息化、自动化为主的产业链式现代快递物流转变。继中通公司在津签订《投资协议》后，韵达等快递企业也将陆续与天津空港经济区管委会达成协议，落户快递产业园区，预计总投资规模将超过15亿元人民币。

建立职业技能鉴定工作奖励机制

为认真贯彻落实《邮政法》、《快递业务经营许可管理办法》，进一步推进天津市快递业务员职业技能鉴定工作的顺利开展，天津市快递协会下发文件，建立快递业务员职业技能鉴定工作奖励机制。该奖励机制要求，各会员单位应按照相关法律规定，认真做好本单位职业技能鉴定的组织、动员工作，建立激励机制，不断提高本单位职鉴考试合格率，使企业持证员工数量达到并超过规定指标。

部署十八大寄递渠道安全保障工作

为切实做好党的十八大邮路安保工作，进一步贯彻落实国家邮政局十八大寄递渠道安全保障电视电话会议精神，确保党的十八大期间天津寄递渠道安全稳定，天津市邮路安全监管办的主要人员成立4个“十八大邮路安保工作”宣传贯彻组，于9月27日、28日晚间，分赴天津韵达、圆通、申通、中通四大网络快递企业地区总部作业现场。利用快件分拨操作完毕后的时间，向基层快递服务网点传达部署十八大期间邮路安保工作要求，确保各快递企业安保工作执行到位，不留死角。天津市共120余家特许经营加盟服务网点负责人参加会议。

治理快递企业“超区件”延误投递等服务问题

为贯彻落实国家邮政局《关于开展快递服务质量专项整治活动的通知》精神，维护快递市场秩序和用户权益，10月11日，天津市邮政管理局印发《关于进一步治理“超区件”等快递服务问题的通知》，要求各快递企业按照《快递服务》国家标准规定，采取有效措施及时妥善投递用户快件，保护用户权益。《通知》要求各快递企业及各级营业网点采取措施，妥善处理“超区件”。下一步，天津局将继续开展快递服务质量专项整治活动，加大市场检查力度，着力治理快递服务问题，对严重侵害消费者权益的行为依法给予处罚，并在全行业进行通报。

国家邮政局联合多部门来津开展十八大寄递渠道安全督导检查专项行动

为认真落实《关于做好党的十八大期间寄递渠道安全保障工作的通知》精神，切实做好寄递渠道安全保障工作，11月5日和6日，国家邮政局会同海关总署、新闻出版总署等相关部门来津开展十八大寄递渠道安全督导检查专项行动。天津市邮政管理局局长齐亚力出席联席会议。督导检查组要求，寄递企业要按照“谁经营、谁负责”的原则，切实将企业的安全主体责任落在实处，要主动抓好收寄验视和企业内部安全管理，认真配合邮政管理等有关部门的安全监管工作，采取切实有效措施做好十八大寄递渠道安全保障工作，为十八大胜利召开作出应有贡献。

邮政、公安联合开展寄递渠道安全检查

11月7日，由天津市邮政管理局市场监管处、市公安局二处组成两个检查组分别到邮政公司、EMS、宅急送、联邦快递、申递公司等寄递企业进行安全检查。按照《关于做好党的十八大期间寄递渠道安全保障工作的通知》要求，检查组分赴市邮政公司、EMS、联邦、申通等6家寄递企业，对安全生产、规章制度建立和落实、内部治安保卫、员工使用审查、员工培训、治安案件上报等方面情况进行了检查。

河北省快递发展大事记

印发《关于实施快递服务“六进”工程的指导意见》

1月11日，河北省邮政管理局印发了《关于实施快递服务“六进”工程的指导意见》，要求全省企业提高思想认识，加快结构调整，夯实发展基础，整合多种资源，用好政策支持，深入推进“进社区、进校园、进商区、进园区、进景区、进郊区”的“六进”工程，加快网络开发，扩大网络规模，延伸快递服务深度和广度，满足人民群众用邮需求；推进差异化服务，丰富服务内涵，提供多层次、多样化和个性化的产品体系，发展实物流、资金流、信息流融合型业务，向服务链、供应链、产业链上下游延伸。

印发《河北省邮政行业安全管理规定》

1月12日，河北省邮政管理局联合省公安厅、省国家安全厅印发了《河北省邮政行业安全管理规定》，要求各企业落实好收寄验视制度，严防禁寄物品流入寄递渠道；加强企业安全生产组织建设，强化企业负责人安全责任；完善安全规章制度，实现安全管理规范化；健全安全防控体系，提高企业安全防范水平；抓好应急管理，及时妥善应对各类突发事件。

召开河北省邮政业工作会议

1月17日，2012年河北省邮政业工作会议在石家庄召开，省政府党组副书记、顾问、省邮政业市场发展和维护市场秩序领导小组组长张和向大会发来贺信，会上河北省邮政管理局组织省内230家取得许可（备案）的邮政、快递企业负责人签订了《河北省寄递企业服务和安全稳控承诺书》，从加强组织领导、遵守验视规定、提高服务质量、健全工作制度、严格内部管理、强化应急处置、做好维稳工作等九个方面作出了郑重承诺。河北省邮政管理局要求各企业要严格遵守服务和安全承诺事项，与下属企业及员工层层签订责任状，确保全省邮政行业又好又快发展。

启动对重点品牌网络企业一揽子打包帮扶工作

2月29日，河北省邮政管理局召开局长办公会，专题听取了圆通速递服务有限公司的汇报，就圆通网络“十二五”河北规划、直营化和合法经营、总部投资建设分拨中心及用地需求、河北省邮政管理局如何进行打包扶助等议题进行了沟通，正式启动对重点品牌网络企业进行一揽子打包帮扶工作。

部署两会期间邮政安全保障工作

3月2日，河北省邮政管理局联合省国家安全厅召开安全监管工作会议，就全国“两会”期间邮政、快递服务和安全保障工作进行动员部署。要求全省邮政、快递企业提高思想认识，加强组织领导，建立健全工作责任制和工作制度；严格执行收寄验视制度，按要求使用验视章，组织开展内部安全生产自查，及时发现和整改各类安全隐患；制订服务方案，保障邮件、快件准确、及时传递，妥善处理消费者的投诉和申诉；制订“两会”突发事件专项应急预案，组织开展应急演练，发生突发事件或出现不稳定苗头及时向省邮政管理局和相关部门报告。

举行河北省首届快递业务员技术比武暨技能大赛

3月18日，河北省首届快递业务员技术比武暨技能大赛在石家庄举行，来自EMS、顺丰、申通、圆通等15个网络型快递企业和18个单一快递企业的30名选手参加了比赛。本次大赛设有易碎品包装和快件分拣两个项目，主要从操作质量、操作速度、材料消耗及操作流程等方面对参赛选手进行评判。国家邮政局职鉴指导中心、北京、山东、河南省（市）邮政管理局职鉴中心的负责人以及山东工程技师学院的相关负责人进行了现场观摩。

《河北省邮政行业安全监督管理规定》纳入省立法计划

3月22日，河北省人民政府召开第一〇二次常务会议，审议通过了《河北省人民政府2012年立法工作计划（草案）》，将《河北省邮政行业安全监督管理规定》纳入立法计划。

继续推进对重点品牌网络企业的一揽子打包帮扶工作

5月14日，河北省邮政管理局召开局长办公会，专题听取了顺丰速运有限公司的汇报，对顺丰公司在石家庄机场、北京二机场的分拨中心建设工作进行了重点关注探讨，继续推进对重点品牌网络企业进行一揽子打包帮扶工作。

《河北省服务业拓展计划》明确促进城市快递做大做强

8月2日，河北省政府印发《河北省服务业拓展计划》，要求大力发展现代物流，调整优化服务结构，更好地服务经济社会发展。《计划》明确，要培育壮大第三方物流企业，建设现代物流产业聚集区，推进低端物流向高端物流转变；引导邮政企业参与实施“万村千乡工程”和“新农村现代流通网络工程”，完善农村物流体系；培育服务业新经济增长点，完善物流手段，促进城市快递、定制配送做大做强。

考察重点快递企业总部

9月7－8日，河北省邮政管理局曾军山局长、王跃副局长带领市场监管处、省快递协会、石家庄市邮政管理局等相关负责人组成的考察小组奔赴上海，对申通、圆通、中通、汇通和韵达等5家快递企业总部进行了考察。考察小组与相关企业负责人进行了深入座谈，实地考察了企业作业场地，详细了解了企业的经营现状和发展规划，认真听取了企业对邮政管理部门的意见和建议。考察小组向各企业总部重点推介了河北省固安县快递园区，分析了首都第二机场建设给河北快递所带来的重要影响和重大机遇，并明确表示省管局将大力支持和帮助企业做好投资的相关工作。

召开十八大寄递渠道安全保障工作会议

9月25日，河北省邮政管理局联合省国家安全厅、省公安厅、石家庄海关、省新闻出版局四部门，组织省邮政公司、省邮政速递物流有限公司、快递企业驻石家庄联络员单位等24家企业召开了十八大寄递渠道安全保障工作会议。

《河北省快递产业融入度项目研究报告》通过评审

10月12日，《河北省快递产业融入度项目研究报告》通过了由河北省发改委、河北省交通厅、河北省商务厅、河北省统计局、河北省经贸大学等十余个单位的专家、学者组成的评审组的评审。报告基于产业融入理论，创造性地提出适应河北省快递行业发展状况的融入度指标体系，对河北省快递业与其他产业融入度进行了评估，以指数的形式反映河北省快递产业融入现状，具体比较了11个重点发展行业与快递产业的融入情况，为行业发展提供了数据支撑。

召开十八大安保服务誓师大会

10月26日，河北省邮政管理局联合省国家安全厅、省公安厅、石家庄海关、省新闻出版局四部门，组织召开十八大安保服务誓师大会。会议通报了寄递渠道近期发生的典型案件，要求企业切实提高思想认识，认清安保工作面临的严峻形势，严格落实寄递渠道安保要求，为党的十八大胜利召开作出应有贡献。

联合督导检查组视察十八大寄递渠道安全保障工作

10 月 30 日，由国家邮政局副局长刘君任组长、国家邮政局和国家安全部组成的联合督导检查组到河北视察十八大寄递渠道安全保障工作。河北省邮政管理局、省公安厅、省国家安全厅、省新闻出版局相关负责人分别就各自职责分工作了汇报。

督导检查快递企业

11 月 11 — 15 日，河北省邮政管理局局长曾军山带队，对四通一达、顺丰、宅急送省分拨中心和驻石快递企业进行了督导检查，确保十八大及“双 11”期间寄递渠道安全和快递服务质量。

《河北省邮政业安全监督管理规定》获审议通过

12 月 11 日，河北省政府第 113 次常务会议审议通过了《河北省邮政业安全监督管理规定》。

召开河北省邮政业贯彻十八大暨快递企业等级评定工作动员部署大会

12 月 19 日，河北省邮政业贯彻十八大暨快递企业等级评定工作动员部署大会在石家庄召开。河北省邮政管理局局长曾军山、副局长王跃出席了会议。作为全国三个试点省（市）之一，河北省快递企业等级评定工作全面启动。会议传达了《河北省快递企业等级评定管理办法》（讨论稿）、《河北省快递企业等级评定实施细则》（讨论稿）、《河北省快递企业等级评定推进方案》等相关文件，并对评定工作进行了部署。中国快递协会和广东、浙江、北京协会莅临会议。河北省快递企业高管人员法律知识讲座同期举行。

山西省快递发展大事记

任润厚副省长表示加强对省邮政行业发展的组织领导和工作协调

1 月 12 日，山西省副省长任润厚在听取了山西省邮政管理局关于国家邮政局工作会议精神和省局工作情况的汇报后，对山西省邮政管理局近年来的工作给予了充分肯定，认为省邮政管理局能够不断加强政府职能，下大力气为邮政市场主体服务和创造良好发展环境，促进了全省邮政业健康快速发展，方便了群众的生产生活，为山西省转型跨越发展作出了重要贡献。同时表示，邮政行业作为重要的基础性产业，作为服务千家万户的民生行业，省政府将继续积极创造条件支持鼓励发展。针对《邮政法》和《山西省邮政条例》在落实过程中存在的问题，省政府要加强协调，牵头组织建立省邮政业发展的工作协调组织和机制，及时研究解决省邮政业发展中的问题，支持邮政发展与地方经济互促共进，为山西转型跨越发展作出新的更大贡献。

召开全省快递会议

2 月 15 日，山西省邮政管理局召开全省快递会议。省工商局、省安全厅相关领导应邀出席会议。全省 60 家规模以上快递企业负责人参会，并参加了同期举办的《邮政行业安全防范工作规范》和《快递业务操作指导规范》的培训。

举办快递企业两个“规范”培训

山西省邮政管理局举办了《邮政行业安全防范工作规范》和《快递业务操作指导规范》的培训班，全省 60 家规模以上快递企业负责人参加了学习培训。培训对两个“规范”快递服务和安全等重点内容进行了详细解读，特别是对涉及国家信息安全、用户合法权益和企业安全生产等重要条款作了深入讲解，并结合实际提出了具体贯彻要求。快递企业负责人纷纷表示，此次培训内容紧贴生产经营实际，实用性强，表示回去后要抓紧企业内部培训，并按照规范要求，逐条逐项抓好落实，确保我省寄递渠道安全畅通。

召开快递行业人才培养工作座谈会

2月21日，山西省邮政管理局在太原组织召开了快递行业人才培养工作座谈会。山西省快递协会、太原理工大学、山西交通职业技术学院、山西省邮电学校和省内八家快递企业的代表参加了会议。

加强快递收寄验视工作

为贯彻落实好国家邮政局关于加强快递收寄验视工作的文件要求，山西省邮政管理局采取多项措施加强对快递企业收寄验视工作的检查督导。一是及时下发通知。通过给全省邮政企业和快递企业下发通知，要求企业在全国“两会”期间对所有快件特别是进京的邮件、快件必须做到件件验视，确保收寄环节万无一失。各企业要采取有效的措施加强收寄验视工作。二是加强安全检查。近期省局对太原、大同、阳泉的各企业作为重点检查对象，加强对上述地区企业的安全检查，确保山西北京护城河寄递渠道的安全畅通。三是严处收寄验视不合格企业。省局检查过程中对收寄验视制度落实不到位的企业，要依法严肃处理，情节严重的，责令停业整顿，直至依法吊销快递经营许可证。

召开快递业务经营许可年度报告工作会

3月16日，山西省快递业务经营许可年度报告工作会在太原召开，邮政EMS、顺丰、申通、中通等20多家取得许可企业的负责人和主管人员参加了会议。

发展快递业务首次列为省政府重点工作目标

4月7日，山西省政府下发《关于印发2012年省人民政府重点工作目标责任分解的通知》文件，首次将发展快递业务列为省政府重点工作目标，指出该项工作由分管省长负责，山西省邮政管理局牵头进行落实。

召开非公快递企业党组织建设推进会

4月12日，山西省邮政管理局召开非公快递企业党组织建设推进会，顺丰、宅急送、天天、百世阳光、飞康达等16家民营快递企业负责人参加了会议。

通过媒体宣贯《快递服务》国家标准

4月24日，山西省邮政管理局接受山西卫视和山西公共频道的访谈，就《快递服务》国家标准进行了详细解读。访谈重点就标准中快件赔偿、时限要求、验收环节、验视制度以及安全规定等与消费者紧密相关的条款进行了详细解读。

组织节前快递市场专项检查

4月25日，山西省邮政管理局检查组对省内快递企业进行“五一”节前快递市场安全服务的专项检查，同时结合即将实施的《快递服务》国家标准对企业进行现场宣贯。

到太原快递企业调研

山西省邮政管理局局长张勤学到太原中通等快递企业进行调研，并进行了现场的督导。希望快递企业：一要抓住机遇、加快发展；二要加强管理、改善服务；三要以人为本、关爱员工。希望全省快递企业继续解放思想、开拓进取，艰苦奋斗、创新发展，高起点、大跨度地推进快递行业大发展、上水平，为人民群众用邮需求，为山西转型跨越发展作出新的贡献。

2012年山西首次快递员职业技能鉴定考试顺利结束

5月19日，山西快递职业技能鉴定考试圆满结束，全省共有743名快递员分别参加了初、中级快递员职业技能鉴定考试。这也是山西首次组织中级考试。

举办《快递服务》国家标准培训班

5月23日，山西省邮政管理局举办《快递服务》国家标准培训班，太原地区快递企业的业务主管约40人参加了培训。培训对《快递服务》国家标准修订颁布实施的背景、意义进行了介绍，对《快递服务》国家标准基本术语、组织要求和服务环节三部分重点内容结合实际进行了解读。

部署十八大寄递渠道安全服务保障工作

7月16日，山西省邮政管理局召开会议，安排部署党的十八大全省寄递渠道安全服务保障工作。省邮政企业、规模以上快递企业负责人参加了会议。

首家非公经济组织党支部成立

7月12日，山西中通大盈快递有限公司党支部成立，这是山西省快递企业首家成立党组织的非公经济组织。

《山西省邮政业发展“十二五”规划》正式发布

8月8日，山西省政府正式发布了《山西省邮政业发展“十二五”规划》。《规划》以强邮惠民为目标，以转型升级为核心，明确提出了十二五时期全省邮政业发展的指导思想、发展目标、主要任务和保障措施。

苏和副局长检查指导十八大前寄递渠道安保工作

9月25日－26日，国家邮政局党组成员、副局长苏和一行来到山西，重点检查和指导十八大前快递企业寄递渠道的安保工作，并对山西省邮政管理局督导快递企业旺季生产期间的安全工作作出部署。

开展系列活动纪念第43届世界邮政日

山西省邮政管理局于9－10月份期间结合邮政行业的发展开展系列活动纪念第43届世界邮政日。

组织首届快递业务技能练功比武大赛

为促进全省快递行业各企业积极组织员工进行相关法律法规、业务知识和业务技能培训学习，不断提高快递业务员综合素质，增强企业竞争能力。山西省快递协会于8－10月份组织各会员单位进行了“全省快递行业首届快递员业务知识技能练功比武大赛活动”。省内规模以上快递企业派代表队参加了比赛。本届大赛活动分收派处理理论考试、收派处理实操技能考试、知识竞赛三大项目，比赛现场气氛热烈，参赛选手个个业务熟练，特别是技能实操操作环节展示了各快递企业工作人员标准的操作和良好的服务。

开展十八大寄递渠道安全保障专项检查

10月20日，山西省邮政管理局派出检查组，对太原地区规模以上快递企业开展十八大寄递渠道安全保障专项检查。检查情况看，快递企业按照省局要求，做好十八大期间寄递渠道安全保障工作的安排部署，召开专门会议进行宣贯，多数企业还利用网络会议及晨会等形式就安保工作进行强调。部分快递企业在十八大召开前搬迁场地，扩大规模，确保十八大期间寄递安全及旺季期间快件处理需求。同时被检查企业严格执行收寄验视制度，强化安全责任落实，对存在的安全隐患及时排查治理，效果明显。

全省11个市级邮政管理局已全部揭牌成立

11月30日，阳泉市邮政管理局揭牌成立，至此全省11个市级邮政管理局已全部揭牌成立，全省市级邮政管理局组建工作基本完成，标志着山西省完善省级以下邮政监管体制工作已基本结束。

内蒙古自治区快递发展大事记

赵双连副主席表示将全力支持邮政行业改革发展

1月16日，内蒙古自治区邮政管理局局长张子旗向自治区副主席赵双连详细汇报了国家邮政局2012年工作会议情况、2011年自治区邮政行业改革发展情况以及2012年主要工作思路。赵双连副主席充分肯定了自治区邮政管理局2011年在行业立法、“十二五”规划、空白乡镇邮政局所补建等方面所取得的成绩，并表示将一如既往支持邮政行业改革发展，要求邮政管理部门切实履行政府监管职责，认真贯彻落实国务院《关于促进内蒙古经济社会又好又快发展的意见》和国家邮政局2012年工作会议精神，加强邮政基础设施建设，努力提升行业服务自治区经济社会发展的能力。

开展春节前快递市场安全执法检查

为维护消费者合法权益，保障全区快递行业安全平稳运行，内蒙古自治区邮政管理局近日组织对快递市场进行了专项执法检查。

通报表彰旺季服务保障先进企业

2月28日，内蒙古自治区邮政管理局决定，授予内蒙古邮政速递物流有限公司、内蒙古顺丰速运有限公司等九家企业“2012年全区快递业务旺季服务保障先进企业”荣誉称号，并予以通报表彰。

召开快递企业负责人座谈会

2月29日，内蒙古自治区管理局组织召开部分快递企业负责人座谈会，详细了解各快递企业配送区域的具体情况，并有针对性地提出加大人力物力投入、尽快在城郊结合部设立网点，扩大服务半径，改善服务质量等具体措施。

保障两会期间寄递渠道安全

3月4日，内蒙古自治区邮政管理局下发了《关于做好全国“两会”期间邮政、快递服务和安全工作的通知》，要求各快递企业做好预防工作，防止事故发生，确保“两会”期间寄递渠道安全。

加强快递企业收寄验视

3月9日，内蒙古自治区邮政管理局将国家邮政局《关于进一步加强快递企业收寄验视工作的通知》转发至内蒙古邮政公司、内蒙古邮政速递物流公司、各快递企业。要求各单位要认真组织学习贯彻，严格执行收寄验视制度，排除各类安全隐患，做好预防工作，确保寄递渠道安全。

荣获自治区“扫黄打非”工作先进集体荣誉称号

3月14日，内蒙古自治区“扫黄打非”办公室授予内蒙古自治区邮政管理局2011年度自治区“扫黄打非”工作先进集体荣誉称号。

加强全区寄递渠道治安管理工作

5月17日，内蒙古自治区邮政管理局与自治区公安厅等相关部门联合下发通知，转发了《寄递渠道治安检查工作规定》，成立了寄递渠道治安管理协调小组，并要求进一步加强全区寄递渠道治安管理工作，依法加大寄递渠道治安检查力度，严厉打击利用寄递渠道非法传递禁止、限制寄递物品的违法犯罪活动,保障寄递渠道安全畅通。

查处一起无证经营业务案件

内蒙古自治区邮政管理局接到群众举报,呼和浩特市中通物流有限责任公司在扶贫办家属小区设立了营业网点,无证经营快递业务。接到举报后,自治区局立即对该网点进行了检查。发现该网点未到邮政管理部门办理备案登记手续,并存在无安全和消防设施、从业人员无资质、快件堆放不规范等问题。内蒙古邮政管理局依法向该网点下达了行政处罚通知书,要求其立即停业,并依法作出相应处罚。

贯彻落实国务院促进内蒙古又好又快发展意见获肯定

5月15日,由内蒙古自治区党委办公厅、自治区政府办公厅组成的督查组来到内蒙古自治区邮政管理局,督查自治区局贯彻落实国务院《关于进一步促进内蒙古经济社会又好又快发展的若干意见》情况。督查组指出自治区局落实《意见》精神措施到位,并对相关工作给予了肯定。

中国邮政航空公司开通"呼和浩特—郑州—南京"快速往返航线

5月29日,中国邮政航空公司开通了"呼和浩特—郑州—南京"快速往返航线,并举行了首航仪式。内蒙古自治区政府副主席王波、自治区发改委、自治区邮政管理局、民航内蒙古监管局等相关部门的领导以及自治区邮政企业的负责人参加了首航仪式。

开展促进自治区快递行业发展专题调研

5月30－31日,内蒙古自治区邮政管理局派出调研组,对自治区邮政速递物流公司、顺丰、宅急送、圆通等快递企业,就促进自治区快递行业发展开展专题调研。调研组深入听取了各企业从建立快递物流园区、争取西部大开发优惠政策等方面提出的意见建议,并表示将积极协调解决,努力促进全区快递企业更快发展。

联合相关部门召开自治区寄递渠道治安管理协调小组会议

内蒙古自治区邮政管理局近日与自治区公安厅等相关部门联合召开了寄递渠道治安管理协调小组会议。会议全面分析了自治区寄递渠道安全现状,通报了安全监管工作情况,进一步细化了协调小组各成员单位的工作职责,确定协调小组要围绕保障寄递渠道安全稳定的目标,积极推进七项工作的实施。一是要按照《寄递渠道治安检查工作规定》的要求落实责任,督导各盟市有关部门尽快开展相关工作;二是确定协调小组为常态化工作协作机制,每半年召开一次联席会议;三是要印发《邮政行业安全监督管理法律法规资料汇编》;四是近期要联合组织举办寄递渠道安全培训班;五是要联合开展寄递渠道安全执法检查,切实提高预警发现能力,消除隐患;六是要联合下发关于进一步做好邮路寄递安全的通知;七是要保持信息联络畅通,及时通报相关情况。

苏和副局长调研内蒙古邮政速递物流公司

7月20日,国家邮政局副局长苏和深入内蒙古自治区邮政速递物流有限公司进行调研,并和公司负责人进行了座谈。苏和副局长先后来到呼和浩特市首府官邸揽投部和邮件处理中心进行调研。

召开盟市邮政管理局成立大会

8月15日,内蒙古自治区邮政管理局在呼和浩特市召开了盟市邮政管理局成立大会,宣布成立各盟市邮政管理局和领导班子任命。会议得到了自治区党委政府的高度重视,自治区政府副秘书长、机关事务管理局局长王喜才及党委组织部、交通运输厅、自治区人民政府编制办公室、发展和改革委员会、财政厅、人力资源和社会保障厅、自治区人民政府法制办公室的相关领导，各盟市邮政管理局领导班子成员、自治区邮政管理局全体干部及内蒙古邮政公司、内蒙古邮政速递物流公司及相关民营快递企业代表共计70多人参加了会议。为内蒙古自治区快递行业监管工作的进一步完善奠定了坚实的基础。

保障十八大期间寄递渠道安全

9月20日，内蒙古自治区邮政管理局印发了《党的十八大期间寄递渠道安全保障工作实施方案》，要求各快递企业做好预防工作，确保十八大期间寄递渠道安全。

12个盟市邮政管理局全部举行了揭牌成立仪式

截至11月30日，内蒙古自治区12个盟市邮政管理局全部举行了揭牌成立仪式。这标志着全区完善省级以下邮政监管体制工作已基本完成。内蒙古自治区邮政管理局要求，各盟市局要认真学习贯彻党的十八大精神，扎实推进完善省级以下邮政监管体制后续工作，组织全体干部认真学习《中华人民共和国邮政法》、《内蒙古自治区邮政条例》等法律法规及标准，进一步提升队伍素质，夯实基础管理，加强制度建设，深入邮政、快递企业调研，加强与当地党委政府及相关部门的沟通协作，积极争取支持。全区各盟市人民政府均表示，将继续大力支持邮政管理工作。各盟市主要新闻媒体也对当地邮政管理局的揭牌成立进行了报道。各盟市局一致表示，要全力做好邮政管理工作，认真履行邮政管理职责，推动邮政业为地方经济社会发展作出更大贡献。

督导快递企业做好旺季生产服务

12月10日，内蒙古自治区邮政管理局印发了《关于加强督导做好快递业务旺季服务保障工作的通知》，督导快递企业做好旺季生产服务，强化安全管理，保障寄递渠道安全畅通。

加强寄递服务信息安全管理工作

12月19日，内蒙古自治区邮政管理局制定了《关于进一步加强寄递服务信息安全管理工作的通知》，印发给内蒙古邮政公司和各快递企业，要求切实做好寄递服务信息安全管理工作，保障快递服务行业健康发展。

辽宁省快递发展大事记

开展春节期间安全检查

为强化春节期间全省邮政业安全生产工作，维护行业稳定，保障消费者权益，1月17－19日，辽宁省邮政管理局分三个检查组到省内快递企业检查指导春节期间服务和安全工作。检查组重点对企业的生产现场安全管理、执行收寄验视制度、行车安全管理、节日值班安排、滞留快件保管等安全生产工作进行了全面检查。共检查大连、抚顺、丹东、锦州、营口、阜新、辽阳等地区的申通、中通、汇通、CCES等重点快递企业48家。检查组要求各企业要按照省管局关于做好春节期间服务和安全工作的通知要求，做好生产场地的防火防盗安全，车辆行车安全，安排值班值守，不中断服务，不滞留快件，确保全省邮政业平稳安全运行。检查组还对存在安全隐患的两家快递企业下达了整改通知书，要求企业限期整改。

省快递协会召开第二届会员大会

2月10日，辽宁省快递协会召开了第二届会员大会。会议听取了辽宁省快递协会会长董兰园的工作报告，推荐并选举产生了第二届理事会成员。会议选举张俊山为辽宁省快递协会第二届理事会会长。辽宁省邮政管理局局长孙康出席会议并讲话。辽宁省邮政管理局副局长李志良、王家贵，中国快递协会副秘书长邵钟林、辽宁省民间组织管理局副局长谷正贤出席会议。

布置快递企业收寄验视工作

3月7日，辽宁省邮政管理局在沈阳市举办了快递企业收寄验视工作座谈会。省内各品牌快递企业负责人参加会议，以贯彻落实国家邮政局《关于进一步加强快递企业收寄验视工作的通知》精神，进一步加强“两会”期间快递企业收寄验视工作，确保寄递渠道安全畅通。

于国强被省消协授予“优秀志愿者”称号

3月13日，顺丰速运（沈阳）有限公司总经理于国强被辽宁省消费者协会授予“全省消费维权志愿服务优秀志愿者”称号。

省快递协会召开二届二次理事会

4月11日，辽宁省快递协会召开了二届二次理事会。会议的主要内容是传达贯彻中国快递协会一届三次会议精神和落实辽宁省快递协会二届会员代表大会各项任务，补选二届协会副会长；讨论吸收新会员的建议；审议辽宁省快递协会自律公约；部署“首届中国（北京）国际服务贸易交易会”相关工作，进一步明确2012年工作任务目标和要点，围绕中心服务大局，按照辽宁省邮政工作会议部署，支持和协助快递企业服务上水平，发展上规模，管理上层次，能力上等级，规范服务，稳定发展。

部署2012年快递服务与发展工作

辽宁省邮政管理局分别在沈阳和大连召开了全省快递服务发展会议，落实国家邮政局2012年市场监管会议工作精神，部署全省2012年快递服务与发展工作。会议分析了辽宁快递市场面临的形势，要求快递企业将提高服务水平作为今年的核心工作。一是增强能力，服务达标，提高快递服务满意度。二是调整结构，差异化服务，夯实可持续发展能力。三是安全生产，依法经营，提高企业管理水平，四是精细管理，转型升级，营造企业核心竞争力。与会代表就如何促进快递企业服务与发展、提高企业服务质量，引导企业健康发展，开展了广泛的交流座谈。

开展首次中级职鉴考试

5月19日，2012年辽宁首批快递业务员初、中级职业技能鉴定考试快递业务员在辽宁省交通高等专科学校举行。省内45家快递企业的741名快递业务员参加考试。其中初级考生655人，中级考生86人。这是辽宁省首次开展快递业务员中级职业技能鉴定考试，也是首次引入技能操作考核形式。

快递企业经营与管理高管培训班举办

6月26日，辽宁省快递协会在沈阳举办“辽宁省快递企业经营与管理高管培训班”。来自全省37家规模企业64人参加了培训。辽宁省邮政管理局局长孙康、辽宁省快递协会会长张俊山分别作了《快递者　快乐着》和《改革派送模式，促进与电子商务协同发展》的专题讲座。

快递业务员岗位练兵和技能比武大赛举行

9月16日，辽宁省快递业务员岗位练兵和技能比武大赛在沈阳举行。大赛在快件收派和快件处理两个项目中，分别设个人前三名和团体奖两名。来自辽宁省邮政速递物流有限公司、顺丰速运（沈阳）有限公司、沈阳申通快递有限公司、沈阳圆通速递有限公司和17个快递企业的31名选手参加比赛。辽宁省邮政速递物流有限公司、顺丰（沈阳）分公司获团体奖，沈阳申通快递有限公司、沈阳圆通速递有限公司获参与奖。辽宁省邮政速递物流有限公司参赛选手包揽收派前三名和处理第一、三名，顺丰速运（沈阳）有限公司参赛选手获处理第二名。

省服务业委调研省内快递企业

为促进快递企业快速发展，创建辽宁省物流业示范企业，近日，辽宁省服务业委员会领导到辽宁省邮政速递物流有限公司，顺丰速运（沈阳）有限公司进行调研。调研组听取了两个公司负责人对企业发展现状以及今后发展前景的工作汇报，同时就企业关心的车辆通行、机场用地等问题与企业进行了广泛的交流，并分别走访了两个公司的揽投站和分拣中心。省服务业委领导表示，希望企业放开包袱，大力发展，争取在“十二五”末，促使本省出现业务收入超10亿的快递物流企业，省服务业委将协调各部门努力解决制约企业发展的问题。

国家邮政局到辽宁督导检查寄递渠道安全保障工作

11月2日，国家邮政局、公安部、新闻出版总署联合督导检查组到辽宁督导检查寄递渠道安全保障工作。督导检查组听取了省邮政管理局、省公安厅、省国家安全厅、省新闻出版局、沈阳海关等单位关于十八大寄递渠道安全保障工作汇报，深入沈阳邮区中心局、沈阳市邮政局北站支局、沈阳宅急送快递有限公司、沈阳市韵达快运有限公司生产现场，检查安全保障工作情况。督导检查组对辽宁前期工作给予充分肯定，并提出下一步的工作要求。

辽宁省市级邮政管理局成立揭牌

10月29日，辽宁省政府副省长谭作钧和国家邮政局副局长赵晓光共同为辽宁省市级邮政管理局成立揭牌，并发表重要讲话。赵晓光代表国家邮政局对辽宁省14个市级邮政管理局揭牌成立表示热烈祝贺，并要求辽宁省邮政管理部门尽快了解掌握当地市场情况，及早谋划明年工作重点和工作思路，为当地市场主体服务，为地方经济发展服务，让邮政的改革成果惠及全社会。

赵晓光副局长沈阳调研邮政、快递企业

10月29日，国家邮政局副局长赵晓光深入辽宁省沈阳市部分邮政、快递企业一线进行调研考察，实地了解企业生产运营情况，并督导企业做好旺季服务保障工作，确保生产安全。赵晓光要求快递企业明确自身担负的责任和义务，严格遵守和执行国家相关法律法规，高度重视并切实做好安全生产工作，在持续提高服务能力的同时，确保企业科学发展、安全发展。

辽宁快递企业安度“双11”

11月11日，“网购狂欢节”正值党的十八大召开之际，辽沈地区又迎来入冬以来第一场大雪。辽宁省邮政管理局领导深入快递企业生产一线，督导邮路安保和旺季生产工作。辽宁省邮政管理局提早部署，组织快递企业制订应急预案，总结交流工作经验，跟踪监控企业生产运行情况，并强化了邮政业消费者申诉受理工作。各快递企业普遍采取增人、加车，强化快件流量预警、合理调配资源，提高员工福利等措施，积极应对快件高峰。

省邮政管理局、快递协会到快递企业指导慰问

11月17日，辽宁省邮政管理局、辽宁省快递协会领导到沈阳申通快递有限公司、沈阳圆通速递有限公司、沈阳韵必达速递有限公司、沈阳市昌盛中通速递服务有限公司分拨中转场地指导旺季生产，慰问企业一线职工，参加指导慰问的有辽宁省邮政管理局局长孙康、副局长王家贵、辽宁省快递协会会长张俊山。孙康强调各企业要结合各自的实际，充分发挥现有的人力、车辆、场地资源，精心组织，科学调度，确保分拨中心不积压，不滚存快件；增加派费，鼓励揽收员多派件，确保寄递渠道整体安全畅通。

吉林省快递发展大事记

向媒体通报快递旺季服务保障工作情况

1月11日，吉林省邮政管理局与省快递协会联合召开快递业务旺季服务保障工作情况交流会。会议向新闻媒体通报了一年来快递业务旺季服务保障工作情况，介绍了全省快递企业发展现状、存在问题和面临的困难，并围绕如何加强旺季服务保障工作进行了交流和研讨。与会的《吉林日报》等5家新闻媒体表示将加强与政府、协会和企业的交流协作，为快递业发展创造良好的舆论环境。

快递企业现场交流暨旺季保障总结会召开

2月9日，吉林省邮政管理局召开吉林省快递企业现场交流暨快递业务旺季保障总结会，组织吉林省邮政管理局相关处室、吉林省快递协会、快递企业负责人以及《新文化报》、《城市晚报》等相关新闻媒体到顺丰、宅急送、中外运－敦豪、申通、圆通公司、邮政速递物流等6个快递品牌的长春总部进行交流观摩，并由主要快递企业汇报了在旺季期间的服务保障情况及企业发展情况。

部署邮政业人才队伍建设工作

2月16日，吉林省邮政管理局组织召开吉林省邮政业人才队伍建设工作布置会。会议印发了《吉林省邮政业2011－2015年人才队伍建设实施意见》，并在明确指导思想、基本原则、总体目标、重大工程和保障措施的基础上，围绕全省邮政业人才队伍现状，深入分析当前人才队伍建设面临的形势和要求，提出从现在起到2015年，邮政业人才队伍建设要全力构建并完成“523”工程的主要任务。

2012年度首批快递业务员技能鉴定实施

3月24日，吉林省本年度首批快递业务员职业技能鉴定在长春职业技术学院举行。吉林省邮政管理局党组书记、局长刘英杰在考场进行督导指挥。来自省内20余家规模以上快递企业的533名快递业务员参加初级鉴定考试，占全省快递从业人员的14%。参加鉴定考试人员数量创历史新高。其中，收派模块283人，处理模块195人，补考55人。

《快递服务》系列国家标准宣传贯彻工作展开

4月12日，吉林省邮政管理局组织全省25家主要快递企业负责人参加国家邮政局《快递服务》系列国家标准电视电话培训会议，并在培训结束之后召开吉林省《快递服务》系列国家标准宣传贯彻的动员大会，下发宣传贯彻的实施方案，印发培训资料，并就宣贯措施作出安排。会后，各企业积极开展自查梳理，省邮政管理局安排专人组成检查组，对申通、圆通、中通等规模企业的整改情况进行督导。

“加强安全检查”专项督查行动展开

4月19日，吉林省邮政管理局组织开展了以“加强安全检查”为主题的专项督查行动。要求邮政企业、快递企业对执行邮件、快件收寄验视制度的情况，各种安全生产制度执行情况进行全面自查，坚决杜绝违禁物品流入寄递渠道，防止重特大安全生产事故发生，确保寄递渠道安全畅通。

快递企业高级管理人员培训班开班

5月8日，吉林省快递企业高级管理人员培训班在吉林省邮政管理局正式开班。吉林省邮政管理局、吉林省快递协会、吉林大学等相关领导，以及全省28家快递企业高级管理人员参加开班仪式。吉林省邮政管理局党组书记、局长刘英杰出席开班仪式，并强调了本次培训的重要意义。

吉林省第二家邮政业人才培养基地建立

6月20日，吉林省邮政管理局举行授牌仪式，授予吉林工业经济学校为吉林省第二家邮政业人才培养基地。作为邮政业人才培养基地，吉林工业经济学院有邮政、快递专业专兼职教师20余名，开设了邮政通信管理、邮政储蓄等专业、邮政快递专业，同时与省内几家邮政和快递企业建立了良好的校企合作关系，先后在邮政和快递企业建立了实训基地，定期安排学生到企业进行实习和实践，校企之间实现了互利双赢。

举办《快递服务系列》系列国家标准培训班

吉林省邮政管理局举办了《快递服务》系列国家标准培训班，在长26家规模以上快递企业的38名负责人参加了培训。培训班介绍了《标准》出台的背景、意义和与原《标准》的区别，通报了前期对快递企业贯彻落实《标准》专项检查情况，结合企业日常经营、管理、服务的实际和存在的共性问题，从"基本术语"、"组织要求"、"服务环节"、"贯彻执行"等四个方面，详细解读了《标准》。吉林省邮政管理局同时就贯彻实施《标准》对各企业提出了三点要求。一是要进一步规范操作步骤，切实把《标准》落实到位。二是要认真组织开展企业内部学习宣传培训，采用多种方式，加强员工对《标准》的学习。三是要开展企业达标自查自检，逐条逐项对照检查，对未达标项目及时进行整改。

国家邮政局在吉林检查邮政用品用具质量

7月1－4日，国家邮政局检查组到吉林省邮政管理局开展邮政用品用具质量检查，对邮政用品用具生产和使用情况进行了检查，对邮件包装箱、快递封套等邮政用品用具按品种、型号进行了抽查。同时召开企业座谈会，对《快递封装用品》国家标准进行宣传贯彻，并通报检查中发现的问题，要求生产企业及时整改，按照标准生产，不断提高产品质量，同时，要求邮政、快递企业使用标准邮政用品用具。

联合发文保障快递运输车辆便捷通行

7月2日，吉林省邮政管理局通过积极协调，与吉林省公安交通管理局联合下发了《关于对省内邮政业快递服务车辆给予便捷通行的通知》，解决全省快递服务车辆在城（市）区通行难等问题。《通知》规定：在国家对城市快递专用车辆定型前，用于快件运输且不超过车辆本身核定载重的12座（含）以下载客汽车，在城（市）区装载快件，不以客运机动车违反规定载货为由查处。

省快递协会为快递企业争取用油优惠政策

2012年，吉林省快递协会针对近几年汽油、柴油价格的不断提高，导致快递企业运营成本增加，在一定程度上影响了企业发展的现状，主打"会员企业"规模牌，与省石油企业合作，为快递企业争取用油优惠政策。全省快递企业从8月份起，享受用油优惠政策。据不完全统计，各企业采取集中加油，既降低了成本，又加强了内部管理，每年可节约数十万元的燃油成本。

联合开展十八大期间寄递渠道安全保障专项检查

9月，吉林省邮政管理局与吉林省公安厅及相关部门联合组成检查组，对长春、辽源、四平地区邮政、快递企业开展了十八大期间寄递渠道安全保障专项检查。针对检查中发现的个别企业生产场地杂乱、消防器材过期、面单填写不规范等问题，检查组下达了9份整改通知，并对存在较大安全隐患2家快递企业负责人进行了约谈。

联合多部门部署十八大期间寄递渠道安全和服务保障工作

为贯彻落实国家邮政局党的十八大期间寄递

渠道安全保障工作电视电话会议精神，吉林省邮政管理局与省公安厅、省扫黄打非办等相关部门联合召开吉林省十八大期间寄递渠道安全保障工作会议，对相关工作作出全面部署。省快递协会、省邮政公司、省内20家网络型快递企业负责人参加了会议，并签订了《吉林省寄递企业党的十八大期间安全保障承诺书》。

检查指导快递企业标准化建设

按照吉林省邮政管理局的部署要求，为推进快递企业标准化建设，深入贯彻《快递服务》国家标准，吉林省快递协会于2012年8－10月，由协会领导亲自带队，分为两个组，就快递企业标准化建设，对全省56家快递企业进行了为期三个月的检查指导。快递企业表示，一定按照省管局和协会要求，深入贯彻落实《快递服务》国家标准，进一步巩固、发展企业标准化建设成果，加强对照整改，提升服务能力，推进企业管理水平不断提高。

部署寄递服务信息安全管理工作

为深入贯彻落实国家邮政局寄递服务信息安全管理工作电视电话会议精神，近日，吉林局召开全省寄递服务信息安全管理工作会议，对全省寄递服务信息安全管理工作作出部署。各市（州）邮政管理局、省快递协会、省邮政公司、全省规模以上快递企业的负责人参加会议。

黑龙江省快递发展大事记

召开2012年工作会议

1月13日，黑龙江省邮政管理局召开2012年工作会议和党风廉政建设工作会议，学习传达交通运输部、国家邮政局的重要讲话精神及国家局会议的其他内容。会上，党组书记、局长刘彦辰作了工作报告，纪检组长、副局长张真作了党风廉政建设工作报告。会议全面总结了2011年工作，深入分析了当前我省邮政业发展面临的形势，安排部署2012年工作。

召开省邮政速递物流工作会议

1月15日，黑龙江省邮政速递物流工作会议在哈尔滨召开。黑龙江省邮政管理局局长刘彦辰出席会议并讲话。刘彦辰在讲话中希望省邮政速递物流有限公司2012年要从准确把握快递市场发展规律，积极转变快递业务发展方式，立足改革创新、依靠科技进步，改善服务、提高质量，加强队伍建设、提升全员素质等五个方面入手，努力实现企业全面、协调、可持续发展。

省物流业发展“十二五”规划支持邮政业发展

2月1日，《黑龙江省物流业发展“十二五”规划》发布实施。规划共有5处提到邮政方面的内容。在第四部分“主要任务和建设内容”中提出，要规划建设28个专业物流中心，其中涉及邮政业的3个；大力发展第三方物流，在医药工业物流建设中，在涉农物流体系中，结合“万村千乡”市场工程和“新农村现代流通服务网络”工程建设，采取“一网多用”。在第五部分政策措施中，提出加强对物流业发展的组织和协调，建立由省发改委牵头，18个部门参加的联席会议制度，邮政管理局为成员单位。

马军胜局长调研黑龙江邮政和快递企业

2月15－16日，国家邮政局局长马军胜在黑龙江调研邮政和快递企业。马军胜前往黑龙江省邮政速递物流有限公司和哈尔滨中通快递公司进行调研，看望一线员工，考察了黑龙江省机要通信工作和哈尔滨市的居民信报箱设置情况，还视察了哈尔滨市邮政局。

国家邮政局调研黑龙江农村邮政物流发展情况

2月16日，国家邮政局调研组在黑龙江分别听取了黑龙江省邮政管理局和省邮政公司落实国务院和黑龙江省关于推动农村邮政物流发展意见的情况汇报，并就发展过程中遇到的困难和问题进行了深入的交流。在黑龙江期间，调研组还深入部分农村邮政物流配送网点和城市邮政网点实地考察。此次调研为国家局起草《促进农村邮政物流健康发展实施办法》收集了大量的一手材料。

召开保障两会期间邮政快递服务和安全工作动员会

3月2日，黑龙江省邮政管理局召开会议，传达贯彻落实国家局关于做好“两会”期间邮政、快递服务和安全工作要求，布置“两会”期间邮政行业服务及安全保障工作。省邮政公司、省邮政速递物流有限责任公司和各快递企业负责人参加会议。会议对《邮政行业安全防范工作规范》进行了学习解读，同时与邮政企业、各快递企业签订了2012年黑龙江省邮政行业安全生产责任书。

与《生活报》联合设立快递投诉曝光台

3月14日，为加强对黑龙江省快递服务的监管，提升全省快递行业的服务能力和水平，结合“3·15”国际消费者权益日“消费与安全”的主题，黑龙江省邮政管理局联合黑龙江《生活报》设立了“快递投诉曝光台”。用户对黑龙江境内快递企业的投诉均可拨打《生活报》热线“96336”反映问题，省邮政管理局将对曝光台接到的投诉进行调查核实，对违规的快递公司严肃处罚并曝光。

通过媒体访谈宣传《快递服务》系列国家标准

4月25日，黑龙江省邮政管理局接受“黑龙江电视台”、“哈尔滨电视台”、“生活报”等媒体的专访，借助新闻媒体，对《快递服务》系列国家标准进行广泛的宣传。此举旨在吸引社会各界、广大用户的密切关注、有效监督，努力形成我省推进实施快递服务标准化的长效机制。

省邮政、快递企业荣获巾帼建功先进表彰

4月27日，在黑龙江省城镇妇女“巾帼建功”活动先进表彰中，黑龙江省邮政企业、快递企业荣获三个先进集体和两名先进个人。其中，双鸭山市邮政局尖山区建设路营业所、佳木斯速递物流公司揽投一部、顺丰速运公司财务部被授予“省巾帼文明岗”荣誉称号；哈尔滨炜伦申通快递有限公司总经理冯玉秀、圆通综合部高级经理庄东霞被授予“巾帼建功标兵”荣誉称号。

查处快递企业违规行为

5月28日，黑龙江邮政管理局接群众举报称牡丹江一速递公司不按快件地址为用户派送快件，而要求用户到公司自取。接到举报后，省邮政管理局立即约谈企业负责人，对该企业不按《快递服务》标准为用户提供快递服务的违法事实制作了询问笔录，同时依据《黑龙江省邮政条例》对该企业进行行政处罚，并将处罚结果向全省快递行业进行通报。

加强寄递渠道治安管理工作联席会议召开

8月3日，黑龙江省邮政管理局、省公安厅、省国家安全厅联合召开联席会议。会议确定联合成立由省邮政管理局分管安全工作的领导任组长的省寄递渠道治安管理协调小组，建立定期例会制度；加大联合执法力度，督促企业加强安全管理工作，严厉查处各类违法违规行为；联合召开全省邮政企业、快递企业动员会，安排部署保障党的十八大期间寄递渠道安全工作。

部署开展“扫黄打非”专项行动

9月14日，黑龙江省局召开会议部署开展“扫黄打非”专项行动。会议决定成立6个检查组深入全省13个市（地）进行专项检查工作。会议要求全省邮政企业、快递企业要高度重视，认真贯彻落实“扫黄打非”各项工作制度，积极主动配合此次专项检查工作，并通过专项检查，不断改进、提高企业此项工作的管理水平。

十八大寄递渠道安保工作会议召开

9月21日，黑龙江省邮政管理局会同省公安厅、省国家安全厅联合召开党的十八大期间寄递渠道安保工作动员会。会议传达学习了《关于做好党的十八大期间寄递渠道安全保障工作的通知》相关要求，对省局下发的《关于做好党的十八大期间我省寄递渠道安全工作的通知》进行了解读，对十八大期间寄递渠道安保工作进行了全面部署。

13个市（地）邮政管理局成立揭牌仪式举行

11月5日，黑龙江省13个市（地）邮政管理局成立揭牌仪式在哈尔滨举行。黑龙江省副省长于莎燕、国家邮政局副局长刘君为市（地）邮政管理局揭牌。于莎燕表示省政府将认真贯彻落实党中央、国务院的工作部署，继续在政策、规划、法规、资金等方面为邮政管理工作及行业发展给予支持，并要求各相关部门单位及各市（地）政府要充分认识完善省级以下邮政监管体制工作的重要意义。揭牌仪式由省政府副秘书长陈长湧主持。

快递业务旺季服务保障工作动员会召开

11月9日，黑龙江省邮政管理局召开快递业务旺季服务保障工作动员会。会议传达了国家邮政局《关于加强督导做好快递业务旺季服务保障工作的通知》，对《通知》内容进行了说明，要求各企业按照《通知》规定，做好2012年“双11”及2013年春节快递业务旺季服务保障工作。

开展快递旺季服务保障工作专项督导检查

11月19日，黑龙江省邮政管理局对本省较大的快递企业快递业务旺季服务保障工作落实情况进行了督导检查，并听取了各快递企业的邮路安保和旺季生产保障的工作汇报。

齐齐哈尔市邮政管理局举行挂牌仪式

11月22日，黑龙江省齐齐哈尔市邮政管理局举行成立挂牌仪式。挂牌仪式由齐齐哈尔市人民政府副秘书长王金章主持。黑龙江省邮政管理局副局长杜振遨、齐齐哈尔市人民政府副市长马占江共同为齐齐哈尔市邮政管理局挂牌。齐齐哈尔市委、市政府有关部门以及邮政、快递等相关企业负责人参加了仪式。

邮政快递政企做客“行风热线”节目

11月26日至12月17日，黑龙江省邮政管理局带领省邮政公司、省邮政速递物流公司、各快递服务企业参加了省委、省政府纠风办与省电台、省电视台联合举办的“行风热线”直播节目，包括政策解读、群众咨询、回音壁共三期节目。节目共收到群众投诉和咨询的问题55件，相关部门和企业对这些问题及时妥善做出了处理。

上海市快递发展大事记

召开快递生产指挥协调（应急）会议

1月9日，上海市邮政管理局组织召开快递企业生产指挥协调（应急）工作小组第一次会议。会议对刚刚过去的“双11”和“双12”快递服务旺季期间业务量变化情况和所采取的应对措施作了交流总结，并针对即将到来的春节期间上海地区快递旺季的服务保障工作，提出“三个保证”的工作要求：保证上海地区网点全部正常运营；保证全网业务高峰时有足够人员进行支撑；保证春节专项运营保障资金到位。

苏和副局长视察上海春节旺季快递生产服务保障工作

1月10－11日，国家邮政局副局长苏和、中国快递协会秘书长达瓦一行抵沪指导快递企业做好春节旺季生产服务保障工作，慰问视察了上海邮政速递物流有限公司、顺丰速运(上海)分公司、申通快递、圆通速递、韵达快运和中通速递公司等正在进行旺季生产的上海快递企业员工。

召开加强寄递渠道治安管理工作联席会议

1月11日，上海市邮政管理局会同上海市公安局、市国家安全局、市工商行政管理局等相关部门，召开加强寄递渠道治安管理工作联席会议，共同商讨研究上海市加强对无证寄递企业清理整顿、寄递渠道信息系统建设推进、快递业务经营许可证与工商营业执照配套等工作，并明确下阶段进一步做好寄递渠道治安管理工作的计划。

检查督导快递企业春节期间生产服务情况

1月18日晚，上海市邮政管理局由李惠德局长带队，分两路来到邮政EMS、申通、圆通、韵达、中通、汇通、顺丰等快递企业位于上海青浦快递物流全区的转运中心，突击检查春节旺季快递服务保障和安全生产工作。1月23日(农历初一)，李惠德带队冒着严寒前往快递企业看望慰问在春节期间坚守在一线工作岗位上的员工，并对春节生产服务情况进行了检查、督导。

妥善处理星晨急便·鑫飞鸿停止运行事件

3月初，星晨急便·鑫飞鸿快递公司华东地区停止运行，引起社会反响，上海市邮政管理局立刻成立了局领导为组长的处置小组，现场处理、多方协调，妥善处理了滞留快件的转运投递工作，并做好消费者投诉、申诉，有效防止了事态的进一步扩大。

召开快递企业座谈会研讨促进快递发展

3月15日，上海市邮政管理局与市建交委联合召开了快递企业座谈会。上海市市建设交通委副主任沈晓苏出席会议并讲话，表示将配合推动本市邮政地方立法工作，协商相关部门出台支持快递企业发展的政策意见，进一步加强与媒体的沟通联系。

推进上海市快递营业场所规范化建设

3月，上海市邮政管理局在全市启动“快递营业场所规范化建设试点工作”，选取申通、圆通、韵达、中通四家重点快递企业作为首批试点企业，开展以门店形象统一标准、操作区客服区严格区分、员工穿着统一、服务标准规范为主要内容的规范化建设。试点工作共分三个阶段宣传动员阶段(3月底前)、组织实施阶段(4月至8月中旬)、经验总结阶段(8月下旬)；涉及以上四家企业共300余家网点。

印发《上海市邮政业发展“十二五”规划》

4月1日，上海市邮政管理局与市城乡建设和交通委员会、市发展和改革委员会联合印发《上海市邮政业发展“十二五”规划》。规划对邮政普遍服务、快递服务提出了“十二五”发展目标，制定了上海邮政业“十二五”期间的六项主要任务、七项重大工程和七方面保证措施。4月9日，市邮政管理局与市建交委联合召开规划宣贯新闻记者通气会，新华社等14家中央及上海媒体参加并作了报道。

市政府召开专题会议研究扶持本市快递业发展

5月10日，时任上海市常务副市长杨雄和副市长艾宝俊、沈骏召开专题会议，研究本市快递业发展工作。会议听取了市经济信息化委、市建设交通委、市邮政管理局就近期贯彻俞正声书记4月关于快递业发展的批示精神、落实前次关于快递业发展的市政府专题会议要求的汇报，明确建立上海市扶持快递业发展工作协调小组，由市建交委牵头，市邮政管理局、市经信委配合，与会其他各相关部门参与，并要求尽快出台扶持相关意见。

国家邮政局在沪举办快递企业高级管理人员研修班

5月17－19日，国家邮政局在上海举办快递企业高级管理人员研修班，邀请国家发展改革委、国家标准委、国家邮政局有关领导及相关专家、教授，讲授国家邮政业"十二五"规划、《快递服务》国家标准、快递产业发展政策和市场监管、快递产业发展现状与趋势、快递服务合同管理等内容。全国18家规模以上快递企业高级管理人员60余人参加了培训。

妥善处理希伊艾斯快递部分地区网络阻断事件

7月初，希伊艾斯快递有限公司部分地区发生网络阻断，引起社会反响。上海市邮政管理局提高对事件重要性的认识，采取积极措施，突出重点、注重实效，妥善处置，强化处理消费者投诉，协调做好稳定工作，防止了事态进一步扩大。

马军胜局长在沪召开快递企业提高服务质量调研座谈会

7月12日，国家邮政局局长马军胜在沪主持召开快递企业提高服务质量调研座谈会。会议通报了全国快递业发展的情况和目前快递服务存在的问题，与各企业就网购快递服务、快递业营改增税改、客户服务合同、加盟商管理等问题进行了讨论。马军胜在沪期间会见了时任上海市副市长沈骏，并调研了本市快递营业场所规范化建设推进情况。

市政府再次专题会议推进快递发展扶持政策出台

7月25日，时任上海市常务副市长杨雄、副市长艾宝俊、沈骏主持召开上海市市政府专题会议，推动本市快递业发展若干意见制订。会议听取了市建交委、市邮政管理局关于本市快递业发展若干意见制订情况的汇报，对部分条款进行了协调修改，并提请市政府常务会议、市委常委会议审议，为《关于促进本市快递业健康发展若干意见》的出台奠定了基础。

联合检查快递企业执行收寄验视制度情况

8月，为做好重大活动期间寄递渠道安保工作，进一步督导快递企业严格执行收寄验视等安全制度，上海市邮政管理局会同市寄递物品安全监管办公室、市公安局治安总队联合开展了快递企业执行收寄验视制度情况专项检查。

联合部署十八大期间全市寄递渠道安保工作

8月21日，上海市邮政管理局会同市公安局、市寄递物品安全监管办公室召开上海市邮政业十八大期间寄递渠道安保工作动员大会。会议通报了近期上海市邮政管理局对快递企业执行收寄验视制度和禁寄物品规定暗查情况，部署安排了十八大期间上海寄递渠道安保工作。与会企业代表签署了《寄递渠道安全工作任务书》。市邮政企业、规模以上快递企业参加了会议。

《上海市实施〈中华人民共和国邮政法〉办法》通过

9月26日，上海市十三届人大常委会第三十六次会议全票表决通过了《上海市实施〈中华人民共和国邮政法〉办法》。《办法》于2012年12月1日起施行，其出台健全完善了上海邮政业地方法律体系，为上海邮政业的发展进一步夯实了法律基础。

妥善处理快递企业合作纠纷引发的不稳定事件

10月初,民航快递与华驿物流合作过程中因纠纷而引发了不稳定事件。上海市邮政管理局采取多项措施突出重点、注重实效,妥善处置,有效防止了事态进一步扩大。总结几次处理突发事件的经验,形成了一套处理突发事件的应急机制。上海市委副秘书长姚海同、市政府副秘书长薛潮等对此予以肯定。

落实安排十八大期间寄递渠道安保工作

10月25日,上海市邮政管理局会同上海市寄递物品安全监管办、市公安局治安总队对邮政公司、圆通、汇通、韵达、顺丰、FedEx等各类寄递企业的网点和分拨中心进行了收寄验视、生产安全等情况检查,特别是对寄往北京的快件进行了重点检查。10月30日,市邮政管理局组织召开市邮政业十八大期间寄递渠道安保工作再动员大会。

出台《关于促进本市快递业健康发展若干意见》

11月2日,上海市政府办公厅印发了《上海市人民政府办公厅转发市建设交通委、市邮政管理局关于促进本市快递业健康发展若干意见的通知》(沪府办〔2012〕112号)。《意见》主要内容共提出了十三个方面的针对性政策措施,其出台解决了以往制约快递业发展的瓶颈问题,进一步为上海快递服务健康发展创造了良好环境。

加强快递业务旺季服务保障工作

11月网购促销、快递业务高峰期,上海市邮政管理局专题部署要求各企业加强组织调度,建立应对机制,加大安全生产力度,加强信息沟通,认真执行并完善信息报告和值班制度,局主要负责人带队到各快递企业总部现场指导,确保旺季期间寄递渠道安全畅通。

市建设交通委主任调研落实促进快递发展政策

11月13日,上海市建设交通委主任黄融、副巡视员袁嘉蓉带队至上海局调研本市地区邮政监管机构成立后的工作安排,并落实《关于促进本市快递业健康发展的若干意见》的推进措施。

赵晓光副局长来沪专题调研快递服务发展

11月14日—15日,国家邮政局副局长赵晓光一行来沪专题调研快递服务发展,召开了上海部分规模以上快递企业总部或分支机构负责人座谈会,考察了上海市快递营业场所规范化建设试点工作,并督导上海地区业务旺季期间快递服务保障工作,确保生产安全。

上海市邮政监管派出机构成立大会召开

11月15日上午,上海市邮政监管派出机构成立大会召开。上海市副市长沈骏、国家邮政局副局长赵晓光到会讲话,并为新成立的上海市浦东邮政管理局等6个本市省级以下邮政监管派出机构揭牌。上海市城乡建设和交通工作党委副书记、上海市城乡建设和交通委主任黄融,上海市邮政管理局局长李惠德出席会议并致辞。会议由上海市城乡建设和交通工作党委副书记朱铁民主持。

江苏省快递发展大事记

江苏省"12305"获国家邮政局表彰

3月,江苏省邮政管理局邮政业消费者申诉受理中心被国家邮政局评为2011年度申诉处理工作先进单位。

全省快递行业放心消费创建工作总结表彰

4月17日，江苏省邮政管理局总结表彰全省快递行业放心消费创建工作，省邮政管理局局长张水芳、副局长孙安宁，以及省政府创建办刘宏跃处长到会并作重要讲话。2011年，该省开展的快递行业放心消费创建工作取得明显成效，参创企业数量和覆盖面均有很大提高，在被省政府列入“全省百件惠民实事”之后，再次纳入“30件百姓心中比较关注和比较满意的实事”。截至2011年年底，全省共有43家企业荣获快递行业放心消费示范、先进单位称号。

马军胜局长江苏调研邮政快递发展

4月19－20日，国家邮政局局长马军胜赴江苏调研，视察南京中邮航空基地及速递物流集散中心现场，了解中国邮政航空公司“全夜航”运行和流向流量等情况，并参加了南京邮电大学建校70周年庆典活动。

寄递渠道治安管理联席会议召开

6月27日，江苏省邮政管理局与省公安厅召开寄递渠道治安管理联席会议，进一步贯彻落实国家三部局下发的《关于加强寄递渠道治安管理工作的通知》和《寄递渠道治安检查工作规定》，加强寄递渠道的安全管理。会上，省公安厅常务副厅长柳玉祥通报了当前的治安形势，介绍了利用寄递渠道从事禁寄物品寄递的案例以及外省邮政和公安部门合作的经验做法，并对下一步加强双方合作提出了建议和设想。省邮政管理局局长张水芳简要介绍了全省快递发展形势，充分肯定了双方合作以来在解决车辆通行、扣件、内盗等方面所取得的成效，对下一步合作提出了建议。

赴东风村调研快递服务三农

7月，江苏省邮政管理局党组书记、局长张水芳带队，赴徐州市睢宁县沙集镇东风村驻点，重点围绕快递如何更好服务“三农”、如何提升农村邮政服务等课题开展调研。

布置快递服务质量专项整治工作

7月9日，江苏省邮政管理局下发关于印发《江苏省邮政管理局开展快递服务质量专项整治活动工作方案》的通知，布置快递服务质量专项整治工作。根据工作方案，江苏省邮政管理局将在为期半年多的时间内，重点开展申诉案件检查、申诉处理先进企业评比、《快递服务》国家标准宣传贯彻、市场专项执法检查等九项重点工作，切切实实提高本省快递的服务质量。

开展十八大前全省快递安全大排查

为迎接党的十八大顺利召开，保证十八大期间全省寄递渠道安全畅通和企业生产安全，江苏省邮政管理局结合亚博会安保、“打非治违”、旺季保障、道德领域突出问题专项教育和治理活动等工作，对全省主要快递企业进行督导检查。检查组人员分两组分别对全省13个品牌35家快递企业的安全保障制度建设、安全培训、营业及处理场所安全防范、安全操作等工作进行检查，听取企业的意见和建议，帮助企业查找安全隐患，指导企业做好整改工作。

省交通运输业与邮政业战略“牵手”

9月17日，省交通运输厅、省邮政管理局和省邮政公司三方签署战略合作框架协议，结成战略合作伙伴关系，为服务民生、面向未来、共谋发展而共同努力。省政府史和平副省长、国家邮政局徐建洲副局长、中国邮政集团公司张荣林副总经理、省政府周游副秘书长和省级机关相关部门领导亲临现场，见证三方战略协议签约仪式。这是继山东省实现交通运输业和邮政业战略合作之后，在全国实现的又一次创新性突破。

联合部署十八大期间全省寄递渠道安全保障工作

9月26日，省邮政管理局联合多部门部署十八大期间全省寄递渠道安全保障工作。为切实做好党的十八大期间寄递渠道安全保障工作，江苏省邮政管理局会同公安、国家安全、海关、新闻出版等部门联合召开全省寄递渠道安全保障工作会议。各主要快递品牌江苏地区联系人及省内100余家快递企业主要负责人参加了会议。

圆通速递与南京邮电大学签约战略合作

10月26日，南京邮电大学与圆通速递有限公司战略合作框架协议签订仪式在南京举行，苏和副局长与南京邮电大学党委书记刘陈出席仪式并讲话。此次双方签订战略合作协议，再次见证了中国高等学府与快递企业之间的精诚合作，将取得优势互补、资源共享的双赢效果，对于提高圆通公司员工素质、提升企业信息化水平，加快实现"人才强企"战略等方面具有极其重要的意义。

13个市级邮政管理局成立揭牌仪式举行

10月28日，江苏省政府副省长史和平，国家邮政局党组成员、副局长苏和等共同为江苏省市级邮政管理局成立揭牌仪式。苏和代表国家邮政局对13个市级邮政管理局揭牌成立表示祝贺。他指出，江苏在完善省级以下邮政监管体制的实施工作中，按照"率先、规范、平稳"的要求，组建工作一直走在全国的前列，各项工作启动早，推进快，成效大，对其他省份相关工作的开展起到了良好的示范带头作用。

推进消费者申投诉处理工作

江苏省邮政管理局采取多种措施，努力提高"12305"申诉中心工作质量，为平稳有序度过"双11"淘宝促销等快递旺季生产提供了有力支撑。一是申诉中心积极争创省级"青年文明号"。二是结合快递服务质量专项整治活动提高申投诉处理工作水平。三是对全省快递服务满意度调查结果进行通报分析，并将申投诉处理效率作为一项重要的指标纳入评估体系，有效促进企业申投诉处理工作水平。四是加强全省邮政业消费者申投诉处理工作交流。

视察南通速递物流叠石桥营业部

针对南通叠石桥轻纺产业区快递市场迅猛发展的情况，江苏省邮政管理局局长张水芳一行专程赴南通邮政速递物流公司叠石桥营业部视察，听取南通邮政速递物流公司关于叠石桥轻纺产业集群市场概况、南通EMS叠石桥营业部近年来取得的成绩以及营业部远景规划情况的汇报。

13个市级邮政管理局全部组建完成

11月30日，徐州市邮政管理局正式挂牌成立。至此，江苏省13个市级邮政管理局全部组建完成，这标志着国务院完善省级以下邮政监管体制改革在江苏取得阶段性成果。江苏省市局成立挂牌采取先集中授牌后分别挂牌方式进行。市局分别挂牌过程中，江苏省局主要领导深入各地进行指导。各市局积极沟通协调，得到了地方党委、政府及各有关部门的大力支持，组建工作"规范、平稳、扎实、高效"。

开展维护寄递服务信息安全专项整治行动

针对近期发现的用户使用快递服务信息遭大面积泄露的现象，江苏省邮政管理局迅速行动，在全省范围内组织开展维护寄递服务信息安全专项整治行动。12月17日上午，江苏省邮政管理局召集全省主要品牌寄递企业江苏区负责人召开会议，传达国家邮政局12月17日电视电话会议精神，督导相关企业切实提高认识，完善规章制度，加强企业管理，增强技术防范，严防企业从业人员非法泄露寄递服务信息。同时，江苏省邮政管理局要求各企业进行全面自查自纠，并上报自查整改情况。接下来，江苏省邮政管理局在全省范围内开展专项监督检查，同时与公安、工商、商务、通信管理等有关部门的协作配合,形成寄递服务信息安全监督检查的长效机制,共同维护寄递服务信息的安全。

调研南通海门工业园区快递市场

12 月 18 日,应海门工业园区管委会邀请,江苏省邮政管理局副局长孙安宁一行对南通海门工业园区快递市场进行了专题调研,海门市领导陪同调研。调研组听取了工业园区拟辟出专门区域建立集仓储、物流于一体的快递物流园区设想的介绍,以及 EMS、申通、圆通等快递企业在改变生产场地不足和如何留住人才、降低成本等方面的建议。同时,调研组和园区就邮政管理部门在规范园区快递企业行为、消除恶意竞争、加强快递与电商协作方面交换了意见。

浙江省快递发展大事记

检查指导旺季服务保障工作

春节临近,为了解企业节前服务保障工作,浙江省邮政管理局杨世忠局长、王文海副局长分别带队,深入杭州、宁波部分快递企业,检查指导旺季服务保障工作,慰问企业员工。

谢济建副秘书长出席浙江省 2012 年邮政工作会议

1 月 18 日,浙江省 2012 年邮政工作会议召开。浙江省政府副秘书长谢济建应邀出席会议。谢济建从三个方面概括了邮政行业的工作:一是邮政行业发展进入了快速增长的新轨道;二是邮政公共服务均等化建设取得了新突破;三是邮政行业监管工作得到了新加强。省政府办公厅、省交通运输厅、省发改委、省财政厅、省商务厅等 15 个政府相关部门的领导应邀出席会议。

申诉受理中心获"先进集体"称号

2 月 20 日,为表彰浙江省邮政管理局申诉受理中心在维护消费者合法权益,促进企业提高服务质量作出了积极的贡献。国家邮政局邮政业消费者申诉受理中心授予浙江省邮政管理局申诉中心先进集体称号。获此殊荣的,还有广东、江苏、山东、江西、湖北、天津等 6 个省(市)申诉中心。

浙江省政府出台《关于进一步加快电子商务发展的若干意见》

3 月 26 日,浙江省政府出台《关于进一步加快电子商务发展的若干意见》。《意见》指出,推进电子商务与支撑体系同步协调发展,逐步突破物流配送、诚信机制、人才和资金短缺等制约;依托块状经济、专业市场和产业集群,提升发展行业电子商务平台,推进现有行业电子商务平台由信息流服务向信息流、商流、物流和资金流综合服务发展;支持传统百货、连锁超市等企业,依托原有实体网点、货源、配送等商业资源开展网络零售业务,进一步发展集电子商务、电话订购和城市配送为一体的同城购物。

召开 2012 年全省快递工作会议

4 月 20 日,浙江省邮政管理局在杭州召开 2012 年全省快递工作会议。全面部署 2012 年快递市场监管工作。并组织签订了《2012 年浙江省快递企业安全和旺季保障承诺书》。

组织快递业务员职业技能鉴定考试

2012 年,浙江省邮政管理局先后组织两次快递业务员职业技能鉴定考试(初级、中级)。初级共设 141 个考场,合计 4875 人参考;中级共设 24

个考场，合计975人参考。

浙江宁波出台《快递企业车辆通行实施方案》

5月25日，浙江省邮政管理局宁波办事处组织召开《快递企业车辆通行实施方案》工作会议，对邮政企业、快递企业车辆在城区通行面临的难题提出了解决方案，并对车辆统一标识、高峰时段城区配送车辆通行、支线班车在高峰时段通行、挂靠车辆、车辆备案等作了具体规定。

贯彻《快递服务》系列国家标准和安全管理专项检查

5月31日，浙江省邮政管理局开展国家标准贯彻和安全管理专项检查。检查组深入中国邮政速递物流、民航快递、顺丰速运、联邦快递等快递企业分拨中心和营业网点，全面开展企业贯彻落实《快递服务》系列国家标准和《邮政业安全防范工作规范》等文件工作情况。

高级快递业务员职鉴题库及培训大纲在浙通过终审

7月6－7日，国家邮政局职业技能鉴定指导中心在浙江绍兴组织召开“高级快递业务员职业技能鉴定题库及培训大纲终审会”。会议审议通过了题库和培训大纲（即《高级快递业务员职业技能鉴定考试指导手册》）。

浙江杭州出台办法支持快递企业发展

7月19日，浙江省杭州市人民政府出台《关于加快推进我市快递行业健康发展的实施办法》（杭政办函〔2012〕198号），在供地、供水、供电、供气等方面给予快递企业支持。《办法》指出，要积极帮助企业缓解通行困难，对于从事快递运营业务的车辆，经市邮政、公安部门许可，可列入邮政特种车辆管理范围，统一颁发专用标识和运营许可证，统一规划和设置市内临时停泊区（位），以缓解快递车辆通行难题。

召开2012年年中工作会议

7月30日，浙江省邮政管理局召开2012年年中工作会议，总结了全省2012年上半年主要工作，并对下半年计划安排的重点工作进行部署。会议要求认真贯彻“稳中求进”工作总基调，完成“两保持、两提高、两基本完成”。即：保持行业平稳较快发展态势，保持行业生产安全和运行安全，不断提高行业服务质量，不断提高干部素质能力，基本完成浙江省省以下邮政监管机构组建工作，基本完成“实现村村建邮站”工作目标，为浙江保持经济平稳较快发展和社会稳定作出贡献。

杭州市政府召开电子商务和快递业发展专题会议

8月21日，浙江省杭州市政府召开全市电子商务和快递业发展专题会议。杭州市委副书记、市长邵占维在会上指出，当前，杭州市电子商务和快递业发展已经具备了较好的基础，要抓住当前产业融合发展的趋势，进一步推进改革创新，坚定发展信心，凝聚发展合力，做好“一个培育三个完善”，加快推进杭州市电子商务和快递业发展，全力打造中国电子商务之都、电子商务中心，积极打造中国快递之都、快递中心“两都两中心”。

联合有关部门开展十八大寄递渠道安保执法检查

自10月下旬开始，浙江省邮政管理局与省公安厅、省国家安全厅等省寄递渠道治安管理协调小组成员单位联合在全省范围内开展浙江省寄递渠道十八大邮路安保联合执法检查。检查的主要内容是各企业的安保工作部署、安全自查与隐患排查的组织开展、收寄验视制度的执行、人防物防技防的结合、应急处置的准备、发往北京等重点区域快件（邮件）的重点检查等方面工作落实情况。

指导快递企业积极做好"双11"寄递服务

"双11"前夕，浙江省邮政管理局督查指导快递企业积极做好"双11"寄递服务。全面了解各主要快递企业的业务量变化、人员增加、车辆调度、安全保障、快递企业与电子商务企业信息对接等方面应对准备情况和现实情况，并给予指导。要求企业要继续加强业务量监测，优化作业流程，加强科学调度，积极组织疏运和派送，切实保障行车安全、生产安全和人身安全，切实维护消费者合法权益。

召开寄递渠道治安管理协调小组会议

11月13日，浙江省寄递渠道治安管理协调小组会议召开。各成员单位就各自职权范围内的工作进行了介绍，对下阶段如何建立健全常态化工作机制，加强寄递渠道安全保障长效监管等问题进行了讨论。一是进一步理顺工作机制，二是各成员单位就寄递行业安全培训方面加强合作，三是尽快研究建立出台常态化工作机制，加强对成立后的省以下协调小组工作指导和领导。

11个市级邮政管理局揭牌成立

12月3日，浙江省市级邮政管理局成立大会隆重召开。浙江省11个市级邮政管理局在浙江杭州集中揭牌成立。交通运输部副部长冯正霖、国家邮政局局长马军胜和浙江省副省长王建满出席仪式，并共同为其揭牌。这标志着浙江省完善省级以下邮政监管体制工作取得了重要阶段性成果，也标志着按照国务院部署，全国的省级以下邮政监管机构组建工作基本完成。

马军胜局长赴浙密集调研快递发展

12月3－5日，国家邮政局局长马军胜一行赴快递服务发展前沿"阵地"之一——浙江，在杭州、金华、义乌、桐庐等市县密集调研，深入了解快递全业务链发展现状及发展趋势。

杭州市召开快递企业座谈会

12月21日，浙江省杭州市召开快递业企业座谈会，专题研究加强快递企业诚信建设。杭州市政府副市长徐文光指出，要切实解决好快递企业发展中的问题，一方面政府要改善外部环境，协调解决当前热点问题，另一方面企业要优化内部管理，抓好诚信教育、安全生产、人才培训等问题，促进产业提升，合力把杭州市快递行业做大做强。

组织召开全省快递企业安全管理培训班

11－12月，浙江省邮政管理局组织召开全省快递企业安全管理培训班。全省取得快递业务经营许可证法人企业参加了培训。

安徽省快递发展大事记

妥善解决解决铜陵快递车辆通行受阻事件

1月1日起，铜陵市在市区范围内实行三轮车（含电动三轮车）禁行，造成市内多家快递企业无法正常开展快递服务，并向安徽省邮政管理局申请停业。安徽省邮政管理局迅速向省政府书面报告有关情况，请求省政府尽快解决运递快件的电动三轮车市区内通行、投递的问题，确保快件及时派送。分管副省长指示铜陵市政府对快件市内投递问题予以妥善解决。此事件即得到铜陵市政府的高度重视和大力支持。2012年元旦，省局工作组赶赴铜陵市，与市公安交警等相关部门共同研究快件市内投递解决方案，决定由省邮政管理局对铜陵市内所有快递企业快件揽投电动三轮车进行统计编号，共同发放快递车辆通行证，对扣押的电动三轮车当即放行。

快递纳入《安徽省“十二五”综合交通运输体系发展规划》

2月2日，安徽省政府第92次常务会议审议通过《安徽省“十二五”综合交通运输体系发展规划》。《规划》在快递网络建设等方面加大对快递服务的支持力度。《规划》提出了“十二五”期间“基本建成便捷高效、竞争有序、技术先进、服务优质的快递服务体系”的快递发展目标，同时明确：“机场、铁路、公路、港口等大型运输站场配套建设邮政设施，加强邮政枢纽建设”，“依托综合交通运输体系，拓展邮政和快递服务网络。在合肥、芜湖、蚌埠等城市建设快件处理（分拨）中心，加快发展电子商务配送、一体化邮政物流等新兴业务，大力发展高效快递服务，建设快递物流园区”。

王梅副局长到安徽调研

3月12—17日，王梅副局长率调研组赴安徽调研与指导完善省级以下邮政监管体制工作。

省级以下邮政管理机构组建完成

4月26日，安徽省政府办公厅以皖政办〔2012〕34号文件转发了国务院办公厅《关于完善省级以下邮政监管体制的通知》。5月23日，省政府办公厅印发了《安徽省完善省级以下邮政监管体制工作实施方案》（皖政办〔2012〕45号）。到8月底，安徽省16个市邮政管理局全部成立。9月3日，安徽全省首次邮政管理局长会议在合肥市召开。至11月16日，全省16个市邮政管理局全部揭牌，实现了“机构、人员、场地、资金”四到位，省级以下邮政监管机构组建工作顺利完成。12月，16个市邮政管理局党组纪检组全部设置。安徽省邮政管理系统行政编制增至157个。

省快递协会与省消协联合开展系列宣传活动

“3·15”前夕，安徽省快递协会与省消协联合开展系列宣传活动。编制了快递服务消费指引手册1.2万册，通过全省消协组织向社会发放，推广快递消费维权知识，维护消费者合法权益，营造和谐消费环境。期间还组织了中国邮政速递物流、顺丰速运、圆通速递、申通快递等快递服务企业开展系列宣传承诺活动，在《安徽商报》刊登快递服务承诺宣言，展示快递企业良好形象。

召开首次省内部分职业院校和快递企业校企座谈会

4月，安徽省邮政管理局组织召开首次省内部分职业院校和快递企业校企座谈会。校企双方围绕建设实习基地、行业人才培养标准、人才供求的无缝对接等问题展开了深入交流，双方均表示将充分利用政府搭建的合作平台，信息互通、资源共享，不断深化校企合作，加快培养适应市场需求的快递人才。截至2012年年底，安徽省公路工程技术学校、合肥物流学校两所院校开设快递管理专业，安徽职业技术学院和安徽交通职业技术学院将快递纳入物流专业教学课程。安徽交通职业技术学院和合肥物流学校快递实训基地基本建成。

召开推进执行《快递服务》系列国家标准座谈会

5月11日，安徽局召开推进执行《快递服务》系列国家标准座谈会。省内邮政EMS、顺丰、宅急送、申通、圆通等主要快递企业负责人参加了座谈。安徽局结合近期快递生产经营形势，分析了影响本省快递服务发展的因素，对《快递服务》系列国家标准宣传贯彻工作提出了四点要求：一是进一步提高认识，把贯彻落实快递服务新标准作为关系企业生存与发展的大事抓实、抓好。二是持续、深入开展员工培训，以多种形式检验学习效果。要从企业、业务员层面对外主动宣传，引导社会正确了解新标准。三是切实改进管理，使企业生产运营、服务质量等项工作尽快达到新标准。四是加大考核奖惩力度，以制度保障新标准的贯彻落实。

安徽省寄递渠道治安管理协调小组成立

6月，安徽省邮政管理局、省公安厅、省国家安全厅联合发出通知，转发国家邮政局、公安部、国家安全部等三部局《寄递渠道治安检查工作规定》，决定成立安徽省寄递渠道治安管理协调小组，就加强三部门间的工作联系，健全全省寄递渠道安全保障工作机制提出了要求和措施。此后，安徽省邮政行业安全监管一期工程建成，顺丰、申通、圆通三家企业转运中心率先纳入安全监管平台。

2012年快递许可年度报告审核工作完成

2012年4月快递业务经营许可年度报告工作启动以来，截至6月27日，在全部提交快递许可年度报告材料的快递企业中，通过审核的227家，申请注销快递业务经营许可证的1家，暂停快递经营的1家，快递许可年度报告暂不通过的16家，该项工作基本完成。

开展寄递渠道安全保障专项检查

安徽省邮政管理局、省公安厅等相关部门联合成立寄递渠道安全检查组，开展了为期两周的寄递渠道安全隐患排查工作。期间检查合肥、蚌埠、阜阳、马鞍山、宣城、黄山、太和等6市3县计17个企业，涉及邮政EMS、顺丰、申通、圆通、中通、汇通、国通、韵达、天天等省内全部快递品牌网络。

部署快递旺季服务和十八大安全保障工作

11月，安徽省邮政管理局召开会议，安排部署快递旺季服务和党的十八大期间安全保障工作，组织快递企业现场签订服务保障工作承诺书，确保快递旺季和重大活动期间服务和寄递渠道安全畅通。

16个市邮政管理局全部揭牌成立

11月16日上午，铜陵、马鞍山市邮政管理局成立揭牌仪式分别举行。至此，安徽省16个市邮政管理局已全部揭牌成立，标志着安徽省省级以下邮政监管机构组建工作基本完成。自2012年10月18日淮北市邮政管理局在全省率先揭牌成立，在一个月的时间内，16个市邮政管理局通过筹备成立揭牌仪式，积极联系市委、市政府，主动汇报相关工作，得到了当地党委、政府领导的高度重视，获得了各方面的大力支持和帮助，为邮政管理工作顺利开展创造了有利条件。

开展寄递企业信息安全专项检查行动

11－12月，按照国家邮政局部署，安徽省、市两级邮政管理部门采取多种措施，开展寄递企业信息安全专项检查行动，维护用户合法权益。

快递员王光成当选“中国好人”

合肥申通快递员王光成在快件丢失后，积极寻找收件人，予以足额赔偿并致歉，受到了用户称赞。这一事迹，受到中央电视台、《快递》杂志、安徽电视台、北京电视台、辽宁电视台、安徽商报等多家新闻媒体关注与报道，引起强烈反响。王光成被评为2012年度“安徽好人”，并当选“中国好人”。

快递协会召开第二届理事会第三次会议

12月5日，安徽省快递协会召开第二届理事会第三次会议。协会王金桃会长及全体理事共25人参会，秘书长袁应前主持会议。会议通报了党的十八大期间寄递渠道安全保障情况、“双11”旺季快递服务情况以及2012年安徽省快递服务质量调查情况，总结了2012年以来协会工作，审议了关于规范快递协会会费收缴工作的意见，并围绕2013年协会工作进行了讨论。王会长在会上强调，快递行业要抓住“十二五”黄金发展期，以党的十八大精神为指导，加快发展步伐，转变增长方式，加快结构调整，努力实现产业调整升级。各快递企业要增强能力建设，提高经营管理水平，进一步改善服务质量。协会要做好服务工作，扎扎实实为会员单位办实事、解难题。

福建省快递发展大事记

《福建省邮政条例》颁布

1月4日，福建省政府印发2012年立法工作计划，将《福建省邮政条例》列为提请审议的一类项目。4月16日，福建省省长苏树林主持召开省政府常务会议，审议通过《福建省邮政条例》。7月24日，福建省十一届人大常委会召开第三十一次会议，审议通过《福建省邮政条例》，自2013年1月1日起施行。

海西快递服务发展规划宣传贯彻工作获福建省政府支持

福建省政府办公厅2012年2月14日下发通知，向全省各市、县（区）政府、省政府各部门、各直属机构转发《海峡西岸经济区快递服务发展规划（2011－2015年）》，要求认真组织做好《规划》宣传贯彻工作，推动全面落实《规划》提出的目标任务。福建省委常委、副省长张志南对福建省邮政管理局主动编制行业规划，落实国务院《海峡西岸经济区发展规划》的做法给予高度评价，并要求各有关部门协助做好规划的贯彻落实工作。

厦门率先开通两岸海运快件运营

3月12日，两岸直航定期航线客货滚装船“中远之星”号承运装载的台湾快件集装箱运抵厦门快件监管中心。闽台海运快件运营开通厦门至基隆、厦门至台中两条航线，以福建华夏货运有限公司为运营主体，采用海运集装箱作为快件运输容器，大大增加快件运载量，降低运输成本，拓宽两岸快递货物的物流渠道，同时便于两岸口岸查验部门对涉台快件实施更加安全、便捷的监管措施，保障闽台海运快件业务顺利开展。

张志南副省长会见王梅副局长

3月14日，福建省委常委、副省长张志南在福州会见国家邮政局党组成员、副局长王梅一行，双方就完善省级以下邮政监管体制有关工作进行了会谈。双方就福建省完善省级以下邮政监管体制实施工作在建立协调机制、干部选任、办公场所等方面进行了会谈。张志南副省长表示，福建省委省政府会认真落实好中央文件精神，要求各有关部门积极做好配合工作，涉及人、财、物等按相关政策予以落实，确保福建省完善省级以下邮政监管体制实施工作平稳、顺利完成。

贯彻落实海峡西岸经济区快递服务发展规划和邮政业发展“十二五”规划

4月24日，贯彻落实海峡西岸经济区快递服务发展规划和邮政业发展“十二五”规划座谈会在厦门市召开。国家邮政局政策法规司、浙江、广东、江西、上海、江苏、安徽、山东、福建等邮政管理局规划工作相关负责人和福建省快递协会相关人员参加了会议。

宣传贯彻《快递服务》系列国家标准

5月16日，《快递服务》系列国家标准宣贯会议在福州召开，会议深入解读了《快递服务》系列国家标准，介绍了《快递服务》系列国家标准制定的背景和意义，详细解读了标准关键技术内容，重点解析了重要术语和关键条款，并就新旧标准内容进行了对比，帮助企业更有效地理解和掌握《快递服务》系列国家标准的内容。

省快递行业代表赴新加坡同业考察

6月中旬，福建省快递行业协会组织省内部分规模以上快递企业负责人赴新加坡快递同业考察学习。考察团一行主要走访了UPS新加坡有限公司和顺丰速运（新加坡）有限公司，参观了作业场地，并与相关负责人座谈。此次考察初步了解了跨国快递企业的经营理念和发展思路，以及快递企业走向国际的一些经验和不足，为福建省快递管理者的战略决策提供了参考。

全省2012年快递业务经营许可年度报告审核工作顺利完成

截至6月21日，依照《快递业务经营许可管理办法》和《快递业务经营许可年度报告规定》，福建省完成快递业务经营许可年度报告审核。合格企业274家，不合格企业16家。

开展"战酷暑，送清凉"慰问活动

7月25日，福建省邮政管理局联合快递行业协会，对省内6家快递企业进行慰问活动，并详细了解了企业的近期的业务发展、安全生产、后勤保障等情况。

省政府出台加快发展社区服务业意见

8月23日，福建省政府办公厅印发《关于加快发展社区服务业的意见》。《意见》旨在强化社区服务功能，保障和改善民生，提出推进公共服务覆盖社区、发展社区商业和便民利民服务、深化社区志愿服务、健全完善社区服务设施和加强社区服务人才队伍建设等五大任务，实施社区综合服务站建设工程、社区服务信息化建设工程、社区服务人才队伍建设工程以及社区生活服务业促进工程等。《意见》鼓励包括邮政在内的公共事业服务单位在社区设点服务，加快发展社区物流、快递配送等。

苏和副局长调研厦门快递企业

10月19日，国家邮政局副局长苏和深入厦门顺丰等企业调研，与一线员工亲切交谈，听取企业有关工作介绍，详细了解企业在服务发展、网点基础设施建设等方面情况。苏和副局长强调，要在思想上做好准备，为发展积蓄有利条件。发扬敬业精神，敢打敢拼，不断创造有利条件，推动工作创新。

省级以下邮政管理机构组建完成

10月18至11月13日，福建省9个设区市邮政管理局相继揭牌成立，省级以下邮政监管体制组建工作圆满完成。

出台推进现代物流业发展行动方案

10月19日，福建省发展改革委、经贸委联合制定《关于推进现代物流业发展行动方案（2012－2015）》。福建省邮政公司和福州市顺丰速运有限公司被列为重点物流企业，福州邮件处理中心（第二枢纽）、厦门北站邮件处理中心、顺丰东南快件物流集散中心（顺丰泉州物流仓储中心）等被确定为物流园区项目，总投资6.9亿元。其中福州邮件处理中心（第二枢纽）被确定为闽台物流交流合作项目，计划将于2014年建成。《方案》要求各部门各企业以物流节点城市为依托，以物流企业发展为着力点，以重大物流项目为载体，以推广应用先进管理理念和技术为核心，以扩张物流产业总量，有效提升物流产业服务能力为目标，充分发挥对台区位优势，把握福建先行先试、平潭开放开发的契机，推进福建省物流业的发展。

快递业务员鉴定人数突破1万

截至2012年11月，福建省累计组织10次快递业务员职业技能鉴定考试，鉴定人数突破1万人,实现10674人,持证人数达7978人,持证率为75%;其中初级鉴定人数为10080人,中级鉴定人数594人。

举办首次高级职业鉴定考试

12月8日,福建省首批高级快递业务员职业技能鉴定考试在福建省邮电学校和厦门华厦职业学院两个考点同时举行。国家邮政局职业技能鉴定指导中心副主任尹贻军在福建省邮政管理局党组书记、局长江明发的陪同下巡视了厦门考点的考试情况,并对职鉴工作进行了指导。来自顺丰、圆通、申通、中通、DHL、FedEx等56家企业和1所院校的201名考生参加了职鉴考试。

部分省市邮政市场监管工作培训在福建举办

12月6—10日,国家邮政局市场监管司在福建省福州市举办了部分省市邮政市场监管工作培训班。

福建交通运输同邮政签订战略合作框架协议

12月25日,福建省交通运输厅、省邮政管理局、省邮政公司在福州签订战略合作框架协议。战略合作框架协议坚持诚信合作、资源整合、平台共建、政策共享的原则,充分发挥便利的交通运输条件和邮政网络的地域覆盖优势,在电子商务、速递物流、集邮以及服务"三农"等方面实现了平台共建、政策共享、资源互补,促进了交通运输与邮政网络有机融合、无缝衔接和共赢发展。

王梅副局长调研福建省级以下邮政管理机构组建运行情况

12月25—26日,国家邮政局副局长王梅在福建调研,深入了解省级以下邮政监管体系完善工作情况,并强调做好提升普遍服务水平、提升快递服务质量和提升监管能力等"三个提升",处理好发展、质量、效益三者关系,确保市(地)级邮政管理部门开好局、起好步、履好职。调研期间,王梅副局长听取了福建省邮政管理局工作汇报,详细询问了福建在省级以下邮政监管机构组建过程中遇到的困难和问题,实地走访了福州市邮政管理局并看望全体干部职工。王梅对福建省邮政管理局工作给予了充分肯定,并对福州市邮政管理局的良好开局作出高度评价,并对下一步工作提出六点要求。

江西省快递发展大事记

召开全省邮政管理工作会议

1月16日,江西省邮政管理局在南昌召开2012年全省邮政管理工作会议,贯彻学习党的十七届六中全会、中央经济工作会议以及国家邮政局2012年工作会精神,总结2011年全省邮政工作,部署2012年工作任务。江西省邮政管理局副局长肖力健传达国家邮政局2012年工作会精神,彭志先局长作工作报告。省邮政管理局干部员工、省邮政公司、省邮政速递物流有限公司、全省规模以上快递企业负责人200余人参加会议。

洪礼和副省长就江西局贯彻国家局2012年工作会情况汇报作出批示

2月18日,江西省副省长洪礼和就江西省邮政管理局关于贯彻国家邮政局2012年工作会情况汇报作出批示,指出:"2011年全省邮政行业保持了与经济发展相适应的发展速度,市场主体规模不断壮大,行业服务能力明显增强,促进快递企业转型升级。这与省邮政管理局的有效监管和共同努力密不可分。"

申诉受理中心被授予“2011 年度先进集体”称号

2 月 20 日，江西省邮政管理局申诉受理中心被国家邮政局邮政业消费者申诉受理中心授予“2011 年度先进集体”称号。

《江西省快递服务发展规划(2011 －2015)》发布

3 月 6 日，《江西省快递服务发展规划(2011 －2015)》正式发布。《规划》全面总结了“十一五”时期江西省快递服务发展成绩和存在问题，科学分析了“十二五”时期省内外经济社会和城市圈发展形势，客观揭示了行业未来发展所面临的机遇和挑战，并就快递服务水平、服务能力、服务质量及集中度、标准化、职业培训等指标提出了具体的目标，同时还明确了主要任务、提出了政策措施，是江西省第一个覆盖完整规划周期、引领快递服务发展的五年规划。

印发邮政行业核心价值理念宣传海报

为推动行业文化建设，贯彻落实国家邮政局局长马军胜在年初国家邮政局工作会议上提出的“4S”行业核心价值理念，4 月 12 日，江西省邮政管理局印发 2000 份邮政行业核心价值理念宣传海报，下发到省邮政速递物流公司和全省快递企业。

国家邮政局、全国“扫黄打非”办联合检查组到江西检查工作

4 月 23 －24 日，国家邮政局、全国“扫黄打非”办联合检查组，对江西省寄递渠道“扫黄打非”工作进行检查。检查组由国家邮政局市场监管司安全监管处处长林虎带队。检查分两块进行，一是召开“扫黄打非”座谈会；二是深入邮政企业、快递企业、处理中心实地检查。

华东区消费者申诉处理工作座谈会在南昌召开

4 月 23 －25 日，华东区消费者申诉处理工作座谈会在南昌召开，对当前申诉处理工作进行座谈。来自国家邮政局邮政业消费者申诉受理中心、市场监管司、新闻宣传中心以及上海、江苏、浙江、福建、安徽、江西、山东等六省一市邮政管理局的 20 多名会议代表参加了座谈会。

国家邮政局和全国“扫黄打非”办公室赴江西省开展寄递渠道“扫黄打非”检查工作

5 月 2 日，国家邮政局和全国“扫黄打非”办公室组成联合检查组，赴江西省开展寄递渠道“扫黄打非”检查工作。

召开全省邮政社会监督工作会议

5 月 16 日，江西省邮政管理局召开全省邮政社会监督工作会议，传达贯彻全国邮政市场监管和邮政普遍服务工作座谈会精神，安排部署了 2012 年全省邮政社会监督工作。江西省 70 多位邮政特邀监督员、省邮政公司及部分快递企业代表参加了会议。

宣传贯彻《快递服务》系列国家标准

6 月 3 日，江西省邮政管理局在南昌举办了全省邮政业安全管理暨《快递服务》系列国家标准宣贯暨统计工作培训班。省邮政公司、省速递物流有限公司、各品牌快递法人企业负责人和部分分支机构负责人共 215 人参加了培训。省公安厅、省安全监督管理局等相关单位部门领导参加培训授课。

组织省级以下邮政监管机构公务员考试

7 月 8 日，全省近 2000 余名考生在南昌市一专和南昌市卫校考点参加省级以下邮政监管机构公务员考试。

召开快递市场监督管理半年工作座谈会

7 月 13 日，江西省邮政管理局组织召开了快递市场监督管理半年工作座谈会，专题部署了邮政行业开展道德领域突出问题专项教育和治理活

动、快递服务质量专项治理活动和“打非治违”专项整治活动的具体工作，会议还通报了上半年江西省快递市场监督管理主要工作情况和近期行业突发事件处置情况。

马军胜局长到南昌邮政、快递企业生产经营一线进行调研慰问

7月24—25日，国家邮政局局长马军胜到江西南昌邮政、快递企业生产经营一线进行调研慰问。

全国市(地)邮政管理局长第一期任职培训班在井冈山开班

7月26日，全国市(地)邮政管理局长第一期任职培训班在井冈山开班，国家邮政局局长马军胜在开班仪式上做了开班动员讲话，并讲授了开班第一课。开班式结束后，马军胜还深入井冈山市邮政局投递班和茨坪、厦坪两个邮政所，和企业一线员工进行面对面交流，深入了解农村乡镇邮政局所建设和邮政普遍服务的运营情况。

中共江西省快递行业协会总支部委员会正式成立

8月8日，中共江西省快递行业协会总支部委员会宣告正式成立。总支部委员会由5人组成。

全国市(地)邮政管理局长第二期任职培训班在井冈山开班

8月17日，全国市(地)邮政管理局长第二期任职培训班在井冈山开班，国家邮政局副局长徐建洲在开班仪式上做开班动员讲话，并以《邮政业改革与发展》为题讲授了开班第一课。

徐建洲副局长在江西调研

8月17—19日，国家邮政局副局长徐建洲利用到江西井冈山出席第二期“全国市(地)邮政管理局长任职培训班”开班仪式的时间空隙，赴江西省赣州市和上犹、崇义两县邮政企业进行调研。

苏和副局长为全国市(地)邮政管理局长第三期任职培训班授课

8月22日，全国市(地)邮政管理局长第三期任职培训班在井冈山开班，国家邮政局副局长苏和在开班仪式上做开班动员讲话，他代表国家邮政局党组、代表马军胜局长勉励全体学员，继续弘扬“坚定信念、艰苦奋斗、实事求是、敢闯新路、依靠群众、勇于胜利”的井冈山精神，坚定理想信念，努力开创邮政管理工作新局面。

王梅副局长为全国市(地)邮政管理局长第四期任职培训班授课

8月27日，全国市(地)邮政管理局长第四期任职培训班在井冈山开班，国家邮政局副局长王梅做开班动员讲话，她希望即将步入市(地)邮政管理局领导岗位的学员们通过此次学习，努力践行伟大的井冈山精神，尽快熟悉和掌握邮政管理的基本业务，尽快把握邮政业改革发展的形势和任务，尽快统一思想认识、进入角色，确保市(地)邮政管理工作实现完美开篇。

部署党的十八大寄递渠道安全保障工作

9月18日，江西省邮政管理局与国家安全、公安等部门联合召开了党的十八大寄递渠道安全保障工作会议，动员部署江西省寄递渠道安全保障工作。邮政企业、各设区市及重点县市180余名快递企业负责人参加了会议。

2012年第二批快递业务员职业技能鉴定统一考试举行

10月20日，2012年江西省第二批快递业务员职业技能鉴定统一考试在省商务学校顺利进行。此次统考，全省共有989名快递员报名参考，实际完成考试的总人数为926名，其中参加中级

工鉴定的考生 166 名，参加初级工鉴定的考生 760 名。

开展快递业务旺季服务保障督导检查

进一步做好快递业务旺季服务保障工作，确保寄递渠道安全畅通和服务质量，近日，江西省邮政管理局组成由局领导带队的旺季服务保障工作督导组，对重点地区、重点快递企业的旺季服务开展了督导检查活动。督导组重点了解检查了快递企业的业务量、场地、车辆、人员配备和运行情况，检查了快递企业旺季生产应急保障措施的落实情况。

洪礼和副省长就江西局完成省级以下邮政监管体制工作作出批示

12 月 21 日，江西省人民政府副省长洪礼和就江西局关于顺利完成完善省级以下邮政监管体制实施工作的总结报告作出批示："顺利完成完善任务来之不易，望以此为契机，进一步理顺关系，促进邮政监管工作更快更好更健康发展。"

山东省快递发展大事记

《山东省邮政业突发事件应急预案》被纳入山东省突发事件总体预案

1 月 16 日，以山东省人民政府征求《山东省突发事件总体应急预案》修订意见的有利时机，山东省邮政管理局积极与省政府应急办汇报沟通，经省政府审核同意，《山东省邮政业突发事件应急预案》被纳入《山东省突发事件总体预案》。

召开 2012 年安全保障工作会议

2 月 17 日，山东省邮政管理局召开 2012 年安全保障工作会议，传达省政府安全生产电视电话会议要求，通报 2011 年全省快递企业安全生产和旺季服务保障工作情况，并围绕贯彻 2012 年省邮政管理工作会议精神，对行业安全生产和服务保障工作进行了安排部署。

召开《快递服务》国家标准宣贯暨 2011 年度申诉工作总结会议

为学习贯彻《快递服务》国家标准，全面总结近年来的申诉工作，提高申诉处理水平，3 月 20 日，山东省邮政管理局组织召开《快递服务》国家标准宣贯暨 2011 年度申诉工作会。省邮政公司、顺丰、申通、圆通、韵达、天天等网络的负责人及客服部人员共 60 余人参加了培训。会议宣传贯彻了《快递服务》国家标准，通报了 2011 年全省快递发展和申诉处理情况，对申诉处理工作开展得较好的企业进行了表扬，对不重视申诉处理工作的企业进行了批评，并部署了下步申诉处理工作。

全国邮政市场监管工作座谈会在山东济南召开

3 月 26 — 28 日，2012 年全国邮政市场监管工作座谈会在山东济南召开，国家邮政局副局长苏和出席会议并讲话。他强调，2012 年邮政市场监管工作要以提高服务水平为核心，加快构建"依法合规、公平公正、规范高效、权责统一"的市场监管体系，着力完善"便捷高效、竞争有序、技术先进、服务优质"的快递服务体系，努力实现"四个转变"。

部署 2012 年快递业务经营许可年度报告工作

3 月 20 日，山东省邮政管理局召开会议部署 2012 年快递业务经营许可年度报告工作。会议下发了《关于开展 2012 年快递业务经营许可年度报告工作的通知》和《2012 年快递业务经营许可年度报告工作方案》，明确参加年度报告的企业范围、时间、提交内容、工作程序等，重点讲解了年度报告的提交流程、具体填报方法、注意事项等内容，组织学习了《企业快递业务经营许可年度报告操作指南》，并现场演示快递业务经营许可管理信息系统的使用方法。

部署第三届亚沙会期间邮路安保和寄递物品安全工作

5月15日，山东省邮政管理局联合省公安厅、省国家安全厅、省安全生产监督管理局、青岛海关五部门联合下发通知，部署第三届亚沙会期间邮路安保和寄递物品安全工作。

山东交通运输与邮政合作取得阶段性成果

自2月15日省交通运输厅、省邮政管理局、省邮政公司签署战略合作协议签订以来，交通运输业与邮政业通过资源共享、优势互补和共赢发展，加快推进合作项目落地实施，不断扩大服务社会经济、服务民生、服务三农的领域和范围。目前，全省17个市邮政局均与当地交通运输部门进行了合作对接。

邮政快递物流发展纳入山东省政府扶持范围

山东省人民政府办公厅印发《〈关于贯彻落实国办发〔2011〕38号〉文件促进物流业健康发展的意见》，在山东省邮政管理局的积极争取下，邮政快递物流发展作为重点条款在文件中予以明确。文件要求，“支持邮政快递物流与制造企业合作，提高供应链一体化服务，发展体积小、附加值高的工业品物流配送，促进供应链一体化物流保障模式”；“发挥供销社和邮政物流体系在农村物流网络化服务中的优势，积极推进“农业生产资料、农民生活资料下乡”和“农产品进城”双向物流体系建设”。

开展安全专项执法检查

6月11日，山东省邮政管理局与省国家安全厅等部门组成联合检查，对烟台、海阳及亚沙会周边地区的寄递企业开展安全专项执法检查。

国家邮政局与公安部联合赴山东海阳检查亚沙会期间寄递渠道安保工作

6月15日，为强化寄递渠道安全监管，确保第三届亚洲沙滩运动会期间寄递物品安全，国家邮政局与公安部联合派出检查组，赴山东海阳检查亚沙会期间寄递渠道安保工作。

召开山东省邮政行业职业技能鉴定专家委员座谈会

8月4日，山东省邮政行业职业技能鉴定专家委员座谈会在济南顺利召开。会议对上半年山东省职业技能鉴定和技能人才队伍建设工作情况进行了回顾，并对下半年工作进行重点部署。会议分析了当前行业发展形势，要求大家增强工作的责任感和紧迫感，重点布置了今年下半年的工作。

潍坊市人民政府和上海圆通蛟龙集团签署合作协议

8月7日，山东邮政管理局推动潍坊市人民政府和上海圆通蛟龙集团签署合作协议。根据协议，上海圆通蛟龙集团将山东省潍坊市确定为航空战略部署的重要节点城市，依托当地良好的社会经济发展环境，准备构建上海圆通山东管理区航空总部基地。潍坊市人民政府将为上海圆通蛟龙集团在潍坊的发展提供优质的服务和一流的环境，并在土地政策、税收、资金配套、航线补贴、人才引进培养等方面给予扶持和保障，积极支持上海圆通蛟龙集团做大做强，共同促进航空物流产业的发展。

召开十八大期间邮路安全保障工作会议

为切实维护十八大寄递渠道和寄递物品安全，确保邮路安全畅通，9月4日，山东省邮政管理局在济南组织召开十八大期间邮路安全保障工作会议。省邮政管理局、省公安厅、省安全厅相关领导以及各快递网络网管负责人和济南、泰安、德州、莱芜、淄博、聊城地区主要寄递企业负责人约80人参加了会议。会议宣读了山东省《十八大期间邮路安全保障工作方案》，对十八大期间全省邮路安全保障工作进行了全面安排。省公安厅、省安全厅相关负责人结合实际案例，就十八大期间邮路安全相关工作提出要求。

全国首次高级技能快递业务员职业技能鉴定试考在山东举行

10月20－21日，全国首次高级技能快递业务员职业技能鉴定试考在山东举行。来自省内58家快递企业和6所职业院校的945名考生，在济南、青岛、淄博、聊城等4个地区的6个考点参加了考试。

马军胜局长和张建国副省长共同为山东省市级邮政管理局成立揭牌

10月25日，国家邮政局局长马军胜和山东省副省长张建国共同为山东省市级邮政管理局成立揭牌，并发表重要讲话。马军胜首先代表交通运输部、国家邮政局向山东省市级邮政管理局的成立表示热烈的祝贺。马军胜指出，完善省级以下邮政监管体制，是深入贯彻《中华人民共和国邮政法》，提高邮政普遍服务的必然要求，是维护邮政通信和信息安全的客观需要，是进一步落实政企分开，促进邮政企业健康发展的重要举措。工作实施以来，山东省市级邮政管理局组建工作得到山东省委、省政府和各地党委、政府及相关部门的大力支持和帮助，确保了各项工作的“规范、平稳、扎实、高效”，走在了全国的前列。这次山东又集中召开成立大会和举行揭牌仪式，对于促进其他省份市（地）级邮政管理机构组建工作，加快推进全国省级以下邮政监管体制实施进程，具有积极的示范引领作用。

督导十八大期间寄递渠道安全保障工作

11月1－4日，由国家邮政局、国家安全部和海关总署组成的联合督查组，来山东省督导检查党的十八大期间寄递渠道安全保障工作。

开展“双11”快递业务旺季专项检查

11月，根据国家邮政局工作部署，山东省局派出两个督导检查组，分别赴济南、烟台、威海等地开展“双11”快递业务旺季专项检查，督导企业落实业务旺季服务保障工作。

全国高级技能快递业务员第二期师资骨干培训班在山东举办

11月15－17日，国家邮政局职业技能鉴定指导中心在山东济南举办全国高级技能快递业务员第二期师资骨干培训班。

河南省快递发展大事记

召开全省快递业2012年工作座谈会

1月15日，河南省邮政管理局召开了全省快递业2012年工作座谈会。省人民政府副省长张大卫对这次会议高度重视，专门致信祝贺，信中充分肯定了河南省邮政管理局一年来的工作，并指出快递行业面临着良好的发展形势，要抓住机遇，实现更好更快发展。

《河南省快递业“十二五”发展规划》正式发布实施

2月7日，在河南省邮政管理局的大力推动

下,《河南省快递业"十二五"发展规划》近日正式发布实施。《规划》明确,到"十二五"末,全省快递企业实现业务收入34亿元,年均增长26%;业务量达到2.58亿件,年均增长35%;从业人员总数31400人,年均增长16.9%;快递申诉处理满意率达到95%以上,快递服务公众满意度达到80分以上,力争85分。

全国性快递集散交换中心列为省政府2012年首批重点建设项目

2月2日,河南省发展和改革委员会下发了《关于印发2012年河南省第一批重点建设项目名单的通知》(豫发改建设〔2012〕92号)文件,把河南省全国性集散交换中心列为河南省第一批重点建设项目。

全省快递企业中开展"提升比重,前移位次"竞赛活动

从2012年起,河南省邮政管理局和省快递协会决定在全省快递企业中开展"提升比重,前移位次"竞赛活动。该项活动与"十二五"规划落实同步。到2015年,实现三个目标:一是提升河南快递业收入占我省GDP的比重,使快递业收入在河南省GDP中的比重达到0.1%;二是提高河南快递业收入占河南省邮政行业收入的比重,努力使快递收入占邮政业收入的比重接近全国45%的平均水平;三是快递业收入规模全国排名较2011年上升3个位次以上。

2012年快递业务经营许可年度报告审核工作完成

5月,河南省邮政管理局完成了2012年快递业务经营许可年度报告审核工作并依法公告了年度报告审核情况。按照要求,全省进行年度报告企业共计173家,审核合格141家,不合格暂缓办理28家,不合格不予办理2家,依法注销4家。

省邮政管理局出台两项规定加强快递服务和安全管理

5月,河南省邮政管理局制定出台了《关于加强快递安全管理的若干规定(试行)》(豫邮管〔2012〕35号)和《关于加强快递服务管理的若干规定(试行)》(豫邮管〔2012〕36号)两个规范性文件,并举办了专题学习培训。

省邮政管理局、省快递协会参展"京交会"

5月28日至6月1日,河南省邮政管理局和河南省快递协会参加首届中国(北京)国际服务贸易交易会,展出河南省快递物流园等基础建设项目,推动河南快递企业与电子商务企业开展深度合作。

联合召开全省快递服务安全管理工作会议

6月初,河南省邮政管理局与省相关部门联合召开了全省快递服务安全管理工作会议。会上就做好全省邮路安保工作对各快递企业提出了要求。

与民航部门召开航空邮件快件安全监管工作座谈会

6月19日,河南省邮政管理局与中国民用航空河南安全监督管理局相关人员召开航空快件(邮件)安全监管工作座谈会,双方就加强航空快件(邮件)安全监管,确保航空寄递渠道安全畅通,目前存在的问题等工作进行了研讨。

全省快递行业开展"走访用户"主题活动

5月16日,河南省邮政管理局下发了《关于进一步深入开展"走访用户"主题活动的通知》(豫邮管〔2012〕33号),决定在全省快递行业开展"走访用户"主题活动。并要求各企业构建走访活动的长效机制,把每年的5-6月和9-10月定为快递"走访用户活动月"。

全省邮政行业启动道德领域专项教育和治理活动

7 月 17 日，河南省邮政管理局组织召开了“全省邮政行业道德领域专项教育和治理活动暨行风建设推进会”。

全国性快递集散交换中心投资建设说明会召开

7 月 19 日，河南省邮政管理局与郑州国际物流园区管委会召开了河南全国性快递集散交换中心投资建设说明会，顺丰、申通、宅急送、圆通、韵达、中通、百世汇通 7 家征地自建快递集散交换中心的企业总部负责人和河南相关快递企业的负责人参加了会议。

全面启动快递服务质量专项整治工作

为提升快递服务水平，促进行业健康发展，河南省邮政管理局全面启动了快递服务质量专项整治工作，并于 7 月 17 日召开了全省 30 家重点快递企业参加的动员部署会议。省邮政管理局局长杨汉振参加会议并做了重要指示。

国家邮政局、国家发改委调研快递物流园区建设情况

8 月 28－29 日，国家邮政局、国家发改委综合运输研究所来到河南，调研河南快递物流园区建设工作进展，并对邮政甩挂运输试点进行考察。调研组认为，河南在快递物流园区建设方面上做了大量行之有效的工作。下一步，国家邮政局、交通运输部、发改委等多个部委，都会结合中原经济区建设，制定出台系列的支持政策，共同促进河南又好又快发展，促进河南邮政业又好又快发展。

组织开展《快递服务》国家标准知识竞赛活动

河南省邮政管理局、省快递协会于 8 月在全省快递行业开展《快递服务》国家标准知识竞赛活动。此次活动有 30 家网络快递品牌企业参加 10058 人参加答卷，参加人数比例为 92.62%，参赛企业平均考试成绩为 88.7 分。共评出优秀组织奖 10 名，先进个人 150 名。

部署十八大期间寄递渠道安全和服务保障工作

9 月 20 日，河南省邮政管理局联合省安全、公安、海关、新闻出版等部门召开了邮政业党的十八大期间寄递渠道安全和服务保障工作会议。

邮政业服务与管理用户座谈会召开

10 月 9 日，为庆祝第 43 届世界邮政日，河南省邮政管理局召开了邮政业服务与管理用户座谈会。省政风行风评议办公室、省消费者协会有关领导，国家邮政局特邀监督员代表，来自政府机关、教育、医疗、金融、生产制造、新闻媒体、电子商务等各行各业的邮政、快递企业用户代表等应邀参加了会议。

开展“诚实守信为本 争做道德模范”征文活动

按照国家邮政局部署要求，河南省邮政管理局、省快递协会联合发文，在全省快递行业开展了“诚实守信为本 争做道德模范”征文活动。活动从 9 月中旬至 10 月下旬历时一个多月，各企业共上报征文 52 篇。其中有 6 篇征文分别被国家局评为二等奖和三等奖。其余 46 篇被评为优秀奖，省局被评为优秀组织奖，受到国家邮政局表彰。

全国性快递集散交换中心项目签约暨电子商务・快递物流园建设启动仪式举办

12 月 18 日，河南全国性快递集散交换中心项目签约暨电子商务・快递物流园建设启动仪式在郑州隆重举行。河南省人民政府副省长张大卫，国家邮政局副局长刘君出席仪式并为仪式进行了启动。顺丰、申通、圆通、韵达、中通、宅急送、百世汇通等 7 家全国快递企业总部负责人分别与郑州国际物流园区就在园区内的自建项目签订了投资意向书。电子商务・快递物流园总体规划在 2012

年内完成各项前期工作,具备开工条件,力争2013年形成生产能力。

刘君副局长在郑州出席快递企业全国总部负责人座谈会

12月18日,河南省邮政管理局组织7家快递企业全国总部负责人在郑州召开了座谈会,国家邮政局副局长刘君、出席了会议。申通、圆通、韵达、中通、宅急送、百世汇通等快递企业全国总部负责人,河南邮政EMS等河南省重点品牌快递企业负责人参加了会议。

17个市级邮政管理局揭牌成立

10月31日,河南省安阳市邮政管理局挂牌成立,此后,河南省其他市级邮政管理局相继揭牌。2012年11月30日,河南省市级邮政管理局开局工作仪式暨郑州市邮政管理局成立揭牌仪式在郑州紫荆山人民会堂举行,河南省政府副省长张大卫、国家邮政局副局长刘君共同启动仪式。

修订后的《河南省邮政条例》审议通过

11月29日,河南省第十一届人民代表大会常务委员会第三十次会议审议通过了《河南省邮政条例》。《河南省邮政条例》将邮政企业以外的经营快递业务的企业纳入法规调整范围,增加了快递业务一章,建立了快递业务的市场准入制度,就促进快递企业发展、明确快递企业的责任、义务,规范快递服务等方面作出了明确规定。

湖北省快递发展大事记

中国快递协会到湖北调研快递企业旺季生产服务保障工作

1月7日,中国快递协会副秘书长邵钟林一行赴湖北调研快递企业旺季生产服务保障工作,并组织部分快递企业召开旺季生产服务保障工作座谈会。湖北省邮政管理局副局长刘忠民介绍了邮政管理部门应对快递业务旺季服务保障工作的具体措施。各快递企业代表就快递服务保障工作作了汇报,并表示将确保春节期间快递服务不中断,质量不降低。

开展春节快递服务检查工作

1月31日,湖北省邮政管理局副局长刘忠民带队赴顺丰、圆通、申通、中通、CCES等重点快递企业,对春节期间生产运行及节后生产恢复情况进行了检查,并给坚守岗位的快递员工致以新年的问候。刘忠民在检查中强调,各快递公司要尽快恢复正常经营,保障寄递网络畅通,及时向社会提供快递服务,对节日期间未能派出的快件要认真及时处理;要加强企业内部及分支机构、加盟公司的管控,严格执行收寄验视制度,保障寄递渠道安全;要认真做好用户投诉处理工作,及时处理节日期间遗留问题,确保用户利益不受损害。

湖北省将快递物流发展列入全省现代物流业发展“十二五”规划

2月16日,湖北省政府办公厅发布《湖北省现代物流业发展“十二五”规划》,将支持快递物流发展纳入其中。在《规划》的“重点行业与重点领域”部分中,明确将快递物流行业作为湖北省现代物流发展的“重点领域”。《规划》提出,要“充分利用邮政物流设施,加快快递物流配送网络的建设。推进民营快递物流的发展,发挥社会快递物流资源和第三方物流网络的作用,提高快递企业机械化、自动化水平,加强快递物流服务网络建设,建立区域快递服务协调和监管机制,实现快递物流网络规范化运行。依托‘大交通’平台，整合快递服务资源，拓展全省的国际快递业务，建设国际快递物流在我省的分拨中心。依托电子商务，培育快递服务新增长点。根据全省高技术产业和商贸业的需求，发展快速、安全、高效的原材料、产品以及社会小件商品快递物流配送网络”。

布置2011年度全省快递业务经营许可年度报告工作

2月28日，湖北省邮政管理局组织召开2011年度快递业务经营许可年度报告工作布置会。会议印发了《关于开展快递业务经营许可年度报告工作的通知》，对2011年全省快递业务经营许可年度报告工作进行了动员和部署。省邮政管理局局长李庭中出席会议并讲话。他指出，快递经营许可年度报告是准确反映行业发展现状、为政府决策提供依据、关系行业未来发展的一项重要工作，各企业要高度重视，抓好落实，加强领导，落实责任，制定好具体工作措施，认真组织实施，确保快递经营许可年度报告工作取得实效。

出台《湖北省邮政行业反恐怖防范试点工作实施方案》

4月23日，湖北省邮政管理局出台《湖北省邮政行业反恐怖防范试点工作实施方案》，明确了全省邮政行业反恐防范工作目标、任务及实施步骤，部署了为期两年的反恐工作任务。

编写《12305申诉处理实用手册》

7月25日，湖北省邮政管理局消费者申诉处理中心编写《12305申诉处理实用手册》，获得国家邮政局申诉处理中心充分肯定，并在全国范围内予以推广。

部署党的十八大期间邮政服务和安全保障工作

9月19日，湖北省邮政管理局组织省邮政公司和省邮政速递物流公司、顺丰等23家规模以上快递企业负责人召开会议，动员部署党的十八大期间邮政服务和安全保障工作。湖北省邮政管理局巡视员、副局长刘忠民对做好党的十八大期间邮政服务安全保障工作提出要求。会议传达了国家邮政局、国家安全部、公安部、海关总署和新闻出版总署《关于做好党的十八大期间寄递渠道安全保障工作的通知》，解读了《湖北省邮政管理局关于党的十八大期间全省寄递渠道安全保障工作实施方案》，并就中秋、国庆“两节”旺季快递服务和“扫黄打非”等工作进行了布置。

与民航湖北安全监管局建立信息沟通机制

10月17日，湖北省邮政管理局和民航湖北安全监管局建立邮件、快件危险品运输安全工作联系制度和信息沟通机制，达成完善湖北省邮件、快件安全监管工作的初步意见，为进一步发挥寄递渠道安全监管作用，保障全省寄递渠道和航空运输安全奠定良好基础。

检查党的十八大期间邮政服务和安全保障工作

11月5日，湖北省邮政管理局副局长刘忠民带队赴省内中通、圆通、韵达等快递企业分拨中心，检查党的十八大期间邮政服务和安全保障工作。要求各企业贯彻落实省邮政管理局关于党的十八大邮政服务和安全保障工作布置会要求，加强网络运营安全和企业内部治安管理；要严格落实收寄验视制度，专区专人处理进京快件，杜绝危险品、非法违禁品流入寄递渠道；要加强快件业务量变化的监测预警，统筹调度协调全网快递服务运行，落实各项应急保障措施，切实做好旺季服务保障。

苏和副局长、刘立勇副市长为武汉市邮政管理局揭牌

11月18日，武汉市邮政管理局成立揭牌仪式隆重举行。这是继恩施、孝感、黄冈3市邮政管理局成立后，湖北省成立的第四个市级邮政管理局。

国家邮政局副局长苏和、武汉市人民政府副市长刘立勇共同为武汉市邮政管理局揭牌。刘立勇和湖北省邮政管理局局长李庭中分别致辞，省邮政管理局副局长刘忠民宣读了成立武汉市邮政管理局的相关文件，揭牌仪式由武汉市人民政府副秘书长姜铁兵主持。

各市(州)邮政管理局全部揭牌成立

11 月 30 日，鄂州市邮政管理局隆重举行成立揭牌仪式。至此，湖北省各市(州)邮政管理局全部揭牌成立，标志着湖北省省级以下邮政监管机构组建工作基本完成，全省邮政业改革发展步入新阶段。在完善省级以下邮政监管机构实施工作中，湖北省邮政管理局认真贯彻落实国务院、中央编办和国家邮政局相关文件精神，按照国家邮政局的统一部署，在湖北省委、省政府的正确领导下，在省、市各有关部门的大力支持下，积极稳妥推进工作，高质量地完成了各市(州)邮政管理局组建、挂牌的各项工作任务。

开展旺季快递服务和安全保障检查

12 月 13 日，湖北省邮政管理局副局长刘忠民带队赴省内部分快递企业分拨中心，就“双 12”旺季期间快递服务和安全保障工作进行检查和指导。检查组一行深入部分重点快递企业分拨中心，指导各企业加强快件业务量变化的监测预警，统筹调度协调全网快递服务运行，落实各项应急保障措施，切实履行旺季服务责任。

召开构建综合运输体系促进邮政业加快发展规划协调座谈会

12 月 15 日，湖北省交通运输厅组织召开“构建综合运输体系、促进邮政业发展”规划协调座谈会，旨在贯彻落实大部制改革精神，加强综合交通各部门之间的协调，推动落实《邮政业发展“十二五”规划》和《“十二五”综合交通运输体系规划》有关依托综合交通运输体系、推动邮政业发展的各项任务和政策措施。省交通运输厅副厅长张云参加会议并讲话。省邮政管理局就邮政业改革与发展、邮政业“十二五”规划的贯彻实施情况作了介绍。省邮政公司、省邮政速递物流公司、顺丰速运武汉分公司分别就本企业的经营发展、规划建设及政策诉求进行了汇报。省交通运输厅、省交通运输厅道路运输管理局、省民航安全监督管理局和武汉铁路分局的会议代表，分别从各自职能角度，就如何加强邮政与公路、民航、铁路等运输资源的整合、促进各产业协同发展进行了探讨。

第九届中国国际物流节开幕

12 月 27 日，第九届中国国际物流节在武汉国际博览中心开幕，湖北省快递行业协会组织了邮政速递物流、顺丰、申通、圆通、中通、韵达等 6 家快递企业参展。

湖南省快递发展大事记

检查指导快递企业春节期间服务保障工作

1 月 18 日，湖南省邮政管理局局长周国繁带队检查指导春节期间快递企业服务保障工作，看望慰问企业职工，先后来到湖南申通、圆通、顺丰快递企业，深入分拨中心、服务网点、客服中心，详细询问各企业业务经营、安全防控及旺季服务保障工作情况，与企业负责人座谈交换转型升级、文化创建、能力建设等意见，向企业一线职工送上新年问候。

实现与民营快递企业党支部联点结对

1月19日，湖南省邮政管理局市场监管处党支部与湖南顺丰速运有限公司党支部实现“联点结对”，搭建了湖南省快递行业政府机关与非公经济体之间党支部的第一个交流平台。党的基层组织之间的交流，加深了行业管理部门与经营主体之间彼此的了解，为指导民营企业加强党的组织建设，发挥党员先锋模范作用，推动企业转型升级、发展壮大探索出了一条新的监管途径。

湖南省快递行业纳入全省“十二五”物流业发展规划

1月公布的《湖南省“十二五”物流业发展规划》明确“鼓励快递企业创新发展模式”为主要任务，提出“建设为快递货物提供中转的空港物流基地”、“大力发展航空快递运输”与“适度调整城市快递货运车辆的道路通行规定”等重点措施，扶持快递行业转型升级，进一步提高服务能力和服务水平。

陈肇雄副省长出席湖南省邮政管理工作会议

2月9日，湖南省委常委、副省长陈肇雄在全省邮政管理工作会议指出，邮政快递是现代服务业的新兴力量，实现与经济社会的融合、互动、协调发展，要突出服务大局，加快转型升级。要加强产业协作配套，积极引导快递向园区集中，与临空产业和优势企业配套。

湖南省2012年政府工作报告强调积极发展电子商务

2月26日，湖南省省长徐守盛作的政府工作报告强调，积极发展电子商务，全面提升商贸流通、邮政快递、餐饮住宿、体育健身、休闲娱乐、家政养老等生活性服务业，大力发展数字媒体、数字出版、动漫游戏等新兴文化服务业。

河北、广西两省人大来湘调研邮政管理地方立法工作

3月，河北省、广西壮族自治区人大法制委先后组团来湖南省调研邮政管理地方立法工作，深入交流邮政条例修订情况，探讨快递市场监管等方面的立法实践。

韩永文副省长现场办公支持快递产业集聚发展

3月14日，湖南省副省长韩永文在省邮政管理局召开现场办公会强调，快递是新兴产业重要力量，要做好临空产业规划配套，协调解决长沙快递物流中心和快件安全监管中心的用地；要加大规划落地执行的力度，进一步促进快递产业的集聚发展。

首次举办快递业务员（中级）职业技能鉴定考试

5月19日，湖南省成功组织首批快递业务员（中级）职业技能鉴定考试。据统计，快递业务员职业技能鉴定制度实施以来，全省报考初级考试4194人，合格2520人；报考中级考试37人，合格34人，合格率达91.89%。

“扫黄打非”工作受到国家检查组好评

6月，中宣部出版局副局长张凡带队检查湖南省2012年全国“扫黄打非”工作情况。检查组听取了湖南省邮政管理局组织寄递企业开展“打黄扫非”、重申收寄验视制度和零售报刊进货渠道管理、逐级签订安全责任书等工作的汇报，抽查了邮政零售报刊亭，对省邮政管理部门“扫黄打非”工作给予了积极肯定。

郭开朗部长指示全力支持完善省以下邮政监管体制

8月17日，湖南省委常委、组织部长郭开朗约见省邮政管理局党组书记、局长周国繁，听取完善省级以下邮政管理体制实施工作情况。郭开朗指出，各级组织部门要按照中组部的规定和要求，积

极支持、全力支持省邮政管理部门做好相关实施工作。郭开朗部长先后两次作出重要批示，协调落实中组部要求，为顺利推进省级以下邮政管理体制实施工作提供坚实的组织保障。

召开全省寄递安全与寄递服务质量监管会议

8 月 22 日，湖南省邮政管理局召开全省寄递安全与寄递服务质量监管工作会议。要求全省寄递企业要围绕国家举办大事要事，进一步树立安全意识，落实安全责任，强化安全措施，凝心聚力，集中做好寄递安全和服务工作，营造安全有序的市场环境、诚信守信的发展环境和优质高效的服务环境，展示行业形象，体现服务水平，增强行业竞争力。

在省级党报发表世界邮政日署名文章

10 月 9 日，为纪念第 43 届世界邮政日，湖南省邮政管理局局长周国繁在《湖南日报》发表题为《发挥邮政基础产业作用，科学发展现代邮政事业》的署名文章指出，政企分开以来，全省邮政业持续保持两位数增长速度，形成了面向民生的邮政通信服务网络、支撑电子商务的快递服务网络、与现代农业相配套的“三农”配送网络、同文化产业关联协作的发行网络，邮政基础产业的作用和地位更加巩固。

任命全省市州邮政管理局领导班子

10 月 12 日，湖南省邮政管理局宣布任命全省 14 个市州邮政管理局领导班子。省局党组对市(州)局领导干部进行了任前集体谈话，勉励他们不辜负组织的重托和行业的期望，为实现邮政管理事业新的发展、大的跨越而努力奋斗。会上，各市(州)邮政管理局局长向省局递交了廉政建设责任书。

确保党的十八大会议期间全省寄递渠道安全畅通

10 月 15 —18 日，湖南省邮政管理局成立 3 个专项检查小组深入企业生产一线，督促企业落实安全生产责任，排查安全生产隐患，严防安全生产事故，确保党的十八大会议期间全省寄递渠道安全畅通。一是严格按规定配备消防器材，落实器材维护和使用责任，增强对企业工作人员的消防意识和知识的培训；二是严密排查生产场所的建筑结构及附属设施的安全隐患，对电器摆放凌乱、电线裸露在外等严重安全隐患立即整改；三是加强对企业运输车辆驾驶员的安全培训，提高驾驶员安全意识，防止交通事故发生。

湖南省人民政府发信祝贺市州邮政管理机构全面组建

11 月 1 日，湖南省副省长韩永文向省邮政管理局发来《湖南省人民政府贺信》，热烈祝贺市(州)邮政管理局全面组建并揭牌成立。希望省邮政管理局带领全系统广大干部职工，坚持服务发展大局、服务人民群众、服务邮政行业，全面完成完善省级以下邮政监管体制的各项任务，全力开创邮政管理工作的崭新局面。

全省 14 个市(州)邮政管理局挂牌工作圆满完成

11 月 30 日，益阳市邮政管理局成立挂牌仪式在该市赫山区益阳大道隆重举行。益阳市邮政管理局的挂牌成立，标志着湖南省 14 个市(州)邮政管理局挂牌工作顺利收官，圆满完成了由国务院部署、国家邮政局和湖南省人民政府组织实施的完善省以下邮政监管体制的重要任务。

韩永文副省长强调综合交通运输体系要充分体现邮政业的协同发展

12 月 28 日，湖南省副省长韩永文听取对《湖南省“十二五”综合交通运输体系规划》的意见后指出，近年来，邮政业特别是快递产业发展迅猛，综合运输体系建设要注重邮政业的协同发展，综合运输体系规划应单独设立邮政章节，总结发展成就，统筹规划邮政业在综合运输体系中的发展布局，促进邮政业与各种运输方式的对接。

广东省快递发展大事记

召开加强寄递渠道安全管理工作座谈会

2月22日，广东省邮政管理局在广州召开加强寄递渠道安全管理工作座谈会，专项推进快递行业安全监管工作。广东省邮政管理局要求：一要充分认识加强寄递渠道安全管理工作的重要性、紧迫性，维护用户合法权益，保障国家安全、公共安全和社会治安秩序；二要不断加强安全管理制度建设，严格执行收寄物品安全查验等制度，将安全管理责任落实到位；三要严格执行收寄验视制度，交寄物品必须当面验视内件，确认安全后方可收寄；禁寄物品，一律不予收寄。

部署全国“两会”期间邮路安全保障工作

2月29日，广东省邮政管理局印发通知，部署全国“两会”期间邮路安全保障工作。通知要求，各企业要增强责任意识，站在维护国家安全和社会稳定的高度认识保障全国“两会”期间邮路安全的重要性，深入开展安全教育和隐患治理，夯实企业安全管理基础；提高安全管理级别，严格执行收寄验视制度，杜绝各类禁寄物品流入寄递渠道；要加强邮路安全应急处置工作的管理，完善应急处置预案、健全应急管理队伍、定期开展应急演练，要畅通信息渠道，坚决执行事故报告制度，发现危险物品或突发安全事故应及时上报，确保突发事件得到妥善处理。

国家邮政局和发改委调研组赴广东调研快递服务价格形成机制问题

3月15－18日，国家邮政局和国家发展改革委员会相关人员组成的专题调研组赴广东省针对快递服务价格形成机制问题进行调研。调研组走访了顺丰速运（集团）有限公司、广东申通物流有限公司，实地考察企业生产情况，深入了解了企业定价策略、成本结构、旺季成本变动、历次价格调整情况等。相关企业积极配合专题调研工作，取得了良好效果。

召开2012年邮政行业安全暨年度报告工作会

3月27日，广东省邮政管理局在广州召开广东省2012年邮政行业安全暨年度报告工作会。会议全面部署了广东省2012年邮政行业安全工作，布置了2012年度快递业务经营许可年度报告相关工作，要求全省邮政企业、快递企业要充分认识加强安全管理工作的必要性和紧迫性，切实做好各项安全管理工作。

出台《关于做好收寄环节药品安全验视工作的通知》

4月20日，广东省邮政管理局和广东省食品药品监督管理局联合印发《关于做好收寄环节药品安全验视工作的通知》（粤邮管联〔2012〕2号），对邮政企业、快递企业加强对药品收寄环节的安全验视工作进行了具体规定。要求邮政企业、快递企业强化业务员安全教育培训，提高业务员识别假劣药品和其他非法收售药品行为的意识和能力，遇到用户交寄药品的，应按要求核对其有关证件或证明，查看其药品批准文号等，在确认安全后方可进行收寄活动。

国家邮政局在广东召开地方立法工作座谈会

4月17－19日，国家邮政局政策法规司在广东组织召开邮政地方立法工作座谈会，宁夏、甘肃、安徽、湖北、广东等省管局政策法规部门负责人参加了会议座谈和讨论。会议全面总结了近几年国家邮政局系统地方立法工作的情况和取得的成果,并对下来如何更有效地做好立法工作提出意见,要求各省要继续稳步推进邮政地方性法规、地方政府规章的制修订工作,保障邮政普遍服务,加强对邮政市场的监督管理。

举行《广东省快递市场管理办法》征求意见会

4月24日,广东省邮政管理局组织省快递协会以及省邮政公司、邮政速递物流、顺丰速运以及申通等企业法律事务负责人,在广州召开《广东省快递市场管理办法》征求意见会。与会代表纷纷表示积极支持《办法》的出台,并对文本具体文字提出了修改意见,并就收寄验视、快递代收货款以及电子商务快递等问题进行了交流研讨。

召开《快递服务》系列国家标准宣传贯彻培训会

5月11日,广东邮政管理局组织省内经营快递业务的重点企业,在广州召开《快递服务》系列国家标准宣传贯彻培训会,对《快递服务》系列国家标准进行讲解和培训并对宣传贯彻工作提出工作要求。省邮政管理局各处室、各办事处负责人、省快递行业协会、全省主要快递企业以及“12305”申诉中心有关人员共60多人参加了会议。

与民航中南地区管理局召开座谈会

6月10日,广东省邮政管理局与民航中南地区管理局召开座谈会,针对目前邮政业的快速发展趋势、航空寄递物品的安全局势以及如何确保航空寄递物品安全等方面进行了深入探讨。座谈会达成了以下一致意见:一是继续深化两部门联合工作机制,加强监管信息互通,民航管理部门在航空邮件、快件中发现危险物品应及时通报邮政管理部门依法查处;二是拟通过联合发文的形式,进一步强调邮政企业、快递企业严格执行禁寄物品有关规定的重要性,特别是要严格执行航空运输违禁品的有关规定;三是要采取多种形式对航空违禁品的有关规定进行宣传,民航管理部门也将推荐有关专家配合做好对邮政企业、快递企业的教育培训工作。座谈会还就推进机场和航空公司提供“邮件、快件绿色通道”服务的有关事宜进行了探讨交流。

召开全省《邮政法》行政执法协调工作座谈会

6月20日,广东省邮政管理局在广州召开全省《邮政法》行政执法协调工作座谈会,全省邮政法联合执法机制协调组14个成员单位和省食品药品监督管理局、省公安厅治安局、经侦局、交管局等单位和部门的代表参加座谈。

组织重点快递企业加强收寄验视工作专题会

7月12日下午,广东省邮政管理局召开了重点快递企业加强收寄验视工作专题会,全省重点寄递企业参加了会议。会议通报了广东省两起快递企业未严格执行收寄验视制度收寄了禁止寄递物品的案件情况,要求寄递企业充分认识执行收寄验视制度的重要意义,切实抓好安全生产宣传教育培训工作和安全生产管理工作,将收寄验视制度落到实处,并进一步抓好突发事件的应急处置工作,提高企业应急处置能力。

加强寄递渠道非法出版物的查堵工作

8月22日,广东省邮政管理局与省“扫黄打非”办联合下发通知,要求全省各地邮政管理部门、扫黄打非办及寄递企业加强对寄递渠道非法出版物的查堵工作,有效打击不法分子利用寄递渠道从事违法犯罪活动,确保全省寄递渠道安全畅通,为党的十八大胜利召开营造良好氛围。

召开广东省寄递渠道治安管理协调小组第一次会议

8月22日,广东省寄递渠道治安管理协调小组第一次会议在广州召开，广东省邮政管理局、省公安厅、广东省国家安全厅、广州市国家安全局等单位的有关人员参加了会议。会议对协调小组各成员单位寄递渠道治安检查工作的主要职责和工作任务进行了明确，并就如何加强广东省寄递渠道治安管理和检查工作进行了认真讨论，并就下阶段工作提出了要求。

举行全省邮政行业十八大安全保障工作动员会

9月19日，广东省邮政管理局在东莞市召开全省邮政行业十八大安全保障工作动员会，对广东省邮政行业做好党的十八大期间寄递渠道安全保障工作进行全面动员和部署。会议要求全省邮政、快递企业切实保障安全生产，重点做好消防安全保障；严格落实收寄验视制度；切实保障进京邮件、快件的安全；加强应急值守和信息报告，切实提升应急处置能力，确保党的十八大寄递渠道安全畅通。

组织广州地区航空邮件及快件运输危险品安全管理座谈会

10月23日，民航中南地区管理局和广东省邮政管理局共同召开广州地区航空邮件及快件运输危险品安全管理座谈会，白云国际机场、南方航空公司、广东省邮政速递物流有限公司、顺丰速运（集团）有限公司等航空运输企业、邮政和快递企业代表共20余人参加座谈会。

召开保护快递用户个人信息紧急会议

11月22日，广东省邮政管理局召开保护快递用户个人信息紧急会议，研究部署加强快递用户信息保护工作。全省十几家快递企业参会。会议通报了快递用户信息泄露的有关报道和广东省邮政管理局调查了解的有关情况。与会企业代表分别介绍了各自企业在快递运单管理和保护用户个人信息方面采取的措施，并就如何加强用户信息的保护工作发表了意见。省邮政管理局要求邮政、快递企业加强对快递详情单的使用、收回、销毁等工作环节的管理，与电子商务等大客户签订并执行严格的信息保护协议，做到对每个环节的有效管控，坚决遏制泄露快递用户个人信息的违法行为发生。

赵晓光副局长赴广东开展邮政行业法规修订调研工作

12月13日，由国家邮政局副局长赵晓光带领调研组赴广东开展邮政行业法规修订调研工作，并根据调研议题，分别召开《快递市场管理办法》（修订草案）征求意见座谈会和《邮政行政处罚程序规定》（征求意见稿）征求意见座谈会，听取与会人员意见。

联合调研组赴广东就热点问题进行调研

12月17－18日，国家邮政局、国家发改委综合运输研究所及中国快递协会组成联合调研组，就快递企业利用高铁运输快件和快递物流园区建设情况赴广东省开展实地调研。调研组与省邮政管理局、广铁集团公司、省邮政公司、省邮政速递物流公司、顺丰速运公司等铁路运输及快递企业进行了座谈，详细了解了广铁集团与广东省快递企业合作开展广州至长沙高铁运输快件的业务情况及广东省快递物流园区建设情况，并听取了企业对高铁运输快件这种新型快件运输方式的建议和意见。

紧急下发《关于进一步做好寄递服务信息安全管理工作的通知》

12月18日，广东省邮政管理局紧急下发《关于进一步做好寄递服务信息安全管理工作的通知》，要求全省各市邮政管理局加强监督检查，并在前段工作的基础上进一步深入开展针对寄递服务信息泄露问题的专项行动，督促企业对用户信息安全管理的隐患进行彻底排查、整改，防止寄递渠道泄露用户信息情况的发生。

广西壮族自治区快递发展大事记

加强节后快递市场专项执法检查

春节期间，广西壮族自治区邮政管理局开展了"节前节后监督检查，确保邮路安全顺畅"专项执法检查活动。继开展节前检查后，2月1日起，该局再次派出检查组到顺丰、申通、中通、宅急送、汇通、天天等重点快递企业，检查春节后各企业生产运转及营业恢复情况。检查中发现，春节旺季期间，各快递企业根据邮政管理部门的部署，做好了较为充分的应对准备，未出现"爆仓"的情况。在春节期间，各快递企业分拨中心均安排值守人员处理快件，重点企业投递网点均安排人员及时投递。目前，广西各重点快递企业网络班车已恢复正常运行，分拨人员和投递人员已正常到岗。

全区邮政业管理工作会召开

2月9日，广西壮族自治区邮政业管理工作会议在南宁召开，自治区副主席杨道喜发来贺信，对2011年全区邮政行业的工作给予充分肯定，并对邮政系统做好2012年工作提出了希望。杨道喜强调，2012年希望全区邮政系统以科学发展观为主题，以加快转变发展方式为主线，贯彻实施邮政发展"十二五"规划，深化邮政体制机制改革，完善邮政服务保障监督机制，推进邮政基本公共服务均等化，大力促进快递业发展，不断提升邮政行业科学发展水平，加快推进"富民强桂"新跨越作出新的贡献，以优异成绩迎接党的十八大胜利召开。

《快递服务》国家标准培训班举办

4月24日，广西壮族自治区邮政管理局举办《快递服务》国家标准培训班，自治区邮政公司、邮政速递物流公司、区内各快递企业等近140家企业的负责人参加培训。自治区邮政管理局结合相关邮政法律法规、快递服务的规范性文件、邮政业务处理规则等对标准原文进行了解读，重点讲解了与《快递服务》系列国家标准有变动的地方，并与企业现场交流学习体会。

与自治区公安部门协调加强寄递渠道治安管理

5月2日，广西壮族自治区邮政管理局与自治区公安厅治安总队在南宁召开了寄递渠道治安管理协调会。双方在会上交流了当前自治区邮政业治安管理情况，并根据《寄递渠道治安检查工作规定》，就成立寄递渠道治安管理协调小组、开展联合检查、监管机构对接等工作达成了共识，以会议纪要形式对议定事项进行了明确。

邮政业纳入自治区"十二五"综合交通运输体系发展规划

5月29日，广西壮族自治区政府召开专题会议。会议审议通过了《广西壮族自治区"十二五"综合交通运输体系发展规划》，明确将自治区邮政业发展纳入其中，在邮政设施建设、邮政和快递网络建设、邮政普遍服务等方面，提出了规划目标和扶持发展的举措。《规划》确定的"十二五"期间全区邮政业发展目标是：在构建全区安全、畅通、便捷、高效、可持续发展的现代综合交通运输体系的前提下，到2015年年末，邮政业业务总量达59亿元，快递业务量6315万件，分别平均增长15%、20%；新增邮路长度0.36万公里，邮路总长度达12.29万公里，新增邮政局所、代办点101处，总数达1600处；邮政服务基本实现乡乡设所、村村通邮；重点快递企业地级市服务网点覆盖率达90%以上；新建邮件转运枢纽楼1个、航空邮件处理中心2个、快递物流园3个。

部署中国—东盟博览会期间寄递渠道安全保障工作

广西壮族自治区邮政管理局下发通知并召开邮路安全工作会议，对第九届中国—东盟博览会、中国—东盟商务与投资峰会和南宁国际民歌艺术节（简称“两会一节”）期间全区寄递渠道安全保障工作作出了部署，加强“两会一节”期间邮路安保工作，确保寄递渠道安全畅通。通知对全区邮政、快递企业提出了三点要求。一是要高度重视安全生产工作，牢固树立安全发展理念，落实各项安全生产制度，强化安全生产责任，严密防范各类生产事故的发生。二是要严格执行收寄验视制度，切实抓好安全生产。三是要加强“两会一节”期间的值班和应急管理工作，落实领导带班和值班责任人制度，保持通信畅通。发生突发事件要及时处置，遇到重大问题及时上报自治区邮政管理局和其他相关部门。

《广西壮族自治区邮政条例》发布

9月20日，广西壮族自治区人大、政府召开《广西壮族自治区邮政条例》新闻发布会。《条例》经自治区第十一届人大常委员会第二十九次会议审议通过，于2012年10月1日起施行，作为自治区首部地方邮政法规，对于推动全区完善邮政基础设施，规范邮政市场秩序，改善人民群众用邮需求，提高邮政普遍服务质量，加强邮政行业监管等方面具有重要意义。

组织快递企业学习《广西壮族自治区邮政条例》

近日，广西壮族自治区邮政管理局举办培训班，全区130多家快递企业的负责人集中学习了《广西壮族自治区邮政条例》。《条例》继承和贯彻了上位法，细化了邮政法的内容，并结合广西的实际情况和邮政业的实践工作经验，体现了地方立法特色，具有较强的可操作性，对进一步引导、规范和促进快递企业的健康发展具有重要的意义。培训班对《条例》逐条展开解读，并结合实践案例加深学员们对条文的理解。学员们反映培训班能做到深入浅出，便于理解与操作，同时感谢党和政府对快递企业的关心与支持。学员们表示，在今后的快递服务工作中，一定要规范遵守《条例》的规定，把自治区的快递业做大做强，为广西的经济发展、祖国的强大作出自己应有的贡献。

召开十八大期间寄递渠道安全保障工作会议

9月28－29日，广西壮族自治区邮政管理局与自治区公安厅、国家安全厅等部门共同组织区内邮政企业、快递企业在东兴市召开党的十八大期间寄递渠道安全保障工作会议。会议对党的十八大期间寄递渠道安全保障工作进行了部署，要求各企业结合工作实际，按照“全面防范，突出重点”的工作原则，采取有力有效措施，坚决防范和打击不法分子利用寄递渠道实施的各类违法犯罪活动，确保十八大期间寄递渠道的安全。

14个市级邮政管理局全部揭牌成立

11月8－29日，广西壮族自治区14个市级邮政管理局相继揭牌成立，标志着广西完善自治区级以下邮政监管体制实施工作取得了重要阶段性成果。2012年，广西壮族自治区邮政管理局启动了完善自治区级以下邮政监管体制实施工作，积极稳妥地完成了各地、市邮政管理局组建、挂牌等工作。下一步，自治区各市邮政管理局将在进一步做好后续完善工作的同时，逐步建立健全规章制度、加强人员培训、深入进行市场调研，为扎实推进市场监管、普遍服务工作打好基础。

与民航部门举行加强航空寄递渠道安全管理座谈会

广西壮族自治区邮政管理局与民航广西监管局举行座谈会，共同研究进一步加强航空邮件、快件安全管理工作。双方同意建立联合协调机制，按照各自职责，在航空邮件、快件运输安全监管等方面加强沟通合作。双方决定适时开展联合检查，共同加强安全监管，依法查处违法违规行为。此外，还要通过联合举行宣贯会等方式，向民航企事业单位、邮政企业、快递企业宣贯航空运输危险品的相关规定。

召开规模以上民营快递企业负责人座谈会

广西壮族自治区邮政管理局召开规模以上民营快递企业负责人座谈会，座谈会围绕民营快递企业明年主要工作计划及发展思路，快递行业如何解决安全、服务质量、用户信息保护等方面存在的问题和漏洞，邮政管理部门如何更好地指导和监管快递企业，推动整个行业健康发展等议题展开。各企业负责人畅所欲言，介绍了本企业的发展规划和思路，在安全保障、服务质量、用户信息保护等方面的主要办法和经验，并对邮政管理局近几年来的工作予以充分肯定。希望管理局在企业用地、政策法规培训、协调与其他监管部门关系等方面予以更多帮助和指导。管理局表示，将进一步扮演好全区快递行业监管者、指导者、服务者的角色，紧紧抓住快递业的发展机遇，推动全区快递行业又好又快发展。同时，欢迎各民营快递企业提出更多建设性的意见和建议，并参与对管理局工作作风、廉政建设等方面的监督。

海南省快递发展大事记

开展春节旺季服务检查

春节前夕，海南省邮政管理局检查督促各企业认真贯彻落实国家邮政局关于做好快递业务旺季服务保障工作的安排部署，特别是针对春节前夕及春节期间的安全服务工作，局长吴铁砚、副局长陈凯组成专题检查组深入省邮政运输局、省速递物流公司和顺丰、圆通公司等10家主要规模企业检查及慰问。

《海南省邮政条例》正式实施

《海南省邮政条例》经海南省第四届人大常委会第二十六次会议通过，于2012年1月1日起正式实施。《条例》以《中华人民共和国邮政法》为基础，紧密结合海南国际旅游岛建设实际，实现了中央事权和地方事权相结合的管理体制机制创新，具有里程碑的意义。地方立法工作取得的成绩得到了国家邮政局领导的高度肯定，马军胜局长得知《条例》颁布后，作出重要批示：“祝贺《海南省邮政条例》顺利通过和颁布施行，《条例》坚持了质量优先和地方特色，有不少制度创新内容，规定的针对性和操作性都较强。望紧紧依靠地方党委、政府的大力支持，认真组织贯彻实施《条例》，进一步保障邮政普遍服务，积极发展快递业务，为推进海南邮政业科学发展贡献力量！”

海南省邮政业2012年工作会议召开

1月17日，海南省邮政业2012年工作会议召开。海南省邮政管理局局长吴铁砚全面总结了海南2011年工作情况，并对2012年工作进行安排部署。海南省人民政府副省长林方略到会并作重要讲话。

表彰快递旺季服务保障优秀和先进企业

海南省邮政管理局召开全省邮政、快递企业负责人会议，表彰2012年全省快递旺季服务保障2家优秀企业和6家先进企业，同时总结交流了各企业在快递旺季服务保障工作中的好做法、好经验。

马军胜局长赴海南视察调研

3月28—30日，国家邮政局局长马军胜一行在海南进行了为期3天的工作视察和调研。马军胜会见了海南省人民政府副省长林方略，视察了海南顺丰速运有限公司、海口邮区中心局和海南省邮政速递物流有限公司，并为海南省邮政管理局和海口经济学院共建的“海南省快递物流发展研究中心”举行揭牌仪式。同时，马军胜作出重要指示，要求海南邮政业要深入贯彻落实科学发展观，抓住国际旅游岛建设的有利契机，积极推进邮政公共服务均等化，努力推动行业加快发展。

保障博鳌亚洲论坛年会期间邮政业安全运行

4月1—3日，2012年博鳌亚洲论坛年会在海南省琼海市召开。海南省邮政管理局从讲政治、讲大局的高度认真部署落实此次重要国际会议期间的全省邮政业安全保障工作，主动会同相关部门研究部署年会期间安全保障工作，制定《工作实施方案》、《安全服务工作通知》等，并在琼海市召开邮政企业、快递企业负责人参加的专题安全保障会议，圆满完成了年会期间全省邮政业安全保障工作。

组织邮政（快递）与海汽运输企业“强强合作”交流座谈

海南省邮政管理局组织召开邮政（快递）与海南海汽运输企业“强强合作”交流座谈会。海南海汽运输集团负责人、海南主要快递企业及省邮政公司等40多位相关负责人参加会议。海南省邮政管理局希望通过“政府搭台、企业唱戏”的方式推动运输企业与邮政（快递）企业之的强强合作、推进邮政和快递网络与海南海汽运输方式的无缝衔接、快速转运、快速递送的做法得到与会企业代表的一致认可与赞扬。

举办《快递服务》国家标准宣传贯彻暨海南快递规范提升培训班

海南省邮政管理局组织举办省邮政公司、省邮政速递物流公司和各快递企业负责人、管理人员及规模较大分支机构负责人近80人参加的《快递服务》国家标准宣传贯彻暨海南快递规范提升培训班。培训班重点对《快递服务》国家标准的具体内容进行解读及如何做好宣传贯彻实施工作进行安排部署。同时，为整体提升快递服务形象及服务质量，海南省邮政管理局就进一步推进海南快递服务形象标准化工作、推进快递企业加强内部管控体系和绩效评价体系建设工作、推进寄递企业投（申）诉处理指导规范工作、推进安全生产管理工作、推进以“诚信、服务、规范、共享”4S为行业核心价值理念的文化建设及贯彻执行《邮政法》、《海南省邮政条例》等法律法规规定的工作进行学习培训。

组织召开快递与民航产业协同发展交流座谈会

海南省邮政管理局主动联合民航部门组织召开“快递与民航产业协同发展交流座谈会”。民航监管局、机场各部门各公司及邮政企业、快递企业相关负责人40多人参加了交流座谈会。在认真听取双方企业深入交流的基础上，民航监管局表示将进一步加强对机场各部门各公司的协调指导，促进民航企业整合资源，优化流程，完善内控，在允许的条件下，努力为快件运输预留快件运输通道，提供快速安检、快速配载、快速装卸、快速交接的“快件绿色通道”服务。省邮政管理局表示将进一步加强对邮政（快递）企业的监督指导，加强安全等知识培训，敦促邮政（快递）企业在邮（快）件总包、服务标识、体积重量特别是安全保障等方面按照方便民航操作的要求进行改进，加强与民航企业的衔接，共同推进“快件绿色通道”建设。

开展快递服务形象标准化工作专项检查

为进一步推进《快递服务》国家标准的贯彻落实，着力提升海南邮政“4S”核心价值理念企业文化建设水平，近日，海南省邮政管理局在全省邮政企业、快递企业范围内展开快递服务形象标准化工作专项检查。

国家邮政局赴海南检查开展快递服务质量专项整治等工作

7月26—27日，国家邮政局市场监管司检查组莅临海南省检查开展快递服务质量专项整治活动和《集邮市场管理办法》宣传贯彻情况，并在海口圆通快递公司召开汇报座谈会，听取有关工作汇报及进行现场检查。

与省工商行政管理局联合发文进一步规范许可和登记

海南省邮政管理局联合海南省工商行政管理局印发了《关于规范海南省邮政业行政许可和企业登记管理有关事项的通知》，进一步加强海南省邮政业管理和服务，规范快递业务经营许可和邮政、快递企业登记行为。

多部门联合开展“打非治违”专项行动督查寄递安全

海南省邮政管理局会同省“扫黄打非”办、省公安厅、民航海南安全监督管理局等部门组成3个联合检查组，深入省内邮政、快递企业进行执法检查，全面开展安全生产领域“打非治违”专项行动，督查第二届“中国—亚欧博览会”寄递渠道安全工作。

召开邮政行业职业技能鉴定工作座谈会

海南省邮政管理局召开邮政行业职业技能鉴定工作座谈会。全省内主要品牌快递企业的负责人、管理人员和海口经济学院职鉴工作负责人员参加会议。会议传达学习了全国邮政行业职业技能鉴定管理人员业务培训会和关于加强企业技能人才队伍建议意见的通知精神，对今年以来的职业技能鉴定工作进行回顾和总结，并对下一阶段工作特别是2012年10月20日全国统考工作进行重点部署。

深入基层督导“两节”快递安全服务工作

海南省邮政管理局牵头召开国家安全、公安、海关、民航、“扫黄打非”等部门联席会议，并联合组织召开了“党的十八大期间寄递渠道安全暨旺季服务保障工作”动员部署会议，与各企业负责人签订《责任书》。

省级以下邮政管理机构成立

11月9日，海口市邮政管理局、三亚市邮政管理局、海南省儋州邮政管理局、海南省琼海邮政管理局、海南省五指山邮政管理局成立大会暨揭牌仪式在海口举行，海南省人民政府副省长林方略和国家邮政局党组成员、纪检组长解畅等出席会议并作重要讲话。林方略提出要认真学习贯彻党的十八大精神，认真履行职责，积极推进“十二五”规划落实，加快邮政基础设施建设，加强监督管理，着力提升服务质量，保持良好发展态势，为“海南科学发展、实现绿色崛起”作出新的更大贡献。解畅指出，要扎实推进邮政监管体制的后续完善工作，主动融入并积极服务地方经济社会发展大局，不断创新管理，提升能力，依法行政，为企业健康发展加强管理和服务，为人民群众提供更好的邮政服务和快递服务，为地方经济发展作出应有贡献。

重庆市快递发展大事记

《重庆市邮政条例》列入 2012 年重庆市立法审议项目

1 月 10 日，重庆市人大常委会主任陈光国在市三届人大五次会议第二次全体会议上作《重庆市人民代表大会常务委员会工作报告》。《重庆市邮政条例》作为审议项目，纳入市人大常委会立法计划。

召开 2012 年邮路安全工作会议

3 月 20 日，重庆市邮路安全监管领导小组召开 2012 年邮路安全工作会议，重庆市邮路安全监管领导小组各成员单位及区县邮路安全监管单位、市邮政公司和各快递企业的负责人共计 100 余人参加了会议。重庆市邮政管理局党组书记、局长袁祖伟对 2011 年度市邮路安全监管工作进行了总结并对 2012 年工作进行了部署。会议对在 2011 年邮路安全监管工作中作出突出成绩的市邮政公司等 3 家单位和 10 名先进个人进行了表彰。重庆市国家安全局领导对当前的国际国内邮路安全形势进行了分析，市公安局等成员单位代表在会议上发了言，表示在今后工作中积极协助配合市邮政管理局继续抓好邮政市场安全监管工作，促进邮政业健康发展。

何挺副市长视察重庆邮路安全监管工作

5 月 10 日，重庆市副市长、市公安局党委书记、局长何挺视察重庆市邮路安全监管工作情况。何挺对重庆市近几年来邮路安全监管工作所取得的成绩予以充分肯定，高度评价重庆市邮政管理局在邮路安全监管工作中所发挥的积极作用，切实做到了“有法必依、执法必严”，既维护了邮政通信与信息安全，又保护了公民通信自由和通信秘密，为促进邮政业健康发展作出了应有的贡献。

开展交通运输、仓储和邮政业统计工作

为了大力发展重庆物流业，在重庆市“十二五”规划中，实现建设“长江上游地区综合交通枢纽”的宏伟目标，重庆市统计局、市交通委员会和市邮政管理局联合发文，决定在 2012 年开展交通运输、仓储和邮政业统计工作，以便监测相关工作实施进程，反映物流、快递发展情况，掌握一手数据资料，为市政府决策和全市社会经济发展服务。

会同发改委完成重庆市快件集散中心前期规划论证

为解决快递企业用地实际困难，与市发展改革委牵头组织了快递园区规划选址研讨会。积极推进西南集散中心规划与建设，实现快递基础设施建设的集聚化、集约化和功能化，并编制完成《快件集散中心项目建议书》。

重庆市政府常务会议审议通过市邮政条例修订草案

重庆市市长黄奇帆主持召开市政府常务会议，审议通过了《重庆市邮政条例(修订草案)》。重庆市发改委、市财政局、市交通委、市政府法制办、市邮政管理局等相关部门的主要负责人参加了会议。会议听取了市政府法制办关于《条例(修订草案)》的审查说明，征求了相关部门的意见，最终审议通过了《条例(修订草案)》。

调研快递企业应对高温生产

重庆市的连续高温，给快递企业的生产作业带来较大影响。8 月 8 日，重庆市邮政管理局局长袁祖伟一行慰问了坚守生产一线的重庆申通、顺丰等部分快递企业员工，并对上述企业应对高温的安全生产、防暑降温、快递服务保障等工作进行

了调研。在对各企业一线员工克服高温、坚守岗位予以充分肯定的同时，袁祖伟要求，各企业要落实防暑降温措施，改善员工生产生活条件，确保在高温环境下作业员工的身体健康，有效提高服务水平。同时，要完善快递业务旺季服务保障工作预案，做好人力资源储备，确保业务旺季不爆仓。

召开“重庆市邮路安全监管领导小组成员单位联席会”

为贯彻落实国家邮政局关于做好第二届中国—亚欧博览会期间寄递渠道安全监管工作的通知精神，8 月 21 日，重庆市邮政管理局组织召开了“重庆市邮路安全监管领导小组成员单位联席会”。会议听取了各成员单位对前一阶段工作情况汇报，落实了第二届亚博会期间邮路安全检查工作任务：一是要求机场安检从 8 月 25 日凌晨至 9 月 6 日凌晨开通专用通道加强对到新疆航空邮件、快件的安全检查；二是要求邮路安全监管办公室安全检查点从 8 月 25 日凌晨至 9 月 6 日凌晨加强对到新疆的各类普通邮件和陆路快件的安全检查；三是要求各寄递企业严格执行收寄验视制度，严把收寄关；四是提前启动党的十八大邮路安全联合检查工作；五是做好邮政、快递服务保障工作，确保第二届亚博会期间邮路安全。

顺利完成快递协会换届改选工作

9 月 18 日，根据《重庆快递协会章程》规定，重庆市快递协会召开二届一次会员代表大会，表决选举出 21 名协会理事单位，并于同日召开了协会二届一次理事会，选举产生了协会会长、副会长和秘书长。目前，重庆市快递协会会员单位总数达 64 家，2012 年新增会员单位 3 家。

开展十八大期间寄递渠道安全保障联合执法检查

为全面落实国家邮政局《关于做好党的十八大期间寄递渠道安全保障工作的通知》（国邮发〔2012〕154 号）精神，重庆市邮政管理局联合市公安局、市国安局、重庆海关、市新闻出版局于 9 月 19 － 21 日对市邮政公司和部分民营快递企业开展了一次先期联合执法检查。通过检查，各企业均能按照《邮政法》及相关法律法规依法经营，对检查中发现的个别问题，如监控图像模糊、各类应急处置预案有待完善、门卫制度执行不严等问题，检查组和企业进行了充分的交流并给予指导意见。各企业纷纷表示，严把收寄验视关，确保十八大期间寄递渠道安全畅通。

7 个邮政监管派出机构同时成立

11 月 14 日，重庆市 7 个邮政监管派出机构同时成立并集体揭牌，重庆市副市长童小平、国家邮政局副局长王梅出席成立大会并作重要讲话，充分肯定了重庆市邮政业管理工作成效，勉励重庆局再创佳绩。这次会议标志着重庆省级以下邮政管理机构组建工作顺利完成。在重庆市委市政府和国家邮政局的领导和相关部门的支持下，重庆市完善省级以下邮政监管体制工作得以顺利开展。派出机构领导班子配备工作坚持党管干部原则和德才兼备、以德为先标准，共配备领导干部 14 人。同时，内设机构领导干部选配工作积极推进。第一批省级以下邮政管理机构公务员考录顺利完成。目前，各派出机构已基本实现了“机构、人员、设施、资金”四到位，办公条件基本具备。

完成《重庆市邮政条例》修订工作

11 月 29 日，《重庆市邮政条例》经市人大常委会第三十八次会议审议并获得高票通过，将于 2013 年 3 月 1 日起正式实施。《条例》依据《邮政法》的规定，明确了市、区县（自治县）人民政府和相关职能部门及邮政管理部门的职责分工；为加强和规范快递市场管理，《条例》细化了快递业务经营许可制度的具体管理措施，明确了快递服务标准的强制性，对快件投递、签收和代收问题进行了专门规定；首次明确了快递公司在小区投递快件物品，小区物业免于收费的问题；提出了解决快递企业车辆通行和停靠的具体措施，进一步保护了用户和快递企业的合法权益。

举办邮政监管派出机构行政执法培训班

为确保新组建的邮政监管派出机构顺利开展履职工作，12月5－6日，重庆市邮政管理局特邀市政府法制办为全体新入职人员专门举办了一期行政执法综合法律知识培训班，来自市局及7个邮政监管派出机构的38名学员参加了此次培训。重庆市邮政管理局局长袁祖伟出席开班仪式并作动员讲话。

四川省快递发展大事记

本地企业获评邮政业统计工作先进企业

3月，四川省邮政公司、四川省邮政速递物流有限公司、成都申通快递实业有限公司、成都庆韵速递有限公司、成都派尔快递有限公司等5家企业被国家邮政局评为“2011年度邮政行业统计工作先进企业”。

贯彻落实邮政普遍服务及市场监管工作

4月16日，四川省邮政管理局召开会议，贯彻落实全国邮政普遍服务和市场监管工作的两个座谈会精神，安排布置2012年全省邮政普遍服务和市场监管工作。会议提出，2012年四川邮政普遍服务和市场监管工作要坚持适应形势发展，坚持依法行政，落实监督责任，保证服务到位的指导思想，切实做到惠民生、促发展。特别是要抓住完善省级以下邮政监管体制的大好时机，在做好省级层面工作的同时，提前研究指导下一级监管机构开展工作的思路和措施。特别要转变思想，加大力度，做好《邮政法》、《四川省邮政条例》的落实工作，为推动全省邮政普遍服务和市场监管工作上水平提供良好的基础和保障。

完成四川省快递协会换届选举

4月23日，四川省快递协会二届一次会员大会暨换届选举大会在成都召开。中国快递协会秘书长达瓦、省邮政管理局局长戚兰州、副局长张生泰出席会议，四川省快递协会副会长单位、理事单位、会员单位等共计100余名代表也参加了会议。经过116位会员投票表决，选举出21名理事，期间组织召开了四川省快递协会二届一次理事会，投票选举阮大平为会长，沈成华为驻会副会长，贺泽俊为秘书长。

推动落实《快递服务》国家标准

4月27日，四川省邮政管理局召开《快递服务》系列国家标准培训会议，省邮政公司、省内重点民营快递企业和大型外资快递企业的负责人参会。会议对《标准》的具体内容进行了全面培训，重点解读了快递服务组织的资质、服务场所、服务时限、服务安全、快件验视和封装、无着快件的处理以及国际快递在各服务环节的具体内容，并对各企业贯彻落实《标准》作出安排。

联合公安厅进行寄递渠道安全检查部署

5月30日，四川省邮政管理局联合省公安厅等相关部门召开了全省邮政业安全工作会议。省邮政公司和全省50多家重点快递企业的负责人参加了会议。会议通报了全省寄递渠道安全检查情况，安排部署了2012年全省邮政业重点安全工作，现场组织企业签订了《快递业务服务和安全责任书》。

组织参加禁毒宣传，增强企业禁毒意识

6月26日，四川省邮政管理局组织省邮政公

司和省内大型快递企业参加由省禁毒委举办的四川禁毒二十年主题展览活动，进一步提高从业人员的禁毒意识，严防各类禁寄物品流入寄递渠道。

部署落实十八大期间及中秋国庆基地渠道安全保障

9月19日，四川省邮政管理局召开全省邮政、重点快递企业负责人参加的专题工作会议，动员部署党的十八大期间寄递渠道安全保障工作及中秋国庆期间快递服务和行业安全工作。会议解读了四川省邮政管理局关于党的十八大期间寄递渠道安全保障工作实施方案，通报了执法检查情况，对全省寄递渠道安保工作进行了动员部署。

组织企业现场服务中国西部国际博览会

9月25－30日，第十三届中国西部国际博览会在四川省成都市举行。四川省邮政管理局组织邮政、快递企业为西博会提供现场服务，得到了西博会组委会、参展客商和市民的广泛好评并且受到省委省政府通报表扬。

完善快递企业登记评定

11月5日，四川省快递企业等级评定指导委员会和快递企业等级评定委员会成立。

王宁副省长、王梅副局长等为成都市局揭牌

四川省人民政府副省长王宁、国家邮政局副局长王梅、成都市委副书记、市纪委书记邓修明，四川省人民政府副秘书长范波共同为成都市邮政管理局成立揭牌。

组织企业参与物博会并获褒奖

11月22－24日，由中国贸促会、中国国际商会和四川省政府共同主办，中国国际商会秘书局、四川省物流办和省贸促会承办的“2012年中国（四川）国际物流博览会”在成都举行。国家邮政局副局长苏和在会上发表了题为《积极促进快递与电子商务协同发展》的演讲。四川省邮政管理局积极组织企业参展，被中国（四川）国际物流博览会组委会通报表扬并且获得优秀组织奖，邮政速递展台、申通快递展台、国通快递展台获最佳展位设计奖。

21个市（州）邮政管理局全部成立

经过将近一年的努力，11月12日，广元市邮政管理局揭牌成立，成为四川省第一个成立的市（州）邮政管理局。11月29日，资阳市邮政管理局揭牌，宣告四川省21个市（州）邮政管理局已经全部成立。各市（州）邮政管理局主要职责是：贯彻执行国家邮政法律法规、方针政策和邮政服务标准，研究拟订本地区邮政发展规划，监督管理本地区邮政市场以及邮政普遍服务和机要通信等特殊服务的实施，负责行业安全生产监管、统计等工作，保障邮政通信与信息安全。

贵州省快递发展大事记

政策助力快递业发展

1月，《国务院关于进一步促进贵州经济社会又好又快发展的若干意见》（国发〔2012〕2号）文件印发，文件提出大力发展现代服务业及规划建设现代物流园区的指示，为贵州省快递业的发展提供了依据，将进一步促进贵州省快递行业的发展壮大。

马军胜局长前往贵州视察

1月10日，国家邮政局党组书记、局长马军胜

一行赴贵州省视察，慰问一线邮政、快递企业职工，并与贵州省副省长孙国强进行会谈，希望地方政府进一步加强对邮政、快递行业的支持。孙国强表示，邮政快递行业关系地方经济发展和人民群众生活，是地方必不可少的公共服务行业，贵州省人民政府在力所能及的情况下，将一如既往地关心、支持邮政事业发展，积极协调有关部门，创造有利条件，解决邮政业发展中面临的各项问题。孙国强指出，近年来，贵州省邮政系统紧紧围绕全省中心工作，为经济社会发展作出了贡献，邮政系统和地方经济的发展相辅相成、相互促进，希望双方互相支持、共同发展，实现双赢、多赢，使邮政业务能够和全省经济社会发展相适应。

正式发布并实施《贵州省快递物流“十二五”发展规划》

2 月 14 日，贵州省邮政管理局与省发改委共同编制的《贵州省快递物流“十二五”发展规划》正式发布实施，成为贵州省国民经济和社会发展“十二五”规划的重要组成部分。《规划》紧密结合《邮政业发展“十二五”规划》和《贵州省国民经济和社会发展第十二个五年规划纲要》进行编制，确定“做强做大现代快递服务”的总体目标，提出要把发展快递服务作为发展现代服务业和改善民生的重点，培育重点城镇、重点园区、重点企业等“三大载体”。根据《规划》，到 2015 年，贵州省快递服务收入超过 10 亿元，年均增长 25%，培育收入过亿元的企业 2 家以上。

召开 2012 年度快递市场监管工作会议

2 月 17 日，贵州省邮政管理局召开 2012 年度全省快递市场监管工作会议，传达了国家邮政局 2012 年工作会议精神，总结了 2011 年贵州省快递市场监管工作，并就下一阶段的主要工作进行部署。会议对 2012 年快递业务经营许可、专项执法检查、行业安全保障和快递职鉴等重点工作进行了部署，要求各企业严格执行收寄验视等安全制度，确保寄递渠道安全，并对《贵州省邮件（快件）省内寄递时限和服务规范补充规定》（讨论稿）内容进行讨论。

现场测试快递企业执行验视制度情况

3 月，贵州省地方邮政事业办公室依据《邮政法》、《快递市场管理办法》、《快递业务经营许可管理办法》的有关规定，于 3 月 15 －17 日和 3 月 21 －22 日分两次对贵阳市申通等 16 家快递企业上门服务的开箱验视环节进行现场测试。并对在测试中发现的企业验视工作马虎、从业人员素质较低等问题进行整治。

邮政（快递）服务投诉站正式挂牌

经贵州省消费者协会与贵州省邮政管理局共同协商，决定在贵州省邮政管理局设立“贵州省消费者协会邮政（快递）服务投诉站”，并于 3 月 16 日在贵州省邮政管理局挂牌。该投诉站延用邮政业消费者申诉专用特服号码“12305”为投诉、申诉号码，专项接办邮政、快递服务投诉、申诉。消费者对企业处理结果不满意或在规定的时限内未得到企业答复的，可直接拨打“12305”向贵州省邮政管理局提出申诉，也可进行网上申诉。

启动贵州省现代邮政交通物流体系规划编制工作

贵州省现代邮政交通物流体系规划编制工作正式启动。为贯彻落实《国务院办公厅关于完善省级以下邮政监管体制的通知》精神，加强贵州省邮政与交通运输发展规划的统筹协调，促进我省邮政服务与交通运输资源的有效整合，充分发挥综合交通运输体系的整体效能。贵州省决定成立贵州省现代化邮政交通物流体系规划编制工作领导小组。领导小组由省交通运输厅与省邮政管理局分管领导负责落实，成立专门工作班子，于 9 月底完成现代邮政交通物流体系规划编制工作。

组织快递企业学习《快递服务》系列国家标准

4 月 12 日，贵州省邮政管理局组织省内 49 家快递企业在局会议室收看了《快递服务》系列国家标准电视电话培训会议。会后贵州省邮政管理局再次组织企业开会提出要求：(1)认真学习 2012 年 5 月 1 日拟实施的《快递标准》；(2)严格执行收寄验视制度；(3)加强企业内部寄递物品安全管理；(4)强化落实安全责任制；(5)指导企业加大投入、加强从业人员素质培训，在服务质量、安全生产、规范经营上下功夫，保障快递市场持续稳定，维护广大用户合法权益。

正式发布《贵州省邮政业“十二五”发展规划》

5 月，贵州省邮政管理局发布实施了《贵州省邮政业“十二五”发展规划》，明确提出了快递业的发展目标和规划，做大做强快递业，促进快递服务转型升级，加速发展。同时完善行业法规标准，加强行业技能培训和行业监管。鼓励快递企业引进高科技产业在快递业中的应用，依托交通平台推动快递业协同发展。

组织 2012 年快递业务员(初级)职业技能培训

为推进快递业务员国家职业资格证书制度，按照贵州省 2012 年全国快递业务员(初级)职业技能鉴定考试需求情况，为指导和帮助企业开展快递从业人员职业技能培训，5 月 5 日面向贵州省快递从业人员开办快递业务员(初级)职业技能培训班。

开展快递服务质量专项整治活动

为贯彻实施《邮政法》，切实履行邮政市场监管职责，维护市场秩序和用户利益，根据国家邮政局《关于开展快递服务质量专项整治活动的通知》(国邮发〔2012〕104 号)的要求，贵州省邮政管理局于 7 月起开展了“快递服务质量专项整治活动”，通过本次活动，提升了申诉处理质量，加强了快递质量监管，解决了一些快递服务中存在的快件丢失、短少、损毁等热点问题，查处了一批严重侵犯用户利益违法行为，维护了市场秩序和用户利益，提高了快递服务水平，促进了行业进一步健康发展。

落实十八大期间寄递服务和邮路安全工作

9 月 21 日，贵州省邮政管理局联合贵州省公安、国安、海关、新闻出版等部门召开了十八大期间寄递服务和邮路安保工作会议。贵州省邮政公司和贵州省内各快递企业负责人和安全管理员参加了会议。会议传达了国家邮政局关于党的十八大期间寄递渠道安全保障工作电视电话会议精神，客观分析了当前邮路安全形势，对贵州省十八大期间寄递服务和邮路安保工作进行了部署，提出具体要求，确保十八大期间寄递渠道安全万无一失，为十八大胜利召开创造稳定的社会环境。

做好快递行业旺季服务工作保障

9 月 21 日，贵州省邮政管理局召开贵州省快递行业旺季服务工作保障会议，组织全省法人寄递企业和主要快件分拨中心负责人签订《快递市场旺季服务保障承诺书》，确保快件旺季服务工作有序开展，引导快递企业提前准备，采用机械化、自动化设备，改造及扩建厂房，保证旺季寄递服务。旺季期间，贵州省邮政管理局多次到快递企业调研指导，及时解决突发性问题，协调交通资源，积极应对爆发性业务增长，保障全省行业安全、平稳运行。2012 年中秋、国庆“双节”及“双 11”、“双 12”业务量暴涨期间，贵州省未出现快件大量积压及爆仓现象，全省快递企业平稳度过业务高峰期。

贵州省 9 个市(州)邮政管理局挂牌成立

10 月 31 日，贵州省 9 个市(州)邮政管理局挂牌成立。国家邮政局副局长王梅代表国家邮政局党组对贵州省 9 个市(州)邮政管理局的成立表示祝贺，并指出完善省级以下邮政监管体制，是深化邮政体制改革的重要步骤，是转变政府职能，实行政企分开，保证公共服务，确保通信安全的有效举措。

云南省快递发展大事记

刘平副省长表示将继续支持邮政业发展

云南省副省长刘平在深入听取了云南省邮政管理局工作汇报后指出，省政府将继续支持邮政业和邮政管理工作，推动行业又好又快发展。2012 年，邮政管理部门要借《云南省邮政条例》修订契机，着力推进邮政基础设施建设，加强市场监管，继续规范市场秩序，为行业发展和消费者服务提供良好的环境。

通过省政协会议平台促邮政业发展

经过前期充分调研，结合省邮政业发展实际情况，云南省政协委员、省邮政管理局局长李云山向省政协十届五次会议提交了三项提案，内容包括有效推进邮政公共服务均等化、支持快递服务升级等。一是建议将村邮站建设纳入省社会公共服务基础设施建设内容，以及“十二五”期间各年度基础设施建设投资计划，统筹安排建设。二是建议落实有关文件精神，便捷民营快递企业运输车辆进城通行、停靠和装卸作业。三是建议立项建设昆明快递园区，并给予相应的政策保障和资金扶持。

积极推进快递园区建设

3 月，云南省邮政管理局李云山局长在省政协十届五次会议上提交了《关于规划建设昆明快递园区，促进我省快递业发展》的提案。立案后，为推动园区规划建设项目尽快落地实施，云南省邮政管理局积极协商相关部门，于 3 月 16 日向市政府报送了《昆明快递园区规划建设实施方案（草案）》，该项目得到了昆明市政府领导，昆明市政府相关部门和空港经济区管委会的高度重视，召开了由市规划局牵头，省邮政管理局、市住建局、市发改委、市财政局等部门参加的研究会，会后综合各部门意见，市规划局提出五点建议意见并报请副市长批示同意。

召开云南省邮政业禁毒工作会议

3 月 6 日，云南省邮政业禁毒工作会议在大理市召开，对去年禁毒工作进行了总结，并对 2012 年邮政业禁毒工作部署和要求，会上还对上年度禁毒工作成绩突出的单位进行表彰。

顺利完成《云南省邮政条例（修订草案）》人大立法调研

为了更好地掌握邮政行业情况，使《云南省邮政条例》的修订更能体现云南实际，服务云南群众，4 月 5 日，云南省人大财经委、法制委和省政府法制办、省邮政管理局组成联合调研组，对云南省邮政公司、云南省机要局、昆明市邮政局拓东路支局、昆明市速递物流公司、昆明邮区中心局和云南顺丰速运有限公司的经营管理情况进行现场调研。调研组听取了云南省邮政公司关于云南省邮政普遍服务发展和服务情况的汇报，听取了云南省快递业协会关于云南省快递业法制概况的汇报。通过调研座谈和现场调研，调研组对云南邮政普遍服务和特殊服务的基本情况；云南邮政企业保障普遍服务质量，方便群众用邮的情况；云南快递业发展的基本情况；云南邮政普遍服务工作和快递发展中需要通过立法解决的主要问题进行了初步摸底，将在下一步修法程序中征求省人大各专门委员会、省直相关部门和省人大常委会委员和专家的建议进行修改、完善。

举办《快递服务》国家标准宣传贯彻培训会

5月11日下午，云南省邮政管理局组织举办了《快递服务》国家标准宣传贯彻培训会议，在昆快递企业负责人和有关人员参加了培训。宣贯培训对《标准》主要内容进行了深入解读，从基本术语、组织要求和服务环节方面依次对关键性的技术内容进行逐条讲解。针对市场准入、收寄、验视、寄递安全、签收、投诉、申诉、赔偿等重要环节进行案例教学，强化了培训效果，提高了邮政、快递企业对《标准》的理解能力。

召开2012年度邮政业安全工作会议

5月24日，云南省邮政管理局在昆明召开了云南省邮政业2012年度安全工作会议。会议对强化快递服务安全生产及邮路安全保障工作，继续完善落实快递业务旺季服务保障工作进行动员和部署。国家邮政局市场监管司、省国家安全厅、省禁毒委、省快递业协会等有关部门领导出席会议并讲话。云南省邮政公司、云南省获得快递业务经营许可证的快递企业负责人、昆明网络型快递企业分支机构共200余名企业代表出席会议。云南省邮政管理局李云山局长作了题为"强化认识、落实责任，继续推进企业安全生产管理，确保我省快递业健康持续发展"的讲话。要求邮政企业、快递企业继续严格执行《邮政法》、《邮政行业安全监督管理办法》等法律法规和各项制度，重点做好党的十八大召开期间的邮路安保工作，维护行业安全平稳运行与社会和谐稳定。

《云南省邮政条例(修订草案)》通过云南省人大常委会初审

5月29－31日，云南省第十一届人大常委会第三十一次会议召开，初审通过了《云南省邮政条例(修订草案)》。会议分四个联组对《条例(草案)》进行讨论和审议，并初审通过，于6月1日将《条例(草案)》建议修改稿移交云南省人大法制委。下一步云南省邮政管理局继续加大与云南省人大法制委的沟通协调力度，积极协助云南省人大做好相关工作，争取《云南省邮政条例》尽早修订出台。

国家邮政局西南、华北区消费者申诉受理工作座谈会在云南省召开

5月26日，国家邮政局西南、华北区消费者申诉受理工作座谈会在云南省召开。国家邮政局消费者申诉受理中心主任李滨、市场监管司副司长王永利以及北京、天津、河北、山西、四川等10个省的申诉管理、处理人员参加了会议。李滨介绍了全国邮政业申诉工作情况，并要求各省邮政申诉处理中心要继续秉承以"维护消费者合法权益，促进企业提高服务质量"为工作目标，在消费者与企业间进行调解，认真解决消费者遇到的问题，充分发挥邮政业消费者申诉中心作用。

人大法制委调研组针对《云南省邮政条例》修订开展立法调研

为了更好地掌握基层邮政行业情况，使《云南省邮政条例》的修订更能体现云南实际，服务云南群众，把《云南省邮政条例》修订成现实性佳、实用性强的"良法"。6月13日，云南省人大法制委和省政府法制办、省邮政管理局组成联合调研组，赴玉溪市进行立法调研。调研组邀请当地人大、政府法制部门、交通、工商、公安、邮政公司、申通快递等有关部门和单位参加调研座谈，并对人大初审通过的《云南省邮政条例(修订草案)》建议修改稿再次征求相关部门的修改建议和意见。随后，调研组到玉溪申通快递、玉溪研和邮政支局进行了现场调研，并赴昆明邮区中心局了解晚班包裹、印刷品分拣作业现场情况。

云南省人大常委会高票通过《云南省邮政条例》

云南省第十一届人民代表大会常务委员会第三十二次会议于7月29日高票通过了《云南省邮政条例》。《条例》将从2012年10月1日起实施，2002年1月21日云南省九届人大常委会第二十六次会议通过的《云南省邮政条例》将同时废止。

全面部署做好十八大期间寄递渠道安全保障工作

为切实做好云南省寄递渠道安全保障工作，确保党的十八大期间寄递渠道安全畅通，云南省邮政管理局成立党的十八大期间寄递渠道安全保障工作领导小组，并转发《国家邮政局、国家安全部、公安部、海关总署、新闻出版总署关于做好党的十八大期间寄递渠道安全保障工作的通知》，要求全省寄递企业自查自纠，加强管理，做好十八大期间寄递渠道安保工作。随后，印发《云南省邮政管理局党的十八大期间寄递渠道安全保障工作实施方案》，并修订完善了云南省突发事件应急处置方案，制定了突发事件应急值班制度。并于9月25日，召集在昆快递品牌网络企业总部负责人30余人参加了“党的十八大期间我省寄递渠道安全保障工作动员部署会议”，签订了《党的十八大期间云南省邮政业寄递渠道安全保障责任书》。

西藏自治区快递发展大事记

对全区快递从业人员进行培训

2月29日，按照国家邮政局“着力健全快递服务体系，抓好快递转型升级，促进快递大发展上水平”的要求，西藏自治区邮政管理局对全区快递企业从业人员进行培训，区内10多家快递企业的70余名从业人员参加培训。培训中，重点讲解了快递市场概况、操作规范、安全生产和行业文化建设等内容，同时，要求各企业进一步加强收寄验视工作，为自治区的维稳工作作出应有的贡献。培训现场气氛热烈，取得了较好效果。

启动依法行政讲座系列活动

3月12日，西藏自治区邮政管理局正式启动了依法行政系列讲座活动。局长唐顺益亲自担任活动的授课人，系统汇报和讲解了国家邮政局在国家行政学院安排的有关教学课程，重点讲述了邮政监管机构依法行政的重要性、紧迫性以及面临的挑战，还结合自己多年从事法律工作的经验，列举案例，系统讲述了行政处罚法、行政诉讼法以及行政复议法的相关内容。全区邮政监管干部都认真参加了讲座活动。此项活动的开展，对西藏邮政监管干部法律意识和素质的提高将起到较大的推动作用。

采取各种措施确保邮路安全

3月20日，西藏自治区邮政管理局根据区党委的要求，与14家邮政企业、快递企业分别签订2012年安全责任书，要求各企业充分认识执行收寄验视制度和做好安全工作的重大意义，并结合明查与暗访的方式，督促各企业严把收寄关口，确保邮路安全畅通，积极维护自治区社会稳定和长治久安。

《西藏自治区邮政条例》获自治区人大常委会审议通过

3月30日，西藏自治区人大常委会审议并全票通过了《西藏自治区邮政条例》，该条例于2012年6月1日起施行。《条例》紧密结合西藏自治区实际，适应地方经济社会发展需要，体现了制度创新。

部署开展自治区邮政条例宣传贯彻工作

4月10日，《西藏日报》全文刊登了《西藏自治区邮政条例》内容，为《条例》于2012年6月1日正式施行打下良好基础。4月11日，西藏自治区邮政管理局召开专题会议部署安排《条例》宣贯工作，成立以局领导为组长的《条例》宣传贯彻工作领导小组，制定宣传贯彻方案，结合地方实际，印发藏汉文对照的《条例》单行本，并继续积极争取地方人大、政府及相关部门对《条例》宣传贯彻工作的支持。

马军胜局长批示肯定自治区邮政地方立法工作

6月13日，国家邮政局局长马军胜就西藏自治区邮政管理局邮政地方立法工作作出批示：西藏是全国最困难、最艰苦的地区，西藏邮政管理部门人员最少、任务繁重，还需要长期派人深入5000多米的高原农村协助开展工作。在此极其困难的条件下，能推动地方立法工作从无到有，创建规制，难能可贵，充分体现了西藏自治区邮政管理局全体干部的精神风范，是“老西藏”精神在邮政管理部门的彰显。望西藏自治区邮政管理局以《西藏自治区邮政条例》颁布为契机，大力推进宣传贯彻实施工作，切实保障邮政普遍服务，维护邮政通信与信息安全，加强邮政市场监管，促进西藏自治区邮政业健康发展，为适应地方经济社会发展作出新的贡献。

开展自治区快递企业统计工作检查

6月19日，为进一步贯彻落实《邮政行业统计管理办法》，规范自治区邮政行业统计工作，提高快递企业统计水平，西藏自治区邮政管理局对全区快递企业建立统计台账、数据上报情况进行了实地检查。检查过程中，检查组向各企业统计工作人员详细讲解了邮政行业统计信息系统和快递服务企业业务量及收入表等，指导企业建立统一、规范的统计台账。通过检查，进一步提高了各快递企业对统计工作重要性的认识，个别企业对统计工作中存在问题也进行了整改，确保了统计数据及时、准确上报。

自治区邮政服务获政府关心和支持

7月10－13日，西藏自治区党委常委、自治区政府常务副主席秦宜智来到西藏昌都地区调研考察，对邮政服务特别是空白乡镇邮政局所补建工作进行了现场办公和指导，并看望慰问了邮政职工代表，西藏自治区邮政管理局局长唐顺益陪同调研。秦宜智强调，全区各级政府部门要将邮政服务作为政府工作的一部分加以关心和支持，尤其是对空白乡镇邮政局所的建设，要在选址、划地等各方面提供支持和帮助。

贯彻落实国家邮政局2012年年中工作电视电话会议精神

7月17日，国家邮政局2012年年中工作电视电话会议召开后，西藏自治区邮政管理局立即召开了全体干部职工大会，传达学习国家邮政局2012年年中工作电视电话会议精神，并于7月底召开西藏自治区邮政管理局2012年年中工作会议，总结回顾上半年工作，并对下半年工作进行安排部署。

马军胜局长会见西藏自治区党委常委、常务副主席秦宜智

9月14日，国家邮政局局长马军胜在北京会见了西藏自治区党委常委、常务副主席秦宜智一行。双方就保障自治区邮政普遍服务、加强自治区邮政基础设施建设，以及完善省级以下邮政监管体制等事宜交换了意见。

开展系列活动庆祝第43届世界邮政日

10月9日，西藏自治区邮政管理局与区邮政

公司共同开展了内容丰富的系列活动，庆祝第43届“世界邮政日”。一是发表署名文章。西藏自治区邮政管理局局长唐顺益在《西藏日报》发表了题为《坚持发展现代邮政把西藏邮政事业不断推向前进》的署名文章。二是开展宣传活动。在拉萨市主要街道举办了庆祝第43届“世界邮政日”宣传活动，并向在场市民发放了《中华人民共和国邮政法》、《西藏自治区邮政条例》等宣传资料以及邮票等纪念品。

西藏自治区7个市（地）邮政管理局挂牌成立

10月22日，西藏自治区7个市（地）邮政管理局同日成立。西藏自治区党委常委、常务副主席秦宜智，国家邮政局党组成员、副局长王梅为各市（地）邮政管理局授牌并作重要讲话。

积极开展“12·4”法制宣传教育活动

2012年12月4日是实施“六五”普法规划的第二年，又适逢党的十八大胜利召开，西藏自治区邮政管理局制订了法制宣传教育活动方案，集中组织全体干部职工学习了《宪法》、《邮政法》、《西藏自治区邮政条例》等法律法规，同时还通过悬挂宣传横幅、摆放宣传展板、发放宣传手册，设立咨询展台等形式，向群众宣传、普及、解答了邮政法律法规相关知识。此次活动，提高了邮政行业的社会认知度，取得了良好的社会效果，得到了社会各界的好评。

召开全局干部职工会议安排部署今后一段时期工作

12月19日，西藏自治区邮政管理局召开了全局干部职工会议，学习传达自治区党委八届三次全委会精神，结合邮政监管实际，进一步明确了当前和今后一段时期机关工作的总体要求和主要任务。在市场监管方面，抓住自治区着力“提升一产、壮大二产、做强三产”的机遇，帮助指导快递企业提高经营服务水平，推动快递企业健康发展。

陕西省快递发展大事记

召开2012年工作会议

1月16日，陕西省邮政管理局组织召开2012年工作会议，局机关全体人员、陕西快递行业协会全体人员、陕西省邮政公司和陕西省快递物流有限公司、西安顺丰、陕西申通、圆通西北管理区、韵达西北管理区等17家快递企业负责人参加。会上，与快递企业负责人签订了安全生产责任书和禁毒工作责任书。

检查快递企业节后工作情况

春节过后，陕西省邮政管理局深入各快递企业开展节后检查。检查结果显示，随着春节假期的结束，各快递企业生产基本全面恢复生产，规模较大的顺丰、圆通、中通、申通等快递企业单日处理量已全面恢复到节前水平。检查组要求，各快递企业要高度重视，妥善安排，加强企业内部及分支机构、加盟公司的管理，使生产经营活动尽快走上正规，同时严格执行收寄验视制度，优化操作流程，提高生产效率，有效保障寄递网络畅通和寄递渠道安全。

与快递企业签订安全、禁毒工作责任书

为加强寄递企业安全管理，促进寄递服务健康发展，陕西省邮政管理局与全省116家快递企业签订了安全、禁毒工作责任书。各快递企业承诺履行工作职责，认真做好安全、禁毒工作，并承

担相关责任。《责任书》坚持“谁主管、谁负责,谁经营、谁负责”的原则,从明确职责、加强验视、应急处置、提高认识、执行定期报告制度等方面对快递企业做好安全工作、保障邮路安全等职责进行了进一步明确,将安全生产责任落实到人。

专题研究快递人才队伍建设工作

为了进一步加强快递人才队伍建设工作,陕西省邮政管理局组织召开全省快递人才队伍建设研讨会。省快递行业协会、西安邮电学院相关负责人参加了会议。与会者围绕推进校企合作、加强快递人才培养、开展职业技能鉴定、推行“双证书”制度等内容,深入分析了陕西快递人才队伍的现状和存在的突出问题,并从不同角度提出了很好的意见和建议,明确了下一步全省快递人才队伍建设工作的重点。

陕西省快递行业协会换届选举大会召开

3月14日,陕西省快递行业协会隆重召开换届选举大会,全面总结协会成立四年来的工作,并选举产生了新一届理事会。

加强“两会”期间邮路寄递物品安全工作

3月8日,根据国家邮政局《关于切实做好“两会”期间邮政行业稳定工作的通知》精神,陕西省邮政管理局召开陕西省“两会”期间邮路安保工作会议,加强邮路寄递物品安全工作。陕西省安全厅、公安厅相关部门负责人出席,来自省邮政公司、西安市各大快递企业负责人参加了会议。

召开邮路寄递物品安全工作联席会议

为了确保“两会”期间陕西邮路畅通无阻,并将强化邮路寄递物品安全工作常态化,陕西省邮政管理局市场监管处和陕西省公安厅技术侦查总队召开了邮路安全工作联席会议。双方简要回顾了一季度陕西邮路安保工作,对近期陕西邮路安保情况和检查情况进行交流,并对下一步的邮路安保工作进行了部署安排。

陕西省出台完善省级以下邮政监管体制工作实施意见

4月15日,陕西省人民政府以陕政办发〔2012〕42号文出台了《关于完善省级以下邮政监管体制工作的实施意见》,对进一步深化邮政体制改革、设立省以下邮政监管机构、调整邮政管理体制等工作进行了安排部署。

召开陕西省快递市场监管工作会议

4月17日,陕西省邮政管理局组织召开陕西省快递市场监管工作会议,会议传达了国家邮政局2012年快递市场监管工作座谈会精神,对2011年陕西省快递市场监管工作进行了全面总结,并对2012年工作进行了安排部署。陕西省邮政管理局副局长秦红保出席会议并讲话,省工商局、省公安局、省国家安全厅等有关部门和快递企业相关负责人参加了会议。

启动快递业务员职业技能鉴定考试工作

5月19日,陕西省2012年第一批初级快递业务员职业技能鉴定考试在西安邮电学院举行。陕西省邮政管理局委托西安邮电大学,通过集中培训方式对参加陕西省快递业务员技能鉴定考试的400多人分两期进行了培训学习。此项工作开展以来,共有2823人参加考试,其中2185名快递员通过了考试,通过率达75%以上,在全国同行业中保持较高的通过率。

开展榆林地区快递服务质量专项整治工作

针对榆林地区多家快递公司遭大量投诉的现状,2012年7月19日,陕西省邮政管理局在榆林市召开榆林地区快递服务质量专项整治工作会议,随后对榆林市、延安市、府谷县、神木县等地区共18家快递企业进行了现场检查,对存在的问题企业提出了整改意见。

开展专项检查确保邮路“一畅通五安全”

为进一步落实全省邮路安全监管工作会议精神，7 月，陕西省邮政管理局与省公安厅联合对全省寄递企业开展以邮路畅通、员工安全、车辆安全、快件安全、资金安全和信息安全为中心的“一畅通五安全”专项检查活动。检查组深入陕西省邮政速递物流公司和圆通、中通、申通、顺丰、宅急送、韵达在陕西的西北管理区、陕西区部、分拨中心，认真听取了企业负责人关于上半年邮路安全生产和安全防范工作开展情况的专题汇报，对企业规章制度和企业重点部位安全防范措施的落实情况进行了重点检查。

研究部署十八大期间邮路安保工作

近日，陕西省邮政管理局和有关部门召开联席会议，共同研究部署党的十八大期间邮路安保工作。会议回顾总结了上半年全省邮路安保工作，就近期邮政行业安全生产情况和监督检查情况交换了意见，并对党的十八大期间全省邮路安保工作进行了研究部署。

市级邮政管理局领导班子任前集体谈话会议召开

9 月 4 日，陕西省邮政管理局召开陕西省市级邮政管理局领导班子任前集体谈话会议，采取集体谈话和个别谈话相结合的方式，对陕西省 10 个市级邮政管理局局长、副局长共 18 人进行了任前谈话，同新任职的市局主要负责人签订了党风廉政建设责任书，并现场交付了印章。

安排部署党的十八大期间寄递渠道安全保障工作

9 月 25 日，陕西省邮政管理局联合省公安厅、省国家安全厅、西安海关、省新闻出版局等部门召开党的十八大期间寄递渠道安全保障工作布置会议。深入贯彻落实国家邮政局等五部委关于党的十八大期间寄递渠道安全保障工作的总体部署，确保陕西寄递渠道安全万无一失，为党的十八大胜利召开创造稳定的社会环境，省邮政管理局、省公安厅、省国家安全厅、西安海关、省新闻出版局等部门有关领导出席会议，全省 50 多家重点寄递企业负责人参加了会议。

西安市邮政管理局成立

11 月 22 日上午，西安市邮政管理局成立揭牌仪式在西安市政府报告厅隆重举行。这是继宝鸡、汉中、咸阳 3 市邮政管理局成立后，陕西省成立的第四个市级邮政管理局。国家邮政局党组成员、副局长王梅和西安市人民政府副市长任军号共同为西安市邮政管理局揭牌。任军号和陕西省邮政管理局局长申来安分别致辞，揭牌仪式由西安市人民政府副秘书长贾双社主持。

10 个市级邮政管理局全部揭牌成立

12 月 3 日，陕西省榆林市邮政管理局正式揭牌成立，陕西省邮政管理局党组书记、局长申来安与榆林市政府市长助理刘俊明共同为榆林市邮政管理局揭牌。榆林局的揭牌成立，标志着陕西省 10 个市级邮政管理局全部完成揭牌任务，陕西省级以下邮政监管机构组建工作基本完成。

开展非法泄露用户信息专项检查行动

12 月 18 日，陕西省邮政管理局联合省安全厅、省公安厅等部门召开陕西省寄递企业防范非法泄露用户信息工作推进会。会议学习传达了国家邮政局《关于严密防范寄递企业及从业人员非法泄露用户使用邮政服务或快递服务信息的通知》，以及国家邮政局副局长刘君在寄递服务信息安全管理工作电视电话会上的讲话精神，要求陕西省邮政、快递企业高度重视，精心组织，迅速开展寄递企业信息安全自查工作，同时，对下一步各部门联合开展寄递企业防范非法泄露用户信息专项检查行动进行了安排部署。

甘肃省快递发展大事记

召开全省邮政业监管工作会议

1月10日，甘肃省邮政管理局在兰州召开全省邮政业监管工作会议，传达国家邮政局工作会议精神和交通运输部部长李盛霖、国家邮政局局长马军胜讲话精神，总结了2011年甘肃省邮政业发展情况和邮政管理工作，并结合国家局工作部署，就2012年甘肃省邮政管理局重点工作做了详细部署和安排。

检查春节前旺季服务保障和和安全生产工作

1月10日起，甘肃省邮政管理局成立专项检查组，对全省23家重点快递企业的春节旺季服务保障和安全生产工作开展专项执法检查。检查组深入快递企业中转站、分拣场地和营业网点，对企业的旺季生产情况和监控设施、消防设施、分拣设备、运输工具等重点环节和部位的安全状况做了全面、彻底检查，督促和指导企业做好春节旺季服务保障和安全隐患排查工作。

发布《甘肃省“十二五”邮政业发展规划》

2月14日，甘肃省邮政管理局会同省发改委联合下发通知，正式发布了《甘肃省“十二五”邮政业发展规划》。

多举措狠抓寄递渠道安全生产

2月17日起，甘肃省邮政管理局派出检查组对23家重点网络性企业进行了安全生产检查，根据检查中存在的问题召开了专门会议通报情况，并下发了《关于进一步加强寄递渠道安全生产工作的紧急通知》。

召开快递业务经营许可年度报告工作布置会

2月28日，甘肃省邮政管理局召开了全省快递业务经营许可年度报告工作布置会。省内规模以上快递企业的负责人全部参加了会议。

组织开展打击无证经营快递业务专项整治行动

为进一步规范快递市场秩序，营造公平、公正的市场环境，甘肃省邮政管理局下发了《关于在全省开展打击无证经营快递业务专项整治行动的通知》，并召开专题会议安排部署相关工作。《通知》规定了专项整治行动从3月1日开始，到9月30日结束，重点整治未取得《快递业务经营许可证》擅自从事快递业务、未经备案登记擅自设立分支机构、《快递业务经营许可证》有关事项发生变更，未办理变更手续等违法、违规行为。

专题部署“两会”期间安全工作

3月2日，甘肃省邮政管理局组织省内23家重点网络性企业召开了专门会议，部署了全省邮政业服务和安全工作，并下发了《关于做好全省“两会”期间邮政业服务和安全工作的通知》。

甘肃省原则通过《甘肃省邮政条例（修订草案）》

3月28日，甘肃省省长刘伟平主持召开省政府第103次常务会议，讨论并原则通过了《甘肃省邮政条例（修订草案）》，下一步《条例（修订草案）》将进入省人大常委会的立法程序。会议听取了甘肃省邮政管理局局长张玉虎关于《条例（修订草案）》的起草说明和省政府法制办的审查意见。

部署全省安全生产和禁毒工作

4月10日，甘肃省邮政管理局组织32家寄递企业负责人召开专题会议，传达贯彻了全省安全生产工作会议和全省禁毒工作会议精神，与各企业负责人签订了《甘肃省邮政行业2012年安全生产责任书》和《甘肃省邮政企业2012年禁毒工作责任书》。

通报2011年快递服务质量测试情况

4月13日，甘肃省邮政管理局组织召开全省快递服务质量测试情况通报会，向全行业通报了国家邮政局2011年兰州快递服务质量测试情况。会议系统分析和总结了甘肃省快递服务中存在的质量问题，并就提升甘肃快递服务质量提出了要求。

开展“五一”节前快递服务及安全生产执法检查

“五一”前夕，为确保节日期间快递行业生产安全，给消费者提供安全、优质、高效、便捷的快递服务，甘肃省邮政管理局于4月24－27日，组织执法人员深入各快递服务企业检查指导旺季服务及安全生产工作。

举办《快递服务》系列国家标准培训班

为全面贯彻落实国家邮政局《快递服务》系列国家标准电视电话培训会议精神，提高快递企业对《标准》的学习和运用，甘肃省邮政管理局专门下发了《关于学习〈快递服务〉系列国家标准的通知》，并于5月8日举办了《快递服务》系列国家标准宣贯培训班。

举办《邮政行业安全防范工作规范》专题培训班

根据2012年全国邮政市场执法和安全监管培训班的要求，为进一步督促快递企业加强安全管理，提高安全防范水平，5月25日，甘肃省邮政管理局组织全省快递企业负责人举办了《邮政行业安全防范工作规范》专题培训班。

全面部署十八大邮路安保

7月4日，甘肃省邮政管理局会同省国家安全厅联合召开了十八大邮路安保工作会议，全面部署了十八大邮路安保工作。

开展“打非治违”专项行动

为切实做好邮政行业安全生产领域“打非治违”专项行动工作。甘肃省邮政管理局于7月20日组织省邮政公司及重点快递企业负责人召开专题会议，对相关工作作出了安排部署。

新修订的《甘肃省邮政条例》高票通过

8月6－10日，甘肃省第十一届人民代表大会常务委员会第二十八次会议在兰州召开。出席本次大会的省人大常委会43名委员，以42票赞成、1票弃权的表决结果，高票通过了新修订的《甘肃省邮政条例》。《条例》于2012年10月1日起正式实施。

安排部署“双节”期间快递服务和安全保障工作

甘肃省邮政管理局于9月17日组织召开专题会议，安排部署中秋、国庆期间快递服务和安全保障工作。会议要求各企业要根据业务量的变化及流向，合理调配人员和车辆，防止出现快件延误、积压等损害消费者权益的现象；要严格按照《甘肃省2012年快递企业旺季服务保障工作责任书》的规定，在业务旺季期间，安排好节假日轮休，认真落实24小时值班制度和负责人带班制度，及时妥善处理好快件妥投和售后问题。

召开修订后的《甘肃省邮政条例》颁布实施新闻发布会

9月25日，甘肃省政府新闻办召开修订后的《甘肃省邮政条例》颁布实施新闻发布会。省内30多家新闻媒体参加了发布会，并进行了报道。

通报2012年邮路寄递安全测试情况

甘肃省邮政管理局于10月8日召开专门会议，通报2012年邮路寄递安全测试情况，省邮政公司及重点快递公司负责人参加了会议。会议分析了7个重点市（州）的50家邮政支局（所）及38家快递公司的实物寄递测试基本情况，总结了本次测试中存在的问题，对不严格执行收寄验视制度的3家企业下发了责令整改通知书，提出了具体整改措施，责令限期整改。

多部门联合发文加强十八大寄递渠道安全保障工作

10月10日，甘肃省邮政管理局联合各部门下发了《关于做好党的十八大期间寄递渠道安全保障工作的通知》，要求企业全面开展寄递渠道安全隐患排查工作，严防不法分子利用寄递渠道传递各类违禁物品，全面加强对进京邮件快件的安全检查，严查邮寄各类非法出版物非法宣传品，确保各项安全保障工作措施落到实处。

通报快递服务质量满意度调查情况

11月3日，甘肃省邮政管理局召开专门会议，通报了全省快递服务质量满意度等相关情况。会议对国家邮政局上半年兰州快递服务质量满意度调查情况、甘肃省邮政管理局2012年全省快递服务质量满意度调查情况及第三季度省邮政业消费者申诉情况进行了通报，并组织与会人员围绕提升全省邮政业服务质量展开了研究讨论。

市(州)邮政管理局成立揭牌仪式在兰州市举行

11月15日，甘肃省14个市(州)邮政管理局成立揭牌仪式在兰州市举行，国家邮政局副局长刘君与甘肃省政府副秘书长武志斌共同揭牌并发表讲话，甘肃省邮政管理局局长张玉虎致辞。

联合省工商局规范快递许可审批和登记管理工作

12月15日，甘肃省邮政管理局会同省工商行政管理局联合下发通知，转发了国家邮政局、国家工商行政管理总局印发的《关于规范经营快递业务的企业许可审批和登记管理有关事项的通知》。

部署寄递服务信息安全管理工作

12月18日，甘肃省邮政管理局召开专门会议，部署全省寄递服务信息安全管理工作。各市州邮政管理局、省邮政公司及重点快递企业的相关负责人参加了会议。

青海省快递发展大事记

骆玉林副省长充分肯定青海管局工作

1月11日，青海省委常委、副省长骆玉林听取了青海省邮政管理局关于国家邮政局工作会议精神和青海省邮政行业发展及管局工作情况的汇报。在充分肯定了省管局工作的同时，骆玉林也表示，国家将邮政服务列为“国家基本公共服务的范围和重点”非常好，省政府也将出台相应的政策措施跟进，支持青海邮政业发展。骆玉林要求省管局认真贯彻落实国家邮政局工作会议精神，加大电子商务与快递业务联动发展政策措施研究，有效实施邮政业“十二五”规划，更好地服务青海地方经济发展。

快递服务车辆机场高速通行费优惠政策出台

1月，青海省邮政管理局与高速公路管理局签订协议，对在青海省内从事快递服务活动的车辆，实行往返机场高速公路减免30%通行费用的优惠政策。

组织安全生产教育培训

2月，青海省邮政管理局组织举办邮路禁寄物品安全知识专题培训班，青海省公安禁毒办、民航管理局、国家安全厅、机场安检有关专家讲授相关禁寄物品种类、识别方法和处理办法等相关知识，公安治安总队讲解了《企业事业单位内部治安保卫条例》及非法案例，进一步提高广大从业人员的安全防范意识和业务知识。举办邮政企业、快递企业负责人及安全员专题培训班，宣传贯彻《邮政行业安全监督管理办法》，组织学习《邮政行业安全防范工作规范》和《寄递渠道治安检查工作规定》。

举办快递行业高管培训班

3月，青海省邮政管理局组织举办快递行业高管培训班，围绕“快递服务质量提升与问题防范”、“员工考核与激励技巧”、“管理者角色认知与定位”等内容进行专题培训，并组织快递企业负责人参观外省知名快递企业，学习和借鉴外省好的经验、做法，进一步提升青海省快递行业管理人员的业务素质和管理水平。

促进快递与民航产业协同发展

4月，青海省邮政管理局与民航青海安全监督管理局联合发布《关于促进全省快递与民航产业协同发展的实施意见》，进一步强化快递与民航产业优势互补，促进两产业协同发展。

开展小微快递企业政策利用研究

5月，青海省邮政管理局委托相关研究机构开展小微快递企业政策利用研究，深入剖析青海省快递业发展过程中存在的困难，梳理国家、青海省及相关部门出台的扶持小微企业发展的有关政策，有针对性地提出有利于快递企业发展的政策措施，帮助企业用好政策，加快发展。

贯彻落实《快递服务》国家标准

5月，组织青海省各快递企业负责人和业务主管参加《快递服务》国家标准宣贯会，督促企业开展自查自纠活动，不断提高企业服务标准。

协调交管部门解决快递车辆通行问题

1—5月，青海省邮政管理局与交通管理部门积极协调、落实《关于加强快递企业运输车辆管理工作的通知》和《快递服务机动车辆统一标识管理办法》，对青海省近百辆快递服务用车喷涂企业统一标志，制作、发放统一编号，有效解决快递企业在运输、收投中的实际困难。

开展快递服务用户满意度和快件时限测试活动

5—8月，青海省邮政管理局委托专业部门开展“2012年快递服务公众满意度调查”，通过调查了解各企业在收寄、投递、客服、理赔等方面的公众满意度情况，并通过对比、分析，督促企业改进不足之处。组织开展“快递服务时限测试”项目调研，对青海省快递企业的国内异地、省内异地和同城快递全程时限，时限准时率以及上门取件用时、电话下单用时等进行全面测试，深入了解各企业服务时限，监控快递企业服务能力和水平。根据测试结果，在行业内树立起了标杆企业，引导全省快递企业向他们学习。

开展行业禁毒监督检查

5月，青海快递行业积极配合省禁毒委员会开展了“参与禁毒，构建和谐”的主题宣传活动，通过悬挂横幅、摆放展板、散发宣传单等形式，适时报道毒品通过邮政业渠道传递查堵的情况，积极宣传参与禁毒人民战争的成果，调动了全行业协助公安机关查缉毒品、防止毒品从邮路渠道寄递的工作积极性。

组织开展行业安全应急演练

6月，青海省邮政管理局、反恐办，西宁市公安局等部门组织企业开展了代号为“昆仑1号——邮包炸弹”反恐应急演练活动，通过对“邮包炸弹”的发现、报警、报告、现场应急处置、公安疏散群众、特警排爆处置等环节的演练，着力提升应对突发应急事件的综合指挥能力、快速反应能力、协调作战能力和应急处理能力。

快递业务经营许可管理办法工作培训会召开

9月，青海省邮政管理局召开青海省快递业务经营许可管理办法工作培训会，组织指导青海省内15家快递企业认真贯彻落实《邮政行业统计报表制度》。

举办全省邮政企业安全知识培训班

9月14日，青海省邮政管理局邀请省安全厅、公安厅、民航监管局、机场安检等部门的有关领导共同举办了全省邮政企业安全知识培训班。以确保党的十八大期间寄递渠道安全保障工作，进一步加强邮政企业安全监管管理，加强收寄验视制度，增强企业安全管理人员安全生产意识，提高企业从业人员识别和处置禁寄物品的能力，确保寄递渠道通信安全和信息安全，省邮政公司、各州、地、市邮政局企业主管安全的领导和企业专职安全管理员40多人参加了专题培训。

确保重大活动或节假日邮路安全

10月，青海省邮政管理局召开青海省邮政行业十八大安全保障工作会议，制订切实可行的邮路安保方案，动员全行业加强自查自纠，认真排查和消除安全隐患。联合国家安全厅对青海省邮政公司、快递企业部分营业网点、分支机构、邮件处理场所开展了专项检查，实寄测试收寄验视制度执行情况，对发现的安全隐患，责令限期整改，确保党的十八大等重大活动和节假日期间邮政行业安全有序运行。

全力做好快递服务旺季监管保障工作

9－11月，青海省邮政管理局多次组织召开旺季服务保障工作会，要求快递企业提前安排部署，合理配置快递资源，制订应对突发事件预案，采取有效措施，全力做好中秋、国庆、年末岁首业务旺季期间的旺季服务保障工作，并与全省快递企业签订《青海省邮政业快递业务旺季服务承诺书》。

8个州（地、市）邮政管理局全部挂牌成立

11月26日，西宁市邮政管理局成立揭牌仪式在西宁市隆重举行。至此，全省8个州（地、市）邮政管理局全部挂牌成立，标志着青海省级以下邮政监管机构组建工作基本完成，全省邮政业改革发展进入新阶段。全省所有州（地、市）邮政管理局的正式挂牌成立，充实和完善了青海邮政管理工作组织体系。下一步，青海省邮政管理局将监督指导各州（地、市）局加强政治思想教育和业务知识培训，加强自身基础建设，建立健全各项规章制度，促使各局尽快走上制度化、规范化轨道，为邮政管理各项工作开展奠定基础保障。

召开快递旺季服务安全保障工作会

为全面贯彻落实国家邮政局的工作部署，确保全省旺季期间寄递渠道安全畅通，12月7日，青海省邮政管理局组织召开全省快递企业旺季服务安全保障工作座谈会，全省18家重点快递企业的负责人参加了会议。会议传达贯彻了国家邮政局关于快递业务旺季服务安全保障工作的部署要求，对青海省快递业务旺季服务安全保障工作方案进行了解读，通报了近期个别快递企业违规收寄禁寄物品案件情况，并结合“双11”期间快递高峰出现的新变化和个别快递企业出现的违规问题，对即将到来的“双12”、2013年元旦和春节旺季服务安全保障工作作出了安排部署。

宁夏回族自治区快递发展大事记

宁夏邮政行业发展获自治区政府全力支持

1月11日，在宁夏十届人大六次会议期间，宁夏回族自治区政府副主席李锐专门听取了自治区邮政管理局关于国家邮政局2012年工作会议、

2011年宁夏邮政行业发展成果和自治区局主要工作情况的汇报。李锐对自治区局2011年工作给予了充分肯定，表示自治区政府将一如既往地全力支持自治区邮政行业加快发展，加强政府引导和保障，协调解决自治区邮政行业发展中遇到的新情况新问题。李锐同时强调，要认真贯彻落实国家邮政局工作会议精神，围绕邮政改革发展的新形势新任务，及时与自治区相关职能部门开展有效沟通衔接，结合自治区实际落实好国家邮政局"三个着力三个推进"的总体部署要求，抓好《中华人民共和国邮政法》和《邮政业发展"十二五"规划》的贯彻实施，更好地为宁夏地方经济社会发展和民生服务。

召开地方条例修订论证会

3月12日，宁夏回族自治区邮政管理局与自治区人民政府法制办联合召开《宁夏邮政条例（修订）》立法论证会。自治区公安、国家安全、住建、国土、民航、工商、交警等单位法制部门的负责人参加会议。自治区邮政管理局局长李洛郑就条例整体修订背景、宁夏邮政行业发展情况、宁夏普遍服务存在的困难、宁夏快递行业良好发展势头等情况进行了说明。与会代表就条例中涉及本部门的有关内容进行了讨论，提出了意见和建议。最后由自治区法制办对与会代表提出的意见和建议进行了汇总，作为进一步修订的参考依据。

召开《快递服务》国家标准培训班

为保证《快递服务》国家标准的贯彻实施，促进宁夏快递行业安全、持续发展，宁夏回族自治区邮政管理局于4月12日组织了一期全区快递企业负责人《快递服务》国家标准培训班。

召开邮政行业安全工作联席会议

4月13日，宁夏回族自治区邮政管理局在银川召开了全区邮政行业安全工作联席会议，自治区人大财经委、人大常委会法工委、政府法制办、国家安全厅、公安厅、民航宁夏监管局、银川海关等单位的相关领导应邀参加。联席会议讨论了由邮政管理局、国家安全厅、公安厅、民航宁夏监管局、银川海关联合成立宁夏寄递渠道治安管理协调小组，建立相关工作制度，具体开展工作等事宜。会议还建议将邮政行业安全特别是快递服务安全、快递车辆安全通行等内容纳入《宁夏邮政条例（修订）》。此次会议为深入推进年宁夏邮政行业安全监督工作奠定了良好基础。

出台《快递服务》系列国家标准宣传贯彻工作实施方案

为全面推进《快递服务》系列国家标准贯彻实施工作，进一步规范快递服务行为，保障消费者合法权益，推动快递市场健康有序发展，4月28日，宁夏回族自治区邮政管理局制定出台了《〈快递服务〉国家标准宣传贯彻工作实施方案》，明确了"标准"宣传贯彻实施工作的目标和要求，提出了培训教育、企业自查自纠和邮政管理部门监督检查等具体措施。

与自治区相关部门联合通知要求加强寄递渠道治安检查工作

宁夏回族自治区邮政管理局与自治区公安厅、国家安全厅联合下发通知，转发了国家邮政局、公安部、国家安全部制定下发的《寄递渠道治安检查工作规定》，要求进一步加强全区寄递渠道治安检查工作。通知强调，自治区各市、县（区）公安局及国家安全局等相关部门应认真贯彻落实《寄递渠道治安检查工作规定》，依法加大寄递渠道治安检查力度，严厉打击利用寄递渠道非法传递禁止、限制寄递物品的违法犯罪活动，坚决维护国家安全，保障自治区寄递渠道安全畅通。

自治区快递协会在网上公布从业员工黑名单

6月12日，宁夏回族自治区快递协会针对快递行业员工流动性大、企业间沟通不及时、员工素质较差等现象，建立了从业员工黑名单制度。对企业辞退的有不良行为的员工，由各企业将他们的名单及相关信息报到协会，协会在网上进行公示，利用自治区快递协会网上交流平台，达到上传的黑名单实现"信息互通、资源共享"的目的。各企业在招聘员工之前，可与协会联系核实应聘员工是否有过不良记录，或在自治区快递协会网上公示栏中进行核查，堵住以往的漏洞，保证了聘用人员的素质和质量，防止上述人员在各企业中流动进行违规活动。

《宁夏回族自治区邮政条例》获政府审议通过

7 月 3 日下午，宁夏回族自治区人民政府召开第 119 次常务会议，会议审议通过了《宁夏回族自治区邮政条例》。自治区发改委、公安厅、国家安全厅、财政厅、住房和城乡建设厅、交通运输厅、工商局、政府研究室、法制办、银川海关和民航宁夏监管局的主要负责人参加了会议。新华社宁夏分社、人民日报宁夏分社、中央广播电台、经济日报驻宁记者站等中央媒体和宁夏日报、宁夏电视台等新闻媒体对审议情况进行了报道。

组织开展快递服务质量专项整治活动

7 月 16 日，宁夏回族自治区邮政管理局在全区快递企业中组织开展了快递服务质量专项整治活动专项检查。自治区局成立了专项整治活动领导小组，以快递企业中存在的快递延误、快件丢失及短少、快件损毁、收投服务差等问题以及不认真处理邮政管理部门转办申诉、经常逾期答复、惯于推卸责任等问题为重点进行专项整治。

自治区人大审议通过《宁夏回族自治区邮政条例》

9 月 25 日，宁夏回族自治区第十届人民代表大会常务委员会第三十二次会议第二次审议《宁夏回族自治区邮政条例(修订草案)》，并高票通过，新修订的《宁夏回族自治区邮政条例》自 2012 年 12 月 1 日起施行。《条例》的修订实施标志着宁夏邮政管理工作进入到一个新的阶段。

五个设区市邮政管理局全部完成组建工作

11 月 12－15 日，固原、中卫、石嘴山、吴忠市邮政管理局先后挂牌成立，宁夏回族自治区邮政管理局党组书记、局长李洛郑与各市相关领导共同为市局成立揭牌。11 月 19 日，李洛郑和银川市副市长马凯共同为银川市邮政管理局成立揭牌。至此，自治区五个设区市级邮政管理局全部揭牌成立。

支持快递车辆通行优惠政策出台

11 月 30 日，宁夏回族自治区邮政管理局与自治区公安厅交通管理局、自治区道路运输管理局联合制发了《宁夏快递车辆运行管理办法》。《办法》统一了宁夏快递车辆标识，规定了宁夏快递车辆运行使用证的申请、办理、管理等相关程序，明确了快递车辆车型、车身喷涂等相关要求。同时规定，经自治区邮政管理部门核定的快递车辆在运递邮件途中，通过检查站、桥梁和隧道时，应当优先放行;需要通过禁行路线或者在禁停地段停车的，经公安机关交通管理部门同意，在确保安全的前提下，可以通行或者临时停车;快递车辆在揽收、投递快件时，有关部门和单位应当在其通行、停靠及进住宅区揽收、投递等方面提供便利。

组织法制宣传日活动

12 月 4 日，全国法制宣传日。为了营造社会各界关心、支持邮政行业的良好氛围，特别是为了更好地宣传新修订的《宁夏回族自治区邮政条例》，宁夏回族自治区邮政管理局动员全体行业从业企业和区、市两级邮政管理部门通过多种方式进行邮政行业法律法规宣传。活动当日，自治区邮政行业各企业均悬挂了庆祝邮政条例施行的横幅，各市管局均通过上街设置宣传站、发放邮政条例单行本、在报纸上刊登相关宣传专版、在网站上开设宣传专题等方式，开展了一系列宣贯活动。

多项举措确保快递服务信息安全工作到实处

为了贯彻落实国家邮政局关于加强寄递服务信息安全管理的电视电话会议精神，维护关于保护公民通信自由与通信秘密的规定，切实保护消费者合法权益，坚决防止寄递服务信息被大量贩卖导致公民个人信息严重泄漏的严重违法行为，12 月 25 日，宁夏回族自治区、各市邮政管理局联合区、市两级国家安全部门开展了为期一周的加强寄递服务信息安全管理综合执法检查。自治区邮政管理局还根据快递服务标准关于快递服务面单保存期限的规定，要求各企业面单在届满保存期限后，在当地邮政管理部门监督下进行销毁，严禁私自买卖。

新疆维吾尔自治区快递发展大事记

开展快递业务旺季服务保障专项检查

1 月，根据国家邮政局统一部署安排，新疆维吾尔自治区邮政管理局开展快递业务旺季服务保障专项检查，督促快递企业做好业务旺季期间服务保障工作，深入贯彻执行旺季服务保障措施，确保行业安全稳定运行，维护消费者合法权益。

举行邮政业禁毒“流动课堂”宣传活动

2 月，新疆维吾尔自治区邮政管理局组织开展邮政业禁毒“流动课堂”宣传活动，进一步贯彻落实《关于深化全民禁毒宣传教育工作的指导意见》，采取多种形式，加强邮政业禁毒宣传工作。

快递协会召开一届五次会议

3 月 5 日，新疆快递行业协会一届五次会员大会在乌鲁木齐召开，新疆维吾尔自治区邮政管理局局长董党生出席会议并作重要讲话。

启动快递许可年度报告工作

3 月 7 日，新疆维吾尔自治区邮政管理局下发《关于开展 2012 年快递业务经营许可年度报告工作的通知》，正式启动快递许可年度报告工作。

举办邮政业消费者投（申）诉处理培训班

3 月 17 日，新疆维吾尔自治区邮政管理局举办了全区邮政业消费者投(申)诉处理培训班。局党组书记、局长董党生出席会议，并作开班讲话。新疆邮政公司、邮政速递物流公司以及乌鲁木齐地区 30 多家快递企业的相关工作人员参加了培训。培训班的举办，为深入贯彻落实《邮政业消费者申诉处理办法》，提高邮政、快递企业受理人员处理消费者投（申）诉能力发挥了积极作用。

印发《新疆快递服务投（申）诉考核办法（暂行）》

4 月 10 日，新疆维吾尔自治区邮政管理局印发《新疆快递服务投（申）诉考核办法（暂行）》，并以规范性文件形式向自治区政府法制办作了备案。《办法》的实施，为进一步加强对经营快递业务企业服务质量的监督管理，有效降低投（申）诉率，提升快递服务质量和水平，维护用户合法权益发挥了重要作用。

解决快递车辆进城难等问题

4 月，新疆维吾尔自治区邮政管理局联合自治区公安厅交通警察总队、自治区道路运输管理局印发《新疆快递服务车辆运行管理办法》，解决快递运输车辆进城难、城区停靠难等问题，大力提高快递城市派送水平。

开展快递业务经营许可审核综合检查

4 月 18－28 日，新疆维吾尔自治区邮政管理局组成综合检查组，历时 11 天，行程 4000 余公里，对10家快递企业在巴州、阿克苏、喀什、克州4个地(州)的15个县(市)申请设立的38个分支机构进行综合检查，为快递业务经营许可审核工作顺利进行打好基础。

举行《快递服务》系列国家标准培训

5月30日，新疆维吾尔自治区邮政管理局在新疆邮政公司以电视讲座的形式，对全区邮政企业进行了《快递服务》系列国家标准的培训。5月31日，又再次举办培训会议，对乌鲁木齐地区各快递企业负责人、业务主管进行《标准》培训，全面贯彻落实《快递服务》系列国家标准。

联手加强航空邮件安全管理

6月19日，新疆维吾尔自治区邮政管理局、民航新疆管理局联合召开航空邮件安全管理座谈会。新疆邮政管理局副局长李志炜、民航新疆管理局副局长张军平出席会议。会议通报了查处航空邮件、快件中涉及危险品的案件情况，并就下一步航空邮件、快件安全工作进行安排部署。

开办2012年度邮政业禁毒培训

6月21日，在"6·26"国际禁毒日来临之际，新疆维吾尔自治区邮政管理局举办2012年度邮政业禁毒培训班。自治区禁毒总队相关领导同志受邀给培训班学员授课。新疆邮政公司、邮政速递物流公司主管安全的负责人，乌鲁木齐各快递企业主要负责人、相关主管人员及各营业厅(部)负责人共计120余人参加培训。

检查维护寄递渠道安全

7月4日，新疆维吾尔自治区邮政管理局与自治区国家安全厅、公安厅治安总队、禁毒总队和"扫黄打非"办公室组成联合检查组，对乌鲁木齐地区邮政、快递企业落实寄递渠道治安、"扫黄打非"、禁毒和信息安全等工作进行全面检查，进一步维护寄递渠道安全，确保行业安全、稳定运行。

深入快递企业检查指导

7月19－20日，新疆维吾尔自治区邮政管理局党组书记、局长董党生带领相关人员对乌鲁木齐地区部分快递企业经营管理工作进行检查指导，深入贯彻国家邮政局2012年下半年工作部署，推动在邮政行业开展的道德领域突出问题专项教育和治理活动，以及在安全生产领域开展的"打非治违"专项活动深入开展。

启动第二届"中国—亚欧博览会"邮路安保工作

8月17日下午，新疆维吾尔自治区邮政管理局召开第二届"中国—亚欧博览会"邮路安保工作动员会议，部署亚欧博览会邮路安保工作。会议宣读了《关于做好第二届中国—亚欧博览会期间寄递渠道安全监管工作的通知》和《关于第二届"中国—亚欧博览会"新疆邮路安全保障工作检查方案》，亚欧博览会邮路安保工作正式启动。

组织开展亚欧博览会邮路安保专项检查

8－9月，新疆维吾尔自治区邮政管理局成立了以局长董党生为组长的第二届"中国—亚欧博览会"新疆邮路安全保障专项检查组。8月25日，启动亚欧博览会邮路安保工作假日期间专项检查方案，对乌鲁木齐地区邮政、快递企业周末期间落实邮路安保工作进行明察暗访。

加强十八大期间寄递渠道安全保障

9月20日，新疆维吾尔自治区邮政管理局组织召开党的十八大期间新疆寄递渠道安全保障工作动员会议。局长董党生出席会议并作讲话。会议全面启动党的十八大期间寄递渠道安保工作，全面贯彻落实国家邮政局部署要求，确保党的十八大期间全区寄递渠道安全。

开展专项安全检查

9月28－29日，新疆维吾尔自治区邮政管理局组成由局领导、市场监管处领导、快递协会领导带队的三个检查组，对乌鲁木齐地区邮政、快递企业开展安全生产专项检查，查找安全隐患，督促企业整改，切实提升我区邮政业安全管理水平。

加强安全生产监督管理

10 月 16 — 18 日，新疆维吾尔自治区邮政管理局联合消防等相关部门开展邮政业消防安全专项检查，进一步加强全区邮政业安全生产监督管理，深入推进邮政业消防安全工作。共检查企业 33 家，发现严重消防安全隐患 7 处，当场下达整改通知书 5 份。

各地州市邮政管理局开展摸底调查

10 月，根据新疆维吾尔自治区邮政管理局《关于 2012 年全区邮政行业发展情况调研的通知》的安排，各地州市邮政管理局分别结合当地实际，开展调查活动，掌握辖区内邮政、快递企业的分布情况和发展现状以及存在的问题，为今后管理工作的顺利开展打基础。

14 个地州市邮政管理局全部成立

11 月 1 日，新疆维吾尔自治区邮政管理局在乌鲁木齐统一举行地州市邮政管理局揭授牌仪式，全区 14 个地州市局全部成立，邮政监管体制进一步完善，为邮政市场监管工作提供了更有力的抓手。

开展党的十八大邮路安保检查

11 月 4 日，新疆维吾尔自治区邮政管理局组成两个检查组，开展党的十八大邮路安保专项检查，对乌鲁木齐和昌吉地区快递企业及其分支机构寄递渠道安全和安全生产的实施情况进行专项检查，进一步贯彻落实国家邮政局、公安部、国家安全部、海关总署、新闻出版总署等五部门《关于做好党的十八大期间寄递渠道安全保障工作的通知》和自治区党委、政府的有关精神，扎实做好全区邮政业十八大召开前期寄递渠道安全的备战工作，切实履行邮政安全监管职责，确保寄递渠道的安全畅通。

检查指导旺季服务工作

随着“双 11”购物狂欢节的结束，新疆地区快件进港量大幅增长，快件派送压力逐渐加大。11 月 13 日、14 日夜间 20:00 至 22:00，新疆维吾尔自治区邮政管理局党组书记、局长董党生顶风冒雪，利用夜间时间对新疆申通、圆通、韵达、汇通等公司分拨中心进行检查，了解企业应对“双 11”情况及服务、安全、运营情况，指导企业做好旺季服务工作。

开展寄递渠道信息安全专项检查

根据国家邮政局关于加强寄递渠道信息安全工作电视电话会议精神，12 月 20 日，新疆维吾尔自治区邮政管理局下发了《关于进一步加强寄递渠道用户信息安全监督检查和自查工作的通知》，并成立专项检查组，开展寄递渠道信息安全专项检查。

第三篇　发展环境

第一章　2012年快递市场监管和安全监管情况

一、2012年快递市场监管情况

2012年是我国"十二五"规划承上启下的关键之年，是邮政改革创新、转型升级的实施之年，各地邮政管理部门认真贯彻执行国家邮政局的安排部署，以科学发展观为指导，以提高服务水平为核心，着力构建两个体系，努力实现四个转变，全力做好"落实执行年"的各项工作，快递市场秩序持续改善，服务质量不断提高。

（一）优化市场发展环境，促进了行业快速发展

一是加强规划引导。为促进邮政业又好又快发展，积极推动快递服务转型升级和做大做强，国家邮政局组织开展了《快递服务"十二五"规划》的宣传贯彻工作，积极推动规划落地实施。按照《邮政业发展"十二五"规划》的总体部署和要求，宣传贯彻工作紧紧围绕构建快递服务体系，转变快递发展方式，推进快递大发展上水平，实现跨越式发展等核心内容，扩大宣传、增进共识、明确责任、推动落实。规划衔接力度进一步加大，邮政业重点内容陆续列入国家综合交通运输体系规划和服务业发展规划。同时，31个省级邮政业规划相继发布，区域和地方快递服务规划陆续贯彻实施。

二是优化市场环境。国家邮政局与商务部联合出台了《促进快递服务与网络零售协同发展的指导意见》，有效解决了快递服务与电子商务信息对接、资源共享的问题，为快递服务与电子商务协同发展创造条件；与工商总局联合出台了《规范经营快递业务的企业许可审批和登记管理有关事项的通知》，规范了快递企业分支机构工商注册登记程序，完善了快递业务经营许可与注册登记联动机制。各地邮政管理部门积极加强与地方有关部门的沟通协调，加快建立"快件绿色通道"，协调解决快递企业用地、快递车辆城市通行和作业等问题。广东局与省经信委组织开展了"广货网上行"活动，推动快递服务与电子商务协同发展；上海局争取市政府支持，提出了扶持快递发展的13项政策和措施；山东、江苏和福建等局与交通运输部门建立合作，积极利用综合交通运输体系为快递发展提供支撑；河南、重庆、天津等地快递产业园区建设取得进展，为快递提升服务能力创造条件。

三是快递业务持续快速发展。在加强规划引导，进一步优化市场发展环境的基础上，快递业务得到了持续快速的发展，业务收入达到1060亿元，同比增长40%；业务量达到57亿件，同比增长55%，连续23个月增长速度超过50%，最高日处理量突破3000万件，位列世界第二。特别是"双11"、"双12"电子商务促销以及快递旺季期间，在单日最高处理量同比增长67%的情况下，快递服务没有发生全网性爆仓积压现象，圆满完成了旺季服务保障工作，得到了社会的好评，用户比较满意。近年来，快递企业的服务能力和装备水平不断提升，邮政EMS在南京建成亚洲规模最大的快件处理中心，顺丰速运已经有30架货运飞机从事快件运输。快递网络由东部向西部、城市向农村

迅速扩展，快递从业人员达到80余万，并且每年以10万~20万人的速度增长，为社会提供了大量的就业岗位。快递市场多种所有制并存、多元主体竞合、多层次服务共生的市场格局已初步形成，呈现出了规模化、市场化、国际化的发展趋势。

（二）依法强化全面监管，推动了服务质量提升

一是不断完善法规体系。根据近年来邮政市场出现的新情况、新问题，加强调查研究，认真总结归纳，完成了《快递市场管理办法》的修订，为加强市场监管和依法行政奠定了基础。

二是加强快递服务监管。进一步完善以"服务满意度、时限准时率、用户申诉率"为主要指标的快递服务评价体系，继续委托社会中介机构开展快递服务满意度调查，加强对快递服务质量的监督。扩大调查范围，增加样本数量，提高调查精度。调查城市数量达到50个，比2011年增加了66%，调查样本数量达到16500份，比2011年增加了150%。从连续五年的满意度调查结果看，快递服务满意度呈现稳步提升趋势。2012年，快递服务总体满意度首次突破70分。各地邮政管理部门也结合本地实际，组织开展了多种形式的快递服务质量监督活动，江苏局全面开展快递服务放心消费活动，上海局积极推动快递服务网点标准化工作，海南局组织快件时限测试。这种从监督服务质量入手，促进快递提升服务水平的方式，不仅得到了快递企业的重视、社会的认可和消费者的赞同，也推动了快递服务水平的整体提升。

三是开展专项整治活动。国家邮政局组织开展了快递服务质量专项整治活动，各地邮政管理部门按照统一部署，针对快件延误、丢失损毁、赔偿难等消费者反映的快递服务热点问题进行重点查处。专项整治活动期间，全国共开展检查10907次，检查企业5436个，纠正和查处违法违规行为1265起，下达行政处罚决定258份，专项整治活动成效明显。

四是依法把好经营许可关。按照"有序可控、加强监管"的原则，在国务院的直接领导下加强与国家有关部门合作，稳妥有序地处理了美国联邦快递等企业申请经营国内快递业务许可问题。各级邮政管理部门依法加强企业年度报告的审核，全年共有8437家快递企业提交经营许可年度报告，邮政管理部门综合运用约谈、责令整改、注销许可证等手段对市场秩序进行规范，审核通过报告企业8256家，实地核查企业1443家，约谈企业382家，责令整改372家，行政处罚116家，依法注销116家。

五是认真做好申诉受理工作。全国共受理消费者申诉17.9万件，其中快递服务问题17.2万件，占96.1%，为消费者挽回经济损失1333万元。消费者对快递服务有效申诉13.7万件，同比增长177.7%。其中，快件延误占46%，投递服务问题占27.3%，快件丢失占16%，快件损毁占6%。在快递业务量持续高速增长的情况下，多家快递企业强化了服务质量管理，部分企业的申诉率逐步下降，服务质量有所上升。

二、2012年邮政行业安全监管情况

一是加强行业安全基础管理。贯彻落实《邮政行业安全防范工作规范》，提升行业安全防范能力与安全保障水平；下发了《关于进一步加强快递企业收寄验视工作的通知》，督导企业切实落实执行收寄验视制度；制定了《寄递渠道反恐怖工作标准》，严格按照标准开展寄递渠道反恐工作；组织全国邮政市场执法和安全监管培训，以及全国寄递企业安全管理培训，提升邮政管理部门和寄递企业安全管理能力。

二是保障重大活动期间邮路安全。根据国务院领导的批示精神，会同国家安全部、公安部、海关总署、新闻出版总署等部门召开了邮路安全保障协作机制联席会议，明确了党的十八大期间邮路安全保障工作目标、任务、要求和措施，下发《关于做好党的十八大期间寄递渠道安全保障工作的通知》，召开了全系统动员部署电视电话会议，会

同国家安全部、公安部、海关总署、新闻出版总署等部门开展联合督导检查，圆满完成了党的十八大期间邮政服务和邮路安全保障任务。同时，认真做好亚洲博鳌论坛、第三届亚洲沙滩运动会、第二届新疆——亚欧博览会等重大活动期间的邮路安全。

三是加强应急管理与突发事件处置。妥善处置星晨急便·鑫飞鸿公司倒闭、CCES快递公司部分地区服务网络阻断事件；依法处置了广州顺丰速运快件爆炸、云南申通临沧公司特大交通事故、天水市邮车着火、福州圆通因经营权纠纷扣押快件、优速公司南昌分拨中心聚众围堵等突发事件；修订了《国家邮政业突发事件应急预案》，为完善应急机制，妥善处置突发事件提供了法律保障。

四是配合做好禁毒、反恐、打击假药、扫黄打非等专项工作。贯彻落实《国家邮政局关于加强邮政业禁毒工作的实施意见》，指导全行业做好寄递渠道禁毒、堵源、截流工作；按照国家反恐办要求，大力支持新疆开展寄递渠道“三非”治理工作；严厉打击利用寄递渠道贩运销售各类违禁品的犯罪行为；配合全国“扫黄打非”办公室，对快递企业“扫黄打非”工作进行监督检查；组织开展邮政业安全生产“打非治违”专项行动。

第二章　快递法律规章

(2012年修正或颁布)

中华人民共和国邮政法

(1986年12月2日第六届全国人民代表大会常务委员会第十八次会议通过　2009年4月24日第十一届全国人民代表大会常务委员会第八次会议修订　根据2012年10月26日第十一届全国人民代表大会常务委员会第二十九次会议《关于修改〈中华人民共和国邮政法〉的决定》修正)

第一章　总　则

第一条　为了保障邮政普遍服务,加强对邮政市场的监督管理,维护邮政通信与信息安全,保护通信自由和通信秘密,保护用户合法权益,促进邮政业健康发展,适应经济社会发展和人民生活需要,制定本法。

第二条　国家保障中华人民共和国境内的邮政普遍服务。

邮政企业按照国家规定承担提供邮政普遍服务的义务。

国务院和地方各级人民政府及其有关部门应当采取措施,支持邮政企业提供邮政普遍服务。

本法所称邮政普遍服务,是指按照国家规定的业务范围、服务标准和资费标准,为中华人民共和国境内所有用户持续提供的邮政服务。

第三条　公民的通信自由和通信秘密受法律保护。除因国家安全或者追查刑事犯罪的需要,由公安机关、国家安全机关或者检察机关依照法律规定的程序对通信进行检查外,任何组织或者个人不得以任何理由侵犯公民的通信自由和通信秘密。

除法律另有规定外,任何组织或者个人不得检查、扣留邮件、汇款。

第四条　国务院邮政管理部门负责对全国的邮政普遍服务和邮政市场实施监督管理。

省、自治区、直辖市邮政管理机构负责对本行政区域的邮政普遍服务和邮政市场实施监督管理。

按照国务院规定设立的省级以下邮政管理机构负责对本辖区的邮政普遍服务和邮政市场实施监督管理。

国务院邮政管理部门和省、自治区、直辖市邮政管理机构以及省级以下邮政管理机构(以下统称邮政管理部门)对邮政市场实施监督管理,应当遵循公开、公平、公正以及鼓励竞争、促进发展的原则。

第五条　国务院规定范围内的信件寄递业务,由邮政企业专营。

第六条　邮政企业应当加强服务质量管理,完善安全保障措施,为用户提供迅速、准确、安全、方便的服务。

第七条　邮政管理部门、公安机关、国家安全机关和海关应当相互配合,建立健全安全保障机制,加强对邮政通信与信息安全的监督管理,确保邮政通信与信息安全。

第二章 邮政设施

第八条 邮政设施的布局和建设应当满足保障邮政普遍服务的需要。

地方各级人民政府应当将邮政设施的布局和建设纳入城乡规划，对提供邮政普遍服务的邮政设施的建设给予支持，重点扶持农村边远地区邮政设施的建设。

建设城市新区、独立工矿区、开发区、住宅区或者对旧城区进行改建，应当同时建设配套的提供邮政普遍服务的邮政设施。

提供邮政普遍服务的邮政设施等组成的邮政网络是国家重要的通信基础设施。

第九条 邮政设施应当按照国家规定的标准设置。

较大的车站、机场、港口、高等院校和宾馆应当设置提供邮政普遍服务的邮政营业场所。

邮政企业设置、撤销邮政营业场所，应当事先书面告知邮政管理部门；撤销提供邮政普遍服务的邮政营业场所，应当经邮政管理部门批准并予以公告。

第十条 机关、企业事业单位应当设置接收邮件的场所。农村地区应当逐步设置村邮站或者其他接收邮件的场所。

建设城镇居民楼应当设置接收邮件的信报箱，并按照国家规定的标准验收。建设单位未按照国家规定的标准设置信报箱的，由邮政管理部门责令限期改正；逾期未改正的，由邮政管理部门指定其他单位设置信报箱，所需费用由该居民楼的建设单位承担。

第十一条 邮件处理场所的设计和建设，应当符合国家安全机关和海关依法履行职责的要求。

第十二条 征收邮政营业场所或者邮件处理场所的，城乡规划主管部门应当根据保障邮政普遍服务的要求，对邮政营业场所或者邮件处理场所的重新设置作出妥善安排；未作出妥善安排前，不得征收。

邮政营业场所或者邮件处理场所重新设置前，邮政企业应当采取措施，保证邮政普遍服务的正常进行。

第十三条 邮政企业应当对其设置的邮政设施进行经常性维护，保证邮政设施的正常使用。

任何单位和个人不得损毁邮政设施或者影响邮政设施的正常使用。

第三章 邮政服务

第十四条 邮政企业经营下列业务：

（一）邮件寄递；

（二）邮政汇兑、邮政储蓄；

（三）邮票发行以及集邮票品制作、销售；

（四）国内报刊、图书等出版物发行；

（五）国家规定的其他业务。

第十五条 邮政企业应当对信件、单件重量不超过五千克的印刷品、单件重量不超过十千克的包裹的寄递以及邮政汇兑提供邮政普遍服务。

邮政企业按照国家规定办理机要通信、国家规定报刊的发行，以及义务兵平常信函、盲人读物和革命烈士遗物的免费寄递等特殊服务业务。

未经邮政管理部门批准，邮政企业不得停止办理或者限制办理前两款规定的业务；因不可抗力或者其他特殊原因暂时停止办理或者限制办理的，邮政企业应当及时公告，采取相应的补救措施，并向邮政管理部门报告。

邮政普遍服务标准，由国务院邮政管理部门会同国务院有关部门制定；邮政普遍服务监督管理的具体办法，由国务院邮政管理部门制定。

第十六条 国家对邮政企业提供邮政普遍服务、特殊服务给予补贴，并加强对补贴资金使用的监督。

第十七条 国家设立邮政普遍服务基金。邮政普遍服务基金征收、使用和监督管理的具体办法由国务院财政部门会同国务院有关部门制定，报国务院批准后公布施行。

第十八条 邮政企业的邮政普遍服务业务与竞争性业务应当分业经营。

第十九条 邮政企业在城市每周的营业时间应当不少于六天，投递邮件每天至少一次；在乡、镇人民政府所在地每周的营业时间应当不少于五天，投递邮件每周至少五次。

邮政企业在交通不便的边远地区和乡、镇其他地区每周的营业时间以及投递邮件的频次，国务院邮政管理部门可以另行规定。

第二十条 邮政企业寄递邮件，应当符合国务院邮政管理部门规定的寄递时限和服务规范。

第二十一条 邮政企业应当在其营业场所公示或者以其他方式公布其服务种类、营业时间、资费标准、邮件和汇款的查询及损失赔偿办法以及用户对其服务质量的投诉办法。

第二十二条 邮政企业采用其提供的格式条款确定与用户的权利义务的，该格式条款适用《中华人民共和国合同法》关于合同格式条款的规定。

第二十三条 用户交寄邮件，应当清楚、准确地填写收件人姓名、地址和邮政编码。邮政企业应当在邮政营业场所免费为用户提供邮政编码查询服务。

邮政编码由邮政企业根据国务院邮政管理部门制定的编制规则编制。邮政管理部门依法对邮政编码的编制和使用实施监督。

第二十四条 邮政企业收寄邮件和用户交寄邮件，应当遵守法律、行政法规以及国务院和国务院有关部门关于禁止寄递或者限制寄递物品的规定。

第二十五条 邮政企业应当依法建立并执行邮件收寄验视制度。

对用户交寄的信件，必要时邮政企业可以要求用户开拆，进行验视，但不得检查信件内容。用户拒绝开拆的，邮政企业不予收寄。

对信件以外的邮件，邮政企业收寄时应当当场验视内件。用户拒绝验视的，邮政企业不予收寄。

第二十六条 邮政企业发现邮件内夹带禁止寄递或者限制寄递的物品的，应当按照国家有关规定处理。

进出境邮件中夹带国家禁止进出境或者限制进出境的物品的，由海关依法处理。

第二十七条 对提供邮政普遍服务的邮政企业交运的邮件，铁路、公路、水路、航空等运输企业应当优先安排运输，车站、港口、机场应当安排装卸场所和出入通道。

第二十八条 带有邮政专用标志的车船进出港口、通过渡口时，应当优先放行。

带有邮政专用标志的车辆运递邮件，确需通过公安机关交通管理部门划定的禁行路段或者确需在禁止停车的地点停车的，经公安机关交通管理部门同意，在确保安全的前提下，可以通行或者停车。

邮政企业不得利用带有邮政专用标志的车船从事邮件运递以外的经营性活动，不得以出租等方式允许其他单位或者个人使用带有邮政专用标志的车船。

第二十九条 邮件通过海上运输时，不参与分摊共同海损。

第三十条 海关依照《中华人民共和国海关法》的规定，对进出境的国际邮袋、邮件集装箱和国际邮递物品实施监管。

第三十一条 进出境邮件的检疫，由进出境检验检疫机构依法实施。

第三十二条 邮政企业采取按址投递、用户领取或者与用户协商的其他方式投递邮件。

机关、企业事业单位、住宅小区管理单位等应当为邮政企业投递邮件提供便利。单位用户地址变更的，应当及时通知邮政企业。

第三十三条 邮政企业对无法投递的邮件，应当退回寄件人。

无法投递又无法退回的信件，自邮政企业确认无法退回之日起超过六个月无人认领的，由邮政企业在邮政管理部门的监督下销毁。无法投递又无法退回的其他邮件，按照国务院邮政管理部门的规定处理；其中无法投递又无法退回的进境国际邮递物品，由海关依照《中华人民共和国海关法》的规定处理。

第三十四条 邮政汇款的收款人应当自收到汇款通知之日起六十日内，凭有效身份证件到邮政企业兑领汇款。

收款人逾期未兑领的汇款，由邮政企业退回汇款人。自兑领汇款期限届满之日起一年内无法退回汇款人，或者汇款人自收到退汇通知之日起一年内未领取的汇款，由邮政企业上缴国库。

第三十五条 任何单位和个人不得私自开拆、隐匿、毁弃他人邮件。

除法律另有规定外，邮政企业及其从业人员不得向任何单位或者个人泄露用户使用邮政服务的信息。

第三十六条 因国家安全或者追查刑事犯罪的需要，公安机关、国家安全机关或者检察机关可以依法检查、扣留有关邮件，并可以要求邮政企业提供相关用户使用邮政服务的信息。邮政企业和有关单位应当配合，并对有关情况予以保密。

第三十七条 任何单位和个人不得利用邮件寄递含有下列内容的物品：

（一）煽动颠覆国家政权、推翻社会主义制度或者分裂国家、破坏国家统一，危害国家安全的；

（二）泄露国家秘密的；

（三）散布谣言扰乱社会秩序，破坏社会稳定的；

（四）煽动民族仇恨、民族歧视，破坏民族团结的；

（五）宣扬邪教或者迷信的；

（六）散布淫秽、赌博、恐怖信息或者教唆犯罪的；

（七）法律、行政法规禁止的其他内容。

第三十八条 任何单位和个人不得有下列行为：

（一）扰乱邮政营业场所正常秩序；

（二）阻碍邮政企业从业人员投递邮件；

（三）非法拦截、强登、扒乘带有邮政专用标志的车辆；

（四）冒用邮政企业名义或者邮政专用标志；

（五）伪造邮政专用品或者倒卖伪造的邮政专用品。

第四章 邮政资费

第三十九条 邮政普遍服务业务资费、邮政企业专营业务资费、机要通信资费以及国家规定报刊的发行资费实行政府定价，资费标准由国务院价格主管部门会同国务院财政部门、国务院邮政管理部门制定。

邮政企业的其他业务资费实行市场调节价，资费标准由邮政企业自主确定。

第四十条 制定邮政普遍服务业务资费标准和邮政企业专营业务资费标准，应当听取邮政企业、用户和其他有关方面的意见。

邮政企业应当根据国务院价格主管部门、国务院财政部门和国务院邮政管理部门的要求，提供准确、完备的业务成本数据和其他有关资料。

第四十一条 邮件资费的交付，以邮资凭证、证明邮资已付的戳记以及有关业务单据等表示。

邮资凭证包括邮票、邮资符志、邮资信封、邮资明信片、邮资邮简、邮资信卡等。

任何单位和个人不得伪造邮资凭证或者倒卖伪造的邮资凭证，不得擅自仿印邮票和邮资图案。

第四十二条 普通邮票发行数量由邮政企业按照市场需要确定，报国务院邮政管理部门备案；纪念邮票和特种邮票发行计划由邮政企业根据市场需要提出，报国务院邮政管理部门审定。国务院邮政管理部门负责纪念邮票的选题和图案审查。

邮政管理部门依法对邮票的印制、销售实施监督。

第四十三条 邮资凭证售出后，邮资凭证持有人不得要求邮政企业兑换现金。

停止使用邮资凭证，应当经国务院邮政管理部门批准，并在停止使用九十日前予以公告，停止销售。邮资凭证持有人可以自公告之日起一年内，向邮政企业换取等值的邮资凭证。

第四十四条 下列邮资凭证不得使用：

（一）经国务院邮政管理部门批准停止使用的；

（二）盖销或者划销的；

（三）污损、残缺或者褪色、变色，难以辨认的。

从邮资信封、邮资明信片、邮资邮简、邮资信卡上剪下的邮资图案，不得作为邮资凭证使用。

第五章 损失赔偿

第四十五条 邮政普遍服务业务范围内的邮件和汇款的损失赔偿，适用本章规定。

邮政普遍服务业务范围以外的邮件的损失赔偿，适用有关民事法律的规定。

邮件的损失，是指邮件丢失、损毁或者内件短少。

第四十六条 邮政企业对平常邮件的损失不承担赔偿责任。但是，邮政企业因故意或者重大过失造成平常邮件损失的除外。

第四十七条 邮政企业对给据邮件的损失依照下列规定赔偿：

（一）保价的给据邮件丢失或者全部损毁的，按照保价额赔偿；部分损毁或者内件短少的，按照保价额与邮件全部价值的比例对邮件的实际损失予以赔偿。

（二）未保价的给据邮件丢失、损毁或者内件短少的，按照实际损失赔偿，但最高赔偿额不超过所收取资费的三倍；挂号信件丢失、损毁的，按照所收取资费的三倍予以赔偿。

邮政企业应当在营业场所的告示中和提供给用户的给据邮件单据上，以足以引起用户注意的方式载明前款规定。

邮政企业因故意或者重大过失造成给据邮件损失，或者未履行前款规定义务的，无权援用本条第一款的规定限制赔偿责任。

第四十八条 因下列原因之一造成的给据邮件损失，邮政企业不承担赔偿责任：

（一）不可抗力，但因不可抗力造成的保价的给据邮件的损失除外；

（二）所寄物品本身的自然性质或者合理损耗；

（三）寄件人、收件人的过错。

第四十九条 用户交寄给据邮件后，对国内邮件可以自交寄之日起一年内持收据向邮政企业查询，对国际邮件可以自交寄之日起一百八十日内持收据向邮政企业查询。

查询国际邮件或者查询国务院邮政管理部门规定的边远地区的邮件的，邮政企业应当自用户查询之日起六十日内将查询结果告知用户；查询其他邮件的，邮政企业应当自用户查询之日起三十日内将查询结果告知用户。查复期满未查到邮件的，邮政企业应当依照本法第四十七条的规定予以赔偿。

用户在本条第一款规定的查询期限内未向邮政企业查询又未提出赔偿要求的，邮政企业不再承担赔偿责任。

第五十条 邮政汇款的汇款人自汇款之日起一年内，可以持收据向邮政企业查询。邮政企业应当自用户查询之日起二十日内将查询结果告知汇款人。查复期满未查到汇款的，邮政企业应当向汇款人退还汇款和汇款费用。

第六章 快递业务

第五十一条 经营快递业务，应当依照本法规定取得快递业务经营许可；未经许可，任何单位和个人不得经营快递业务。

外商不得投资经营信件的国内快递业务。

国内快递业务，是指从收寄到投递的全过程均发生在中华人民共和国境内的快递业务。

第五十二条 申请快递业务经营许可，应当具备下列条件：

（一）符合企业法人条件；

（二）在省、自治区、直辖市范围内经营的，注册资本不低于人民币五十万元，跨省、自治区、直辖市经营的，注册资本不低于人民币一百万元，经营国际快递业务的，注册资本不低于人民币二百万元；

（三）有与申请经营的地域范围相适应的服务能力；

（四）有严格的服务质量管理制度和完备的业务操作规范；

（五）有健全的安全保障制度和措施；

（六）法律、行政法规规定的其他条件。

第五十三条 申请快递业务经营许可，在省、自治区、直辖市范围内经营的，应当向所在地的省、自治区、直辖市邮政管理机构提出申请，跨省、自治区、直辖市经营或者经营国际快递业务的，应当向国务院邮政管理部门提出申请；申请时应当提交申请书和有关申请材料。

受理申请的邮政管理部门应当自受理申请之日起四十五日内进行审查，作出批准或者不予批准的决定。予以批准的，颁发快递业务经营许可证；不予批准的，书面通知申请人并说明理由。

邮政管理部门审查快递业务经营许可的申请，应当考虑国家安全等因素，并征求有关部门的意见。

申请人凭快递业务经营许可证向工商行政管理部门依法办理登记后，方可经营快递业务。

第五十四条 邮政企业以外的经营快递业务的企业（以下称快递企业）设立分支机构或者合并、分立的，应当向邮政管理部门备案。

第五十五条 快递企业不得经营由邮政企业专营的信件寄递业务，不得寄递国家机关公文。

第五十六条 快递企业经营邮政企业专营业务范围以外的信件快递业务，应当在信件封套的显著位置标注信件字样。

快递企业不得将信件打包后作为包裹寄递。

第五十七条 经营国际快递业务应当接受邮政管理部门和有关部门依法实施的监管。邮政管理部门和有关部门可以要求经营国际快递业务的企业提供报关数据。

第五十八条 快递企业停止经营快递业务的，应当书面告知邮政管理部门，交回快递业务经营许可证，并对尚未投递的快件按照国务院邮政管理部门的规定妥善处理。

第五十九条 本法第六条、第二十一条、第二十二条、第二十四条、第二十五条、第二十六条第一款、第三十五条第二款、第三十六条关于邮政企业及其从业人员的规定，适用于快递企业及其从业人员；第十一条关于邮件处理场所的规定，适用于快件处理场所；第三条第二款、第二十六条第二款、第三十五条第一款、第三十六条、第三十七条关于邮件的规定，适用于快件；第四十五条第二款关于邮件的损失赔偿的规定，适用于快件的损失赔偿。

第六十条 经营快递业务的企业依法成立的行业协会，依照法律、行政法规及其章程规定，制定快递行业规范，加强行业自律，为企业提供信息、培训等方面的服务，促进快递行业的健康发展。

经营快递业务的企业应当对其从业人员加强法制教育、职业道德教育和业务技能培训。

第七章 监督检查

第六十一条 邮政管理部门依法履行监督管理职责，可以采取下列监督检查措施：

（一）进入邮政企业、快递企业或者涉嫌发生违反本法活动的其他场所实施现场检查；

（二）向有关单位和个人了解情况；

（三）查阅、复制有关文件、资料、凭证；

（四）经邮政管理部门负责人批准，查封与违反本法活动有关的场所，扣押用于违反本法活动的运输工具以及相关物品，对信件以外的涉嫌夹带禁止寄递或者限制寄递物品的邮件、快件开拆检查。

第六十二条 邮政管理部门根据履行监督管理职责的需要，可以要求邮政企业和快递企业报告有关经营情况。

第六十三条 邮政管理部门进行监督检查时，监督检查人员不得少于二人，并应当出示执法证件。对邮政管理部门依法进行的监督检查，有关单位和个人应当配合，不得拒绝、阻碍。

第六十四条 邮政管理部门工作人员对监督检查中知悉的商业秘密，负有保密义务。

第六十五条 邮政企业和快递企业应当及时、妥善处理用户对服务质量提出的异议。用户对处理结果不满意的，可以向邮政管理部门申诉，邮政管理部门应当及时依法处理，并自接到申诉之日起三十日内作出答复。

第六十六条 任何单位和个人对违反本法规定的行为，有权向邮政管理部门举报。邮政管理部门接到举报后，应当及时依法处理。

第八章　法律责任

第六十七条 邮政企业提供邮政普遍服务不符合邮政普遍服务标准的，由邮政管理部门责令改正，可以处一万元以下的罚款；情节严重的，处一万元以上五万元以下的罚款；对直接负责的主管人员和其他直接责任人员给予处分。

第六十八条 邮政企业未经邮政管理部门批准，停止办理或者限制办理邮政普遍服务业务和特殊服务业务，或者撤销提供邮政普遍服务的邮政营业场所的，由邮政管理部门责令改正，可以处二万元以下的罚款；情节严重的，处二万元以上十万元以下的罚款；对直接负责的主管人员和其他直接责任人员给予处分。

第六十九条 邮政企业利用带有邮政专用标志的车船从事邮件运递以外的经营性活动，或者以出租等方式允许其他单位或者个人使用带有邮政专用标志的车船的，由邮政管理部门责令改正，没收违法所得，可以并处二万元以下的罚款；情节严重的，并处二万元以上十万元以下的罚款；对直接负责的主管人员和其他直接责任人员给予处分。

邮政企业从业人员利用带有邮政专用标志的车船从事邮件运递以外的活动的，由邮政企业责令改正，给予处分。

第七十条 邮政企业从业人员故意延误投递邮件的，由邮政企业给予处分。

第七十一条 冒领、私自开拆、隐匿、毁弃或者非法检查他人邮件、快件，尚不构成犯罪的，依法给予治安管理处罚。

第七十二条 未取得快递业务经营许可经营快递业务，或者邮政企业以外的单位或者个人经营由邮政企业专营的信件寄递业务或者寄递国家机关公文的，由邮政管理部门或者工商行政管理部门责令改正，没收违法所得，并处五万元以上十万元以下的罚款；情节严重的，并处十万元以上二十万元以下的罚款；对快递企业，还可以责令停业整顿直至吊销其快递业务经营许可证。

违反本法第五十一条第二款的规定，经营信件的国内快递业务的，依照前款规定处罚。

第七十三条 快递企业有下列行为之一的，由邮政管理部门责令改正，可以处一万元以下的罚款；情节严重的，处一万元以上五万元以下的罚款，并可以责令停业整顿：

（一）设立分支机构、合并、分立，未向邮政管理部门备案的；

（二）未在信件封套的显著位置标注信件字样的；

（三）将信件打包后作为包裹寄递的；

（四）停止经营快递业务，未书面告知邮政管理部门并交回快递业务经营许可证，或者未按照国务院邮政管理部门的规定妥善处理尚未投递的快件的。

第七十四条 邮政企业、快递企业未按照规定向用户明示其业务资费标准，或者有其他价格违法行为的，由政府价格主管部门依照《中华人民共和国价格法》的规定处罚。

第七十五条 邮政企业、快递企业不建立或者不执行收件验视制度，或者违反法律、行政法规以及国务院和国务院有关部门关于禁止寄递或者限制寄递物品的规定收寄邮件、快件的，对邮政企业直接负责的主管人员和其他直接责任人员给予处分；对快递企业，邮政管理部门可以责令停业整顿直至吊销其快递业务经营许可证。

用户在邮件、快件中夹带禁止寄递或者限制寄递的物品，尚不构成犯罪的，依法给予治安管理处罚。

有前两款规定的违法行为，造成人身伤害或者财产损失的，依法承担赔偿责任。

邮政企业、快递企业经营国际寄递业务，以及用户交寄国际邮递物品，违反《中华人民共和国海关法》及其他有关法律、行政法规的规定的，依照有关法律、行政法规的规定处罚。

第七十六条 邮政企业、快递企业违法提供用户使用邮政服务或者快递服务的信息，尚不构成犯罪的，由邮政管理部门责令改正，没收违法所得，并处一万元以上五万元以下的罚款；对邮政企业直接负责的主管人员和其他直接责任人员给予处分；对快递企业，邮政管理部门还可以责令停业整顿直至吊销其快递业务经营许可证。

邮政企业、快递企业从业人员有前款规定的违法行为，尚不构成犯罪的，由邮政管理部门责令改正，没收违法所得，并处五千元以上一万元以下的罚款。

第七十七条 邮政企业、快递企业拒绝、阻碍依法实施的监督检查，尚不构成犯罪的，依法给予治安管理处罚；对快递企业，邮政管理部门还可以责令停业整顿直至吊销其快递业务经营许可证。

第七十八条 邮政企业及其从业人员、快递企业及其从业人员在经营活动中有危害国家安全行为的，依法追究法律责任；对快递企业，并由邮政管理部门吊销其快递业务经营许可证。

第七十九条 冒用邮政企业名义或者邮政专用标志，或者伪造邮政专用品或者倒卖伪造的邮政专用品的，由邮政管理部门责令改正，没收伪造的邮政专用品以及违法所得，并处一万元以上五万元以下的罚款。

第八十条 有下列行为之一，尚不构成犯罪的，依法给予治安管理处罚：

（一）盗窃、损毁邮政设施或者影响邮政设施正常使用的；

（二）伪造邮资凭证或者倒卖伪造的邮资凭证的；

（三）扰乱邮政营业场所、快递企业营业场所正常秩序的；

（四）非法拦截、强登、扒乘运送邮件、快件的车辆的。

第八十一条 违反本法规定被吊销快递业务经营许可证的，自快递业务经营许可证被吊销之日起三年内，不得申请经营快递业务。

快递企业被吊销快递业务经营许可证的，应当依法向工商行政管理部门办理变更登记或者注销登记。

第八十二条 违反本法规定，构成犯罪的，依法追究刑事责任。

第八十三条 邮政管理部门工作人员在监督管理工作中滥用职权、玩忽职守、徇私舞弊，构成犯罪的，依法追究刑事责任；尚不构成犯罪的，依法给予处分。

第九章 附 则

第八十四条 本法下列用语的含义：

邮政企业，是指中国邮政集团公司及其提供邮政服务的全资企业、控股企业。

寄递，是指将信件、包裹、印刷品等物品按照封装上的名址递送给特定个人或者单位的活动，包括收寄、分拣、运输、投递等环节。

快递，是指在承诺的时限内快速完成的寄递

活动。

邮件，是指邮政企业寄递的信件、包裹、汇款通知、报刊和其他印刷品等。

快件，是指快递企业递送的信件、包裹、印刷品等。

信件，是指信函、明信片。信函是指以套封形式按照名址递送给特定个人或者单位的缄封的信息载体，不包括书籍、报纸、期刊等。

包裹，是指按照封装上的名址递送给特定个人或者单位的独立封装的物品，其重量不超过五十千克，任何一边的尺寸不超过一百五十厘米，长、宽、高合计不超过三百厘米。

平常邮件，是指邮政企业在收寄时不出具收据，投递时不要求收件人签收的邮件。

给据邮件，是指邮政企业在收寄时向寄件人出具收据，投递时由收件人签收的邮件。

邮政设施，是指用于提供邮政服务的邮政营业场所、邮件处理场所、邮筒（箱）、邮政报刊亭、信报箱等。

邮件处理场所，是指邮政企业专门用于邮件分拣、封发、储存、交换、转运、投递等活动的场所。

国际邮递物品，是指中华人民共和国境内的用户与其他国家或者地区的用户相互寄递的包裹和印刷品等。

邮政专用品，是指邮政日戳、邮资机、邮政业务单据、邮政夹钳、邮袋和其他邮件专用容器。

第八十五条　本法公布前按照国家有关规定，经国务院对外贸易主管部门批准或者备案，并向工商行政管理部门依法办理登记后经营国际快递业务的国际货物运输代理企业，凭批准或者备案文件以及营业执照，到国务院邮政管理部门领取快递业务经营许可证。国务院邮政管理部门应当将企业领取快递业务经营许可证的情况向其原办理登记的工商行政管理部门通报。

除前款规定的企业外，本法公布前依法向工商行政管理部门办理登记后经营快递业务的企业，不具备本法规定的经营快递业务的条件的，应当在国务院邮政管理部门规定的期限内达到本法规定的条件，逾期达不到本法规定的条件的，不得继续经营快递业务。

第八十六条　省、自治区、直辖市应当根据本地区的实际情况，制定支持邮政企业提供邮政普遍服务的具体办法。

第八十七条　本法自2009年10月1日起施行。

邮政业标准化管理办法

中华人民共和国交通运输部令

2012 年第 7 号

《邮政业标准化管理办法》已于 2012 年 10 月 9 日经第 8 次部务会议通过，现予公布，自 2013 年 1 月 1 日起施行。

部长　杨传堂
2012 年 11 月 17 日

邮政业标准化管理办法

第一章　总　则

第一条　为规范邮政业标准化工作，加强行业标准化管理，促进邮政业健康发展，提高服务质量和水平，依据《中华人民共和国标准化法》、《中华人民共和国邮政法》、《中华人民共和国标准化法实施条例》，制定本办法。

第二条　在中华人民共和国境内从事邮政业标准的制定和修订、实施、监督、管理及相关活动，适用本办法。

第三条　邮政业标准化工作应当遵循统一管理、分工负责、共同推进的原则。

第四条　国家邮政局依法主管邮政业标准化工作。

国家邮政局标准化管理部门归口管理邮政业标准化工作，组织拟定邮政业标准体系、标准化发展规划和年度计划，组织起草邮政业国家标准和制定、修订邮政业行业标准，统筹安排使用年度标准化专项经费，组织开展邮政业国家标准和行业标准的宣传、培训、贯彻和监督检查工作，指导省、自治区、直辖市邮政管理局的标准化工作。

国家邮政局相关业务部门负责本业务领域的标准化工作，研究提出本业务领域标准制定和修订项目建议，配合国家邮政局标准化管理部门起草本业务领域国家标准、行业标准，具体负责本业务领域标准的实施和监督检查工作。

省、自治区、直辖市邮政管理机构和按照国务院规定设立的省级以下邮政管理机构负责组织本辖区国家标准、行业标准的宣传、培训、实施和监督检查工作，按本办法规定负责企业标准备案工作。

全国邮政业标准化技术委员会承担邮政业标准化工作的技术管理工作。

第五条　邮政业标准化工作应当纳入邮政业发展规划和年度计划。

第六条　快递等相关行业协会按照规定程序参与邮政业国家标准和行业标准的制定、修订工作，反映行业会员单位的意见和要求，指导会员单位执行邮政业标准。

邮政企业、快递企业应当贯彻执行邮政业标准化工作的有关要求，建立健全标准化制度。

第二章　标准的制定范围与类型

第七条　邮政业标准分为国家标准、行业标准和企业标准。

第八条 对邮政业需要统一的下列技术与服务要求,应当制定国家标准或者行业标准:

(一)通用的术语、符号、代号(含代码)、标识、邮政编码编制规则等要求;

(二)邮政普遍服务和特殊服务的服务质量、服务流程、服务设施及其工程技术规范等要求;

(三)快递服务的服务质量、服务流程、服务设施及其工程技术规范等要求;

(四)邮政业使用的信封、封装用品、寄递单式等用品用具的技术要求;

(五)通用设备及车辆的技术要求以及检测方法等;

(六)信息化建设的通用技术要求;

(七)按照国家关于标准化的相关规定应当制定国家标准或行业标准的其他技术与服务要求。

行业标准在相应的国家标准公布实施后,自行废止。

第九条 下列要求,不得制定为邮政业国家标准或者行业标准:

(一)季节性操作规范、应急管理等临时性要求;

(二)只在单一企业内部适用的技术及服务要求,但本办法第八条第一款第(二)项规定的要求内容除外;

(三)只适用于单一行政区域的技术及服务要求;

(四)职业技能规范、操作指南、管理要求、工作办法、指导意见等。

第十条 邮政业技术与服务要求没有国家标准和行业标准的,邮政企业和快递企业应当制定企业标准。已有国家标准、行业标准的,鼓励邮政企业、快递企业制定更为严格的企业标准,在企业内部适用。

第十一条 符合下列情况之一的事项,可制定邮政业标准化指导性技术文件:

(一)技术尚在发展中,需要有相应的技术性文件引导其发展或者具有标准化价值,尚不能制定为标准的事项;

(二)采用国际标准化组织、万国邮政联盟及其他国际组织技术报告的项目。

邮政业标准化指导性技术文件在相应的国家标准或者行业标准实施后,自行废止。

第十二条 邮政业国家标准和行业标准分为强制性标准和推荐性标准。其中,下列国家标准和行业标准应当制定为强制性标准:

(一)邮政普遍服务标准;

(二)邮政行业安全作业、管理及安全设施标准;

(三)保障人体健康,人身、财产安全的邮政业其他技术与服务性要求的标准和法律、行政法规规定强制执行的标准。

强制性标准以外的标准是推荐性标准。

第三章　国家标准和行业标准的制定程序

第十三条 邮政业标准实行立项公开征集制度。任何单位和个人均可以提出国家标准和行业标准立项建议。

全国邮政业标准化技术委员会于每年9月30日前受理下一年度国家标准和行业标准立项建议。

第十四条 全国邮政业标准化技术委员会应当对收集到的标准立项建议进行初审,提出书面初审意见,并于每年10月31日前,连同标准立项建议报送国家邮政局标准化管理部门。

对拟立项的国家标准,由国家邮政局审核同意后,上报国务院标准化行政主管部门申请立项;对拟立项的行业标准,由国家邮政局审议批准后予以立项。

第十五条 国家邮政局标准化管理部门应当选择具备相应技术能力的单位承担邮政业国家标准、行业标准的起草工作。全国邮政业标准化技术委员会对标准起草全过程进行跟踪指导。

标准起草单位应当在广泛调研、深入研讨、试验论证的基础上,按照有关要求起草标准征求意见稿及编制说明。

第十六条 标准征求意见稿及编制说明应当在经全国邮政业标准化技术委员会初审后广泛征求意见。征求意见可以采取书面征求意见、座谈会、论证会等多种形式。征求意见的范围应当包含有关部门、行业协会、企业及相关生产、科研、检测单位和用户等。

全国邮政业标准化技术委员会统一组织全国范围的意见征集工作。各省、自治区和直辖市邮政管理机构配合做好本行政区域的意见征集工作。

对涉及面广、关系重大的标准,全国邮政业标准化技术委员会应当报国家邮政局标准化管理部门,在国家邮政局政府网站上公开征集社会各界的意见和建议。网上征求意见的期限不少于一个月。

第十七条 邮政业国家标准和行业标准由全国邮政业标准化技术委员会负责技术审查。

标准起草单位根据意见征集情况对标准征求意见稿修改后形成标准送审稿,提交全国邮政业标准化技术委员会。

技术审查可以采用会议审查或者书面审查方式。强制性标准的审查必须采用会议审查。技术审查应当符合《国家标准管理办法》和《行业标准管理办法》的规定。

第十八条 对全国邮政业标准化技术委员会审查通过的标准,标准起草单位应当根据审查意见对标准送审稿进行修改,及时形成报批稿。

标准报批稿经全国邮政业标准化技术委员会复核后,报国家邮政局标准化管理部门审核。

第十九条 邮政业国家标准和行业标准,须经国家邮政局局长办公会议审议。审议通过的国家标准,由国家邮政局报国务院标准化行政主管部门批准、发布;行业标准由国家邮政局发布,并报国务院标准化行政主管部门备案。

第二十条 邮政业国家标准和行业标准发布实施后,全国邮政业标准化技术委员会应当根据技术进步情况和行业发展的需要适时进行复审。复审结果须以书面报告形式报国家邮政局标准化管理部门。复审周期一般不超过五年。

第二十一条 邮政业标准化指导性技术文件的制定程序,参照邮政业国家标准和行业标准的制定程序执行。

第二十二条 邮政业国家标准和行业标准的对外解释工作,由国家邮政局负责,其中涉及国家标准的解释须报请国务院标准化行政主管部门批准。

第二十三条 邮政业国家标准或者行业标准编制内容或者编制程序不符合本办法规定的,不得以标准的形式发布,不具备国家标准或者行业标准的效力。

第四章 企业标准的制定

第二十四条 邮政企业和快递企业应当按照本办法第十条的要求,制定企业标准。

第二十五条 邮政企业、快递企业制定企业标准应当遵照《企业标准化管理办法》的规定执行。

第二十六条 国家规定应当制定企业标准的,邮政企业和快递企业应当在企业标准发布后三十日内,报邮政管理部门备案。在省、自治区、直辖市范围内经营业务的,应当报所在地的省、自治区、直辖市邮政管理机构备案;跨省、自治区、直辖市经营或者经营国际业务的,应当报国家邮政局备案。

第二十七条 邮政企业和快递企业在报备企业标准时,应当附送标准文本及编制说明等材料。

第二十八条 邮政管理部门应当在每年 3 月 1 日前公布上一年度备案的企业标准目录。

第五章 标准的实施与监督

第二十九条 邮政管理部门应当加强本业务领域、本地区标准的实施管理与监督检查。

第三十条 快递等相关协会、有关单位应当开展国家标准、行业标准的宣传和培训。

第三十一条 邮政业强制性标准一经批准发布，必须贯彻执行，不符合强制性标准的产品和服务，禁止生产、销售和提供。

第三十二条 鼓励邮政企业、快递企业自愿采用推荐性标准。推荐性标准一旦被企业采用，应当在企业内部严格执行。

邮政业用品用具、通用设备及车辆等生产企业应当在产品或者其说明书、包装物上标注所执行标准的编号、名称。

邮政企业、快递企业应当在包裹详情单、快递运单等寄递单式上标明或者在服务承诺中声明所执行标准的编号、名称。

第三十三条 鼓励符合邮政业国家标准或者行业标准的产品，向经国务院认证认可监督管理部门批准的认证机构申请产品质量认证。

第三十四条 快递等相关协会在开展企业等级评定、服务质量评比等工作中，其评定指标应当与标准相衔接。

第三十五条 国家邮政局可适时组织行业协会或者第三方专业机构评估邮政业标准实施效果，并发布评估报告。

第三十六条 邮政企业、快递企业应当通过内部监督检查、内部等级评定等方式，加强标准化建设，推动企业标准化实施工作。

第三十七条 国家邮政局以及省、自治区、直辖市邮政管理机构和按照国务院规定设立的省级以下邮政管理机构应当对企业执行标准化相关管理规定的下列事项开展监督检查，并定期予以通报：

（一）企业执行标准的总体情况；

（二）企业执行强制性标准的情况；

（三）企业自愿采用推荐性标准的情况；

（四）企业标准制定、实施、备案的情况。

第三十八条 国家邮政局根据国家有关规定，推荐技术水平高、实施效果显著的标准参加国家科技进步奖和中国标准创新贡献奖等评选活动。

第三十九条 对违反本办法规定，拒不执行邮政业强制性标准的，依据有关法律法规的规定予以处罚。

第六章 附 则

第四十条 本办法自 2013 年 1 月 1 日起施行。

第三章 部分省(区、市)快递发展“十二五”规划

天津市快递服务发展“十二五”规划

序 言

快递服务,是现代服务业的重要组成部分,在天津市的产业体系中,快递服务通过加速物品运递和信息传送,有效提高了本地区物流、信息流、资金流的运行效率,并对我市智能交通建设乃至经济发展方式转变起到了积极且重要的作用。随着经济社会的快速发展,天津市快递服务发展势头强劲,已经形成了多种所有制企业并存、多样化产品互补、多层次服务共生共赢的快递服务产业格局。

规划依据。根据国家邮政局关于制定地区快递发展规划的部署,特制定《天津市快递服务发展“十二五”规划》。规划编制的主要依据是:《天津市国民经济和社会发展第十二个五年规划》、修订后《中华人民共和国邮政法》、国务院《物流业调整和振兴规划》、和《天津邮政业“十二五”发展规划》。

规划作用。本规划的编制将立足天津发展实际,紧密围绕环渤海快递圈的建设,并结合快递服务业从金融危机引发的冲击中逐步复苏的背景,促进快递服务业进入新一轮的快速发展时期。

规划期限。本规划区域为天津市,规划期限为2011－2015年。

一、发展现状、环境与存在问题

(一)发展现状

经过多年的发展,天津已经成为全国快递服务业最发达的区域之一,快递服务呈现以下几个特点:

业务规模发展迅速,增长势头强劲。“十一五”期间,天津市快递规模呈快速发展态势,快递业务量从2006年的1313万件发展到2010年的3908万件,业务收入达到11.6亿元,快递业务占邮政业收入比重由2006年的40%提高到2010年的53%。包括国有、民营、外资和合资等不同所有制的60多家寄递企业,其中,规模以上快递企业由2006年12家增加到2010年22家,占快递业务总收入比重超过85%。

总部经济效应显现,区域战略地位提升。近年来,天津市区域快递服务吸引力不断增强。国外著名的快递企业,如FedEx、UPS、DHL、TNT均已进驻天津,国内快递企业,如海航快递有限公司、海航元智捷诚快递有限公司均将总部设在天津。

基础设施较为健全,快递企业软硬件水平显著提升。目前我市规模以上快递企业的网络较为健全,设立了国际国内和区域等不同规模的转运中心;收派作业、分拣作业、客户服务、营销管理、财务结算等各环节的机械化操作程度或信息化应用水平明显提高。规模以上快递企业从业人员达到6000人,运营管理水平不断提高。

产品多样化,服务层次向高端延伸。目前我市快递企业快递服务产品呈多元化趋势,快递企业不断通过技术创新提高自身的服务水平,从提供单一类型的快递服务,逐步向包括普通运输、仓

储与配送、进出口代理、通关服务、物流咨询及代收货款等相关增值业务多元化发展，服务层次向高端延伸。规模以上快递企业注意开拓农村市场，丰富业务种类，推出了“京津即日件”等区域性特色产品，促进了快递产品的良性发展。

市场竞争日趋激烈，多元化竞争格局显现。天津市快递市场已呈现出“三足鼎立”的竞争局面。第一类是国际知名跨国快递企业，包括 UPS、TNT、DHL 和 FedEx，其业务收入约占本市快递业务总量的 23%；第二类是国有快递企业，其代表就是 EMS、中外运、民航雅思柏等，其业务收入约占本市快递业务总量的 55%；第三类是民营快递企业，如顺丰、宅急送、申通等，其业务收入约占本市快递业务总量的 22%。这三类快递企业形成了天津市快递市场多元化的竞争格局。

行业自律格局初步形成。2007 年 11 月成立的天津市快递协会，拥有会员单位 40 余家，在搭建企业和政府的沟通桥梁、规范快递服务行为、行业自律等方面发挥了重要作用。

（二）发展环境

政策与法律环境。《国务院关于加快发展服务业的若干意见》明确了服务业是国民经济的重要组成部分，强调要加快包括快递在内邮政业等服务业的发展，这为我市快递服务业的发展创造了良好的政策环境。“十一五”期间，快递服务业的法律法规和标准化体系建设逐步完善，修订后《中华人民共和国邮政法》的颁布施行，《快递市场管理办法》、《快递业务经营许可管理办法》、《快递服务》系列国家标准等规章和标准的发布实施，为快递服务业的良性发展奠定了坚实的法律基础。邮政管理机构依法开展市场监管，快递协会积极规范企业经营行为，消费者维权意识和能力显著增强，政府监管、行业自律、社会监督的快递市场监管格局初步形成。

技术环境。随着信息技术、物联网技术、快件分拣处理技术等的不断发展，快递服务技术日趋专业化和高端化。以快递技术装备的自动化、快递运作管理的信息化、快递运作流程的智能化及多种技术和软硬件平台的集成化为特点的快递技术迅猛发展，目前天津市各快递企业已经开始使用无线巴枪、电子秤、GPRS 手持终端、条形码和车辆 GPS 定位等技术，但与广东、上海等跨国快递企业聚集地区相比，在技术普及率、技术应用层次、技术工具设施升级换代等方面仍存在一定的差距。

地区经济与社会发展环境。近年来，我国经济与社会发展水平快速提升，在全国发展的大环境之中，天津市 2009 年经济总量增速居于全国首位，投资总量与社会消费品零售总额的增速均位居第 1 位，天津服务业发展提速，增速排名第 3 位，为快递服务业发展提供了良好的环境。

从天津市快递服务发展的区位优势来看，京津冀都市圈的建设成为区域经济与社会发展的良好契机，随着都市圈的建设，圈内各种业务往来增加，人们对便捷服务的需求也将增加，网络购物、电视购物等新型消费方式也将不断发展，这些都将不断增加对快递的需求，并对快递服务质量提出更高的要求。与此同时，天津市建设国际港口城市、北方经济中心、生态城市步伐的加快，以及滨海新区的开发开放均成为我市快递服务良性健康发展的契机，2009 年滨海新区国内生产总值已经占到整个天津市的 50% 以上，经济增长率超过了 23%。在滨海经济带开发开放的进程中，经济的发展、现代化程度的提升将对快递服务业起到巨大的推动作用。

与此同时，我国已经形成了以北京、天津、沈阳、大连和青岛为中心的环渤海快运速递圈，速递圈以滚动式、递进式的扇面辐射，带动地区的发展，这种辐射功能包含着巨大的快运速递辐射和集散功能，以激活和融通全国范围的快运速递的人流和信息流。快运速递圈的形成使中国快运速递业的发展呈现出“区域引力场”的现象，周围地区包括中西部地区都处于快运速递圈的引力场的吸引范围内。

（三）“十二五”面临的主要形势

随着中国经济风向标持续向全面提升经济发展的内动力转型，国内快递将呈现持续高速增长的态势。未来五年中，我国将进入快递服务业高速发展的新时期，到2015年将初步形成一批具有国际竞争力的大型快递企业，初步构成便捷高效、安全有序、技术先进、布局合理、服务优质的快递服务体系，使快递业务能够基本适应经济社会发展水平，成为新兴的战略性服务业。在全国快递服务发展的大环境之下，天津市快递服务在未来五年内所面临的形势主要有以下几方面：

市场竞争不断加剧，企业间的互利合作以及兼并重组增加。作为邮政业中的高附加值服务领域，快递服务全面开放以后，其高收益吸引着大批企业纷纷加入快递市场，进而导致快递服务业内企业数目急剧增加，企业竞争日趋激烈，无序竞争状态日益凸显。在此情形下，为迅速扩大企业规模，拓展经营范围，增强企业竞争实力，内外资快递企业之间的并购与重组将频繁发生，快递市场集中度逐步提高。

快递服务与电子商务协同发展。随着近年来电子商务的蓬勃发展，其派生出的商品配送及代收货款等需求正成为各大快递运营商重视并争夺的对象。电子商务与快递服务的结合是一个相互促进、共赢发展的过程，电子商务不仅带动了快递服务的快速增长，而且有利于快递提升服务质量，加大产业结构调整力度，加快向现代服务业转型；同时，优质的快递服务也是推动电子商务新型模式发展的关键环节和重要基础。

天津市的电子商务发展空间巨大，同时电子商务配送作为一种新型快递业务，对传统快递服务提出了许多新要求，其运作模式也发生了很大的变化，其中的核心就是服务的提档升级，提供更多的适应市场需求的增值服务。

供应链快递成为快递市场的新增长点。许多高成长行业将制造总部设在中国，如通用、微软等世界500强企业，他们是快递市场中最有潜力的客户群，为其提供基于供应链的“一站式快递服务解决方案”，即通过一个账户、一张清单、一个客户服务热线解决整个供应链快递服务的需求将成为未来快递市场的新增长点。整合业务流程，实现资源优化配置，提供优质的个性化服务，正成为快递服务业赢取客户、赚取超额利润的主要趋势。

信息化、数字化以及物联网技术将领跑快递服务业。未来几年，我国快递企业将逐步实现信息化、数字化，特别是快递业务管理系统、呼叫中心（投诉处理中心）、手持无线终端（PDA）、全球定位技术、影像监控系统、RFID技术等的研发日趋成熟，将广泛应用于内资快递企业，信息化、数字化发展将使快递服务越来越成熟、越来越规范、标准，这不仅是快递企业发展的必由之路，也是快递服务业发展的未来。

制造业集群与总部经济拉动快递服务发展。滨海新区正在形成的以航空航天、石油化工、装备制造、电子信息、生物制药、新能源新材料、轻工纺织、国防科技为代表的高新技术产业集群，给快递服务发展提供了前所未有的机遇。同时，滨海新区已成为世界500强企业在中国聚集度最高的地区之一，也是国内大型企业集团、高科技研发中心最集中的地区，初步形成了科技、商务、金融、文化、会展、旅游、楼宇等产业聚集区和功能区，这些区域作为企业决策、管理、信息的集散地，必将拉动快递服务持续增长。

智能交通网的建设将有助于快递服务发展。随着交通出行压力的增加与快递网络服务范围的扩大，将衍生出大量新型快递需求，从而有助于我市智能交通网的布局和建设。从我市的道路交通建设与车辆增长速度来看，城市道路交通压力将逐渐增加，使人们在外出充值、缴费、购物、业务办理过程中因道路堵塞带来的时间与经济成本不断增加。而智能交通与网络信息技术的发展，为人们提供了便捷的方式，同时也衍生出了一系列新型快递需求，包括网上支付回单的递送业务、网络购物的递送、业务办理凭证递送、电子政务的各类单据递送等，使得快递业务的种类与范围不断扩大。

农村地区快递市场潜力巨大。改革开放以来农村社会消费品零售总额增长了20余倍，工业品、日用品、家电下乡需求很大。农村地区网络购物明显增长，农产品通过快递渠道进城潜力巨大。目前城乡流通供销网络主渠道还未建立，开展工业品下乡、农产品进城等邮政物流和快递服务，对于拓展快递服务领域，助力构建现代农产品流通体系、增加农民收入、保障民生都具有重要的现实意义。

（四）存在问题

当前天津市快递服务存在的主要问题可以分为以下四个层面。

快递市场发展程度不足。天津市快递服务近年来无论业务量还是业务收入均在两位数以上增长，但是天津快递在全国的市场份额相对较小，与天津市整体经济发展水平在全国的地位不相符。例如，2008年，长三角规模以上快递企业的业务量达到5.1亿件，业务收入达到147.1亿元，占全国市场份额为36%，而天津市的快递收入在全国的市场份额仅占2%左右。

产业集中度偏低。产业集中度低，天津市快递企业与全国快递企业类似，均存在“小、弱、散、差”的现象，缺乏品牌优、实力强、网络全、具有国际竞争力的大型快递企业。特别是民营快递企业规模普遍偏小，专业化、技能型人员紧缺，管理、运营、技术等方面的专业人才匮乏。

快递企业管理水平低。部分快递企业的经营理念和管理体制已不适应市场发展的要求，例如沿袭传统的组织模式和家族式管理体制，组织层级乱，流程复杂烦琐，绩效考核体系不健全，管理方式陈旧，执行力薄弱等。快递企业创新不足，天津市快递企业存在较严重的低端服务过剩，中高端服务供给不足问题，快递企业目前的专业化程度低，快递服务内容有限，功能单一，绝大多数快递企业还不能提供综合性、全程快递服务。

尚未形成快递服务立体监管网络。政府监管方式方法有待进一步完善，目前从总体情况来看，天津市尚未形成快递服务的立体监管网络。具体来看，无省以下监管机构，与快速发展的快递市场不相适应；快递监管的信息化程度不高，应进一步加大投入，通过信息技术与快递企业建立信息管理系统接口，以实现对快件收派速度、质量及快件内容的远程、常态化监督；人员方面，依法行政素质与管理水平有待进一步提升；快递协会已经在快递市场监管中发挥了重要作用，但在社会宣传、管理方法提升与管理流程优化等方面仍有待提高；消费者维权意识不够，消费者未能形成消费者权益保护意识，存在“不作为”现象和放任态度。因此，如何通过加强宣传力度、充分发挥申诉中心作用、持续教育消费者、培养正确消费维权意识，是天津快递服务业监管工作需要解决的问题。

二、指导思想和发展目标

（一）指导思想

“十二五”期间，天津快递服务发展和改革将深入贯彻党的十七大、十七届五中全会精神，执行《天津市国民经济和社会发展第十二个五年规划》的要求，在市委、市政府和国家邮政局的领导下，以科学发展观和《天津邮政业“十二五”规划》为指导，以“结构调整、惠及民生”为目标，以满足经济与社会发展对快递服务的需求为基本出发点，依托纵贯南北交通枢纽的地理位置和公路、铁路、航空、港口的立体交通网络优势，以建设公平有序的市场竞争环境为保障，以信息技术为支撑，加快提升快递服务产业层次，推进传统服务方式向现代服务方式转变，提升快递服务的信息化、标准化、规范化水平，增强服务能力，充分发挥天津快递服务在环渤海快递圈的中枢纽带作用，实现快递服务全面、协调与可持续发展。

（二）总体目标

总体目标。发展以科技为支撑的高效、安全、便捷的快递服务，成为环渤海地区快递服务的新增长点和“京津冀”地区快递质量提升的“龙头”。

两个着眼点。提升快递服务产业层次、推进企业品牌建设。

三个协同发展。快递基础设施与快递企业协同发展、产品创新与快递技术协同发展、城市与农村快递市场协同发展。

四项提升。提升网络覆盖范围、提升服务满意度、提升快递企业竞争力、提升管理成熟度。

五化发展路径。实现天津市快递服务的企业品牌化、网络合理化、市场国际化、运营信息化、服务精益化。

（三）具体目标

政府管理目标。实现规范化与成熟化管理，在提升快递企业管理成熟度的基础上减少对市场的干预，充分发挥市场机制的调节作用，为天津市快递服务业创造一个公开、公正、公平的市场环境，提升快递管理与服务水平，实现管理与服务的信息化、互动化与集约化。

产业发展与经济效益目标。规划期内实现快递服务总产值累计达到100亿元，力争达到110亿元，快递业务收入占邮政业总收入的比重达到60%以上。

社会效益目标。实现提升公共服务水平、增加快递从业人员收入与促进就业的三大目标。到规划期末，实现从业人员收入倍增，形成直接就业岗位和运输、物流等相关上下游产业就业岗位1万人。

产业集中度目标。规模以上快递企业占市场份额的比例达到95%。

服务质量目标。建立快递安全责任制，实现快件递送过程“零盲区”，达到服务质量建设“十、九、八”目标，即规模以上快递企业全部建立投诉处理平台，投诉受理率达到100%，投诉处理满意率达到90%以上，社会用户满意度达到80%以上。

快递安全目标。加大快递企业安全投入，做到快件收派安全、信息保护安全、交通运输安全、人身保障安全、设备运行安全，不断提高快递服务相关环节的安全管理能力。

信息化建设目标。加速物联网技术在快递企业中的应用，形成“多层次、广覆盖”的信息网络，建成统一的信息化平台，并使该平台在快递企业中的覆盖率达到95%以上。建立统一的邮政业监管信息平台。

快递基础设施建设目标。建成全国领先的快递产业园，建设具有全国影响力的快递商务中心，建立区域一体化服务质量评价体系。

快递企业建设目标。实现“双十”建设目标，吸引10家国内外大型快递企业在天津设立总部或区域中心，建设10家特色突出、在国内具有影响力的天津快递企业。

人才培养目标。实施“多层次、广覆盖、职业教育与精英教育相结合”的人才培养计划，在三个层面开展人才培养“十百千”计划：培养十位具有国际视野与战略眼光的快递企业CEO；培养百名掌握先进管理知识与快递先进科技的专业管理及技术人才；开展岗位培训、职业培训、资质认证等错层次、多形式的快递从业人员培养，每年为快递服务业提供千人的在岗培训，并培养一支规模在千人以上的后备力量。

三、主要任务

实现快递服务发展的目标还需要通过具体的政策、措施、方法和手段来实现。天津市的快递服务发展需要根据本地快递服务供给与需求的实际情况合理制定发展措施，这样才能有的放矢，其主要的措施如下。

（一）提高产业集中度

在天津快递服务业的60多家企业中，绝大多数小规模的民营企业业务集中在同城快递和区域快递方面，而国有快递企业与实力较强的民营企业不仅占领了天津市的同城快递、环渤海经济圈的区域快递市场，还通过较为健全的网络控制着跨区域的国内异地快递市场。而国际快递方面由于企业实力和网络覆盖等因素，市场份额的大部分为四大外资公司所占据。

在这样的情况下，多种所有制企业，多种产品之间的竞争会造成整个产业平均利润下降，降低快递服务对上游和下游的议价实力；容易遭受到外部经济环境变化的冲击和自然因素的影响；并且多数企业进行低水平重复建设也会造成资源浪费。因此需要在产业发展时，在保证市场公平竞争的前提下，鼓励领先企业利用资金优势通过并购、参股和联盟的方式，推进产业整合。有实力的快递企业通过重组、整合来扩大自身规模，不仅可以扩充服务网络，增加对服务区域的覆盖，加快城乡快递网点的布局，而且在成本节约的情况下，增强资源的合理配置，提升自身竞争的实力和抗风险的能力。在竞争和整合的产业发展框架下，淘汰落后的企业，提升产业升级准入门槛，实现产业有序合理的发展。

（二）提高资本密集度

天津快递服务现阶段仍主要呈现出劳动密集型的特点，而在如今信息通讯和网络技术飞速发展的情境下，用户需求已不再单纯以速度为主，还发展出运单跟踪、自助查询、货到付款、刷卡签收等需求。

快递企业需要加大对先进技术和设备的投入，搭建并充分利用电子商务、金融平台、移动通信以及卫星定位等信息技术与快递业务的接入界面，利用先进网络搭建精益化服务平台。引导企业投入资金与力量完善综合快递信息系统，包括订单、仓库、配送管理系统，以及货运、传单系统等；在订单接收和派送方面依靠这些数据进行高端智能化的处理来改变业务流程设计；在客户直接体验服务的终端界面实现自动化设备的运用，提升顾客服务感知品质，提升企业的品牌形象和精益服务质量。天津市快递服务业发展在资本集中方面需要注意均衡投资，避免“中间大两头小的局面”。

（三）提升人员素质

快递不同的业务和市场，需要各种不同资历和素质的人才，从高度专业化的机场工作人员、地面工作人员、海关工作人员和快递经理人员到普通的运输司机、收件员、分拣员、投递员等。

基于本规划所提出的人才培养目标，天津市快递服务业应采取多渠道、错层次、广覆盖的人才培养方式，通过海内外公开招聘或者鼓励快递企业经理参加高级职业经理人培训等方式造就一批精通国际快递业务的复合型、精英级的快递企业CEO人才；通过公开招聘、学位教育或在职培训等形式培养具有发展眼光的高水平快递管理与技术人才；通过“订单培养”、“联合培养”、“产业化办学”等方式，采取长期培养与短期培训相结合、正规教育和在职培训相结合的多层次、多方面培养方针，扩大高素质人才的供给。

（四）加强产业规制

总体来看，快递服务正在从无序竞争逐步向有序良性竞争发展，并已经历了快速发展时期，但是产业规制和市场政策并没有得到全面发展。

天津市快递服务的规制发展需要依据修订后《中华人民共和国邮政法》及其配套法规、规章和政策为蓝本，结合天津市的经济和产业环境特点制定更加完善和细化的政策，在制度层面给予支持。这需要相关部门在市场准入以及从业人员相关服务能力方面出台详细的标准，对于快递服务的市场竞争方面做出调控和监督，防止恶意竞争；建立产业联盟和并购的相关指导方针，引导产业整合发展；针对企业基础设施以及信息化建设投资方面给出合理建议，推进产业的精益化服务发展；对于新生业务的发展，比如快递服务与电子商务平台合作的范围不断扩大，成为新的快递重要业务组成，针对这种新生业务的发展，邮政业政府管理部门应该及时制定合理规范和制度，促进新业务的健康发展；针对乡镇城市化发展趋势，可以通过出台相关优惠政策推进快递乡镇网络的建设。

四、发展路径

在全国快递服务业逐步走向成熟时，天津市快递服务的发展更需要适应产业发展的趋势，将产业发展的重点从原来产品和服务竞争转向以客户需求驱动下的现代服务管理模式，以客户价值为核心，通过在价值链的相关环节嵌入提升客户需求的要素实现在服务设计以及服务流程中系统的完善和改进。这就需要天津市在发展快递服务时重点从以下路径进行突破。

（一）企业品牌化

在市场经济条件下，品牌日渐成为企业开展竞争，走向成功的重要武器。品牌资源是他人不可模仿的优势来源，也是顾客进行企业外部认知，消除需求与供给信息不对称的有效途径。天津快递服务中的从业企业需要不断改善自身的管理结构，从较高产业层次树立发展的标杆；通过发展企业联盟，进行合理并购，建立良好的企业形象和品牌；通过品牌化的发展进而提升全行业的服务吸引力。尤其是在当前社会公众对社会诚信期望不断提高、呼唤高服务质量的环境下，企业通过树立品牌形象，推广精益服务，提高品牌知名度来谋求较高的回报。

（二）网络合理化

天津快递企业中，除了跨国公司经营管理和技术水平处于领先地位，EMS、顺丰等少数国内快递企业的经营管理和技术水平能与国际接轨，大部分国内企业经营管理和技术水平比较落后。天津快递服务的发展需要从自身业务和网络建设入手，不断完善终端收派网络、中转运输网络和信息技术网络三网一体的立体运行体系，立足传统快递业务，全面进入电子商务快递及3PL（第三方物流）快递领域，相应地建立一个或多个业务中心，以及销售网络、收件网络和投递网络，以专业的服务和严格的质量管理来推动快递服务的发展。

（三）市场国际化

快递服务的发展不仅要注意国内市场，而且还需要把眼光放到全球，将快递服务的服务向国际供应链方面延伸。天津市工业基础雄厚，而且毗邻北京，这种区位优势吸引了大量日本、韩国和美国以及一些欧洲企业在天津落户。在全球价值链环节设置方面，跨国公司一般把其生产环节安置在中国，以期充分利用我国的人力资源和原材料的比较优势。天津快递服务需要利用这种区位特点，通过政策扶持鼓励和吸引在津设立国际快递转运中心，建立现代化的快递网络，建立环渤海地区的陆路、水路和航空快递枢纽，把快递服务的供应链向国际市场延伸，嵌入到现有的跨国公司的物流运输环节，提供物品和文件的国内以及国际快递服务。

（四）运营信息化

在现代企业中，信息化、数字化已经深入到企业经营管理的方方面面。国际快递企业为了与对手拉开差距经常采取的竞争手段就是开发或应用新技术。天津市在快递服务业发展的过程中需要以做优和做精为发展目标，督促和引导现有快递企业加大信息化建设投资力度，抬高新进企业硬件设施和信息技术基础经营门槛，应充分利用现代技术和设备为消费者提供更加便捷安全的服务。面对互联网的普及，电子商务成为快递服务业新的利润增长点，客户通过网络对快件追踪查询的需求等都需要先进的信息系统作为支持。因此面对新的业务要求，企业更应该顺应发展趋势，加强信息技术建设。

（五）服务精益化

精益化是相对于快递运作与规划的粗放方式而言的，是对JIT技术、成组技术、运作优化法、集成管理等理论的综合提炼和提高，建立在信息技术手段高度发展基础上的快递管理理念。天津快递服务在发展过程中要向精益化要效率，向精益化要成长，以精益化为要求，实现以客户需求为中心，做到准时、准确，即准确的信息传递，准确的库存，准确的客户需求预测，准确的送货数量，等等；快捷的服务要做到系统对客户需求反映速度快，快件在运送过程中的速度快；综合目标要做到利用由资源、信息和“精益”决策规则组成的系统降低成本、提高效率。

五、重点工程

（一）快递产业园以及快递商务中心（CBD）建设

建设空港快递产业园区和快递商务中心（CBD），投资额不低于5亿元人民币，其建设目标为形成一个具有相当规模的环渤海地区的快递集散中心，吸引大型快递企业在园区投资建设，并鼓励其将总部或区域总部设在产业园区内，同时为园区内的快递企业争取税收、土地使用等优惠政策，以形成快递企业的集聚效应，实现快递企业间的良性竞争环境。加大快递基础设施建设的投入，通过航空快件绿色通道的建立，增强供给能力，支持快递企业做大做强。

（二）快递服务业信息化建设工程

天津快递服务信息化主导的方向是以下三个方面：以行业管理信息化为龙头，加强服务监管；全方位拓展行业管理信息化，引导公共信息、市场和业务信息的共享；促进信息基础设施建设，引导社会化信息技术平台建设。具体途径包括：天津快递服务信息管理一体化；天津快递信息门户/信息平台的建设；天津快递信息基础设施及信息技术平台建设；天津快递信息服务商的培育；天津快递信息人才的培养。

（三）企业“双十”品牌建设工程

该工程的核心目标是吸引十家国内外大型快递企业在天津设立总部或区域中心，建设十家特色突出、在国内具有影响力的天津快递企业。在天津市建设一批具有较大规模和品牌效应的快递企业，为重点支持企业提供政策支持和资金支持，鼓励其引进和开发先进技术，支持企业开展快递网络建设和转运中心等基础设施建设，提升企业员工素质和管理能力，提升企业软实力，打造天津市的快递服务企业品牌。

（四）24小时、48小时快递圈建设

为满足快递服务的时效性要求，提高快递服务质量，以天津为中心建设24小时、48小时快递圈，其中24小时快递圈主要覆盖范围为以京津冀为主的环渤海快递圈，48小时快递圈的覆盖范围包括华北地区及全国各大中城市，在快递圈内实现快递企业间的合作与资源互补，并打造若干精品快递线路。

（五）人才培养“十百千”计划

快递服务人才培养计划包括三个部分，其一为以培养十名具有国际视野与战略性眼光的快递企业CEO；其二为培养百名掌握先进管理思想或先进技术的快递服务高级专业人才；其三为以培养后备人才为主的职业教育、岗前培训相结合的从业人员与后备人员培训，每年为1000人提供在岗培训，并培养1000名快递后备力量。

六、政策措施

（一）制定与完善快递服务规制措施

以公平、公正、公开，以及自律和监管相结合为原则制定与完善天津市快递业的规制措施，具体包括四个方面：第一，积极开展调查研究，协调有关部门制定邮政业综合性地方性法规，完善邮政业管理的规范性文件体系，内容将涉及企业信息化建设制度、企业分等分级管理制度、从业人员资质认证制度等。第二，规范快递企业代收货款等高风险业务，针对代收货款、保价等业务的经营特点出台相应的管理办法，同时积极引导快递企业加强自身制度建设，主动对高风险业务实现规范化运营。第三，完善市场进入退出制度，在修订后《中华人民共和国邮政法》、《快递业务经营许可管理办法》的相关规定的基础上，完善审核的具体操作规范，加强许可证制度管理。第四，快递质量规制，通过制定质量评价标准对快递企业的服务质量进行监督与管理,并以“三步式执法”等方式保证其实施力度。

(二)加强对快递服务发展的政策引导

以市邮政业政府管理部门为核心,积极开展对天津市快递企业的政策引导,促进其实现高效、优质、低碳等目标。具体措施包括:第一,完善快递服务发展环境,完善扶持快递服务发展的产业政策和配套政策,包括税收政策、融资政策、企业用地政策等。第二,引导快递企业由价格竞争向服务竞争转变,鼓励企业加速员工素质提升,提高对服务的时效性、安全性与质量的关注程度。第三,促进快递服务与其他产业的有机融合,通过第三方平台整合各快递公司资源达到服务统一规范,从而提高快递服务质量。第四,开展质量奖评比,以营造优质服务的良好环境。第五,引导国内外资本投资快递服务领域,鼓励和支持内资快递企业更多地进入国际市场,在巩固传统国际市场的基础上,大力拓展新兴国际市场。第六,引导快递企业开展供应链快递,鼓励企业加快进入制造业供应链服务领域前端,承接电子商务、仓储配送等服务,抓住电子商务快速发展的有利时机,实现自身发展。第七,引导快递企业使用先进技术,提升科技化与信息化水平。第八,引导快递企业的合理有效整合,包括对特许加盟制企业的整合以及合理的兼并与收购等。第九,鼓励快递企业向农村地区拓展服务网络,借力小城镇建设和文明生态村建设的契机,立足三农、服务三农。第十,引导快递企业实现资源共享与优势互补,实现各快递企业在网络、技术方面的互补,在国际、国内与城际业务方面的互补以及国有、外资与民营企业之间的互补。

(三)建设完善快递基础设施

在滨海新区建设空港快递产业园区和快递商务中心(CBD),建立快递处理和配送服务中心、大型电子商务快件处理中心,将建立快递产业园区作为现阶段促进天津市快递服务发展的首要任务,引导快递企业在此集中经营,降低成本,提高效率,充分发挥快递园区的综合运作与转运衔接功能,快递园区的综合功能体现在市场信息、现代仓储、专业配送、多式联运等方面,要实现公路、铁路、河运、海运等多种不同运输形式的有效衔接,在建设园区的同时,应该增加其中商业设施、会展中心、大型批发市场等,利用市场的“造市”功能来拉动快递需求,带动快递服务的发展。

政府有关部门应支持具备一定实力的快递企业建立有固定营业场所的直营快递网点,促进快递企业规范化经营。

(四)发挥行业协会作用

应进一步发挥快递协会在企业与政府间的桥梁纽带作用,增强其行业服务、行业自律以及维护行业合法权益的职能。通过推广快递服务标准、教育培训、从业人员资格认证等工作,为政府管理、企业运作和行业发展建言献策,提供服务。市快递协会要依法规范市场,推动快递服务科学发展,发挥“服务、协调、自律”职能,加强协会自身建设,发挥桥梁和纽带作用,服务企业,服务政府,服务社会,制定并实施行业职业道德准则,建立行业自律性管理约束机制,推进快递服务承诺制度,促进行业诚信建设,推动行业和谐发展。另外,快递协会应充分发挥协助、指导、咨询等作用,服务会员企业,使会员企业都能走上从实际出发、长远规划、持续发展的健康之路,积极帮助快递企业开拓国际交流渠道,为快递企业走出国门开辟畅通、便捷、有效的途径。

(五)开展快递信息化建设

“十二五”期间将进一步加快快递服务信息化建设步伐,具体措施主要包括:第一,实现天津快递服务信息管理一体化,即形成政府行业管理、行业协会、各快递企业、消费者、上下游供应商及其他利益相关者为一体的信息管理体制与运行机制,使快递服务信息管理及时、权威、一致并能够共享应用。第二,建设天津快递信息门户/信息平台,即以该信息门户/信息平台作为上述快递服务信息管理的实现手段，采用单一门户形式，以多种形式接入包括互联网、3G手机等在内的网络，汇聚全部快递相关信息资源并为快递企业与客户间搭建业务运营、售后服务等统一平台。第三，建设天津快递信息基础设施及信息技术平台，即从行业共享信息基础设施角度，创新共享商业模式如按流量租用、融资租赁手持终端等，为相关快递企业提供质优价廉的信息技术平台。第四，培育天津快递信息服务商，即在快递服务信息管理需求快速增长阶段，有针对性地扶持专业化快递信息服务提供企业，促进信息服务的供需衔接。第五，培养天津快递信息人才，即利用引进、培训、定制式培养等方式，培养快递专业与信息管理专业的交叉复合型人才。第六，促进快递服务与电子商务产业紧密结合，融合发展，即从快递服务供应链的上游角度，从与快递信息管理紧密结合的电子商务入手，推动快递企业加强与电子商务网站的合作，不断优化业务结构，提升服务水平，实现互利共赢。

（六）推进物联网技术在快递服务业的应用

基于物联网技术的三大特性，即对物品的信息进行全面感知、可靠传递和智能处理，快递服务业应用物联网技术，可以大幅度降低成本、提高快递服务水平，如加快递送速度、准确实时追踪等；同时该技术在快递中具有广阔的创新空间，特别是高附加值快递服务，如全程确保环境条件、确保不拆封不倒置的快递产品等。具体的措施包括：结合信息化建设，扶持鼓励快递企业应用物联网技术，对快递企业引进、利用物联网技术研发新产品给予财税优惠或资金支持；鼓励快递企业与技术研发机构、高校组建产业联盟，试点应用物联网技术等。

（七）加速快递服务的结构调整

首先应当进一步明确支持快递企业做强做大的政策导向，制定相关政策措施，使快递企业向规模化经营和专业化服务拓展，并积极推进形式多样的兼并重组，帮助企业做大做强。在此基础上，加速快递服务企业的产权结构、公司治理结构、人员结构、分配结构调整步伐，实现快递服务企业产权结构多样化、公司治理结构规范化、人员结构专业化与分配结构合理化的目标。

（八）加强快递人力资源建设

大力推进职业技能培训，并要求快递企业员工取得快递业务员国家职业资格证书，持证上岗。利用多层次的教育与培训资源，包括学历教育、职业教育与在岗教育等，鼓励快递企业与学校及培训机构合作，开展“定制化”培养，在高、中、低三个层面上加强从业人员的水平与素质提升，并提高快递从业人员的总体学历水平。利用学校与社会培训机构的优质资源，建立快递培训基地，提高企业员工素质，建立快递人力资源储备库，以满足快递企业对各层次人才的需求。

（九）鼓励技术与产品的自主创新与引进

以世界大型快递企业为标杆，加大快递企业在研发人员与资金上的投入，建立自主创新激励机制，并加大对先进技术的搜寻与信息储备，鼓励快递企业联合建立研发中心，开发与现代快递企业及快递业务相适应、适合我国国情的实用性技术，并逐步与国际快递技术接轨。适时引进先进技术，并鼓励国内快递企业针对国外先进技术进行引进再开发。

（十）提升快递企业的管理与服务水平

针对快递企业管理与服务水平参差不齐的现状，由邮政业政府管理部门与市快递协会牵头，对快递企业的经营管理人员开展培训，提升快递企业经营管理者的战略管理、技术管理、服务营销等管理能力，实现快递企业管理工具和管理技术与世界先进水平接轨，并鼓励快递企业针对本企业员工的实际情况开展在岗培训，提升员工的业务水平与服务意识，使我市快递企业在全市经济与社会发展中的贡献水平进一步提升。

河北省快递服务发展“十二五”规划

快递服务是新兴的朝阳产业，资源消耗低，带动系数大，就业岗位多，综合效益好，对拉动内需、促进流通、吸纳就业发挥着积极作用。河北作为京畿重地，在全国快递服务中发挥着重要的作用。加快发展河北省快递服务对于落实京津冀地区快递发展战略、贯彻实施国家跨行政区域战略合作要求，确保河北“京畿邮业”战略顺利实施，提升本地区快递服务发展水平，具有十分重要的意义。依据《中华人民共和国邮政法》（以下简称《邮政法》）和国家《物流业调整和振兴规划》，为贯彻落实《河北省邮政业发展“十二五”规划》和《京津冀地区快递服务发展规划（2010－2014年）》，特编制本规划。

一、基础状况

（一）发展现状

市场主体快速成长。近年来，河北省快递服务已形成国有、民营、外资企业三足鼎立的局面，快递服务从业主体呈现多元化趋势。三类快递企业在业务结构中各具优势，以邮政EMS、顺丰、申通为代表的民族快递企业在国内异地快递业务方面占据绝对优势地位；大城市中同城快递业务收入迅速增长；外资快递企业在国际快递业务方面比较突出。各个企业在市场细分、服务标准和价格机制上各有特色，多元化、多层次的市场主体正在快速成长。

业务规模发展迅速。2010年，全省规模以上快递企业（共计49家）累计完成业务收入12亿元，同比增长19.1%。其中同城、异地、国际及港澳台快递业务收入分别占全部快递收入的4.4%、69.7%和21.0%。截至2010年年底，获得快递业务经营许可的法人企业已达176家，160家快递企业分支机构通过备案，36家在国家邮政局获得快递业务经营许可企业的分支机构在河北通过备案，从业人员超过1万人，服务网点已覆盖到县及以上城市和大部分乡镇。

服务产品渐成体系。本地区快递服务产品不断丰富，服务领域不断拓展。业务范围覆盖同城、国内、国际业务，近年来衍生发展了收件人付费、代收货款、代客报关、仓单质押、代上保险、签单返回等增值服务。日益丰富的快递服务产品，给用户以更多的选择，也使快递企业走出了“单一”的服务模式，开始向制造业渗透和延伸，向物流、运输、仓储等多元化方向发展，电子商务、生产型快递服务增长显著。

技术能力日益提升。从2006－2010年，河北省快递企业营业网点由732个增加到2029个；作业场地面积由6.9万平方米增加到16万平方米；汽车摩托车由1000辆增加到2556辆；手持终端从280台增加到3245台。规模以上快递企业利用互联网技术，建立了客服信息系统和快件信息系统。计算机、手持终端等设备的应用大大提高了作业处理能力，收寄、分拣、投递、查询等环节的信息化处理水平也明显提高，限时送达、跟踪查询等服务功能日趋完善，可持续发展能力进一步增强。

产业格局初步呈现。河北省快递服务依托产业、市场和地缘优势迅速发展，对经济发展的贡献不断增大。在安国药城、华北制药、辛集皮革、邯郸金凤禽蛋、清河羊绒市场等都搭建了连锁经营、统一配送、电子商务和物流运作平台。河北快递初步形成了多种所有制企业并存、多样化产品互补、多层次服务共生共赢的快递服务产业格局。

（二）发展环境

省域人文环境。河北内环京津，外环渤海，位于渤海地区的中心地带，与日本、韩国隔海相望，既是东北地区与关内各省区联系的通道，又是联结东北、西北、华北和中南地区的交通枢纽，在全国居重要战略地位。河北省正着眼构筑“国内外联通、京津冀一体”的现代物流体系，加快建设交通枢纽型、产业基地型与商贸集散型等物流集聚区；谋划建设大型货物仓储运输周转基地、廊坊空港物流园区和配套服务设施、邯郸铁路物流基地、邢台邯黄铁路物流基地等一批大型物流园区；努力构建“全国制造、全球采购、河北集散”的市场格局，打造国际资本转移的首选地、国内“南资北移”的主战场，这将为河北省快递服务发展提供更大的支撑和旺盛需求。

政策法规环境。《国务院关于加快发展服务业的若干意见》和《物流业调整和振兴规划》，进一步明确了发展快递物流业的政策导向，为快递服务发展创造了良好的政策环境。《邮政法》、《快递服务》系列国家标准、《快递市场管理办法》、《快递业务经营许可管理办法》等相关法规、标准的颁布实施，为快递服务发展奠定坚实的法律基础。河北省政府办公厅印发了《关于加快发展快递服务业的通知》（办字〔2009〕128 号），河北省邮政管理局与河北省公安交通管理局联合印发了《关于贯彻落实省政府支持邮政业发展政策有关事项的通知》（冀公交字〔2009〕107 号），与省地税局联合印发了《关于落实税收政策促进快递服务业发展的通知》（冀邮管〔2010〕44 号）等文件，极大改善了发展环境，有力推进了河北省快递服务的迅速发展。

经济社会环境。河北经济的快速发展将为河北省快递服务业参与生产企业供应链管理，提供一体化物流、快递服务提供有利时机。河北 GDP 总量在全国排第 6 位，三次产业体系相当完备，农业基础稳固，工业门类齐全。河北拥有 5 亿人的核心潜力市场和 1.2 亿人的现实消费群体，市场容量占全国大陆总量的 10% 以上。全省城镇面貌三年大变样工作取得巨大成就，城镇面貌三年上水平工作业已开局，全省投资环境不断优化，吸引了一大批工商业企业乃至世界 500 强企业入驻落户，市场化进入空前活跃时期。河北省内有 15 条主要干线铁路和 17 条国家干线公路通过，港口泊位 102 个，飞机场 3 个，秦皇岛港、唐山港、黄骅港，已成为国内外贸易往来的重要基地，河北“东出西联”的现代化综合立体交通运输网络为河北省快递物流发展提供坚实保证。

行业管理环境。邮政政企分开后，“政府监管、行业自律、社会监督”的快递管理体制已经建立。快递企业备案、达标、服务评价、消费维权行动相继展开，快递业务员职业技能鉴定工作稳步推进。邮政管理部门与工商行政管理部门联合印发《关于快递服务许可审批和登记管理有关事宜的通知》（冀邮管〔2010〕37 号），对进一步规范快递市场提供了依据。执法力度持续加大，开展了一系列主题执法行动。邮政管理部门与省工商局、省消协、省快递协会建立了邮政业申诉沟通机制，实现了“12315”与“12305”邮政业申诉热线的对接。

（三）存在问题

河北省快递服务总体规模逐步扩大，在经济社会发展中的地位和作用日益增强，但还存在一些矛盾和问题，占 GDP 比重偏低，对经济增长的拉动力较弱，网络和服务功能不健全，业务发展滞后，对外开放水平不高，发展环境有待改善等问题。具体表现在：一是产业集聚度不高，既没有快递园区，也没有快递产业带、快递产业圈；二是市场主体上竞争力不强，规模快递企业中没有属于本土的总部企业，全是其他省市企业的分支机构或者加盟商；三是业务产品上层次较低，鲜有国际业务，少有企业能够进入中、高端业务市场；四是网络布局较为分散，没有真正意义上的具有强大辐射能力的核心极，企业之间在运营网络资源上未能实现优化配置，快递网络与区域内交通基础设施网络未能有效衔接，城乡资源配置、快递网络发展和服务功能存在较大不均衡；五是市场竞争尚不充分，国有快递企业发挥了重要作用，市场缺少多种所有制经济特别是外资企业的充分竞争；

六是发展环境尚不宽松，一些快递企业的管理体制和经营机制落后，快递服务存在车辆进城难、网点注册难、发展融资难、企业用地难、空运租舱难、快递企业税费负担重，总体发展环境亟待改善。

二、思路目标

(一)指导思想

深入贯彻落实科学发展观，按照《邮政法》、《物流业调整和振兴规划》和《京津冀地区快递服务发展规划(2010－2014)年》的总体部署，以全省实施"一圈(环首都经济圈)、一带(沿海经济隆起带)、一区(冀中南经济区)、一批(大园区大项目)"为契机，坚持强基础、转方式、保增长、调结构、惠民生，实现龙头企业为骨干、国内外联通、京津冀一体、沿海腹地互动，形成与经济社会发展水平相适应的"便捷高效、竞争有序、技术先进、服务优质"的快递服务体系，推进河北省快递服务科学发展、跨越发展、可持续发展、和谐发展和安全发展。

(二)发展目标

遵循"城乡一体统筹发展、整合资源特色发展、改革创新效能发展、惠济民生和谐发展"的原则，努力实现发展效益、服务质量、行业竞争力、安全保障和资源整合能力的较大提升。

发展效益目标。实现河北省快递服务业务收入年均增长率不低于在38%；快递业务收入达到60亿元；占邮政行业业务收入的比重达到52.2%；占GDP的比重由2010年的0.06%达到规划期末的0.21%；新增就业3万人，带动关联产业新增就业4.5万人；有6～8家企业年收入规模超2亿元，有2～3家企业进入全省"民营企业百强"。

服务质量目标。规模以上快递企业全部建立投诉处理平台，申诉受理率达到100%，申诉处理满意率达到90%以上；公众满意度达到88分以上；投递时限准时率提升到95%以上；信息上网率、查询回复率、投诉办结率达到95%以上，投递入户率达到85%以上，设区市内实现"当日达"，城区实现"12小时送达"；快件延误率降低到千分之八、损毁率降低到万分之一、丢失率降低到十万分之五以下；设区市、县(市)城区和城郊乡镇互寄快件实现"次晨达"或"次日达"；结合村邮站建设工程和"万村千乡"工程，主要网络的快递服务网点(自营网点及代办网点)在乡镇的覆盖率达到80%。

竞争能力目标。骨干快递企业85%以上分支机构通过《快递服务》标准达标验收，快递人员持证上岗率达到70%以上；100%的许可从业企业依规、如实、按时上报年度报告，披露服务质量情况，提交服务质量投(申)诉处理报告；80%以上的许可从业企业评定为星级企业；规模以上快递企业手持终端(PDA)设备使用率达95%以上，不断提高快件跟踪查询和信息反馈水平；建立统一的邮政监管信息平台；鼓励民营快递企业实施固定资产投资，培养5～10家在国内具有较强竞争力的品牌快递企业，重点扶持进入"百强民营企业"和"千家成长型中小企业"的快递企业；发挥国有企业示范带动作用，鼓励本地快递企业缩小与邮政速递物流公司差距的同时，支持国有快递企业进行信息化、揽投网点、邮件处理中心等的建设，成为现代化综合快递物流企业；鼓励有实力的快递企业实施国际化战略。

安全保障目标。快递企业普遍达到新《邮政法》规定的安全标准，快递安全保障能力显著增强；骨干快递企业服务设施通过国际TAPA安全认证，并建立技防、人防和流程控制的安全管理体系；在高科技高价值快递服务安全保障方面处于业界领先地位；收寄验视率达100%；配合有关部门做好产业安全工作；快递主管部门每年依规、如实、按时提出2～4份快递服务质量抽查报告。

资源整合目标。以重要机场为核心，打造2～5个规模较大、辐射力强的快件枢纽中心；规模以上快递企业全部实现内部作业和对外服务标准化和信息化；实现服务人员着装、操作和礼仪统一；实现作业车辆和营业网点外观和标识统一；建立一体化服务质量的评价体系；使用环保设施设备，递送车辆全部符合国家碳排放标准。

三、主要任务

（一）提升产业层次

优化布局。构建“一核聚集、两城辐射、三线突破、四边建构”的全省快递产业布局。一核聚集即以省会为聚集中心，创建具有全省快递决策中心、监管中心、信息中心和综合配套服务中心等功能的快递中心城市；两城辐射即围绕曹妃甸、渤海新区融入延伸；三线突破即畅通冀东、冀东南和冀西北通道；四边建构即形成“东部建仓、南部建链、西部建园、北部建点”的河北快递发展特色。

创新业态。引导快递企业大力发展商务流、信息流、资金流、实物流“四流合一”业务，推进快递服务和电子商务融合发展，加强快递服务与多种运输方式的融合，充分利用我省航空产业发展机遇，建立高效、安全、低成本的快递服务运输系统，为快递服务专业化运作与管理提供条件。

集约整合。建立双赢多赢的“竞合”机制，鼓励快递企业之间资源共享，发挥整体竞争优势。鼓励快递企业通过参股、控股、兼并、联合、合资、合作等多种形式进行资产重组，培育5~10家服务水平高、竞争力强的现代快递企业。推进河北邮政速递物流改革，做大做强邮政速递物流。

（二）拓宽服务领域

以工促市。鼓励快递企业与工业制造企业结成战略合作联盟，整合供应链，建立协作机制、约束机制、补偿机制，实现互利双赢，联动发展。以本地区正在形成的软件、集成电路、网络通信、生物制药、新材料、汽车制造、航空航天、现代冶金和新型工业等产业为依托，大力开展面向产业集群的快递服务。

以农拓市。支持快递企业与农产品加工企业、种植大户合作，开展农村连锁经营配送服务，延伸本地区品牌农产品、绿色有机食品的生产、加工和配送产业链，开展面向超市、城市个人消费者的农产品进城直销服务，开辟城乡衔接的“三绿”（绿色通道、绿色市场、绿色消费）快递服务。

以商旺市。鼓励骨干快递企业建立电子商务快递公司，或与电子商务企业、网站建立合作平台，提供代收货款、验货签收、签单返还、信用认证、电子返单等附加服务；助推快递企业提供供应链一体化解决方案，解决配送、结算等环节的瓶颈问题；提倡快递企业探索适合社区、校区的快递配送方式，优先发展面向广大消费群体的图书传媒类、礼品类、证照票务类和快速消费品的快递服务。

（三）创新发展方式

打造平台。积极打造京津冀一体化平台，创新河北快递发展模式。打造一体化基础设施平台，主动构建京津冀网络体系和综合交通运输体系；打造一体化发展环境平台，形成京津冀地区快递发展协调运行、政策制定、市场监管的一体化格局；打造一体化产业协作平台，针对京津发展消费品配送业和果菜、酒店用品等直供中心，形成从产地到批发市场、超市和餐桌的一体化配送体系；打造一体化公共服务平台，满足在线购销、对接、供求，实现订单、支付、保险、运价、客服、车辆、分销等平台化操作。

项目带动。针对河北省快递服务的现状和发展要求，寻求优势发展途径。做好专业市场快递服务、会展物流快递服务、电子商务快递服务、农产品快递物流服务等重点服务项目；积极协调沟通京、津等省市，加大区域性快递服务的合作范围，开办区域快递服务项目，形成区域优势，提高区域性业务的比例；调整快递服务结构和快递业务增长方式，提高中高端、增值快递服务的比率，实现产业结构优化与升级。

特色发展。围绕河北经济发展趋势，开创具有地方特色的快递发展模式。结合南三条批发市场、保定白沟市场、廊坊香河家具城、永年标准件市场、保定安国药城、沧州肃宁皮毛市场、辛集皮革市场、邢台清河羊绒市场、安平丝网市场等专业市场，开发实物快递配送的平台；建立电子商务和快递物流配送平台，大力发展电子商务经济模式，拓展河北产品走向全国、走向世界；利用河北内环京津、外环渤海的优势，承接产业转移，加大快递物流园区建设，做好区域配送服务。

（四）完善应急体系

构建机制。围绕河北省环京津的特点，切实做好快递服务的运行安全，对于寄递违禁品、危险品等违法违规行为，加大监管力度，有效防范快递安全事故的发生；推进以收寄验视为基础的安全监管六大体系建设；建立政府协调、责任追究、高效执法、安全生产、公众监督五项工作机制；对快递企业的生产环节加强监管指导，督促企业建立安全防范保障机制、排查安全隐患；积极发挥“政府监管、行业自律、社会监督”的作用，大力推进河北省快递服务的安全保障工作。

完善制度。进一步健全河北省快递服务管理制度，建立快递突发事件应急处置通讯录，落实责任到人；与各相关地市和部门签署快递安全监管合作备忘录，确保重大事故零发率、一般事故紧急妥善处理率；张贴申诉提示牌，指导用户正确使用申诉，与企业建立保障制度，保证用户的有效申诉能够得到合理、及时、满意的处理。

突出应急。建立“政府统一指挥协调、社会力量配合参与、骨干企业负责实施”的快递应急管理机制。加强区域间相关部门协调，依托邮政、铁路、民航等骨干快递物流企业，储备航空和陆路应急运能，制定快件紧急疏运预案。突出快递服务在自然灾害和突发事件发生时的重要作用，建立应急机制，保证京津冀快递网络的畅通，确保滞留快件、应急物资的及时疏运。

（五）加强宏观管理

依法行政。深入贯彻落实《邮政法》及其配套法规制度和政策，对快递企业进行分级分类管理，逐步从合规性监管为主，向日常动态性监管和规范性监管过渡。通过全业自觉主动守法保障法的约束力，通过灵活深入用法彰显法的生命力，通过严格行政执法维护法的权威性，使河北省快递服务在法治轨道上健康发展。加强邮政执法队伍建设，确保邮政执法队伍进序列、成规模、上台阶，担负法定的专业化管理、市场管理和通信安全管理任务。

加快转型。统筹兼顾地区、行业差异，对地区合理容纳快递企业的数量和规模大小作出客观和科学的分析，并据此对市场进行引导。加快培育国内快递品牌，扶持服务水平高、国际竞争力强的大型骨干快递企业。鼓励规模小、经营业绩一般的快递企业进行整合。加快企业向现代企业转型，引领企业由数量规模扩张向质量效益提高转变，由粗放型管理向集约化管理转变。

维护秩序。建立公平规范以及一体化的快递市场准入和退出机制，加强市场监管，构建统一开放竞争有序的市场体系，营造公开公平、竞争有序的市场环境；充分发挥快递协会的作用，强化行业自律，打击和遏制不正当竞争，保护消费者权益，构建守信企业激励机制、警示企业预警机制、失信企业惩戒机制、严重失信企业淘汰机制；通过法规体系、政策体系、规划体系、标准体系、制度体系的建设，积极营造良好的快递市场运行秩序。

四、重点工程

（一）融合工程

注重河北省快递服务的可持续发展，遵循京津冀一体化联动发展的产业化路线，探索一体化互动的发展模式。扎实做好“三个集中”：向快递园区集中，在区域内科学规划快递服务的布局和土地利用，提高各项资源的综合利用效率和产业集聚效益；向枢纽城市集中，有计划有步骤地实施兼并整合，提高枢纽城市的规模化、集中化水平；向品牌企业集中，打造5～10家有影响力的品牌企业。

（二）枢纽工程

充分利用京津冀区域高速公路资源及联网不停车收费（ETC）系统，密切跟进新建、改扩建机场等工程，大力发展快递服务网络以及快件处理枢纽；重点建设一批交通便利、辐射面广、运转高效的快递节点，提升全省快递基础设施建设，规划京津冀区域快递网络，吸引各大快递企业在河北建设枢纽。在建设中要突出廊坊服务京津的地位、突出石家庄辐射冀中南的作用，突出冀北联通东北等地的特点。

（三）信息工程

推动企业自动化、信息化、网络化建设，推广仓储运输、装卸搬运、分拣包装、条码印刷等专用技术装备；推广全球定位系统、地理信息系统、道路交通信息通讯系统、智能交通系统等运输领域的新技术；推广物品编码体系、条形码、智能标签、无线射频识别等自动识别、标识技术以及电子数据交换技术、货物跟踪技术、货物快速分拣技术和无线条码数据终端系统；建立快递公共信息平台，整合全省快递信息渠道为客户提供便利的综合信息服务。积极推进企业信息平台与海关电子口岸的衔接，为便捷通关提供技术保障。建立完善快递服务信息化应急管理系统，提高快递服务应急调度能力。

（四）创牌工程

坚持“政府引导、企业自愿、兼并整合”原则，迈出强强联合步伐，打造主业突出、市场竞争力强的大公司，培育本地知名品牌和知名企业；鼓励和支持快递企业“二次创业”，帮助企业解决小农家族式管理问题，引导企业转变发展方式，调整业务结构，深化重点企业和关键环节改革、提高对外开放水平；制定企业成长性标准，评定最具成长性示范企业，促使企业向集约经营转变、向质量效益提高转变、向现代企业制度转变；推进快递服务标准化，贯彻落实快递服务系列标准，推行服务承诺、服务公约、服务规范等制度，健全失信惩戒和守信奖励机制，促进快递服务全面升级。

（五）腹心工程

把京津冀城市群建设、小城镇建设、新农村建设与河北省快递服务专业化经营有机结合起来，将环绕京津的河北省7个设区市建设成为环京津快递服务产业带的重要组成部分，推进工业品下乡、农产品进城。构建管理集约化、网络规模化、服务社会化的农村快递物流综合服务平台，推动建成“布局合理、双向高效、种类丰富、服务便利”的农村快递物流服务体系，在更大程度上把农村转变为快递服务产业化的承载空间，使农民成为“快递服务的新主体”。同时，紧抓北京在全国的核心地位，大力开发河北省快递服务北京的深度和广度，做好为北京提供快递“外包”服务的准备，逐渐形成河北省快递服务北京的核心能力。

“十二五”期间，建立短、中、长期相结合的重点建设项目库，实行重要企业领头、重点项目申报、重大资金投放，推进快递发展的重点工程建设。

五、政策措施

（一）改善发展环境

积极落实支持快递发展的资金安排、土地使用等政策，改善快递发展的宏观环境。与交通部门协调，加强河北省快递运输网络规划建设，支持快递企业加大投资提升交通运输能力。积极争取道路交通运输的政策支持，解决高速公路通行费及过路过桥费收费标准偏高、送件车辆进城梗阻等问题，对快递专用车辆优先发放城区通行证、免办道路运输许可证，以“大客户”方式减免路桥通行费等。建立“一站式”快速通关体系，加快内陆港和电子口岸建设，实现大通关作业联动，对快递企业实施“绿色通道”和快速核放服务。积极争取民航部门在起降费、包机航线、提发货时限、优先配载舱位等方面给予政策扶持。为快递企业提供便捷的金融支持服务，解决融资难的问题。加强快递从业人员的管理规范政策。

（二）夯实基础工作

加快快递网络建设，支持快递企业投资基础设施设备建设，积极争取快递企业用地的政策支持。加快推进快递服务的基础设施和集散基地的建设，提供优惠条件吸引快递企业进入园区。在环首都的涿州、三河、香河、广阳、怀来、丰宁、固安等县(市、区)和冀中南石家庄、沧州、邢台、邯郸等地规划4~6个快递园区,在园区内建设5~7个现代化邮政枢纽、快件分拨中心、呼叫中心、安全监管中心,促进河北省形成良性的快递发展基本格局。鼓励快递企业实行连锁经营,积极开展揽投网、运输配送网的建设。积极推进行业"快递标识"标准的规范使用,规范快递车辆的使用与管理。鼓励快递企业转变发展方式,建立现代企业管理制度,强化科学规范的基准管理。

(三)开发人力资源

加快建立快递从业人员职业培训体系,发挥职业技能鉴定机构作用,推行快递员工持证上岗。采用企业、学校及行业协会合作培训模式,以委托培养、订单式招生等灵活方式开展快递企业从业人员的各类职业教育和在职培训。重点培育一批管理专家、优秀企业家,将民营快递企业负责人纳入全省百千万民营企业经营管理人才培训工程,开展系统进修培训、短期集中培训和专题培训。重视高端和复合型、外向型快递从业人才的引进,并按政策规定提供相关待遇。扶持以农村劳动力转移就业和返乡创业为重点的创业辅导基地建设,在石家庄、保定、张家口、廊坊、秦皇岛等地建设3~5个快递专业人才创业辅导基地、快递组织人才教育培训基地。指导与推进快递企业建立现代企业管理制度,全力促进快递企业实施人才化战略。规范企业用工行为,严格执行《劳动合同法》等法律法规,完善企业劳动者社会保障,建立适合企业发展的人力资源制度和激励分配机制。健全劳动争议处理制度,在劳资管理、职称评定和政府奖励等方面,实行同等政策。

(四)加强联动合作

快递服务的区域合作特征明显,河北省快递服务要与京、津深入合作、形成联动,缩小差距、协调发展,并在京津冀快递联动合作的基础上,将区域合作辐射到辽宁、内蒙古、山西等省。主动加强与省内各相关部门的沟通合作,共同做强河北省快递服务。协调发展改革部门做好快递示范城市、示范园区、示范企业和示范技术推广工作;协调商务、财政部门做好万村千乡市场配送中心、农家店建设、家电下乡工作;协调税务部门做好快递物流企业税收试点改革工作;协调铁路、公路、民航部门做好加密铁路网、公路网、航空网中邮政设施一体化建设工作;协调工信部门做好快递物流公共信息平台建设;协调地方规划、建设、运营的物流园区做好快递吸纳入园及认定工作。

(五)发挥协会作用

积极发挥河北省快递协会的桥梁纽带作用,与快递企业一起推动资源共享平台建设。充分发挥行业协会在协调沟通、政策研究、行规制定、人才培养等方面的作用,加强行业自律,提升快递企业管理水平。建立快递服务质量评价体系,开展快递企业服务质量等级评定活动,鼓励与消协等中介机构开展快递服务质量评比活动。积极开展快递协会会员企业间的学习交流活动,实现企业间的共同发展。通过推广行业标准、教育培训、从业人员资格认证等工作,为政府管理、企业经营和行业发展建言献策、提供服务。

吉林省快递服务"十二五"规划

前 言

快递业是邮政业的重要组成部分,是面向民生的现代服务业,是国民经济基础产业。快递服务通过加速物品运递和信息传送,有效提高了信息流、实物流、资金流的运行效率,具有降低成本、促进生产、吸纳就业、拉动消费等重要功能，在促进结构调整、转变发展方式和增强竞争力等方面都发挥着重要作用。

为积极推进吉林省快递业科学、快速、协调、有序发展，构建低成本、高效率、专业化的快递服务体系，进一步提升快递服务的产业层次和服务水平，不断满足吉林经济社会发展和人民生产生活的需要，根据《中华人民共和国邮政法》（以下简称《邮政法》）、《物流业调整和振兴规划》、《中国图们江区域合作开发规划纲要》以及《关于推动农村邮政物流发展的意见》和《吉林省邮政业发展“十二五”规划》，结合吉林省快递服务发展实际，制定本规划。

一、发展现状与面临的形势

（一）“十一五”发展现状

市场规模逐年扩大。“十一五”期间，随着地方经济快速平稳健康发展，加快了商品流通速度，丰富了城乡居民消费品和必需品的供应，产生了大量的快递服务需求，快递服务呈现出快速增长势头，业务收入年均增长超过15%，快递网络已覆盖县级以上城市，部分已经深入到乡镇村庄，市场规模逐年扩大。2010年，全省快递业务量达到1854.98万件，实现业务收入4.8亿元，占吉林省GDP的0.06%。快递服务的发展在改善投资环境，满足社会生产和人民生活需求以及扩大社会就业等方面都发挥了重要作用。

服务种类日趋丰富。“十一五”时期，快递服务正由传统的寄递服务，向电子商务配送、供应链服务转变，各快递企业在提高快件运递速度的同时，丰富了服务品种，提升了服务水平。快递服务范围涵盖了政府机关、金融电子、医药卫生、汽车制造等多个部门和行业，开发出了省内单、证、照，当日递，次晨达，次日递等多项服务，部分企业还提供代收货款等增值服务，满足了不同层次的需求，有利促进了我省商品货物流通，支撑了其他产业的发展和产品销售，活跃了地方经济。

市场主体多元化。截至2010年年底，全省办理快递业务经营许可企业93家，营业网点1200余处，从业人员4000余人，15家网络型企业全部达到了《快递服务标准》要求，已基本形成了以邮政EMS、中铁快运、民航快递、中外运速递等国有企业为主导，顺丰、申通、韵达、中通、圆通等民营企业以及联邦快递、中外运敦豪等外资企业并存，兼容“加盟制”、“直营制”、“代理制”等多种经营模式，差异化竞争、各具特色、共同发展的多元化格局。

基础设施建设逐步加强。“十一五”期间，快递服务业在固定资产上投资数额较大，特别是邮政EMS按照专业化经营的要求，在邮航直飞、生产场地、运输车辆以及信息化建设等软硬件方面投资力度加大，顺丰、申通、中通、圆通、韵达等民营企业在网络建设、组织、优化以及改善运输设施上的投入力度也呈逐年增长态势。基础设施的改善、网络的迅速扩张，机械化、信息化程度的逐步提高，使快递企业在上门揽收、跟踪查询、限时送达、投递到户等服务功能上日趋完善。

发展环境明显改善。“十一五”时期，随着《邮政法》、《快递市场管理办法》、《快递业务经营许可管理办法》以及《快递服务》系列国家标准等一系列法律规章标准的颁布实施，明确了快递企业的法律地位，形成了快递管理的法律体系，为快递业发展提供了法律保障。国务院《物流业调整和振兴规划》、《关于加快发展服务业的若干意见》以及中共吉林省委、吉林省人民政府《关于推进服务业跨越发展的决定》等政策文件的出台，为快递业发展提供了政策支持。邮政政企分开，行业管理部门和行业协会的相继成立，强化了对快递市场的监管、自律和规范，快递业发展的市场环境有了显著改善。

（二）主要问题

吉林省快递业在快速发展过程中还存在一些问题，主要表现为：

政策环境有待优化。困扰快递业发展的融资

难、用地难、租舱难、通关效率低等问题突出；车辆通行、停靠以及税收优惠等政策落实问题需要进一步研究解决；扶持快递服务发展的配套政策还不够完备；与快递相关的标准化体系尚未建立，包装、仓储、装卸、运输等各类作业标准，以及服务产品标准等亟需制定与完善。

基础设施建设不足。大部分民营快递企业固定资产规模较小，技术装备和设施陈旧，没有独立的营业、分拣、处理和集散场所，自主网络运能不足，快件处理速度慢，生产条件简陋。在推广卫星定位、地理信息、条码、无线射频等先进技术应用方面比较落后，快件监控、信息标准化和规范化程度低，缺乏网络的优化和组织，直接影响到快递服务能力和服务质量的提升。

经营管理水平较低。民营加盟制快递企业“家族式”管理模式普遍存在，组织方式落后，管理手段陈旧，总部管控力弱，专业化水平低，服务流程不规范。专业化、技能型人员紧缺，管理、运营、技术等方面的专业人才匮乏，经营模式和管理水平不适应企业规模化发展的需要，制约了企业健康发展和做大做强。

竞争主体仍需壮大。我省快递业仍处于起步期，企业主体集中度不高，呈现出散、小、乱、差、弱的特点，缺乏品牌优、竞争实力强的企业。国有企业改革尚未到位，对市场的反应机制不够灵活，竞争能力不强；民营企业尚处在发育期，现代企业制度尚未建立，企业员工业务技能水平较低，服务水平不高；外资企业的服务范围较小，省内网络尚不完善。

市场秩序亟待规范。快递服务规模偏小，服务能力不足，企业诚信意识、品牌意识薄弱，安全隐患较多，快件丢失、损毁和延误的投诉率较高。快递服务产品雷同，同质化现象突出，部分快递企业把低价竞争作为市场营销的主要手段，导致无序竞争现象蔓延，低价格、低层次服务现象普遍，造成市场低端服务过剩，中高端服务供给不足，不能满足社会生产和人民生活日益增长的需求。

（三）面临形势

随着国内经济回升，投资拉动力度的加大，经济发展方式的转变，快递服务需求将进一步释放，社会的信息交流、物品交换和资金流通将更加频繁，社会用邮需求将进一步增加。经济一体化和信息技术的发展催生的电子商务、供应链管理将给快递业发展提供广阔的市场。《邮政法》等一系列规章标准的颁布实施，为快递业的发展提供了法律保证。国有、民营、外资等多种所有制市场主体共存、竞争共赢格局的形成，为快递业的发展注入了新的活力。

地方经济快速发展为快递服务发展提供了动力。吉林省是我国重要的汽车、石化、光电子基地和商品粮基地，改革开放以来，经济建设和社会事业取得了长足发展，经济总量持续扩大，2010 年实现全地区生产总值 8577 亿元，同比增长 13.7%。未来 5 年，吉林省全区生产总值将继续保持快速平稳增长，地区经济的快速发展为快递业的发展提供了广阔的发展空间。

沿边开放开发区域将为快递服务发展提供了引擎。长吉图开发开放先导区是迄今唯一国家批准实施的沿边开发开放区域，对带动吉林老工业基地全面振兴具有重大的现实意义和深远的历史意义。这一区域的确定，现代服务业的层次和领域将进一步提升和拓宽，尤其是着力发展现代物流业，依托区域综合交通网络，支持一批物流企业做大做强等相关政策的支持，将给快递服务发展提供新引擎。

跨境经济合作模式为快递服务发展提供了便利。吉林沿边地区国际快递业务收入比重比较大，主要是往来于日本、韩国、俄罗斯等国的国际业务，快递服务外向型特点显著。长吉图开发开放先导区将先行试验构建跨境经济合作模式，积极争取国家支持，实行更加灵活的边境自由贸易政策，将加强与俄罗斯远东及东西伯利亚地区和朝鲜边境地区合作，研究谋划大型产业合作项目，发展边境贸易和跨国旅游。随着合作力度的不断加大，将为快递服务向外延伸提供便利。

完善的交通运输设施为快递服务发展提供了支撑。未来5年，吉林省将重点完善长吉城际铁路、客专铁路以及“五纵五横”主骨架公路网建设，实现省会长春与各市州、重要产业基地、出海入关通道及通往长白山旅游区高速公路联结，并构建以龙嘉机场为主，长白山机场、延吉机场、白城机场和通化机场为辅的“一主四辅”的机场格局。省民航机场集团将建设龙嘉机场新货运仓库，货运量达到7万吨。发达的航空、铁路、公路交通运输网络和良好的基础运输设施，为快递服务发展在优化网络组织，提高运递时限等方面提供了支撑。

国家地方政策的支持为快递服务发展提供了条件。《物流业调整和振兴规划》将快递物流列入我国十大振兴产业，鼓励加快建立快递物流体系，将快递物流做大做强。《中国图们江区域合作开发规划纲要》明确提出：大力提升现代服务业层次，拓宽产业领域；依托区域综合交通网络，支持一批物流企业做大做强；积极引进和培育物流龙头企业，开展第三方物流。2009年，交通运输部等六部委联合出台了推动农村邮政速递物流发展的意见，吉林省政府办公厅下发了关于进一步支持邮政业发展的通知。未来5年，随着国家、地方相关政策的实施，将为我省快递业的高速发展提供难得的发展机遇、强大动力和政策支持。

二、发展战略

（一）指导思想

以科学发展观为指导，全面实施《邮政法》，抓住国家、地方关于促进快递业发展的有利时机，以优化产业结构和转变发展方式为主线，以深化改革为动力，以推动转型升级、做大做强为目标，努力营造公平、公正、竞争有序的快递服务良好发展环境。依托开放的现代综合交通运输体系和地域优势，发挥快递业网络优势，加强基础设施建设，强化市场监管，健全完善经营机制，加快提升快递服务能力和水平，不断满足社会经济发展及人民生产生活的用邮需求，努力构建管理集约化、网络规模化、服务社会化的快递服务综合体系。

（二）发展定位

以提升业务品质突破竞争格局，以强化经营管理突破发展瓶颈，打造规模经营、持续增长的发展基础，建成定位准确、界面清晰的产品体系，构建功能完善、运转稳定的运营网络，建立素质较高、结构合理的专业队伍。进一步运用先进的经营理念、管理模式和技术方法，发挥品牌与资源优势，以市场为导向，以科技为支撑，建立先进、高效的快递信息平台，为客户提供供应链解决方案和综合快递服务，确立改革发展、结构调整、资源整合、人才储备的发展定位。

（三）发展目标

业务发展目标。到2015年，快递业务收入达到15亿元，年均增长25%，快递业务量达到6800万件，年均增长30%，占全省GDP比重由2010年底的0.06%上升到0.1%。

企业培育目标。强化政策保障支持，着力对有潜力的重点国营、民营以及本土快递企业的扶持和培育，到2015年培育出年业务收入超过4～5亿元的快递企业1家，年业务收入超亿元的快递企业6家以上，超千万的快递企业10家以上。

服务质量目标。大力推行快递服务标准化，到2015年，网络型以及规模以上快递企业《快递服务标准》达标率达到100%。快递企业全部建立投诉处理平台，投诉处理率达到100%，投诉处理满意度达到90分以上。快件延误率降低到千分之八以下，损毁率低于万分之一，丢失率降低到十万分之五以下。快递服务满意度达到85分以上。

服务能力目标。提高信息化应用水平，加强信息网络建设，建立统一的邮政监管信息平台，推动快递企业网络信息与管理部门、协作部门以及用户信息的互联互通。努力调整服务产品结构，提高当日递、次晨达、次日递等时限产品在业务量中的比重。

人力资源目标。规划期内，重点吸收具有专

业知识的快递人才,从事专职营销或者以营销为主的员工以及经营管理专业人才数量要达到每个快递企业从业人员总数的20%以上。大力推行《快递业务员国家职业技能标准》,到规划期末,全省快递从业人员持证上岗率超过95%,快递企业普遍推行员工岗前培训制度和在岗培训制度。通过组织各类培训、建立快递专业技能人才培养基地等方式,建设一支具有高级管理人才、综合技能人才的从业队伍。

三、主要任务

(一)加强快递基础设施建设

按照"政府引导,企业主导,市场运作"的原则,鼓励和引导企业加强快递基础设施建设。积极支持吉林邮政速递物流枢纽中心建设,建成处理、转运、仓储、集散、配送中心。依托综合交通枢纽,结合快递企业需求,积极争取优惠政策,推动建立快递物流园区,解决快递基础运能不足等问题,实现快递产业集聚发展。支持快递企业加快城乡快递服务网点建设,鼓励快递企业营业服务网点向省内市县城市延伸,开辟航空线路和汽运主干线,扩大网络覆盖范围,提高快递服务能力。

(二)推动产业升级,促进业务结构调整

支持快递企业与生产制造企业、商品贸易企业的深度合作,为生产企业和贸易企业提供从原材料、零配件到产成品的仓储、包装、加工、运输、配送、代收货款等系列快递服务。推动快递企业与电子商务企业的融合发展,将快递企业打造成为与电子商务企业无缝衔接的寄递服务产业链。加快快递企业产品结构的优化,努力提高当日递、次晨达等限时产品和供应链服务产品、高附加值产品在快递服务产品中的比重,引导快递企业由价格竞争转向服务品质的竞争,提升快递服务的市场竞争力。

(三)加强大交通平台建设

支持快递企业的航空运输,飞机起降龙嘉机场,鼓励航空公司和机场为邮件、快件航空运输提供专线、专机服务。支持公路、铁路运输企业为快递企业省内、外运输提供专门的环节服务。鼓励快递企业间运能资源共享,优势互补,支持快递企业充分利用社会运能组建干线运输网,组建应对自然灾害和突发情况的航空、公路、铁路干线应急运输网。

(四)鼓励竞争共赢,扶持骨干企业发展

支持快递企业在经营许可范围内实现互相竞争,合作共赢。支持吉林邮政EMS等国有企业深化改革,做大做强,建立现代企业治理结构,尽快实现上市融资发展,向现代化快递物流服务企业转型。支持重点民营企业扩大网络覆盖,采取全资直营、特许加盟、业务代理等灵活方式,实现网络的品牌化和经营网络的规模化,并通过合作、兼并、重组、股份制改造提高产业集中度,走集团化发展道路。支持具有国际影响力的外资快递企业进入吉林市场,带入先进的管理理念和技术,促进国内快递企业经营管理水平和技术服务水平的提升。加强国际快递企业和国内快递企业的战略合作,共同拓展快递市场,实现优势互补,协同发展。

(五)大力推广新技术应用,提高装备水平

支持快递企业大力推广新技术应用,提升快递管理生产作业的信息化、标准化、自动化水平。支持快递企业积极推广应用条码、射频识别、货物跟踪等数字信息技术,缩短快件内部处理、信息录入时间,提高处理效率,提升对快递服务的支撑能力。推动快递运输、揽投车辆的统一选型和统一标志,引导企业选用经济适用的快递分拣传送机、托盘笼车、叉车、推车等设备,提高快递企业的技术装备水平。积极推动快递企业的信息网络建设,提高信息网络支持快递服务的能力,推动信息平台的互联互通,实现供给、需求、管理三方信息资源共享,提高快递服务效率。

(六)加强市场监管,规范市场秩序

进一步完善邮政市场监督管理体制,加强政府部门之间的协作配合,建立政府部门间联合、联动的执法工作机制。充分发挥快递协会、快递社

会监督员以及社会舆论监督的作用，完善政府监管、社会监督、行业自律三位一体的快递市场监督管理体系。全面贯彻落实《邮政法》、《快递市场管理办法》、《快递业务经营许可管理办法》以及《快递服务》系列国家标准等法律规章标准，依法开展快递市场准入、监督和管理工作，加大执法力度，强化行业自律，规范市场行为，建立公开、公平、规范有序的市场环境。加强快递安全各项制度落实的监管，保障邮政通信和信息安全，加大快递服务标准落实的监督，努力提升快递服务品质。

四、发展重点

（一）邮政速递物流中心建设

在规划期内，拟在长春市内建设一处占地6万平方米，建筑面积3.5万平方米，集装卸、盘驳、理货、仓储、搬运、包装加工等多功能为一体的生产管理综合场地，预计总投资1.8亿元。同时，在规划期末，分别在吉林、延边、通化、四平各建设一处5000平方米以上的速递物流综合生产处理场地，以扩大当地邮政速递物流生产能力。力争在规划期内，每年为2～3个收入规模在500万元以上的县邮政速递公司建设一处500平方米的速递物流综合生产处理场地。同时，拟在长春龙嘉机场建设一处航站，集中处理邮航运至我省邮件。

（二）快递物流园区建设

在科学谋划、合理安排的基础上，结合地方政府关于物流园区的规划布局，本着“互利互惠，实现双赢”的原则，积极与地方政府部门协调沟通，争取快递物流园区的土地价格、面积、选址以及相关配套规划建设项目等方面的优惠政策，为企业“牵线搭桥”，筹建快递物流园区，全力为企业排忧解难，切实解决快递企业基础设施建设不足的问题。

（三）快件航空绿色通道建设

按照《关于促进吉林省快递与民航产业协同发展的实施意见》，进一步推动“航空快件绿色通道”建设，从加强快件运输通道建设、规范快件航空运输市场、建立行业协调机制等方面入手，支持快递企业与航空企业的协作，推动快递企业与航空企业的信息平台建设、快件专门处理作业区建设，为快件交接、安检、配载、装卸提供便捷的支撑服务。帮助快递企业提升运送能力，优化运输作业衔接，进一步提高集散效率。

五、政策措施

（一）创造政策环境，服务企业发展

积极协调政府有关部门落实国家、地方关于加快发展现代服务业、支持民营企业和中小企业发展的相关政策，有针对性地解决快递企业税收优惠政策、车辆作业通行、航空运输保障、基础设施用地、企业发展融资、管理技术人才培养等具体政策的落实问题。将快递企业用地纳入地方政府土地利用总体规划和城市发展规划。支持金融机构建立适应快递企业特点的信用评估制度，开发适应快递企业需求的信贷产品。鼓励民间资本以独资、合作、联营、参股等方式投资快递企业，实现快递企业投资主体多元化。支持保险企业发展快件保险业务。大力推动将快递服务作为吉林省支持服务业发展和民营企业发展的重点行业，加大政策支持、扶持和培育力度，使其尽快做大做强。加强快递企业发展方向和经营管理的研究，积极为企业提供法律咨询、政策咨询、信息咨询等服务，促进快递行业发展。

（二）健全协调机制，优化发展环境

加入交通、铁路、民航等相关部门和单位参加的物流产业联席会议和全省现代物流业发展领导小组，定期和不定期参加物流产业联席会，研究物流产业发展重大问题，制定配套扶持政策。全面掌握全省现代物流业发展情况，分析发展中存在的问题，综合协调涉及现代物流业发展的政策、战略和规划，统筹推进现代物流标准化、信息化、统计指标体系、人才培养等基础性工作。协调解决设施用地、航空运能、税费优惠等问题，促进部门协作配合，建立长效机制，实现信息共享，进一步优化快递业发展环境。

（三）不断完善农村邮政物流服务体系

结合山东邮政打造农村物流和近年来吉林邮政服务三农工作经验，按照“统一规划，分步实施，典型引路，全面推进”的原则，加快邮政物流服务农村渠道能力建设，推动邮政物流配送中心建设，支持企业发展农业生产资料、日用消费品、医药产品、中小学教材等的连锁配送服务。规划期内，培育和发展10个示范县，50个规范化乡镇邮政物流配送中心，300个“三农服务站”标准店，基本建成“布局合理、双向高效、种类丰富、服务便利”的农村邮政物流服务体系。

（四）建立快递人才教育培养机制

积极推动建立政府为主导，企业为主体，院校为支撑的快递人才教育培养机制，加强快递业务员职业技能鉴定工作，启动吉林省邮政行业“12345”人才培养工程。搭建院校和企业交流平台，协调解决快递行业人才短缺、快递企业招工难、招聘难等现实问题。进一步畅通校企交流合作渠道，实现信息共享、互有所需、互利共赢，推动建立校企紧密融合的人才培养与实习就业长效机制。支持快递企业面向院校吸收具有专业化、高素质的管理技术人才，并招收员工。鼓励院校积极开设快递专业，支持在校学生参加快递职业技能鉴定考试，并采取委托培养、订单培养等方式开展快递业务员职业技能教育培训。

（五）落实法律法规，保障企业发展

深入贯彻实施《邮政法》、《快递市场管理办法》等法律规章，大力推行和落实《快递服务》、《快递封装用品》等国家行业标准。全面规范企业投诉和政府申诉处理流程，保障消费者合法权益。依法建立快递市场准入和退出机制，严厉查处违法违规行为，加强安全监管，保障通信和信息安全，建立公开、公平、规范有序的市场环境。充分发挥快递协会的“服务、协调、自律”职能，不断完善行业自律机制，提高行业自律水平。

江西省快递服务发展规划（2011－2015年）

快递是现代服务业和邮政业的重要组成部分，对于带动电子商务、现代物流业发展，提升制造业竞争力，促进贸易和投资发展，推动经济增长具有重要战略意义，在国家经济结构调整、发展方式转变和促进社会就业中发挥着不可替代的基础性作用。为深入贯彻落实科学发展观，促进江西省快递服务又好又快发展，更好地适应江西省经济社会发展和人民生活需要，依据《中华人民共和国邮政法》（以下简称《邮政法》），按照《江西省国民经济和社会发展第十二个五年规划纲要》精神和《江西省邮政业发展“十二五”规划》的总体安排，结合江西省快递服务发展实际，制定本规划。

一、现状与形势

进入新世纪以来，江西省快递服务发展步伐显著加快。江西省经济总量实现新跨越，经济结构持续优化，鄱阳湖生态经济区上升为国家战略，周边经济圈及城市群繁荣发展，带动了江西省快递服务需求增长，推动江西省快递服务进入新的发展期。今后一个时期是江西省快递服务加快发展，加速转型，更好地适应江西省经济社会发展和人民生活需要的重要时期。

（一）发展回顾

近年来，江西省快递服务持续快速发展。企业实力迅速提高，发展后劲显著增强。市场环境明显优化、竞争格局深刻变化。行业管理不断加强，市场秩序逐步规范。江西省快递服务在发展经济，特别是在促进消费、安置就业、服务生产、便利民生等方面的作用进一步发挥。

1. 发展规模跃上新台阶

江西省快递服务发展规模不断壮大，业务量和业务收入增长迅猛，市场主体显著增多。2010年，江西省规模以上快递企业完成业务量3245万件，总收入5.85亿元，2008－2010年平均增速分别达30%、25%，同期全国规模以上快递企业业务量、业务收入增速分别为25%、18.9%。截至2010年年底，江西省依法取得快递业务经营许可的企业达155家，包括在国家邮政局取得快递业务经营许可、在江西省备案的企业总数达170家，市场主体数在中部省份位于偏上水平。

2. 服务能力实现新提升

江西省快递基础设施不断完善，网络规模迅速扩张，机械化信息化水平大幅提升。快递企业加大软硬件设施投资力度，作业处理效率显著增强。2010年年底，江西省快递企业自营服务网点约500处，县（区）自营网点覆盖率达98%，快递网络运递能力向乡镇延伸。规模以上快递企业普遍在南昌、赣州设立分拨中心，分拣处理场地面积达3.5万平方米，拥有汽车742辆，手持终端1468部。2010年年底，快递服务从业人员达5164人（含EMS），全省1439人通过快递业务员职业技能鉴定。

3. 服务水平实现新跨越

江西省快递企业细分市场、创新服务，较好地满足了消费者的多样化需求。近年来，规模以上快递企业普遍提供“次日达”、“隔日达”、“次晨达”、“当日达”等服务，同城配送时限不断缩短，基本实现24小时投递。部分企业积极发展代收货款等增值服务，在电子商务配送、供应链管理等服务领域取得了大幅进展。品牌快递企业均建立了快件信息查询系统，重点规模快递企业在江西建立了呼叫中心，为用户提供快捷的信息服务。

4. 市场结构呈现新特点

江西省快递市场已经形成国有、民营、外资多元共存、相互竞争的格局。以邮政EMS为代表的国有快递企业，市场占有率有所下降；顺丰、申通、圆通、中通和韵达等民营快递企业，近年来业务扩张迅猛，网点布局加速，在电子商务配送市场优势明显，其中顺丰公司在高端快递服务业务上发展势头强劲。2010年年末，邮政EMS的业务量占市场份额比重30%。知名外资快递企业在江西省均已开展业务，并看好江西在中部地区的区位优势，加快战略布局步伐，中外运－敦豪和联邦快递等均已在南昌布点。

5. 政策环境显著优化

《邮政法》明确了快递企业的法律地位，极大释放了民营快递企业活力。《快递市场管理办法》、《快递业务经营许可管理办法》规定了经营快递业务的基本规范，促进了快递服务快速发展。江西省邮政管理局积极服务行业发展，协调民航部门保证快递服务在航空寄递各环节的安全和便捷，协调运输部门规范快递企业运输车辆管理、保障车辆便捷通行，并着力推动《江西省邮政条例》修订。系列政策的出台针对性地解决了制约行业发展的瓶颈问题，为快递服务发展提供了良好环境。

6. 行业管理不断规范

江西省邮政管理局自2006年成立以来，切实履行管理职能，依法落实快递市场准入制度，加强市场执法检查，快递市场秩序逐步规范。2007年，江西省快递协会成立，行业自律机制和诚信体系初步建立，搭建了沟通企业与政府、社会的桥梁。邮政业消费者申诉电话和申诉网站相继开通，切实维护消费者合法权益，促进快递企业提高服务质量。政府监管、行业自律、社会监督“三位一体”的监管体系初步建立。

（二）存在问题

近年来，江西省快递服务取得了一定成绩，但是对比经济社会发展和行业发展态势，仍然存在一些差距和不足，主要体现在：

1. 快递发展整体水平较低

2010年，全国规模以上快递服务企业业务收入与GDP之比为0.14%，江西省仅为0.06%。全国规模以上快递服务企业业务收入与服务业增加值之比为0.34%，江西省仅为0.19%。全国规模以上快递服务企业业务收入与物流业增加值之比2.13%，江西省仅为0.96%。江西省快递服务的产业规模和产业层次尚有较大提升空间。

2.基础网络建设布局不均

江西省快递分拨中心集中在南昌、赣州两市，机械化程度较中部其他省份仍有较大差距。江西省快递服务网点分布较为集中，南昌市网点数占全省的比例约为30%，赣州、吉安两市网点数占全省的比例约为26%，其余8市的网点分布较少。新城区、城乡结合部的快递服务网点不能满足需求。大部分快递企业在县级及县级以下网点覆盖不全，“最后一公里”派送能力较弱，农村快递服务网络有待进一步延伸。快递基础设施建设用地难、融资难的问题比较突出。

3.企业经营管理有待提升

江西省民营快递企业大多起步晚，起点低，粗放式管理较为普遍，执行能力薄弱。快递从业人员素质不高，终端服务质量较低。缺乏专业化企业管理人才，难以实现管理的制度化、规范化、标准化。部分快递企业创新能力不足，中高端服务供给不足，市场低价无序竞争现象时有发生。部分快递企业组织形式落后，经营模式不适应规模化发展需要。

4.联动效应尚未充分发挥

江西省快递服务与电子商务、制造业发展的结合不够紧密，主动衔接的积极性不够，优势互补、互促共进的效用未能发挥。江西省快递企业未充分依托旅游等资源优势开展具有本地特色的产品配送，主动挖掘市场的敏锐度不够。江西快递服务与长江三角洲、珠江三角洲等周边城市群的互动融合程度较低，快件进口量远大于出口量，区域联动活力未被激发。

(三)形势分析

今后一个时期，我国将进入快递服务高速发展的新时期，行业发展政策环境不断优化，快递产业地位逐步提升。江西省主要经济指标在全国的位次前移，经济和社会发展对快递服务的需求十分强劲。区域间竞争更趋激烈，江西省快递服务面临着加快发展、加速转型的双重压力。机遇与挑战并存，为江西省快递服务发挥后发优势、实现跨越式发展提供了有利时机。

1.经济总量跨越式增长，为快递服务大发展提供了重要前提。快递产业既服务民生，也促进生产，快递业务量与经济总量的增长高度相关。“十二五”时期，江西省生产总值年均增长11%以上，预计到2015年达到1.8万亿元，社会消费品零售总额年均增长16%，达到6200亿元。经济总量增加带动信息交换、物品交换和资金流通更加频繁，对快递服务的需求不断扩大。快递企业盈利状况持续改善，扩大再生产和提高从业人员收入的基础条件不断巩固，快递服务质量和水平将稳步提升，可以预见全省快递服务将步入高速发展、良性循环的轨道。

2.社会生产和消费方式转变，使快递服务成为现代服务业新的增长点。江西省加快推进宽带信息网“最后一公里”和宽带互联网建设，网络普及率将稳步上升。积极推进电子商务基础平台及服务系统建设，加快流通领域电子商务发展，网络购物规模也将跨越式提升。电子商务派生出的商品配送、代收货款等需求为快递发展提供了广阔空间。人们的生活消费方式向个性化转变，引领制造业从事个性化生产。快递服务渗透至制造业的各个环节，提供高附加值的优质服务，产业间分工协作更加紧密。

3.城镇化和区域经济繁荣发展，对快递服务质量和水平提出了更高要求。江西省城镇化加速推进，城乡区域协调发展，城镇化率将提高到52.8%，产业和人口集聚程度持续提升。城镇化和新城建设对快递基础设施建设和合理布局提出新挑战，对快递服务质量和水平适应城镇化发展步伐提出新要求。江西省紧密连接长江三角洲、珠江三角洲和海峡西岸经济区，依靠区位优势大力承接产业转移。鄱阳湖生态经济区上升为国家战略，带动周边地区经济活力显著提升，区域间沟通与交流愈加频繁。江西省快递企业面临增强服务能力、改善服务质量、提升服务水平的多重考验。

4. 交通运输网络资源持续优化，为快递服务提升效能创造了良好条件。江西省推进陆、水、空各种交通方式一体化协调发展，构建安全畅通、便捷高效的综合交通运输体系。到 2015 年，江西省基本实现县县通高速、形成省会到设区市 4 小时、到周边省会城市 6 ~ 8 小时的快速通道；县县通铁路，省会到各设区市 2 小时、到周边省会城市 3 小时、进京 5 小时的快速通道；形成以南昌国际航空港为龙头的“一干七支”机场布局。这为快递业充分依托综合交通运输体系的资源优势和组合效率，强化基础设施建设，完善服务网络，增强运力保障，提升传递速度，创造了良好条件。

5. 现代产业体系不断完善，为快递业提升产业层次提供了有利契机。江西省着力构建特色突出、布局合理、技术先进、清洁安全、附加值高、吸纳就业能力强的现代产业体系。产业集群集约发展为快递物流园区的合理布局和有效运营提供了指引。传统产业的改造提升，为快递企业发展供应链服务、分销配送等服务开辟了广阔空间。现代服务业快速发展，物联网建设和物流服务大通道工程的建设，为快递企业依托科技手段更好地服务生产和民生创造了良好环境。

6. 政策扶持力度显著加大，快递业发展环境进一步改善。为深入贯彻落实《邮政法》，国家将陆续出台配套法规办法，为包括快递服务在内的邮政业发展提供制度保障。国家大力发展生产性服务业和生活性服务业，为快递服务拓展新领域提供了有力支持。国家调整税费和土地、水、电等要素价格政策，将包括邮政、快递在内的 9 项内容列入国家鼓励类产业目录，政策保障不断完善。国家鼓励非公有制经济发展，将为民营快递企业创造更加有利的政策环境。《江西省物流业调整与振兴规划》的实施，为建立覆盖城乡、便利生产生活的快递物流服务体系提供了前所未有的机遇。

总体上看，江西省快递服务发展的内在动力增强，外部环境良好。大力发展快递服务，满足经济社会发展和人民群众生活需要，机遇必须抓住，挑战不可忽视。

二、指导思想、基本原则和发展目标

（一）指导思想和基本思路

以邓小平理论和“三个代表”重要思想为指导，深入贯彻落实科学发展观，围绕江西省“科学发展、进位赶超、绿色崛起”的总体目标，依托江西省的地缘和资源优势，面向结构调整和扩大消费的需求，着力增强服务能力、提高服务水平，显著提升快递服务对江西经济社会发展的支撑能力。着力推进产品创新、拓展服务领域，不断开创江西快递服务发展的新局面。着力优化政策环境、规范市场秩序，积极引导江西快递服务迈入健康可持续的良性发展轨道。

江西省快递服务发展的基本思路是：

——贯穿一条主线。以“加快发展，加速转型”为主线，把握经济发展和消费升级的外在需求，提升“投融资、建网络、促创新”的内在动力，推动企业加快兼并重组步伐，向现代企业制度转变，向“产品多样、质量过硬、附加值高”的综合服务模式转变。

——构建两个体系。构建“便捷高效、竞争有序、技术先进、服务优质”的快递服务体系。构建以用户满意度和企业诚信为核心的服务质量评价体系。

——深化三项融合。深化与周边城市群的融合、形成“各具特色、优势互补、布局合理、协调发展”快递空间网络。深化与电子商务的融合，加强产业间信息整合和资源协调。深化与制造业的融合，推进专业化分工协作，降低经济运行成本，推动产业结构升级。

（二）基本原则

坚持加快发展，注重发展质量。处理好速度与质量、结构的关系，夯实行业发展基础，激活市场发展动力。实现快递服务加快发展与提升质量的有机统一。

坚持创新发展，探索转型途径。把创新作为推动发展的动力，加强配套机制建设，培育竞争优势，实现机制创新、管理创新、服务创新的有机统一。

坚持融合发展，突出战略重点。统筹利用资源，融入交通网和城市群，融入产业链、供应链和服务链。明确短期与长期主攻方向，实现融合联动与产业特色的有机统一。

坚持科学发展，强化科技支撑。调整优化要素投入结构，破解粗放型增长难题，加强节能增效和生态环保，实现劳动密集与资本、科技投入的有机统一。

（三）发展目标

1. 总体目标

到2015年，江西快递服务有效适应江西省经济社会发展对快递服务的需求，对生产链、供应链、服务链的协同保障能力大幅增强，与周边省份快递服务的资源整合效率大幅提升，成为江西省区域经济竞争力的新亮点。江西省快递服务整体水平在全国的排名适度超前于江西经济发展在全国的排名。

2. 发展指标

总体指标。到2015年，江西省快递业务量达1.2亿件，年均增长30%，快递业务收入达21亿元，年均增长29%，占邮政业业务收入的比重达38.2%。新增就业岗位6500个。

服务能力。快递企业的自营服务网点市（县）覆盖率达100%，乡镇覆盖率达25%以上，形成全省范围内的快速递送网络。打造南昌、赣州2个规模较大、纵横交错、辐射力强的快件枢纽中心。新增快递运营车辆1000辆。规模以上快递企业普遍采用手持终端（PDA）设备，集散中心全部实现机械化作业。

服务水平。构建多品种、个性化服务的产品体系，当日递、次晨达等限时产品的比重达60%以上，推广代收货款、短期仓储等增值服务。江西省与周边城市群之间全面实现24小时送达。规模以上快递企业全面提供快件全程跟踪查询。

服务质量。规模以上快递企业普遍达到快递服务标准，全面实行承诺服务、标准服务、流程服务。快件逾限率降低到5%以内，丢失损毁率降低到万分之三以内。规模以上快递企业全部建立投诉处理平台，投诉受理率达到100%，社会用户满意度达到75分以上。

集中度。规模以上快递企业的市场集中度逐步提升。

标准化。规模以上快递企业全部实现内部作业和对外服务标准化。实现服务人员着装、操作和礼仪统一。实现营业网点外观、标识统一。普及标准化的包装、计量、车辆和信息代码。建立统一的邮政监管信息平台。

职业培训。实施《快递业务员国家职业技能标准》，鼓励快递从业人员经过培训和考核取得快递业务员国家职业资格证书。通过梯级培养开发，逐步形成从初级工、中级工、高级工、技师、高级技师的职业发展通道。快递企业普遍推行员工岗前培训制度和在岗培训制度。到规划期末，从业人员持证上岗率达到70%。

三、主要任务

（一）优化基础网络布局

引导快递企业在省内重点城市、经济技术开发区、制造业集群区域建设快件分拨中心、配送中心和仓储中心，提升运营能力。鼓励快递企业利用自有房产和各类社会店面，发展有固定场所的快递经营网点，拓展覆盖范围。按照国家《物流业调整和振兴规划》，推动南昌市快递物流园区建设，实现产业集聚、功能集成和经营集约。推进快递网络与省内综合交通运输网络的同步配套和顺畅对接，有效利用运输资源。

专栏1　快递基础网络建设工程

快递物流园区建设	在南昌昌北机场附近建设“南昌快递物流园区”，计划征地300亩，预计投资额3.5亿元
邮政物流中心建设	在昌北经济开发区建设邮政物流中心，占地196亩，总投资1.52亿元，用于同城及省内配送、一体化物流、货运代理及分销等精益物流
快件集散中心建设	在赣州、鹰潭、宜春各规划建设占地面积100亩的快件集散中心
快递网络的空间布局建设	• 一个核心增长极：鄱阳湖生态经济区 （重点城市包括南昌、九江、上饶、鹰潭、抚州和景德镇） • 两条发展轴线 （1）南北：九江—南昌—吉安—赣州 （2）东西：萍乡—宜春—新余—抚州—鹰潭—上饶 • 三个对外窗口 （1）上饶：全面对接长三角、海西经济区 （2）萍乡：全面对接长株潭城市群 （3）赣州：全面对接珠三角、海西经济区 • 两枢纽六节点 （1）枢纽：南昌、赣州 （2）节点：九江、鹰潭、宜春、上饶、吉安、抚州

（二）提升企业竞争能力

引导快递企业建立现代企业制度，完善组织结构，优化管理模式。鼓励快递企业之间资源共享，发挥整体竞争优势。鼓励快递企业充分利用资本市场，采用多种形式开展兼并重组，促进地区快递竞合发展，增强江西省快递服务综合实力。推动企业由价格竞争向服务品质竞争转变，由依靠资金、低成本劳动力发展向依靠科学技术和高素质人才持续发展转变，由单一快递服务领域向多元化综合服务领域拓展。

（三）促进产业联动发展

鼓励快递企业提供全面切入制造业产业链各环节的服务，充分发挥比较优势，形成互促共进的产业格局。促进快递服务与电子商务协同发展，提高快递服务对省内省际网购的支撑能力，培育产业新的增长点。引导快递企业发展分销配送、供应链服务和一体化物流，积极承接生产和商贸企业的外包服务。推动建立快递企业与电子商务、制造企业联动发展机制，鼓励相关企业主动采用国家相关标准，加强信息沟通和标准对接。

专栏2　产业联动发展工程

联动发展示范项目	组织实施一批快递企业与电子商务、制造业企业联动发展的示范工程和重点项目 推广成功案例，总结实践经验，充分发挥引领和辐射作用，以点带面推进联动模式的普及
信息共享和标准对接	推动企业建设面向电子商务和制造业的快递配送信息开放式平台，实现订单、投递、结算等信息对接 加强标准规范、信用评价、安全认证等支撑体系建设，协调推进快递与电子商务、制造业联动发展

（四）强化企业科技应用

建立市场导向、企业主体、政府引导的科技发展体系。推进省内快递科技工作与邮政业科技发展规划有效对接。鼓励快递企业增加投入，采用先进技术和设备实现企业改造升级。推动企业提高自动传输和分拣设备及信息技术应用水平。推进企业信息系统开发应用和改造升级换代，提高企业信息化水平。推动企业在服务质量、人员管理、设施设备、网点建设和操作流程方面全面落实国家相关标准。

专栏3　快递企业科技提升工程

企业科技应用	鼓励规模以上快递企业逐步推广计算机电话集成（CTI）、全球定位系统（GPS）、地理信息系统（GIS）、通用分组无线业务（GPRS）、射频识别（RFID）技术的应用；规模以下快递企业加快实现分拣机械化
企业信息化建设	充分发挥信息技术对快递的运营支撑和引领创新作用，以信息网支撑快递实物网，实现快递实物网与信息网融合，提升快递作业效率和服务水平

（五）加强市场监督管理

加强监管组织保障，健全政府监管、行业自律、社会监督的监管体系。逐步形成以《邮政法》、《快递市场管理办法》、《快递业务经营许可管理办法》等法律法规为核心，以《江西省邮政条例》为支撑的法律工作体系。建立多部门联合监管协调机制，发挥综合行政效能。强化快递企业分等分级管理，建立快递企业诚信体系和服务质量监管体系。加强消费者权益保护，推进申诉受理，开展服务满意度调查和服务时限测试。加强执法检查，规范市场秩序。

四、保障措施

（一）争取政策扶持，优化发展环境

研究江西省快递服务发展的全局性和关键性问题，加强统筹规划和指导。积极宣传快递服务对鄱阳湖生态经济区建设，产业转移，制造业和电子商务发展等的支撑和促进作用，营造江西省快递服务良好的社会认知环境。积极争取将快递服务纳入江西省产业结构调整及工业园区产业发展导向目录，推动落实相关配套政策。协调解决快递企业车辆进城通行，停靠和装卸作业等要求，降低企业运输配送成本。争取有关部门支持，解决制约快递服务发展的瓶颈问题。

（二）加快产业培育，促进转型升级

引导快递企业以需求为导向，在市场开拓中实施新策略，在管理方法上引入新模式，将体制机制创新转变为现实生产力。推进江西省邮政速递物流改革，充分发挥国有企业的骨干作用。扶持几家服务水平高、市场竞争力强、规模较大的快递企业，提高整个行业的服务水平和资源利用效率。加强对快递企业兼并重组的指导、规范、服务和协调，形成资本化运作、集约化运营和规模化发展的产业发展态势。引导国内外资本投资江西省快递服务，努力在更高水平和层次上实现对外开放。

（三）注重业务指导，提高服务水平

加强对行业经济运行态势和快递市场供需状况的跟踪研究，科学指导快递服务发展。引导快递企业立足鄱阳湖生态农业优势和景德镇瓷器等特色，提供个性化配送服务，带动区域特色市场全面升级。鼓励快递企业进驻旅游区、商区、开发区、校区、住宅区等，积极扩大服务领域。支持快递企业为制造企业尤其是中小制造企业提供服务，积极参与供应链与价值链的竞争。支持快递企业建立适应电子商务发展的配送体系，满足社会对快递服务的多样化需求。

（四）依托交通资源，推动互利合作

在省际、城市群等地区的公路航空铁路客货运枢纽布局中，推动快递服务网点、处理中心及作业枢纽设施建设的同步配套，发挥省内综合交通运输网络的集约优势。鼓励快递企业发挥比较优势，开展基础设施、干支线运输、网络网点、快件揽收和末端投递等各方面的合作。鼓励有条件的快递企业在江西省内增开航空运输班线，提升快递自主航线在江西省的覆盖范围。引导快递企业对供需集中的周边城市群增加对开班线。

（五）推广科技应用，提升发展能力

鼓励省内快递积极引入机械化或半机械化流水线等处理设备，提高劳动效率，降低劳动强度。鼓励快递企业采用跟踪查询、全球定位、地理信息、自动识别、电子数据交换等先进技术，优化运营管理流程。鼓励快递企业采用仓储运输、装卸搬运、分拣包装等专用技术装备，提高企业运营效率。支持重点快递企业在仓储和中转场地安装安全检查和监控设备。引导快递企业建立独立的呼叫中心，提升信息查询和系统保障能力。鼓励快递企业建立高于《快递服务》标准的企业服务标准，提供优质的承诺服务。

（六）加强监督管理，规范市场秩序

全面落实快递市场准入制度，严格加盟快递企业进入市场的许可条件。督促企业严格落实快递业务操作指导规范，改善生产条件，强化安全意识。强化与公安、工商等部门的联动机制，建立违规经营预警预报及查处违规经营情况的社会通报机制。加强申诉受理工作，保护消费者合法权益。落实应急体系建设，提高面对突发事件的能力。充分发挥快递协会作用，建立业内良性竞争的自律机制。鼓励快递协会开展诚信企业评比活动，建立快递从业人员诚信档案。

（七）强化人才培养，提高队伍素质

鼓励企业与大学、科研机构合作，制订科学的培养目标，以委托培养、订单式招生等方式完善快递专业人才教育培训体系。推行快递从业人员国家职业资格证书制度，实施从业人员持证上岗。鼓励快递企业引进和培育高层次职业经理人和快递物流专业技术人才，提高从业人员整体素质。加强快递企业文化建设，加强职业道德和作风建设。引导企业规范用工，健全薪酬分配、激励约束等人力资源管理制度，保障劳动者权益。

河南省快递业发展“十二五”规划（2011－2015年）

前　言

根据《国务院物流业调整和振兴规划》、《国务院关于支持河南省加快建设中原经济区的指导意见》、《河南省现代物流业发展规划（2010－2015）》、《国家邮政局关于印发邮政业发展“十二五”规划的通知》和《快递服务“十二五”规划》，编制《河南省快递业发展“十二五”规划》。

快递是邮政业的重要组成部分，是国民经济基础产业。快递服务通过加速物品运递和信息传送，有效提高物流、信息流、资金流的运行效率。快递服务既面向民生，又面向生产，具有降低企业生产成本、提高企业生产效率、提升人民生活质量的重要功能，是现代服务行业，在促进国民经济发展，服务人民生活，扩大就业等方面起着重要作用。《国务院物流业调整和振兴规划》将快递物流列入我国十大振兴产业，鼓励加快建立快递物流体系，将快递物流做大做强。《国务院关于支持河南省加快建设中原经济区的指导意见》明确提出了在河南“建设全国性快递集散交换中心”。《国家邮政局关于印发邮政业发展“十二五”规划的通知》和《快递服务“十二五”规划》中也都提出：在华北、东北、长三角、珠三角、中部、西部、西南等九大重点物流区域建设快递物流中心和快递物流园区，支持快递企业在郑州等15个重要物流节点城市建设快件处理中心、航空及陆运集散中心。根据以上要求，编制《河南省快递业发展“十二五”规划》，对加快河南快递发展，满足河南经济社会发展和人民生活对快递服务的需要，提升河南在全国快递物流发展中的战略地位具有重要意义。

本规划为河南省快递行业专项规划。

本规划期限为2011－2015年。

一、发展现状和面临的形势

（一）发展现状

改革开放以来，我省经济快速发展，全省2010年实现生产总值22942.68亿元，居全国第五位。2010年全省第三产业生产总值为6452.64亿元，占全省 GDP 的28.12% 。河南经济社会发展为快递业发展提供了巨大市场。

快递业发展环境有较大改善。新《邮政法》的实施,明确了快递企业的法律地位,《快递市场管理办法》、《快递业务经营许可管理办法》等一系列法规的颁布,形成了快递管理的法规体系,为快递业发展提供了法律保障。国务院《物流业调整和振兴规划》、《国务院关于支持河南省加快建设中原经济区的指导意见》、中共河南省委、河南省人民政府《关于加快发展服务业的若干意见》等文件的出台,为快递业发展提供了政策保障。邮政政企分开,政府管理部门加强了对快递市场的监管。快递协会成立,加强了快递行业的自律。快递企业发展的市场环境有了显著改善。

多元化主体竞争格局基本形成。《邮政法》和《快递业务经营许可管理办法》的实施,促进了快递业的规范发展和有序竞争,目前快递业已基本形成了以国有企业为主导,民营、外资企业等多种所有制企业共同发展的多元化竞争格局。

快递市场规模不断扩大,发展加快。截至2010 年年底,全省共有 29 个品牌 180 家快递企业为社会提供快递服务,经营单位 722 个,快递网络已覆盖全部省辖市。2010 年全省快递业务量达到 5765 万件,比上年增长 39. 21%,业务收入完成107542 万元,比上年增长 28.18%,占全省 GDP 的0. 04%。随着社会需求的增加,“十二五”期间快递行业仍将保持较快发展。

快递服务水平不断提高,服务领域不断拓宽。快递服务正由传统的寄递服务,向电子商务配送、供应链服务转变,各快递企业在提高运递速度的同时丰富服务品种,提升了服务水平。

行业管理加强,市场逐步规范。随着快递管理法规的不断完善和《快递服务》系列国家标准、《快递业务操作指导规范》的实施,邮政管理部门依法行政,加强监管,快递市场逐步规范。

(二) 存在问题

快递在快速发展的同时也存在一些问题:

一是快递业发展的政策环境仍需改善。困扰快递企业发展的土地、融资、快递厢式货车入市通行、快件揽投车辆停靠作业、税收优惠政策落实等问题仍需进一步解决。二是竞争主体仍需壮大。我省快递业仍处于起步期,企业呈现小、散、弱的特点,服务能力与水平还不能适应社会需要。特别是民营快递企业尚在发育初期,现代企业制度尚未建立,企业弱小,经营和管理人才缺乏,企业员工业务技能水平较低。三是基础设施建设亟待加强。省内大部分快递企业固定资产规模小,企业没有自有的分拣处理中心和营业、办公设施,企业自主网络运能不足,设备装备水平不高,生产条件简陋。四是市场秩序仍需进一步规范。邮政管理部门市场监管力量不足,省辖市尚无监管机构。快递企业依法进入市场、合法退出市场的机制尚在建立,企业守法经营,注重诚信的意识需进一步强化。快递服务质量不高,投诉、申诉较多。

(三)形势分析

河南在全国发展大局中具有重要的地位和作用,特别是中原经济区建设上升为国家战略,为河南快递发展带来重大机遇。

河南快递业发展具有独特优势。一是区位优势。河南位于我国腹地,承东启西,连南贯北,决定了其在全国的枢纽地位。二是人口优势。河南拥有 1 亿人口,占全国的十三分之一,这既是巨大的消费市场,也是丰富的发展资源。三是基础优势。经过改革开放 30 多年的发展,河南的基础设施、产业发展、人口素质、社会事业发展等都得到显著提升,经济总量稳居全国第五位,中部首位,是全国重要的经济大省和新兴工业大省。四是后发优势。目前,河南正处于工业化、城镇化加快推进阶段,产业结构和消费结构加速升级,产业转移和战略性新兴产业兴起,内需市场空间广阔。

在具有重大机遇和优势的同时,河南快递也面临一些突出矛盾:一是经济全球化,为快递提供了良好的发展条件,同时加剧了市场竞争,给国内快递发展带来严峻挑战;二是社会“五化”(工业化、信息化、城镇化、市场化、国际化）深入发展，为快递业创造了巨大市场需求和难得发展机遇，同时也对快递企业转型升级、业务结构调整、加强基础设施建设投入、提升服务能力，提出了新要求；三是现代综合交通、信息技术的发展，为快递业发展提供了基础支撑，同时也替代了一部分传统快递业务，对快递如何适应“三流合一”的发展方向和定位提出了新课题；四是“鼓励竞争、促进发展”市场机制的形成，使快递发展的体制活力显著增强，同时也对政府加强市场监管提出了新要求；五是快递服务迅速向经济社会和人民生活中渗透，旺盛的社会需求与落后的服务能力的矛盾也越来越突出。快递行业市场主体不强，基础薄弱，安全隐患较多，整体服务水平不高，对快递行业持续较快发展构成新的压力。

总之，旺盛的社会需求和能力不足的矛盾，是当前快递业发展中的基本矛盾。快递集散交换中心等基础设施建设问题，是当前快递发展的主要瓶颈。

二、指导思想、基本原则、发展目标和发展布局

（一）指导思想

以邓小平理论和“三个代表”重要思想为指导，深入贯彻落实科学发展观，紧紧围绕“十二五”邮政业发展总体战略目标和中原经济区建设的战略定位，以科学发展为主题，以转变发展方式为主线，以加强人才培养为基础，以加强基础设施建设为重点，以推广新技术应用为手段，以加快发展提高服务品质为目标，着力构建“便捷高效、竞争有序、技术先进、服务优质”的快递服务体系，着力推进快递服务转方式、调结构、大发展、上水平，努力满足社会经济发展和人民群众生活对快递服务的需求。

（二）基本原则

河南快递发展应遵循以下原则：

一是坚持加快发展。我省快递业务收入占我省国民经济生产总值的比重远远低于全国平均水平，河南快递只有加快发展，才能适应和满足河南经济社会发展和人民生活的需要。二是坚持科学发展。新形势要求快递企业加快转型升级，加快业务结构调整，加大基础建设投入，努力提升快递产业层次，提高新技术应用水平，要求快递市场主体向现代企业制度转变，快递服务向实物流、信息流、资金流三流高度融合的现代快递物流服务转变，快递经营管理向集约型转变。实现这些转变必须坚持创新发展、科学发展。三是坚持协调发展。在发展过程中要妥善处理好发展与稳定、规模与效益、速度与质量、发展与管理、国内市场与国际市场的关系，做到统筹兼顾，协调发展。四是坚持共享发展。快递企业要通过发展回报社会，为社会提供更加便捷、高效、优质的快递服务，让广大消费者满意。快递企业要通过和员工构建利益共同体，凝聚发展力量，形成发展的向心力、推动力，共担发展责任，共享发展成果。

（三）发展目标

1. 经济与社会效益目标

（1）保持快递行业快速增长。2015 年全省快递业务收入达到 34.14 亿元，年均增长 26%，业务量达到 1.98 亿件，年均增长 28%，占全省 GDP 比重由 0.04% 上升到 0.1%。

（2）企业培育目标。2015 年全省年业务收入超过 10 亿企业 1 家，超 4 亿企业 2 家，超亿元企业 5 家。

（3）新增就业岗位目标。2015 年全省快递行业用工人数达到 3. 41 万人，平均每年为社会提供新增就业岗位 4120 个。

2. 快递服务质量目标

（1）快递服务时限指标。2015 年快件全程服务时限逾限率降到 5% 以内。

（2）限时产品比重指标。2015 年次日递等限时产品在快递业务中的比重达到 60% 以上。

（3）用户满意度指标。2015 年消费者申诉处理满意度达到 95% 以上，快递服务公众满意度达到 85% 以上。

(4)快件丢失损毁率指标。2015年快件丢失损毁率降低到0.035‰以下。

3. 服务能力目标

(1)网点能力目标。2015年重点快递企业省辖市营业网点覆盖率达到100%,县级城市覆盖率达到60%以上。

(2)运输能力目标。重点快递企业省会到省辖市自主公路运输干线开通率达到100%,省辖市到县级城市自主公路运输干线开通率达到60%,鼓励快递业企业大力发展航空快件。

(3)快递服务标准化目标。2015年快递企业《快递服务》国家标准达标率达到100%,省会、省辖市标准化营业网点达到100%,县级城市达到80%以上。

(4)信息化水平目标。大力推动信息标准化,推动快递企业业务网络信息与政府管理部门、业务协作部门、企业集团客户部门信息网互联互通。

4. 人才培养目标

加强快递人才培养基地、培训基地建设。2015年快递企业取得初级业务技能证书的人员达到60%以上,取得中级业务技能证书的人员达30%以上,取得高级业务技能证书的人员达5%以上。

(四)发展布局

1. 发展定位

"十二五"期间,河南快递成为全国快递发展重要的增长板块;在郑州建设全国性快件集散交换中心,进一步提升河南在全国快递网中的区域枢纽地位。

2. 规划布局

以"一个中心"、"三大网络"为重点,加强快递基础设施建设。"一个中心"就是在郑州建设快件集散交换中心,形成日交换处理600万件快件的能力。"三大网络"就是面向全国布局建设连接国内各大中心城市和周边六省省会城市的省际干线运输网;面向省内布局建设18个省辖市的快件分拨场、站,建设紧密连接郑州—省内区域快件分拣处理中心—省辖市快件分拣场、站—县作业点的快捷高效的省内干线运输网;建设以郑州为中心,紧密连接开封、洛阳、新乡、焦作、许昌、平顶山、漯河、济源等城市"一小时交通圈"的大同城网。逐步完善省、市、县三级营业、揽收、投递网。

三、主要任务

(一)加快快递基础设施建设

加快快递基础设施建设,是"十二五"时期的一项基本任务。按照"政府引导,企业主导,市场运作"的原则,以快递集散交换中心、干线运输网和城乡营业、揽收、投递网为重点,加快快递基础设施建设。

1. 加快郑州全国性快递集散交换中心建设

建成中南邮政物流集散中心。河南邮政速递投资11200万元,于2010年在郑州国际干线公路物流港内开工建设中南邮政物流集散中心,总建设面积5.76万平方米,2013年建成投产,形成集快件处理、物流集散、仓储、配送、加工处理以及货运代理功能为一体的集散交换枢纽平台,成为全国八大邮政物流集散中心之一。在郑州国际物流园区建设快递物流·电子商务园区。规划建设投资200600万元,规划建设面积56.35万平方米,力争2012年开工建设,2014年建成投产,形成日处理快件600万件,集快件集散交换、仓储、电子商务配送等诸功能为一体的集散交换枢纽平台。各企业同时建设安阳、洛阳、南阳、漯河、商丘等省内区域快件分拣处理中心,建设各省辖市快件分拣场(站)。

2. 加快省际、省内干线运输网建设

省际干线运输网按照1000公里以上以航空为主、公路为辅,1000公里以内以公路为主,其他方式为辅的原则建设。鼓励快递企业大力发展航空快件。支持中国邮政航空公司、顺丰速运航空公司将基地公司设在郑州新郑国际机场,支持规模快递企业的快件运输包机落地郑州新郑国际机场。支持快递企业充分利用航空运输资源构建国际、省际航空快件运输干线。2015 年规模以上快递企业平均开通国际、省际航空快件运输干线不低于 36 条。鼓励快递企业面向河南周边六省省会及重点城市、面向 1000 公里内全国重点大中城市开通高速公路汽车快件运输干线。2015 年规模以上快递企业平均开通省际汽车快件运输干线不低于 16 条。完善省内高速公路汽车快件运输干线网。2015 年规模以上快递企业省会—省内区域快件分拣处理中心—省辖市快件分拣场(站)的自主运输干线开通率达到 100%，省辖市快件分拣场(站)—县级快件作业点的自主公路运输干线开通率达到 60% 以上。鼓励和推动快递企业干线运输由点对点向优化组网转变，努力减少能耗，提高干线运输效率。

3. 建设以郑州为中心的"大同城"网

随着中原经济区建设步伐的加快，中原城市群将形成以郑州为中心，开封、洛阳、新乡、焦作、许昌、漯河、济源等城市将形成"一小时交通圈"。建设以郑州为中心的"大同城"高效快递网，中原城市群内的快件实现"当日递"。

4. 逐步完善省、市、县三级营业、揽收、投递网

2015 年规模以上快递企业省辖市营业、揽收、投递网点覆盖率达到 100%，县级城市覆盖率达 60% 以上，省会、省辖市网点标准化率达到 100%，县级城市网点标准化率达到 80% 以上。全省快递营业、揽收、投递服务网点达到 1508 个。

(二)扶持培育骨干企业加快发展

进一步加快快递企业发展是"十二五"时期的首要任务。支持河南邮政速递等国有企业深化改革，实现传统快递服务向实物流、信息流、资金流三流高度融合的现代快递物流服务企业转型，在全省快递行业发展中发挥主导骨干作用；支持民营快递企业通过兼并重组实现股份多元化改造，走集团化发展道路，在全省快递行业发展中发挥基础作用；支持具有国际影响力的外资快递企业开拓河南市场，促进河南国际快递的发展，促进全省快递行业经营管理水平和服务水平的提升。重点扶持培育 11 家骨干企业，提高快递市场集中度，形成规模化经营。2015 年全省年收入超亿元以上的快递企业达到 8 家以上。

(三)努力提升快递服务质量和服务水平

解决当前快递服务质量、服务水平不适应我省经济社会发展和人民群众要求的问题是"十二五"时期一项重要任务。快递企业要通过扩大基础服务设施投入，加强管理，确保快递服务安全。将快件丢失损毁率控制在十万分之三点五以下。努力提高快件寄递时效，同城快件基本达到当日递，省内地市互寄快件基本达到次日递，省际重点城市之间快件互寄基本做到三日达。扩大服务覆盖范围，为社会提供更加便捷的服务。面向工业企业、商贸企业、电子商务等经济领域，深度开发市场，调整结构，细分产品，为社会提供多元化、个性化的基本快递服务和增值快递服务，满足社会日益多样的快递服务需求。全面落实《快递服务》国家标准，为消费者提供规范、稳定、不间断的服务，努力使快递服务公众满意度提升到 85% 以上。

(四)扩大科技投入，提高企业技术装备水平

大力推动快递企业扩大科技投入，提高快递管理和生产作业的标准化、自动化、机械化水平。支持快递企业积极推广应用条码、射频识别、快件跟踪查询等数字信息技术，升级完善快递服务信息网等支撑体系。加强快递企业业务服务信息与政府监管部门、业务协作部门和集团客户部门信息网的互联互通建设，建成全省快递运行监控监管信息平台。推动快件运输、揽投车辆统一选型、统一标识。大型快件集散交换中心实现快件分拣作业的自动化、机械化。在快件装卸分拣处理环节普遍推广使用制式传送机、托盘、叉车、推车等生产设备。鼓励倡导快递企业在生产中积极应用低碳、环保、节能技术。

(五)加强快递专业人才培养培训基地建设，提升行业从业员工素质

加强政府、企业、院校之间的沟通联系与合

作，在省内选择2～3所开设快递物流或相近专业的高等院校，作为我省快递物流专业学历培养基地；选择2～3所职业技能院校作为我省快递企业的中短期专业培训基地；选择6家服务管理规范的快递企业作为高校毕业学生的生产实习基地。加强河南省邮政职业技能培训中心和职业技能鉴定站建设，开展高级、中级、初级各层次快递业务技能职业培训，2015年全省快递业务从业人员持证上岗率达到95%以上。大力推进快递企业经营管理人才队伍和专业技术人才队伍建设，积极协调推动快递行业开展经济、工程系列职称的评审和聘用。

（六）加强监督管理，为快递发展创造良好的环境

按照国家邮政局部署，进一步完善快递市场监督管理体系，加强政府部门间的协作，完善联合行政执法体系。加强对快递协会的指导，充分发挥快递协会、社会监督员、社会舆论的监督作用，完善政府监管、行业自律、社会监督三位一体的快递市场监督体系。全面贯彻落实《邮政法》、《快递市场管理办法》、《快递业务经营许可管理办法》、《邮政行业安全监督管理办法》等法律法规，依法开展市场准入许可，提升入市主体品质；加强市场监管，依法维护公平有序的市场秩序；积极开展快递企业等级评定和快递服务评价。加强消费者申诉管理，强力推动快递服务质量服务水平提升；完善快递安全监管制度和快递行业应急管理体系，保障快件寄递安全和行业运行安全。

四、主要措施

（一）完善法规，落实政策，保障快递业健康快速发展

1. 完成《河南省邮政条例》的修订，将支持快递业发展和基础设施建设等政策、制度纳入《河南省邮政条例》予以立法保障。

2. 积极协调政府有关部门落实快递发展中的土地供给、工商注册、税收、交通运输管理、综合交通体系建设、航空快件“绿色通道”建设、投资融资政策的落实，破解快递发展的“八难”问题（即基础建设用地难、分支机构注册难、运营车辆办证难、快递车辆进城难、揽投作业停靠难、税收优惠政策落实难、航空快件配仓保障难、发展投资融资难）。为快递业发展提供法规政策支持和保障。

（二）统筹规划，协调衔接，推动快递专项规划落实

按照国家邮政局“站位高、思路新、研究深、举措实”的要求，编制切合我省实际、指导性、可行性强的快递专项发展规划。主动汇报参与，将快递专项规划与河南省国民经济和发展规划、现代物流发展规划、综合交通体系建设规划、城市建设规划、土地利用规划有效衔接，为快递专项规划落实提供基础保障。成立由省邮政管理局主导、省快递协会、各快递市场主体以及联合有关部门参加的推进快递专项规划落实领导小组，以郑州全国性快件集散交换中心建设项目为重点，全面推进快递专项规划落实。努力争取省政府支持，将郑州全国性快件集散交换中心建设项目列为2012年河南省重点建设项目予以保障。加强与郑州市政府有关部门的沟通，保障快递专项规划建设项目的土地供给。

（三）加强指导，协调支持，推动行业加快发展

加强快递业发展研究，服务和指导快递企业健康快速发展。组织开展“创先争优，转型升级”活动，推动快递企业调整结构，转型升级。推动国营快递企业经营机制向适应市场化转型，支持民营快递企业兼并重组，推动民营快递企业向规范的股份制经营转型。推动快递服务由传统的、同质的、简单寄递服务，向“三流合一”、差异化的现代快递物流服务转型。引导快递企业积极调整业务结构，面向制造、商贸、电子商务等生产服务企业深度开拓市场，融入生产服务等经济社会领域，为经济社会提供“生产链、供应链”服务，推动快递企业调整服务产品结构，提升限时服务产品和高附加值服务产品的比重。协调民航部门为航空快

件临空分拣处理中心、航空快件“绿色通道”建设提供支持，实现航空快件的快速安检、快速配载、快速装卸、快速交换和快速查询。协调公安、交通等部门为快递车辆的进城，快递车辆在城区短暂停靠作业提供方便和支持。在全省快递企业中组织开展“提升比重、前移位次”竞赛活动，推动快递企业进一步加快发展，提升快递业在全省经济总量中的比重，充分发挥快递行业服务经济建设，服务人民生活，增加社会就业的基础作用。

（四）加强行业诚信建设，提升行业服务品质

以全面开展快递企业等级评定、建立快递企业诚信服务档案、继续深入开展快递服务满意度调查、快递服务质量实寄测试、加强快递企业投（申）诉管理、加强行业自律、加强快递服务监督检查和管理为抓手，以解决快件积压延误、丢失损毁、投诉赔偿难等当前消费者反映比较集中的快递服务热点问题为目标，持续加强行风建设，培树快递企业“诚信、服务、规范、共享”的核心价值理念，树立以服务为宗旨，对消费者负责任，用户至上，使命必达的社会责任意识，推动快递企业努力提升服务，为社会提供“迅速、准确、安全、方便”和不间断的服务。

（五）加强行政能力建设，提高行政管理水平，服务行业发展

树立“管理就是服务。管理是手段，发展才是目的”的行政管理理念，加强邮政管理队伍建设。对管理人员加强法律法规培训和快递专业知识培训。完善行政管理和行政执法制度，全面理清法定权力边界，制定行政执法程序、规则和监督检查规范，明确自由裁量权基准，全面推进依法行政。建立规范性文件起草、审查、发布机制，推进行政执法责任制，推行执法评议考核和执法案件评审，努力提高行政管理和行政执法水平。依法履行职责，规范市场，保护消费者和经营者合法权益。创新管理手段，加快河南快递行业生产作业安全视频监控系统建设，强化安全监管，加强应急管理，保障行业安全。积极争取促进行业发展的政策，主动帮助企业协调解决发展中的问题，主动为企业提供法律咨询、政策咨询、信息咨询和各种类型培训，服务行业发展。指导快递企业协会积极开展活动，充分发挥快递协会的“服务、协调、自律、维权”职能。加强行业宣传，为快递发展创造良好的社会舆论环境。

广东省快递服务发展“十二五”规划

快递业是现代服务业的重要组成部分，加快快递服务发展不仅有利于提高居民的生活质量，也有利于改善投资环境，促进社会经济增长。为了推动广东快递服务的快速、健康发展，进一步促进快递服务与其他行业的协同发展，满足经济快速发展和人民群众生活水平不断提高的需求，根据国家邮政局《邮政业发展“十二五”规划》、《广东省邮政业发展“十二五”规划》编制《广东省快递服务发展“十二五”规划》。本规划的规划期是2011－2015年。

一、发展现状与面临的形势

（一）发展现状

广东省快递市场规模大、网点多，业务增长速度快，已经形成了多种所有制并存、多样化产品互补、多层次服务共生共赢的产业格局，快递服务在经济发展方式转变和人民生活质量提高的过程中扮演着重要角色。

截至2010年12月，全省取得《快递业务经营许可证》的快递企业已达1128家，另外已提交申请并

进入审批程序的有335家，快递市场规模居全国首位。2010年全省完成快递业务量5.9亿件，快递业务收入136亿元，快递行业从业人员12万余人，其中业务量、业务收入占全国的比重均在20%以上。

珠三角地区成为重要的快递枢纽。近年来，国内外快递企业纷纷进驻珠三角地区，各大快递公司在珠三角地区均设有转运中心，大型跨国公司FedEx在广州白云机场兴建亚太区规模最大的航空货物转运中心，TNT将其位于香港的处理中心移至广州，UPS将其位于菲律宾的泛亚航空转运中心转移至深圳机场。特殊的地理位置和经济的高度繁荣使珠三角地区逐渐成为全国乃至世界重要的物流集散地和快递枢纽。

快递网点多，布局趋于合理。广东是我国快递网点分布最密集的地区之一，截至2010年年末，全省有快递网点6000余处，分布最密集的地区为深圳、广州、东莞和佛山，一些行业龙头企业的服务范围不断向周边国家和地区辐射，逐步呈现区域化、国际化趋势。

快递服务产品呈多元化趋势，并逐步向高端延伸。随着服务能力和服务水平的提高，快递企业的服务领域不断从传统快递向仓储与配送、进出口代理、通关服务、物流咨询及代收货款、签单返回等相关增值业务延伸，并开始涉足第四方物流等高端服务。总体上，快递服务产业呈现出逐步转型升级的良好发展态势。

快递企业软硬件水平明显提高。广东省快递企业管理、技术、服务标准化水平相对较高，基本实现利用互联网技术为客户提供快件跟踪等服务，顺丰速运(集团)有限公司以及各外资快递企业已成立快递航空公司或拥有服务包机。

行业管理逐步规范。《中华人民共和国邮政法》、《快递市场管理办法》、《快递服务》系列国家标准、《广东省邮政业管理办法》的颁布实施，邮政业统计报表制度在快递行业的全面推行，省邮政管理部门依法加强监管，快递行业协会发挥职能促进行业自律，推动着广东快递服务管理体系的不断完善和市场环境的不断优化。

(二)主要问题

广东快递服务在快速发展过程中也存在一些问题，主要表现在：

市场竞争格局有待优化。跨国快递公司实力雄厚、技术先进，掌控着国际快递、物流解决方案等高端市场，大量国内中小快递企业经营模式单一、管理水平低，主要经营国内普通物品寄递的低端业务，竞争力薄弱。

社会资源有待整合。广东省快递网络覆盖面虽广，但快递企业之间的运营网络、社会运输网络及相关物流网络尚未实现优化配置和有效衔接，物流、信息流和资金流未能实现有效整合，造成了较大的社会资源浪费。

从业人员素质有待提高。快递服务从业人员受教育程度偏低，流动性大，多数快递企业没有建立业务和技能培训制度，培训支出明显不足，专业化、技能型人员紧缺，管理、运营、技术等专业人才匮乏，制约了企业的发展。

行业发展环境有待改善。快递企业仍然面临车辆进城难、发展融资难、企业用地难、空运租舱难等一系列发展瓶颈问题，作为新兴产业，快递行业的稳步发展，还有待相关政府部门提供更加宽松的政策环境。

(三)面临的形势

总体来看，随着广东省经济的快速增长和产业结构的不断优化，居民收入水平不断提高，产业定位逐步清晰，为快递市场的健康、快速发展提供了良好的外部环境。

“十二五”期间是广东经济转型和结构调整的战略机遇期，随着广东省委、省政府《关于加快建设现代产业体系的决定》、双转移战略、《珠江三角洲地区改革发展规划纲要》等一系列重要措施的出台和贯彻落实，广东经济将迈入以转型升级和结构调整为主旋律的发展阶段，必将为快递服务的区域合理化布局和结构优化带来新的契机。珠江三角洲地区定位为世界先进制造业和现代服务业基地，为快递服务不断向高端服务延伸提供了难得的机遇。东西两翼与粤北山区承接产业转移以及农村地区经济的快速发展，为快递服务带来了广阔的发展空间。

广东省毗邻港澳和东南亚，随着《内地与香港（澳门）关于建立更紧密经贸关系的安排》（CEPA）的深入实施、《粤港合作框架协议》的签订、广东与东盟《合作备忘录》的签署及中国东盟自由贸易区的正式启动，广东开展对外合作的地缘优势进一步显现，粤港澳合作大力推进、大珠江三角洲合作成效显著、广东与东盟经贸合作逐渐步入快车道，区域经济一体化的格局逐步形成，为快递服务向外延伸提供了更为便利的条件。

作为广东省重点发展产业的组成部分，快递业在我省产业体系中的战略地位逐渐清晰，广东省委、省政府高度重视快递产业的发展，出台《广东省邮政业管理办法》等相关规定促进快递市场规范发展，并在用地审批、招商引资等方面给予支持，为快递产业发展营造了良好的环境。

广东省交通运输设施基础好，港口、机场密集，公路、铁路、水路、航空交通发达，便捷的交通条件和广州、深圳等城市日益凸现的交通枢纽功能为快递服务的发展提供了重要的支撑。广州和深圳作为珠江三角洲地区快递服务核心城市，是最大的商品集散地，快件分拣、转运中心，快递服务信息中心，流通加工基地，是最大的总部及区域总部所在地。东莞、佛山、珠海、中山、惠州和肇庆作为次级核心城市，将成为快递服务的重要节点城市。处于粤北和粤东粤西两翼地区的城市位于珠江三角洲的外围地带，地理区域广阔，为快递行业发展提供了很大的空间。广东省电子信息产业发展水平和信息化程度位居全国前列，将有力促进快递服务能力和信息化水平的提高。

二、指导思想与主要目标

（一）指导思想

深入贯彻落实科学发展观，坚持加快发展、协调发展、创新发展、共享发展的整体思路，认真贯彻《邮政法》，按照国务院《物流业调整与振兴规划》、《广东省国民经济和社会发展第十二个五年规划纲要》和《珠江三角洲地区改革发展规划纲要（2008－2020年）》的总体要求，以满足本省社会经济快速发展及居民生活水平逐步提高的需要为目的，依托优越的经济、文化及地理条件，通过行业本身的改革创新以及政府有效的政策扶持，实现快递服务的跨越式发展，发挥快递服务的产业联动效应，促进构建功能齐全、运行高效的现代服务业产业体系，继续保持广东省快递服务在全国的领先优势。

（二）总体目标

继续保持广东省快递服务高速增长的态势，提高快递服务能力、创新水平和竞争优势，满足电子商务发展对物品配送服务的需要、满足人民群众对快递服务的需要。为广东省经济增长、泛珠江三角洲地区经济协调发展以及粤港澳台的产业整合提供一个高效、快速、安全的基础平台。

快递企业要实现服务模式的转变，摆脱低水平价格竞争的格局，提高快递服务的信息化、标准化、规范化水平，在科学管理的基础上提升服务层次和质量。

通过加强行业法制建设，依法规范行业秩序，使各项扶持快递服务发展的政策得到落实，逐步建立起一个公平有序的市场竞争环境。通过设立研发基金、建立培训基地和强化基础设施建设来支持快递服务的长期快速发展。

（三）具体发展指标

1.经济与社会效益目标。“十二五”期间，快递业务收入保持年均25%的增长速度，到规划期末，快递业务收入达到390亿元，快递业务量达到16亿件，快递行业新增就业岗位6万个。

加大对快递企业兼并重组的政策支持力度，缓解当前快递企业面临的经营困难，鼓励快递企业通过参股、控股、兼并、联合、合资、合作等多种形式进行资产重组，培育2～3家服务水平高、竞争能力强、年快递业务收入超100亿元的大型现代快递企业。

2. 服务质量目标。企业要不断提高服务质量和客户满意度,投诉受理率达到100%,投诉处理满意率达到95%以上,快件延误率不超过2‰,损毁率不超过0.2‰,丢失率不超过0.05‰,快递服务总体满意度达到73分以上。

3. 服务能力目标。严格执行《快递服务》系列国家标准,进一步提高快递服务时效,严格履行对客户的限时承诺。到规划期末,省内中心城市(市区)之间全面实现"当日达",其他城市(市区)之间实现"次晨达"或"次日达"。提高信息化应用水平,建立完善对外服务和内部管理计算机处理系统。

4. 从业人员素质目标。到规划期末,初级以上职业资格业务员占快递业务员总量的70%,中级以上资格业务员占快递业务员总量的20%,高级快递业务员占快递业务员总量的5%以上;从业人员平均受教育程度明显提高,其中企业管理人员和技术人员平均受教育程度要达到大专以上水平。

三、主要任务

(一)推动快递服务向高端化、多元化方向发展

积极引导快递企业从传统业务转向新兴业务,在自身网络不断发展的基础上推出更多以客户为导向的服务产品和增值服务,向到付、代收货款、签单返回、保价、时效件等相关业务领域延伸,切入企业供应链的上下游,为客户提供高附加值商品的第三方物流解决方案和信息化平台。快递企业要加大创新力度,从速度、技术、管理模式、服务产品等各方面考虑,推动服务向高端化、多元化方向发展。

(二)引导快递企业向品牌综合服务提供商方向发展

顺应快递行业的快速发展态势,创造宽松的发展环境,加大政策扶持力度,引导龙头快递企业通过技术与管理创新、兼并重组、战略联盟等手段,优化服务资源配置,不断扩大网络覆盖面,丰富服务产品,拓宽服务领域,逐步向物流、信息流、资金流"三流合一"的综合服务提供商方向发展。到规划期末,培育出1~2家服务质量一流、服务手段先进、管理机制完善,在全国居于领先地位的具有较强国际竞争力的品牌快递服务企业。

(三)实现快递服务与相关产业的深度融合

快递企业要在更高层次介入制造、电子商务、商贸等相关产业链,在不断深化分工的基础上加强产业之间的合作,整合内外部资源,降低交易成本,促进产业核心竞争力的形成,实现快递业与相关产业的"无缝对接"。通过产业的融合和联动,提高生产和服务效率,增强快递服务对制造业的支撑力度,推动制造业的整体转型升级。鼓励快递企业与电子商务企业创新合作模式,逐步实现快递服务与电子商务的深度融合和协调发展。

(四)有序推进快递服务的区域化、国际化进程

充分发挥广东省作为改革开放前沿阵地的地域优势,利用广东省先行先试的政策优势,引导快递企业开展海外业务,实施"先港澳台、东盟,后全球"层层推进的国际化战略,融入全球快递网络体系,参与国际分工,实现国际化经营。建立"粤港澳台快件快捷通道",在省内通关口岸建立快件监管中心,提高通关速度。支持有条件的快递企业开展对台直航包机,推进粤台快件往来的快速发展。以中国-东盟自由贸易区的建立为契机,打造广东与东盟国家的物流、信息流平台,为快递企业在东盟国家开展业务提供便利条件。

(五)加强部门协调,优化快递资源配置

加强与有关政府部门的沟通和协调,将快递纳入珠江三角洲地区物流园区(中心)布局规划,支持快递物流园区建设,鼓励企业创新服务技术、商业模式和管理模式,引导快递企业进入园区,利用园区内基础设施建设的集聚化、集约化,建设快

递服务集疏功能区。依托现代综合交通运输体系，遵循政府推动、市场主导，资源共享、优势互补，协调发展、互利共赢的原则，优化快递资源配置，优化重点城市、区域的快递网络布局。

（六）增加研发投入，提高快递技术的应用水平

积极推进快递企业信息化建设，提升自动化、标准化、信息化应用水平，鼓励企业采用集装单元、射频识别、货物跟踪、自动分拣、立体仓库、配送中心信息系统等物流新技术，降低劳动成本，提高处理效率，提升服务水平。

四、政策措施

（一）细化支持政策，解决发展瓶颈

建立快递服务联席会议制度和联动工作机制，加强与商务、金融、税务、海关、检验检疫、交通运输、铁路运输、航空运输、工商管理等有关部门的沟通交流，构建共享监管信息平台，制定相应的联合监管办法，协同推进一体化应急机制建设；制定配套扶持政策，协调解决车辆进城、企业融资、生产用地、航空运能、快件通关、税费优惠等问题。

（二）注重人才培养，提升人员素质

按照《快递业务员国家职业技能标准》，对从业人员开展职业道德、工作技能、操作规范以及相关知识的专门培训，提升其综合素质；要加大培训站的建设，加强快递从业人员职业技能鉴定工作，促进快递服务整体水平的提高。努力发挥职业技能鉴定机构作用，引导和支持快递企业组织员工参加职业技能培训、考试、持证上岗，不断提高从业人员技术等级，不断增加现代快递企业发展急需、紧缺的专业化、技能型人才数量。

（三）优化工作机制，完善监管体系

依法全面落实快递市场准入制度，形成快递市场准入、退出的正常运行机制。联合工商等有关部门，促进快递行业的规范化发展，对无证无照经营快递业务的企业坚决予以取缔，对于违反快递市场管理法规的市场行为，依法给予严肃处理。建立广东省快递服务质量综合评价体系，开展快递企业服务质量等级评定活动，督促企业不断优化操作流程，提高服务质量。继续推广利用第三方支付平台开办代收付业务的模式，降低行业风险，创建公开、公平、公正的政府监管环境，促进我省快递行业的健康发展。

（四）强化责任意识，确保行业安全

加大宣传和教育力度，强化各快递企业对行业安全生产的责任意识，督促各企业贯彻落实国家有关禁限寄物品的规定，提高各企业应对行业突发事件的处置能力。通过加强与公安、国家安全、海关等相关部门的沟通联系，不断完善我省邮政业突发事件应急预警机制，实现对快递行业全方位的监测、预警和应急管理，确保邮政通信与信息安全。

（五）发挥协会作用，促进企业自律

快递行业协会应充分发挥协会在行业协调、政策研究、行规行约制定、专业技术职称评定等方面的作用，规范企业行为、维护行业秩序、协调会员利益、促进公平竞争，促进企业自律，保障快递市场的良好秩序。发挥快递行业协会在快递服务达标验收工作中的主导作用，使我省各快递企业基本通过快递服务达标评定，快递行业服务水平得到整体提升。

五、重点工程

（一）快递业与制造业、电子商务联动发展工程

积极引导快递企业大力发展样品配送、供应链服务、电子商务配送、一体化物流、分销配送业务，指导和促进制造厂商、邮购商、电子商务企业改善现有业务流程，实现物流分离外包，通过专业化的快递服务提高企业服务质量、效率和效益。研究建立快递与电子商务企业合作发展机制，促进快递服务与电子商务协同发展，提高快递服务对电子商务的支持能力，培育产业新的增长点，实

现快递企业与电子商务企业的互利共赢。构建快递企业与大型制造企业、电子商务企业合作发展平台，建设制造业与电子商务发展的快速配送体系，组织实施一批快递企业与制造业、电子商务企业联动发展的示范工程和重点项目，促进三者有机融合、联动发展。

（二）快递服务提速工程

发挥行业监管部门效能，加快对《快递服务》系列国家标准的推广工作，推动快递车辆标识、快件包装、快递运单等的规范化和统一化，为快速分拨、快速安检、快速通关创造条件。推动建立快件优先配舱、优先安检、快速通关的“绿色通道”，鼓励利用社会航空运力进行800公里以上快件运输，综合利用各项有效资源，实现全省快递运输的提速工程。

（三）快递服务信息平台建设工程

以信息采集和生产作业处理为基础，以全过程快件实时动态跟踪查询为核心，以数据集中存储、管理、开发应用为中枢，实现统计分析、经营决策等功能，推动快递企业自动化、信息化、网络化的建设。积极推进企业信息平台与海关电子口岸的衔接，为便捷通关提供技术保障。完成快递企业信息网络与邮政管理部门监管网络的对接，建立完善的快递服务信息化应急管理系统，提高快递服务应急调度能力。

（四）快递中转枢纽建设工程

充分依托公路、水路、轨道交通以及航空运输，利用各种运输方式覆盖面广、频率高、运输成本低等优势，建设快递服务中转场站。将广州白云机场、深圳宝安机场建设成为珠江三角洲地区快递服务重要的航空港，大力发挥香港机场对国际快递服务的中转潜力；借助东莞优越的地理位置、发达的公路交通，建设成为区域内重要的中转中心；借助港珠澳大桥的便利，在“江中珠（江门、中山、珠海）都市圈”和粤西地区规划建设快递服务多式联运中转场；在广州新客站、深圳龙华新客站等铁路枢纽开辟快递服务处理场地和快速通道，大力提高对铁路资源的应用。

（五）粤港澳台快递服务快捷通道工程

建立粤港澳快件监管协调机制，推动海关电子口岸建设，强化监管模式，实现快捷、安全的出口通关。优化珠江三角洲地区快件监管中心的总体布局，对广州、深圳、珠海、江门、汕头、湛江等重点通关口岸建立统一的快件监管中心，对出入境快件进行实时监管，确保寄递物品安全的同时，提高通关速度。支持有条件的快递企业开展对台直航包机，推进粤台快递业务的快速发展。

（六）快递服务资源整合工程

鼓励企业依托“大交通”平台，综合利用社会运输资源，积极争取快递服务搭载城际轨道交通网络，加强深度合作，进一步提高珠江三角洲以及其他地区的快递服务时效。依托规划建设中的港口、铁路、公路货站、机场等交通运输设施，重点解决各种交通枢纽相互分离带来的快件在运输过程中多次搬运、装卸等问题，促进快递服务基础设施协调配套运行。

（七）快递服务培训研发基地建设工程

企业定期组织员工接受有关业务技术、服务标准、法律规定等方面的培训，通过培训和考核取得快递业务员职业资格证书，使从业人员持证上岗率不断提高。依托省内高校在教学、科研方面的优势及特色，搭建校企合作平台，创办广东省快递服务培训、研发基地，促进我省快递行业整体水平不断提高。

（八）快递行业节能低碳工程

积极推动以高效率、低能耗、低污染、低排放为目标的节能低碳的发展模式，提高快递交通运输的能源利用效率。促使企业淘汰落后运能，使用清洁能源、小排量的运输车辆，鼓励使用电动车辆进行末端投递，鼓励使用新型环保包装材料，提高包装材料的循环利用率，为社会可持续发展作出贡献。

西藏自治区快递服务“十二五”发展规划

为了深入贯彻落实科学发展观，满足建设小康西藏、平安西藏、和谐西藏、生态西藏的需求，促进全区快递行业又好又快发展，制定本规划。

一、现状与形势

“十二五”时期，西藏快递行业在迎来良好发展机遇的同时，也面临严峻挑战。快递服务市场发展环境有待改善，快递企业市场竞争力急需提高，市场竞争秩序有待规范，行业从业人员素质有待提高。随着快递市场主体的不断增加以及快递服务业务的拓展，监管难度不断加大。

二、指导思想

“十二五”时期，西藏快递市场的发展和改革要高举中国特色社会主义伟大旗帜，以邓小平理论和“三个代表”重要思想为指导，深入贯彻落实科学发展观，全面贯彻落实党的十七届五中全会、西部大开发工作会议、中央第五次西藏工作座谈会和自治区党委七届七次全委会议精神，以科学发展、跨越式发展和长治久安为主题，提高快递服务水平，满足经济社会发展和人民群众的快递业务需求，为推进西藏跨越式发展和长治久安作出应有的贡献。

三、“十二五”发展目标

类　别	指　　标	2010 年实际	2015 年目标	年均增长(%)	目 标 属 性
快递服务	用户投诉率低于(%)	0.05	0.05	—	预期性
	投诉受理率达到(%)	100	100	—	预期性
	投诉满意率不低于(%)	90	95	—	预期性
	快递服务社会用户满意度达到(分)	70	72	—	预期性

四、主要任务

（一）完善行业法规体系

根据《中华人民共和国邮政法》，全面清理不适应西藏现行邮政业相关法规，力争《西藏自治区邮政条例》颁布实施，着力完善邮政法规体系，为西藏快递业发展提供法制保障。继续加大对《中华人民共和国邮政法》等法规的宣传贯彻力度，努力营造良好的快递行业发展法制环境。

（二）促进快递服务发展

抓住国家扩大内需、深入实施西部大开发，以及完善重点产业调整振兴战略机遇，围绕西藏旅游业、藏医药业、优势矿产业、高原特色生物产业和绿色食（饮）品业、特色农牧业及加工业、建筑建材业、民族手工业等支柱新型产业的快速发展，寻找、整合与邮政和快递业务发展的结合点，积极推动产业结构优化升级，推进规模化、品牌化、网络化经营。促进网络布局优化，引导快递网络逐步向地（市）、县拓展，提高网络覆盖率和稳定性。不断推进快递服务与民航、铁路、公路等方式的融合，促进邮政快递设施同步配套，实现邮政快递服务与多种运输方式“无缝对接”，推动各种运输方式对邮政快递服务的优先搭载，提高快递企业运营效率。树立鼓励竞争、合作发展的理念，通过引入资金、技术、管理等，大力发展电子商务配送、供应链服务、一体化物流等业务，推动从事快递业务的企业功能整合和服务延伸，加快向综合型快递企业转型，向生产性、流通性服务领域拓展，不断增强快递服务功能，扩大产业整体规模，提升服务水平，使快递发展步入改革引领、开放提升、创新驱动的轨道。并积极争取快递企业在税收、车辆通行、土地征用等方面的优惠政策，推进快递服务体系建设，促进快递业务科学发展。

（三）强化快递行业监督管理

依据《快递业务经营许可管理办法》，通过经营许可和政策指导等方式，实施快递企业备案管理制度和分类管理制度，加大对无照经营、超范围经营、违规经营等行为的打击力度，依法规范各类市场主体。强化执法监督和行业自律，规范市场行为，建立公平公正竞争有序的市场秩序。加强邮政管理部门与地方行政部门的执法合作，提高监管执法能力。健全邮政市场监管组织体系，合理设置监管机构，加强监管机构力量，完善邮政监管组织保障，积极扶持行业协会发展，充分发挥行业协会的作用，健全“政府监管、行业自律、社会监督”的监管工作机制，提高邮政监督管理能力和水平。

（四）加强人才队伍建设

实施“人才兴邮”战略，根据西藏快递业发展需要，通过内部培养、外部引进、人才交流和选派援藏干部等形式，造就一批符合西藏快递行业发展需求、具有创新精神和能力的高素质人才，实现人才资源的可持续发展。完善快递行业职业技能鉴定制度，推进从业人员职业技能鉴定工作。鼓励、支持和引导邮政行业国有、民营等各类市场主体创新人才激励机制，引导收入分配向关键岗位和优秀人才倾斜，努力营造各类优秀人才脱颖而出的环境。加快建设高素质的专业化公务员队伍。加大公务员培养力度，紧紧抓住实践锻炼和学习培训两个关键环节，进一步提高公务员依法行政能力、公共服务能力、学习创新能力和处理复杂问题能力。

五、政策措施

（一）落实中央援藏发展政策

贯彻落实中央关于促进西藏发展的一系列政策和措施，借鉴“十一五”全国邮政业援藏工作取得的成功经验，借助中央和自治区的有利政策环境，将西藏的多方面政策环境优势转化成快递业发展机遇。积极向国家邮政局汇报，加强与各省、区、(市)快递管理部门的联系，积极探索建立多形式、全方位、高质量的援藏兴邮工作机制，挖掘政策潜力，丰富政策内涵。加大对西藏快递行业的扶持力度，促进西藏快递行业不断发展。

（二）不断优化行业发展环境

继续推进《中华人民共和国邮政法》等法规的宣传贯彻工作，构建邮政管理部门与公安、国家安全、工商、海关、检验检疫等部门的联合监管体系，完善相应的联合执法机制。积极与相关部门衔接，争取地方政府在规划、用地、车辆通行等政策优惠和资金支持。按照“鼓励竞争，促进发展”和“公开、公平、公正”的原则，不断优化发展环境，着力规范市场秩序，推动建立现代企业制度，适应市场竞争和转型升级的需要。积极争取各项优惠政策，扶持企业发展，实现基础业务与竞争性业务互促共进。

（三）依托交通平台，推动协同发展

依托交通平台，积极推动快递行业与自治区交通运输、铁路、民航等部门的顺畅对接；建立公路、民航、铁路等部门之间的资源共享与协同发展机制，在公路、航空、铁路客货运枢纽布局中，推动快递服务网点、处理中心及作业枢纽设施的同步配套，推动重点地区快件“绿色通道”建设。发展多式联运，优化快递和运输作业衔接，提高快件集散效率。鼓励快递企业与运输企业合作。依托快递网络，扩大车票和机票代售网络。进一步加强快件的航空供给。

（四）健全从业人员管理体系

鼓励和引导邮政业各类市场主体，加强人才的引进和培养，合理使用人才。积极引导和推进企业、单位和社会组织加大对快递行业人才队伍建设的资金投入；建立常态学习培训机制，鼓励从业人员积极参加职业资格认证，逐步实施持证上岗制度，有效提升从业人员技能水平。制定从业人员分类管理工作制度和备案制度。构筑行业内部和谐关系，针对不同岗位建立行业用工制度规范，促进企业一线员工收入水平和福利待遇的提高。推动政府人才管理职能向创造良好发展环境、提供优质公共服务转变，努力形成企业和职工利益共享机制，建立和谐劳动关系，为快递业又好又快发展提供人才保障。

新疆维吾尔自治区快递服务“十二五”发展规划（2011－2015年）

前　言

快递服务是邮政业的重要组成部分，是一个发展前景非常广阔的朝阳产业，快递服务在促进社会经济发展、方便社会交流、满足消费者和商家多元化寄递需求、扩大就业等方面发挥了积极作用，其重要性日益为人们所认识。近年来，快递服务不仅在企业数量、市场规模、技术水平、从业人员等方面得到了迅速发展，还与信息技术和互联网发展紧密结合，成为电子商务实现实物配送的主要途径。

根据《中华人民共和国邮政法》、《物流业调整和振兴规划》以及《关于推动农村邮政物流发展的意见》，结合新疆维吾尔自治区快递服务发展实际，编制《新疆快递服务“十二五”发展规划》，对促进新疆快递服务健康、有序、快递发展；提升快递服务的产业层次、服务水平；不断满足新疆经济社会发展和人民生产生活的需要，实现新疆经济的跨越式大发展和长治久安具有重要的战略意义。

本规划为新疆维吾尔自治区快递服务专项规划，规划区域是新疆维吾尔自治区行政区划范围，规划期为2011－2015年。

一、发展现状与面临的形势

（一）发展现状

总体发展速度加快。随着近年来自治区改革开放的不断深入，西部大开发步伐的不断加快，尤其是政府出台了一系列鼓励和支持服务业大力发展的政策，我区快递服务得到了快速发展。2005年，全区快递企业仅为26家，从业人员不足1000人，经过五年的快速发展，至2010年，全区取得快递业务经营许可证的企业71家（包括邮政公司和邮政速递物流有限公司），其在地州设立的分支机构140个（含邮政）；从业人员3000余人；从事快递业务的车辆675辆，其中快递企业车辆299辆。预计2010年，规模以上快递企业（含邮政速递）实现业务收入3.67亿元，比2005年增长233.64%；业务量完成1424.2万件。

市场主体多元化。目前，我区快递服务已形成以邮政EMS、民航快运、中外运空发展等国有企业为主，宅急送、申通、中通、圆通等民营企业，联邦快递、中外运敦豪等外资企业及苏比、飞灵等本土特色快递企业并存的多元化快递市场体系。我区快递企业以直营和加盟为主要经营模式，各快递公司在新疆市场上根据自己的规模、成本和特点，为客户提供同城、区内、全国、以至全球范围的多地域、多档次、多价格的多种服务。一种丰富而激烈的竞争局面已经形成。

基础设施建设逐步加强。为增强企业的竞争力，各快递企业纷纷加大对网点建设、信息化建设、车辆购置等方面的投入，企业基础设施建设得到明显改善。由于新疆经济发展和地域特点，快递企业为拓展业务，加快发展地市级网点的步伐，在近两年时间内由最初的几十家点迅速发展为140余家。

市场秩序日益规范。《邮政法》、《快递市场管理办法》、《快递服务》系列国家标准的发布实施，邮政业统计报表制度在全行业的推行，新疆邮政管理部门依法加强监管，指导快递行业协会加强行业自律，推动着全区快递服务政策法规、市场环境的不断优化，企业的经营管理逐步规范，全区快递市场的秩序已有明显好转。

（二）存在的问题

新疆快递服务在快速发展的同时，也存在着较为突出的问题，主要是：

企业管理水平和服务水平低。由于快递企业进入的门槛偏低和新疆快递市场的货量及成本限制，导致在新疆的大部分快递公司都规模偏小，生产场地简陋，交通工具简单，尤其在地市级加盟网点表现更为突出。快递企业管理水平低、服务不规范、人员素质不高的问题比较突出。快件丢失、损毁和延误等影响消费者权益的行为时有发生，严重影响了快递行业的健康发展。

市场竞争格局有待优化。新疆快递市场主要以中小型企业为主，而这些企业经营模式和管理水平不适应企业发展需要，其主要市场为国内客户的普通物品寄递等低端业务，业务种类高度集中，市场竞争表现得尤为激烈。

从业人员素质有待提高。快递服务从业人员流动性大，多数快递企业没有建立业务和技能培训制度，专业化、技能型人员紧缺，管理、运营、技术等专业人才匮乏，严重制约了企业的发展。

政策环境有待优化。困扰快递业发展的融资难、用地难、租舱难、通关效率低等问题突出；车辆通行、停靠以及税收优惠政策等落实问题需要进一步研究解决；扶持快递服务发展的配套政策还不够完备；与快递相关的标准化体系尚未建立，包装、仓储、装卸、运输等各类作业标准，以及服务产品标准等亟需制定与完善。

（三）面临的形势

“十二五”是我国邮政业实现科学发展的战略机遇期。邮政业特别是快递服务已经成为全球竞争的战略焦点。大力发展我区邮政业，有效满足社会需求，充分发挥邮政业在我区发展经济、服务社会和安置就业等方面的作用，面临着新的机遇和挑战。

一是经济全球化发展带来新的挑战。“十二五”时期，我国仍将是全球重要的新兴市场，对产品、服务、资本仍将具有很强的吸引力。一些发达国家的邮政、快递企业在本国市场饱和的情况下，还将继续把我国作为全球市场扩展的重点，集中优势资源、加大投资力度，加快实施并购战略，大力完善在华网络、服务能力。国际快递企业凭借其人才、资金、技术、网络等优势，在主导国际快递业务的基础上，与内资企业在国内快递领域展开竞争，内资企业将面临更大的竞争和发展压力。

二是我区邮政业发展动力进一步增强。“十二五”时期，新疆经济发展更加注重推动经济发展方式转变和经济结构调整，提出要大力发展面向人民生活的服务业，要运用现代经营方式改造提升传统服务业，大力发展物流配送、连锁经营、电子商务等现代商贸物流业，这将为我区快递服务加快发展提供更加有利的经济环境和更加广阔的市场空间。

三是新疆经济实现跨越式大发展为快递服务带来新的机遇。中央新疆工作座谈会和新疆维吾尔自治区党委七届九次全委（扩大）会议相继召开，提出了“到2015年，新疆人均地区生产总值达到全国平均水平，城乡居民收入和人均基本公共服务能力达到西部地区平均水平”等发展目标，这都标志着新时期新阶段的新疆已经站在了新的历史起点上，新疆经济社会发展已经进入新的发展时期。新疆经济的跨越式发展和新疆各族人民生活水平的快速提高；新疆“外引内联、东联西出、西来东去”开放战略的不断推进；新疆与内地及周边国家物流大通道建设的步伐加快，这些都将促使信息交流、物品交换和资金流通等活动更加频繁，社会快递需求不断扩大。互联网产业化深入发展，电子商务系统的日趋完善，快递服务与制造业等关联产业的融合更趋紧密，实现“三流合一”，丰富服务内涵，拓展服务领域的空间不断扩大，企业的潜力将得到更大的释放。新疆的跨越式大发展将会为快递服务的发展带来前所未有的发展机遇和市场空间。

四是不断完善的交通运输设施将为快递服务发展提供有力支撑。中央新疆工作座谈会特别强调了新疆交通基础设施建设的重要性，明确提出了要加快构建连接东西、纵横南北的综合交通运输体系。到2020年，全面建成区内国家高速公路和连接重要经济节点（含兵团）的高速公路，全面建成“四纵二横”高速公路网，形成较为完善的国边防公路网络，交通服务能力基本达到全国平均水平，努力满足自治区经济社会发展的长远需要。新疆交通运输设施的完善，将降低现代客货运和现代物流成本，为快递服务快速发展提供有力支撑和保障。

五是快递许可的实施将更加规范快递服务市场。快递业务经营许可的实施，将对新疆快递市场进行一次大整合，淘汰一些小的，不规范的企业；鼓励企业进行资源整合，优势互补；新疆快递市场前景良好，但竞争会日趋激烈，新疆经济发展水平决定了中低端快递市场将占领较大的市场份额，各快递公司也都将竞争点放在同一领域内，导致竞争更加白热化。

二、指导思想与发展目标

指导思想：以邓小平理论、“三个代表”重要思想为指导，深入贯彻落实科学发展观、党的十七大和十七届三中、四中、五中全会以及中央新疆工作座谈会精神，按照《中华人民共和国邮政法》、《物流业调整与振兴规划》等的总体部署，着眼于满足本地区社会经济快速发展及居民生活水平日益提高的需求，以服务经济社会发展和实现产业做大做强为目标，依托现代综合交通运输体系，以改革创新为动力，以信息技术为支撑，以优化网络布局为手段，以扶优做大企业为主线，积极营造有利于快递服务发展的政策环境，全力保障寄递渠道安全，构建功能齐全、运行高效、安全可靠的现代快递物流服务体系，实现快递服务全面、协调与可持续发展。

发展目标：

（一）经济与社会效益目标

——业务收入目标。保持快递行业的快速增长，快递业务收入（含邮政速递物流收入）10.75亿元，年均增长24%。

——企业培育目标。进一步开拓市场，加强对有潜力的重点国营快递企业和民营企业的扶持和培育，到2015年培育年业务收入3亿～5亿元的快递企业1家，0.8亿～1亿元的快递企业1～2家，5000万元以上的快递企业5～6家。

——新增就业岗位目标。2010年全区快递服务用工人数3000余人。2015年全区快递服务用工人数争取达到4500人，平均每年为社会提供新增就业岗位约400个。

（二）服务质量目标

——用户满意度目标。2015年，申诉处理满意率达到90%以上，快递服务公众满意度达到75分以上。

（三）服务能力目标

——网点能力目标。快递服务网络进一步优化升级，市、县快递网络覆盖率达到75%以上。

——运输能力目标。2015年，各地、州市间的快递自主公路运输干线开通率达到40%。

——快递服务标准化目标。大力推进快递行业的标准化，2015年，网络型快递企业《快递服务》系列国家标准达标率达到80%。快递企业快递封装用品国家标准执行率达到90%，快递企业使用统一选型、统一标识的机动车辆达到90%。

——从业人员持证上岗目标。到2015年，快递企业快件收派处理岗位持证上岗率达到60%以上。

——信息化水平目标。推动快递企业信息标准的统一与规范，推动快递信息网络建设，推动快递企业网络信息与管理部门、协作部门以及集团用户信息的互联互通。

三、主要任务

(一)提升产业层次,促进结构优化

推动快递企业与生产、商贸企业互动发展,优化调整快递基本业务与电子商务配送、供应链管理等新业务的协调发展。鼓励生产和商贸企业按照分工协作的原则,剥离或外包产品配送功能,整合快递服务资源,促进供应链各环节的有机结合,加速推进传统服务方式向现代服务方式转变。引导快递企业加快进入制造业供应链服务领域,承接电子商务配送服务,大力发展信息流、资金流、实物流“三流合一”业务,推进快递服务和电子商务融合发展,加强快递服务与多种运输方式的融合,积极拓展服务领域,将服务范围向上游产业延伸,建立高效、安全、低成本的快递服务运输系统,为快递服务专业化运作与管理提供条件。

(二)扶持骨干企业,鼓励兼并重组

积极支持邮政快递物流改革,做大做强邮政速递物流,进一步发挥国有企业的影响力、带动力和核心竞争力,充分发挥邮政企业的骨干作用,引领快递市场快速发展。鼓励快递企业之间资源共享,做到优势互补,发挥整体竞争优势。推动快递企业联合打造合作发展的共同体,提高技术水平,提高整体竞争力。鼓励中小快递企业加强信息沟通,创新物流服务模式,加强资源整合,满足多样性的快递需要。加大对快递企业兼并重组的政策支持力度,缓解当前快递企业面临的经营困难,鼓励快递企业通过参股、控股、兼并、联合、合资、合作等多种形式进行资产重组,培育出几个服务水平高、竞争力强的现代快递企业。

(三)发挥交通大平台的综合优势,统筹网络规划

依托开放的现代综合交通运输体系,遵循政府推动、市场主导,资源共享、优势互补,协调发展、互利共赢的原则,优化快递资源配置,优化重点城市、区域的快递网络布局。加强与交通管理部门的沟通和协调,充分依托公路、铁路以及航空运输枢纽,建立快递服务中转场站;充分利用各种运输方式覆盖面广、频率高、运输成本低等优势,提高邮件、快件集散效率。

(四)加强快递基础设施建设

按照“政府引导,企业主导,市场运作”的原则,以快递分拣处理中心,运输干线网络和城乡服务网点三大环节为重点,加快快递基础设施建设。支持重点快递企业以乌鲁木齐为中心,建立大型快递分拣处理和仓储、配送中心,充分发挥网络辐射能力。支持邮政企业加快组建省际重点城市间和省辖市之间的邮路,开通乌鲁木齐直达重点县的物流专线。支持快递企业开辟区内汽运主干线,扩大网络覆盖范围,提高快递服务能力。到2015年,增加干线及揽投车辆350辆,开设区内地市干线50条。加快城乡服务网点建设。支持邮政速递物流企业加快邮政基础设施和农村网点建设,到2012年年底完成339个空白乡镇邮政局所的补建,争取到2015年实现90%以上的行政村建立有功能完善的村邮站。快递企业营业服务网点向区内市县城市延伸,2015年全区快递服务营业网点争取达到800个。

(五)强化行业管理,完善监管机制

贯彻落实《邮政法》、《快递市场管理办法》等政策法规,加大宣传力度,制定相关配套实施办法,逐步完善市场准入、快递企业备案管理制度,明确经营者的从业条件与经营范围,对快递企业进行分类管理,加强执法监督,强化行业自律,规范市场行为,建立公开公平、竞争有序的市场环境。积极配合相关部门,做好快递物品安全监管工作。创新监管手段。落实寄递物品安全责任制,引导快递企业履行“服务安全”承诺,严格落实验视制度,确保全区邮政行业安全稳定。

四、重点工程

（一）快递区内运输干线工程

到2015年，全区快递行业开设乌鲁木齐至各、地、州、市干线50条，区内长途快递运输车辆和市内揽投车辆达到800台。

（二）营业网点工程

2015年，全区各重点快递企业采用自建或租用形式加大建设营业网点力度，全部覆盖地、州、市级城市，部分覆盖县级城市，营业网点达到800个。

（三）快件处理中心建设

支持重点快递企业以乌鲁木齐为中心，建立大型快递分拣处理和仓储、配送中心，增强网络辐射能力。

为满足不断提高的客户需求和日益激烈的市场竞争需求。解决区内速递物流处理场地不足，高效生产设备缺乏的问题，积极筹建乌鲁木齐邮政速递物流邮件处理中心，工程建筑面积30442平方米，该处理中心的建成，有利于调整和改造速递生产作业流程，给邮政速递物流业务的大发展提供区域硬件支持，对提升邮政速递物流的服务质量和市场竞争能力具有重要作用。

（四）人才培养培训工程

采取各种形式开展快递业务和管理人员的培养、培训，2015年重点快递企业内高中以上学历或持职业（技能）资格证上岗人数力争达到总人数的60%以上，快递企业员工素质有全面提高。

（五）筹备快递产业园区建设工程

由于目前我区快递企业规模普遍偏小，暂无能力建设快递产业园区，但由于新疆未来十年的经济发展形势大好，有利条件突出，我们将根据快递企业发展情况，在适当时候，利用适当时机启动快递产业园区建设工程，完善集散、分拣、仓储加工、信息和金融服务等综合功能，吸引企业入驻园区，推动快递产业集聚发展。

五、政策措施

（一）协调相关部门，争取促进快递服务发展的扶持政策

深入贯彻落实中央新疆工作会议精神，大力发展面向民生的快递服务，协调相关部门积极解决快递车辆进城难与停车难、企业融资、设施用地难、航空配舱难、快件通关慢等发展瓶颈；推进实施统一税率、“差额征税”、使用“定额发票”。协调相关部门制定相关扶持快递发展的政策，推进解决“提发货、配舱和快速通关”的一站式“绿色通道”及快递车辆通行难题。深入落实国家邮政局关于加快新疆快递服务的相关要求，积极协助企业争取快递企业总部的资金扶持和政策倾斜，为我区快递企业的发展创造良好环境，提升其发展速度。

（二）完善行业规划，引领快递行业发展

加强对新疆快递服务的研究，按照国家邮政局“站位高、思路新、研究深、举措实”的要求，编制《新疆维吾尔自治区快递服务十二五发展规划》，科学谋划，合理布局新疆快递服务的发展。做好与国家邮政局“十二五”快递发展专项规划、新疆维吾尔自治区现代物流“十二五”发展规划以及新疆国民经济和社会发展规划、综合交通运输体系规划的有效衔接，务求规划科学可行。对批准后的规划认真组织实施，引领快递企业的发展。

（三）强化服务，规范发展，维护市场秩序

树立“管理就是服务，管理就是手段，发展才是目的”的工作信念，努力为快递企业做好服务工作。依法实施快递业务经营许可，规范快递市场秩序；切实抓好企业诚信建设，对快递企业实行分级分类管理，开展“优秀品牌快递企业”评选推荐；开展寄递服务实寄测评，快递服务满意度调查评价活动，推动快递服务大力改善；强化与相关部门的协调配合，为企业创造良好的社会舆论环境和社会发展环境；加强禁寄物品监管，加强收寄验视监管，保障通信安全和信息安全；加强《快递服务》

系列国家标准落实监管,提升快递服务质量,保障消费者合法权益。依法开展快递市场执法检查,查处违法违规行为。

(四)加强行业自律,促进行业健康发展

充分发挥行业协会的“服务、协调、自律”职能,不断完善行业自律机制,提高行业自律水平,建立公开、公平、规范有序的市场环境。组织开展行业自律活动,引导企业不断改进服务质量,提高服务水平,满足消费者需求;加强快递企业发展方向和经营管理的研究,积极为企业提供法律咨询、政策咨询、信息咨询等服务,促进快递行业发展。加强行业内部的协调与沟通,为快递企业及时沟通信息提供舞台。

(五)建立人才培养机制,推动持证上岗制度的落实

支持快递企业引进高素质管理、技术人才。充分发挥职业技能鉴定中心和快递协会的作用,鼓励快递企业积极开展快递业务人员职业技能教育培训,支持和鼓励快递企业面向社会职业技术院校招收员工。积极协调快递企业与社会院校开展合作,采取委托培养、订单培养等方式开展快递业务员职业技能教育培训。积极开展快递业务员职业技能鉴定工作,2015 年快递企业快递业务员持证上岗率不低于60%。

第四章　快递标准

一、《快递服务》系列国家标准

该系列国家标准于 2011 年 12 月 30 日由国家质量监督检验检疫总局、国家标准化管理委员会联合发布，于 2012 年 5 月 1 日起实施。

《快递服务》系列国家标准包括以下三部分：

《快递服务　第 1 部分：基本术语》（GB/T 27917.1—2011）

《快递服务　第 2 部分：组织要求》（GB/T 27917.2—2011）

《快递服务　第 3 部分：服务环节》（GB/T 27917.3—2011）

详见网址 http://www.spb.gov.cn/folder2/folder16/folder22/folder24/2011/12/2011-12-30108269.html

二、《快递运单》（GB/T 28582—2012）国家标准

该标准于 2012 年 6 月 29 日由国家质量监督检验检疫总局、国家标准化管理委员会联合发布，于 2012 年 10 月 1 日起实施。

第五章 快递政策

国家邮政局 商务部关于促进快递服务与网络零售协同发展的指导意见

（国邮发〔2012〕1号）

各省、自治区、直辖市邮政管理局，商务主管部门，计划单列市及新疆生产建设兵团商务主管部门：

为全面贯彻《邮政业发展“十二五”规划》、《商务部“十二五”电子商务发展指导意见》，落实《国家邮政局关于做好快递业务旺季服务保障工作的意见》（国邮发〔2011〕30号）、《商务部关于促进网络购物健康发展的指导意见》（商商贸发〔2010〕239号）等文件要求，进一步加强邮政管理部门和商务主管部门的合作，促进快递服务与网络零售协同发展，现提出以下意见。

一、充分认识促进快递服务与网络零售协同发展的重要意义

快递服务是面向生产和民生的现代服务业。网络零售是网络化的新型零售形式，是我国战略性新兴产业与现代流通方式的重要组成部分。近年来，快递服务与网络零售相互依存、互为支撑，业务合作日趋紧密、关联领域不断拓展，呈现出互利共赢的良好局面，有力促进了两个市场的发展壮大。同时，在快递服务与网络零售协调发展过程中，也存在一些衔接不顺畅、发展不协调的问题。如运营配套、信息共享等方面仍存在着差距。促进快递服务与网络零售协同发展，是坚持科学发展，转变发展方式，提高发展质量和效益，促进产业转型升级和跨越式发展的客观要求；是切实增强服务能力，提高服务水平，消除发展瓶颈，释放产业活力，实现产业共同做强做大的有效途径。促进快递服务与网络零售协同发展，符合产业发展的客观规律，合作基础坚实，发展前景十分广阔。

二、促进快递服务与网络零售协同发展的指导思想与原则

（一）指导思想

以科学发展观为指导，以市场为导向，以企业为主体，充分发挥政府的引导作用，统筹快递市场与网络零售市场长远发展要求，优化发展环境，健全产业联动政策，消除协同发展障碍，推动快递服务转型升级，促进网络零售健康发展。

（二）基本原则

科学发展，协调推进。政府部门、企业要分别发挥产业引领和市场主体作用，推动快递与网络零售产业转变发展方式，优化产业结构，提高服务质量，增强发展后劲，提升竞争实力，推动两者全面、协调、可持续发展，有效满足经济社会发展的需要。

平等互利，互信合作。快递企业与电子商务企业是平等、独立的市场主体，企业间开展合作应当遵循市场规律，充分考虑双方利益，坚持双方自愿、互利共赢、友好诚信，夯实互信基础，不断推动合作深化。

消除瓶颈，以点带面。集中力量优先解决最终用户、双方企业共同关注的制约协同发展的关键问题，加大对重点环节、重点区域的扶持力度，形成重点带动、整体推进。

三、促进快递服务与网络零售协同发展的政策措施

（一）优化协同发展政策环境

积极争取《产业结构调整指导目录（2011年本）》及其他相关配套政策支持，认真落实快递服务与网络零售协同发展的财政、税收、土地、人才等扶持政策。研究制定促进协同发展的相关法律法规、政策措施和标准，实现《快递服务》标准与《电子商务模式规范》、《网络购物服务规范》、《第三方电子商务交易平台服务规范》等行业标准、规范的有效对接，推进快递服务和网络零售协同标准化、一体化进程。统筹协调双方资源优势，在快递节点城市和电子商务示范城市重合地区建立协同发展示范基地。深入开展协同发展热点问题的前瞻性研究，为相关政策出台提供理论支撑。

（二）推动双方信息共享、标准对接

推进行业主管部门信息对接机制建设，加快快递服务与网络零售信息系统数据接口标准的制定工作，建立统一的信息交换标准。推动快递统计监测系统与网络零售统计监测体系、统计监测网络对接，逐步实现行业统计信息的共享与交换。逐步建立基于快递服务和网络零售的公共信息化服务平台，满足政府职能部门、电子商务企业、快递企业、最终用户之间的信息发布、查询、交换需求。鼓励行业间、企业间相关信息互联互通，引导电子商务企业、快递企业完善信息系统，建设面向网络零售的快递配送信息开放式平台，加快快递信息系统与网络零售系统的融合进程。

（三）推动信用体系建设

积极引导快递企业和电子商务企业建立健全信用管理制度，提高服务诚信度，增强消费者信心。加快实施快递企业等级评定和信用分级管理，支持具备条件的第三方机构对电子商务企业进行信用评价，向消费者提供信用评价信息。推进快递企业与电子商务企业信用评价的互通、互联、互评、互认。建立健全行业管理部门之间信用信息资源的共享机制，建设在线信用信息服务平台，实现信用数据的动态采集、处理、交换，实时向社会推荐诚信企业。

（四）鼓励快递企业构建与网络零售配套的服务体系

鼓励和引导快递企业在全国物流节点城市和电子商务示范城市重合地区建设快件处理中心、航空及陆运集散中心，有条件的可形成自主航空运输能力。大幅提升揽收、分拣、运输、投递等环节的自动化、信息化、标准化水平。针对网络零售的特点，鼓励快递企业开发多品种、个性化服务的产品体系，拓展服务领域，满足网络零售差异化需求，构建“便捷高效、竞争有序、技术先进、服务优质”的快递服务体系。

（五）积极探索创新服务模式

支持快递企业与电子商务企业构建合作发展平台，签订战略合作框架协议，建立战略联盟合作关系，实现合作共赢。鼓励快递企业提供和开发符合网络零售需求的代收货款、保价快件、验货签收等增值服务，促进业务合作深化。积极引导快递企业与电子商务企业建立以促销活动联动和业务分流联动为主的业务协同机制，减缓业务旺季网络零售对快递服务压力。引导具备条件的快递企业建设“仓配一体化”的快件处理中心，推进快件的一站式、规模化、集约化进程。探索构建农村快递服务模式，加大网络零售向农村的拓展力度，提高服务“三农”的能力。鼓励快递企业与电子商务企业开展联合经营或兼并重组，实现优势互补，促进产业链、供应链和服务链的一体化整合。

（六）深化安全领域合作

制定涉及快递服务与网络零售领域的联动性安全措施。积极推动邮政业安全监管信息系统与

商品流通回溯机制的对接，逐步实现对商品储存、销售、运输等重点环节的一体化安全监控。进一步促进快递企业和电子商务企业应急预案对接，健全突发事件应对工作机制。加强信息领域安全管理，防范用户信息泄露。鼓励快递企业和电子商务企业加强信息沟通，确保信息传递安全。积极引导快递企业和电子商务企业共同开展安全业务培训，健全安全生产责任制度，加强安全管理。

（七）提升快递服务网络零售科技应用水平

支持快递企业与电子商务企业共同开发运用物联网相关技术，加快推广无线射频识别、导航定位、商品服务追溯等创新应用。鼓励快递企业采用仓储运输、装卸搬运、分拣包装等专用技术装备，推进重点快递企业普遍使用手持终端（PDA）设备，提升网络零售快递服务运作效率和服务质量。鼓励快递企业开发应用网络在线工具，推进快递解决方案与网络零售业务流程的融合。

四、促进快递服务与网络零售协同发展的有关要求

国家邮政局、商务部将统筹协调，建立快递服务与网络零售协同发展工作联系制度，定期召开联席会议，协商政策解决问题。

各省、自治区、直辖市邮政管理部门和商务主管部门要充分认识快递服务与网络零售协同发展的重要意义，尽快制定、完善配套政策和措施，建立协同工作机制，密切沟通，抓出成效。

双方行业协会组织要切实发挥桥梁纽带作用，加强协调沟通，促进相关工作开展。中国快递协会要积极落实《快递服务》标准，扎实推进快递企业等级评定工作，促进快递企业服务标准化、管理规范化、品牌专业化建设。

快递企业、电子商务企业要转变观念，提高认识，开展广泛合作。快递企业要加快推动转型升级，加强产业链联动，优化产品结构、提升服务能力，大力支持网络零售健康发展，努力实现上下游互利共赢。电子商务企业要着力完善配套服务体系，深化普及电子商务应用，加强与快递企业的信息沟通与业务联动，提升协同水平。

各省、自治区、直辖市邮政管理部门和商务主管部门请将《意见》落实情况分别报国家邮政局、商务部。

国家邮政局　商务部

二〇一二年二月二十七日

关于规范经营快递业务的企业许可审批和登记管理有关事项的通知

各省、自治区、直辖市邮政管理局、工商行政管理局：

为加强快递业管理和服务，进一步规范快递业务经营许可与注册登记工作，根据《邮政法》、《公司登记管理条例》等法律法规，现就有关事项通知如下。

一、经营快递业务实行许可制度。根据《邮政法》，邮政管理部门负责快递业务经营许可的前置审批，对符合许可条件的企业颁发《快递业务经营许可证》。包含邮政企业在内的经营快递业务的企业（以下简称“快递企业”）凭邮政管理部门颁发的《快递业务经营许可证》到工商行政管理部门办理登记。工商行政管理部门按照《快递业务经营许可证》登记快递企业经营范围。

二、根据《邮政法》第五十一、五十二、五十四条等规定，快递企业分支机构（分公司及营业部等，下同）从事快递经营的，不需要单独取得快递业务经营许可。快递企业分支机构凭快递企业

《快递业务经营许可证》（副本）及所附分支机构名录，到分支机构所在地工商行政管理部门办理登记。

快递企业设立分支机构，符合前款规定的，可持总部出具的文件，直接到所在地工商行政管理部门申请登记注册，免予办理工商登记核转手续。

快递企业分支机构应当自取得营业执照之日起20日内，到所在地邮政管理部门办理备案手续。

三、快递企业总部根据分支机构层级管理和网络化经营的需要，在其分公司层级之下设立营业性网点作为分支机构，符合第二条快递经营许可规定，且该网点处于快递企业总部经营地域范围内的，可以书面授权其分公司到所在地工商行政管理部门办理营业性网点登记。营业性网点名称统一规范为："分公司名称＋营业性网点所在地地名或自定序号＋营业部（厅）"。

本通知发布之前已经登记的快递企业营业性网点申请企业名称变更的，按照前款规定执行。

四、《快递业务经营许可证》（副本）载明的股权关系、注册资本、经营范围、经营地域发生变更，或者增设、撤销分支机构的，应当报邮政管理部门办理变更手续，并持变更后的许可证办理工商变更登记。

五、快递企业应当按照《快递业务经营许可管理办法》的规定，向邮政管理部门提交经营许可年度报告。

快递企业分支机构年检，除按照《企业年度检验办法》提交有关材料外，还应当提交其隶属企业上一年度已加盖经营许可年度报告标记的《快递业务经营许可证》（副本）复印件。

邮政管理部门应当在吊销、撤销许可证或者许可证有效期届满后5个工作日内，通知工商行政管理部门，由工商行政管理部门撤销注册登记或者吊销营业执照，或者责令当事人依法办理变更登记。

六、本通知发布之前已经办理工商登记的企业，经营范围中包含快递（速递、特快专递等）业务，或未包含上述业务而实际经营快递业务，但未取得快递业务经营许可的，根据《邮政法》第七十二条第一款的规定处理。

七、各地邮政管理部门和工商行政管理部门要加强快递业务经营许可与登记行为的自身规范，优化内部流程，减少工作环节，进一步提高工作效率，提升管理服务效能。要密切协作配合，加强对快递业务经营许可审批和登记管理的组织领导，积极建立健全衔接机制，并可以结合各地实际，制定具体的操作规则。

国家邮政局　国家工商行政管理总局

二〇一二年六月十四日

第六章 重要快递政策法规解读

《中华人民共和国邮政法》修改工作历程

2012年10月26日，第十一届全国人大常委会第二十九次会议作出了《关于修改〈中华人民共和国邮政法〉的决定》。同日，国家主席胡锦涛签署第七十号主席令，予以公布。《中华人民共和国邮政法》（以下简称《邮政法》）根据本决定作相应修改，重新公布。本次修改邮政法是邮政管理部门和全行业的一件大事，凝聚了方方面面的心血，对完善邮政管理体制、加强行业依法治理、建设行业法治文化等有重大意义。按照马军胜局长指示，政策法规司对本次修法全过程进行了认真总结。

一、历程回顾

（一）酝酿启动阶段

2012年1月，国务院办公厅印发了《关于完善省级以下邮政监管体制的通知》，决定"设置市（地）一级邮政管理局"。中央编办随即发文明确了具体编制。但省级以下邮政管理机构的法律地位缺失，不利于邮政管理部门依法履职、管理到位。政策法规司尝试提出了修改邮政法的设想。初步研究认为，依据邮政法的体例安排和表述特点，作出修改后，能够解决上述问题。经局领导批准，政策法规司组织启动了专门课题研究，开始探讨修改方式、修改程序和效果预期等问题，形成了支撑材料，完成了研究任务。司领导专程带队拜访了相关部门的工作机构，争取支持。邮政法修改的必要性、可行性得到了广泛认可。

局领导高度重视邮政法修改工作，马军胜局长亲自出面与国务院法制办领导同志会晤，就修法问题达成一致，深入沟通了修正案草案的立项、送审程序。

经过酝酿积累，邮政法修改的时机日渐成熟。2012年4月28日，局领导主持召开邮政行政立法座谈会，邀请国务院法制办、全国人大财经委、全国人大法工委和交通运输部等部门的立法专家共商此事。专家们一致认为，尽快修改邮政法很有必要，有利于邮政管理部门依法履职、管理到位，表示支持此项工作在年内"插队"立项。本次座谈会统一了认识，将邮政法修改工作上升到了政府部门职权法定的高度去看待。座谈会起到了较好的动员作用，修法积极性由本部门拓展到相关方面。会后，政策法规司以会议报道的形式向全社会公布了修法意向。邮政法修改工作正式启动。

（二）草案送审阶段

在2012年4月28日的座谈会上，交通运输部的代表提出，如果要修改邮政法，必须在2012年5月6日前将修正案草案报部。政策法规司利用"五一"假期加班形成了修正案草案、修改对照表和起草说明，还征求了全国人大法工委、国务院法制办有关立法专家的意见，把好稿件质量关。

2012年5月2日，国家邮政局决定将修正案草案及配套文件提请交通运输部审议。2012年5月22日，交通运输部第5次部务会审议通过了修正案草案并于6月1日上报国务院。

从2012年5月份开始，各项调研论证和协调工作相继展开。国家邮政局先后与全国人大法工委、交通运输部、国务院法制办组成联合调研组，前往北京、陕西等省市调研。法工委立法规划室、法制办工交商事司均表示，支持邮政法修改工作在年内“插队”立项。国务院法制办还组织征求了中央编办等部门，以及北京、浙江等省（区、市）人民政府的意见，对修正案的表述做了调整。考虑到邮政法修改工作较为紧急，在国务院法制办支持下，特事特办，报请国务院领导以传批形式审阅同意了修正案草案。2012 年 9 月 6 日，国务院总理温家宝签署议案，提请全国人大常委会审议。

（三）人大审议阶段

全国人大常委会办公厅采纳了国务院法制办的意见，由马军胜局长按照国务院委托作提请审议邮政法修正案草案的说明。局领导还要参加全国人大法律委的会议，回答委员们提出的问题。政策法规司随即组织开展会议材料准备、参会人员报名、会前动员培训等工作。期间，还与北京市邮政管理局一道，陪同局领导接待了全国人大法工委立法调研组。

2012 年 10 月中旬，全国人大常委会第二十九次会议开幕在即，人大方面突然通知国家邮政局提供修法背景材料。政策法规司不仅按时完成了此项任务，还一并拟订了新闻通气会口径，参与修改了局领导政府网访谈提纲，做到了准备充分、应对得当。之所以做到这一点，基于在局党组正确领导下，政策法规司早计划、早安排，于年初已经着手起草有关材料，并与落实马凯同志批示等工作相结合，先后深入云南、海南等省市调研，不断修改完善相关内容。这些材料的起草工作还得到了省以下机构工作办公室的大力支持和各省局的积极配合，从而能在较短时间内汇集邮政管理体制改革方面的资料。修法背景材料经全国人大法工委调整后，作为大会材料印送全国人大常委会领导和各位委员。

修法过程中最紧急的事件发生在人大审议环节。2012 年 10 月 23 日的分组审议会上，第一组的部分委员对国务院先改革后修法的做法提出意见，个别委员甚至明确表态反对邮政法的修改。这种争议实质上超出了修正案内容本身，不是哪一个政府部门能够解决的。但是，为了促进邮政法顺利修改，应全国人大法工委商请，马军胜局长决定亲自出席次日的分组审议，向第一组的委员和代表们详细介绍了邮政业改革发展取得的显著成就和面临的突出问题。据了解，部门主要负责同志在全国人大常委会分组审议现场作说明多年来鲜有发生，委员、代表们深受触动。

马军胜局长在分组会上进一步阐述了邮政法修改的必要性和重要意义，说明了邮政体制改革以来，改革实践成熟一步，便及时上升为法律的正确做法，维护了国务院的权威，也充分展现了国家邮政局贯彻依法治国基本方略的姿态和决心。很多委员、代表对邮政业发展成就表示满意，会后，一些人评价，“没想到发展这么快”。立法机关领导同志认为，马军胜局长作为国务院委托的草案说明人，高质量地完成了工作任务。

2012 年 10 月 26 日，全国人大常委会全体会议高票通过了《关于修改〈中华人民共和国邮政法〉的决定》，按照实到委员人数计算，表决通过率 95.2%。同日，国家主席胡锦涛签署主席令，公布了这一决定，自当日起施行。第十一届全国人大常委会第二十九次会议闭幕时，吴邦国委员长讲话指出，本次会议对邮政法作了修改，进一步明确了省级以下邮政管理体制，对加强邮政市场管理、规范邮政市场秩序、促进邮政业发展将起到积极作用。

从 2012 年 4 月 28 日国家邮政局向社会宣布邮政法修改意向，到 2012 年 10 月 26 日全国人大常委会作出决定，邮政法修改主体工作历时不足半年。时间紧，任务重，本次修法严格按照立法程序，经历了国务院、全国人大常委会、国家主席三大机关，以及国务院法制办、全国人大财经委、全国人大法律委等 7 个部门的 18 道审核、审查、审议程序（大事记附后）。当前，很多法律的修正案是由人大直接立项，相比之下，邮政法修改经受的考验更为密集。

二、修改内容

（一）修改后的表述

全国人大常委会决定将邮政法第四条修改为："国务院邮政管理部门负责对全国的邮政普遍服务和邮政市场实施监督管理。""省、自治区、直辖市邮政管理机构负责对本行政区域的邮政普遍服务和邮政市场实施监督管理。""按照国务院规定设立的省级以下邮政管理机构负责对本辖区的邮政普遍服务和邮政市场实施监督管理。""国务院邮政管理部门和省、自治区、直辖市邮政管理机构以及省级以下邮政管理机构（以下统称邮政管理部门）对邮政市场实施监督管理，应当遵循公开、公平、公正以及鼓励竞争、促进发展的原则。"

（二）内容分析

本次修改基本实现了预期的立法目标，且在具体表述上预留了较大的解释空间。

1. 增设"省级以下"的表述

本次修改邮政法，在第四条中增加了一款，作为新的第三款，具体表述为："按照国务院规定设立的省级以下邮政管理机构负责对本辖区的邮政普遍服务和邮政市场实施监督管理。"本款有五个鲜明特点：

一是明确了省级以下邮政管理机构的法律地位。

二是使用"邮政管理机构"的法律表述，强化行政管理色彩。

三是使用"省级以下"的表述，能够较好地适应今后市级以下邮政管理体制的建立健全。

四是使用了"按照国务院规定设立"的表述，便于国务院依照法律规定和履行职责需要深入完善邮政管理体制，不必次次修法，有利于维护邮政法的稳定和权威。

五是使用了"本辖区"的表述，而非"本行政区域"，意味着本款规定的省级以下邮政管理机构不一定完全按照行政区划设立。这是我们预先研究，在修正案草案中留下的伏笔。就当前情况来看，本款规定的省级以下邮政管理机构特指各市（地）邮政管理局，不包括直辖市和海南省设立的25个分局。各分局作为上级邮政管理局的派出机构，在行政执法上使用的是所在省、直辖市邮政管理局的名义。修法过程中，为尽快实现预期目标，国家邮政局也是按此口径与国务院法制办、全国人大各职能机构沟通的，相关部门因此没有调整"本辖区"的表述。但是，如果今后行业发展确有需要，从加强管理的角度出发，也存在扩大理解的可能，即将各分局在具体工作中明确为单独的一级。事关重大，建议暂不做大的调整，根据总体形势发展，深入研究、权衡后再定。

2. 扩大统称范围

本次邮政法的修改，将省级以下邮政管理机构纳入了"邮政管理部门"统称之中。从而，各市（地）邮政管理局可以适用邮政法其他条款关于邮政管理部门职责的规定。主要效果预计如下：

一是邮政管理部门与公安机关、国家安全机关、海关相互配合等原则性规定将延伸适用于市（地）邮政管理局，有利于建立健全安全保障机制，加强对邮政通信与信息安全的监督管理，确保邮政通信与信息安全。

二是验收城镇居民楼信报箱、监督销毁无法投递又无法退回的信件等常态监督管理工作将延伸适用于市（地）邮政管理局，有利于保护用户合法权益。

三是查封、扣押等监督检查措施和邮政管理部门工作人员依法履职的义务规定将适用于市（地）邮政管理局及其工作人员，有利于邮政管理部门加强依法行政。

四是邮政法规定的大部分行政处罚手段将适用于市（地）邮政管理局，有利于法律规定的贯彻落实。

五是快递业务经营许可权在邮政法中有明确规定，分别由国家邮政局、各省（区、市）邮政管理局行使，此项行政许可的决定权以及吊销行政许可证的处罚权不涉及市（地）邮政管理局，邮政法规定的快递业务基本制度不受影响。

六是邮政管理部门其他职责的层级分权方式，可以由行政法规、规章或国家邮政局文件作出具体规定。

（三）表述更加严谨

全国人大常委会审议过程中，有的委员提出2009年邮政法原文中规定的“……邮政管理机构负责本辖区的邮政普遍服务和邮政市场的监督管理工作”，可能引起政企不分的歧义，即邮政管理机构既负责普遍服务，又负责监督管理邮政市场。对此，全国人大法律委在邮政法修正案草案审议结果报告中提议，将邮政法第四条前三款中“负责……监督管理工作”的表述修改为“对……实施监督管理”。全国人大常委会采纳了这一建议。这样修改后的表述更为严谨，更鲜明的体现了邮政政企分开的体制改革要求，且与第四条第四款规定的“对邮政市场实施监督管理，应当遵循公开、公平、公正以及鼓励竞争、促进发展的原则”，在表述上更为一致，前后呼应。

在修法前期，修正案草案中保留着“在国务院邮政管理部门领导下”和“在上一级邮政管理机构领导下”的表述，旨在强调邮政业务方面以垂直管理为主。但是，在征求意见过程中，个别部门和地方持反对意见，要求一并体现地方政府的领导。国务院法制办的处理意见是，考虑到国务院关于邮政管理体制有明文规定，邮政法对此可不作体现。鉴于此意见一定程度上反映了邮政管理体制的现实状况和相关文件的表述，国家邮政局接受了这一调整。在人大审议阶段，国家邮政局曾再次争取在法条中体现垂直领导关系，但人大方面表示尊重国务院提案中的表述，对此未作修改。

三、修改意义

在各方面共同努力下，邮政法于较短时间内修改完成，对完善邮政管理体制意义重大：

一是明确了省级以下邮政管理机构的法律地位和监督管理职责，实现了新的邮政管理体制与法律规定相衔接，做到各级邮政管理部门职权法定，确保省级以下邮政管理机构依法履职。

二是提升了国务院有关文件的法律效力，将完善邮政管理体制的行政决策上升为国家意志，从法律层面肯定了邮政管理体制改革的最新成果。

三是扩大了邮政业和邮政管理部门的影响力，增加了社会各界对邮政业改革发展问题的关注度，有利于省级以下邮政管理机构快速树立政府部门形象。

四是强化了国家邮政局的行业管理部门地位。这在全国人大常委会议程安排和会议文件中均有体现。

此外，需要在邮政管理部门内部掌握的是：对年初的几份文件，能够提出变化动议的部门较多，比较容易被同级文件覆盖、调整。因此，及时修改邮政法，对维护以垂直管理为主的邮政管理体制是有帮助的。

四、几点体会

在党中央、国务院的正确领导下，在相关部门大力配合、国家局党组的统一部署下，邮政法顺利实现修改。对于此项工作，我们有以下几点体会：

（一）党组重视法治是前提

重组后的国家邮政局坚决贯彻执行党中央、国务院的指示精神，立足行业实际，着眼未来发展，始终高度重视行业依法治理和邮政管理部门依法行政水平的提高。政企分开后，围绕邮政法的修改和贯彻落实，加快推进法治政府建设，在行业改革发展过程中不断注入法治因素，形成了较为完备的行业法规体系。

包括本次修法在内的邮政业各项工作，都离不开国家局党组的正确领导。在局领导直接指导下，迅速化解了“邮政法改不改”的争论，明确了加快推进邮政法修改的工作方向。修法目标的顺利实现和各方面的良好反响,再次从实践的角度证明了局党组把法治摆在突出高度去重视是促进行业改革发展的正确选择。

(二)坚持国家邮政局主导是关键

参照以往的成功经验,邮政法修改工作继续发扬了积极稳妥的工作作风。国家邮政局作为行业管理部门,早计划、早安排,深入研究问题,预先形成了较为齐备的背景材料、应答口径和备选方案,实现了对修法工作的主导。从4月28日正式启动此项工作开始,配合国务院法制办、人大各职能部门快速廓清工作思路,明确了改什么、怎么改两大问题,促使修法工作基本按照预想的方式、步骤有序开展。

(三)内外广泛支持是助力

时近人大、政府换届,今年立法资源较为紧张,在全国人大财经委、全国人大常委会法工委、国务院法制办等部门的大力支持下,最终实现了年内"插队"立项。在征求意见环节,浙江等省(区、市)人民政府也接受了国家邮政局提出的修正案草案。

邮政法的修改是一项全局性工作,是邮政管理部门共同面对的大事。局内各司局、各省局对邮政法修改提供了很大支持。省以下机构工作办公室和山西、黑龙江、上海、浙江、湖北、广东、海南、新疆、云南等省局专门送来了相关资料,协助政策法规司研究形成修法背景材料。浙江局还专门与政策法规司沟通,共同做好省政府的工作,促使浙江省政府在国务院法制办征求意见环节表态同意。市场监管司、人事司的负责同志和相关处长还一同参加了人大分组审议,配合答复委员们的询问。按照局党组统一部署,有关司局、省局同心协力,完成了一件大事。这种精神值得继续发扬。

(四)行业发展成就是基础

包括邮政法在内的各项行业顶层制度设计,都与本行业发展的规律、趋势密切相联。邮政业联系生产、服务民生的优势,以及对关联产业的重要支撑和广大人民群众日益增长的用邮需求,促使邮政管理体制不断完善,进而推动邮政法实现修改,把体现人民意愿的党的意志转化为国家意志。易言之,邮政法的修改也为行业深化改革和又好又快发展提供了制度保障,记录和肯定了我们走过的不平凡改革之路,再一次向全社会宣告,邮政业上层建筑和经济基础已经形成了相互影响、良性互动的好势头。邮政业改革发展前景广阔,大有可为。

关于《邮政业标准化管理办法(送审稿)》的说明

《邮政业标准化管理办法》(以下简称《办法》)制定工作是交通运输部2012年一类立法计划。制定该《办法》是加强邮政业标准化管理,提高邮政业服务质量,促进邮政业健康发展的一项重要举措,填补了邮政业标准化管理工作规章立法的空白。

在以前工作基础上,国家邮政局于2012年2月深入研究完善《办法》草案,广泛听取意见,通过国家邮政局网站公开征求社会各界的意见;将《办法》草案送国家标准化管理委员会、中国快递协会、各省(区、市)邮政管理局、邮政企业、主要快递企业征求意见和建议;召开中国邮政速递物流股份有限公司、申通快递、宅急送、中外运敦豪等重点企业的专门座谈会。经对上述意见和建议进行认真梳理,在总结邮政政企分开以来我国邮政业标准化管理工作实践经验的基础上,经反复研究、修改,形成了《邮政业标准化管理办法(送审稿)》(以下简称"送审稿")。现说明如下:

一、制定《办法》的必要性

（一）提升现行邮政业标准化管理制度的效力

依法开展标准化管理工作，是加强邮政业标准化管理、保障邮政业标准实施效果、提高邮政业服务质量的基础。邮政政企分开以来，国家邮政局高度重视邮政业标准化管理工作，制定了邮政业“十一五”和“十二五”标准化发展规划，相继发布了14项邮政业标准，标准化管理工作取得重大进展。邮政业标准化管理工作在提高邮政业服务质量、促进邮政业健康发展、提升邮政管理部门监督和管理水平等方面发挥了重要作用。把实践中行之有效的措施和办法上升为部门规章，对进一步推进邮政业标准化管理工作具有重要意义。

（二）促使邮政业标准化管理工作程序化、规范化

虽然邮政业标准化管理工作取得一定成绩，但与行业快速发展的需求相比，还存在以下问题：一是邮政业标准化管理工作主体职责权限划分不清，职能存在交叉，影响工作效率；二是邮政业标准范围模糊，制定程序混乱，存在泛标准化现象；三是邮政企业、快递企业标准化工作进展迅速，但缺乏有效指导和规范；四是邮政业标准实施手段单一，实施效果不理想。因此，迫切需要制定本《办法》。

二、基本思路和主要内容

送审稿拟订工作的基本思路是：结合邮政政企分开以来邮政业标准化管理工作实际，充分考虑行业标准化管理工作的特殊性，细化《标准化法》等有关标准化管理工作的规定，突出邮政业标准化管理的特色，保障邮政业标准的实施效果，提高邮政业服务质量。

基于这一思路，送审稿主要作了如下规定：

1. 明确邮政业标准化管理工作组织机构及其职责分工。确定国家邮政局政策法规部门为具体负责邮政业标准化工作职能部门，并在此基础上，分清全国邮政业标准化技术委员会、业务司局、邮政管理机构、行业协会在邮政业标准化工作中的职责，形成“统一管理、分工负责、共同推进”的工作机制（第七条、第八条、第九条、第十条、第十一条）。

2. 科学界定邮政业标准范围，确定邮政业国家标准、行业标准制定程序，切实杜绝邮政业“泛标准化”倾向（第十二条、第十三条、第十四条、第十五条、第十六条、第十七条、第十八条、第十九条、第二十条、第二十一条、第二十二条、第二十三条、第二十四条、第二十五条）。

3. 规定邮政业企业标准备案范围、备案程序、备案材料等内容，形成邮政业企业标准备案制度（第三十一条、第三十二条、第三十三条、第三十四条、第三十五条、第三十六条）。

4. 科学设立邮政业推荐性标准的五种实施方式，即自愿采用（第四十条），产品、服务认证（第四十一条），等级评定（第四十二条），实施效果评估（第四十三条），试点示范（第四十四条）。

三、征求意见处理情况

自2012年5月8日以来，国家邮政局开展了为期一个月的《办法》征求意见工作，共征求意见119条。主要修改意见和建议集中在五个方面：一是《办法》不宜规定国家邮政局各司局的职责分工；二是进一步梳理国家标准、行业标准以及强制性标准的制定范围；三是加强标准制定过程中的企业参与力度；四是加强对企业标准实施的支持与引导；五是进一步研究修改企业标准备案的范围。经认真研究，采纳了其中大部分意见和建议。

（一）关于国家标准化管理委员会意见的处理

国家标准化管理委员会建议《办法》内容重点放在邮政业行业标准的管理与规范，涉及国家标准、地方标准、企业标准时，按现行《标准化法》、《标准化法实施条例》等法律法规执行。我们认真研究了上述意见和建议，对《办法》所有条款逐一进行梳理，确保有关内容符合现有《标准化法》、《标准化法实施条例》等法律法规的规定。

(二)关于中国邮政集团公司意见的处理

中国邮政集团公司共提出15条意见和建议,经研究,我们采纳了其中大部分内容。以下意见和建议未采纳,说明如下:

1. 关于组织机构和职责分工的意见

中国邮政集团公司提出不宜规定国家邮政局各司局的职责分工。经研究,我们没有采纳,主要理由是:第一,国家邮政局各司局标准化管理工作职责不清,运行机制不畅,是邮政业标准化管理工作面临的主要问题之一,也直接导致了泛标准化、标准实施效果差等问题,因此,有必要对国家邮政局各司局在标准化管理工作方面的职责分工进行明确;第二,从现有标准化法律法规及其他部门做法来看,规定内设机构的职责分工是标准化管理工作的基础。如《标准化法实施条例》规定了国务院各部门在标准化管理工作中的职责;国土资源部的有关标准化管理工作的规章也规定了其内设司局的职责。

2. 关于分设邮政和快递标准化技术委员会的意见

中国邮政集团公司提出分设邮政和快递标准化技术委员会的意见。对这一意见经研究我们没有采纳,主要理由是:经国家标准化管理委员会批准,目前邮政业标准化管理工作的技术组织是全国邮政业标准化技术委员会。该委员会成立以来,主要负责研究提出邮政业标准制修订项目建议及初审,承担邮政业国家标准和行业标准的技术审查和定期复审工作,先后完成了《邮政普遍服务》行业标准和《快递服务》国家标准有关标准化技术工作,得到了国家标准化管理委员会的充分肯定。如果将全国邮政业标准化技术委员会分设,会降低邮政业标准化管理工作效率,增加邮政业标准化管理工作的成本。

3. 关于企业标准备案范围

中国邮政集团公司提出企业标准备案范围为企业产品标准的意见。经研究,我们没有采纳该意见,主要理由是:国家标准化管理委员会制定的《质量管理体系基础和术语》国家标准,将产品分为四种类型,其中就包括无形的服务产品,因此服务产品也属于产品,应纳入企业标准备案的范围,同时这一规定也符合邮政业的服务特征。

四、《办法》的主要创新

为保障邮政业标准的实施效果,《办法》吸收了国内外服务业标准化最新理论与理念,借鉴国内外服务业标准化管理工作的先进做法与经验,在符合现行法律法规的前提下,首次在部门规章立法层面,以邮政业为样本,解决好“服务业标准如何有效落实”的难题。

(一)借鉴国际经验,发挥行业协会作用

在发达国家,行业协会在标准化工作中占据重要地位,是标准制定和实施的主要组织者。根据国际标准化组织(ISO)的规定,全球有49个行业协会制定的标准具有国际标准的地位。

在借鉴国际经验的基础上,根据《国务院办公厅关于加快推进行业协会商会改革和发展的若干意见》(国办发〔2007〕36号),以及邮政业标准化工作实际,首次明确中国快递协会等协会在标准化工作中的职责,发挥行业协会在邮政业标准制定与实施中的重要作用,构建了更为合理、科学的标准化工作机制。

(二)适应服务标准特点,创新邮政业标准实施手段

传统的推荐性标准贯彻,一般包括四个手段,即产品质量认证、企业自我声明、法律法规引用以及合同约定引用。除此以外,国际及我国在服务业推荐性标准的实施方面,开展了一些有益探索,主要包括服务业标准化试点、服务认证、标准实施效果评估等。

《办法》广泛借鉴以上推荐性标准实施方式,将标准化试点、服务认证以及标准实施效果评估作为邮政业标准化管理工作的着力方向,创新邮政业标准实施手段,力图切实解决推荐性标准执行难的问题。

《邮政业标准化管理办法》主要内容解读

2012年11月17日，交通运输部部长杨传堂签署2012年第7号部令，公布《邮政业标准化管理办法》。《办法》于2013年1月1日起施行。国家邮政局政策法规司副司长金京华对《办法》进行了解读。

问：《邮政业标准化管理办法》制定出台的背景和意义。

金京华答（以下简称“答”）：《邮政业标准化管理办法》（以下简称《办法》）于2012年10月9日经交通运输部第8次部务会议通过，11月17日以交通运输部2012年第7号令公布，并将从2013年1月1日起施行。

《办法》是规范邮政业标准化工作的首部部门规章。它的出台是邮政业标准化工作深入发展的一个必然结果，同时，也必将对邮政业标准化工作的持续健康发展产生积极影响。

首先，我介绍一下《办法》的出台背景。

标准化是提高邮政业服务质量、促进邮政业健康发展的重要手段。2006年邮政政企分开以来，重组后的国家邮政局高度重视行业标准化工作，积极与国家标准委等部门沟通和协调。在各部门的大力支持和关心指导下，相继制定发布了“十一五”和“十二五”邮政业标准化发展规划，先后组织起草了16项国家标准和行业标准，成立了全国邮政业标准化技术委员会，加大了重点标准实施力度，构建了标准化信息平台。应该说，标准化工作取得了长足进步，工作机制逐步完善，工作内容不断丰富。

但是，与邮政业快速发展的需求相比，标准化工作仍然存在诸多急需解决的问题，主要表现在：一是标准化工作各主体之间，尤其是国家邮政局各司局、标准化技术委员会之间职责还不清晰，“统一管理、分工负责、共同推进”的工作机制尚未建立；二是国家标准和行业标准的制定范围不清晰，制定程序不规范，在一定程度上存在“泛标准化”倾向；三是随着邮政企业和快递企业的发展壮大，企业标准化工作的需求越来越急迫，但缺少有效的指导和规范，标准化工作推进缓慢；四是标准实施监督手段单一，特别是部分推荐性标准实施效果还不理想。因此，迫切需要制定《邮政业标准化管理办法》，从部门规章的层次，规范邮政业标准化工作，理顺工作关系和工作程序，推动邮政业标准化工作有效开展。

下面，我再从标准本身所具有的特性和作用，介绍一下《办法》出台的重大意义。

标准是开展经济和社会活动的技术依据，是技术法规的主要表现形式。随着社会进步和经济发展，标准化的内涵、外延和作用不断发展变化，越来越深刻地影响着社会及生活的方方面面：第一，在经济全球化条件下，标准作为创新技术产业化、市场化的关键环节，成为经济、科技竞争的制高点；第二，在现代化大生产条件下，标准与产业政策相结合，成为评判产品合格与否的依据，也成为调整产业结构、淘汰落后产能的重要手段；第三，在世贸组织框架下，标准与技术法规、合格评定程序共同构成技术性贸易措施，成为促进贸易和保护产业及安全的重要工具；第四，标准化的对象已从工业、农业发展到服务业，现在又扩展到社会领域，包括公共安全、公共服务和社会管理，深刻影响着经济、社会、政治、文化发展。

对于邮政行业来说，标准化作为促进产业结构调整和行业转变发展方式的重要技术手段，对邮政业的转型升级起着非常重要的作用。具体表现在两个方面：首先，标准是行业内各企业组织生产、服务、管理的技术依据。从技术研发、产品设计到服务提供、企业内部管理，无处不依据标准来保证质量。其次,标准还是各级邮政管理部门履行政府职能的技术依据和重要抓手。无论是质量评价、市场准入,还是质量监管、行政执法等工作,都必须以标准为依据,以标准为基础。

因此,研究出台《邮政业标准化管理办法》,加强对行业标准化工作管理,其根本目的就是为了保障邮政业标准的制定质量,加大标准的执行力度,从而提高全行业的服务质量和水平,提升企业竞争能力,推动邮政业健康发展。

问:请您介绍一下《邮政业标准化管理办法》的制定过程好吗?

答:交通运输部把这个《办法》列为部2012年一类立法计划。国家邮政局于2012年2月正式启动《办法》的起草工作。其制定过程严格遵循《国家邮政局规章起草和规范性文件制定程序规定》相关要求,主要经历了实地调研、专家座谈、征求意见、国家邮政局审议、交通运输部审议五个阶段。具体情况是:

2012年5月,起草组赴广东、上海、河北进行实地调研,走访部分快递企业,与近20家企业进行座谈,深入了解各地邮政管理部门、邮政企业、快递企业标准化工作现状,认真听取各单位对《办法》草案的修改意见和建议。

2012年6月,起草组在京召开企业征求意见座谈会,听取宅急送、申通等7家企业对办法的修改意见和建议,进一步了解行业实际情况,保证规章编制质量。

在完成《办法》草案的基础上,国家邮政局组织开展了广泛的征求意见活动,专门发函征求国家标准委、31个省区市邮政管理局、中国快递协会、中国邮政集团公司,以及局内各司局及直属单位的意见;同时,还在国家局网站上公开向社会各界征求修改意见和建议。从各个渠道共收集意见和建议百余条。从征求意见的情况看:各单位普遍支持《办法》的制定,希望其尽快出台,以规范和加强邮政业标准化工作。同时,大家也提出了很多很好的修改意见。比如:进一步梳理国家标准、行业标准以及强制性标准的制定范围;加大标准制定过程中的企业参与力度;进一步研究修改企业标准的备案范围,等等。对于这些意见,起草组逐条研究,分别给出了采纳、部分采纳或不采纳建议,并据此对《办法》草案进行了认真修改。

此后,《办法》草案顺利通过了国家邮政局局长办公会议审议,按程序要求提请交通运输部审议。2012去年11月17日交通运输部2012年第7号令正式公布了该《办法》。从以上的介绍,各位网友可以看出,《办法》的整个制定过程科学严谨,公开透明,符合相关规定,为今后的贯彻实施打下了良好基础。

问:邮政业标准化工作涉及哪些主体?各类主体之间又是怎样分工合作的?

答:《中华人民共和国标准化法》规定,国务院标准化行政主管部门统一管理全国标准化工作,国务院有关行政主管部门分工管理本部门、本行业的标准化工作。因此,邮政业标准化工作应当在国家标准化管理委员会的统一领导下有序开展。具体来说,涉及的主体主要有四类:一是各级邮政管理部门;二是全国邮政业标准化技术委员会;三是邮政企业和快递企业;四是快递等相关行业协会。各单位应该按照"统一管理、分工负责、共同推进"的原则开展相关工作。

其中,国家邮政局依法主管邮政业标准化工作。主要工作内容包括:组织制定邮政业标准体系、标准化发展规划,组织拟订邮政业国家标准,组织制定邮政行业标准,组织实施标准并对标准实施情况进行监督检查。省、自治区、直辖市邮政管理机构和按照国务院规定设立的省级以下邮政管理机构主要负责组织本辖区邮政业国家标准、行业标准的宣传、培训、实施和监督检查工作。由此可以看出,国家标准和行业标准的制修订任务主要由国家邮政局负责组织完成,各地邮政管理机构主要负责组织本辖区标准的实施和监督检查工作。

全国邮政业标准化技术委员会是从事邮政业

标准化工作的技术组织，承担邮政业标准化的技术管理工作。主要内容包括：承担邮政业国家标准、行业标准立项建议的初审工作，对国家标准、行业标准起草过程进行跟踪管理，负责国家标准和行业标准的技术审查；承担邮政业国家标准、行业标准的定期复审工作。标委会的日常事务由秘书处负责，目前秘书处设在国家邮政局发展研究中心。

本次《办法》制定的一个重大突破是借鉴国际经验，突出发挥行业协会作用。在发达国家，行业协会在标准化工作中占据重要地位，是标准制定和实施的主要组织者。借鉴这一先进经验，结合邮政业标准化工作实际，《办法》第三十条规定，快递等相关协会应当开展国家标准和行业标准的宣传和培训工作，这赋予了协会依法开展标准宣传和培训的工作职责。此外，还要求协会按照规定程序，参与邮政业国家标准和行业标准的制修订工作，反映行业会员单位的意见和要求，指导会员单位执行邮政业标准。协会参与邮政业标准化工作的地位和积极性将进一步提升。

特别需要注意的是，《办法》以较大篇幅规定了国家邮政局标准化管理部门和相关业务部门的不同职责。这是为了更好地解决内设机构工作职责不清晰这一突出问题而专门设置的。简单地说来，标准化管理部门，目前即政策法规司，主要负责标准项目计划的拟定、组织标准的制定、统筹标准化专项经费，以及组织开展标准的实施与监督检查工作。而相关业务部门，即各业务司局，工作内容主要是提出标准项目建议、配合起草各项标准。更加重要的是，各业务司局要具体负责本业务领域标准的实施和监督检查工作，确保制定出来的各项标准能够得到强有力的贯彻执行。这一点在《办法》的第二十九条再次进行了强调：邮政管理部门应当加强本业务领域、本地区标准的实施管理与监督检查。希望各业务部门、各地邮政管理机构重点关注并落到实处。

问：邮政业标准的类型都有几类，各自的范围又都是什么？

答：这个问题我觉得问得还是很专业的。根据《中华人民共和国标准化法》，我国标准分为国家标准、行业标准、地方标准、企业标准四级。结合邮政业实际，《办法》将邮政业标准分为国家标准、行业标准和企业标准三级。为什么没有设地方标准这一层级？很多人都有疑问。起草组主要是考虑邮政服务和快递服务存在全程全网协同作业的显著特征，出台过多的地方标准将给提供服务的邮政企业和快递企业带来操作和管理上的困难，也给广大用户带来业务使用上的不便。同时标准化法规定，“对没有国家标准和行业标准而又需要在省、自治区、直辖市范围内统一的要求，可以制定地方标准。地方标准由省、自治区、直辖市标准化行政主管部门制定，并报国务院标准化行政主管部门和国务院有关行政主管部门备案，在公布国家标准或者行业标准之后，该项地方标准即行废止”。这些规定强调，首先，只能对没有国家标准和行业标准的内容制定地方标准；其次，一旦相应的国家标准和行业标准出台之后，原有的地方标准即行废止。国家邮政局将加大对相关国家标准和行业标准的制修订力度，以更好地满足和覆盖不同地区对于标准化工作的需要。

《中华人民共和国标准化法》规定，对需要在全国范围内统一的技术要求，应当制定国家标准。对没有国家标准而又需要在全国某个行业范围内统一的技术要求，可以制定行业标准。结合邮政业实际，《办法》第八条详细规定了邮政业国家标准和行业标准的范围。主要包括以下七类：(1)通用的术语、符号、代号(含代码)、标识、邮政编码编制规则等要求；(2)邮政普遍服务和特殊服务的服务质量、服务流程、服务设施及其工程技术规范等要求；(3)快递服务的服务质量、服务流程、服务设施及其工程技术规范等要求；(4)邮政业使用的信封、封装用品、寄递单式等用品用具的技术要求；(5)通用设备及车辆的技术要求以及检测方法等；

(6)信息化建设的通用技术要求;(7)按照国家关于标准化的相关规定应当制定国家标准或行业标准的其他技术与服务要求。

在以上标准的制定范围中,实际上主要强调了以下几点:通用的、基础性的符号和代码类标准的制定;服务质量、服务流程等服务标准的制定;封装用品、寄递单式等与广大用户利益相关标准的制定;通用设备和车辆相关标准的制定;以及信息化建设相关的通用技术标准的制定。在国家标准和行业标准的层面,实际上主要强调的是通用类、基础类、涉及广大用户利益类标准的制定,企业内部的事务完全交给企业,通过制定企业标准来进行规范。这样,政府部门和企业的标准化工作范围的界限就比较清晰,便于发挥各自积极性,共同提升全行业标准化水平。

本次《办法》制定的一个特色就是,为有效解决标准制定范围不清晰,在一定程度上存在“泛标准化”倾向的问题,在第八条明确规定邮政业国家标准和行业标准制定范围的基础上,第九条又专门设置了排他条款,将四种内容排除在标准制定范围之外,主要包括:(1)季节性操作规范、应急管理等临时性要求;(2)只在单一企业内部适用的技术及服务要求,但本办法第八条第一款第(二)项规定的要求内容除外(这里是指邮政普遍服务和特殊服务的服务质量、服务流程、服务设施及其工程技术规范等要求);(3)只适用于单一行政区域的技术及服务要求;(4)职业技能规范、操作指南、管理要求、工作办法、指导意见等。以上内容要么不具备标准化对象的普遍性、反复性特征,要么不具备标准化的工作特征,因此都予以了排除。第九条内容的补充,就更加明确了标准制修订工作的范围,使职责和工作内容更加清晰,更加有利于标准化工作的开展。

问:邮政业强制性标准的范围又是如何确定的呢?

答:这个问题问得很好,也很专业。《中华人民共和国标准化法》第七条规定:国家标准、行业标准分为强制性标准和推荐性标准。保障人体健康,人身、财产安全的标准和法律、行政法规规定强制执行的标准是强制性标准,其他标准是推荐性标准。

《中华人民共和国邮政法》第六十七条明确规定:邮政企业提供邮政普遍服务不符合邮政普遍服务标准的,由邮政管理部门责令改正,可以处一万元以下的罚款;情节严重的,处一万元以上五万元以下的罚款;对直接负责的主管人员和其他直接责任人员给予处分。以上条款规定了《邮政普遍服务》标准必须强制执行,因此该项标准属于强制性标准。邮政业中涉及安全作业、管理及安全设施的标准,与人身财产安全密切相关,因此也是强制性标准;此外,涉及保障人体健康,人身、财产安全的邮政业其他技术与服务性要求的标准,和法律、行政法规规定强制执行的标准也设定为强制性标准。

强制性标准,相关企事业单位、个人必须执行;推荐性标准虽然不属于强制执行的范围,由于其有利于提高作业效率、服务质量,有利于树立良好的品牌形象,推动经济社会的发展,因此国家邮政局也将采取一系列措施,推动推荐性标准的实施。

问:邮政业国家标准和行业标准的制定程序是如何规定的?

答:根据《国家标准管理办法》和《行业标准管理办法》的有关规定,国家邮政局按照“公平公正、公开透明、协商一致”的工作原则开展国家标准和行业标准的制修订工作。制定程序主要包含立项、起草、征求意见、技术审查、批准发布等环节。下面进行简要说明。

从立项环节看:(1)邮政业国家标准和行业标准实行立项公开征集制度。任何单位和个人均可以在每年9月30日前向全国邮政业标准化技术委员会提出立项建议。(2)全国邮政业标准化技术委员会对立项建议进行初审,提出书面初审意见,每年10月31日前报国家邮政局标准化管理部门。(3)国家邮政局审核同意后，其中涉及国家标准的项目上报国务院标准化行政主管部门申请立项；涉及行业标准的项目直接予以立项。

从起草环节看：(1)国家邮政局标准化管理部门选择具备相应技术能力的单位承担标准的起草工作。(2)全国邮政业标准化技术委员会对标准起草全过程进行跟踪指导。(3)标准起草单位应当在广泛调研、深入研讨、试验论证的基础上，按照有关要求起草标准征求意见稿及其编制说明。

从征求意见环节看：(1)标准征求意见稿应当经全国邮政业标准化技术委员会初审合格后，才能开展征求意见工作。(2)征求意见采取书面征求意见、座谈会、论证会等多种形式，征求意见的范围应当包括有关部门、行业协会、企业及相关生产、科研、检测单位和用户等。(3)全国邮政业标准化技术委员会统一组织全国范围的意见征集工作。各省、自治区和直辖市邮政管理机构配合做好本行政区域的意见征集工作。(4)对涉及面广、关系重大的标准，还应当在国家邮政局政府网站上公开征集社会各界的意见和建议。网上征求意见的期限不少于一个月。

从技术审查环节看：(1)邮政业国家标准和行业标准由全国邮政业标准化技术委员会负责技术审查。(2)标准起草单位根据意见征集情况，对标准征求意见稿进行修改，形成标准送审稿，提交全国邮政业标准化技术委员会。(3)技术审查可以采用会议审查或者书面审查方式。强制性标准的审查必须采用会议审查。技术审查应当符合《国家标准管理办法》和《行业标准管理办法》的有关规定。(4)审查通过的标准项目，起草单位应当根据审查意见对标准送审稿进行修改，及时形成报批稿。审查未通过的标准项目，应当在修改完善后，重新提交技术审查。

最后，从批准发布环节看：(1)邮政业国家标准和行业标准，须经国家邮政局局长办公会议审议。(2)审议通过的国家标准，由国家邮政局报国务院标准化行政主管部门批准、发布；行业标准由国家邮政局发布，并报国务院标准化行政主管部门备案。

从以上的标准制定程序我们可以看出，国家邮政局高度重视标准的编制质量，从多个环节进行质量控制；同时，也积极倡导各类企事业单位广泛参与标准的制修订工作，充分发挥社会各界的共同力量。此外，《办法》第二十三条还规定：标准编制内容或者编制程序不符合本办法规定的，不得以标准的形式发布，不具备国家标准或者行业标准的效力。这再次重申了标准编制程序的严肃性，从而避免随意立项、程序不规范的现象发生。

问：《邮政业标准化管理办法》对邮政企业和快递企业的标准化工作作出了哪些规定和要求？

答：企业标准化是企业科学管理的基础。企业标准化工作的基本任务是执行国家有关标准化的法律、法规，实施国家标准、行业标准和地方标准，制定和实施企业标准，并对标准的实施进行检查。企业标准是企业组织生产、经营活动的依据。

这次《办法》制定的一个亮点我们认为，就是对邮政企业和快递企业开展标准化工作提出了全面的要求。首先，《办法》第六条第二款要求邮政企业、快递企业应当贯彻执行邮政业标准化工作的有关要求，建立健全标准化制度。这是一个总体要求。然后，《办法》专门用第四章对企业标准化工作提出了具体要求。包括四个方面：一是要积极制定企业标准。即“邮政业技术与服务要求没有国家标准和行业标准的，邮政企业和快递企业应当制定企业标准。已有国家标准、行业标准的，鼓励邮政企业、快递企业制定更为严格的企业标准，在企业内部适用。”鼓励企业建立覆盖生产、服务、管理全过程的企业标准体系。二是制定程序要符合有关规定。企业标准的制定也要遵循科学的方法，保证标准的编制质量，具体的内容各企业要按照国家技术监督局令 1990 年第 13 号《企业标准管理办法》的有关规定执行。三是严格企业标准备案制度。为确保企业标准的编制内容符合国家有关规定，与相关国家标准和行业标准协调一致，更好地保障消费者合法权益，促进邮政业健康发展，《办法》第二十六条规定，“邮政企业和快递企业应当在企业标准发布后三十日内，报邮政管理部门备案。在省、自治区、直辖市范围内经营业务的，应当报所在地的省、自治区、直辖市邮政管理机构备案；跨省、自治区、直辖市经营或者经营国际业务的，应当报国家邮政局备案”。各级邮政管理部门在收到备案材料后即予登记。如果发现备案的企业标准，违反有关法律、法规和强制性标准规定，应责令申报备案的企业限期改正或停止实施。四是大力推动企业实施标准。《办法》第三十六条要求邮政企业、快递企业通过内部监督检查、内部等级评定等方式，加强标准化建设，推动企业标准化实施工作。第三十一条和三十二条还分别对强制性标准和推荐性标准在企业的实施和采用提出了具体要求。即不符合强制性标准的产品和服务，禁止生产、销售和提供；推荐性标准一旦被企业采用，应当在企业内部严格执行。邮政企业、快递企业应当在包裹详情单、快递运单等寄递单式上标明或者在服务承诺中声明所执行标准的编号、名称。

从以上内容可以看出，《办法》从企业标准的制定、备案、实施等多个方面对企业标准化工作进行了规定，其主要目的是针对行业内各类企业标准化水平不高，标准化工作推进缓慢的现实情况，要求企业高度重视标准化工作，引导企业依靠标准化手段，推进机制改革创新，加强基础能力建设，增强发展后劲，实现跨越式发展。

问：对于标准的实施与监督，《邮政业标准化管理办法》又作出了哪些规定？

答：这个问题提得很好。也是我们在制定《办法》过程当中始终考虑的一个问题。标准的生命力在于执行，缺乏执行的标准就失去了意义。《办法》的又一个亮点就体现在如何适应服务行业标准化工作特点，创新邮政业标准实施手段上。

传统的推荐性标准贯彻，一般包括四个手段，即企业自我声明、产品质量认证、法律法规引用以及合同约定引用。除此以外，国际及我国在服务业推荐性标准实施方面，开展了一些有益探索，主要包括服务业标准化试点、服务认证、标准实施效果评估以及等级评定等。《办法》广泛借鉴以上八种推荐性标准实施方式，创新邮政业标准实施手段，以求切实解决推荐性标准执行难、执行不到位的问题。《办法》中推动标准实施的手段包括：

一是企业自我声明。《办法》第三十二条规定，邮政业用品用具、通用设备及车辆等生产企业应当在产品或者其说明书、包装物上标注所执行标准的编号、名称。邮政企业、快递企业应当在包裹详情单、快递运单等寄递单式上标明或者在服务承诺中声明所执行标准的编号、名称。

二是产品质量认证。《办法》第三十三条规定，鼓励符合邮政业国家标准或者行业标准的产品，向经国务院认证认可监督管理部门批准的认证机构申请产品质量认证。

三是等级评定。《办法》第三十四条规定，快递等相关协会在开展企业等级评定、服务质量评比等工作中，其评定指标应当与标准相衔接。

四是效果评估。《办法》第三十五条规定，国家邮政局可适时组织行业协会或者第三方专业机构评估邮政业标准实施效果，并发布评估报告。

五是激励措施。《办法》第三十八条规定，国家邮政局根据国家有关规定，推荐技术水平高、实施效果显著的标准参加国家科技进步奖和中国标准创新贡献奖等评选活动。

除以上五种标准实施手段外，《办法》还依据《中华人民共和国标准化法实施条例》，加大了对企业执行标准化相关规定的监督检查力度，各级邮政管理部门将定期对企业执行标准的总体情况、执行强制性标准的情况、自愿采用推荐性标准的情况和企业标准制定、实施、备案的情况开展监督检查，并将对检查情况进行通报。邮政企业和快递企业一定要高度重视，切实将标准化工作纳入企业发展规划中，加强标准化建设，提升标准化水平。

问:《邮政业标准化管理办法》的实施将对邮政市场及市场主体会带来哪些变化,以及产生哪些影响呢?

答:这个问题涉及《办法》的实施效果,这也是我们在编制《办法》之初就重点考虑的问题。依法开展标准化管理工作,是加强邮政业标准化管理、保障邮政业标准实施效果、提高邮政业服务质量的基础。《办法》的出台和实施,是邮政业标准化工作不断深入发展的必然结果。它依据国家有关的标准化法律法规,借鉴国内外服务业标准化工作的先进经验,把多年来在实践中行之有效的程序和措施固定下来,并上升为部门规章,提升了邮政业标准化管理制度的权威和效力,对于进一步推进邮政业标准化工作意义重大。总的说来,我们希望通过《办法》的制定和实施,能够实现两方面的效果:

一是促进邮政业标准化管理工作进一步规范化、程序化。《办法》明确了"统一管理、分工负责、共同推进"的标准化工作原则,规定了邮政业标准的制定范围与类型、制定程序,从制度设计上加大了对标准实施的监督管理。随着《办法》的实施,邮政业标准化工作将做到有章可循,更加规范有序,标准化工作对于支撑行业健康发展的作用将得到更加充分的发挥。

二是推动企业标准化工作水平迈上新台阶。按照十八大精神要求,邮政企业和快递企业应主动适应国内外经济形势新变化,要把推动发展的立足点转到提高质量和效益上来,要使发展更多地依靠科技进步、劳动者素质提高和管理创新。标准化是企业实现科技进步和管理创新的重要基础,是提高劳动者专业技能和职业素质的重要手段,希望各类企业以《办法》实施为契机,实施标准化战略,提升标准化水平,转变发展方式,增强可持续发展的后劲,实现转型升级。

问:国家邮政局下一步会采取哪些措施,推动贯彻落实《邮政业标准化管理办法》?

答:目前,国家邮政局正在研究部署贯彻落实《办法》的方案和措施。

首先,国家邮政局将加强宣传。通过在线访谈、会议培训与座谈、印发单行本等多种方式,向各级邮政管理部门、业内企业、行业协会,介绍《办法》的制定背景、目的意义和内容要求,强化对学习规章、贯彻办法重要性和紧迫性的认识,推动各类主体主动履行标准化工作职责,严格遵循标准制定要求,切实推动邮政业标准化工作。其次,要加强对企业开展标准化工作的指导。国家邮政局将制定发布企业标准化工作指南,进一步明确企业标准化工作的内容、程序、质量要求等,引导各类企业着力建立和完善符合自身发展实际的企业标准体系,提升企业生产、管理和服务水平。第三,还将依据《办法》,对企业执行标准化相关管理规定的情况,适时开展监督检查,推动标准的贯彻和实施。

各省(自治区、直辖市)邮政管理局也要结合地方实际,通过媒体访谈、知识竞赛等多种方式,有重点、有计划地开展本地区《办法》的宣传贯彻工作。

邮政企业和快递企业的各级领导一定要高度重视标准化工作,要以贯彻落实《办法》为契机,组织内部培训和学习,配备专门机构和人员,建立科学的企业标准化工作制度,在贯彻执行国家标准、行业标准的基础上,系统梳理各项生产、服务和管理制度,有计划、有步骤地将其转化上升为企业标准,逐步形成具有自身特点的企业标准体系,以提高运营效率、提升服务质量、树立优质品牌。

问:代收货款快件在投递时是应该先签字后验收内件还是先验收内件后签字?

答:快件投递时是"先签后验"还是"先验后签"一直是网民们关心的问题。《快递服务》国家标准是这样规定的:"对于网络购物、代收货款以及与客户有特殊约定的其他快件,快递服务组织应按照国家有关规定,与寄件人(商家)签订合同,明确快递服务组织与寄件人(商家)在快件投递时验收环节的权利义务关系，并提供符合合同要求的验收服务；寄件人（商家）应当将验收的具体程序等要求以适当的方式告知收件人，快递服务组织在投递时也可予以提示；验收无异议后，由收件人签字确认。国家相关部门对快件验收另有规定的，从其规定。”

之所以作出这样的规定，因为网络购物、代收货款等快件，服务模式比较复杂，牵涉的利益主体也比较多，因此，为保护各方利益，《快递服务》国家标准并没有简单地将快件的验收方式定为“先验后签”或“先签后验”，而是明确要根据快递服务组织和寄件人（商家）的约定而定。具体来说，是这样的：

首先，针对上述特定类型的快件，快递服务组织应当在收寄快件时，与寄件人（商家）提前约定，投递时是“先验后签”还是“先签后验”。因为寄件人是快件的所有者，有权对此进行约定；快递服务组织据此约定，提供相应的投递服务。

其次，寄件人（商家）应当将验收的具体程序等要求，以适当的方式告知收件人，让收件人提前知晓，明晰自身的权利。举例来说，电商应该在用户（也就是买方）下单时，明确告知用户本快件的验收方式，是“先验后签”还是“先签后验”，避免在投递环节，用户和快件派送人员发生争执；

第三，快件派送人员在进行快件投递时，可先将约定的验收方式告知收件人，然后提供相应的服务。如果快递服务组织与商家约定是“先验后签”，那派送员不应要求消费者“先签后验”；反之，也是如此。

因此，我们也提醒各位网友，应当在下单时主动向寄件人（商家）询问清楚快件投递时的具体约定，以便更好地保护自身权益。

问：目前关于邮政普遍服务的标准有哪些？是否国家强制执行？如果企业不按照标准执行，有何投诉渠道或申诉办法？

答：目前，关于邮政普遍服务的标准是国家邮政局于2009年9月18日发布的《邮政普遍服务》行业标准。该标准于2009年10月1日起正式实施。

《中华人民共和国邮政法》第六十七条明确规定了《邮政普遍服务》标准必须强制执行。因此，如果存在违反《邮政普遍服务》标准规定的行为，消费者可以拨打“12305”邮政业消费者申诉专用受理电话进行申诉，也可以随时登录国家邮政局或各省（自治区、直辖市）邮政管理局网站进行申诉、举报，或提出意见和建议。

《快递服务》系列国家标准解读

2012年5月1日，《快递服务》系列国家标准正式实施。国家邮政局政策法规司靳兵副司长和中国标准化研究院曾毅副研究员接受国家邮政局网站在线访谈，解读了《快递服务》系列国家标准。

问：靳兵副司长，请您先为我们介绍一下《快递服务》系列国家标准编制出台的背景、过程和意义。

靳兵：《快递服务》国家标准于2011年12月30日获得国家质检总局和国家标准委的批准并发布，将从2012年的5月1日起正式实施。

首先，向各位网友介绍一下标准的出台背景和重要意义。

《快递服务》国家标准的制定是经济社会发展的必然结果。邮政体制改革五年来，快递市场发展迅猛，业务量年均增长率高达27%，业务总量五年翻了一番半，日均处理量从300万件增长到1300万件，市场规模排名世界第三位。在较短的时间里，我国快递市场成长为增长速度最快、发展潜力最大的、新兴的战略性服务业，受到国内外和社会各界的高度关注。与市场高速发展相适应，快递服务质量备受社会关注。据中消协公布的数据表明，2011 年全国消协组织受理邮政和快递服务投诉6920 件，同比增长 31%。延时送达、快件损毁、价格不透明、索赔难等问题成为投诉的主要内容。在年初的国家邮政局工作会议上，马军胜局长提出要建立“诚信、服务、规范、共享”的行业核心价值理念，快递服务要以发展上规模、服务上水平、管理上层次、能力上等级为核心，大力加强能力建设，着力推进服务升级，进一步规范市场秩序，进一步扶持快递企业做大做强。在这种形势下，首部《快递服务》国家标准应运而生，适应了我国经济社会发展的需要。

《快递服务》国家标准的制定也适应了邮政业改革发展的需要。2007 年国家邮政局发布实施了《快递服务》邮政行业标准，该标准实施四年多来，达到了用户、企业和政府三方面都满意的良好效果。由于其技术内容先进、实施效果显著，还荣获 2009 年度“中国标准创新贡献奖”二等奖。但是，行业标准是在新《邮政法》尚未出台的背景下制定的，主要解决标准有无的问题。新《邮政法》出台后，明确了快递企业的法律地位，建立了快递市场准入制度，还对经营快递业务的企业应该履行的法律义务、应当规范经营作出了许多重要的规定，这些规定都是《快递服务》标准应该遵循的基本准则。因此，将《快递服务》从行业标准提升为国家标准，也是适应了邮政业改革发展的需要。

从上面的介绍可以看出，《快递服务》国家标准的制定具有十分重要的意义。它的制定填补了我国快递领域国家标准的空白，符合国务院关于加快发展服务业的战略决策，同时也适应了经济社会和邮政业发展的客观需要；不仅有利于推动快递行业转型升级、提升快递服务水平，同时，也有利于进一步规范快递市场，保障用户合法权益，具有里程碑意义。

其次，我再向各位介绍一下标准的制定过程。

《快递服务》国家标准列入国家标准委 2008 年第二批国家标准制修订计划项目，其编制工作于 2009 年 4 月正式启动，由中国标准化研究院负责起草；2011 年年底经国家质检总局和国家标委会批准发布，历时两年半，时间比较长。期间数易其稿。整个编制过程中一个最显著的特点就是多层次、多渠道、大范围地征求意见。标准广泛征求了各级邮政管理部门、邮政企业、快递企业和广大消费者意见，力求内容更加科学合理，公平公正，兼顾各方利益。

可以用下面一组数据和过程进行说明：

(1)项目组曾先后 4 次深入 30 余家快递企业进行调研，与百余人次进行座谈，发放调研问卷近百份；

(2)国家邮政局网站全文刊登《快递服务》标准征求意见稿，面向全社会征求意见；向中国邮政集团公司发函征求邮政企业意见；召开专门会议，听取 DHL、UPS、FedEx、TNT 等四大外资公司意见；

(3)针对快件的“先签后验”还是“先验后签”这一焦点问题，国家邮政局和中国标准化研究院专门召开座谈会，认真听取业内专家和业外法律专家意见；标准文本出台后，再次在国家局网站上公开征集消费者和社会各界的意见。

(4)全国邮政业标准化技术委员会召开《快递服务》国家标准审查会，充分听取各位委员的意见和建议。通过会议讨论，委员们一致同意标准通过审查。

从以上的介绍，各位网友可以看出，标准的制定经历了调查研究、征求意见、邮政业标委会审查、国家标委会审批发布等程序，严格遵循“公平公正、公开透明、协商一致”的标准化工作原则，充分体现了利益相关方充分协商一致的标准化工作原则，有效地保证了标准的编制质量。

问：本次发布的《快递服务》国家标准与此前的《快递服务》邮政行业标准相比，在内容方面有哪些拓展和提升呢？

靳兵:应该说,相比原 2007 年发布的《快递服务》邮政行业标准,此次发布的国家标准在形式和内容上都有了很大提升。

首先在形式上,标准的层次更高。国家标准位于我国标准体系的最高层,依据《中华人民共和国标准化法》,它是对全国经济技术发展有重大意义、需要在全国范围内统一的技术要求和服务要求所制定的标准。《快递服务》上升为国家标准,说明快递服务对于国民经济和社会发展的重要性已经被社会各界高度认可,是快递市场发展的必然要求。第二,标准的权威性更强。国家标准在全国范围内适用,除了邮政行业内部,与快递服务相关的其他行业也应该自觉遵守。其他各级标准不得与之相抵触,国家标准发布实施后,相应的行业标准即行废止。因此《快递服务》国家标准具有更稳定、更权威、适用范围更广的特点,社会各界都应该自觉地贯彻执行。

第二方面,在内容上,第一,《快递服务　第 1 部分:基本术语》从基本概念、业务种类、服务要素、服务环节、服务质量五个方面,全面系统地梳理了快递服务所涉及的基本词汇,形成了较为完整的快递服务术语概念体系。第二,《快递服务　第 2 部分:组织要求》根据经营范围的不同,细化了快递服务组织的最低从业人数要求,新增了加盟企业管理和国际业务代理相关规定,还专门增加了对国际快递服务时限的相关要求。第三,《快递服务　第 3 部分:服务环节》细化了对快件验视和封装的要求,增加了无着快件等处理规定,并特别针对快件是"先签后验"还是"先验后签",给出了明确规定。此外,标准还以较大篇幅,新增了国际快递在各服务环节的具体要求。

因此,与《快递服务》邮政行业标准相比,本次发布的国家标准在内容上有了很大的拓展和提升,有利于更好地推动快递市场健康发展,更好地保障消费者合法权益。

问:《快递服务》系列国家标准由三部分组成,曾毅副研究员,您能详细地介绍一下每部分的重要作用和主要内容吗?

曾毅:好的,本次发布的《快递服务》系列国家标准包括三部分内容,分别是 GB/T 27917.1—2011《快递服务　第 1 部分:基本术语》,GB/T 27917.2—2011《快递服务　第 2 部分:组织要求》和 GB/T 27917.3—2011《快递服务　第 3 部分:服务环节》。各部分单独成册,既相对独立,又紧密联系,共同构成了《快递服务》系列国家标准的全部内容。

其中《快递服务　第 1 部分:基本术语》以规范行业用语为目的,广泛搜集、整理现有概念,并对 80 条重要的、基础的以及易混淆的概念进行了界定,从而建立起系统全面的快递服务概念体系,为快递服务相关的经营、管理、教学、科研等活动搭建了统一的交流平台。此外,这一部分还很好地处理了与上位标准《邮政业术语》国家标准的关系。为保持标准之间的协调一致,本部分不再列出内件、收寄、投递、签收等在《邮政业术语》国家标准中已经界定的基础术语,相关术语各位网友可以查阅《邮政业术语》国家标准。

《快递服务　第 2 部分:组织要求》共 16 章 39 条,从规范企业管理、提高管理效率出发,对快递服务组织所应遵循的总则,以及资质、组织文化、服务场所、设备设施、服务格式合同、服务时限、服务安全等多角度提出了具体要求。应该说,这一部分的内容比较全,也比较细,涉及企业生产、管理和服务的方方面面,对于推动建立现代企业制度、提升企业管理水平,都有着十分重要的作用。

《快递服务　第 3 部分:服务环节》共 6 章 18 条,主要针对近几年来快递服务出现的热点和焦点问题,梳理了国内快递和国际快递的各个服务环节,并对其服务规范进行了详细规定。具体的环节主要包括了收寄、内部处理、投递、查询、投诉和申诉、赔偿、例外情况等。各位网友普遍关心的上门取件、快件签收等问题在这一部分都能找到答案。因此,本部分的制定,无疑将对提高快递服务质量,保障消费者合法权益有着非常重要的推动作用。

主持人:《快递服务》国家标准中关于快递服务时限是如何制定的？请您为我们介绍一下这方面的情况好吗？

曾毅:快递服务时限是消费者普遍关注的热点问题，目前社会上有很多“快件不快”的相关报道。为了提高快件寄递速度，标准起草组在编制过程中对快递服务时限的制定进行了反复研究，并多次听取企业和用户的意见。

总的说来，相比原行业标准，《快递服务》国家标准在规定了同城快递、省内异地快递服务时限的基础上，增加了港澳台快递和国际快递的服务时限，这也是本次国家标准的一个亮点。

对于同城快递、省内异地快递，标准起草组依据历年来全国快递服务用户满意度调查报告，认真评估了以前行业标准的执行情况，认为在全国范围内将标准的同城快递服务时限再次确定为24小时、国内异地快递服务时限确定为72小时，还是比较客观和符合实际的。

对于港澳台快递和国际快递的服务时限，标准起草组仔细查询了部分快递服务组织国际快件时限。具体方法是：以日本和韩国作为亚洲的代表，以美国作为北美洲的代表，以西班牙、荷兰、英国作为欧洲的代表，以澳大利亚作为大洋洲的代表，选择北京等城市作为寄出地，同时选取上述国家的不同城市作为寄达地，共查询了400余对互寄城市的服务时限，在此基础上，研究提出了标准中所确定的服务时限。

具体的服务时限是：同城快递24小时；国内异地快递72小时；港澳台快递6个工作日；亚洲和北美洲地区快递6个工作日；欧洲地区快递8个工作日；大洋洲地区快递9个工作日。

应该说，这个标准定得并不是很高，很多企业提供的当天达、次晨达、次日达等服务产品，都远远高于这一指标。标准如此规定，主要有两方面的原因：一是根据《中华人民共和国标准化法》的有关规定，国家标准所确定的服务时限标准，是最低的基本要求，是底线。我们鼓励企业制定高于国家标准的企业标准，在企业内部适用；二是对于一些边远地区，要执行这一标准也确有困难。因此，综合全国的情况，国家标准作出了以上规定。

因此，起草组建议消费者在享受快递服务之前，应该通过多询问、多对比的方法，选择适合自己需要的企业。

主持人:曾副研究员，网友对投递环节快件签收方面的问题比较多，在投递环节，快件如何签收？《快递服务》国家标准是如何规定的？消费者应当如何保护自身的权益？

曾毅:在投递环节快件到底应该如何签收，是快递服务组织和消费者普遍关注的一个焦点问题。近来一段时间，各大媒体也都有相关报道，但部分报道对标准的理解确有偏差。为此，下面就这一问题进行详细说明。

原行业标准有这么一句话：“验收无异议后，验收人应确认签收。拒绝签收的，验收人应在快递运单等有效单据上注明拒收的原因和时间，并签名。”对于如何验收，快递企业和消费者有着不同的理解。消费者认为只有打开快件，确认内件完好无损后，才能签字，所以应该“先验后签”；快递企业认为企业只负责寄递，只要外包装完好，至于内件是不是用户想要的，应该是用户与商家的问题，与企业无关，所以应该“先签后验”。双方观点不一致，导致很多投诉和申诉的事件发生，社会影响很大。

对于这一问题，国家邮政局下大力气，在组织标准起草组进行深入研究，在此基础上多次组织专家进行研讨。大家讨论得也非常激烈。通过多次辩论，大家逐步达成一致意见，认为：对于普通快件和网络购物等快件，应该分类处理、区别对待，才能兼顾消费者权益与快递服务组织利益，促进快递市场健康发展。因此，本次发布的《快递服务》国家标准也充分反映了这一点。具体内容是：对于普通快件，由于服务双方法律关系清晰，发生的经济纠纷较少，因此标准规定：第一，收件人在签收前，应对外包装进行验收，仔细检查外包装有无破损、重量有没有减少或者有没有重新包装过的痕迹。如外包装完好，收件人应签字确认；第二，对于外包装出现破损等异常情况，收件人应先验收内件再签收，派送员应予以配合。若内件有问题，派送员应在快递运单上注明详细情况；第三，在外包装完好的情况下，若收件人还担心发生内件丢失、短少、损毁等问题，也可以在签字后和派送员一起对内件进行验收。此外，快递服务组织与寄件人也可以对普通快件的其他验收形式提前进行约定。

对于网络购物、代收货款等其他快件，服务模式较为复杂，牵涉的利益主体较多，为保护服务双方利益，不能简单地统一规定为“先验后签”还是“先签后验”，而是要根据快递服务组织和寄件人（商家）的约定。具体内容是：首先，快递服务组织应当按照国家相关规定与寄件人（商家）签订合同，以此明确快件在投递时验收环节的权力义务关系和验收方式。具体来说，快递服务组织应当在收寄快件时，与寄件人（商家）提前约定，投递时到底是“先验后签”还是“先签后验”。因为寄件人是快件的所有者，有权对此进行约定，同时支付相应的服务费用；快递服务组织据此约定，提供投递服务。

其次，寄件人（商家）应当将验收的具体程序等要求，以适当的方式告知收件人，让收件人提前知晓，明晰自身的权利。举例来说，淘宝里的商家，应该在用户下单时，明确告知用户本快件的验收方式，是“先验后签”还是“先签后验”，避免在投递环节，消费者和派送员发生争执；第三，派送员在投递时，要先将约定的验收方式告知收件人，然后提供相应的服务。如果快递服务组织与商家约定是“先验后签”，那派送员不应要求消费者“先签后验”；反之，也是如此。最后，收件人验收无异议后，签字确认。此外，在此还要强调一点，对于代收的情形，快递服务组织应注意没有经过收件人或者寄件人同意，派送员不能将快件交给其他人签收，包括单位的收发、小区的门卫等，否则由此出现快件遗失等问题，快递服务组织应当承担全部责任。

主持人：曾副研究员，快件赔偿也是各位网友关心的话题，《快递服务》国家标准对此有何新规定，您能为我们详细介绍一下这方面的情况好吗？

曾毅：好的，快件赔偿确实是快递服务组织和消费者关注的一个焦点问题。新《邮政法》第四十五条第二款明确规定：“邮政普遍服务业务范围以外的邮件的损失赔偿，适用有关民事法律的规定”。同时，《邮政法》第五十九条又规定：“第四十五条第二款关于邮件的损失赔偿的规定，适用于快件的损失赔偿”。这就明确了快件的损失赔偿适用于有关民事法律的规定。因此，在新《邮政法》出台后制定的《快递服务》国家标准必须遵照上述规定。

为此，标准起草组认真研读新《邮政法》和相关民事法律等规定，逐条梳理原行业标准关于快件赔偿的规定。对于与法律法规相一致的，予以保留；否则予以修改或删除。总的来说，标准中有关赔付对象、赔偿原则、索赔程序的规定基本不变，但删除了原行业标准中关于“受理索赔期限”的规定。

原行业标准规定：快递服务组织受理索赔期限应为收寄快件之日起 1 年内。这一点与《民法通则》的相关条款不一致。《民法通则》第一百三十五条规定：“向人民法院请求保护民事权利的诉讼时效期间为二年，法律另有规定的除外”。同时，第一百三十七条又规定：“诉讼时效期间从知道或者应当知道权利被侵害时起计算。但是，从权利被侵害之日起超过二十年的，人民法院不予保护”。因此，国家标准删除了原行业标准中的以下内容：一是在免责条款中删除了“顾客自交寄快件之日起满 1 年未查询又未提出赔偿要求的”；二是删除了“受理索赔期限应为收寄快件之日起一年内”。综上所述，快递的受理索赔期限应按照《民法通则》的有关规定执行。

主持人：有网友问，本次发布的《快递服务》国家标准一个重大变化是增加了国际快递服务的有关规定，曾副研究员，请您谈一下这方面的情况好吗？

曾毅：好，其实原行业标准也对国际快递业务的彻底延误时限等内容进行了规定，但是不够系统、深入。本次《快递服务》国家标准在这一方面进行了拓展，主要是基于以下两点考虑：一是根据“三定”规定，国家邮政局的一项重要职能是对快递市场进行监管管理，这既包括了国内快递市场，也包括了国际快递市场，两者缺一不可。新《邮政法》出台后，对国际快递建立了市场准入制度，并对经营国际快递业务的企业应该履行的法律义务作出了许多重要的规定，在《快递服务》国家标准的制定过程中，应当考虑这些改革发展所带来的新需求。二是随着我国经济的高速发展和对外开放的不断深入，国际贸易和交流日益频繁。国际快递服务逐渐成为促进国际贸易和交流的一个重要手段。因此，在《快递服务》国家标准中增加国际快递服务的有关内容，有利于推动经济社会发展，也有利于进一步规范快递市场，保护消费者合法权益。标准中主要强调了国际快递业务与国内快递业务在组织要求和服务环节上的不同。例如，最低从业人数、报关与查询、投诉与申诉、服务时限和彻底延误时限等。

对于“国际业务代理”规定，需要说明的是：部分快递服务组织提出，国际快递业务代理商只是代理中国境内的投递、收寄某一环节或某几个环节的业务，“代理国际快递业务的代理商应具有企业法人资格，并取得邮政管理部门颁发的国际快递业务经营许可证”这一规定是否过于严格。对于这一点，起草组经过反复研究，认为：《中华人民共和国邮政法》第五十一条明确规定，“经营快递业务，应当依照本法规定取得快递业务经营许可；未经许可，任何单位和个人不得经营快递业务”，相比同城和国内业务，国际快递业务的服务能力要求较高，标准应该从其规定。

主持人：靳副司长，很多网友非常关心这样一个问题，《快递服务》国家标准的发布实施，对快递市场、快递企业会带来哪些变化，产生哪些影响呢？

靳兵：作为邮政业的重要组成部分，快递服务将信息传递、物品递送、资金流通和文化传播等多种功能融合在一起，直接关系到经济社会发展和用户合法权益的保护。《快递服务》国家标准主要对快递服务组织及其服务质量进行规定，因此标准的发布实施无疑将对快递市场和快递企业将产生重要的积极影响。

第一，快递市场将进一步规范。在欧盟和美国等发达国家，标准化已成为政府部门进行科学管理、规范市场的有效手段。通过制定和实施《快递服务》国家标准，各级邮政管理部门可以依据标准对快递服务组织的经营能力、人员资质等进行审查，对其服务质量进行规范、监督和评价，以营造良好的市场竞争环境，最大限度地保护消费者的合法权益。可以预料，随着《快递服务》国家标准实施进程的不断推进，中国快递市场将进一步规范，市场规模将不断扩大，消费者将得到更加安心、满意的服务。

第二，可以促进快递企业提高服务能力。《快递服务》国家标准提炼出国际快递企业的有益经验，引导快递企业以顾客需求为出发点，采用科学、优化的操作管理模式，配备先进、适用的软硬件系统，实现服务质量控制；标准明确提出快递服务人员应具备的职业道德、技能、知识和经验，提高服务人员的职业素质，改善服务质量；同时，利用用户反馈的满意和投诉信息等情况，可以改进服务质量，增强快递企业的竞争力，促进企业健康发展。此外，国际快递企业的竞争日趋激烈，如何促进国内快递企业跟上国际竞争的发展趋势，适应竞争，适应改革的步伐，我们需要在吸收国际快递企业已经非常成熟的经验基础上，结合我国快递业的发展特点制定相关的标准和规范，以引导国内快递企业完善管理制度，提高服务质量，以更加积极的姿态参与竞争，追赶先进，并不断做大做强。

主持人：靳副司长，有网友问，国家邮政局下一步会从哪些方面采取措施，推动贯彻落实《快递服务》国家标准？

靳兵：标准的生命在于执行。2012 年 4 月 12 日，国家邮政局政策法规司组织召开了全系统的电视电话会议，对《快递服务》国家标准进行了培训。下一步，还将组织中国快递协会等单位进一步开展标准宣贯和达标活动。国家邮政局将以《快递服务》国家标准为抓手，在市场准入、服务监督、申诉处理、质量评价等工作中，依据标准，以标准为基础，履行政府监管职能，进一步规范市场秩序，保障消费者合法权益。各省（自治区、直辖市）邮政管理局也将按照国家邮政局的统一部署，通过媒体访谈、知识竞赛等多种方式，有重点、有计划地开展本地区标准宣贯工作；及早谋划、安排部署省级以下邮政监管机构和人员的培训工作。此外，还要跟踪研究《快递服务》国家标准的执行情况，及时反馈，更好地推动标准的实施。

企业是标准化工作的主体。国家邮政局要求邮政企业和快递企业的各级领导一定要高度重视标准化工作，要以贯彻执行新的《快递服务》国家标准为契机，组织内部培训，认真梳理企业管理制度，针对企业管理的薄弱环节，提出整改措施；要边学习边整改，郑重向广大消费者承诺，执行国家标准，提高人员素质，提升服务质量，树立服务品牌。

主持人：我们知道，制定实施《快递服务》国家标准只是邮政行业标准化工作的一个重要方面，对于如何全面提高邮政行业的标准化水平，靳副司长，您有哪些想法和要求？

靳兵：借此机会，我也想简单谈谈国家邮政局推动行业标准化工作的一些计划和设想。2006 年政企分开以来，国家邮政局高度重视行业的标准化工作，在国家有关部门的关心指导下，制定发布了“十一五”和“十二五”标准化发展规划，相继研制了 13 项国家标准和行业标准，成立了全国邮政业标准化技术委员会，加大了重点标准实施力度，构建了标准化信息平台。应该说，标准化工作取得了长足进步，工作机制逐步完善，工作内容不断丰富。但与邮政业快速发展的需求相比，标准化工作还存在一些急需解决的问题。如全行业的标准化水平还有待进一步提升；邮政业标准体系尚需进一步修改完善；部分标准的实施力度有待加强；标准化人才严重不足等。

各级邮政管理部门一定要从构建和谐社会、促进行业科学发展的高度，认识标准化工作的重要性和紧迫性，主动关心支持标准化工作；要深入调查研究，结合本地实际，积极为标准的制定和宣贯献计献策；要按照国家局的统一部署，积极做好标准在本地区的培训宣贯和实施监督工作。此外，还要充分发挥行业协会、科研机构的作用。

邮政企业和快递企业要在国家标准和行业标准的指导下，逐步建立完善企业标准体系的框架和内容，培养标准化人才，提高标准化水平；要积极参与标准的制定，认真执行标准，做到依法经营、依标经营，增强社会责任感，共同营造良好的发展氛围，构建和谐的社会环境。

第七章　部分省（区、市）关于快递服务的政策法规

天津市关于大力支持小型微型企业发展的若干意见

津政发〔2012〕4号

各区、县人民政府，各委、局，各直属单位：

为深入贯彻落实国务院关于支持小型微型企业发展的有关政策，加快转变经济发展方式，调整优化经济结构，促进我市小型微型企业加快发展，现提出以下意见：

一、切实重视小型微型企业的发展

小型微型企业，是按照工业和信息化部、国家统计局、国家发展改革委、财政部《关于印发中小企业划型标准规定的通知》（工信部联企业〔2011〕300号）划定的小型企业和微型企业。大力发展小型微型企业特别是其中的科技型、创业型、劳动密集型企业，是我市推动经济增长、增加就业、改善民生、促进科技创新与社会和谐稳定的重要举措。各区县、各部门、各单位要高度重视小型微型企业发展，积极履行职责，强化措施，优化服务，落实政策，为全市小型微型企业营造优良的经营发展环境。

二、引导金融机构加大对小型微型企业的信贷支持

银行业金融机构对小型微型企业贷款的增速不低于全部贷款平均增速，增量高于上年同期水平，对达到要求的小金融机构继续执行较低存款准备金率，并为符合条件的小金融机构优先办理再贴现。将地方法人金融机构支持小型微型企业情况纳入差别存款准备金动态调整参数予以考虑和倾斜。各银行业金融机构要根据小型微型企业的生产周期、市场特征和资金需求，进一步优化贷款期限结构，在适当维持中长期贷款需求的同时，积极增加短期贷款；要综合考虑小型微型企业成长周期、信用状况和盈利水平等因素，完善小型微型企业利率定价机制，合理确定小型微型企业利率浮动幅度，对信用等级高的小型微型企业，减少上浮幅度或执行基准利率。支持我市地方法人银行机构发行专项用于小型微型企业的金融债，拓宽小型微型企业信贷资金来源渠道。

三、建立小型微型企业贷款风险补偿奖励机制

从2012年1月1日至2015年12月31日，银行业金融机构、小额贷款公司发放贷款，融资租赁机构发放融资租赁额，专业保理机构发放保理业务额，专业保险机构办理融资保险额，凡是面向我市小型微型企业的，由市财政按当年年末余额比上年末余额增加部分（上年末余额若低于2011年末余额，则按当年年末余额超过2011年末余额计算增加额）对以上机构给予奖励。奖励标准为年末余额每增加1亿元，市财政奖励30万元。从2012年1月1日至12月31日，对金融机构与小型微型企业签订的借款合同免征印花税。将金融企业中小企业贷款损失准备金税前扣除政策延长至2013年年底。将符合条件的农村金融机构金

融保险收入减按3%征收营业税的政策延长至2015年年底。

四、实行小型微型企业金融服务差异化监管政策

鼓励金融机构设立小型微型企业专营部门和特色分支机构,实行差别授权管理,下放授信审批权限。对小型微型企业贷款余额和客户数量达到规定比例的商业银行,允许其批量筹建同城支行和专营机构网点。对商业银行发放金融债所对应的单户500万元(含)以下的小型微型企业贷款,可不纳入存贷比考核。商业银行可将单户授信500万元(含)以下的小型微型企业贷款视同零售贷款计算风险权重,降低资本占用。适当提高对小型微型企业贷款不良率的容忍度。

五、创新小型微型企业融资产品

加快信用体系建设,完善小型微型企业征信服务体系,为商业银行和小型微型企业提供信息对接的桥梁。引导金融机构及小额贷款公司针对小型微型企业抵押物不足和资金需求“短、频、急”特点,完善抵质押物评估体系建设,扩大利用动产、知识产权、股权、应收账款、仓单质押等方式贷款规模,开展免担保免抵押的流动资金小额贷款业务,简化贷款流程,加速企业贷款资金周转循环频率和利用效率。鼓励金融机构结合小型微型企业经营周期、现金流量等特征,灵活设计不同还款方式、还款周期的金融信贷产品。

六、拓宽小型微型企业融资渠道

区县人民政府、功能区管委会、行业协会、商会等要发挥作用,鼓励各类资本参与设立小额贷款公司、村镇银行等面向小型微型企业的金融服务机构。利用天使基金、股权投资、风险投资、集合性债券、短期融资券、信托、典当、租赁、产权交易市场以及其他新型融资手段,多渠道扩展小型微型企业资金来源。建立企业融资中心、融资超市等一站式综合服务平台,发挥其金融创新功能,大力开发金融衍生品;进一步完善服务内容,通过金融服务日、对接会和推介会等活动,展示推广各类金融产品,进行点对点的现场对接服务。从2012年1月1日至2015年12月31日,对在天津股权交易所挂牌交易的本地企业,初始融资额达到500万元以上的,市财政给予50万元的一次性专项补助。

七、建立完善小型微型企业多层次担保服务体系

加强市级政策性担保机构建设,综合运用资本注入、风险补偿和奖励补助等多种方式,提高担保能力,发挥主导作用。鼓励各类合规资本发起或参与设立融资性担保机构,指导监督担保机构规范财务管理,提高担保资金使用效率,增强风险控制和融资担保能力,扩大对小型微型企业的担保规模。发挥保险公司在小型微型企业融资中的风险分担作用,积极采用借款保证保险和应收账款保险等方式,为小型微型企业融资提供担保,降低贷款风险,激发银行贷款的积极性。加快信用共同体建设,鼓励企业特别是缺乏抵质押物的小型微型企业自愿结合,采用联保、互保等方式,建立箱式、伞式和街区式等形式的信用共同体,按照一次核定、随用随贷、余额控制、周转使用的原则,解决一批聚集经营小型微型企业的融资需求。

八、落实小型微型企业担保业务补助政策

继续对区县担保基金给予支持,提高对担保机构开展小型微型企业担保业务的补助标准,补助资金专项用于风险补偿。落实好国家对符合条件的担保机构免征营业税、准备金提取和代偿损失税前扣除政策,支持担保机构为小型微型企业提供贷款担保或再担保。

九、降低小型微型企业融资成本

清理纠正金融服务不合理收费，除银团贷款外，禁止商业银行对小型微型企业贷款收取承诺费、资金管理费，严格限制商业银行向小型微型企业收取财务顾问费、咨询费等费用。降低小型微型企业抵押评估登记费用，除登记费和工本费外，登记部门不得收取其他费用；继续使用同一抵押物申请贷款抵押登记，距上一次登记未满 2 年的，登记费减半收取。

十、加大对小型微型企业的财政资金支持力度

积极争取国家财政资金，逐步扩大市中小企业发展专项资金规模，重点支持信息服务、业务培训、创业辅导、法律服务、市场开拓等中小企业服务体系建设。充分利用郊区工业技术改造贷款贴息专项资金，集中整合市和区县财力，重点支持小型微型企业发展和服务体系建设。

十一、支持建立小型微型企业创业示范基地

制定配套扶持政策，整合改造提升现有创业载体资源，鼓励支持利用闲置的厂房、场地以及在现有各类工业园区、商务楼宇、经济技术开发区、高新技术产业园区、大学科技园区、创业园区、商品交易市场等，建立小型微型企业创业基地，为创业者提供生产经营场所，开展创业指导和综合服务，提高小型微型企业创业成功率。重点培育和支持一批功能完备、运作规范、业绩突出的小型微型企业创业示范基地。

十二、支持小型微型企业加快结构调整转型升级

重点扶持纺织服装、机械制造、冶金钢铁、服务业等传统产业和劳动密集型产业的小型微型企业，鼓励支持企业开展科技创新、技术改造、成果转化、产品开发、市场开拓、协作配套、品牌建设、节能减排、管理创新等，推动企业向技术含量高、经济效益好、资源消耗低的产业方向转型升级。鼓励支持高等院校、科研院所、企业技术中心、工程技术研究中心及各类公共技术服务平台开放科技资源，加强共性关键技术研究，提供技术支持。重点在轻工、纺织、电子信息等行业领域和若干园区、商务楼宇，建设一批小型微型企业技术创新、产品研发、检验检测、技术推广等公共服务平台。

十三、鼓励连锁加盟行业小型微型企业发展

简化投资小型微型连锁经营企业登记程序。凡不需要前置审批的，或设立配送中心和连锁经营门店的，可持总部的连锁经营相关文件和登记材料，直接到门店（中心）所在地工商行政管理机关申请办理登记手续。对连锁经营企业和各类经济功能区需一次性申请设立（变更、改制）多个企业的，提供统一时间、统一地点、统一要件、统一程序、统一办结的团体化登记服务。支持下岗职工和高校毕业生以连锁加盟的方式创业发展。

十四、进一步减轻小型微型企业税费负担

落实好国家对小型微型企业税收扶持政策。2015 年年底前，对年应纳税所得额低于 6 万元（含）的微利小型微型企业，其所得减按 50% 计入应纳税所得额，按 20% 的税率缴纳企业所得税。提高个体工商户和个人增值税、营业税起征点，其中按期纳税的调整为 2 万元，按次纳税的调整为 500 元。将符合条件的国家中小企业公共技术服务示范平台纳入科技开发用品进口税收优惠政策范围。继续清理行政事业性收费，整顿强制、垄断性经营服务性收费，取消不合理收费项目，降低收费标准，严肃查处乱收费、乱罚款及各种摊派行为，切实保护企业合法权益，缓解企业生产经营成本压力。

十五、着力解决小型微型企业劳动力资源和结构问题

充分利用国内外和我市职业院校教育资源，搭建小型微型企业的劳动力资源对接平台，开展有针对性的订单培训和定向培训，重点培养紧缺人才。进一步加强与劳动力资源丰富省份的衔接，强化劳务协作，吸引更多的外来劳动力到我市中小企业就业，建立我市稳定的用工输入基地。

十六、强化小型微型企业基础管理

加强对小型微型企业培训，提高企业经营者素质，通过免费提供政策咨询、专家讲座、专业辅导等，引导企业学习采用国内外先进的管理理念、方法和手段，完善治理结构，规范财务制度，强化风险控制，实行精细化管理，提高经营管理水平。加强“依法经营、诚实守信”宣传教育，培育和树立一批“守合同、重信用”的示范小型微型企业。分区县开展对小型微型企业不同层次人员的融资知识培训，规范企业的财务行为；对有一定实力的企业，推广股权和债券融资计划书，为企业融资提供标准化的便捷通道。

十七、完善小型微型企业运行监测体系

市中小企业局会同统计部门，研究建立和完善对小型微型企业的分类统计、监测、分析和发布制度，有关部门要及时向社会公开发布发展规划、产业政策、行业动态等信息，逐步建立小型微型企业市场监测、风险防范和预警机制。继续加强对小型微型企业生产经营和面临困难问题的调研分析，及时掌握并准确反映企业运行情况，为科学决策提供可靠依据，为广大企业及时调整经营策略提供参考信息。

十八、改善对小型微型企业的服务环境

进一步减少、合并行政审批事项，简化程序、缩短时限、提高效率，为小型微型企业设立、生产经营等提供便捷服务。健全以技术支持、管理咨询、信息服务、创业指导、人才培训为主要内容的社会化服务体系，建立各级中小企业综合服务机构，完善财政补助机制。加强政府系统中小企业发展促进工作人员特别是领导干部和中层干部的金融知识培训，提高对企业的金融服务能力和水平。

十九、营造艰苦创业勇于创新的浓厚氛围

充分发挥各类媒体作用，宣传促进小型微型企业发展的扶持政策，营造全社会关心支持小型微型企业发展的舆论环境。大力宣传表彰一批科学管理、自主创新、转型升级、开拓市场的优秀企业典型，弘扬创业精神，激发创业热情，引导广大企业进一步坚定信心、攻坚克难、开拓创新、做大做强。

二十、建立小型微型企业工作监督考核机制

各区县人民政府和市有关部门、单位要切实抓好本意见的贯彻落实，尽快制定配套实施办法。市人民政府对各区县和市有关部门、单位的落实情况进行督查。市中小企业局负责牵头组织市有关部门，加强对发展小型微型企业工作的组织领导、统筹规划和政策协调，制定相关检查、考核和验收标准，开展季度讲评和年度考核工作，加大组织推动力度，抓紧抓实抓出成效。

天津市人民政府

二〇一二年四月一日

河北省邮政条例

（2012 年 3 月 28 日河北省第十一届人民代表大会
常务委员会第二十九次会议通过）

第一章　总　则

第一条　为保障邮政普遍服务，加强对邮政市场的监督管理，维护用户合法权益，促进邮政业的健康发展，适应经济社会发展和人民生活需要，根据《中华人民共和国邮政法》等有关法律、行政法规的规定，结合本省实际，制定本条例。

第二条　本省行政区域内邮政业的规划、建设、服务、市场、安全及监督管理，适用本条例。

第三条　省邮政管理部门负责全省邮政普遍服务和邮政市场的监督管理工作。

设区的市邮政管理部门负责本行政区域的邮政普遍服务和邮政市场的监督管理工作。

县级以上人民政府有关部门应当按照各自职责，做好邮政的相关工作。

第四条　县级以上人民政府应当将邮政业发展纳入国民经济和社会发展规划，加快邮政设施建设，提高邮政普遍服务水平，鼓励快递企业发展，满足社会需要。

第五条　邮政企业、快递企业应当建立健全邮件、快件收寄和运递安全保障体系，提高服务质量，为用户提供迅速、准确、安全、方便的服务。

第二章　规划建设

第六条　各级人民政府应当将邮政业发展规划、邮政基础设施建设规划纳入城乡规划和土地利用规划，并由有关部门编制相关专项规划。

编制控制性详细规划，应当包括邮政业发展规划和邮政基础设施建设规划的内容，明确独立占地的邮政营业场所、邮件、快件处理和储运场所的位置和规模，保证邮政设施建设适应邮政业发展的需要。

邮政运输网络建设应当纳入地方综合交通运输体系规划。

农村地区邮政设施建设应当纳入乡镇和村庄规划。

第七条　城市新区开发、旧城改造和村镇建设，应当按照邮政普遍服务标准，同时规划、设计与之配套的邮政设施并同步建设、验收。城市建成区已有的邮政设施不能满足邮政普遍服务要求的，应当列入城市改造计划，扩建或者重建。农村居民集中的区域应当设置邮政局所等邮政普遍服务设施。

火车站、机场、港口、长途汽车站、大专院校、城市社区、旅游景区、大型商场等公众服务场所，应当建设配套的邮政设施。

第八条　按照规划要求配套建设的邮政普遍服务设施，由政府统建的，邮政企业按规定无偿使用；由其他方出资建设的，邮政企业以建筑安装成本价购买或者优先租用。邮政企业不得擅自改变其使用性质。

第九条　县级以上人民政府应当对非营利性邮政设施建设用地，按照城市基础设施建设用地划拨，并免征城市基础设施配套费。

邮政企业不得擅自改变划拨的非营利性邮政设施建设用地的使用性质。

第十条　邮政企业应当根据邮政普遍服务标准和方便群众的原则在城市街道、商业区、社区等位置设置邮筒（箱）、邮政报刊亭、邮政便民服务站等邮政设施，经县级以上人民政府批准，免收城市道路占用挖掘费和其他相关费用。

邮政企业应当对其设置的邮政设施进行统一管理和维护。

第十一条 县级以上人民政府应当对建设邮政普遍服务营业场所给予支持,在乡镇人民政府所在地设置邮政普遍服务营业场所,在行政村设置村邮站或者其他接收邮件的场所,保障村村通邮。

邮政企业应当与村民委员会签订邮件妥收妥投协议,支持、指导村邮站建设。

第十二条 邮政企业设置、撤销邮政营业场所,应当事先向邮政管理部门备案;撤销提供邮政普遍服务营业场所,或者将自办邮政普遍服务场所转为代办的,应当经邮政管理部门批准并予以公告。

邮政普遍服务营业场所地址发生变更的,邮政企业应当向邮政管理部门备案并予以公告。

第十三条 城镇新建、改建、扩建的住宅小区、住宅建筑工程,应当将信报箱的建设纳入建筑工程统一规划、设计、施工和验收,并与建筑工程同时投入使用。信报箱的规格和样式应当符合国家标准。

施工图审查机构对没有信报箱设计或者不符合信报箱设计规范的住宅工程,不得发放施工图审查合格书。信报箱的建设应当纳入住宅工程质量分户验收范围,建设单位未按照规定设置信报箱的,不予通过验收,建设行政主管部门不予办理竣工验收备案。

本条例施行前,城镇居民楼未设置信报箱的,由产权所有者或者管理者根据用邮情况自行负责补建,也可以委托邮政企业补建,所需费用由委托人承担。

信报箱产权归投资人所有。产权所有者或者管理者负责信报箱的管理、维修和更换,也可以委托邮政企业维修、更换,所需费用由委托人承担。

第十四条 机关、企业、事业单位等应当在适宜位置设置接收邮件场所。

物业服务单位应当为邮政企业、快递企业投递邮件、快件提供便利。

第十五条 任何单位和个人不得擅自迁移、毁损邮政设施。

因城镇建设需要征收、拆迁邮政营业、邮件处理和储运场所的,规划主管部门应当重新规划设置,建设单位应当与邮政企业协商,按照就近安置、方便用邮、不降低邮政普遍服务水平、不少于原有面积的原则,先安置后搬迁,所需费用由征收、拆迁单位承担。

第三章 普遍服务

第十六条 邮政企业提供邮政普遍服务,应当符合邮政普遍服务标准。

未经邮政管理部门批准,邮政企业不得停止办理或者限制办理邮政普遍服务业务。

邮政企业应当确保服务时限和邮件安全,并及时足额兑付邮政汇款。

省内邮件全程时限由省邮政管理部门规定。

第十七条 邮政普遍服务业务资费执行国家资费标准。邮政企业根据用户需要,可以提供邮政普遍服务的延伸服务,资费标准由省邮政管理部门在征求公众意见后提出,省价格行政主管部门核定后执行。

第十八条 对具备国家规定的通邮条件的用户,邮政企业应当在用户办理邮件投递登记手续后的七日内予以通邮。

对尚不具备通邮条件的用户,邮政企业应当将邮件投递至用户指定的已通邮的邮件代收点或者用户租用的邮政信箱。

邮政企业应当将以邮政信箱为名址的收件人报邮政管理部门备案。

第十九条 邮政企业委托其他单位或者个人代办邮政普遍服务业务,应当符合国家和省的有关规定,并加强对接受委托的单位或者个人的管理,保证其提供的邮政普遍服务符合邮政普遍服务标准。

第二十条 用户交寄邮件应当符合国家邮政

管理部门规定的准寄内容、封装规格、书写格式，正确书写邮政编码，使用标准信封和法律、行政法规规定的邮资凭证。

用户交寄邮件不符合前款规定的，邮政企业不予收寄或者退回寄件人；无法退回的，按无着邮件处理。

第二十一条 邮政企业采取按址投递、用户领取或者与用户协商等方式投递邮件。

已设置信报箱的，平常邮件可以实行插箱投递；给据邮件由用户签收，用户委托的代收人或者代收机构代为签收的，视为用户本人签收；没有设置信报箱的，城市邮件投递到收发点或者收件人指定的地点，农村邮件投递到村邮站或者村民委员会确定的接收场所。

第二十二条 县级以上人民政府应当对邮政企业提供邮政普遍服务加大资金投入，并对村邮站的设置、运行和村邮站服务人员的报酬给予资金补贴。

第二十三条 经邮政管理部门核定的带有邮政专用标志的车辆免办道路运输证。邮政普遍服务专用车辆运递邮件，按照省有关规定减免车辆通行费。

第二十四条 邮政企业及其从业人员不得实施下列行为：

（一）无故拒办邮政业务或者擅自中止对用户的服务；

（二）故意积压、延误投递邮件；

（三）延付、拒付、截留、挪用用户汇款；

（四）收寄禁止寄递物品，或者超限收寄限制寄递物品；

（五）限制用户支付邮政普遍服务业务范围内信件、印刷品、包裹等邮件资费的方式；

（六）限定用户使用指定的服务，向用户搭售商品、服务或者附加其他不合理条件；

（七）转让、出租、出借邮政专用标志、邮政专用品和带有邮政专用标志的车辆；

（八）其他违反法律、行政法规的行为。

第二十五条 邮政企业按照国家规定办理机要通信、国家规定报刊的发行以及义务兵平常信函、盲人读物和烈士遗物的免费寄递等特殊服务，适用本条例关于邮政普遍服务的规定。

第四章　快递服务

第二十六条 经营快递业务应当依法取得快递业务经营许可证；任何单位和个人未经许可，不得经营快递业务。

申请人凭快递业务经营许可证向工商行政管理部门依法办理登记后，方可经营快递业务。

经营快递业务的企业应当向邮政管理部门提交年度报告。

第二十七条 快递企业经营许可事项发生变更或者停止经营快递业务的，应当到原发证机关办理变更、注销手续。邮政管理部门颁发、变更和注销快递业务经营许可证，应当向社会公告。

快递业务经营许可证不得涂改、租借和转让。

跨省、自治区、直辖市经营快递业务或者经营国际快递业务的，在国家邮政管理部门取得快递业务经营许可证后，应当向邮政管理部门备案。

第二十八条 快递企业设立分公司、营业部等分支机构，应当持快递业务经营许可证副本及所附分支机构名录到工商行政管理部门办理登记。

第二十九条 快递企业中止经营快递业务，应当提前七日向邮政管理部门报告并向用户公告，妥善处理尚未投递的快件。

第三十条 经营快递业务的企业应当按照快递业务经营许可证的许可范围经营快递业务，提供符合快递服务标准的快递服务。

收寄快件应当规范填写快递运单。快递运单应当符合国家标准。

第三十一条 实行加盟经营的快递企业，双方应当订立书面加盟合同，并向邮政管理部门备案。企业应当在服务标准、服务质量、运营安全、业务流程、用户投诉、损失赔偿等方面实行统一管理。

第三十二条 快递企业及其从业人员不得实施下列行为：

（一）收寄禁止寄递物品，或者超限收寄限制寄递物品；

（二）相互串通操纵快递市场价格，损害其他经营快递业务的企业或者用户的合法权益；

（三）冒用其他企业名称、企业标志和商标标识，扰乱市场经营秩序；

（四）故意积压、扣留、倒卖、延误用户快件；

（五）其他违反法律、行政法规的行为。

第三十三条 县级以上人民政府及有关部门应当对快递企业在规划、建设、用地、信贷、融资、创业服务等方面给予支持。

海关、检验检疫、民航、铁路、交通运输等有关部门应当依法为快递企业提供便利。

第五章 邮政安全

第三十四条 任何单位和个人都有维护邮政通信安全、畅通和保护邮政设施的义务，并有权制止、举报危害邮政通信安全、畅通和破坏邮政设施的行为。

第三十五条 任何单位和个人不得交寄、夹寄带有爆炸性、易燃性、腐蚀性、放射性、毒害性和传染病病原体的危险有害物品以及非法出版物等国家禁止寄递的物品。

特定时期经国家邮政管理部门批准，省邮政管理部门可以公布国家禁止寄递物品之外的禁寄物品名录。

第三十六条 邮政企业、快递企业应当严格执行国家关于邮件、快件收寄验视的规定。

邮政企业、快递企业发现交寄、夹寄禁止寄递物品的，不予收寄，并交由有关部门依法处理。对不能确定安全的物品，应当要求用户出具相关部门的安全证明，并详实记录物品名称、数量、重量、收寄时间、寄件人和收件人名址等内容，记录留存应当不少于一年。用户不能出具安全证明的，不予收寄。

邮政企业、快递企业从业人员当面投交邮件、快件时，邮件、快件包装完好、重量相符的，收件人或者代收人应当予以签收。

第三十七条 邮政企业、快递企业及其从业人员应当遵守国家和省的有关规定，对用户名址信息负有保密义务，并应当在寄递服务中合理使用。

用户对其名址信息享有查询、更正、限制使用和要求删除的权利。

第三十八条 邮政企业、快递企业接受网络购物、电视购物和邮购等经营者委托提供寄递服务的，应当与委托人签订安全保障协议，并报邮政管理部门备案。

第三十九条 邮政企业、快递企业制定含有格式条款的合同、单据应当遵循公平原则。格式条款含有免除或者限制自身责任内容的，应当采用清晰明白的文字、符号、字体等合理方式提请用户注意，并按照用户的要求，对该条款予以说明邮政企业、快递企业公开的服务承诺视为服务合同的条款。

第四十条 邮政管理部门应当按照国家和省的有关规定制定邮政业突发事件应急预案。

邮政企业、快递企业应当制定突发事件应急预案，开展应急演练。发生重大安全和服务阻断等突发事件后，邮政企业、快递企业应当及时开展应急处置工作，同时向当地人民政府应急部门和邮政管理部门报告。

第四十一条 任何单位和个人不得实施下列行为：

（一）在邮政营业场所、快递企业营业场所出入通道或者邮政设施周围设摊、堆物，妨害用户使用邮政服务、快递服务或者影响带有邮政专用标志的车辆和经邮政管理部门认定的快递车辆通行；

（二）扰乱邮政营业场所、快递企业营业场所正常秩序；

（三）冒用邮政企业、快递企业名义，或者伪造、冒用邮政专用标志、邮政用品用具生产监制证以及邮政管理部门对邮政普遍服务专用车辆和快递车辆的认定证件；

（四）私自开拆、隐匿、扣留、毁弃、盗窃、倒卖他人邮件、快件或者撕揭邮票；

（五）非法拦截、强登、扒乘、扣留带有邮政专用标志的车辆和经邮政管理部门认定的快递车辆，妨碍从业人员收寄、运输邮件、快件；

（六）其他违反法律、行政法规的行为。

第四十二条 公安机关交通管理部门对带有邮政专用标志的车辆和经邮政管理部门认定的快递车辆给予道路通行便利。上述车辆在运递邮件、快件途中发生一般交通违章或者轻微交通事故时，公安机关交通管理部门应当在记录后立即放行，待其完成运递任务后，再作后续处理。发生严重违章确需扣留车辆或者发生重大交通事故的，公安机关交通管理部门应当协助保护邮件、快件安全并及时通知车辆所属企业转运邮件、快件。

带有邮政专用标志的车辆和经邮政管理部门认定的快递车辆需要临时占用道路揽收和投递邮件、快件的，在保证交通安全、驾驶人不离开车辆和不影响道路通行的情况下，可以在法律、法规明令禁止停车的地点外占用道路临时停车。

邮政企业、快递企业不得擅自改变带有邮政专用标志的车辆和经邮政管理部门认定的快递车辆的用途。

第六章 监督管理

第四十三条 邮政管理部门应当依法对邮政企业、快递企业、邮政用品用具生产企业、集邮票品经营者和集中交易市场的经营、服务行为以及印制销售邮票、仿印邮票和邮资图案等行为进行监督管理。

第四十四条 邮政管理部门履行监督管理职责，可以采取下列监督检查措施：

（一）进入邮政企业、快递企业、集邮票品集中交易市场、邮政用品用具生产企业或者涉嫌违反邮政法律、法规活动的其他场所实施现场检查；

（二）向有关单位和个人了解情况；

（三）查阅、复制有关文件、资料、凭证；

（四）要求提供财务会计报表、注册会计师出具的审计报告以及其他有关经营的信息；

（五）经邮政管理部门负责人批准，查封、扣押与违法活动有关的场所、运输工具以及相关物品，对信件以外的涉嫌夹带禁止寄递或者限制寄递物品的邮件、快件开拆检查。

邮政管理部门进行监督检查，应当出示行政执法证件，监督检查人员不得少于二人。被检查的企业应当接受检查并予以配合，不得拒绝、阻碍。

第四十五条 邮政管理部门会同财政部门建立健全监督检查制度，对邮政企业使用邮政普遍服务、特殊服务补贴资金进行监督。

第四十六条 邮政管理部门按照国家规定履行邮政行业统计和经济运行分析的职责。邮政企业、快递企业和邮政用品用具生产企业应当依法向邮政管理部门报送统计资料和邮政普遍服务工作情况等信息。

第四十七条 邮政企业、快递企业及其从业人员造成邮件或者快件丢失、损毁、内件短少的，应当采取补救措施，按照有关法律、行政法规的规定予以赔偿。

第四十八条 邮政企业、快递企业应当向社会公布监督电话，受理用户投诉或者举报。对于用户的投诉、举报及邮政管理部门批转的用户申诉，应当及时处理，并自受理之日起十日内答复用户。

用户对处理结果不满意的，可以向邮政管理部门申诉，邮政管理部门应当自接到申诉之日起三十日内予以答复。

第四十九条 邮政管理部门应当根据国家邮政管理部门公布的邮政用品用具监制目录，对邮政用品用具的生产实行监制。任何单位和个人不得生产、销售未经监制的邮政用品用具。

第五十条 省邮政管理部门应当按照国家有关规定，指导开展邮政企业、快递企业从业人员教育培训和特殊工种职业技能鉴定工作，提高从业人员的素质和技能。

第五十一条 依法成立的邮政企业管理协会、快递行业协会、集邮协会、直邮协会等行业社会团体，应当自觉接受邮政管理部门的监督管理，发挥服务企业和行业自律作用，促进邮政业的健康发展。

第七章 法律责任

第五十二条 邮政管理部门工作人员有下列行为之一的，依法给予行政处分；构成犯罪的，依法追究刑事责任：

（一）违反法定条件、程序实施行政许可，侵害行政相对人合法权益的；

（二）明知有违反邮政法律、法规的行为不依法、不及时查处的；

（三）泄露在监督管理工作中知悉的企业商业秘密的；

（四）其他滥用职权、玩忽职守、徇私舞弊的行为。

第五十三条 违反本条例规定，擅自将普遍服务自办网点改为代办网点，致使提供的邮政普遍服务不符合邮政普遍服务标准的，由邮政管理部门责令限期改正；逾期不改正的，可以处一万元以上五万元以下的罚款。

第五十四条 违反本条例规定，擅自迁移、毁损、拆除邮政设施的，由邮政管理部门责令限期恢复原状或者采取其他补救措施，可以处二千元以上二万元以下的罚款。

第五十五条 违反本条例规定，未按照时间要求，为具备通邮条件的用户通邮的，由邮政管理部门责令限期改正；逾期不改正的，处一千元以上二万元以下的罚款。

第五十六条 违反本条例第二十四条、第三十二条第（一）项、第（三）项、第（四）项规定的，由邮政管理部门责令改正，没收非法物品和违法所得，可以并处一千元以上一万元以下的罚款。

第五十七条 违反本条例规定，经营快递业务不符合快递服务标准或者擅自停止经营快递业务的，由邮政管理部门责令改正，可以处三千元以上一万元以下的罚款；情节严重的，处一万元以上五万元以下的罚款。

第五十八条 违反本条例第三十七条第一款规定的，由邮政管理部门责令改正，没收违法所得，并处五千元以上一万元以下的罚款。

第五十九条 违反本条例第四十六条规定，拒报、虚报统计资料和信息的，由邮政管理部门责令限期改正；逾期不改正的，依照有关法律、法规的规定处理。

第六十条 快递企业被吊销快递业务经营许可证的，自快递业务经营许可证被吊销之日起三年内，不得申请经营快递业务。

快递企业法定代表人对快递业务经营许可证被吊销负有个人责任的，自快递业务经营许可证被吊销之日起三年内，不得担任快递企业董事、监事、高级管理人员。

第八章 附 则

第六十一条 本条例自2012年7月1日起施行。2000年9月4日河北省人民政府公布的《河北省邮政管理规定》同时废止。

河北省邮政业安全监督管理规定

（2012年12月11日河北省人民政府第113次常务会议讨论通过）

第一章 总 则

第一条 为加强邮政业安全监督管理，保护邮政通信和信息安全，维护用户合法权益，促进邮政业健康发展，根据《中华人民共和国邮政法》、《河北省邮政条例》等有关法律、法规，结合本省实际，制定本规定。

第二条 在本省行政区域内管理、经营或者使用邮政服务、快递服务及与邮政业安全有关的活动，适用本规定。

第三条 邮政业安全监督管理坚持安全第一、预防为主、综合治理的方针，保障寄递渠道畅通和邮件、快件寄递安全，确保邮政企业、快递企业生产安全和从业人员人身安全。

第四条 省、设区的市邮政管理部门负责本行政区域内邮政业的安全监督管理工作。

各级公安、国家安全、海关、工商行政管理、安全生产监督管理、检验检疫等部门应当按各自职责，与邮政管理部门相互配合，依法做好本行政区域内邮政业的安全监督管理工作。

第五条 县级以上人民政府应当建立健全邮政业安全监督管理协调机制，解决工作中的重大问题，督促有关部门依法履行邮政业安全监督管理职责。

第六条 邮政企业、快递企业应当遵循“谁经营、谁负责”的原则，遵守国家通信与信息安全、生产安全等有关安全管理的规定，不得危害国家安全、公共安全和公民、法人或者其他组织的合法权益。

邮政企业、快递企业应当建立安全保障实时应对机制，强化信息监测收集和安全防范措施，根据业务量变化情况，调整人力、物力投入，确保安全保障工作水平符合企业生产规模需求。

第七条 任何公民、法人或者其他组织不得隐匿、毁弃、冒领、倒卖、非法扣留、非法开拆邮件、快件，不得损毁邮政与快递服务设施或者影响邮政与快递服务设施的正常使用。

第二章 通信和信息安全

第八条 用户交寄邮件、快件应当遵守国家关于禁止寄递或者限制寄递物品的规定，不得通过寄递渠道危害国家安全、公共安全和公民、法人或者其他组织的合法权益。

第九条 邮政企业、快递企业在收寄过程中发现寄件人交寄国家禁止寄递物品的，应当拒绝收寄。已经收寄的邮件、快件中发现有上述物品的，邮政企业、快递企业应当立即停止转发和投递。对其中依法需要没收或者销毁的物品，应当立即向有关部门报告，并配合有关部门进行处理。禁寄物品的处理情况应当由邮政企业、快递企业经办人员记录，并交相关负责人签字后存档。

对已经收寄的不需要没收、销毁的禁寄物品以及一同查处的禁寄物品之外的物品，邮政企业、快递企业应当与寄件人或者收件人取得联系，妥善处理。

第十条 邮政企业、快递企业经营国际邮件、快件寄递业务，应当符合国家关于出入境寄递物品检验检疫的有关规定。

第十一条 发生自然灾害、事故灾难、公共卫生事件、社会安全事件等突发事件的特定时期，经国务院邮政管理部门批准，省邮政管理部门可以公布国家禁止寄递物品之外的禁寄物品名录。邮政企业、快递企业应当遵守并告知企业总部及其他省(自治区、直辖市)本网络企业。

第十二条 邮政企业、快递企业应当规范邮件、快件数据信息的管理,收寄邮件、快件时,应当提示用户如实填写寄递详情单,包括寄件人、收件人名址和寄递物品的名称、类别、数量等,并核对寄件人和收件人信息,准确注明邮件、快件的重量、资费。依照国家规定需要用户提供有关书面凭证的,邮政企业、快递企业应当要求用户提供凭证原件。国务院邮政管理部门规定寄件人出具身份证明的,邮政企业、快递企业应当要求用户出示有效身份证件。

用户拒绝验视、拒不如实填写寄递详情单、拒不提供相应书面凭证或者不按规定出示有效身份证件的,邮政企业、快递企业不予收寄。

第十三条 邮政企业、快递企业应当保护用户的信息安全和通信秘密,确保所掌握的用户使用邮政服务、快递服务的信息不被窃取、泄露。除公安机关、国家安全机关、检察机关依法行使职权外,未经法律明确授权或者用户书面同意,邮政企业、快递企业不得将用户使用邮政服务、快递服务的信息提供给任何组织或者个人。

前款所称用户使用邮政服务、快递服务的信息,是指寄件人、收件人的名址信息、身份证件号码、电话号码以及使用邮政服务、快递服务的种类、数量、时间等信息。

第十四条 邮政企业、快递企业运递邮件、快件,应当使用封闭式运输车辆,规范喷涂企业标识,定期对运输工具进行保养维护。干线运输车辆应当配备车辆卫星监控系统。

第十五条 邮政企业、快递企业应当根据邮件、快件内件的性质、寄递要求等,选用适当的材料和方式进行包装。在分拣、封发、投递等服务环节,做到文明规范操作。

第十六条 邮政企业、快递企业从业人员在收寄、投递过程中,应当统一穿着具有组织标识的服装,佩戴工号牌或者胸卡。服务完成后,由用户就验视、封装、服务质量等事项进行测评。

第三章 生产安全

第十七条 邮政企业、快递企业的主要负责人是安全生产的第一责任人,对本企业安全生产工作负有下列职责:

(一)组织建立健全本企业安全生产责任制;

(二)组织制定本企业安全生产规章制度和操作规程;

(三)保证本企业安全生产资金的投入和有效使用;

(四)积极配合相关部门对本企业的安全生产工作进行监督检查;

(五)督促检查本企业的安全生产工作,及时消除生产安全事故隐患;

(六)组织制定并实施本企业的生产安全事故应急救援预案;

(七)及时、如实报告生产安全事故。

第十八条 邮政企业、快递企业应当依法设置安全生产管理机构或者配备专(兼)职安全管理人员,建立健全安全生产责任制,落实安全生产保障、安全生产检查与事故隐患排查、安全生产教育培训、安全生产信息报告等制度,与邮政管理部门签订安全生产责任状。

第十九条 邮政企业、快递企业应当落实岗前安全培训制度,强化从业人员安全生产知识与技能的培训、教育,使其具备与本岗位相适应的安全生产知识和处置技能。

特种作业人员应当按规定经专门的安全作业培训并取得特种作业操作资格证书,方可上岗作业。

第二十条 邮政企业、快递企业的营业场所、邮件和快件处理场所应当按国家要求配置消防器材、安装视频安防监控设备,采取防盗、防水等措施,配备符合国家标准的安全检查设备,安排具有专门技术和技能的人员对邮件、快件进行安全检查。

邮政企业、快递企业应当为从业人员提供相

应的个人安全防护措施、装备，并在人员密集场所设置符合紧急疏散要求、标志明显、保持畅通的出口。

第二十一条 邮政企业、快递企业新建、改建和扩建邮件处理中心、快件分拨中心，应当符合国家安全机关、海关依法履行职责的需要，其安全设施必须与主体工程同时设计、同时施工、同时投入生产和使用。已经投入生产和使用的安全设施不符合安全防护标准和要求的，应当予以更换或者改建。

邮政企业、快递企业的邮件处理中心、快件分拨中心应当在设计建设前和竣工验收后30日内向当地邮政管理部门备案。

第四章 应急管理

第二十二条 邮政管理部门应当按国家规定，制定邮政业突发事件应急预案，建立健全邮政业应急保障系统。

邮政企业、快递企业应当按国家规定，制定突发事件应急预案和专项预案，定期组织开展应急演练，加强应急队伍建设和物资、技术、经费保障，满足突发事件预防与处置工作的需要。

第二十三条 邮政企业、快递企业应当根据邮政管理部门的要求建立完善专项安保工作制度，开展安全防范教育，实行应急值守和领导带班制度，确保信息渠道畅通。

第二十四条 发生自然灾害、事故灾难、公共卫生事件、社会安全事件等，造成企业人员死亡、失踪，邮件、快件丢失、损毁、积压，邮件处理中心、快件分拨中心内发生重大事故，导致生产中断，以及其他可能严重影响寄递渠道畅通的情形的，邮政企业、快递企业应当依照国家有关规定向邮政管理部门和负有相关职责的公安、国家安全、安全生产监督管理等部门报告。

第二十五条 有下列情形之一的，邮政企业、快递企业应当在情形发生之日起3日内，向邮政管理部门报告相关情况：

（一）邮政企业、快递企业及其分支机构因面临高额债务追偿或者因投资、经营不善导致无法履行对其他主体的债务，可能影响正常开展寄递业务的；

（二）邮政企业、快递企业及其分支机构因经济纠纷或者违法行为被有关机关查封运营设备、设施，或者冻结资产的；

（三）邮政企业、快递企业分立、合并、投资融资、变更终止协议等，可能影响正常开展寄递业务的；

（四）邮政企业、快递企业及其从业人员私自开拆、隐匿、毁弃邮件、快件十件以上，或者因故意延误投递邮件、快件被侦查机关立案调查的；

（五）其他可能影响寄递渠道畅通的情形。

第二十六条 邮政管理部门与公安、国家安全等相关部门应当相互配合，妥善处置邮政业突发事件，查明事件原因和责任，依法对存在违法行为的企业或者人员进行处理。

第五章 监督管理

第二十七条 邮政管理部门依法履行下列监督管理职责：

（一）制定保障邮政通信与信息安全、生产安全的政策、制度和相关标准，并监督实施；

（二）指导与监督邮政企业、快递企业落实安全责任制，督促企业加强内部安全管理；

（三）对邮政行业运行安全进行监测、预警和应急管理；

（四）指导、监督邮政企业、快递企业开展安全运营的宣传教育和培训；

（五）依法对邮政企业、快递企业实施安全监督检查；

（六）组织调查或者参与调查邮政业安全事故，查处违反邮政业安全监督管理规定的行为；

（七）法律、法规和规章规定的其他职责。

第二十八条 邮政管理部门履行监督管理职责，可以采取下列监督检查措施：

(一)进入邮政企业、快递企业实施现场检查;

(二)向有关单位和个人了解情况;

(三)查阅、复制有关文件、资料、凭证;

(四)经邮政管理部门负责人批准,查封、扣押与违法活动有关的场所、运输工具以及相关物品,对信件以外的涉嫌夹带禁止寄递或者限制寄递物品的邮件、快件开拆检查。

邮政管理部门进行监督检查,应当出示行政执法证件,监督检查人员不得少于二人。被检查的企业应当接受检查并予以配合,不得拒绝、阻碍。

第二十九条 任何单位和个人有权对邮政企业、快递企业在通信和信息安全及生产安全方面存在的事故隐患和违法行为向邮政管理部门或者其他有关部门报告、举报,接到报告、举报的部门应当按职责分工,及时组织核查并依法处理。

第六章 法律责任

第三十条 邮政管理部门及其他相关部门工作人员有下列行为之一的,对直接负责的主管人员和其他直接责任人员依法给予处分;涉嫌犯罪的,由司法机关依法处理:

(一)未依法履行邮政业安全监督检查职责的;

(二)接到对邮政企业、快递企业存在的安全事故隐患及安全生产违法行为的报告、举报,未及时进行核查和处理的;

(三)有其他玩忽职守、滥用职权、徇私舞弊行为的。

第三十一条 邮政企业、快递企业有下列行为之一的,由邮政管理部门责令限期改正;逾期未改正的,处二千元以上五千元以下罚款:

(一)未配备符合国家标准的安全检查设备,或者未安排具备专门技术和技能的人员对邮件、快件进行安全检查的;

(二)未依照规定要求用户提供并核对有关书面凭证或者要求用户出示有效身份证件的;

(三)未按规定妥善处置禁寄物品的;

(四)未按邮政管理部门的要求建立完善专项安保工作制度的。

第三十二条 用户违反本规定第八条规定的,依照《中华人民共和国治安管理处罚法》及有关法律、法规予以处罚;涉嫌犯罪的,由司法机关依法处理。

第七章 附 则

第三十三条 本规定自2013年2月1日起施行。

山西省邮政业突发事件应急预案

2012年5月21日

1 总 则

1.1 编制目的

建立健全全省邮政业突发事件应急工作机制,提高应对邮政业突发事件能力,最大限度地预防和减少邮政业突发事件及其造成的损害,确保邮政通信的安全畅通。

1.2 编制依据

《中华人民共和国突发事件应对法》、《中华人民共和国邮政法》、《邮政行业安全监督管理办法》、《山西省突发公共事件总体应急预案》、《国家邮政业突发事件应急预案》等有关法律、法规和规范性文件。

1.3 工作原则

统一指挥、密切配合、快速反应；预防与处置相结合，以预防为主；谁主管谁负责、谁经营谁负责；依法规范、加强管理。

1.4 适用范围

本预案适用于我省邮政业突然发生的网路运行故障、安全生产事故、通信中断或瘫痪等威胁通信安全畅通的事件。

2 组织指挥体系及职责

2.1 山西省邮政业突发事件应急指挥部及职责

成立山西省邮政业突发事件应急指挥部（简称“省指挥部”），由省邮政管理局局长任总指挥，分管局领导任副总指挥，局内市场监管处、综合处、普遍服务处主要负责人为成员。

省指挥部职责：

（1）负责启动和终止特别重大、重大邮政业突发事件应急响应，指挥处置工作。

（2）指导较大、一般邮政业突发事件处置工作。

（3）负责向国家邮政局和山西省人民政府做特别重大和重大邮政业突发事件处理情况的工作汇报。

（4）根据全省邮政业突发事件处置情况，向国家邮政局和山西省人民政府提出支援请求。

（5）负责邮政业突发事件信息发布工作。

（6）其他相关重大事项。

2.2 省指挥部办公室及职责

省指挥部办公室设在省邮政管理局市场监管处，处长任办公室主任。

省指挥部办公室职责：

（1）组织编制、修订山西省邮政业突发事件应急预案。

（2）指导、监督全省邮政、快递企业应急预案的编制和实施。

（3）负责与政府有关部门的联系沟通，收集、分析全省邮政业突发事件信息，提出邮政业突发事件应急处置方案，落实省指挥部处置决策。

（4）负责山西省邮政业突发事件的接警值班工作。

（5）省指挥部交办的其他工作。

2.3 省指挥部成员单位职责

省邮政管理局市场监管处：负责邮政业突发事件处置工作的具体组织、协调和指挥工作。根据突发事件处置工作需要，负责与省国家安全、公安、交通、卫生等部门的联系协调。

省邮政管理局综合处：负责邮政业突发事件处置工作中的后勤保障和信息发布工作。根据突发事件处置工作需要，负责与宣传部门或主要媒体的联系协调。

省邮政管理局普遍服务处：负责邮政业突发事件处置工作中，配合省指挥部办公室与邮政企业的沟通、协调工作。

省邮政公司、各快递企业设立相应的邮政业突发事件应急指挥部和办事机构，负责组织本企业内突发事件的预防和处置工作。

3 预警和预防机制

3.1 信息监测与报告

省邮政管理局要与省国家安全、安监、公安、交通、卫生等部门建立有效的信息沟通渠道，邮政企业、快递企业要对日常生产运行状况进行实时监测分析，切实加强对邮政业突发事件的信息收集工作。

邮政企业、快递企业通过监测获得内部预警信息后，对预警信息加以分析，按照早发现、早报告、早处置的原则，将可能演变为邮政业突发事件的情况，立即报告省指挥部办公室，最迟不得超过1小时，并积极采取防范措施。

省指挥部办公室接到预警信息后，立即向省指挥部和国家邮政业突发事件应急指挥部办公室报告，最迟不得超过1小时，同时通报有关部门。

3.2 预防预警行动

省邮政管理局要加强对邮政企业、快递企业的安全生产工作检查,保障寄递网络的安全畅通。邮政企业、快递企业要按照《邮政行业安全监督管理办法》的规定,建立健全安全管理制度,定期检查本企业各项安全防范措施的落实情况,对本企业内容易引发突发事件的危险源、危险区域进行调查、登记、风险评估,定期进行检查、监控,并及时采取安全防范措施,消除安全隐患。

接到邮政业突发事件信息报告后,省指挥部办公室要立即分析核实,通知可能受到影响的邮政企业或快递企业,做好预防和处置准备工作。

3.3 预警级别及发布

邮政业突发事件预警等级分为一级、二级、三级和四级,依次用红色、橙色、黄色和蓝色表示。省指挥部通过分析评估确定预警级别,发布预警信息,并根据事态发展情况,决定是否解除已经发布的预警信息,并交其办事机构办理。预警信息内容包括突发事件的类别、预警级别、起始时间、可能影响范围、警示事项、应采取的措施和发布机关等。

4 应急响应

4.1 事件分级

邮政业突发事件按照其性质、严重程度、可控性和影响范围等因素,分为特别重大、重大、较大、一般四级。

(1)符合下列情形之一的,为特别重大邮政业突发事件:

①因自然灾害、生产事故等原因引起的邮政业突发事件,造成相关人员死亡、失踪3人以上10人以下或受伤10人以上20人以下,邮件、快件积压5万件以上或损毁2万件以上。

②邮寄生物病原体、生物毒素、危险化学品、放射性物品等,并在寄递过程中发生泄漏,已扩散形成特大污染事故,危及50人以上100人以下生命安全。

③全省邮政信息系统发生特别重大故障,运载邮件的交通工具、二级邮区中心局、省级邮政机要处理场所和快件大型分拨中心发生特别重大事故,造成省际邮政通信中断。

④邮政企业、快递企业营业网点、金(票)库、邮件处理或存放场地等场所被劫、被盗,造成现金、邮票、邮件、设备等损失达500万元以上800万元以下。

⑤其他需要按特别重大邮政业突发事件对待的事件。

(2)符合下列情形之一的,为重大邮政业突发事件:

①因自然灾害、生产事故等原因引起的邮政业突发事件,造成相关人员死亡、失踪3人以下或受伤5人以上10人以下,邮件、快件积压2万件以上5万件以下或损毁1万件以上2万件以下。

②邮寄生物病原体、生物毒素、危险化学品、放射性物品等,并在寄递过程中发生泄漏,已扩散形成重大污染事故,危及30人以上50人以下生命安全。

③邮政信息系统发生重大故障,运载邮件的交通工具,二级邮区中心局、省级以下邮政机要处理场所和省内较大快件分拨中心发生重大事故,造成本省内邮政通信中断。

④邮政企业、快递企业营业网点、金(票)库、邮件处理或存放场地等场所被劫、被盗或因其他原因损毁,造成现金、邮票、邮件、设备等损失达300万元以上500万元以下。

⑤其他对邮政业通信安全畅通构成严重威胁、造成严重影响的突发事件。

(3)符合下列情形之一的,为较大邮政业突发事件:

①因自然灾害、生产事故等原因引起的邮政业突发事件,造成相关人员受伤3人以上5人以下,邮件、快件积压1万件以上2万件以下或损毁0.5万件以上1万件以下。

②邮寄生物病原体、生物毒素、危险化学品、

放射性物品等，并在寄递过程中发生泄漏，已扩散形成重大污染事故，危及30人以下生命安全的。

③邮政信息系统发生较大故障，市级邮政机要处理场所和市内较大快件分拨中心发生较大事故，造成本市内邮政通信中断。

④邮政企业、快递企业营业网点、金（票）库、邮件处理或存放场地等场所被劫、被盗或因其他原因损毁，造成现金、邮票、邮件、设备等损失达200万元以上300万元以下。

⑤其他对邮政业通信安全畅通构成较严重威胁、造成较严重影响的突发事件。

（4）符合下列情形之一的，为一般邮政业突发事件：

①因自然灾害、生产事故等原因引起的邮政业突发事件，造成相关人员受伤3人以下，邮件、快件积压1万件以下或损毁0.5万件以下。

②邮政信息系统发生故障，市级以下邮政分支机构机要处理场所和分拨中心发生事故，影响邮政通信安全畅通。

③邮政企业、快递企业营业网点、金（票）库、邮件处理或存放场地等场所被劫、被盗或因其他原因损毁，造成现金、邮票、邮件、设备等损失达200万元以下。

④其他对邮政业通信安全畅通构成一定威胁、造成一定影响的突发事件。

上述分级标准有关数量的表述中，“以上”含本数，“以下”不含本数。

4.2　信息报告

突发事件发生后，事发单位应当立即向上级单位和事发地人民政府报告。来不及形成文字的，可先用电话报告。对特别重大、重大突发事件，必要时，在向上级单位和事发地人民政府报告的同时，可以越级报告省人民政府。对较大以上和暂时无法判明等级的突发事件，事发后3小时内报告省人民政府，并及时续报事件有关情况，直至应急处置工作结束。

突发事件报告内容包括时间、地点、单位名称、信息来源、事件类别、伤亡或者经济损失的初步评估、影响范围、事件发展态势及处置情况。

4.3　分级响应

（1）特别重大、重大邮政业突发事件发生后，由省指挥部启动一级、二级应急响应，指挥处置工作，同时将处置情况及时上报国家邮政局和省人民政府。事发邮政企业或快递企业负责事件的先期处置，并配合省指挥部开展现场救援等应急处置工作。

（2）较大、一般邮政业突发事件发生后，由事发邮政企业或快递企业应急指挥部启动三级、四级应急响应，开展相应的应急处置工作，同时上报省指挥部办公室。

4.4　紧急处置

突发事件发生后，事发邮政企业或快递企业在上报事件信息的同时，要立即赶往现场组织开展救援行动。迅速控制和切断突发事件源头，防止损失扩大和次生灾害的发生，把损失降到最低限度；妥善保护和安置邮件、快件，做好机要邮件的保密工作；及时救助伤员，做好人员疏散和安置工作；做好工作记录，保存与突发事件有关的原始资料和凭证，并及时上报工作进展情况。

省指挥部组织协调各项应急工作措施的落实。根据事发单位请求，给予必要的物资增援和人员救助。必要时，协调国家安全、安监、公安、交通、卫生等有关部门共同开展应急处置工作。遇寄递渠道发生“核生化爆”恐怖袭击等突发事件时，与省国家安全厅联系开展处置工作。

4.5　信息发布

省指挥部指定专人负责信息发布工作。根据《国家突发公共事件新闻发布应急预案》的有关要求，迅速拟定信息发布方案，确定发布内容，采用适当方式，及时、准确发布信息，正确引导社会舆论。

4.6　应急结束

造成或可能造成突发事件的危险因素消除后，由启动应急响应的机构宣布应急响应结束。

5 后期处置

5.1 善后处置

突发事件处置结束后，迅速恢复邮政业生产经营正常秩序；对突发事件中的伤亡人员、应急处置工作人员，以及紧急调集、征用有关单位及个人的物资，要按照规定给予抚恤、补助或补偿。

5.2 总结评估

邮政业突发事件处置工作结束后，省指挥部要对事件的起因、性质、影响、责任、经验教训等问题进行调查评估。相关邮政企业、快递企业应予配合。

5.3 奖励与惩罚

按照有关规定，对在邮政业突发事件处置过程中表现突出的单位和个人给予表彰；对处置和保障不力、给国家和企业造成损失的单位和个人进行惩处。奖惩办法另行制定。

6 应急保障

6.1 队伍保障

邮政企业、快递企业要不断加强邮政业突发事件应急队伍的建设，以满足我省邮政业突发事件的处置和邮政通信恢复应急工作的需要。邮政业突发事件应急队伍由邮政企业、快递企业的分拣分发、运输投递及应急机动通信保障机构组成。

为应对突发事件，省指挥部可以紧急调用有关邮政企业、快递企业的人员，并按照有关规定给予补偿。

6.2 通信保障

在突发事件应急处置过程中，突发事件应急办事机构要实行24小时值班，确保应急工作系统内部的部门之间、人员之间的通信联络畅通，确保信息传达及时顺畅。通信联络方式包括固定电话、移动电话、传真等。

6.3 物资保障

邮政企业、快递企业应储备必要的应急物资和设备，加强对应急物资及设备的管理、维护和保养，以备随时紧急调用。

省指挥部为应对突发事件，经国家邮政业应急办公室授权，可以紧急调集和临时征用有关邮政企业、快递企业的物资及车辆、场地和相关设备。

6.4 协调合作

省邮政管理局要建立与交通管理、公安等部门的联系制度，发挥部门合力作用，解决邮政业突发事件应急处置过程中的有关问题。

6.5 经费保障

省内相关部门和单位应为邮政业突发事件处置工作提供必要的经费保障。

6.6 宣传教育、培训和演练

6.6.1 宣传教育

省邮政管理局要充分利用各种有效的宣传形式，加强邮政业突发事件有关法律、法规和政策的宣传，开展邮政业突发事件应急处置基本知识和技能的宣传教育活动。

6.6.2 培训

省邮政管理局要将应急管理知识列为干部培训的必备内容，切实提高邮政管理干部的应急管理水平。各邮政企业、快递企业要将邮政业突发事件应急知识列为工作人员的培训内容，加强安全管理的培训，提高防范意识和技能。

6.6.3 演练

省邮政管理局、各邮政企业、快递企业要定期组织预案演练，演练情况由省指挥部办公室汇总后报国家邮政局和省人民政府。

7 附 则

7.1 术语说明

（1）邮政业：是指从事寄递业务的行业，包括邮政和快递。邮政业是国家重要的社会公用事业，邮政网络是国家重要的基础设施。

（2）邮政企业：是指中国邮政集团公司及其提供邮政服务的全资企业、控股企业。

（3）快递企业：是指从事快件递送业务的国

有、民营、外资企业。

（4）邮件：是指邮政企业寄递的信件、包裹、汇款通知、报刊和其他印刷品等。

（5）快件：是指快递企业递送的信件、包裹、印刷品等。

7.2　预案管理与更新

本预案由山西省邮政管理局负责制定，并根据需要进行修订。

各邮政企业、快递企业结合本预案制定本单位邮政业突发事件应急预案。

7.3　预案解释部门

本预案由山西省邮政管理局负责解释。

7.4　预案实施时间

本预案自印发之日起施行。

上海市实施《中华人民共和国邮政法》办法

（2012年9月26日上海市第十三届人民代表大会常务委员会第三十六次会议通过）

第一章　总　则

第一条　为了保障邮政普遍服务，规范和促进快递服务发展，维护邮政通信与信息安全，保护通信自由和通信秘密，保护用户合法权益，加强对邮政市场的监督管理，根据《中华人民共和国邮政法》和其他有关法律、行政法规，结合本市实际情况，制定本办法。

第二条　本市行政区域内邮政设施的规划和建设、邮政服务、快递业务经营以及相关监督管理活动，适用本办法。

第三条　市邮政管理部门负责本市行政区域的邮政普遍服务和邮政市场的监督管理。

区、县人民政府和市建设交通、发展改革、财政、规划国土、房屋、工商、公安、国家安全等有关行政管理部门按照各自职责分工，协同实施本办法。

第四条　市人民政府应当组织编制邮政业发展规划，并将其纳入国民经济和社会发展规划。

市邮政管理部门应当建立服务评估机制，定期开展邮政普遍服务、快递服务运行情况的评估和用户满意度的测评，并定期向企业反馈，向社会公布。

第五条　市邮政管理部门应当会同有关部门通过多种方式，向公众宣传、普及邮政法律知识和用邮知识。

邮政企业和快递企业应当及时、妥善处理用户对服务质量提出的投诉。用户对处理结果不满意的，可以向邮政管理部门申诉。

市邮政管理部门应当设立用户投诉、申诉处理部门，公布统一的邮政服务、快递服务投诉、申诉电话，处理用户对邮政企业和快递企业服务质量提出的申诉，并定期向社会公布用户申诉情况。

第二章　邮政设施的规划和建设

第六条　市邮政管理部门应当会同市规划国土行政管理部门组织编制包括邮政营业场所、邮件处理场所等在内的邮政设施的专项规划，经市人民政府批准后，纳入相应的城乡规划。

区、县人民政府和市规划国土行政管理部门编制控制性详细规划时，应当根据邮政设施专项规划和邮政普遍服务标准，明确邮筒（箱）等邮政设施的布局。

第七条　建设邮政营业场所、邮件处理场所等设施所需的土地，符合国家划拨用地目录的，由市或者区、县人民政府依法划拨。

大型居住区等建设项目按照控制性详细规划需要配套建设的邮政营业场所、邮件处理场所，应当符合有关公共服务设施设置标准，并与主体工程同步建设，同步交付使用。

建设单位配套建设的邮政营业场所、邮件处理场所，属于设置面积标准范围内的，供应价格标准由市建设行政管理部门会同市规划国土、房屋行政管理部门按照支持和保障邮政普遍服务的原则确定。

依法取得的划拨土地和依前款规定配套建设的邮政营业场所、邮件处理场所，不得擅自转让或者改变用途。

第八条 现有邮政营业场所无法满足用户用邮需求且暂时无法增设的，邮政企业应当合理设置邮政便民服务站（亭）或者自助邮政服务设施。

区、县人民政府应当对邮政便民服务站（亭）或者自助邮政服务设施的设置予以支持。

第九条 既有住宅建筑未配置信报箱或者配置的信报箱不符合国家和本市标准的，在进行住宅综合改造和房屋修缮时，应当配置或者改造。

第十条 征收邮政营业场所或者邮件处理场所，按照控制性详细规划要求需在该区域继续设置的，征收部门应当以重建或者该区域房屋产权调换的方式，提供邮政营业场所或者邮件处理场所的用房。邮政营业场所或者邮件处理场所的用房交付前，征收部门应当提供保障邮政普遍服务的周转用房。征收部门未作出妥善安排前，不得征收。

征收邮政营业场所或者邮件处理场所，按照控制性详细规划要求无需在该区域继续设置的，邮政企业可以选择房屋产权调换或者货币补偿的方式。

因城市建设需要迁移邮筒（箱）、邮政便民服务站（亭）或者自助邮政服务设施的，应当就近设置。

第三章　邮政服务

第十一条 邮政普遍服务是公共服务的重要内容。邮政企业应当按照国家规定承担提供邮政普遍服务的义务，为用户提供迅速、准确、安全、方便的服务。

各级人民政府应当对邮政企业提供邮政普遍服务给予支持和优惠。

第十二条 市邮政管理部门应当根据国家邮政普遍服务标准和本市经济社会发展需要，就邮政营业场所设置、邮政服务时限和邮件投递等事项，制定本市邮政普遍服务规范，提高邮政普遍服务水平。

邮政企业应当遵守本市邮政普遍服务规范。

第十三条 邮政企业应当加快推进农村地区的邮件直投到户服务。对已纳入城市化地区的农村，邮政企业应当提供邮件直投到户服务。

对不具备直投到户条件的农村地区，应当设置村邮站。乡、镇人民政府应当会同村民委员会利用农村现有公共服务设施或者其他房屋、场所，落实村邮站用房。

村邮站服务人员配置以及所需费用，由村民委员会会同邮政企业商定，区、县人民政府应当予以扶持。邮政企业应当对村邮站服务人员进行业务培训和管理。

第十四条 邮政企业应当通过互联网等渠道，向用户免费提供国内给据邮件查询服务。用户可以凭借邮政企业收寄邮件时出具的收据，在法定期限内查询给据邮件当前所处服务环节以及所在位置。

第十五条 带有邮政专用标志并用于转趟、驳运的邮政货运车辆需要在本市城市快速路通行的，邮政企业应当按照转趟、驳运的频次和通行辆次的实际需要，向市公安交通行政管理部门提出城市快速路通行申请；经市公安交通行政管理部门同意，在确保安全的前提下，邮政货运车辆可以在城市快速路通行。

带有邮政专用标志的邮政车辆因交接邮件作业需要在禁止停车的地点临时停车的，邮政企业应当事先制订全市性禁止停车地点邮政车辆作业临时停车方案，报市公安交通行政管理部门；经市公安交通行政管理部门同意，在确保安全的前提下，邮政车辆作业时可以按照临时停车方案规定的地点和时间在禁止停车地点临时停车。

第十六条 邮政车辆在运递邮件途中发生道路交通事故，危及邮件安全的，公安交通行政管理部门应当在邮政企业转移邮件前，协助保护邮件的安全。

第十七条 禁止任何单位或者个人在邮政营业场所、邮件处理场所的出入口处以及邮筒（箱）周围设摊、堆物或者从事其他影响邮政设施正常使用的行为。

第四章 快递业务

第十八条 市人民政府应当将快递业纳入现代服务业发展规划，并完善有关促进快递业发展的政策措施。

第十九条 市邮政管理部门应当加强快递业市场管理，制定相关管理规则，完善市场监管体系。

第二十条 经营快递业务应当依法取得快递业务经营许可。未经许可，任何单位和个人不得经营快递业务。

快递企业在本市行政区域内设立分支机构或者合并、分立的，应当自工商变更登记之日起三十日内向市邮政管理部门备案。

第二十一条 快递企业应当自行组织或者通过专门的培训机构定期对从业人员开展职业技能和法制培训。未经培训的人员不得上岗作业。

快递行业协会应当依照法律、法规及其章程的规定，为快递从业人员培训提供服务，并制定快递从业人员自律惩戒制度。

市邮政管理部门应当加强对快递从业人员培训工作的指导和监督。

第二十二条 快递企业提供快递服务，应当符合国家法律、法规和规章的规定，遵守快递服务标准和企业的服务承诺。

快递企业提供快递服务，应当与用户签订书面形式的快递服务合同，并在快递服务合同的显著位置，注明快递企业赔偿责任等涉及用户权益的内容。

本市鼓励快递企业使用国家邮政管理部门和国家工商行政管理部门制定的快递服务合同示范文本。

第二十三条 快递企业收寄快件前，应当提醒寄件人阅读快递服务合同条款，并提示寄件人如实填写快递运单。

按照法律、行政法规和国家有关规定，需要寄件人提供身份证明或者快件安全证明的，快递企业应当要求寄件人提供，并保证寄件人的有关信息不被泄露、窃取。寄件人拒不提供的，快递企业应当拒绝为其服务。身份证明和快件安全证明，快递企业应当保存一年以上。

快递企业应当建立快件寄递信息管理系统，确保信息的真实、完整。因国家安全或者追查刑事犯罪的需要，国家安全机关、公安机关可以要求快递企业提供相应信息，快递企业应当配合，并对有关情况予以保密。

第二十四条 快递企业应当按照约定的递送时限，将快件递送至收件人或者约定的地点。

快递企业递送快件时，应当告知收件人当面验收快件。快件外包装完好的，由收件人签字确认；快件外包装有明显破损等异常情形的，快递企业应当告知收件人先验收内件再签收。快递企业与寄件人对验收另有约定的除外。

快递企业递送寄件人与收件人有特殊验收约定的快件或者提供代收货款服务的，应当与寄件人签订书面合同，并严格按照合同执行。寄件人交寄快件时，应当告知收件人快件验收环节的要求。

第二十五条 快递企业应当根据春节等特定时期的快递业务量变化情况以及快件寄递能力，明确特定时期的快递服务承诺。快递企业应当将特定时期的快递服务承诺提前向社会公告，并在收寄快件时告知寄件人。

因商业企业举办商品促销活动等特殊情形可能导致快递业务量激增的，商业企业应当事先与快递企业协商快件寄递方案，并签订相应的快递服务合同。快递企业需要变更快递服务承诺的，商业企业和快递企业应当提前向社会公告。

第二十六条 对无法递送的快件，快递企业应当退回寄件人。快递企业与寄件人另有约定的除外。

第二十七条 机关、企事业单位和住宅小区的物业服务单位应当为快递从业人员向收件人当面递送快件提供便利，不得收取任何费用。

第二十八条 市公安机关应当会同建设交通、邮政等行政管理部门，根据城市交通状况，采取多种措施，在确保安全的情况下，为快递车辆提供通行便利。

用于快递业务的车辆，应当符合市邮政、公安、交通港口等行政管理部门制定的车辆技术规范的要求。

第五章 安全保障

第二十九条 市邮政管理部门、公安机关、国家安全机关和海关应当相互配合，建立健全安全保障机制，加强对邮政通信与信息安全的监督管理，确保邮政通信与信息安全。

市邮政管理部门应当督促邮政企业、快递企业落实寄递渠道安全保障措施。

第三十条 邮政企业、快递企业应当按照有关规定，建立邮件、快件处理场所安全管理制度，落实安全防范措施，并根据国家安全机关、海关依法履行职责的需要，为其提供相应的便利条件。

邮政企业、快递企业应当按照有关规定，在邮件、快件营业场所和邮件处理场所安装安全监控设备。安全监控设备应当保持全天二十四小时运转；监控资料保存时间不得少于三十日。

第三十一条 邮政企业、快递企业收寄、处理或者投递邮件、快件时，发现有禁寄物品的，应当立即停止该物品的寄递服务，并按照国家《禁寄物品指导目录及处理办法》的规定报告市邮政管理部门、公安机关、国家安全机关等相关行政管理部门。

第六章 法律责任

第三十二条 违反本办法的行为，法律、行政法规已有规定的，从其规定。

第三十三条 违反本办法第七条第四款规定，邮政企业擅自转让或者改变划拨土地和配套建设的邮政营业场所、邮件处理场所用途的，由市邮政管理部门责令限期改正；逾期拒不改正的，由市规划国土、房屋等行政管理部门依法处理。

第三十四条 违反本办法第三十条第二款规定，邮政企业或者快递企业未按照要求实行安全监控的，由市邮政管理部门责令限期改正，逾期拒不改正的，处二万元以上五万元以下罚款。

第三十五条 市邮政管理部门和其他有关行政管理部门的工作人员有下列行为之一的，由其所在单位或者上级主管部门依法给予警告、记过或者记大过处分；情节严重的，给予降级、撤职或者开除处分：

（一）未依照本办法履行邮政普遍服务监管职责的；

（二）未依照本办法履行寄递渠道安全监管职责的；

（三）违法实施行政处罚的；

（四）其他滥用职权、玩忽职守、徇私舞弊的行为。

第七章 附 则

第三十六条 本办法自2012年12月1日起施行。

关于促进上海市快递业健康发展的若干意见

近年来，上海市快递业迅速发展，市场规模不断扩大，对促进经济贸易发展、改善城市商务环境等发挥了重要作用，也为方便市民生活、稳定社会就业等作出了一定贡献，上海已经成为全国快递服务最发达、市场竞争最充分的地区之一。但面对快递市场需求的持续增长和竞争加剧，上海市快递服务管理水平参差不齐、配套政策相对滞后等问题日渐突出，制约了快递业的健康发展。为了加大政策支持力度，改善快递业发展环境，根据《中华人民共和国邮政法》以及《上海市实施〈中华人民共和国邮政法〉办法》，现就促进本市快递业健康发展提出如下若干意见：

一、指导思想和基本原则

（一）指导思想

以邓小平理论和“三个代表”重要思想为指导，深入贯彻落实科学发展观，围绕创新驱动、转型发展的总体要求，把促进快递业健康发展作为推进上海现代服务业发展的一项重要内容，充分发挥政府、企业、协会等相关各方的作用，鼓励和引导快递业各类市场主体健康发展，在促进发展中规范管理、改善服务、优化环境、提升能级，进一步提高快递业的综合竞争力，不断完善与上海“四个中心”地位相匹配的现代服务体系。

（二）基本原则

1. 坚持市场竞争和政府指导相结合

遵循快递业发展规律，充分发挥快递企业的主体作用和市场的主导作用，促进快递业有序竞争、良性发展。同时，加强政府指导，发挥政府在推动行业健康发展中的作用，促进快递市场安全、规范、有序发展。

2. 坚持规范管理与改善服务相结合

进一步规范快递行业管理，维护企业和消费者的合法权益，加快构建政府监管、行业自律、社会监督的快递市场监管体系。同时，针对当前快递业发展的瓶颈问题，加强配套政策措施支持，改善快递业发展环境，促进快递业持续健康发展。

3. 坚持扶优做强和转型升级相结合

鼓励和引导企业加强品牌建设，支持快递企业兼并重组，进一步提高产业集中度。同时，推进快递服务方式的转型升级，逐步提升产业层次，创新快递服务业态，不断提高快递业的信息化、标准化和现代化管理水平。

二、主要目标

建立健全促进快递业健康发展的管理协调机制，进一步完善促进快递业健康发展的配套政策措施。

到“十二五”期末，全面构建便捷高效、竞争有序、技术先进、服务优质的快递服务体系，全市快递服务水平保持全国领先地位，满足经济社会发展的需要和广大市民群众的需求；全市快递服务收入年增长率保持在25%以上，初步形成若干具有较高知名度和较强竞争力的大型快递企业，培育日均快件量超过300万件、年收入超过100亿元、具有较强国际竞争力的网络型快递总部企业。

三、具体措施

（一）加强政府指导

加强对快递业发展的指导、管理、服务，制订配套政策，落实发展规划，实施许可审批，贯彻服务标准，规范企业行为，构建形成“公开、公平、公正”的有序竞争格局，引导促进规模以上快递企业做大做强。（责任单位：市邮政管理局、市建设交通委等）

（二）发展总部经济

吸引国内外规模以上快递企业总部、区域总

部、枢纽中心落户上海。积极创造条件,支持总部在沪的快递企业整体上市,完善法人治理结构(责任单位:市邮政管理局、市发展改革委、市金融办等)。支持落户上海的规模以上快递企业在规划物流园区内设置大型快递分拨中心,并在规划、土地管理上给予支持;积极支持利用工业企业旧厂房、仓库和存量土地资源,建设物流设施或提供物流服务,涉及原划拨土地使用权转让或租赁的,应按照规定办理土地有偿使用手续,经批准可采取协议方式出让;在符合城乡规划、土地利用规划和行业发展总体要求的前提下,总部落户上海的规模以上快递企业可通过国家和本市规定的土地出让方式,满足产业发展用地需要(责任单位:市规划国土资源局、市邮政管理局等)。鼓励优势快递企业加强联合,形成品牌化、规模化、网络化、信息化的大型快递企业集团。支持总部企业与被特许企业实施以资本为纽带、集约化管理为目标、一体化运营为核心的兼并重组。鼓励和支持内资快递企业更多地进入国际市场,鼓励不同所有制快递企业兼并重组和优势快递企业实施跨国并购。(责任单位:市经济信息化委、市邮政管理局等)

(三)支持人才引进

落户上海的规模以上快递企业所需的高层次人才和紧缺急需人才,符合条件的,可按规定办理人才引进;市人力资源社会保障部门和邮政主管部门按照相关政策,指导帮助企业引进各类优秀人才。(责任单位:市人力资源社会保障局、市邮政管理局等)

(四)加强用工培训

加强快递企业用工服务,加大劳动用工监察力度,规范用工管理。支持快递企业开展用工培训,开发快递业职业培训项目,落实专项补贴资金。(责任单位:市人力资源社会保障局、市邮政管理局等)

(五)健全网点覆盖

按照《快递营业场所规范化建设指导意见》,指导帮助规模以上快递企业建设标准化服务点;到“十二五”期末,在全市建立标准化服务点3500个,提供标准化、多样化的服务产品。(责任单位:市邮政管理局、各区县政府等)

(六)方便注册登记

快递企业分支机构经营范围超出母体企业范围的,允许先行办理分支机构登记;设有多个分支机构的,允许在分支机构设立后一年内,集中办理备案登记;分支机构超过50家的,允许向母体企业登记机关申请统一办理登记。(责任单位:市工商局)

(七)规范车辆通行

发布符合国家法规标准的快递货运标准车型和快递行业统一标识。按照“扶大扶优”的原则和实际需要,核发日间进入市区地面道路的通行证和道路运输许可证。对必须扣车查处的快递车辆,按照“扣车放件”的原则实施处理(责任单位:市公安局、市交通港口局、市建设交通委、市邮政管理局等)。快递车辆提前报废更新的,可按照国家老旧汽车报废更新补贴办法和本市黄标车淘汰补贴方案予以补贴。快递车辆选用新能源汽车,可按照国家相关规定享受补贴政策。(责任单位:市邮政管理局、市环保局、市经济信息化委、市商务委等)

(八)规范政府采购

规范对政府购买快递服务的管理,本市各级政府机关、事业单位和团体组织使用财政性资金购买快递服务依法应实行政府采购的,应按法规规定,对符合条件的快递服务企业开放。(责任单位:市邮政管理局)

(九)严格安全管理

根据国家和本市的相关法律、法规、规定,健全完善快递业安全保障机制,建设安全防范设施设备,落实快件收寄验视制度,完善突发事件应急处置预案。至“十二五”期末,快递企业分拨中心全部配置符合标准的安检设施。(责任单位:市邮政管理局、市公安局等)

（十）发挥协会作用

配合主管部门加强行业宣传，对行业发展提出意见建议，努力推动行业诚信体系建设，建立行业服务质量监督和投诉处理机制，协调解决业务旺季的运力配置、定价、服务等问题，稳定用工队伍，组织做好与电子商务、网购、超市配送等相关行业的协同发展。（责任单位：快递行业协会、市邮政管理局等）

（十一）提升信息化水平

加大对快递业信息化建设及新技术应用的支持力度，将其纳入信息化发展支持范围，推动规模以上快递企业加快技术进步，提升信息化管理与智能化运作水平。（责任单位：市经济信息化委、市邮政管理局等）

（十二）拓展业务领域

支持国内快递企业与航空公司、机场开展合作，发展航空快件业务，并在航权、时刻、机场用地等方面给予支持。指导、支持有条件的快递规模以上企业加快拓展服务领域（电子商务、会展物流等），积极参与城市共同配送体系建设，推动快递企业向物流集成商发展。（责任单位：市建设交通委、市邮政管理局、市商务委等）

（十三）探索破解难题

指导、支持快递企业与电子商务、连锁商业企业合作，通过发展生活配送业、联手便利店、设立代理门店等方式，向社区、商务办公楼延伸。完善相关政策和行业标准，规范寄送操作行为，为快递进学校、住宅、办公楼提供便利。（责任单位：市邮政管理局、市商务委、市教委、市住房保障房屋管理局等）

上海市城乡建设和交通委员会

上海市邮政管理局

2012 年 10 月 30 日

福建省邮政条例

（2012 年 9 月 27 日福建省第十一届人民代表大会常务委员会第三十二次会议通过）

第一章　总　则

第一条　为了保障邮政普遍服务，加强对邮政市场的监督管理，保护通信自由和通信秘密，维护用户合法权益，加强闽台邮政交流合作，促进邮政业健康发展，根据《中华人民共和国邮政法》和相关法律、法规，结合本省实际，制定本条例。

第二条　在本省行政区域内从事邮政业规划、建设、服务、管理、监督等活动的，应当遵守本条例。

第三条　地方各级人民政府及其有关部门应当对邮政企业提供邮政普遍服务给予政策和资金支持。

邮政企业提供邮政普遍服务按照国家和本省有关规定实行税收优惠。

鼓励和支持快递企业发展，推进快递服务体系建设，提高服务质量，满足社会需求。

第四条　邮政企业、快递企业应当按照国家规定的相关标准，为用户提供迅速、准确、安全、方便的服务。

第五条　省邮政管理部门负责本省邮政普遍服务和邮政市场的监督管理工作。

设区的市邮政管理部门负责本行政辖区内的邮政普遍服务和邮政市场的监督管理工作。

县级以上地方人民政府有关部门按照各自职

责，做好邮政市场的相关监督工作。

第二章 规划与建设

第六条 地方各级人民政府应当将邮政业发展纳入国民经济和社会发展规划，将邮政设施布局和建设纳入土地利用规划以及城乡规划，保障邮政业与当地经济社会协调发展。

第七条 建设城市新区、商业区、开发区、工矿区、城镇社区和旧城区改造，应当根据城乡规划的要求，同时配套建设提供邮政普遍服务的邮政设施。城市建成区已有的邮政设施不能满足邮政普遍服务要求的，经城乡规划主管部门批准后予以扩建或者重建。

较大的车站、机场、港口应当根据需要设置提供邮政普遍服务的邮政营业场所，并为邮政企业装卸、转运邮件或者邮政车辆出入提供必要的场所或者通道。高等院校、大型厂矿、综合性商贸中心等单位应当为邮政企业提供办理邮政普遍服务业务的场所。

第八条 用于邮政普遍服务的邮政营业场所、邮件处理和储运场所建设用地，应当纳入市、县土地利用总体规划和年度国有建设用地供应计划，按照城市基础设施和公益事业用地依法划拨，免征城市基础设施配套费。未经批准，邮政企业不得改变土地用途。

第九条 县级以上地方人民政府应当支持快递物流园区、快件处理中心建设，将建设项目纳入当地城乡规划，项目建设用地享受工业用地政策。

第十条 因公共利益需要征收邮政营业场所或者邮件处理场所的，房屋征收部门应当依法予以补偿安置。对邮政营业场所或者邮件处理场所未作出妥善安排前，不得征收。

第十一条 地方各级人民政府应当对乡镇邮政设施和村邮站的建设和运营给予支持。

村邮站的场所和人员由村民委员会与邮政企业共同商定。邮政企业应当加强对村邮站的业务指导，并与村邮站签订邮件接收、转投协议。

第十二条 交通运输、工商、税务等部门应当支持村邮站开展农业生产资料、日用消费品和农副产品配送服务。

第十三条 城市街道、广场、公园等公共场所应当按照方便群众的原则设置邮筒（箱）、邮政报刊亭等公用设施，由邮政企业编制设置方案经城乡规划等有关部门批准后统一建设、统一管理。邮筒（箱）和占地十平方米以下的邮政报刊亭免收城市道路占用费等相关费用。

邮筒（箱）、邮政报刊亭确需迁移的，应当就近安置。

县级以上地方人民政府应当对邮筒（箱）、邮政报刊亭建设给予政策和资金支持。

第十四条 城镇新建、改建、扩建的住宅小区、住宅建筑工程，应当将信报箱工程纳入建筑工程统一规划、设计、施工和验收，并与建筑工程同时投入使用。住宅信报箱应当按住宅套数设置，安装在便于邮件投递的位置，每套住宅设置一个格口。

住宅建筑工程竣工验收时，应当进行信报箱工程专项验收。专项验收工作由建设单位负责组织，施工、设计、监理以及邮政管理部门或者邮政管理部门委托的其他单位等均应当参加验收。

第十五条 信报箱归产权人所有。

已建成使用的居民楼未设置信报箱的，由产权人或者其委托的物业服务企业以及其他管理者负责按照标准设置。产权人或者管理者负责信报箱的管理、维修、更换，也可以委托邮政企业维修、更换。

县级以上地方人民政府可以对信报箱的建设和维护给予政策和资金支持。

第三章 邮政服务

第十六条 邮政企业提供邮政普遍服务，应当符合邮政普遍服务标准，确保服务时限和邮件安全，及时足额兑付邮政汇款。

未经邮政管理部门批准，邮政企业不得停止

办理或者限制办理邮政普遍服务业务。

第十七条 邮政企业应当采用现代科学技术和管理手段，发挥邮政网络、邮政设施、安全保障、信息传递的优势，增强邮政普遍服务能力，满足社会的用邮需求。

第十八条 邮政企业应当在其营业场所公示或者以其他方式公布其服务种类、资费标准、邮件和汇款的查询以及损失赔偿办法，在邮筒（箱）上标明开取信件的次数和时间，并按时开取信件。

第十九条 邮政企业及其从业人员应当遵守国家和本省的有关规定，对用户名址信息负有保密义务，并应当在寄递服务中合理使用。

第二十条 邮政企业应当建立和完善服务质量管理制度，设置监督投诉电话、信箱，公布监督方式，接受用户对邮政企业服务质量的监督和投诉；对于用户的举报或者投诉，邮政企业应当在七日内，将处理结果答复用户。

第二十一条 新建住宅小区、新设立的单位，由产权人或者管理者到所在地邮政企业办理用户通邮手续。

邮政企业应当自受理用户办理通邮手续之日起七日内安排投递；暂不具备通邮条件的，应当与用户协商并签订协议，将邮件投递至用户指定的已通邮的邮件代收点或者信报箱。

用户变更名称、邮件投递地址的，应当在变更前十日书面通知邮政企业。

第二十二条 地名管理部门设置地名标志，应当按照国家规定标明邮政编码。邮政企业应当协助提供相应地段的邮政编码。

第二十三条 邮政企业从业人员投递邮件时，应当统一穿着具有组织标识的服装，并佩戴工号牌或者胸卡。

机关、企事业单位、综合性商贸中心、商用写字楼和住宅小区的物业服务企业等应当为邮政企业投递邮件提供便利，不得阻碍邮政企业从业人员、投递车辆进入。

邮政企业、产权人或者业主委员会可以与单位收发室、物业服务企业协商，由其代收代转邮件。收发室、物业服务企业接收邮件时，应当当面核对签收，并负责邮件的保管、转交；对无法转交或者误收的邮件，及时通知邮政企业收回。

第二十四条 市、县（区）邮政企业可以凭隶属企业法人的授权文件，向辖区工商行政管理部门统一申请办理所属分支机构以及服务网点设立、变更、注销登记和年检，并免交登记费。

第二十五条 经省邮政管理部门和省交通运输主管部门核定的带有邮政专用标志的邮政普遍服务运邮车辆，通过公路、桥梁、隧道时，按照本省有关规定减免通行费。

带有邮政专用标志的邮政普遍服务运邮车辆在执行邮件运递任务时，确需通过公安机关交通管理部门划定的禁行路线或者确需在禁止停车的地点停车的，经公安机关交通管理部门同意，在确保安全的前提下，可以通行或者临时停车。

第二十六条 带有邮政专用标志的车辆在运递邮件时，发生交通事故危及邮件安全的，公安机关交通管理部门应当及时处理，通知邮政企业，并协助保护邮件安全。

第二十七条 邮政企业及其从业人员不得有下列行为：

（一）无故拒绝办理邮政业务；

（二）擅自变更邮政普遍服务和特殊服务业务收费标准或者增加收费项目；

（三）强迫或者误导用户使用高资费邮政业务；

（四）故意延误投递邮件；

（五）法律、法规禁止的其他行为。

第四章　快递业务

第二十八条 在本省行政区域内经营快递业务，应当依法取得快递业务经营许可。未经许可，任何单位和个人不得经营快递业务。

邮政管理部门应当向社会公告快递业务经营许可证的颁发、变更、年度报告、注销等事项。

第二十九条　快递企业应当履行下列职责：

（一）依法经营，诚实守信，公平竞争，提高服务质量，维护用户合法权益；

（二）严格执行收寄验视制度，遵守关于禁止寄递或者限制寄递物品的有关规定；

（三）按照操作规范文明作业，保障快件安全、完整；

（四）加强全网统筹调度，做好业务量监测，及时向社会发布服务提示，妥善应对快递业务高峰期，避免快件积压，确保服务时限；

（五）法律、法规规定的其他职责。

第三十条　实行加盟经营的快递企业，应当与加盟企业订立书面加盟合同，并向邮政管理部门备案。快递企业应当对加盟企业进行业务指导与培训，在服务标准、服务质量、运营安全、业务流程、损失赔偿等方面实行统一管理，并协调处理全网用户投诉。

第三十一条　快递企业应当按照快递业务经营许可范围和有效期经营快递业务，不得经营由邮政企业专营的信件寄递业务，不得寄递国家机关公文，不得将信件打包后作为包裹寄递。

第三十二条　快递企业接受网络购物、电视购物和邮购等经营者委托提供快递服务的，应当与委托方签订安全保障协议，并报邮政管理部门备案。

快递企业从事代收货款业务，应当遵守国务院邮政管理部门的规定。

第三十三条　快递企业应当按照国家有关规定建立突发事件应急机制。发生重大服务阻断和安全事故时，快递企业应当按照有关规定及时向邮政管理部门和公安机关报告并启动应急处理预案。

第三十四条　提供快递服务的专用车辆应当喷涂快递标识。对带有快递专用标识的车辆，公安机关交通管理部门及其他有关部门应当在其通行、停靠以及进社区揽收、投递等方面提供便利。

第三十五条　快递企业停止经营快递业务的，应当事先向邮政管理部门报告，在营业场所、门户网站或者以其他方式向社会公告，并及时妥善处理收寄的快件。

第三十六条　快递行业协会应当加强行业自律，为快递企业提供信息、培训等方面的服务，引导快递企业依法、诚信经营，促进快递行业的健康发展。

第三十七条　本条例第十九条、第二十条、第二十三条、第二十六条、第二十七条关于邮政企业及其从业人员的规定，适用于快递企业及其从业人员。

第五章　闽台邮政合作

第三十八条　县级以上地方人民政府应当根据当地实际情况，采取有效措施，促进闽台邮政合作与交流。

第三十九条　省邮政管理部门负责闽台邮政合作的组织、协调和服务工作。海关、检验检疫等有关部门应当依照各自职责依法为闽台邮政合作提供通关便利和优质服务。

第四十条　县级以上地方人民政府及其有关部门应当支持闽台通邮基础设施建设，开辟闽台联运邮路，开通闽台邮政专船，扩大两岸邮件运输空中直航范围，促进两岸之间互发各类邮件和快件的中转地和集散地建设。

第四十一条　鼓励开展以下闽台邮政合作项目：

（一）闽台企业之间开办电子商务和以金融、保险为基础的服务外包等新业务；

（二）闽台之间相互设立快递企业或者快递企业分支机构；

（三）闽台之间开展以书信、集邮、家乡包裹、特产礼品寄递等为主题的邮政合作交流；

（四）闽台之间加强邮政业务的监管协作，提高安全性和通关速度；

（五）闽台邮政、快递行业协会建立定期联络协调机制，推动同业人员定期对话、互访交流和业务合作；

（六）国家和本省鼓励的其他项目。

从事前款规定合作项目的，享受国家和本省相应的扶持政策。

第六章　监督管理

第四十二条　邮政管理部门应当建立健全监督检查制度，加强邮政普遍服务和邮政市场的监督检查，依法协助财政、审计部门对邮政企业使用邮政普遍服务补贴资金实施监督，及时受理用户的申诉、举报，依法查处违反邮政法律、法规的行为。

第四十三条　邮政管理部门应当建立邮政普遍服务、快递服务质量社会监督网络，聘请社会监督员对邮政普遍服务、快递服务质量进行监督。

第四十四条　邮政管理部门依法履行监督管理职责，可以采取下列监督检查措施：

（一）进入邮政企业、快递企业或者涉嫌发生违反邮政法律、法规活动的其他场所实施现场检查；

（二）对邮政行业运行安全进行监测、预警和应急管理；

（三）查阅、复制有关文件、资料、凭证；

（四）邮政法律、法规规定的其他措施。

对邮政管理部门依法进行的监督检查，被检查单位和个人应当配合，如实提供情况和有关资料，不得拒绝、拖延、阻碍，不得转移、隐匿、篡改、毁弃原始资料。

第四十五条　邮政管理部门依法进行监督检查时，监督检查人员不得少于二人，并出示执法证件。对监督检查中知悉的国家秘密、商业秘密、个人隐私负有保密义务。

第四十六条　邮政管理部门负责建立以公众满意度、时限准时率和用户申诉率为核心的服务质量评价体系，定期评估测试行业服务水平，并向社会公告。

第四十七条　邮政管理部门应当督促邮政企业、快递企业开展从业人员教育培训，并指导职业技能鉴定机构开展快递业务员职业技能鉴定工作，提高从业人员素质和技能，提高行业服务水平。

第四十八条　邮政企业、快递企业应当按国家规定向邮政管理部门报送有关经营情况、服务质量自查情况和统计报表，并及时报告重大通信事故和重大服务质量问题。

第四十九条　邮政管理部门建立申诉、举报制度，及时查处申诉、举报的事项。用户对邮政企业、快递企业投诉处理结果不满意的，可以向邮政管理部门申诉，邮政管理部门应当自接到申诉之日起三十日内答复申诉人。

第五十条　邮政管理部门应当依法对邮政用品用具生产企业、集邮票品经营者和集中交易市场的经营、服务行为以及销售邮票、仿印邮票和邮资图案等行为进行监督管理。

第七章　法律责任

第五十一条　违反本条例第二十七条规定的禁止行为，由邮政管理部门责令改正，对邮政企业直接负责的主管人员和其他直接责任人员给予处分；有违法所得的没收违法所得，对邮政企业可以并处一千元以上五千元以下罚款；情节严重的，并处一万元以上五万元以下罚款。涉及价格违法行为的，由价格主管部门依法处理。

第五十二条　违反本条例第三十二条规定，快递企业未签订安全保障协议的，由邮政管理部门责令改正，逾期未改正的，可以处三千元以上二万元以下罚款。

第五十三条　违反本条例第三十三条规定，快递企业未建立突发事件应急机制的，由邮政管理部门责令改正，逾期未改正的，可以处三千元以上二万元以下罚款。

第五十四条　违反本条例第四十八条规定，邮政企业、快递企业未按国家规定报送相关情况的，由邮政管理部门责令限期改正，逾期未改正的,可以处三千元以上二万元以下罚款。

第五十五条 违反本条例规定的其他行为,依照《中华人民共和国邮政法》以及有关法律、法规规定处罚。违法行为或者违反合同约定,造成他人财产损失的,依法承担相应赔偿责任。

第五十六条 邮政行政执法人员在监督管理工作中滥用职权、玩忽职守、徇私舞弊的,依法给予处分;构成犯罪的,依法追究刑事责任。

第八章 附 则

第五十七条 本条例所称邮政管理部门是指省、设区的市邮政管理部门。

第五十八条 本条例自2013年1月1日起施行。

河南省邮政条例

河南省人民代表大会常务委员会公告

〔十一届〕第六十六号

《河南省邮政条例》已经河南省第十一届人民代表大会常务委员会第三十次会议于2012年11月29日审议通过,现予公布,自2013年3月1日起施行。

河南省人民代表大会常务委员会
二〇一二年十一月二十九日

第一章 总 则

第一条 为了保障邮政普遍服务,加强对邮政市场的监督管理,维护邮政通信和信息安全,保护通信自由和通信秘密,保护用户的合法权益,促进我省邮政业健康发展,适应经济社会发展和人民生活需要,根据《中华人民共和国邮政法》和其他相关法律法规的规定,结合本省实际,制定本条例。

第二条 本省行政区域内的邮政业规划、建设、服务和监督管理,适用本条例。

第三条 县级以上人民政府应当加强对邮政工作的领导,将邮政业发展纳入国民经济和社会发展规划,促进邮政业发展。

县级以上人民政府有关部门按照各自职责,做好邮政相关工作。

第四条 省邮政管理部门负责全省邮政普遍服务和邮政市场的监督管理工作。

省辖市邮政管理部门负责本行政区域内邮政普遍服务和邮政市场的监督管理工作。

第五条 邮政企业按照国家规定承担提供邮政普遍服务和特殊服务的义务。

县级以上人民政府应当采取措施,支持邮政企业提供邮政普遍服务。

第六条 公民的通信自由和通信秘密受法律保护。除因国家安全或者追查刑事犯罪的需要,由公安机关、国家安全机关或者检察机关依照法律规定的程序对通信进行检查外,任何组织或者个人不得以任何理由侵犯公民的通信自由和通信秘密。

除法律另有规定外,任何组织和个人不得检查、扣留邮件、汇款。

第七条 邮政企业、邮政企业以外的经营快递业务的企业(以下简称“快递企业”)应当加强服务质量管理,为用户提供迅速、准确、安全、方便的服务，保证用户合法权益。

第八条 邮政设施受法律保护，公民、法人和其他组织有权制止、举报破坏邮政设施、危害邮件安全和通信畅通的行为。

第九条 邮政管理部门、公安机关、国家安全机关和海关应当相互配合，建立健全安全保障机制，加强对邮政通信与信息安全的监督管理，确保邮政通信与信息安全。

第十条 邮政企业应当利用邮政网络，积极为农村、农民、农业服务，促进农村经济社会发展。

县级以上人民政府及其有关部门应当支持邮政企业在农村开展物流配送、金融助农等服务，并按照国家有关规定给予优惠。

第二章 规划与建设

第十一条 邮政设施的规划和建设应当满足保障邮政普遍服务的需要。

县级以上人民政府应当将邮政设施的布局和建设纳入城乡规划、土地利用规划、综合交通运输体系规划，对提供邮政普遍服务的邮政设施的建设给予支持，重点扶持农村地区邮政设施的建设。

第十二条 城市新区开发、旧城改造和新型农村社区建设，应当按照邮政普遍服务标准，同时规划、设计与之配套的邮政设施并同步建设、验收。城市建成区已有的邮政设施不能保障邮政普遍服务要求的，应当列入城市改造计划，扩建或者重建。乡、镇人民政府所在地应当设置邮政支局（所）等邮政普遍服务设施。

火车站、机场、港口、长途汽车站、大专院校、城乡社区、旅游景区等公共服务场所，应当按照邮政普遍服务标准建设配套的邮政设施，并提供方便邮政服务的作业场地和运输通道。

第十三条 按照规划要求配套建设的邮政普遍服务设施，由政府投资建设的，邮政企业按照规定无偿使用；由政府委托其他方建设的，邮政企业以建筑安装成本价购买或者优先租用。邮政企业不得擅自改变其使用性质。

第十四条 邮件处理场所的设计和建设，应当符合国家安全机关和海关依法履行职责的要求。

第十五条 提供邮政普遍服务的邮件处理中心、邮政支局（所）、邮政运输、物流配送中心等邮政设施建设所需土地，按照城市基础设施和公益事业用地，经县级以上人民政府批准，依法以划拨方式取得，免征城市基础设施配套费。

以划拨方式取得的土地，邮政企业不得擅自改变土地用途。

第十六条 邮政设施应当按照国家规定的标准设置。

邮政企业设置、撤销邮政营业场所，应当事先书面告知邮政管理部门；撤销提供邮政普遍服务的邮政营业场所，应当经省邮政管理部门批准并予以公告。

第十七条 邮政企业应当按照邮政普遍服务标准设置邮政报刊亭、邮筒等邮政设施，有关部门应当予以支持，免收城市道路占用费等费用。

邮政企业应当及时提出邮政报刊亭、邮筒的增设方案，并会同当地市政管理部门或者城市管理部门核定邮政报刊亭、邮筒的设置位置。邮政企业应当自核定之日起一个月内进行设置。

第十八条 机关、企事业单位和城镇居民住宅、商用写字楼的产权人或者物业管理单位，应当在其主出入口设置接收邮件的场所。两个以上单位使用同一用邮地址的，可以设置联合收发室，并可以使用统一的收发章。

商用写字楼未设置收发室的，可以由物业管理单位负责代收。

第十九条 城镇住宅应当设置与居民户数相应的信报箱。信报箱的设置、设计、安装及验收应当符合国家标准。

信报箱的建设由建设单位负责。信报箱应当与住宅建筑工程统一规划、设计、施工、验收，同时投入使用。验收工作应当由邮政管理部门或其委托的其他单位参加。

建设单位未按照国家规定的标准设置信报箱的，由邮政管理部门责令限期改正；逾期未改正的，由邮政管理部门指定其他单位设置信报箱，所需费用由建设单位承担。

住宅楼的产权人或者其委托的物业管理单位负责信报箱的日常维修，费用可以在住宅专项维修资金中列支。

第二十条 城乡单位、住宅区、街道、村落的地址牌，应当标明所在地的邮政编码。地名地址发生变更的，地名管理机构应当及时通知邮政企业。

第二十一条 农村地区应当设置村邮站或者其他接收邮件的场所。

县级以上人民政府应当加强村邮站的投入和建设，并根据当地实际情况，给予村邮站服务人员适当补助。

邮政企业应当支持和指导村邮站的建设，与村邮站签订服务协议，并按照协议约定支付相应费用。

第二十二条 因城市改造、重点建设等确需征收邮政营业场所或者邮件处理场所的，征收部门应当与邮政企业协商并签订补偿安置协议，在保证邮政普遍服务正常进行、方便群众用邮和不降低邮政普遍服务标准的前提下，由城乡规划主管部门就近妥善安置邮政营业场所或者邮件处理场所，由征收部门承担所需费用。未作出妥善安置前，不得拆迁。

邮政营业场所或者邮件处理场所重新设置前，邮政企业应当采取措施，保证邮政普遍服务的正常进行。

第三章 服务与保障

第二十三条 邮政企业应当利用邮政网络、邮政设施、安全保障、信息传递的优势，增强普遍服务能力，满足社会用邮需求。

第二十四条 邮政企业应当对信件、单件重量不超过五千克的印刷品、单件重量不超过十千克的包裹的寄递以及邮政汇兑按照国家规定的标准提供邮政普遍服务。

邮政企业按照国家规定办理机要通信、国家规定报刊的发行，以及义务兵平常信函、盲人读物和革命烈士遗物的免费寄递等特殊服务业务。

未经邮政管理部门批准，邮政企业不得停止办理或者限制办理前两款规定的业务；因不可抗力或者其他特殊原因暂时停止办理或者限制办理的，邮政企业应当及时公告，采取相应的补救措施，并向邮政管理部门报告。

第二十五条 邮政企业的邮政普遍服务业务与竞争性业务应当分业经营。

第二十六条 邮政企业应当向社会公布提供邮政普遍服务的营业网点名称、地址、联系方式等信息。

邮政企业应当在营业场所设置用户书写服务台，并在明显位置公布其服务种类、营业时间、业务单据书写式样、资费标准、服务标准、邮件和汇款的查询及损失赔偿办法以及用户对其服务质量的投诉办法、服务和监督电话。

邮筒（箱）应当标明开取时间和频次；邮政企业应当按照规定的时限开启邮筒（箱）。

第二十七条 邮政企业在城市每周的营业时间应当不少于六天，投递邮件每天至少一次；在乡、镇人民政府所在地每周的营业时间应当不少于五天，投递邮件每周至少五次；在村民委员会所在地或者村邮站投递邮件每周至少二次。对交通不便的山区、边远地区，应当按照国家规定的营业时间以及投递频次投递。

对用户交寄的邮件，应当按照国家规定的寄递时限和服务规范予以投递。

第二十八条 用户交寄邮件，应当符合国家邮政管理部门规定的准寄范围、封装规格、书写格式，正确书写邮政编码，使用符合国家标准的信封和符合邮政行业标准的明信片、有效的邮资凭证。对符合要求的邮件，邮政企业不得拒绝收寄。

用户交寄邮件使用不符合标准的信封、明信片和无效邮资凭证的，邮政企业应当给予指导更正；不能更正的，邮政企业不予收寄。已经投入信箱、邮筒的，退回寄件人或者通知寄件人限期领回并注明退回原因和日期，免收退回费用；无法投递又无法退回的邮件在国家规定的期限内无人认领，按无着邮件处理。

第二十九条 邮政企业应当依法建立并执行邮件收寄验视制度，发现邮件内夹带禁止寄递或者限制寄递的物品的，应当按照国家有关规定处理。

第三十条 用户对交寄的给据邮件和交汇的汇款，可以在国家规定时间内持据向收寄、收汇的邮政企业查询。邮政企业应当按照国家规定期限免费办理查询，并将查询结果以书面或者其他方式通知查询人。

第三十一条 邮政企业在寄递处理邮政普遍服务业务范围内的邮件和汇款过程中，发生丢失、短少、损毁或者延误的，应当采取补救措施，并依照邮政法律、法规的规定，承担赔偿责任。

邮政普遍服务业务范围以外的邮件的损失赔偿，适用有关民事法律的规定，需要承担其他责任的适用相关法律、法规的规定。

第三十二条 邮政企业应当向社会公布服务监督电话号码，采取设置监督信箱、电子邮箱、受理用户来信来访等方式，接受社会和用户对其服务质量和服务工作的监督和投诉。

邮政企业应当自接到用户投诉之日起五个工作日内处理完毕并将处理结果答复投诉人。

用户对邮政企业的处理结果不满意，或者邮政企业在规定时限内未作答复的，可以向邮政管理部门提出申诉。邮政管理部门应当自接到申诉之日起十五个工作日内予以答复。

第三十三条 机关、团体、企业事业单位和住宅小区管理单位应当为邮政企业投递邮件提供便利。

新建居民住宅区、新设立的单位，由产权所有者或者管理者告知所在地邮政企业通邮。邮政企业应当自告知之日起七日内安排投递。上述单位应当为邮件投递提供如下条件：

（一）具备邮政车辆和邮政从业人员的通行条件；

（二）有国家机关统一编制的门牌号码；

（三）已安装接受邮件的信报箱或者已设立收发室；

（四）按规定需要办理中外文名称登记的，应当办妥手续。

对尚不具备以上条件的，邮政企业应当与其商定邮件的接收方式。

用户变更名称、投递地址的，应当在变更前及时书面通知邮政企业。

第三十四条 邮政企业工作人员投交给据邮件，收件人或者其委托的代收人验视确认邮件外包装完好、重量相符的，应当予以签收。外包装破损的，可以要求开拆验视；内件短少、损毁或者与详情单不符的，可以拒绝签收，并在详情单上注明原因、时间并签名。

第三十五条 邮政企业及其工作人员不得有下列行为：

（一）拒绝或者拖延、中止办理依法应当办理的邮政业务；

（二）擅自变更资费标准、增加收费项目，强迫、误导用户使用某项邮政业务、搭售其他业务或服务产品；

（三）积压邮件、延误传递时限；

（四）私自开拆、隐匿、毁弃他人邮件；

（五）延付、截留、挪用、冒领、贪污用户款项；

（六）转让、出借、出租带有邮政专用标志的专用车辆、邮政专用品；

（七）违法提供用户个人信息和使用邮政业务情况；

（八）违反法律、法规的其他行为。

第三十六条 代收代投邮件的单位和个人应当及时传递邮件，并对邮件负有保密和保管责任。

对错投、误投和无法投递的邮件，应当及时通知邮政企业。

代收代投邮件的单位和个人因过错造成给据邮件的丢失、损毁、内件短少或者延误，导致寄件人或者收件人损失的，应当依法承担责任。

第三十七条　邮政企业运输邮件的专用车辆应当按照国家规定喷涂邮政标志色和“中国邮政”标志。其他车辆不得喷涂。运输邮件的专用车辆应当在国家规定的范围内使用。

经省交通运输管理部门和省邮政管理部门共同核定承担邮政普遍服务的专用车辆，免办道路运输经营许可证，在通过收费的公路、桥梁时，免收车辆通行费。

承担邮政普遍服务的专用车辆不得从事道路运输经营。

第三十八条　带有邮政专用标志的车辆运递邮件，进出港口和通过高速公路时，应当优先放行。

确需通过公安机关交通管理部门划定的禁行路段或者确需在禁止停车的地点停车的，经公安机关交通管理部门同意，在确保安全的前提下，可以通行或者停车。

发生一般违章，有关主管部门应当记录后放行，待其完成运递邮件任务后再行处理；发生严重违章或者重大交通事故，公安交通管理部门、交通运输管理部门应当迅速通知邮政企业，并协助保护邮件安全。

第三十九条　省辖市、县（市）邮政企业的分支机构，在同一个工商行政管理机关注册登记的，统一办理年检手续，免缴登记、年检、变更费用。

第四章　快递业务

第四十条　在本省范围内经营快递业务应当依法取得快递业务经营许可。未经许可，任何单位和个人不得经营快递业务。

经营快递业务应当符合快递服务、快递封装、快递运单等国家标准，并接受邮政管理部门及有关部门的监督管理。

第四十一条　申请在本省经营快递业务，应当向省邮政管理部门提交下列材料：

（一）快递业务经营许可申请书；

（二）工商行政管理部门出具的企业名称预核准通知书或者企业法人营业执照；

（三）验资报告、场地使用证明；

（四）服务质量管理制度和安全保障制度措施；

（五）具备申请范围内经营快递业务的网络和运递能力、查询服务能力的证明材料；

（六）通过国家职业技能资格鉴定的快递业务员符合申请要求的证明材料；

（七）法律、行政法规规定的其他材料。

快递企业在本省设立分支机构，应当按照国家有关规定，向邮政管理部门备案。

第四十二条　受理申请的邮政管理部门应当自受理申请之日起三十日内进行审查，作出批准或者不予批准的决定，确需延长时间的，经受理申请的邮政管理部门负责人批准，可以延长十日。予以批准的，颁发快递业务经营许可证；不予批准的，书面通知申请人并说明理由。

邮政管理部门审查快递业务经营许可的申请，应当考虑国家安全等因素，并征求有关部门的意见。

申请人凭快递业务经营许可证向工商行政管理部门依法办理登记后，方可经营快递业务。

第四十三条　快递企业应当在核定的经营范围、经营地域内开展经营活动，不得经营国务院规定的由邮政企业专营的信件寄递业务，不得寄递国家机关公文。

快递企业不得以转包、分包、加盟等形式授权、委托无快递业务经营许可证的单位或者个人经营快递业务。

第四十四条　快递企业不得擅自中断提供快递业务。如确需临时歇业的，应当按照规定提前七日书面告知邮政管理部门，同时在营业场所及有关媒体上进行公告，并及时妥善处理未处理的快件。

快递企业停止经营快递业务的，应当书面报告邮政管理部门，并按照国家规定妥善处理尚未投递的快件，交回快递业务经营许可证，方可停止经营快递业务。

第四十五条 快递企业应当接受邮政管理部门、公安、国家安全和海关的监督管理，健全服务安全管理机构，完善服务安全管理制度，执行收寄验视规定，保障寄递安全。

第四十六条 快递企业收取快件应当在快递运单上详细注明快件的重量及资费等信息。

寄件人交寄快件时，应当准确填写内件品名、种类、数量等信息，完整填写寄（收）件人姓名、地址、联系方式，同时在相应位置签字确认。

第四十七条 快递企业应当按照国家规定妥善处理无着快件。

第四十八条 快递企业运营车辆标志应当符合邮政管理部门、交通运输管理部门的规定。经公安交通管理部门同意，办理快递业务的车辆运递快件时，在确保安全的前提下，可以在禁行路线、禁停地段行驶和停靠。

第四十九条 快递企业及其分支机构办理道路运输经营许可证、快递业务经营许可证，可以由快递企业统一向审批机关办理有关批准文件或者许可证。审批机关应当在批准文件或者许可证中列明取得相应许可的各分支机构名称，各分支机构凭企业法人快递业务经营许可证副本和分支机构名录，到当地工商行政管理部门办理登记手续。

第五十条 本条例第二十九条、第三十四条、第三十五条第（一）、（二）、（三）、（四）、（五）、（七）、（八）项关于邮政企业及其从业人员的规定，适用于快递企业及其从业人员；第六条第二款关于邮件的规定，适用于快件；第三十一条第二款关于邮件损失赔偿的规定适用于快件的损失赔偿。

第五章　监督管理

第五十一条 邮政管理部门依法开展邮政普遍服务、快递服务质量监督检查，完善社会监督，受理用户申诉和举报并依法查处，建立服务质量评价制度，并定期向社会公布企业服务质量情况。

第五十二条 邮政管理部门依法行使下列管理和监督职权：

（一）对邮政企业履行普遍服务义务的情况实施监督检查；

（二）对邮政市场进行监督管理；

（三）对邮政、快递企业执行邮政法律、法规、规章的情况实施监督检查，并对违法行为进行查处；

（四）法律、法规规定的其他职权。

第五十三条 邮政管理部门依法履行监督管理职责，可以采取下列监督检查措施：

（一）进入邮政企业、快递企业或者涉嫌发生违反本条例活动的其他场所实施现场检查；

（二）向有关单位和个人了解情况；

（三）查阅、复制有关文件、资料、凭证；

（四）经邮政管理部门负责人批准，查封与违反本条例活动有关的场所，扣押用于违反本条例活动的运输工具以及相关物品，对信件以外的涉嫌夹带禁止寄递或者限制寄递物品的邮件、快件开拆检查。

第五十四条 邮政管理部门受理审核邮政企业撤销提供邮政普遍服务的邮政营业场所、停止办理或者限制办理邮政普遍服务业务和特殊服务业务的申请，审核时应当进行实地核查，征求当地用户和有关部门的意见。

第五十五条 邮政管理部门应当加强快递市场管理，规范快递企业行为，促进快递服务健康发展。

第五十六条 邮政管理部门应当加强对快递等行业协会的指导，加强行业自律。

邮政管理部门应当加强对行业职业技能鉴定机构的管理，按照国家有关规定，指导开展行业从业人员教育培训和特殊工种职业技能鉴定工作，提高从业人员的素质和技能。

第五十七条 邮政管理部门及其执法人员应当遵守国家法律、法规，维护当事人的合法权益，公正、文明执法。对在监督检查过程中知悉的个人隐私和商业秘密负有保密义务。

第六章 法律责任

第五十八条 邮政企业违反本条例第二十四条第一款规定，提供邮政普遍服务不符合邮政普遍服务标准的，由邮政管理部门责令改正，可以处一万元以下的罚款；情节严重的，处一万元以上五万元以下的罚款；对直接负责的主管人员和其他直接责任人员给予处分。

邮政企业违反本条例第二十四条第三款规定，未经邮政管理部门批准，停止办理或者限制办理邮政普遍服务业务和特殊服务业务，或者撤销提供邮政普遍服务的邮政营业场所的，由邮政管理部门责令改正，可以处二万元以下的罚款；情节严重的，处二万元以上十万元以下的罚款；对直接负责的主管人员和其他直接责任人员给予处分。

第五十九条 邮政企业违反本条例第十七条、第三十三条第二款的规定，不及时增设邮筒、安排投递的，由邮政管理部门责令改正，逾期不改正的，处以一千元以上一万元以下的罚款。

第六十条 邮政企业违反本条例第三十五条第(六)项、第三十七条第三款规定，利用带有邮政专用标志的车辆从事邮件运递以外的经营性活动，或者以出租等方式允许其他单位或者个人使用带有邮政专用标志的车辆的，由邮政管理部门责令改正，没收违法所得，可以并处二万元以下的罚款；情节严重的，并处二万元以上十万元以下的罚款；对直接负责的主管人员和其他直接责任人员给予处分。

邮政企业从业人员利用带有邮政专用标志的车辆从事邮件运递以外的活动的，由邮政企业责令改正，给予处分。

第六十一条 邮政、快递企业及其工作人员有本条例第三十五条第(二)、(三)、(四)、(五)、(七)项规定行为的，依照《邮政法》的规定予以处罚；有第(一)项行为的，由邮政管理部门责令改正，逾期不改正的，处一千元以上三千元以下的罚款；情节严重的，处三千元以上三万元以下的罚款；构成犯罪的，依法追究刑事责任。

第六十二条 违反本条例第四十条第一款、第四十三条第一款规定，未取得快递业务经营许可经营快递业务，或者邮政企业以外的单位或者个人经营由邮政企业专营的信件寄递业务或者寄递国家机关公文的，由邮政管理部门或者工商行政管理部门责令改正，没收违法所得，并处五万元以上十万元以下的罚款；情节严重的，并处十万元以上二十万元以下的罚款；对快递企业，还可以责令停业整顿直至吊销其快递业务经营许可证。

快递企业违反本条例第四十三条第二款规定，授权或者委托无快递业务经营许可证的单位或者个人经营快递业务的，由邮政管理部门责令改正，可以处以一千元以上一万元以下的罚款；情节严重的，处以一万元以上五万元以下的罚款。

第六十三条 快递企业违反本条例第四十四条第一款规定，擅自停业或者未按规定予以公告并妥善处理尚未投递的快件的，由邮政管理部门责令改正，逾期不改正的，处以一千元以上三千元以下的罚款；情节严重的，处以三千元以上三万元以下的罚款；给用户造成损失的，依法给予赔偿。

第六十四条 快递企业违反本条例第四十七条规定、未按国家规定妥善处理无着快件的，由邮政管理部门责令改正，逾期不改正的，处以一千元以上三千元以下的罚款；情节严重的，处以三千元以上三万元以下的罚款。

第六十五条 违反本条例规定，擅自拆除、迁移、损坏邮政设施的，由邮政管理部门责令恢复原状或者要求其依法赔偿损失，可以并处二千元以上二万元以下的罚款。

第六十六条 邮政管理部门工作人员在监督管理工作中，玩忽职守、滥用职权、徇私舞弊的，依法给予行政处分；构成犯罪的，依法追究刑事责任。

第七章 附 则

第六十七条 本条例下列用语的含义是：

（一）邮政普遍服务是指按照国家规定的业务范围、服务标准和资费标准，为中华人民共和国境内所有用户持续提供的邮政服务。

（二）邮政设施是指用于提供邮政服务的邮政支局（所）、邮政营业场所、邮件处理场所、邮政运输、物流配送中心、信箱、邮筒、邮政报刊亭、邮政便民服务站、邮政服务亭等。

（三）邮件是指邮政企业寄递的信件、包裹、汇款通知、报刊和其他印刷品等。

（四）快件是指快递企业递送的信件、包裹、印刷品等。

（五）给据邮件是指邮政企业收寄时向寄件人出具收据，投递时要求收件人签收的邮件。

（六）无着邮（快）件是指无法投递又无法退回的邮（快）件。

（七）村邮站是指设在行政村负责接收和转投邮件的场所。

第六十八条 本条例自2013年3月1日起施行。2005年5月26日省第十届人民代表大会常务委员会第十六次会议通过的《河南省邮政条例》同时废止。

广西壮族自治区邮政条例

广西壮族自治区人大常委会公告

（十一届第51号）

《广西壮族自治区邮政条例》已由广西壮族自治区第十一届人民代表大会常务委员会第二十九次会议于2012年7月26日通过，现予公布，自2012年10月1日起施行。

广西壮族自治区人民代表大会常务委员会
2012年7月26日

广西壮族自治区邮政条例

（2012年7月26日广西壮族自治区第十一届人民代表大会常务委员会第二十九次会议通过）

第一章 总 则

第一条 为了保障邮政普遍服务，加强对邮政市场的监督管理，维护邮政通信和信息安全，保护用户、邮政企业和快递企业的合法权益，促进邮政业的健康发展，适应经济社会发展和人民生活需要，根据《中华人民共和国邮政法》和有关法律、行政法规，结合本自治区实际，制定本条例。

第二条 本自治区行政区域内邮政业的规划、建设、服务、经营和监督管理活动，适用本条例。

进出境国际邮政业务和港澳台地区邮政业务，按照国家有关法律、法规规定执行。

第三条 邮政是国家重要的社会公用事业，邮政设施组成的邮政网络是国家重要的通信基础设施。任何单位和个人都有保护邮政设施、维护邮政通信安全和畅通的义务。

县级以上人民政府应当将邮政业纳入国民经济和社会发展规划，加快邮政设施建设，提高邮政普遍服务水平，鼓励快递企业发展，满足社会需要，并结合当地实际情况，建立邮政企业提供邮政普遍服务、特殊服务的资金补贴机制，重点扶持农村和边远地区邮政企业提供邮政普遍服务设施的建设。

第四条　自治区和设区的市邮政管理部门负责本行政区域内邮政业规划的编制和邮政普遍服务、邮政市场的监督管理工作。

邮政管理部门、公安机关、国家安全机关和海关应当相互配合，依法履行职责，共同做好邮政通信与信息安全的监督管理工作；县级以上人民政府发展和改革、民政、财政、国土资源、住房和城乡建设（规划）、交通运输、商务、工商行政管理、物价、质量技术监督、检验检疫、铁路、民航等有关部门和单位应当按照各自职责，依法协助做好邮政监督管理工作。

第二章　规划与建设

第五条　县级以上人民政府及其国土资源、住房和城乡建设（规划）、交通运输等有关部门应当将邮政网络、邮政设施布局和建设纳入城乡规划和综合交通运输体系发展规划。

农村地区提供邮政普遍服务的邮政设施建设应当纳入当地镇、乡、村庄规划。

第六条　县级以上人民政府城乡规划主管部门在制定城市新区、独立工矿区、开发区、住宅区、商业区、高等院校、大型集贸市场、较大车站、机场、港口、宾馆、旅游景区等区域的新建、改建、扩建控制性详细规划时，应当会同邮政管理部门对提供邮政普遍服务的邮政营业场所或者邮件处理场所等邮政设施作出安排。

第七条　对提供邮政普遍服务的邮政营业场所或者邮件处理场所的建设用地，由县级以上人民政府按照国家有关规定划拨，所划拨的建设用地依法减免城镇土地使用税。

按照规划和邮政普遍服务标准建设的邮政普遍服务用房，免征城市建设配套费。

建设单位按照规划配套建设的邮政普遍服务用房，由邮政企业按照房屋工程造价购买房屋所有权，并依照有关规定免征相关税费。

按照国家有关规定划拨的提供邮政普遍服务的邮政营业场所或者邮件处理场所的建设用地，未经批准不得改变用途。邮政普遍服务用房应当用于办理邮政普遍服务业务，未经批准不得改作他用。

第八条　县级人民政府应当在行政村和有条件的村屯设置村邮站或者接收邮件的场所。邮政企业应当依照邮政普遍服务标准设置邮筒（箱），具体选点由邮政企业与村民委员会协商确定。

村民委员会应当指定专人负责邮件的接收和转投；县级人民政府应当根据当地实际，给予适当补助。

村邮站代办其他邮政业务的，邮政企业应当按照规定支付代办人员业务酬金。

第九条　因城乡改造和重点项目建设等确需征收或者拆迁邮政营业场所或者邮件处理场所的，城乡规划主管部门应当按照方便用邮、就近安置和不少于原有面积的原则，对邮政营业场所或者邮件处理场所的重新设置作出规划；在作出重新设置规划前，应当征求邮政企业的意见；未作出规划的，不得征收或者拆迁。建设单位应当按照规划进行重建，所需费用由建设单位承担。

重建的邮政营业场所或者邮件处理场所在交付使用前，建设单位应当安排过渡性场所，保障邮政普遍服务的正常进行。

第十条　邮政企业按照规划和邮政普遍服务标准在机关办公区、住宅区、商业区、城市街道、独立工矿区、开发区、较大车站、机场、港口、陆路口岸、学校、医院、宾馆、旅游景区、较大的集贸市场等公共场所设置邮筒（箱）、报刊橱窗、邮政报刊亭等邮政公用设施，有关部门应当提供便利；设置的邮筒（箱）、报刊橱窗免征城市道路占用费；设置的邮政报刊亭减征城市道路占用费。

第十一条 新建、改建、扩建城镇居民住宅区、住宅楼，建设单位应当在地面层便于投递的位置，按照国家标准设置与住宅套数相当的信报箱。信报箱应当与建设项目同时设计、施工、验收，所需费用纳入建设项目投资。

已建成并投入使用的城镇居民住宅区、住宅楼未按照国家标准设置信报箱的，产权人或者其委托的物业服务企业应当补建。已破损的信报箱，产权人或者其委托的物业服务企业应当及时维修或者更新。

信报箱的补建、维修和更新纳入住宅专项维修资金的使用范围。

第十二条 机关、团体、学校、企业事业等单位和其他组织以及住宅小区的物业服务企业应当在地面层便于投递的地方设置邮件收发室，并为邮政企业、快递企业投递邮件、快件的车辆提供通行和临时停放的便利，不得收取任何费用。

第十三条 地名主管部门以及相关部门应当按照有关规范设置村屯、街道的地名地址牌以及住宅区和单位的门牌，标明所在地的邮政编码；地名地址和门牌发生变更的，应当及时告知邮政企业或者分支机构。

第三章 普遍服务

第十四条 邮政企业应当按照国家有关规定承担提供邮政普遍服务义务。邮政企业提供邮政普遍服务，应当严格执行法律、法规和邮政普遍服务标准。

第十五条 邮政企业应当在其营业场所公示或者以其他方式公布营业场所名称、服务种类、服务标准、业务范围、营业时间、服务电话、邮件的寄递时限、资费标准、禁止和限制寄递物品种类、业务单据的书写样式、邮件和汇款的查询以及损失赔偿办法、服务质量监督投诉办法等内容。

邮政企业应当在邮筒（箱）上标明开筒（箱）的频次和时间，并按照标明的频次和时间开启邮筒（箱）收取信件。

第十六条 邮政企业应当建立健全并严格执行邮件收寄验视、邮件保管保存、禁止和限制寄递物品、突发事件应急措施等安全保障制度，并加强内部治安管理。

第十七条 用户交寄邮件应当使用符合国家标准、行业标准的信封或者封装品以及符合规定的邮资凭证，并在信封或者封装品规定位置清楚、准确地填写收件人和寄件人姓名、地址、邮政编码；对需要填写邮件数量、名称和保价的，用户应当据实填写和签名确认。

用户交寄的邮件不符合封装、填写要求的，不使用规定的邮资凭证的，邮政企业的收寄人员应当指导用户更正。

邮政企业对用户交寄的信件，应当及时、安全、准确投递。对设区的市内城区之间互寄的信件，应当在二日内完成寄递；对设区的市人民政府所在地城市之间互寄的信件，应当在五日内完成寄递；对县之间城区互寄的信件，应当在七日内完成寄递；对县之间农村互寄的信件，应当在九日内完成寄递；对交通不便的边远地区之间互寄的信件，应当在十五日内完成寄递。

第十八条 新建的企业事业单位、住宅区管理单位和其他组织应当到所在地的邮政企业或者分支机构办理邮件投递登记手续。具备投递条件的，邮政企业应当自登记或者收到书面通知之日起七日内安排投递；不具备投递条件的，邮政企业应当与用户协商邮件投递的方式和地点。

用户名称、邮件投递地址变更的，应当书面通知所在地的邮政企业或者分支机构。

第十九条 邮政企业将邮政营业场所改变为委托代办场所的，应当在改变前三十日向邮政管理部门备案，不得减少或者限制信件、印刷品和包裹收寄以及邮政汇兑等邮政普遍服务、特殊服务的种类，不得降低邮政普遍服务标准。

第二十条 经自治区交通运输主管部门核准的带有邮政专用标志的车辆，免办道路运输经营许可证和车辆营运证，免缴公路、桥梁、渡口、隧道通行费。

带有邮政专用标志的车辆运递邮件，确需通过公安机关交通管理部门划定的禁行路段或者确需在禁止停车的地点停车的，经公安机关交通管理部门同意，在确保交通安全的前提下，可以通行或者临时停车。

带有邮政专用标志的车辆在运递邮件途中发生交通事故或者其他违反道路交通安全行为的，公安机关交通管理部门应当依法适用简易程序从快处理，并酌情优先放行。发生人员伤亡道路交通事故的，公安机关交通管理部门应当协助保护邮件安全。

第二十一条 收件人或者代收人接收给据邮件时，应当进行验视；邮件的外包装完好的，收件人或者代收人应当签收；邮件外包装出现明显破损等情况的，投递员应当告知收件人或者代收人先验内件再签收；邮政企业与寄件人另有约定的除外。

第二十二条 邮政企业提供邮政普遍服务和特殊服务业务所得的收入，符合现行有关税收优惠规定的，税务机关应当按照国家和自治区有关规定给予税收优惠。

第二十三条 邮政企业以及代办邮政业务的单位和个人不得有下列行为：

（一）拒绝、拖延、中断、限制依法应当办理的邮政业务；

（二）故意延误邮件投递；

（三）刁难、误导、强迫或者变相强迫用户选择高资费邮政业务；

（四）强制搭售或者变相强制搭售邮品、商品以及订阅报纸刊物；

（五）擅自改变实行政府定价的邮政业务资费收费项目、标准或者增加收费项目；

（六）冒领、扣压用户汇款或者强迫用户将汇款转为储蓄；

（七）私自开拆、非法检查、冒领、隐匿、毁弃他人邮件；

（八）转让、出借、出租邮政专用标志、邮政日戳、邮袋以及带有邮政专用标志的运输车辆；

（九）法律、法规禁止的其他行为。

第四章 快递服务

第二十四条 快递服务组织应当依法取得快递业务经营许可；提供快递服务应当符合快递服务国家标准，公开服务承诺。

第二十五条 快递服务组织应当按照邮政行业安全监督管理规定配备、使用和维护专用设备、监控设备和消防设施。

第二十六条 快递服务组织实行加盟经营的，应当与加盟人签订加盟协议；加盟人应当依法取得快递业务经营许可，办理工商营业执照、税务登记证并向邮政管理部门备案。

快递服务组织应当帮助加盟人按照快递服务国家标准建立统一、规范的快件收寄、验视、储运、投递、签收、损失赔偿、受理查询和投诉等方面服务流程，并加强对加盟人在服务流程、服务形象、用户投诉等方面的监督管理。

第二十七条 快递服务组织接受网络购物、电视购物和邮购等经营者的委托，提供快递服务的，应当与经营者签订协议；协议应当包括双方的权利和义务、违约责任、购物者的权利保障措施、解决争议的方式以及损失赔偿等内容，并向自治区邮政管理部门备案。

第二十八条 快递服务组织向用户提供的快递运单应当符合快递服务国家标准。

用户应当仔细阅读快递运单，清楚、准确地填写收件人和寄件人姓名、地址、电话以及交寄的物品品名、数量、重量、保价金额等栏目并签字确认。

第二十九条 快递服务组织受理快递业务，应当使用符合国家标准的快递封套、包装袋、包装箱等快递封装用品。

第三十条 快递服务组织应当按照快递服务国家标准规定的时限提供快递服务，同城快递服务时限不超过二十四小时；国内异地快递服务时限不超过七十二小时。快递服务组织与用户有约定的除外。

第三十一条 快递企业的运输车辆应当依法办理有关证照;喷涂的标志应当符合邮政管理部门、公安机关交通管理部门、交通运输主管部门的规定。

快递企业的运输车辆运递快件,确需通过公安机关交通管理部门划定的禁行路段或者确需在禁止停车的地点停车的,经公安机关交通管理部门同意,在确保交通安全的前提下,可以通行或者临时停车。

带有快递专用标志的车辆在运递快件途中发生交通事故或者其他违反道路交通安全行为的,公安机关交通管理部门应当依法适用简易程序从快处理,并酌情优先放行。发生人员伤亡道路交通事故的,公安机关交通管理部门应当协助保护快件安全。

第三十二条 快递服务组织不得擅自中止或者终止提供快递服务。快递服务组织中止或者终止经营快递业务的,应当书面向设区的市邮政管理部门报告,同时在营业场所以及有关媒体上公告,并妥善处理尚未投递的快件。

快递服务组织终止经营快递业务的,应当交回快递业务经营许可证,办理注销手续。

第三十三条 快递服务组织及其从业人员不得有下列行为:

(一)故意延误投递快件;

(二)串通操纵市场价格,损害其他快递企业或者用户的合法权益;

(三)刁难、误导、强迫或者变相强迫用户选择高资费快递业务;

(四)搭售或者变相搭售商品、用品;

(五)扣压用户交寄的快件;

(六)私自开拆、非法检查、冒领、隐匿、毁弃用户交寄的快件;

(七)违反快递服务国家标准,损害用户利益;

(八)违反国家规定经营由邮政企业专营的信件寄递业务、寄递国家机关公文;

(九)出租、出借带有快递专用标志的车辆从事快件运递以外的活动;

(十)法律、法规禁止的其他行为。

第三十四条 邮政普遍服务以外的邮件、快件的损失赔偿适用有关民事法律的规定。

快递服务组织对用户的快件造成延误、丢失、损毁或者内件不符的,应当按照快递服务国家标准的规定赔偿。

第三十五条 本条例第十五条第一款、第十六条、第二十一条的规定,适用于快递企业。

第五章 监督管理

第三十六条 邮政管理部门应当建立健全监督检查制度,加强邮政普遍服务和邮政市场的监督检查,按照国家规定对邮政普遍服务、特殊服务补贴资金使用实施监督管理,及时受理用户的申诉、举报,依法查处违反邮政法律、法规的行为。

第三十七条 邮政管理部门应当建立邮政普遍服务质量评价体系,对邮政企业提供的邮政普遍服务质量每年作出评价,并向社会公布,接受社会的监督。

邮政企业、快递企业应当依照邮政法律、法规、规章的规定,向邮政管理部门报告企业经营状况、服务质量的自查情况和统计报表,并及时报告重大通信事故和重大服务质量问题。

第三十八条 邮政企业、快递企业应当向社会公布业务查询和服务监督电话,并按照服务标准的要求答复或者处理。

用户对答复或者处理结果有异议的,可以向邮政管理部门申诉。邮政管理部门应当自接到申诉之日起三十日内作出答复。

第三十九条 邮政管理部门应当加强对邮政用品用具生产、销售、使用的监督管理。

任何单位和个人不得违法生产、销售已经实行监制的邮政用品用具,不得伪造、冒用他人的邮政用品用具生产监制证书。

第六章 法律责任

第四十条 邮政管理部门工作人员有下列行为之一的，由其所在单位或者有关主管部门对直接负责的主管人员和其他直接责任人员依法给予处分；构成犯罪的，依法追究刑事责任：

（一）未依法审批快递业务经营许可证的；

（二）未依法履行监督检查职责的；

（三）未依法受理有关服务质量申诉的；

（四）其他滥用职权、玩忽职守、徇私舞弊行为的。

第四十一条 违反本条例第七条第四款规定，邮政企业将划拨的提供邮政普遍服务的邮政营业场所或者邮件处理场所的建设用地擅自改变用途的，由邮政管理部门责令限期改正；逾期不改正的，由县级以上人民政府土地行政主管部门责令交还所划拨的建设用地，并处以每平方米十元以上三十元以下罚款。

违反本条例第七条第四款规定，邮政企业将办理邮政普遍服务业务的用房擅自改作他用的，由县级以上人民政府住房和城乡建设（规划）主管部门责令限期改正；逾期不改正的，对单位处以十万元以上五十万元以下罚款。

第四十二条 违反本条例第十五条第一款规定，邮政企业、快递企业未按照要求公示、公布、标明有关内容的，由邮政管理部门责令限期改正；逾期不改正的，处一万元以下罚款。

第四十三条 违反本条例第十九条规定，邮政企业将邮政营业场所改为委托代办场所未按照要求备案的，由邮政管理部门责令改正，可以处二万元以下罚款；情节严重的，处二万元以上十万元以下罚款；对直接负责的主管人员和其他直接责任人员给予处分。

第四十四条 违反本条例第二十三条规定，邮政企业及其从业人员有下列行为之一的，由邮政管理部门责令改正，没收违法所得，对单位可并处一万元以上五万元以下罚款，对直接负责的主管人员和其他直接责任人员给予处分，给用户造成损失的，依法承担赔偿责任：

（一）拒绝、拖延、中断、限制依法应当办理的邮政业务的；

（二）故意延误邮件投递的；

（三）刁难、误导、强迫或者变相强迫用户选择高资费邮政业务的；

（四）强制搭售或者变相强制搭售邮品、商品以及订阅报纸刊物的；

（五）冒领、扣压用户汇款或者强迫用户将汇款转为储蓄的；

（六）转让、出借、出租邮政专用标志、邮政日戳、邮袋以及带有邮政专用标志的运输车辆的。

违反本条例第二十三条第五项规定，邮政企业擅自改变实行政府定价的邮政业务资费收费项目、标准或者增加收费项目的，由价格主管部门依照《中华人民共和国价格法》的规定处罚。

违反本条例第二十三条第七项以及第三十三条第六项规定，邮政企业及其从业人员、快递企业及其从业人员私自开拆、非法检查、冒领、隐匿、毁弃他人邮件、快件的，由公安机关依照《中华人民共和国治安管理处罚法》的规定处罚。构成犯罪的，依法追究刑事责任。

第四十五条 违反本条例第二十五条规定，快递服务组织未按照邮政行业安全监督管理规定配备、使用和维护专用设备、监控设备和消防设施的，由邮政管理部门责令改正，可以处一万元以下罚款；逾期不改正的，责令停业整顿，可以并处一万元以上五万元以下罚款。

第四十六条 违反本条例第二十八条第一款规定，快递服务组织向用户提供的快递运单不符合快递服务国家标准的，由邮政管理部门责令限期改正；逾期不改正的，处三千元以上一万元以下罚款。

第四十七条 违反本条例第三十二条规定，快递服务组织擅自中止、终止快递服务的，由邮政管理部门责令限期改正；逾期不改正的，可以处五千元以上二万元以下罚款。

第四十八条 违反本条例第三十三条规定，快递服务组织及其从业人员有下列行为之一的，由邮政管理部门责令改正，没收违法所得，对单位可并处一万元以上五万元以下罚款，对直接负责的主管人员和其他直接责任人员处一千元以上一万元以下罚款。给用户造成损失的，依法承担赔偿责任：

（一）故意延误投递快件的；

（二）刁难、误导、强迫或者变相强迫用户选择高资费快递业务的；

（三）搭售或者变相搭售商品、用品的；

（四）扣压用户交寄的快件的；

（五）出租、出借带有快递专用标志的车辆从事快件运递以外的活动的。

违反本条例第三十三条第二项规定，快递服务组织及其从业人员串通操纵市场价格，损害其他快递企业或者用户的合法权益的，由价格主管部门依法处罚。造成他人财产损失的，依法承担赔偿责任。

违反本条例第三十三条第七项规定，快递服务组织及其从业人员违反快递服务国家标准，严重损害用户利益的，由邮政管理部门责令改正，处五千元以上三万元以下罚款。

违反本条例第三十三条第八项规定，快递企业及其从业人员违反国家规定经营由邮政企业专营的信件寄递业务、寄递国家机关公文的，由邮政管理部门或者工商行政管理部门责令改正，没收违法所得，并处五万元以上十万元以下罚款；情节严重的，并处十万元以上二十万元以下罚款，可以责令停业整顿直至吊销快递业务经营许可证。

第四十九条 违反本条例第三十七条第二款规定，邮政企业、快递企业未按照规定向邮政管理部门报告有关情况的，由邮政管理部门责令限期改正；逾期不改正的，处二千元以上五千元以下罚款。

第五十条 违反本条例第三十九条第二款规定，违法生产、销售已经实行监制的邮政用品用具，伪造、冒用他人的邮政用品用具生产监制证书的，由邮政管理部门责令改正，处一万元以下罚款；有违法所得的，没收违法所得，并处一万元以上三万元以下罚款。造成他人财产损失的，依法承担赔偿责任。

第七章　附　则

第五十一条 本条例所称快递服务组织是指在中国境内依法取得许可与注册的，提供快递服务的企业及其加盟企业、代理企业，包括邮政企业提供快递服务的机构。

第五十二条 本条例自2012年10月1日起施行。

重庆市邮政条例

（2012年11月29日重庆市第三届人大常委会第三十八次会议通过）

第一章　总　则

第一条 为保障邮政普遍服务和特殊服务，规范邮政市场秩序，维护邮政通信与信息安全，保护用户通信自由和通信秘密及其他合法权益，促进邮政业健康发展，根据《中华人民共和国邮政法》和有关法律法规，结合本市实际，制定本条例。

第二条 本市行政区域内邮政设施的规划和建设，邮政服务、快递业务以及相关监督管理活动，适用本条例。

第三条 市、区县（自治县）人民政府应当将邮政业发展纳入国民经济和社会发展规划，支持邮政企业提供邮政普遍服务，对邮政企业提供邮政普遍服务、特殊服务给予补贴，保障邮政普遍服务与经济和社会发展相适应。

第四条 市邮政管理部门负责本市行政区域内邮政普遍服务、特殊服务和邮政市场的监督管理工作，制定和实施本市邮政业发展专项规划，完善市场机制，保障邮政服务实施，确保邮政通信安全、畅通。

市邮政管理部门按照国务院规定设立的邮政监管派出机构，在市邮政管理部门的领导下，负责其所辖区域的邮政普遍服务、特殊服务和邮政市场的监督管理工作。

发展改革、财政、教育、城乡建设、交通、公安、国安、民政、国土房管、规划、市政、工商、税务、海关、检验检疫等部门在各自职责范围内，协助做好邮政市场监督管理工作，并采取措施支持邮政企业提供普遍服务。

第五条 市邮政管理部门和本条例第四条第二款规定的邮政监管派出机构（以下统称邮政管理部门）对邮政市场实施监督管理，应当遵循公开、公平、公正以及鼓励竞争、促进发展的原则。

第六条 邮政企业应当加强服务质量管理，完善安全保障措施，按照国家规定的业务范围、服务标准，为用户提供迅速、准确、安全、方便的服务。

第七条 任何单位和个人都有权制止、举报破坏邮政设施、危害邮政通信安全的行为。

任何单位和个人不得损毁邮政设施或者影响邮政设施的正常使用。

第二章 邮政设施

第八条 提供邮政普遍服务的邮政设施等组成的邮政网络是国家重要的通信基础设施。

市、区县（自治县）人民政府应当将邮政设施的布局和建设纳入城乡规划，保证邮政设施的布局和建设满足保障邮政普遍服务的需要。

农村地区提供邮政普遍服务的设施建设应当纳入当地镇、乡和村规划。

第九条 邮政设施应当按照国家规定的标准设置。

建设城市新区、独立工矿区、开发区、商业区、住宅区或者对旧城区进行改建，应当按照城乡规划同时建设配套的提供邮政普遍服务的邮政设施。

较大的车站、机场、港口、高等院校和宾馆应当设置提供邮政普遍服务的邮政营业场所。

第十条 市、区县（自治县）人民政府应当按照基本公共服务均等化的要求，重点扶持农村边远地区、三峡库区、贫困地区和少数民族地区邮政设施的建设。

第十一条 邮政企业设置、撤销、变更邮政营业场所，应当提前书面告知邮政管理部门。

邮政企业撤销提供邮政普遍服务的邮政营业场所，应当事前向邮政管理部门提出书面申请，邮政管理部门应当在收到申请之日起二十日内作出批准或者不予批准的决定，经邮政管理部门负责人批准，可以延长十日作出决定；作出撤销决定的，邮政企业应当在收到批准决定之日起十日内向社会公告。

第十二条 邮政设施建设用地应当符合土地利用总体规划，符合划拨条件的，按照国家有关规定予以划拨。未经批准不得改变土地用途。

按照第九条第二款规定配套建设的提供邮政普遍服务的邮政设施用房由建设单位按照房屋综合成本造价出售给邮政企业。

建设提供邮政普遍服务的邮政营业场所、邮件处理场所，按照规定程序审批后，免缴城市建设配套费。

第十三条 邮政企业应当按照城乡规划在城市街道、广场、公园、旅游景区景点等公共场所设置邮筒（箱）等邮政设施。

设置邮筒（箱）免缴城市道路占用费。

第十四条 机关、企业事业单位应当设置收发(传达)室等接收邮件的场所;建设城镇居民楼应当设置接收邮件的信报箱;农村地区应当逐步设置村邮站或者其他接收邮件的场所。

第十五条 城镇居民楼设置信报箱应当符合国家标准。建设单位应当将信报箱工程纳入建设工程统一规划、设计、施工和验收,并与建设工程同时投入使用。设置信报箱所需费用纳入建设成本。

建设单位未按照国家规定的标准设置信报箱的,由邮政管理部门责令限期改正;逾期未改正的,由邮政管理部门指定其他单位设置信报箱,所需费用由该居民楼的建设单位承担。

既有城镇居民楼未配置信报箱或者配置的信报箱不符合国家标准的,在进行住宅综合改造时,应当配置或者改造。

第十六条 乡、镇人民政府(街道办事处)应当指导村民委员会设立村邮站或者其他接收邮件的场所。村邮站或者其他接收邮件的场所及其工作人员由村民委员会确定。

市、区县(自治县)人民政府应当根据当地实际,对村邮站或者其他接收邮件的场所的设置和营运给予适当补助,符合公益性岗位要求的人员纳入公益性岗位管理。

邮政企业应当对村邮站或者其他接收邮件的场所提供业务支持和指导,并与村民委员会签订邮件接收、转投协议。

第十七条 征收邮政营业场所或者邮件处理场所的,市、区县(自治县)人民政府在作出征收决定前,应当根据保障邮政普遍服务的要求,就地或者就近对邮政营业场所或者邮件处理场所的重新设置作出妥善安排。未作出妥善安排前,不得征收。

征收邮政营业场所或者邮件处理场所,按照城乡规划要求无需在该区域继续设置的,邮政企业可以选择房屋产权调换或者货币补偿的方式。

邮政营业场所或者邮件处理场所重新设置前,邮政企业应当采取措施,保证邮政普遍服务的正常进行。

第十八条 按照地名标志国家标准设置大门地名标志牌应当附注邮政编码;大门地名标志牌上未附注邮政编码的应当由设置部门及时更换。

第三章 邮政服务

第十九条 邮政企业按照国家规定承担提供邮政普遍服务和特殊服务的义务。

邮政企业的邮政普遍服务与竞争性业务应当分业经营。

第二十条 邮政企业应当通过网络、报刊等方式向社会公布所属邮政营业场所布局、地址及联系方式。

邮政企业应当在其营业场所公示或者以其他方式公布其服务种类、业务范围、营业时间、资费标准、禁止寄递或者限制寄递物品规定、邮件和汇款的查询及损失赔偿办法以及用户对其服务质量的投诉办法等。

邮政企业应当在营业场所设置用户书写服务台,提供邮政编码查询便利,张贴业务单据书写式样,并在明显位置悬挂邮政营业场所名称、地址、联系方式等信息。

第二十一条 提供邮政普遍服务的邮政营业场所在城市每周的营业时间应当不少于六天,投递邮件每天至少一次;在乡、镇人民政府所在地每周的营业时间应当不少于五天,投递邮件每周至少五次;在农村地区每周营业时间应当不少于三天,投递邮件每周至少三次;在交通不便的边远地区,按照国务院邮政管理部门制定的标准执行。

在乡、镇人民政府所在地及农村地区逢赶集日应当营业。

第二十二条 邮政企业停止办理或者限制办理邮政普遍服务和特殊服务业务的,应当事先向邮政管理部门提出书面申请;邮政管理部门在收到申请之日起二十日内作出批准或者不予批准的决定,经邮政管理部门负责人批准,可以延长十日作出决定;邮政企业应当在收到批准决定之日起十日内向社会公告。

因不可抗力或者其他特殊原因暂时停止办理或者限制办理的,邮政企业应当及时公告,采取相应的补救措施,并向邮政管理部门报告。不可抗力或者其他特殊原因消除后,应当立即恢复办理。

第二十三条 机关、企业事业单位和城镇居民楼物业服务单位,应当到当地邮政企业或者分支机构办理邮件按址投递登记手续。地址或门牌变更的,应当及时通知邮政企业。

符合按址投递条件的,邮政企业应当自办理邮件投递登记手续之日起七日内安排投递;不符合按址投递条件的,可以与邮政企业协商,投递到双方商定的接收邮件的场所。

第二十四条 用户交寄邮件应当清楚、准确地填写收件人姓名、地址和邮政编码,使用标准信封、邮件包装箱和符合规定的邮资凭证。

用户交寄邮件应当遵守禁止或者限制寄递物品的规定,不得交寄、夹寄带爆炸性、易燃性、腐蚀性、放射性、毒害性、传染病病原体等危险有害物品以及毒品、非法出版物等国家规定禁止寄递的物品。

第二十五条 邮政企业应当依法建立并执行邮件收寄验视制度。

对用户交寄的信件,必要时邮政企业可以要求用户开拆,进行验视,但不得检查信件内容。用户拒绝开拆的,邮政企业不予收寄。

对信件以外的邮件,邮政企业收寄时应当当场验视内件。用户拒绝验视的,邮政企业不予收寄。

邮政企业发现邮件内夹带禁止或者限制寄递物品的,应当按照国家有关规定处理。

第二十六条 邮政企业应当按照国家规定的投递频次和深度,采取按址投递、用户领取或者与用户协商的其他方式投递邮件。

收件地址为单位的,应当投递到收发(传达)室或者其他接收邮件的场所。收件地址为住宅,设有信报箱的,应当投递到信报箱;没有信报箱的,在用户与物业服务单位协商一致后,可以投递到物业服务单位;没有信报箱和物业服务单位的,应当投递到与用户协商的指定位置。收件地址为农村地区的,应当投递到村邮站或者其他接收邮件的场所。

给据邮件应当投递给用户或者用户委托的专人、专门机构。

第二十七条 机关、企业事业单位、物业服务单位、村民委员会等应当为邮政企业投递邮件提供便利。准许统一着装并佩戴标志的邮政企业从业人员及其车辆进入服务区域,并不得收取任何费用。

收发(传达)室、物业服务单位、村邮站或者其他接收邮件的场所对所接收的邮件应当妥善保管并安排人员及时正确转投。对无法转交或者误收的邮件,应当及时通知邮政企业,由邮政企业依法处理。

给据邮件应当由用户或者用户委托的专人、专门机构签收。

第二十八条 邮政企业应当采取有效措施,防止邮件丢失、损毁或者内件短少。

邮政普遍服务业务范围内的邮件和汇款的损失赔偿,按照《中华人民共和国邮政法》的规定办理。

邮政普遍服务业务范围以外的邮件的损失赔偿,适用有关民事法律的规定。

第二十九条 邮政企业应当保障本企业寄递渠道的畅通。因特殊原因造成或者可能造成邮件积压的,应当及时组织和调配运力,进行有效疏运,并接受邮政管理部门的监督。

第三十条 邮政企业对无法投递的邮件,应当退回寄件人。

无法投递又无法退回的信件,自邮政企业确认无法退回之日起超过六个月无人认领的,由邮政企业在邮政管理部门的监督下销毁。

无法投递又无法退回的其他邮件，按照国家有关规定处理；其中进境国际邮递物品，由海关依照《中华人民共和国海关法》的规定处理。

第三十一条 邮政专用车辆应当按照规定喷涂邮政专用标志色和“中国邮政”标志，其他车辆不得喷涂。

邮政专用车辆应当在国家规定的范围内使用，不得出租、出借或者用于从事邮件运递以外的其他活动。

提供邮政普遍服务的邮政专用车辆，按照规定程序审批后，免缴主城区路桥通行费、高速公路通行费。

第三十二条 邮政企业及其工作人员不得有下列侵犯用户合法权益的行为：

（一）无故拒绝、拖延、中断邮政业务；

（二）擅自降低邮政普遍服务标准或者增加收费项目，强迫、误导用户使用高资费邮政业务；

（三）冒领、扣压用户汇款或者强迫、误导用户将汇款转为储蓄；

（四）强行搭售邮品及其他商品或者强迫订阅报刊杂志；

（五）违法泄露或者向他人提供用户信息；

（六）法律、法规禁止的其他行为。

第三十三条 邮政企业应当向社会公布用户投诉电话，配备受理用户投诉的人员；对用户的投诉，应当在接到投诉之日起三十个工作日内将处理结果答复用户。用户对处理结果不服的可以向邮政管理部门申诉。

第三十四条 邮政管理部门以及邮政企业应当建立突发事件应对工作机制，提高应对邮政行业突发事件能力，预防与减少邮政行业突发事件及其造成的损害。

邮政企业应当建立寄递安全保障体系，制定突发事件应急预案，配备专（兼）职应急人员，定期开展演练。

发生突发事件时，邮政企业应当立即启动应急预案并及时向邮政管理部门报告。

第四章　快递业务

第三十五条 经营快递业务应当按照《中华人民共和国邮政法》的规定，取得快递业务经营许可。

申请人凭快递业务经营许可证向工商行政管理部门依法办理登记后，方可经营快递业务；未经许可和登记，任何单位和个人不得经营快递业务。

第三十六条 邮政企业以外的经营快递业务的企业（以下称快递企业）设立分支机构或者合并、分立的，应当持企业法人快递业务经营许可证副本和企业法人营业执照，到所在地工商行政管理部门办理工商登记，并于完成登记手续之日起二十日内向市邮政管理机构备案。

第三十七条 经营快递业务的企业停止经营快递业务的，应当书面告知市邮政管理机构，交回快递业务经营许可证，并对尚未投递的快件按照国务院邮政管理部门的规定妥善处理。

第三十八条 加盟经营快递业务的企业，应当具有企业法人资格并取得快递业务经营许可证。

经营快递业务的企业应当对加盟企业实行统一管理；双方应当以书面形式订立加盟协议，明确双方的权利和义务，并报邮政管理部门备案。

第三十九条 经营快递业务的企业提供快递服务，应当遵循快递服务国家标准。鼓励经营快递业务的企业制定和采用高于国家标准的企业标准。

第四十条 经营快递业务的企业应当提示用户如实、完整填写快递详情单的各项内容；快递详情单填写内容不完整的，不得收寄。

经营快递业务的企业应当建立快递详情单留存制度，留存期限不得少于快递服务国家标准的规定。

第四十一条 经营快递业务的企业寄递快件应当在承诺时限内将快件递送至快递详情单指定

地点。收件人要求快递业务员将快件送进单位或者小区等物业内指定地点的，快递业务员应当按照收件人要求办理。但收件人应当为快递业务员递送快件提供方便，因收件方原因致使快递业务员不能进入收件人所在单位或者小区等物业内的，快递业务员可与收件人约定适当交件地点。

快递业务员递送快件应当获得收件人签收，签收程序按照快递服务国家标准执行。收件人无法签收的可以委托收发（传达）室、物业服务单位等代收人签收，接受委托的代收人不得向快递业务员收取费用。

第四十二条 经营快递业务的企业寄递快件的专用车辆经邮政管理部门核定后，应当喷涂企业统一标志。

喷涂企业统一标志的专用车辆，确需通过公安交通管理部门划定的禁行路段或者确需在禁止停车的路段临时停车的，经公安交通管理部门和市政管理部门同意，在确保安全的前提下，可以通行或者临时停车。

第四十三条 经营快递业务的企业应当建立服务投诉制度，及时、妥善处理用户对服务质量提出的异议。对于国内快件和港澳台快件的投诉，经营快递业务的企业应当在三十日内处理；对于国际快件的投诉，经营快递业务的企业应当在六十日内处理。用户对于逾期不处理的投诉或者处理结果不满的投诉可以向邮政管理部门申诉。

第四十四条 经营快递业务的企业依法成立的行业协会，依照法律、行政法规及其章程规定，制定快递行业规范，加强行业自律，为企业提供信息、培训等方面的服务，引导企业依法、诚信经营，维护企业的合法利益，促进快递行业的健康发展。

经营快递业务的企业应当按照国家规定对从业人员加强法制教育、职业道德教育和业务技能培训；组织快递业务员取得国家职业技能资格鉴定证书，提高服务水平和质量。

第四十五条 本条例第六条、第二十条第二款、第二十五条、第二十七条第一款、第二十八条第一款、第二十九条、第三十二条第一项和第五项、第三十四条关于邮政企业及其从业人员的规定，适用于快递企业及其从业人员；第二十八条第三款关于邮件损失赔偿的规定，适用于快件的损失赔偿；第三十条关于邮件的规定，适用于快件；第二十四条第二款关于邮政服务用户的规定，适用于快递用户。

第五章 监督管理

第四十六条 邮政管理部门负责本市行政区域内的邮政普遍服务、特殊服务、快递业务以及集邮、邮政用品用具等市场的监督管理工作。

第四十七条 邮政企业使用邮政普遍服务、特殊服务补贴资金应当专款专用，并重点用于农村边远地区、三峡库区、贫困地区和少数民族地区。

邮政管理部门根据履行监督管理职责的需要，可以要求邮政企业报告有关补贴资金使用计划和使用情况。

市财政、审计、邮政等部门应当依法加强对补贴资金使用的监督。

第四十八条 邮政管理部门根据履行监督管理职责的需要，可以要求邮政企业、快递企业通过定期报送相关经营数据、报表等方式报告经营情况。

第四十九条 邮政管理部门按照国家规定，指导职业技能鉴定机构开展邮政行业特有工种职业技能鉴定工作，提高从业人员素质和技能。

第五十条 邮政管理部门应当及时依法处理用户对邮政企业、快递企业的申诉，自接到申诉之日起三十日内作出答复。

邮政企业、快递企业应当配合邮政管理部门处理好用户申诉。

第五十一条 邮政管理部门应当对邮政企业和快递企业建立诚信经营考核制度，对考核不合格的，应当书面通知整改，并向社会公告。

邮政管理部门应当对快递企业实行等级评定制度，建立以公众满意度、时限准时率和用户申诉率为核心的快递服务质量评价体系，定期评估测试快递服务水平，并向社会公告。

第六章　法律责任

第五十二条　违反本条例第二十八条的规定，邮政企业、快递企业未采取有效措施，造成邮件、快件丢失、损毁或者内件短少的，除依法承担赔偿责任外，由邮政管理部门给予警告；情节严重的，处五千元以上三万元以下罚款。

第五十三条　违反本条例第二十九条的规定，邮政企业、快递企业未及时组织和调配运力，造成邮件、快件积压的，由邮政管理部门给予警告；情节严重的，处五千元以上三万元以下罚款。

第五十四条　违反本条例第四十条的规定，邮政企业、快递企业有下列行为之一的，由邮政管理部门给予警告；情节严重的，处一千元以上五千元以下罚款：

（一）未履行提示义务的；

（二）收寄快递详情单填写内容不完整的快件的；

（三）未按照规定期限留存快递详情单的。

第五十五条　违反本条例第四十一条规定，经营快递业务的企业未按快递服务国家标准履行签收程序的，由邮政管理部门责令改正；拒不改正的，处一千元以上五千元以下罚款。

第五十六条　违反本条例第五十条的规定，邮政企业、快递企业不配合邮政管理部门处理用户申诉的，由邮政管理部门给予警告；情节严重的，处一千元以上五千元以下罚款。

第五十七条　经营快递业务的企业违反快递服务国家标准，严重损害用户利益的，由邮政管理部门责令改正，处五千元以上三万元以下罚款；情节严重的，责令停业整顿。

第五十八条　邮政企业将用于普遍服务的补贴资金用于竞争性业务的，对直接负责的主管人员和其他直接责任人员给予处分。构成犯罪的，依法追究刑事责任。

第五十九条　邮政企业、快递企业违反邮政服务、快递业务管理其他规定的，由邮政管理部门依照邮政管理法律、法规、规章的规定予以处罚。

第六十条　邮政管理部门工作人员在监督管理工作中滥用职权、玩忽职守、徇私舞弊的，对直接负责的主管人员和其他直接责任人员依法给予处分；构成犯罪的，依法追究刑事责任。

第七章　附　则

第六十一条　本条例自2013年3月1日起施行。1998年3月28日重庆市第一届人民代表大会常务委员会第八次会议通过的《重庆市邮政通信管理条例》同时废止。

贵州省快递物流发展规划

一、前　言

（一）规划背景

快递物流是指承运方将托运方指定在特定时间内运达目的地的物品，以最快的运输方式，运输和配送到指定的目的地或目标客户手中。按照运输的空间距离远近，快递业务可分为国际快递业务、国内异地快递业务和同城快递业务，国内异地快递业务和同城快递业务统称为国内快递业务。快递以普通民众、工商、金融、贸易为主要服务对象，以商务文件、小包裹为传递内容，以“门到门”

为服务方式,在规定的时间内完成寄递任务的一种物流方式。

快递与百姓的生活息息相关,已经成为惠及民生的重要服务业,在满足党政机关、企事业单位和人民群众的社会活动、信息交流、实物传递和社会就业等方面起着十分重要的作用。

加快快递业的发展,有利于降低物流成本、提高流通效率,有利于形成安全通畅、舒适便捷的消费服务环境;大力发展快递服务业,通过建立完善的城市快递服务网络,构筑区域协调、辐射乡镇的快速、安全的快递服务平台,对于繁荣我省城乡经济,促进经济又好又快、更好更快发展,实现贵州经济社会加速发展具有重要意义。

鉴于快递物流发展对社会经济的助推作用和扩大内需、服务民生方面的作用明显,加上贵州有着良好的区位和比较后发优势,为促进贵州经济社会好又快、更好更快发展,必须确立贵州快递物流发展的战略方向,理清发展思路,明确发展目标,并制定切实有效促进措施。因此,"贵州省快递物流发展规划"是贵州省有关部门关心和扶持快递行业发展重要举措,也是快递物流产业发展的必然要求。

(二)规划目的和意义

按照贵州省委、省政府提出的新型工业化战略和城镇化带动战略的发展思路,围绕"加速发展、加快转型、推动跨越"的战略部署,本规划依据《中共贵州省委关于国民经济和社会发展第十二个五年规划的建议》、《贵州省国民经济和社会发展第十二个五年规划纲要》以及《贵州省"十二五"现代物流发展规划》,认真贯彻科学发展观,从实际出发,因地制宜,着重对区域范围内的快递物流发展布局进行规划;根据贵州省产业发展布局和产业发展的特点,对快递物流发展战略、空间布局、重点任务进行规划;针对贵州省快递物流行政管理的实际情况,提出快递物流发展政策和措施。

本次规划,通过对全省快递物流系统要素整合,实现物流系统战略性功能重组;构筑国际快递业务、国内异地快递业务和同城快递业务经营战略需求的物流体系;将信息和通信技术全面运用于快递物流系统,构建现代快递物流信息系统;大力发展电子商务,培育快递物流市场,加强物流园区建设,增强对省内外、区内外市场的辐射功能;通过规划构筑适应现代经济发展的良好快递物流环境;建立与市场机制相适应的快递物流机制,大幅度提升贵州省快递物流产业的优势。

《贵州省快递物流发展规划》是贵州省人民政府及行政主管部门制定有关政策措施、加强快递服务管理,是整合优化贵州省现有快递物流资源,进一步推动贵州省现有快递物流的快速发展,促进贵州省经济和社会可持续发展不可缺少的重要文件。

本次规划,对于贵州省发展快递物流业,培育地区经济新的增长点,推进产业结构调整,增加就业,增强快递企业的服务功能和竞争力,对贵州省未来经济社会全面、快速、和谐的发展具有重要意义。

(三)规划依据

(1)国务院《物流业调整和振兴规划》,2009年2月;

(2)贵州省贯彻落实国务院《物流业调整和振兴规划》工作方案;

(3)国家邮政局《国家邮政局关于物流业调整和振兴规划的实施意见》;

(4)国家邮政局《邮政业发展"十二五"规划》;

(5)中共贵州省委《中共贵州省委关于制定贵州省国民经济和社会发展第十二个五年规划的建议》;

(6)贵州省人民政府《贵州省国民经济和社会发展第十二个五年规划纲要》;

(7)贵州省人民政府《贵州"十二五"重点工业园区布局和发展规划》;

(8)贵州省发展改革委、贵州省交通运输厅《贵州省"十二五"交通运输发展专项规划》;

(9)贵州省人民政《贵州省人民政府办公厅转发省交通运输厅等部门关于推动全省农村邮政物流发展意见的通知》(黔府办发〔2009〕89 号)；

(10)贵州省人民政府《贵州省贯彻落实〈物流业调整和振兴规划〉工作方案》；

(11)贵州省发展改革委《贵州省"十二五"物流发展规划》；

(12)《贵州省十二五服务业重点产业发展专项规划》(贵州省发展与改革委员会 2010 年 10 月征求意见稿)；

(13)贵州省邮政局《贵州省邮政业"十二五"规划》。

(四)规划期限与范围

1. 规划期限

本规划适用于贵州省快递物流业发展和布局。规划基期年为 2011 年,所采用资料年份截至 2010 年年底。

本规划期限为 2011 －2020 年,2011 －2015 年为重点建设期,2016 －2020 年为加速发展期。其中：

近期为 2011 －2015 年；

中长期为 2016 －2020 年。

2. 规划范围

全省行政辖区。

二、贵州省快递物流业发展环境及条件

(一)贵州省宏观发展环境

"十一五"期间,贵州省国民经济和社会发展取得了显著成就,经济持续快速增长,经济结构和产业结构调整优化,经济增长方式进一步转变,已初步建立起具有地方特色的三次产业共同发展的国民经济体系。

2010 年贵州省实现国内生产总值为 4593.97 亿元,比上年增长 12.8%。其中,第一产业产值为 630.33 亿元,同比增长 4.7%,第二产业产值为 1800.6 亿元,增长 16.6%,第三产业产值为 2163.58亿元,增长 12.1%。在第三产业中,交通运输、仓储和邮政业产值 472.71 亿元, 批发和零售业产值 367.52 亿元,住宿和餐饮业产值 180.73 亿元,金融业产值为 222.44 亿元,房地产业产值 142.01 亿元,其他服务业产值 778.17 亿元,分别比 2009 年增长 18.2%,25.2%,17.8%,14.4%,4.3%,9.8%。

2010 年,贵州省全年实现财政总收入 969.73 亿元,比上年增长 24.4%,增速比上年加快 8.5 个百分点。在旅游、商贸、交通等行业拉动下,全年第三产业实现增加值 2163.58 亿元,比上年增长 12.1%。其中,批发和零售业增长 21.6%,住宿和餐饮业增长 16.6%。

2010 年,贵州省全社会固定资产投资额达到 3186.28 亿元,比上年增长 30%。以交通和水利为重点的基础设施建设大力推进,全年交通运输仓储和邮政业累计完成投资 589.65 亿元,比上年增长 41.4%;水利、环境和公共设施管理业累计完成投资 315.13 亿元,比上年增长 49.7%。工业重点行业投资增长较快,全年累计完成工业投资 1075 亿元,比上年增长 18.8%。

2010 年,贵州省城镇居民人均可支配收入达到 14142.74 元,比上年增加 1280.21 元,扣除物价因素,比上年增长 7%。农民人均纯收入达到 3471.93 元,比上年增加 466.52 元,扣除物价因素,比上年增长 12.6%。

"十一五"期间,现代物流业在贵州省呈现出良好的发展前景,总体规模呈现快速扩张势头。贵州省社会物流需求持续上升,带动了物流总量的持续扩张。形成了现代物流发展的内在需求与动力,物流发展空间巨大;物流基础设施不断提升,初步形成了由公路、铁路、水运、航空等组成的物流运输基础设施体系,交通运输、仓储设施、信息通讯、货物包装与装卸等物流设施和装备方面已经具备了一定规模和水平;物流的社会化、专业化发展步伐加快。物流产业运营体制进一步完善,专业化程度进一步提升;物流基地和企业发展迅速,出现了一批初具现代物流意识、有一定规

模、各具特色的物流企业。

"十二五"时期,我省经济社会发展需要解决的矛盾和问题较多。经济总量小、人均收入水平低、发展速度慢仍是我省的基本省情和面临的主要矛盾,工业化水平低、城镇化进程慢、区域发展不平衡、产业结构不合理、城乡发展不协调、农村贫困程度深、人口资源环境压力大等问题仍将非常突出,思想观念陈旧、办事效率低下、发展方式粗放、科技创新乏力、社会矛盾易发多发、体制机制转换滞缓等制约科学发展的问题亟待解决。在物流业方面,物流基础设施相对落后,仓储陈旧,设施老化,储存效率低;物流信息化水平不高;物流业的组织化和规模化程度较低;物流技术和管理人才队伍建设有待加强。

(二)贵州省区位特点

贵州省位于我国西南中心腹地,与四川、重庆、湖南、广西、云南5省区毗邻,是西南地区通往珠江三角洲、北部湾经济区和长江中下游地区的交通枢纽。全省矿产资源、生物资源、水能资源和旅游资源丰富,煤、磷、重晶石、铝土等矿产储量位居全国前列,资源优势明显。长期以来,受交通基础设施落后的制约,贵州的资源优势难以转化为经济优势,欠发达、欠开发仍是当前最突出的省情。

贵州省交通区位优势明显。贵州是一个浅内陆山区省份,近边、近海、近江,是中国西南地区连接发达的华南地区的前沿,处于西南南下出海的交通枢纽位置。黔桂、贵昆、川黔、湘黔线在这里交汇,号称西南的"铁十字架"。随着现代化的铁路、公路、航空综合运输网络建成,贵州省将形成新的物流通道体系。届时,贵州省仅是成都、重庆等周边城市地区南下广东最经济便捷的必经要道,而且是我国整个西部通往华南地区(粤港澳)、"三亚"地区(东亚、南亚、东南亚)的出海出境重要通道和陆路交通枢纽,是中国—东盟自由贸易区的交通咽喉;从世界范围看,未来还将成为沟通印度洋和太平洋最便捷的新亚洲大陆桥的重要结点。因此,贵州省作为全国特别是西南地区重要交通枢纽的战略地位将显著提升。

贵州省经济区位优势明显。我省地处泛珠三角经济圈与大东盟经济圈的汇合部是内陆地区便捷的出海通道,又是东南亚邻国提供深入我国内陆腹地的快速通道。南与大珠三角的经济辐射和产业转移相结合,北与成渝经济圈和西北地区相联系,东与华中经济圈及长三角相合作,西与中国—东盟自由贸易区的构建相协调。珠三角经济圈,不仅是带动整个泛珠三角区域经济发展的火车头,而且在全国三大经济圈中也是产业层次最高、经济外向度最高、发展势头最好的区域,贵州通过借助广东这一沿海地区的产业链来延伸自己的价值链,最终能够融入全球经济的发展快车。贵州省的地理区位优势决定了在区域物流中的重要战略地位,随着区域经济一体化进程加快,贵州省物流需求量将急剧增加,物流集聚力将大大提升。

(三)电子商务的发展现状

随着电子商务法律、技术环境的不断完善,以及居民消费方式的改变,近年来中国电子商务市场,特别是面向普通个体消费者的B2C、C2C电子商务市场进入高速增长阶段。

我国电子商务的爆发式增长让快递行业短短几年突飞猛进。国家邮政局公布的最新数据显示,2011年1—9月,全国规模以上快递服务企业业务量累计完成25.2亿件,同比增长53.3%;业务收入累计完成531.4亿元,同比增长28.9%;我国快递行业排在美国和日本后成为世界第三。

据艾瑞咨询初步预测数据显示,2010年全国网络购物市场交易规模达到4980.0亿元,较2009年增长89.4%,网络购物交易规模占社会消费品零售总额的3.2%。2010年中国B2B交易规模达630.0亿元,占中国整体网络购物市场交易规模的比重为12.7%,较2009年增长3个百分点:其中,类似京东商城、卓越亚马逊等自主销售式B2C交易规模占6.6%，淘宝商城等平台式B2C交易规模占6.0%，据预测，2011年平台式B2C交易规模将超过自主销售式B2C。

2010年我国国际及港澳台业务、国内异地业务和同城业务等三类业务全部实现了较快增长，其中国内异地快递业务居于主导地位。国内异地快递业务量完成16.7亿件，同比增长27.9%，业务收入314.5亿元，同比增长19%；同城快递业务量完成5.4亿件，同比增长22.6%，业务收入41.5亿元，同比增长21.2%；国际及港澳台快递业务量完成1.3亿件，同比增长15.2%，业务收入178.8亿元，同比增长15.3%。可见电子商务的发展推动着快递的发展，同时快递也有利于扩大电子商务市场的范围，提高电子商务的市场竞争力，依托强大的物流网络和完善的快递物流系统，电子商务将日新月异的发展。

作为地处内陆的贵州，由于物流基础硬件设施的差距，更要充分利用网络信息技术平台，大力发展电子化物流，助推商贸业发展方式向现代化、信息化方向迈进。电子商务物流将为贵州快递物流业的发展提供广阔的空间。

（四）贵州物流发展基础设施环境

交通运输是国民经济和社会发展的基础性和先导性产业，是经济社会健康、快速、持续发展的基础保障。高速公路是现代交通的主要运输方式之一，是综合运输体系的重要组成部分，着力构建功能明确、结构合理、布局完善、服务高效的高速公路网络是贵州实现交通运输现代化，支撑和引领经济社会历史性跨越的重要任务。

全省交通运输服务平稳发展。2010年铁路、公路、水运共完成货物周转量867.52亿吨公里，比上年增长11.3%；完成旅客周转量469.98亿人公里，增长16.8%。民航完成货邮吞吐量6.17万吨，增长19.6%；完成旅客吞吐量627.60万人次，增长8.5%。

1.公路建设情况

贵州已实现县县通油路、乡乡通公路，总通车里程约15万公里。到州、市、地首府均为高速、高等级公路，共有3518公里。全省已建成和已开建高速公路的县达77个；全省乡镇通沥青（水泥）路率达96.9%，建制村通公路率达96.74%。全省通航里程达3563公里，等级航道达2301公里。全长2295公里的厦蓉高速公路已经动工修建，重庆到湛江、上海到瑞丽两条国道主干线纵横贯穿贵州全省，是中国西部地区通江达海的主要路段。2011年，贵州省公路水路交通计划投资520亿元，同比增长30%。今年年内将建成国高网沪昆高速公路贵阳至清镇段、汕昆高速公路板坝至江底段等，新增高速公路通车里程494公里，年底全省高速公路通车里程将超过2000公里。新开工沿河至德江、松桃至铜仁等高速公路，开工里程达242公里。全省100%的乡镇通沥青（水泥）路和100%的建制村通公路剩余项目将全面开建。

在“十二五”期间，大力实施“六横七纵八联”高速公路网络规划，全面建成国家高速公路网规划中的厦蓉、杭瑞、汕昆高速公路我省境内路段，积极构建我省通往珠三角和周边省会城市的高速公路体系，基本建成县县通高速公路。“十二五”期间新增高速公路里程3000公里以上，到2015年建成高速公路4500公里以上。积极争取将安康至麻江、张掖至百色、毕节至河口、都匀至西昌等重要的省际高速公路通道调整纳入国家高速公路网规划实施。加快重点城镇、重点工矿区、旅游目的地、支线机场、航运码头（港口）与铁路、高速公路的快速联络线建设。全面取消政府还贷二级公路收费，加大力度实施国、省干线公路改造工程，提升国、省干线公路技术等级和服务水平。积极推进农村公路建设，大力实施农村通达通畅工程。“十二五”期末全省公路通车总里程达到16万公里以上。

为指导干线公路建设，贵州省人民政府于2005年批准了《贵州省骨架公路网规划》，提出了“3纵3横8联8支”（简称“3388”网）的骨架公路网布局方案，规划总规模7400公里，其中高速公路3000公里。按目前建设进度，该规划涉及的高速公路到2012年将全部开工建设。该规划中贵州联系珠江三角洲、成渝经济区、长株潭城市群、北部湾经济区等周边区域经济中心的高速公路通道不足，高速公路仅通达全省约57%的县市，需进一步优化。

贵州省高速公路网的规划目标是建立与经济社会发展相适应，与城镇布局、产业布局相协调，功能明确、结构合理、布局完善、服务高效的高速公路网络，适应贵州省经济社会历史性跨越和生态文明建设的需要。

通过建设，加强了贵州与珠江三角洲、成渝经济圈、长株潭城市群、北部湾经济区和滇中城市群的交通联系，形成成渝经济区至珠江三角洲、长株潭城市群至大湄公河次区域的物流通道，实现贵州与相邻每一省份至少有2条以上高速公路通道，实现贵阳至周边省区中心城市8小时到达。

2. 铁路建设情况

铁路以贵阳为中心，黔桂铁路、川黔铁路、贵昆铁路、湘黔铁路四条铁路干线贯穿贵州，营运里程达1468公里。贵昆、川黔、湘黔铁路已实现了电气化改造，电力牵引营运里程达1138公里，货运量比以前增加一倍。贵州是国家“九五”期间铁路建设的重点。经过贵州的南昆铁路（贵州省境内227公里）已建成通车；我国东西向的大能力通道水城至株洲电气化复线（贵州省境内596公里）已建成通车；地方与中央合资兴建的水城至柏果铁路、黄桶至织金铁路也将陆续开通。这些铁路建成后，贵州作为西南人海的主要通道及交通枢纽的地位得到进一步提高，不仅对贵州，而且对四川、云南的经济发展都将起到重要的作用。

2010年铁路完成货物周转量568.05亿吨公里，比上年增长7.9%。完成旅客周转量138.98亿人公里，比上年增长14.1%。2008年10月13日已经开工建设“贵广高速铁路”，铁路全长857公里，其中贵州境内301公里，旅客列车速度目标值300公里/小时，预留350公里/小时，为无缝、无砟轨道客运专线。这条铁路建成后，贵阳至广州的铁路客运时间将由20小时缩减至4小时左右。2010年3月26日，沪昆客运专线长沙—贵阳—昆明段开工建设，铁路设计时速350公里/小时，采用无砟轨道，最小曲线半径7000米，届时，从贵阳到上海将由目前的27小时压缩至6小时左右。目前正在筹建的渝黔高速铁路、成贵客运专线，均获国家发改委立项。此外规划中的昆台高速铁路贵阳—六盘水—攀枝花城际铁路、郑州—黔江—贵阳—兴义—河口铁路、都匀—金城江—南宁快速铁路都将经过贵州，届时贵州的交通瓶颈将被彻底打破，贵州的经济将更上一个台阶，同时贵阳也将跃升为国家级的交通枢纽。

加上成都至贵阳铁路（贵州段）、重庆至贵阳铁路（贵州段）扩能改造工程，织金至毕节、织金至纳雍、铜仁至玉屏、小碧至白云铁路和贵阳北站7个铁路项目建设。“十二五”期间全省新建铁路里程3200公里，到2015年铁路通车里程突破5000公里，奋力突破交通瓶颈制约，为加速发展、加快转型、推动跨越，实施工业强省战略和城镇化带动战略提供有力支持。继贵广铁路客运专线、长昆铁路客运专线开工建设后，此次开工建设的7个铁路项目将使我省北上南下、东进西联的铁路通道框架从蓝图变为现实，使我省朝着实现客货快捷、货运强大的现代化铁路系统目标迈出了重要一步，使我省在西南地区的陆路交通枢纽地位得到进一步巩固。

3. 航空运输情况

民用航空已开通贵阳至香港以及贵阳至北京、广州、深圳、上海、成都、重庆、昆明、桂林、厦门、西安、海口、长沙、武汉等26个城市的航线。航空建设有4D级贵阳机场和铜仁、兴义、安顺、黎平、荔波等支线机场。

贵阳龙洞堡国际机场2010年旅客吞吐量627.17万人次，货邮吞吐量6.17万吨，在国内175

个机场中排名第26位；保障各类飞行61231架次，国内机场排名第27位。贵州机场积极引入春秋航空有限公司、鲲鹏航空有限公司、海航集团、昆明航空有限公司，分别专注于旅游客源市场和支线航空市场。至目前，减少盲点城市2个，通航的城市达45个，始发航线54条，其中国内航线50条，地区航线2条，国际航线2条，遍及泰国、新加坡、台湾、香港等国家和地区。

4. 水路建设情况

贵州地处中国长江、珠江流域上游。长度100公里的河流有33条3563公里通航。贵州省航道位于长江、珠江水系河流上游，到2010年底，贵州省内河航道里程3563公里，货运量910万吨。

在"十二五"期间计划投资22亿元，加快水运基础设施建设。"十二五"期，将全面完成西南水运出海中线通道（贵州段）航运扩建工程和乌江航运建设工程。加快推动乌江构皮滩和龙滩过船设施建设，打通南北水运大通道，实现贵州省委、省政府"南下珠江、北进长江"的战略部署。将完成三板溪库区航运建设工程；开工建设光照库区、乌江渡库区和白市库区航运建设工程；继续实施农村渡口建设工程。

（五）快递物流业发展现状

近年来，贵州省各级政府部门认真落实中央关于促进快递业发展的各项政策措施，把加快快递业发展作为推进经济结构调整、转变经济发展方式的一项重大战略任务来抓，全省快递业呈现出健康快速发展的良好态势。

1. 快递物流业发展情况

贵州省从事快递服务的国有、民营、外资企业和部分分支机构已达130余家，覆盖了全省各县。2010年全省规模以上快递企业业务收入2.99亿元，同比增长24.15%。其中，国内同城快递业务收入0.1亿元，国内异地快递业务收入2.35亿元，国际及港澳台快递业务收入0.11亿元，其他快递业务收入0.44亿元；快递业务量为1137.02万件，同比增长20.60%。其中，国内同城快递业务量131.72万件，国内异地快递业务量999.56万件，国际及港澳台快递业务量5.74万件，电子商务快递业务量4.4万件。快递业的飞速发展将成为服务生产、保障民生、增加税收、促进就业的重要行业。

2. 企业性质及其基本情况

根据调查，在贵州省快递市场上，私人控股的企业占82%，这足以说明民营企业占到了绝对的主导地位。但是由于贵州的经济环境落后，大多数民营企业在发展过程中由于竞争力不足，处于劣势地位。

快递企业面临着一个很严峻的问题就是"招工难"，由于其工作性质比较累，且责任大，流失率高，稳定性差，所以很多快递企业不得不录用一些临时工。同时快递企业员工普遍学历较低，人力资源成本较低。

3. 企业物资设备情况

根据调查结果显示，贵州省快递企业汽车平均拥有量为7.85辆，其他交通工具平均拥有量为31.375辆。这说明快递行业采用的主要交通工具是摩托车或电动车。但是快递行业存在的一个发展障碍就是摩托车不允许进城，这导致了快递企业主要交通工具受限，严重影响了其发展。电动车虽然可以代替摩托车，但是我们知道快递员一天任务很繁重，送邮件地点差异大，距离远，加大了快递员的工作量。一般电动车的电量不能够支撑快递员一天的工作量，所以这也大大消减了快递企业的效率。

目前只有9.5%的企业拥有分拣设备，数量在3.5台左右。28.57%的企业拥有叉车，叉车平均拥有量在3.2台左右。这足以说明目前贵州快递企业仍旧主要以人工分拣为主。由于物流设备非常落后，这大大降低了企业效率，一定程度上增加了成本。

在所调查的21家快递企业中，只有1家企业拥有自有仓库，而且仓库面积只有50平方米。95.24%的企业都是租用仓库。其中平均租用仓库面积为695.5平方米，场地问题是制约快递企业发展的又一重要因素。且在仓库的运作方式中，14.29%的企业采用机械化作业，信息处理用人工，说明快递企业机械化设备落后，仍旧以人工为主，80.95%的企业则是以手工作业为主，而85.71%的企业类似手持终端之类的设备，实现货单实时跟踪服务。而目前，没有企业采取的是全自动化无人作业。

4.企业业务情况

快递企业承接物流业务主要内容方式有多种，包括客户上门、建立长期伙伴关系、业务网站、招投标、电话上门收件及其他中方式。其中最主要的方式是电话上门收件，企业承接物流业务中其中有90.48%是来自电话上门收件，建立长期伙伴关系、客户上门也是其承接物流业务的主要方式，分别都占76.19%。通过业务网站及其招投标等方式承接业务的比例较低。

在目前的贵州省快递市场上，营业网点的管理模式主要是加盟制、直营制(总部分部制)、直营与加盟混合制。50%的企业采取的是加盟制，25%的企业采取的直营制，25%的企业采取的是直营与加盟混合制。在贵州省快递市场上，半数的企业都采用加盟制。大量的民营快递公司则采取了“加盟制”的模式。现在国内七大民营快递公司——“三通一达”、天天、汇通均采用加盟制。过去的5年时间里，互联网高速发展，特别是网络购物走进了寻常百姓的生活。这期间，得益于电子商务，民营快递也实现了业务量的飞速增长。加盟制的推行，使得民营快递企业在缺乏资金的情况下实现了全国网络的完善，在扩张中起到了极大的作用。据了解，快递公司的各加盟网点“自主经营、自负盈亏、自担风险、自我发展”，并相对独立。

5.企业财务状况及其他

贵州民营快递企业的年收入都聚集在1000万元以内，其中3/4以上的企业的年营业收入集中在300万元及以下，将近1/4的企业在300万元到1000万元之间，还没有企业能突破1000万元，可见，本地区民营快递物流业比较滞后，企业的利润水平处于较低层次，有待于进一步挖掘。

从企业的年平均利润率来看，大部分的快递企业都处低利率水平，甚至有35%的企业处于亏损状态，但是也有部分企业利润还比较可观，其中利润率达到10%以上的企业将近占有1/3；从年平均增长率来看，将近90%以上的快递企业的平均增长率处于上升状态，说明快递物流还是有很大的潜力；总的来看，年平均利润率和年平均增长率均处于3%以下的快递企业，处于年平均利润率企业占的比例明显高于处于平均增长率企业所占比例，而两者均处于3%以上的快递企业分布情况刚好相反。

影响企业利润的主要因素是政府交通管理和支持力度小和运营成本的变动，快递企业渴望得到政府支持，希望政府重视，进一步说明了贵州省交通不够发达，快递运营成本变动，影响了利润水平；其次是市场竞争，快递行业企业竞争也日渐激烈起来了；国际金融危机和物流能效需求不足也对贵州省快递行业有一定影响，也不容忽视。而快递企业物流运营成本高的原因主要有：硬件基础设施不完善、违规的罚款收费、市场秩序混乱、物流人才缺乏、物流企业信息化程度低等方面。

(六)快递物流业存在的问题

我省快递业虽然取得了一定成效，但与先进地区相比，仍存在快递业总体规模小、结构层次低、竞争能力弱的问题，在思想观念、管理体制、运行机制、政策环境等方面的制约因素较多；快递行业存在结构不够合理、市场主体发育不够充分、员工学历普遍较低、物流设备非常落后、业务量小、业务方式单一、信息化程度低等诸多问题。快递企业的从业人员为2000余人，年人均承担4709.7件，工作强度大；投递业务量与收寄业务量之比为17∶1，收入失衡。快递业发展总体滞后的状况还没有得到根本改变，与加快实现经济发展方式转变的要求不相适应，与科学发展、和谐发展、率先发展的要求存在差距。

1. 经营管理水平较低

多数民营快递企业还处在“家族式”的治理结构形态，组织方式落后，管理手段陈旧。面对未来国际化的竞争，这种治理结构和管理方式已经不适应企业规模化发展的需要，将制约国际化职业经理人的引进、制约与国际惯例接轨与国际合作、制约未来走出“国门”、制约企业做大、做强乃至未来企业上市。

2. 经营场地不足

我省快递企业发展中受制的一个重要因素就是场地问题，很多民营企业由于场地所限，无法拓展业务。快递企业分散在贵阳市周边，没有形成园区化，不利于快递企业的快速发展。

3. 产业集中度低

由于市场准入门槛较低，我省快递行业发展迅速，快递服务市场各类经济主体并存，尤其民营快递企业发展日趋活跃，民营快递企业占总数的82%，市场占有比重不断提高。但民营快递企业由于民营快递企业“小、弱、散、差”与“小而弱、大而不强”现象突出；缺乏品牌优、竞争实力强、连锁网络全、具有国际竞争力的内资大型快递企业。

4. 市场竞争手段单一，产品同质化

很多特许加盟与同城快递民营企业把单一的低价竞争作为市场营销的主要手段，无序竞争现象蔓延，低价格、低层次服务现象普遍；快递服务市场服务产品雷同，服务产品同质化现象突出，缺乏差异化产品和承诺服务产品。

5. 从业人员素质偏低

民营企业快递从业人员流动性大，多数快递企业没有建立规范的用人制度、业务和职业技能培训制度，专业化、技能型人员紧缺，管理、运营、技术等方面的专业人才匮乏，严重制约了快递企业高速发展、规范化发展。

6. 相关政策和行业标准体系尚未完善

新《邮政法》颁布后，相关法律法规有待制定与完善；扶持快递服务发展的配套政策还不够完备；与快递相关的标准化体系如专用工具等的技术标准，包装、仓储、装卸、运输等各类作业标准，以及服务产品标准等亟需制定与完善；车辆进城通行难与停车难、发展融资难、企业用地难、空运租舱难、通关效率低等问题突出。

7. 机场国际口岸滞后，国际货运航线少，国际邮政和快递业务量少

由于受机场货运仓储场地小、航线少、舱位紧张、舱位收费高等诸多因素制约，我省国际邮政和快递业发展缓慢。

三、贵州省快递物流发展的指导思想及发展目标

（一）指导思想与原则

1. 指导思想

以邓小平理论和“三个代表”重要思想为指导，全面贯彻落实科学发展观，深入贯彻党的十七大精神，以《邮政法》为依据，按照国务院《关于印发物流业调整和振兴规划的通知》（国发〔2009〕8号）和中共省委十届五次全会审议通过的《中共贵州省委贵州省人民政府关于大力推进个体私营等非公有制经济又好又快发展的意见》要求，以服务区域经济社会发展和实现产业做大做强为目标，以改革创新为动力，依托贵州省经济发展优势，加强快递空间布局，优化快递发展环境，建立供需均衡竞争有序的市场机制，推进我省快递服务科学发展、和谐发展和跨越式发展。

“十二五”时期，贵州省快递物流业要紧扣“加速发展、加快转型、推动跨越”主基调，依托区位优势，凸显特色，抓住发展战略机遇期，坚持市场化导向，信息化提升，国际化推进，品牌化带动；积极构筑区域快递物流中心、中转中心，不断优化快递物流结构，形成统一开放、竞争有序，主体多元、业态多样，布局合理、运作有序的快递发展格局；积极营造有利于快递业发展的政策环境，加快发展快递物流业，建立快递物流服务体系，以快递物流服务促进电子商务发展，保障民生、方便群众。

贵州省发展快递业要以提高贵州省快递服务

业市场竞争力，提升快递服务的信息化、标准化水平为主导。推进科技创新、产品创新和管理创新，实现企业运营集约化，规划布局集群化，产业发展集聚化。拓展服务领域，将服务范围向上游产业延伸，统筹快递基本业务与电子商务配送、供应链管理等新型业务的发展，基本形成以电子商务为纽带，区域配送和集中配送相结合的城市快递配送物流网络体系，加速向现代服务方式的转型。

2. 指导原则

根据指导思想，贵州省发展快递物流业应遵循以下基本原则：

发展经济与保障民生相结合原则。推进区域快递一体化发展，支持、鼓励和引导快递服务业各类市场主体加快发展，满足区域国民经济发展对快递服务的需求等，同时着力使快递在扩大内需、方便百姓生活方面发挥更大作用。

坚持高起点建设，适度超前发展的原则。在物流网点的布局、建设、功能定位方面，在物流信息系统的设计、建设方面，在更新设施设备、引进先进物流技术和管理手段等方面坚持高起点、标准化、专业化、规范化，按照现代化物流系统的建设标准，尽量做到与国际接轨。

坚持发挥自身优势，整合与新建相结合的原则。贵州省快递物流业的发展要充分利用贵州省的产业优势、区位优势和交通优势。同时，坚持整合与新建相结合的原则，一方面要合理整合贵州省及周边可利用的物流资源，提高现有物流资源的利用率，另一方面要根据实际情况，适当投入资金新建、扩建现代化的物流设施，尽快构建起布局合理、功能完善的现代物流服务网络体系。

坚持统筹规划，协调发展的原则。发展快递物流需要各部门、各方面的协调配合。坚持统筹规划，加大协调力度，打破隶属关系、行业部门和地区界限。从贵州省的实际情况出发，加强与铁路、港口、航空的配合，与铁路部门在相关业务和功能上实现协调，实现协同发展。

坚持物流综合效益相统一的原则。在快递物流发展过程中，应坚持经济效益、社会效益和生态效益相统一的原则，合理确定建设目标及任务，并从实际情况出发，制定相关的保障措施和实施步骤，确保综合效益的实现。

(二)发展目标

1. 总体目标

以科学发展观为统领，紧扣“加速发展、加快转型、推动跨越”主基调，围绕“工业强省”和“城镇化带动”两大战略，以做强做大现代快递业为目标，把发展快递业作为发展现代服务业和改善民生的重点，培育三大载体(重点城镇、重点园区、重点企业)，抓好三大支撑(资金投入、完善政策、营造环境)，发挥优势，突出特色，优化结构，壮大规模，做强功能，提升层次，不断强化快递业在全省经济发展、社会生活中的重要作用，带动全省经济社会又好又快、更好更快发展。

2. 具体目标

加快提升快递服务产业层次，推进传统服务方式向现代服务方式转变，进一步促进快递服务与电子商务融合发展。建立完善的城市快递服务网络，构筑区域协调、辐射城乡的快速、安全的快递服务平台。推进快递服务企业进一步发展。提升快递服务的信息化、标准化、规范化水平，增强服务能力，提高运行效率。逐步建立市场有序、管理有效的监管体系，促进发展政策环境的进一步优化，创造公平有序的市场竞争环境。

(1)规模和总量明显提升。继续保持贵州省快递行业高速增长，到 2015 年，快递服务收入超过 10 亿元，年均增长速度达到 25%，培育出收入过伍仟万元的企业 10 ~ 15 家，其中，收入过亿元的企业 2 家以上。逐步形成网点遍及全省各市县、网络通达全国、业务辐射世界各国的快递业发展新格局。

(2)发展体系日趋完善。到 2015 年，逐步形成与经济社会发展相一致，与我省产业发展相配套，与城市化进程相协调，与居民生活需求相适应，机制灵活、结构优化、高度开放、功能完善的快递业发展体系。

（3）服务质量与能力大幅提升。全省县城以上全面实现快递24小时送达，快递企业信息化水平显著提高。

（4）打造管理集约化、网络规模化、服务社会化的现代农村邮政快递物流综合服务平台，加强基础设施建设，加强市场监管，健全完善经营机制，到2015年，建成“布局合理，双向高效、种类丰富、服务便利”的农村邮政快递物流服务体系。

实现上述目标，必须创新思路，突出重点，统筹兼顾，做好五个结合：坚持发展快递业与提升改善民生相结合，坚持大力发展快递业与发展现代服务业相结合，坚持优先发展本土快递业与优化快递业相结合，坚持积极发展城际快递、同城快递与不断拓展农村快递相结合，坚持加快发展快递产业与强化公共服务相结合，推动快递业结构优化、业态提升、全面发展。

（三）发展步骤

根据贵州省现代物流发展目标，贵州省快递物流发展立足于“十二五”期间，展望到2020年。为了实现发展目标，经历资源整合和集中建设阶段、成熟和提升阶段两个阶段。

围绕现代物流发展的基本目标，对贵州省快递物流发展战略进程和每个阶段的发展重点进行如下设计：

1.资源整合和集中快速发展阶段（2010－2015年）

围绕贵州省现代物流“十二五”发展目标，对现有的物流资源进行整合、集中建设快递物流基础设施平台以及综合物流服务体系，推动区域物流竞争能力的提升，为贵州省快递物流发展打下坚实基础。

“十二五”期间，以现代物流资源整合和建设为重点，加强基础设施、信息网络和发展环境建设；优化物流资源的配置，实现快递企业之间、快递企业与工商企业之间的融合；优化结构，发展大型现代快递物流企业集团，引进国内外知名快递企业进驻贵州省，培育一批具有规模和实力的快递企业，培育物流服务品牌，形成规模化、规范化、网络化、品牌化、高效率的现代快递物流服务体系，把贵州省建设成为西南地区快递物流枢纽中心。资源整合和集中建设阶段的发展重点为：

（1）快递物流资源整合。现代物流的精髓是以资源整合为核心的物流经营和优化，快递物流产业发展规划和社会化物流服务体系规划是物流资源整合的基础，降低物流成本、提高物流经营效率和效益是物流资源整合的动力。贵州省快递物流发展过程中要充分利用现有各种物流资源，通过改造、合并等各种手段充分发挥现有物流资源的效率，避免盲目建设带来的资源浪费。快递物流资源的整合一方面指企业根据自身发展需要对现有存量资源的合理利用，另一方面也指政府在物流发展过程中的调控、引导和协调。

（2）基础设施建设。建设快递企业物流园区、快递物流中心和快递物流公共信息平台。鉴于当前贵州省快递物流基础的现状，重点抓住省、市、州进行物流发展规划的契机，在贵阳龙洞堡片区规划建设一级快递物流园区，将贵阳龙洞堡机场建设成为贵州省快递服务重要的航空港，借助贵阳地区优越的地理位置、便利的公路交通，建设成为省内快件中转中心。新建、扩建建筑面积2万平方米以上或基建设施投资在2000万元以上的快递物流中心。

（3）物流综合服务体系建设。贵州省现代快递物流服务体系的建设是一个很复杂的内容，主要包括：政府服务体系的建设和完善、政府综合服务平台的建设、产业发展政策的制定等诸多内容：政府服务体系的建设包括政府相关部门的设置、部门功能划分和衔接，政府服务流程、服务规程的制定等具体内容。政府综合服务平台的建设是政府各个部门对外服务的窗口,通常与政府各个部门的电子政务系统形成高效、安全的联结和协同,是企业与政府进行沟通的桥梁。现代物流发展相关政府部门应根据实际情况制定产业发展政策,尽量提供优惠政策如土地费用、减免企业赋税等以鼓励投资等。

2. 成熟和提升阶段(2015－2020年)

逐步形成贵州省快递物流产业的核心竞争力,扩大快递物流产业集约化经营的规模和效益,形成快递物流产业集群,使快递物流业发展成为贵州省物流产业的重要产业,巩固西南地区快递物流中心地位。

进一步开拓快递物流业新的发展空间,扩大快递物流服务品种和辐射半径,优化快递物流产业结构,提高快递物流业的服务质量,形成完善、高效的社会生产、生活快递物流保障体系,从而推动城乡经济、生活的可持续发展。构建完善的快递物流基础设施网络体系和物流运营体系,使快递物流业进入稳定成熟发展阶段。

四、快递物流业发展的空间布局

(一)总体布局

2011－2015年,按照市场化、社会化、产业化、国际化发展方向,坚持重点突破与城乡推进相结合,遵循"以人为本,市场主导,科学发展,统筹规划,分步实施,加速推进"的原则,遵从"物流区域(产业带或综合枢纽城市)—快递物流园区—快递分拣中心"思路展开设计。

依据贵州省"一核,两心,三带,多区"为构架的服务业发展空间布局,以"十二五"物流规划中重点建设的贵阳市、遵义市、六盘水市等9个重要城市物流中心及相关物流园区为依托,以快速铁路系统和高速公路网络节点上的城市为支撑,兼顾黔中经济区为中心的"一区两翼多组团"的工业发展布局,打造快递物流产业带,选择一批基础条件较好、区位优越、资源丰富、发展潜力大的城市、城市群(或城市组团)建立快递物流服务中心。

贵州快递物流业总体布局构架:"一核五带八中心"的快递物流业发展空间布局,突出打造"九个快递物流业集聚区"。

"一核":贵阳为中心,辐射八个地州市,主要在机场、火车站及高速周边布置物流结点,为贵阳城区、八中心区的企业、居民提供快递物流服务。

"五带":分为北向、东向、南向、西向和西南向五大快递物流带,沿高速公路、快速铁路布置物流结点,为公路、快速铁路沿线城镇提供快递物流服务。

"八中心":依照行政区域地理位置、区域功能及区域内物流流向将贵州省分为八个快递物流中转中心:安顺、遵义、毕节、六盘水、兴义、都匀、凯里、铜仁等八个中心区。主要在二级城市布置物流结点,为城区、县城和乡镇的企业、居民提供快递物流服务。

(二)快递物流功能分区

根据贵州快递物流业总体布局,依照行政区域地理位置、区域功能及区域内物流流向形成快递物流功能区。本规划划分中部物流核心区和周边快递物流功能区,安顺、遵义、毕节、六盘水、兴义、都匀、凯里、铜仁等八个中转区通过北向、东向、南向、西向和西南向五大物流通道与中部快递物流核心区相连,以此整合、完善贵州快递物流业发展空间布局。

1. 中部快递物流核心区

该区域以贵阳为中心,辐射八个地州市。根据金阳、二戈寨、开阳、白云区等所组成的贵阳市物流业发展"一环三带九节点"布局,由此来带动贵阳快递业的发展。依托拟建或者完工的物流园区和物流中心,充分促进快递业的发展。贵阳龙洞堡机场优越的地理位置和交通条件已使之成为贵州中部核心地带的重要航空港。在贵阳龙洞堡空港物流园区内建设一个一级快递物流园,使之成为贵州省最大的快递货运中转中心。

2.安顺快递物流中转中心

安顺市与贵阳市的交通联系非常紧密,通过贵昆铁路、贵昆高速铁路、清黄高速、贵黄高等级公路等多条交通干线与贵阳市相连,安顺市日常必需的很多生产资料和生活资料大部分需要从贵阳运进,安顺则为贵阳市提供丰富的农产品资源、矿产资源、中药材资源等,互补优势明显。因此考虑在火车站物流园区内建设安顺快递物流中转中心。

3.遵义快递物流中转中心

该区域以遵义为主,辐射重庆、泸州、贵阳、毕节等地区。为黔北地区的重要物流集散基地和贵州省的主要快递物流枢纽,辐射黔北地区及西南各省的物流中心,联结长江上游经济带与南昆经济区的陆路物流枢纽。在红花岗南山物流园区内建设安顺快递物流园。

4.毕节快递物流中转中心

该区域以毕节地区市县为主,辐射重庆、云南部分地区。为黔西地区的重要物流集散基地和贵州省的西部主要快递物流中转中心。在毕节综合物流园区内建设毕节快递物流中转中心。

5.六盘水快递物流中转中心

该区域以六盘水市县为主,辐射云南部分地区。为西南地区的重要物流集散基地和贵州省的西南部重要的陆路口岸。在钟山商贸物流园区内建设六盘水快递物流园。

6.兴义快递物流中转中心

该区域以兴义市为中心,服务黔西南州市县为主,辐射云南、广西部分地区。为黔西南地区的重要物流集散基地和贵州省的西南部主要快递物流中转中心。在兴义市桔山商贸物流园区内建设兴义快递物流中转中心。

7.都匀快递物流中转中心

该区域以都匀市为中心,把都匀建设成国家流通领域县级现代物流示范城市,服务黔南州市县为主,辐射广西部分地区。为黔南地区的重要物流集散基地和贵州省的南部主要快递物流中转中心。在都匀经济开发区马寨物流枢纽中心内建设都匀快递物流园。

8.凯里快递物流中转中心

该区域以凯里市为中心,服务黔东南州市县为主,辐射湖南、广西部分地区,为黔东南地区的重要物流集散基地和贵州省的东南部主要快递物流中转中心。在凯里经济开发区现代物流园区内建设凯里快递物流中转中心。

9.铜仁快递物流中转中心

该区域以铜仁市中心,服务铜仁地区市县为主,辐射湖南部分地区。为黔东地区的重要物流集散基地和贵州省的东部主要快递物流中转中心。在铜仁综合物流园区内建设铜仁快递物流中转中心。

(三)快递物流结点布局规划

快递物流节点是在特定经济区域内具有一定集散、辐射及交易等功能的物流中心、中转中心。从我省经济发展和城镇布局出发,选择一定地理范围内的交通要道和经济中心,以物流中心及相关物流园区为依托,在快速铁路和高速公路网络节点上的城市,打造“1-4-6”工程(一个信息平台,四个快递物流园,六个快递中转中心),形成全省快递物流网络体系。

1.贵阳龙洞堡快递物流园

将贵阳龙洞堡机场建设成为贵州省快递服务重要的航空港,借助贵阳地区优越的地理位置、便利的公路交通,建设成为省内快件中转中心。在贵阳龙洞堡空港物流园区新建建筑面积8万平方米以上,基建设施投资在40000万元以上的快递物流中心。

2.遵义快递物流园

遵义以其产业布局及区位,形成“四园五中心”的基本物流发展格局。拟在遵义建设一个遵义快递物流园区,新建或者重建面积在1万平方米左右,投资额在10000万元以上的快递物流园区,使之成为贵州省北部物流企业的聚居地,包裹、信函的分拨中心。

3. 都匀快递物流园

利用都匀市“全国流通领域现代物流示范城市”的框架体系,根据物流园区及其物流中心的规划建设,都匀将作为贵州南部地区的快递物流枢纽城市。依托都匀地区便利的交通、铁路优势,将都匀打造为贵州省南部最大的快递物流中转中心。在都匀建成一个占地约1.5万平方米,投资额约15000万元以上的快递物流园区。

4. 六盘水快递物流园

六盘水市中心区与毕节地区、宣威地区、兴义地区的吸引力和辐射力增强,六盘水将作为贵州省西部地区的快递物流枢纽城市。依托六盘水便利的交通、铁路、水路、航空优势,将六盘水打造为贵州省西部最大的快递物流中转中心。在六盘水钟山区附近建成一个占地约1.5万平方米,投资额约15000万元以上的快递物流园区。

5. 六个快递中转中心建设

(1)毕节快递中转中心(毕节邮件处理中心);

(2)铜仁快递中转中心;

(3)安顺快递中转中心;

(4)凯里快递中转中心(黔东南邮件处理中心);

(5)贵阳快递中转中心(贵阳邮政仓储中心);

(6)兴义快递中转中心。

五、规划的重点任务

“十二五”期间及今后一段时期,必须紧紧抓住现代快递物流业发展所面临的机遇,加快物流网络体系、物流基础设施、物流信息网络、物流市场培育规范及物流人才培养,改善现代快递物流业发展的外部环境。

(一)加强快递物流基础设施建设

建立区域快递服务资源配置一体化机制,降低快递企业协调成本。加快培育区域甚至在全国具有影响力的快递企业,充分发挥大企业的典型示范作用。以优势品牌企业带动为突破口,重点推进区域快递市场的一体化建设,尽快改变快递市场分割的不利局面,统一规划,推进快递重大基础设施项目建设。支持快递园区建设,发挥园区的聚集和带动效应,推动企业集约化运营和规模化发展。

1. 铁路、公路快递物流设施

按照各地的城镇规划,考虑经济发展各产业布局、货物流向以及对周围货物吸引程度等因素,配合公路和铁路建设项目,新建和改造一批公路、铁路快递中转站场。在铁路枢纽站场建设中转中心站,组织开行行包班列。中心站的服务功能应包括货物中转分拨、装卸、仓储、运输、货运代理、配送及金融结算和信息处理等,对国际快递提供海关监管、检疫检验等功能。规模和设施建设上根据未来的快递处理量及其所服务功能需求,适度超前,争取一次到位。

2. 机场及相关配套建设

进一步完善现有机场的基础配套设施,加快机场货运设施建设,不断扩大机场服务领域,建设以高附加值货物为主的物流中心和配送中心等物流运作设施,将航空快件运输、物流货物中转服务、空港物流信息服务融为一体,满足大量快件的快速通关、快速转运、快速配送、零库存等要求。改善交通条件,为干线航空输送更多的货源,满足我省快递物流发展的需求。

(二)培育和发展物流市场主体

从实际出发,以培育扩大物流市场有效需求、提高快递企业整体服务水平为重点,把推进快递企业物流优化管理与发展社会化、专业化物流服务企业结合起来,建立起统一开放、竞争有序的现代物流市场体系。

1. 积极培育并不断扩大现代物流市场需求

（1）引导和支持快递企业转变观念，推动快递企业调整经营组织结构，按照现代物流理念，采用先进信息技术和物流装备进行业务流程再造，打破“大而全”、“小而全”的组织方式，积极参与社会化、专业化分工，通过剥离低效的运输仓储功能和业务，优化供应链管理，释放物流需求，逐步实现企业物流活动的社会化，为物流产业发展培育广泛而坚实的市场需求基础。

（2）适应城市化进程加快及城市功能完善的需要，大力推进电子商务，加快发展仓储式商场、购物中心、超市、连锁经营等新型商业业态，通过城市大商业、大市场和大流通带动、创造快递物流需求，拓展快递物流市场空间。

2. 整合物流资源，强化物流资源配置的市场化程度

（1）进行空间整合。以集约化为原则，加快物流园区、中转中心和快递企业的建设与发展，通过快递企业、资源与业务的集聚、整合，逐步形成合理有序的空间布局。

（2）进行制度整合。打破物流资源的部门和行业界限，彻底改变传统物流行业、部门条块分割的现状，形成相互衔接、运作合理及统一规范的管理体制。

（3）进行资产整合。加大快递物流业资产重组力度，引导和鼓励仓储、运输企业跨部门、跨行业的联合、竞争及并购，以优势企业为主导，组建大型快递企业集团，促进快递业规模化发展。

（4）进行信息整合。建立高效物流信息平台，实现物流系统的相对集约化经营。

3. 大力发展快递物流企业，提高物流市场供给能力和质量

（1）引导传统物流企业改造提升，加快转型步伐

充分发挥政府的引导扶持作用，坚持专业化、多元化、规模化的发展方向，鼓励快递企业做精、做深、做强现有业务，突出专业竞争能力；鼓励快递企业从提供单项、部分物流服务转向提供多功能、多元化物流增值服务转变，实现快递物流业务的规模化经营；鼓励快递企业采用现代化科学技术和现代化管理手段，建立健全服务网络，不断完善服务功能，切实提高服务水平，采用先进技术装备，增加物流功能，为用户提供增值性服务，满足随经济发展而不断增长的物流需求。

（2）支持第三方物流企业扩张升级、加快发展

完善物流服务功能，按照一体化、信息化、标准化的要求，鼓励第三方物流企业不断提高服务水平和市场竞争力，逐步从提供传统物流服务为主向提供增值服务转型，具备为用户优化物流管理提供策划设计、组织运筹和实际操作等综合服务能力。积极创造条件，促进第三方物流企业与工商企业的紧密融合，充分发挥其专业化、规模化的优势，降低物流成本，提高物流效率。

（3）引导有条件的第三方物流企业向快递发展

鼓励有条件的第三方物流企业利用资源优势、网络优势、品牌优势，建立快递物流系统，提供全程一体化的快递物流服务，提高快递物流供给能力。

4. 建立良好的快递物流市场秩序

减少和规范行政审批，建立健全快递服务规范和价格形成机制，加强信用制度建设，打破条块分割的体制障碍；积极推动快递协会的发展，充分发挥行业协会在制订行业管理规范、推广技术标准、交流行业发展信息、沟通和联系业内企业等方面的作用，实现行业自律；积极培育快递市场中介组织，建立培训和咨询等中介组织的认证制度；加大快递市场监管和执法力度，规范各市场主体行为，构建运作规范、竞争有序的市场环境。

（三）建设物流信息网络

坚持物流运输系统网络化、智能化、现代化的

发展方向，逐步建立并完善以仓储、配送、运输调度、货物跟踪等为主要内容的货物运输交易系统，构建公共信息网络平台，提高现代物流业信息化整体水平。

1. 建设思路

通过公共通信网，利用 VPN（虚拟专用网络）技术，将各快递物流园区、快递中转中心、快递企业的计算机网络联结起来，形成完整的物流信息网络体系。构建物流信息管理系统、物流客户联络中心，实现物流信息化。利用以机电一体化为核心的自动化技术和设施，构建物流自动化系统，提高物流自动化水平。

2. 建设目标

（1）近期（2010－2015 年）

依托贵阳龙洞堡快递物流园，构建公共物流电子商务网站和物流信息网络中心。初步建成覆盖遵义、毕节、六盘水、黔西南、黔南、黔东南、铜仁等七个片区的物流信息网络。利用条码技术（Bar Code）、数据库技术（Database）、电子定货系统（EOS：Electronic Ordering System）、电子数据交换（EDI：Electronic Data Interchange）、快速反应（QR：Quick Response）及有效的客户反映（ECR：Effective Customer Response）、企业资源计划（ERP：Enterprise Resource Planning）等先进技术与管理策略，实现物流与信息技术、电子商务的基本融合。

（2）中远期（2016－2020 年）

完善物流信息网络体系，将龙洞堡快递物流园、遵义快递物流园、铜仁快递物流园、六盘水快递物流园及毕节快递中转中心、都匀快递中转中心、安顺快递中转中心、凯里快递中转中心、贵阳快递中转中心、兴义快递中转中心纳入物流信息网络。利用条码/语音/射频自动识别系统、自动分拣系统、自动存取系统、货物自动跟踪系统等物流自动化设施，建成运作顺畅、高效、便捷的现代物流公共信息平台，基本实现物流自动化，为实现物流智能化奠定基础。

3. 主要建设内容

（1）近期（2010－2015 年）

①物流信息管理系统：利用计算机、互联网、数据库、多媒体等技术和电子商务（E－Business）技术手段完成整个供应链物流活动的现代化和电子化，通过物流信息管理系统的各个子系统，实现供应链上物流各环节的信息化。物流信息管理系统包括以下子系统：

——客户关系管理系统；

——仓储管理系统；

——收费管理系统；

——运输管理系统；

——配送管理系统；

——调度管理系统；

——财务管理系统；

——电子商务系统。

②物流客户呼叫中心：利用现代通讯技术、CTI 技术、互联网与多媒体技术等，实现统一的服务接入。

③办公自动化系统：实现各物流企业内部办公自动化。

④物流园区局域网：

——贵阳龙洞堡快递物流园局域网；

——遵义快递物流园局域网；

——六盘水快递物流园局域网；

——都匀快递物流园局域网。

⑤中转中心局域网：毕节快递中转中心、都匀快递中转中心、安顺快递中转中心、凯里快递中转中心、贵阳快递中转中心、兴义快递中转中心局域网。

⑥物流信息网络中心：在贵阳龙洞堡快递物流园建设全省快递物流信息网络中心。

⑦物流电子商务网站：在贵阳龙洞堡快递物流园建设全省快递物流电子商务网站。

（2）远期（2016－2020 年）

加强物流自动化系统建设，主要建设内容有：

——自动识别系统；

——自动分拣系统；

——自动存取系统；

——货物自动跟踪系统。

(四)建设物流网络体系，促进快递物流业快速发展

统筹规划、合理布局，突出重点，加快重点快递物流园区、快递中转中心建设，建立起覆盖全省，多层次，点线面有机结合的快递物流网络体系，促进快递物流业快速发展。

培育2家以上品牌优、规模大、实力强、后劲足的网络型快递企业。推进贵州邮政速递物流改革，做大做强邮政速递物流，进一步发挥国有企业的影响力、带动力和核心竞争力，充分发挥邮政企业的骨干作用，引领快递市场快速发展。鼓励快递企业之间资源共享，做到优势互补，发挥整体竞争优势。推动快递企业联合打造合作发展的共同体，提高技术水平，提高整体竞争力。鼓励中小快递企业加强信息沟通，创新物流服务模式，加强资源整合，满足多样性的快递需要。

鼓励引导企业加快进入制造业供应链服务领域，承接电子商务配送服务，大力发展信息流、资金流、实物流“三流合一”业务，推进快递服务和电子商务进一步融合发展，提高快递服务的信息化、标准化、规范化水平。鼓励企业抓住贵州省新型工业化和城镇化带动战略的发展机遇，促进区域城际快递、同城快递发展。建立完善的城市快递服务网络，构筑区域协调、辐射乡镇的快速、安全的快递服务平台，进一步提升我省快递服务产业层次，促进产业结构优化升级。

推动快递企业采用先进科学技术，提升标准化、信息化应用水平，鼓励企业采用射频识别、货物跟踪、自动分拣、配送中心信息系统等物流新技术，降低劳动强度，提高处理效率，提升服务水平。加快对《快递服务》标准的推广工作，鼓励快递企业技术改造、标准升级。加快快递服务公共信息平台建设，积极推进快递企业信息化建设。

六 快递物流发展保障措施

(一)强化行业管理，完善监管机制

相关部门建立快递物流联席会议制度，研究制定快递业发展规划、政策和措施，组织推进快递业发展重点项目。贯彻落实《邮政法》、《贵州省邮政条例》、《快递经营许可管理办法》、《快递市场管理办法》等政策法规，加大宣传力度，制定相关配套实施办法，逐步完善市场准入、快递企业备案管理制度，明确经营者的从业条件与经营范围，对快递企业进行分类管理，加强执法监督，强化行业自律，规范市场行为，建立公开公平、竞争有序的市场环境。积极配合相关部门，做好快递物品安全监管工作。落实寄递物品安全责任制，引导快递企业履行“服务安全”承诺。

(二)创造良好发展条件，规范市场经营环境

加快政府职能转变，构建与快递业发展相适应、行为规范、运转协调、公开透明、廉洁高效的行政管理体制。规范快递业市场秩序，建立诚信、公开、平等的快递业发展市场环境；加强对快递业的宣传，树立和推广快递业先进典型，积极营造加快快递业发展的良好社会氛围；各级人民政府及其有关部门要公平对待各类快递市场主体，依法维护其合法权益。要贯彻平等准入、公平待遇原则，建立公开、平等、规范的快递服务监管制度。取消向快递服务企业收取的各种不符合法律法规的行政事业性收费、政府性集资、政府性基金和罚款项目。涉及快递服务企业的行政事业性收费以及各种资格认证、考试、培训等收费标准，应向社会公示。

(三)在重点通关口岸建立快件监管中心，提高通关效率

加大机场国际口岸的建设力度，尽可能开辟更多的国际航线和航班，发展国际货运航线。推动快递企业开通国际邮政业务，建立集安全检查、海关、检验检疫、地面服务等于一体的国际快递物品进出境“绿色通道”。快递企业应建设相

应的软硬件配套设施、加强业务操作的规范管理，积极实现企业信息平台与海关电子口岸的衔接。行业主管部门应按照国家安全与国家税收相关法律与政策，强化监管，这实现快捷、安全的出口通关创造条件。在重点通关口岸建立快件监管中心，对出入境快件进行实时监管，提高通关效率。

（四）着力打造快递服务公共信息平台，推动快递服务信息化进程

推动快递企业自动化、信息化、网络化的建设，建立全省公路、铁路、航空运能信息系统，实现地区之间、企业之间快递服务的信息共享。加快构建与商务、金融、税务、海关、交通运输、铁路运输、航空运输、工商管理等政府部门的快递服务管理和服务公共信息平台。鼓励快递企业充分利用社会专业化资源，降低企业经营成本，提高经营效益。建立完善快递服务信息化应急管理系统，提高快递服务应急调度能力。

（五）健全公共财政支持制度，加大财政对快递业的投入力度

通过加大财政支持、吸引社会资金和招商引资等渠道增加快递业投资，逐步形成以政府投入为引导、企业投入为主体、民间资本和境外投资共同参与的多元化投融资格局，为快递业快速发展提供资金支持。扶持省政府确定的快递集聚区、重点项目建设，奖励快递发展先进单位和快递名牌，扶持快递重大课题研究和规划编制等。制订物流用地优惠政策，对快递物流用地指标在年度计划指标内予以倾斜。

（六）改善城市投递车辆通行条件，完善城市快递配送网络

根据国务院《关于促进物流业健康发展的若干意见》研究制定城市配送管理办法。降低带有邮政专用标志的运邮车辆通过收费公路、桥梁时，减缴车辆通行费。邮政企业带有邮政专用标志的运邮车辆无需办理道路运输营运证，带有邮政专用标志的车辆运递邮件，确需通过公安机关交通管理部门划定的禁行路段，经公安机关交通管理部门同意，在确保安全畅通的前提下，可以通行。邮政企业的运邮专用车辆运递邮件和快递企业快件运输专用车辆运递快件时，确需在禁止停车的地点停车的，经公安机关交通管理部门同意，在确保安全畅通的情况下，可以临时停车。经依法批准的非邮政快递企业，可以办理邮政专用标志的运邮车辆，实施特殊许可。着力解决快递服务运输车辆的进城通行、停靠和装卸作业等问题，完善城市快递配送网络，保证快件的收寄、运输、投递顺利进行。

（七）加大对民营快递企业的税收支持、政策支持力度

根据快递物流业的产业特点和快递企业一体化、社会化、网络化、规模化发展要求，统筹完善有关税收支持政策。有关部门要抓紧完善快递物流企业营业税差额纳税试点办法，进一步扩大试点范围，并在总结试点经验、完善相关配套措施的基础上全面推广。要结合增值税改革试点，尽快研究解决仓储、配送和货运代理等环节与运输环节营业税税率不统一的问题。

（八）加大对民营快递服务业的金融扶持

要推动企业信用融资制度的建立，引导快递企业使用创新融资产品，为快递企业开辟多种融资渠道。对信誉良好、经营规范、效益明显的民营快递企业，各类金融机构要加大信贷投入比重，实行适应民营快递企业特点的信用评估和授信制度，大力推进适应民营快递企业需求的信贷产品创新和金融服务创新。保险公司要大力发展快递保险业务，创新保险产品和服务。快递服务企业要增强保险意识，利用保险机制防范化解经营风险。

（九）各相关部门积极协同，确保快件传递通畅和运行安全

除国家法律、法规和地方规章有明确规定外，任何单位和个人不得检查、扣留快件，不得拦截快递运输车辆，阻碍快件运输。海关、民航、铁路等

相关部门要积极创造条件，优化工作程序，确保快件传递通畅。航空方面推动建立快件优先配舱、优先安检、快速通关的“绿色通道”。民政、公安等部门对标准地名和门牌号码发生变更的应及时通知邮政管理部门，并为快递企业提供方便、高效的查询服务。

（十）加强快递专业学科建设，建立健全人才培训机制

积极鼓励省内高等院校和技工学校开设快递专业，实行定向培养、定单培训，开展多层次的学历教育和技能培训。积极推行快递行业国家职业资格证书制度，实行持证上岗。邮政管理部门应建立快递业人才信息库和人才评价体系，加快引进快递业各类紧缺人才，推进与发达地区间快递人才的交流合作，定期选派快递业管理人员、专业技术人员到发达地区学习。

（十一）加大宣传力度，营造良好舆论氛围

通过网络、电视、报纸等媒介，大力宣传《邮政法》、《快递业务经营许可管理办法》、《贵州省邮政条例》等邮政快递业的法律法规，大力宣传鼓励、支持和引导快递行业发展的政策；同时对先进典型企业也要进行宣传和表彰，以树立快递企业的良好形象。积极发挥新闻舆论的监督作用，对不良快递企业，以及对侵犯快递企业合法权益和严重干扰快递行业经营活动的案例予以曝光。

（十二）发挥快递协会作用，推行行业自律

积极指导各地组建快递行业协会，研究制定行业行为规范，形成自律机制；加快快递服务业基础性和通用性地方标准的制修订工作，推行标准化服务，优化竞争环境，促进快递服务业健康有序发展。快递协会要充分发挥作用，规范企业行为，促进行业自律、维护会员合法权益和保护消费者利益。要引导快递企业严格执行国家有关法律法规和邮政行业规章，落实《快递服务》行业标准，建立完善诚信服务机制，保证快递服务质量。

（十三）积极优化服务环境，加强快递业的社会保障

加快城乡基础设施建设步伐，优化提升城市功能，为快递业发展创造良好的外部条件，积极优化服务环境；加快快递业信用体系建设，加快递业发展监管力度，严厉查处乱收费、乱罚款、乱评比行为，建立公平、公正、开放的快递业发展新格局。要立足快递业发展大局，转变工作方式，增强服务意识。

七、贵州省快递物流发展重点项目规划

贵州省快递物流发展规划的目标要通过具体的规划项目来支撑和实现。在各地州市、快递企业提供的快递物流发展项目的基础上，通过充分的调研论证，根据贵州省未来快递物流发展的需要，形成了快递物流规划的重点项目库。项目总计14项，总投资12亿元。

附表　贵州省快递物流近期重点项目

序号	项目名称	项目属性	主要建设内容	建设地点	拟建规模（m^2）	项目总投资（万元）
1	贵阳龙洞堡快递物流园	新增	贵州省级快递中转中心	贵阳龙洞堡	80000	40000
2	遵义快递物流园	新增	贵州省北部物流企业的聚居地，包裹、信函的分拨中心	遵义红花岗	10000	10000
3	铜仁快递物流园	新增	贵州省东部物流企业的聚居地，包裹、信函的分拨中心	铜仁市	15000	15000
4	六盘水快递物流园	新增	贵州省东部物流企业的聚居地，包裹、信函的分拨中心	六盘水钟山区	15000	15000

续上表

序号	项目名称	项目属性	主要建设内容	建设地点	拟建规模(m^2)	项目总投资(万元)
5	安顺快递中转中心	新增	快递中转	安顺	10000	3500
6	兴义快递中转中心	新增	快递中转	兴义	10000	3500
7	贵阳邮政仓储中心	新增	全省一体化物流邮件的处理	龙家寨	15000	5000
8	贵阳机场航站改建	扩建	原有航站的搬迁和新航站楼的建设使用	龙洞堡机场	12000	4240
9	贵阳物流集散中心	新增	全省一体化物流邮件的处理	贵阳	15000	5000
10	遵义邮件处理中心	新增	邮件的处理	遵义	10000	4000
11	黔南邮件处理中心	新增	邮件的处理	都匀	10000	3500
12	黔东南邮件处理中心	新增	邮件的处理	凯里	10000	3500
13	毕节邮件处理中心	新增	邮件的处理	毕节	10000	3500
14	六盘水邮件处理中心	新增	邮件的处理	钟山区	10000	3500
	合计				232000	119240

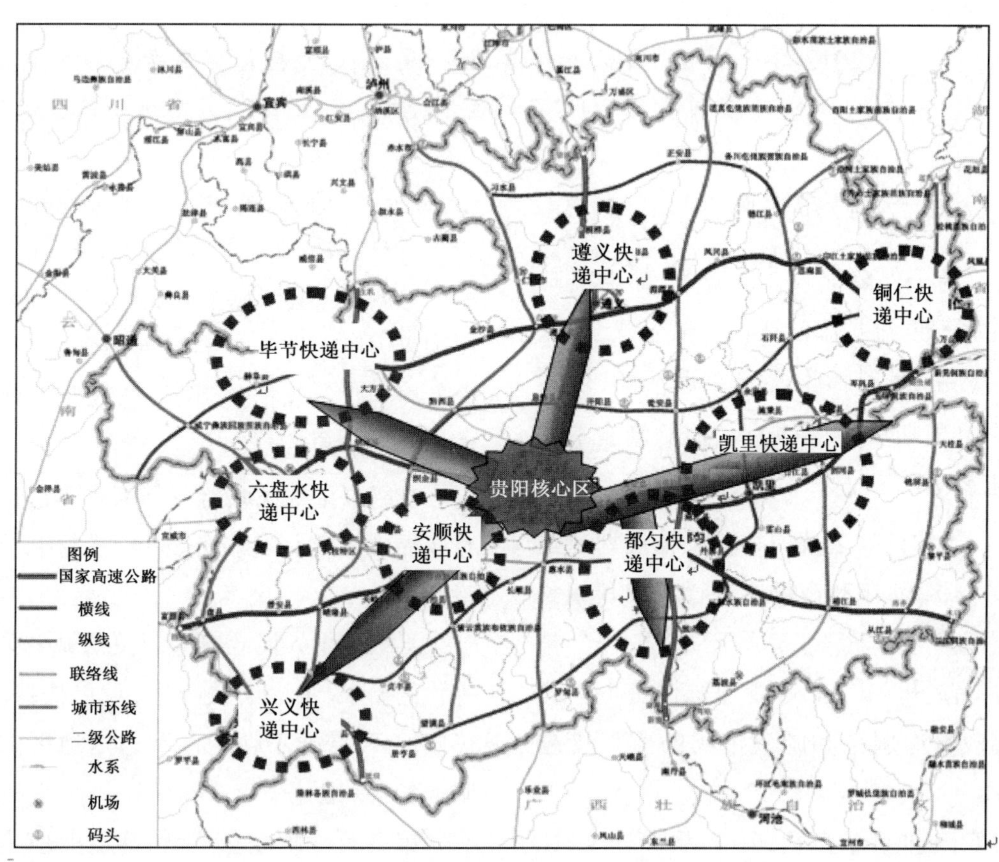

附图1 贵州省快递物流业总体布局示意图

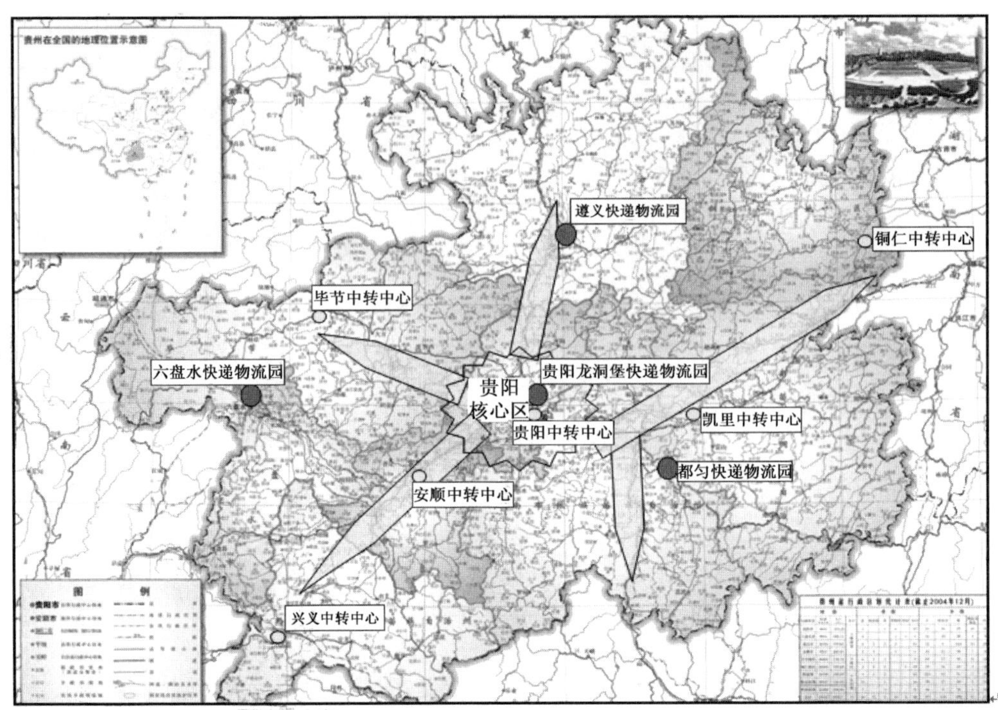

附图2 贵州省快递物流节点布局规划图

云南省邮政条例

（2012年7月29日云南省第十一届人民代表大会常务委员会第三十二次会议修订通过）

第一章 总 则

第一条 为了保障邮政普遍服务，加强对邮政市场的监督管理，维护邮政通信与信息安全，保护用户合法权益，促进邮政业的健康发展，根据《中华人民共和国邮政法》等法律、法规，结合本省实际，制定本条例。

第二条 本省行政区域内邮政设施规划与建设、邮政服务与保障、邮政市场监督管理及其相关活动，适用本条例。

第三条 省、州（市）邮政管理机构负责本行政区域内邮政普遍服务和邮政市场的监督管理工作。

发展改革、工业和信息化、公安、国家安全、民政、财政、国土资源、住房城乡建设、交通运输、卫生、税务、工商、保密、铁路、海关等部门按照各自职责，依法做好邮政业发展的相关工作。

第四条 县级以上人民政府应当将邮政业发展纳入国民经济和社会发展规划，制定促进邮政业发展的政策和措施，保障邮政业发展与当地经济社会发展相适应。

县级以上人民政府及其有关部门应当对邮政企业提供邮政普遍服务、特殊服务给予支持和政策优惠。

县级以上人民政府应当按照城乡公共服务均等化的要求，加大财政投入，重点扶持农村、少数民族地区、交通不便地区和边远地区的邮政普遍服务和特殊服务。

第五条 邮政企业、快递企业应当坚持以人为本，加强服务质量管理，建立健全邮件、快件寄递安全保障体系，为用户提供迅速、准确、安全和方便的服务。

第六条 公民的通信自由和通信秘密受法律保护。除因国家安全或者追查刑事犯罪的需要，由县级以上公安机关、国家安全机关或者检察机关依法对通信进行检查外，任何单位和个人不得拦截、扣留、检查邮政专用车辆和邮件、汇款。

任何单位和个人不得损毁邮政设施，对破坏邮政设施、危害邮政通信安全的行为有权制止、举报。

第二章 邮政设施

第七条 各级人民政府应当将邮政设施布局与建设纳入城乡规划和土地利用总体规划，按照统筹安排、合理布局、方便用邮的原则，完善邮政普遍服务网点，保障邮政设施建设适应邮政普遍服务的需要。

第八条 省、州(市)邮政管理机构应当组织编制邮政普遍服务和特殊服务专项规划，报本级人民政府批准实施。

第九条 城市新区和村镇建设、旧城改造，机场、车站、港口、高等院校、城市社区、风景名胜区等，应当按照城乡规划、邮政普遍服务和特殊服务专项规划的要求，同步建设或者设置邮政服务设施。

县级以上人民政府或者有关部门在审批前款规定项目的建设规划和设计方案时，对未设置邮政普遍服务和特殊服务设施的，不予审批。

第十条 对提供邮政普遍服务和特殊服务的邮政服务网点、邮件处理场所，其新增建设用地应当纳入土地利用年度计划，由县级以上人民政府依法划拨，并免征城市基础设施配套费。

根据邮政设施建设需要设置提供邮政普遍服务的邮亭、邮政报刊亭，占地面积在5平方米以内的免交城市道路占用费和其他相关费用；超过5平方米以上的部分，减半征收城市道路占用费和其他相关费用。

邮政企业提供普遍服务和特殊服务涉及房产税、残疾人就业保障金减免等优惠事项的，按照国家和本省的有关规定执行。

第十一条 新建城镇居民楼、住宅小区，建设单位应当按照标准和规范设置信报箱，所需费用计入建设成本。信报箱的建设应当与主体建筑同步规划、同步设计、同步施工，在主体工程竣工验收时一并验收，邮政管理机构或者其委托的单位应当参加验收。

已建成的居民楼、住宅小区未设置信报箱的，由产权所有者、物业管理服务机构或者邮政企业负责设置，当地人民政府可以给予适当补助。

第十二条 单位和住宅小区物业管理服务机构应当在楼房地面首层或者院落的主要出入口设置接收邮件的设施或者场所，为邮政企业投递邮件提供便利，并不得收取任何费用。

第十三条 因国家建设需要征收承担邮政普遍服务的邮政服务网点、邮政处理场所和其他邮政设施的，建设单位应当征求邮政企业的意见，并按照不少于原有面积在原址重建或者就近新建；不能在原址重建或者就近新建的，当地人民政府应当在方便群众用邮的地方划拨土地重建，所需费用由征收主体或者建设单位承担。

邮政设施重新建设完成前，邮政企业应当采取措施，保证邮政普遍服务的正常开展，建设单位应当予以配合。

第十四条 县级以上人民政府应当采取必要的保障措施加强和支持村邮站的建设和发展。

乡、镇人民政府应当指导村民委员会设置村邮站或者确定其他接收邮件的场所。

邮政企业应当对村邮站的建设和发展提供业务支持和指导。

第十五条 城镇街道、农村自然村标准地名和门牌号码发生变更的，有关部门应当及时公布，邮政企业应当根据变更后的地名和门牌号码进行投递。

第三章　邮政服务

第十六条　邮政企业应当对信件、单件重量不超过5千克的印刷品、单件重量不超过10千克的包裹的寄递以及邮政汇兑提供邮政普遍服务。

邮政企业应当按照国家规定办理机要通信、国家规定报刊的发行，以及义务兵平常信函、盲人读物和革命烈士遗物的免费寄递等特殊服务业务。

第十七条　新设立的机关、企业、事业等单位和新建的居民住宅区，应当由单位或者居民住宅区的物业管理服务机构到当地邮政企业或者其分支机构办理邮件投递登记手续。

具备下列条件的，邮政企业应当予以登记，并自登记之日起7日内安排投递：

（一）具备邮政车辆和邮政服务人员的通行条件；

（二）有统一编制的门牌号码；

（三）已设置接收邮件的信报箱或者接收邮件的场所；

（四）按规定需要办理中外文名称登记，已办妥登记手续。

暂不具备投递条件的用户，邮政企业应当将邮件投递至与用户商定的邮件代收点或者信报箱。

第十八条　用户交寄邮件，应当清楚、准确地填写寄件人和收件人姓名、地址和邮政编码，使用符合国家或者行业标准的信封、封装用品、包装箱等。

邮政企业销售或者免费为用户提供的封装用品应当符合国家或者行业标准。

第十九条　邮政企业应当依法建立并执行邮件收寄验视制度。对不能确认安全的物品应当要求用户出具相关部门的安全证明。用户不能出具安全证明的，不予收寄。收寄已出具安全证明的物品时，应当详实记录收寄物品的名称、规格、数量、重量、收寄时间、寄件人、收件人姓名及地址和联系方式等内容，记录保存期限不少于1年。

第二十条　邮政企业对用户交寄的邮件，应当按照规定的时限标准和服务规范予以投递。已安装信报箱的，平常邮件实行插箱投递；没有设置信报箱的，城镇投递到邮件收发室或者与用户商定的地点，农村投递到村邮站或者村民委员会确定的接收邮件的场所。

乡、镇人民政府所在地邮政营业网点每周营业时间不得少于5日，赶集日应当营业。

第二十一条　邮政企业及其从业人员不得有下列行为：

（一）违反国家规定，收寄禁止寄递或者限制寄递的物品；

（二）冒领、私拆、隐匿、毁弃、盗窃、扣留邮件；

（三）盗窃、冒领、挪用、截留用户汇款；

（四）故意延误投递邮件，延付用户汇款；

（五）泄漏国家秘密、商业秘密和用户个人信息；

（六）擅自停止或者无故拖延、拒绝办理邮政普遍服务和特殊服务业务；

（七）擅自变更政府定价的邮政业务收费标准或者增加收费项目；

（八）强迫、欺骗用户使用邮政业务、邮件包装箱等邮政用品或者邮政延伸服务项目，搭售邮品及其他商品；

（九）转让、出借、出租邮政专用标志、邮政专用车辆、邮政专用品。

第二十二条　提供邮政普遍服务和特殊服务邮件运输的邮政专用车辆免办道路运输许可证，通过收费道路时，实行优惠包交通行。

邮政专用车辆应当使用统一的邮政专用标志并严格按照规定用途和条件使用，不得用于运输邮件以外的物品。

第二十三条　收件人或者代收人接收邮政企业从业人员投送除信件外的邮件时，在验视邮件外包装完好后签收。收件人或者代收人发现外包装破损，有权当面开拆验视，发现内件短少、损毁或者与运单不符时，可以拒绝签收，并在运单上注明原因、时间，签署姓名。

第二十四条 邮政企业应当建立健全服务质量管理制度，在营业网点公布监督电话和设置投诉信箱。

邮政企业及其分支机构接到用户举报或者投诉后，国内业务应当在30日内、国际业务应当在60日内将处理结果答复用户。用户对处理结果不满意的，可以向邮政管理机构申诉。邮政管理机构应当进行处理或者调解，并自接到申诉之日起30日内作出答复。

第二十五条 邮政企业应当建立邮政普遍服务质量自查机制，并按照有关规定向邮政管理机构报送自查报告。

邮政企业应当按照有关规定，向邮政管理机构报送相关统计资料。

第二十六条 邮政普遍服务业务范围内的邮件和汇款的损失赔偿，适用《中华人民共和国邮政法》的规定。

邮政普遍服务业务范围以外的邮件的损失赔偿，适用有关民事法律的规定。

第二十七条 邮政企业应当按照国家和本省有关规定建立突发事件应急预案并定期演练。在发生突发事件时，邮政企业应当立即启动应急预案。

第四章　快递业务

第二十八条 经营快递业务，应当按照国家有关规定取得省邮政管理机构颁发的快递业务经营许可证，并在工商行政管理部门登记。未经许可和登记，任何单位和个人不得经营快递业务。

第二十九条 快递企业应当诚信经营，遵守承诺，公平竞争，加强对快递从业人员的法制教育、职业道德教育和技能培训，提高快递从业人员素质。

第三十条 快递企业及其从业人员不得有下列行为：

（一）经营国家规定由邮政企业专营的信件和国家机关公文寄递业务；

（二）违反国家规定，收寄禁止寄递或者限制寄递的物品；

（三）冒领、私拆、隐匿、毁弃、盗窃、扣留快件；

（四）故意延误投递快件；

（五）泄露国家秘密、商业秘密和用户个人信息；

（六）擅自停止办理快递业务；

（七）出借、出租带有快递专用标志的专用车辆、专用标识。

第三十一条 快递企业运输快件的车辆应当经过邮政管理机构核定，喷涂快递企业专用标识，依法办理道路运输许可证。

快递企业专用车辆在城区运递快件，需要通过禁行路线或者在禁止停车地段停车的，凭公安机关交通管理部门核发的通行证，在确保安全和畅通的前提下，可以通行或者临时停车。

第三十二条 采用加盟或者委托方式建立快递经营网络的，企业双方应当取得快递业务经营许可证，并订立书面协议，协议文本及其变更、终止等情况应当报邮政管理机构备案。

第三十三条 快递行业协会应当制定快递行业规范，加强行业自律，为企业提供信息、培训等服务，引导快递企业依法、诚信经营，维护快递企业合法权益，促进快递行业健康发展。

第三十四条 本条例第六条第一款、第二十三条关于邮件的规定，适用于快件；第二十六条第二款关于邮件的损失赔偿的规定，适用于快件的损失赔偿。第二十四条、第二十五条第二款、第二十七条关于邮政企业的规定，适用于快递企业。

第五章　监督管理

第三十五条 省、州（市）邮政管理机构依法对邮政企业履行普遍服务、特殊服务以及邮政市场实施监督管理。

邮政执法人员依法进行监督检查时，不得少

于二人，并应当出示执法证件；对监督检查中知悉的商业秘密，负有保密义务。有关单位和个人应当配合监督检查，不得拒绝和阻碍。

第三十六条 邮政管理机构应当按照有关规定协助财政、审计部门对邮政企业使用邮政普遍服务、特殊服务补贴资金的情况实施监督。

邮政管理机构应当会同政府法制机构以及发展改革、公安、国家安全、财政、住房城乡建设、工商、保密等部门建立邮政业行政执法协调机制，研究并解决部门协调配合问题，加强邮政业行政执法工作。

第三十七条 提供邮政普遍服务的营业场所应当按照国家规定的标准设置。未经省邮政管理机构批准，邮政企业不得擅自撤销提供邮政普遍服务的邮政营业场所和邮政服务网点。

邮政企业将自办邮政营业网点改为代办网点，应当具备办理信件、印刷品、包裹寄递以及邮政汇兑等邮政普遍服务、特殊服务业务能力，不得降低邮政普遍服务标准，并在改为代办网点20日内向邮政管理机构备案。

第三十八条 邮政管理机构应当制定邮政业突发事件应急预案，并定期对本行业突发事件应急预案的可行性、科学性与有效性进行评估。

邮政管理机构应当加强行业安全监管，配合公安、国家安全、海关和出入境检验检疫机关建立健全安全保障机制，确保邮政通信与信息安全。

第三十九条 邮政管理机构应当按照国家规定，指导本地区邮政职业技能鉴定机构开展邮政行业特有工种职业技能鉴定工作，提高邮政从业人员的素质和技能。

第四十条 开办集邮票品集中交易市场，应当依法取得省邮政管理机构颁发的集邮票品集中交易市场开办许可证，方可经营。

具有固定经营场所的集邮票品经营单位或者个人，应当按照规定到邮政管理机构备案。

第四十一条 信封、明信片、信报箱和包装箱等邮政用品用具的生产，应当符合国家或者行业标准，由邮政管理机构负责监制并不得收取费用。

第六章　法律责任

第四十二条 邮政管理机构工作人员在监督管理工作中滥用职权、玩忽职守、徇私舞弊的，依法给予处分；构成犯罪的，依法追究刑事责任。

第四十三条 建设单位违反本条例规定，未同步建设邮政服务设施的，由住房城乡建设主管部门责令建设单位限期改正；逾期未改正的，不得进行项目综合验收。

第四十四条 建设单位违反本条例规定，未按照标准和规范设置信报箱的，由邮政管理机构责令限期改正；逾期不改正的，由邮政管理机构指定有关单位设置，所需费用由建设单位承担。

第四十五条 邮政企业违反本条例规定，有下列行为之一的，由邮政管理机构责令改正；情节严重的，处2000元以上1万元以下罚款；对直接负责的主管人员和其他直接责任人员给予处分：

（一）强迫、欺骗用户使用邮政业务、邮件包装箱等邮政用品或者邮政延伸服务项目，搭售邮品及其他商品的；

（二）将自办邮政营业网点改为代办网点降低邮政普遍服务标准或者未向邮政管理机构备案的。

第四十六条 邮政企业从业人员违反本条例规定，盗窃、冒领、挪用、截留用户汇款，尚不构成犯罪的，依法给予治安管理处罚；延付用户汇款的，由邮政企业给予处分。

第四十七条 快递企业违反本条例规定，故意延误投递快件，出借、出租带有快递专用标志的专用车辆、专用标识的，由邮政管理机构责令改正，可以并处200元以上2000元以下罚款。

第四十八条 邮政企业、快递企业违反本条例规定，未按照规定报送相关材料的，由邮政管理机构责令限期改正；逾期不改正的，处2000元以上1万元以下罚款。

第四十九条 违反本条例规定的其他行为，

依照国家有关法律、法规的规定处罚。

第七章 附 则

第五十条 本条例下列用语的含义：

邮政业（邮政行业），是指为社会提供寄递服务及国家规定的其他服务的行业。

邮政企业，是指中国邮政集团公司及其提供邮政服务的全资企业、控股企业。

邮件，是指邮政企业寄递的信件、包裹、汇款通知、报刊和其他印刷品等。

快递，是指在承诺的时限内快速完成的寄递活动。

快件，是指快递企业递送的信件、包裹、印刷品等。

快递企业，是指邮政企业以外的经营快递业务的企业。

第五十一条 本条例自2012年10月1日起施行。2002年1月21日云南省第九届人民代表大会常务委员会第二十六次会议通过的《云南省邮政条例》同时废止。

西藏自治区邮政条例

（2012年3月30日西藏自治区第九届人民代表大会常务委员会第二十七次会议通过）

第一章 总 则

第一条 为了保障邮政普遍服务，加强对邮政市场的监督管理，维护邮政通信与信息安全，保护通信自由和通信秘密，维护用户的合法权益，促进邮政业健康持续发展，适应经济社会发展和人民生活需要，根据《中华人民共和国邮政法》和有关法律、法规，结合自治区实际，制定本条例。

第二条 自治区行政区域内的邮政业规划、建设、服务与监督管理等相关活动，适用本条例。

第三条 各级人民政府应当对邮政普遍服务提供政策支持，将邮政业发展纳入国民经济和社会发展规划，加强农牧区的邮政设施建设，促进邮政业与当地经济、社会协调发展。

各级邮政管理机构应当根据基本公共服务均等化的要求，按照邮政普遍服务标准组织编制邮政业发展规划。

第四条 自治区邮政管理机构负责全区邮政普遍服务和邮政市场的监督管理工作。

市（地）邮政管理机构在自治区邮政管理机构的领导下，负责本行政区域内的邮政普遍服务和邮政市场的监督管理工作。

发展改革、财政、国土资源、住房和城乡建设、交通运输、公安、国家安全、海关、工商、检验检疫等有关部门按照职责分工，依法协助做好邮政业的相关工作。

第五条 公民的通信自由和通信秘密受法律保护。除因国家安全或者追查刑事犯罪的需要，由公安机关、国家安全机关或者检察机关依照法律规定的程序对通信进行检查外，任何组织或者个人不得以任何理由侵犯公民的通信自由和通信秘密。

除法律另有规定外，任何组织或者个人不得检查、扣留邮件、汇款。

第六条 邮政管理机构、公安机关、国家安全机关和海关应当相互配合，建立健全安全保障机制，加强对邮政通信与信息安全的监督管理，确保邮政通信与信息安全。

第七条 自治区鼓励和支持多种所有制的快递企业开展快递业务，满足社会各方面的需要。

第八条 邮政企业、快递企业应当加强服务质量管理，完善安全保障措施，为用户提供迅速、准确、安全、方便的服务。

邮政企业应当按照国家和自治区的规定承担邮政普遍服务的义务。

快递企业提供快递服务应当符合快递服务标准，遵守其公开的服务承诺。

第九条 单位和个人有保护邮政设施、维护邮政通信安全畅通的义务，有权制止、举报破坏邮政设施、危害邮政通信安全的行为。

第二章　邮政设施

第十条 邮政设施的布局和建设应当符合邮政普遍服务标准，满足保障邮政普遍服务的需要，并与当地经济社会发展相适应。

第十一条 邮政企业应当采用现代科学技术和管理手段，发挥邮政网络、邮政设施、安全保障、信息传递的优势，增强普遍服务能力，满足社会的用邮需要。

第十二条 各级人民政府应当按照统筹安排、合理布局、适当超前、方便用邮的原则，将邮政设施的布局和建设纳入城乡规划及土地利用总体规划，对提供邮政普遍服务的邮政设施建设给予支持，重点扶持边远农牧区的邮政设施建设。

第十三条 建设城市新区、开发区、独立工矿区、住宅区以及旧城区改造和乡（村）建设，应当按照统一规划，同时建设配套的提供邮政普遍服务的邮政设施。城市建成区已有的邮政设施不能满足邮政普遍服务要求的，应当扩建或者重建。

较大的车站、机场、大专院校、宾馆、旅游景区（点）等公共服务场所，应当建设配套的邮政服务设施。有条件的地方，应当设置提供邮政普遍服务的邮政营业场所。

第十四条 机关、企业事业单位、社会团体应当设置接收邮件的场所。

各级人民政府应当在乡（镇）设立邮政普遍服务场所；尚未设立的，邮政企业应当与乡（镇）人民政府签订妥收、妥投邮件的协议。

各级人民政府应当逐步在有条件的村，设置村邮站；尚未设置的，农牧区村民委员会应当明确接收邮件的场所，负责本村邮件的接收和代转。

第十五条 邮件处理场所的设计和建设，应当符合国家安全机关和海关依法履行职责的要求。

第十六条 新建城镇居民楼应当在便于投递的位置设置与用户数相应的邮政信报箱（群）。邮政信报箱（群）建设纳入建筑工程统一规划，其制作和安装费用纳入建设项目总体预算；设计单位应当按照国家规定的标准进行设计；建设单位应当按照国家规定的标准设置信报箱（群），并与主体工程同时施工、验收；邮政信报箱（群）的验收资料，应当自工程竣工验收合格之日起15日内报邮政管理机构备案。未按照规定设置信报箱（群）的，由邮政管理机构责令建设单位限期设置，所需费用由建设单位承担。

已建成使用的城镇居民楼未设置邮政信报箱（群）的，产权人或者其委托的物业管理单位应当负责补建；逾期未补建的，由邮政管理机构指定其他单位设置邮政信报箱（群），所需费用由该居民楼的产权人或者其委托的物业管理单位承担。

产权人或者其委托的物业管理单位应当负责邮政信报箱（群）的维护和管理。

第十七条 因城乡建设等原因确需征收邮政营业场所或者邮件处理场所的，建设单位应当按照不少于原有面积原址新建或者就近重建；不能在原址新建或者就近重建的，当地人民政府应当提供合理场所或者划拨土地重建。新建邮政营业场所、邮件处理场所在交付使用前，建设单位应当安排过渡场所，保证邮政普遍服务正常进行。

邮筒（箱）、邮政报刊亭确需迁移的，应当迁至方便群众用邮的地方。

新建的邮政设施，邮政企业应当报当地邮政管理机构备案。

第十八条 邮政企业应当保证邮政设施的正常使用，不得擅自改变邮政设施的使用性质。

城乡邮政设施应当标示统一的邮政标志。

第十九条 地名管理部门设置的城市街道、乡(镇)、村庄的名址牌，应当标明邮政编码。

地名和门牌号码发生变更时，各级地名管理部门应当及时通知当地邮政企业。

第三章 邮政服务

第二十条 邮政企业向用户提供普遍服务，应当按照邮政普遍服务标准执行。

邮政企业应当在其营业场所公示服务种类、营业时间、资费标准、邮件和汇款的查询及损失赔偿办法、禁止或者限制寄递物品的规定和用户对其服务质量的投诉办法。

邮政企业应当在其提供的邮件详情单显著位置标明可能影响用户权益的相关内容。

第二十一条 邮政企业寄递邮件，应当符合国务院邮政管理部门规定的寄递时限和服务规范，禁止积压。

乡(镇)人民政府所在地邮政营业网点每周营业时间应当不少于5天，投递邮件每周至少5次。

第二十二条 邮政企业在交通不便的边远农牧区每周的营业时间以及投递邮件的频次，由自治区邮政管理机构制定，报国务院邮政管理部门批准后组织实施。

第二十三条 邮政企业应当依法建立并执行邮件收寄验视制度。

邮政企业在收寄过程中发现用户交寄国家禁止寄递的物品，应当拒绝收寄。已经收寄的邮件中发现有上述物品的，邮政企业应当立即停止转发和投递。对其中依法需要没收或者销毁的物品，邮政企业应当立即向有关部门报告，并配合有关部门进行处理。

交寄邮件的用户应当遵守国家和自治区关于禁止寄递或者限制寄递物品的规定，不得通过寄递渠道危害国家安全、公共安全以及公民、法人和其他组织的合法权益。

第二十四条 机关、企业事业单位、社会团体收发人员、邮件代收点和村民委员会指定的邮件代收人接收邮政企业提交的邮件时，应当当场核对、签收，并负有邮件的保管、及时转交和保密义务；无法转交或者误收的邮件，应当及时通知邮政企业处理。

第二十五条 任何单位或者个人不得有下列行为：

(一)未经批准仿印邮票和邮资图案；

(二)伪造、变造邮资凭证；

(三)私拆、隐匿、毁弃他人的邮件；

(四)擅自使用邮政专用名称，伪造或者冒用邮政专用标志、专用工具、专用品；

(五)损毁或者擅自迁移邮筒(箱)、邮政报刊亭、邮政信报箱、邮政编码牌等邮政设施，擅自开启和封闭邮筒(箱)、信报箱；

(六)非法拦截运邮车辆；

(七)法律、法规禁止的其他行为。

第二十六条 用户交寄给据邮件后，对国内邮件可以自交寄之日起一年内持收据向邮政企业查询，对国际邮件可以自交寄之日起一百八十日内持收据向邮政企业查询；邮政汇款的汇款人自汇款之日起一年内，可以持收据向邮政企业查询。邮政企业应当负责免费查询，并依法将查询结果以书面或者其他方式通知查询人。

第二十七条 邮政企业对平常邮件的损失不承担赔偿责任，但是邮政企业因故意或者重大过失造成平常邮件损失的除外。

第二十八条 邮政企业对给据邮件丢失、毁损、短少的，应当及时采取补救措施，依法承担赔偿责任。

第二十九条 邮政企业应当制定突发事件应急预案。因突发事件发生服务阻断时，邮政企业应当按照应急预案及时采取应急处置措施，并向当地人民政府、邮政管理机构报告。

邮政企业应当配合当地人民政府和有关部门做好所在地邮政服务突发事件的应急救援和处置工作。

因自然灾害、社会事件、生产安全事故、经营不善等造成或者可能造成邮件积压的，邮政企业应当及时组织和调配运力，进行有效疏运。

第三十条 邮政企业应当建立和完善服务质量管理制度，设置用户监督信箱、公布监督电话号码，接受社会和用户对邮政企业服务质量的监督。

邮政企业对用户的投诉，应当自接到投诉之日起30日内将处理结果答复用户。

用户对处理结果有异议的，可以向邮政管理机构申诉。邮政管理机构应当自接到申诉之日起30日内作出答复。

第三十一条 邮政企业及其从业人员不得有下列行为：

（一）拒绝办理依法应当办理的邮政业务；

（二）擅自中止提供邮政服务；

（三）强迫用户使用邮政业务；

（四）故意延误投递邮件；

（五）拒绝用户使用有效邮资凭证交寄邮件；

（六）擅自变更邮政业务收费标准或者增加收费项目；

（七）法律、法规禁止的其他行为。

第三十二条 因不可抗力或者其他特殊原因暂时停止办理或者限制办理邮政普遍服务业务的，邮政企业应当及时公告，采取补救措施，并向自治区邮政管理机构报告。

第四章 邮政保障

第三十三条 自治区人民政府、自治区邮政管理机构应当积极争取国家支持，保障边远地区的邮政服务工作。

自治区人民政府应当建立健全邮政普遍服务、特殊服务的补偿机制，对邮政企业提供邮政普遍服务、特殊服务给予补贴。

邮政企业对国家和自治区给予的邮政普遍服务的补贴，应当向边远农牧区倾斜。

第三十四条 非营利性邮政设施用地按照城市基础设施和公益事业建设项目用地的规定，由建设单位提出申请，经有批准权的人民政府批准，以划拨方式确定土地使用权，并免征城市基础设施配套费。

邮筒（箱）和占地面积6平方米以内的邮政报刊亭等邮政服务设施，免缴城市道路占用费。

第三十五条 带有邮政专用标志并用于提供邮政普遍服务的运邮车辆，经自治区邮政管理机构认可和交通运输管理机构批准，免予办理道路运输证。

第三十六条 带有邮政专用标志并用于提供邮政普遍服务的运邮车辆在运递邮件途中，通过检查站、桥梁、隧道时，应当优先放行。

第三十七条 带有邮政专用标志并用于提供邮政普遍服务的车辆运递邮件，确需通过公安机关交通管理部门划定的禁行路段或者确需在禁止停车的地点停车的，经公安机关交通管理部门同意，在确保安全的前提下，可以通行或者停车。

带有邮政专用标志并用于提供邮政普遍服务的车辆运递邮件时发生轻微事故的，应当适用简易程序处理后予以放行；因收集证据需要确需暂扣车辆的，公安机关交通管理部门应当及时告知有关企业，协助保护邮件的安全并为邮件的转运提供便利。

第三十八条 机场、码头、车站应当为邮政企业提供装卸、转运邮件作业场所和邮政车辆出入通道，具体位置与面积由邮政企业与相关单位协商确定。

第三十九条 机关、社会团体、企业事业单位、住宅区物业服务企业以及其他组织，应当为邮政企业投递邮件提供便利，保障邮件的正常投递。

第五章 快递服务

第四十条 在自治区行政区域内经营快递业务的，应当依法取得自治区邮政管理机构的快递业务经营许可；跨自治区经营或者经营国际快递业务的，应当依法取得国务院邮政管理部门的快递业务经营许可，并向自治区邮政管理机构备案。任何单位和个人未经许可，不得在自治区范围内经营快递业务。

第四十一条 经营快递业务的企业，如需在自治区范围内设立、合并分支机构或者撤销营业网点的，应当向自治区邮政管理机构备案。

第四十二条 快递企业应当加强快递服务网络的建设和管理，保障快递服务网络的安全和畅通，接受邮政管理机构、国家安全机关等相关部门的监督，并为其提供必要的工作条件。

第四十三条 经营快递业务的企业，应当按照快递业务经营许可证的许可范围和有效期经营快递业务，不得经营由邮政企业专营的信件寄递业务，不得寄递国家机关公文，不得将信件打包后作为包裹寄递。

第四十四条 快递企业不得擅自中断提供快递服务。确需临时歇业的，应当提前 7 日书面告知所在地邮政管理机构，同时在营业场所及有关媒体上公告，并及时妥善处理未处理的快件。

快递企业停止经营快递业务的，应当书面告知邮政管理机构，交回快递业务经营许可证，并对尚未投递的快件按照国务院邮政管理部门的规定妥善处理。该企业无法处理的，由邮政管理机构指定其他企业代为处理，所需费用由该企业承担。

第四十五条 邮政管理机构应当向社会公布快递业务经营许可证的颁发、变更、年度报告、注销等事项，并为社会公众的查询提供方便。

第四十六条 快递企业运递快件的专用车辆应当喷涂快递专用标志，依法办理道路运输证。

从事快递业务的专用车辆在投入使用前，应当将车辆相关材料报邮政管理机构审核，由邮政管理机构将符合条件的快递专用车辆资料报公安机关交通管理部门和交通运输管理机构备案。

第四十七条 小型客车作为城市快件运输专用车辆的，应当经公安机关交通管理部门、交通运输管理机构同意，并按规定改装。

第四十八条 快递企业接受网络购物、电视购物和邮购等经营者的委托提供快递服务的，应当与委托方签订安全保障协议和诚信经营承诺协议，并报自治区邮政管理机构备案。

第四十九条 快递行业协会应当加强行业自律，为企业提供信息、培训等方面的服务，引导快递企业依法、诚信经营，维护快递企业的合法权益，促进快递行业的健康发展。

第五十条 本条例第五条第二款、第二十四条、第三十九条关于邮件的规定，适用于快件；第十五条关于邮件处理场所的规定，适用于快件处理场所；本条例第二十条第二款、第三款、第二十三条第一款、第二款、第二十九条、第三十条和第三十一条第六项关于邮政企业及其从业人员的规定，适用于快递企业及其从业人员；本条例第三十七条关于邮政运邮车辆的规定，适用于快递企业运递快件的专用车辆。

第六章 监督检查

第五十一条 邮政管理机构应当建立健全监督管理制度，加强对邮政普遍服务和邮政市场的监督管理，对邮政企业使用邮政普遍服务、特殊服务补贴资金实施监督。

第五十二条 邮政管理机构应当对邮政企业和快递企业有关寄递业务的经营和服务质量实行监督管理，健全邮政普遍服务、快递服务质量用户申诉制度和举报查处制度；按照法定程序对邮政企业、快递企业涉嫌违反邮政法律、法规的行为进行查处，维护用户权益和邮政市场秩序。

第五十三条 邮政管理机构应当建立邮政普遍服务质量评价体系，对邮政企业的普遍服务质量每年作出评价，并向社会公布。

邮政企业、快递企业应当根据邮政管理机构的要求报告企业有关经营情况、服务质量自查情况和统计报表，并及时报告重大通信事故和重大服务质量问题。

第五十四条 邮政管理机构进行监督检查时，监督检查人员不得少于二人，并应当出示执法证件。

邮政管理机构依法行使监督检查职责时，可以要求邮政企业和快递企业报告有关经营情况。被检查的邮政企业和快递企业应当予以配合，如实提供情况和有关资料，不得拒绝、拖延、阻拦，不得隐匿、销毁、转移原始资料。

第五十五条 邮政管理机构进行监督检查时，可以采取下列措施：

（一）进入邮政企业、快递企业或者涉嫌发生违反邮政法律、法规活动的其他场所实施现场检查；

（二）向有关单位和个人了解情况；

（三）查阅、复制有关业务文件、单据凭证和其他资料；

（四）经邮政管理机构负责人批准，依法查封违反邮政法律、法规活动有关的场所，扣押用于违反邮政法律、法规活动的运输工具以及相关物品，对信件以外的涉嫌夹带禁止寄递或者限制寄递物品的邮件、快件开拆检查。

第五十六条 邮政管理机构及其执法人员应当遵守国家法律、法规，维护当事人的合法权益，恪守职责，持证上岗，公正、文明执法。对在监督检查过程中知悉的个人隐私和商业秘密负有保密义务。

第五十七条 自治区邮政管理机构应当指导开展邮政企业、快递企业从业人员教育培训和特殊工种职业技能鉴定工作，提高从业人员素质和技能。

第七章 法律责任

第五十八条 邮政企业、快递企业违反本条例第二十三条第一款、第二款规定，不建立或者不执行收寄验视制度或者寄递国家禁止寄递物品的，对邮政企业直接负责的主管人员和其他直接责任人员给予处分；对快递企业，邮政管理机构可以责令停业整顿直至吊销其快递业务经营许可证。

用户在邮件、快件中夹带禁止寄递或者限制寄递的物品，尚不构成犯罪的，依法给予治安管理处罚。

有前两款规定的违法行为，造成人身伤害或者财产损失的，依法承担赔偿责任。

第五十九条 任何组织和个人有本条例第二十五条第一项、第二项、第三项、第五项、第六项行为之一，尚不构成犯罪的，依法给予治安管理处罚；有本条例第二十五条第四项行为的，由邮政管理机构责令改正，没收伪造的邮政专用品以及违法所得，并处1万元以上5万元以下罚款。

第六十条 邮政企业有本条例第三十一条第一项、第二项、第三项行为之一的，由邮政管理机构责令改正，可以处1万元以下罚款；情节严重的，处以1万元以上5万元以下罚款；对直接负责的主管人员和其他直接责任人员给予处分。

邮政企业从业人员有本条例第三十一条第四项行为，故意延误投递邮件的，由邮政企业给予处分。

邮政企业、快递企业有本条例第三十一条第六项行为的，由政府价格主管部门依照《中华人民共和国价格法》的规定处罚。

第六十一条 违反本条例第五十四条第二款规定，邮政企业和快递企业拒绝、阻碍依法实施的监督检查，尚不构成犯罪的，依法给予治安管理处罚；对快递企业，邮政管理机构还可以责令停业整顿直至吊销其快递业务经营许可证。

第六十二条 违反本条例规定，《中华人民共和国邮政法》和相关法律、法规已有处罚规定的，从其规定。

第六十三条 违反本条例规定，邮政管理机构工作人员在监督管理工作中滥用职权、玩忽职守、徇私舞弊，构成犯罪的，依法追究刑事责任；尚不构成犯罪的，依法给予行政处分。

第八章 附 则

第六十四条 本条例自2012年6月1日起施行。

甘肃省邮政条例

甘肃省人民代表大会常务委员会公告

（第63号）

《甘肃省邮政条例》已由甘肃省第十一届人民代表大会常务委员会第二十八次会议于2012年8月10日修订通过，现将修订后的《甘肃省邮政条例》公布，自2012年10月1日起施行。

甘肃省人民代表大会常务委员会
2012年8月10日

甘肃省邮政条例

2012年8月10日省十一届人大常委会第二十八次会议修订通过

第一章 总 则

第一条 为了保障邮政普遍服务，加强对邮政市场的监督管理，维护邮政通信与信息安全，保护用户合法权益，根据《中华人民共和国邮政法》及有关法律、行政法规，结合本省实际，制定本条例。

第二条 省邮政管理部门负责全省邮政普遍服务和邮政市场的监督管理工作；市（州）邮政管理部门负责本行政区域内邮政普遍服务和邮政市场的监督管理工作。

发展和改革、住房和城乡建设、规划、国土资源、工商行政管理、公安、国家安全、民政、交通运输、进出口检验检疫、海关、铁路、民航等有关部门和单位按照各自职责，做好与邮政有关的工作。

第三条 县级以上人民政府应当将邮政事业纳入当地国民经济和社会发展规划，保障邮政事业与当地经济、社会协调发展，逐步实现邮政普遍服务均等化。

第二章 规划建设

第四条 省邮政管理部门按照统筹安排、合理布局、方便用邮的原则编制全省邮政发展规划；市（州）邮政管理部门按照全省邮政发展规划编制本地区邮政发展规划。

第五条 各级人民政府应当将邮政设施的布局和建设纳入城乡规划，对提供邮政普遍服务的邮政设施建设给予支持，重点扶持农村边远地区邮政设施的建设。

建设城市新区、独立工矿区、开发区、住宅区、旅游区、商业区或者对旧城区进行改建，应当按照城乡规划的要求，同时建设配套的邮政服务网点、邮筒（箱）和邮政报刊亭等邮政设施。

第六条 乡镇应当设置提供邮政普遍服务的邮政所。行政村或者中心村应当设置村邮站（点），负责本村邮件的接收和投递工作。

村邮站（点）建设应当纳入当地新农村建设规划，地方财政给予资金支持，由村委会负责提供所需场地和人员，邮政企业负责提供业务单式、用具和业务方面的支持和指导。

乡镇邮政所和村邮站（点）的选址应当符合土地利用规划和村庄规划的要求，方便群众用邮。

第七条 机关、企业事业单位、住宅小区物业管理单位等应当设置接收邮件的场所，并为邮政企业投递邮件提供便利。

新建居民小区、居民楼，建设单位应当按照国家规定的标准将邮政信报箱群建设纳入建筑设计范围，并在地面首层设置信报箱群，所需费用计入建设成本。未设置信报箱群或者设置的信报箱群未达到国家标准的，相关部门不予验收。

已建成的居民小区或者居民楼未设置信报箱群的，由产权所有者、管理者负责设置或者委托邮政企业设置，所需费用由产权所有者协商解决。

第八条 因城乡建设需要，征收邮政场所、拆迁邮筒（箱）时，应当与当地邮政企业协商，在方便用户、保证邮政工作正常进行和不降低服务标准的情况下，由征收单位或者建设单位将邮政设施迁移或者另建，所需费用由征收、拆迁单位依法承担。

第三章　社会扶持

第九条 邮政企业根据社会需要和城市规划要求，经批准在公共场所设置邮筒（箱）、邮政报刊亭等公用设施，免交城市道路占用费等相关费用，有关部门应当在选址、用地、供电等方面给予支持。

第十条 非营利性邮政设施建设用地，经县级以上人民政府批准，可以以划拨方式取得土地使用权。依法取得的划拨土地必须用于建设非营利性邮政设施，不得改变土地用途。

前款所称非营利性邮政设施，包括邮件处理中心、邮政支局（所），邮政运输、物流配送中心，邮件转运站，国际邮件互换局、交换站，集装容器（邮袋、报皮）维护调配处理场。

第十一条 带有邮政专用标志的普遍服务运邮车辆经交通运输行政主管部门核定，免办道路运输证；在执行邮件运递任务时免收停车费；通过收费路段时通行费予以优惠，具体优惠数额由省交通运输行政主管部门按照省政府确定的标准执行。

带有邮政专用标志的普遍服务运邮车辆需要经过禁行路线、路段或者在禁止停车地段停车的，经公安交通管理部门同意，在不影响交通安全的前提下，可以通行或者临时停车；进出港口和通过检查站时，应当优先放行；发生交通事故时，公安机关应当迅速通知相关企业，并协助保护邮件安全。

第十二条 快递企业运递快件的专用车辆，需要经过禁行路段或者在禁止停车地段停车的，经公安交通管理部门同意，在不影响交通安全的前提下，可以通行或者临时停车。

第十三条 工商行政管理部门应当按照邮政管理部门审核的市（州）县邮政企业及所属分支机构网点表册，统一办理年检手续。

第十四条 工商、税务、民航、铁路、海关等相关部门应当对快递企业发展给予必要的支持。

第四章　普遍服务

第十五条 邮政企业应当根据国家制定的普遍服务标准提供邮政普遍服务。

第十六条 邮政企业应当在营业场所的显著位置公示服务种类、营业时间、资费标准、禁限寄物品目录、邮件和汇款的查询及损失赔偿办法，并提供必要的服务用品（具）。

第十七条 邮政企业在城市每周的营业时间应当不少于六天，投递邮件每天至少一次；在乡、镇人民政府所在地每周的营业时间应当不少于五天,投递邮件每周至少五次。

邮政营业网点调整营业时间时,应当提前五个工作日发布公告。

第十八条 具备通邮条件的住宅或者单位,邮政企业应当自住户和单位办理邮件投递手续之日起十五个工作日内通邮。

尚不具备通邮条件的地段、单位或者个人的邮件、报刊,投交双方可商定投交点,也可设立邮件代投点,统一接收邮件。未设置收发室的居民小区、未设置信报箱或者信报箱不能使用的居民楼房,社区委员会或者其物业管理单位应当为邮政企业投递服务提供必要协助或者代收服务。

第十九条 用户交寄信件时,应当使用符合国家标准的信封,并正确填写收件人的姓名、地址和邮政编码。地名和门牌号码发生变更的,民政部门和公安部门应当及时向社会公布并通知邮政企业,邮政企业应当根据变更后的地名和门牌号码进行投递。

第二十条 邮政企业及其工作人员不得有下列行为:

(一)泄露国家机密;

(二)违反国家规定,不执行收寄验视制度、收寄禁止寄递或者限制寄递的物品;

(三)擅自变更邮政普遍服务收费标准或者增加收费项目,强迫、误导用户使用高资费邮政业务或者搭售商品;

(四)无故拒绝、拖延、中断邮政业务;

(五)违法向他人提供用户使用邮政服务的信息;

(六)私拆、隐匿、毁弃、盗窃邮件,贪污、冒领用户款物;

(七)出租、出借带有邮政专用标志的车辆或者利用带有邮政专用标志的车辆从事邮件运递以外的活动;

(八)转让、出租、出借邮政专用用品(具);

(九)法律、法规禁止的其他行为。

第五章 快递业务

第二十一条 快递企业应当根据国家制定的快递服务标准提供快递服务。

第二十二条 经营快递业务应当依法取得经营许可,并按照许可的经营范围、地域范围提供快递服务。未经许可,任何单位和个人不得经营快递业务。

省邮政管理部门应当向社会公布快递业务经营许可的相关信息。

第二十三条 快递企业设立、撤销或者分立、合并分支机构的,应当向邮政管理部门备案。

快递企业停止经营快递业务的,应当书面告知邮政管理部门,交回快递业务经营许可证,并对尚未投递的快件按照邮政管理部门的规定妥善处理。

第二十四条 快递企业收取快件时,应当在快递运单详细填写快件的重量、资费等信息,并在显著位置注明时限、保价及赔偿条款等保障用户权益的相关内容。

用户应当阅读快递运单,正确填写收寄人的姓名、地址、电话及所寄物品的品名和数量,同时在相应位置签字确认。

快递运单适用《中华人民共和国合同法》关于格式条款的规定,公开的服务承诺视为合同条款。

第二十五条 快递企业组织投递应当不超出向用户承诺的服务时限,同城快递超过承诺时限三日,省内异地和省际快件超过承诺时限七日视为彻底延误快件,快递企业应当根据有关规定予以赔偿。

快递企业对快件提供至少两次投递。因收件人的原因投递两次未能投交的快件,收件人仍需要快递企业投递的,快递企业可以加收费用,并应当事先告知收件人收费标准。

第二十六条 快递企业应当根据国家规定加强对快递从业人员的职业技能培训。

快递企业从业人员中符合国家职业技能鉴定

标准的人员比例应当达到国家规定的标准。

第二十七条 快递企业及其从业人员不得有下列行为：

（一）相互串通操纵市场价格，损害其他快递企业或者用户的合法权益；

（二）冒用他人名称、商标标识和企业标识，扰乱市场经营秩序；

（三）积压、扣押、延误寄递服务或者擅自中断寄递服务；

（四）本条例第二十条第（一）、（二）、（四）、（五）、（六）项规定的行为；

（五）寄递国家机关公文；

（六）法律、法规禁止的其他行为。

第六章 监督管理

第二十八条 邮政管理部门应当加强对邮政普遍服务、特殊服务、快递服务的监督管理，及时受理用户的申诉、举报，依法查处违反邮政法律、法规的行为。

邮政企业、快递企业应当设置用户意见簿、公布监督电话号码，接受用户对服务质量的监督，对用户的举报和投诉在十五个工作日内进行处理并予以答复。

第二十九条 邮政管理部门应当根据监管工作的需要，对外发布有关邮政业服务质量的报告。

第三十条 邮政企业、快递企业应当根据国家有关规定和邮政管理部门的要求报告企业有关经营情况、服务质量情况，提供准确、完备的统计数据和其他相关资料。

第三十一条 邮政企业撤销提供邮政普遍服务的邮政营业场所，应当向邮政管理部门提出书面申请，经邮政管理部门批准后方可撤销，并至少提前十日向社会公告。

邮政企业设置邮政营业场所和撤销不提供邮政普遍服务的邮政营业场所，应当事先书面告知邮政管理部门，并按要求提供有关材料。

第三十二条 邮政企业、快递企业应当加强安全生产管理，建立健全安全生产责任制度，完善安全生产条件，确保生产安全。

第三十三条 邮政企业、快递企业应当按照国家有关规定建立突发事件应急机制。发生重大通信事故或者重大服务阻断时，邮政企业、快递企业应当按照有关规定及时向省邮政管理部门报告。

第三十四条 邮政管理部门应当建立健全监督检查制度，加强邮政普遍服务和邮政市场的监督检查，按照国务院规定协助财政、审计部门对邮政企业使用邮政普遍服务补贴资金实施监督。

第三十五条 省邮政管理部门按照国家规定，指导邮政行业特有工种职业技能鉴定机构，开展快递企业的邮政行业特有工种职业技能鉴定工作。

第三十六条 开办集邮票品集中交易市场，申请人应当依法在邮政管理部门取得《集邮票品集中交易市场开办许可证》，凭《集邮票品集中交易市场开办许可证》向工商行政管理部门办理注册登记。

第三十七条 生产邮政用品（具），应当符合国家标准或者邮政行业标准，由省邮政管理部门监制，核发监制证书。不得无证或者盗用、冒用、借用监制证号生产、销售邮政用品（具）。

第七章 法律责任

第三十八条 违反本条例第七条第二款规定，建设单位未按照国家规定的标准设置信报箱的，由邮政管理部门责令限期改正。逾期未改正的，由邮政管理部门指定其他单位设置信报箱，所需费用由该居民住宅楼的建设单位承担。

第三十九条 违反本条例第八条规定，擅自拆除、迁移邮政设施的，应当恢复原状或者赔偿损失。

第四十条 违反本条例第十八条规定，新建居民楼和新建单位具备通邮条件，并办理了投递登记手续，十五个工作日内不通邮的，由邮政管理部门责令邮政企业改正。

第四十一条 违反本条例第二十条第（一）、（八）项规定的，由邮政管理部门责令限期改正，并对邮政企业主管人员和其他直接责任人员由邮政管理部门或者所在单位给予处分；构成犯罪的，依法追究刑事责任。违反本条例第二十条第（二）、（四）、（五）、（六）、（七）项规定的，依照《中华人民共和国邮政法》的规定处罚。违反本条例第二十条第（三）项规定的，由价格主管部门依照《中华人民共和国价格法》的规定处罚。

第四十二条 违反本条例第二十七条第（一）、（二）、（三）项规定的，由邮政管理部门责令快递企业限期改正，并处二千元以上一万元以下罚款；情节严重的，处一万元以上三万元以下罚款；情节特别严重的，责令停业整顿直至吊销快递业务经营许可证。违反本条例第二十七条第（五）项规定的，由邮政管理部门或者工商行政管理部门责令改正，没收违法所得，并处五万元以上十万元以下的罚款；情节严重的，并处十万元以上二十万元以下的罚款；对快递企业，还可以责令停业整顿直至吊销其快递业务经营许可证。

快递企业从业人员有前款规定的违法行为，尚不构成犯罪的，由公安机关依法处理；构成犯罪的，依法追究刑事责任。

第四十三条 违反本条例规定的其他行为，法律、法规已有处罚规定的，从其规定。

第四十四条 邮政管理部门和其他有关部门工作人员滥用职权、玩忽职守、徇私舞弊的，由其所在单位或者有关主管部门对直接负责的主管人员和其他直接责任人员给予处分；构成犯罪的，依法追究刑事责任。

第八章 附 则

第四十五条 本条例所称邮政普遍服务，是指邮政企业按照国家规定的业务范围、服务标准和资费标准，为中华人民共和国境内所有用户持续提供的邮政服务。

本条例所称特殊服务，是指邮政企业按照国家规定办理机要通信、国家规定报刊的发行，以及义务兵平常信函、盲人读物和革命烈士遗物的免费寄送等服务。

本条例所称快递业务，是指快速收寄、分发、运输、投递单独封装、具有名址的信件和包裹等物品，以及其他不需要储存的物品，按照承诺时限递送到收件人或者指定地点，并获得签收的寄递服务。

第四十六条 本条例自2012年10月1日起施行。2003年8月1日甘肃省第十届人民代表大会常务委员会第五次会议通过的《甘肃省邮政条例》同时废止。

宁夏回族自治区邮政条例

（2012年9月25日宁夏回族自治区第十届人民代表大会常务委员会第三十二次会议通过）

第一章 总 则

第一条 为了保障邮政普遍服务，加强对邮政市场的监督管理，维护邮政通信与信息安全，保护通信自由和通信秘密，保护用户合法权益，促进邮政业健康发展，根据有关法律、行政法规的规定，结合自治区实际，制定本条例。

第二条 自治区行政区域内邮政规划、建设、服务、快递和监督管理，适用本条例。

第三条 县级以上人民政府应当将邮政业纳入国民经济和社会发展规划，保障邮政业与当地经济社会协调发展。

第四条 自治区邮政管理部门负责自治区行政区域内邮政普遍服务和邮政市场的监督管理工作；设区的市邮政管理部门负责本行政区域内邮政普遍服务和邮政市场的监督管理工作。

邮政管理部门、公安机关、国家安全机关、海关和民航等部门应当相互配合，做好邮政通信与信息安全的监督管理工作。

交通运输、住房和城乡建设、国土资源、工商等有关部门应当按照各自的职责，做好邮政监督管理的相关工作。

第五条 邮政企业、快递企业应当加强收寄、分拣、运输、投递、查询、投诉等环节的服务质量管理，为用户提供迅速、准确、安全、方便的服务。

第六条 任何单位和个人都有保护邮政设施、维护邮政通信安全和畅通的义务，并有权制止、举报破坏邮政设施和危害邮政通信安全的行为。

第二章 规划与建设

第七条 自治区邮政管理部门应当根据国民经济和社会发展规划、城乡规划，按照统筹规划、合理布局、方便用邮的原则和邮政建设要求，组织编制邮政业发展规划。

第八条 建设城市新区、商业区、开发区、工矿区、住宅区或者对旧城区改造、村镇建设，应当同时规划和建设配套的提供普遍服务的邮政设施。

第九条 邮件、快件处理场所的设计、建设和改造，应当符合邮政通信和信息安全的设计、建设和改造标准；符合国家安全机关、海关依法履行职责的要求，并为其提供相应的工作场所。

第十条 城镇街道、村庄名址牌和单位、住宅区的地址牌，应当标明所在地的邮政编码。

第十一条 建设城镇居民住宅楼应当设置接收邮件的信报箱，并按照国家规定的标准验收。建设单位未按照国家规定的标准设置信报箱的，由邮政管理部门责令限期改正；逾期未改正的，由邮政管理部门指定其他单位设置信报箱，所需费用由该居民住宅楼的建设单位承担。

第十二条 因建设需要，征收邮政普遍服务营业场所、服务网点或者相关邮政设施的，征收单位应当与当地邮政企业协商，在保证邮政通信正常进行的前提下，按照不少于原有面积的原则就近安置，所需费用由征收单位承担。

第十三条 各级人民政府应当重点扶持农村地区邮政设施和村邮站的建设。农村地区应当设置村邮站或者其他接受邮件的场所。

村邮站办理邮政业务，应当符合规定的寄递时限和服务规范。邮政企业应当对村邮站提供业务指导和帮助。

第三章 普遍服务

第十四条 邮政企业设置、撤销邮政营业场所，应当事先书面报告邮政管理部门；撤销提供邮政普遍服务的邮政营业场所，应当经自治区邮政管理部门批准并予以公告。

未经自治区邮政管理部门批准，邮政企业不得停止办理或者限制办理邮政普遍服务业务；因不可抗力或者其他特殊原因暂时停止办理或者限制办理的，邮政企业应当及时公告，采取补救措施，并向自治区邮政管理部门报告。

第十五条 邮政企业根据网点设置和服务需要，可以委托其他单位或者个人代办邮政业务。代办单位或者个人应当遵守和执行邮政法律、法规规定，并接受邮政管理部门的监督管理。

邮政企业将邮政营业网点改为委托代办网点的，应当具备办理信件、印刷品、包裹的寄递以及邮政汇兑等邮政普遍服务、特殊服务业务能力，不得降低邮政普遍服务标准，并向邮政管理部门备案。

第十六条 邮政企业提供邮政普遍服务应当符合普遍服务标准，并在营业场所的明显位置公布服务种类、营业时间、资费标准、服务承诺、邮件和汇款的查询、损失赔偿办法以及用户对其服务质量的投诉办法。

邮政企业应当在邮政信筒（箱）上标明开筒（箱）的频次和时间，并按照标明的频次和时间开取邮政信筒（箱）邮件。

邮政企业从业人员收寄、投递邮件时，应当佩戴专用标志。

第十七条 邮政企业、邮政业务代办人员、邮件代收人员对用户交寄的邮件，应当按照规定的时限、频次，及时、准确、安全投递。

邮件收发人员接收给据邮件应当进行清点，经核对无误后，在清单上盖章签收。给据邮件由用户签收，用户委托专人和专门机构代为签收的，视为用户本人签收。

用户收到误投的邮件，不得开拆、隐匿、毁弃，应当在收到邮件后及时通知邮政企业取回处理。

第十八条 机关、企业、事业单位和住宅区、写字楼的产权人或者管理单位应当在其主出入口设置收发（传达）室或者其他接收邮件的场所。

企业、事业单位、居民住宅应当由单位或者住宅区管理单位到当地邮政企业或者分支机构办理邮件投递登记手续；对具备投递邮件条件的用户，邮政企业应当自登记之日起七日内安排投递；对不具备投递条件的，邮政企业应当将邮件投递至与用户协商确定的邮件代收点或者信报箱。

新建、搬迁或者更名的单位和住宅区，应当由单位或者物业管理单位向当地邮政企业申报名址，办理邮件投递登记手续。邮政企业应当自登记之日起五日内通邮。

第十九条 除法律另有规定外，邮政企业及其从业人员不得向任何单位或者个人泄露用户使用邮政服务的信息以及其他信息。

第二十条 邮政企业收寄邮件和用户交寄邮件，应当遵守国家有关禁止寄递物品、限制寄递物品及其封装规格的规定，使用标准信封和符合法律规定的邮资凭证，正确书写邮政编码。依法需要当面验视内件的，用户应当接受验视。

邮政企业在收寄邮件时，发现用户交寄违禁物品的，不予寄递；已经收寄的邮件中发现有违禁物品的，邮政企业应当立即停止转发和寄递，并及时报告邮政管理部门、公安机关、国家安全机关或者海关。

邮政管理部门、公安机关、国家安全机关和海关在邮件收寄验视工作中，依法对禁止寄递或者限制寄递的物品进行处理。

第二十一条 邮政企业及其从业人员以及代办邮政业务的单位和个人不得实施下列行为：

（一）无故延误邮件投递时间；

（二）拒绝办理应当办理的邮政业务或者擅自终止对邮政用户的服务；

（三）私拆、隐匿、毁弃、盗窃邮件，冒领、贪污、截留、挪用、延付邮政汇款；

（四）擅自改变邮政业务资费标准、增加收费项目；

（五）强迫、误导用户使用高资费邮政业务，搭售其他服务或者商品；

（六）出售、转让、出租、转借邮政专用标志；

（七）使用邮运车辆从事邮件运递以外的经营性活动和运输国家禁止、限制运输的物品，或者以出租、转借等方式允许其他单位或者个人使用邮运车辆。

第二十二条 用户对交寄的给据邮件，可以在有效时间内持据向收寄的邮政企业免费查询。邮政企业应当在规定期限内将查询结果通知查询人。邮政企业造成给据邮件丢失、损毁、内件短少、延误的，应当依法承担赔偿责任。

因收发人员责任造成给据邮件丢失、损毁、内件短少、延误的，由相关单位和责任人承担赔偿责任。

第四章　快递服务

第二十三条　经营快递业务应当依法取得自治区邮政管理部门颁发的《快递业务经营许可证》；未经许可，任何单位和个人不得经营快递业务。

邮政管理部门审查快递业务经营许可申请，应当考虑国家安全等因素，并征求有关部门的意见。

申请人凭《快递业务经营许可证》向工商行政管理部门办理设立登记。

第二十四条　快递企业不得经营由邮政企业专营的信件寄递业务，不得寄递国家机关公文。

第二十五条　经自治区邮政管理部门核定的快递车辆应当喷涂快递标志。

快递企业从业人员收寄、投递快件时，应当佩戴专用标志。

快递企业从业人员收取快件时，应当在快递运单上注明快件的重量、资费、收寄时间、保价金额等信息。

快递运单应当符合服务格式合同的要求。

第二十六条　快递企业接受网络购物、电视购物和邮购等经营者委托提供快递服务的，应当与委托方签订安全保障协议，并报邮政管理部门备案。

快递企业从事代收货款业务，应当遵守国家有关规定。

第二十七条　快递企业实行加盟、代理经营方式的，应当与被加盟、被代理企业签定协议。

被加盟、被代理企业在运营安全、服务标准、服务流程、服务形象、服务用品、用户投诉等方面，对加盟企业、代理企业实施监督管理，对加盟企业、代理企业给用户造成损失的，依法承担赔偿责任。

第二十八条　本条例第十六条第一款、第十七条第一款、第三款、第十九条、第二十条、第二十一条第一项、第二项、第三项、第二十二条的规定，适用于快递企业。

第二十九条　快递企业应当诚信经营，遵守承诺，符合快递服务标准和快递业务操作规范，维护消费者合法权益。

快递企业应当对其从业人员加强法制教育、职业道德教育和业务技能培训。

第三十条　快递行业协会应当加强行业自律，为企业提供信息、培训等方面的服务，引导快递企业依法、诚信经营，维护快递企业的合法权益，促进快递服务业的健康发展。

第五章　保障措施

第三十一条　各级人民政府应当扶持贫困地区的邮政服务网点建设，对提供邮政普遍服务和特殊服务的邮政企业给予财力、物力支持和政策优惠，建立邮政普遍服务、特殊服务补贴机制。

第三十二条　用户交寄的邮件、快件以及交汇的汇款受法律保护。在邮件和快件的运输、传递以及处理过程中，除法律另有规定外，任何单位或者个人不得阻碍、检查、扣留。

第三十三条　邮政企业提供普遍服务，依法享受国家相关优惠政策。

提供邮政普遍服务的营业场所和邮件处理场所建设用地，由所在地人民政府纳入土地利用总体规划，按照城市基础设施和公益事业用地依法划拨，经当地人民政府批准，免征城市基础设施配套费。

邮政企业应当按照城乡规划设置邮筒（箱）、邮政报刊亭、报刊橱窗等邮政设施，有关部门应当提供便利条件，经当地人民政府批准，免收城市道路占用费。

第三十四条　经交通运输主管部门核定的邮运车辆免办道路运输经营许可证；通过收费公路、桥梁、隧道时，免缴车辆通行费。

邮运车辆和自治区邮政管理部门核定的快递车辆在运递邮件途中，通过检查站、桥梁和隧道时，应当优先放行；需要通过禁行路线或者在禁停地段停车的，经公安机关交通管理部门同意，在确保安全的前提下，可以通行或者临时停车。

邮运车辆和快递车辆在揽收、投递快件时，有关部门和单位应当在其通行、停靠及进住宅区揽收、投递等方面提供便利。

第三十五条 邮政企业所属的提供邮政普遍服务的分支机构及其服务网点办理工商登记手续时，工商行政管理部门免收工商登记费。

第三十六条 车站、机场等单位应当为邮政企业、快递企业转运邮件、快件提供固定场所和通道，保证优先、安全发运。

承运单位保管或者运输过程中，邮件、快件发生丢失、损毁、短少的，承运单位应当依法承担赔偿责任。

第三十七条 鼓励和支持发展快递业务，满足社会各方面的需要。支持快递企业进驻工业园区、商业区、住宅区。

第六章 监督管理

第三十八条 邮政管理部门依法履行监督管理职责，可以采取下列监督检查措施：

（一）进入邮政企业、快递企业或者涉嫌发生违法活动的其他场所实施现场检查；

（二）向有关单位和个人了解情况；

（三）查阅、复制有关文件、资料、凭证；

（四）经邮政管理部门负责人批准，查封与违法活动有关的场所，扣押用于违法活动的运输工具以及相关物品，对信件以外的涉嫌夹带禁止寄递或者限制寄递物品的邮件、快件开拆检查。

第三十九条 邮政管理部门、公安机关、国家安全机关、海关和民航监管部门应当依法健全寄递渠道安全保障机制，建立邮政通信与信息安全的监督管理工作数据库；邮政企业、快递企业应当及时提供相关工作数据。

前款规定有关部门和单位的工作人员对监督管理工作中知悉的国家秘密、商业秘密和个人隐私，负有保密义务。

第四十条 仿印邮票图案或者印制与邮票图案相似的印件以及生产通信使用的信封、特快专递封套、明信片、信件封装盒、信报箱等，应当符合国家规定。

仿印邮票图案，应当报经自治区邮政管理部门批准。

印制通信使用的信封的，由自治区邮政管理部门监制。

开办集邮票品集中交易市场，应当依法取得自治区邮政管理部门颁发的《集邮票品集中交易市场开办许可证》。

第四十一条 任何单位和个人不得实施下列行为：

（一）损毁邮政、快递服务设施或者影响邮政、快递服务设施的正常使用；

（二）隐匿、毁弃、非法开拆邮件、快件；

（三）扰乱邮政营业场所、快递企业营业场所正常秩序；

（四）拦截、强登、扒乘运送邮件、快件的车辆；

（五）未经批准，仿印邮票图案、对已发行的邮票图案进行再加工、经销仿印邮票图案；

（六）销售国家禁止流通的邮票、集邮品；

（七）经营、制作未经监制的通信使用的信封；

（八）冒用邮政企业、快递企业名义或者专用标志；

（九）伪造或者倒卖伪造的邮资凭证、邮政用品。

第四十二条 邮政企业、快递企业应当及时、妥善处理用户对服务质量提出的异议。

用户对企业处理结果不满意的，可以向邮政管理部门申诉，邮政管理部门应当依法处理，自接到申诉之日起三十日内答复申诉人。

第四十三条 邮政企业、快递企业应当遵守下列规定：

（一）建立并执行邮件、快件收寄验视制度；

（二）建立应急保障制度，制定突发事件应急预案和专项预案，发生重大服务阻断时，应当及时向邮政管理部门和有关部门报告；

（三）配备符合国家标准的安全检查设备，安排专门人员进行安全监控；

（四）健全安全生产责任制度，完善安全保障措施；

（五）根据邮政管理部门履行监督管理职责的需要，提供准确、完整的数据资料。

第四十四条 邮政管理部门应当设立并公开投诉举报电话、信箱和电子邮箱，受理投诉和举报。

任何单位和个人对违反本条例规定的行为，有权向邮政监督管理部门举报，邮政管理部门接到举报后，应当及时依法处理。

第四十五条 自治区邮政管理部门应当按照国家规定，指导本地区职业技能鉴定机构开展邮政业特有工种职业技能鉴定工作。

第七章 法律责任

第四十六条 对违反本条例规定的，《中华人民共和国邮政法》已经作出处理、处罚规定的，从其规定。

第四十七条 违反本条例第二十一条第四项规定的，由价格主管部门依法处理。

第四十八条 违反本条例第二十一条第三项、第四十一条第一项、第二项、第三项、第四项规定的，由邮政管理部门或者公安机关依法处理。

第四十九条 违反本条例第二十一条第七项、第四十条第四款、第四十一条第五项、第七项、第八项、第九项规定的，分别按照下列规定处罚；构成犯罪的，依法追究刑事责任：

（一）使用邮运车辆从事邮件运递以外的经营性活动和运输国家禁止、限制运输的物品，或者以出租、转借等方式允许其他单位或者个人使用邮运车辆的，由邮政管理部门责令改正，处一万元以上五万元以下罚款，有违法所得的，没收违法所得；

（二）未经许可开办集邮票品集中交易市场的，由邮政管理部门给予警告，并可处以一万元以下的罚款；

（三）未经批准，擅自仿印邮票图案的，由邮政管理部门处以五千元以下罚款，并没收非法所得和非法物品；

（四）未经批准，对已发行的邮票图案进行再加工、经销仿印邮票图案的，由邮政管理部门处以五千元以上三万元以下的罚款；

（五）经营、制作未经监制的通信使用的信封的，由邮政管理部门责令其停止生产、销售和使用，予以警告，并处一万元以下罚款；有违法所得的，没收违法所得，并处一万元以上三万元以下罚款；

（六）冒用邮政企业、快递企业名义或者专用标志，伪造或者倒卖伪造的邮资凭证、邮政用品的，由邮政管理部门责令改正，没收伪造的邮资凭证、邮政用品以及违法所得，并处一万元以上五万元以下的罚款。

第五十条 违反本条例规定，邮政企业、快递企业拒绝、阻碍依法实施的监督检查，尚不构成犯罪的，由国家安全机关或者公安机关依法给予处罚；对快递企业，邮政管理部门还可以责令停业整顿直至吊销其快递业务经营许可证；构成犯罪的，依法追究刑事责任。

第五十一条 邮政企业及其从业人员、快递企业及其服务人员在经营活动中有危害国家安全行为的，依法追究法律责任；对快递企业，由邮政管理部门吊销其快递业务经营许可证。

第五十二条 当事人对行政处罚决定和其他具体行政行为不服的，可以依法申请行政复议或者提起行政诉讼。

第五十三条 邮政管理部门工作人员在监督管理工作中滥用职权、玩忽职守、徇私舞弊，依法给予处分；构成犯罪的，依法追究刑事责任。

第八章 附 则

第五十四条 本条例下列用语的含义：

快递企业，是指依法取得快递业务经营许可证和营业执照，提供快递服务的企业。

邮运车辆，是指带有邮政专用标志的提供邮政普遍服务的运递邮件的专用车辆。

快递车辆，是指经自治区邮政管理部门核定的喷涂快递标志的运递快件的专用车辆。

快递，是指在承诺时限内快速完成的寄递活动。

快件，是指快递企业依法递送的信件、包裹、印刷品等。

第五十五条 本条例自2012年12月1日起施行。2004年5月11日宁夏回族自治区第九届人民代表大会常务委员会第十次会议通过的《宁夏回族自治区邮政条例》同时废止。

第四篇　发展数据

第一章　行业发展数据

2012 年邮政行业运行情况

2012 年,邮政企业和全国规模以上快递服务企业业务收入(不包括邮政储蓄银行直接营业收入)完成 1980.9 亿元,同比增长 26.9%;业务总量完成 2036.8 亿元,同比增长 26.7%(图 4-1)。

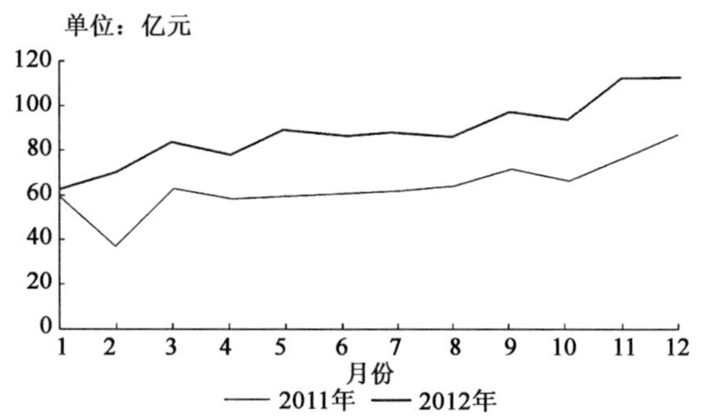

图 4-1　2012 年快递业务收入分月图

12 月份,全行业业务收入完成 185 亿元,同比增长 27.6%;业务总量完成 208.3 亿元,同比增长 31.4%。

2012 年,邮政函件业务完成 70.7 亿件,同比下降 4.1%;包裹业务完成 6874 万件,同比下降 0.1%;报纸业务完成 190.2 亿份,同比增长 4.6%;杂志业务完成 11.3 亿份,同比增长 5.1%;汇兑业务完成 2.3 亿笔,同比下降 13.6%。

2012 年,全国规模以上快递服务企业业务量完成 56.9 亿件,同比增长 54.8%;业务收入完成 1055.3 亿元,同比增长 39.2%。其中,同城业务收入完成 110.2 亿元,同比增长 67.3%;异地业务收入完成 635.5 亿元,同比增长 42.5%;国际及港澳台业务收入完成 205.6 亿元,同比增长 11.3%(图 4-2)。

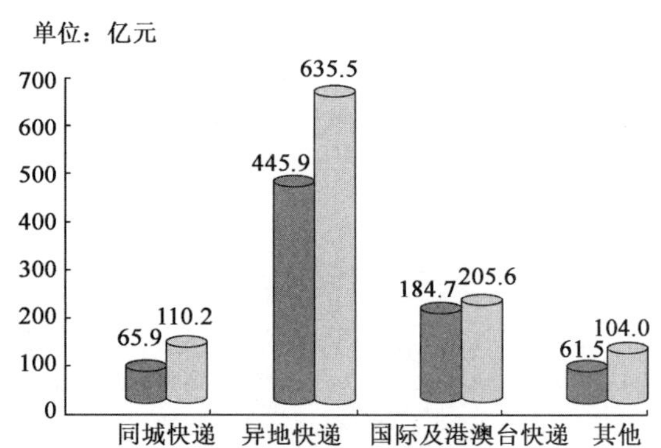

图 4-2　2012 年分专业快递业务收入比较

12 月份,快递业务量完成 6.6 亿件,同比增长 53.2%;业务收入完成 112.7 亿元,同比增长 32.6%。

2012 年,同城、异地、国际及港澳台快递业务收入分别占全部快递收入的 10.4%、60.2% 和 19.5%(图 4-3);业务量分别占全部快递业务量的 23.1%、73.7% 和 3.2%(图 4-4)。与去年同期相比,同城快递业务收入的比重上升 1.7 个百分点,异地快递业务收入的比重上升了 1.4 个百分点,国际及港澳台业务收入的比重下降了 4.9 个百分点。

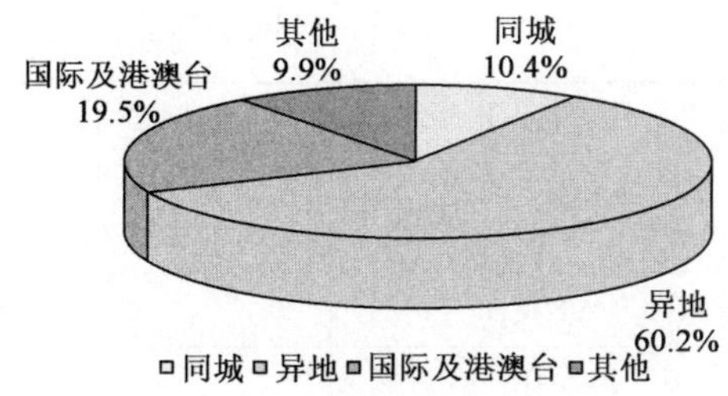

图 4-3 2012 年快递业务收入结构图

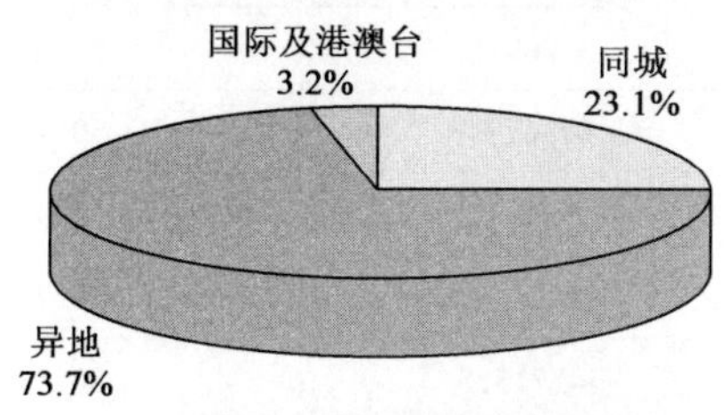

图 4-4 2012 年快递业务量结构图

2012 年,东、中、西部地区快递业务收入的比重分别为 82.3%、9.3% 和 8.4%(图 4-5);业务量比重分别为 81.9%、10.5% 和 7.6%(图4-6)。与去年同期相比,东部地区快递业务收入比重上升了 1.2 个百分点,快递业务量比重上升了 2 个百分点;中部地区快递业务收入比重下降了 0.6 个百分点,快递业务量比重下降了 0.7 个百分点;西部地区快递业务收入比重下降了 0.6 个百分点,快递业务量比重下降了 1.3 个百分点。

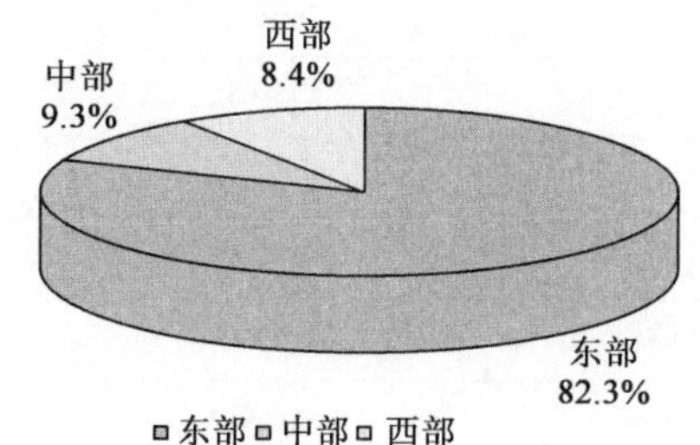

图 4-5 2012 年东、中、西部快递业务收入结构图

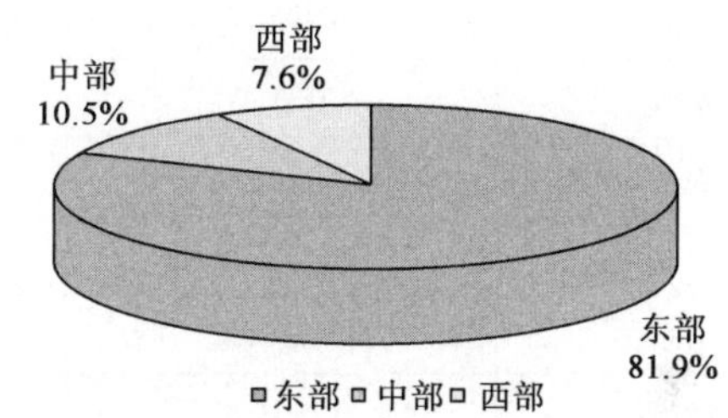

图 4-6 2012 年东、中、西部快递业务量结构图

2012 年全国邮政业发展情况见表 4-1。

2012 年分省规划以上快递服务企业业务量和业务收入情况见表 4-2。

表 4-1 2012 年全国邮政行业发展情况

指标名称	单位	12 月份		比去年同期增长(%)	
		累计	当月	累计	当月
一、邮政行业业务收入	亿元	1980.9	185.0	26.9	27.6
其中:快递业务收入	亿元	1055.3	112.7	39.2	32.6
二、邮政行业业务总量	亿元	2036.8	208.3	26.7	31.4
其中:函件	万件	707404.7	50639.0	-4.1	7.9
包裹	万件	6874.0	752.0	-0.1	-11.0
快递	万件	568548.0	65698.4	54.8	53.2
订销报纸累计数	万份	1901544.9	158811.0	4.6	4.8
订销杂志累计数	万份	113216.6	9073.0	5.1	5.2
汇兑	万笔	22879.7	1830.0	-13.6	-18.3

注:1. 2012 年邮政行业业务总量计算使用 2010 年不变单价。
2. 邮政行业业务收入中未包括邮政储蓄银行直接营业收入。

表 4-2 2012 年分省规模以上快递服务企业业务量和业务收入情况

单位	快递业务量累计(万件)	同比增长(%)	快递收入累计(万元)	同比增长(%)
全国	568548.0	54.8	10553324.2	39.2
北京	48073.7	42.8	762737.0	21.9
天津	6364.0	24.0	144376.7	13.6
河北	12469.1	44.0	214740.6	32.3

续上表

单　位	快递业务量累计（万件）	同比增长（%）	快递收入累计（万元）	同比增长（%）
山西	2805.3	33.7	54284.2	17.0
内蒙古	2440.0	22.3	58718.6	29.5
辽宁	7757.4	24.9	179310.6	18.5
吉林	3854.4	45.6	80722.5	27.9
黑龙江	3623.5	18.2	81909.5	14.6
上海	59905.3	46.4	1828629.3	50.1
江苏	63870.5	65.9	1034124.0	45.9
浙江	81986.8	65.1	1197342.6	41.7
安徽	9731.4	46.8	145715.8	30.1
福建	25593.8	62.4	420985.5	33.0
江西	5472.6	47.3	84144.3	26.3
山东	24731.8	34.1	419168.3	24.9
河南	12503.4	49.2	192209.6	36.8
湖北	11629.8	40.4	183033.8	33.0
湖南	10022.7	58.0	164752.9	43.3
广东	133770.5	76.7	2456278.2	50.5
广西	4395.1	25.7	87490.9	20.5
海南	1123.6	17.8	23230.1	15.2
重庆	5497.9	35.1	103426.5	34.6
四川	12814.4	25.4	225753.7	26.9
贵州	1801.0	17.4	40386.8	10.4
云南	3774.4	24.1	85357.5	21.2
西藏	320.1	12.6	12989.2	10.6
陕西	5085.0	29.0	101893.6	21.7
甘肃	1470.3	29.5	35255.3	27.1
青海	286.7	17.3	9844.1	13.0
宁夏	2967.8	337.1	52709.0	249.7
新疆	2406.0	25.3	71803.8	24.4

2012 年邮政行业发展统计公报

2012 年，邮政行业以邓小平理论和“三个代表”重要思想为指导，深入贯彻落实科学发展观，全面贯彻实施《中华人民共和国邮政法》，以科学发展为主题，以加快转变发展方式为主线，以转型升级为重点，以强邮惠民为目标，深化邮政改革，优化发展环境，增强服务能力，健全保障机制，满足社会需求，推动公共邮政服务均等化，促进快递大发展上水平，全行业发展取得了新的重大进展。

一、业务发展情况

全年全行业继续保持平稳较快发展。全年邮政行业业务总量完成2036.8亿元，同比增长26.7%，比上年提高1.7个百分点。全年邮政行业业务收入(不包括邮政储蓄银行直接营业收入)完成1980.9亿元，同比增长26.9%，比上年提高4.6个百分点。

(一)邮政普遍服务业务

函件业务小幅下降。全年函件业务量完成70.7亿件，同比下降4.1%。

包裹业务基本持平。全年包裹业务量完成6875.5万件，同比下降0.1%。

报刊业务平稳增长。全年订销报纸业务完成189.3亿份，同比增长4.2%。全年订销杂志业务完成11.2亿份，同比增长4.0%。

汇兑业务出现萎缩。全年汇兑业务完成2.3亿笔，同比下降13.5%。

(二)快递业务

快递业务快速增长。全年全国规模以上快递服务企业业务量完成56.9亿件，同比增长54.8%；快递业务收入完成1055.3亿元，同比增长39.2%。

快递业务收入占比提高。快递业务收入占行业总收入的比重为53.3%，比上年末提高4.8个百分点。

同城快递业务增长显著。全年同城快递业务量完成13.1亿件，同比增长60.6%；实现业务收入110.2亿元，同比增长67.3%。

异地快递业务增势突出。全年异地快递业务量完成41.9亿件，同比增长53.6%；实现业务收入635.5亿元，同比增长42.5%。

国际及港澳台快递业务恢复增长。全年国际及港澳台快递业务量完成1.8亿件，同比增长43.1%；实现业务收入205.6亿元，同比增长11.3%。

快递业务结构小幅变动。同城、异地、国际及港澳台快递业务量占全部比例分别为23.1%、73.7%和3.2%，业务收入占全部比例分别为10.4%、60.2%和19.5%。与上年末相比，同城快递业务比例有所上升。

东、中、西部市场占比基本稳定。全年东部地区完成快递业务量46.6亿件，实现业务收入868.1亿元；中部地区完成快递业务量6.0亿件，实现业务收入98.7亿元；西部地区完成快递业务量4.3亿件，实现业务收入88.6亿元。东、中、西部地区快递业务量比重分别为81.9%、10.5%和7.6%，快递业务收入比重分别为82.3%、9.3%和8.4%，与上年末相比，东部地区比重出现小幅上升。

民营快递企业发展迅速。全年国有快递企业业务量完成13亿件，实现业务收入299.1亿元；民营快递企业业务量完成42.9亿件，实现业务收入638.7亿元；外资快递企业业务量完成1亿件，实现业务收入117.5亿元。国有、民营、外资快递企业业务量市场份额分别为22.8%、75.4%和1.8%，业务收入市场份额分别为28.4%、60.5%和11.1%。

二、通信能力和服务水平

(一)机构设备

全年全行业拥有各类营业网点9.6万处，比上年末增长21.5%。其中，快递服务营业网点8.9万处，比上年末增长18.3%。全国拥有邮政信筒信箱15万个，比上年末增加2065个。全国拥有邮政报刊亭总数3.2万处。

全年全行业拥有各类汽车16.9万辆，比上年末增长19.1%，其中快递服务汽车12.1万辆，比上年末增长26.1%。

(二)通信网路

全国邮政邮路总条数2.4万条，比上年末增加2786条。邮路总长度(单程)585.5万公里，比上年末增加71.5万公里。全国邮政农村投递路线9.1万条，比上年末减少2416条；农村投递路线长度(单程)373.2万公里，比上年末增加9.9

万公里。全国邮政城市投递路线5.6万条,比上年末增加2426条;城市投递路线长度(单程)132.8万公里,比上年末增加15.6万公里。

(三)服务能力

全年平均每一营业网点服务面积为100.4平方公里;平均每一营业网点服务人口为1.4万人。人均函件量为5.2件,每百人订有报刊量为11.4份。邮政城区每日平均投递2次,农村每周平均投递5次。

备注:1.本公报中邮政普遍服务业务、通信能力和服务水平有关数据来自年报,其他数据为月报统计数据。

2.各项统计数据未包括香港和澳门特别行政区及台湾省。

3.部分数据因四舍五入的原因,存在着与分项合计不等的情况。

4.全国人口数据来自国家统计局《2012年国民经济和社会发展统计公报》。

第二章 快递服务满意度数据

2012年上半年快递服务满意度调查结果通告

为引导快递企业提升服务水平,促进快递业务健康发展,国家邮政局委托零点研究咨询集团,于2012年第二季度对快递服务满意度进行了调查。现通告如下。

一、基本情况

本次调查的范围是:北京、天津、石家庄、太原、沈阳、大连、哈尔滨、上海、南京、苏州、杭州、合肥、福州、厦门、南昌、济南、青岛、郑州、武汉、长沙、广州、深圳、重庆、成都、昆明、西安、兰州、乌鲁木齐、宁波、呼和浩特、长春、南宁、海口、贵阳、拉萨、西宁、银川、珠海、汕头、无锡、常州、扬州、徐州、金华、绍兴、温州、泉州、东莞、佛山、中山50个城市。调查的企业有:邮政EMS、民航快递、申通快递、顺丰速运、宅急送快运、圆通速递、CCES快递、天天快递、韵达快运、百世汇通、中通速递11家。调查的方式为定量调查和网络时限查询。其中,定量调查共获得有效问卷30172份,网络时限查询数量为13686个。

二、调查结果

调查显示,快递服务总体满意度为71.1分,比2011年提升2.2分。其中,公众满意度为74.4分,比2011年提升1.5分;网络时限查询满意度为67.8分,比2011年提升2.9分。满意度较高的企业有顺丰速运、邮政EMS、圆通速递、申通快递、宅急送快运、韵达快运。其中,顺丰速运、邮政EMS满意度达到75分以上。

从公众满意度得分来看,公众对快递服务环节中的受理服务和揽收服务比较满意,满意度分别为80.2分和81.7分,首次达到80分水平。其中,揽收服务比2011年提升了7.3分,提升明显;公众对投递服务和售后服务不满意,满意度分别为72.3分和63.3分,相比2011年均有所下降。

受理服务方面,普通电话和统一客服热线受理满意度较高,分别达到80.5分和79.6分,比2011年提升4.5分和3.6分,满意度较高的企业有:顺丰速运、邮政EMS、天天快递、圆通速递、百世汇通和民航快递。

揽收服务方面,公众对上门时限、揽收质量、揽收服务满意度较高,其中上门时限达到80.8分,比2011年提升7.1分。满意度较高的企业有:顺丰速运、百世汇通、中通速递、天天快递和圆通速递。

投递服务方面,公众对送达质量满意度较高,达到82.6分,比2011年提升6.7分,满意度较高的企业有:顺丰速运、民航快递、圆通速递、申通快递、韵达快运和中通速递。投递证实指标得分明显下降,比2011年下降9.2分。

售后服务方面,查询、问题件处理和投诉指标均有所下降,查询信息不完整、问题件处理不及时、投诉渠道不畅通等是消费者不满意的主要问题,需引起快递企业注意。

连续六年快递服务满意度调查结果显示,我国快递服务整体水平呈稳步提升态势,表明快递行业在业务量高速增长的情况下,服务能力得到了提升,服务质量逐步改善。

从快递整个服务链来看，快递服务水平的健康度还不高。首先表现在服务环节中，受理和揽收服务满意度较高，投递和售后服务满意度偏低，两者相差16.9分，快递服务“重前不重后”的现象仍未得到有效改善。其次，全国七大区域服务水平差异明显，华东地区满意度较高，西北地区相对较低，两地区相差9.5分。

从消费者选择快递服务考虑的因素看，选择前三位的是：投递速度快占31.7%，价格便宜占24.4%，服务态度好占22.7%。其中，企业和个人用户把投递速度快放在第一位，网络购物用户把价格便宜放在首位。

从参与调查的企业看，部分企业快递服务水平领先优势明显，并保持稳定。服务水平较高、排名靠前企业竞争激烈、差距缩小。企业服务层级逐步分化，梯队格局更加明显。

2012年快递服务满意度调查结果通告

为提升快递服务水平，促进行业健康发展，国家邮政局委托零点研究咨询集团，于2012年第二季度和第四季度对快递服务满意度进行了调查。现通告如下。

一、基本情况

2012年快递服务满意度调查范围覆盖全部省会城市、直辖市以及快递业务量较大的50个城市，具体包括：北京、天津、石家庄、太原、沈阳、大连、哈尔滨、上海、南京、苏州、杭州、合肥、福州、厦门、南昌、济南、青岛、郑州、武汉、长沙、广州、深圳、重庆、成都、昆明、西安、兰州、乌鲁木齐、宁波、呼和浩特、长春、南宁、海口、贵阳、拉萨、西宁、银川、珠海、汕头、无锡、常州、扬州、徐州、金华、绍兴、温州、泉州、东莞、佛山、中山。调查的企业11家，包括：邮政EMS、民航快递、申通快递、顺丰速运、宅急送快运、圆通速递、国通快递、天天快递、韵达快运、百世汇通、中通速递。调查方式为计算机辅助电话访问和快件时限查询：其中，电话访问获得有效定量调查问卷60509份，快件时限查询信息29015条。

二、调查结果

调查显示，2012年快递服务总体满意度71.7分，较2011年提升2.8分。其中，公众满意度74.5分，较2011年提升1.6分，对总体满意度的贡献度为0.8分；快件时限满意度69分，较2011年提升4.1分，对总体满意度的贡献度为2分。顺丰速运和邮政EMS总体满意度达到75分以上，排名前5名的企业为：顺丰速运、邮政EMS、圆通速递、申通快递和宅急送快运。

从公众满意度看，公众对快递服务环节中的受理服务和揽收服务比较满意，满意度分别为81.3分和83分，较2011年分别提升5.1分和8.6分；公众对投递服务和售后服务不满意，满意度分别为72.5分和63.9分，比2011年分别下降1.9分和4.2分。

受理服务方面，与2011年相比，满意度提升5.1分。普通电话和统一客服电话受理满意度均突破80分。满意度较高的企业有：顺丰速运、邮政EMS、中通速递、民航快递和圆通速递。

揽收服务方面，与2011年相比，满意度提升8.6分。公众对上门时限、揽收质量和揽收服务的满意度均超过80分。满意度较高的企业有：顺丰速运、百世汇通、天天快递、圆通速递和中通速递。

投递服务方面，与2011年相比，满意度下降1.9分。公众对快件送达质量的满意度较高，得分超过80分。满意度较高的企业有：顺丰速运、民航快递、圆通速递、申通快递、韵达快运和百世汇通。公众对快件送达时限和信息反馈满意度较低,其中信息反馈的满意度相比 2011 年降幅明显。

售后服务方面,与 2011 年相比,满意度下降 4.2 分。满意度较高的企业有:顺丰速运、圆通速递、韵达快运、民航快递、百世汇通。公众对售后服务中投诉指标的满意度较 2011 年大幅下降,表明当前快递服务中投诉处理环节的服务质量不高、投诉渠道不畅、问题件处理不及时等问题突出,需引起各企业高度重视。

从快件时限看,2012 年快递服务总体时限为 55 小时,与 2011 年相比,总体用时缩短 5.5 小时。

连续六年快递服务满意度调查结果显示,我国快递服务整体水平呈稳步提升态势。2012 年快递服务满意度首次突破 70 分,表明在快递业务量高速增长的情况下,行业的服务能力不断提升,服务质量逐步改善。与此同时,售后服务成为满意度提升的瓶颈,亟待解决。

目前,快递服务发展的均衡性仍有待进一步改善。首先表现在服务环节中,前端服务(受理和揽收)与后端服务(投递和售后)的满意度差值达 14 分,快递服务“重前不重后”的现象仍未得到有效改善;其次,全国七大区域服务水平差异明显,华东地区满意度较高,西北地区相对较低,两地区相差 5.4 分,较 2011 年的差距进一步拉大。

从消费者选择快递服务考虑的因素看,排名前三位的是:投递速度快(35.6%)、价格便宜(27.3%)、服务态度好(22.3%)。其中,企业用户对安全性的考虑明显高于个人和网上卖家用户;个人用户更注重快递网点的便利程度;网上卖家用户考虑因素主要是价格便宜和网络覆盖范围。

从参与调查的企业看,顺丰速运和邮政 EMS 服务水平继续领先。服务水平处于中偏上(满意度 75 分至 70 分)的企业增至 5 家,企业竞争加剧。

第三章　邮政业消费者申诉情况通告

2012 年 1 月邮政业消费者申诉情况通告

1 月，国家邮政局和各省（区、市）邮政管理局通过“12305”邮政行业消费者申诉电话和国家邮政局网站共受理消费者申诉 13903 件，答复咨询 770 件。申诉中涉及邮政服务问题的 550 件，占总申诉量的 4%；涉及快递业务问题的 13353 件，占总申诉量的 96%。已处理申诉中有效申诉（确定企业责任的）10958 件，占总申诉量的 78.8%。有效申诉中涉及邮政服务问题的 166 件，占有效申诉量的 1.5%；涉及快递业务问题的 10792 件，占有效申诉量的 98.5%。经调解消费者申诉已全部妥善处理，为消费者挽回经济损失 88.8 万元，消费者对申诉处理满意率为 92.3%（图 4-7）。

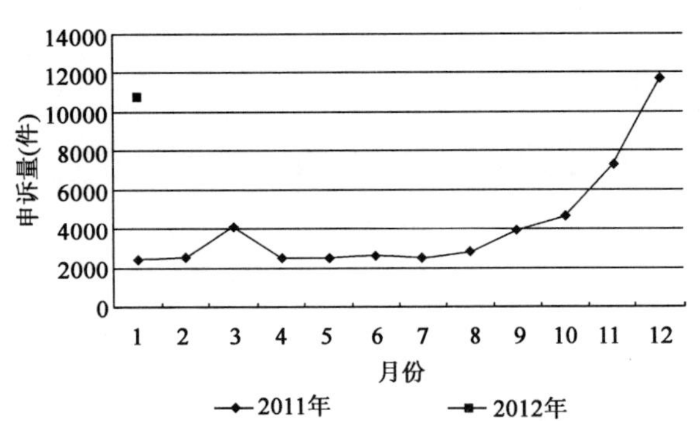

图 4-7　2012 年 1 月快递业务有效申诉图

一、消费者申诉的主要问题

1 月，受理消费者关于快递业务的有效申诉 10792 件。比上月减少 896 件，下降 7.7%。其中，反映快件延误的 6310 件，占 58.5%；反映收投服务问题的 2027 件，占 18.8%；反映快件丢失及内件短少的 1825 件，占 16.9%；反映快件损毁的 460 件，占 4.3%；反映代收货款问题的 100 件，占 0.9%；反映违规收费的 63 件，占 0.6%；反映其他问题的 7 件，占 0.1%（表 4-3）。

1 月，消费者对快递业务申诉的主要问题是快件延误、收投服务问题和快件丢失及内件短少，占快递业务有效申诉量的 94.2%（图 4-8）。

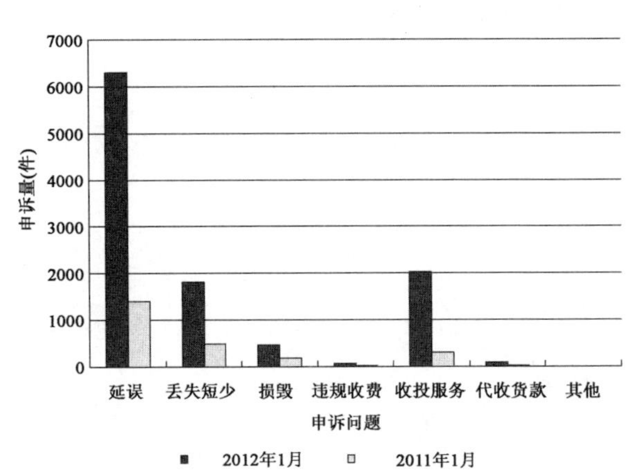

图 4-8　2012 年 1 月与 2011 年 1 月快递服务申诉分类比较

二、消费者对快递企业申诉情况

1 月，消费者对 38 家快递企业进行了有效申诉，全国快递业务平均百万件快件有效申诉 39.7 件（表 4-4）。

1 月，快递企业对省（区、市）邮政管理局转办的申诉未能按规定时限回复的有 292 件（表 4-5）。

表 4-3 2012 年 1 月消费者申诉快递业务的主要问题及所占比例统计

序 号	申诉问题	申诉件数	比例(%)
1	快件延误	6310	58.5
2	收投服务	2027	18.8
3	快件丢失及短少	1825	16.9
4	快件损毁	460	4.3
5	代收货款	100	0.9
6	违规收费	63	0.6
7	其他问题	7	0.1
合计	—	10792	100

表 4-4 主要快递企业百万件快件有效申诉 2012 年 1 月与 2011 年 1 月比较统计(单位:件有效申诉/百万件快件)

企业名称	2012 年 1 月	2011 年 1 月
上海希伊艾斯快递有限公司(CCES)	162.4	15.6
上海韵达货运有限公司	115.7	22.5
申通快递有限公司(申通快递)	83.8	24.1
海航天天快递有限公司	69.8	11.4
上海中通吉速递服务有限公司	45.8	34.1
北京宅急送快运股份有限公司	63.6	23.1
上海圆通速递有限公司	59.5	18.6
杭州百世网络技术有限公司(汇通快运)	50.1	26.5
优速物流有限公司	49.3	—
深圳速尔物流有限公司	32.2	—
中国邮政速递物流股份有限公司(EMS)	23.9	3.8
广东港中能达物流有限公司	22.4	—
民航快递有限公司(民航快递)	5.6	0
顺丰速运(集团)有限公司	3.5	1.3
上海全毅快递有限公司(全一快递)	3.0	3.6
优比速包裹运送(广东)有限公司(UPS)	2.94	0.8
天地国际运输代理(中国)有限公司(TNT)	2.93	0
联邦快递(中国)有限公司(FedEx)	2.3	0.7
中外运-敦豪国际航空快件有限公司(DHL)	0.4	0

表 4-5 2012 年 1 月快递企业对申诉回复情况

公司名称	北京	天津	河北	山西	内蒙古	吉林	黑龙江	上海	江苏	浙江	安徽	福建	江西	山东	河南	湖北	湖南	广东	广西	海南	重庆	四川	云南	陕西	甘肃	宁夏	新疆	合计
申通快递	0	13	0	0	0	1	0	1	1	14	1	1	0	18	0	1	0	12	0	0	0	1	1	0	0	3	0	68
圆通速递	15	4	2	0	2	4	0	0	0	1	1	0	4	6	0	2	0	9	1	0	1	0	1	6	0	0	3	62
中国邮政	0	0	0	0	1	0	0	0	0	1	0	0	0	0	0	0	2	0	0	0	0	0	0	2	0	0	18	24
中通速递	0	7	0	2	0	3	0	0	1	2	0	1	0	0	0	0	0	0	0	1	0	0	0	1	0	0	2	20
韵达快运	0	0	0	3	2	9	0	0	0	1	0	0	0	0	0	3	0	0	0	0	1	0	0	0	0	0	1	20
宅急送	1	0	0	0	1	0	0	1	5	0	0	0	0	1	0	2	0	4	0	0	0	1	1	1	0	0	0	18

续上表

公司名称	北京	天津	河北	山西	内蒙古	吉林	黑龙江	上海	江苏	浙江	安徽	福建	江西	山东	河南	湖北	湖南	广东	广西	海南	重庆	四川	云南	陕西	甘肃	宁夏	新疆	合计
EMS	0	0	0	0	0	0	0	0	0	1	0	0	1	0	2	2	0	0	0	1	0	0	0	5	2	0	0	14
鑫飞鸿	0	0	0	0	0	0	2	0	0	0	0	0	0	0	0	4	0	4	0	0	0	0	0	0	0	0	0	10
顺丰速运	0	0	0	1	0	8	0	0	0	0	0	0	0	0	0	0	0	0	0	0	0	0	0	0	0	0	0	9
星晨急便	0	0	0	0	0	0	0	0	0	0	0	0	0	0	0	0	0	6	0	0	0	0	0	0	0	0	0	6
优速物流	3	2	0	0	0	0	0	0	0	1	0	0	0	0	0	0	0	0	0	0	0	0	0	0	0	0	0	6
CCES	2	0	0	0	0	0	0	0	0	0	0	0	0	1	0	0	0	2	0	0	0	0	0	0	0	0	0	5
快捷速递	0	0	0	0	0	0	0	0	0	4	0	0	0	0	0	1	0	0	0	0	0	0	0	0	0	0	0	5
天天快递	0	0	0	0	0	0	0	0	0	0	0	0	0	1	0	0	0	3	0	0	0	0	0	0	0	0	0	4
飞康达	3	0	0	0	0	0	0	0	0	0	0	0	0	0	0	0	0	0	0	0	0	0	0	0	0	0	0	3
速尔物流	1	0	0	0	0	0	0	0	0	0	0	0	0	0	0	1	0	0	0	0	0	0	0	0	0	0	1	3
广东龙邦	0	0	0	0	0	0	0	0	0	0	0	0	0	0	0	0	0	3	0	0	0	0	0	0	0	0	0	3
港中能达	0	0	0	0	0	0	0	0	0	0	0	1	0	0	0	0	0	1	0	0	0	0	0	0	0	0	0	2
UPS	0	0	0	0	0	0	0	0	1	0	0	0	0	0	0	0	0	0	0	0	0	0	0	0	0	0	0	1
百世汇通	0	0	0	0	0	1	0	0	0	0	0	0	0	0	0	0	0	0	0	0	0	0	0	0	0	0	0	1
元智捷诚	0	0	0	0	0	0	0	0	0	0	0	0	0	1	0	0	0	0	0	0	0	0	0	0	0	0	0	1
其他	0	0	0	0	0	0	0	0	0	0	0	0	0	0	1	0	0	6	0	0	0	0	0	0	0	0	0	7
合计	25	26	2	6	6	26	2	2	8	25	2	3	5	28	3	16	2	50	1	2	2	2	3	15	2	3	25	292

2012 年 2 月邮政业消费者申诉情况通告

2 月，国家邮政局和各省（区、市）邮政管理局通过“12305”邮政行业消费者申诉电话和国家邮政局网站共受理消费者申诉 13358 件，答复咨询 682 件。申诉中涉及邮政服务问题的 624 件，占总申诉量的 4.7%；涉及快递业务问题的 12734 件，占总申诉量的 95.3%。已处理申诉中有效申诉（确定企业责任的）10559 件，占总申诉量的 79%。有效申诉中涉及邮政服务问题的 271 件，占有效申诉量的 2.6%；涉及快递业务问题的 10288 件，占有效申诉量的 97.4%。经调解消费者申诉已全部妥善处理，为消费者挽回经济损失 107 万元，消费者对申诉处理满意率为 92.2%（图 4-9）。

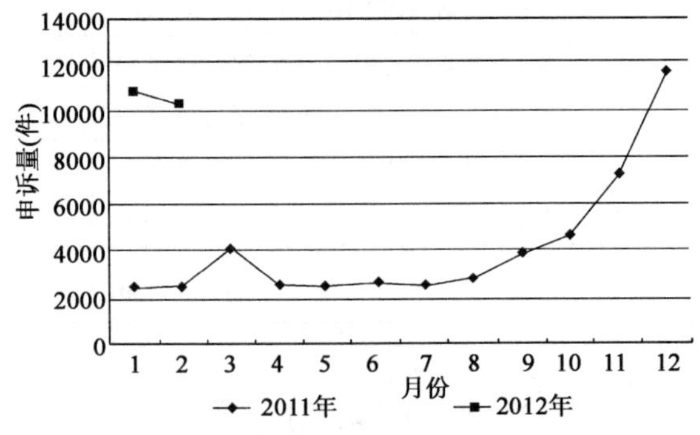

图 4-9　2012 年 2 月快递业务有效申诉图

一、消费者申诉的主要问题

2 月，受理消费者关于快递业务的有效申诉 10288 件。比上月减少 504 件，下降 4.7%。其中，反映快件延误的 5402 件，占 52.5%；反映投递服务问题的2223件,占21.6%;反映快件丢失及内件短少的1936件,占18.8%;反映快件损毁的510件,占5.0%;反映收寄服务问题的95件,占0.9%;反映违规收费的60件,占0.6%;反映代收货款问题的54件,占0.5%;反映其他问题的8件,占0.1%(表4-6)。

表4-6　2012年2月消费者申诉快递业务的主要问题及所占比例统计

序　号	申诉问题	申诉件数	比例(%)
1	快件延误	5402	52.5
2	投递服务	2223	21.6
3	快件丢失及短少	1936	18.8
4	快件损毁	510	5.0
5	收寄服务	95	0.9
6	违规收费	60	0.6
7	代收货款	54	0.5
8	其他问题	8	0.1
合计	—	10288	100

2月,消费者对快递业务申诉的主要问题是快件延误、投递服务问题和快件丢失及内件短少,占快递业务有效申诉量的92.9%(图4-10)。

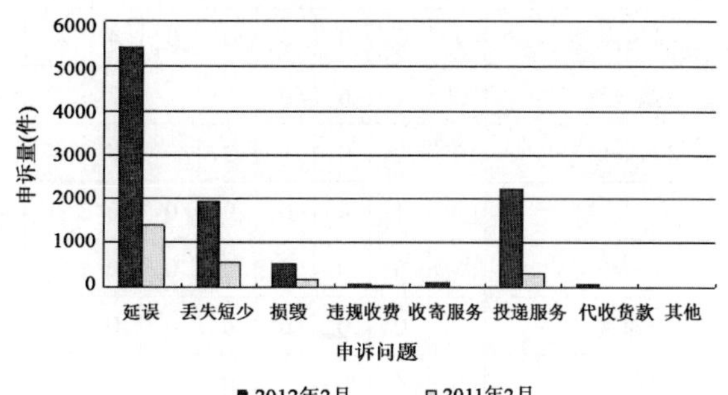

图4-10　2012年2月与2011年2月快递服务申诉分类比较

二、消费者对快递企业申诉情况

2月,消费者对38家快递企业进行了有效申诉,全国快递业务平均百万件快件有效申诉29.2件(表4-7)。

2月,快递企业对省(区、市)邮政管理局转办的申诉未能按规定时限回复的有311件(表4-8)。

表4-7　主要快递企业百万件快件有效申诉2012年2月与2011年2月比较统计(单位:件有效申诉/百万件快件)

企　业　名　称	2012年2月	2011年2月
上海希伊艾斯快递有限公司(CCES)	75.6	32.7
北京宅急送快运股份有限公司	62.8	25
杭州百世网络技术有限公司(汇通快运)	48.8	22.8
上海中通吉速递服务有限公司	48	34
海航天天快递有限公司	46.2	14.6
申通快递有限公司(申通快递)	45.8	28.1
优速物流有限公司	45.5	—
上海韵达货运有限公司	44.4	26.1
上海圆通速递有限公司	34.4	20.8
中国邮政速递物流股份有限公司(EMS)	25.8	9.2
广东港中能达物流有限公司	25	—
深圳速尔物流有限公司	18.3	—
天地国际运输代理(中国)有限公司(TNT)	9.6	4.6
优比速包裹运送(广东)有限公司(UPS)	9.1	0
民航快递有限公司(民航快递)	6.5	0
联邦快递(中国)有限公司(FedEx)	3.9	2.3
顺丰速运(集团)有限公司	3.3	2.9
上海全毅快递有限公司(全一快递)	3.1	5.3

表 4-8　2012 年 2 月快递企业对申诉回复情况

公司名称	北京	天津	河北	内蒙古	辽宁	黑龙江	上海	江苏	浙江	安徽	福建	山东	河南	湖北	广东	广西	重庆	四川	贵州	陕西	甘肃	青海	合计
星晨急便	4	0	0	0	0	0	4	4	11	1	3	1	3	2	84	0	0	0	0	0	0	0	117
鑫飞鸿	12	1	6	0	0	1	2	5	8	0	3	3	0	0	14	0	0	1	0	0	0	0	56
申通快递	0	0	0	1	2	0	0	0	0	0	0	9	0	0	0	0	0	0	5	0	0	0	17
宅急送	0	1	0	0	0	0	6	0	0	0	1	0	0	1	7	0	0	0	0	0	0	0	16
EMS	0	0	0	0	0	0	0	0	0	0	4	1	0	0	1	0	0	0	2	0	1	1	10
优速物流	5	0	0	0	0	0	0	0	0	0	0	0	1	0	0	0	2	0	0	0	0	0	8
中通速递	0	6	0	0	0	0	0	0	0	0	0	0	0	0	0	0	0	0	1	0	0	0	7
速尔物流	0	0	0	0	0	0	4	1	0	0	0	1	0	1	0	0	0	0	0	0	0	0	7
中国邮政	0	0	0	0	1	0	0	0	0	0	0	0	0	1	0	2	0	0	1	0	0	0	5
海航天天	0	1	0	0	0	1	0	0	0	0	0	0	0	0	2	1	0	0	0	0	0	0	5
CCES	0	0	0	0	0	0	0	0	0	0	0	4	1	0	0	0	0	0	0	0	0	0	5
港中能达	4	0	1	0	0	0	0	0	0	0	0	0	0	0	0	0	0	0	0	0	0	0	5
龙邦物流	0	0	0	0	0	1	1	0	0	0	2	0	0	0	1	0	0	0	0	0	0	0	5
元智捷诚	0	0	0	0	0	0	1	0	0	0	0	2	0	0	0	0	0	0	0	1	0	0	4
快捷速递	0	0	0	0	0	0	0	0	0	0	2	0	1	0	0	0	0	0	0	0	0	0	3
顺丰速运	0	0	0	0	0	1	0	0	0	0	0	0	0	0	0	0	0	0	0	0	0	0	1
全一快递	0	0	0	0	0	0	0	0	0	0	0	0	0	0	0	0	1	0	0	0	0	0	1
飞康达	0	0	0	0	0	0	0	0	0	0	1	0	0	0	0	0	0	0	0	0	0	0	1
其他	0	0	0	0	0	0	0	0	0	0	3	12	0	1	22	0	0	0	0	0	0	0	38
合计	25	9	7	1	3	4	18	10	19	1	19	33	6	6	131	3	3	1	9	1	1	1	311

2012 年 3 月邮政业消费者申诉情况通告

3 月，国家邮政局和各省（区、市）邮政管理局通过“12305”邮政行业消费者申诉电话和国家邮政局网站共受理消费者申诉 12665 件，答复咨询 856 件。申诉中涉及邮政服务问题的 772 件，占总申诉量的 6.1%；涉及快递业务问题的 11893 件，占总申诉量的 93.9%。已处理申诉中有效申诉（确定企业责任的）10024 件，占总申诉量的 79.1%。有效申诉中涉及邮政服务问题的 361 件，占有效申诉量的3.6%；涉及快递业务问题的 9663 件，占有效申诉量的 96.4%。经调解消费者申诉已全部妥善处理，为消费者挽回经济损失 132.2 万元，消费者对申诉处理满意率为 89.8%（图 4-11）。

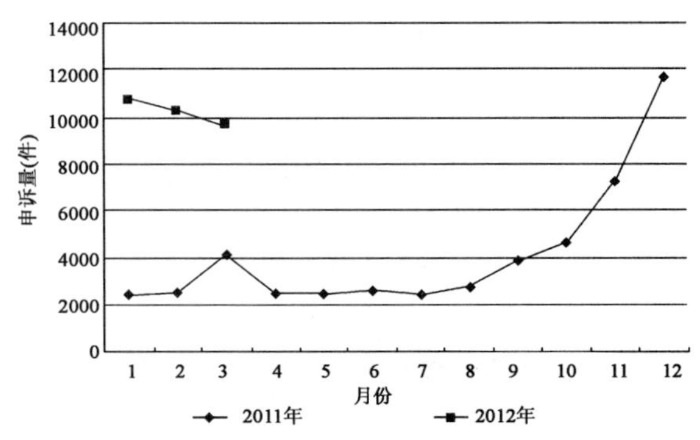

图 4-11　2012 年 3 月快递业务有效申诉图

一、消费者申诉的主要问题

3 月，受理消费者关于快递业务的有效申诉

9663件。比上月减少625件,下降6.1%。其中,反映快件延误的3939件,占40.8%;反映投递服务问题的2354件,占24.4%;反映快件丢失及内件短少的2053件,占21.3%;反映快件损毁的647件,占6.7%;反映收寄服务问题的268件,占2.8%;反映代收货款问题的255件,占2.6%;反映违规收费的125件,占1.3%;反映其他问题的22件,占0.2%(表4-9)。

表4-9 2012年3月消费者申诉快递业务的主要问题及所占比例统计

序号	申诉问题	申诉件数	比例(%)
1	快件延误	3939	40.8
2	投递服务	2354	24.4
3	快件丢失及短少	2053	21.3
4	快件损毁	647	6.7
5	收寄服务	268	2.8
6	代收货款	255	2.6
7	违规收费	125	1.3
8	其他问题	22	0.2
合计	—	9663	100

3月,消费者对快递业务申诉的主要问题是快件延误、投递服务问题和快件丢失及内件短少,占快递业务有效申诉量的86.5%。3月快件延误有效申诉数量比上月下降27.1%,其他各类问题有效申诉数量均比上月有所增加(图4-12)。

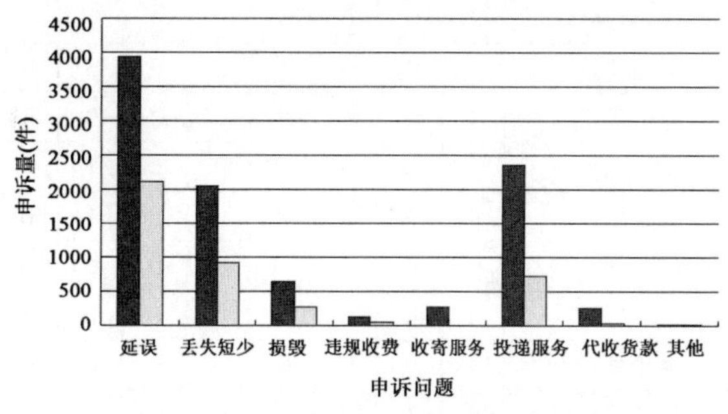

图4-12 2012年3月与2011年3月快递服务申诉分类比较

二、消费者对快递企业申诉情况

3月,消费者对43家快递企业进行了有效申诉,全国快递业务平均百万件快件有效申诉23.1件(表4-10)。

3月,快递企业对省(区、市)邮政管理局转办的申诉未能按规定时限回复的有171件,比上月下降45%(表4-11)。

表4-10 主要快递企业百万件快件有效申诉2012年3月与2011年3月比较统计(单位:件有效申诉/百万件快件)

企业名称	2012年3月	2011年3月
北京宅急送快运股份有限公司	51.4	38.4
杭州百世网络技术有限公司(汇通快运)	50.0	32.2
优速物流有限公司	43.9	—
广东港中能达物流有限公司	42.9	—
上海希伊艾斯快递有限公司(CCES)	41.4	31.8
海航天天快递有限公司	39.8	21.6
深圳速尔物流有限公司	34.4	—
申通快递有限公司(申通快递)	33.9	29.1
上海韵达货运有限公司	32.9	20.0
上海中通吉速递服务有限公司	30.4	25.7
中国邮政速递物流股份有限公司(EMS)	21.7	11.0
上海圆通速递有限公司	19.8	16.7
上海全毅快递有限公司(全一快递)	12.8	0.7
优比速包裹运送(广东)有限公司(UPS)	3.0	0
天地国际运输代理(中国)有限公司(TNT)	2.9	3.7
顺丰速运(集团)有限公司	2.6	1.8
联邦快递(中国)有限公司(FedEx)	1.7	1.7
中外运-敦豪国际航空快件有限公司(DHL)	0.7	0

表 4-11　2012 年 3 月快递企业对申诉回复情况

公司名称	北京	天津	河北	内蒙古	辽宁	黑龙江	上海	江苏	福建	江西	山东	河南	广东	广西	海南	重庆	四川	贵州	西藏	陕西	合计
中国邮政	0	0	0	1	0	0	0	0	0	1	0	0	16	0	1	0	0	0	0	0	19
EMS	0	0	0	0	1	0	0	0	0	0	0	0	0	0	0	0	0	1	0	9	11
宅急送	0	0	0	3	0	0	1	0	0	0	1	0	6	0	0	0	0	0	0	0	11
申通快递	0	0	0	1	2	0	0	0	0	0	2	0	0	0	0	5	0	0	0	0	10
海航天天	0	0	0	0	0	2	0	0	0	0	0	0	5	0	0	0	0	0	0	0	7
飞康达	4	1	0	0	0	0	1	0	0	0	0	0	1	0	0	0	0	0	0	0	7
龙邦物流	0	0	0	0	0	2	1	0	1	0	0	0	3	0	0	0	0	0	0	0	7
韵达快运	0	0	0	4	0	0	0	0	0	0	0	0	0	0	0	0	0	2	0	0	6
CCES	0	0	0	0	0	0	0	1	0	0	0	0	5	0	0	0	0	0	0	0	6
港中能达	4	0	0	0	0	0	0	0	0	0	0	1	1	0	0	0	0	0	0	0	6
快捷速递	1	1	2	0	0	0	1	0	1	0	0	0	0	0	0	0	0	0	0	0	6
中通速递	0	0	0	0	1	0	0	0	0	0	0	0	0	2	0	1	0	0	1	0	5
优速物流	3	0	0	0	0	0	0	0	0	0	0	0	0	0	0	0	1	0	0	0	4
圆通速递	0	0	0	2	0	1	0	0	0	0	0	0	0	0	0	0	0	0	0	0	3
星晨急便	0	0	0	0	0	0	0	0	0	0	0	0	0	0	0	1	1	0	0	0	2
民航快递	0	0	0	0	0	0	0	0	0	0	0	0	1	0	0	0	0	0	0	0	1
顺丰速运	0	1	0	0	0	0	0	0	0	0	0	0	0	0	0	0	0	0	0	0	1
鑫飞鸿	1	0	0	0	0	0	0	0	0	0	0	0	0	0	0	0	0	0	0	0	1
元智捷诚	0	0	0	0	0	0	0	0	0	0	1	0	0	0	0	0	0	0	0	0	1
顺捷快递	0	0	0	0	0	0	0	0	0	0	1	0	0	0	0	0	0	0	0	0	1
速尔物流	1	0	0	0	0	0	0	0	0	0	0	0	0	0	0	0	0	0	0	0	1
远长快递	0	0	0	0	0	0	1	0	0	0	0	0	0	0	0	0	0	0	0	0	1
其他	0	0	0	0	0	0	0	0	0	0	6	0	48	0	0	0	0	0	0	0	54
合计	14	3	2	11	4	5	5	1	2	1	11	1	86	2	1	7	2	3	1	9	171

2012 年 4 月邮政业消费者申诉情况通告

4 月，国家邮政局和各省（区、市）邮政管理局通过“12305”邮政行业消费者申诉电话和国家邮政局网站共受理消费者申诉 9600 件，答复咨询 639 件。申诉中涉及邮政服务问题的 532 件，占总申诉量的 5.5%；涉及快递业务问题的 9068 件，占总申诉量的 94.5%。已处理申诉中有效申诉（确定企业责任的）7638 件，占总申诉量的 79.6%。有效申诉中涉及邮政服务问题的 166 件，占有效申诉量的 2.2%；涉及快递业务问题的 7472 件，占有效申诉量的 97.8%。经调解消费者申诉已全部妥善处理，为消费者挽回经济损失 102 万元，消费者对申诉处理满意率为 89.7%（图 4-13）。

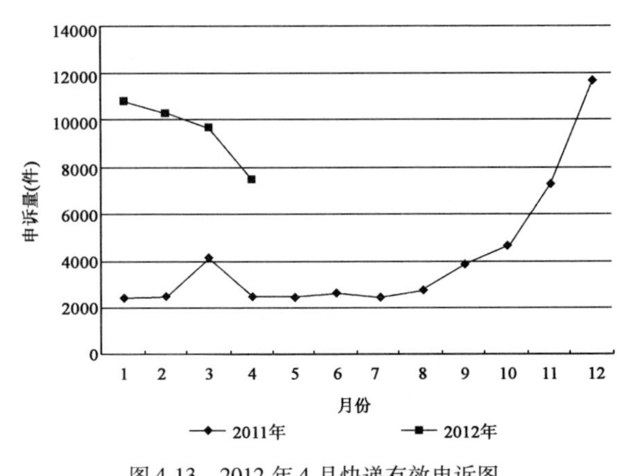

图 4-13　2012 年 4 月快递有效申诉图

一、消费者申诉的主要问题

4月,受理消费者关于快递业务的有效申诉7472件,比上月减少2191件,下降22.7%。其中,反映快件延误的2614件,占35.0%;反映投递服务问题的2115件,占28.3%;反映快件丢失及内件短少的1569件,占21.0%;反映快件损毁的617件,占8.3%;反映收寄服务问题的243件,占3.3%;反映代收货款问题的161件,占2.2%;反映违规收费的121件,占1.6%;反映其他问题的32件,占0.4%(表4-12)。

表4-12 2012年4月消费者申诉快递业务的主要问题及所占比例统计

序号	申诉问题	申诉件数	比例(%)
1	快件延误	2614	35.0
2	投递服务	2115	28.3
3	快件丢失及短少	1569	21.0
4	快件损毁	617	8.3
5	收寄服务	243	3.3
6	代收货款	161	2.2
7	违规收费	121	1.6
8	其他问题	32	0.4
合计	—	7472	100

4月,消费者对快递业务申诉的主要问题是快件延误、投递服务问题和快件丢失及内件短少,占快递业务有效申诉量的84.3%。4月快件延误、快件丢失及内件短少、代收货款问题的有效申诉数量分别比上月下降33.6%、23.6%、36.9%(图4-14)。

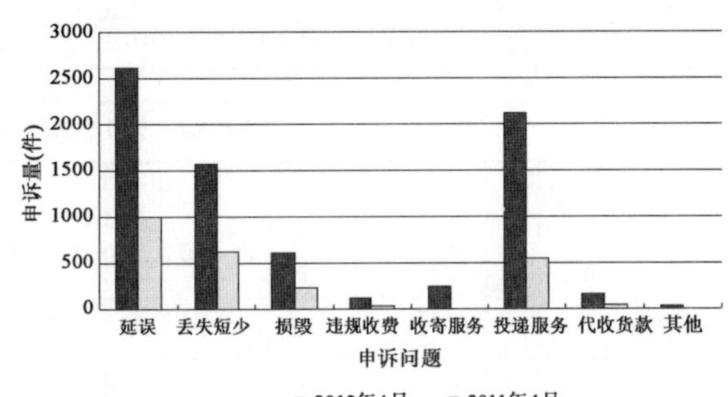

图4-14 2012年4月与2011年4月快递服务申诉分类比较

二、消费者对快递企业申诉情况

4月,消费者对41家快递企业进行了有效申诉,全国快递业务平均百万件快件有效申诉18.5件(表4-13)。

4月,快递企业对省(区、市)邮政管理局转办的申诉未能按规定时限回复的有213件(表4-14)。

表4-13 主要快递企业百万件快件有效申诉2012年4月与2011年4月比较统计(单位:件有效申诉/百万件快件)

企业名称	2012年4月	2011年4月
优速物流有限公司	62.4	—
北京宅急送快运股份有限公司	38.6	23.8
深圳速尔物流有限公司	29.4	—
广东港中能达物流有限公司	29.2	—
上海希伊艾斯快递有限公司(CCES)	27.8	22.2
申通快递有限公司(申通快递)	25.7	17.7
海航天天快递有限公司	24.6	10.7
上海中通吉速递服务有限公司	24.5	17.9
杭州百世网络技术有限公司(汇通快运)	23.1	24.8
上海韵达货运有限公司	22.2	9.5
中国邮政速递物流股份有限公司(EMS)	21.1	5.4
上海圆通速递有限公司	14.5	11.0

续上表

企 业 名 称	2012 年 4 月	2011 年 4 月
天地国际运输代理(中国)有限公司(TNT)	9.8	6.2
上海全毅快递有限公司(全一快递)	6.8	10.6
优比速包裹运送(广东)有限公司(UPS)	6.2	0.6
顺丰速运(集团)有限公司	2.3	1.5
联邦快递(中国)有限公司(FedEx)	1.8	1.7
中外运-敦豪国际航空快件有限公司(DHL)	1.5	0

表 4-14　2012 年 4 月快递企业对申诉回复情况

公司名称	北京	天津	河北	辽宁	吉林	黑龙江	上海	江苏	浙江	福建	江西	山东	河南	湖北	广东	广西	海南	重庆	四川	贵州	西藏	陕西	甘肃	青海	新疆	合计
申通快递	0	0	0	0	0	0	0	0	0	0	0	3	0	0	0	0	1	6	0	14	0	0	0	0	2	26
宅急送	3	0	0	1	0	0	7	1	1	0	0	2	1	0	5	0	0	0	0	0	0	0	0	0	0	21
EMS	0	0	0	0	0	0	0	0	0	0	0	0	0	0	3	0	0	0	0	5	0	8	0	2	0	18
中国邮政	3	0	0	1	0	0	0	0	0	0	2	2	0	1	5	0	1	0	0	1	0	0	0	0	1	17
优速物流	4	0	0	0	0	0	0	0	0	0	3	0	0	0	1	0	0	7	1	0	0	0	0	0	0	16
天天快递	0	2	0	0	0	1	0	0	0	0	1	3	0	0	4	0	0	0	0	0	0	0	0	0	0	11
飞康达	9	1	0	0	0	0	0	0	0	0	0	0	0	0	1	0	0	0	0	0	0	0	0	0	0	11
中通速递	2	1	0	1	0	0	0	0	0	0	0	0	0	0	0	2	0	1	0	1	1	0	0	0	0	9
港中能达	4	0	1	0	0	2	0	0	0	0	0	0	1	0	1	0	0	0	0	0	0	0	0	0	0	9
星晨急便	1	0	0	0	0	0	0	0	0	0	0	0	0	0	8	0	0	0	0	0	0	0	0	0	0	9
CCES	0	0	0	0	0	0	0	1	0	0	0	0	0	0	5	0	0	0	0	0	0	0	0	0	0	6
快捷速递	2	0	0	0	0	0	2	1	0	1	0	0	0	0	0	0	0	0	0	0	0	0	0	0	0	6
龙邦物流	0	0	0	0	0	0	2	0	0	1	0	0	0	0	3	0	0	0	0	0	0	0	0	0	0	6
速尔物流	1	0	0	0	0	0	1	1	0	0	0	0	0	1	0	0	0	0	0	0	0	0	0	0	0	4
全一快递	1	0	0	0	0	0	0	0	0	0	0	0	1	0	0	0	0	1	0	0	0	0	0	0	0	3
韵达快运	0	0	0	0	0	0	0	0	0	0	0	0	0	0	0	0	0	0	0	1	0	0	1	0	0	2
鑫飞鸿	1	0	0	0	0	0	0	0	0	0	0	0	0	0	1	0	0	0	0	0	0	0	0	0	0	2
元智捷诚	0	0	0	0	0	0	0	0	0	0	0	2	0	0	0	0	0	0	0	0	0	0	0	0	0	2
FedEx	0	0	0	0	0	0	0	0	0	0	0	0	0	0	0	0	0	1	0	0	0	0	0	0	0	1
顺丰	0	0	0	0	0	1	0	0	0	0	0	0	0	0	0	0	0	0	0	0	0	0	0	0	0	1
UPS	0	0	0	0	0	0	0	0	0	1	0	0	0	0	0	0	0	0	0	0	0	0	0	0	0	1
圆通速递	0	0	0	0	0	1	0	0	0	0	0	0	0	0	0	0	0	0	0	0	0	0	0	0	0	1
汇通快运	0	0	0	0	1	0	0	0	0	0	0	0	0	0	0	0	0	0	0	0	0	0	0	0	0	1
全峰快递	0	0	0	0	0	0	0	0	0	0	0	0	0	0	1	0	0	0	0	0	0	0	0	0	0	1
其他	3	0	0	0	0	0	0	0	0	0	0	11	0	0	15	0	0	0	0	0	0	0	0	0	0	29
合 计	34	4	1	3	1	5	12	4	1	3	6	23	3	2	53	2	2	16	1	22	1	8	1	2	3	213

2012年5月邮政业消费者申诉情况通告

5月，国家邮政局和各省(区、市)邮政管理局通过"12305"邮政行业消费者申诉电话和国家邮政局网站共受理消费者申诉11599件，答复咨询885件。申诉中涉及邮政服务问题的591件，占总申诉量的5.1%；涉及快递业务问题的11008件，占总申诉量的94.9%。已处理申诉中有效申诉(确定企业责任的)8559件，占总申诉量的73.8%。有效申诉中涉及邮政服务问题的136件，占有效申诉量的1.6%；涉及快递业务问题的8423件，占有效申诉量的98.4%。经调解消费者申诉已全部妥善处理，为消费者挽回经济损失116.5万元，消费者对申诉处理满意率为89.4%(图4-15)。

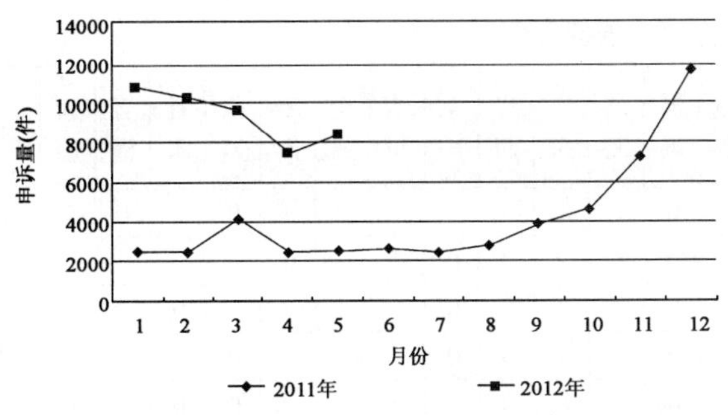

图4-15 2012年5月快递业务有效申诉图

一、消费者申诉的主要问题

5月，受理消费者关于快递业务的有效申诉8423件，比上月增加951件，增长12.7%。其中，反映快件延误的3428件，占40.7%；反映投递服务问题的2270件，占27.0%；反映快件丢失及内件短少的1522件，占18.1%；反映快件损毁的668件，占7.9%；反映收寄服务问题的279件，占3.3%；反映违规收费的117件，占1.4%；反映代收货款问题的110件，占1.3%；反映其他问题的29件，占0.3%(表4-15)。

表4-15 2012年5月消费者申诉快递业务的主要问题及所占比例统计

序号	申诉问题	申诉件数	比例(%)
1	快件延误	3428	40.7
2	投递服务	2270	27.0
3	快件丢失及短少	1522	18.1
4	快件损毁	668	7.9
5	收寄服务	279	3.3
6	违规收费	117	1.4
7	代收货款	110	1.3
8	其他问题	29	0.3
合计	—	8423	100

5月，消费者对快递业务申诉的主要问题是快件延误、投递服务问题和快件丢失及内件短少，占快递业务有效申诉量的85.8%。5月代收货款的有效申诉数量比上月下降31.7%；快件延误的有效申诉数量比上月增长31.1%(图4-16)。

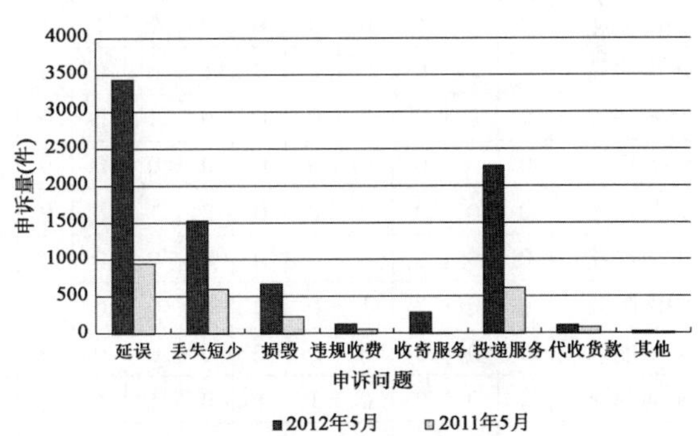

图4-16 2012年5月与2011年5月快递服务申诉分类比较

二、消费者对快递企业申诉情况

5月，消费者对43家快递企业进行了有效申诉，全国快递业务平均百万件快件有效申诉17.2件(表4-16)。

5月，快递企业对省(区、市)邮政管理局转办的申诉未能按规定时限回复的有176件(表4-17)。

表 4-16　2012 年 5 月主要快递企业有效申诉服务问题统计(单位:件有效申诉/百万件快件)

企业名称	申诉率	其中		
		快件延误申诉率	快件丢失申诉率	快件损毁申诉率
优速物流有限公司	55.6	19.5	10.9	4.1
上海希伊艾斯快递有限公司(CCES)	38.4	19.5	4.5	3.3
北京宅急送快运股份有限公司	38.1	19.2	4.0	2.5
海航天天快递有限公司	33.3	15.6	7.0	2.9
深圳速尔物流有限公司	32.4	7.7	8.1	6.7
上海韵达货运有限公司	27.0	12.0	5.9	2.5
杭州百世网络技术有限公司(汇通快运)	23.1	9.8	5.0	2.4
广东港中能达物流有限公司	19.4	7.7	5.1	1.5
申通快递有限公司(申通快递)	18.9	6.5	3.8	1.5
中国邮政速递物流股份有限公司(EMS)	18.6	8.9	2.2	0.5
上海中通吉速递服务有限公司	15.8	5.0	3.0	1.7
上海圆通速递有限公司	15.1	5.5	3.3	1.5
天地国际运输代理(中国)有限公司(TNT)	11.0	0	0	0
优比速包裹运送(广东)有限公司(UPS)	7.4	0.7	0	0.7
上海全毅快递有限公司(全一快递)	5.4	1.8	0	1.8
民航快递有限责任公司	4.2	0	2.1	0
联邦快递(中国)有限公司(FedEx)	2.3	1.3	0.3	0
顺丰速运(集团)有限公司	1.9	0.6	0.3	0.3
中外运－敦豪国际航空快件有限公司(DHL)	0.7	0	0	0.3

表 4-17　2012 年 5 月快递企业对申诉回复情况

公司名称	北京	天津	河北	山西	辽宁	吉林	黑龙江	上海	江苏	浙江	福建	江西	山东	河南	湖北	广东	广西	重庆	四川	贵州	云南	陕西	甘肃	青海	新疆	合计
宅急送	0	1	0	0	0	0	0	6	1	2	2	0	0	0	2	14	0	0	1	1	3	0	0	0	0	33
快捷速递	0	3	4	0	0	0	0	1	1	4	0	0	0	0	0	2	0	0	0	0	0	0	0	0	0	15
天天快递	0	2	0	0	0	0	1	0	0	0	0	1	0	0	1	7	0	0	1	0	0	0	0	0	0	13
全峰快递	0	0	0	0	0	0	0	1	0	0	0	0	0	0	0	12	0	0	0	0	0	0	0	0	0	13
CCES	0	0	0	0	0	0	0	0	0	0	0	1	0	0	0	8	0	0	0	0	0	0	0	1	0	10
龙邦物流	0	0	0	0	0	0	2	1	0	0	0	0	1	0	0	3	2	0	0	0	0	0	0	0	0	9
申通快递	0	0	0	0	0	0	0	0	0	0	0	0	2	0	0	0	0	2	0	2	0	0	0	0	1	7
中国邮政	1	0	2	1	0	0	0	0	0	0	0	0	0	1	0	0	1	0	0	0	0	0	0	0	0	6
港中能达	0	0	0	0	0	0	0	0	0	0	0	0	0	0	0	6	0	0	0	0	0	0	0	0	0	6
中通速递	0	0	0	0	1	1	0	1	1	0	0	0	0	0	0	0	0	0	0	0	0	0	0	0	0	4
EMS	0	0	0	0	0	1	0	0	0	0	0	0	0	0	0	0	0	0	0	0	0	2	0	0	0	3
韵达快运	0	0	0	0	0	0	0	0	0	0	0	0	0	0	0	0	0	0	0	2	0	0	1	0	0	3
民航快递	0	0	0	0	0	1	0	0	0	0	0	0	0	0	0	1	0	0	0	0	0	0	0	0	0	2
优速物流	1	0	0	0	0	0	1	0	0	0	0	0	0	0	0	0	0	0	0	0	0	0	0	0	0	2
UPS	0	0	0	0	0	0	0	0	0	0	0	0	1	0	0	0	0	0	0	0	0	0	0	0	0	1
汇通快运	0	0	0	0	0	1	0	0	0	0	0	0	0	0	0	0	0	0	0	0	0	0	0	0	0	1
飞康达	0	0	0	0	0	0	0	1	0	0	0	0	0	0	0	0	0	0	0	0	0	0	0	0	0	1
加运美速递	0	0	0	0	0	0	0	0	0	0	0	0	0	0	0	1	0	0	0	0	0	0	0	0	0	1
远长快递	0	0	0	0	0	0	0	1	0	0	0	0	0	0	0	0	0	0	0	0	0	0	0	0	0	1
其他	0	0	0	0	0	0	0	0	0	0	0	0	4	0	0	41	0	0	0	0	0	0	0	0	0	45
合计	2	6	6	1	1	4	4	12	3	6	2	2	8	1	3	95	3	2	2	5	3	2	1	1	1	176

2012年6月邮政业消费者申诉情况通告

6月，国家邮政局和各省（区、市）邮政管理局通过“12305”邮政行业消费者申诉电话和国家邮政局网站共受理消费者申诉9795件，答复咨询778件。申诉中涉及邮政服务问题的474件，占总申诉量的4.8%；涉及快递业务问题的9321件，占总申诉量的95.2%。已处理申诉中有效申诉（确定企业责任的）7145件，占总申诉量的72.9%。有效申诉中涉及邮政服务问题的124件，占有效申诉量的1.7%；涉及快递业务问题的7021件，占有效申诉量的98.3%。经调解消费者申诉已全部妥善处理，为消费者挽回经济损失92.3万元，消费者对申诉处理满意率为88.2%（图4-17）。

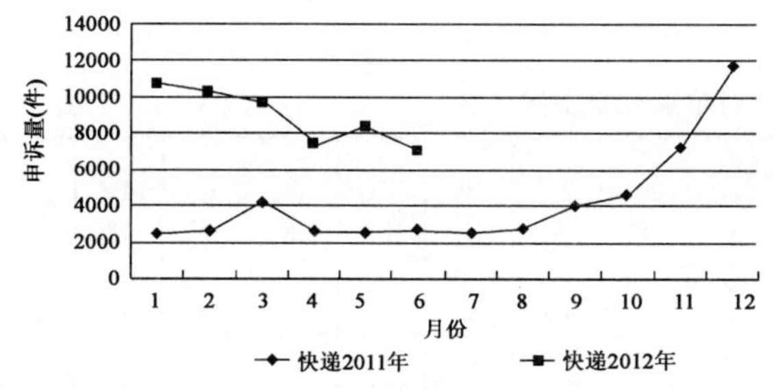

图4-17 2012年6月快递业务有效申诉图

一、消费者申诉的主要问题

6月，受理消费者关于快递业务的有效申诉7021件，比上月减少1401件，下降16.6%。其中，反映快件延误的2585件，占36.8%；反映投递服务问题的1996件，占28.4%；反映快件丢失及内件短少的1359件，占19.4%；反映快件损毁的608件，占8.7%；反映收寄服务问题的262件，占3.7%；反映违规收费的101件，占1.4%；反映代收货款问题的84件，占1.2%；反映其他问题的26件，占0.4%（表4-18）。

图4-18 2012年6月消费者申诉快递业务的主要问题及所占比例统计

序号	申诉问题	申诉件数	比例(%)
1	快件延误	2585	36.8
2	投递服务	1996	28.4
3	快件丢失及短少	1359	19.4
4	快件损毁	608	8.7
5	收寄服务	262	3.7
6	违规收费	101	1.4
7	代收货款	84	1.2
8	其他问题	26	0.4
合计	—	7021	100

6月，消费者对快递业务申诉的主要问题是快件延误、投递服务问题和快件丢失及内件短少，占快递业务有效申诉量的84.6%。6月快件延误的有效申诉数量比上月下降24.6%（图4-18）。

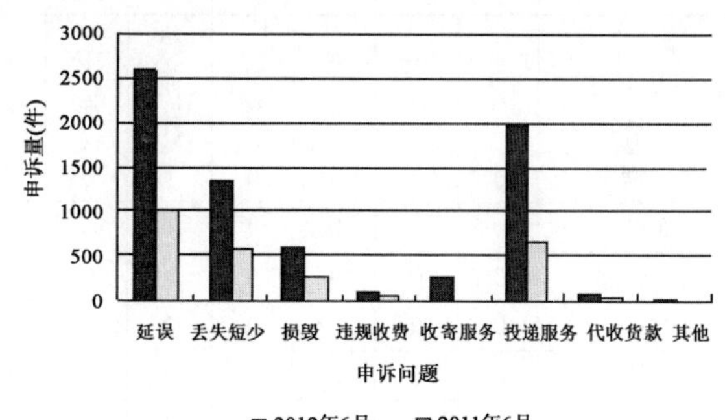

图4-18 2012年6月与2011年6月快递业务申诉问题比较图

二、消费者对快递企业申诉情况

6月，消费者对41家快递企业进行了有效申诉，全国快递业务平均百万件快件有效申诉15.5件（表4-19）。

6月，快递企业对省（区、市）邮政管理局转办的申诉未能按规定时限回复的有118件（表4-20）。

表4-19　2012年6月主要快递企业有效申诉服务问题统计（单位：件有效申诉/百万件快件）

企业名称	申诉率	其中		
		快件延误申诉率	快件丢失申诉率	快件损毁申诉率
上海希伊艾斯快递有限公司（CCES）	142.7	78.5	21.4	7.1
优速物流有限公司	54.1	19.6	8.8	6.1
海航天天快递有限公司	26.5	9.2	7.2	3.2
上海韵达货运有限公司	26.0	9.7	7.2	2.2
北京宅急送快运股份有限公司	25.4	13.1	2.9	1.4
广东港中能达物流有限公司	25.1	9.0	5.0	3.0
深圳速尔物流有限公司	24.5	5.0	4.6	3.6
杭州百世网络技术有限公司（汇通快运）	24.2	9.6	5.4	2.7
申通快递有限公司（申通快递）	21.8	5.6	4.8	2.3
上海中通吉速递服务有限公司	19.1	6.4	3.6	2.0
中国邮政速递物流股份有限公司（EMS）	13.9	6.5	1.5	0.3
上海圆通速递有限公司	10.3	3.0	2.4	1.4
天地国际运输代理（中国）有限公司（TNT）	9.2	0	6.1	0
上海全毅快递有限公司（全一快递）	7.7	3.8	1.0	1.9
优比速包裹运送（广东）有限公司（UPS）	5.9	1.5	0.7	0
民航快递有限责任公司	4.5	2.2	0	0
联邦快递（中国）有限公司（FedEx）	2.7	1.0	0.3	0.3
顺丰速运（集团）有限公司	1.9	0.5	0.3	0.4
中外运-敦豪国际航空快件有限公司（DHL）	1.1	0.7	0	0

表4-20　2012年6月快递企业对申诉回复情况

公司名称	北京	天津	河北	吉林	黑龙江	上海	福建	江西	山东	河南	广东	重庆	四川	贵州	甘肃	新疆	合计
龙邦物流	0	2	0	0	1	0	2	0	0	1	16	0	1	0	0	0	23
CCES	0	1	0	0	1	0	0	0	0	0	8	0	0	0	0	1	11
天天快递	0	0	0	0	3	0	0	0	0	0	5	0	0	0	0	0	8
宅急送	0	0	0	0	0	0	0	0	0	0	7	0	0	0	0	0	7
申通快递	0	0	0	0	0	0	0	0	1	0	0	0	0	1	4	0	6
飞康达	0	2	0	0	0	0	0	1	0	0	1	0	1	0	0	0	5
元智捷诚	0	0	0	0	0	0	0	0	5	0	0	0	0	0	0	0	5
中国邮政	0	0	1	0	0	1	0	0	0	0	0	0	0	0	0	1	3
快捷速递	0	0	0	0	0	0	1	0	0	0	2	0	0	0	0	0	3
优速物流	1	0	0	0	0	0	0	1	0	0	1	0	0	0	0	0	3
全峰快递	0	0	0	0	0	0	0	0	0	0	2	1	0	0	0	0	3
中通速递	0	0	0	0	0	0	0	0	0	0	1	0	0	0	0	1	2
韵达快运	0	0	0	0	0	0	1	0	0	0	0	0	0	0	1	0	2
EMS	0	0	0	0	0	0	0	0	0	0	0	0	0	1	0	0	1
圆通速递	0	0	0	0	0	0	0	0	0	0	0	0	1	0	0	0	1
百世汇通	0	0	0	1	0	0	0	0	0	0	0	0	0	0	0	0	1
港中能达	0	0	0	0	0	0	0	0	0	0	1	0	0	0	0	0	1
其他	0	0	0	0	0	0	1	0	0	0	31	0	1	0	0	0	33
合计	1	5	1	1	5	1	5	2	6	1	75	1	4	2	5	3	118

2012年7月邮政业消费者申诉情况通告

7月，国家邮政局和各省（区、市）邮政管理局通过“12305”邮政行业消费者申诉电话和国家邮政局网站共受理消费者申诉12811件，答复咨询981件。申诉中涉及邮政服务问题的538件，占总申诉量的4.2%；涉及快递业务问题的12273件，占总申诉量的95.8%。已处理申诉中有效申诉（确定企业责任的）9384件，占总申诉量的73.2%。有效申诉中涉及邮政服务问题的186件，占有效申诉量的2%；涉及快递业务问题的9198件，占有效申诉量的98%。经调解消费者申诉已全部妥善处理，为消费者挽回经济损失108.3万元，消费者对申诉处理满意率为89.8%（图4-19）。

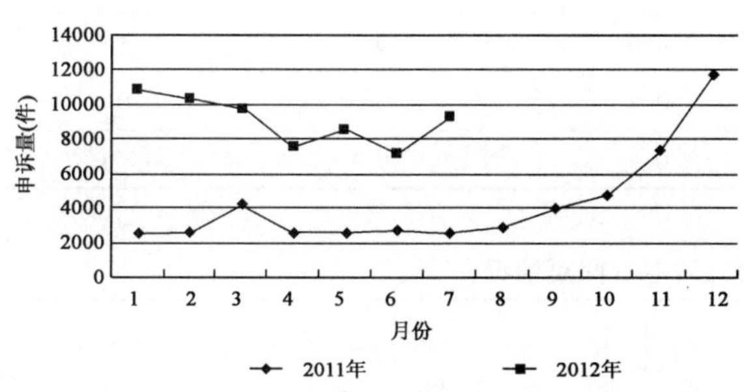

图4-19 2012年7月快递业务有效申诉图

一、消费者申诉的主要问题

7月，受理消费者关于快递业务的有效申诉9198件，比上月增加2177件，增长31%。其中，反映快件延误的3658件，占39.8%；反映投递服务问题的2663件，占29%；反映快件丢失及内件短少的1455件，占15.8%；反映快件损毁的857件，占9.3%；反映收寄服务问题的365件，占4%；反映违规收费的99件，占1.1%；反映代收货款问题的61件，占0.7%；反映其他问题的40件，占0.4%（表4-21）。

表4-21 2012年7月消费者申诉快递业务的主要问题及所占比例统计

序号	申诉问题	申诉件数	比例(%)
1	快件延误	3658	39.8
2	投递服务	2663	29.0
3	快件丢失及短少	1455	15.8
4	快件损毁	857	9.3
5	收寄服务	365	4.0
6	违规收费	99	1.1
7	代收货款	61	0.7
8	其他问题	40	0.4
合计	—	9198	100

7月，消费者对快递业务申诉的主要问题是快件延误、投递服务问题和快件丢失及内件短少，占快递业务有效申诉量的84.6%。7月快件延误、投递服务、快件损毁的有效申诉数量分别比上月增长41.5%、33.4%、41%（图4-20）。

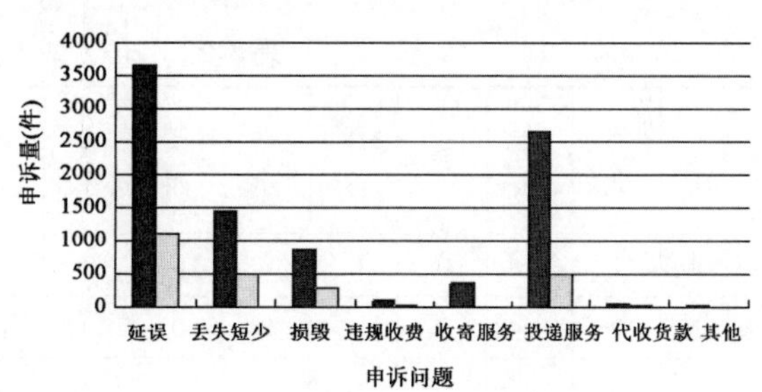

图4-20 2012年7月与2011年7月快递业务申诉问题比较图

二、消费者对快递企业申诉情况

7月，消费者对41家快递企业进行了有效申诉，全国快递业务平均百万件快件有效申诉19.9件（表4-22）。

7月，快递企业对省（区、市）邮政管理局转办的申诉未能按规定时限回复的有81件（表4-23）。

表 4-22　2012 年 7 月主要快递企业有效申诉服务问题统计(单位:件有效申诉/百万件快件)

企业名称	申诉率	其中		
		快件延误申诉率	快件丢失申诉率	快件损毁申诉率
上海希伊艾斯快递有限公司(CCES)	843.4	642.3	138.3	11.4
北京宅急送快运股份有限公司	43.3	19.9	3.4	2.8
优速物流有限公司	38.5	15.0	7.8	3.8
杭州百世网络技术有限公司(汇通快运)	37.5	15.0	7.6	4.1
深圳速尔物流有限公司	37.0	9.5	7.1	4.4
海航天天快递有限公司	35.3	14.4	5.0	4.5
广东港中能达物流有限公司	29.8	10.3	6.2	2.6
上海韵达货运有限公司	26.1	10.4	4.9	2.7
中国邮政速递物流股份有限公司(EMS)	25.0	11.8	2.7	0.8
申通快递有限公司(申通快递)	24.3	6.0	4.4	3.0
上海中通吉速递服务有限公司	16.2	3.8	3.1	2.7
上海圆通速递有限公司	12.6	3.1	2.7	2.2
天地国际运输代理(中国)有限公司(TNT)	9.9	2.5	2.5	0
上海全毅快递有限公司(全一快递)	7.4	4.6	0	0.9
优比速包裹运送(广东)有限公司(UPS)	3.9	1.5	0	0
民航快递有限责任公司	3.8	0	1.9	0
联邦快递(中国)有限公司(FedEx)	2.5	0.6	0.3	1.0
顺丰速运(集团)有限公司	2.1	0.5	0.2	0.6
中外运－敦豪国际航空快件有限公司(DHL)	1.1	0.4	0.4	0

表 4-23　2012 年 7 月快递企业对申诉回复情况

公司名称	河北	吉林	黑龙江	江苏	福建	江西	山东	湖北	广东	广西	海南	四川	贵州	陕西	甘肃	宁夏	新疆	合计
龙邦物流	1	0	0	0	0	0	0	0	13	0	0	0	0	0	0	0	0	14
天天快递	0	0	2	0	0	0	0	0	8	0	1	0	0	0	0	0	0	11
快捷速递	0	0	0	0	1	1	0	1	4	0	0	2	0	0	0	0	0	9
中国邮政	1	0	0	0	0	0	0	0	0	1	0	0	0	1	0	1	0	4
申通快递	0	1	0	0	0	0	0	0	0	1	0	0	0	0	2	0	0	4
元智捷诚	0	0	0	0	0	0	4	0	0	0	0	0	0	0	0	0	0	4
CCES	0	0	0	0	0	0	0	0	0	0	1	0	0	0	0	0	1	2
港中能达	0	0	0	0	0	0	0	0	2	0	0	0	0	0	0	0	0	2
邮政速递	0	1	0	0	0	0	0	0	0	0	0	0	0	0	0	0	0	1
宅急送	0	0	0	0	0	0	0	0	0	0	0	0	1	0	0	0	0	1
联邦快递	0	0	0	1	0	0	0	0	0	0	0	0	0	0	0	0	0	1
圆通速递	0	0	0	0	0	0	0	0	0	0	0	0	1	0	0	0	0	1
其他	0	0	0	0	0	0	1	0	21	0	0	0	0	0	3	2	0	27
合计	2	2	2	1	1	1	5	1	48	2	2	2	2	1	5	3	1	81

2012 年 8 月邮政业消费者申诉情况通告

8 月，国家邮政局和各省（区、市）邮政管理局通过“12305”邮政行业消费者申诉电话和国家邮政局网站共受理消费者申诉 10264 件，答复咨询 821 件。申诉中涉及邮政服务问题的 508 件，占总申诉量的 4.9%；涉及快递业务问题的 9756 件，占总申诉量的 95.1%。已处理申诉中有效申诉（确定企业责任的）6936 件，占总申诉量的 67.6%。有效申诉中涉及邮政服务问题的 144 件，占有效申诉量的 2.1%；涉及快递业务问题的 6792 件，占有效申诉量的 97.9%。经调解消费者申诉已全部妥善处理，为消费者挽回经济损失 93.9万元，消费者对申诉处理满意率为 89.3%（图 4-21）。

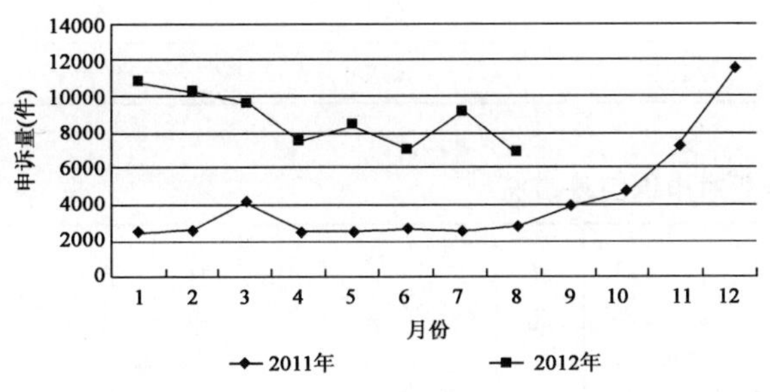

图 4-21 2012 年 8 月快递业务有效申诉图

一、消费者申诉的主要问题

8 月，受理消费者关于快递业务的有效申诉 6792 件，比上月减少 2406 件，下降 26.2%。其中，反映快件延误的 2201 件，占 32.4%；反映投递服务问题的 2162 件，占 31.8%；反映快件丢失及内件短少的 1192 件，占 17.6%；反映快件损毁的 730 件，占 10.7%；反映收寄服务问题的 259 件，占 3.8%；反映代收货款问题的 125 件，占 1.8%；反映违规收费的 89 件，占 1.3%；反映其他问题的 34 件，占 0.5%（表 4-24）。

表 4-24 2012 年 8 月消费者申诉快递业务的主要问题及所占比例统计

序号	申诉问题	申诉件数	比例（%）
1	快件延误	2201	32.4
2	投递服务	2162	31.8
3	快件丢失及短少	1192	17.6
4	快件损毁	730	10.7
5	收寄服务	259	3.8
6	代收货款	125	1.8
7	违规收费	89	1.3
8	其他问题	34	0.5
合计	—	6792	100

8 月，消费者对快递业务申诉的主要问题是快件延误、投递服务问题和快件丢失及内件短少，占快递业务有效申诉量的 81.8%。8 月快件延误、收寄服务的有效申诉数量分别比上月下降 39.8%、29%，代收货款的有效申诉数量比上月增长 105%（图 4-22）。

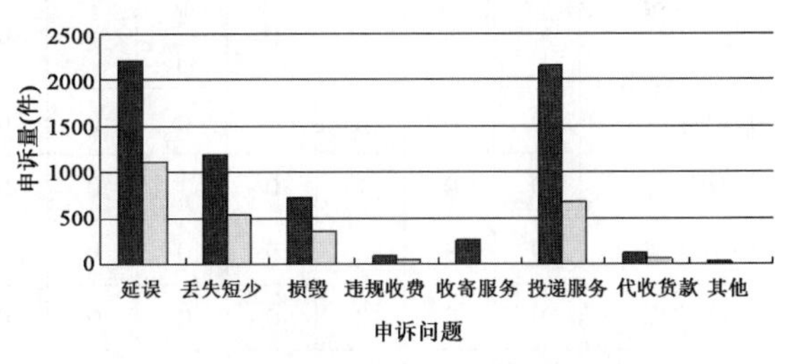

图 4-22 2012 年 8 月与 2011 年 8 月快递业务申诉问题比较图

二、消费者对快递企业申诉情况

8 月，消费者对 39 家快递企业进行了有效申诉，全国快递业务平均百万件快件有效申诉 14.6 件（表 4-25）。

8 月，快递企业对省（区、市）邮政管理局转办的申诉未能按规定时限回复的有 135 件（表 4-26）。

表 4-25　2012 年 8 月主要快递企业有效申诉服务问题统计(单位:件有效申诉/百万件快件)

企业名称	申诉率	其中		
		快件延误申诉率	快件丢失申诉率	快件损毁申诉率
上海希伊艾斯快递有限公司(CCES)	99.9	42.9	28.0	4.0
广东港中能达物流有限公司	32.7	11.5	5.8	3.8
海航天天快递有限公司	28.3	9.2	5.3	4.2
深圳速尔物流有限公司	28.1	5.0	4.4	6.4
杭州百世网络技术有限公司(汇通快运)	27.2	9.9	5.6	3.2
优速物流有限公司	25.7	9.2	3.3	2.4
北京宅急送快运股份有限公司	25.6	11.5	2.9	1.5
上海韵达货运有限公司	20.5	5.8	5.0	2.7
申通快递有限公司(申通快递)	18.4	4.7	3.1	2.5
中国邮政速递物流股份有限公司(EMS)	16.7	7.0	1.9	0.6
上海中通吉速递服务有限公司	11.6	2.6	1.8	1.7
上海圆通速递有限公司	10.5	2.5	2.6	1.6
上海全毅快递有限公司(全一快递)	4.4	0.9	3.5	0
民航快递有限责任公司	3.6	3.6	0	0
优比速包裹运送(广东)有限公司(UPS)	2.4	0.8	0	0
联邦快递(中国)有限公司(FedEx)	2.2	0.6	0.6	0.6
顺丰速运(集团)有限公司	2.2	0.5	0.4	0.6
中外运-敦豪国际航空快件有限公司(DHL)	1.8	1.1	0.7	0

表 4-26　2012 年 8 月快递企业对申诉回复情况

公司名称	北京	河北	山西	吉林	黑龙江	江苏	福建	江西	山东	河南	湖北	广东	海南	四川	甘肃	宁夏	合计
希伊艾斯 CCES	0	0	0	0	0	0	0	1	0	1	0	39	0	0	0	0	41
天天快递	0	0	1	0	1	0	0	0	0	0	0	12	0	0	0	0	14
快捷速递	0	0	0	0	0	0	0	0	2	0	1	7	0	0	0	0	10
申通快递	0	0	0	0	0	0	0	0	0	0	0	0	1	3	2	0	6
飞康达	0	0	0	0	0	0	0	0	0	0	0	5	0	0	0	0	5
汇通快运	0	0	0	3	0	0	0	0	0	0	0	0	0	0	0	0	3
港中能达	0	1	0	0	0	0	1	0	0	0	0	0	0	0	0	1	3
龙邦物流	0	0	0	0	0	2	1	0	0	0	0	0	0	0	0	0	3
平安达腾飞	0	0	0	0	0	0	0	0	0	0	0	2	0	0	0	0	2
民航快递	0	0	0	0	0	0	0	0	0	0	0	1	0	0	0	0	1
宅急送	0	0	0	0	0	0	0	0	0	0	0	1	0	0	0	0	1
FedEx	0	0	0	0	0	0	0	0	0	0	0	1	0	0	0	0	1
其他	1	0	0	0	0	0	0	0	0	0	0	43	0	0	0	1	45
合计	1	1	1	3	1	2	2	1	2	1	1	111	1	3	2	2	135

2012年9月邮政业消费者申诉情况通告

9月，国家邮政局和各省（区、市）邮政管理局通过“12305”邮政行业消费者申诉电话和国家邮政局网站共受理消费者申诉11115件，答复咨询1228件。申诉中涉及邮政服务问题的521件，占总申诉量的4.7%；涉及快递业务问题的10594件，占总申诉量的95.3%。已处理申诉中有效申诉（确定企业责任的）7834件，占总申诉量的70.5%。有效申诉中涉及邮政服务问题的164件，占有效申诉量的2.1%；涉及快递业务问题的7670件，占有效申诉量的97.9%。经调解消费者申诉已全部妥善处理，为消费者挽回经济损失94.1万元，消费者对申诉处理满意率为90.1%（图4-23）。

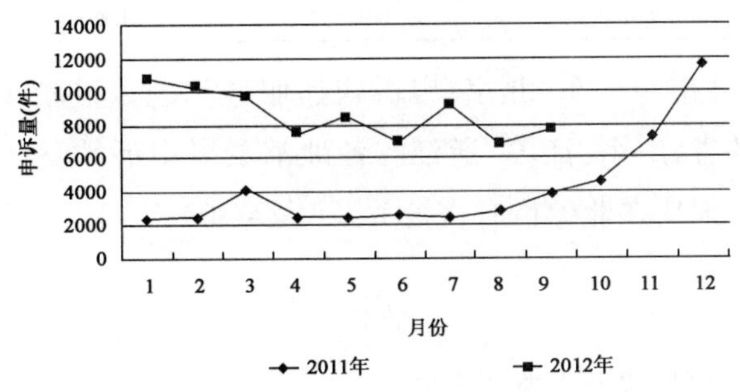

图4-23 2012年9月快递业务有效申诉图

一、快递业务申诉情况

（一）消费者申诉的主要问题

9月，受理消费者关于快递业务的有效申诉7670件，比上月增加878件，增长12.9%。其中，反映投递服务问题的2711件，占35.3%；反映快件延误的2630件，占34.3%；反映快件丢失及内件短少的1149件，占15%；反映快件损毁的663件，占8.6%；反映收寄服务问题的285件，占3.7%；反映代收货款问题的128件，占1.7%；反映违规收费的69件，占0.9%；反映其他问题的35件，占0.5%（表4-27）。

表4-27 2012年9月消费者申诉快递业务的主要问题及所占比例统计

序号	申诉问题	申诉件数	比例（%）
1	投递服务	2711	35.3
2	快件延误	2630	34.3
3	快件丢失及内件短少	1149	15.0
4	快件损毁	663	8.6
5	收寄服务	285	3.7
6	代收货款	128	1.7
7	违规收费	69	0.9
8	其他问题	35	0.5
合计	—	7670	100

9月，消费者对快递业务申诉的主要问题是投递服务、快件延误和快件丢失及内件短少，占快递业务有效申诉量的84.6%。9月投递服务、快件延误的有效申诉数量分别比上月增长25.4%、19.5%；快件损毁的有效申诉数量比上月下降9.2%。与2011年9月相比较，快件投递与收寄服务问题、快件丢失短少、快件延误的有效申诉数量分别增长228.1%、106.3%、38.1%，但增长幅度分别下降653.7个百分点、91.6个百分点和297.8个百分点（图4-24）。

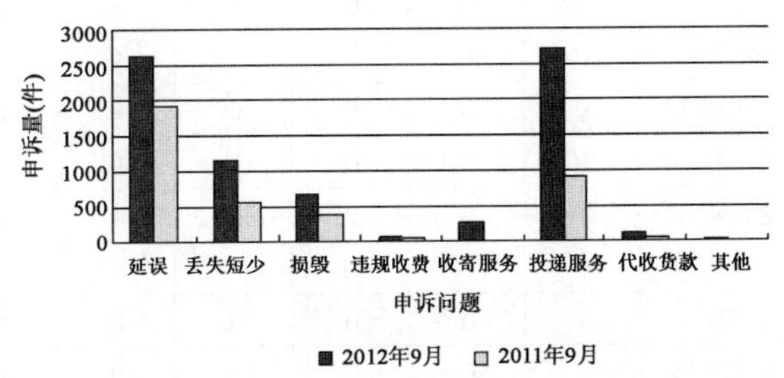

图4-24 2012年9月与2011年9月快递业务申诉问题比较图

（二）消费者对快递企业申诉情况

9月，消费者对39家快递企业进行了有效申诉，全国快递业务平均百万件快件有效申诉15件（表4-28）。

表4-28　2012年9月主要快递企业有效申诉服务问题统计(单位:件有效申诉/百万件快件)

企业名称	申诉率	其中		
		快件延误申诉率	快件丢失申诉率	快件损毁申诉率
上海希伊艾斯快递有限公司(CCES)	43.5	15.5	13.2	3.9
广东港中能达物流有限公司	34.4	15.9	6.3	1.6
杭州百世网络技术有限公司(汇通快运)	31.2	11.0	5.7	4.2
优速物流有限公司	30.6	11.6	3.7	1.1
海航天天快递有限公司	28.7	12.6	4.7	2.2
深圳速尔物流有限公司	25.2	3.5	6.4	4.5
北京宅急送快运股份有限公司	24.0	11.9	1.5	1.1
中国邮政速递物流股份有限公司(EMS)	19.4	7.2	2.1	0.6
申通快递有限公司(申通快递)	18.4	5.8	2.9	1.9
上海韵达货运有限公司	17.1	5.4	3.3	2.1
上海圆通速递有限公司	11.9	3.6	2.3	1.2
上海中通吉速递服务有限公司	11.1	3.1	1.6	1.1
上海全毅快递有限公司(全一快递)	7.8	2.6	2.6	2.6
天地国际运输代理(中国)有限公司(TNT)	5.8	0.0	0.0	0.0
优比速包裹运送(广东)有限公司(UPS)	4.8	1.6	0.8	0.0
顺丰速运(集团)有限公司	2.6	0.8	0.4	0.4
民航快递有限责任公司	1.9	0.0	0.0	0.0
联邦快递(中国)有限公司(FedEx)	1.5	0.0	0.6	0.6
中外运-敦豪国际航空快件有限公司(DHL)	0.8	0.8	0.0	0.0

9月,快递企业对省(区、市)邮政管理局转办的申诉未能按规定时限回复的有80件(表4-29)。

二、消费者申诉区域分布情况

9月,消费者申诉邮政服务问题数量较多的省(市):广东、北京;申诉快递服务问题数量较多的省:广东、江苏、浙江。各地消费者申诉数量与当地快递业务量有直接关系(表4-30)。

表4-29　2012年9月快递企业对申诉回复情况

公司名称	北京	河北	黑龙江	福建	山东	河南	湖北	广东	海南	四川	陕西	甘肃	合计
EMS	0	2	0	0	0	0	1	0	0	26	0	3	32
快捷速递	0	0	0	1	3	0	1	0	0	2	0	0	7
宅急送	0	0	1	0	0	1	1	3	0	0	0	0	6
CCES	0	0	0	0	0	0	0	3	0	1	0	0	4
速尔物流	0	0	0	0	0	0	0	4	0	0	0	0	4
龙邦物流	1	0	0	1	1	0	0	1	0	0	0	0	4
中国邮政	0	0	0	0	0	0	1	0	0	0	1	0	2
全峰快递	1	0	0	0	0	0	0	1	0	0	0	0	2
申通快递	0	0	0	0	0	0	0	0	0	1	0	0	1
中通速递	1	0	0	0	0	0	0	0	0	0	0	0	1
天天快递	0	0	0	0	0	0	0	0	1	0	0	0	1
元智捷诚	0	0	0	0	1	0	0	0	0	0	0	0	1
平安达腾飞	0	0	0	0	0	0	0	1	0	0	0	0	1
其他	0	0	0	0	0	0	0	12	0	1	0	1	14
合计	3	2	1	2	5	1	4	25	1	31	1	4	80

表 4-30 2012 年 9 月各省(区、市)消费者申诉数量、申诉率(单位:件)

地 区	共处理	其中		申诉中		有效申诉	有效申诉中		申诉率(件有效申诉/百万件业务量)
		咨询	申诉	邮政	快递		邮政	快递	
广东	2014	0	2014	72	1942	1625	19	1606	5.67
宁夏	46	0	46	4	42	34	3	31	3.79
天津	163	1	162	17	145	136	8	128	3.52
安徽	270	0	270	6	264	248	5	243	3.49
陕西	188	0	188	9	179	161	7	154	3.47
内蒙古	126	0	126	7	119	108	5	103	3.44
重庆	187	49	138	6	132	121	4	117	3.38
新疆	151	10	141	12	129	133	8	125	3.36
湖北	328	0	328	23	305	223	9	214	3.09
海南	52	0	52	3	49	44	1	43	2.82
山东	607	2	605	22	583	476	8	468	2.75
福建	348	1	347	16	331	283	3	280	2.72
浙江	1008	0	1008	19	989	750	5	745	2.71
甘肃	109	3	106	19	87	87	9	78	2.64
贵州	113	0	113	10	103	102	8	94	2.59
湖南	223	0	223	15	208	194	9	185	2.58
江苏	1033	1	1032	24	1008	780	5	775	2.57
西藏	25	0	25	1	24	23	0	23	2.55
四川	315	0	315	21	294	254	7	247	2.51
北京	613	0	613	37	576	435	13	422	2.41
辽宁	206	33	173	10	163	143	5	138	2.39
云南	164	1	163	8	155	117	2	115	2.28
河北	330	3	327	8	319	247	5	242	2.12
山西	147	0	147	6	141	109	1	108	1.90
广西	101	16	85	3	82	73	1	72	1.84
上海	919	310	609	15	594	472	5	467	1.71
江西	133	0	133	9	124	102	4	98	1.67
吉林	69	0	69	2	67	57	0	57	1.66
河南	263	0	263	10	253	204	1	203	1.58
黑龙江	109	0	109	8	101	83	4	79	1.54
青海	12	0	12	1	11	8	0	8	1.07

2012 年 10 月邮政业消费者申诉情况通告

10 月，国家邮政局和各省（区、市）邮政管理局通过“12305”邮政行业消费者申诉电话和国家邮政局网站共受理消费者申诉 14233 件，答复咨询 1488 件。申诉中涉及邮政服务问题的 509 件，占总申诉量的 3.6%；涉及快递业务问题的 13724 件，占总申诉量的 96.4%。已处理申诉中有效申诉（确定企业责任的）10774 件，占总申诉量的 75.7%。有效申诉中涉及邮政服务问题的 135 件，占有效申诉量的 1.3%；涉及快递业务问题的 10639 件，占有效申诉量的 98.7%。经调解消费者申诉已全部妥善处理，为消费者挽回经济损失 98.6 万元，消费者对申诉处理满意率为 91.3%（图 4-25）。

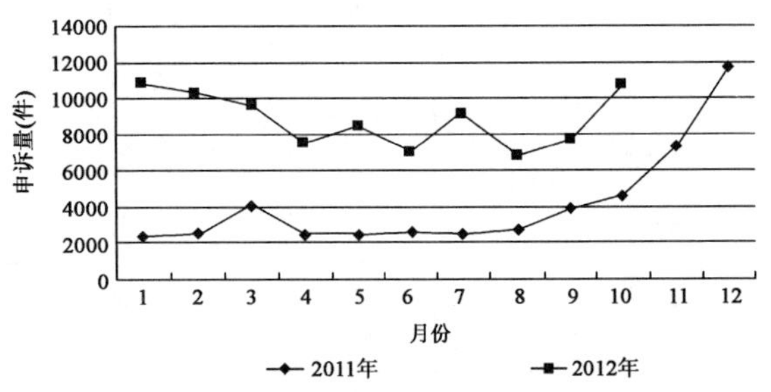

图 4-25　2012 年 10 月快递业务有效申诉图

一、快递业务申诉情况

（一）消费者申诉的主要问题

10 月，受理消费者关于快递业务的有效申诉 10639 件，比上月增加 2969 件，增长 38.7%。其中，反映快件延误的 4454 件，占 41.9%；反映投递服务问题的 3367 件，占 31.6%；反映快件丢失及内件短少的 1473 件，占 13.8%；反映快件损毁的 690 件，占 6.5%；反映收寄服务问题的 353 件，占 3.3%；反映代收货款问题的 193 件，占 1.8%；反映违规收费的 83 件，占 0.8%；反映其他问题的 26 件，占 0.2%（表 4-31）。

表 4-31　2012 年 10 月消费者申诉快递业务的主要问题及所占比例统计

序号	申诉问题	申诉件数	比例(%)
1	快件延误	4454	41.9
2	投递服务	3367	31.6
3	快件丢失及内件短少	1473	13.8
4	快件损毁	690	6.5
5	收寄服务	353	3.3
6	代收货款	193	1.8
7	违规收费	83	0.8
8	其他问题	26	0.2
合计	—	10639	100

10 月，消费者对快递业务申诉的主要问题是快件延误、投递服务和快件丢失及内件短少，占快递业务有效申诉量的 87.3%。10 月快件延误、投递服务和丢失短少的有效申诉数量分别比上月增长 69.4%、24.2% 和 28.2%。与 2011 年 10 月相比较，快件投递与收寄服务问题、快件丢失短少、快件损毁和快件延误的有效申诉数量分别增长 307.9%、107.5%、82.5% 和 81.6%，但同比增长幅度分别下降 606 个百分点、189.1 个百分点、215.4 个百分点和 242.8 个百分点（图 4-26）。

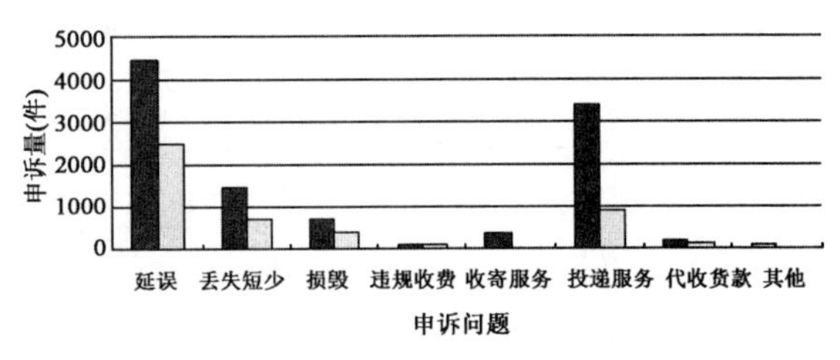

图 4-26　2012 年 10 月与 2011 年 10 月快递业务申诉问题比较图

（二）消费者对快递企业申诉情况

10 月，消费者对 41 家快递企业进行了有效申诉，全国快递业务平均百万件快件有效申诉 20.2 件（表 4-32）。

表 4-32 2012 年 10 月主要快递企业有效申诉服务问题统计(单位:件有效申诉/百万件快件)

企业名称	申诉率	其中		
		快件延误申诉率	快件丢失申诉率	快件损毁申诉率
上海希伊艾斯快递有限公司(CCES)	63.3	20.8	13.3	2.5
北京宅急送快运股份有限公司	42.6	23.4	3.4	1.5
天天快递有限公司	41.7	22.9	5.4	1.7
杭州百世网络技术有限公司(汇通快运)	34.2	14.3	6.4	2.5
广东港中能达物流有限公司	31.9	13.8	3.2	1.6
优速物流有限公司	29.6	10.9	4.3	2.2
上海韵达货运有限公司	29.5	13.2	4.7	1.9
申通快递有限公司(申通快递)	28.1	11.2	3.8	2.1
深圳速尔物流有限公司	25.2	4.6	3.3	4.3
中国邮政速递物流股份有限公司(EMS)	19.8	8.8	1.9	0.5
上海中通吉速递服务有限公司	14.8	5.6	2.0	1.6
上海圆通速递有限公司	14.4	5.2	2.8	1.0
天地国际运输代理(中国)有限公司(TNT)	11.2	2.8	0.0	5.6
上海全毅快递有限公司(全一快递)	6.1	3.0	1.0	1.0
顺丰速运(集团)有限公司	5.2	2.1	0.4	0.6
优比速包裹运送(广东)有限公司(UPS)	4.1	1.4	0.0	0.0
民航快递有限责任公司	2.3	0.0	0.0	0.0
联邦快递(中国)有限公司(FedEx)	1.3	0.3	0.3	0.0

10 月,快递企业对省(区、市)邮政管理局转办的申诉未能按规定时限回复的有 181 件(表 4-33)。

二、消费者申诉区域分布情况

10 月,各省(区、市)邮政管理局认真及时处理消费者申诉(表 4-34)。

表 4-33 2012 年 10 月快递企业对申诉回复情况

公司名称	北京	河北	辽宁	上海	江苏	浙江	福建	江西	山东	河南	湖北	湖南	广东	重庆	四川	贵州	西藏	宁夏	新疆	合计
龙邦物流	0	0	0	0	0	0	3	0	2	1	1	0	37	0	0	0	0	0	0	44
邮政速递(EMS)	0	2	0	0	0	0	2	0	0	0	0	0	1	0	13	0	1	0	2	21
速尔物流	0	0	0	0	2	0	0	0	0	0	0	0	12	0	0	0	0	0	0	14
宅急送	0	0	0	1	0	0	2	0	1	1	1	0	4	0	0	3	0	0	0	13
平安达腾飞	0	0	0	0	0	0	0	0	0	0	0	0	11	0	0	0	0	0	0	11
全峰快递	1	0	0	0	1	1	0	0	4	0	2	0	2	0	0	0	0	0	0	11
港中能达	0	3	0	0	0	1	0	0	1	0	2	1	0	0	1	0	0	0	0	9
天天快递	0	0	0	0	0	0	0	0	0	0	0	0	8	0	0	0	0	0	0	8
中国邮政	0	4	1	0	0	0	0	0	0	0	1	0	0	0	0	0	0	0	0	6
希伊艾斯(CCES)	0	0	0	0	0	0	0	1	0	0	0	0	5	0	0	0	0	0	0	6
飞康达	5	0	0	0	0	0	0	0	0	0	0	0	0	0	0	0	0	0	0	5
快捷速递	1	0	0	0	0	0	1	0	0	0	2	0	0	0	0	0	0	0	0	4
优速物流	2	0	0	0	0	0	0	2	0	0	0	0	0	0	0	0	0	0	0	4

续上表

公司名称	北京	河北	辽宁	上海	江苏	浙江	福建	江西	山东	河南	湖北	湖南	广东	重庆	四川	贵州	西藏	宁夏	新疆	合计
申通快递	0	0	0	0	0	0	0	0	0	0	0	0	0	0	2	1	0	0	0	3
加运美速递	0	0	0	0	0	0	0	0	0	0	0	0	3	0	0	0	0	0	0	3
韵达快运	0	0	0	0	0	0	0	0	0	0	0	0	0	1	0	0	0	0	0	1
元智捷诚	0	0	0	0	0	0	0	0	1	0	0	0	0	0	0	0	0	0	0	1
其他	0	0	0	0	0	0	0	0	0	0	1	0	14	0	0	0	0	2	0	17
合计	9	9	1	1	3	2	8	3	9	2	10	1	97	1	16	4	1	2	2	181

表4-34　2012 年 10 月各省(区、市)消费者申诉数量、申诉率(单位:件)

地　区	共处理	其中		申诉中		有效申诉	有效申诉中		申诉率(件有效申诉/百万件业务量)
		咨询	申诉	邮政	快递		邮政	快递	
广东	2609	52	2557	57	2500	2130	14	2116	7.83
天津	260	0	260	4	256	233	4	229	6.71
重庆	239	38	201	3	198	196	3	193	5.68
陕西	248	0	248	10	238	218	3	215	4.95
福建	577	0	577	10	567	491	1	490	4.80
贵州	198	0	198	15	183	185	10	175	4.69
北京	922	0	922	18	904	722	2	720	4.31
宁夏	53	0	53	2	51	46	0	46	4.26
浙江	1373	0	1373	22	1351	1106	4	1102	4.23
新疆	182	12	170	10	160	161	7	154	4.17
山东	867	2	865	27	838	681	7	674	4.09
吉林	129	0	129	6	123	113	5	108	3.96
湖北	383	1	382	16	366	280	3	277	3.96
湖南	319	0	319	13	306	275	5	270	3.81
云南	211	3	208	17	191	176	9	167	3.78
安徽	313	2	311	3	308	275	3	272	3.72
江苏	1149	16	1133	18	1115	937	2	935	3.55
辽宁	286	37	249	10	239	207	2	205	3.53
内蒙古	125	0	125	8	117	97	2	95	3.35
海南	57	0	57	6	51	50	5	45	3.35
甘肃	139	4	135	23	112	109	7	102	3.33
江西	213	1	212	13	199	183	2	181	3.12
四川	362	0	362	23	339	298	9	289	3.03
河北	360	2	358	24	334	281	10	271	2.97
山西	177	3	174	2	172	155	1	154	2.72
河南	377	1	376	14	362	313	4	309	2.56
上海	959	176	783	16	767	625	6	619	2.54
黑龙江	134	0	134	5	129	118	3	115	2.45
广西	99	2	97	4	93	84	2	82	2.29
青海	20	0	20	2	18	15	0	15	2.11
西藏	16	0	16	1	15	14	0	14	1.59

2012年11月邮政业消费者申诉情况通告

11月，国家邮政局和各省(区、市)邮政管理局通过“12305”邮政行业消费者申诉电话和国家邮政局网站共受理消费者申诉21537件，答复咨询2181件。申诉中涉及邮政服务问题的812件，占总申诉量的3.8%；涉及快递业务问题的20725件，占总申诉量的96.2%。已处理申诉中有效申诉(确定企业责任的)16206件，占总申诉量的75.2%。有效申诉中涉及邮政服务问题的203件，占有效申诉量的1.3%；涉及快递业务问题的16003件，占有效申诉量的98.7%。经调解消费者申诉已全部妥善处理，为消费者挽回经济损失124.5万元，消费者对申诉处理满意率为91.7%(图4-27)。

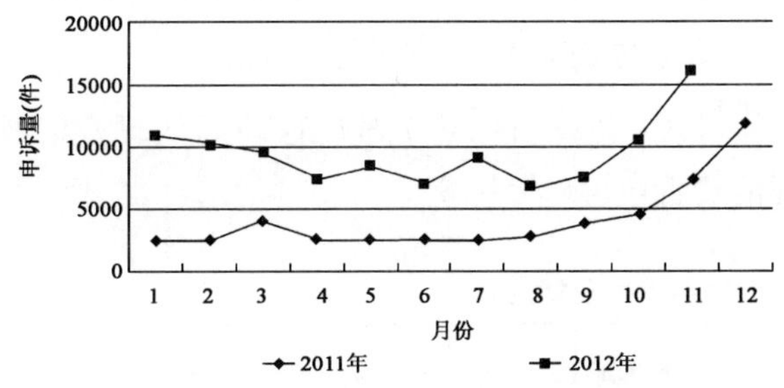

图4-27 2013年11月快递业务有效申诉图

一、快递业务申诉情况

(一)消费者申诉的主要问题

11月，受理消费者关于快递业务的有效申诉16003件，比上月增加5364件，增长50.4%。其中，反映快件延误的8151件，占50.9%；反映投递服务问题的4508件，占28.2%；反映快件丢失及内件短少的1876件，占11.7%；反映快件损毁的791件，占4.9%；反映收寄服务问题的363件，占2.3%；反映代收货款问题的153件，占1%；反映违规收费的121件，占0.8%；反映其他问题的40件，占0.2%(表4-35)。

表4-35 2012年11月消费者申诉快递业务的主要问题及所占比例统计

序号	申诉问题	申诉件数	比例(%)
1	快件延误	8151	50.9
2	投递服务	4508	28.2
3	快件丢失及内件短少	1876	11.7
4	快件损毁	791	4.9
5	收寄服务	363	2.3
6	代收货款	153	1.0
7	违规收费	121	0.8
8	其他问题	40	0.2
合计	—	16003	100

11月，消费者对快递业务申诉的主要问题是快件延误和投递服务问题，占快递业务有效申诉量的79.1%。11月快件延误、投递服务和快件丢失短少的有效申诉数量分别比上月增长83%、44.7%和27.4%。与2011年11月相比较，快件投递与收寄服务问题、快件延误、快件丢失短少和快件损毁的有效申诉数量分别增长257.1%、96.4%、75.7%和67.6%(图4-28)。

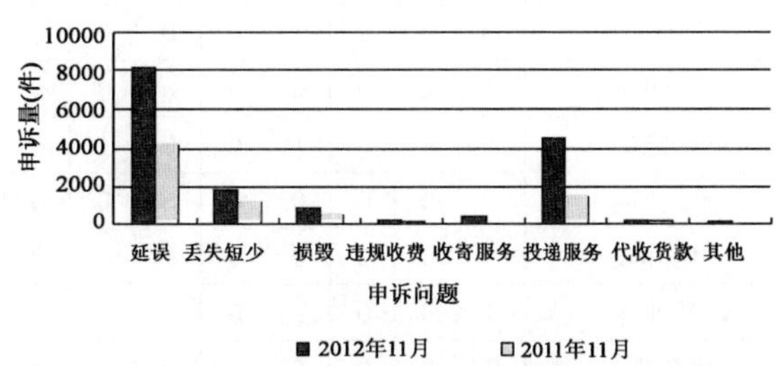

图4-28 2012年11月与2011年11月快递业务申诉问题比较图

(二)消费者对快递企业申诉情况

11月，消费者对41家快递企业进行了有效申诉，全国快递业务平均百万件快件有效申诉24件(表4-36)。

表 4-36　2012 年 11 月主要快递企业有效申诉服务问题统计（单位：件有效申诉/百万件快件）

企业名称	申诉率	其中		
		快件延误申诉率	快件丢失申诉率	快件损毁申诉率
上海红丰快递有限公司	80.2	40.6	7.5	4.0
海航天天快递有限公司	53.4	33.4	5.4	2.0
杭州百世网络技术有限公司(汇通快运)	49.0	23.3	9.1	2.9
申通快递有限公司(申通快递)	39.2	21.6	4.0	1.7
优速物流有限公司	35.4	13.3	3.6	3.8
上海韵达货运有限公司	27.5	10.5	4.8	1.7
深圳速尔物流有限公司	25.6	5.1	2.3	3.9
北京宅急送快运股份有限公司	23.8	11.8	2.5	0.7
中国邮政速递物流股份有限公司(EMS)	22.9	12.5	1.9	0.6
上海圆通速递有限公司	22.6	12.5	2.7	0.9
上海中通吉速递服务有限公司	21.9	11.8	2.1	0.9
广东港中能达物流有限公司	18.1	7.3	2.8	1.4
天地国际运输代理(中国)有限公司(TNT)	8.6	0.0	0.0	2.9
上海全毅快递有限公司(全一快递)	5.8	1.7	1.7	1.7
顺丰速运(集团)有限公司	3.4	0.9	0.4	0.8
优比速包裹运送(广东)有限公司(UPS)	2.3	0.9	0.0	0.0
联邦快递(中国)有限公司(FedEx)	1.6	0.7	0.0	0.2
中外运-敦豪国际航口快件有限公司(DHL)	0.3	0.0	0.0	0.0

11 月，快递企业对省（区、市）邮政管理局转办的申诉未能按规定时限回复的有 110 件（表 4-37）。

二、消费者申诉区域分布情况

11 月，各省（区、市）邮政管理局认真及时处理消费者申诉（表 4-38）。

表 4-37　2012 年 11 月快递企业对申诉回复情况

公司名称	北京	天津	河北	辽宁	上海	江苏	浙江	福建	江西	山东	河南	湖北	湖南	广东	重庆	四川	云南	西藏	陕西	甘肃	宁夏	合计
龙邦物流	0	0	1	2	1	2	0	0	0	3	2	0	0	7	0	0	0	0	0	0	0	18
飞康达	13	0	0	1	0	0	0	0	0	0	1	0	0	0	0	0	0	0	1	0	0	16
天天快递	0	2	0	0	0	0	0	0	0	1	0	0	0	3	0	0	0	1	1	0	1	9
港中能达	0	0	0	1	0	0	1	1	1	1	1	0	0	0	0	2	1	0	0	0	0	9
全峰快递	7	0	0	0	0	0	0	0	0	0	0	0	0	2	0	0	0	0	0	0	0	9
中国邮政	1	0	2	0	0	0	0	0	0	0	0	2	1	0	0	0	0	0	0	0	1	7
邮政速递	0	0	0	1	0	0	0	2	0	0	0	0	0	0	1	0	0	0	0	0	0	4
宅急送	0	0	0	0	0	0	0	0	0	0	0	0	0	4	0	0	0	0	0	0	0	4
中通速递	1	1	0	0	0	0	0	0	0	0	0	0	0	0	0	0	0	1	0	0	0	3
优速物流	3	0	0	0	0	0	0	0	0	0	0	0	0	0	0	0	0	0	0	0	0	3
韵达快运	0	0	0	0	0	0	0	0	0	0	0	0	0	0	1	0	0	0	0	1	0	2
元智捷诚	0	0	0	0	0	0	0	0	0	2	0	0	0	0	0	0	0	0	0	0	0	2
快捷速递	0	0	0	0	0	0	0	0	0	1	0	1	0	0	0	0	0	0	0	0	0	2
加运美	0	0	0	0	0	0	0	0	0	0	0	0	0	2	0	0	0	0	0	0	0	2
圆通速递	0	0	0	0	0	0	0	0	0	0	0	0	0	0	0	0	0	0	0	0	1	1

续上表

公司名称	北京	天津	河北	辽宁	上海	江苏	浙江	福建	江西	山东	河南	湖北	湖南	广东	重庆	四川	云南	西藏	陕西	甘肃	宁夏	合计
红丰	0	0	0	0	0	0	0	0	0	0	0	0	0	1	0	0	0	0	0	0	0	1
通航空	0	0	0	0	0	0	0	0	0	0	0	0	0	0	0	0	0	0	0	0	0	0
捷诚信达	0	0	0	0	0	0	0	0	0	0	0	0	0	0	0	0	0	0	0	0	0	0
长捷胜通	0	0	0	0	0	0	0	0	0	0	0	0	0	0	0	0	0	0	0	0	0	0
其他	1	0	0	0	0	0	0	0	0	1	0	0	0	12	0	1	0	0	0	2	1	18
合计	26	3	3	5	1	2	1	3	1	9	4	3	1	31	2	3	1	2	2	3	4	110

表 4-38 2012 年 11 月各省(区、市)消费者申诉数量、申诉率(单位:件)

地　区	共处理	其中		申诉中		有效申诉	有效申诉中		申诉率(件有效申诉/百万件业务量)
		咨询	申诉	邮政	快递		邮政	快递	
天津	455	0	455	12	443	424	5	419	11.5
广东	2708	50	2658	113	2545	2275	13	2262	7.7
福建	900	0	900	20	880	795	3	792	7.5
新疆	309	7	302	22	280	291	18	273	7.0
浙江	2351	0	2351	34	2317	2041	5	2036	6.8
内蒙古	241	0	241	20	221	206	10	196	6.7
北京	1442	0	1442	28	1414	1228	11	1217	6.6
陕西	359	0	359	19	340	309	5	304	6.5
江苏	2304	176	2128	28	2100	1859	7	1852	6.1
安徽	473	1	472	5	467	438	3	435	6.0
湖北	583	1	582	32	550	444	17	427	5.8
辽宁	486	69	417	15	402	348	1	347	5.8
吉林	182	1	181	4	177	167	2	165	5.3
山东	1059	1	1058	28	1030	867	6	861	5.1
湖南	442	3	439	14	425	393	7	386	5.1
重庆	239	44	195	15	180	168	5	163	4.9
贵州	189	0	189	12	177	180	9	171	4.9
河北	584	5	579	30	549	513	11	502	4.8
上海	1527	66	1461	22	1439	1296	7	1289	4.8
宁夏	60	0	60	5	55	54	2	52	4.3
甘肃	180	4	176	27	149	145	7	138	4.3
山西	258	5	253	21	232	219	7	212	3.7
海南	68	0	68	6	62	57	5	52	3.6
广西	181	19	162	8	154	143	5	138	3.6
黑龙江	220	0	220	9	211	177	2	175	3.6
四川	407	0	407	21	386	362	13	349	3.5
江西	248	3	245	10	235	213	4	209	3.4
河南	491	1	490	19	471	434	9	425	3.3
云南	166	5	161	8	153	131	3	128	2.7
青海	16	0	16	1	15	15	0	15	2.0
西藏	13	0	13	0	13	12	0	12	1.4

2012 年 12 月邮政业消费者申诉情况通告

12 月，国家邮政局和各省（区、市）邮政管理局通过“12305”邮政行业消费者申诉电话和国家邮政局网站共受理消费者申诉 37998 件，答复咨询 1948 件。申诉中涉及邮政服务问题的 910 件，占总申诉量的 2.4%；涉及快递业务问题的 37088 件，占总申诉量的 97.6%。已处理申诉中有效申诉（确定企业责任的）33732 件，占总申诉量的 88.8%。有效申诉中涉及邮政服务问题的 340 件，占有效申诉量的 1.0%；涉及快递业务问题的 33392 件，占有效申诉量的 99.0%。经调解消费者申诉已全部妥善处理，为消费者挽回经济损失 175.4 万元，消费者对申诉处理满意率为 92.73%（图 4-29）。

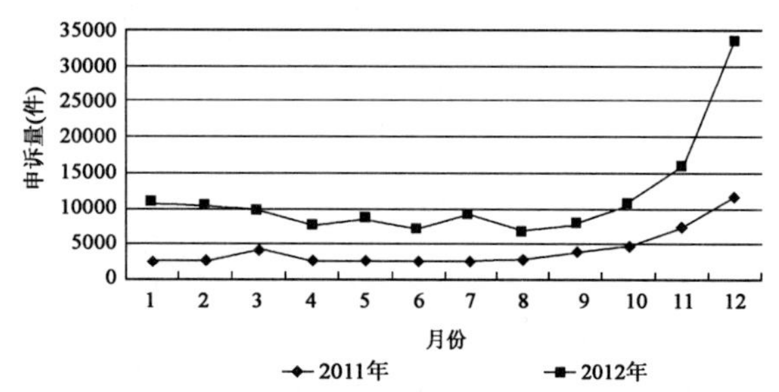

图 4-29　2012 年 12 月快递业务有效申诉图

2012 年共受理消费者申诉和答复咨询 19.2 万件，为消费者挽回经济损失 1333 万元。

一、快递业务申诉情况

（一）消费者申诉的主要问题

12 月，受理消费者关于快递业务的有效申诉 33392 件，比上月增加 17389 件，增长 108.7%。其中，反映快件延误的 17761 件，占 53.2%；反映投递服务问题的 9126 件，占 27.3%；反映快件丢失及内件短少的 4585 件，占 13.7%；反映快件损毁的 1033 件，占 3.1%；反映收寄服务问题的 559 件，占 1.7%；反映违规收费的 164 件，占 0.5%；反映代收货款问题的 111 件，占 0.3%；反映其他问题的 53 件，占 0.2%（表 4-39）。

表 4-39　2012 年 12 月消费者申诉快递业务的主要问题及所占比例统计

序号	申诉问题	申诉件数	比例(%)
1	快件延误	17761	53.2
2	投递服务	9126	27.3
3	快件丢失及内件短少	4585	13.7
4	快件损毁	1033	3.1
5	收寄服务	559	1.7
6	违规收费	164	0.5
7	代收货款	111	0.3
8	其他问题	53	0.2
合计	—	33392	100

12 月，消费者对快递业务申诉的主要问题是快件延误和投递服务问题，占快递业务有效申诉量的 80.5%。12 月快件丢失短少、延误和投递服务的有效申诉数量分别比上月增长 144.4%、117.9%、102.4%（图 4-30）。

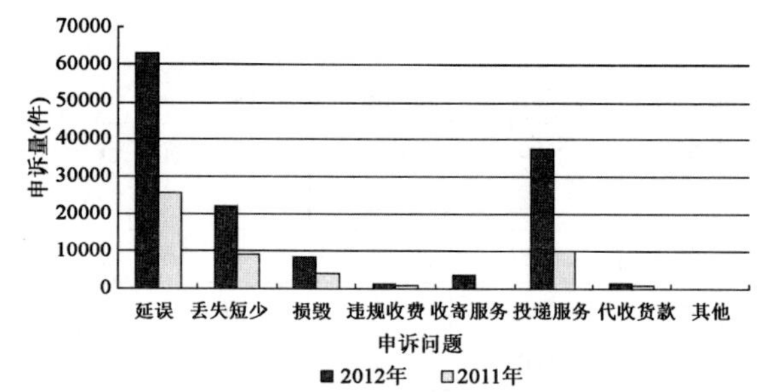

图 4-30　快递业务有效申诉问题 2012 年与 2011 年比较图

2012 年共受理快递业务有效申诉 137351 件，占全部有效申诉量的 98.3%，比 2011 年增加 87886 件，增长 177.7%（表 4-40）。

（二）消费者对快递企业申诉情况

12 月，消费者对 46 家快递企业进行了有效申诉，全国快递业务平均百万件快件有效申诉 50.9 件（表 4-41）。

表 4-40 快递业务有效申诉问题 2012 年与 2011 年比较(单位:件)

	延误	丢失短少	损毁	违规收费	收寄服务	投递服务	代收货款	其他	合计
2012 年合计	63138	21993	8273	1213	3392	37455	1535	352	137351
问题占比例(%)	46.0	16.0	6.0	0.9	2.5	27.3	1.1	0.3	100.0
2011 年合计	25704	8753	3779	638	0	9829	684	78	49465
问题占比例(%)	52.0	17.7	7.6	1.3	0.0	19.9	1.4	0.2	100.0
2012 年比 2011 年增加	37434	13240	4494	575	3392	27626	851	274	87886
2012 年比 2011 年增长(%)	145.6	151.3	118.9	90.1	0	281.1	124.4	351.3	177.7

表 4-41 2012 年 12 月主要快递企业有效申诉服务问题统计(单位:件有效申诉/百万件快件)

企业名称	申诉率	其中			全年平均申诉率
		快件延误申诉率	快件丢失申诉率	快件损毁申诉率	
国通	51.6	21.5	6.2	3.0	86.1
天天快递	120.0	65.8	15.9	2.5	48.6
韵达快运	130.7	75.4	18.6	3.2	42.2
优速	48.7	20.5	6.6	1.5	40.1
汇通快运	76.9	33.5	14.6	2.9	39.7
宅急送	38.7	17.8	2.9	1.2	36.7
申通快递	68.6	35.4	10.4	2.4	33.6
港中能达	43.8	18.9	6.0	1.2	29.7
速尔	24.0	5.7	4.0	2.4	27.7
中通速递	48.9	24.7	7.0	2.1	25.9
邮政快递(EMS)	44.5	27.7	2.5	0.6	22.8
圆通速递	42.9	20.0	8.4	1.7	21.0
TNT	15.9	0.0	2.7	2.7	8.3
全一快递	8.7	3.2	0.8	0.8	6.8
UPS	1.4	0.0	0.0	0.0	4.1
顺丰速运	3.6	1.2	0.4	0.5	2.9
民航快递	0.0	0.0	0.0	2.65	2.7
FedEx	0.7	0.7	0.0	0.2	1.9
中外运空运发展	0.0	0.0	0.0	0.0	1.4
DHL	0.6	0.3	0.0	0.0	0.8

12 月,快递企业对省(区、市)邮政管理局转办的申诉未能按规定时限回复的有 204 件(表 4-42)。

二、消费者申诉区域分布情况

12 月,各省(区、市)邮政管理局认真及时处理消费者申诉(表 4-43)。

表 4-42　2012 年 12 月快递企业对申诉回复情况

公司名称	北京	天津	河北	辽宁	上海	江苏	浙江	福建	山东	河南	湖北	广东	海南	四川	贵州	西藏	陕西	甘肃	青海	宁夏	新疆	合计
天天快递	0	37	0	0	1	1	0	0	1	0	0	29	0	0	0	2	1	1	0	0	0	73
申通快递	0	0	1	0	0	0	0	0	0	0	0	0	0	15	7	0	0	0	0	0	0	23
中通速递	4	8	1	0	0	0	0	0	0	0	0	1	0	0	0	0	0	0	1	1	0	16
港中能达	0	1	2	0	0	0	1	3	2	2	0	0	0	1	0	0	0	0	0	0	0	12
中国邮政	0	0	0	0	0	0	0	1	0	0	0	0	4	0	1	0	0	0	0	1	0	7
优速	7	0	0	0	0	0	0	0	0	0	0	0	0	0	0	0	0	0	0	0	0	7
龙邦物流	0	0	0	1	0	0	0	0	1	2	0	1	0	2	0	0	0	0	0	0	0	7
圆通速递	0	0	0	0	0	0	0	0	0	0	1	0	2	0	0	1	0	0	0	0	1	5
全峰快递	2	0	0	0	0	0	0	0	1	0	0	1	0	0	0	0	0	0	0	0	0	4
宅急送	0	0	0	0	0	0	0	0	0	0	0	1	0	0	2	0	0	0	0	0	0	3
汇通快运	0	0	1	0	0	0	0	0	0	0	0	0	0	0	0	1	0	0	0	0	0	2
顺丰速运	0	0	0	0	0	0	0	0	0	1	0	0	0	0	0	0	0	0	0	1	0	2
国通	0	0	0	0	0	0	0	0	0	0	0	2	0	0	0	0	0	0	0	0	0	2
快捷速递	0	0	0	0	0	0	0	0	2	0	0	0	0	0	0	0	0	0	0	0	0	2
飞康达	1	1	0	0	0	0	0	0	0	0	0	0	0	0	0	0	0	0	0	0	0	2
元智捷诚	0	0	0	0	0	0	0	0	1	0	0	0	0	0	0	0	0	0	0	0	0	1
德邦物流	0	0	0	0	0	0	0	1	0	0	0	0	0	0	0	0	0	0	0	0	0	1
平安达腾飞	0	0	0	0	0	0	0	0	0	0	0	1	0	0	0	0	0	0	0	0	0	1
其他	0	0	0	0	0	0	0	0	3	1	0	25	0	2	0	0	0	3	0	0	0	34
合计	14	47	5	1	1	1	1	5	11	6	1	61	6	20	10	4	1	4	1	3	1	204

表 4-43　2012 年 12 月各省(区、市)消费者申诉数量、申诉率(单位:件)

地　区	共处理	其中		申诉中		有效申诉	有效申诉中		申诉率(件有效申诉/百万件业务量)
		咨询	申诉	邮政	快递		邮政	快递	
天津	1037	0	1037	16	1021	996	4	992	29.3
新疆	1116	5	1111	123	988	1082	109	973	23.7
内蒙古	694	0	694	25	669	660	18	642	21.2
福建	2338	0	2338	16	2322	2228	3	2225	18.7
江苏	4509	303	4206	21	4185	3917	4	3913	16.1
浙江	4794	0	4794	66	4728	4462	13	4449	15.4
湖南	1133	0	1133	15	1118	1059	6	1053	13.8
广东	4197	9	4188	46	4142	3998	11	3987	13.2
北京	2335	0	2335	33	2302	2124	18	2106	10.7
上海	3057	15	3042	31	3011	2852	8	2844	10.7
安徽	801	2	799	26	773	742	5	737	10.5
河北	1147	3	1144	20	1124	1079	8	1071	10.1
重庆	429	27	402	14	388	381	8	373	9.9
黑龙江	529	0	529	8	521	487	3	484	9.9

续上表

地　区	共处理	其中		申诉中		有效申诉	有效申诉中		申诉率(件有效申诉/百万件业务量)
		咨询	申诉	邮政	快递		邮政	快递	
陕西	568	0	568	22	546	516	13	503	9.8
吉林	335	0	335	4	331	317	1	316	9.5
辽宁	720	47	673	20	653	617	3	614	9.4
贵州	379	0	379	17	362	364	14	350	9.3
甘肃	354	6	348	46	302	314	20	294	9.0
山东	1731	0	1731	26	1705	1590	11	1579	8.8
广西	388	26	362	12	350	339	6	333	8.2
江西	564	0	564	9	555	516	5	511	8.2
河南	1033	0	1033	24	1009	942	11	931	7.0
湖北	587	0	587	19	568	527	6	521	6.9
云南	377	7	370	19	351	332	7	325	6.5
四川	785	0	785	21	764	730	9	721	6.4
海南	111	0	111	8	103	99	5	94	6.1
宁夏	89	0	89	6	83	75	1	74	5.7
山西	356	4	352	10	342	322	4	318	5.3
西藏	40	0	40	6	34	36	5	31	4.0
青海	33	0	33	2	31	29	1	28	4.0

第五篇 人才建设

第一章 快递人才队伍建设概述

人才是第一生产力，是企业核心竞争力的决定性因素，也是行业发展的战略性资源。2012 年，行业人才建设的“三驾马车”——政府为主导、企业为主体、院校为支撑，各司其职，各尽其能，积极探索和创新行业人才培养模式，形成强大合力，行业的人才教育培养体系建设获得长足进展。

2012 年，作为邮政行业的管理部门，国家邮政局紧紧围绕省级以下邮政管理机构组建这一重点工作，认真执行中央干部人事管理方针政策，大力推进领导干部队伍、公务员队伍和行业人才队伍建设，群策群力谋大事，一心一意抓落实，顺利完成重点任务，各项工作取得了新的成绩。同时加快实施快递“百千万人才工程”，完善人才制度建设，大力推进校企合作，培养技能型人才和企业高管人才。着力推动职业技能鉴定工作，完善职鉴组织体系建设，健全职鉴工作制度体系建设，完善行业职业标准体系建设，加强职鉴体系建设，加强职鉴培训队伍建设，优化职鉴信息化建设，推进完善行业技能人才培养体系建设。2012 年，全国组织快递业务员职业技能鉴定考试 15 个批次，鉴定量约 6.6 万人次，其中中级鉴定 9815 人次，高级鉴定 2594 人次。截至 2012 年年底，全国累计鉴定总量已达 28.26 万人次（不含邮政企业），合格率达到 70% 以上。

2012 年，快递企业在加快规范发展、转型升级中，通过各具特色的人才培养举措，将全面推进快递人才的培养作为 2012 年及未来的一个重要的课题。快递企业引人、育人、留人、用人的人才意识进一步增强，人才招聘网络逐渐健全，企业培训管理体系逐步完善，校企合作人才培训不断推进，员工利益保障日益受到重视。截至 2012 年年底，快递从业人员达到 80 余万，并且每年以 10 万～20 万人的速度增长，为社会提供了大量的就业岗位。

2012 年，院校继续在快递人才培养方面发挥着重要作用，合作广度、深度不断扩展。目前全国中职、高职、本科等不同层次的快递职业技能鉴定合作院校已经达到 73 所，其中 5 所院校已成功申报快递专业，为企业技能人才的培养和鉴定提供了有力支撑。部分院校与企业开展战略合作，以“企业冠名班”等形式实施订单式培养。清华大学等知名院校与重点快递企业联合举办高级管理人才研修班。

第二章 完善省级以下邮政监管体制

一、完善省级以下邮政监管体制相关工作的背景

(一)完善省级以下邮政监管体制,保障新时期邮政业科学发展

邮政体制改革五年来,行业各项工作都取得明显成效:邮政行业管理工作显著增强;邮政主业和邮政储蓄改革取得重要进展;邮政普遍服务保障机制不断完善;统一开放竞争有序的邮政市场初步形成。邮政体制改革解放和发展了邮政生产力,邮政业业务量快速增长,行业规模进一步扩大,发展速度和质量都有了很大提高,快递已经成为我国重要的经济形式和新型的服务业态。邮政业有力地支撑了电子商务和制造业、国内国际贸易的发展,在国民经济中的地位日益突出:中国邮政经营规模不断扩大,两次进入世界500强。快递服务迅速崛起,快递包裹市场从300万件激增到1800万件,其就业人员从30万人增长至80万人。面对新的形势和任务,省级以下没有机构、邮政管理缺乏组织保障的问题日益突出。通过完善省级以下邮政监管体制,实现从上到下邮政政企分开,将会加快建立健全政府依法监管、企业自主经营、权责关系明确、上下运转顺畅的国家邮政管理体制,为促进新时期邮政业发展提供组织保障。

(二)完善省级以下邮政监管体制,保障邮政通信与信息安全

当前,邮政市场经营主体众多,全国已取得快递业务经营许可证的企业达7500多家,从业人员80多万人,网络覆盖到所有地市和大部分县。行业在快速发展的同时,邮路安全监管出现了许多新情况,安全形势不容乐观。主要反映在:寄递渠道每年的涉恐涉爆案件有几十起,查获的违禁品数量也一直居高不下。国内外不法分子利用寄递渠道实施违法犯罪行为,危害国家统一和安全。修订后的《邮政法》明确规定了邮政监管部门保障通信安全和信息安全的法律责任,在日益严峻的安全形势下,邮政行业需要进一步延伸监管力量,强化邮政通信与信息安全的主体责任,与地方公安、安全部门形成监管合力,督促企业进一步健全和落实安全运行监测、预警和应急管理机制,提高应对各类突发事件的处置能力,保障国家安全和社会稳定。

(三)完善省级以下邮政监管体制,促进邮政业更好地服务地方经济和社会发展

邮政业是国家重要的基础型产业,广泛服务于经济建设、社会发展和人民生活。发展邮政业,对于保障公民的基本通信权利、适应经济社会协调发展、促进我国现代化进程具有重要支撑作用。党的十七大确定的促进基本公共服务均等化的目标,对邮政服务提出了更高的要求。修订后的《邮政法》明确了中央和地方在加强邮政基础设施建设、保障邮政普遍服务、扶持边远地区邮政发展等方面的责任。完善省级以下邮政监管体制,加强邮政与地方的沟通协调,有利于发挥中央和地方两个积极性,促进邮政业更好地服务地方经济和社会发展。地方将在邮政设施的布局和建设、政策和资金等方面给予更多的支持,同时地方也可以统筹协调邮政业规划与交通运输规划的衔接,有利于促进邮政与交通运输资源的整合,实现交通运输与邮政的共同发展。

二、省级以下邮政监管机构领导干部队伍建设基本完成

按照《国务院办公厅关于完善省级以下邮政监管体制》(国办发〔2012〕6号)和中央编办《关于

省级以下邮政监管机构设置人员编制的通知》(中央编办〔2012〕3号),国家邮政局(以下简称"国家局")认真组织、全力推进省级以下邮政监管机构组建工作。2012年3月1日,国家局联合交通运输部和相关部委,召开了完善省级以下邮政监管体制动员电视电话会议,明确工作目标和任务。会后,从上到下组建了专门工作机构,印发工作实施方案,确定了"分步实施、试点先行、突出重点、循序渐进"的工作原则以及"先组建、后完善"的工作路径,按照"筹备启动、调查摸底、推进实施、工作总结"四个阶段周密部署。选定6个重点联系省份作为试点,实行有针对性的指导。紧密结合邮政行业特点和实施工作进度,先后制定印发30多个配套文件,形成了针对性、指导性强的配套政策。

(一)认真组织市(地)局领导班子配备工作

市(地)局领导干部处在邮政管理工作的最前沿,是抓好工作落实,加强行业管理的组织基础和重要支撑,地位重要,责任重大。国家局对市(地)局领导班子配备工作高度重视。按照中央的要求和中组部的指示精神,研究制定了配备工作指导意见,明确了领导班子成员的选配原则、标准条件、结构要求和工作程序等,并加强具体指导,对选配工作的每一个关键环节,都制定了相应的制度规定,提供具体操作模板。

在班子配备过程中,国家局坚持三个原则,一是坚持党管干部原则。按照中央的要求和中央组织部的具体指示,制定了领导班子配备工作指导意见,及时研究下发相关政策规定和各类文函、报表模板,加强具体指导。各省(区、市)邮政管理局(以下简称"各省局")党组认真贯彻国家局党组的决策意图,严格执行有关文件规定,做到了严谨、规范、有序。二是坚持德才兼备、以德为先的用人标准。在班子成员人选推荐、考察和配备过程中,坚持按照规定的标准条件和遴选范围,注重思想品德、注重工作能力、注重任职经历、注重班子结构,不断扩大选人视野,坚持五湖四海,着力打造优势互补、强强联合的领导班子,保证了领导班子整体结构合理和个体素质优良。三是坚持严格按程序办事。国家局党组对各省局党组上报的考察对象建议名单和班子人选配备方案,从资格条件、班子结构、工作程序等方面,认真进行审核,随报随批。各级党组在研究干部问题时,自觉执行民主集中制原则,广泛听取各方面意见,充分尊重群众公论,认真征求地方党委意见,反复酝酿研究,经两上两下,最后由各省局党组集体研究决定,形成班子人选配备方案,确保选人用人公平公正。各省局党组认真落实国家局的要求,严格执行有关文件规定,积极开展工作,保证了市(地)局领导班子配备工作稳妥、有序进行。

截至2012年年底,31个省市(地)邮政管理局班子配备相关批复工作基本完成,截至2012年11月8日,已批复考察对象680人,占总人数的95%。批复市(地)局的班子配备方案354个,计667人。人选平均年龄42.8岁,其中局长人选平均年龄为44.3岁,副局长平均年龄为41.5岁;大学本科以上学历占82.7%,其中研究生学历达到六分之一。干部来源主要集中在四个方面,其中,来自邮政管理系统的干部占11%,地方交通系统的占22%,邮政企业的占46%,地方其他部门的占21%。从配备的实际情况看,领导班子成员年龄、学历、专业结构比较合理,任职经历比较丰富,组织领导能力比较强,整体素质比较高,达到了预期目标。

(二)积极推进市(地)局内设机构领导干部选配

根据国家局党组的相关部署和要求,各省局结合市地局机构组建实际,在反复研究的基础上制定了市(地)局内设机构领导干部选配工作的多个文件,明确了干部选配的基本原则、数量比例、人选资格条件、工作程序和有关纪律。为保证选配人选质量,强化审核和工作指导,确保各省局严格按照公务员法和干部调任的条件、程序和要求做好市（地）局内设机构领导干部配备。国家局在审核工作中，反复宣传贯彻政策，明确工作要求，严肃调整条件不符人员。2012 年，各省报送考察对象建议人选近 700 人，国家局党组已审核共 4 批次 30 个省 538 人，其中，7 人因超龄、11 人因任职资格条件等不符要求而调整，审核通过 520 人，占全国内设机构领导职数（1304）的 39.64%。

（三）圆满完成市（地）局领导干部的任职培训

当前，邮政体制改革不断深化、邮政业转型升级加快推进，邮政行业处在大发展时期，特别是省以下机构组建工作基本到位，市（地）局长任职培训班的举办，对大家尽快统一思想认识、把握邮政业改革发展的形势和任务，从而以更加饱满的精神状态进入角色，为省以下邮政监管工作开好头、起好步起到了重要的促进作用。

选在市（地）局长即将赴任的关键时刻举办任职培训，是国家局党组总结近几年来抓班子、带队伍、搞培训的成功经验，确保市（地）局组建工作加快推进的重大战略部署。从 2012 年 7 月中旬开始至 9 月初，国家局在井冈山和北京两地连续举办了 4 期全国市（地）邮政管理局长任职培训班，共有来自 354 个市（地）邮政管理局的 660 名局长、副局长参加了任职培训。国家邮政局局长马军胜亲自审定培训方案，各位局领导分别参加各期培训开班，进行动员讲话并亲自授课，每一期培训的所有重要活动国家局党组成员都全体参与。培训形式新颖、内容丰富、师资雄厚、组织周密、安排细致、管理到位、保障充分，得到了全体学员的高度肯定。培训工作的顺利完成，为全国市（地）局邮政管理工作开好局、起好步奠定了坚实的基础。

三、组织完成市地局主任科员以下公务员考录

在人社部和国家公务员局的大力支持下，2012 年国家单独组织省级以下邮政管理机构公务员考录。经过紧张准备，提出了 929 个职位的招录计划，三部门联合印发招录方案，召开全国电视电话会议动员部署。为保证做好资格审查和面试阶段工作，国家局集中全系统力量，抽调 12 人经过 6 昼夜工作，共审查 14 万人的报名资料，审核通过 8.7 万人。为保证面试工作万无一失，国家局组织专题培训、召开电视电话会。面试期间，由国家局领导带头，人事司、纪检组监察局等部门组成三个巡视组、六个督导组分赴 10 余省检查督导，确保面试工作顺利完成。经过努力，计划招录的 929 个职位中，最终录用的人员有 820 人左右。

第三章　快递“百千万人才工程”

一、“百千万人才工程”背景及启动

快递行业作为国家的基础服务产业，高层次、专业化、技能型人才已经成为影响企业发展的关键因素。加快快递行业人才培养，是提升企业核心竞争力、促进快递行业可持续发展的重要前提和保证。2010 年 10 月 25 日，全国邮政行业职业技能鉴定暨快递人才培养工作座谈会召开，会议提出了今后一个时期全国邮政行业人才队伍建设工作的总体思路是：根据十七届五中全会和全国人才工作会议精神，按照《国家中长期人才发展规划纲要（2010 －2020 年）》和《邮政行业人才队伍建设中长期规划（2009 －2020 年）》对邮政业发展的要求及人才队伍建设的总体目标，本着“分步实施，有序推进，稳步提升”的原则，积极推进政府为主导，企业为主体，院校为支撑的邮政行业人才教育培养体系建设，启动快递“百千万人才工程”。通过专业人才培养和职业技能鉴定工作“两手抓”，促进院校专业人才教育培养系统化、职业技能鉴定考试制度化、企业员工培训规范化、职鉴组织管理科学化，为邮政行业可持续发展提供人才保证。

“百千万人才工程”主要目标为：“十二五”期间，通过整合社会资源，建设近百所快递专业人才培养基地（院校）；通过多种渠道和方式，建设千人快递专业技术人才队伍；通过职业教育与在职培训鉴定，建设万名高层次技能型快递专业人才队伍。在整个工程中，“百”是基础，是“千”和“万”目标实现的支撑和保障。通过组织实施“百千万人才工程”，将有助于解决快递企业高级管理人才缺乏、专业化人才不足、复合型人才匮乏、业务员整体素质有待提高等诸多问题，极大地缓解快递人才供给不足、结构不优、能力不强的问题，对于促进快递企业转型升级、跨越发展具有重大的意义。

二、2012 年“百千万工程”实施情况

“百千万人才工程”启动以来，邮政管理部门通过大力促进校企合作，建设人才培养基地，在行业内贯彻落实国家人才发展规划，2012 年成为“人才兴邮”战略的大力实施之年。

（一）完善人才制度建设

国家邮政局认真完成国家职业分类大典修订承担任务，积极争取有关部门对“快递业务人员”新增职业的支持。增选职业院校的骨干教师和专家学者，重新组建邮政行业职业教育教学指导委员会，进一步发挥相关专家在行业职业教育发展规划、专业建设标准、教材课程体系创新、实训实践等方面的作用，促进职业教育和行业发展有机结合。委托相关院校开展邮政业人才培养学科体系建设、快递专业技术资格制度等重大人才课题研究等，为进一步开展行业人才队伍建设工作提供论证支撑。

（二）培养技能型人才

积极创新人才培养模式，积极推行“双证书”制度，全国共有 1103 名院校学生参加中、高级鉴定。积极开展快递业务员全国职业技能竞赛前期申报的咨询筹备工作。指导有条件的省和企业适时组织快递业务员职业技能竞赛活动，逐步开展快递高技能人才选拔工作。

（三）大力推进校企合作

引导相关院校和企业开展校企合作，多种形式提高行业从业人员素质。截至 2012 年年底，全国共有不同层次的合作院校 73 所，其中 5 所院校

开办了快递专业，19 所院校开设快递课程，在校生规模达到 5000 人。

（四）培养企业高管人才

国家邮政局组织实施人力资源和社会保障部专业技术人员知识更新高级研究项目，首批学员主要为快递企业高级管理人员，重点讲授快递行业发展趋势以及快递服务难点与热点问题等，着力提升快递企业专业技术人员能力水平。鼓励知名院校与重点快递企业联合举办高级管理人才研修班，上海申通快递公司、韵达快递公司先后与清华大学合作，组织公司部分高管赴清华大学进行为期 24 天的脱产学习，取得了良好的效果。

第四章　2012 年职鉴工作进展

2012 年，国家邮政局职业技能鉴定指导中心（以下简称“职鉴指导中心”）围绕中心，服务大局，突出重点、夯实基础、狠抓落实，积极支撑行业人才队伍建设，有序开展职业技能鉴定工作。

一、完善职鉴组织体系建设

加强鉴定站建设。职鉴指导中心积极组织鉴定站申报工作，第三批 9 个鉴定站获批，至此，全国共有 26 省建立了 33 个鉴定站。组建职鉴专家委员会。为进一步推进邮政行业职业技能鉴定工作和高技能人才培养，结合行业实际，组建邮政行业职业技能鉴定专家委员会，制定《邮政行业职业技能鉴定专家委员会管理办法（暂行）》。

二、健全职鉴工作制度体系建设

加强资格证书管理。职鉴指导中心按照人社部关于职业资格证书管理的相关规定，拟定“邮政行业职业资格证书制作和发放管理办法”，为证书管理工作提供依据。建立职鉴年报制度。为加强职鉴工作的规范管理，确保鉴定工作质量，建立年度数据报送制度。

三、完善行业职业标准体系建设

推进鉴定培训教材、大纲和题库建设。职鉴指导中心完成了高级快递业务员鉴定培训教材、大纲和题库的编写，以及快递业务员鉴定培训教材基础理论知识的修订和题库补充修订工作。高级和修订后的初、中级鉴定培训教材及考试大纲出版发行。积极参与邮政业职业分类大典修订工作。完成了前期上报材料的准备工作和本行业专家委员会等相关工作。

四、加强职鉴体系建设

有序开展职业技能鉴定工作。2012 年，全国组织快递业务员职业技能鉴定考试 15 个批次，鉴定量约 6.7 万人次，其中中级鉴定 9815 人次，高级鉴定 2594 人次，为全面推进高级职鉴考试奠定基础。截至 2012 年年底，全国累计鉴定总量已达 28.26 万人次（不含邮政企业），合格率达到 70% 以上。积极探索鉴定模式。在加强职业技能鉴定管理的基础上，不断扩大鉴定的覆盖面，坚持服务企业，服务基层，北京、浙江、山东、云南等省（市）积极推行“送鉴定上门”模式，在相关院校以及部分企业所在地设立鉴定考点，极大地方便了企业、院校考生参加考试。规范证书申领与核发。按要求完成空白职业资格证书请领工作，组织各省做好职业资格证书的制作、核发与管理。

五、加强职鉴培训队伍建设

加强职业技能鉴定队伍建设。职鉴指导中心全年组织了 2 期 389 名考评员培训班；2 期约 335 名高级技能快递业务员师资骨干培训班；1 期 70 名全国职鉴管理人员培训班，在职鉴管理工作中发挥了较好的支撑作用。同时积极推进鉴定培训工作。引导各省加强对本地企业鉴定培训的指导工作，做到了逢鉴定必培训，不但提高了鉴定质量，也促进企业能力的提升。配合企业经营许可，为中铁快运总公司送培训上门，采取网络视频方式培训各地学员 756 名。

六、优化职鉴信息化建设

加强职业技能鉴定信息统计工作。为配合快递企业等级评定工作，职鉴指导中心在全国 31 个省组织开展快递业务员持证情况统计调查，对 2009－2011 年年底所有鉴定考试批次、鉴定人数、合格人数以及全国 19 家规模以上非邮快递企业鉴定、持证情况进行全面统计分析。准确掌握了三年来全国鉴定情况，为进一步推进职鉴工作、开展企业等级评定提供了较为详细的数据参考。完善职鉴信息管理系统。加强职鉴考务系统和网上报名系统的管理和维护，在开展职鉴考务管理系统使用调查的基础上，启动系统的优化升级，完善职鉴信息查询功能，为考生提供及时准确的考试成绩信息查询服务。实现了行业考试数据与国家职业资格工作网的有效对接。及时更新完善国家局网站职业技能鉴定栏目内容。

七、推进完善行业技能人才培养体系建设

加强技能人才培养基地建设与管理。为进一步拓展职业技能鉴定工作，提高企业技能人才队伍素质，国家邮政局积极整合教育资源，目前全国共有中职、高职、本科等不同层次的合作院校 70 所，其中 5 所院校已成功申报快递专业，为企业技能人才的培养和鉴定提供了有力支撑。引导院校和企业开展战略合作。职鉴指导中心召开快递专业技能人才培养座谈会，鼓励企业与院校签订技能人才培养合作协议，以“企业冠名班”等形式实施订单式培养。其中上海圆通速递公司与山东淄博职业学院签订了校企战略合作协议，统筹规划课程开发，共同制定培养计划，联合创办淄博职业学院圆通速递学院，为企业定向培养输送快递专业人才。积极推行“双证书”制度，全国共有 1103 名院校学生参加中、高级鉴定。同时开展快递高技能人才选拔工作，积极开展快递业务员全国职业技能竞赛前期申报的咨询筹备工作，并指导有条件的省和企业适时组织快递业务员职业技能竞赛活动。

第五章　企业人才培养特色举措

在整个2012年，快递服务继续保持了快递的发展势头。在这个过程中，快递企业深刻了解到，当前快递市场已经全面展开了从产品到服务、从技术到管理等的激烈竞争，而产品、服务、技术、管理等竞争的核心和实质，归根结底都是人才的竞争。在这一年里，各主要快递企业加快规范发展、转型升级的步伐，结合企业自身特点，通过特色举措，全面推进快递人才的培养。

一、中国邮政速递物流：加强机制建设

中国邮政速递物流坚持人才是企业最宝贵战略资源的兴企理念，贯彻人才强企战略，全面加强选才、育才、用才、留才机制建设，不断推进专业领军人才队伍建设，加大对高级营销人员的培养，进一步优化营销队伍结构，有力地提升了市场拓展能力和业绩水平。

在人员培训上，邮政速递物流健全完善了总部、省公司两级教育培训管理体系。围绕“建队伍、强素质”这一主旨，以集中培训、网络培训等多种方式强化了员工培训工作。抓好领导干部、内训师、入职员工、人才队伍和营销队伍等各级各类培训，使员工培训做到分层次、有重点、制度化、常态化。2012年，全国速递物流共举办各级各类集中培训班2621期，参训97685人；远程培训19011人。

邮政速递物流积极开展员工职业技能鉴定工作，大力开展职业技能鉴定工作，加大鉴定考核力度，全面推行生产人员持证上岗。截至2012年年底，职业技能鉴定231批次，职鉴人数20829人。

二、顺丰速运：招、培、留一条龙

在人才培养方面，顺丰速运通过体现社会责任感的“招、培、留一条龙”方式网罗人才，为企业奠定了可持续发展的关键基础。

在人才招聘上，顺丰一直坚持公开、公平、公正用人原则，积极引进各类优秀人才。2012年，顺丰深入开展校企合作工作，与全国55所高校建立“顺丰班”合作模式，实现地区人才队伍定向培养；在全国26所高校建立“顺丰奖学金”项目，帮助贫苦优秀大学生完成学业，并提供实习及工作机会；与浙江交通职业技术学院等80多所大专院校建立合作关系，在部分院校设立定向培养班，为企业发展储备人才；在中南大学、湖南大学、武汉理工大学等100多所高校开展校园招聘活动，吸引各类优秀人才加入顺丰。

在人才培育上，顺丰2012年推出了领导力项目，在公司内部开展人才环境建设工作，做好各岗位人才储备，同时启动国际人才派遣工作，摸索国际人才培养之道。2012年，顺丰全网培训项目总计24008个，全网络共计培训1737705人次。

在留人上，顺丰亦有独特做法。2012年，顺丰通过配套机制改善、针对性群体需求研究、人员投入合理控制等举措留人，全年员工流失率同比环比均呈下降趋势，人员质量得到进一步提升。

此外，顺丰积极组织员工参与国内快递业务员职业技能鉴定认证，全网络2012年共计14750人通过快递业务员职业技能鉴定认证并获得相应资格。

三、圆通速递：全网开展“师带徒”

2012年，圆通速递在全网开展现场培训6000余场次，30多万人次；开展网络培训平台学习15万人次，其中新员工入职培训达5万人次。公司同时在全网深入开展“师带徒”学教培训活动，基本实现上岗必培训的工作目标；收派员、话务员和操作员三大基础岗位通过班前例会、课堂学习、视

频光盘观看等形式培训累计 4 万余课时。

2012 年，圆通速递先后与北京邮电大学、南京邮电大学、山东淄博职业学院等为代表的 63 所高校就人才培养、技术攻关、学术研究等全方位展开战略合作，并就人才引进、培训基地、科研项目等展开深入合作。

圆通速递人力资源中心联合网络管理部组织员工参加职业资格鉴定考试，截至 2012 年 12 月底，全网初级快递业务员职业证书持证率为 42%。

四、韵达：没有天花板的成长

韵达快递坚持“德才兼备，主动创新”的用人原则，构建引进与培养相结合的人才机制。在选人方面，从学历、考核以及遵守公司规章制度的角度通过测评进行人才选拔；在育人方面，实行接班人制度，要求接班人随相关负责人参加常规会议、拜访客户、参与重大决策；在用人方面，坚持“适才适岗、为员工提供没有天花板的舞台、每个人都有成长的机会”的用人之道；在留人方面，一是待遇留人，如工资、福利、休假等，二是精神留人，如开展优秀员工评选、文体活动拓展等。

韵达快递坚持践行“培训是韵达最好的投资、是员工最好的福利”的基本理念，建立了覆盖总部、各大区、各分拨中心和网点的培训机制。在培训中，夯实企业培训基础体系，深化员工全职业生涯培训体系。

韵达还与国内多所高校开展联合办学，开展针对公司中高层管理人员的培训，为公司的快速和可持续发展提供人才支撑。

五、中通速递：用当其人

2012 年是中通推进人才化发展的重要之年。中通通过各种渠道引进人才、培育人才、保留人才、用好人才。建立健全了人才招聘网络，开展校企合作，多渠道、全方位地招聘人才，努力做到“用当其事、用当其时、用当其人”；建设完成了一个系统的、与企业的发展及人力资源管理相配套的企业培训管理体系、培训课程体系以及培训实施体系，确保有效培育人才，着力实现让每一个中通人“有可学、学可用、用可赢”的局面；继续坚持“以人为本”，同建共享，兼顾物质和精神两个层面，切实为员工谋福利，用优良的企业文化来保留人才，初步形成了“人尽其才、才尽其用”的企业发展局面。

六、百世汇通：坚持“投资于人”

百世汇通始终坚持“投资于人和技术”的发展理念，尊重员工、珍惜员工。企业不断完善及加强员工培训体系，实现员工培训常态化、规范化和层次化。公司针对不同工种制定了相应的培训方案，如针对管理层的“金牌基层主管培训”；针对新员工的上岗培训以及针对各业务职能部门的初级、中级职鉴考试的考前培训等。

百世汇通抓好“招人、育人、用人、管人、留人”五大环节，建立合理的绩效考核机制、晋升机制、激励机制，为员工设计职业生涯规划，吸引和培养更多的优秀人才。

为营造公平竞争的企业环境，2012 年下半年，企业内部管理人员招聘网正式上线，所公布的每一个管理岗位都优先向员工开放；年终绩效考核与员工的收入挂钩，每一位考核达标的员工都能得到加薪和年终奖的激励。这一系列措施大大鼓舞了员工的工作积极性和对企业的忠诚度。

在校企合作方面，百世汇通已和上海、浙江、江西、湖南、河南、广西等地的多家院校建立了长期合作关系，合作方式灵活多样，包含勤工助学、集中实习、定向培养等。同时，百世汇通为实习生制订详细的轮岗计划，在设定的实习期结束前，百世汇通会给每个学生出具实习证明，实习生结合自己的特长和部门需求进行双向选择，最终确定其去留。

七、宅急送：储“宅苗” 蓄人才

在人才培育方面，2012 年，宅急送制定各单位干部储备及“宅苗”指标，建立储备分总梯队；为加强干部管理，规范全国干部培养、任用规范等相关工作，制定并下发《宅急送干部管理条例》；建立健全“课程体系、讲师体系、管控体系”三位一体的培训，不断发现人才，使用人才。

在员工激励方面，宅急送制定下发《2012年荣誉体系》和管理办法。保证利润达标，设计“9－12月”创利激励方案。此外，为保证“双11”、“双12”的淘宝战略顺利实施，促进一线人员招聘和稳定，应对业务高峰，总公司就保底补贴、带车补贴、全勤奖和业务高峰期补贴政策作出调整，放宽限制条件，给予分公司上涨空间。

八、天天：培养与考核并重

开展校企合作，培养、储备人才，自2012年8月起，天天快递开展人员储备计划，先后同河北保定职业技术学院、江西赣州华坚科技职业学校、江西农业工程职业学院、江西青年职业学院、浙江湖州职业技术学院、浙江金融职业学院、浙江经济职业技术学院、浙江商业职业技术学院等院校展开校企合作，给公司储备了大量的高素质人才，为公司的快速发展奠定了基础。

加大员工考核和干部培训力度。天天快递重组以来，将员工的绩效考核工作作为重要工作来抓。人力资源部就绩效考核与业务部门展开通力合作，制定并实施了相关考核方案。2012年10月会同运管部制定并实施了《运管部集散分拨管理班子考核方案》。储备干部专项培训方面，2012年12月开启“猎鹰计划”，对复员转业军人22人进行储备干部培训。

九、龙邦：培训因人而异

龙邦引入了现代化的运营管理模式，聚集了一大批优秀的物流行业精英。龙邦平台为专业的管理人才、技术人才提供广阔的发展机会。现拥有物流、快递行业专业管理人才300多名，大专以上文化水平的占65%，管理层平均年龄28岁，是一支充满活力和创新能力的管理团队。

龙邦在招聘上不拘一格，形式多样。公司人力资源部设立专人负责建立人才库，做到定期对职介、部队、职业院校进行回访，收集人员资料，完善人才库。当公司有岗位需要招聘时，能做到准确定位，找到合适人员。

在培训机制上，公司设立有岗前培训、岗位轮调、专职培训、拓展训练等形式。在业务素质的培训上，公司按照工种岗位不同、轻重缓急不同以及员工掌握工作标准、业务素质程度不同等，从实际出发，采取灵活多样的形式，开展各工种、各岗位的业务技能培训、业务技能比武等，同时积极参加邮政管理局组织的快递业务员职业技能考试，已有40%的员工通过初级快递业务考试，10%的员工通过中级快递业务员考试。

十、优速物流：内育外引

优速物流自创立以来，为满足公司发展对人才的迫切需求，主要采取“内育外引”的方式，积极推进公司的人才建设战略。2012年，优速投入的培训教育经费超过250万元，开设100余场培训，总教育人数近5000人。其中，培训教育支出主要适用于培训场地建设、策划并录制优速教学片、购买精品培训课程、举办户外拓展培训及内部专业培训等。

首先，优速组建自有培训体系，通过优速商学院定期组织针对性岗位培训，提升员工的综合业务素质。2012年，优速商学院已构建总部、大区、省区三级商学院体系，配备专业、兼职培训讲师，以“军训＋拓展＋授课”的培训模式，为各岗位员工开展针对性、专业化的培训，不仅保障了公司高速发展的人才需求，也为行业提供了一支德才兼备的快递人才队伍。

其次，引入行业内富有经验的紧缺人才，优速部分团队成员来自于联邦快递、DHL、大田集团、宅急送、顺丰等快递业界知名企业，有着丰富的团队管理经验及专业知识。

再次，继续深入开展校企合作，与广东女子职业技术学院、长春金融高等专科学校和湖南科技术职业技术学院等数家大中专院校保持友好合作关系，为学生提供实训基地，引进200余名学生到公司实习就业。

同时，公司也十分注重营造员工的幸福感，不断通过改善薪酬和福利待遇提高员工对优速的认同感。2012年7月21日，优速成立"员工关爱委员会"，开展节日晚会、员工生日月、竞技运动会、秋游等各项集体娱乐活动，通过多种途径增强员工归属感，帮助员工实现他们的"优速梦"。

十一、全峰快递：总部输出+当地培养

全峰快递一贯重视人才培养。全峰快递在全国建有多处分公司，针对分公司人才方面采取两种手段，一种为总部输出，一种为当地培养，通过系统性的培训，向全国各地输出优质人才。全峰或通过当地培养的方式广纳人才，并通过当地建设分拨中心等方式带动当地经济的发展和进步。

全峰快递向员工提供了独具特色的培训计划，通过系统性的培训，计划在不久的将来，逐渐拓展队伍的质量和素质，并为员工提供多方位的发展空间，确保每一位员工都可以担当公司的重要职位。目前全峰快递员工数量已突破25000人。

十二、国通：校企合作力促人才建设升级

2012年，国通快递公司员工从不到20000人发展到约25000人，其中很多人员都直接来自学校，有20%以上的员工拥有大专以上学历，这得益于国通与多所大学建立了良好的校企合作关系，每年都有相关专业人才从校园输入到公司。根据公司战略规划，国通目前正在筹建国际部，并向复旦大学、上海交通大学等高等院校招聘海外扩展人员；同时组建了工程部、公关部、市场营销部等新部门，高薪聘请了一大批有快递行业工作经验的优秀人才。

国通致力于培训建设，制定了完善的员工培训计划和制度，聘请了专门的培训老师，每周两次针对员工和管理层进行必要的企业文化和公司规章制度、业务技能、管理学等内容培训。同时建立专门的人员培训情况档案库，作为未来员工晋级晋升参考的依据。

在快递职鉴考试方面，国通严格按照邮政管理部门的要求，每次都组织员工参加考试，同时针对考试人员，公司制定了完整的激励制度，并承担考试报名费、资料费等全部费用，考试通过者还给予奖励，有效调动了员工的积极性，提高了员工的业务知识水平，考试通过率在70%以上。

十三、中铁快运：加强队伍建设，改善职工生活水平

2012年，中铁快运注重加强队伍建设。在顺利组建分公司党委、配备专职党委书记的基础上，党委、总支、支部三级组织架构进一步理顺。修订完善"三重一大"事项实施细则，领导班子建设得到新加强。开展"三整顿"工作，修订完善各部门职能，加强干部作风建设，专业管理能力得到新提升。结合物流行业发展现状，组织开展专题培训，学习借鉴成功的物流经验，向现代物流企业转型发展的意识得到增强。

着力改善职工生产生活水平。落实"十二五"改善职工生活推进计划，抓好"三线四小"建设，不断改善职工生产生活条件。深入开展困难职工帮扶救助工作，资助困难职工5833人次，发放救助金362.2万元。

第六篇　市场主体

中国邮政速递物流股份有限公司

中国邮政速递物流股份有限公司（以下简称"中国邮政速递物流"），是经国家主管部门批准，中国邮政集团以原中国邮政速递物流公司为平台，联合各省邮政公司共同作为发起人，于2010年6月发起设立的国有股份制公司。是中国经营历史最悠久、规模最大、网络覆盖范围最广、业务品种最丰富的快递物流综合服务提供商。

中国邮政速递物流在国内31个省（自治区、直辖市）设立全资子公司，拥有中国邮政航空有限责任公司、中邮物流有限责任公司等子公司，拥有享誉全球的"EMS"特快专递品牌和国内知名的"CNPL"物流品牌。

中国邮政速递物流始终坚持"珍惜每一刻，用心每一步"的企业经营服务理念，为社会各界客户提供方便快捷、安全可靠的速递物流服务，致力于成为持续引领中国市场、综合服务能力最强、最具全球竞争力和国际化发展空间的大型现代快递物流企业。

中国邮政速递物流是中国交通运输协会副会长单位和中国快递协会副会长单位。

一、业务发展

（一）主要业务

中国邮政速递物流主要经营标准快递、经济快递、国际速递、合同物流等业务。国内、国际速递业务涵盖卓越、标准和经济不同时限水平和代收货款等增值服务。合同物流为高科技、汽车、快消品、医药、服装等行业的客户提供领导型物流、生产支持性物流、销售物流、市场支持性物流、专业解决方案、供应链金融等多种服务。

（二）营销策略

2012年，中国邮政速递物流面向电子商务市场，实施推进了将原中邮快货、e邮宝和经济快递产品整合为新经济快递产品的相关工作，使业务产品的导向风格简约，进一步贴近市场的需求。

中国邮政速递物流推行揽投部站"一图一表"，推进协议客户营销；同时，中国邮政速递物流公司强力推进重点城市会战等多项措施，以提升服务品质来带动市场营销。

（三）转型升级

2012年，中国邮政速递物流进入深化改革阶段。表现为变革经营策略，突出发展质量与效益，进一步推动重点地区、核心业务发展，集中力量突出标准快递业务发展。

中国邮政速递物流根据发展战略和阶段性发展目标，制定了网络优化、产品整合和进一步提升服务品质等一系列发展战略。

（四）服务质量

中国邮政速递物流着力夯实客户服务基础工作，并积极探索质量监控和客服工作转型的方向，进一步强化落实以客户服务为中心的理念，快速提升服务质量保障水平。质量保障水平的提升促进了客户体验的改善。2012年邮政EMS客户满意度达到76.3分，超过五A级快递企业级评比标准（73分）3.3分，超出行业平均水平4.6分。

二、基础建设

(一)分拨中心建设

中国邮政速递物流在全国设立了168个集散(处理)中心和203个仓储物流中心,并于2012年年底正式启用了南京中邮速递物流航空集散中心。集散(处理)中心配备了先进的自动化分拣设备和信息技术设备,负责所辖区域内速递邮件或货物的分拨、开拆、分拣封发和转运等处理作业,并承担速递邮件或货物的跨区运输作业。其中,大多数集散(处理)中心均兼顾航空和陆路集散(处理)功能,多个仓储物流中心通过了TAPA、GSP等专业认证。

(二)信息化建设

中国邮政速递物流先后开发了速递综合信息平台、物流综合信息平台、客户服务管理和运营时限管理等系统,用于支撑生产运营和客户服务,并完成企业内部财务、人力资源、日常办公等管理功能的信息化。满足当前电子商务客户需要,大力开发个性化增值服务平台,并实现与国内外多家电商企业对接,为电子商务企业提供全方位的一体化物流解决方案。建设了具有世界先进水平的仓储管理系统,并在多个项目上成功实施,提高了生产效率和服务水平。通过应用最新的移动技术,实现手机支付和APP应用,为客户提供便利服务。客户对接方面,成功开发了与大型客户ERP系统、订单系统、仓储系统、运输系统的无缝对接功能,实现了数据共享和全程可视化管理。

(三)网络建设

中国邮政速递物流拥有我国机队规模最大的货运航空公司——中国邮政航空有限责任公司,依托18架自营波音737全货机,建立了直达21个城市、覆盖200多个城市的自主航空网,还与国内各大航空公司紧密合作,建立了直达74个城市、覆盖全国的民航委办航空网。全国8大区域集散(处理)中心与其他160个集散(处理)中心组成了集散辐射网络,以汽车运输为主、火车运输为辅,拥有各种车辆25266台,铁路行邮专列22节。建立了覆盖全国所有市、县的“集散+直达”式陆路快速网。中国邮政速递物流同时拥有国内外同行业中领先的仓储能力。仓储物流中心203个。多个仓储物流中心通过了TAPA、GSP等专业认证。设计处理能力居亚洲第一的南京中邮速递物流航空集散中心已启用投产,成为我国唯一拥有自主管理机坪的快递物流企业。

(四)客服中心

中国邮政速递物流总部建设了全国统一的北京“11183”呼叫中心,以及“11183”呼叫中心广州区域中心,与总部、省、地市三级客服体系形成有效对接,为客户提供取件限时派揽、业务查询及咨询等服务。

(五)服务能力

中国邮政速递物流拥有的自有航空网与国内各大航空公司紧密合作,形成了重点地区双网多班次支撑、其他地区网内节点城市间直达的航空快速网,保持了服务时限质量的快速、稳定。并依托航空快速网和陆路快速网形成覆盖全国的运输能力。利用航空、公路、铁路等多种运输方式,为客户提供“门到门”、“门到站”、“站到门”或“站到站”等多种快捷便利服务。

三、文化建设

中国邮政速递物流围绕构建和谐企业,努力推进速递物流企业文化建设。传承“百年邮政”的品牌信誉,本着以文化引领企业、以文化培育企业的理念,在促进企业发展的同时,凝炼企业精神,规范制度文化,强化执行文化,提升物质文化,努力实现员工与企业同进步、共成长,创造良好、和谐的企业氛围和发展环境,促进企业的持续健康发展。特别是近年来,中国邮政速递物流深入贯彻落实党的十七大、十八大和十八届一中全会以及中央经济工作会议精神,以科学发展观为指导,通过在全网深入开展“为民服务创先争优”、“机关作风建设”等活动,牢固树立广大干部员工的优质服务意识，着力构建员工素质强、服务质量优、工作效率高的服务型企业。

四、社会责任

多年来，中国邮政速递物流在自身发展的同时，在促进就业、服务地方经济、抗击自然灾害等方面，勇于担当，积极履行作为快递行业“国家队”的社会责任和义务。在援建汶川地震灾区，抗击南方雨雪冰冻灾害，服务北京奥运会、上海世博会，重建玉树灾区、紧急支援芦山灾区等国家和人民最需要的地方，中国邮政速递物流以高度的政治责任感和优质的服务，有力地回报了党中央、国务院和社会各界的信任和支持。国务院领导对中国邮政速递物流在承担社会责任方面作出的突出贡献给予了高度评价。

五、企业荣誉

中国邮政速递物流连续三年（2010 年、2011 年、2012 年）荣获“快递服务行业第一品牌”称号；连续两年（2011 年、2012 年）荣获“中国品牌价值百强物流企业”称号；2011 年，中国邮政速递物流荣获“全国制造业与物流业联动发展示范企业”、“2011 年全国快递‘春运’服务保障工作突出贡献企业”、“通信行业级第八届企业管理现代化创新二等成果”、“2011 中国物流信息化十佳应用企业”和“2011 中国物流管理创新性企业”称号；邮政物流综合信息平台项目被评为“2011 年中国物流与采购信息化优秀案例”。

2012 年，中国邮政速递物流荣获第四届“2012 年度金鹿奖海峡两岸十大最具社会责任感物流企业”奖牌、“2012 年中国物流采购信息化优秀案例”奖牌、“2012 年中国十佳物流企业大奖”、“2012 年中国最具投资价值物流企业”、“2012 年中国物流杰出企业”、第八届全国邮政企业管理现代化创新成果二等奖牌、中国邮政集团公司第九届企业管理现代化创新成果奖。

顺丰速运(集团)有限公司

2012年,顺丰速运(集团)有限公司(以下简称"顺丰")一如既往地坚持服务质量提升,重点改善收派服务质量,推出快速理赔;实施全产品服务体系立项管理;持续加强公司基础建设,加快企业国内和国际市场的网络拓展;积极研发和引进具有高科技含量的信息技术设备,不断提升作业自动化水平,促进公司服务网络的不断优化,确保服务质量稳步提升,奠定企业业内客户服务满意度的领先地位。

一、基础建设

(一)业务网络

2012年,顺丰服务网络不断拓展,国内新开通34个地级市和256个县区,国外新开通了美国服务。截至2012年年底,顺丰服务网络覆盖了31个省市自治区、港澳台地区以及韩国、日本、马来西亚、新加坡、美国5个国家。

(二)分拨中心

顺丰分别在华南、华北、华东、华中、东南设有分拨区,其中华南、华东和华北分拨区均采用全自动化分拣设备,东南和华中分拨区采用半自动分拣设备。顺丰目前已在全网100余个一二级中转场全部投入皮带机等大型分拣设备。

(三)信息化建设

2012年,顺丰持续加大信息化投入,对公司订单收派管理、巴枪分拣管理、车辆管理、关务管理、运力管理、时效监控管理、质量监控管理、营运核心数据管理、物流供应链管理、报表平台等信息系统进行了优化升级,增设了短信满意度测评和运单查询系统。

(四)呼叫中心

目前,顺丰在成都、合肥、深圳、东莞、香港、台湾、新加坡等地设有呼叫中心。

(五)运输能力

2012年,顺丰共计投入全货机28架,运能同比增长42.68%;铁路年运输量增长78.25%。此外,截至2012年年底,顺丰拥有营运车8000多辆。

二、业务发展

产品服务方面:顺丰2012年梳理完善产品服务体系并实施立项管理,其中产品包括"即日"、"标快"、"特惠"、普货等快递产品,冷链等物流产品,保价、特安、代收货款、委托收件、包装服务、定时派送、改派服务、客制化账单等增值服务,为不同行业客户提出适合的行业解决方案。竭力打造立体化产品服务体系。

客户服务方面:2012年顺丰重点关注收派服务质量改善,针对收派员形象、礼仪、服务态度和行为等方面实施流程优化、奖罚激励强化、KPI考核调整、服务质量培训深化等系列举措,同时在客服方面采取客服流程优化、理赔标准提高、支付时效加快等措施,最终促使公司整体服务投诉率环比年初降幅超过80%,投诉平均处理时长缩短10%。

客户满意度方面:一直以来,顺丰高度重视客户快递体验及满意度评价,2012年更是将客户满意度水平与员工激励挂钩,促使公司年度客户满意度水平较大幅度提升。

三、社会责任

经过多年的发展,顺丰公益事业目前已逐步形成以孤儿助养、贫困助学、优秀奖学为主,兼顾其他公益活动的格局。2012年,顺丰全年投入慈善事业资金约300余万元。其中包括:

在甘肃省永靖县5所中学资助120名学生,安徽省太湖县2所中学资助80名学生,每年赞助学杂费约60万元;

在四川省凉山州金阳县洛觉小学资助50名失依儿童,资助款6年共计91万元;

在四川省凉山州民族中学开设女子高中班,资助60名贫困高中女生,资助款3年共计95万元;

在全国26所高校建立"顺丰奖学金",帮助贫苦优秀大学生完成学业,并提供实习及工作机会;

在龙岩连成江坊村投入资金约23万元,开展主村道改造工程;在连山壮族瑶族自治县吉田镇旺南村、和平县彭寨镇开展双到扶贫工作,捐资30万元;

在江西省永新县海龙学校修缮篮球场,捐资约6万元;

为广东省龙川县中心小学等学校捐赠电脑、课桌。

……

四、企业荣誉

2012年1月,顺丰航空获得民航中南地区管理局颁发的"2011年度航空安全责任考核优胜单位"奖。

2012年2月,顺丰获国家邮政局颁发"2012年全国快递旺季服务保障优秀企业"奖;获深圳市劳动关系协调委员会颁发"深圳市和谐劳动关系先进企业"奖。

2012年3月,顺丰获国家邮政局颁发"2011年邮政行业统计工作先进企业"荣誉证书。

2012年4月,顺丰获中共深圳市委、深圳市人民政府颁发"深圳市先进集体"奖。

2012年,顺丰获"中国民用航空国内运输业务"许可销售代理人资格;获"中国民用航空国际运输业务"许可销售代理人资格;获深圳市航空运输业协会"理事单位"资格;获中国电子商务协会、中国网络零售百强评审委员会联合评出的2011－2012年度最佳快递物流服务商荣誉称号。

2012年9月,顺丰获中国交通运输协会快运分会颁发"中国快运50强"荣誉称号。

2012年12月,顺丰获深圳市十八大网络安保工作特殊贡献奖。获中华人民共和国交通运输委颁发的"文明单位"奖。

五、企业大事记

2012年1月4日,顺丰第7架自有飞机投入运营。

2012年2月6日,顺丰美国区成立。

2012年2月8日,顺丰自主研发的手持终端开发票操作系统获国家知识产权局颁发自主研发专利。

2012年2月28日,顺丰航空自主完成B－2951机身蒙皮修理维修任务。

2012年3月6日,顺丰南通航空枢纽中心项目启动,中心占地面积100亩。

2012年3月10日,顺丰广州至长沙高铁运输标准快递开通。

2012年3月14日,顺丰华北航空快件运输枢纽项目启动。

2012年4月1日,顺丰马来西亚区成立。

2012年5月2日,顺丰陆运即日到服务开通。

2012年5月30日,顺丰优选正式上线,在京召开新闻发布会。

2012年6月1日,全网首批30多个中转场喷雾降温系统投入使用。

2012年6月2日,顺丰速运通iPhone、Android手机版优化升级,可实现10秒注册、GPS定位等功能。

2012年7月19日,顺丰航空B737、B757机型延伸跨水能力正式通过审定。

2012年8月28日,顺丰航空第8架自有全货机投入运营。

2012年9月18日,顺丰上海国际快件专用库通过验收,成为上海首家拥有自有专用库的民营快递企业。

2012年9月21日,顺丰航空定期运行机场新增首个国际/地区机场——香港国际机场。

2012年9月28日,顺丰航空第9架自有全货机投入运营。

2012年12月29日,顺丰航空第10架自有全货机投入运营。

申通快递有限公司

一、公司发展

2012年，申通快递有限公司(以下简称“申通”)荣获中国驰名商标殊荣，具有里程碑意义。这年专门成立了电商部门负责应对电商业务，一方面负责与电商平台淘宝、天猫、京东、亚马逊等对接，另一方面及时与电商大客户对接，快速、高效，反应、解决电商票件在产生、配送过程中出现的问题。加快快递进“学校、社区、商业区”“三进”工作步伐，与区域内连锁超市、小区便利店、服务社等建立多样化的合作模式，实现快件末端派送的方便、安全、快捷、高效。2012年年底，申通实施了仓配一体化(仓储+配送)业务的试点工作，陆续推出了24小时件、贵重物品通道、代收货款业务，同时逐步在各个省份推动实施省内件路径优化方案。

2012年，申通在信息化建设方面投入巨大，软件方面：建立申通协同办公系统、业务分析与决策预警系统、电话下单系统、申通信息化智能平台、巴枪管控平台等；硬件方面：自行搭建的4套标准数据中心机房、6台RAC架构的节点小型机、1500个网络分布式呼叫中心坐席等，共投资资金1亿元。

二、基础建设

截至2012年年底，申通共有转运中心67个，占地面积138万平方米，全网共有自有车辆40000余辆。2012年，申通新开通网点127家，截至2012年年底加盟网点数量增至969家。根据年初制定600万票/天不爆仓的目标任务，公司对全网络部分网点进行分区域实地检查，从服务质量、软硬件投资、公司形象、快件操作四大项20小项进行达标考核，对于考核不合格网点公司给予限制整治或回收经营权。

2012年申通针对片区进行改革，从原来十大片区变更为华东、华中、华南、华北、华西等五大管理区的转型升级，制定了详细的《管理区管理制度》，管理区模式由单一到全方位的改变。网点培训从2012年4月份开始，到目前为止共进行了9期。总计有551家网点及承包区(占网点总数的59.6%左右)的610人参加了培训。

三、业务发展

申通快递2012年全年票件量达10.3亿件，公司业务量增长超过30%，其中电子商务件的比例占到60%~70%。2012年11月11日至20日，天猫共产生1.94亿件包裹，选择使用申通快递的占27.19%，与2011年相比，业务量翻了一倍多；高峰期每日运量突破至800万票。2012年，从业人员约12万。

四、社会责任

7月24日，赞助桐庐县横村初级中学学生宿舍床铺更新费十万元。

8月20日，桐庐县慈善总会资助贫困学生，捐赠十万元。

五、企业荣誉

2012年1月，青浦区重固镇总工会颁发“2011年度基层工会工作　三等奖”。

2012年1月，上海市青浦区人民政府颁发“2011年度上海市青浦区纳税100强(昌彤、申通)”奖杯。

2012年1月7日，环球时报社、(香港)亚洲品牌协会、国家发改委《宏观经济管理》、中华工商时报社联合颁发“消费者满意十佳(行业)品牌”证书和奖杯。

2012年2月，国家邮政局颁发“2012年全国快递旺季服务保障先进企业”奖杯。

2012年5月8日，国家工商行政管理总局商标评审委员会颁发“中国驰名商标”奖牌和证书。

2012年5月，中国国际物流节组委会、物流时代周刊杂志社、中国物流业大奖评审委员会颁发“2012快递快运物流最具竞争力企业奖”证书。

2012年6月，中共桐庐县钟山乡委员会颁发“先进基层党组织”奖奖牌。

2012年8月，浙江省企业联合会、浙江省企业家协会、浙江省工业联合会联合颁发“行业领军企业”奖状和荣誉证书。

2012年9月，中国国情调查委员会、中国保护消费者基金会联合颁发“全国质量服务信誉信得过单位”证书和奖牌。

2012年11月，中国国际物流节组委会、物流时代周刊杂志社、中国物流业大奖组委会联合颁发“2012中国十佳物流企业”证书和奖牌。

2012年11月，中国国际物流节组委会、《物流时代周刊》杂志社、中国物流业大奖组委会联合颁发“2012中国物流业品牌价值百强企业”奖牌。

2012年11月，中国交通企业管理协会、交通行业优秀企业管理成果评审委员会联合颁发“全国交通企业管理现代化创新成果一等奖”奖牌。

2012年，上海市快递行业协会颁发“上海市快递行业协会理事单位”。

2012年，上海市企业诚信创建活动组委会、上海市快递行业协会联合颁发“一星级诚信企业”。

2012年12月，浙江省经营管理研究会颁发“第十八届浙江省经营管理大师”。

2012年，中国电子商务协会副理事长、中国电子商务物流企业联盟会长联合颁发“中国电子商务物流企业联盟副会长单位”。

2012年12月，2012中国民营企业峰会颁发“中国民营企业综合竞争力50强”。

六、企业大事记

2012年1月10日，申通快递2011年年终片区工作会议在上海举行，全网各大片区主要申通负责人近60人参加会议，积极响应国家邮政局号召，落实春节期间不放假的指示。

2012年1月11日上午，国家邮政局副局长苏和、中国快递协会秘书长达瓦、上海邮政管理局副局长刘宪民、上海市快递协会秘书长陈麟骅的陪同下莅临申通快递总部慰问。申通快递董事长陈德军、副总裁兼运营部总监陈向阳等公司负责人和高管热情接待了苏和副局长一行。

2012年1月23日(农历新年初一)早晨，上海市邮政管理局李惠德局长莅临申通快递总部，慰问春节期间坚持生产的一线员工。

2012年2月16日下午，日本冲绳县政府领导及日本全日空航空公司(ANA)高层管理人员来访申通快递。申通快递董事长陈德军、副总裁陈向阳等高管接待了日本来宾。

2012年3月19日，申通快递在浙江桐庐海博大酒店召开2012年网络工作会议。

2012年4月26日上午10点，申通快递有限公司领导干部就职宣誓仪式在总公司会议室隆重举行，总公司近100名领导干部参加了宣誓仪式。

2012年5月1日，申通快递启动“申通智能手机客户端快递信息服务平台”项目，针对目前客户使用较为广泛的iphone(苹果)和Android(安卓)手机系统，开发出更适合客户需求的“移动终端信息服务平台”，该服务平台方便客户查询和跟踪快件信息。

2012年5月28日，首届中国(北京)国际服务贸易交易会在北京国际会议中心拉开帷幕。下午，中国快递服务签约仪式在北京会议中心隆重举行，申通快递有限公司董事长陈德军先生出席签约仪式，并发表签约感言。

2012年5月底，申通初步完成对“申通智能手机客户端快递信息服务平台”的开发，并在首届中国(北京)国际服务贸易交易会上“亮相”，它是集“单号输入查询、条码扫描查询、网点资料查询、实时新闻动态”等多种服务功能为一体的实时查询跟踪系统，为消费者提供了最快捷、方便的快递查询方式。

2012年5月28日至6月1日，首届中国(北京)国际服务贸易交易会(简称京交会)在北京国家会议中心举行。申通快递作为此次“京交会”参展商全程参与到召开的各项与行业、企业相关的论坛和活动中去。参展期间，众多的参观者和企业领导莅临申通快递展厅询问相关问题并观看申通企业宣传片。

2012年6月6日，申通快递辽宁盘锦转运中心开业庆典在盘锦市盘山县太平开发区隆重举行。

2012年6月14－15日，2012中国物流与采购信息化推进大会暨物流企业CIO峰会于在湖北省武汉市召开。会上，申通快递有限公司信息技术部报送的《申通业务一体化调派平台》荣获2012年中国物流与采购信息化优秀案例奖，并被收录到《中国物流与采购信息化优秀案例集》。

2012年7月3日，“申通快递干部培训学院”在浙江邮电职业技术学院正式挂牌成立。首批江浙沪100余名申通学员、30余名即将进入申通快递实习的学生和10余名教师参加了仪式。

2012年7月5日上午9:00，申通快递有限公司在成都市工业职业技术学校物流系成立的申通订单班结业典礼在成都市工业职业技术学校北站校区举行。

2012年7月18日，申通公司工会联合委员会组织召开了第二次职工代表大会。总公司所属部门的40名职工代表参加了此次大会。董事长陈德军向大会作了工作报告；工会主席杜新胜作了工会工作报告；人力资源部总监杨靖皓解读了《员工手册》十八项管理制度。全体职工代表对两个报告及《员工手册》十八项制度进行了举手表决，并一致通过。

2012年7月31日，“申通智能手机客户端快递信息服务平台”的开发圆满完成，并正式向客户发布。客户可以通过“申通官网以及APPLE官网商城”免费下载使用该软件。至此申通已形成集“电话网络、互联网络、移动网络”三网一体的客户服务体系。

2012年8月29日，上海市工商行政管理局为申通快递颁发“中国驰名商标”证书。

2012年9月18日上午，申通快递有限公司党委成立大会暨揭牌仪式在申通快递总公司举行，桐庐县委组织部、钟山乡党委领导，总公司全体党员、入党积极分子及上海片区各党支部成员参加了仪式。

2012年9月19日，申通快递十八大期间航空物品寄递安全知识培训在北京举行。本次培训邀请了航空运输安全专家、北京首都国际机场公安处领导前来授课，申通快递华北片区120余名网点负责人参加了培训。

2012年9月21日，申通快递华北管理区成立暨2012年华北管理区工作会议在北京召开。

2012年11月5日，申通快递荣获第19届全国交通企业管理现代化创新成果一等奖。

2012年11月9日，为了解快递市场发展情况，推进《快递市场管理办法》的修订工作，国家邮政局副局长赵晓光专程带队到北京申通快递公司进行实地调研座谈。

2012年11月14日晚，国家邮政管理局副局长赵晓光在上海邮政管理局局长李惠德、夏颐等领导的陪同下，莅临申通总公司视察工作。

2012年11月27日，以“现代物流推动城市发展”为主题的第九届中国国际物流节在武汉国际博览中心拉开帷幕。申通快递应邀参加此次活动并搭建展台。

2012年11月29日，为期三天的第九届国际物流节圆满闭幕。申通快递作为国内规模较大的民营快递企业之一，在本届物流节被授予“2012 中国品牌价值百强物流企业”、“2012 中国物流业大奖年度影响力企业”两项荣誉称号，董事长陈德军个人荣获“2012 中国物流年度人物”荣誉称号。

2012 年 12 月 1 日，申通快递召开全网络转运中心、航空部经理工作会议，公司总裁兼运营总裁陈小英作《看清不足　再战高峰》的讲话。

2012 年 12 月 21 日，申通快递有限公司举行沈阳、武汉、西安三个转运中心经营管理权交接仪式。申通快递有限公司董事长陈德军、总裁陈小英出席了交接仪式并为三家网点颁发奖金。

2012 年 12 月底，申通快递仓储业务上线。

扫二维码，完美体验速递物流APP应用!
iOS
www.11183.com.cn
EMS
B-2528
BOEING 737-300
BOEING 737-300
EMS
CNPL
中 邮 物 流

与时间赛跑 商机唾手可得
顺丰速运就在您身边
SF AIRLINES
顺丰航空
845

EXPRESS
顺丰速运

用心成就你我！

基本覆盖到全国地市级以上城市和发达地区地市县级以上城市，尤其是在江浙沪地区，基本实现了派送无盲区。

在未来，公司将继续致力于民族品牌的建设和发展，继续秉承"用心成就你我"的服务宗旨，加大投入、规范管理，吸纳人才，为社会提供更加优质、安全、便捷的快递服务，不断推动申通快递稳步发展，提升企业品牌价值，创造民族快递的奇迹。

YTO 圆通速递 EXPRESS · 中国人的快递

引领中国速递

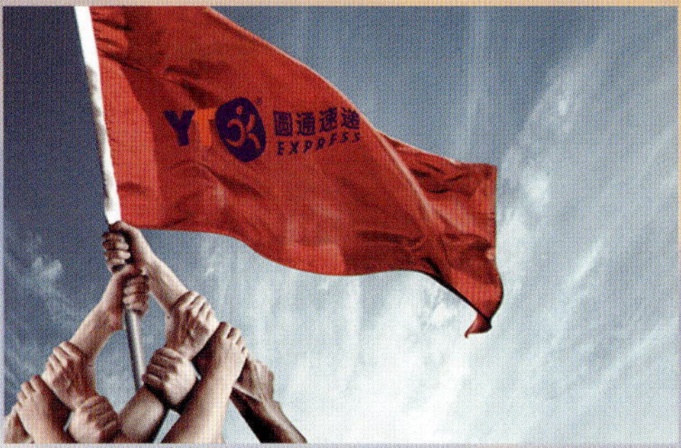
圆通速递愿景是：具有国际竞争力的快递品牌、受人尊重的百年企业、打造中国民族快递业的著名品牌。

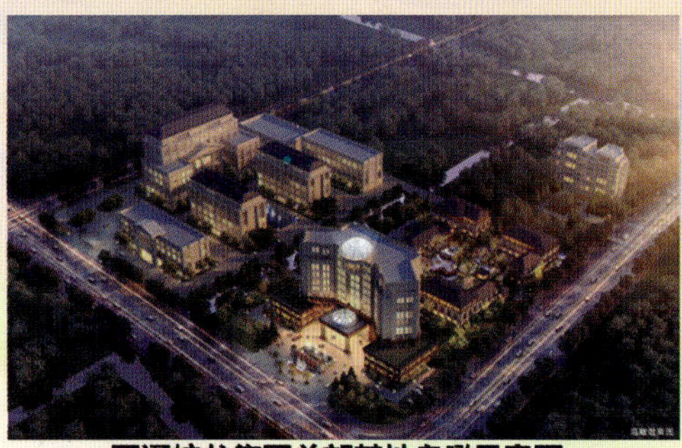
圆通蛟龙集团总部基地鸟瞰示意图

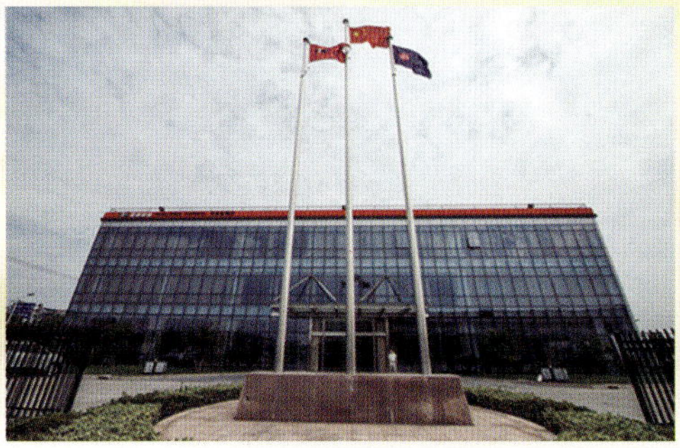
圆通速递营运办公大楼

圆通速递有限公司创建于2000年5月28日，2010年底，
立上海圆通蛟龙投资发展（集团）有限公司，标志着圆通向
化迈出了更加坚实的一步。

经过十余年的发展，圆通已经形成了规模化、网络化、
化、多元化乃至国际化的经营格局。目前综合实力位列中国
业前三甲，且行业地位处于显著的上升过程中。

公司现拥有8大管理区、69个转运中心，遍布全国的600
配送网点，12万余名员工，直接服务国内1900余个城市，航
输通达机场70余个，覆盖200多个城市。多年来，圆通被评
国交通运输行业文明示范窗口、全国青年文明号、全国快递
服务保障先进企业、上海名牌、上海市青年文明号（共
号）、上海市“诚信企业”等。

圆通速递全面打出“时效、体验、创新”主题牌，以客
验为导向，以承诺服务为目标，以诚信经营为基础，以科技
为动力的服务理念。

公司愿景是：具有国际竞争力的快递品牌、受人尊重的
企业、打造中国民族快递业的著名品牌。

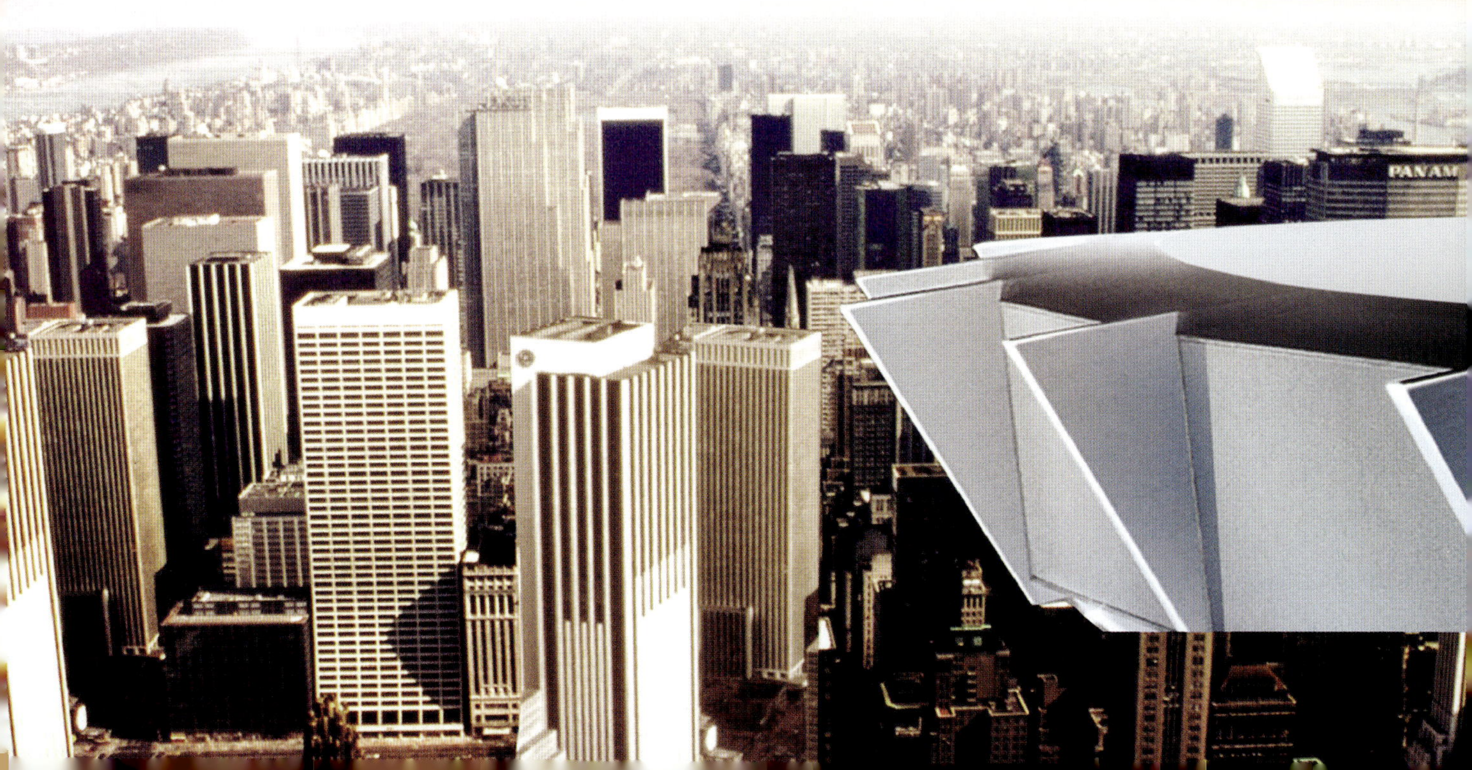

有你在，就有我。

服务，是一种态度，更是一份责任。老人，小孩；城市，山区；晴天，雨天……
不同的年龄，不同的阶层，不同的季节，不同的民族，不同的国别，同一个我——中通。

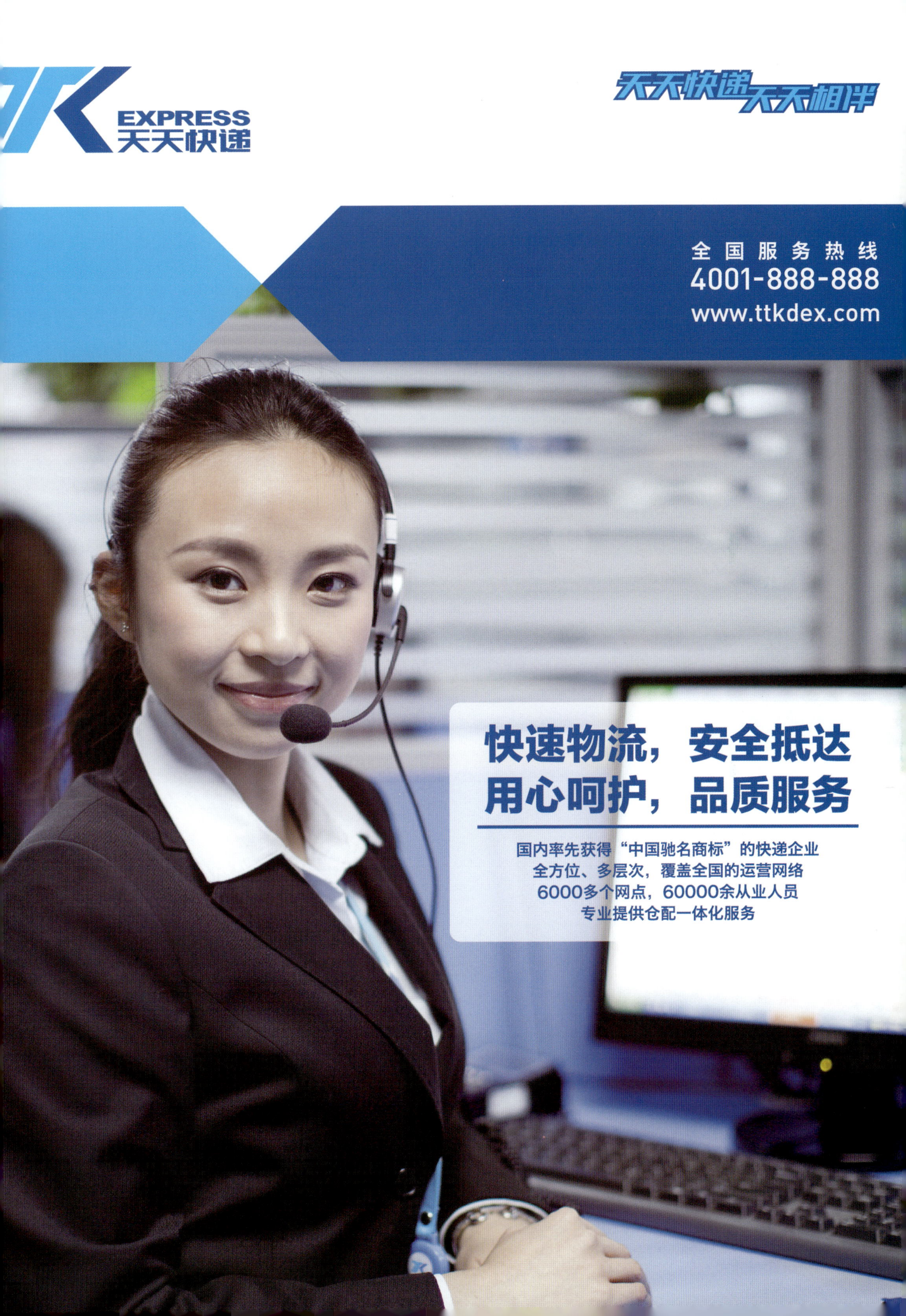
EXPRESS
天天快递
天天快递 天天相伴
全国服务热线
4001-888-888
www.ttkdex.com
快速物流，安全抵达
用心呵护，品质服务
国内率先获得“中国驰名商标”的快递企业
全方位、多层次，覆盖全国的运营网络
6000多个网点，60000余从业人员
专业提供仓配一体化服务

全峰快递
QUANFENG EXPRESS
传递快递正能量
有爱的快递
多信息
用手机扫描二维码登陆全峰官方网站、微博及微信进行了解
全国服务热线
4001 000 001
全峰快递集团 QUANFENG EXPRESS
地址：上海市嘉定区曹安公路3818号　邮编：201812
网址：www.qfkd.com.cn　邮箱：bd@qfkd.com.cn　微博：e.weibo.com/qfexpress　微信：全峰快递集团

上海圆通速递有限公司

上海圆通速递有限公司(以下简称“圆通速递”)创建于2000年5月28日。2011年成立上海圆通蛟龙投资发展(集团)有限公司,标志着圆通向集团化迈出了坚实的一步。

一、基础建设

2012年年底,圆通速递拥有8大管理区,65个转运中心,6000余个配送网点,10万余名员工,直接服务国内1600余个城市,航空运输机场达70余个,覆盖200多个城市。

2012年圆通速递新建和改扩建转运中心共30个,对30余个中心的输送带进行改造及更新,添置或更新监控设施,已经竣工和在建工程项目总数达80多个。经新建和改扩建后,全网转运中心业务处理能力将在2011年度的基础上增长50%以上。

二、业务发展

2012年,圆通速递全网完成快件业务量9.1亿件,服务旺季单日揽收件量超700万件;实现业务收入130亿元。

圆通速递为客户提供同城当天件、区域当天件、跨省时效件和航空次晨达、航空次日下午达等多种服务产品和到付、代收货款、签单返还等多种增值服务,以及供应链解决方案。在北京、上海、广州、深圳、无锡、常州、杭州、嘉兴、义乌、绍兴、厦门等11个城市,为客户提供现金、快捷支付等代收货款增值服务。

圆通速递加强对全网各分公司客服热线的管控,提升全网服务效能;自主开发CRM系统与呼叫系统对接,实现总部与各分公司客服信息的无缝对接。

圆通速递凭借其在快递服务环节的揽收服务、送达时限、问题件投诉及查询等方面的优良表现,在2012年快递服务满意度调查中位列总体满意度前三名。

2012年6月4日,圆通速递全货机在杭州萧山国际机场成功首航。7月9日,第二架波音737-300F全货运飞机启航。12月12日,再增飞杭州至深圳330型全货机,进一步扩大了圆通速递华东—华北—华南之间的时效产品运营能力,提高了圆通速递的时效服务。

三、营销策略

2012年4月,圆通速递推出“一站式”自助服务网站——易通诚信系统,可以让客户轻松便捷地管理快递业务。除了实现自助下单、快递追踪、运单打印、账单管理等基本功能外,还能够进行收寄件地址管理、快递业务分析,以及快捷查单和下单的智能手机客户端等功能。

2012年5月起,圆通速递携手上海万科30家小区物业合作代、派快递业务,拉开了城市配送体系中“物业快递代办点”的序幕;为开拓校园市场,抓住校园包裹收寄的有利时机,走进大学城,开展校园收寄试点工作。

截至2012年年底,圆通速递营销管理中心总共开发了千余个大客户。

四、转型升级

圆通速递发展战略规划中将2012年定为转型升级飞跃年,确定“重安全、抓时效、讲品质、落标准、求平衡、促发展”六大工作举措,并通过圆通网络会议进行深入研讨、认真宣传贯彻和全面部署;圆通速递全网进一步发挥信息化优势,实施标准化战略,提升机械化程度;为提升运能和快件时效,着力推进航空战略,3架全货机先后顺利投入运营。

圆通速递认为，坚持走信息化发展之路是做大企业，做优品牌，做强行业的必由之路，是提升企业和行业核心竞争力最为重要的手段之一。

五、社会责任

2012 年 1 月 10 日，圆通速递参与桐庐县开展的“送温暖献爱心”活动捐赠 18 万元。

2012 年 2 月 12 日，圆通速递向桐庐县教育发展基金会捐赠 100 万元，支持桐庐县的教育事业。

2012 年 7 月 10 日，圆通速递向桐庐县石阜小学捐赠助学金 10 万元，用于资助贫困学生。

2012 年 12 月 24 日，圆通速递向杭州见义勇为基金会捐赠 30 万元。

六、企业荣誉

2012 年 1 月，圆通速递被上海市青浦区城市交通运输管理署授予“上海市青浦区货运行业 2011 年度优秀单位”称号。

2012 年 2 月，圆通速递被国家邮政局授予“2012 年全国快递旺季服务保障先进企业”荣誉称号。

2012 年 3 月，圆通速递客户服务部被上海市青浦区总工会授予“工人先锋号”荣誉称号。

2012 年 4 月，圆通速递荣获“2011 年度上海城市公众满意企业”称号。

2012 年 4 月 12 日，圆通速递在由中国物流信息中心联合中国物流招标网举办的“第三届中国电子商务物流大会暨 2012 中国媒介购物物流发展论坛”大会上，获得“2012 中国电商物流大奖 · 最具影响力企业奖”殊荣。

2012 年 4 月 19 日，圆通速递在上海市青浦区慈善基金工作会议暨第一届青浦区“慈善之星”表彰会议上，被授予第五届上海市“慈善之星”提名奖荣誉称号。

2012 年 6 月，在杭州召开的 2012(第三届)中国民企投融资大会上，发布了 2012 浙商全国 500 强榜单，圆通速递入围 2012 浙商全国 500 强排名第 108 位，位列 2012 浙商全国 500 强之营收增速 TOP100 第 56 位和 2012 浙商全国 500 强之净利润增速 TOP100 第 78 位。

2012 年 8 月，圆通速递被上海市企业诚信创建活动组委会和上海市快递行业协会授予上海市“四星级诚信创建企业”称号。

2012 年 8 月 21 日，圆通速递被中华英才网评为“中国交通运输物流行业最佳雇主”。

2012 年 8 月 31 日，北京浙江桐庐商会成立大会在北京召开，圆通速递董事长喻渭蛟当选为北京浙江桐庐商会第一届会长。

2012 年 9 月，圆通速递被上海市私营企业协会授予“2010 － 2011 年度上海市先进私营企业”光荣称号；被上海市社会治安综合治理委员会授予“2011 年度上海市平安单位”荣誉称号。

2012 年 12 月 26 日，圆通速递被杭州驻沪企业联合会授予 2012 年度杭州在沪“快递行业最具影响力企业”荣誉称号。

七、企业大事记

1 月 1 日至 3 日，圆通网络在上海召开以“转型升级、飞跃 2012”为主题的五届四次管委会扩大会议暨 2011 年工作总结及 2012 年工作部署会议。会议通过以“重安全、抓时效、讲品质、落标准、求平衡、促发展”这六大工作举措为 2012 年转型升级关键之年的重要抓手。

2012 年 2 月 20 日，为迎接 2012 年全国“两会”的顺利召开，确保圆通全网快件安全和时效服务，圆通速递在上海总部召开安全生产工作会议，全面部署快递服务和安全工作。

2012 年 4 月 5 日，圆通速递副总裁喻志贤出席第十六届中国东西部合作与投资贸易洽谈会签约仪式，宣布总投资 3 亿元的圆通速递西北运转中心将全面落户陕西省西咸新区空港新城物流园区内，占地约 126 亩，集办公、生活、分拣和转运功能于一体,全部采用机械化的分拣流水线。

2012 年 4 月 11 —12 日,中国南方航空股份有限公司与上海圆通速递有限公司在中国民营快递之乡——浙江省杭州市桐庐县举行战略合作项目推进会。

2012 年 4 月 17 日,圆通速递总部组织召开贯彻落实《快递服务》国家标准工作专题会议。

2012 年 4 月 25 日,杭州召开支持浙(杭)商创业创新座谈会暨合作项目签约仪式,上海圆通速递有限公司喻渭蛟董事长出席创新座谈会,并签下 50 亿元人民币的投资项目,将全力构建圆通速递航空总部。

2012 年 5 月,圆通速递全网开展《快递服务》国家标准的贯彻落实工作,通过召开宣传会议、网络学院培训、知识竞赛、考核考试等方式,做到全员学标准、全员落实标准。

2012 年 6 月 4 日,经上级党组织批准,原中国共产党圆通速递有限公司党支部升格为"中国共产党圆通速递有限公司委员会"。

2012 年 6 月 23 日,圆通网络六届二次管委会扩大会议在浙江桐庐召开,会议围绕"转型升级、飞跃 2012"主题展开深入讨论,并作出全面工作部署。会上,还举行了中共圆通速递党委成立揭牌仪式。

2012 年 7 月,圆通江西区域南昌新转运中心正式启用,新中心占地 3500 平方米,配备独立的办公区、宿舍区和食堂。该中心的投入运营将有效提升圆通江西区域的快件处理能力。

2012 年 7 月 14 日,圆通速递与沈阳市苏家屯区政府正式签订《投资协议》,宣布将在沈阳投资建设圆通东北区域总部基地和圆通东北航空枢纽基地,预计投资总额将达 3.6 亿元人民币。

2012 年 8 月 7 日,山东省潍坊市人民政府与上海圆通蛟龙投资发展(集团)有限公司战略合作签约仪式在上海举行,宣布将在山东潍坊市构建圆通区域航空物流枢纽基地。

2012 年 8 月 17 日,上海圆通蛟龙投资发展集团有限公司(上海圆通速递有限公司)与杭州空港经济区(空港新城)管理委员会,在杭州举行圆通速递航空总部及华东管理区总部项目正式协议签约仪式,该项目总投资 55 亿元。

2012 年 8 月 21 日,圆通速递深圳和虎门新转运中心正式启用。圆通深圳新转运中心于 5 月 20 日乔迁并于 8 月正式启用,靠近宝安机场,总面积达 35000 平方米,操作面积相比以前扩大近 3 倍,达 5500 平方米;虎门新转运中心于本日乔迁并正式启用,总面积达 29000 平方米,操作面积相比以前扩大近 4 倍,达 3900 平方米,两个转运中心均集办公、仓储、分拨、转运功能为一体。

2012 年 9 月 22 日,中国交通运输协会快运分会举办"民企的力量——圆通速递探索之旅"研讨会。会议以"民企的力量——圆通速递探索之旅"为主题,旨在通过圆通速递的成长发展历程,深刻解读中国民营快递的发展路径。

2012 年 10 月 7 —8 日,圆通全国网络在杭州召开圆通速递"超越之年"工作研讨会暨六届三次管委会会议,共谋圆通速递超越战略,共绘圆通速递的发展蓝图。

2012 年 10 月 10 日,上海圆通蛟龙投资发展集团有限公司(上海圆通速递有限公司)与江苏省泰州市高港区临港经济园管理委员会,在上海举行圆通速递泰州集散中心项目签约仪式。该项目总投资 2.5 亿元,占地约 150 亩,集办公、生活、转运和分拣功能于一体,全部采用机械化的分拣流水线。

2012 年 11 月 12 —14 日,圆通速递董事长喻渭蛟在上海总部接受中央电视台《经济半小时》的采访,阐述"包裹里的中国产业地图"。

2012 年 11 月 28 日,圆通速递召开专题学习会议,传达贯彻国家邮政局《关于加强督导做好快递业务旺季服务保障工作的通知》文件精神。

2012 年 12 月 20 日,圆通速递组织开展客户信息安全治理专项行动,并下发《关于要求全网做好寄递信息安全管理的通知》。

八、模范典型

2012 年 5 月，圆通速递北京师范大学快递业务员曹中希被中华全国总工会授予全国“五一”劳动奖章荣誉称号。

主要事迹：

2010 年曹中希入行不久编写诗词短信通知学生取件，让学生感到很温馨。同时为方便学生取件，提高派送时效，他将快件按照一定的排序，并与客户的手机尾号对应编发取件短信。他不仅赢得了北师大学子们的一致好评，而且还接受了中央电视台等多家媒体的专访。2011 年 4 月的一天，他应邀登上北师大讲台，与学生们分享他积极、乐观的生活态度。2011 年，北京市商务委员会、北师大等单位研讨高校快递改革，作为快递员的代表，他应邀参加了此次研讨会，提出了自己的想法和意见，得到了专家们的肯定。

上海韵达货运有限公司

上海韵达货运有限公司(以下简称"韵达快递")创立于1999年8月8日,总部设在上海,公司始终秉承"传爱心,送温暖,更便利"的企业使命,致力于实现"成为受人尊敬、值得信赖、服务一流的快递公司"的企业愿景。网络有8万余名员工为广大客户提供着优质快捷的快递服务。

一、基础建设

韵达快递在全国建设了71个分拨中心,各级分拨中心均安装了能够进行全天候、全方位监控的视频监控系统,确保快件分拨转运时效和安全。71个分拨中心全部安装了机械化操作流水线,提高了快件分拨操作效率和质量。

韵达快递自主研发了快件信息运营管理系统(快件查询跟踪系统),开通官方网站,通过网站提供客户自助、QQ在线咨询等服务,并在全网络快递员中统一推广使用手持终端设备,实现了快件操作与信息采集的同步以及快件运营信息的实时传递,方便了客户的即时查询、咨询,也为实现快件全程全网运营提供了支撑。

韵达快递在全国建设了20000多家营业网点,并在全网络推广标准门店,方便客户寄递快件。

韵达快递总部设立了呼叫中心,在全国5个区域设立了区域呼叫中心,在全网络71个分拨中心分别设立了客户服务部,为客户提供查询、咨询及其他业务受理服务。

韵达快递在全网络开通了1500条陆运主干线,500条陆运支干线,每辆车安装了集车辆跟踪、路线规划、信息查询、话务指挥和应急处置功能于一体的GPS卫星定位系统。同时,韵达快递在全国各省会城市、重点城市设立航空部,通过与各大航空公司开展战略合作,设立航空直发线路800余条。

二、业务发展

2012年,韵达快递全网络递送快件超过6亿件,单日最高峰业务量超过500万件。韵达在全国31个省(区、市)以及港澳台地区设立了服务网点,服务范围覆盖3200个县级以上城市。在长三角、珠三角和京津冀地区,韵达快递的网络已经延伸至乡镇、农村。

韵达快递为客户提供了以同城区域当天件、国内次晨达件、国内次日达件和电子商务快件为核心的服务产品体系,还为客户提供到付、代收货款(部分区域)、签单返还、仓储和保价等增值服务。

三、社会责任

韵达快递先后在就业、扶贫济困、抗击自然灾害和地方经济建设等方面奉献爱心、捐款捐物,免费运送救灾物资。

2012年,韵达快递携手上海某高校慈善组织,开展暖冬慈善活动,将一批棉袄、围巾和鞋帽等御寒用品,书籍、文具等学习用品物资,免费运往云南省玉溪市江川县山区和山东省临沂市兰山区。

四、企业荣誉

2012年1月,韵达快递被上海市青浦区人民政府授予"2011年度上海市青浦区纳税百强企业"荣誉称号。

2012年2月,韵达快递被国家邮政局授予"2012年全国快递旺季服务保障先进企业"荣誉称号。

2012年4月,韵达快递被国家邮政局授予"2011年度邮政行业统计工作先进企业"荣誉称号。

2012年9月，韵达快递荣获由中国电子商务协会文化节组委会授予的“2012年中国电子商务百强企业”称号，获得“2012中国电子商务物流服务商百强企业”奖项。

2012年9月，韵达快递在由国际知名财务咨询服务机构安永中国以及复旦大学管理学院共同举办的“2012安永中国最具潜力企业”评选活动中，获颁“2012安永复旦最具潜力企业”奖。

五、企业大事记

2012年2月11日，韵达快递在上海举行2011年度总结表彰大会。会议总结了2011年的工作成绩，部署了2012年的工作任务。会议决定，2012年为韵达快递的服务质量年，并要求韵达全网络坚持围绕“以客户为中心”这个中心，坚持围绕“狠抓中转，确保操作畅通；狠抓收派，确保时效质量；狠抓服务，确保（内外）客户满意；狠抓营销，确保数量增长”这四个狠抓，全面、持续推进韵达全网络各项工作的顺利、有序开展。

2012年3月3日至4日，韵达快递在杭州举行第十二届全国网络大会。来自韵达快递总部、七大区、各分拨中心和网点的各级管理人员共600余人参加了会议。会议提出，要做好“快件全生命周期管理”，紧紧围绕“以客户为中心”这条主线，研究制定在快件揽收、分拨中转和派送等快件全生命周期各个环节时效和质量的影响因素以及系统解决方案。

2013年4月18日，韵达快递发布了关于全网统一规范工作服着装要求的通知，要求从4月份开始，总部将分别向全网络下发春季、夏季和冬季三种工作服，分阶段统一规范全网络工作服着装要求。

2012年5月1日，中央电视台新闻频道在“五一国际劳动节”宣传片中，多次播出了韵达快递上海长宁西部公司快递业务员叶周城“劳动实现梦想”的故事，展示了一线快递业务员的风采。韵达快递是本次报道中唯一一家来自快递行业的企业。

2012年5月28日至6月1日，韵达快递参加首届中国（北京）国际服务贸易交易会。

2012年7月20日至23日，为期4天的清华大学工业工程系“快递业高级管理人才研修班——韵达班”在清华大学开班。韵达快递总部管理人员和网点负责人共30余人参加研修。

2012年9月7日，韵达快递总部召开会议，布置十八大期间全网络快递服务和安全保障工作。会议强调，要结合正在全网络开展的“百日无事故安全生产活动”，全面推进以“快件安全收寄验视、安全中转、分拨和派送”为主要内容的自查和检查，做到“全员参与，全员行动”，制定具体有效的措施，把安全工作落到实处。

2012年9月8日，以“网商之势、电商之道”为主题的第九届全球网商大会在杭州召开。韵达快递以“绿色快递”为主题参加了此次网商大会。

2012年11月15日上午，“上海市邮政监管派出机构成立大会”在上海市展览中心召开。上海市副市长沈骏、国家邮政局副局长赵晓光到会讲话，并为新成立的上海市浦东邮政管理局等6个本市省级以下邮政监管派出机构揭牌。韵达快递由董事长带队一行十余人参加了本次大会。

2012年11月27日，韵达快递参加了在武汉举行的以“现代物流推动城市发展”为主题的第九届中国国际物流节。

2012年12月8日，韵达快递在上海召开会议，总结2012年下半年快递业务旺季以来的工作，部署了“双12”、圣诞、元旦和春节前的快递业务旺季服务保障工作。

中通速递服务有限公司

2012年，是中通速递服务有限公司（以下简称“中通速递”）发展取得重大进展的一年。网络规模不断扩大，发展能力不断增强，服务质量不断提升，中通实现了跨越式发展，为“十二五”规划的顺利实施打下了坚实的基础。

2012年，中通速递全网从业人员近8万人；服务网点4000多个，覆盖2500多个县市、15000余个乡镇；开通港台快递服务；分拨中心57个，其中自建分拨中心5个；运输服务车辆近18000辆，其中主干线网络班车近2000辆；航空线路300条，直达城市45个。网络规模日益壮大，稳居快递行业“第一梯队”行列，完成做大中通的阶段性目标任务。

一、业务发展

2012年，中通速递不断拓展网络覆盖，根据市场形势，推出适合客户需求的产品服务。全网业务总量完成近6亿件，同比增长98%；业务量在行业中的占比达9.7%，同比增长2.1%。超额完成了年初制定的目标任务。其中，在“双11”期间，日业务量峰值过500万件，创网络历史新高。

二、基础建设

2012年，中通速递无锡分拨中心投入运营，淮安分拨中心、中山分拨中心、北京分拨中心等项目正在建设中，2013年内可投入使用。首期投资近2亿元，收购了上海总部西边厂房和无锡分拨中心西边厂房，共100亩土地及其附属建筑。购置了杭州、南京、嘉兴、泰州等地的300余亩土地，拟投资5亿多元，建设大型分拨中心。这一年，中通速递还计划投资20亿元，先后在苏州、合肥、天津、武汉、无锡（航空基地）、上海（二期）、郑州、常州、金华、沈阳、成都等地筹建中心项目，建设土地达800余亩。据不完全统计，中通速递在近两年内，对基础设施建设项目的投资预计将达30亿元。

这一年，中通速递信息系统全面升级，完成上海、北京、广东的信息系统统一工作，全网汽运班车GPS配置率达到100%，适应中通速递业务发展的PDA手持终端的推广与运用基本实现网络全覆盖，全网一体化的呼叫中心的设立与推进工作取得重要进展。

三、社会责任

2012年，中通速递在快速发展的同时，始终不忘“感恩客户、回报社会”，始终坚持开展并参与各项公益活动，捐钱捐物，奉献爱心。在“春风行动”及中通速递网络互助活动中，中通速递勇担责任，为贫困人群捐出近百万元。

2012年7月16－17日，湖南省邵东市突降暴雨，最大达166毫米的雨量让邵东市几乎成为汪洋泽国。道路桥梁被冲毁，交通中断；电线杆倒塌，电力中断；农田被大量淹没、山体滑坡时有发生……在这危急时刻，中通速递邵东公司秉着“感恩客户，回报社会”的企业理念毅然加入到邵东爱心义工联组织的，以“爱在传递，我们在路上”为主题的大型爱心援救行列中。7月23日，在邵东爱心义工联会会长的带领下，中通速递邵东公司共出动三台满载救灾物资的卡车、15台爱心私家车、118位爱心义工，一同前往受灾最为严重的堡面前、灵官殿、石株桥三个乡镇进行赈灾慰问，并给当地群众送去了生活急需物资。

2012年11月24日，中通速递与湖南湘潭大学联合成立了名为“环中微益”的公益组织，旨在环绕中国，通过中通速递网络，做一些力所能及的公益活动。此次成立大会由中通速递湖南湘潭公司与湘潭大学化工学院联合举办，会上还启动了湘潭大学化工学院第二届“爱聚你我、衣暖人间”

冬衣及书籍捐赠仪式。

2012 年 12 月 27 日，中通速递上海总部与上海市青浦区教育局联手，开展了一次“圆梦 1 + 1”爱心捐书云南的大型公益活动，免费为云南省偏远山区学校寄递上万本爱心书籍。

四、企业荣誉

2012 年 2 月 17 日，国家邮政局授予中通速递“2012 年全国快递旺季服务保障先进企业”荣誉称号。

2012 年 4 月 17 日，江苏省邮政管理局依托江苏省“放心消费创建活动”载体，开展具有快递行业特色的放心消费创建活动。南京中通及徐州中通获评江苏省快递行业放心消费创建活动“先进单位”。

2012 年 5 月 3 日，为了庆祝建团 90 周年、“五·四”运动 93 周年，共青团上海市青浦区华新镇委员会举办了“青年风采大赛暨五四表彰大会”。中通 12 名代表携两个参赛作品参与比赛并获得最佳创意奖与最佳台风奖。

2012 年 5 月 16 日，中通速递江西管理中心获得“2011 —2012 年度邮政行业消费者申诉处理先进单位”荣誉称号。

2012 年 12 月 3 日，“乐扣乐扣”网络商城李经理特意赶到中通速递上海总部，为航空部送上一副“运作帷幄，吞吐大海”的锦旗。“感谢中通运筹帷幄，吞吐有序，让我们‘双 11’期间产生的所有快件非常顺利地发出去了”。

2012 年 12 月 26 日，中通速递参加了由上海市邮政管理局举办的以“诚信服务伴我行、立足本职作贡献”为主题的演讲比赛。两名中通人以自信稳健的台风、优雅从容的姿态、流畅自然的表达最终征服了评委，双双荣获比赛三等奖的好成绩。其中总裁助理兼市场营销中心总监郑超创作的《心的动力》征文还荣获“诚信服务伴我行、立足本职作贡献”上海邮政业主题征文优秀奖。

五、企业大事记

中通速递隆重举行成立十周年庆典活动

2012 年 5 月 8 日，中通速递在浙江桐庐隆重举行主题为“中瓴十年、通达九州”的十周年庆典活动。中通速递董事长赖梅松，常务副总裁赖建法与中通所有股东，副总裁金任群、赵伟及总部管理团队，全国各分公司与分拨中心的经理代表共 1000 余人参加了庆典活动。会议全面回顾了中通 10 年的发展历程，分析了国际国内快递业发展形势，对中通未来的发展也作了全面的规划。

中通速递在厦门、上海先后召开三次网络理事会

中通速递于 2012 年 2 月 18 日、2012 年 6 月 16 日、2012 年 12 月 8 日先后在福建厦门、上海召开三次网络理事会，来自全国各地的网络理事成员均参加会议，并提出议案，共商网络发展大计。据不完全统计，三次理事会中共收到各位理事的议案 160 余份，形成利于网络发展的决议 36 项。

董事长赖梅松出席中国快递服务贸易签约仪式并参加中国快递论坛

2012 年 5 月 28 日，中国快递服务贸易签约仪式在北京会议中心隆重举行。仪式上，阿里巴巴旗下 B2C 平台天猫与中通速递等快递公司签订战略合作框架协议。期间，赖梅松董事长先后接受了 CCTV、中国之声等中央媒体记者的采访。5 月 29 日，以“提升质量，服务民生”为主题的“2012 中国快递论坛”在北京国际会议中心隆重举行。中通速递董事长赖梅松、副总裁赖建法等领导应邀出席。

中通速递“靓相”京交会、中国国际物流博览会和中国国际物流节

2012 年 5 月 28 日至 6 月 1 日，首届中国（北京）国际服务贸易交易会（以下简称“京交会”）在北京国家会议中心隆重举办。中通速递参加此次盛会，董事长赖梅松受邀参加京交会开幕式。11 月 22 —24 日，中国（四川）国际物流博览会在成都

隆重举行。中通速递受邀参加此次展会。11 月 27－29 日,中国(湖北)国际物流节在武汉隆重开幕。中通速递副总裁赵伟、中通湖北公司总经理蓝柏成应邀参加开幕式。中通速递受邀参加此次展会,并在展会设立展区。

中通速递先后签约华中总部基地、江苏泰州集散中心等建设项目

2012 年 6 月 15 日,武汉吴家山经济技术开发区重点项目集中签约仪式在武汉市东西湖区隆重举行。中通速递华中总部基地建设项目作为 33 个重点项目之一正式签约。中通速递董事长赖梅松出席仪式并代表中通速递签约。10 月 15 日,中通速递上海总部与江苏省泰州市高港区临港经济园管理委员会在沪举行中通速递泰州集散中心建设项目签约仪式。该项目预计 2014 年可投入运营。

2012 年,中通速递先后在浙江海宁、金华、嘉兴、台州、广东中山,江苏淮安、南京、苏州、安徽合肥、天津、沈阳、成都、西安、长沙等地签约投资建设项目。

中通速递长沙、太原、无锡等中心新场地正式投入运营

2012 年 8 月 29 日,中通速递速递无锡中心暨无锡公司乔迁庆典隆重举行,各中心及网点的 200 余名代表前往祝贺。无锡中心占地面积达 1.9 万平方米,集办公、操作、生活于一体,年处理快件量可达 800 多万件。2012 年,中通速递山西太原、湖南长沙、浙江台州、湖北襄阳等转运中心的新场地相继投入运营。

中通速递全网络“双 11”日快件量突破 500 万件

2012 年 11 月 12 日,中通速递全网络快件量突破 500 万件,并在原有保障基础平台上实现了平稳有效运营,标志着中通速递发展跃上了一个新的台阶,是中通发展史上的又一里程碑。

中通速递开展网络测评工作,全面推行网络“一体化”

2012 年 8 月 1－22 日,中通速递启动全网第一阶段测评工作。该阶段测评对象为江浙沪皖所辖网点,经过 22 天的测评检查,走访检查 360 余家网点,测评组获得大量数据、建议,并取得预期效果。全网测评是中通“一体化”工作推进的具体措施之一,2012 年中通全网“一体化”工作已成为主旋律,在总部宏观调控下,在全网成员的共同努力下,网络“一体化”工作书写了新的篇章。

百世网络技术有限公司（百世汇通）

2010年11月，杭州百世网络技术有限公司正式入主国内知名品牌“汇通快运”，创建“百世汇通”快递。2012年是百世汇通飞速发展的一年，是百世汇通在网络、品牌、服务等各方面实现全面晋级的一年，更是把信息化和自动化建设作为核心竞争力后转型升级的一年。

这一年百世汇通获得了超常规发展，业务收入和业务总量双双创下新高，网络从“齐全”发展到“强壮”：基础设施不断完善，市场规模持续扩大，全国直营化进展顺利，信息化运用得到普及，经营管理能力显著提高，服务水准得到优化，企业的发展步伐远超行业平均增速，各项指标都取得历史性的突破。截至2012年12月，百世汇通拥有全国各级服务网点超过8000个，开通全网省际、省内班车1000多条，超过3万人的专业速递团队为千家万户提供全年无休的速递服务。

一、基础建设

（一）稳步推进直营工作

2012年，百世汇通坚定不移地继续推进全国网络的优化建设，年初开始，先后收回了北京、天津、云南、河南、福建、四川、贵州、吉林、山西等重要省市的网络经营权。在直营化进程中，百世汇通遵循因地制宜、因势利导的原则，结合区域业务量、区域位置因素等实际情况，采用了对重点城市直营、对三四线城市加盟的网络升级之路，直营和加盟并存的组网模式切实增强了总部对全国网点的领导管理能力及网络的全面覆盖能力。

（二）新扩建转运中心和增加支、干线网络线路

截至2012年12月，百世汇通新建、扩建了一级、二级、三级及市内转运中心达70多个，大大完善了百世汇通的全网中转布局，提升了全网快件时效，为全网运营能力的提高奠定了坚实的基础；网络线路达到1000余条，省际干线及省内/区域内班车线路同比增加50%，网络运输班车数量同比增加超过100%。

（三）全力推进信息化建设

百世坚信科技信息化技术创新将成为百世汇通发展的强大驱动力。在短短两年时间内，百世汇通投入大量人力、物力，致力于推进全网的信息化水平及覆盖规模建设。百世汇通自主研发了Q9快递信息管理系统、GPS监控系统、大宝系统、班车信息管理系统、平台支付系统、手持数据终端系统等，并实际投入快递运营、生产，优化了现有快递运作流程，提高分拨中心处理能力，强力支撑了百世汇通业务的爆发式增长。

（四）完善全国客户服务体系

2012年12月28日，百世汇通全国客户服务呼叫中心在浙江海宁正式上线运行。该中心平台采用百世汇通自行开发的国内领先、国际一流的AVAYA呼叫中心平台，新呼叫中心由PBX交换机、CTI服务器、IVR服务器、多媒体服务器、录音服务器、报表管理服务器等多种先进软硬件系统组成。结合相配套的CRM（客户关系管理）系统，可完成所有的电话接听、快件查询、问题记录、工单流转及升级任务，大大提高了工作效率，提升了客户服务水平。呼叫中心系统所拥有的强大的实时监控和报表功能，能对全部业务流程进行有效把控和管理。

项目第一期即建成300个呼叫席位，在全国任何一个地方，只要拨打“4009565656”服务热线，就能提供下单、查询、业务咨询、投诉、仲裁、理赔等全流程服务。在整个系统的设计中，考虑了公司未来的业务增长和服务完善，因此预留了足够的扩容与升级的空间。

二、业务发展

2012年百世汇通业务收入和日出件量双双创下新高，至2012年12月底，百世汇通日最高单量突破120万单，同比增加140%。同时，公司对快递产品结构也做了相应调整，限制大货、泡货，大力发展适应城市产业集聚区和功能性特点的样品、票务、单证、文件等快递业务，发展高时效、高附加值、小批量、小体积的快递产品服务。

2012年，百世汇通服务质量飞速提升，客户满意度创下有史以来最好成绩，据国家邮政局官方调查数据显示，2012年百世汇通在全国11家快递企业客户满意度全年评比中软实力名列第三，下半年名列第二。

三、标准化及品牌建设

百世汇通加强标准化制度建设，网管、分拨、汽运、客服、财务等各部门都出台了标准化操作流程、服务水平监测和综合评价体系。如运营中心汽运部就有班车管理制度、车辆日常检查制度、班车运转综合时效考核制度等多项制度。科学的管理制度保证了正常的生产秩序和优质的服务水准，提升了企业的核心竞争力。

2012年也是百世汇通品牌形象晋级的一年。百世汇通全面启动了公司新形象的升级工作。极具科技感的魔比斯环新IOGO给百世汇通注入新的活力，车身、场地、门头、工服、网站、面单、包装袋的相继形象升级让百世汇通的品牌形象得到了较大的提升，客户对百世汇通的品牌认知度也日渐加强。

四、兼并重组

在全球经济一体化的大背景下，兼并收购的浪潮正以其汹涌的态势席卷着国内资本市场的各个角落。企业并购可以扩张企业规模、增强企业的竞争力，规避投资风险。但投资并购成功与否的关键不仅表现在对被收购公司的选择上，而且体现于并购后的企业重组整合过程中。并购的预期效益能否发挥和实现，关键在于企业并购后的整合。百世汇通在这一方面做了有益的尝试，取得了成果，积累了经验。

（一）贯彻先整合再优化的原则

2012年是百世汇通兼并重组后的第二个年头，也是衡量并购成功与否的关键一年。在并购的初始阶段，百世汇通即以先整合再优化为原则，有选择性地部分保留原有的管理制度、组织架构，给予了两个企业磨合的缓冲时间，以便未来更好地融合优化。

（二）根据企业发展战略设计组织模式和经营模式

为了落实战略目标，百世汇通进行组织结构和经营模式的调整。并购后的冲突，首先表现在百世汇通与原汇通的经营哲学和理念的差异。百世汇通的经营哲学是P—S—P，即员工—服务—利润，其核心为：公司把员工放在第一位，员工向客户提供更好的服务，客户认同接受百世汇通服务，从而产生利润，再把利润投入到生产和员工上，由此产生一个良好的循环过程。

在经营模式上，原汇通实行的是全加盟制，而百世汇通走的是直营和加盟并存的组网模式。到了2012年年底，百世汇通实现了全国除了西藏、新疆、青海等部分偏远省份外，所有省会城市及核心城市的直营管理工作。

（三）企业文化整合措施

1. 加强沟通

百世汇通的企业文化理念只有得到原百世汇通员工的认同，变成普遍共识，才能完成企业文化的整合，为百世汇通的进一步发展奠定基础。百世汇通推行“以人为本”的管理，提高员工在企业中的参与感，构建管理者与员工之间的和谐关系，使全员认同接受公司发展的战略、经营思想，明确企业使命并自觉贯彻执行。

公司设置内网、企业邮箱等内部沟通渠道：内网着重报道企业的最新动态、人事安排、组织架构调整等员工关注的内容;内网通讯录清晰地显示了管理层的电话及邮箱,以便员工实时沟通。

2. 加强文化宣贯

百世汇通非常注重企业文化的“外化”工作,除了宣导企业文化的核心理念,更将企业的愿景、价值观、使命细化落实到员工的日常工作中,鼓励员工从身边的一点一滴做起,成为一个充满正能量的“百世人”。

2012 年,百世汇通积极投资于人与技术,企业建设的成绩斐然。未来,百世汇通一如既往将技术创新和信息化普及作为企业发展的基石,将标准化建设、精细化管理作为企业管理的核心,将提升运营能力和客户满意度作为企业进阶的目标,获得跨越式的大发展。

五、企业大事记

2012 年 2 月 28 日,百世汇通深圳分拨中心落成。

2012 年 3 月 1 日,北京百世汇通直营。

2012 年 3 月 1 日,天津百世汇通直营。

2012 年 3 月 28 日,百世汇通南通分拨中心新场地竣工并投入使用。

2012 年 4 月 9 日,百世汇通常州分拨中心乔迁新址。

2012 年 5 月 1 日,河南百世汇通直营。

2012 年 5 月 28 日,百世汇通合肥分拨中心乔迁新址。

2012 年 6 月 1 日,云南百世汇通直营。

2012 年 6 月 1 日,福建百世汇通直营。

2012 年 6 月 17 日,百世汇通临海分拨中心乔迁新址。

2012 年 7 月 1 日,贵州百世汇通直营。

2012 年 7 月 1 日,四川百世汇通直营。

2012 年 7 月 16 日,重庆分拨中心乔迁新址。

2012 年 8 月 5 日,赣州分拨中心正式启用。

2012 年 10 月 1 日,吉林百世汇通直营。

2012 年 11 月 1 日,山西百世汇通直营。

2012 年 11 月 12 日,百世汇通日出件量超过 120 万单。

2012 年 12 月 2 日,百世汇通河南分公司乔迁新址。

2012 年 12 月 28 日,全国客户服务呼叫中心正式上线,400 服务热线全面开通。

北京宅急送快运股份有限公司

2012年,是北京宅急送快运股份有限公司(以下简称"宅急送")夯实平台基础,寻求市场突破的一年;也是宅急送管理升级、业务转型的一年,对宅急送今后的发展起着至关重要的作用。

一、基础建设

宅急送目前拥有31家省级直营分公司,覆盖了全国31个省(区、市)的2000多个城市和地区,有3000多个经营网点。空运资源方面,宅急送与国航、南航、东航三大航空集团签署战略合作协议,与11家航空公司展开合作,有780条航线,近5000个航班资源;陆运资源方面,宅急送全国班车运行线路900多条,运营车辆5000多辆,借助华北、华东、华南、华中、东北、西北、西南七大运转中心,配置现代化分拣线、装卸机、笼车笼筐,提升了货物分拣效率,保证货物的高效运转;仓储资源方面,全国拥有25万平方米的仓储配送中心,配备先进的装卸设备、安防设备和操作系统,提供"总仓+分仓"的一体化仓储解决方案,更可满足项目客户"仓配一体化"服务需求。信息技术方面,作为信息化基础平台,宅急送自主研发的BOS系统,能够高效承载每天最高500万运单的信息周转,真正实现了实物流、资金流、信息流的信息化管理。同时,PDA、POS机、多功能一体机等手持终端设备的投入使得货物跟踪更顺畅、资金管理更安全。

2012年,宅急送与英国皇家邮政集团旗下的欧洲包裹业务提供商GLS公司合作,推出中国到欧洲的快递服务——"欧洲商务包裹"。至此,宅急送国际快递业务进一步拓展至欧洲42个国家和地区。

二、业务发展

(一)坚持以产品打市场的发展策略,推动省内平台的达标和升级

2012年实现了两个目标:一是县级城市覆盖率达到100%,二是解决了中心城市到县级城市次日递产品达成的问题。

(二)坚持"保持存量,发展增量"的市场策略,全面推动市场创收起量

2012年,宅急送传统的B2B业务、零散业务,以及电子商务业务、落地配业务、国际业务均有所增长,具体措施:

1. 全面推进落地配业务。7月份在山东青岛召开推介会后,我们已经锁定了26家规模电商客户,仅仅通过1个多月的努力,全国就已经落地了5个城市,初步实现每天增量1万单的业绩目标。

2. 进军淘宝业务。对于淘宝业务,一是全面拓展仓配一体化的业务,目前已经推出上海、成都、杭州、北京等多个分仓。二是对淘宝前300个卖家的开发与合作。三是华东区域内试点开放平台,大力发展中小淘宝件,"双11"日高峰流量超过一百万件。

3. 保持存量。开展老客户挖潜、挽损工作和零散业务的发展。

(三)坚持分类指导的经营策略,确保总体目标的实现

加大投入,完成浙江、江苏、广东、福建、湖北、湖南、安徽、江西等8家单位省内平台升级。强化管理,湖南、云南、福建、山西、江西、湖北、安徽、贵州、海南、江苏、广州、浙江等12家单位的末端派送质量,全网质量全面提高。

三、营销策略

以运营质量为核心，以客户价值为导向；产品标准化，服务规范化。

（一）产品体系

标准快递：在当日截件时间前取件，发往重要城市/地级城市 1 ~ 2 天送达，发往县级城市 2 ~ 3 天送达；

经济快递：在当日截件时间前取件，发往重要城市/地级城市 2 ~ 4 天送达，发往县级城市 3 ~ 5 天送达；

附加服务：在标准服务基础上，提供代收货款、保险保价、包装服务、贵品服务、签单返回、异地调货、短信签收、短信提示、定时派送、定制报表、驻站服务、改地址派送等附加服务；

增值服务：在标准服务基础上，免费提供夜间送货、EDI 数据交换、COM 系统客户端自助服务、运单自助打印、实时查询、签单扫描、网上下单、语音下单、语音查询等增值服务。

（二）代收货款

宅急送提供多种个性化服务选项，包括现场异常反馈、产品试用、签单返回、不同时限返款、逆向物流（退货、换货）、信息系统对接等合作模式。依托于宅急送直营体系和全国网络布局，除可为客户提供普通的月结信用服务之外，还可为大型 COD 客户提供总分仓、仓配一体化、落地配、全国调拨等不同形式的服务。信息更安全，宅急送通过屏蔽 BOS 系统敏感信息、启用加密专用 COD 运单、规范运单管理等措施，最大限度确保客户的销售信息安全；保障更有力，宅急送自主研发主要针对 COD 业务的 COM 系统（客户自助终端），含返款对账功能，可便捷核对账目、实时掌握货款代收状况，实现快速准确返款。该系统还可实现在线下单、货物跟踪、签收查询、价格查询、运单批量导入、运单批量打印等功能，极大方便 COD 客户的快件信息化管理。

（三）仓配一体

卖家将货物运到宅急送配送中心仓库进行集中管理，只需要支付有限的理货费和包装材料费等，可以完成原本需要更多成本完成的工作，这不仅大大降低中小型卖家的日常运营成本，也极大降低商家的经营风险。配送免除取件环节，仓库发货、就近配送。

（四）电子商务快递服务

宅急送提供给淘宝等平台卖家以更多服务选择，如 COD 服务、仓配一体化服务，助力增加卖家订单、降低卖家物流成本。公司还为商家和消费者提供物流状态的主动提醒服务，在主要城市提供“承诺时效”服务，为商家提供快捷 COD、统一保证金理赔以及强大的电商物流一站式管理系统“宅商宝”。

（五）落地配

适应电商由高成本的全国配送逐渐转型为低成本的区域配送，宅急送充分发挥直营快递公司的优势，全力发展落地配业务。不论是“干线集货运输 + 省内末端配送”，还是单纯的“省内末端配送”，宅急送都能在次日完成省内全境配送。

四、社会责任

历年来，宅急送企业发展与社会使命同步。扶贫、助学、华南冰冻灾害救援、汶川大地震救灾、青海玉树地震捐款捐物……哪里有险哪里有难，哪里就有宅急送人的身影。

2012 年“7 · 21”北京遭遇特大暴雨灾害，自 8 月 7 — 19 日，宅急送北京分公司免费协助台湾慈济赈灾，动用 25 辆次车辆、128 人次员工的保障，300 名义工，圆满完成了从机场提货、分赈灾包到救灾物资送达捐赠现场的各项工作。

2012 年 7 月 31 日，中国扶贫基金会、电影网、善品网电子商务平台上线启动仪式日前在京隆重举行，继 2011 年与善品网合作开始，2012 年宅急送再次接过了中国扶贫基金会颁发的“爱心合作单位”奖牌，鼎力支持公益事业。作为 2012 年度善品网合作支持单位，宅急送将为善品网提供全年所有物品的免费仓储，并零利润保障各地区的物流派送。

五、企业荣誉

2012 年 2 月 26 日，宅急送总公司工会被北京空港物流基地工会评为 2012 年度“六好”工会。

2012 年 6 月 8 日，第一届中国电子商务物流企业联盟理事会在京召开，经选举投票，陈显宝总裁出任中国电子商务物流企业联盟会长。

在 2012 年 9 月 14 日召开的 2012 年家有购物集团物流商大会上，宅急送获得最重量级奖项——杰出团体贡献奖。

在杭州召开的第四届中国电子商务文化节上，宅急送第三次荣获中国电子商务服务类优秀物流企业。

2012 年 9 月 21 日，在第五届中国快运发展大会上，宅急送被中国交通运输协会评为“中国快运 50 强企业”。

六、企业大事记

2012 年 2 月 16 日，北京运转中心迁址顺义金马工业园区，占地面积近 2.5 万平方米。随着新址的开业启用，北运也加大了操作设备及生活附属设施的投入，分拣线扩容后共计 157 米，笼车 1200 个，自动化装卸机 6 台；安全监控中心 7 个大屏幕使安保无死角。宿舍可容纳 170 人住宿，食堂面积可满足 200 人同时就餐；新建的 70 平方米员工娱乐室内电视、电脑、图书、乒乓球台一应俱全。

2012 年 2 月 25－26 日，为期两天的“宅急送 2012 年全国总经理会议”在北京召开，陈显宝总裁指出 2012 年的工作基调：“进中求稳，围绕产品，突出创新，平衡发展”。

2012 年 5 月 28 日，首届中国（北京）国际服务贸易交易会（简称京交会）上，总裁助理汪映极代表宅急送参加了九大快递企业与淘宝（天猫）的签约仪式，并在战略合作框架协议上签字。

2012 年 7 月 16 日，宅急送成功申请“国际快递业务经营许可证”。

2012 年 7 月 18 日，宅急送电子商务落地配模式推介会日前在青岛隆重召开，推介会以“服务电商企业，提升客户体验”为主题，展示了宅急送落地配模式的操作优势和服务保障能力。

2012 年 7 月，宅急送在全国范围开展班车“准点百分百”活动，各项工作围绕“准点百分百”展开，确保班车准点提速，促进产品达成。

2012 年 8 月 14 日，宅急送 2012 年第一次董事会召开，会议一致通过：陈显宝为宅急送董事长，郑瑞祥为总裁，刘东屯为常务副总裁，陆国荣为副总裁，至此创业元老全部退出经营舞台。

2012 年 8 月 15 日，英国皇家邮政集团联合宅急送召开新闻发布会，宣布英皇邮政旗下的欧洲包裹业务提供商 GLS 公司与中国宅急送快递公司合作推出中国到欧洲的快递服务（EBP）“欧洲商务包裹”。“欧洲商务包裹”业务实行 GLS + 宅急送双品牌运作，利益由合作双方共享。

2012 年 10 月，总公司成立以郑瑞祥总裁为核心的“双 11”总指挥小组，统一指挥调度各项资源及处理突发事件。

2012 年 10 月 12－13 日，宅急送 2012 年全国三项球类运动会在北京举行，来自全国六大区和总公司的三项球类比赛选手用饱满的热情和高超的竞技水平诠释了“快乐工作，健康生活”的企业文化。

2012 年 10 月 22 日，北京市公安局内保局副局长祝越带领督导检查组对我公司组织落实十八大快递服务安全保障工作进行检查督导。

“双 11”宅急送货量翻番，质量稳定。2012 年 11 月 27 日，总公司召开全国“双 11”会战总结表彰会，对“双 11”活动中表现突出的先进单位和个人进行表彰。

天天快递有限公司

一、基础建设

（一）集散分拨中心建设

为增加快件中转效率，天天快递有限公司（以下简称“天天快递”）在2012年新建了揭阳分拨、温州分拨、嘉兴分拨、南京分拨等多个分拨中心，其中揭阳分拨、温州分拨、嘉兴分拨、南京分拨四个分拨中心的占地面积约4万平方米。同时，对其他场地也进行了扩建和升级改造，对分拨外观、设备、操作人员等方面也进行了大的投入。

（二）机械化与信息化建设

2012年11月25日，信息系统全面升级，使信息系统的日快件承载量从以前的150万票跃升至300万票。

2012年11月至12月31日，新增巴枪4083部，其中业务版3617部，中转版109部，通用版257部，公司版100部。

2012年12月中旬，天天快递北京集散新型传输设备投入使用。

（三）业务网络建设

2012年，天天快递为保障最后一公里的畅通、增加网络覆盖率，开通大量网点。2012年1月份公司级网点数量为335个，办事处数量为1136个，地级开通数量288个，县级开通数量1480个。2012年12月，公司级网点达到515个，办事处数量到达1683个，地级开通数量达到311个，县级开通数量达到2033个。

（四）客服中心

2012年11月，重建申诉处理中心，下发《关于申诉件的处理规定》，旨在从源头控制申诉件的发生，引导发件网点主动做好客户维护工作。制定下发《天天快递网络客服标准化服务手册》、《天天快递总部客服中心常见问题标准解答》手册，旨在推广全网客服的标准化服务及规范化操作。

2012年10月，天天快递呼叫中心正式成立，拥有158个坐席，2012年年底共开通110个呼叫通道，电脑122台，话机110台。

（五）运输能力

2012年3－8月，全网日平均在途运行车辆为280辆，线路总计250条，到2012年12月底，全网平均在途运行车达到了400辆左右，新增加线路60多条，更换车型、车辆50多辆，全网总计线路为310条。同时，对路由进行了优化，保障了快件的中转时效。

二、业务发展

天天快递主要经营以下业务：同城快递服务、国内异地快递服务、港澳快递服务、台湾快递服务、国际快递服务。同时，天天快递以快递服务为基础产品，在以“服务树品牌，实效创效益”的理念支持下，不断创新延伸快递的增值服务产品。

（一）代收货款

天天快递，现已服务于400余家电商客户，为寄件方客户提供快捷的货物（商品）专递，并代寄件方客户向收件方客户收取货款；同时，可以提供次周、隔周返还货款的服务。

（二）仓配一体化服务

天天提供专业化的仓储、配送管理服务，调动资深的仓储管理人员和充分利用现有全国各基地和配送中心资源，并采用先进的WMS及BOS等信息系统，将运输管理、仓库管理以及订单管理进行一体化整合，针对客户要求定制个性化解决方案。

（三）电商服务

北京、上海、广州、成都四大“电子商务专用仓”，近3万平方米仓容，专为电子商务用户设计，商家只需提供订单数据、运货到指定仓，其余事情由“仓配一体化”代为运营，包括卸货、质检、理货、拣货、包装、配送、跟单、信息推送等一条龙服务，专业化团队，专业 WMS 系统，支持多 SKU。

三、营销策略

（一）推出新产品

1. 仓配一体化服务

天天提供专业化的仓储、配送管理服务，调动资深的仓储管理人员和充分利用现有全国各基地和配送中心资源，并采用先进的 WMS 及 BOS 等信息系统，将运输管理、仓库管理以及订单管理进行一体化整合，针对客户需求订制个性化解决方案。库房内部拥有良好的通风设计、采光充足的天窗、防火感应装置，并配有叉车、升降平台等标准仓储设备，各项指标符合国家相关标准。

2. 保价服务

在快递服务过程中，寄件客户可对托寄物内容向天天快递声明价值，并缴纳相应的费用，当货物在运输过程中发生损坏时，天天快递将按照中国邮政法相关规定对寄件客户进行赔偿。

3. 项目保障

公司实行专项管理制，按照项目全国物流业务的操作标准、规范和要求，挑选有多年行业管理经验并有高度责任心和客户服务意识的人员加入项目组，以确保业务的安全、即时、准确。项目小组基本成员：项目经理、项目受理专员、专职客服、项目操作相关人员、财务结算专员。

（二）客户全体定位

公司以快递产品为基础，关注大型电商客户、仓配一体化客户、传统企业客户和社会零散客户，以电子商务客户为发展重点，重点发展仓配一体化并打通电商上下游产业链。

四、兼并重组

2012 年 8 月 16 日，天天快递召开全国网络大会，以“新起点，新未来”为主题，标志着天天快递开始进行重组。以奚春阳董事长为核心的管理团队把公司划分为运管体系、网络体系、保障体系三大体系。运管体系主要负责集散分拨建设与车辆调度、快件中转等事项，网络体系主要负责全国加盟事务、网络政策规划、网点投诉、片区管理等事项，与加盟商共同做好“最后一公里”工作。保障体系主要为运管体系和网络体系提到有力的后勤保障服务，包括行政部、人力资源部、企划部等多个部门。

2012 年下半年，天天快递投资数亿资金进行软硬件改造，主要投资在呼叫系统、基础建设、网络规划、信息化建设、时效建设和 CI 等六个方面。

天天快递还对原有的 14 个直营公司进行改革，持续加大资金投入，进一步消除派件盲区，计划在年底完成全国的网络布局。重组后的天天快递将树立全新的行业管理风格，总部、网点分工明确、各司其职。

五、转型升级

第一，天天快递加大与电商合作力度。电子商务包裹具有重量轻、体积小、范围广、密度大等特点，极其适合快递行业的发展需要。所以，定位并立足于电子商务市场，无疑是公司未来发展的驱动力。天天快递现在与阿里巴巴、淘宝网、天猫、京东商城等电商进行合作。杭州作为电商发源地，为公司提供了更多便利。天天快递所做电商快件从原来不到 10% 的比率，达到现在 45% 的比率。2012 年“双 11”订单量的激增正是天天快递与电商合作所取得的明显效果。

第二，天天快递提倡“大件转小件”，引导产品结构转型。天天快递重组后，对有偿派送费率的调整、称重计费的部分上调等措施引导产品结构转型，旨在使用经济杠杆促使产品结构调整，从做大货转型到做小件、商务件的产品结构上来，以减少各加盟商的派送成本、运营成本。

第三，改善时效，调整路由，进行扫盲也是天天快递在调整中的重大措施。天天快递推出江浙沪皖 24 小时快件，比以前的整体时效快一个多小时。

六、社会责任

2012 年 12 月，天天快递为员工陈长立捐款。陈长立系天天快递淮安分拨员工，当时身患脑梗塞。

2012 年 12 月 12 日，天天快递南京公司参与支助贫困山区的“暖冬行动”，免费将 6 吨重的爱心物资从南京运送到四川省凉山彝族自治州昭觉县。

七、企业荣誉

被上海市企业诚信创建活动组委会、上海市快递行业协会评选为三星级“诚信创建企业”(2011 年 10 月至 2012 年 10 月)

八、企业大事记

2012 年 8 月 16 日，天天快递召开全国网络大会，以“新起点，新未来”为主题，标志着天天快递重组的开始。

2012 年 9 月 27 日，在北京，天天快递与杭州市高新滨江区招商中心签约，标志着其公司总部即将回归杭州。

2012 年 11 月 10 日，天天快递总部从上海搬迁至杭州国家高新技术产业开发区（杭州市滨江区）。

2012 年 11 月 12 日，单日业绩突破一百万，创造了重组以来“百日破百万”的行业内奇迹。

2012 年 11 月 25 日，天天快递完成信息系统升级，使日承载量跃升至 300 万票。

2012 年 11 月 30 日，天天快递与湖北孝感签约，标志着天天快递华中总部基地落户孝感市临空经济区。

2012 年 12 月 20 日，天天快递“猎鹰计划”启动。此批招聘的储备干部是从武警青海总队引进的优秀人才，开创了快递业“军企合作”模式。

上海红丰快递有限公司(国通快递)

国通快递总部设立在上海,是一家网络覆盖全国的品牌快递公司。多年来荣获“中国快递行业十大影响力品牌”、“中国快递市场客户满意十佳品牌”等荣誉称号,拥有先进的全球 POD 追踪查询系统,使用先进的专业自动化软件系统进行全面管理,在业界享有盛誉。

公司目前全国各地设有分拨中心 40 多家。干线班车运营线路 500 多条,全网运营车辆数万辆。公司服务项目有国际快递、国内快递、物流配送和仓储等,提供国内当日达、次晨达、次日达、隔日达等服务。同时,开展了运费到付、电子商务配送、签单返回等增值业务。客户群体遍及电子商务、制造业、高科技 IT 产业、零售业等多个领域。

2012 年 7 月 11 日,公司进行重组,资金雄厚的红楼集团进驻,于 7 月 18 日恢复了已经暂停 20 天的网络运营。8 月 5 日,公司成功取得“国通快递”商标所有权。为了更好地服务客户,创国内快递一流品牌,在红楼集团的支持下,公司投入巨资先后在华东、华南、华北等区域购地扩建直属上海总部的快递分拨中心,重点地区配备有自动流水线操作设备。公司不断扩大直营和经营覆盖范围,目前已经直营的省份有广东、海南、福建、江苏、浙江、上海、安徽、山东、湖北、湖南、北京、河北、贵州及辽宁等重点省份,经营范围已基本覆盖全国,并形成了以长江三角洲、珠江三角洲、环渤海地区为重点的快递网络布局。

国通快递始终秉承“为民服务,和谐万家”的最高服务理念,不断改革创新,持续推进网络和系统建设,竭诚为客户提供最优质的快递服务。

一、基础建设

(一)网络和分拨中心建设

到 2012 年年底,公司经营范围涉及快递、物流、资本与电子商务服务等领域。2012 年公司投入 4 亿元用于分拨操作场地建设:2012 年 9 月,杭州分拨安装了快递分拣流水线——朗奥自动化传输设备;2012 年 10 月 17 日,国通快递安徽芜湖、蚌埠分拨中心经过改扩建后重新投入使用;2012 年 11 月 29 日,公司在上海市松江车墩工业区购得土地 50 亩,用于建设集办公、仓储、分拨、转运功能为一体的大型分拨集散中心;2012 年 12 月 11 日,公司又在南京湖熟经济开发区购得土地近 50 亩,定位为江苏省区域总部,预计投资上亿元对场地进行改扩建,建造现代化的办公楼、转运中心,引进先进的全自动流水线,建成集办公、仓储、分拨、转运功能为一体的综合办公场地。截至 2012 年年底,公司拥有干线运输车辆 450 台,全网可统一调配的车辆达 10000 多辆,全年新增加干线运输车辆近 200 辆。

(二)客服中心建设

客服中心是国通快递运营核心业务机构之一。2012 年 7 月 11 日红楼集团收购 CCES 快递时,客服中心只有 35 名客服人员,到 2012 年年底,已增至 156 名。

2012 年 12 月 1 日起,4001 111 123 呼叫中心投入试运行。客服中心实现了下单流程、订单处理流程、查询流程、催派流程、投诉流程、理赔流程、抢单流程等标准化呼叫中心作业流程。尤其在客户理赔流程方面,客服中心精心制定简单、快捷的理赔优化流程,快件出现问题,迅速响应,及时善后,使国通快递客户得到更好的快递售后服务。

(三)信息化建设

2012 年 8 月,公司对现有服务器进行更换,全面启用全新服务器。2012 年 9 月,公司信息管理中心对现有的ERP软件进行大幅度的升级调整，调整后的ERP系统上线使用。2012年10月，公司启用AD域管理、虚拟化应用。2012年11月，公司开始使用协同办公软件，实现了工作流程无纸化办公，并完善了分拨监控系统，提高了GPS对班车和快件的更精确定位和监控。

二、业务发展

2012年10月8日，公司开通了淘宝在线下单平台，开展淘宝促销活动，吸引新客户，提高业务量，扩大市场占有率。2012年年底，落实了“天猫服务站”代收货项目，更好地提高国通快递的服务质量和加强与天猫的密切合作；与腾讯进行平台业务合作，签订合作协议，成为“拍拍网”推荐物流，并支持“QQ速递”快件查询业务、“QQ速递”快件寄件业务；与“京东商城”签订合作协议、进行物流平台合作，达成物流平台互通，扩大电子商务市场。

公司还实施了“VIP项目客户操作”，加强对项目客户和战略客户的日常沟通，合理分析、安排路线，优化物流服务平台，持续降低物流成本。

截至2012年年底，公司主要快递服务产品逐步完善。主要有：国内次晨达、国内次日达、全国隔日达、全国代取件业务、运费到付、保险理赔。代收货款等其他增值服务产品待时机成熟也将陆续推出。

2012年1－6月上半年网点建设一直在平稳增长；2012年7－8月，网络出现明显波动，网点建设短时间内停滞；2012年7月18日以后，网点在短时间内全部恢复并正常运营，数月内网点建设方面出现了快速增长，数量见表6-1。

表6-1　2012年网点建设数量

月份	1月	7月	12月
网点数量(个)	1023	1113	1754

到2012年12月底，公司派送服务范围已基本覆盖全国，延伸到了香港地区，2012年年底整体网络构建基本稳定，大型快递服务网络已搭建完成。2012年上半年业务量在平稳增长，6－8月期间业务量出现明显波动，自8月份开始业务量出现平稳增长，到12月底日均快件量达到20万件。

2012年上半年，上海、江苏、浙江、广东、北京快件内循环快件基本能做时效1—3日(18:00前送达)，发其他省会及地级市时效2—4天，偏远县级城市时效可能顺延1—2天，符合国家邮政局出台的各项政策法规及行业标准。

2012年下半年，公司加大了资金投入，在“快”字上下功夫，采购了大批量班车，增加了跨省干线班车，省内支线班车，增加了中转班车频次，提升快件中转时效。同时要求各分公司网点加大投资力度，严格执行到分拨交接时间，总部制定相应应急预案，实现各分公司网点班车能与交接分拨实现无缝对接，加强系统信息化建设，时效监控区，确保快件及时中转、派送、签收。

三、企业文化

2012年7月11日，红楼集团进驻快递行业，设立了“国通快递”的品牌，提出了“为民服务，和谐万家”的最高服务宗旨，明确了“一年一个样，两年不一样，三年变个样，四年大变样，五年是个样”的发展规划，全网共同为这一目标而努力奋斗。为统一思想，树立信心，提高服务质量，提升公司品牌，公司高层及各省公司先后在全国各地召开各层级的网络大会和工作大会，取得良好效果。

2012年8月5日，国通快递广东公司第二届网络大会在东莞市虎门龙泉国际大酒店召开；2012年8月17日，国通快递华东片区网络大会在浙江省桐庐县红楼国际饭店召开；2012年8月23日，国通快递河南公司第一届网络大会在河南郑东经济技术开发区第八大街重阳宾馆会议中心召开；2012年10月7日，国通快递山东网络大会在山东省济南市济南钢铁集团礼堂召开；2012年11月24日，国通快递省级工作会议在杭州新金山大酒店召开；2012年12月8日，国通快递安徽省第一届网络工作会议在蚌埠九龙国际大酒店召开；

2012 年 12 月 22 日，国通快递上海管理区第一届网络工作会议在上海丰收日大酒店举行。

2012 年 7 月，公司成立公关部，全面负责公司形象宣传、品牌推广、企业规划等方面工作，进一步提供公司品牌形象和品牌知名度。公司成立《今日国通》杂志编辑部，采编国通快递领导讲话、大政方针、行业动态、企业管理、员工心声、网点动态等内容，收集在杂志内，大量印刷，广为宣传。2012 年下半年公司先后开展了管理层的领导力培训、客服电话礼仪及沟通技巧以及国学文化等各项培训课程，进一步加强企业文化建设，提高干部和员工的个人素质和职业修养。

四、社会责任

公司秉承“为民服务，和谐万家”的服务宗旨，努力为社会承担应尽的责任。2012 年 10 月，国通快递组织向甘肃省天水市甘谷县八里湾乡冯坡小学捐赠活动，捐赠包括了衣物、电脑、书籍、学习用品和玩具等物资，帮助冯坡小学的孩子们解决学习和生活上的困难。

全峰快递集团

一、公司概况

全峰快递品牌诞生于2010年11月18日，正式运营于2011年7月16日，是一家主要经营国内快递及相关业务的服务型企业。全峰自成立以来，一直致力成为“行业发展的时代先锋”，并以整合国内快递资源打造民族快递新品牌，塑造承载快递文化为奋斗目标。从此，全峰快递开启了于中国物流业大浪潮中的一步步历程，为了积极参与中国市场经济的建设与发展，全峰快递通过多年探索沉淀，取精用宏、扬长避短，总结了以往民营快递企业的利弊，以全新的理念和发展思路，秉承“高目标、高起点、高标准”原则，立足华北、华东、华南三大局域网，斥巨资打造面向全国发展的快递品牌。

二、基础建设

全峰快递是一家创新型的现代化企业，一贯重视科学研究，技术开发及人才培养的企业，注重服务质量和客户体验的企业。全峰快递在全国建有多处分公司，针对分公司人才方面采取两种手段，一种为总部输出，一种为当地培养，通过系统性的培训，向全国各地输出优质人才。全峰或通过当地培养的方式广纳人才，并通过当地建设分拨中心等方式带动当地经济的发展和进步。通过缜密的分拨中心建设，并将随着时间的推移将来会加大分拨中心建设的步伐，推动网络的快速建设和发展。全峰快递通过中高端全国性快递服务网络，以科技、规范为理念，在经营上探索一种既有直营公司规范管理，又有加盟体制激情灵活的经营模式，以直营、控股直营和加盟相结合的网络结构。因此在分拨中心的建设方面，采取直营模式，北京、上海、东莞、杭州、无锡、南京、绍兴、宁波等地全峰共计建设转运中心48个。

全峰快递所有业务人员全部使用手持终端，同时具有高性能，易操作的多功能一体无线手持POS机为客户提供了即时、有效、便捷的服务，为客户实现了现代化信息管理，构建了一个现金的信息化交易平台，更提高了客户及企业的信誉度和美誉度。

集团所有分公司及服务网点均配备高速扫描仪，所有提单影印件都可以在专业K8系统中直接查看。高速扫描仪的推广使用，不但规范化了流程管理，同时为企业长期发展提供了有效保障。而专业、便捷的电子监控设备，全天候、多方位地对服务网点及转运中心进行实时监控，保证了货物在每一项操作中的规范、安全、及时的掌控性。

全峰通过GPS车辆定位系统掌控24小时监控所有被控车辆的实时位置、行驶方向、行驶速度，以便最及时地掌握车辆的状况，保证运输物品的安全性。同时，方便易用的管理平台，提供了车辆、驾驶人员、车辆图片等信息的设定，以便全峰车队调度人员及司机的工作。

全峰的短信平台，不受时间和地域的限制，具有全网覆盖、数据精准、安全快速的特点，时刻保证同客户之间对接信息的畅通。

三、业务发展

2012年，全峰快递不断优化拓展网络覆盖范围，稳抓市场契机，作为发展不足两年的创新型快递品牌，全峰快递日均业务量突破40万单。全峰快递全体工作人员通过自身不懈的努力，获得了诸多电子商务企业的褒奖和好评。

四、人才队伍

全峰快递重视人才培养，向员工提供了独具

特色的培训计划，全峰公司通过系统性的培训，计划在不久的将来，逐渐拓展队伍的质量和素质，并为员工提供多方位的发展空间，确保每一位员工都可以担当公司的重要职位。目前全峰快递员工数量已突破25000人。

全峰的团队是一支充满魄力的队伍，聚沙成塔，众川赴海，群策群力，诚信、热情、乐观、健康、积极、团结，乐于用心驾驭生活，更乐于为客户提供优质的服务，为客户创造非凡的价值。

五、社会责任

全峰公司一贯恪守"传递快递正能量"的品牌理念，做有高度社会责任感的企业公民，近几年来，全峰公司通过内部捐赠、社会捐助等方式分别用于支持发展教育、健康、城建、环保、助残赈灾等各项社会公益活动。全峰集团以"诚信、责任、高效、奉献"为企业精神，以客户的价值观为导向，以客户满意度为标准，持续优化完善360°×24小时服务体系，为客户提供量身定制的个性化方案，共同优化服务流程，矢志全程、全员、全心服务好每一位客户！

六、企业荣誉

在2011年中国国际物流节上，全峰快递品牌荣获"2011中国物流品牌价值百强企业"大奖。2012年荣获中国电商物流大奖"最具成长性企业"、"中国快运50强"、"中国电子商务物流示范单位""2012年度中国电子商务物流诚信企业"等殊荣。

七、企业大事记

2012年2月11日，全峰广东公司实现突破目标动力大会于东莞虎门龙泉国际大酒店顺利召开。

2012年2月28日，全峰快递应邀出席第八届中国国际物流节新闻发布会。

2012年3月24日，华北片区2012年网络会议在京召开。

2012年4月7日，主题为"物流大通道国际最前沿"的第八届中国国际物流节——2012中国物流万里行暨酒泉市现代物流招商会在甘肃酒泉市举行，我公司副总裁刘伟应邀出席本次活动。

2012年4月12日，全峰快递在上海举办的第三届中国电子物流大会上荣膺2012年电商大奖"最具成长性企业"。

2012年5月19日，全峰快递集团的员工参加2012年首次快递业务员职业技能鉴定全国统考。

2012年5月22日，五百城(北京)供应链黄金年会在北京新世纪日航酒店举行，全峰快递集团与北京五百城电子商务有限公司战略合作签约仪式同期举行。

2012年5月27日，广东公司2012年第二届网络大会胜利召开。

2012年5月30日，中国交通运输协会30周年纪念大会在京召开，全峰快递应邀参加参加本次盛会。

2012年5月31日，2012中国电子商务与物流协同发展大会于上海召开，全峰快递应邀入选中国电子商务物流企业联盟会常务理事单位。

2012年6月8日，全峰快递(集团)北京公司2012年职工大会隆重召开，北京公司百名员工参加了会议。

2012年6月29日，全峰快递集团受邀参展由广东省经济委员会、阿里巴巴集团主办的2012广州网货交易会，得到众多新老客户的认可。

2012年7月5日，CCTV中国品牌年度发布组委会主任吴纲一行莅临全峰北京公司考察慰问并指导工作，组委会向全峰快递赠送了《中国品牌发布年鉴》。

2012年7月18日，全峰快递集团应邀参加第四届《中国品牌年度发布》启动仪式。

2012年7月19日，全峰快递集团与金蝶友商旗下快递100签订战略合作协议，业务量通过查询平台得到有效拓展。

2012年8月18日，全峰快递集团第二届网络大会在上海隆重召开。本届网络大会以“新格局·新挑战·新突破”为主题，成为全峰人踏上新征程、实现新突破、续写新篇章的见证。

2012年8月27日，第二届中国物流文化节在上海隆重召开，全峰快递受邀参加。

2012年8月25日—9月9日，集团总裁陈加海一行赴天津、河北、河南、湖北、湖南、重庆、四川、江苏、浙江、辽宁、吉林、黑龙江地区考察调研，并分别召开网络调研会议。此次调研围绕集团公司的网络发展、营运规划、服务质量和加快公司突破发展步伐等全局性问题进行认真研究和讨论。

2012年9月10日，2012杭州网货交易会在杭州和平国际会展中心开展，全峰快递集团代表应邀参加了本次展会。通过展会达到宣传自身品牌、塑造品牌影响力的目的。

2012年9月21日，由中国交通运输协会主办，中交协快运分会、中铁快运股份有限公司联合主办的第五届中国快运发展大会在北京召开。全峰快递集团荣获“中国快运50强”殊荣。

2012年10月11日，全峰快递集团同中国德国商会签订战略合作协议，双方间展开相互合作，并建立长期战略合作伙伴关系。

2012年10月31－11月9日，“双11”前后，在媒体发表一系列关于全峰快递资讯。

2012年11月18日，全峰快递集团成立两周年，“有爱就有全峰”主题庆典在上海、北京、广东共同举行庆祝活动。

2012年11月20日，全峰快递集团携手腾讯“新年新衣”为贫困儿童送温暖，并得到媒体好评。

2012年11月25日，全峰山西首届网络大会举行，山西省网络全面铺开。

2012年12月1日，集团与宏景软件达成战略合作协议，借助宏景e-HR系统，使集团人力资源管理向精细化、系统化的管理迈进。

2012年12月5日，全峰快递助力“心系四川阿坝藏族羌族少数民族学生”大型募捐义卖活动，并得到媒体好评。

2012年12月6日，全峰快递集团参加第二届中国电子商务与物流企业家年会，获得“2012年度中国电子商务物流诚信企业”与“2012年度中国电子商务物流年度人物”殊荣。

2012年12月17日，全峰快递入围2012中国公益节候选企业，传递公益正能量。

2012年12月25日，集团第一期分拨储备人才培训班圆满结束，为集团的跨越发展作出贡献。

优速物流有限公司

优速物流有限公司(以下简称“优速”)创立于2009年11月,是一家通过国家工商总局审批注册的全国非区域性民营网络快递、快运、物流企业。本着“优化华南、打造华东、铸就华北、根植中国、走向世界”的战略定位,优速在2009年11月至2012年12月期间,构建了覆盖华南、华东、华北、华中、西南、西北等地区的各大中城市的一体化服务网络。

一、基础建设

2012年,是优速进入跨越式发展的关键年。优速采用自建及加盟方式健全网络建设,提高科技投入,加大运输能力投入,保障全网络的稳健发展。

(一)分拨中心建设

2012年,因业务量的持续增长,优速北京中心、山东中心、浦东中心、嘉兴中心、金华中心、宁波中心、南京中心、重庆中心、泉州中心、厦门中心先后乔迁新场地,新分拨中心集快件分拣、员工办公、生活于一体,配备先进的自动分拣设备和信息传输系统,有利于提高快件的操作质量和分拨效率。

(二)信息化升级

根据优速产品转型及业务发展需要,优速信息管理系统与淘宝、天猫物流宝、广信、政捷、飞虎乐购、QQ网购、快乐购等多家网购公司完成信息对接,为线上下单做好了技术支持。此外,优速全国金融平台资金结算系统与金蝶K3系统成功对接,为资金流通、财务结算提供了技术保障。

(三)业务网络建设

2012年,优速进一步规划和完善华南、华东、华北、华中、西南、西北等地区的各大中城市的配送网络,构建了直营一、二级分拨中心70个,其中,山西中心由加盟转为总部直营,贵州、新疆地区由代理转为加盟性质;增加17个省际间的汽运干线和重点城市间的空运业务,运输、派送车辆增加至8000多台;拓展15个省市的派送区域,营业网点增加近3000家;更新半自动传输设备和自动分拣设备。

二、业务发展

优速主要为客户提供面向全国各大、中城市的半日达、次日达、隔日达快递物流服务,以快递、快运、电子商务配送、仓储物流管理服务为基础产品,同时可提供全国代收货款、全国货单签收返还、高价值产品、项目客户、开箱验货、保险服务、定时达配送服务等增值服务。2012年,优速的全国网络业务量累计达6481万件;同比2011年增长2612件;最高日均转运、投递量已超过35万件;平均每月票数增长率约为100%。

三、营销策略

优速采取传统商务函件和电子商务件相结合的两种营销模式,在继续强化商务函件派送服务的同时,逐步深入电子商务服务领域。在电商与快递合作共赢的大趋势下,优速配备一支专业的电商项目服务团队,为电商客户提供完善的解决方案。2012年,优速先后为天猫、聚划算、唯品会、京东、聚美优品、亚马逊、当当等大型电子商务公司提供全方位的采购、仓储、配送服务。为进一步推动网购业务的发展,缩短货款返款时效,2012年9月,优速在全国范围内开展代收货款资金直退模式,主要是在客户签收快件时,通过管理系统货款直退菜单操作,将货款直接汇入寄件客户的账号内,为广大客户提供更安全、及时、贴心、便利的代收货款服务。

四、兼并重组

为增强对各省级中心的跨区域整合与管理，2012 年，优速通过股权收购与股权置换等方式实行兼并重组，陆续完成江西、陕西、四川、山东、重庆、山西、江西、哈尔滨、云南等 9 个省区的股权收购，同时，公司增加投资 30 家直营站点，通过注入发展资金和配备专业团队，优速进一步夯实了网络基础平台，使公司得以持久稳定的发展。

五、转型升级

在产品方面，随着优速对快递市场的分析和把握，优速逐步推进产品的结构转型，由传统企业、工厂件向电子商务网购件转型升级，2012 年网购件业务比例由年初的 8% 上升到年末的 30%。

在服务方面，为提升客户服务满意度，优速向客户推出开箱验货、货款直退、全额保险等增值服务，使快递普遍服务升级成具有针对性的专业服务。

六、社会责任

2012 年 9 月 21 日至 10 月 19 日，优速特别赞助的“优速快递特约之爱心速递藏北行”的爱心人士一行 19 人从广东出发，将大量的生活物资、保暖衣物及学习用品带往西藏。全程共一个月的时间，13000 多公里，重点对拉萨地区的扎西孤儿院、阿里地区的革吉县小学等 5 所小学及孤老院及沿途的藏民进行捐赠。

在 2012 年全国“两会”、第二届亚欧博览会、中国共产党第十八次全国代表大会等举国盛事期间，优速集合全网力量，取得了寄递渠道安全保卫工作的胜利，为广大用户提供了优质便捷的快递服务。

七、企业荣誉

2012 年 1 月，被快递物流咨询网评为“2011 年度中国民营快递十强企业”。

2012 年 3 月，被国家邮政局评为“2011 年邮政行业统计工作先进企业”。

2012 年 1 月，被中国交通运输协会快运分会授予“全国联合诚信物流·快递示范单位”称号。

2012 年 5 月，入选为中国电子商务物流企业联盟理事单位。

2012 年 6 月，湖北优速成为湖北省快递行业协会会员单位。

2012 年 8 月，福建优速成为福建省快递协会副会长单位。

2012 年 12 月，被中国电子商务物流企业联盟授予“2012 年度中国电子商务物流诚信企业”称号。

2012 年 12 月，获得中国交通运输部“2010－2011 年度全国交通运输行业文明示范窗口”荣誉称号。

八、企业大事记

2012 年 1 月 1 日，二周年庆典暨 2012 年全国第一届网络大会在上海世茂佘山艾美酒店隆重召开。

2012 年 3 月 1 日，优速开通上海地区同城快递服务。

2012 年 6 月 18 日，优速商学院华北分院正式成立。

2012 年 6 月 26 日，优速商学院华东分院正式成立。

2012 年 7 月 21 日，员工关爱委员会正式成立。

2012 年 8 月 7 日，贵州优速正式加盟。

2012 年 8 月 9 日，国家邮政局市场监管司副司长王永利一行莅临我司指导工作。

2012 年 9 月 16 日，优速推出全国投诉热线 0769－82880008，专业受理投诉、咨询信息。

2012 年 10 月 1 日，山西优速正式成立并营业。

2012 年 10 月 6 日，新疆优速正式成立并营业。

上海龙邦速递有限公司

龙邦公司于2002年10月正式成立，总部设在上海，是一家深具发展潜力的专业的大型快递物流公司，注册有“龙邦速递”和“龙邦物流”两个品牌。目前，龙邦拥有企业客户10万余家，客户群体遍及电子产品、医药产业、高科技IT产业、货代企业、贸易公司、电子商务、进出口制造等多个领域，并成为三星电子、招商银行、淘宝网、天猫商城、京东商城、携程网、联想、海尔、美的、格力、真维斯、联合利华、惠普、妮维雅、波司登等国内外知名企业的指定服务商。

一、基础建设

龙邦在全国拥有从业人员2万余人，工种达20多个，岗位精细，职责明确；自建有华东、华南、华北等11大区域性一级分拨中心，60多个二、三级货物分拨中心。一级分拨中心均配备有半自动化的流水线，实行半机械化运作；所有分拨中心均安装有高清监控器，实行场地全范围无盲区监控操作；在公司总部可以随时通过远程监控网络调取各分拨中心实时情况。

龙邦使用K8系统，实现了客户收货、配载运输、门到门、签收上传等全程跟踪服务，各个业务环节全部电子化操作。公司K8系统全部通过Internet直接互联，实现物流信息的实时共享传递，日均处理30万件货物的近100万次交接及操作记录。

龙邦总部设有400呼叫中心，一级分拨中心设有客服中心，二级分拨中心设立客服部，通过K8系统和内部IMO联络平台处理每日快件查询等业务，实现了收件调度、快件查询、问题件处理、服务质量监控、网点事务仲裁等全方位多功能服务。

二、业务发展

龙邦自2002年，本着一切为客户着想，追求更安全、更便捷、更准确的高效快递服务，迅速成为区域性快递知名品牌；通过率先在华南地区实行中班件操作模式，实现二频次派送，客户满意度不断提高，在局域网里一直排名前三位。截至2008年年底，全网日均流通快件量在7.5万票左右。

2009年3月，公司在福建成立网络管理中心，开通广东至福建的汽运专线，业务辐射到外围省区，品牌影响力进一步扩大；全国日均业务量增长到8.5万票左右。

2011年9月，华东管理中心成立，开始全面拓展长三角，发展环渤海湾地区。2011年12月，开始巩固华东市场，拓展华中、华北、东北地区。2012年3月份，华北管理中心、湖南管理中心、四川管理中心、重庆管理中心、福建管理中心相继成立；2012年8月，山东管理中心成立。

目前，龙邦速递拥有上海、苏州、无锡、南京、杭州、深圳、东莞、福州、厦门、北京、武汉、长沙、成都、重庆、潍坊等20家分公司，1200余家加盟企业，40多个集散中心，2300多个网点，网络遍布国内1200多个城市，形成了以长江三角洲、珠江三角洲、环渤海地区为重点的快递网络布局。在广东省实现了全境通达，在华东和华北地区实现了县级城市通达，成为全国性快递网络公司之一。拥有各种快件提送车辆6000多辆，主干线班车运输线路近300条，日运能超过30万件、4000多吨，国内航空快件业务全实行直达，为广大客户提供国内标准化快递、COD配送、仓储服务以及快递增值服务。

三、品牌建设

2011 年年底，龙邦速递对企业文化进行了重新定位，品牌诠释为龙行天下，助业兴邦。企业愿景是建设领先的物流资源整合平台，致力于成为卓越的现代化、科技化、信息化物流服务解决方案提供商，打造一站式、多元化综合物流服务第一品牌。企业使命为创导一站式、多元化智能物流新模式，创造快捷、轻松、简单的生活体验。企业核心价值观确定为学习、超越、创造、共享。

龙邦致力于打造的 4H 服务体系为：高品质（High-quality）、高速度（High-speed）、高效率（High-efficiency）、高满意度（High-satisfaction）。未来的远景规划是逐步打造一个整合航空、陆运、铁运、国内城际配送、仓储以及国际快递于一体的集团公司，做中国城市配送的标杆企业。

四、营销策略

2012 年 9 月 9－11 日，龙邦速递作为淘宝推荐物流参加由阿里巴巴集团组织的“杭州网货交易会”。龙邦速递以“亮丽的展台、精准的品牌定位、细致周到的服务和精彩纷呈的促销活动”，赢得了广大网商的青睐，成为此次盛会上抢眼的快递物流服务商。本次参展，重点围绕“了解龙邦、感受龙邦、合作双赢”三大主题活动展开，取得丰硕成果。

受阿里巴巴集团邀请，龙邦速递于 2012 年 10 月 20－22 日参加了 2012 上海网货交易会。龙邦速递借机全力塑造自身品牌影响力及品牌形象，全面向网商展示“更安全、更便捷、更准确”的快递服务。龙邦速递进行的一系列促销活动，龙邦速递品牌形象明显得到大幅度提升。

五、兼并重组

龙邦起初立足于华南，其愿景目标一直是致力于成为一家全国性的快递企业。从成立以来，在同城配送、多频次派送和代收货款方面业绩斐然，是代收货款业务，其管理模式成为业内很多企业学习的样板。2011 年 9 月，龙邦快递低调重组，重新布局全国网络，饶国荣出任龙邦速递网络全国总裁。

经过重组后的龙邦呈现出全新的活力，网络发展迅猛。短短半年的时间，网络已经覆盖到全国，形成全国性的快递网络。通过资源整合，在开通福建、湖南、湖北、四川以及北京等直营省区外，同时以加盟的方式，迅速开通了海南、云南、河南和甘肃、新疆以及东三省和华北区的快递网络，在华东、华北、华中同时铺设了转运中心 40 余个，干线班车通达了全国大部分省会城市，公司整体业绩一直稳步上升。

2012 年 11 月，龙邦再次融资成功，引入新股东加入，首次投资 1 亿元，主要用于转运中心基础平台建设。先后在上海、萧山等一级分拨中心设立了双层多流向现代化分拣流水线，大大提高了操作效率，促进了运营等服务质量的全面提升。

六、企业荣誉

2012 年 3 月，被快递咨询网等机构评为“2011 年度中国民营快递十强企业”。

2012 年 8 月，被上海交通运输行业协会等机构评为“2012 年上海现代物流高峰论坛重点推荐企业”。

2012 年 11 月，被上海企业诚信创建活动组委会等机构评为“诚信创建企业”。

2012 年 12 月，被中国电子商务物流企业联盟评为“2012 年度中国电子商务物流诚信企业”。

七、企业大事记

2012 年 1 月 1 日，龙邦速递总部乔迁上海。同时，在上海隆重召开龙邦速递 2012 年第一届全国网络大会。

2012 年 1 月 6 日，华南第二届第一次理事会议在东莞召开，新一届理事委员由网点邮件投票选举产生，共计理事委员 15 名。

2012 年 3 月 28 日，龙邦速递网站新版 http://www.lbex.com.cn 正式上线，标志着龙邦在企业形象宣传方面更加重视，为迎接未来挑战提出更高标准。

2012 年 5 月下旬，上海龙邦速递有限公司正式成为中国电子商务物流企业联盟理事单位、上海市物流协会会员。

2012 年 6 月 22 日，湖南龙邦速递参加“第八届中国汨罗江国际龙舟节暨中国龙舟公开赛”，初赛取得第二名，决赛取得第八名。

2012 年 7 月 8 日，龙邦速递南通中心顺利乔迁至南通崇川区外环东路 35 号，新仓库比原场地扩大了近三倍。同日，龙邦速递萧山中心乔迁新场地，比原场地扩大 1000 多平方米。

2012 年 8 月 2 日，龙邦嘉兴分拨喜迁嘉兴市南湖区东栅镇魏塘桥，新场地比之前扩大近五倍。

2012 年 8 月 11 日开始，由龙邦总部各职能部门共同组建的一支网点关爱行动小组，分别对上海、浙江、江苏网点进行为期一个月的走访，受到各网点的大力支持。

2012 年 9 月 4 日，由总裁办精心策划的“龙行天下，助业兴邦”主题宣传片完成制作，正式上线。

2012 年 9 月 9－11 日，龙邦速递作为淘宝推荐物流参加了由阿里巴巴集团组织的“杭州网货交易会”。

2012 年 10 月 7 日，“龙邦物流十周年，全国网络一周年”庆典暨全国网络大会在广东东莞隆重召开。

2012 年 10 月 20－22 日，龙邦速递参加了 2012 上海网货交易会。龙邦速递在展会上全面向网商展示“更安全、更便捷、更准确”的快递服务。

中铁快运股份有限公司

一、公司发展

中铁快运股份有限公司（以下简称“中铁快运”）是铁道部直属专业运输企业，5A级物流企业，在国家工商行政管理局注册，注册资本金29亿元，从业人员25591人。中铁快运总部设在北京，在全国设有18个分公司、8个子公司，“门到门”配送网络覆盖全国2173个城市，营业机构总数达到2245个。2012年发运量1205万吨。

中铁快运前身为中铁快运有限公司，成立于1997年4月，2004年10月28日改制为中铁快运股份有限公司。2005年9月，中铁快运股份有限公司和中铁行包快递有限责任公司合并重组，重组后的公司采用“中铁快运股份有限公司”名称。2006年1月6日，中铁快运在国家工商行政管理总局办理完毕变更登记手续。中铁快运总部设在北京市西城区鸭子桥路24号中铁商务大厦A座，邮政编码100055，客服电话95572，网站域名www.95572.com。

2012年，中铁快运认真贯彻落实铁道部党组决策部署，广大干部职工以科学发展为主题，转变发展方式，转换经营机制，加快现代物流企业建设步伐，推行安全风险管理，实施多元化经营战略，落实货运改革“百千工程”，开发推广时限快运产品，开展“服务客户创先争优”活动，强力推进信息化建设，运输安全持续稳定，市场开发不断深入，队伍建设进一步加强，各项工作呈现良好发展态势。

二、基础建设

中铁快运主要负责全国铁路旅客列车行李车和特快行邮专列、行包快运专列经营管理，拥有铁路客车行李车2000多辆、铁路专用货车5300多辆、公路运输及城市配送汽车近3000辆，每天在1160多列铁路旅客列车上挂有行李车，在全国主要大中城市间每天定点、定线开行48列特快行邮专列及行包快运专列，分拨、仓储场地面积约60万平方米。

中铁快运大力推进公司信息化建设，自主研发应用“中铁快运货物信息全程追踪系统”，将传统行包货票变革为新型条码货签，使用手持PDA终端扫描作业，实现对货物全生命周期管理。开发应用“快运班列网上订舱系统”，为客户提供业务查询、产品预订、订单追踪等“一站式”信息服务。开发“货物到达短信自动通知系统”，试点推广“配送管理信息系统”，信息化建设为中铁快运生产经营管理和长远发展提供了有力支撑。

三、业务发展

依托遍布全国的运输与经营网络资源、仓储与配送资源、信息化及“95572”客户服务平台，中铁快运向客户提供时限快运、标准快运、轻小型快运等门到门包裹快运及签单返还、运费到收、保价保险等增值服务；铁路行李、包裹、车递及局用品运输，抢险救灾物资运输；根据客户个性化服务需求和业务特点，开发包装、仓储、加工、配送、网购物流等全方位、多层次、一站式物流服务；在全国主要大中城市间开行行邮、行包快运专列，提供铁路快捷货运服务产品。

中铁快运落实全路货运组织改革部署，实施“百千工程”，实行网上公开销售运力。加强重点客户和新产品的盯控，狠抓配送、中转、装卸作业质量，运输生产组织水平不断提高。

公司积极实施多元化经营，延伸服务链条，全方位拓展仓储、装卸、包装、配送、加工、网购物流等业务，增强经营手段，扩大物流增值服务收益。

在108个城市开办高铁快运、时限快运业务，2012年办理时限快运17.5万批、61.2万件。坚持大客户战略，2012年开发立项130个大客户项目，大客户收入占公司收入比重达13%。

四、经营管理

中铁快运实行新财务管理办法，强化"五统一"利润考核，促进分公司由成本中心向利润中心转变。调整专营店、代理店普包运价优惠方式，实行返还代理费政策，取得成效。进一步完善内部分配办法，加大市区、分拨配送中心绩效挂钩分配比例，充分调动职工开发市场的积极性。

公司全面推行安全风险管理，着力构建安全风险管控体系。组建区域安全监察队伍，创新安全监督检查方式和手段，形成对分公司安全管理的异体监督。健全完善分公司生产经营管理评价千分考核办法，修订公司、分公司安全责任追究办法，强化专业管理工作中的过程考核、动态考核及量化考核，杜绝了铁路交通一般C类及以上事故，中铁快运安全生产保持稳定，实现安全年目标。

中铁快运深入开展"服务客户创先争优"活动，加大设备更新改造投入。加强客服专业管理，深入推进电话营销业务，抓好客服信息系统建设，打造"95572"服务品牌。

五、企业荣誉

中铁快运品牌知名度不断提升，全面通过ISO9001标准质量体系认证，注册商标被认定为中国驰名商标。中铁快运先后被评为"2012年快递快运物流最佳企业奖"、"2012年中国最具投资价值物流企业"、"2012年中国物流业品牌价值百强企业"、"2012年中国十佳物流企业"、"2012年度全国先进物流企业"、"2012年度中国物流百强企业"、"中央国家机关文明单位"等荣誉称号，中铁快运始终专注于不断提升服务能力和服务质量，得到社会各界的广泛认可。

第七篇　各地纵览

北京市快递市场发展及管理情况

一、快递市场总体发展情况

2012年，北京市快递业务量和业务收入继续保持快速增长，快递业务总量保持40%以上的增速，单月快递业务量突破5800万件，单月快递业务收入突破8.5亿元。

2012年，北京市规模以上快递服务企业累计完成48073.73万件，同比增长42.81%，其中信件类快递业务量累计完成4648.58万件，占全部快递业务量的9.67%；电子商务类快递业务量累计完成12949.4万件，同比增长30.02%，占全部快递业务量的26.94%；代收货款快递业务量累计完成3939.76万件，占全部快递业务量的8.2%。

快递业务收入方面，2012年北京市累计完成76.27亿元，同比增长21.93%，其中信件类快递业务收入累计4.07亿元，占全部快递业务收入的5.34%。

快递业务量收稳步增长。2012年快递业务量与收入继续保持稳步快速的发展势头，全年同比增幅最高的月份为2月份，业务量增幅达109.51%，业务收入增幅达88.71%。除7月快递业务量略有下降，降幅为4.4%，其他月份收入同比增幅相对稳定。

电子商务类快递业务发展较快，增长势头稳健，已占到全部快递业务量的26.94%。2012年电子商务类快递业务量为去年同期的1.3倍，2月份为全年最高单月增幅，为去年同期的1.9倍。

快递业务市场结构稳定。2012年分专业快递业务量均超越去年同期水平。具体情况如下：同城业务量累计完成15122.31万件，是2011年同期的1.5倍；异地业务累计完成31889.54万件，是2011年同期的1.4倍；国际及港澳台业务累计完成1061.89万件，是2011年同期的1.5倍。

快递业务收入方面，同城与异地收入较2011年同期增幅显著，国际及港澳台略有增幅，其他业务收入有所下滑。具体情况如下：同城累计完成10.93亿元，是2011年同期的1.6倍；异地累计完成50.01亿元，是2011年同期的1.3倍；国际及港澳台累计完成11.59亿元，是2011年同期的1.01倍；其他业务收入累计完成3.74亿元，占2011年同期的0.8倍。

二、行业管理工作及成效

有序推进行政许可。北京市邮政管理局完善许可流程，严格程序标准，规范档案管理，加强材料审核与现场核查，有序推进行政许可工作。截至2012年，共受理快递经营许可申请379份，审批许可企业356家，办理备案218件，办理变更102次，依法撤销许可4家。同时完成2012年度285家快递企业年度报告。发函商请市工商局在2012年年检中，依法核减未获得快递业务经营许可资质的企业有关“寄递业务”经营项目。

强化市场综合管理。为做好快递旺季服务保障和安全生产工作，督导快递企业旺季期间规范生产经营，提升服务质量，确保安全生产。北京市邮政管理局召开快递企业安全服务质量季度通报会，督促企业查找不足，分析原因，提升服务质量，强化安全管理。完成了全年快件寄递时限及服务质量测试，形成书面测试报告，督导快递企业服务质量提升。

北京市邮政管理局认真做好消费者申诉处理工作，督导企业及时妥善处置邮政管理部门转办的用户申诉，全年共处理申诉12300余件，其中有效申诉10170件。配合公安部门破获2起贩毒案件，查获毒品大麻一包，冰毒210.9克，抓获犯罪嫌疑人3名。

为进一步推动解决校园快递服务问题，北京市邮政管理局联合市教委、市商委出台了《关于做好高等院校校园快递服务工作的意见》，联合市快递协会组织开展“快递企业争创优质服务活动”，倡导企业以提升快递服务水平为核心，积极推进快递服务与发展方式转变，促进首都快递业健康发展。

加大执法检查力度。北京市邮政管理局不断强化邮政市场执法检查工作力度，依法严肃查处问题企业，在注重日常检查、核查的同时，组织开展烟花爆竹、“两会”安全防范、“扫黄打非”、“收寄验视”、“打非治违”、服务质量整治、安全管理整治等专项检查。全年共开展执法检查351次，出动检查人员1501人次，检查企业288家，累计行程16130余公里，依法查处问题企业105家，约谈问题企业41家，下发《责令改正通知书》55份，作出行政处罚8起，罚款共计33000元，依法取缔违法经营快递业务企业1家，有效规范了市场经营秩序，提升了行业服务质量。

北京市邮政管理局积极加强与有关部门的沟通联系与配合协作，充分发挥联合执法的作用，完善与市国家安全局行政许可审批核查工作衔接，积极与国安、公安、工商、药监等部门开展联合执法活动。并且先后与我市公安、国家安全、交委、商委、工商、安监、药监等部门联合发文，不断加强邮政行业部门协作监管力度。

加强行业安全监管。在强化行业安全监管方面，北京市邮政管理局有条不紊地采取了多种措施，有效推进工作:2012年3月在全市范围内推进实行收寄验视加盖验视章管理，强化验视制度执行落实提升行业安全保障；2012年5－6月组织召开两期全市快递企业安全管理高级培训班，提升企业安全管理工作的能力和水平；2012年9月组织编印《寄递物品验视指南》宣传册，普及寄递安全知识、提高员工验视检查能力，指导企业收寄验视工作。

在突发事件应急处置上，北京市邮政管理局现场妥善处置了北京星晨急便·鑫飞鸿因兼并重组导致纠纷冲突、北京希伊艾斯因欠薪欠款导致快件积压、新疆全毅因网络费用结算导致快件扣押等多起突发事件，维护了首都寄递渠道的安全畅通。

同时，北京市邮政管理局强化邮政行业安全防范应急管理工作，在6月印发了《北京市邮政业反恐怖防范工作规范(试行)》，指导企业有效提升反恐防范的能力，促进行业反恐防范水平进一步提升。并且积极与国家安全、公安等部门协作，建立邮路安全(禁毒)协调工作机制，与市禁毒委办公室在北京市邮政速物有限公司共同组织举办“北京邮政邮寄渠道禁毒安全演练”和“禁毒专题培训”活动。2012年9月和10月分别组织指导北京市邮政公司、北京百世汇通开展邮路反恐防爆演练活动，指导企业有效提高反恐防范与应急处置能力，提升全行业反恐防范与应急处置能力。认真做好反恐电台值班值守，与市国家安全局、市公安局紧密联系，沟通配合，完善应急响应联动协作机制。

保障十八大寄递渠道安全。在北京市邮政管理局开展十八大邮政服务与安全保障工作，拟定实施方案细化工作部署，印发有关文件明确工作要求，组织召开动员部署会推动工作落实，协调十八大快件投递工作对接确保服务，督导企业快件安检强化安全管理，强化部门协作完善安保联动机制，制订应急预案提升应急防控能力，开展十八大安保专项检查，强化核心区域安全防范，顺利完成十八大邮政服务与安全保障各项工作任务。

天津市快递市场发展及管理情况

一、快递市场总体发展情况

2012年是实施“十二五”规划承上启下的重要一年，也是天津市邮政业发展转型升级的关键一年。一年来，天津市邮政管理局认真贯彻党的十八大精神，以科学发展观为指导，按照国家邮政局和市委、市政府的决策部署，以“调结构、惠民生、上水平”为主题，以落实天津市邮政业发展“十二五”规划为主线，以完善省级以下邮政监管体制为主攻方向，坚持依法行政，坚持推动快递转型升级上水平。

行业加速发展。2012年，天津市快递业务收入达16.98亿元，同比增长28.9%，约占全行业业务收入的62.8%，从业务量来看，快递业务增长量十分迅猛，业务量完成0.6925亿件，同比增长29.56%，全行业呈现稳步提高、加速发展的态势。

快递服务和电子商务融合发展势头迅猛，为淘宝、亚马逊、当当网、京东、苏宁易购等大型全国购物网站提供快递服务支撑的企业有20余家。2012年，天津市申通快递完成网络购物的配送业务约2600万件，韵达完成约1980万件，圆通完成约2200万件，电子商务的配送业务约占全部快递业务总量的7成。

能力稳步提升。2012年，天津市快递服务能力稳步提升。取得快递业务经营许可的企业194家，快递从业人员12000余人。新增注册资本9870万元，投入用于改善、维护生产场地、购买手持终端、车辆等设备的资金2751.65万元。中通、韵达、圆通、顺丰四家快递企业已与空港经济区管委会签订了《投资协议》，将华北区域总部落户园区，目前投资意向总额达12.5亿元。

2012年快递服务总体满意度71.7分，较2011年提升了2.8分。规模以上快递企业全部建立投诉处理平台，投诉受理率达到100%。

科技水平走高。快递企业不断提高信息技术应用水平，利用手持终端（PDA）、计算机电话集成（CTI）、全球定位系统（GPS）、地理信息系统（GIS）等信息技术及设备。目前天津市各快递企业大量应用手持终端、车辆等GPS定位技术，广泛使用电子条码、无线巴枪等高速扫描录单等服务。

二、行业管理工作及成效

不断优化政策环境。2012年年初，《天津市邮政业管理办法》上升为《天津市邮政业条例》地方性法规立法计划调研项目。天津市邮政管理局成立调研小组，坚持“开门立法”，先后召开立法调研筹备会、邮政从业企业座谈会、消费者座谈会和新闻媒体发布会，通过局门户网站向社会征求意见，最终形成调研报告，报市人大法工委、市政府法制办。市人大常委会在2013年度立法建议项目论证会上对《条例》纳入立法计划预备项目予以充分肯定。

不断推进快递园区建设。天津市邮政管理局落实《天津市快递服务发展“十二五”规划》的重点工作，筹建空港快递产业园区，形成一个辐射面广，影响力大的环渤海快递集散中心。任学峰副市长要求：各有关部门要为落户空港快递园区的企业提供全方位服务，要协调解决好信息服务、机坪建设、机场保障、货物通关等问题,为企业的持续快速发展保驾护航。中通、韵达、圆通、顺丰四家快递企业已与空港经济区管委会签订了《投资协议》,将华北区域总部落户园区,目前投资总额达12.5亿元。在为园区内快递企业争取税收、土地使用等优惠政策的同时,我们还鼓励快递企业加大科技投入,加强基础设施建设,提升整体服务能力和水平;鼓励关联产业落户园区,发挥联动集约优势。

继续加大市场监管力度。为了加强市场检查和许可管理,规范企业经营。天津市邮政管理局全年共开展市场检查、督促指导、协调服务703次,涉及单位231个,查处市场违法违规行为为41次,下达责令限期整改通知书5份,行政处罚决定书36份,处罚金额16.3万元。进一步加强对我市不符合快递业务经营许可条件的“散、弱、差”企业的规范治理,督促引导特许经营加盟企业做好“结构调整”工作。对已取得《快递业务经营许可证》的快递企业逐一摸排、清理,全年共清理、取缔无证、无照快递加盟网点6家。加强快递业务经营许可管理,增强快递业务经营许可的严肃性,依次对未在规定期限内报送年度报告、虚报瞒报年度报告、设立分支机构未办理备案手续的11家快递企业及分支机构进行约谈,对4家快递企业依法实施行政处罚。

配合国家邮政局检查小组,实地检查天津市邮政用品用具产品质量,并就快递封装用品使用情况开展调研。

开展专项治理活动。从2012年8月开始,天津市邮政管理局在全市范围内开展为期三个季度的“快递服务质量专项整治活动”。举行相关法律、法规、政策、服务标准的培训宣传贯彻活动,强化企业服务意识和遵规守法意识。加大对用户通过“12305”申诉电话反映的企业侵害用户利益的执法检查力度,维护用户的合法权益,督促企业提升服务质量。组织快递企业开展自查整改活动。通过专项行动,解决了一批违反《快递服务》国家标准,侵害用户利益的突出服务质量问题。为确保“双11”、春节等业务旺季期间服务“三畅通”(即揽收畅通、投递畅通、客服畅通),印发了《关于做好春节各项工作及办理营业信息备案的通知》等文件,要求快递企业采取有效措施,满足用户需求。

完善邮政安全监管机制。提前安排部署十八大邮路安保工作,印发《关于“十八大”会议邮路安全监管的通知》,要求企业揽收进京邮件、快件要严格落实用户信息实名制,并每日向邮政管理部门报送进京快件信息,使每票进京快件有据可查。先后召开市邮政企业、各快递企业负责人、安全主管参加的十八大寄递渠道安保会议,与各企业签订了十八大邮路安全责任书。

深入快递企业召开安保宣传贯彻培训会,对天津市120余家快递加盟企业负责人实施宣传贯彻培训。出动执法检查246人次,检查企业73家,企业不执行验视制度的情况总体呈下降趋势。

开展了为期2个月的“打非治违”专项行动,制定了《天津市邮政行业开展安全生产领域“打非治违”专项行动实施方案》,深入各快递企业,现场指导企业开展隐患排查自查自纠工作,进一步建立健全安全生产操作规范、安全管理制度及各项应急预案。

深化行业人才队伍建设。2012年,组织初级职业技能鉴定考试4期,中级职业技能鉴定考试2期,共1130人参加,快递业务员持证上岗比例稳步提升。联合天津财经大学举办了“高管深化培训班”。

充分发挥协会作用。快递协会组团参加2012年首届京交会和快递论坛。组织快递企业参加规避风险法律培训和《快递服务》国家标准知识竞赛。联合市交通物流协会组织规模快递企业参加天津市电商零售业(B2C)物流论坛。推动校企合作,做好校区快递派送工作,已有5家快递企业分别进入天津科技大学和天津财经大学。

河北省快递市场发展及管理情况

一、快递行业总体发展情况

2012 年，河北省快递业务量首次突破 1 亿件，达到 12469.1 万件，同比增长 44%，业务量排全国第 10 位，增幅为全国第 12 位；快递业务收入达到 21.47 亿元，同比增长 32.3%，业务收入排全国第 9 位，增幅为全国第 11 位；在 2011 年快件平均单价 18.75 元的基础上，快件平均单价继续下降，为 17.176 元。

截至 2012 年年底，河北省共有 628 家合法经营快递业务的企业及分支机构，其中依法取得河北省邮政管理局颁发的快递业务经营许可证的企业有 217 家，省内许可企业依法设立分支机构 357 家，国家邮政局许可企业在冀备案分支机构 54 家。河北省快递业纳入统计的从业人员达到 1.3 万人。

二、行业管理工作及成效

有序施行市场准入。2012 年河北省邮政管理局准确把握行业发展现状，以许可管理为抓手，对加盟企业直营化进行引导，对快递许可流程实行动态管理，做到了依法办理，全程规范。截至 2012 年年底，全省共收到快递业务经营许可申请 350 件，受理 244 件，依法取得快递业务经营许可证的法人企业达到 217 家，其中有 31 家许可企业设立分支机构 357 家。2012 年，全省新增许可企业 16 家，新增分支机构 143 家。

依法开展市场检查。按照国家邮政局的部署，成立了“打非治违”领导小组，在全省邮政行业开展“打非治违”专项行动。5－8 月，在石家庄、保定、秦皇岛、张家口、衡水、廊坊、唐山、邢台、邯郸等 9 个地市开展执法检查 101 次，下达整改通知书 14 份，依法作出行政处罚 5 件，收到了良好的效果。全年共开展综合执法检查 359 次，查处违法违规企业 117 家，共办理违法案件 12 起，罚款 48000 元，下达整改通知书 31 份，有力规范了快递市场秩序，促进了全省快递市场的健康发展。

创新市场监管方法。利用每次到各市开展许可核查、业务检查时机，召集许可、备案快递企业及快递监督员召开监管座谈会，听取快递企业经营管理情况汇报，传达近期关于快递管理和安全监管的各项要求。建立了申诉量异常及时反馈制度，对短期内申诉量激增的企业进行调查，根据企业情况采取应对措施，在网站上发布消费预警，提示消费者慎重选择，有效分流了快递企业的网络压力。

完善安全监管法规制度。出台了全国首部专门针对邮政业安全工作的地方政府规章《河北省邮政业安全监督管理规定》。《河北省邮政业安全监督管理规定》是对《邮政行业安全监督管理办法》的补充完善，丰富了安全监管的法律依据，强化了安全监管的法制基础。

河北省邮政管理局对近年来河北省内发生的快递企业网络异常事件进行了汇总，在总结处理唐山圆通和沧州韵达扣件纠纷经验的基础上，制定了处理扣留、隐匿邮件、快件纠纷工作流程并下发各市局，指导市局正确处理行业内经济纠纷，有力地提高了市局处理突发事件的能力。

抓好重大活动安保。成立了河北省寄递渠道十八大安全稳定保障工作办公室，与安全、公安、新闻、海关等部门建立了寄递渠道安全保障协作机制，明确了各部门职责，加强厅局联系配合。联合四部门转发了国邮发〔2012〕154 号文件，印发了寄递渠道安全保障系列方案，下发了企业自查工作通知，制定了十八大安保执法检查表。在全省 200 多家寄递企业参加的十八大安保服务誓师大会上,组织与会企业签订了责任状并做了誓师发言。十八大安保期间,检查邮政企业、快递企业等重点单位50余家,下达整改通知书6份。与安全部门共同开展了实寄测试,根据测试结果向全省寄递企业下发了通报,要求不合格企业对违规员工从严进行处理。

2012年7、8月,河北省邮政管理局组织了秦皇岛暑期邮路安保工作,主管副局长带队对秦皇岛的寄递企业进行了安全检查,与省国家安全部门进行了工作交流,了解快递企业对安全部门的配合情况,协商解决暑期安保工作中需要共同解决的问题。

山西省快递市场发展及管理情况

一、快递市场总体发展情况

2012年,山西省快递业务继续保持高速发展态势。全年全省快递出口量3110.6万件,进口量9861.3万件,业务收入58195.3万元,出口业务量和业务收入分别同比增长31.1%和24.6%。全省快递从业人员达到9633人,同比增长21.3%。

全省企业规模和服务能力明显改善,多家品牌快递企业均搬迁到更大的生产场地,配备了更为先进的快件处理和安全生产设备设施,企业规模和服务能力明显改善。

二、行业管理工作及成效

近年来,山西省快递业发展迅猛,发展速度和质量都有较大提高,但是还存在一些突出的问题。从山西省的情况来看,一直以来以煤炭、钢铁、电力等产业为支柱,长期积累的结构性、体制性矛盾尚未从根本上解决,服务业所占比例比较低。山西省快递业的发展无论是规模、发展速度还是服务水平,与全国平均水平相比、与中部地区兄弟省份相比,都存在较大差距,不能很好地满足人民群众不断提升的用邮需求,不能很好地适应地方经济社会发展需要。为此,山西省邮政管理局采取了诸多措施。随着改革的不断深化,行业发展中多种深层次矛盾和问题逐步显现。行业发展还处于较低水平,服务能力和服务水平有待提高,行业发展的内生动力不足,行业队伍素质有待提高。行业管理的基础依然薄弱,快递市场监管需要进一步加强。

专项治理热点、难点问题。全年在全省范围开展快递服务专项治理活动,重点就快件延误、丢失、损毁等群众关心的服务热点、难点问题开展专项治理,对存在问题的企业下发限期整改通知书,对用户申诉量较大的两家快递企业,约谈企业负责人,指出存在问题、提出整改要求。通过专项治理,实现了全省快递服务水平稳中有升。全年省局共受理快递消费者有效申诉1780件,为用户挽回经济损失103323元,申诉满意率为94.6%。加大快递市场"打非治违"力度,全年省局对快递市场共检查177次,检查单位106个,下达行政处罚10次,罚款48000元。

2012年共计受理许可备案快递企业51家,其中许可16家,备案35家。全省累计许可备案335家,其中许可137家、备案198家。快递服务水平稳中有升,市场发展平稳有序。

不断提高行业队伍素质。各企业加大内部培训力度,组织不同形式的业务、法律知识培训。省局通过多种形式重点指导企业结合快递业务职业技能鉴定开展学习培训,举办了两次全省快递业务人员初、中级职业技能鉴定考试,共有1143人参加,有效促进了行业队伍整体素质的提高。

安全监管实现“两个圆满完成”。一年来，省局加强以收寄验视为核心的寄递渠道安全监管，全省寄递渠道保持了安全畅通，安全监管实现了“两个圆满完成”：圆满完成了党的十八大期间我省寄递渠道安保服务工作，十八大期间山西省寄递渠道安全畅通；圆满完成省政府安全生产责任制考核，山西省邮政业安全生产工作被省政府安委会评为优秀等次。

内蒙古自治区快递市场发展及管理情况

一、快递市场总体发展情况

截至2012年12月，内蒙古自治区快递业务量完成2440万件，同比增长34.7%，快递业务收入完成5.87亿，同比增长29.5%，其中同城业务量完成188.8万件，同比增长34.7%，异地业务量完成2241.6万件，同比增长21.6%。

2012年，内蒙古自治区快递日均处理量达到6.7万件，快递最高日处理量突破20万件。快递网络日益扩展，内蒙古自治区各快递公司营业网点累计达到367处，快递从业人员队伍逐步壮大，快递从业人员已达4802人，快递技术设施建设不断完善，服务能力显著提高。

在2012年，内蒙古自治区电子商务交易再创新高，网络零售带动的业务量占快递总量的一半以上。2012年11月11日，内蒙古自治区快递日处理量达20万件。

二、行业管理工作及成效

2012年，内蒙古自治区邮政管理局以促进行业科学发展为目标，本着结合实际、注重实效的原则，大力贯彻落实《内蒙古自治区邮政条例》和《内蒙古自治区邮政业“十二五”规划》，积极协调与自治区相关重点规划衔接，将邮政快递物流发展纳入《内蒙古自治区物流业发展“十二五”规划》，继续推动将邮政业改革发展纳入《内蒙古自治区交通运输“十二五”规划》，不断优化快递行业发展环境。

加大政策扶持力度。内蒙古自治区邮政管理局联合自治区交警总队联合下发了《关于解决内蒙古自治区邮政业快递服务车辆通行问题的通知》，明确快递车辆通行证的申办条件、办理流程、证件样式及核发标准，有效地解决了快递车辆“运输难”、“进城难”、“停靠难”以及“事故处理难”等问题。首批发放车辆通行证868张。

出台《内蒙古自治区邮政条例》支持和鼓励快递企业发展。《内蒙古自治区邮政条例》于2012年1月1日起实施。《条例》中特别提出支持和鼓励快递企业发展，要对快件处理场所、快件园区的规划建设和使用土地提供支持，快递车辆凭车辆通行证可在市区通行、停靠。

规范市场经营秩序。内蒙古自治区邮政管理局严格落实国家邮政局关于快递业务经营许可的相关规定和程序，着力加强快递经营许可管理规范化建设，依法做好新申请经营许可企业的受理、审核工作，积极总结经营许可过渡期的工作经验，扎实做好快递业务经营许可常态化管理。截至2012年年底，共受理新申请经营许可企业32家，审核通过26家，经营许可变更申请15家，涉及变更事项25项。

提升旺季保障能力。内蒙古自治区邮政管理局始终把做好旺季服务保障工作作为行业监管工作的重点来抓，全力以赴落实责任，保障旺季期间寄递渠道的安全畅通。在快递业务旺季来临之前对全区主要快递企业开展调研，科学预测，合理安排，并与快递企业签订旺季服务保障责任书，切实做好旺季服务保障基础工作。

加大执法检查力度。按照国家邮政局的整体要求，结合内蒙古自治区实际，将重大活动期间寄递渠道安全保障工作与快递市场日常执法检查工作结合起来，先后开展全国“两会”期间邮政、快递服务安全专项检查、快递服务质量专项整治活动、党的十八大期间寄递渠道安全专项检查、快递服务旺季生产检查、快递企业统计工作检查等一系列执法检查活动，有效地确保了重大活动期间的行业安全，树立了邮政管理部门的执法形象，极大地促进了全区快递行业的健康发展。

创新监管工作方法。一是严格依法行政，促进行业发展。严格按照有关法律法规开展执法检查，在实践中加强对盟市邮政管理局执法人员的培训，做到监管与执法、监管与服务、监管与发展的统一。二是大力推动信息化建设，丰富监管手段，充分发挥邮政行业安全监管信息系统、邮政行业安全监管视频系统、快递业务经营许可信息管理系统等多个信息化平台的作用，推进邮政管理工作的可视化、规范化、标准化，提升监管工作效能。三是注重发挥部门合力，开展联合执法。2012 年，内蒙古自治区邮政管理局继续保持与自治区公安、安全、海关、新闻出版等部门的密切合作，多次开展联合执法行动，取得了显著成效。

维护用户合法权益。内蒙古自治区邮政管理局以维护消费者合法权益作为推进行业服务规范、提升快递服务水平的重要抓手，以快递服务申诉处理为着力点，充分发挥申诉中心的作用，积极贯彻落实国家邮政局颁布的《邮政业消费者申诉处理办法》，加强行业服务监管。截至 2012 年年底，共受理消费者服务申诉 2641 件，申诉落实率达到 100%，为消费者挽回经济损失 12.6 万元。

加强寄递服务信息安全管理。内蒙古自治区邮政管理局积极贯彻落实国家邮政局于 2012 年 12 月 17 日召开的全国寄递服务信息安全管理工作电视电话会议精神，迅速响应，采取有效措施，积极指导企业开展自纠自查，组织各盟市邮政管理局围绕寄递服务信息安全保障主题，开展专项检查行动。大力开展组织征订《收寄验视现场工作手册》，指导寄递从业人员切实做好收寄验视工作，提升行业安全防范意识，严格落实收寄验视制度。

辽宁省快递市场发展及管理情况

一、快递市场总体发展情况

截至 2012 年年底，辽宁省获得快递业务经营许可证的快递企业共 279 家，其中取得国家邮政局颁发许可证的法人分支机构 54 家。279 家快递企业中，民营快递企业占 92%，国有控股企业占 2.5%，外商控股企业占 5.5%。

快递业务发展情况良好。2012 年，辽宁省快递业务量累计完成 7757.4 万件，同比增长 24.9%。其中，同城业务量累计完成 1382.6 万件，同比增长 45.4%；异地业务量累计完成 6163.6 万件，同比增长 21.7%；国际及港澳台业务量累计完成211.1万件，同比增长 7.6%。快递业务收入累计完成 17.93 亿元，同比增长 18.5%。其中，同城业务收入累计完成 13966.8 万元，同比增长 44.7%；异地业务收入累计完成 126628.9 万元，同比增长23.8%；国际及港澳台业务收入累计完成 34226.2 万元，同比下降 0.3%；其他业务收入 4488.7 万元，同比下降 11.3%。

2012 年年底，辽宁省快递企业从业人员 9788

人，比上年增长15.5%。其中快递业务员6739人，持证快递业务员4621人，持证比例达68.5%。

企业服务能力提升。2012年，辽宁省累计处理出口快件7757.4万件，同比增长24.9%。在快递服务旺季，辽宁省日处理快件突破100万件，未出现“爆仓”现象。顺丰速运（沈阳）有限公司、申通快递有限公司、上海圆通速递有限公司、上海中通速递服务有限公司等在盘锦建立第二分拨中心；顺丰速运（沈阳）有限公司在辽宁省新增营业网点40余处；辽宁省邮政速递物流有限公司以及其他民营快递公司也增设了若干分支机构和营业网点。

二、行业管理工作及成效

健全法制环境。一是推进依法行政。修订行政执法责任制，明确了执法内容、依据和责任，规范了9项执法程序和流程；完善行政处罚裁量权指导标准，对邮政服务、集邮市场、安全监督三个领域涉及的处罚条款划分层级，明确适用条件和裁量幅度；建立监督检查机制，制定行政执法监督检查、重大行政处罚备案审查、规范性文件制定程序及备案等制度。

二是健全行业监管法制环境。向辽宁省政府法制办报送2013－2018年立法规划项目建议，提出《辽宁省邮政条例》修订计划。

促进企业发展。一是完善发展规划。广泛征求企业、辽宁省政府相关部门的意见，召开专家评审会，修订完善《辽宁省邮政业发展“十二五”规划》，上报国家邮政局同意。

二是加强行业人才队伍建设。辽宁省邮政管理局与辽宁省职业能力建设协会、沈阳广播电视大学、辽宁技师学院等11所高、中等职业院校建立合作关系，搭建职业院校、快递企业合作平台。顺丰速运（沈阳）有限公司等快递企业建立了完备的自主培训体系，开展了富有成效的校企合作。建立了中级快递业务员职鉴师资骨干队伍，组织三批次快递业务员职业鉴定考试，共有1074名快递业务员成绩合格。

三是推广典型经验。研究解决快递服务最后“一公里”投递的新思路、新方法，将大连圆通速递有限公司等企业好的投递经验和方法在全省进行推广，努力改善快递服务中投递环节存在的瓶颈问题。

四是组织辽宁省邮政速递物流有限公司、顺丰速运（沈阳）有限公司开展辽宁省政府创建物流业示范企业申报工作。

规范市场秩序。一是依法落实经营快递业务许可审批规定，全年共核查企业43家（次），对3家不符合条件的企业下发了不予受理通知书，要求其整改后重新申请。对于人员、资产变动不能达到许可条件的企业予以重点监管。严格许可证变更程序，受理52家企业许可证变更申请。

二是开展服务质量专项检查。对快递、邮政用品用具、集邮市场执法检查共463次，检查企业164家（次），下发整改通知书11份，对月份申诉率超过万分之一的沈阳优速物流有限公司、沈阳海航天天快递有限公司和沈阳韵必达快递有限公司的企业负责人进行了约谈，督促改进服务质量。

创新监管方式。一是加快信息化建设。对辽宁省内已取得快递业务经营许可证的邮政、快递企业的基本信息和经营情况开展调查，开发了具有信息查询、统计分析、数据更新等功能的邮政市场信息管理系统。

二是加大社会监督力度。2012年，收到邮政特邀社会监督员反馈监督报告共计398份，合理化建议及问题反馈31份，对反馈的问题进行了整治。开展快递服务满意度调查工作，向企业通报满意度调查结果，督促企业查找不足，提升快递服务水平。对外公布服务满意度调查结果，引导社会消费。

三是拓宽申诉受理渠道。2012年，辽宁省邮政业消费者申诉中心共受理消费者申诉3756件，全部得到及时处理，为消费者挽回经济损失27.9

万元。消费者对申诉处理和咨询的满意和认可率达到95.9%。

保障通信安全。一是健全协同机制。落实国家邮政局、公安部、国家安全部制定的《寄递渠道治安检查工作规定》，与辽宁省公安厅、辽宁省国家安全厅联合成立了辽宁省寄递渠道治安管理协调小组，制定了摸底调查、联合执法、教育培训等工作措施，建立了定期例会、信息通报等工作制度。开展联合检查，有效遏制了通过寄递渠道进行违法犯罪的活动。

二是确保十八大寄递渠道安全。成立辽宁省邮政管理局十八大邮路安保工作领导小组，制定《辽宁省邮政管理局关于党的十八大期间邮路安保工作实施方案》，定期召开联席会议，相互通报工作情况。召开十八大期间全省寄递渠道安保工作座谈会，按照“谁经营、谁负责”的原则，开展企业安全自查，全面排查各类安全隐患，对寄往北京地区的快件做到100%当面验视。建立了十八大期间的应急值守、信息收集和反馈工作制度。十八大期间，检查邮政、快递企业87家次，下达整改通知书4份。

三是做好反恐工作。制定《辽宁省邮政业反恐怖防范工作标准(试行)》、修订《关于完善辽宁省邮路安全监管协作机制及运行方案》，建立健全辽宁省邮政业反恐怖防范工作长效机制。召开辽宁省邮路安保工作座谈会，部署邮路寄递物品安全监管工作。

妥善处理突发事件。及时有效处理了沈阳CCES快递有限责任公司与其加盟企业因经济纠纷引起的扣押快件事件，1000余件滞留快件得到妥善投递。收回了沈阳CCES快递有限责任公司快递经营业务许可证，并致函上海希伊艾斯快递有限公司，要求积极妥善处理好用户对此批快件的查询、投诉、赔偿等问题。

吉林省快递服务发展及市场管理情况

一、快递市场总体发展情况

截至2012年年底，全省规模以上快递企业中，邮政速递物流有限公司(EMS)和申通、圆通、韵达、中通等6大品牌网络覆盖全省所有9市(州)40个县(市)，其他快递公司最大覆盖范围到达县，部分快递企业的服务范围仅限于同城。

2012年，各快递企业结合自身发展需要，及时采取了有效措施，不断扩大场地规模。中通、圆通、韵达、申通等规模以上快递企业分别通过购买、租用等方式更换了作业场地，兴建了规模适宜、设施完备的处理中心，申通公司租赁了40000平方米用于新的分拣中心建设，其他企业也不同程度地扩大了生产规模。

2012年，吉林省快递业持续健康发展，全省规模以上快递企业累计完成快递业务量3854.37万件，同比增长45.60%，比去年同期提高2.63个百分点；快递业务收入8.07亿元，同比增长27.92%，比去年同期减少3.75个百分点。快递业务收入占全行业收入比重为28.82%，影响全行业收入同比上涨1.56个百分点。其中，同城业务收入累计完成0.60亿元，同比增长32.39%；异地业务收入累计完成6.16亿元，同比增长35.05%；国际及港澳台业务收入累计完成0.87亿元。

在业务量和业务收入增长的同时，快递业从业人员规模也有了进一步发展，截至2012年12月31日，全省快递业共有从业人员6944人，比去年增加12.25%，其中快递业务员5019人，比去年增加12.76%。

二、行业管理工作及成效

优化发展环境情况。在做好《邮政法》等法律规章标准贯彻实施工作的同时，吉林省邮政管理局先后通过召开会议、学习培训、举办竞赛等多种形式，认真做好《邮政法》、《邮政行业安全监督管理办法》等邮政法律规章的宣传贯彻工作。在引导各市场主体依法经营的同时，加强与地方政府各职能部门的协调沟通，充分发挥邮政法律效能，为邮政业发展创造了良好的法律环境。同时，将《吉林省邮政条例》修订工作纳入重要议事日程，多次与国家邮政局、省人大、省法制办协调沟通、征求意见。协调省人大、省法制办有序开展了征求意见、立法调研、立法协调、专家论证等工作。目前，《吉林省邮政条例（修订草案）》（送审稿）已经正式上报省政府法制办。

实施许可常态管理。吉林省邮政管理局严格执行快递许可的各项法律规定，加大对企业硬件设施实地核查力度，做好许可的受理、审核和变更工作，逐步健全"层层把关、分级负责"的快递许可常态化工作模式。吉林省邮政管理局还通过规范流程、畅通渠道和实地审核等方式，按时完成了对139家许可快递企业的年度报告审核工作，并将年度报告工作情况向全社会公布。

加强市场常态监管。吉林省邮政管理局按照国家局要求，通过联合检查、综合检查、专项检查等方式，先后开展"快递服务质量专项检查"、"全省邮路安全大检查"等专项检查活动，加大对违法违规行为的查处力度，逐步健全对快递市场的常态监管机制，有效规范了市场秩序。全年共出动检查172天，出检1290人次，检查单位190家，下达责令限期整改通知书20份，行政处罚决定4份，累计罚款2.2万元。

加强旺季服务保障。按照国家邮政局的决策部署，针对业务旺季快递服务能力不足的问题，积极建立健全快递服务保障应急机制，提高快递业务旺季的应对能力。印发了《吉林省快递业务旺季服务保障工作方案》，明确政府、协会、企业职责要求和追究措施。通过召开旺季工作保障会、签订服务承诺责任书以及现场督导检查等方式，有序开展服务保障工作，平稳度过了春节、中秋、国庆、"双11"、"圣诞"等快递业务高峰时段，社会反响良好。特别是在"双11"电商促销期间，吉林省邮政管理局分别在夜间（11月11日18:00—24:00）、电商促销快件到长高峰期（11月14日）、双休日（11月18日晚17:00—21:00）对快递企业分拣中心和营业部进行了检查督导，切实履行了监管职责，保证了寄递渠道安全平稳无事故，旺季服务保障有序无问题。

做好邮政业消费者申诉中心工作。吉林省邮政业消费者申诉中心立足本职，创新工作，健全完善申诉工作负责制和问责制，加大对企业处理申诉情况的检查考核力度，督促企业改善服务，充分发挥了申诉中心的维权作用。全年共受理消费者申诉1474件，（由国家邮政局转办1328件，省邮政管理局受理120件，其他省转办26件），其中普遍服务类业务申诉46件（有效申诉27件，无效申诉19件），快递类业务申诉1428件（有效申诉1304件，无效申诉124件），为消费者挽回经济损失15万元。

促进行业科学发展情况。一是有效推进规划落地实施。通过制订方案、召开会议、学习培训、举办竞赛、印发单行本以及利用新闻媒体和门户网站刊发规划全文等形式，深入贯彻实施《邮政业发展"十二五"规划》、《快递服务"十二五"规划》和《吉林省邮政业发展"十二五"规划》，全力推进规划实施落地，研究制定具体贯彻实施意见，建立规划实施责任制。

二是人才培养扎实开展。2012年，吉林省邮政管理局积极推进政府为主导、企业为主体、院校为支撑的邮政业人才教育培养体系建设。举办全省快递企业高级管理人员培训班。授予吉林工业经济学校为吉林省第二家邮政业人才培养基地。印发《吉林省邮政业2011－2015年人才队伍建设实施意见》。建立长春职业技术学院、吉林工业经济学校与快递企业的实习就业机制。指导企业开展培训7期，培训人员2180人。

三是做好《快递服务标准》达标工作。为落实《快递服务标准》各项要求，提升吉林省快递企业服务能力，提高吉林省快递服务水平，吉林省邮政管理局委托省快递行业协会负责全省快递企业达标验收工作。通过达标，实现网络的品牌化、规模化，进一步提升了企业经营管理水平和技术服务水平。

四是营造行业发展舆论环境。为客观、真实反映吉林省快递企业服务水平，为吉林省快递业发展营造良好舆论环境，增进企业与媒体、消费者之间的有效沟通，2012年，吉林省邮政管理局加强了与新闻媒体沟通联系，多次交流，舆论环境有了明显改善。通过与媒体的多次合作、交流，进一步拉近了邮政管理部门、快递企业与用户的距离，提高了政府行政能力，提升了快递企业服务水平和质量，全社会对快递业的理解程度大大提高。

黑龙江省快递市场发展及管理情况

一、快递市场总体发展情况

黑龙江省邮政管理局按照《中华人民共和国邮政法》和《黑龙江省邮政条例》及相关法规规定，依法对本省邮政市场实施监管。截至2012年年底，黑龙江省经国家邮政局和省邮政管理局许可，从事快递业务经营的各类企业及分支机构共计337家。其中在黑龙江省取得《快递业务经营许可证》的企业191家，在国家邮政局取得《快递业务经营许可证》的企业5家；国家邮政局许可企业在黑龙江省设立的分支机构18家。

全省快递企业中，国有企业及其分支机构45家，外资独资企业1家，中外合资企业2家，各类民营企业289家。各主要品牌快递网络基本覆盖了全省所有地市和主要的县市，并在发展中不断完善，各网点的服务能力和水平不断提高。全省快递市场国有、民营、外资、合资等多种所有制企业快速发展、形成竞争有序的格局。

在黑龙江省经济环境高速发展的影响下，在快递市场快速扩容、快递服务需求强劲、电子商务发展迅猛以及种种利好性政策密集出台的大背景下，全省各快递服务企业紧贴市场，开拓进取，不断调整和优化网络结构，积极利用信息化手段，增强终端服务能力，快递业务持续快速发展。在为社会提供了高质量的快递服务的同时，快递业务量和业务收入均取得了快速增长。2012年全省快递企业业务量累计完成3623.47万件万件，同比增长18.2%；实现快递业务收入81909.5万元，同比增长14.6%。快递业务收入占全省国民收入的0.057%、占全省第三产业增加值0.93%。其中，同城、异地、国际及港澳台快递业务量分别完成358.6万件、2672.0万件和35.4万件，同城快递业务量452.5万件，同比增长26.2%，异地快递业务量3143.8万件，同比增长17.7%；国际及港澳台快递业务量27.1万件，同比下降23.3%；同城业务收入完成3432.8万元，同比增长46.1%、异地业务收入完成68473万元，同比增长15.4%、国际及港澳台快递业务收入完成4720.6万元，同比增长6%。

2012年，黑龙江省顺丰、申通、圆通、中通、汇通几家快递公司分别投资新建或扩租办公和分拣场所，建立职工宿舍和食堂，有效改善了企业的快件处理环境，提升了快件处理能力，提高了企业员工的工作和生活环境。对快件运输车辆进出分拣场所和作业时间实现了信息化管理，同时提高了分拣区分拣人员和快件的安全，进一步提高快件的时效性。

二、行业管理工作及成效

优化快递市场发展环境。新《条例》进一步明确了邮政管理机构的职责，争取到多项对邮政普遍服务的保障措施，加强了对消费者用邮权益的保护，规范了对快递市场的监督管理，细化和补充了安全保障措施，完善了有关法律责任的规定，使得全省邮政工作法律依据更加充分，为保障邮政事业健康发展奠定了法制基础。

解决快递企业车辆通行问题。2012 年，依据黑龙江省邮政管理局、省交通运输厅、省交警总队、省工商局联合发布的《关于解决黑龙江省邮政业快递服务车辆通行问题的通知》（黑邮管联〔2010〕27 号），省邮政管理局为省内 24 家快递企业的 302 辆从事快递运递的车辆办理了“2011 年邮政业快递车辆通行证”，有效解决了快递企业快递车辆进城难、停靠难的问题。

妥善受理用户申诉。2012 年，全年累计受理消费者申诉 1985 件，其中国家邮政局转办 1767 件，本省受理 218 件。普遍服务的申诉 79 件，邮政速递物流和各快递企业申诉 1906 件。共为消费者直接挽回经济损失 140284.00 元。针对快递的保价、服务、超区派送问题，省邮政管理局积极与用户沟通联系，对存在问题的快递企业，依据相应的法律、法规进行处罚。用户满意度达到 100%。

实施快递业务经营许可常态化管理。2012 年，省邮政管理局对新申办《快递业务经营许可证》的企业，严格按照《快递业务经营许可管理办法》、《快递服务》国家标准、《快递业务操作指导规范》等相关规定和标准对企业的申请材料和实际情况进行审查，对不符合条件企业的申请一律不予受理。

完成了已取得快递业务经营许可的 189 家快递企业年度报告许可证副本标注工作。2012 年，依据《快递业务经营许可证变更办理指南》，全面开展了黑龙江省取得《快递业务经营许可证》企业申请《快递业务经营许可证》变更申请的审批工作。在开展许可证变更工作中，省邮政管理局结合《国家邮政局关于快递企业兼并重组的指导意见》的文件精神，对不符合办理独立许可证的企业，指导其总部企业将其设立为分支机构，以行政手段引导和规范黑龙江省快递企业的兼并重组。同时，指导企业在设立分支机构过程中，严格按照《快递业务操作指导规范》的规定，设置分支机构经营场所和分拣场所，引领快递企业向标准化，规范化方向发展。

2012 年，全省共收到 11 家快递企业的《快递业务经营许可证》变更申请，受理 8 家，为 4 家快递企业办理了变更手续，新增快递企业分支机构 34 家。

依法开展国家邮政局委托的核查工作。2012 年，国家邮政局共向黑龙江省下达委托核查书 5 份，委托黑龙江省邮政管理局对在国家邮政局提出快递业务经营许可申请或《快递业务经营许可证》变更申请的 30 家黑龙江省快递企业进行实地核查。经核查予以通过的快递企业 10 家，其他 20 家企业已要求其按照许可的相关规定予以整改，并将整改意见上报国家邮政局。

依法开展市场检查工作。2012 年，以贯彻落实《邮政行业安全监督管理办法》和《邮政行业安全防范工作规范》为主要内容，重点督导检查企业执行收寄验视制度和企业安全管理情况，全年共出动检查 100 余人次，下发整改通知 21 份，纠正和查处违法违规收寄行为 1 家，对企业和企业负责人进行了行政处罚。

集中力量克难攻坚，大力提升应急处变能力。一是做好“两会”、“国庆”“中秋”和党的十八大期间邮路安保工作。为做好“两会”期间邮政、快递寄递渠道安保工作，省邮政管理局通过召开邮政企业、快递企业负责人工作会议，传达贯彻国家局关于做好"两会"期间邮路安保工作要求，通过召开旺季工作座谈会，对快递企业做好国庆、中秋、"双11"期间的快递服务工作提出明确要求，确保旺季服务工作有序开展。为做好十八大期间邮路安保工作，省邮政管理局会同省公安、国家安全部门联合召开寄递渠道安全工作动员会，传达贯彻国家邮政局关于做好十八大期间寄递渠道安全工作电视电话会议精神，就做好十八大期间安保工作进行了动员部署。

二是做好《寄递渠道治安检查工作规定》贯彻落实工作。按照国家邮政局、公安部、安全部联合印发的《寄递渠道治安检查工作规定》通知要求，省邮政管理局召开了省公安厅、省国家安全厅等部门领导参加的联席会议，联合转发了通知，成立了黑龙江省寄递渠道治安管理协调小组，明确了相关职责和工作要求，明确了开展联合检查，开展培训等工作的具体内容。

积极开展"扫黄打非"工作。组织召开了"扫黄打非"专项行动动员会。传达贯彻《国家邮政局关于迎接党的十八大深化"扫黄打非"专项行动的通知》精神，省邮政管理局组织各市（地）管理局局长成立六个检查组，深入基层一线检查，有效查堵了非法出版物的流通，为十八大胜利召开营造了良好的氛围。

创新市场监管方法。一是与相关部门建立协作工作机制。2012 年，省邮政管理局有效开展快递业的邮路禁毒工作，积极与黑龙江省禁毒委协调，共同建立起了黑龙江省快递行业的禁毒工协作机制。

二是实行监管信息化管理，推进信息公开和信息通报制度。2012 年，省邮政管理局通过政府网站平台，将相关的行业信息及时向社会发布，确保行业监管信息的公开、透明。

三是做好行业新闻宣传工作。省邮政管理局积极参加省委、省政府纠风办与省电台联合举办的"行风热线"栏目，在栏目中不仅妥善解决了98件用户的投诉和咨询问题，还着重宣传了邮政业的情况、邮政管理局的监管职能以及"政府监管、企业自律、社会监督"三位一体的监管体系的建设和运行情况，有效推进了服务型政府的建设和宣传。同时在世界邮政日时，携黑龙江省 12 家快递企业通过《黑龙江日报》做了《黑龙江省邮政条例》的整版宣传，有效提高了社会各界对邮政监管的认知度。

上海市快递市场发展及管理情况

一、快递市场总体发展情况

上海市邮政管理局深化邮政改革，优化发展环境，促进快递转型升级，推动各项工作全面开展，取得了显著成绩。上海快递业在近年来加快实现"四个率先"、加快建设"四个中心"的过程中，形成了市场开放、主体多元的良好环境，战略地位日益突出，已经成为了全国快递服务的竞争高地和市场风向标。

行业总体规模日益增长。2012 年，上海市规模以上快递服务企业业务量完成 6.0 亿件，同比增长 46.4%；业务收入完成 182.9 亿元，同比增长 50.1%。截至 2012 年年底，依法在上海地区经营的快递企业共 1401 家，其中，取得上海市邮政管理局颁发的快递业务经营许可证企业 1103 家，取得国家邮政局颁发的快递业务经营许可证并在上海市邮政管理局备案的企业 154 家。取得上海市邮政管理局颁发的快递业务经营许可证企业下属经营网点备案144家。各类快递企业通过立足上海、辐射长三角、服务全国、对接国际，推进了全市快递服务协调较快发展。

快递总部经济效应日益凸现。全国十大民营快递公司中，申通、圆通、韵达、中通、百世汇通、国通等六家在上海设立了全国总部，UPS、FedEx、TNT、DHL等国外快递公司的中国区或华东区总部也设在上海，成为全国快递企业总部聚集最多的城市。

快递服务与网购服务日趋紧密。快递服务与网购相互依存、互为支撑，业务合作日趋紧密，呈现出互利共赢的良好局面。电子商务所形成的快递业务已经占据申通、圆通、韵达、中通等大型快递企业业务量的50%～70%。2012年快递业务量峰值屡创新高。以2012年“双11”网购业务促销期为例，“三通一达”日快件量均超过500万件。“三通一达”在“双11”网购业务促销期全网总快件量就达到了3000万件，几乎占全国“双11”网购业务促销期快件量的一半。上海市“双11”当天快件业务收入就高达13.9亿元。快递行业的快速发展对提升上海的城市综合竞争力、满足经济发展和人民生活需求、扩大社会就业发挥了积极作用。

二、行业管理工作及成效

加快优化行业发展环境。2012年，上海市邮政管理局在邮政业规划、立法、政策出台上都有了显著成效。一是与市城乡建设和交通委员会、市发展和改革委员会联合印发了《上海市邮政业发展“十二五”规划》。全面开展《规划》宣贯工作，逐家指导企业健全完善自身“十二五”规划。将本市邮政业发展“十二五”规划相关内容纳入本市现代化服务业、现代物流业发展“十二五”规划，完成专项规划的有机衔接。二是全面推进《上海市实施〈中华人民共和国邮政法〉办法》制定工作。《上海市实施〈中华人民共和国邮政法〉办法》9月26日由人大表决通过，12月1日起正式施行。三是贯彻中央领导、上海市领导、国家邮政局局长马军胜等领导就上海快递业发展作出的重要批示精神，结合落实三位副市长联合主持召开的三次市政府专题会议要求，深入调研制约快递发展的各项瓶颈问题。会同上海市建设交通委拟草，市府办公厅转发了《关于促进上海市快递业健康发展若干意见》。

全面培育总部经济。2012年，上海市邮政管理局着重加强能力建设，着重处理企业经营突发事件，着重寄递渠道安全管理，着重突出人才建设，全面培育本市快递行业总部经济。一是开展规范化营业场所建设。在申通、圆通、韵达、中通等4家民营快递企业的300余家门店开展快递营业场所规范化建设试点工作。二是做好快递旺季服务保障工作。建立了全市快递企业生产指挥协调（应急）工作小组，与18家规模以上网络型快递企业签订了《上海市快递企业节假日及业务旺季服务保障工作任务书》，经受住了2012年“双11”等网购促销业务规模大幅上升、单日业务量较上年同期增长80%的考验。三是规范突发事件处置流程，妥善处理了星晨急便·鑫飞鸿华东转运中心停运事件、CCES公司因重组发生的网络停运事件、民航快递与华驿物流合作纠纷引发的不稳定事件，得到市政府充分肯定。四是强化安全监管。多次联合相关部门对快递企业进行联合检查，督促企业建立健全安全制度，完善内部治安防范工作机制、落实快递企业收寄验视制度，保障了十八大期间上海寄递渠道安全有序。五是加大职业技能鉴定工作力度。全年共组织完成6040人的快递业务员职业技能鉴定考试工作。

完善常态长效监管。一是强化市场监管常态管理。依法做好经营许可常态化管理工作。全年共向239家在沪经营快递业务的法人企业核发了《快递业务经营许可证》，并做好快递业务经营许可年度报告审核工作。二是强化市场执法检查力度。开展快递服务质量专项执法检查行动。全年共出检459人次,检查企业375家,查处不规范行为的企业152家,处罚19家,取缔1家,对133家企业下达了整改通知书,维护了快递市场经营秩序。三是强化消费者权益申诉渠道。2012年共受理消费者申诉13243件,处理网上局长信箱198件、人民来信来访105件。答复人大、政协意见和提案共4件。配合上海市"12345"市民服务热线,完善消费者申诉处理流程,加强消费者投诉处理力度。

完善省级以下邮政监管体制。自2012年1月起,根据《国务院办公厅关于完善省级以下邮政监管体制的通知》(国办发〔2012〕6号)等文件精神,上海开展了完善省级以下邮政监管体制工作,设置组建了6个跨区域的邮政监管派出机构。一是积极推进上海实施方案的印发。成立局完善省级以下邮政监管体制实施工作领导小组。拟草的《上海市完善省级以下邮政监管体制工作实施方案》分别通过了市府常务会议和市委常委会的审议,并由上海市政府办公厅印发。成立以沈骏副市长为组长的全市完善省级以下邮政监管体制实施工作协调小组。二是组织开展省以下机构领导班子选配、公务员录用工作。完成了省以下机构10名领导班子的推荐选配、12名内设机构干部的选派录用工作。完成了考试录用公务员的笔试、面试、体检、考察、公示等工作,录用了16名公务员。制订2013年公务员招录计划,并完成7822名考生的资格审查工作。三是做好机构成立挂牌工作。按时间节点推进2013年预算编制和后勤保障工作。落实了六个管理局临时办公用房。"上海市邮政监管派出机构成立大会"于2012年11月15日隆重召开,如期实现了"机构、人员、设施、资金"四到位,增强了本市快递服务监管力量。

江苏省快递市场发展及管理情况

一、快递市场总体发展概况

截至2012年年底,全省依法取得快递业务经营许可证的企业591家。办理国家局发证企业在全省内分支机构备案105家,核发全省发证企业分支机构名录300家。

快递市场发展总体态势向好。一是快递业务量收继续高速增长。2012年完成快递业务量6.39亿件,同比增长65.9%,日均受理快递业务量175万件,完成快递业务收入103.4亿元(全省全年快递业务收入首次突破100亿元大关),同比增长45.9%,是全省GDP增幅的4.2倍,快递业务收入占全省GDP的比重为0.21%(2011年为0.15%),占比增长幅度较大。

二是快递许可常态化管理稳步推进。经过两年多的积累,全省许可工作已经进入常态化的规范管理阶段。截至2012年年底,全省依法取得快递业务经营许可证的企业共591家(2012年共核发许可证29家),办理国家局发证企业在全省内分支机构备案105家(2012年办理3家),核发全省发证企业分支机构名录300家(2012年核发266家)。

三是快递从业人员资格考试制度有效执行。2012年年末,全省快递从业人员近8万人,比上年增长29%。2012年共组织实施了7次快递业务员职业技能鉴定考试,其中初级鉴定3次、中级鉴定3次、高级鉴定1次,全省全年累计鉴定4608人。截至2012年年底,全省共组织了18批次鉴定考试,全省参加考试的人数达到26500多人,合格人员为15277人,资格鉴定过关率近60%。随着快递从业资格考试制度的推行，快递人员队伍整体素质不断提高，为服务的规范性提供了有力保证。

快递企业基础设施投资力度加大。目前江苏省快递服务网络已通达省内县级以上城市和绝大部分乡镇区域，重点品牌快递企业在全省地级市网点覆盖率达到95%以上，部分快递企业的服务已深入农村乡镇。各品牌企业在发展过程中，都将加大基础设施投资力度作为确保企业持续健康发展的要素之一，2012年各企业在场地购置租赁、车辆配备、网点铺设、人员储备等方面都有进一步的投入。

行业转型升级步伐加快。2012年各品牌快递企业在促进企业转型方面都显示出了较大的力度。一是信息化水平明显提升。二是快递航空化进程加快。三是快递经营模式逐步优化。

二、行业管理工作及成效

优化行业发展环境，加大政策扶持力度。一是推进快递园区建设工作。根据《江苏省“十二五”综合交通运输体系发展规划》、《江苏省“十二五”邮政业发展规划》和《江苏省快递服务业发展规划(2010－2012年)》，会同省有关部门，重点推进南京、无锡两个快递园区建设工作。二是落实省政府转发的《关于规范和加快发展快递服务业的意见》。三是继续推进实施快递车辆进城“畅通工程”。2012年省邮政管理局新核发快递车辆统一标识证668辆，至此，全省累计核发车辆统一标识证3133张，同时对2010年发证的1505辆车进行了统一标识证年审。

强化市场监督管理，促进市场规范发展。一是依法做好经营许可管理工作。做好经营许可常态化管理，全年共发放快递业务经营许可证29张，共组织对41家企业的259个点进行了实地核查。加强对已许可企业的监督管理，2012年共有547家企业通过年报审核。完善快递业务经营许可退出机制，2012年共依法注销许可证7份。

二是加大市场执法力度，强化市场监督检查工作。做到日常检查和专项执法检查相结合，重点开展快递市场无证无照经营、企业违法收寄、严重侵犯用户权益、违反安全生产管理规定等专项整治活动。集中力量开展企业在全省设立分支机构，未依法备案专项查处行动，对在江苏省设立分支机构未到省邮政管理局备案的企业总部依法进行了查处。今年以来，全省累计出动1325人次，对13个市的快递市场进行了检查，共检查企业476家，下发整改通知书3份，行政处罚决定书12份，处罚金额67500元。

三是加强法律法规培训，落实行业规章制度。加大《快递市场管理办法》和《快递服务》国家标准贯彻落实力度，指导和帮助企业开展标准培训，全年共举办5期《快递服务》国家标准讲座，对标准进行宣传贯彻。

合理统筹多措并举，提升快递服务水平。一是继续深入开展快递服务放心消费创建活动。2011年共表彰放心消费创建示范单位5家，先进单位14家。二是开展快递服务满意度调查工作。调查结果显示，2012年快递服务满意度调查覆盖的全国50个城市平均分值为71.7分，全省6个抽样城市快递服务满意度平均分值为76.5分，高于全国平均分值4.8分，各市得分均高于全国平均值。三是开展快递服务质量专项整治活动。根据国家局统一部署，从2012年7月始至2013年3月，在全省快递行业开展快递服务质量专项整治活动。四是加强快递服务社会监督工作。全省社会监督员全年共反馈各类监督报表380份，监督网点230个。

加强申诉中心建设，切实维护消费者权益。2012年，省邮政管理局通过“12305”邮政行业消费者申诉电话、省局网站以及国家局转办共处理消费者申诉与咨询17013件，全部妥善处理，为消费者挽回直接经济损失949678元，消费者对申诉处理的满意率为95%。

加大安全监管力度,确保行业健康运行。一是开展安全专项执法检查,确保邮路寄递安全:加强两会期间邮路安全检查工作,开展“安全生产月”活动,加强十八大期间全省寄递渠道安全保障工作。二是发挥寄递渠道治安管理联合工作机制作用:成立由江苏省邮政管理局、省公安厅、省安全厅组成的寄递渠道治安管理协调小组;抓好邮路禁毒反恐和扫黄打非工作。三是做好应急处置和旺季服务保障工作:及时发布高温台风预警,确保全行业平稳运行;加强旺季服务保障工作;及时做好突发事件应急处置。

浙江省快递市场发展及管理情况

一、快递市场总体发展情况

2012年,浙江省邮政业增速是浙江省同期GDP增速的3倍以上,占GDP比重由0.4%,提升到0.49%。快递行业业务总量和业务收入增速均超过全国平均增长水平,全行业呈现出发展快速、结构优化、能力增强的良好局面。

快递业务量收迅猛增长。2012年1－12月,浙江全省规模以上快递服务企业业务量累计完成81986.8万件,同比增长65.1%;业务收入累计完成1197342.6万元,同比增长41.7%。其中,同城业务收入累计完成115033.9万元,同比增长64.9%;异地业务收入累计完成814023.3万元,同比增长55.3%;国际及港澳台业务收入累计完成225560.4万元,同比增长1.1%。

在快递业务量方面:杭州市(26159.2万件)、金华市(17351.6万件)、温州市(8933.5)万件、宁波市(8750.0万件)排名全省前四位,占全省快递业务量的74.63%;在快递业务收入方面:杭州市(428784.1万元)、金华市(178315.3万元)、宁波市(170038.1万元)、温州市(130605.4万元)排名全省前四位,占全省快递业务收入的75.81%。

三类业务均呈增长态势。2012年全年,浙江全省同城、异地、国际及港澳台三类业务量和业务收入均有增长。同城、异地、国际及港澳台快递业务收入和其他快递业务收入分别占全部快递收入的9.6%、68.0%、18.8%和3.6%;同城、异地、国际及港澳台快递业务量分别占全部快递业务量的20.3%、77.4%和2.3%。与去年同期相比,同城快递业务收入的比重上升1.3个百分点,异地快递业务收入的比重上升6.0个百分点,国际及港澳台业务收入的比重下降了7.6个百分点。

2012年,全省快递行业电子商务类业务量28899.59万件,同比增长105.93%,超过同期业务量增长速度40.83个百分点。

快递企业规模不断扩大。截至2012年年末,浙江全省快递从业人员6万人,比上年增长约20%,未来几年,快递从业人员仍将保持快速增长势头。

2012年,顺丰速运在杭州市萧山国际机场一期投资6亿元,建设全国航空枢纽中心;申通快递在杭州设立全国客服中心,监督全网服务质量,接受信息查询和快件的日常处理,目前正规划在杭州建设华东航空中心;圆通速递与杭州市政府签订战略投资协议,计划投入50亿元,在杭州建设圆通速递全国航空转运中心;韵达快运杭州分拨中心建成并投入使用。百世汇通新增作业面积6000多平方米;中通速递在海宁购入200亩土地,预计2014年建成集行政、分拣操作为一体的中通速递浙江处理中心。

二、行业管理工作及成效

优化发展环境。2012年3月,《浙江省人民政府关于进一步加快电子商务发展的若干意见》明确提出：逐步完善电子商务物流配送体系，大力发展快递物流，培育一批信誉良好、服务到位、运作高效的快递物流企业；引进一批浙商投资的快递物流和国际先进快递物流到浙江设立总部。支持重点电子商务企业建设物流中心。支持城市社区建设网络购物快递投送场所，新建小区应将快递投送场所纳入规划。尽快构建覆盖全省地级市，并逐步向县级城市、城镇和农村延伸，与电子商务快速发展相适应的现代物流配送体系。

同年7月，杭州市政府在全国率先出台《关于加快推进我市快递行业健康发展的实施办法》政策性文件，从车辆通行、税收、用地、用油（电、气）等6方面给予政策扶持。

2012年，浙江省邮政管理局坚持参加省发改委的服务业经济分析会议，介绍行业发展情况，提出工作建议；科学选定了42家重点企业，纳入省发改委服务业“十二五”期间重点鼓励名单；首次把快递企业发展情况纳入省服务业发展蓝皮书。

保障旺季服务。浙江省邮政管理局坚持部署在前，突出重点，完善保障的旺季服务工作思路。于2012年4月20日召开专门会议，下发文件，制订工作方案，就全年的旺季服务工作开展部署，组织全省法人型寄递企业和主要的快件分拨中心签订《浙江省快递企业旺季服务安全保障承诺书》。

加强引导监管。为做好《快递服务》系列国家标准宣贯。浙江省邮政管理局组织两期《快递服务》系列标准培训班，对辖区内主要企业开展教育培训。组织开展专项监督检查，督促企业做好执行；根据国家局统一部署，在全省范围内开展快递服务质量专项整治活动。严肃查处快件丢失、损毁、延误、野蛮装卸、分拣等侵犯用户合法权益的违法行为。

妥善处理申诉。2012年，浙江省邮政管理局办理国家邮政局转办的申诉17194件。通过“12305”邮政行业消费者申诉电话和浙江省邮政管理局网站申诉1013件，其中涉及快递业务问题的955件，占省局受理总申诉量的94.3%，已处理申诉中有效申诉（确定企业责任的）810件，占总申诉量的79.9%；涉及快递业务问题的803件，占有效申诉量的99.1%。经调解消费者申诉已全部妥善处理，为消费者挽回经济损失181371.7元，消费者对申诉处理满意率为86.14%。

2012年，浙江省邮政管理局申诉受理中心被国家邮政局邮政业消费者申诉受理中心授予“2012年度先进集体”荣誉称号。

维护市场秩序。坚持市场准入制度，保障公平、公正、竞争、有序的市场经营秩序，浙江省邮政管理局共审核通过822家快递企业的《快递业务经营许可证》；全年共受理新办快递业务经营许可的申请企业134家，审核通过119家企业的许可申请；共受理277家法人企业的变更申请，审核通过了247家法人企业的变更申请；依申请依法核准注销《快递业务经营许可证》1张。

连续开展“安全保障专项检查”、“快递企业旺季服务保障”“提升快递服务质量”、“信息安全专项执法检查”等专项执法活动。全年，共出动执法人员出动执法检查人员1995人次，检查企业603家次，立案查处违法行为14起，罚款61000元。

引领安全发展。浙江省邮政管理局与省公安厅、省国家安全厅进行沟通，成立寄递行业治安管理协调机构；出台配套制度，常态化管理和长效监管机制进一步建立；与有关部门保持沟通，坚持例会制度，保障监管信息互通和共享。

根据国家邮政局和浙江省委省政府部署，组织全省寄递渠道完成党的十八大安全保障工作任务。期间共检查企业71家次，发出责令整改通知书13张，立案查处各类违法行为7起。

积极指导企业妥善应对台风“海葵”等突发自然灾害。妥善处置星晨急便·鑫飞鸿、CCES网络事件。两次事件共协调有关企业疏运了滞留件

3680余件，保障了行业平稳运行和用户权益。

2012年共组织了6期安全管理培训工作，共计有576家企业参加了培训。

推动人才建设。根据国家邮政局快递百千万人才工程建设目标的要求，本着“分步实施，有序推进，稳步提升”的原则，继续推进校企合作建设。浙江邮电职业技术学院为申通公司开设了客服骨干人员（江浙沪）培训班。湖州职业技术学院逐步推进一校多方合作模式，为当地快递企业实现不出地区完成培训需要提供平台。杭州商业职业技术学院为韵达公司提供了1000平方米场地，并开设了韵达学院。

安徽省快递市场发展及管理情况

一、快递市场总体发展情况

快递发展势头强劲。2012年，安徽省快递业务持续保持高速、平稳增长态势，业务量和业务收入持续攀升。全年，安徽省规模以上快递企业业务量累计完成9731.4万件，同比增长46.8%；业务收入累计完成14.57亿元，同比增长30.1%。

其中，同城业务增长迅猛，业务量累计完成1445.6万件，同比增长83.3%；业务收入累计完成1.26亿元，同比增长82.3%。异地业务量累计完成8201.2万件，同比增长41.8%；业务收入累计完成11.85亿元，同比增长36.9%。国际及港澳台业务量累计完成84.5万件，同比增长46.4%；业务收入累计完成1.3亿元，同比增长8.9%。

快递服务能力不断增强。服务网络规范拓展。截至2012年年底，安徽省邮政管理局核发《快递业务经营许可证》企业256个，快递分支机构67个；国家邮政局核发许可证企业25个，分支机构106个。99个在皖企业及分支机构取得国际快递业务经营资质。

服务基础设施投入加大。安徽邮政速递物流集散中心一期工程建成。合肥市申通、圆通、中通、韵达等快递企业开始向物流园区聚集发展。顺丰速运合肥呼叫中心建成台席1024个，建设华东规模最大的集中式服务中心。优比速（UPS）在合肥建设全球综合服务共享中心。

专业人员不断充实。截至2012年年底，共组织鉴定考试10批次，参加考试人员达5475人，通过考试3682人，为快递服务的专业化、标准化提供了人力支撑。

快递服务质量满意度稳步提升。国家邮政局快递服务满意度调查结果显示：合肥地区2012年快递服务总体满意度调查得分为75.3分，较2011年提升9.1分，在业务量大幅增长的情况下，总体服务满意度高于全国水平，在全国50个调查城市中排名第12名，位次大幅前移，提升明显。调查显示，合肥地区发出快件全程用时快于全国平均水平。

二、行业管理工作及成效

2012年，安徽省邮政管理局以宣贯《快递服务》系列国家标准为主线，以提升快递服务质量为目标，以用户满意度和申诉率为切入点，多举措施力促快递服务质量提升。

宣贯《快递服务》国家标准。安徽省邮政管理局印发了《关于学习贯彻〈快递服务〉系列国家标准的通知》，召开贯彻落实《快递服务》系列国家标准座谈会，要求快递企业提高认识、组织学习并积极落实新标准。

以“提高服务质量、保障行业安全”为主题，举办了安徽省邮政业服务与安全培训会。全省邮政公司、邮政速递物流公司和快递企业共260多家企业参加，邀请国家邮政局及省消费者协会有关专家，分别对《快递服务》系列国家标准、《邮政业安全防范工作规范》和《消费者权益保护法》做解读和宣贯。

召开合肥地区快递服务质量通报会议。以贯彻执行《快递服务》系列国家标准为契机，分析调查指标及申诉的主要原因，要求企业总结快递服务质量提升制约问题，积极适应新标准要求，针对服务过程中的薄弱环节，强化内部管理，提升服务质量。

开展服务质量专项整治。积极开展快递服务质量专项整治活动，加强对快递服务质量问题的监督检查。自2012年6月活动开展起至12月底，安徽省邮政管理局共开展服务质量检查活动149次，查纠企业快件损毁、不按时处理申诉、抛扔快件等服务质量问题14件，约谈企业负责人6次，通知整改违规行为9起。对严重违反《快递服务》标准和有关规定的快递企业，给予行政处罚。

加强"12305"申诉中心建设。2012年，安徽省邮政管理局认真开展"12305"申诉中心窗口道德领域突出问题专项教育和治理学习实践活动，加强"12305"申诉中心工作人员道德教育和业务培训，加强基础工作管理，建立安徽省单个快递企业申诉记录台账，定期统计省内主要被申诉企业，掌握单个企业服务质量及问题处理情况，并建立起申诉处理问题约谈制度，根据情况对申诉处理不及时的公司进行行政约谈。

2012年全年，安徽省邮政管理局邮政业消费者申诉受理中心累计处理各类申诉3902件，其中有效申诉3352件，协调帮助用户挽回经济损失26.6万元。安徽省邮政业消费者申诉中心被国家邮政局授予"2012年度先进集体"荣誉称号。

加强邮政用户信息保护。2012年11月和12月，安徽省邮政管理局先后组织全省16个市邮政管理局开展了全省寄递企业信息安全保障检查行动和信息保护复查、突出问题整改行动。各市邮政管理局积极开展行动，成立督导检查工作组，进行了深入检查和整改监督工作，纠正了用户信息管理隐患。并加大宣贯力度，积极营造保障用户信息安全的行业氛围。

规范末端投递环节投递。针对铜陵学院某用户举报校园取件收费线索，安徽省邮政管理局派调查组专赴铜陵，果断采取措施，规范快递企业取件管理，叫停个别商户私自代取校园快件，转带谋利现象。同时，将处理个案纠纷与解决区域性问题相结合，引导快递企业积极尝试通过委托合作的形式，以公司名义提供校内定点取件服务，高校新区快件投递服务得到规范。

增强旺季保障能力。为增强快递旺季服务保障能力，安徽省邮政管理局召开了快递旺季保障工作会议，明确业务旺季期间快递服务保障各项工作要求，做好旺季应对布置；加强邮件处理中心、重点快递企业的现场检查，督促分拣处理场所不得出现快件积压；建立对全省市级快递企业及分支机构的业务量监测体系，为开展快递服务保障工作提供数据支撑；密切关注重点区域规模企业运行情况，做好快递企业运行信息监测预警工作。保障了旺季寄递渠道的安全畅通、平稳有序开展。

2012年重大节假日以及网购促销旺季等业务高峰期间，安徽省快递行业提前准备，精心组织，全力应对，未出现快件大量积压、服务质量明显降低等情况，实现业务旺季平稳运行。

福建省快递市场发展及管理情况

一、快递市场总体发展情况

行业发展稳中求进。2012 年，福建全省规模以上快递服务企业业务量（含邮政 EMS）累计完成 2.56 亿件，同比增长 62.35%；实现收入 42.1 亿元，同比增长 32.96%，快递业务总量及收入情况位列全国第 6 位，较上一年前进一位。行业发展呈现稳中求进、健康发展的良好态势

三大市场主体并驾齐驱。国有、民营、外资三大市场主体并驾齐驱。以中国邮政速递物流为代表的国有企业，经营、管理较为规范统一，网点分布广、服务网络健全。以顺丰、申通、圆通、中通、韵达为代表的民营快递企业则是快递业务经营许可的主要对象，特别是申通、圆通等加盟型快递企业。以 FedEx、UPS、DHL、TNT 为代表的外资企业，在福建省内基本以分支机构形式存在，采取直营模式，受总部统一管理和调度，不仅管理规范，而且技术设备水平普遍高于国内企业。

二、行业管理工作及成效

争取地方政府支持。福州顺丰公司在 2012 年先后获得福州市劳动与社会保障局的社保优惠类政策、市总工会的工会代征优惠政策以及市贸发局 80 余万元的福州市现代物流企业纳税奖励。石狮申通公司被石狮市政府、石狮市电子商务协会评为电子商务配套示范企业，以优惠价格购得当地电子商务园区 2000 多平方米的商业店面。泉州申通公司在地方政府的支持下，投资 2600 多万元，在晋江市购置 64.4 亩土地，解决了企业长期发展用地的问题。

推进快递许可常态化管理。截至 2012 年年底，福建省共有 877 家快递企业及下属网点取得了经营快递业务的合法资质。其中，321 家法人公司取得福建省邮政管理局颁发的《国内快递业务经营许可证》，456 家快递企业下属网点取得经营国内快递业务的资质，31 家法人公司取得国家邮政局颁发的《国际快递经营许可证》，69 家快递企业分公司办理了备案手续。依法完成省内 293 家快递企业的年度报告审核工作。对不符合持证比例要求的 13 家企业下发责令改正通知书。依法对未按期提交年度报告的 73 家企业依法进行处罚，其中对 70 家企业处以行政罚款，依法注销 2012 年许可年报不合格的 12 家企业，并依法进行公告。建立快递企业下属加盟承包网点管理制度，将省内各快递企业除分支机构以外的下属加盟承包网点纳入市场监管管理体系。以福州、厦门、泉州为试点，加盟备案网点已达 532 个。

强化寄递渠道安全监管。福建省邮政管理局与福建省公安厅、福建省国家安全厅联合下发《关于贯彻落实〈寄递渠道治安检查工作规定〉的意见》，成立寄递渠道治安管理协调小组，定期开展联合检查，互通工作情况；与福建省民航管理局就寄递渠道航空危险品的查验以及今后工作衔接与配合进行初步探讨与沟通。完成全球眼远程视频监控系统第二阶段建设工作，全球眼网络远程监控系统上线快递企业及快件处理中心已达 16 家。顺利完成党的十八大期间寄递渠道安全保障工作。开展应急预案建设调研，完成邮政行业应急预案体系建设情况报告。妥善处置突发事件，及时处置福建快捷网络阻断事件和福州圆通部分下属承包区快件滞留事件。

开展服务质量监测和整治。福建省邮政管理局对违反快递服务标准的福州汇通等 4 家快递企业负责人进行质询并进行告诫。采取城市间互寄形式，组织第三方在全省 9 个地市对顺丰等 10 个快递品牌开展社会测寄。制订《快递服务

质量专项整治活动工作方案》。共检查快递企业40家,约谈6家快递企业负责人,下发责令改正通知书4份,注销3家停止经营快递业务企业的许可证。

组织开展对快递业务旺季服务情况调研,形成调研报告。对2012年末的旺季生产服务保障工作进行提前部署,并通过国家邮政局安监平台及福建省全球眼远程视频监控系统,对各企业及快件处理中心的生产情况进行实时监控。

开展行业统计工作。福建省邮政管理局制作了2012年《邮政业统计信息系统数据报送须知》,指导新增企业准确导入统计数据。利用飞信系统建立九地市统计群。按季度和年度编写福建省邮政行业运行情况的通报;同时按月编制福建省邮政行业统计资料、对台业务发展情况表及福建省平均单价情况表。自2012年开始按月向福建省统计局报送邮政行业发展情况表;参加福建省统计局召开的新兴服务业统计工作座谈会,配合统计局了解全省快递行业电子商务发展情况。召开2012年邮政行业统计工作会议。

妥善处理用户申诉。做好申诉处理与审核工作;建立申诉处理约谈机制,针对企业申诉数量连续激增等问题,约谈相关快递企业负责人。2012年,福建局"12305"申诉中心共受理申诉8547件,同比增长195.2%。"12305"申诉中心受理的7660件快递业务有效申诉中,其中快件延误4159件,占有效申诉54.5%;快件丢失短少1176件,占有效申诉15.4%;投递服务1683件,占有效申诉22.0%;快件损毁400件,占有效申诉5.2%;违规收费78件,占有效申诉0.8%;收寄服务111件,占有效申诉1.4%;代收货款53件,占有效申诉0.7%。

制订人才队伍建设实施方案。2012年,福建省邮政管理局制订了《福建省加快快递企业技能人才队伍建设实施方案》。明确提出逐步形成初级、中级、高级技能劳动者队伍梯次发展和比例结构合理的人才格局。快递专业技能人才培养逐步深化校企合作,华厦学院第二期"顺丰班"开班。福建省邮电学校获批成立邮政行业职业技能鉴定站。组织了两批初级、中级以及首次高级快递业务员职业技能鉴定考试。

海峡两岸正式开办"两岸速递(快捷)业务"。经两岸邮政协商,2012年9月17日两岸正式开办"两岸速递(快捷)业务",指定福州(互换局)作为两岸速递邮件总包进出口集散中心。截至2012年12月底,福州互换局发往台湾的邮件数超过3000件,收到来自台湾的邮件超过15000件。

江西省快递市场发展及管理情况

一、快递市场总体发展情况

2012年,江西省邮政管理局根据国家邮政局部署,以科学发展观为指导,围绕"着力构建两个体系,努力实现四个转变"的市场监管工作目标,严格执法与热情服务并重,全省快递市场健康发展。

行业稳步发展。截至2012年年底,江西省经营快递业务的法人企业有216家,分支机构584个(不含邮政速递物流的分支机构)。其中:国有企业3家(邮政速递物流、民航、中外运),外资及港澳台投资企业3家(联邦、敦豪、嘉里大通)。从业人员突破1万人。

随着江西省经济总量实现新跨越,经济结构

持续优化，鄱阳湖生态经济区上升为国家战略，周边经济圈及城市群繁荣发展，带动了江西省快递服务需求增长，推动江西省快递服务进入新的发展期。2012 年，江西省已纳入行业统计范围的法人快递企业完成业务量 5472.6 万件（其中：国有企业占 37.85%；民营企业占 61.94%；外资及港澳台企业占 0.21%。），同比增长 47.3%，绝对值列全国第 17 位，增长速度列全国第 8 位。全年实现快递业务收入 8.41 亿元（其中：国有企业占 50.41%；民营企业占 48.23%；外资及港澳台企业占 1.36%）。在快递业务收入中，国内同城业务收入占 6.8%；国内异地业务收入占 86.04%；国际及港澳台业务收入占 4.53%；其他快递业务收入占 2.63%。同比增长 26.3%，绝对值列全国第 20 位，增长速度列全国第 17 位。

品牌意识凸显。2012 年，江西省快递服务领域发生显著变化：几家规模较大的品牌公司总部加大了在江西的投资力度，硬件建设取得突破性发展；顺丰、申通、圆通、中通、汇通、韵达等品牌的江西公司及部分设区市的公司，企业的软硬实力发生明显变化，这些企业的负责人甚至管理人员，开始树立或加快深化战略意识、现代化企业管理意识、科学发展理念，企业管理者的决策能力、管理水平大幅提高，企业的竞争意识、竞争能力明显加强，尤其在发展的认识和投入上，一改以往谨慎从紧的心态，以战略性眼光科学布局，在网络优化、队伍建设、制度建设、网点建设、场所建设、设备配置等方面出现看得见摸得着的变化，骨干企业服务能力呈整体上升趋势，为可持续发展以及更快更多地占领市场奠定了比较扎实的基础；部分民营企业开始认识到企业文化建设与企业发展的关系并着手加强，南昌圆通公司被所在区委区政府评为 2011 年度“文明单位”，2012 年年底，又被推荐为 2012 年度南昌市“文明单位”。

二、行业管理工作及成效

推动解决车辆进城问题。2012 年，江西省邮政管理局积极落实《江西省邮政业“十二五”发展规划》，为企业排忧解难，重点解决快递车辆城区通行难问题。江西局与有关部门联合下发《关于保障快递企业运输车辆便捷通行的通知》，为推动江西省快递车辆城区通行难问题迈出艰难的第一步。随后，紧锣密鼓地与南昌市有关部门联系沟通，而南昌是全省车辆通行压力最大的城市，《通知》的落实十分艰难，通过大量艰苦细致的工作，2012 年 7 月，江西省邮政速递物流有限公司、江西顺丰速运有限公司等 9 家企业的 112 台车辆获得首批“南昌市小型货车禁行路通行证”。首批“通行证”的下发。不仅解决部分企业快递车辆城区通行难的问题，而且该“事件”通过媒体宣传，引起社会各界对快递服务的关注，将为江西快递健康发展创造良好环境。

强化快递行业标准体系宣传贯彻。《快递服务》系列国家标准（以下简称《标准》）发布后，江西局立即组织《标准》的宣传贯彻培训，全省各品牌快递法人企业负责人约 200 人参加了培训。培训班对“标准”全部内容进行了详细解读，对各企业宣传贯彻、落实好标准提出了具体要求。在《标准》实施半年后，又组织专项检查，对企业存在问题视情限期整改。由于切实加强了《标准》宣贯实施，江西快递服务的软硬件建设都发生很大改观。

提升行政执法水平。为提高行政执法水平，江西局制定了《江西省邮政管理行政处罚裁量权执行标准》，同时还对《邮政法》、《江西省邮政条例》等 7 部法律法规的行政处罚执行标准进行细化，两次组织有关人员讨论修改，使《执行标准》尽量做到公正、公平。《执行标准》的制定实施，不仅为防止行政处罚滥用自由裁量权采取了“硬手段”，有助于提高行政执法水平，同时，《执行标准》在江西局网站公布，也便于相对人和社会对江西邮政管理部门行政处罚执行自由裁量权的监督。

快递许可常态化。依法做好快递业务经营许可常态化管理。按照“严格标准、注重质量”的要求，对26家申请经营快递业务的单位依法审查，对其中21家符合条件的单位颁发了快递业务经营许可证，对216家符合许可条件的分支机构依法予以批准；受理68起经营快递业务变更申请，涉及增加（撤销）分支机构、变更法人和股权、变更公司名称和地址等变更事项228个；审核，办理年度报告手续的企业有197家。所有许可事项及年度报告审核，没有一起违法违规行为。

规范市场秩序。2012年全年，江西局共检查快递企业、邮政用品用具生产企业216家次，检查人数864人次，下达整改通知书53份，立案16起，罚款32000元。开展持续符合许可条件专项执法检查活动，涉及11个设区市、50余县市，共检查130余家企业，查处无证经营、超范围或超地域经营违法案件7起，下达责令整改通知书30份。加强了对南昌高校快递服务的监管，针对高校快递服务进校难、投递难、场地难、离市区偏远等带来的乱收费及服务差等问题，联合省公安厅、教育厅有关部门，对快递服务问题比较突出的南昌六所高校进行调研，提出了解决偏远高校的快递服务意见，严格查处、整顿违规收费行为。

妥善处理消费者申诉。2012年全年，江西局邮政业消费者申诉受理中心共受理申诉2458件，其中有效申诉为2016件，同比增长267.21%。根据跟踪反馈，消费者对申诉处理满意度为90.17%。江西局不断总结申诉处理工作经验，不断探索办法效力更佳的申诉处理办法，对经常逾期答复、惯于推卸责任的企业有针对性地采取督促、辅导、约谈领导、限期整改、向社会发布消费预警等办法。江西局申诉中心以优异成绩被国家邮政局邮政业消费者申诉中心评为全国2012年度先进集体。这是自该项评比活动开展以来，江西局连续两年获此殊荣。

开展满意度测评。江西局通过委托专业调查研究机构开展了2012年度全省快递服务满意度调查活动。对全省11个设区市的规模较大的11家品牌快递企业进行测试。通过对2334个使用快递业务的单位或个人的问卷调查，以及实际寄递测试，全省快递服务总体满意度为74.3分，处于比较满意区间，满意度比上年有所提高。

强化安全监管。江西省成立了由省邮政管理局、省公安厅、省国家安全厅组成的江西省寄递渠道治安工作协调小组，建立健全行业安全协作工作机制，形成监管合力。积极做好党的十八大、“两会”等重大活动期间及旺季期间的行业安全保障工作。同时，根据国家邮政局关于加强应急预案管理的部署和要求，江西局开展应急预案体系建设情况调查，指导企业加强应急管理工作，全年指导或参与处置各类突发事件10起，得到企业的积极好评。

山东省快递市场发展及管理情况

一、快递市场总体发展情况

2012年，山东省快递市场持续快速发展。快递业务量收保持较高增长，规模以上快递服务企业业务量累计完成2.5亿件，同比增长34%；业务收入累计完成42亿元，同比增长25%。国内同城快递业务量和业务收入分别完成4446.06万件和4.3亿元，分别同比增长20.35%和21.14%；国内异地快递业务量和业务收入分别完成19671.76万件和27.9亿元，分别同比增长38.03%和31.32%，其中国内异地业务增势显著，继续保持行业主导地位。

二、行业管理工作及成效

经营许可管理日趋规范。继续加强许可管理规范化建设，进一步规范新申请许可企业的受理、审核工作。山东省邮政管理局严格按照"优质、高效、规范、廉洁"的工作原则，把好市场入门关。严格依照《邮政法》和《快递业务经营许可管理办法》的规定，采取书面审查、现场核查、电话调查等多种方式，认真审核企业资质及相关申请材料，不达标准坚决不予许可。2012年全年我省共核发快递许可证28家，办理企业许可变更78家，受理许可备案4家，办理国家局委托核查59家。

市场执法效果更为显著。山东省邮政管理局从切实维护用户权益，维护市场秩序入手，持续加大对快递市场监管的力度。按照国家局的统一部署和省局工作安排，全年对快递市场在全省范围内开展"规范市场秩序，维护用户权益"专项执法检查活动。2012年，共开展检查、指导和服务活动407次，出检天数160天，检查快递企业229家，纠正和查处违法违规行为43起，下达整改通知12份，下达行政处罚决定6份，罚款金额62000元，有力净化了市场环境，规范了市场秩序。

充分发挥"12305"作用。2012年以来，山东省邮政管理局增加了"12305"申诉工作人员，共受理、结案申诉9486件(省局1927件，国家局转办7589件)。其中涉及快递服务问题的7737件，均已全部妥善处理，共为消费者挽回经济损失658089元，消费者满意率为86.21%。同时，以贯彻落实国家局《邮政业消费者申诉处理办法》为契机，举办了全省"12305"申诉处理系统操作培训班。进一步明确了每天上网巡看的时间规定、处理时限规定、回复的内容规范、企业申诉处理工作的激励措施等。

抓好行业安全日常管理。2012年年初，山东省邮政管理局召开2012年邮政行业安全保障工作会议，部署全年邮政行业安全工作进行，并现场与各快递网络负责人签订《山东省邮政行业2012年度安全生产责任书》，明确了企业安全生产工作目标和责任。责任书的签订，极大地增强了各企业安全责任，为搞好行业安全打下了良好基础。2012年全年不定期组织人员对全省17地市邮政、快递企业开展寄递企业安全生产检查，尤其重视检查寄递企业收寄验视制度的落实情况。并多次与公安、安全等部门组织联合检查，帮助企业认真查找不安全因素，及时排查各类安全隐患，对检查中发现的问题，及时通报处理，提出整改要求，做到防患于未然。

保障重大活动期间邮路安全。为做好第三届亚洲沙滩运动会、党的十八大的邮路安全保障工作，确保活动期间邮路寄递安全万无一失，山东省局召开了安全监管协调机制座谈会，积极安排各项工作。制订了邮路安保工作方案，积极督促企业严格执行收寄验视制度、落实企业安全生产责任制，严防禁寄物品流入寄递渠道，取得了较好效果。

河南省快递市场发展及管理情况

一、快递市场总体发展情况

河南在全国发展大局中具有重要的地位和作用，特别是中原经济区建设上升为国家战略，为河南快递发展带来重大机遇。

河南快递业发展具有独特优势。一是区位优势。河南位于我国腹地，承东启西，连南贯北，决定了其在全国的枢纽地位。二是人口优势。河南拥有1亿人口，占全国的十三分之一，这既是巨大的消费市场，也是丰富的发展资源。三是基础优势。经过改革开放30多年的发展，河南的基础设施、产业发展、人口素质、社会事业发展等都得到显著提升，经济总量稳居全国第五位，中部首位，是全国重要的经济大省和新兴工业大省。四是后发优势。目前，河南正处于工业化、城镇化加快推进阶段，产业结构和消费结构加速升级，产业转移和战略性新兴产业兴起，内需市场空间广阔。

截至2012年12月31日，在河南省经营并取得河南省邮政管理局颁发《快递业务经营许可证》的企业168家，分支机构1154个；在河南省经营并取得国家邮政局颁发《快递业务经营许可证》的企业10家，分支机构18家。

2012年，全省规模以上快递企业业务量完成1.25亿件，同比增长49.24%；业务收入完成19.22亿元，同比增长36.78%，快递业务量和业务收入在全国各省（市、区）的排名分别是第9位和第10位。

二、行业管理工作及成效

巩固促进政策法规落实。2012年，河南省通过开展地方立法工作，巩固了促进快递发展的政策法律。

一是在《河南省邮政条例》中对快递企业运营车辆进行停靠、作业进行了规定，明确"快递企业运营车辆标志应当符合邮政管理部门、交通运输管理部门的规定。经公安交通管理部门同意，办理快递业务的车辆运递快件时，在确保安全的前提下，可以在禁行路线、禁停地段行驶和停靠。"

二是在《河南省邮政条例》中对快递业涉及的道路运输许可证、快递业务许可证及工商营业执照的办理作出了规定，明确"快递企业及其分支机构办理道路运输经营许可证、快递业务经营许可证，可以由快递企业统一向审批机关办理有关批准文件或者许可证。审批机关应当在批准文件或者许可证中列明取得相应许可的各分支机构名称，各分支机构凭企业法人快递业务经营许可证副本和分支机构名录，到当地工商行政管理部门办理登记手续。"减轻了快递企业及其分支机构办证难。

落实"十二五"发展规划，不断优化快递行业发展环境。一是新修订的《河南省邮政条例》进一步明确了邮政管理机构的职责，首次将快递企业纳入管理范畴，规范了对快递市场的监督管理，细化和补充了安全保障措施，完善了有关法律责任的规定，使得我省邮政工作法律依据更加充分，为保障邮政事业健康发展奠定了法制基础。

二是河南全国性快递集散交换中心建设项目启动。12月18日，河南全国性快递集散交换中心项目签约暨电子商务·快递物流园建设启动仪式在郑州隆重举行。项目规划用地1096亩，规划建设面积62.11万平方米，一期投资总额21.18亿元，项目建成后日处理快件能力为600万件，主要功能为国际、国内快件的集散交换、分拣处理和电子商务快件的仓储、分拨、配送，总体规划在2012年内完成各项前期工作，具备开工条件，力争2013年形成生产能力。

三是参展"京交会"推动河南快递企业与电子商务企业开展深度合作。5月28日—6月1日，省管理局和省快递协会参加了首届中国（北京）国际服务贸易交易会，展出河南省快递物流园等基础建设项目，推动河南快递企业与电子商务企业开展深度合作。

认真贯彻落实《邮政法》及相关法律法规，加强市场监督和管理力度。一是深入开展日常检查性检查执法活动。2012年共检查三大市场企业419次，出检天数184天，检查单位178个，出检人数（人次）1066次，查处违法违规行为34次，下达整改通知26件，下达行政处罚8件，罚款金额33000元，有效规范了三大市场的经营秩序。

二是开展快递服务质量专项整治活动。针对快递市场中存在的违法违规收寄、违反安全法规、无证无照经营的重点违法行为进行专项治理和查处。

三是按照许可常态化要求，严格做好快递业务经营许可工作。2012年共受理申请经营许可证

6家,颁发许可证4家,依法注销5家,补办《快递业务经营许可证》4家。变更申请120家,变更事项360件,审核核准115家,核准事项345件。

进一步完善部门协作机制,加强寄递渠道安全监管。一是进一步加强与安全等部门的协作机制,确保邮路安全。省邮政管理局、省国家安全厅于3月份组成联合督导检查小组,对省内13家重点网络品牌快递企业进行邮路安保专项检查,并结合实际确定了2013年检查重点。

二是完善制度,抓好落实,加强快递服务和安全管理。制定出台了《河南省邮政管理局关于加强快递安全管理的若干规定(试行)》,对快递企业安全和服务工作的机构设置、人员配备及工作职责、基础设备、制度建立、监督管理、奖励和处罚等都作了具体规范。

三是及时启动应急响应,妥善处置快递企业停运事件。及时启动应急响应,对星晨急便·鑫飞鸿进行实地摸底排查,及时处置,使其在河南省未发生扣件、压件和非理性事件。

四是多种措施并举,确保十八大期间寄递渠道安全畅通。一是召开动员会,全面安排布置十八大期间的安全保障工作。二是严格验视制度,确保寄递渠道安全。三是开展与相关部门的联合执法检查。四是加强应急值守,确保信息联络畅通。

五是开展寄递服务信息安全专项整治活动。12月下旬,省管局组成3个专项检查小组,分别对省会和地市的28家重点快递企业进行寄递服务信息安全专项检查,检查中现场要求快递企业整改3起,下发整改通知2份。

贯彻国标,加强管理,推动行业服务质量提升。一是深入学习贯彻实施《快递服务》国家标准。一是召开了全省快递企业会议,并印发《快递服务》系列国家标准;二是举办全省重点快递企业高管人员参加的《快递服务》标准培训班;三是督导企业潜心学习,更深层次理解掌握快递企业的服务标准;四是联合省快递协会在全省快递行业开展《快递服务》国家标准知识竞赛活动。全省10058人参加。

二是指导快递企业建立完善服务质量管理机制。先后召开多次服务专题会议,并出台了《河南省邮政管理局关于加强快递服务管理的若干规定(试行)》、《河南省邮政管理局加强寄递企业投(申)诉管理工作的若干规定》。要求快递企业认真落实主体责任,按照“谁经营谁负责、谁主管谁负责”的原则,建立完善服务质量管理机制,切实加强企业内控管理,不断提升服务水平。

三是在全省快递企业中开展“提升比重,前移位次”竞赛活动。2012年全省快递企业的业务量和业务收入在全国的排名均比上年提升1个位次。

四是进一步深入开展“创先争优、转型升级”竞赛活动。2012年共有126家快递企业(含分支机构)主动向竞赛活动验收评级小组递交了创先争优转型升级验收评级申请表和快递企业验收评级自查表,经评审验收,有120家企业达到合格企业以上标准。

五是组织开展“走访用户”主题活动,提升快递服务质量,把每年的5－6月,9－10月定为快递“用户走访活动月”,促进“走访用户”活动常态化。

六是抓好快递行业道德领域突出问题专项教育和治理活动,构建快递企业诚信体系。在全省快递行业开展了“诚实守信为本　争做道德模范”征文活动。活动从2012年9月中旬至10月下旬历时一个多月,各企业共上报征文52篇。

七是充分发挥“12305”作用,维护用户合法权益。2012年,河南省邮政业申诉受理中心共受理邮政业消费者申诉4647件,为消费者挽回经济损失633034元,消费者满意率为92%。受理消费者举报10起。编撰《快递信息》12期,通报分析消费者申诉受理情况,刊登申诉案例评析,帮助企业增强保护消费者权益意识、提高处理投(申)诉能力。

湖北省快递市场发展及管理情况

一、快递市场总体发展情况

2012年湖北省快递企业业务收入达到18.30亿元，同比增长33%，快递业务收入在全国排名第11位，在中部六省中排名第2位；快递业务量达到11629.8万件，同比增长40.4%，业务量在全国排名第11位，在中部六省中排名第2位。

截至2012年年底，湖北省依法取得快递经营业务许可证的快递企业有493家，备案企业192家，湖北地区有19家重点品牌企业，其中9家品牌所属分支机构的数量占全省许可和备案企业总数的85.4%。顺丰在省内的分支机构有24家、申通在省内下设分支机构有78家、圆通95家、中通118家、韵达103家、汇通37家、宅急送24家、天天55家、国通5家。

区域性的市场发展格局显著。湖北省快递业发展迅猛，快递业务量和业务收入、投资规模、从业人员数量都呈较快增长。但是，省内经济发展不平衡造成全省快递业区域发展不平衡，呈现出“东中部发展快于西部”、“省会一家独大，地市州快速发展”的格局。武汉作为国家中部中心城市和全省政治、经济、文化、教育、交通中心，战略地位优势突出，各品牌快递企业均在武汉设立区域性分拨中心。其中，顺丰、圆通、韵达等企业总部在武汉成立了华中管理区，申通总部正在武汉建设全国陆运中心和客服中心；顺丰总部在武汉设立了全国陆运中心。随着湖北省实施“武汉8+1城市圈”和“鄂西生态旅游圈”等重大战略，各快递企业逐步加大对市州城市的投资力度。部分快递企业已在襄阳、宜昌、黄石、荆州、荆门等地级城市设立二级分拨中心，湖北省市州城市快递行业已全面进入快速发展的黄金时期。部分县级城市快递企业已开始将服务范围延伸到乡镇和农村地区，部分乡镇已经开通了快递服务网点。

快递企业投资力度加大。随着湖北省政治、经济、交通等战略地位的进一步凸显，各快递企业在湖北省的基础设施投资力度不断加强。湖北省邮政速递物流有限公司在武汉东西湖区征地110亩地，投资建设华中陆运集散中心；在荆州征地30亩，已建成辅助性集散中心。顺丰速运公司总部在武汉东西湖保税物流园区建成6000平方米的全国陆运中心；武汉顺丰速运公司在武汉建成9000平方米的中转场，实现了对快件流转全过程、全环节的信息监控、跟踪、查询和资源调度。申通公司总部在武汉天河机场附近征地近3000亩，投资近1亿元，拟建成申通全国陆运中心和客服中心。天天快递总部在孝感市临空经济区投资4亿元，拟建成综合性的仓配一体化物流服务平台。百世汇通公司总部在武汉天河机场附近租赁用地30亩，投资1000万元建设15000平方米集仓储一体化的华中分拨中心。

从业人员人数和规模持续扩大。2012年年末，湖北省快递从业人员突破1.8万人，持证人数为5123人，其中具有初级快递业务员资格的人数为4964人，占比96.9%，具有中级快递业务员资格的人数为159人，占比3.1%。为提高快递行业企业管理和快递服务能力，以顺丰、申通、中通为代表的快递企业依托湖北的教育资源优势，通过同高等院校进行校企合作办学，培养和引进了一批具有高素质的快递专业人才。2012年，顺丰、宅急送、汇通等企业通过与湖北交通职业技术学院、武汉商贸学院、武汉商业服务学院、湖北工学院、湖北开放职业技术学院签订实习就业协议，为其提供就业岗位3343个，接收实习生658人。

二、行业管理工作及成效

规范行政许可和年度报告管理。 湖北省局加强了许可和备案工作检查，重点查处经营许可证照与实际不符、未按规定在公司营业场所悬挂经营许可证照、未办理快递业务经营许可变更手续和分支机构备案手续的情况。2012 年共审批 80 家企业的快递业务经营许可和 29 家快递企业的分支机构备案申请，变更 53 家快递企业的经营许可和 1 家快递企业分支机构备案，受理了 16 家快递企业设置分支机构申请。加强集邮市场许可工作，对武汉崇仁路集邮市场和武汉昊博艺术品市场开展行政许可和备案工作。完成 2012 年全省 386 家快递企业的经营许可年度报告审核工作，完成湖北省《2011 年度快递市场监管报告》。

开展快递市场专项整治和常态化监管执法活动。 开展全省快递服务质量专项整治活动，共检查快递企业 123 家次，出检 319 人次，对 2 家公司违反申诉规定进行了行政约谈。开展了"打击非法违法生产经营活动、治理纠正违规违章行为"专项行动，共检查 1 个省会城市、7 个地级市、11 个县级城市的 74 家快递企业。认真履行执法检查职责，按月开展邮政市场执法检查活动，行政约谈了产品质量不合格的 4 家信报箱生产企业和 1 家邮政包装箱企业，为 3 家信报箱企业和 1 家邮件包装箱企业换发监制证。全年共出动检查人员 1261 人次，检查快递企业 421 家次、邮政用品用具生产企业 58 家次、集邮市场 9 家次，下达整改通知书 2 份，行政约谈 13 家次，下达 3 份行政处罚决定书，罚款金额 1.5 万元。

强化寄递渠道安全监管和应急管理。 加强了"两会"期间寄递渠道安全检查工作，落实了党的十八大期间寄递服务和安全保障工作。配合民航湖北安监局开展对全省航空邮件、快件运输安全管理调研，建立与民航湖北安监局的工作联系机制和信息沟通机制。联合公安、国安部门成立了湖北省寄递渠道治安管理协调小组，配合公安机关调查并处理汉正街涉黑势力暴力干涉快递企业正常生产秩序事件。印发《湖北省邮政行业反恐怖防范试点工作实施方案》，落实快递企业负责人反恐、禁毒工作责任。处理应急突发事件能力得到提升，加强了快递服务应急管理，落实了特殊时期值班、异常信息上报、党的十八期间零报告等制度。妥善处理了北京星晨急便速递公司武汉分公司停业事故和上海希伊艾斯公司华中分拨中心员工扣押快件事故。健全了快递行业应急预案体系，完善快递企业专项预案种类，增加安全生产、旺季服务保障、反恐防范等内容。

湖南省快递市场发展及管理情况

一、快递市场总体发展情况

2012 年，湖南省快递业务收入达到 11.48 亿元，同比增长 43.3%，快递业务量突破 1 亿件，同比增长 58%。快递业务收入排全国第 11 位，增幅排第 5 位，业务量排全国第 12 位，增幅排第 6 位。国际及港澳台快递业务量达到 119.6 万件，同比增长 96.4%，排全国第 11 位，增长量排名第 2 名。截至 2012 年年底，全省依法取得快递业务经营许可证的法人企业 340 家，分支机构 589 家，占市场份额 98% 以上的快递企业纳入了许可范围。快递从业人员达 1.5 万余人，比上年增长 56.7%。重点品牌企业 20 家。2011 年全年快递业务收入近 7 亿元的企业 1 家，近 2 亿元的企业 1 家，5000 万元的企业

4家。

2012年，全省独立快件分拣中心达到60个，总面积5.76万平方米，营业网点达809处，比上年增长61.8%。运输、投递快件汽车1898辆，摩托车2018辆，电动车4280辆，分别比上年增加18%、8%、20%。快递服务网络已经通达县级以上城市，省内主要快递企业服务网点已经覆盖98%以上的县级城市和100%的市级城市，部分快递企业的服务网点已延伸至经济活跃的农村乡镇。快递企业广泛使用GPS全球定位、远程视频监控和高速扫描录单等服务系统，截至2012年年底配置的手持终端达6540台，进一步提升了信息网络对快递业务的管理支持能力。

二、行业管理工作及成效

2012年，湖南省邮政管理局坚持开拓进取，通过构建联动机制、严格经营许可、强化执法监督、营造优质环境等措施，全省快递行业政府监管明显加强，法制建设成效显著，行业发展活力和动力不断增强，有力促进了快递行业加快转型升级，为服务全省经济社会发展发挥了重要作用。

明确标准，依法实施市场准入制度。积极宣传贯彻新的《快递服务》国家标准，严格执行快递企业经营许可、变更审批以及年度报告等制度。2012年，全省共受理快递业务经营许可申请55件，依法核准法人企业38家，分支机构243家；收到快递企业变更申请98件，受理92件，办理87件。2012年度，全省需要提交年度报告的快递企业共340家，经书面审查、现场检查、征求意见、责令整改等程序，334家符合继续经营基本要求，6家因停止经营依法注销许可证。

宣传发动，全面督促企业服务升级。突出文化引领，狠抓行风治理，加强诚信体系建设，增强企业社会责任。弘扬和传承“诚信、规范、责任、共享”核心价值，倡导诚实守信、热情周到、文明服务的良好风尚，保障消费者权益，切实提升行业服务质量。推动全省各寄递企业开展新聘投递派送人员资格审查工作，防范违法犯罪人员混入投派队伍寻机作案，损害企业利益和侵害消费者权益的情况，防范企业疏于对招聘员工资格审查衍生出部分职工职业操守缺失、道德失范的问题。

畅通渠道，积极维护群众合法权益。秉承“事事回音、件件落实”的原则，湖南省“12305”申诉中心主动调解、积极回复，通过交办督办，全年共受理有效申诉3659件，处理3659件，挽回经济损失近19.5万元，消费者满意度达94.26%。其中，关于快递服务的有效申诉3553件，占全年有效申诉的97.1%，较2011年增加了2712件，增长322.47%。据统计，申诉反映的问题主要集中在快件延误、服务态度问题、快件丢失及短少、快件损毁四个方面，分别以1577件、1382件、371件和168件占申诉量的44.39%、38.89%、10.44%、4.73%。

依法监管，严厉查处违法违规行为。不断创新监管方式，积极履行市场监管职能，针对违规生产、违法经营等扰乱市场经济秩序的行为展开执法检查。2012年出动检查659人次，检查企业244个（次），纠正和查处违法违规行为59起，立案查处快递企业11家，下达行政处罚决定和整改通知书38份，发出市场预警通报6份，总计罚款18万元。同时，在国家局的支持下，湖南省邮政管理局建立了安监平台，第一批将顺丰、申通、圆通3家企业现场视频监控信息纳入远程实时监控，加强了对企业分拨现场的监督。

优化环境，大力扶持快递行业发展。湖南省2012年政府工作报告将“积极发展电子商务，全面提升商贸流通、邮政快递等生活性服务业”作为全省引导投资和扩大消费的重要举措。《湖南省“十二五”物流业发展规划》明确“鼓励快递企业创新发展模式”为主要任务，提出“建设为快递货物提供中转的空港物流基地”、“大力发展航空快递运输”与“适度调整城市快递货运车辆的道路通行规定”等重点措施，扶持快递行业转型升级，进一步提高服务能力和服务水平。2012年，湖南省邮政管理局积极争取相关政策落地执行，基本完成“快递物流园”建设园区选址工作；为顺丰、“四通一达”、福星等7家快递公司共135台快递货运车辆争取到长沙市货车限行区域、时段内专用通行权，当年实际核办专用通行手续92台。

联合整治，努力保障行业安全生产。严格贯彻公安部、国家安全部、国家邮政局联合印发的《关于加强寄递渠道治安管理工作的通知》文件要求，联合省公安厅、国家安全厅等部门，建立“部门联动、企业互动”的寄递渠道治安管理工作机制，先后开展“规范市场行为、提升快递服务质量”等7次专项检查行动，有效加强旺季生产服务，全面落实安全生产监管职责。制定实施《湖南省邮政行业安全生产联络员工作奖惩办法》，进一步明确安全生产联络员的工作职责，健全完善奖惩机制。与省内29家网络型寄递企业签订《安全生产保卫责任书》，明确要求有效加强企业内部安全管理。2012年，湖南省邮政管理局被省政府授予“全省药品安全专项整治工作先进单位”荣誉称号，连续第四年被评为“全省反恐怖工作先进单位”。

广东省快递市场发展及管理情况

一、快递市场总体发展情况

2012年是广东省邮政业改革发展取得重大进展的一年，是健全完善省级以下邮政监管体制工作的关键年。在省委、省政府和国家邮政局的正确领导下，全行业干部员工振奋精神，攻坚克难，改革创新，深化服务，行业各项指标继续保持又好又快发展势头。经统计，2012年广东省邮政行业业务总量完成395.18亿元，同比增长35.64%，占全国总量的19.4%；实现业务收入（不包括邮政储蓄银行直营收入）320.59亿元，较上年增长29.73%，占全国邮政行业业务收入的16.2%；其中，快递业务继续保持快速增长势头，规模以上快递企业全年实现快递业务量13.38亿件，同比增长54.76%，占全国快递业务量的23.5%，快递业务收入实现245.63亿元，较上年增长了37.9%，占全国快递业务收入近四分之一；邮政行业及快递行业各项总量指标均保持全国首位，超预期水平完成年度行业发展目标。

2012年，全省规模以上快递企业实现快递业务量超10亿件，达13.38亿件，同比增幅达到54.76%，日均快递业务量突破350万件，达366.5万件，较上年增长了约120万件/日。特别是2012年下半年，随着快递行业旺季的到来，月均快件量超亿件，日均高达500万件/日，远远高于全国其他地区快件处理量，尽管如此，广东省在几个快递服务的关键节点如中秋节、国庆节、“双11”、“双12”及元旦前夕等快递业务量激增的时候却并未出现明显的快件积压和爆仓问题，从业务量数据和快件处理情况看，广东快递业务已迈上新台阶，进入月均亿件时代。

在快递业务量大幅度增长的同时，快递业务收入也不断提高，全年实现快递业务收入245.63亿元，同比增长37.88%，比年初预期增幅高出约8个百分点。

快递行业比重提升，竞争性业务收入占行业主导。快递行业的飞速发展已成为广东省邮政行业发展的显著特征，快递行业成为广东省邮政行业的主力军。2012年，全省规模以上快递企业实现业务收入245.63亿元，占全省邮政行业业务收入的76.6%，较上年又提升了4.5个百分点，而全国快递业务收入占邮政行业业务收入的比重为53.3%。快递行业占广东省邮政行业比重的不断提升表明，竞争性的快递行业收入已占全行业收入的主导地位。

市场发展多元化，民营经济不断壮大。广东省快递服务领域，多种所有制并存，市场竞争性特征明显。国有、民营、外资等不同快递企业利用多种方式、发挥各自优势开展竞争。2012 年，民营快递企业继续扩张，进一步挤压国有企业和外资企业市场份额，使得国有和外资企业市场份额均有所萎缩。与去年同期相比，2012 年全省民营快递企业业务量收比重分别提高了 7.7 个百分点和 11.7 个百分点。国有快递企业量收比重分别下降 4.5 个百分点和 5.7 个百分点，外资快递企业量收比重分别下降 3.2 个百分点和 5.9 个百分点。

品牌经济逐渐形成，企业发展步入良性循环。截至 2012 年年底，全省取得快递业务经营许可证的企业已近 1900 家，拥有快递企业品牌 50 多个，其中全国网络总部型企业 8 个（顺丰、UPS、速尔、优速、快捷、递四方、亚风、原飞航），大型本土网络品牌超过 10 个。EMS、顺丰、申通、圆通、中通、汇通、韵达、宅急送、优速、速尔 10 个快递品牌 2012 年快递业务量占总量的 80%，特许性快递企业的业务量增幅均超过 50%。全省主要快递品牌的快递业务收入均超亿元，超 10 亿元的品牌 8 个，其中超 20 亿的品牌 4 个，超 30 亿的 1 个，达到 60 亿的品牌 1 个。

主要品牌快递企业的快速发展，有利于快递行业提高产业集中度，推进产业兼并重组，优化行业组织结构，从而推进快递行业转型升级，促进全省服务业发展。快递服务的持续较快发展，对国民经济的促进作用逐步显现，带动就业作用越加明显。

快递业务单价下降，与全国水平持平。2012 年，广东省快递业务平均单价为 18.4 元/件，与全国平均价格持平，但较上年下降 3.2 元。国内同城类业务单价高于全国水平，但国内异地业务及国际和港澳台快递业务单价仍低于全国水平。

快递业务区域集中度高，重点城市业务比重大。根据广东省邮政业"十二五"发展规划的任务，全省正以广州、深圳为中心，逐渐形成"广佛肇"、"深莞惠"、"珠中江"珠三角快递服务核心区。从全省各区域快递业务数据看，快递业务发展主要集中在珠三角地区，该区域内快递业务量占全省 95.5%，而粤东占 3%、粤西占 1%、粤北占 0.5%。

政策环境和管理体制不断优化，行业发展前景良好。随着数部法律法规的不断出台和完善，行业发展面临的政策和法律环境不断优化，广东省目前已基本形成了以《邮政法》和《广东省邮政业管理办法》为总纲、《广东省邮政普遍服务保障监督办法》为辅助的本省法律法规格局，此外，随着《广东省快递市场管理办法》的即将出台，广东省邮政行业将形成较为完善的法律规章体系，对邮政普遍服务和快递服务都有较大的政策保障和严格的法律规范。另一方面，随着邮政管理体制的不断优化完善，省以下邮政监管机构的全部成立，全省邮政管理工作不断深入，对行业发展的促进和规范作用日益显现，行业发展的前景良好。

长三角快递行业发展追赶速度加快。2012 年广东省快递业务发展保持了较高的发展速度，但依然面临强烈的压力。随着江苏、浙江等长三角省份经济的快速发展，长三角省份的快递业务也以惊人的速度增长，尽管 2012 年广东快递业务量和业务收入指标仍领先长三角区域的省份，但增幅却连续两年低于这些省份。此外，广东省 GDP 与江苏比尽管仍小幅领先，但优势已不明显，从邮政行业而言，江苏快递行业的业务收入占全行业的 57.9%，仍有很大的提升空间；浙江省大量的电商基地和小商品市场也大大带动了快递市场的发展，上海的总部经济效应明显，数个发源于广东的快递品牌如港中能达、快捷快已陆续或决定将总部迁移至上海，这都给广东的快递行业发展带来一定的影响。

国际及港澳台快递业务增幅较缓。根据广东省统计局统计,2012 年广东省外贸需求有所减弱,进出口增速下降。与前两年相比,广东外贸增速明显回调,全年进出口总额同比增长 7.7%,较上年降低了 9.7 个百分点;内需对广东经济增长的贡献率超过 98%,广东外贸依存度为 109%,比 2011 年降低 2.0 个百分点,经济发展倚重内需的特征明显。在此经济背景下,广东省快递业务中的国际及港澳台业务发展明显受到影响,特别是上半年,广东省国际及港澳台快递业务量同比增幅仅 6.3%,收入增幅 10.7%,下半年随着广东对外贸易的回升以及各外资快递公司的业务政策的调整,国际及港澳台快递业务量有所回升,至年底业务量增幅回升至 34.7%,但收入增幅却只有 7.5%。全省国际及港澳台业务收入占快递业务总收入的比重也进一步萎缩,2012 年仅占 28%,较上年下降了 7.5 个百分点。

快递服务水平与行业的高速发展还不相适应。2012 年广东快递行业快速发展,各快递企业业务量激增的同时,也产生了大量的消费者申诉,表现出广东省快递服务水平和行业高速发展还不相适应。据广东省邮政业消费者申诉中心统计,2012 年广东省邮政行业消费者申诉中心共处理有关快递业务的有效消费者申诉 22024 件,同比增加 13406 件,增长 155.6%,远远超过快递业务量 54.8% 的增幅,并创历史新高。特别是下半年的中秋节、“双 11”、“双 12”、元旦前夕等快递业务旺季期间,消费者申诉量飙升最为突出,申诉反映问题的一半左右集中在快件延误方面,此外,服务态度差、丢失短少、损毁等也是消费者经常申诉的内容。

二、行业管理工作及成效

2012 年,广东省快递市场监管工作以“发展和安全”为主线,通过优化行业法制环境,推进服务保障、助推电商与快递互融一、做实常态化管理等方式,不断提升行业服务能力和发展水平。

立法为先优化行业发展环境。积极推动《广东省快递市场管理办法》出台工作。《办法》经省政府常务会议审议列入 2012 年立法预备计划,2013 年 4 月 17 日,广东省省长朱小丹主持召开十二届三次省政府常务会议,审议并原则通过了《广东省快递市场管理办法》,并将于 2013 年 7 月 1 日起开始实施。《办法》细化了广东省快递服务、快递安全和监督管理等内容,结合广东快递行业实际,对快递管理的重点和难点进行具体规定,是继《广东省邮政业管理办法》、《广东省邮政普遍服务保障监督办法》之后的又一地方性政府规章。深入宣传贯彻《快递市场管理办法》、《集邮市场管理办法》、《快递服务》系列国家标准等规章、标准,通过培训、宣讲、媒体报道、送法上门、印发文件等形式,扩大行业规章、标准的知晓度和影响力,提升寄递企业执行行业标准的执行力。

专项工作助推行业发展水平。一是切实加强快递业务旺季服务保障。2012 年,广东省邮政管理局对企业落实旺季服务保障工作开展了事前的督导以及旺季服务的现场监督检查活动,对企业场地、设备、人员等应急预案及旺季业务高峰时段各环节作业情况进行了现场检查,保障旺季服务基本实现有序运作。二是积极促进快递服务与电子商务的协调发展。与省经信委联合下发了《转发国家邮政局商务部关于促进快递服务与网络零售协同发展的指导意见的通知》。为配合省委省政府组织开展的“广货网上行”活动。据统计,9 — 11 月“广货网上行”活动期间共实现销售收入近千亿元,其中广货成交额超过 600 亿元,占总成交额的 65%。三是有序推进快递企业等级评定制度。成立了快递企业等级评定指导委员会和快递企业等级评定委员会,完成了快递企业等级评定标准和办法的制定工作。四是深入开展服务质量专项整治活动。拟定了工作方案，对企业开展专项活动进行了全面部署；调查处理了投递服务不规范、企业申诉处理逾期答复等问题，共开展检查23次，约谈2家企业、下达责令改正通知书20份，收到整改材料20份。五是加强用户申诉管理。2012年，重点完善了“12305”申诉平台建设，加强对企业申诉处理监管力度。完成了申诉语音系统扩容升级、增加受理坐席的工作。“12305”特服号接入专线增加至7条。通报企业申诉处理逾期回复的情况，下达了20份责令改正通知书。2012年共受理消费者申诉26661件，共处理有效申诉22174件，占受理申诉总量的83.17%。挽回消费者损失共3797129元，满意率达89.7%。

做好市场常态化管理，提升行业服务效能。有序开展快递业务经营许可工作。2012年累计审核发放快递业务经营许可证91家，注销14家。截至2012年底广东省已获得快递业务经营许可证的企业达到1884家，备案分支机构258家，增设分支机构661家。全年累计完成各类变更事项476项。扎实开展快递业务经营许可年报工作。召开了广东省2012年邮政行业安全暨年度报告工作会，并开展相关培训，年度报告共计审核通过1373家，未通过的257家。继续开展邮政用品用具生产监制的工作。办理新增监制54家，截至12月份，全省获得邮政用品用具生产监制证的企业共有114家。持续开展办理快递车辆专用证明工作全年新办、换证5090批次，为车辆通行便利提供了保障。

加强部门联动，做实安全保障。建立由省公安、国安、海关、安监、药监、民航管理等部门专家组成的广东省邮政行业安全管理专家库，参与对邮政企业、快递企业的安全教育培训及联合执法检查等活动。协调省公安厅、国家安全厅，下发《关于成立广东省寄递渠道治安管理协调小组的通知》，全省21个地市邮政管理局均与当地公安机关和国安部门建立了寄递渠道治安管理协调小组。与省食品药品监督管理局联合印发《关于做好收寄环节药品安全验视工作的通知》，对邮政企业、快递企业加强药品收寄环节的安全验视工作作出了具体规定。与省“扫黄打非”办联合印发《关于加强对寄递渠道非法出版物查堵工作的通知》，对邮政企业、快递企业查堵非法出版物的有关工作要求进行了布置。下发《关于做好严防危险化学品流入寄递渠道有关工作的通知》，布置全省邮政企业、快递企业自查整改，严防危险化学品流入寄递渠道。与民航中南地区管理局共同召开了广州地区航空邮件及快件运输危险品安全管理座谈会，要求各企业提高对航空邮件、快件安全问题的认识，加强安全管理，杜绝任何安全隐患上飞机。

加大执法检查，完善保障机制。广东省邮政管理局围绕“三打两建”，“扫黄打非”，“打非治违”和“缉枪治爆”专项整治活动。共计专项执法检查活动258次，出检647人次，检查企业234家，查出违法违规经营行为62件/次，下达书面责令改正通知书7份，行政处罚6起，罚款115000元对其中严重违法的2家快递企业给予了“责令停业整顿一个月”的行政处罚。总结探索执法机制，制定了规范快递企业加盟行为的监管制度和违规企业约谈制度。稳妥地处置了CCES、鑫飞鸿、申通等快递公司因经济纠葛、股权纠纷等因素引起的围堵站点，扣押快件，扰乱社会治安的突发事件。

广西壮族自治区快递市场发展及管理情况

一、快递市场总体发展情况

截至 2012 年年底，在广西壮族自治区邮政管理局依法取得《快递业务经营许可证》的法人企业共有 125 家，分支机构 373 个；在国家邮政局获得许可后到自治区邮政管理局备案的法人快递企业 7 家，分支机构 49 个（不包括 EMS、顺丰）。

截至 2012 年年底，全区快递从业人员中，有 2644 人（不包括 EMS）取得快递业务员资格证书，其中 19 人取得中级快递业务员资格证书。

2012 年，全区快递业务量完成 4395.13 万件，同比增长 25.73%。其中，国内同城快递业务量占 13.6%，达到 597.6 万件；国内异地快递业务量占 85.23%，达到 3745.77 万件；国际及港澳台快递业务量占 1.18%，达到 51.71 万件。

完成快递业务收入 8.75 亿元，同比增长 19.5%。其中国内同城快递收入占 6.9%，达到 0.6 亿元；国内异地快递收入占 84.2%，达到 7.4 亿元；国际及港澳台快递收入占 6.9%，达到 0.6 亿元。

企业概况。广西全区规模以上寄递企业中，邮政速递物流（EMS）服务能力覆盖全区所有市县，顺丰、宅急送、申通、韵达、天天、中通、圆通等品牌企业网络覆盖全区所有地市及大部分县（市）。

各快递企业不断扩大操作场地规模。顺丰、申通、宅急送、韵达、圆通、天天等规模以上快递企业都新换了规模较大、设施较完善的快件处理中心。其他快递企业及其分支机构也不同程度地增加了操作场地面积，扩大了生产规模。

2012 年，各快递企业结合自身业务发展需求，大幅度增加设备设施投入。各快递企业都配置了与业务发展状况相适应的车辆、分拣设备、安全监控等设备设施。全区快递企业中配备半自动智能分拣设备的有邮政速递物流（EMS）、申通、顺丰、圆通等。大部分快递企业使用手持终端设备，顺丰员工能做到人手一台。顺丰、圆通还新增 X 光安检机。

市场概况。截至 2012 年年底，在广西壮族自治区邮政管理局依法取得《快递业务经营许可证》的法人企业共有 125 家，分支机构 373 个；在国家邮政局获得许可后到自治区邮政管理局备案的法人快递企业 7 家，分支机构 49 个（不包括 EMS、顺丰）。

截至 2012 年年底，全区快递从业人员中，有 2644 人（不包括 EMS）取得快递业务员资格证书，其中 19 人取得中级快递业务员资格证书。

2012 年，全区快递业务量完成 4395.1 万件，同比增长 25.3%。其中，国内同城快递业务量占 13.6%，达到 597.6 万件；国内异地快递业务量占 85.2%，达到 3745.8 万件；国际及港澳台快递业务量占 1.2%，达到 51.7 万件。

完成快递业务收入 8.75 亿元，同比增长 19.5%。其中国内同城快递收入占 6.9%，达到 0.6 亿元；国内异地快递收入占 84.2%，达到 7.4 亿元；国际及港澳台快递收入占 6.9%，达到 0.6 亿元。

二、行业管理工作及成效

2012 年，广西快递市场秩序持续改善，服务质量不断提高，集邮市场监管取得成效，邮政用品用具管理逐步加强，全区邮政通信和信息安全保障水平进一步提升，邮政市场监管各项工作取得明显进步。

优化发展环境。2012 年，广西壮族自治区邮政管理局在市场监管工作中，继续深入宣传《中华人民共和国邮政法》、《快递业务经营许可管理办法》、《快递市场管理办法》、《邮政用品用具监督管理办法》、《邮政行业安全监督管理办法》等相关邮政法规，狠抓各项法律法规在实际工作中的贯彻落实，为邮政市场监管工作营造了良好法制环境。

做好快递业务经营许可工作。2012年度，广西壮族自治区邮政管理局共收到快递业务经营许可申请26个，经严格审核申报材料和现场核查经营场地，向23家企业颁发了《快递业务经营许可证》，向3家企业作出不予许可的批复。2012年度应提交年度报告企业115家，提交材料并通过审核106家，现场核查企业37家，约谈企业79家，处罚企业5家。共有55家（次）快递企业提起申请并予以核准《快递业务经营许可证》变更事项77项，新设立分支机构127家。

完善落实各项政策法规。《广西邮政条例》经自治区第十一届人大常委员会第二十九次会议审议通过，于2012年10月1日起施行。《广西邮政条例》作为广西首部地方邮政法规，是广西法治建设的一项重要成果，对于促进邮政事业与广西经济社会协调发展，保障邮政业健康有序发展具有十分重要的意义。

《条例》结合广西实际，与《中华人民共和国邮政法》等相关法律法规紧密衔接，在保障邮政普遍服务、鼓励快递企业发展等方面作出了明确规定，对于推动全区完善邮政基础设施，规范邮政市场秩序，改善人民群众用邮需求，加强邮政行业监管等方面具有重要的意义，将为促进自治区邮政业健康快速发展创造良好的法制环境。《条例》明确了快递服务标准的强制性，对邮件、快件投递服务时限、验视和签收等问题作出了规定，提出了解决快递企业车辆通行和停靠的具体措施，进一步保护了寄递用户和快递企业的合法权益。

严格执法，规范市场秩序。2012年，广西区邮政管理局继续认真开展“规范市场秩序，维护用户权益”专项执法活动，进一步规范快递市场秩序。全年累计出动检查人员813人次，检查企业307次，下达整改通知2个，共计作出101000元的行政罚款。此外，还成功处置了南宁星晨急便停运、桂林圆通加盟商因经济纠纷扣留客户快件、南宁圆通因与上海圆通总部纠纷扣留客户快件，并组织员工上访等多起扰乱市场秩序的事件。

加强合作，建立协调工作机制。2012年，广西壮族自治区邮政管理局与工商部门联系，推进落实国家邮政局、国家工商行政管理总局联合下发的《关于规范经营快递业务的企业许可审批和登记管理有关事项的通知》。与民航广西安全监督管理局联合下发《关于进一步加强航空邮件及快件运输危险品安全管理的通知》。

深入开展安全监管工作。为保障寄递渠道平稳畅通，2012年，广西壮族自治区邮政管理局认真做好“两会一节”、国庆、第二届中国—亚欧博览会，党的十八大等重大会议及节日期间邮政行业的安全保障工作。与自治区公安厅、国家安全厅组成联合检查组，在全区范围内开展了安全生产大排查大整治行动，确保重大会议及节假日期间全区寄递渠道安全平稳。

认真做好申诉受理工作。2012年，广西壮族自治区邮政管理局通过“12305”邮政行业消费者申诉电话、国家邮政局网站转办等途径，受理并结案邮政业消费者申诉1763件，答复咨询155件。申诉中涉及快递业务的有效申诉为1480件，占申诉量的83.9%。经妥善处理，为消费者挽回经济损失147158元，消费者对申诉处理满意率为89.9%。

海南省快递市场发展及管理情况

一、快递市场总体发展情况

截至2012年年底，依法在海南省邮政管理局取得快递业务经营许可证的快递企业共计38家，依法在海南省邮政管理局进行备案登记的有6家总部非海南省的快递企业（12家分支机构）。目前，海南省快递市场已形成国有、民营、外资多种所有制经济共同发展、多元化主体有序竞争的格局。

业务量快速增加。海南省快递业务收寄量累计完成1123.6万件，同比增长17.8%，年快件处理量已超过6000万件；快递业务收寄收入累计完成23230.1万元，同比增长15.2%，占邮政行业业务收入（不含邮政储蓄收入）的比重达到27%，占海南省GDP比重为0.8‰。其中，同城业务量完成232.7万件，同比增长8.3%，业务收入完成2214.6万元，同比增长5.8%；国内异地业务量完成883.1万件，同比增长20.8%，业务收入完成19723.5万元，同比增长20.4%；国际业务量完成7.8万件，同比增长4.2%，业务收入989万元，同比减少4.5%。日均快件处理量达16万件以上，旺季时超过30万件。同时由于海南岛特殊的地理环境，进出口快件比例失调，一般情况下进出口业务量的比例为3∶1，旺季时达到10∶1，高峰时进口业务量呈井喷式发展致使快递企业派件压力增大。

从业队伍壮大。省内快递从业人员2868人，较2011年2306人同比增长24%。

二、行业管理工作及成效

2012年，海南省邮政管理局从各个方面加强行业监管。

推进标准体系建设。制定印发《推进海南快递服务形象标准化工作方案》、《推进快递企业加强内部管控体系和绩效评价体系建设指导意见》，积极推进快递企业加强能力、标准化、新形象和“4S”理念文化建设，进一步强化快递企业内部的管控能力，逐步形成科学有效的内部管控体系和绩效评价体系，以提升服务质量和管理水平。同时组织举办了“《快递服务》国家标准宣传贯彻暨海南快递规范提升培训班”，通过对《快递服务》国家标准进行解读和贯彻，督促企业解决自身服务问题，努力提高服务质量。并且制定了《关于加强海南省邮政行业行风建设的实施意见》，为推进行业行风建设夯实基础，以便更好地为海南国际旅游岛建设服务。

规范邮政业行政许可和企业登记管理。加强海南省邮政业管理和服务，海南省邮政管理局与海南省工商行政管理局联合印发了《关于规范海南省邮政业行政许可和企业登记管理有关事项的通知》，并建立了不定期联系沟通、联合检查和协同办案等工作机制，进一步规范快递业务经营许可和邮政、快递企业登记行为。2012年共受理快递业务经营许可申请10家，批准颁证5家；受理快递业务经营许可证变更25家，核准变更18家，撤销许可企业1家。同时，根据国家邮政局要求，按时完成32家快递企业的2011年快递业务经营许可年度报告审核工作。并且落实《集邮市场管理办法》，开展集邮票品经营备案工作，督促邮政企业经营集邮票品的网点进行备案，加强对集邮市场的监督管理。

推进专项检查活动。开展“海南省快递服务质量专项整治活动”，有效提升申诉处理质量，规范市场经营秩序，提高快递服务水平，促进行业健康发展。开展“扫黄打非”专项检查活动，未发现报刊亭销售及非法、有害出版物流入寄递渠道的情况，并在海南省邮政行业集中开展打击非法违法生产经营活动、治理纠正违规违章行为专项行动，未发现企业非法违规行为。开展快递业务旺季服务保障工作，制订工作方案，与各快递企业签订《海南省快递业务旺季服务和安全责任书》，加大检查频次，保障快递业务旺季生产运营。2012 年对快递企业开展检查工作共 231 次，检查企业 46 家次，出检人数 530 人次，出检天数 81 天，下发整改通知书 23 份，行政处罚快递企业 1 家。

强化安全监管工作。进一步推进全省邮政业禁毒工作，结合海南省"文化环境大整治活动"，严防毒品通过寄递渠道流通。并通过要求企业认真落实收寄验视等安全制度，开展 2012 年博鳌亚洲论坛年会期间全省邮政业安全保障工作，对会议期间发往特定区域范围内的各类邮（快）件按照安全部门的要求进行检查，确保了发往特定区域范围内的邮（快）件安全，确保了 2012 年年会期间全省邮政业特别是重点区域邮路安全、万无一失、优质服务、和谐稳定，为国际旅游岛建设作出了邮政业应有的贡献。

制定并落实申诉处理规范。制定《海南省寄递企业投（申）诉处理指导规范》，要求各企业按规定及时反馈"12305"转办的申诉。2012 年，海南省邮政业消费者申诉受理中心（12305）共受理消费者申诉 648 件，有效申诉 569 件，其中：快件延误 284 件，占有效申诉 50%；丢失短少 85 件，占有效申诉 15%；快件损毁 49 件，占有效申诉 9%；服务态度 134 件，占有效申诉 24%；违规收费 10 件，占有效申诉 2%；为消费者挽回经济损失 60165 元，消费者对申诉处理满意率达到 95.9%。

利用信息平台建设提高依法行政水平。积极推进海南邮政业行政执法信息平台建设，通过对行政执法信息系统的不断完善，实现行政执法信息化、标准化和规范化。同时，加强对市（地）局相关业务的培训指导，积极发挥三级邮政市场监管作用，提高依法行政水平，努力开创市场监管新局面。

强化校企合作与人才建设。海南省邮政管理局和海口经济学院共建的"海南省快递物流发展研究中心"及签订的合作协议，进一步加强了海南省快递行业人才队伍培训教育和职业技能鉴定工作。2012 年，海南省邮政管理局共组织了 3 次快递业务员职业技能鉴定考试，参考人数 631 人，合格人数 304 人。截至 2012 年年底，参加海南省邮政管理局组织的初级快递业务员职业技能鉴定考试共 1590 人，合格人数 857 人；参加中级快递业务员职业技能鉴定考试共 122 人，合格人数 83 人。

促进快递与民航产业协同发展。海南省邮政管理局与民航海南安全监督管理局联合印发《关于进一步加强航空邮运安全工作的通知》，保障航空邮件、快件运输安全。组织召开"快递与民航产业协同发展交流座谈会"，为企业搭建沟通平台，指导企业之间的业务衔接和联手运营，促进快递与民航产业协同发展，共同推进"快件绿色通道"建设。

着力推进具有岛屿特色的海南现代快递运输体系。通过"政府搭台、企业唱戏"的方式推动邮政（快递）与海南海汽运输企业"强强合作"，实现资源与优势互补。依托海汽运输企业客运班车运力拓展邮政（快递）服务网络，探索推进客运班车代运邮（快）件，提高邮（快）件干线运输能力和效率，着力推进海陆空一体并具有岛屿特色的海南现代快递运输体系。

重庆市快递市场发展及管理情况

一、快递市场总体发展情况

中央对重庆“314”总体部署的加速落实、国家中心城市功能水平提升以及两江新区开发一系列政策的实施，使得作为内陆开放高地的重庆快递业有望进入快速发展。市民消费结构升级，电子商务、网络购物等新型服务业的迅猛发展，带动了对快递业务的巨大需求。重庆市大力建设综合性现代化交通运输体系，通过积极承接沿海产业转移，将成为全国甚至全球重要的生产和物流基地，是拉动我市快递业发展的重要引擎。同时，快递行业小、散、弱是我市快递企业在发展中的瓶颈问题，需要通过转型升级逐步加以解决，由于没有建立统一的快件处理中心，致使快递业务发展受到限制，用户反映两头慢的现象时有发生，与其他省的发展有一定差距。

行业队伍不断扩大。快递服务是劳动密集型产业，我市快递行业发展迅猛，吸纳了大量社会劳动力就业、员工队伍迅速扩大。2012 年年底，快递从业人员达 10000 余人，比上年增长 20% 以上，未来五年快递从业人员仍将保持快速增长势头。

服务能力稳步提高。基础设施投资力度大大加强，不少快递企业相继建成规模较大的快件分拣中心。截至 2012 年年底，快递企业营业网点达到 700 余处，快递服务网络已通达重庆市所有区、县(自治县)。快递企业信息化建设不断加强，多数快递企业配置了手持终端等设备，适时开办网上下单、代收货款等增值服务，产品种类更加丰富，能够适应电子商务、网络购物等新型服务业对快递服务的需求，满足消费者对于快递服务的差异化需求，逐步以商务快件为主的传统快递服务扩展到电子商务、网络购物等新型服务业，带动了快递企业的快速发展，促进了快递服务能力的提升。

业务量增速迅猛。近 3 年快递业务量快速增长，2012 年达到 5497.88 万件，同比增长 35.1%。从业务收入来看，2012 年完成业务收入 10.34 亿元，同比增长 34.6%，接近重庆市 GDP 增长(16.4%)的 2.5 倍。业务收入占全市 GDP 总值(11459 亿元)的 0.09%。

快递业务结构多元化。重庆市快递业务可以分为三类：国际及港澳台业务、国内异地业务和同城业务。2012 年，三类业务全部实现了较快增长。国内异地快递业务居于主导地位。国内异地快递业务量完成 3575.12 万件，同比增长 26.5%，占全部快递业务量的 65%；同城快递业务量完成 1846.21 万件，同比增长 54.7%，占全部快递业务量的 34%；国际及港澳台快递业务量完成 76.55 万件，同比增长 58.6%，占全部快递业务量的 1%。国内异地快递业务收入 70035.26 万元，同比增长 33.5%，占全部快递业务收入的 68%；同城快递业务收入 15960.75 万元，同比增长 71.6%，占全部快递业务收入的 15%；国际及港澳台快递业务收入 16459.87 万元，同比增长 27.8%，占全部快递业务收入的 16%。

二、行业管理工作及成效

重庆市快递市场中大部分企业规模偏小，基础较差，生产力水平不高。个别快递企业对于寄递渠道安全、生产安全的必要性、重要性认识不足，安全意识淡薄。快递从业人员整体素质偏低，高技能人才匮乏，专业人才不足，人才培养、教育和储备机制不健全。重庆市邮政管理局针对这些问题，不断加大行政监管力度，促使市场发展逐步规范化。

有序施行市场准入。按照“优质、高效、规范、廉洁”和“公开、公平、公正”的原则，重庆市邮政管理局依法有序推进快递业务经营许可工作，把好市场准入关。全年共受理快递经营许可申请23家，颁发许可证18家，办理许可证变更7家，完成年度报告审核53家。

依法开展市场检查。坚持以规范市场秩序，维护用户权益为原则，以创造良好发展环境为目的，开展企业合法、合规经营检查。全年组织执法人员出检1354人次，纠正违法违规行为为16起，查处违法案件3件，下达限期整改通知38份。

开展快递服务评价。以重庆市内开展经营快递服务的品牌公司作为评价对象，根据“12305”邮政业申诉受理中心按月通报申诉受理情况和每月快递执法检查情况及《快递服务》系列国家标准贯彻执行情况进行打分。同时特约社会监督员每月对市内不同快递企业进行日常监督走访，并对相关快递企业进行快递试寄测试，实测试寄快件126件。通过向用户和社会发放和收回有效评议卡的方式，测评服务满意度。

积极引导行业自律。认真落实《中国快递协会企业自律公约》，加快建立自律机制，制订了《重庆市快递协会企业自律公约》，规范企业行为，促进公平竞争，提升自律水平，维护行业整体利益和消费者的合法权益。

畅通用户申诉渠道。充分发挥“12305”邮政业申诉中心的作用，及时协调妥善解决消费者反映的快递服务问题，做到件件有落实，事事有回音。全年通过“12305”邮政业消费者申诉电话、局长信箱、政府网站以及国家申诉网站转办共受理消费者申诉2260件；其中答复咨询314件。申诉中认定属企业责任的有效申诉1741件；有效申诉中涉及快递服务问题的1686件。累计为消费者挽回经济损失合计165337.39元，电话回访消费者对申诉处理满意率为100%。我局邮政业消费者申诉中心在全国31省（市）局申诉受理工作各项指标综合考评中排名第八，被国家邮政局申诉受理中心评为2012年度申诉受理先进集体。

完善安全监管制度。结合行业安全监管工作实际，依据《邮政行业安全监督管理办法》，认真落实禁寄、收寄验视、重大事件报告、信息报送等安全管理制度。将安全检查纳入日常检查的范围，督促主要快递企业建立日常运营实时监管信息系统。对不建立或不执行收寄验视制度的企业，依法追究企业及有关人员的法律责任。

完善区域内邮政安全监管。围绕十八大邮路安保工作，不断完善邮政安全监管机制。会同市国家安全局、市公安局、海关、新闻出版局等部门建立邮路安全协调工作机制，向快递企业下发关于安全生产及邮路反恐的文件8份，开展邮路安全知识宣传培训1次，有效增强了从业人员的安全生产及反恐安保意识，确保了十八大期间全国邮路安全运行。

妥善处理突发事件。积极落实邮政业突发事件应急预案，协调相关部门对突发事件的善后工作进行了妥善处置，保障了寄递渠道的畅通，起到了行业维稳作用。先后成功化解了申通、圆通、中通等快递企业基层网点和分拨中心突发事件，使快件得以及时分拨运输，有效维护消费者合法权益。同时，围绕旺季服务保障，要求相关企业完善快递业务旺季服务保障工作预案，做好人力资源储备，确保业务旺季不爆仓，为我市经济发展作出了积极贡献。

做好邮路禁毒反恐。按照国家邮政局有关部署和要求，全力配合有关部门严厉打击利用邮政渠道进行贩毒犯罪，明确专兼职人员负责禁毒工作。及时召开专题禁毒工作会议，部署禁毒工作，并安排经费用于邮路禁毒宣传培训工作。同时与公安禁毒部门建立联系会议制度、工作情况通报制度等，形成协作机制。要求各快递企业严防严控。对贩毒分子起到了有力的震慑作用。制定、完善预案，加强应急演练，切实提高应对“邮包炸弹”恐怖袭击的应急处置能力。加大对寄送要害部门的邮件的安全检查力度，确保绝对安全。

促进快递科技发展。采取积极措施，引导和支持快递企业进行创新，鼓励快递企业使用高科技设备，坚持把科技进步与科技创新作为转变发展方式的重要支撑。鼓励有条件的企业使用先进的自动分拣设备、手持终端等，提高快件上网跟踪查询率，提高分拣处理质量，减少用户投诉。

推动人才队伍建设。积极推进行业人才队伍建设，建立组织机构、完善人员配置、师资培养，做好人才发展指标与企业分级管理等制度的衔接。重庆局在国家邮政局职业技能鉴定指导中心的统一部署和安排下，2012 年共举办快递业务员职业技能在岗培训 2 期，387 人参加培训（其中初级 341 人，中级 46 人），涉及快递企业 32 家次。组织快递业务员职业技能鉴定考试 2 批次，涉及快递企业 58 家次，新增快递业务员职业技能鉴定人数 801 人次，比 2011 年鉴定人数增加了 14%。合格人数为 503 人，其中初级快递业务员 417 人；中级快递业务员 86 人。

加强新闻宣传工作。按照建设服务型政府的要求，加强面向快递企业、消费者的信息服务，利用政府网站、平面媒体于一体的宣传平台，建立新闻发言人制度，强化与新闻媒体的日常沟通，同时利用世界邮政日等在地方主要媒体进行宣传，弘扬行业主旋律。

四川省快递市场发展及管理情况

一、快递市场总体发展情况

行业保持较高增速。四川省内快递企业全年完成业务量 13264.67 万件，同比增长 24.70%，完成业务收入 23.2 亿元，同比增长 26.48%，为四川省 GDP 增长速度（12.6%）的 2.1 倍，是第三产业增长速度（11.2%）的 2 倍以上。投递快件 17430.3万件，收投比为 1∶1.31。国家邮政局公布的 2012 年全国规模以上快递服务企业业务量和业务收入情况显示，四川快递业务量和收入均排全国第 8 名；在中西部地区快递服务发展排第一名。

经营主体趋于多元。截至 2012 年年底，共有 28 个全国性品牌在四川设有加盟企业和分支机构，在四川省内经营的单一品牌有 33 个，已经形成了多种所有制并存、多种经营模式共生、多个市场主体相互竞争的市场格局。全省取得快递业务经营许可的公司有 327 家，下属分支机构 954 家，覆盖了全省所有地级市（州）和大部分县（市）。

二、行业管理工作与成效

2012 年，四川省邮政管理工作以科学发展为主题，以推进行业转型升级，提升服务能力和服务质量为主线，积极宣贯“十二五”发展规划，坚持依法行政和“鼓励竞争、促进发展”的市场监管原则，在促进全省快递服务继续保持平稳、较快发展上取得较好成效。

完善省级以下邮政监管机构。2012 年 1 月 20 日，国务院办公厅下发了《关于完善省级以下邮政监管体制的通知》。按照《四川省完善省级以下邮政监管体制工作实施方案》要求，四川省邮政管理局周密安排，积极推进，21 个市（州）邮政管理局已全部组建成立。同时开展各市（州）邮政管理局干部职工特别是新录用公务员培训，组织学习邮政管理各项法律法规和业务知识。安排新录用公务员深入基层，到邮政、快递企业学习，了解企业工作流程，熟悉行业监管内容。积极开展市场调研，对辖区内邮政普遍服务和快递业务发展情况进行摸底，建立业情档案。开展邮政市场监管，协调处理消费者申诉。协同地方安全管理部门做好行业安全保障工作。

优化行业发展环境，保障安全监管。四川省邮政管理局与省工商行政管理局联合转发了国家邮政局、国家工商行政管理总局印发的《关于规范经营快递业务的企业许可审批和登记管理有关事项的通知》，要求全省各市（州）邮政管理局、工商行政管理局要认真贯彻落实《通知》精神，进一步加强对快递企业许可审批和工商登记的管理，确保各项政策措施落实到位，营造公开、公平、公正的市场竞争环境。与四川省公安厅、国家安全厅联合成立了寄递渠道治安管理协调小组，明确了工作职责，加强了协调配合与沟通联系，切实维护国家安全、公共安全和社会稳定，为促进我省快递服务发展和强化快递市场监管提供了重要保障。

加强行业人才队伍建设加强。从快递企业的人才需求出发，积极搭建校企合作平台，拓展人才资源空间，为基层人才成长服务，为快递企业发展服务。2012 年组织三批共 2600 多名快递企业业务员职业技能鉴定考试，鉴定考试包含初、中、高三个等级，合格率为 71.26%。

行业形象逐步提升，融入地方经济建设。组织邮政、快递企业为第十三届中国西部国际博览会提供现场服务，得到了西博会组委会、参展客商和市民的广泛好评并受到省委省政府通报表扬。2012 年 11 月 22 日至 24 日，由中国贸促会、中国国际商会和四川省政府共同主办，中国国际商会秘书局、四川省物流办和省贸促会承办的“2012 年中国（四川）国际物流博览会”（以下简称“物博会”）在成都举行。省管局荣获优秀组织奖，邮政速递展台、申通快递展台、圆通快递展台获最佳展位设计奖。

全面贯彻实施好《快递服务“十二五”规划》。按照国家邮政局要求，切实抓好《快递服务“十二五”规划》（以下简称《规划》）宣贯工作。组织全省邮政管理系统工作人员学习《规划》，印发《规划》单行本 2000 册，并通过省局网站宣传《规划》。组织开展“读规划、识快递、话发展”征文活动。广元、自贡、巴中、广安等市（州）邮政管理局联合当地工商等部门，组织邮政、快递企业开展《邮政法》、《快递市场管理办法》、《规划》等邮政法律法规宣传。各局在活动现场发放《邮政法》、《快递市场管理办法》、《邮政业宣传知识》等宣传册，接受群众咨询，解答疑问，受理申诉。

凉山、宜宾、资阳、巴中等市（州）邮政管理局通过当地新闻媒体向社会广泛宣传《规划》，认真回应公众广泛关注的快递行业热点。广安局领导被推选为市保护消费者权益委员会理事，“3·15 国际消费者权益日纪念大会”上通报了 2012 年全市维护快递消费者权益的相关情况。

大力宣传《快递市场管理办法》。四川省邮政管理局成立了《快递市场管理办法》（以下简称《办法》）宣传贯彻工作领导小组。利用业务培训会议，组织全省邮政管理干部学习《办法》，结合快递业务经营许可和安全管理对《办法》进行讲解和部署。并要求各市（州）邮政管理局加强学习，做好宣传，强化指导，督促企业自查整改，查处违法经营行为，维护市场秩序，加强快递服务质量的监管，维护用户合法权益，继续强化快递服务安全的监管。

贵州省快递市场发展及管理情况

一、快递市场总体发展情况

2012年是邮政体制改革以来的最为重要的一年。贵州省邮政管理局在监管中秉着充分尊重市场规律,引导快递企业良好发展的原则进行监管。为促进贵州省快递业科学发展,鼓励发挥行业自律作用,发挥“自我教育、自我管理、自我服务、自我发展”的作用。并积极做好《快递服务》系列国家标准宣传贯彻,引导快递企业落实快递服务标准以适应经济社会发展和人民生活需要。

行业加速发展。截至2012年年底,贵州省获得许可的快递企业达51家,备案分支机构313家。2012年,快递业务量累计完成1801万件,同比增长17.4%,其中国内同城快递业务量202.6万件,同比增长17.7%;国内异地快递业务量1557.2万件,同比增长14.1%;国际及港澳台业务量5.3万件,同比增长6.7%。快递业务收入累计完成40386.9万元,同比增长10.4%,其中国内同城快递业务收入1774.8万元,同比增长18.3%;国内异地快递业务收入36832.0万元,同比增长23.7%;国际及港澳台业务收入1012.2万元,同比增长3.4%;其他快递业务收入767.8万元,同比下降84.0%。

2012年,电子商务类快件业务量共计43.5万件,同比增长45.7%,其中同城电子商务类快件业务量4.0万件,同比增长339.6%;异地电子商务类快件业务量39.2万件,同比增长38.9%。代收货款快递业务量共95.4万件,同比增长118.2%;代收货款金额共计30376.2万元,同比增长70.2%;代收货款手续费收入共计61万元,同比减少74.9%。

2012年,快递业务投递量共计5729.5万件,同比增长86.1%。各大品牌快递企业业务量累计共1730万件,占贵州省快递市场份额的99%,本土快递企业只占市场份额的1%。

网络覆盖能力不断加强。贵州省快递企业实现了县级网络全覆盖,民营快递企业的经营网点已覆盖全省88个县,快递营业网点数量迅速增加。

信息化、科技化程度提升。全省大部分快递企业开始使用手持终端设备,并能实现联网扫描作业,同时广泛应用GPS全球定位、远程视频监控、高速扫描录单等服务系统。

企业基础投入不断加强。各快递企业都配置了适合各自业务发展的车辆、分拣设备、安全监控等设备设施,其中EMS、申通、顺丰、圆通等快递企业配备了智能分拣设备快件处理设备和运输设备。企业内部信息系统持续更新上线,全省快递服务能力得到大幅提升。服务内容不断丰富。

快递服务产品多元化。服务产品种类除涵盖传统快递业务如:同城快递、国内异地、国际、港澳台、电子商务和物流。部分快递企业还提供代收货款等业务;快递企业在上门揽收、投递到户、限时送达等服务功能上日趋完善。

二、行业管理工作及成效

贵州省邮政管理局在监管中秉着充分尊重市场规律,引导快递企业良好发展的原则进行监管。为促进贵州省快递业科学发展,鼓励发挥行业自律作用,发挥“自我教育、自我管理、自我服务、自我发展”的作用。并积极做好《快递服务》系列国家标准宣传贯彻,引导快递企业落实快递服务标准以适应经济社会发展和人民生活需要。

加强邮政行业统计工作。省内所有市、州快递服务企业已于2012年年底全部纳入统计范围,为邮政行业发展及各市州邮政业争取政策提供准确数据支撑。

推进市场监管完善以服务质量提升。2012年，贵州省邮政管理局以市场执法检查、旺季服务保障、用户申诉处理、《快递服务》系列国家标准贯彻等工作为重点，认真做好常态监管工作。办理了快递业务经营许可企业6家，快递业务经营许可变更企业18家，完成国家邮政局委托核查企业4家，并于3月至6月对全省45家快递许可企业办理了经营许可的年度报告工作。

有序开展执法检查。连续开展“安全保障专项检查”、“快递企业旺季服务保障”、“提升快递服务质量”、“信息安全专项执法检查”等专项检查执法活动，全年对邮政市场共计检查210次，出检97天，检查单位106个，出检人数555人次，查处违法违规行为43次。下达整改通知2份，行政处罚1份，共计罚款5000元。

组织培训并落实《快递服务》系列国家标准。对辖区内主要企业开展教育培训，先后组织两期《快递服务》系列国家标准培训班，对相关内容进行解读。随后在贵州省范围内开展了快递服务质量专项整治活动，通过现场检查方式督促企业做好《快递服务》执行；严肃查处快件丢失、损毁、延误、野蛮装卸、分拣等侵犯用户合法权益的违法行为。

畅通申诉渠道维护消费者权益。在传统的监管方式外，还充分发挥“12305”邮政业申诉中心作用，帮助及时协调解决消费者反映的快递服务问题。2012年上半年，贵州省邮政管理局联合贵州省消费者协会共同建立了“12305”和“12315”的对接机制，建立用户投诉和服务监管对接，发挥申诉与监管的联动作用。2012年内，贵州省邮政管理局通过“12305”邮政行业消费者申诉电话和国家邮政局网站共接收消费者申诉1937件，答复咨询1937件。已处理申诉中有效申诉（确定企业责任的）1822件，占总申诉量的94.06%。经调解消费者申诉已全部妥善处理，为消费者挽回经济损失94619元，消费者对申诉处理满意率为94.79%。

做好旺季服务保障工作。为确保快递业务在旺季期间不发生意外，贵州省邮政管理局坚持部署在前，突出重点，全力保障旺季服务的监管思路。2012年9月21日，贵州省邮政管理局召开全省快递行业旺季服务工作保障会议，组织全省法人寄递企业和主要快件分拨中心负责人签订《快递市场旺季服务保障承诺书》，确保能在旺季依旧有序开展快递服务。旺季期间，贵州省邮政管理局多次到快递企业调研指导，及时解决突发性问题，协调交通资源，积极应对爆发性业务增长，保障全省行业安全、平稳运行。

进一步深化安全管理工作。积极引导快递企业贯彻学习《寄递行业安全防范工作规范》、《寄递渠道治安管理检查工作规定》等规范性文件。督导快递企业建立安保机制，使行业内“安全发展”理念进一步深化，安全管理配套制度进一步健全，行业安全管理手段进一步丰富。2012年，贵州省邮政管理局先后组织了两期安全培训会议，全省主要寄递服务企业负责人参加了安全培训，使省内寄递企业的安全意识得到明显加强。2012年1月，贵州省邮政管理局调查处理了贵州凉都物流公司冒用邮政标志的案件，同年8月，对贵阳申通小河营业点的快件积压事件进行了立案处理，并在9月底和10月上旬展开了对贵州EMS“9·22爆炸快件收寄”案件的调查和处理，在处理过程中，多次与贵州省公安厅、国安厅等相关部门交流案件进展情况与处理结果，妥善处理了该类突发事件。为进一步落实安全监管，贵州省邮政管理局积极与相关单位进行沟通，建立寄递行业治安管理联合机制，开展联合执法，构建监管合力，保障监管工作落到实处。

完成党的十八大期间邮路安全保障工作。贵州省邮政管理局以实地查看、听取汇报、查阅档案资料等方式对快递企业进行了18次专项检查。检查人员42人次，抽查了顺丰快递、申通快递、天天快递、圆通快递、韵达快递、中通快递、全一快递、宏牛快递、联邦快递等快递企业的网点共50

余个，查看进京等重点城市邮(快)件千余件，检查中未发现涉核、爆、生化物品。贵州省邮政管理局对全省主要快递企业执行收寄验收制度情况进行了现场寄递测试，并对收寄过程进行了录像记录，对存在问题的有关企业提出了整改要求。并要求贵州省快递协会对会员单位进行培训，促进企业牢记社会责任，合法开展经营活动，为广大消费者提供优质服务，对规范快递市场秩序，营造良好经营环境，反对和抵制不正当竞争，协调处理企业之间的矛盾纠纷起到了积极作用。

云南省快递市场发展及管理情况

一、快递市场总体发展情况

2012 年，云南省快递企业不断加大投入，基础设施不断改善，营业网点数量迅速增加，处理设备和运输设备不断更新，信息系统更加先进，为大幅提升云南省快递服务能力提供了强有力的支撑。云南省各类快递企业采用“加盟制”、“直营制”、“代理制”和“混合制”等多种模式运营，全省快递市场已经形成国有、民营、外资多种所有制经济共同竞争、共同发展的格局。

企业进一步规范，网络覆盖全部市(州)。 2012 年云南省规模比较大的民营快递企业(四通一达、顺丰)实现市、州网络全覆盖，民营快递企业的经营网点已设立到 128 个县，少数民营快递网络正向经济发达的乡镇布局。各快递企业设立的经营网点已全部由“作坊式”经营转为“店面式”经营，云南省民营快递企业的经营店面已由 2008 年的 50 多个猛增到近 500 个，并由原来的“脏、乱、差”向规范化发展。快件的分拣处理已由手工分拣向机械和手工分拣相结合转化。

服务产品多样化。 随着云南省快递企业服务能力的大幅提升，服务产品也呈现多元化发展趋势。服务产品种类已涵盖全部传统快递业务，业务范围涵盖同城快递、国内异地、国际、港澳台、电子商务和物流。邮政 EMS、少数民营快递企业还提供代收货款等增值服务；多数快递企业普遍提供“次晨达”、“次日达”、“隔日达”等承诺服务；快递企业在上门揽收、投递到户、限时送达等服务功能上日趋完善，先进的信息跟踪技术使跟踪查询服务更加及时、方便。计算机、手持终端设备投入增长迅猛，有效提升了快递企业的服务能力。特别是随着网购业务、电子商务的迅猛发展，云南省快递企业普遍加大了对网购业务的投入，使云南省的茶叶、工艺品、药材等特色产品通过快递网络销往全国。

运输能力不断加强。 2012 年云南省快递企业各种运输车辆约 300 辆，此外，在昆网络型快递企业总部为了摆脱航空运力不足导致出省快件压仓的困境，不断加大省内运输网络的建设，相继开通了昆明—贵阳、昆明—长沙、昆明—广州等多条省际网络专车。快件时效和安全得到了保障。

业务高速增长。 截至 2012 年年底，云南省取得《快递业务经营许可证》的企业 219 家，其中国有快递企业 1 家，民营快递企业 218 家；办理备案手续的快递企业分支机构 250 余家；依法注销《快递业务经营许可证》8 家。全省规模以上快递企业业务量 3774.4 万件，同比增长 24.1%，业务收入累计 8.54 亿元，同比增长 21.2%。其中，同城快递业务量累计 654 万件，同比增长 13.1%，业务收入 0.89 亿元，同比增长 13.3%；国内异地快递业务量累计 3097.6 万件，同比增长 26.6%，业务收入 6.98 亿元，同比增长 26.1%；国际及港澳台快递业务量累计 22.8 万件，同比增长 36.4%，业务收入 0.4 亿元，同比下降 3.8%。

二、行业管理工作及成效

2012年是贯彻落实邮政行业法律法规的执行年，在国家邮政局和云南省邮政管理局党组的正确领导下，云南省邮政市场监管工作以贯彻落实邮政行业法律法规为主线，继续把“促发展、抓服务、保安全”作为工作重点和目标，认真贯彻落实国家邮政局工作部署，加大市场监管力度，促进行业服务水平提升，依法强化安全监管，确保十八大期间寄递渠道安全畅通。

继续加强快递业务经营许可常态化管理和规范化建设。按照“鼓励竞争，促进发展”和“公开、公平、公正”的原则，本着“依法准入，许可条件严格执行法定条件”的指导方针，实施许可工作、许可证变更、年度报告工作的常态化管理；加强与云南省工商局的沟通联系，联合转发了《关于规范经营快递业务的企业许可审批和登记管理有关事项的通知》，进一步规范做好云南省快递企业许可审批和登记管理工作。

加强市场监督检查强化许可管控。加大对未经许可，分支机构未经备案违法经营快递业务的打击力度，有效规范邮政市场秩序；积极开展快递服务质量专项整治活动，不断提高行业服务水平；做好快递业务旺季期间的快递服务保障督导检查工作，确保旺季生产期间寄递渠道畅通。

加强邮政业安全监管。全面部署做好十八大期间寄递渠道安全保障工作，突出重点，密切与省国家安全部门的沟通联系，加强十八大期间对寄递企业联合安全执法检查，妥善处理突发事件，维护寄递渠道安全畅通。

巩固邮政业禁毒工作成果。继续发挥好邮政业在云南省第三轮禁毒人民战争的作用，积极向云南省人民政府申请邮政业禁毒专项资金。2012年云南省邮政企业自查和配合禁毒部门协查利用邮政渠道夹寄毒品案件64起，缴获毒品39.462千克，协助公安机关抓获犯罪嫌疑人7人，这再次充分证明了邮政企业介入“陆、水、空、邮、物”立体查缉防控体系后，为有效遏制和严厉打击利用邮政渠道贩运毒品的犯罪活动成效非常明显。2012年8月，云南省财政厅拨付我省邮政业禁毒专项资金100万元，12月省级财政又追加30万元禁毒资金，继续对邮政系统查缉毒品工作经费给予大力支持，促进我省邮政业禁毒工作深入开展。

妥善处理突发事件，维护寄递渠道安全畅通。2012年云南省邮政管理局及时妥善处置快递企业突发事件3起，消费者被扣快件及时妥善投递，维护了消费者合法权益。

妥善处理消费者申诉。2012年全年，云南省邮政管理局邮政业消费者申诉受理中心通过“12305”邮政行业消费者申诉电话、局长信箱、政府网站、国家邮政局转办等各种渠道共受理、处理消费者反映的快递类有效申诉1975件，比去年增加230%，其中国家局转办1645件，省局受理331件。有效申诉中，反映快件延误的1155件，占58.5%；反映投递服务问题359件，占18.2%，反映快件丢失及内件短少的270件，占13.7%；反映快件损毁96件，占4.9%；反映收寄服务问题40件，占2%；反映违规收费问题29件，占1.4%；反映代收货款服务问题26件，占1.3%。经调解，消费者申诉已全部妥善处理，为消费者挽回经济损失22.68万元，申诉处理率100%，消费者对处理结果满意率为91.89%。

西藏自治区快递市场发展及管理情况

一、快递市场总体发展情况

截至2012年年底，西藏经营快递业务的品牌有13个，共计32家快递企业（包括分公司、营业部），包括国有、民营、外资等各种所有制经济形式。2012年共有5家企业申请快递业务经营（完成许可审批3家），新增国有、民营分公司（营业厅）13个（完成备案手续10个）。

目前，西藏自治区各快递企业服务能力稳步提高，规模不断扩大，逐步使用GPS全球定位、远程视频监控、高速扫描录单等服务系统，进一步提升信息网对快递业务的技术支撑能力，各快递企业的服务质量和服务能力不断提升。

2012年度，全区快递服务企业业务量累计完成320.11万件，同比增长12.59%；业务收入累计完成1.3亿元，同比增长10.55%。其中，同城业务收入累计完成0.02亿元，同比下降9.44%；异地业务收入累计完成1.08亿元，同比增长13.58%。同城、异地、国际及港澳台快递业务收入分别占全部快递收入的1.54%、83.07%和1.54%，业务量分别占全区快递业务量的6.84%、92.97%和0.19%，快递业务发展速度迅猛。

二、行业管理工作及成效

2012年，西藏自治区邮政管理局对快递市场管理的基本思路是：继续坚持围绕中心、服务大局的工作方针以及“鼓励竞争，促进发展”的监管原则，在巩固和拓展已有工作的基础上，深入了解并掌握全区快递市场发展情况，深化效能监督工作，不断优化快递服务水平，有效监管区内快递企业，为西藏快递市场较快发展作出新的贡献。具体做好以下几项工作：

全面加强市（地）级邮政管理局市场监管力量建设。以党的十八大精神为指引，牢固树立科学发展的理念，提高思想政治素质，通过举办市场监管执法培训和到各市地局进行业务指导、交流等方式，加强市（地）局人员的政治理论和法律法规、行业政策、行业标准的学习，熟练掌握各项行政执法程序和执法依据，建设一支高水平的行政执法队伍。

继续强化与工商部门工作衔接，规范行政审批。贯彻落实国家邮政局与国家工商行政管理总局联合下发的《关于规范经营快递业务的企业许可审批和登记管理有关事项的通知》的文件精神，响应自治区人民政府关于鼓励和扶持中小、微型企业发展的有关政策，简化审批程序，缩短审批时间，提高工作效率，为西藏经济社会的健康发展而努力。

强化部门联合执法机制，确保行业安全。深入开展行业安全工作，日常执法和专项执法、多部门联合执法相结合，加大检查频次和处罚力度；总结以往经验，摸清规律，重点做好快递服务旺季和重大节庆、敏感时段安全工作，加大寄递渠道反恐、禁毒、“扫黄打非”等重点领域工作力度；落实安全生产责任制，全力做好寄递渠道安全保障工作；继续采取近年来邮路安保工作成功做法和经验，与全区快递企业签订《2012年安保责任书》，时刻提醒企业不忘安全生产。

着力推进应急管理工作。在2011年建立健全全区邮政业应急管理工作体系的基础上，加强《西藏自治区邮政业突发事件应急预案》的贯彻落实，指导各市（地）邮政业应急管理办公室和邮政企业、快递企业开展应急演练，提高突发事件应急处置能力。同时，充分利用邮政行业安全监管平台，加强行业信息收集、分析，汇总等方面的工作，为今后全面建成全区安全监管体系摸索路子，提出可行性报告。

继续做好"快递服务质量专项整治活动"工作。加强对快递企业执行《快递服务》系列国家标准的情况进行检查,督导快递企业提高服务质量,切实维护消费者的合法权益。

高度重视消费者申诉工作。一是加强消费者申诉处理中心队伍建设,通过学习、培训,提高工作人员的业务水平;二是强化与企业的沟通联系,对倦怠、推诿、消极对待投诉和投诉量居高不下的企业进行约谈和向社会发布消费预警信息甚至行政处罚;三是强化与市地级邮政管理部门的业务联系和指导,提高申诉处理的时效性。

配合国家邮政局开展快递企业分等分级工作。对全区寄递企业进行摸底调查,采集信息,确保数据真实、公正,按照相关行业标准进行等级评定,并将结果在西藏自治区邮政管理局站上予以公布,引导企业规范化、标准化经营。

陕西省快递市场发展及管理情况

一、快递市场总体发展情况

近年来,快递市场规模不断扩大,截至2012年年底,陕西省快递企业达到166家,其中国有5家,民营153家,外资8家;快递分支机构517个;快递从业人员超过1万人。快递市场多种所有制并存、多元主体竞合、多层次服务共生的市场格局已初步形成,呈现出了规模化、市场化、国际化的发展趋势。

2012年,陕西省快递业务得到了持续快速的发展,业务收入达到11.18亿元,同比增长21.7%;业务量达到5100万件,同比增长29%,最高日处理量突破100万件。特别是"双11"、"双12"电子商务促销及快递旺季期间,快递服务没有发生全网性爆仓积压现象,圆满完成了旺季服务保障工作,得到了社会的好评,用户比较满意。

二、行业管理工作及成效

依法强化全面监管,规范了市场经营秩序。2012年,陕西省邮政管理局共受理各类申请人快递许可咨询700人次,受理许可企业30家,受理企业变更申请47家,增设分支机构293家。依法加强企业年度报告的审核,全年共有116家快递企业提交经营许可年度报告,综合运用约谈、责令整改、注销许可证等手段对市场秩序进行规范,审核通过报告企业115家,实地核查企业89家,约谈企业17家,责令整改17家。

2012年,陕西省邮政管理局共开展检查201次,检查企业330个,下达整改通知书42份,注销经营不善快递企业1家,查处非法经营国际快递业务的企业1家,对西安EMS扣押快件案件,按照规定程序,依法下达了《行政处罚决定书》。

陕西省邮政管理局2012年共受理结案消费者申诉2443件,其中有效申诉2089件,为总申诉的85.5%。有效申诉中涉及邮政普遍服务问题72件,占有效申诉量的3.44%;快递服务问题2017件,占有效申诉量的96.55%。

夯实安全监管基础,保障寄递渠道安全。一是加强行业安全基础管理。按照国家局要求,陕西省邮政管理局建立安全监管信息系统,实现了对主要快递企业运行数据的实时监控;进一步完善了寄递渠道安全监管工作机制,与公安、安全等部门建立了寄递渠道治安管理协调机制,与民航监管部门建立了邮件、快件安全检查机制;深入贯彻落实《邮政行业安全防范工作规范》;转发了国家局《关于进一步加强快递企业收寄验视工作的通知》,督导企业切实落实执行收寄验视制度;先后组织陕西省寄递企业开展《邮政行业安全监督管理办法》、《邮政行业安全防范工作规范》等安全工作专题培训,提升了寄递企业的安全管理和安全防范能力。

二是保障重大活动期间邮路安全。陕西省邮政管理局会同安全、公安、海关、新闻出版等部门召开了邮路安全保障协作机制联席会议,会同多部门开展联合督导检查,圆满完成了党的十八大期间邮政服务和邮路安全保障任务。同时,较好地保证了农博会、西洽会等重大活动期间的邮路安全。

三是加强应急管理与突发事件处置。认真贯彻落实修订后的《国家邮政业突发事件应急预案》,启动了《陕西邮政业突发事件应急预案》修订工作。妥善处置星晨急便·鑫飞鸿公司倒闭、CCES 快递公司部分地区服务网络阻断事件;依法处置了西安顺丰堵门事件、西安彪记扣押快件等突发事件,保障了企业和消费者的合法权益,维护了寄递渠道的安全畅通。

强化企业服务保障,提升了快递服务水平。陕西省邮政管理局全年开展专项检查 168 人次,检查企业 92 家,下达整改通知书 30 份。通过开展专项整治活动,热点问题得到显著改善,快递服务满意度明显提高。结合快递服务发展实际,研究制定了快递业务旺季期间突发事件专项应急预案,建立快递业务旺季期间的 24 小时值班制度,组织对快递企业的快递业务旺季服务保障工作的专项检查。全年共组织快递业务员职业技能鉴定考试 3 批次,鉴定人数约 1181 人,通过 871 人,通过 74%。截至 2012 年年底,陕西省累计组织考试 4004 人,通过 3056 人,通过率达到 76% 以上。指导快递行业协会认真开展快递企业等级评定工作,开展快递企业达标复查和质量信誉等级复查工作,充分发挥行业自律机制作用,落实自律公约,提高自律水平。

甘肃省快递市场发展及管理情况

一、快递市场总体发展情况

截至 2012 年年底,甘肃省快递企业中办理了《快递业务经营许可证》的法人企业有 84 家,办理了属地备案手续的快递公司分支机构 7 家。全省快递行业 2012 年末从业人员 3158 人,同比增长 25%。取得快递业务员资格证书 1502 人(民营快递 1032 人,邮政速递物流 470 人),营业场所建筑面积 15.5 万平方米,营业网点 1570 个,机动车 668 辆。

2012 年,全省快递业务量完成 1470.3 万件,同比增长 29.5%。其中,国内同城快递业务量 243.7 万件,同比增长 46.2%;完成国内异地快递业务量 1221.2 万件,同比增长 26.7%;国际及港澳台快递业务量 5.4 万件,同比增长 13.9%。

完成业务收入 3.53 亿元,同比增长 27.1%。其中,国内同城快递业务收入 0.22 亿元,同比增长 88.5%;国内异地快递业务收入 2.91 亿元,同比增长 31.8%;国际及港澳台快递业务收入 0.31 亿元,同比减少 17.2%。

二、行业管理工作及成效

发展环境不断优化。甘肃省邮政管理局积极为快递企业争取政策扶持,解决快递服务发展中的各种难题,不断优化发展环境,促进全省快递行业健康发展。

针对兰州市实行的车辆尾号限行办法给快递企业的发展造成很大影响,甘肃省邮政管理局多次向交警部门做了书面反映,解决车辆通行问题,还以书面形式向省政府做了详细汇报。省政府对此高度重视,将汇报材料批转到省公安厅,要求协调解决,经过各方努力,兰州市交警部门向兰州市15家重点快递企业核发了30张通行证,一定程度上减轻了企业的用车压力。

市场秩序逐渐规范。甘肃省邮政管理局专门成立了全省快递服务质量专项整治活动领导小组,制定了《快递服务质量专项整治活动工作实施方案》,并组织召开专门会议安排部署。对全省快递服务市场进行了集中检查。共计出动执法人员500人次,检查快递企业196家,下发责令整改通知书6家,处罚违法违规快递企业1家。共组织开展快递服务质量测试3次,及时向全行业通报了测试情况,指导快递公司进一步规范服务,提升质量。“12305”邮政业消费者申诉中心2012年共受理消费者申诉1814件,已全部处理完毕,有效申诉得到了件件落实。

快递业务经营许可工作实现常态化管理。甘肃省邮政管理局认真做好快递业务经营许可工作的常态化管理,严把准入关口,认真做好快递业务经营许可的受理、审批及快递业务经营许可变更工作和年度报告工作。甘肃省邮政管理局与省工商局联合下发《关于规范经营快递业务的企业许可审批和登记管理有关事项的通知》,解决了快递企业分支机构层次管理和网络化经营的需要以及在工商登记中存在的难题。甘肃省邮政管理局2012年共收到快递业务经营许可申请24件,正式受理快递业务经营许可申请11件,现场核查快递企业24家,经审核合格颁发《快递业务经营许可证》11家。2012年共收到快递业务经营许可变更申请41件,正式受理快递业务经营许可变更申请16件,现场核查快递企业118家,经审核合格办理变更事项16件。2012年,全省需要提交年度报告的企业72家,经认真审核材料和现场核查,72家企业年度报告全部合格。

维护用户合法权益。2012年,甘肃省邮政管理局继续开展全省规模以上快递公司开展快递服务质量测评和消费者满意度调查。调查完结后,甘肃省邮政管理局及时召开情况通报会,将调查情况在全行业进行通报,促进快递企业提高服务质量。全省2012年的消费者申诉已全部处理完毕,为消费者挽回经济损失14.8万元。2012年全省消费者对快递服务质量申诉的主要问题是快件延误、快件丢失短少及服务态度,占快递服务有效申诉量的93.87%。

保障通信信息安全。甘肃省邮政管理局与省邮政公司和82家快递公司签订了《安全生产责任书》、《禁毒工作责任书》和《邮政行业维护稳定及治安综合治理责任书》;以明察暗访的方式对邮政公司的50个支局(所)和38家快递公司进行实物寄递测试,对存在安全隐患的公司在全行业进行通报,并责令限期整改;牵头与省公安厅、省国家安全厅、省新闻出版局、兰州海关、民航甘肃监管局召开联席会议3次,就亚博会、党的十八大等重大活动期间寄递渠道安全保障工作进行了沟通协调,制订了具体的联合检查方案;7月,会同省公安厅、省国家安全厅召开联系会议,并联合转发了三部(局)《关于印发寄递渠道治安检查工作规定的通知》,成立了甘肃省寄递渠道治安管理协调小组,为今后全省依法打击寄递渠道的违法犯罪活动提供了有力保障。

促进行业科学发展。推进快递服务体系建设。甘肃省邮政管理局依托兰州中川机场,打造兰州航空物流园区快递作业区。加快与电子商务平台相结合的快递服务信息平台建设。

引导快递企业合理竞争。甘肃省邮政管理局建立公平规范的准入和退出机制。依照《邮政法》、《快递业务经营许可管理办法》等有关法律法规,建立公平规范的快递市场准入和退出机制。平等对待国有、民营、外资等不同所有制和不同规模的各类市场主体。

支持快递企业做大做强。加大对外开放，引导国内外资本投资快递服务领域。培育壮大龙头企业，对规模较大且具有完善企业管理制度的快递企业予以重点扶持。

加强快递服务监管。甘肃省邮政管理局加大对无照经营、超范围经营、违规经营等行为的打击力度，维护市场秩序。发挥快递协会积极作用，开展诚信企业评比活动，建立快递从业人员诚信档案，规范行业和企业的生产经营行为。

人才队伍建设。2012 年是甘肃省开展邮政行业职业技能鉴定工作第三年，在总结前期职业技能鉴定工作经验的基础上，继续按照国家邮政局的统一安排和部署，稳步推进甘肃省职业技能鉴定工作。在国家邮政局组织开展的两批全国快递业务员职业技能鉴定考试中，来自全省各地的 542 名快递业务员参加了考试，432 名考生顺利通过考试，取得快递业务员资格证书，合格率达到了 79.7%。

青海省快递市场发展及管理情况

一、快递市场总体发展情况

截至 2012 年年底，在青海省邮政管理局依法取得《快递业务经营许可证》的快递企业 18 家，分支机构 54 家；在国家邮政局申请许可后到青海省邮政管理局备案的快递企业 4 家，分支机构 11 家。从业人员 800 多人，取得快递业务员资格证书 517 人。按企业登记注册类型划分，青海省快递企业登记注册类型主要以有限责任公司为主，现有法人企业 18 家，其中，国有企业 2 家，占 11.11%；民营企业 16 家，占 88.89%。按业务范围划分，全省经营国内业务的企业共 18 家，占快递企业的 81.82%；经营国际业务的企业共 4 家，占快递企业的 18.18%。

2012 年青海省快递企业业务量累计 286.7 万件，同比增长 17.3%，业务收入累计 9844.1 万元，同比增长 13%。其中，国内同城快递业务量累计 43.5 万件，同比增长 18.1%，业务收入 415.5 万元，同比增长 40.7%；国内异地快递业务量累计 241.9 万件，同比增长 17%，业务收入 7653.5 万元，同比增长 18.1%；国际及港澳台快递业务量累计 1.2 万件，同比增长 40.1%，业务收入 161.1 万元，同比增长 3.8%。全省各快递企业发展均达到或超过预期发展目标。

青海省快递市场发展不平衡。青海邮政速递物流起步早，市场占有率占据绝对优势地位。但随着市场竞争的加剧，邮政速递物流所占比例有所下降，民营快递企业发展日趋活跃，市场占有率比重不断提高。2012 年青海邮政速递物流占全省快递业务总量 75%，同比下降 5%；业务收入占 83%、同比下降 7%；派送业务总量占 40%、同比下降 19%。民营快递企业业务总量同比增长 42.3%，业务收入同比增长 92.7%，派送业务总量同比增长 122.8%。

全省规模以上快递企业服务网络由省会城市逐步向州地市、县扩展。青海邮政速递物流依托省邮政公司将服务网点覆盖至全省各县及部分乡镇，其他快递企业服务网点目前主要集中在西宁市区及周边各县。

二、行业管理工作及成效

优化行业发展环境。一是全力争取政策支持，为全行业发展营造良好的政策环境。2012 年，青海省政府相继出台了《关于进一步加快发展全省商贸业物流业发展指导意见的通知》、《青海省支持小型和微型企业发展的若干政策措施》、《促进若干经营性服务性加快发展的政策意见》等一系列惠及全省快递市场的扶持政策，为全省快递服务发展提供了较为有利的政策环境。

二是积极加强政策引导，推动全省快递行业实现快速发展。开展小微快递企业政策利用研究；与省民航局联合出台《关于促进快递与民航产业协同发展的实施意见》，推进快递与民航资源整合；与交通管理部门积极协调、落实《关于加强快递企业运输车辆管理工作的通知》和《快递服务机动车辆统一标识管理办法》，有效解决快递企业在运输、收投中的实际困难。

三是加快行业管理人才队伍建设。组织举办快递行业高管培训班，并组织参观知名快递企业，学习和借鉴外省好的经验、做法，取得了很好的效果。

规范市场经营秩序。一是认真执行快递业务经营许可制度，严格规范全省快递市场准入工作。严格遵守《邮政法》等法律法规，对符合法定条件的企业颁发许可证。坚决取缔不具备经营资质的快递企业。全年受理申请6件，批准4件，收回行政许可1件。严格落实快递企业分支机构备案登记制度，对65个快递企业分支机构进行了备案。同时，积极与省工商局协商，为快递企业分支机构办理营业执照提供便利。

二是着力规范行业市场秩序，坚决查处违规经营、侵害消费者权益行为。2012年，青海省邮政管理局累计出检人数347人次，检查单位19个次，检查次数158次，检查天数88天，查处违规行为17次，下达整改通知15件，行政处罚1起，罚款3000元。

加强安全生产监管。一是全面加强重大节假日邮路安保工作。针对亚博会、国庆、春节、党的十八大等重大活动或节假日，制订切实可行的邮路安保方案。联合省反恐办、市公安局等部门组织开展了快递企业“邮包炸弹”反恐应急演练活动。

二是强化安全生产教育培训。举办邮政企业、快递企业负责人及安全员专题培训班。组织举办两期禁寄物品安全知识专题培训班。

三是着力强化执法检查。引导企业增加安全设备投入，加强处理场地、终端处理设备及安全设施等基础设施建设。组织开展寄递服务信息安全执法检查活动，全面排查寄递企业的信息安全隐患。

四是积极建立健全安全工作机制。联合省公安厅、安全厅成立“青海省寄递渠道治安管理工作协调小组”，建立联席会议制度，制定印发《寄递渠道治安检查工作规定》；与省民航局联合下发了《加强航空寄递物品安全管理工作的通知》；进一步加强与公安、工商、商务、通信管理等有关部门的信息沟通与联络，严厉打击泄露寄递服务信息的行为。

维护消费者合法权益。充分发挥“12305”申诉中心的作用，坚决维护消费者合法权益。认真做好每一件申诉的转办、催办、督办、结案和回访工作，每月对消费者申诉的主要问题进行分类、分析，通报各快递公司的申诉数量及处理情况。2012年，青海省邮政管理局共受理消费者申诉221件，比上年同期增加97件，增长78.23%。申诉案件件件有落实，全部得到妥善处理，为消费者挽回经济损失约33108元，消费者对申诉处理满意率为87.91%。

加强旺季服务监管。青海省邮政管理局多次组织召开旺季服务保障工作会，并与各快递企业签订《青海省邮政业快递业务旺季服务承诺书》。组织召开全省快递业务旺季服务保障总结表彰会议，总结旺季服务中的经验和不足。开展“2012年快递服务公众满意度调查”，了解企业在收寄、投递、客服、理赔等方面的公众满意度情况。开展“快递服务时限测试”项目调研，监控企业服务能力水平，并根据测试结果树立标杆企业，引导全省快递企业学习。

宁夏回族自治区快递市场发展及管理情况

一、快递市场总体发展状况

2012 年，宁夏全区共有 55 家快递企业取得快递业务经营许可证，完成备案的快递企业分公司及分支机构共计 79 处。全部快递企业中，国有企业 39 家，民营企业 39 家，外资企业 1 家。

2012 年，宁夏快递企业实现业务量 2967.83 万件，同比增长 337.12%，其中：同城快递 77.49 万件，同比增长 63.56%；国内异地快递 2888.56 万件，同比增长 358.52%；国际快递 1.79 万件，同比增长 11.66%。

2012 年，宁夏快递收入累计 52708.98 万元，同比增长 249.72%，其中：同城快递 843.16 万元，同比增长 57.89%；国内异地快递 51035.09 亿元，同比增长 283.09%；国际快递 325.96 万元，同比增长 -18.03%；其他营业收入 504.77 万元，同比增长 -38.31%。

二、行业管理工作及成效

发展环境不断优化。一是邮政立法取得新突破。在地方立法项目压缩的大背景下，宁夏回族自治区邮政管理局上下一致努力，《宁夏回族自治区条例》于 2012 年 9 月 25 日经自治区人大常委会审议通过，2012 年 12 月 1 日起施行。《条例》的出台标志着全区邮政管理工作进入到崭新的阶段，快递发展环境得到进一步优化。

二是出台支持快递发展优惠政策。自治区邮政管理局与自治区公安厅交通管理局、自治区道路运输管理局联合出台了《宁夏快递车辆管理办法》，切实解决快递车辆“进城难”、“通行难”问题。自治区邮政管理局指导银川市邮政管理局积极应对银川市“禁摩”规定，起草了《电力驱动三轮快递车辆管理办法》。自治区邮政管理局进一步细化和规范快递经营许可审批和登记管理工作，会同自治区工商局联合转发国家局、国家工商总局《关于规范经营快递业务的企业许可审批和登记管理有关事项的通知》，规范快递企业分支机构工商登记注册程序。

进一步规范市场秩序。经过几年的系统化、正规化建设，宁夏的快递业务经营许可工作已经步入常态化、日常化轨道，各项相关工作按照国家邮政局相关规定和宁夏回族自治区邮政管理局相关程序有序办理。全年共有 40 余家企业提交了许可申请材料，通过审批企业 26 家；全年共有 13 家企业提出快递业务经营许可变更申请，宁夏局根据企业提交材料，依法予以办理；根据快递业务经营许可年度报告工作要求，完成了全部 29 家快递企业的年度报告审核工作。此外，宁夏局还依法对 2 家快递企业进行了注销。

宁夏局依法开展了“规范市场秩序、维护用户权益”、寄递服务信息安全管理专项治理、中阿经贸论坛专项检查、道德领域突出问题专项教育和治理、旺季服务保障专项检查等专项执法检查活动，并开展了快递企业安全生产检查、快递业务经营许可工作检查、快递企业统计工作检查等各项日常检查工作。此外，自治区邮政局还与自治区国家安全厅、自治区工商行政管理局等单位联合开展了一系列执法检查活动，与自治区食品药品监督管理局开展打击利用互联网非法收售药品行为专项行动，确保了宁夏快递行业的健康有序发展。2012 年，宁夏回族自治区邮政管理局全年累计检查快递企业经营网点 382 处，出动人员 730 余人次，行程 4000 余公里，下发通报 12 期，下发限期整改通知 26 份。

切实维护用户合法权益。2012 年，宁夏回族自治区邮政管理局参加自治区“携手维权、共筑和谐”公共服务热线联席工作启动仪式，通过宁夏电视台、《宁夏日报》、《新消息报》等媒体向社会详细公布“12305”邮政业消费者申诉热线的受理范围、工作模式和办结时限；参加自治区侵害消费者权益综合治理五年规划总结会议，代表区综合治理领导小组成员单位进行工作总结和经验介绍；参加区纪委、监察厅召开的《自治区落实〈建立健全惩治和预防腐败体系2008－2012年工作规划〉实施办法》工作情况总结会议，以宁夏邮政行业2008－2012年侵害消费者权益综合治理工作为切入点进行了经验交流。

2012年，“12305”宁夏邮政业消费者申诉中心共受理消费者申诉622件，比2011年增加331件，增长113.75%。共答复咨询1件。申诉中涉及邮政服务问题的54件，同比增加43件，增加390.91%，占总申诉量的8.68%；涉及快递服务问题的567件，同比增加289件，增长103.96%，占总申诉量的91.15%。全年有效申诉477件，同比增加259件，增长118.81%，占总申诉量的76.68%。消费者申诉已全部妥善处理，全年为消费者挽回经济损失70494元。消费者申诉处理率达到100%。消费者对申诉处理满意率达到96.19%。

进一步保障通信信息安全。为了保障通信信息安全方面，自治区邮政管理局主要围绕“规范市场秩序、维护用户权益”、寄递服务信息安全管理专项治理等专项执法检查活动的开展，结合日常检查，开展了一系列的行业监管活动。特别是在各市邮政管理局刚刚成立不久，就遇到了寄递服务信息被泄漏和贩卖的恶性事件，严重影响了快递行业的声誉。对此，在国家局统一部署下，自治区邮政管理局专门组成检查组深入各市组织、指导各市邮政管理局开展寄递服务信息安全管理专项治理活动，并专门规定了快递服务面单、信息、无着快件等处理方法和规定，保证了通信信息安全，维护和消费者权益。

促进行业科学发展。2012年，自治区邮政管理局共有4名干部经培训考核后获得国家职业技能鉴定快递工种考评员资格，行业人才队伍建设取得新进展。广泛动员快递企业组织员工报名参加职业技能鉴定，认真组织快递员初级职业技能鉴定考试，首次组织快递员中级职业技能鉴定和实际操作技能测试，鉴定初、中级快递员241人，合格人数164人，合格率68%，为行业发展积蓄了后劲、注入了新活力。

加强行业法制建设。2012年，围绕加强地方邮政法制建设，自治区邮政管理局开展了大量卓有成效的工作。

一是顺利完成《宁夏邮政条例》修订工作。二是制订条例宣传贯彻方案，通过自治区人大、政府网站和《宁夏日报》、宁夏电视台等宣传平台广泛进行宣传。与自治区法制办、宁夏电视台联合摄制了《宁夏邮政条例》施行暨市级邮政管理局揭牌成立的专题宣传片，在宁夏《法治政府》杂志和《法制新报》专题刊登条例实施的宣传文章。三是全面贯彻落实邮政行业“六五”普法规划和实施方案，多举措、多途径开展邮政法律法规的宣传教育工作，举办和参加多种不同层次的法制教育培训班及《快递服务国家标准》培训班。四是联合自治区人大法工委、财经委及法制办等部门编制《宁夏邮政条例修订立法参考资料汇编》，编印《宁夏邮政行业法律法规政策汇编》、《宁夏邮政行业安全监督管理工作资料汇编》及《宁夏邮政条例》单行本，为邮政、快递企业自主开展邮政法制宣传教育、学习培训提供便利和基础。五是为各市邮政管理局办理了《宁夏回族自治区行政处罚实施机关罚没职权确认证》，确保各市邮政管理部门拥有地方行政主体执法资质。六是举办全区公务员行政执法培训班。

新疆维吾尔自治区快递市场发展及管理情况

一、快递市场总体发展情况

截至2012年年底，新疆维吾尔自治区取得快递业务经营许可证的企业有106家，设立的分支机构有283家，覆盖全区所有地州及85%的县(市)，快递网络日趋完善。独立快件处理中心达到12个，总面积近40000平方米，快件处理能力大幅提高。全区快递业从业人员3700余人，比上年增长16%，从业人员素质逐步提高。各类快件运输车辆达到761辆，除开展城市派送业务外，主要用于区内的快件运输，开辟了乌鲁木齐至重点地州之间的陆路运输线路，保证了快递时效和网络的通达。

2012年，全区规模以上快递企业业务量累计完成2406万件，同比增长25.3%；其中，同城业务量累计完成241万件，同比增长13.6%；异地业务量累计完成2159.4万件，同比增长26.8%；国际及港澳台业务量累计完成5.7万件，同比增长13.1%。同城、异地、国际及港澳台业务量分别占全部业务的10.02%、89.75%、0.23%。

全年，全区规模以上快递企业业务量占全国业务量的0.42%；同城、异地、国际及港澳台业务量分别占全国的0.18%、0.52%、0.03%。新疆快递市场呈现持续快速发展的良好态势。

二、行业管理工作及成效

新疆地处西北边陲，自然条件比较恶劣，经济发展相对落后，城市之间距离远，运输方式单一，快递运输严重依赖航空，在业务旺季、冬季严寒天气等情况下，航空运力不足的问题日益突出，成为制约新疆快递发展的瓶颈。

新疆快递企业多以加盟为主，企业规模小，守法经营意识和社会责任意识薄弱，管理能力有待提高，缺乏长远规划，对快递软硬件的投入不足，制约了企业的进一步发展。个别快递企业对于寄递渠道安全、生产安全的必要性、重要性认识不足，安全意识淡薄，快件收寄验视制度落实不到位。部分企业生产条件简陋，缺少相关安全生产设备。

针对以上问题，邮政管理局不断加强管理，促进行业发展。

全力抓好寄递渠道安全管理工作。以做好第二届中国—亚欧博览会、党的十八大期间等重点活动期间邮路安保工作为抓手，重点保障寄递渠道安全。制定并印发《第二届“中国—亚欧博览会”邮路安全保障工作总体实施方案》、《党的十八大期间新疆寄递渠道安全保障工作实施方案》等重点活动期间安全保障方案，成立组织领导机构，对重点活动期间安保工作进行专项部署，严格执行24小时值班及领导带班制度，组织开展专项安保检查，确保责任落实到每个部门、企业和个人。

狠抓行业安全管理，提升安全生产水平。一是部署开展安全生产“打非治违”专项行动。制定《全区邮政业集中开展安全生产“打非治违”专项行动实施方案》，在全区邮政业集中开展打击非法违法生产经营活动、治理纠正违规违章行为专项行动。二是开展全区邮政业“安全生产月”活动，开展行业安全生产宣传教育。三是加强邮政业消防安全管理，联合消防部门开展邮政业消防安全专项检查，共检查企业33家，发现严重消防安全隐患7处，当场下达整改通知书5份。

积极配合做好禁毒、反恐和扫黄打非等专项工作。一是部署开展寄递渠道禁毒堵源截流专项行动。印发《寄递渠道禁毒堵源截流专项行动方案》，成立专项行动领导小组，在全区邮政行业开展禁毒工作。共发放各类禁毒宣传画、宣传册

6000余份，联合自治区禁毒办举办寄递渠道禁毒培训班120余人次；二是配合开展寄递渠道反恐工作。制订《新疆邮政管理局开展寄递渠道“三非”治理工作方案》，加强我区寄递渠道“三非”治理工作，防止非法宣传品通过寄递渠道传播蔓延。三是开展寄递渠道“扫黄打非”专项活动，抽调执法人员对乌鲁木齐地区邮政、快递企业开展专项执法检查工作，督促企业建立扫黄打非工作责任，加强收寄验视制度执行力度，认真落实扫黄打非工作措施。

加强快递业务旺季服务保障监督工作。一是组织开展快递业务旺季服务保障专项检查，确保中秋、国庆、“双11”等网购重要节点期间快递服务平稳有序。二是制定并贯彻实施《新疆快递服务投(申)诉考核办法》。加强与自治区工商行政管理局“12315”消费者投诉申诉举报指挥中心的联系，对各企业当月投诉申诉情况进行综合排名，约谈消费者投诉较多且不及时处理的快递企业，并给予警示、教育。全年共下发新疆快递服务投(申)诉考核通报9期，约谈企业负责人10人次，对3家被列为服务质量重点检查企业的负责人，联合新疆快递行业协会进行业务和管理培训。三是贯彻落实《快递服务》系列国家标准。组织企业参加国家局电视电话培训会议，召开“标准”培训会议，下发“标准”文本，督促企业做好培训和学习，开展“标准”宣传贯彻工作检查，确保“标准”落到实处，取得实效。

做好快递许可常态化管理。一是认真开展新申请快递许可企业的审核工作。全年受理许可申请36件，经局务会议审核合格颁发许可证36件。二是做好许可证变更审核工作。依法开展快递业务经营许可证变更工作，全年共受理各类变更事项59件，核准变更事项45件，其中申请新设立分支机构的事项19件，共设立分支机构62家，检查人员赴各地州市现场核查企业及分支机构102家次，委托各地州市邮政管理局现场核查73家次。三是开展快递许可年度报告工作。审核完成71家企业的年度报告材料，办理年度报告手续，发布相关通报，确保企业依法经营。

争取有利政策支持。通过与交通、公安交警等部门的多次沟通协调，4月，联合自治区公安厅交通警察总队、自治区道路运输管理局印发《新疆快递服务车辆运行管理办法》，长期以来困扰我区快递企业的车辆市区通行难、停靠难问题得以顺利解决，为推进快递产业快递发展，提升快递服务质量，确保寄递渠道的畅通发挥积极的作用。《办法》规定，快递企业可向邮政管理局提交办理《快递服务车辆运行使用证》申请，并按要求在车身喷涂统一标识色、企业标志和快递标志。经审核合格的车辆，由邮政管理局和自治区公安厅交通警察总队给予办理《使用证》。办理《使用证》的快递车辆在确保安全的前提下，执行快递揽收、运输和投递等任务时，可以通过禁限行路段，除早晚高峰时段，可以在禁停路段临时停靠。

第八篇　协会活动

第一章　中国快递协会2012年工作情况

围绕中心工作　强化行业自律
——2012年中国快递协会工作综述

2012年，在国家邮政局的正确领导下，中国快递协会始终围绕国家邮政局中心工作，以提升快递企业服务质量为主线，充分发挥桥梁纽带作用，积极服务会员企业，反映企业诉求，强化行业自律，推动行业健康发展。

一、围绕中心工作，当好桥梁纽带

（一）组织快递企业参加首届“京交会”，成功举办“2012中国快递论坛”

在商务部和北京市政府的正确指导下，在国家邮政局的大力支持下，中国快递协会按照“京交会”组委会的统一部署，主要组织了“2012中国快递论坛”、展区展示及洽谈、签约仪式和八场专题推介会等活动，通过精心组织、周密安排，各项活动均取得了丰硕成果。

中国快递协会、国家邮政局新闻宣传中心和发展研究中心共同主办“2012中国快递论坛”。中国快递协会主要负责会议主题的确定、会议发言人及研讨题目的讨论与确定、会议现场布置与安排、会场内外企业招商及广告制作、邀请友好单位以及与会代表的食宿等大量组织服务工作。本届论坛以“提升质量服务民生”为主题，从服务创新、能力提升、科技进步、规范管理、与电子商务和制造业协同发展、依托综合交通运输体系加快发展、促进快递国际化发展等诸多方面，深入系统诠释了新时期如何更好地以提升服务质量为核心，促进企业改革创新，转型升级。

展区展示及洽谈活动。展区展示活动是参加京交会最重要的活动之一，协会为此制订了参展组织方案、施工方案、招商方案、安全方案等工作预案，并多次向组委会汇报并听取意见进行修改。在协会的统一组织和部署下，参展企业制订了各自的活动方案、进行了展位设计等，并最终在组委会要求的36小时内完成了600平方米的快递服务展区搭建工作。展区搭建过程中，国家邮政局局长马军胜等领导亲临现场，看望了紧张工作的参展企业员工，并对相关工作提出了指导意见。京交会期间，快递服务展区共接待参观、预约洽谈和咨询的国内外客商达3000余人次，参展企业与国内外客商达成多项合作意向，极大地推动了企业的发展。

签约仪式。签约仪式共组织了四个签约活动总成交额近达50亿人民币。为了四项合约的达

成，协会在前期进行了大量的沟通协调工作。例如，为了达成电子商务企业（天猫）与快递企业签订战略协议，协会领导多次赴杭州与淘宝及天猫协商，淘宝副总裁、天猫总裁也数次来协会参与合约的制订工作。同时，协会多次召集签约快递企业对协议细节进行了大量的沟通讨论工作，最终促成了此项协议的签订。

签约活动邀请了商务部、北京市委市政府领导和国家邮政局局长马军胜、副局长苏和等领导出席。活动还吸引了全国200多家新闻媒体。此次签约加强了企业与国内外同行的沟通与交流，为招商引资牵线搭桥，促进了商贸洽谈与地区间的经济合作。

组织中国快递服务贸易专题推介会。中国快递服务贸易专题推介会共设快递物流园区、快件处理自动化、快递专用车辆、手持终端设备、快递信息平台建设、快递服务国际化、快递服务与电子商务、快递服务与金融服务等八个专题研讨会暨推介会。企业对专题推介会表现出极大的兴趣，报名踊跃。不少参会企业在推介会上与有意向的合作伙伴通过洽谈，进一步交流，促进双方共赢发展。

做好服务保障工作。为了保证京交会及论坛的顺利进行，中国快递协会还做了大量的服务保障运行工作，准备了多辆大中型车辆往返于会场与住宿酒店之间，方便参会代表出行，专门制订了安全保障方案，制订了详细的工作流程。尤其是“2012中国快递论坛”期间，协会还专门雇请了保安，对每一个出入口进行严格把守，保障了会议的圆满举行。整个京交会期间，协会组织的所有活动达到安全零事故。

（二）稳步推进企业等级评定工作

快递企业等级评定工作是2012年的一项重要工作，中国快递协会在去年工作的基础上，继续稳步推进了此项工作。

一是协会开发《快递服务等级评定网上申报系统》，听取了市场监管司、发展研究中心的意见与建议，经过多次修改与模拟运行，目前，该系统在中国快递协会网站正式开通，实现了快递企业等级评定工作的线上管理。

二是在2012年7月31日在中国快递协会理事扩大会议上，中国快递协会达瓦秘书长、市场监管司刘良一处长对继续深入开展企业等级评定管理工作提出了具体要求，希望各地尽快设立快递企业等级评定指导委员会和快递企业等级评定机构，广东、上海作为试点省份，应尽快结合本地实际，制定本地快递企业等级评定办法和标准，报全国快递企业等级评定委员会审核批准后实施。

三是在2012年8月15日召开了各省（区、市）快递行业协会负责人会议。广东、上海快递行业协会分别介绍开展快递企业等级评定试点工作的情况。其中，广东省快递行业协会已经完成了《广东省快递企业等级评定管理办法》和《快递企业等级评定实施细则》的起草工作。

四是协会邀请部分省（区、市）协会负责人和专家，于2012年9月14日在新疆召开会议，重点就《实施细则》有关内容提出了补充意见，分析了快递企业的服务能力、服务水平、企业内部管理情况的现状；2012年10月11日中国快递协会与市场监管司进行了沟通，确定了年内推进快递企业等级评定管理的具体工作，并以国家邮政局国邮发〔2012〕198号文件和中国快递协会中快协〔2012〕15号文件形式印发。

（三）积极组织《快递服务》国家标准的宣贯工作

《快递服务》国家标准于2012年的5月1日起正式实施。中国快递协会在年初就制订了宣传贯彻培训计划，以帮助快递企业深入学习，并督促其落实执行《快递服务》国家标准。

2012年4月份，协会要求各省（区、市）快递协会，首先在本地区开展标准的培训和宣传贯彻工作。2012年8月份，中国快递协会联合国家邮政局政策法规司，赴上海、江苏、浙江等地，举办

《快递服务》国家标准宣贯培训班。中国快递协会副秘书长沙迪、政策法规司副司长靳兵参加了本次培训班活动。在各省(区、市)管局与协会的大力支持帮助下，企业积极报名参与，三地共有200余家企业，600余人参加培训，覆盖了国有、民营、外资等各类市场主体，取得了良好的效果。

下一步，中国快递协会还将联合《快递服务》国家标准起草团队组成培训团，在全国其他地区举行巡回宣贯培训，以培训宣贯推动《快递服务》国家标准达标工作的落实。

(四)加强沟通协调，制定周密措施，做好业务旺季期间的服务保障工作

今年的快递服务旺季适逢党的十八大召开，时间跨度长，服务任务重，安全要求高。为做好今年的快递业务旺季服务保障工作，协会自七月份以来，多次专门召开会议，督促企业按照国家邮政局的要求，结合自身实际情况，落实安全生产责任制，严格遵守收寄验视制度，提前部署应急预案，积极做好旺季服务保障工作。

为了进一步贯彻落实国家局《关于做好快递业务旺季服务保障工作的意见》(国邮发〔2011〕30号)精神，中国快递协会以落实京交会快递企业与电子商务企业签订的协议为契机，两次召开会议，进一步完善快递企业与电子商务企业协调对接及信息沟通机制，增强企业应对旺季网上购物业务的服务能力和管理水平。

淘宝的“双11”活动将快递业务量推向2012年旺季生产的峰值，为平稳度过业务高峰期，缓解旺季生产压力，中国快递协会及快递与网购专业委员会于8月21日、9月21日和11月1日，分别召集电子商务企业与快递企业负责人及专业技术人员，就“双11”快递保障措施的落实情况，网购促销规则、商家物流操作流程细节、快递揽收分拣运输投递各环节能力保障等进行了深入沟通，并预判分析可能产生的问题，共同商讨应对措施。在政府主管部门、中国快递协会和企业的共同努力下，“双11”期间，快递业平稳度过了日处理3000万件的高峰期。

(五)完成《快件信息跟踪查询规范》项目起草工作

根据国内各快递服务组织提供的跟踪查询服务水平参差不齐，信息服务不规范的情况，协会受国家邮政局委托，成立《快件信息跟踪查询规范》项目组，并负责起草工作。项目组经过深入企业调研，详细了解了快递企业的信息化现状、快件处理业务流程及快件信息跟踪查询服务现状。确定了快件信息跟踪查询的内容、快件信息跟踪查询时限。目前已经过多次征求意见、修改，形成送审稿，待邮政业标准化专业委员会召开会议审定。

二、服务会员企业，维护行业利益

中国快递协会充分发挥协会职能作用，深入了解会员企业需求，认真倾听企业呼声，切实为会员企业做好服务工作，帮助企业解决一系列实际困难。

(一)快递服务领域刑法适用专题座谈会

针对快递企业多次反映的快递企业从业人员监守自盗案件多发的情况，中国快递协会与国家邮政局政策法规司联合组织召开快递服务领域刑法适用座谈会，专题研究民营快递企业内针对快件的犯罪行为的刑法适用问题。全国人大法工委、最高人民法院、最高人民检察院、公安部、国务院法制办以及中国政法大学等高等院校的法律专家应邀参加会议。快递企业相关负责人也提出了相关刑事法律规定的适用和修改建议。中国快递协会下一步将继续联合政策法规司，整合各方面力量，积极协调、力促相关部门开展此项研究，促进快递行业健康发展。

(二)配合市场监管司处理星晨急便事件

星晨急便倒闭事件发生后，协会领导极为重视，立即要求会员部向各省(区、市)快递行业协会下发通知，要求各省及时了解当地星晨急便分支

机构或加盟商的动态，帮助其解决相关问题或困难，配合当地管局做好安抚工作，避免事态扩大化。通知下发后，有六个省级快递行业协会反映了当地星晨急便的有关情况，协会及时收集整理并向市场监管司进行了通报。

（三）积极帮助外资企业解决困难

外资企业通过外资专业委员会，反映其在经营活动中遇到的困难与问题，如申请国内业务许可、车辆进城难、快件清关等，希望通过协会帮助其呼吁或解决。中国快递协会均认真对待，将外资企业反映的情况及时上报，并联合相关部门，积极为外资企业解决困难。

（四）帮助企业解决多级分支机构工商登记注册问题

部分企业在工商登记注册过程中，遇到了多级分支机构难以注册的问题，协会为此专门成立了《快递企业多级分支机构工商登记注册》项目组，组织项目调研，并提出解决方案。在多方的共同努力下，2012 年 6 月 14 日国家邮政局、工商总局下发关于规范经营快递业务的企业许可审批和登记管理有关事项的通知（国邮发〔2012〕100 号），解决了快递企业多级分支机构工商登记注册问题。

（五）继续推动车辆城市通行问题

根据国务院落实《物流业调整和振兴规划》的安排，经过与发改委、交通运输部相关部门的充分沟通，交通运输部在年初开展了《城市物流车辆技术要求》的研究工作，在近期将出台国家标准，解决快递车辆城市通行问题。

（六）积极参与政策咨询工作，反映企业诉求

协会参与了《邮政业发展“十二五”规划》、《快递服务“十二五”规划》、《中国民用航空发展第十二个五年规划》等的修改建议工作，根据快递业发展的实际情况，提出合理化建议并被相关部门采纳。

（七）推进行业诚信体系建设

协会与国家局机关党委、新闻宣传中心共同组织在全行业开展“诚实守信为本，争做道德模范”征文活动。推进诚信体系建设，提升全行业凝聚力，提高文明服务水平。征文评选工作正在进行当中。

三、加强交流合作，扩大协会影响

1 月上旬，应香港快递协会邀请，中国快递协会由邵钟林副秘书长带队前往香港进行工作考察。协会拜访了中联办，与香港快递协会举行了座谈，并签订了两会合作意向书。考察团还分别走访了香港当地快递企业和内地五家快递企业的在港分支机构。

10 月中旬，应欧洲快递协会和欧盟邀请，中国快递协会由沙迪副秘书长带队，组织 EMS、中外运、顺丰、申通等快递企业负责人一行 8 人前往德国、比利时等国进行考察。欧洲考察期间，中国快递协会与欧洲快递协会举行了座谈，两会就双方主要工作进行了交流。欧洲快递协会表示愿组团参加明年的“京交会”活动。中国快递协会还与欧盟贸易委员会贸易事务处、电子商务事务处、安全事务处、海关事务处进行了会晤，就双方共同关心的电子商务快递、邮件安全、快件通关和贸易市场的开放等内容交换了意见。

11 月初，达瓦秘书长赴港，应邀参加了第十六届北京—香港经济合作研讨洽谈会。会上，达瓦秘书长介绍了中国快递服务业发展情况，引起了与会代表及香港媒体的极大兴趣。会议期间，还与香港快递协会吴江会长进行了座谈，就香港与大陆快递服务业合作方式及未来发展做了有益探讨，并邀请香港快递协会参加 2013 年京交会的快递服务板块展览。吴江会长愉快地接受邀请，表示将率团参加“京交会”活动。

四、加强自身建设，严格制度执行

中国快递协会不断加强秘书处团队建设，严格执行秘书处管理制度。大力推进组织建设和

党建工作,协会党支部在国家局机关党委的领导下,政治上思想上同党中央保持高度一致,努力发挥协会的作用,积极开展各项工作。组织学习廉政风险防控文件,传达防控廉政会议精神。按照国家邮政局《关于开展廉政风险防控工作的实施方案》,协会内部开展了梳理岗位职责等工作,分析排查可能存在的风险点,制定有效的防控措施。开展理想信念主题教育活动。参加党员重温入党誓词活动,组织观看党内教育参考片和历史文献纪录片,组织参观白洋淀雁翎游击队纪念馆和冉庄地道战遗址,接受革命传统教育。

第二章　各省(区、市)快递协会2012年工作情况

北京市快递协会工作情况

2012年,北京市快递协会围绕“创新发展、引领提升、强化自律、服务企业”工作主线,开展了一系列卓有成效的工作,得到主管部门的肯定和会员企业的认可。

一、贯彻落实《邮政业发展“十二五”规划》和《北京市“十二五”时期物流业发展规划》

通过宣传贯彻与学习,协会提升了“服务、协调、管理、自律”的能力水平,更好地为会员企业做好决策参考、管理咨询等工作。在如何做好《北京市“十二五”时期物流业发展规划》落实工作中,协会积极配合市商务委主导下的城市物流“共同配送”工作的推进,并取得了政府为企业提供政策与资金上的支持,随着100个“共同配送”站点的建立,项目取得了阶段性的成果并在继续顺利推进。另外,协会还帮助和指导部分符合条件的快递企业完成了“中关村现代服务业试点项目申请”及发改委资金支持申报工作,帮助会员单位获得政府提供的政策支持,从而进一步推动了企业的快速发展。

二、配合邮政管理部门做好十八大期间快递服务与安全保障工作

十八大召开前,北京市快递协会根据北京市邮政管理局的整体工作部署,配合下发了《关于做好十八大期间快递服务与安全保障工作的通知》,要求会员单位认真学习落实《通知》精神,加强组织领导,健全工作机制;增强工作的针对性和有效性,做好自查自纠工作,确保企业运转安全稳定;认真执行收寄验视制度,严防各类危险品通过快递渠道流入社会;诚实守信,依法经营,切实做到“三个突出”,即突出“早”,提前谋划,各项服务与安保措施要安排周密;突出“细”,明确工作目标和工作任务,责任制度层层落实;突出“实”,企业要结合实际,制订详细的《十八大服务与安全保障工作方案》及应急预案,并组织开展演练活动,全力保证十八大期间快递服务的优质、高效和安全,以优异的成绩迎接党的十八大胜利召开。

三、按照国家邮政局、北京市邮政管理局、中国快递协会的工作部署积极稳妥地开展快递企业等级评定准备工作

北京市快递协会积极参加中国快递协会召开的等级评定工作座谈会,学习广东省、上海市、河北省等省市的工作经验,积极开展等级评定准备工作。按照中国快递协会工作部署,协助与EMS、宅急送、中铁、中外运、民航五家总部设在北京的快递企业沟通,指导帮助快递企业进行等级评定材料的网上申报工作,督促企业建设方案的制订完成,北京市邮政管理局和协会成立了北京市等级评定指导委员会和等级评定小组,已全面完成等级评定准备工作,随时可以按照国家局和中国快递协会制订的工作进度开展工作。

四、开展《快递服务》系列国家标准的宣传贯彻与培训工作

北京市快递协会与北京市邮政管理局联合举办了宣传贯彻《快递服务》系列国家标准培训班,

百余家快递企业负责人接受了培训。培训班聘请国家标准规划院的专家对《快递服务》系列国家标准进行了深刻的解读和分析，使快递企业对国家标准有了更深刻的理解，掌握应用的技巧，并能够更好地实施。让企业提升快递服务质量做到有章可循、有据可依，促进企业服务质量和管理水平的全面提升。

五、配合邮政管理部门开展快递企业争创优质服务活动

北京市快递协会和北京市邮政管理局共同组织，在全市范围内开展"快递企业争创优质服务活动"，倡导企业以提升快递服务水平为核心，积极推进快递服务与发展方式转变，促进首都快递业健康发展。活动自 2012 年 7 月 1 日开始，坚持政府引导与行业自律相结合。积极宣传贯彻法律法规，认真落实各项政策要求，严格执行相关标准、规范，强化企业自律管理，实现行业、企业健康发展。倡导快递企业树立"诚信、服务、规范、共享"的行业核心价值理念，以提升快递服务水平为核心，全面抓好服务能力建设和安全生产管理，着力完善"便捷高效、竞争有序、技术先进、服务优质"的快递服务体系，创建安全稳定、和谐共赢的行业健康发展环境。组织企业参加"诚实守信为本 争做道德模范"征文活动，其中在报送的企业中：北京申通、圆通公司分别荣获集体二等奖、三等奖、优秀奖，北京顺丰公司贾思宇、顾岩和北京金韵达公司冷红波分别荣获个人一等奖、二等奖。

六、督促快递企业做好生产旺季快递服务保障工作

北京市快递协会下发了《关于做好 2013 年春运期间快递服务保障和安全生产工作的倡议书》，要求会员单位做好 2013 年春运期间快递服务保障和安全生产工作，维护快递市场经营秩序，提高企业诚信服务意识，营造和谐的服务环境。保护用户的合法权益，科学合理组织应对业务高峰生产和服务工作，做到不停业、不停运、不积压，对时限要求严格的物品，要根据自身的能力揽收，并确保按时投递，防止出现快件积压、滚存而造成延误等损害消费者合法权益的情况出现，确保快递服务质量不降低。

七、组织会员单位参加首届京交会

京交会举办期间，北京市快递协会与各省协会、快递企业和众多的参观者进行了交流，并参加了"2012 中国快递论坛"，协会秘书长主持了关于"提升质量　服务民生"的主题交流讨论会，王宝华秘书长还代表北京快递企业参加了北京电视台的直播，在新闻媒体直接宣传北京快递行业的发展及在快递行业北京市民作出的贡献。相关活动引起了参加者的热烈反响。

八、积极搭建沟通平台，为企业降低经营成本想办法

北京市快递协会积极主动开展工作，寻找为企业降低成本的方法。2012 年与中国人民保险公司经过艰苦的谈判又为会员单位争取到了车辆保费的大幅度优惠政策，除了保险费用的降低，人保公司还为协会会员单位设立"贵宾服务专区"，建立"绿色理赔通道"并确保通道的及时畅通。为参保单位提供直赔服务提供一站式理赔服务，及时对理赔案件进行理算，最大限度地减少了被保险人的资金占用时间。提供防灾防损和用车相关专业知识培训，帮助各单位进行风险管控和车辆安全使用。协会还与北京银联开展合作，为企业争取刷卡手续费优惠政策降低成本，推广移动 POS 机控制企业资金风险以及广泛的金融业务服务，帮助企业提升科技水平。

九、成立快递行业联合团委，积极推进非公团建工作

根据团市委大力推进非公团建的工作要求，2012 年 9 月，协会组织近 20 家会员单位参加了由

团市委主办的北京市商贸领域非公团建工作推进会。会议就组建快递行业联合团委及完善企业团组织建设等工作进行了部署。按照共青团北京市委员会“两新”组织团建工作要求，在团市委、市商工团委的指导下，协会于2012年11月筹备成立快递行业联合团委，并得到批复。截至2012年年底，会员单位：申通、圆通、城市100、中通、宅急送等15家企业积极开展团建工作，共成立企业团总支3个，团支部11个，团小组60个，发展新团员共计934人。

十、与北京市邮政管理局共同组织召开安全服务质量通报会，规范企业经营行为

北京市快递协会与北京市邮政管理局按季度共同组织召开安全服务质量通报会，向全市快递企业通报上一季度的消费者对快递服务申诉和处理、传达各级政府的文件精神，进行各项工作部署，结合不同时期的重点工作，协会都作出有针对性的工作安排（或方针政策）。

天津市快递协会工作情况

2012年，在天津市邮政管理局（以下简称“天津管局”）的指导帮助下，在全体会员的共同努力下，天津市快递协会（以下简称“协会”）以“调结构、惠民生、上水平”为主题，以落实《天津市快递服务发展“十二五”规划》为主线，努力促进行业持续发展。在积极配合政府重点工作的开展，促进行业发展的过程中，协会注重加强宣传贯彻培训，行业自律，服务会员，组织活动，增加凝聚力，充分发挥桥梁纽带作用，较好地完成了各项工作任务。

一、努力做好快递产业园区建设工作

为认真贯彻落实《天津市快递服务发展“十二五”规划》，促进快递服务区域经济的发展，着力解决目前存在的快递服务能力滞后业务发展的突出问题，协会高度重视并积极参与天津快递产业园区规划建设工作。在充分调研的基础上，会同天津管局积极与天津空港经济区管委会接洽工作，通过召开座谈会、邀请管委会赴上海快递企业总部考察等项活动，促进了双方对投资、出售的了解与交流。经过努力，中通、韵达、圆通、顺丰四家快递企业总部分别与管委会签订了土地购买《投资协议》，投资总额达12.5亿元。快递产业园区建成后，投资方的快递服务华北区域总部将落户天津，从而使天津市快递产业园区建设取得突破性进展。

二、指导帮扶企业努力做好旺季快递服务保障工作

每年11月至来年2月是快递业生产的旺季。期间，要经历“双11”、元旦及春节三个业务高峰时段。这对于目前服务能力尚显不足的快递企业面临挑战与考验。随着近几年网络购物业务的迅猛发展，处于网购下游支撑的快递企业在旺季愈显工作压力巨大。为做好旺季快递服务保障工作，协会于旺季到来之前及时召开规模快递企业参加的动员会议，认真传达国家邮政局《关于做好快递业务旺季服务保障工作的意见》精神，号召企业采取措施，及早应对，努力做好旺季生产服务工作。针对企业在实际工作中遇到的困难，协会负责人深入企业，指导谋划，帮扶企业克服困难，坚定信心，拼搏奋战。与此同时，协会秘书处及时走访慰问企业员工，做好鼓励安抚工作。在协会的指导帮扶下，企业在旺季来临前便着手扩充生产作业场地，招聘员工，预先做好旺季生产的各项准备。申通、圆通、韵达、汇通公司生产场地由12700

平方米扩大至27000平方米,并购置安装新的分拣传输设备及运输车辆。为解决旺季生产人员不足的困难,上述企业招聘临时用工,日均增加生产人员300人次。在"双11"期间,企业还通过增加作业频次,由以往每日1班8小时作业改为每日4班,24小时昼夜不间断作业,以及加强安全、网运管控、增发员工工资,发放补贴、改善伙食等关爱职工,稳定队伍等措施,缓解企业用工压力,基本保证了"光棍节"期间日均35万件网购快件的派送任务,并再接再厉做好元旦、春节期间的相关工作,从而确保了天津市快递业务旺季安全与服务工作平稳渡过。

三、加强行业自律,落实《快递服务》国家标准

《快递服务》国家标准(以下简称"《标准》")已于2012年5月1日起正式实施。《标准》的实施对规范企业的经营服务行为,促进行业健康发展具有重要意义。为此,协会将《标准》的贯彻落实列入当年行业自律工作的重要内容之一,针对性地开展工作。一方面通过认真开展快递企业参加的《标准》的宣教与集中培训,进行《标准》内容的答题测试,组织《标准》的知识竞赛等活动,使企业员工不断加深对《标准》的认知与理解,以求在服务工作中得以认真贯彻落实。另一方面,则通过行业自律公约,坚持"批评教育为主,违约处罚为辅"原则,严于自律。对6起一般性自律违约行为的企业予以警告批评;4起企业服务人员违规着装;1起"12305"申诉反馈失实自律违约行为予以经济处罚,违者必究,以此维护行业自律工作的严肃性,规范企业服务行为。经过全体会员的共同努力,天津市快递服务总体满意度显著提升,排名靠前,优于全国。2012年,零点研究咨询集团对全国50个直辖市、省会城市及业务量较大的城市快递服务满意度调查结果,天津市总体满意度得分76.3分,比2011年提升7.4分,高于全国4.6分,排名第6。从而有力地配合了政府市场监管工作的开展,促进了快递服务水平的提高和行业健康发展。

四、努力做好会员发展工作

截至2011年年末,天津市已取得快递业务经营许可及备案资质的快递企业总数已达194家,但加入协会的企业仅为43家,占从业企业总数的22%。多数企业游离于协会组织之外,不参加协会组织的活动,缺乏对行业发展态势、方针政策、法律法规的认知与了解,既不利于企业经营与服务工作的开展,也不利于协会作用的有效发挥。为此,协会于2012年加大了会员发展工作力度。在加强宣教的基础上,学习天津律师协会、拍卖协会等社会组织相关工作经验,在天津管局支持下采取措施,积极动员非会员企业入会取得效果。经过努力,使会员总数增至162家,占天津市经营快递业务企业总数的84%,实现会员数量增加翻两番。此项工作得到中国快递协会的充分肯定,黑龙江省快递协会为此专程莅临天津学习考察,交流经验。

五、组织开展活动,配合政府重点工作的开展

2012年,协会认真贯彻落实国家邮政局、中国快递协会的工作部署,组团参加2012首届北京国际贸易交易会及"2012中国快递论坛"。积极推荐天津邮电记录纸有限公司参加"京交会"展览,获得好评。协会还联合天津交通与物流协会举办2012天津(国际)物流(B2C)论坛,开拓企业经营者的视野与理念。为使《天津市邮政业管理办法》早日上升为《天津市邮政业条例》,协会积极参与天津管局地方性法规立法调研工作,在企业、消费者座谈会上提出相关意见与建议。为确保十八大期间寄递渠道安全保障,协会适时发出倡议,号召企业从政治的高度严格执行快件收寄"验视"制度,确保天津市快递服务十八大期间"护城河"作用的发挥。为巩固快递服务职业技能鉴定业已取

得的成果，协会出台职鉴工作奖励机制，要求企业高度重视职鉴管理工作，不断提高职鉴考核合格率水平。通过各项活动的开展，协会凝聚力得到进一步增强。

六、服务会员、排忧解难

2012年，协会法律顾问为企业进行不违法经营、服务理赔、劳动争议、用户欠费以及交通事故五方面的法律专题培训，提醒企业守法经营，规避风险，减少损失，提高效益。针对企业在自身管理以及在经营服务过程中与用户发生的涉法方面的实际问题，法律顾问全年共为企业提供咨询服务12次，解疑答惑，指导企业妥善处理好相关事宜，得到企业的好评。

为做好快递服务“最后一公里”服务工作，解决目前部分大专院校仍存在的快递服务“进校难”问题，协会依据2011年天津市教委、天津管局大专院校快递服务对接会议精神，推动校企合作做好校区快递派送工作。在先期5家快递企业分别进入天津科技大学和财经大学的基础上，选择问题突出的天津师范大学为突破口，多次积极与校方联系沟通，得到校方理解支持，同意在加强管理的前提下，允许6家网购派送快递企业进校，为该校22000余名师生提供快递服务。此举不仅得到该校师生的欢迎，同时也得到天津市主流媒体的肯定与正面报道。

在天津“营改增”税制改革工作中，协会在充分调研的基础上，会同企业代表积极向市财政、税务主管部门反映工作中企业所遇到的困难，提出相关意见与建议，得到政府主管部门的理解，同意天津市快递企业暂不纳入此次税改工作。2013年，第六届东亚运动会将在天津举办。为积极响应赛会经济发展，扩大快递行业的影响力，协会积极与赛会主办方、组委会接洽工作，推荐信誉良好的快递企业为赛会提供服务，得到主办方赞许。

七、努力做好非公企业党建和精神文明创建工作

在天津管局机关党委的直接领导下，协会党总支高度重视非公企业党建工作。在基本完成非公快递企业基层党组织全覆盖的基础上，总支参加天津管局机关党委组织的学习考察滨海新区天地伟业、巨川、摩托罗拉非公企业党建工作，学习典型经验，不断把学习贯彻党的十八大精神引向深入。为提高基层党组织负责人的理论水平及工作能力，协会党总支及6个企业的支部书记参加市级机关工委党校举办的党员干部培训班。为不断促进党务工作的开展，在天津管局机关党委党建工作座谈会上，企业党支部书记结合办单位工作实际，针对性地提出工作意见与建议。

为纪念共青团成立90周年暨“五四”运动93周年，弘扬爱国主义精神，协会党总支与天津管局机关党委联合组织局机关及部分快递企业青年代表参观大沽炮台遗址博物馆，进行“勿忘国耻，振兴中华”的爱国主义教育活动。在建党91周年之际，党总支参加圆通公司党支部组织的纪念活动，要求企业党组织充分发挥支部战斗堡垒作用和党员先锋模范作用，为企业经营发展贡献力量。

在努力做好党建工作的同时，协会注重创先争优和精神文明建设，秘书长李慧良被评为市级机关“服务中心惠民生、干事创业上水平”主题实践活动先进个人；顺丰公司党支部被评为市级机关创先争优先进基层党组织，邮政速递物流公司郑宏序被评为先进个人；协会党总支委员、顺丰公司党支部书记王钢等11名企业党员被评为天津邮政业创先争优优秀党员；在国家邮政局与中国快递协会组织的“诚实守信为本，争做道德模范”征文活动中，圆通公司刘燕荣获一等奖，顺丰公司王乃全荣获二等奖。

河北省快递协会工作情况

2012年,河北省快递行业协会在促进快递行业自律、为会员做好服务、发挥桥梁和纽带作用、提高快递服务水平、促进快递行业健康、有序发展等方面积极开展了以下工作。

稳步调整推进,完成协会的换届工作。2012年10月26日,河北省快递行业协会顺利召开了河北省快递行业协会第二届会员大会,完成了协会换届工作。聘请了名誉会长,选举产生了会长、副会长,秘书长、副秘书长,常务理事、理事。通过了会长报告、财务报告,《河北省快递行业协会章程》、《河北省快递行业协会会费缴纳办法》和《河北省快递行业协会选举表决办法》。这次大会受到了省邮政管理局、省民间组织管理局的高度重视,调整、充实、优化了管理层,调整了理事结构。选举产生的新一届协会领导班子,在总结、吸收、完善上一届协会工作的基础上,积极努力,奋发工作,推动协会工作不断取得新进展。

加快企业发展,研究部署等级评定工作。2012年12月19日,河北省快递行业协会在全国率先召开了快递企业等级评定动员部署大会,对河北省快递企业等级评定工作进行了部署安排。作为全国三个试点省(市)之一,河北省快递企业等级评定工作全面启动。会议传达了《河北省快递企业等级评定管理办法》(讨论稿)、《河北省快递企业等级评定实施细则》(讨论稿)、《河北省快递企业等级评定推进方案》,并对等级评定工作进行了部署。中国快递协会和广东、浙江、北京协会莅临会议,给予了高度评价。

加强队伍建设,开展企业高管人员法规培训工作。企业高管人员是企业高效管理的核心,是推动企业创新,提升企业竞争力的中坚力量,应不断提升管理水平和法律意识。在快递行业迅猛发展,行业企业历史较短,基础管理相对落后的大形势下,适时开展培训工作显得尤其重要。为适应现代企业生产经营管理需要,2012年12月19日,河北省快递行业协会召开了河北省快递企业高管人员法律知识讲座,聘请了中国标准化研究院副研究员曾毅和石家庄市邮政局法律顾问张毅分别对《快递服务》国家标准和快递服务热点法律问题进行了讲解。讲座取得了良好的效果。参会企业代表通过学习,掌握了知识,全面提高了法律经营意识。

保障车辆顺畅,解决快递企业通行难问题。一是解决石家庄市三环内黄牌车辆限行问题。2012年8月17日起,石家庄三环内禁止黄牌车辆通行,给快递企业快件运输造成很大影响。河北省快递行业协会和河北省邮政管理局市场监管处一起多次与石家庄市交通运输管理局主管处沟通、座谈,争取到了车辆通行的优惠政策,准予办理"特种车辆通行证"。截至2012年12月底,共办理了"特种车辆通行证"442个,帮助快递企业解决了实际难题。

二是配合做好快递车辆核准证审核、印制和颁发工作。2012年1月至2012年年底,河北省快递行业协会配合河北省邮政管理局做好《快递车辆核准证》审核、印制和下发工作,共发放了425个,有效地保障了快递车辆在道路上的顺利通行,提高了工作效率,提升了服务质量。

搭建人才展示平台,开展职业技能大赛暨技术练兵技术比武活动。2012年3月18日,河北省快递行业协会在河北省交通职业技术学校,开展了河北省首届快递业务员技术比武暨技能大赛。大赛设有易碎品包装和快件分拣两个项目。共有6名选手获得了个人单项奖,三个快递品牌获得了团体奖,一家快递企业获得了组织奖。大赛搭建了快递技能人才展示风采的平台,营造了快递技能人才交流、学习和竞争的良好氛围，对提高快递人才素质起到了良好的推动作用。

争取“业必归会”，大力发展新会员。2012年10月15日，河北省快递行业协会第一届理事会第六次会议按照《河北省快递行业协会章程》的要求，吸纳快递企业及其相关的个人入会。共发展新会员64个，其中个人会员23名，单位会员41名。会员总数达到了188名。

山西省快递协会工作情况

2012年是国家实施“十二五”规划的重要之年，是推动邮政业发展方式转变和实现跨越式发展的重要一年；是全省快递行业由起步发展阶段向大发展、上水平，向快速、规范发展阶段迈进之年。全年中，省快递协会坚持以科学发展观为指导，在省管局、民管局的正确领导下，在全体理事的大力支持下，本着服务政府、服务社会、服务企业的宗旨，认真履行“服务、协调、自律”职能，按照章程要求，围绕协会工作要点，努力创新创优工作，做了一定的工作，并取得了一些成绩。

一、主要做的工作

(一)做好“十二五”规划宣传贯彻，发展信心不断增强

国家局、省局先后发布了《邮政业发展“十二五”规划》、《快递服务“十二五”规划》、《山西省邮政业“十二五”发展规划》。省协会一是通过协会简报刊登了《规划》的相关内容，下发至会员单位进行学习宣传，使全体会员单位对规划的内容、要点、发展目标、任务、举措有了了解掌握，进一步坚定了大家的发展信心和努力方向。二是积极协同省邮政管理局争取和落实地方政策，在快递物流园区、快递车辆通行等方面进行积极主动协调，为解决快递企业发展中遇到的热点、难点问题做了大量的工作，全年共较好地解决快递车辆被扣事件8起，使处罚金额降低到最低点；同时经过与重点区域运管部门就快递车辆通行问题进行多次交涉、洽谈、沟通，取得了明显效果。三是于2011年5月底至6月初，根据中国快递协会安排，认真组织省邮政速递物流、圆通、中通、汇通、韵达等5家公司参加了“中国(北京)国际贸易服务交易会”。上述公司积极主动支持、参与。省邮政速递物流公司精心制作展板并派专人前往参展，特别是圆通、中通、汇通3位老总亲率人员进京历时5天进行参展、听专题讲座。既在“京交会”向国内外观展人员展示了山西快递行业发展良好形象，又开拓了参会人员视野、增加了新知识，也增强了大家加快发展的信心和紧迫感；会后还得到了中国快递协会的通报表彰。

此外，在党的十八大召开后，省协会及时组织理事会全体人员认真学习十八大精神，并提出要求全体会员单位要进一步抓好十八大精神的宣传贯彻落实。

(二)抓好法律法规宣传贯彻，经营行为得到逐步规范

2012年是开展“六五”普法活动的第二年。根据中国快递协会、省管局及本会关于普法活动的总体安排，省协会秘书处制订了普法《宣传教育提纲》，在协会简报和快递员业务知识、技能练功比武竞赛活动中组织进行了相关法律知识的宣传和答题。特别是《快递服务》国家标准于2012年5月1日正式施行后，协会重点对标准进行了宣传贯彻，并深入部分品牌快递企业进行指导帮助。此外中通、圆通、申通等公司还在召开全省网络大会期间，专门安排时间组织进行《快递服务》国家标准培训。总之通过上下左右积极配合，进行

广泛的宣传教育，使全省快递从业人员的法律意识、法治观念得到了不断增强；企业依法经营、依法治理环境得到了不断改善；全省快递行业法制化、规范化、标准化、常态化运营得到了新的加强。

（三）实施等级、星级评定，转型升级步伐加快

继2011年国家邮政局和中国快递协会分别制定出台了《快递企业等级评定管理办法》和《等级评定实施细则》后，省协会根据上级安排要求，与省邮管局共同成立了等级评定活动领导组和评定组，按照国家局、中国快递协会安排要求，积极做好企业等级评定各项准备工作。与此同时，在全省范围内进一步深入开展了《企业自律公约》星级评定活动。省协会在2011年实施的基础上，除对已获得三星级企业的6家企业进行了通报表彰外，继续督促省内各品牌公司组织加盟公司（分公司）参加星级评定活动。申通、圆通、中通等公司领导高度重视、主动组织，部分地级市的公司纷纷响应，积极参与，努力争取。山西申通快递有限公司主动要求协会秘书处进行现场帮助指导；中通、圆通、申通等品牌公司及下属公司共有20家进行了星级评定申报。协会秘书处于12月份抽调人员组成验收组，先后到大同、忻州、临汾、运城、长治、晋中、阳泉等地快递公司进行了全面验收。总之，通过活动的开展，较好地促进了企业的软、硬件建设，为参加全国快递企业等级评定奠定了坚实基础，使行业建设发展、转型升级迈上了一个新台阶。2012年全省快递业务量完成2805.3万件，同比增长33.7%；业务收入完成5.43亿元，同比增长17%。

（四）参与职鉴、组织岗位练功，员工素质得到提高

2012年，根据国家邮政局职业技能鉴定指导中心统一安排，全年共组织进行了两次职业技能鉴定考试。协会密切配合省局职鉴工作，除3次参加上级组织的职鉴培训师、考评员、系统管理培训外，还承担了组织全省快递行业职鉴业务咨询、报名、审核、收费、监考、阅卷、打印发放证书等具体工作，协助省邮校进行了考前培训辅导。同时，为提高全省快递行业从业人员业务技能素质，从8月至10月组织全体会员单位进行了大规模的快递业务员相关法律法规、业务知识、业务技能练功比武大赛活动。各会员单位积极组织全员进行了理论知识答题和技能操作练习；邮政速递物流、顺丰、申通、圆通、中通、韵达、祥浩物流、宅急送、全毅等9个品牌公司认真进行了优秀选手选拔，并组队参加了现场竞赛。邮政速递物流、中通、圆通快递公司分别获得了前1～3名的较好成绩。总之，通过职鉴工作和全员岗位练功比武活动的实施，有力地促进了全体从业人员业务素质的不断提高。为企业保持持续、健康、快速发展提供了源动力。

（五）大力弘扬核心价值理念，企业文化建设逐步形成

国家邮政局制定的邮政行业“诚信、服务、规范、共享”的核心价值理念，是引领行业发展的精神向导。省协会本着“弘扬价值理念、提升企业品味、促进行业发展”的思路，首先在全省快递行业中大力倡导“诚信、服务、规范、共享”的核心价值理念，与省管局共同组织全省快递企业参加并收看全国邮政“诚实守信为本、争做道德模范”的征文、演讲活动，多数会员单位积极参与开展活动，中通、顺丰共上报3篇征文，分别获得了1个三等奖和两个优秀奖。此外，协会通过开展《企业自律公约》星级评定活动，积极引导会员单位进行企业文化建设，鼓励企业不断开展企业文化活动、不断总结提炼各自企业文化。邮政速递物流、圆通、申通、中通、顺丰等公司领导高度重视企业形象化建设，在基本制度完善、基础设施建设、基础资料库建立、员工基本素质提高、营业网点及车辆外观形象和人员着装等方方面面上下工夫、做文章。如圆通、中通、申通总部搬迁新场地后，对内外环境进行整饰，安装自动化分拣、安检设备，购置平面办公用品用具等，使生产、办公、生活条件、快递车

辆及分支机构营业网点（门头）标志大为改善。特别是圆通公司还建立了荣誉室、将公司“六个规范、六个统一、四讲”的企业文化理念、核心价值观及愿景等内容制作成板牌悬挂在醒目位置，起到了耳濡目染的作用；顺丰速运有限公司的车辆、营业部现场及收派员着装规范统一、整洁有序，此外还组织进行“星级员工”评选，“三八”、“五一”文体活动，员工生日会PARTY，元旦、春节前专程前往祁县九汲村孤儿院看望、送去生活用品等公益活动。

总之，通过开展各项活动，丰富了员工的精神文化生活，增强了企业活力、凝聚力，在内部和外部较好地展示了企业良好的社会形象。协会通过简报适时报道反映了一线员工敬业奉献的风采；特别是去年在全省快递行业会员单位中组织开展了优秀快递员评选活动。秘书处制订了评选活动方案，经第七次理事会讨论通过，正式下发至全体会员单位后，多数会员单位积极响应，纷纷组织开展了评选活动。中通、顺丰、圆通等公司除参加本品牌总部组织的优秀员工评选活动外，在全省范围内广泛开展争当省优秀快递员活动，使协会组织的评选活动得到了深入开展。截至2012年年底共有5个品牌公司通过层层评选，将评出的候选人推荐上报至协会秘书处，省协会将择优表彰奖励。

（六）坚持依法建会，自身建设得到不断加强

按照“建会、强会、兴会”和“增加吸引力、扩大覆盖面，增强凝聚力、着力促发展”的总体思路目标，省协会始终注重不断加强自身建设。在组织建设方面，坚持依法建会、依法兴会的标准，一是根据省民间组织管理局关于整顿社会组织的总体安排要求，对照标准要求，逐项进行了自查自整、较好地完成了年检和组织机构代码登记；二是不断注重发展新会员，积极组织已经取得快递业务经营许可证的企业及备案的且财务为独立核算的分支机构加入协会组织。2011年又有28个企业提出了入会申请，要求入会。在能力建设方面，不断注重加强学习，争做懂法律、精业务、会指导、善协调的内行。秘书处人员除积极参加管局每周组织的政治理论学习外，还充分利用其他时间学习协会工作理论、相关法律法规和快递业务知识，并先后在上海、北京等地参加了国家邮政安全培训及职业技能鉴定业务师、考评员培训，为全省快递安全工作、业务培训及技能鉴定考试起到了较好的组织指导作用。此外，注重抓好会费的收支管理，较好地保障了协会工作的正常进行；同时，注重办好会刊，全年共印发简报4期，顺丰、圆通、中通、申通等公司积极供稿，反映本公司在经营管理服务安全等方面好的经验做法。简报对促进会员单位发展起到了积极的引领作用，向全国各省、市行业协会宣传展示了山西省快递行业发展的良好形象。

二、主要经验

回顾总结2012年省协会所做的工作以及取得的成绩，协会深深感到主要经验简单概括为3个方面：一是协会工作的开展必须在主管部门的正确领导及有力支持下进行，做到既要在总体上把握、又要在具体工作上放开、还要及时帮助解决困难、问题和诉求；协会工作才能得到根本保证，才能有一定的影响力和号召力。二是协会要坚持依法办事的原则，牢牢把握行业发展大局，紧紧围绕中心开展工作，在促进行业发展中找准位置、扮好角色，为促进行业发展提供正能量。三是在履行“服务、协调、自律”的职能中，敢于和善于担当责任，及时了解会员单位的意见建议和诉求，当好第一知情人、第一帮助人、第一报告人，想方设法帮助会员单位解决经营、服务、质量、管理、安全等方面的问题；及时向省管局反映情况，提出意见建议，相同解决问题；此外要适时把政府制定的相关法律法规、政策办法及工作思路、意向传达给所属会员单位，做好宣传教育引导工作，充分发挥好桥梁纽带作用。

内蒙古自治区快递协会工作情况

内蒙古自治区快递行业协会在加强沟通交流方面，充分发挥了企业与政府之间的桥梁纽带作用。

为呼和浩特地区尽快建立快递物流园区牵线搭桥。协会通过参加全国快递方面大型会议的机会，将有意愿在内蒙古筹建大型快递物流园区的蒙西物流有限公司引荐给自治区邮政管理局。协会下一步将配合政府做好快递企业进驻的可行性等相关问题的研讨工作。

做好等级评定工作。配合内蒙古自治区邮政管局做好《快递企业等级评定管理办法（试行）》的有关规定，并成立了快递企业等级评定指导委员会和快递企业等级评定委员会。

配合协调税务部门。内蒙古自治区邮政管理局与税务部门协调，在全区范围内统一了快递营业税税收政策，有效降低了快递企业的实际税赋。

协助解决车辆进城问题。协会与自治区邮政管理局一起，多次与自治区分管主席和公安厅的领导，自治区交警总队领导以及相关人员沟通、协商，较好地解决了快递车辆进城通行问题。

创建信息渠道，开发信息资源，为会员企业提供信息服务。协会创建了《内蒙古快递》期刊，增加可读性和指导性，宣传快递行业政策、行业发展动态、企业发展情况、协会工作、社会反响等。本年共发3期，对联系内外、沟通信息起到了较好的宣传作用。

加强市场规范，防止低价竞争。年内协会相关人员通过走访的形式与会员企业联系，倡导公平竞争和防止低价竞争。

树立安全意识，确保邮件安全。根据国家邮政局和内蒙古自治区邮政管理局的要求，协会认真落实寄递物品安全的相关规定，及时向协会各快递会员单位发出通知，明确提出贯彻意见，协助政府督促检查，保证自治区寄递渠道的安全。

积极做好行业自律工作。协会配合中国快递协会有关《行业自律公约》征求意见函，广泛征求了各方对快递行业自律方面的意见和建议，并将建设性的建议整理归纳了11条复函中国快递协会。

辽宁省快递协会工作情况

2012年，辽宁省快递协会在辽宁省邮政管理局和中国快递协会的指导下，全面贯彻落实邮政法及相关配套法规，以创建达标为主线，以优秀品牌评定为手段，以提高会员企业服务为重点，以提高快递服务水平为目标，认真踏实地开展各项工作。

一、认真学习贯彻《快递服务》国家标准

积极配合辽宁省邮政管理局制订宣传培训计划，督促企业落实《快递服务》国家标准。同时，分三个阶段把标准化建设工作与《快递操作指导规范》一并贯彻实施。即2012年学习对照找差距，制订达标规划；2013年打基础着重优化作业组织，提升管理水平；2014年上水平全面达标。组织规模企业领导及相关部门负责人就如何落实《快递服务》国家标准展开讨论。顺丰速运（沈阳）有限公司在会上做了中心发言。会间，参观了顺丰速运（沈阳）有限公司中山路旗舰店。在学习标准的基础上，从12月起针对中转处理环节进行了第一期的抽检验收工作，沈阳汇通快递服务有限公司分拨中心按照标准，认真整改，分拣现场有了很大

改观；圆通速递物流安装了2台X光机，使航空快件做到100%查验交运。

二、开展岗位练兵和职业技能比武，做好业务旺季期间的服务保障工作

辽宁省快递协会和辽宁省邮政管理局职鉴中心在全省组织开展了快递业务员岗位练兵和技能比武活动。通过选拔共有31名选手进入全省技能比武决赛，其中，辽宁省邮政速递物流有限公司五名选手分别获收派前三名和处理第一名、第三名，顺丰速运（沈阳）有限公司一名选手获处理组第二名。辽宁省邮政速递物流公司、顺丰速运（沈阳）有限公司分别获组织奖，沈阳申通快递有限公司、沈阳圆通速递有限公司分别获参与奖。

辽宁省快递协会配合辽宁省邮政管理局市场监管部门推动企业按照国家邮政局《寄递渠道治安检查工作规定》的要求，督促指导快递企业做好旺季期间快递服务保障工作。

三、扎实做好培训工作，努力提高员工素质和企业管理水平

2012年4月15日举办全省快递企业管理干部培训班，邀请辽宁省邮政管理局孙康局长等相关专家讲授全球快递发展趋势，电子商务与现代物流方面的知识及应对网购快件的爆炸式增长，突围“最后一公里”，寻找破解难题的途径。举办“快递服务与电子商务协同发展”讲座。

根据企业实际情况因地制宜开展培训，免费为会员企业培训辅导员，发放培训资料，分别在沈阳和大连办了两批辅导员培训班。为做好2012年5月19日、10月20日及12月8日全国职业技能鉴定统考工作协会分别举办了统考前初、中、高级职业技能鉴定培训班，143名业务骨干参加培训。

深入快递企业“上门培训”，贴近快递企业实际，适应快递服务面广、分散和三班倒连续作业特点，使快递企业员工的操作技能稳定提高，快递服务质量也不同程度得到改善，辽宁省快递企业服务满意度始终保持全国上游水平。

四、反映诉求，积极为会员企业解决难题提供帮助

（一）深入调查研究，畅通与主管部门和关联部门的沟通联系，在多方努力下，2012年6月14日，国家邮政局，工商总局下发了《关于规范经营快递业务的企业许可审批和登记管理有关事项的通知》（国发〔2012〕100号）解决了快递企业等级分支机构工商登记注册问题，确实为企业解决问题提供帮助。

（二）为贯彻落实辽宁省政府《辽宁省物流业调整和振兴实施方案》和《辽宁省服务业发展规划》及《辽宁省邮政发展“十二五”规划》，结合目前辽宁省快递物流发展现状及面临问题和沈阳建设现代化中心城市基础设施需要，参与了辽宁邮政“十二五”规划、《快递服务“十二五”规划》等修改建议工作，建议政府有关部门，将快件物流园区建设项目，纳入沈阳桃仙空港物流园区整体规划。经多方努力，在苏家屯区政府的大力支持下，普洛斯快递物流园项目基本落地，一期12万平方米场房预计2013年10月竣工。

（三）想方设法为会员办实事。为保障快递企业运递车辆便捷通行，辽宁省邮政管理局市场监管处和辽宁省快递协会秘书处多次与辽宁省服务业委及交警支队商谈，并向市政府提交“关于建议给快递服务电动自行车发放牌证的函”，交警方面回函表示给予理解支持。4月到沈阳特急送快运有限公司调研，建议完善巩固自身网络基础的同时，立足辽宁网络扩张周边省市，把企业做大、做强、做好；鞍山东信场地面临困难，与鞍山东信一道协同沟通鞍山市开发区，为鞍山东信改善场地环境，解决搬迁新场地2500平方米；8月百世汇通整合网点布局，积极支持他们扩大网点布局并深入社区调研配合百世汇通采用多种方式，解决最后一公里投递瓶颈问题；辽宁省快递协会、辽宁省

邮政管理局领导到辽宁省邮政速递物流有限公司，沈阳圆通速递有限公司、沈阳韵必达速递有限公司、沈阳申通快递有限公司、沈阳市昌盛中通速递服务有限公司分拨中转场地指导旺季生产，慰问企业一线职工，了解进港快件业务量的增长和各企业旺季生产预案的实施情况，为基层职工送温暖。

（四）为提升服务水平，解决最后一公里"配送难"问题，指导、帮助大连圆通大胆创新突破传统派送模式，开展进社区、进校园、进便利店，增加服务网点400多个，解决末端派送问题效果显著。及时推广圆通的做法。

五、搭建多渠道沟通平台，推动行业健康发展

（一）开展"快递企业经营与管理"征文研讨活动。2012年辽宁省快递协会承担主办了东北三省快递协会的研讨工作，就如何把快递市场做大做强，把自己的企业做大做好广开思路，献计献策，发表收到论文26篇。经过东三省快递协会聘请有关专家评定，辽宁省获一等奖2名，二等奖3名，三等奖3名。

（二）加强行业自律，推进诚信体系建设。配合业务主管部门，就社会反映强烈的"快递延误"、"野蛮分拣"、"丢件"、"赔偿难"等热点问题积极开展选树先进个人和评选"道德文明"单位活动。通过自下而上，层层推荐出道德文明单位13家，优秀快递业务员39人。根据评定条件，秘书处会同辽宁省邮政管理局"12305"申诉中心，对推荐上报名单进行评选、公示后，在全省快递行业评选出6家辽宁省快递行业道德文明单位和13名优秀快递业务员。

2012年中国快递协会与国家局精神文明指导委员会办公室、新闻宣传中心共同组织在全行业开展"诚实守信为本，争做道德模范"征文活动。辽宁获二等奖1篇，三等奖3篇。

六、做好"京交会"辽宁快递服务板块承办工作，帮助企业拓展市场

由商务部和北京市人民政府共同主办的中国（北京）国际服务贸易交易会在北京举行。按照中国快递协会统一部署，辽宁省快递协会组织辽宁省邮政速递物流有限公司、沈阳申通快递有限公司、沈阳宅急送快运有限公司等快递企业参加辽宁展区。辽宁省协会会长和辽宁省邮政管理局王家贵副局长、张丽荣的论文，被纳入2012快递论坛论文集。

七、加强自身建设

工作人员自觉加强作风建设，按着《章程》规定召开理事会商讨事务，较好地完成年度工作计划及审计年检工作，并按要求主动向主管部门提交年检报告，自觉接受政府管理部门和全体会员的监督。2012年吸纳新会员4家，终止会员资格9家，2012年会员单位132家。全年办会刊4期，增加了反映辽宁省快递企业的信息和内容，加强了与企业，企业与企业间的联系。加强财务管理，做到了应收尽收、管好用好。同时不断深入企业调查研究，为全省快递行业持续发展寻求优惠政策和发展空间，在政府、企业和消费者之间发挥桥梁纽带作用。

吉林省快递协会工作情况

一、组织开展对第一批《快递服务》国家标准达标企业进行第二次复查工作

为推进快递企业标准化建设，深入贯彻落实《快递服务》国家标准，巩固企业达标成果，吉林省快递行业协会按照吉林省邮政管理局的要求和协会2012年工作安排，于2012年7－10月，组织对

全省第一批标准化企业进行了第二次复查，并对部分没达标企业进行了验收。复查的30家快递企业在管理上没有明显滑坡现象，符合《快递服务》国家标准要求，顺利通过本次复查，继续保持《快递服务》国家标准达标企业称号。25家验收的企业，有16家快递企业通过达标验收，另外9家快递企业，按《快递服务》国家标准要求，还有一定差距，没通过达标验收。对没有通过达标验收的企业，协会领导进行了现场指导，对企业存在的问题提出了整改意见。

截至2012年年底，全省有89家会员企业通过达标验收，占全省会员企业的93.6%。

二、深入企业调查研究，为企业排忧解难

为了解和掌握企业生产经营情况，吉林省快递协会深入企业调研。在调研工作过程中了解到，由于汽油、柴油价格的不断提高，快递企业运营成本增加，利润下降，给吉林省快递企业带来很大压力，在一定程度上影响了企业的发展。为减少企业运营成本，增加企业效益，推动吉林省快递业快速发展。吉林省快递协会多次与吉林省石油企业沟通，最终与“中国石油化工股份有限公司吉林石油分公司”达成协议，认定全省快递企业为集团用户，享受1.5%的用油优惠政策。快递协会与“中国石油化工股份有限公司吉林石油分公司”签订了《油品购销合作协议》，并召开了27家较大快递企业负责人会议落实此项工作。这一优惠政策的实施，为快递企业节约了成本，深受企业的欢迎和赞赏。

三、深入快递企业检查指导工作，帮助企业提高企业经营管理水平

2012年下半年，吉林省快递协会结合快递企业复查、验收工作，对全省50多家快递企业进行了调研，了解企业生产经营情况，以及企业在发展过程中存在的困难和问题。在复查、验收工作过程中，边复查，边指导，帮助企业建立、完善基础管理工作（如：企业经营管理工作所需的相关原始记录、规章制度等），通过对企业调研，检查、指导，对提高企业经营管理和服务水平起到了积极的推动作用。

四、办好《吉林快递》会刊，充分发挥协会信息平台宣传、引导作用

办好《吉林快递》会刊是协会的一项重要工作，2012年《吉林快递》共发行六期，计900份，发全国30个省、市自治区和全省100多个快递企业，据不完全统计，全年刊登各方面的文章，资讯，约180多篇。通过《吉林快递》会刊的发行，对宣传国家方针政策、法律法规，吉林省邮政管理局信息，促进行业自律，提高企业管理水平，宣传企业好人好事，交流企业管理经验，推动我省快递业又好又快发展起到了积极的作用。

五、积极与新闻媒体沟通，加大对快递企业的宣传力度

自2011年召开“快递企业与新闻媒体交流座谈会”后，2012年，吉林省快递协会经常保持与新闻媒体间的联系，促进媒体与企业的相互了解，加大对快递企业的正面宣传力度。现在，新闻媒体正面宣传、报道快递企业的信息逐渐增多，负面报道逐渐减少，增强了消费者对快递企业的了解，为我省快递业的发展营造了良好的舆论环境。

六、加强协会自身建设，扎实开展协会各项工作

2012年，协会认真学习国家的各项方针政策，法律法规，努力提高协会工作人员的政策理论水平，提高协会“服务、协调、自律”能力，发挥协会自身优势，促进协会各项工作的有效开展。

协会的基础管理工作也有进一步加强，全省快递企业、会员企业、达标企业等相关信息档案不断完善，为协会各项工作开展奠定了基础。

黑龙江省快递协会工作情况

为进一步贯彻落实好行业自律工作的要求,积极发挥协会服务功能,做好企业与政府的桥梁纽带,2012年,黑龙江省快递协会在积极发挥服务功能,做好桥梁纽带和行业自律工作方面,主要做了如下几项工作。

一、重新修订了《黑龙江省快递行业协会会员自律规范》

为做好行业自律工作,促进全省快递业又好又快发展,黑龙江省快递协会于2012年下半年对原有协会会员自律规范进行了修订,新修订后的公约,根据省内快递企业变化的新情况,补充增加了12条新内容,涉及依法经营;保护公民通信秘密;企业用工;履行会员权利、义务;遵守财、税制度;执行经营统计核算;自觉接受媒体监督;严格执行快递服务标准;对违规行为进行处罚等方面。新的公约,是自律标准,也是监督检查的依据,起到促进各快递企业主动按行业自律要求做好工作的作用。

二、实施快递企业经营和服务自律情况年度报告制度

为了提高全省快递行业服务质量与水平,强化快递企业严守纪律,公平竞争,诚实守信,顾全大局意识,省快递行业协会下发了关于实施《黑龙江省快递企业经营和服务自律情况年度报告单》(黑快协字〔2012〕5号)制度的文件,确定在全省快递会员单位开展年度自律审查工作。全省共有27家快递企业会员单位被首批纳入自律年审范围。

为了做好此项工作,黑龙江省快递协会将其作为2012年度一项重要工作职责与任务来安排部署。先后下发文件和传真电报,明确提出填报要求,认真研究填报内容,确定申报企业范围,严把填写上报质量。在规定上报的时限内,93%的企业已按要求上报了自检报告。

自检上报的内容主要有九个方面,如企业应本着"公平、合法、诚实、守信"等原则开展经营活动,不恶意打压扰乱市场;自觉维护消费者权益,不以任何虚假承诺欺骗客户,误导客户情况;不倒卖冒用其他快递公司标志、用品用具,不以不正当手段挖取其他快递公司客户情况等。通过2012年度快递企业经营和服务自律情况报告审验,经黑龙江省快递协会企业自律评定小组评定,下列快递企业被分别评定为:

优秀企业:EMS、顺丰、圆通、申通、中通、汇通、联邦快递、龙江快件、韵达、宅急送、民航快递、天天快递、尼尔物流、中外运、敦豪。

较好企业:国通、朝阳物流、易达快递、传志快递、天木快递、捷特亨达、嘉里大通、配思快递、龙邦快递。

一般企业:众志成、港中能达、邮便利。

在2012年,黑龙江省各快递企业自律方面还存在八个方面的问题,涉及在员工中开展诚信理念教育不够,个别企业未按规定验视快件;快件分拨处理中心条件差;客户投诉渠道不畅通;赔偿难依然存在;上报统计数据不及时不完整;个别会员单位未按要求缴纳会费。

三、转变作风,抓好协会自身建设

黑龙江省快递协会重视自律工作,从转变作风抓好自身建设做起。

(一)坚持深入基层调研

黑龙江省快递协会,把深入快递企业调研作为每年一项重要工作任务列入到工作安排中,由常务副会长、驻会副会长、秘书长、副秘书长等人组成,利用2~3个月的时间深入到省内不同类别

的快递企业。通过走访、座谈、查看，与企业负责人，中层管理人员和揽投一线员工直接接触，了解掌握快递市场的变化，行业发展情况和企业在发展中遇到的困难及对协会工作的建议、意见。在调研的过程中，原则上不在企业用餐，不借调研之机，谋取不正当利益，不借调企业车辆供协会使用，不在提供快递服务中，享受低价打折等特殊待遇。

（二）坚持财务报告制度

黑龙江省快递协会按照协会章程，严格执行会费使用报告制度。在一年一次的理事大会上，对会费使用情况通过报告形式，逐项向到会理事们汇报。对协会费用的支出严格执行国家的财务规定和规范的审批程序，并接受地方民政部门的审核和审计部门的审计检查，并出具审计报告。

由于制度健全，费用使用公平、透明，会员单位交费的积极性得到保护。

（三）定期组织学习和参加相关的会议

黑龙江省快递协会，在强化自身的过程中，把提高素质放在首位，抓得紧、要求严，协会根据国家和上级部门的一些要求，结合职能转变，自觉组织学习，用中央的精神统一思想，统一行动，在政治上与党中央保持一致。主动参加省管局组织的中心组学习活动，参加国家邮政局召开的相关会议，特别是“二级”召开的廉政工作会议，协会都认真按照会议提出的要求抓好落实工作。

上海市快递协会工作情况

一、反映行业诉求，积极参与上海市实施《中华人民共和国邮政法》办法的立法工作

上海市实施《中华人民共和国邮政法》办法于2012年9月26日上海市第十三届人大常委会第三十六次会议全票表决通过，并定于2012年12月1日正式实施。为推进《办法》的顺利出台，协会多次参加市法工委、市法制办等组织的专题调研会，积极反映行业的诉求，特别是快递行业发展中的热点、难点问题，呼吁给予政策支持，促进上海快递行业健康发展。

二、开展职业技能鉴定，加强快递员队伍建设

2012年，协会继续开展快递业务员职业技能培训和鉴定工作，共组织了28场快递业务员初、中级职业技能鉴定考核。共受理报名5299人，实际参加考试4784人，取得合格证书4394人，总合格率达91%。其中，2780名快递员报名参加初级职业技能鉴定，实际参加考试2426人，2187人取得合格证书，合格率达90%；全年受理中级鉴定报名2519人，实际参加考试2358人，取得合格证书2207人，合格率达93%。

三、认真组织开展快递业务员培训工作

全年市快递协会组织开展了17场培训，其中，为企业送教上门13次，有3000余名快递员参加了培训。快递业务员职业技能鉴定工作的有效开展，保证了快递经营许可工作的顺利进行，推动了快递业务员队伍素质建设。

四、做好投诉受理工作，切实维护会员单位和消费者双方的合法权益

2012年全年，共受理客户投诉和咨询电话1872件，其中咨询解释1501件，有效投诉120件。经协会协调处理，用户的有效投诉基本取得双方满意的结果，化解了矛盾，维护了用户和企业双方的合法权益。针对消费者反映的企业客服电话难打通的情况，每周两次对9家规模较大的快递企业的客服电话接通率进行测试。2012年开展测试

近百次，并将测试结果进行公布。对个别接通率较低的企业及时进行沟通，引起企业领导重视。由于各会员企业对客服工作重要性的认识不断加强，并采取了有效措施，2012年客服电话接通率整体上有明显提升。

五、开展诚信创建创活动，加强行业自律

2012年，上海市召开“企业诚信创建”活动总结表彰大会，上海快递协会获市企业诚信创建活动最佳组织奖。截至2012年年底，协会共有55家会员企业参加诚信创建活动，其中，获得“诚信创建企业”称号的28家；获得“诚信创建星级企业”称号的27家（一星级6家、二星级8家、三星级5家、四星级8家）。

六、组织开展《快递服务》国家标准培训

2012年5月1日，《快递服务》国家标准正式实施，为推动快递服务标准化建设工作，协会配合中国快递协会于2012年8月28日在上海举办了一期《快递服务》国家标准培训班。《快递服务》国家标准主要起草团队成员中国标准化研究院副研究员曾毅，应邀在培训班上对该标准的关键内容和技术指标进行讲解，帮助大家正确理解国家标准。国家邮政局政策法规司副司长靳兵、中国快递协会副秘书长沙迪、上海市邮政管理局党组成员俞燕萍等领导出席培训班并就认真学习贯彻《快递服务》国家标准、推进快递服务规范化、标准化、提高快递服务质量等提出指导性意见。上海地区国有、民营、外资24家规模以上快递企业100余人参加培训。

七、开展网络购物与快递服务专题调研

2012年7－9月，协会根据市建交委工作要求，受市综合交通规划研究所委托开展对“网络购物与快递服务专题调研”。协会起草完成了《网络购物与快递服务协同发展》调研报告，并通过专家评审，为政府相关部门促进上海快递业健康规范发展以及两个行业协同发展的决策提供参考依据。

八、启动快递企业等级评定工作

2012年，上海市邮政管理局成立了“上海市快递企业等级评定指导小组”，在市邮政管理局的指导下，成立了“等级评定小组”，协会专门设立了等级评定办公室，具体负责上海市快递企业等级评定工作。2012年11月，协会配合上海市邮政管理局完成了《上海市快递企业等级评定管理办法》的起草工作。12月25日召开座谈会，听取了部分企业对《办法》的修改意见后，协会起草了《上海市快递企业等级评定方案实施细则》，已通过管理局审定。

江苏省快递协会工作情况

2012年，江苏省快递协会在组织培训、帮助企业落实行业标准和规范，加强调研、为会员排忧解难，做好基础管理、加强组织建设、维护协会与会员之间纽带等方面开展了大量工作。

一、组织培训，帮助企业落实标准规范

协会在组织各类培训，帮助企业落实行业标准和规范，及时满足企业提出的需求等方面开展的主要工作、组织的主要活动如下。

1.2012年2月，考虑到不少企业由于近年业务量快速增加，都在扩建处理场地，应部分会员的要求，协会组织了省内的部分企业考察了南京邮区中心局，了解了邮件、快件处理的技术和发展方向及合理利用场地的经验和做法，得到了参与活

动会员的一致好评。邮政企业在长期工作中积累的处理邮件的技术和经验，成为了快递企业借鉴和学习的范例。

2.2012年5月至9月协会举办了2012年中高级管理人员培训班（共五期），根据2011年培训期间的反馈意见，协会在培训班开始数月前就不断征求会员单位的意见，协调安排培训的内容及课程，与授课老师深入地沟通交流，力求课程内容通俗易懂，让会员们真正学以致用。本次共对350人就“《快递服务》标准解读、快递企业质量安全及企业转型、人力资源管理、企业战略规划”等方面的知识进行了系统地讲授。

3.2012年5月1日，《快递服务》系列国家标准正式实施，协会高度重视，配合国家局的要求对快递企业进行政策的深入宣传贯彻，开展讲座，单独释疑。在9月底配合国家局进行了《快递服务》国家标准的全国巡回普及培训班，不仅深入贯彻了国家政策法规，更让会员们细致地了解政策细节，使会员对国家的标准有了更深刻的认识。

4.2012年，协会落实旺季服务标准的工作要求，加强对企业的指导、协调和服务，督促企业加强组织管理，合理调配服务资源，提高应对能力。促进旺季服务保障工作规范化、标准化、制度化。在旺季到来之前，协会配合国家局和省管局召开旺季工作保障会议，让省内的各家快递企业都做好保障和预警工作，提前备车备人，合理安排工作流程，保证旺季的平稳度过。“双11”期间，协会对部分企业进行走访时，做到一观二听三座谈，了解到了很多会员的实际需求，以及业内的一些共性问题。这些共性问题为我们今后更好地为会员进行服务打下了良好的基础。

二、加强调研，为会员排忧解难

协会在参与政府有关政策的调研，反映企业诉求，深入加强调研，本着为会员排忧解难的精神开展的主要工作、组织的主要活动如下。

1.2012年，协会针对快递车辆进城难、快递企业征地难等影响快递企业发展的重点难题，协会一是积极向政府反映困难，或召集快递企业共同向政府有关部门诉求解决这些困难。二是在政府相关部门召开解决这些问题的座谈会上，协会代表快递企业利益发表观点，让政府听见快递企业的呼声。三是在政府有关部门有了解决方案之后，协会及时做好文件的宣传与贯彻，并配合企业做好具体工作的落实。

2.对于征地难问题，协会今年与南京江宁物流园建立了联系，为企业征地难问题开辟了一个新渠道。协会与物流园进行了多次的沟通，了解具体情况，反映企业诉求；了解情况后便与有需求的企业进行接洽，询问意向等，目前已有企业把在江宁物流园建设场地作为企业规划中的一步。

3.企业基本情况调研是协会2012年规划的重点工作，旨在了解统计业内状况，研究后做出更好地为企业服务的方案。协会主要通过企业的人力资源部收集统计一些详细数据，其中包括一些企业生产情况、员工待遇状况及其他一些情况。为协会下一步工作提供指导与方向。

三、做好基础管理，加强组织建设

协会在完善内部运作机制，建立健全组织、会议、联络和工作程序，做好基础管理，加强组织建设等方面开展的工作如下。

1.2012年，协会继续加大发展新会员的力度，并做好现有会员维护管理工作。做好现有会员的维护和管理工作，使协会更具代表性，同时通过积极宣传和广泛动员，提高协会对企业的知晓度和企业对协会的活动参与度。

2.协会引导各会员单位积极执行相关标准，以《快递服务》国家标准、《快递业务操作指导规范》等为依据，将指导规范与企业应有的完整业务操作规范相结合，引导企业完善自身管理，促进管理和服务升级。

3.2012年，协会继续深入加强了会刊《江苏快递》与网站(www. jskdw. com)的管理工作,在内容和形式上对会刊及网站进行一定程度的丰富。完成网站的整体改版工作和管理后台的技术更新,增强网站的功能性及时效性;对会刊的栏目和内容进行整编,更多地加入原创信息,让会刊的内容更具可读性。

浙江省快递协会工作情况

一、加强基础建设、为快递企业搭建沟通平台

2012年,浙江省快递协会组织建设得到进一步发展,协会在全省快递企业中的影响逐步扩大,快递企业申请加入协会会员的数量逐步上升,目前会员总数达到134家。协会制作了以省内主要快递企业形象图片为主要内容的2012年台历2000本,发放到各会员单位及相关单位。对于在快递行业发展出现的一些热点和重大事件,协会多次接待新闻媒体采访工作,通过采访沟通,对行业重大、敏感问题作出客观公正的回复,积极引导新闻媒体进行行业的正面报道。

二、深入调研快递企业,为加盟制民营快递企业发展寻找途径

浙江省邮政管理局委托快递协会对民营快递加盟制发展模式的课题进行研究,成立项目课题组,加深对快递行业的研究。课题提纲分为四个方面:对快递企业发展的前景展望;加盟制企业的现状;管理、经营、人员、设备、服务;优势与劣势比较;加盟制企业的前景及解决问题的途径。

《民营快递企业加盟制发展模式的分析与对策》项目课题经过起草小组三次会议和对四家快递企业的调研,起草的初稿经项目组四次会议讨论修改,已完成了项目课题研究报告。

三、协会积极参与对外交流活动、加强信息沟通

2012年5月28日—6月1日,协会参加中国(北京)国际服务贸易交易会及"2012中国快递论坛"。2012年7月13日,协会秘书处参加浙江省工商局"霸王条款专家评审会"。2012年8月16日,协会派员到千岛湖参加天天快递年会。2012年8月21日,协会派员参加在西湖国宾馆由中国快递协会举办的快递与电子商务协同发展相关会议。2012年9月13日,到新疆参加中国快递协会组织的关于"快递企业等级评定"工作会议。2012年9月24—26日,参加国家邮政局市场监管司在上海举办的关于寄递企业安全管理的培训班。

四、加强沟通交流,充分发挥协会在企业与政府之间的桥梁纽带作用

召开浙江省快递行业协会暨一届六次理事会。对协会2011年的工作进行总结,对2012年的工作进行规划。同时,充分听取企业对于协会发展的意见建议。加大力度正面宣传浙江快递业的发展风貌。协会创办的《浙江快递》已出刊25期,以政策法规、行业资讯、协会动态、企业天地等100余篇信息,以图片和报道形式及时、准确地宣传相应的政策法规、传达行业内的重要的有价值的新闻、通报协会的工作动态,分享各快递企业在行业中的先进做法;做好浙江省快递行业协会网站宣传工作。按照《浙江省快递行业协会网站管理办法(暂行)》,及时更新内容,报道快递行业内的重大的有价值的新闻,并为会员单位做了大量的正面宣传。网站访问量已超过十三万次;组织《快递服务》系列国家标准培训,邀请省内主要快递企业管理人员参加,致力于提高企业对于《快递服务》

标准的认识，并结合企业实际予以贯彻；针对快递企业用地难等问题，积极与相关部门沟通。

了解相关单位用地需求，先后与杭州市政府、海宁市政府，余杭区政府、拱墅区政府等政府主要领导进行了联系，为快递企业寻找操作场地积极做好衔接沟通。

安徽省快递协会工作情况

一、健全工作机制，做好协会各项基础工作

安徽省快递协会认真执行《安徽省快递协会章程》，先后制订了《安徽省快递协会会员自律公约》、《会费缴纳标准与收费办法》等制度，保障协会工作有序开展。协会定期召开理事会，履行理事会职能。注重组织建设，及时调整理事会、增补新会员。截至目前，协会会员单位174家，其中理事单位17家，已达全省许可快递企业的60%以上。搭建多渠道信息平台，加强信息交流。协会认真办好会刊《安徽快递》，建立“安徽快递QQ群”，方便会员之间的交流。

二、积极向邮政管理部门建言献策，为企业发展创造良好的政策环境

根据国务院办公厅《关于促进物流业健康发展政策措施的意见》及安徽省《关于大力发展民营经济的意见》等文件精神，安徽省快递协会开展走访调研活动，倾听企业呼声，了解企业发展情况，并结合行业特性和企业实际，提出有针对性的建议，为政府部门制订相关政策提供依据。

三、加强行业自律，在行业内强化诚信经营理念，开展自律公约落实情况检查

协会委托专业调查公司对安徽全省16个市的12个网络122家快递企业进行快递服务质量专项检查活动。联合省消协开展“3·15”系列宣传活动，组织EMS、申通等快递企业开展宣传承诺活动，在《安徽商报》刊登快递服务承诺宣言，引导企业诚信经营，用心服务，树立行业良好形象。编制了快递服务消费指引手册1.2万册向社会发放，普及快递消费维权知识。

四、搭建沟通平台，加强与新闻媒体联系和沟通，发挥协会桥梁纽带作用

协会先后接受了《安徽日报》、安徽电视台、合肥电视台、《新安晚报》、《合肥晚报》、《市场星报》、《徽商》杂志等多家媒体的采访，增进社会对快递业的了解，宣传行业内的一些诚信企业和优秀员工，树立安徽快递新形象。召开快递企业与新闻媒体联谊会，搭建政府、企业、媒体之间的交流平台。开展行业内外的交流与合作，组织部分会员单位前往广东、浙江、江苏等地考察学习。

福建省快递协会工作情况

福建省快递协会在发挥服务功能、引导企业自律、做好桥梁纽带、加强自身建设方面主动开展有特色的工作。

一、深入开展调研，把握行业动态

2012年2－11月期间，福建省快递行业协会

分别赴莆田、厦门、龙岩等地快递企业调研，了解企业经营现状、发展难点、旺季生产等问题，探讨解决办法。引导企业妥善应对相关政策，找准定位，优化产品结构，用战略眼光超前规划，树立行业“竞合”观念，实现共赢。

二、积极举办活动，活跃行业氛围

2012 年 5 月，福建省快递协会组织 5 家快递企业参加“京交会”和“2012 中国快递论坛”，了解服务业、快递业的宏观发展环境、快递行业及关联产业的最新动态等。参与由国家邮政局和中国快递协会主办的“诚实守信为本，争做道德模范”主题征文活动，一篇获得全国三等奖。举办福建省快递行业首届书画摄影大赛，征集作品 119 件，其中书画作品 32 件，摄影作品 87 件。

三、配合邮政管理工作，发挥参谋作用

协会配合宣传贯彻行业发展规划，推动政策落地实施。借助地市邮政管理局机构成立契机，主动与地方主要政府领导就快递车辆通行等问题进行沟通和交流，探讨如何维护快递行业秩序、加快快递业发展等。党的十八大召开前夕，参加全国寄递企业安全管理培训，强化快递行业安全意识。

四、关心企业发展，办实事解难事

2012 年 3 月 23 日，中国快递协会副秘书长邵钟林受邀在厦门举办快递市场发展专题讲座，为企业分析现状、指出问题、共商对策。对于快递企业在经营中出现的纠纷，福建省快递行业协会积极协调，联系政府部门、企业总部等予以协商，帮助企业尽快解决问题，恢复生产秩序。每年夏季开展“关爱快递员，酷暑送清凉”慰问活动，深入基层，慰问坚守岗位的快递员工。

五、组织考察交流，拓宽发展思路

2012 年 5 月下旬，接待江西协会来访，深入福建省快递企业作业现场，探讨企业管理、资本运作、设备自动化等。2012 年 6 月，福建省快递行业协会组织省内部分快递企业负责人赴 UPS 亚太区办事处和顺丰速运（新加坡）有限公司考察，了解跨国快递企业发展思路以及民营快递企业走向国际市场面临的机遇和挑战。2012 年 8 月中旬，赴广东走访部分快递企业总部，为省际快递企业之间谋求更好的合作与发展。

六、塑造行业形象，搞好宣传工作

福建省快递行业协会接受福建电视台、《福建日报》、《东南快报》等媒体来电来访，客观地分析全省快递行业的优势、劣势、机会、威胁等，探索应对策略。借助媒体力量创造较为宽松的舆论环境，为快递行业逐步建立正面信息宣传和负面舆论疏导机制创造条件。全年编辑出版《福建快递》刊物 4 期。

七、严格遵照章程，抓好组织建设

坚持每年召开会员大会、每半年召开理事会，并根据主管部门要求，认真做好社团组织年检和组织机构代码年检、财务报告、账户年检等工作，保证协会工作的严谨性。2012 年 7 月，召开福建省快递行业协会会员代表大会暨二届一次理事会，换届选举第二届会长、常务副会长、副会长、秘书长、副秘书长、理事，保证全省快递行业协会工作的连续性。

江西省快递协会工作情况

2012年，江西省快递行业协会在江西省邮政管理局和中国快递协会的领导下，认真学习、宣传、贯彻党的十八大会议精神，紧紧围绕快递业“转型升级、加快发展”的中心，切实履行服务、协调、自律的职能，扎实工作，开拓创新，充分发挥好协会的桥梁纽带和参谋助手作用，努力把协会工作提高到一个新水平，继续为全省“十二五”期间构建“便捷高效、竞争有序、技术先进、服务优质”的快递服务体系作出应有的贡献。

一、加强党建工作，成立中共江西省快递行业协会总支部委员会

在江西省邮政管理局主要领导的关心和重视下，江西省快递行业协会于2012年7月11日向江西省邮政管理局机关党委提出成立总支的申请报告，经江西省邮政管理局机关党委研究，批复同意成立中共江西省快递行业协会总支部委员会。2012年8月7日，江西省快递行业协会党员大会顺利召开，会上选举产生了中共江西省快递行业协会总支部委员会。协会总支成立后，按照上级党组织要求，积极开展各项工作，对非公有快递企业具备条件成立党支部的认真做好组建工作。江西顺丰速运有限公司在协会总支成立后主动提出成立党支部的申请，经总支会议研究同意，正式批复该公司成为江西省非公有快递企业第一个成立基层党组织的企业。

二、学习贯彻党的十八大精神，借力推动企业良性发展

2012年11月23日，江西省快递行业协会党总支发出《关于认真学习贯彻党的十八大精神的通知》，要求江西顺丰速运有限公司党支部和有党员的非公有快递企业（会员）认真学习贯彻党的十八大精神。江西顺丰公司党支部和南昌圆通、盛彤、中通、达韵、江西天天、江西中迅等有党员的非公有快递企业（会员）要采取上党课、辅导报告等各种形式认真组织学习，指定专人负责，专门安排时间，做到学习与工作相结合、集体学与个人自学相结合，把学习落到实处，使党的十八大精神家喻户晓，深入人心。加大宣传力度，大造声势，营造学习贯彻党的十八大氛围，要利用宣传栏、黑板报、阅览室、员工活动室、企业内部网络、悬挂横幅等载体，大力宣传十八大精神，迅速掀起学习贯彻党的十八大精神的热潮。江西省快递行业协会党总支在发出《通知》的同时、将70本《十八大报告》和《中国共产党章程》发到江西顺丰公司党支部和南昌圆通等有党员的非公有快递企业（会员）。

三、为企业排忧解难，解决快递车辆行驶难问题

江西省快递行业协会加大力度解决快递车辆行驶难的问题。协会将此列入年度工作重点。2012年3月28日，协会以江西省邮政管理局名义给南昌市公安局交通管理局发出“关于协商解决快件运输在南昌城区便捷通行等问题的函”，2012年4月9日，南昌市公安局交通管理局回函称：“为缓解城区地铁施工期间交通拥堵，邮政业快递车辆通行证的核发由省邮政管理局按照南昌市公安局交通管理局要求，对在南昌市通行的快递运输车辆情况进行统计，再报南昌市公安局交通管理局行政审批处核发货运车辆禁行路通行证。”经过双方共同努力，2012年7月中旬，南昌市邮政速递物流公司、江西顺丰等8家快递企业的109台货运车获得首批“南昌市小型货车禁行路通行证”。

四、聘请常年法律顾问，维护企业合法利益

江西省快递行业协会应会员企业要求，经二届二次理事会研究同意，聘请江西经纬律师事务

所律师主任陈小平担任常年法律顾问，为全省快递企业（会员）提供法律帮助，维护快递企业的合法权益；对快递企业就业务上提出的法律咨询予以解答；帮助快递企业审查、修订或草拟各种经济合同、协议、契约等法律事务文书；当快递企业和有关单位（个人用户）发生诉讼与非诉讼纠纷时，法律顾问应优先满足快递企业的需要，作为快递企业的代理人参与调解、仲裁或诉讼活动，维护快递企业的合法权益。聘请常年法律顾问一年来，法律顾问多次为快递企业就法律问题释疑解难，为快递企业维权出谋划策。

五、重视理论知识学习，举办快递经营管理培训班

2012 年 5 月 8 日，江西省快递行业协会在南昌举办“转型升级、科学发展”经营管理大型讲座活动，目的是使全省快递企业管理人员认清快递发展趋势，学习科学管理的知识，接受先进的经营理念，进一步提高掌控企业发展的能力。江西省邮政管理局副局长肖力健及省管局全体干部员工、江西省快递行业协会管理人员以及各会员企业省公司、南昌公司的正、副总经理、部门经理，设区市、县公司的经理，相关管理岗位的工作人员共计 270 余人参加了讲座。

六、加强同行间的交流，组团赴福建学习考察

江西省快递行业协会于 2012 年 5 月 20 －25 日组织部分理事会成员到福州、厦门学习考察。此次活动得到了福建省邮政管理局、福建省快递行业协会的热情接待。福建省快递行业协会对协会服务企业发展、推动全省快递行业持续、健康发展作了经验介绍；考察组参观了福州顺丰、申通、韵达三家快递公司的分拨中心。在厦门，学习考察组参观了邮政速递物流、顺丰、速尔三家快递规范有序、现代化的公司总部及生产场地，并进行座谈，对福建快递企业的经营、管理、发展有了进一步的了解，学习考察人员深受启迪，受益匪浅。

山东省快递协会工作情况

2012 年，山东省快递协会加强自身建设，夯实基础，不断提高服务能力和水平。强化基础工作，走访地市会员企业，深入进行摸底调研，了解企业的需求与想法，帮助解决实际困难。通过招聘，充实了协会的工作人员队伍，提高工作人员的业务能力，便于开展各项工作。

一、为会员单位亮相各类展会搭建平台

2012 年 5 月 28 日至 6 月 1 日，中国（北京）国际服务贸易交易会在京举办。山东省快递协会组织全省快递企业积极参加“京交会”快递板块的各项活动，通过这一平台，加强山东省快递企业与国内外同行沟通交流，与相关产业链进行商贸洽谈，为招商引资牵线搭桥。12 月 21 －23 日，由中国电子商务协会、济南市人民政府联合主办的“2012 中国电子商务贸易博览会暨网络购物交易会”在济南隆重举办。山东省快递协会受邀作为协办单位并组织我省知名度较高的十余家快递企业集体参加了此次博览会，呈现了我省快递企业的良好形象和雄厚实力，展示了快递企业的卓越品牌和优质服务。

二、强化会员企业安全生产意识

2012 年 9 月 23 －27 日，山东省快递协会组织会员企业积极参加国家邮政局市场监管司与中国快递协会在上海联合举办的全国寄递企业安全管理培训班，为确保平安度过快递业务旺季，为党的十八大胜利召开创造和谐稳定的社会环境做好充分准备。

三、多措并举开展会员单位文化建设

2012 年，山东省快递协会积极组织会员单位参加“诚实守信为本争做道德模范”征文和主题演讲活动。经过广泛沟通，努力挖掘，征集作品稿件 32 篇，其中两篇作品获二等奖，三篇作品获三等奖，优秀作品多篇，协会获得征文活动的组织奖。征文作品集中体现了邮政快递行业“诚信、规范、服务、共享”的核心价值理念，反映了本行业干部职工立足本职、诚信守法、热情服务、奉献社会的先进事迹，提升了全行业凝聚力，为提高文明服务水平起到了有力的推动作用。在山东省邮政管理局举办的“快递企业模范人物先进事迹”宣讲（报告）会上。协会组织快递企业推荐模范人物及报送事迹材料，共报送事迹材料 19 篇，积极努力配合了省邮政管理局的党建和精神文明工作。

四、加强协会网站运营管理，积极发挥其窗口作用，真正起到快递行业的桥梁和纽带作用

2012 年全年，山东省快递协会上传资讯计 1825 篇，投稿计 165 篇。重点组织了对全省快递企业先进模范人物的事迹材料报道；对新出台的规范性文件、办法等的宣传；对会员企业开展的优质服务等活动进行了细致的宣传报道。

河南省快递协会工作情况

一、河南省快递协会重点围绕四个方面开展了以下工作

（一）发挥桥梁纽带作用，优化行业发展环境

1. 参与《河南省邮政条例》修订。2012 年 11 月 29 日，修订后的《条例》高票通过。

2. 将快递发展纳入省人民政府现代物流发展规划。省快递协会积极参与河南省快递业十二五发展规划的起草制定，推动快递业十二五发展规划与河南省邮政业发展规划、河南省现代物流发展规划、综合交通运输体系建设规划的衔接。

3. 积极参与中原经济区综合交通体系规划研究和民航交通规划研究。将河南快递“一个中心、三大网络”的建设和国际航空快件分拣中心、国内航空快件分拣中心的建设意见提交纳入相关规划。

4. 积极推进解决快递“八难”问题。河南省政府办公厅转发了省邮政管理局《关于解决快递服务车辆便捷通行问题的意见》，协调省地税局解决了快递企业统一营业税率、统一使用快递业务专用发票问题；与省工商局联合发文，解决了快递企业分支机构注册难问题；分别与省民航监管局、省民航办联合发文，加快邮政业与民航业协同发展，推动“航空邮件、快件绿色通道”建设；推动快递物流园区建设，解决快递企业用地难问题；召开银企联合共促发展专题座谈会，帮助快递企业解决融资难问题；积极提出意见、建议，在河南省政府办公厅《关于促进河南省现代物流业加快发展若干政策措施的通知》中，从快递企业许可、注册，航空快件绿色通道建设、快递车辆城市通行、快递物流园区建设、统一营业税等多方面系统解决了快递行业发展中的政策支持问题。

5. 建立快递行业统计制度。2007 年，快递协会协助省管局在全省快递企业中依法建立了河南快递企业统计报表制度。

（二）推动行业基础建设，努力服务行业发展

1. 推动“全国性快递集散交换中心”建设项目。被河南省政府列为重点建设项目，规划用地

1096 亩,规划建设面积 56.35 万平方米。2012 年 12 月 18 日项目签约启动仪式圆满举行。

2. 落实快递服务标准,开展企业达标工作。

3. 推动并开展了河南省快递企业与电子商务企业的合作。省快递协会和省电子商务协会开展合作,双方签订协议。

4. 积极推进"创先争优、转型升级"竞赛活动。全省有 120 家企业达到合格企业以上标准。

5. 组织培训和交流,提高企业管理水平。协助职业技能鉴定中心开展初、中、高级快递业务员培训和职业鉴定。五年来共培训 5000 余人次,全省共 4800 人分别取得了初、中、高级快递业务员职业技能证书。

6. 协助管局加强快递企业用户投(申)诉管理。协助管局起草出台了《河南省邮政管理局关于加强寄递企业投(申)诉管理工作的若干规定》,组织了全省投(申)诉管理工作培训。

7. 组织开展了"提升比重,前移位次"竞赛活动。河南省快递业务收入占邮政业收入比重由 2011 年的 18.87% 上升到 2012 年的 23.26%,占河南 GDP 的比重由 2011 年的 0.05% 上升到 2012 年的 0.07%,快递业务量和业务收入在全国各省(市、区)的排名较上年各提升了一个位次,分别居全国第 9、第 10 位。

(三)加强行业自律,规范企业经营

1. 维护行业自律,规范市场经营秩序。省快递协会 2007 年组织快递企业签订了《河南省快递企业自律公约》,督促企业落实六项自律措施。

2. 配合政府监管,规范市场经营秩序。协会和省行业主管部门加强沟通,紧密配合,及时通报情况,协助行业主管部门落实有关规定,及时有效处理了多起突发事件。

(四)建立健全各项制度,加强协会自身建设

1. 建立协会各项制度。按照民政管理部门的规定和要求,先后建立健全了 23 项管理制度。

2. 创建沟通平台,传递行业信息。编发《快递信息》。使会员企业及时了解政府相关政策及行业发展情况。

3. 加强自身建设,壮大会员队伍。几年来,协会的服务功能和服务能力不断扩大和提高,会员从初期的 70 多家企业发展到目前 190 多家企业。

2012 年河南省快递行业实现收入 19.23 亿元,是 2007 年全省快递收入的 4.7 倍;2012 年全省快递行业实现业务量 1.25 亿件,是 2007 年全省快件业务量的 7.5 倍;全省年收入超亿元的快递企业由 2007 年的一家发展到五家,超千万元的快递企业由 2007 年的 3 家发展到 6 家。

二、存在的主要问题

深入会员企业调查研究的还不够,与企业的沟通、联系还较少,会员企业之间的交流活动还不够活跃;协会组织机构还不健全,人员少,解决实际问题的能力不足;对行业自律公约的落实监督有待继续加强。

三、2013 年工作要点

1. 协助行业主管部门实施好《快递服务"十二五"发展规划》,全面推进快递业基础能力建设。

2. 继续贯彻实施《邮政法》及相关法规,营造健康有序的市场秩序,鼓励竞争,促进发展。

3. 做好快递企业等级评定工作。

4. 加强企业自律工作,促进行业规范发展。

5. 充分发挥协调和服务作用,为企业提供实实在在的服务。

6. 继续抓好协会自身建设,努力创办现代行业协会。

湖北省快递协会工作情况

一、召开快递企业旺季生产服务保障工作座谈会

2012 年 1 月，中国快递协会副秘书长邵钟林一行至湖北调研，湖北省快递行业协会召开部分快递企业旺季生产服务保障工作座谈会。

会上，邵钟林向与会企业代表转达了国家邮政局局长马军胜对战斗在生产一线员工的亲切问候，介绍了国家局和中国快递协会对旺季生产服务保障工作的重要部署，强调当前各企业要把旺季生产作为重点工作来抓，保证快递服务质量不降低。

协会汇报了湖北省贯彻落实国家邮政局快递业务旺季服务保障工作电视电话会议精神采取的具体措施，全省规模以上快递企业落实了人员储备、车辆调配、网络运行等各项保障措施，省内各分拨中心的分拨运行较平稳。

各企业代表就春节期间工作安排做简要汇报，各企业均表示已提前做好各项准备，因地制宜采取多项有效措施，将按照国家局关于春节假日期间快递服务工作要求，确保春节期间快递服务不中断、质量不降低。

二、高温酷暑慰问快递企业一线员工

2012 年 7 月中旬以来，湖北武汉 35℃以上高温天气达 15 天以上，创武汉市 40 年以来的高温记录。8 月份，省邮政管理局、省快递行业协会分赴武汉邮区中心局、湖北省邮政速递物流公司以及武汉顺丰、申通、圆通、中通、汇通、天天、宅急送等 13 家企业看望酷暑中战斗在一线的员工，开展慰问活动，为员工送清凉和慰问金。此次活动，极大地鼓舞了快递企业克服困难发展快递业务的信心，大家纷纷表示，有了政府、协会的理解、关心和支持，进一步增强了做好快递服务的决心，一定能够战胜高温酷暑，保质保量完成快递服务。

三、组织开展全省快递员工知识竞赛、岗位技能优胜竞赛和优秀征文竞赛活动

2012 年 5 月，湖北省邮政管理局和湖北省快递行业协会下发《关于开展全省快递员工知识竞赛、岗位技能优胜竞赛和优秀征文竞赛活动的通知》，全省快递企业积极响应，踊跃参加竞赛活动。

为组织好此次竞赛活动，协会深入快递企业，听取企业对做好竞赛活动的意见和建议。根据企业建议，结合我省快递企业发展现状，协会精心组织，对涉及快递业务的 8 项法律法规，分别编制了 8 套竞赛题库，提供给全省快递企业用于企业内部培训和考试，受到了企业热烈欢迎，得到企业充分肯定。

截至 2012 年 12 月，协会共收到全省 15 个快递企业推选的岗位优胜能手 93 名，征文竞赛作品 44 篇，各企业共选出 33 名员工参加了全省快递行业知识竞赛。经评审，在 2013 年全省邮政管理工作会上，省邮政管理局和省快递行业协会对竞赛活动优秀组织单位、岗位优胜能手、知识竞赛和征文竞赛获奖人员予以了表彰。

通过此次三项竞赛活动，各快递企业表彰先进，争先创优，深入抓好员工政策法规和业务知识学习，积极开展形式多样的岗位练兵活动，促进了全员素质不断提升，将为湖北经济社会发展和广大民众提供便捷安全优质的快递服务作出新的贡献。

四、组织快递企业参展第九届中国（武汉）国际物流节

第九届中国国际物流节于 2012 年 12 月 27 日在武汉国际博览中心开幕。本届物流节以“现代

物流推动城市发展”为主题，参展企业超过400家，参展面积达3.2万平方米，规模创历届之最。

应物流节组委会邀请，湖北省快递行业协会组织了4次主要快递企业参加的物流节推介会、座谈会，取得了积极的成效，全省共有邮政速递物流、顺丰、申通、圆通、中通、韵达等六家国内知名快递企业参展。

在展会上，快递企业工作人员向前来参观的各界人士介绍了快递产品和服务，发放了快递宣传手册和精美礼品，与有意向的客户进行了洽谈，并听取了客户对提升服务质量和客户满意度的建议。

快递企业通过参加本次物流节，展示了企业品牌形象和服务能力，向社会传递了快递企业“客户至上、服务为本”的服务理念。

五、组织开展快递企业联谊活动

2012年湖北省快递行业协会分别联合顺丰、圆通公司组织了迎新春联谊会和国庆中秋联谊会。联谊会上各企业代表畅谈本企业经营、服务、管理的经验做法和体会，现场气氛活跃，暖意融融。与会企业认为参加联谊活动收获很大，交流经验，增进了解，获得了行业发展的信息，促进了企业经营管理水平提升。

湖南省快递协会工作情况

2012年，湖南省快递行业协会在中国快递协会和省邮政管理局的正确领导下，在省民间组织管理局的指导帮助下，在全体会员单位大力支持下，坚持以科学发展观为指导，围绕“服务企业、服务政府、服务社会”的三服务中心，坚持从实际出发，积极开展调研，搭建政府与会员单位沟通平台，着力推动影响会员单位发展的关键问题的解决，在提升管理水平、引导行业发展、服务企业大局、反映企业诉求等方面积极开展工作，较好地完成了预定的工作目标。具体抓了以下几项工作。

(一)宣传贯彻法律法规，促进快递行业依法有序发展

新《邮政法》颁布实施以来，协会充分发挥《湖南快递》的信息平台作用，开设专栏宣传、解读邮政行业法律、法规，组织入户普法宣传，督促全省各快递企业认真学习贯彻落实《邮政法》，依法申请办理快递业务经营许可，依法从事国内国际快递业务经营活动，行业取得长足发展，业务量、业务收入得到大幅度增长。2012年，湖南省快递业务收入达到11.48亿元，同比增长43.3%，快递业务量突破1亿件，同比增长58%。快递业务收入排全国第11位，增幅排第5位，业务量排全国第12位，增幅排第6位。国际及港澳台快递业务量达到119.6万件，同比增长96.4%，排全国第11位，增长幅度排全国第2位。截至2012年年底，全省依法取得快递业务经营许可证的法人企业340家，分支机构589家，占市场份额98%以上的快递企业纳入了许可范围。快递从业人员达1.5万余人，比上年增长56.7%。重点品牌企业21家。2011年全年快递业务收入近7亿元的企业1家，近2亿元的企业1家，5000万元的企业4家。

(二)围绕交通枢纽，推进省级快递物流园区建设

经过积极努力争取，《湖南省“十二五”发展规划》已经将《湖南省邮政业“十二五”发展规划》确定的省级快递物流中心建设项目纳入全省项目建设规划。2012年以来，我会向长沙经济技术开发区管理委员会递交了《关于恳请批准划拨湖南省快递物流园工业用地的请示》，通过数次协商洽谈，长沙经济技术开发区管理委员会已经明确支

持长沙快递物流园区项目建设，并推荐入驻长沙空港物流园。为尽快达成合作意向，我会以湖南省快递行业协会的名义向长沙县空港城管理委员会发出了《关于恳请解决长沙快递物流中心工业用地的函》，并多次组织有入园意向的快递企业与长沙县空港城管理委员会、湖南机场股份有限公司等相关方面展开谈判，积极促成双方达成合作协议。目前，合作各方已经基本达成入园合作意向，等待长沙空港物流园 2 期的批地通知。下一步将争取政府部门将长沙快递物流园区建设用地性质确定为工业用地，加快整项工作的落实进度，建成“功能齐全、设施先进、吞吐顺畅”的现代化快递物流中心区，以促进我省快递企业持续健康快速发展，适应湖南省“两型社会”建设的需要。

（三）组织参加京交会，引导企业开拓发展空间

根据中国快递协会的通知，协会迅速传达文件精神，成功组织湖南快递企业参加北京贸易服务京交会，发动符合条件的快递企业积极参展参会，鼓励省内有实力的快递企业实施“走出去”战略，加强与外省企业的合作。协会联合省内 5 家大型网络企业负责人组团，参加了首届中国（北京）国际服务贸易交易会。参展参会期间，各企业负责人积极参与京交会组委会统一组织的“2012 中国快递论坛”、“展区展示及洽谈”、“签约仪式”以及“八场专题推介会”等系列活动。通过广泛交流与深入学习，5 家企业均取得了丰硕成果和宝贵经验。

（四）发挥桥梁作用，协助省管局开展年审工作

按照规定，凡在 2010 年 12 月 31 日之前（含 12 月 31 日）经邮政管理部门核发《快递业务经营许可证》，依法从事快递业务的企业均应参加 2012 年快递业务经营许可年度报告。快递企业经营许可年度报告期间，协会主动承担起信息传递职责，充分发挥桥梁纽带作用，协助省邮政管理局相关部门发布信息、收集资料，通知、督促需要参加年审的企业按规定流程完成年度报告的提交。

（五）规范行业行为，稳步实施企业等级评定

严格按照中国快递协会总体部署，实施《快递企业等级评定制度》，加快全省快递企业改革创新、转型升级，加强企业服务诚信体系建设。2012 年，协会先后采取“会议交流、发展论坛、学习培训”等方式，促使会员企业充分了解《快递企业等级评定制度》及其实施细则，认识到实施快递企业等级评定制度的宗旨是规范行业行为，提升行业现代化管理经营水平，促进行业健康稳定。这对单个快递企业乃至整个快递行业的发展都有着极其深远的意义。

（六）加强自我约束，切实提高行业自律水平

协助邮政行业职业技能鉴定中心开办培训班，抓好人才培训服务，督促会员企业加强高素质员工队伍建设，加速快递人才的培养，树立良好的企业品牌形象。2012 年，协会先后开展 3 期共 2000 多人的岗前培训班，取得了明显效果。充分发挥协会对公约的监督作用，严格落实行业自律公约，通过提高快递行业自律水平，切实维护市场公平竞争秩序，倡导快递企业减少同质化的低价竞争与粗放型管理，积极发展差异化的服务竞争与精细化管理，推动全省快递行业整体协调、健康、持续发展，进一步提升快递服务水平与服务能力。

（七）搭建信息平台，促进快递行业内部交流

依托行业会刊——《湖南快递》，发挥信息载体作用，开设“要闻聚焦、政策法规、行业资讯、管理动态”等栏目，有针对性地选刊有效信息，特别是对最新法律法规进行详细解读，帮助会员企业及时了解全国、全省的快递工作要点，学习贯彻政策法规，坚持做到守法经营。举办现场观摩会，组织快递企业参观信息化、现代化水平较高的行业领先企业，通过实地感受，激发快递企业加大投入的信心和热情。同时，协会还适当组织市场调研、召开专题座谈会，以多种多样的方式推进行业内部交流与协作。

（八）加强旺季服务，督促落实安全生产责任

针对快递行业生产旺季业务量猛增的特点，严格按照国家邮政局《关于加强业务旺季期间快递服务督导工作的通知》文件要求，加强组织企业间的沟通协调，做好应急预案，并多次由领导带队深入企业做好旺季服务的应急准备，要求企业发挥大协作精神和社会责任，顺丰、EMS、圆通、中通等企业均建立了资源互补、协调作业的工作机制。积极配合省管局旺季服务工作，关心慰问企业生产一线员工，督促指导快递企业做好业务旺季期间快递服务保障工作，解决快递业务旺季期间服务不到位的问题。

广东省快递协会工作情况

2007年8月15日，广东省快递行业协会在广州成立，国家邮政局局长马军胜出席成立大会并为协会揭牌。广东省快递行业协会是全国首个省级快递行业协会。协会的成立进一步健全了“政府监管、行业自律、社会监督”的管理格局。秉承“服务企业　发展行业”的理念，2012年，广东省快递行业协会在加强自身建设的同时，积极作为，在许多方面取得了成绩。

1.组织省内寄递企业参加全国首届“京交会”和快递论坛。2012年5月，商务部和北京市政府在北京主办了首届中国国际服务贸易交易会。广东快递行业协会组织本省快递企业参加“提升质量、服务民生”为主题的“2012中国快递论坛”，并参加了物流园区建设、快递自动化、快递专用车辆、手持终端技术、快递信息化、快递服务国际化、快递与电子商务、快递与金融服务等八个专题研讨会暨推介会。有效拓宽了发展企业的思路和管理企业的新理念，对今后广东快递服务发展有着积极的促进作用。

2.积极做好快递企业等级评定准备工作。2011年8月，国家邮政局出台了《快递企业等级评定管理办法（试行）》，广东省为全国快递企业等级评定工作的试点省份。广东省快递行业协会作为具体实施部门与广东省邮政管理局共同研究，成立了广东省快递企业等级评定指导委员会和评定委员会两套工作机构，明确了职责分工；通过调查研究，制订符合广东实情的快递企业等级评定管理办法、实施细则和工作日程安排；先后多次到北京、上海、河北、新疆等省（区）快递协会学习，交流经验，共同研究疑难问题，为企业的等级评定做好了各项准备工作。

3.强化服务宗旨意识，推动行业发展。2012年广东省快递行业协会先后帮助140多家快递企业办理快递经营许可证申请工作，帮助481家快递企业办理年度工作报告。积极谋划快递与大交通的融合，与广铁（集团）站车服务中心联系商洽“高铁快递”业务，先后多批次组织相关快递企业与“高铁快递”项目组商谈，大力推动满足双方需求、符合双方利益的“高铁快递”产品。据统计，从2012年3月18日起至年底，省内EMS、顺丰、联邦快递等多家大型快递企业通过“高铁”发送快件累计达17万件，共2300吨。协会将根据快递服务需求和客户特点，进一步研发“时限产品”、“高附加值产品”、“小批量多批次产品”、“高铁行包托运”等系列特定快递服务产品。参与行业法律法规制修订工作，2012年，协会参与了《邮政法》、《快递市场管理办法》、《快递服务》系列国家标准的修订和《邮政业标准化管理办法》和《广东省快递市场管理办法》的调研或意见反馈。

4.举办论坛，引导企业转型升级和服务创新。2012年10月，广东省快递行业协会、广东省连锁经营协会、中山大学岭南学院和《物流》杂志社共

同举办了有200多人参加的“2012传统零售业转型与快递服务创新”大型论坛。省内近40家快递企业80多名中高层管理人员参加了本次论坛，协会在论坛上作了“推动网络零售和快递服务创新”的专题发言，从我省快递业的发展态势、抓住电商高速发展机遇推动快递业发展和创新、网络零售与快递服务相互促进协同发展三个方面，与论坛各方进行探讨。对促进我省传统快递企业转型升级和服务创新，大力发展电子商务快递具有积极作用。

2012年10月15日，深圳市快递行业协会第一次会员大会在深圳召开，申请入会的116名企业代表参加了大会。会议选举出深圳市快递行业协会会长、副会长、理事以及监事人员名单，同时，聘任了快递行业协会秘书长。2012年12月17日，深圳市快递行业协会成立大会揭牌仪式在深圳市隆重举行。中国快递行业协会副会长兼秘书长达瓦和广东省邮政管理局罗建青局长共同为深圳市快递行业协会揭牌。广东省快递行业协会，深圳市民间组织管理局，深圳市邮政管理局，深圳市交委领导以及128家会员单位代表出席了揭牌仪式。深圳市快递行业协会是全国首个市（地）一级快递行业协会。

深圳目前获得快递业务经营许可证的企业有457家，其中网络型快递企业48家，快递从业人员3万多人，是广东省快递企业最集中，从业人员最多的地区之一。2011年，深圳市快递行业收入完成63亿元，占全省快递行业收入的35.4%。快递业务量完成2.4亿件，占全省快递业务量的28%，年均增速超过30%，快递服务业成为推动深圳经济发展，促进经济产业转型升级的重要力量。

2012年12月25日，珠海市快递行业协会成立大会在珠海举行。珠海市政府、广东省邮政管理局，珠海市邮政管理局、珠海市政府相关部门领导以及各会员单位代表出席了大会。珠海市快递行业协会是继深圳市快递行业协会后广东省第二个市（地）一级快递行业协会。

珠海目前依法取得快递业务经营许可证的企业71家，备案分支机构57家，合计128家快递企业，其中国企有邮政速递1家，外资5家，其余122家全部是民营快递企业。快递从业人员3000多人。2012年1－11月，全市快递企业业务总量约为3200万件，比2011年全年业务总量增长23%左右。

广西壮族自治区快递协会工作情况

2012年，广西快递协会在自治区邮政管理局和中国快递协会的指导下，在广大会员单位的积极配合和大力支持下，较好地完成了各项工作指标。主要包括：

一、启动企业分等分级评审工作

按照国家邮政局制定的《快递企业等级评定管理办法》及部署，2012年，广西快递协会启动了企业分等分级评估活动。3月2日，协会召开快递企业等级评定宣传贯彻会，全区50多家会员单位参加，广西顺丰速运有限公司和广州宅急送快运公司南宁公司在会上就如何做好等级评定工作，做了典型发言。

二、组织学习贯彻《快递服务》国家标准

为推动各会员单位员工更好地学习贯彻《快递服务》国家标准，2012年，广西快递协会组织了《快递服务》国家标准知识竞赛活动。22个会员单位参加竞赛，收回答卷2122份。经过评选，广西区邮政速递物流有限公司获得组织奖一等奖，

广西宅急送快运公司南宁分公司获得组织奖二等奖，广西顺丰速运有限公司获得组织奖三等奖；10名个人获得一等奖，20名个人获得二等奖，50名个人获得三等奖。

三、参与争先评优活动

2012年，广西快递协会积极参与广西企业与企业家联合会举办的2011年度广西优秀企业、优秀企业家评审活动。并向该活动推荐区内优秀寄递企业。经审定，广西邮政速递物流有限公司被评为2011年度广西优秀企业，该公司总经理吴全兵获得2011年度优秀企业家称号。

四、参与承办物流节活动

2012年，广西快递协会和广西物流与采购联合会等相关协会，联合承办了第二届广西“5·6物流节”。该活动由自治区发改委、交通运输厅、商务厅、科技厅、统计局联合主办，始办于2011年。

五、组织参观首届中国（北京）国际服务贸易交易会

2012年5月，广西快递协会组织申通、中通等区内主要快递企业负责人参观由商务部和北京市人民政府共同主办的首届中国（北京）服务贸易交易会，促进了行业间交流，拓展了发展思路。

六、发展会员单位

经广西快递协会2012年5月3日和11月9日两次理事会审议通过，分别批准北海鑫海韵达快递有限公司、玉林市韵达快运有限公司和广西圆通速递有限公司等3家快递企业加入广西快递协会，并增补广西圆通速递有限公司为副会长单位。

七、出版《广西快递信息》

2012年，广西快递协会共出版《广西快递信息》12期。开辟《政策指南》、《政策解读》、《快递论坛》、《协会信息》等栏目，帮助会员单位正确理解和掌握相关政策法规，了解快递发展趋势，为会员单位之间提供信息共享。

八、协调解决业内纠纷

南宁华贸速递（圆通）有限公司系上海圆通速递有限公司在广西的加盟商，是广西快递协会副会长单位。2012年5月，上海圆通速递有限公司欲收购南宁华贸速递（圆通）有限公司，双方发生经济纠纷。南宁华贸速递（圆通）有限公司组织员工上访，并扣留用户快件。在自治区邮政管理局和中国快递协会的指导下，广西快递协会积极介入调解，约谈双方负责人，并要求在收购过程中，不能出现压件、扣件现象。最终，双方就收购问题达成一致，收购事宜得到妥善解决，消费者权益得到保障。

海南省快递协会工作情况

近年来，海南省作为国际旅游岛的区位优势日趋明显，围绕旅游产业为中心的服务业，特别是现代服务业发展也十分迅猛。海南省快递协会作为代表企业的行业组织，针对这样的发展形势，协助海南省邮政管理局继续加强了市场监管工作，保障快递业稳定健康发展，促使行业服务品质提升。

一、开展快递企业等级评定前期工作

海南省快递行业协会开展海南省快递企业等级评定前期准备工作。一是成立了海南省快递企业等级评定委员会，组织编制海南省的评定实施

细则，并承担全国评定委员会及兄弟省评定委员会的委托，对在海南省的快递企业分支机构进行核查。二是对企业等级评定工作进行渐进式的宣传，召开常务理事会议、理事扩大会及会员大会，对等级评定工作要求和任务进行宣传，引导企业合力做好评定工作。三是加强沟通交流，把握工作动态。派员参加中国快递协会组织召开的相关工作会、座谈会、培训班等，并加强与试点省的沟通交流，为全国评定工作全面铺开积极做好准备工作。

二、推行《快递服务》国家标准的宣传贯彻工作

《快递服务》国家标准于2012年5月1日起施行，为做好宣传贯彻工作，海南省快递协会组织召开常务理事会议及时传达相关文件精神，并将《快递服务》国家标准印发企业组织学习。同时，积极配合海南省邮政管理局把贯彻工作引向深入，专题组织召开了以“破解最后一公里难题、寻找提升服务质量途径”为主题的研讨。

三、加强行业自律，推动旺季服务保障工作落实

配合海南省邮政管理局督导企业落实旺季服务保障工作，加强行业自律制度建设，修订完善海南省快递行业保障快递旺季服务承诺书，并于2012年3月14日印发执行。同时，深入企业了解业务高峰期快件量动态情况，指导企业合理调配资源，防止快件积压滚存，及时妥善处理用户投诉，督促企业履行服务承诺，切实做好旺季服务保障工作。对在春节期间旺季服务保障工作中贡献突出的8家快递企业，由海南省邮政管理局、快递协会共同进行表彰。

四、搭建沟通交流平台，发挥好桥梁纽带作用

构建沟通交流平台，切实发挥桥梁纽带作用。加强政府与企业间的沟通交流，2012年9月，海南省快递协会组织召开企业座谈，及时传达政府对市场管理的新规定、新要求。同时，深入企业调查研究，积极反映企业诉求。同时，注重构建企业间的沟通交流，促进交流合作，协调化解用户投诉，维护用户合法权益。其次，组织学习交流，派员参加中国快递协会组织的年会、座谈会、中国快递论坛、京交会、广东协会五年庆典以及省社团组织负责人培训等活动，加强与外省协会的互通交流。

五、加强组织建设，增强自身活力

加强协会组织建设工作。一是认真抓好会议制度的落实，组织开好年度会员大会、常务理事会和理事扩大会，严格执行章程规定程序，注重办会质量和效果。二是抓好组织机构调整健全工作，对协会组织结构进行调整，增补了副会长单位、常务理事单位、理事单位和会员单位，并对相关企业作自动离会处理，调整后的协会组织机构得以进一步健全。三是抓好会费的收缴管理。

重庆市快递协会工作情况

为更好服务区域内会员单位，重庆市快递协会积极协调沟通政府以及主管单位，推动行业稳定健康发展，促进服务品质提升。

一、沟通政府及监管部门，引导行业发展

积极与政府监管部门沟通协商，取得监管部门对协会的支持和帮助，同时积极参加政府组织

的与协会利益有关的各类听证会或咨询会，提出经济政策和立法方面的意见和建议，参与地方或国家有关行业标准、规划、准入条件和政策法规的制订，向政府有关部门反映涉及会员单位集体利益的要求和建议。

充分利用各项优惠政策，为会员单位争取发展的外部环境。为了让各会员单位享受邮政业的营业税政策，经过与税务部门多次协商沟通，降低了各快递公司的营业税，由原来的5.6%降到了邮政业的统一税率3%，得到了各会员单位的好评；大力协调解决快递行业派投车辆通行受限问题，并将快递车辆通行、停靠等问题解决措施列入了《重庆邮政条例》。

协助政府相关部门开展与行业利益相关的经济、社会问题调查研究工作，反映快递企业的诉求，为我市快递业的发展打下良好基础。

联系相关部门，开展调研充分论证建立快递物流园区的可行性。

解决快递企业在发展中资金短缺的问题，协会联合民生银行重庆分行，召开了"快递协会融资交流会"专题会议。

二、不断加强协会自身建设

健全协会组织建设，制定了会长、秘书长、会计、出纳岗位责任制度，理事职责，制定了协会会员联系制度，会议制度，财务管理制度、规范了协会日常工作，健全了协会工作的决策协商机制，充分发挥协会理事会的作用，使协会的决策协商程序走上民主化、规范化、制度化的轨道。二是加强协会秘书处的建设。努力改善和提高秘书处人员的政治素质、业务素质，提高办事效率和工作质量，增强协会工作人员的服务意识和大局意识。三是进一步扩大协会规模。遵循积极稳妥的原则，吸收我市各类不同经济主体的快递企业加入协会，不断扩大协会队伍，增强协会的影响力。协会从成立之初的50家会员单位，到2012年年底发展到64家会员单位。

三、履行服务职能提供咨询和培训

开展法律、政策、技术等方面的咨询服务工作，指导会员单位制订和完善了安全管理制度和快递物品安全事故应急预案。二是组织了培训、研讨、报告会等，先后举办了二期《快递服务标准》培训班，共有51个会员单位派员参加，培训人数达124人；为了提高各快递企业派投员识毒、辨毒的能力，举办了三期《邮路禁毒知识》培训班；为了宣传贯彻《邮政法》，协会为各企业举办了三期培训，参训人数180人，为各企业征订了《中华人民共和国邮政法释义》和《中华人民共和国邮政法学习读本》，督促企业员工掌握《邮政法》对规范快递经营和服务的相关规定；在市邮政管理局的指导下，组织了一次《邮政行业安全监督管理办法》学习宣传贯彻知识竞赛活动，全市共有2500人参加。三是组织召开了部分加盟快递企业负责人研讨会，对国家邮政局市场监管司快递管理处提出的《关于加强加盟制快递企业管理的指导意见》进行研讨，并提出了修改意见。四是通过和重庆机场北京地面服务公司多次协商，基本解决了快递企业交货难的问题。

四、加强协会内外交流

加强与政府业务主管部门的联系沟通。配合市邮政管理局开展政策宣传贯彻、行业调查、标准培训、行业评优等工作；配合开展了规范市场的活动；配合开展了《快递服务标准》的宣传贯彻工作；配合亚欧博览会、十八大等各类大型活动期间邮路寄递物品的安全保障工作，确保国家和重庆市各类大型活动期间快递服务安全运行。二是利用协会沟通平台，坚持经常走访会员单位，及时了解会员单位的需求和建议，以便有针对性地为会员提供服务。三是广泛开展行业内外的交流与合作。拓宽与市内外兄弟协会的联系与交流渠道，积极开展与国内快递行业组织的合作与交流，取长补短，不断提高自身的知名度和影响力。四是组织会员单位互相交流，提升服务。组织邮政速递物流有限公司、顺丰等部分11家会员单位就如何正确处理用户投诉和申诉问题进行研讨，从而提升企业管理和服务水平，树立企业品牌形象。

五、推进行业自律，发挥组织引导作用

建立和完善行业自律规范，制定了《重庆市快递企业自律公约》，经各理事会员单位签章同意后执行，自觉遵守，引导会员单位建立自律机制，组织开展自查自纠，倡导诚信服务，积极主动接受社会监督，规范了快递市场经营行为，促进了快递服务的规范化。二是协会积极主动监督各项自律公约的贯彻落实，秘书处在加强正面引导，评先推优的同时，协调好会员其他市场主体的关系，维护公平竞争和市场秩序。三是积极主动接受并协调处理好社会各方面对会员单位的投诉，并为行政执法部门打击和查处各类违法行为提供支持，协助有关部门对侵害信件专营权的行为给予了举报查处；协助监管部门对垄断、倾销和恶意竞争等损害消费者权益的行为进行监督；妥善处理企业和消费者的投诉，解决了部分快递公司理赔不到位的问题。五是为解决快递行业普遍存在快件野蛮分拣和装卸及快件“飞”的问题，协会在重庆邮区中心局组织召开了9家我市快递行业领军企业的负责人和分拨现场负责人参加的快件处理现场交流会；为提高各会员单位旺季服务保障应对能力，落实国家邮政局关于做好快递业务旺季服务保障工作的相关精神，安排部署了每年春节前业务旺季保障工作，召开了3次快递业务旺季服务保障工作动员大会。

四川省快递协会工作情况

一、召开四川省快递协会换届选举大会

2012年四川省快递协会举行了换届选举大会，选出了新一届理事会成员。2012年四川省快递协会共召开了三次理事会、两次常务理事会，通过相互交流和沟通，协会发展呈现出一片欣欣向荣的景象和局面。

二、做好快递企业等级评定的相关准备工作

四川省邮政管理局及四川省快递协会高度重视快递企业等级评定工作，成立了四川省快递企业等级评定指导委员会，同时，下设“四川省快递企业等级评定委员会”，沈成华任主任，孟兵和贺泽俊任副主任，主要负责组织、指导快递企业参加等级评定工作，受理企业申请，组织评议审定，完成全国快递企业等级评定委员会交办的评审工作。

三、开展“诚实守信为本　争做道德模范”征文活动

为宣传邮政行业“诚信、规范、服务、共享”核心价值理念，推进诚信体系建设，提升全行业凝聚力，提高文明服务水平，四川省快递协会配合国家邮政局、中国快递协会、四川省邮政管理局开展了“诚实守信为本　争做道德模范”征文活动。在各单位的积极参与下，共收到主题鲜明、中心突出、文体多样的各类稿件17篇，协会秘书处将征文作品汇订成册上报国家邮政局和中国快递协会。四川省邮政速递物流有限公司的2篇文章和成都西部中通速递有限公司的2篇文章，分获二、三等奖。

四、组织省内快递企业赴京参加首届“京交会”

四川省快递协会配合中国快递协会，组织省

内多家快递企业赴京参加首届“京交会”，以及“2012中国快递论坛”，展示了四川省快递企业的风采。

五、做好党的十八大寄递渠道安保工作

加强寄递物品安全管理，防止禁寄物品流入寄递渠道，确保寄递物品安全、维护国家安全和利益，是党和国家赋予寄递服务企业的重要任务，也是四川省快递企业2012工作的重中之重。四川省快递协会高度重视，在党的十八大召开前夕，专门召开了理事会会议，详细了解各单位近期的业务量及主要应对措施，强调企业要认真贯彻落实省邮政管理局十八大期间寄递渠道安保工作实施方案，把安保工作落实到每个营业网点和业务员，严格执行收寄验视制度，把好寄递渠道入口关，确保十八大期间全省寄递渠道安全畅通。通过各级政府、有关部门和全省快递企业的共同努力，确保了全省十八大期间寄递物品安全，圆满完成了任务。

六、积极参与《四川省邮政条例》修改

在四川省人大到省邮政管理局调研前，省快递协会专门组织召开副会长单位座谈会听取意见建议，同时邀请省邮政管理局局长戚兰州参会。协会秘书处将收集的车辆通行难、停靠难、经营场地狭小、向收件人当面派送快件困难及员工监守自盗等问题汇总、整理，报送省邮政管理局，作为在向省人大调研工作汇报中，提出对《四川省邮政条例》修改建议的参考资料得到采纳。

七、开展收寄、派送验视培训讲座

为切实贯彻落实国家邮政局《关于做好快递业务旺季服务保障工作的意见》，协会秘书处在快递业务旺季前夕举办了一次快件收寄、派送验视以及快递社会监督评价体系方面的培训讲座。从抓好快递业务旺季服务保障工作的重要意义、如何对快件进行收寄、派送验视以及快递社会监督评价体系等方面进行了重点讲解。对解决快递公司当前快递工作中普遍存在的快件验视、签收等方面的问题具有很好的现实意义。

八、举办《快递服务》国家标准知识竞赛

《快递服务》国家标准自2012年5月1日起开始实施，它有利于推动快递服务规范发展，有利于维护市场秩序、企业利益和消费者的合法权益。四川省快递协会将宣传贯彻《快递服务》国家标准作为一项重要的工作和任务，专门印发文件号召各会员单位认真学习，确保员工熟知掌握“标准”。为了切实落实国家标准的实施，全面提高快递从业人员基本素质、专业技能和服务水平，同时检验快递企业对新出台的快递服务标准贯彻落实情况，协会举办了《快递服务》国家标准知识竞赛。竞赛共印制试卷3600份，成功收回试卷3300余份，18家网络型企业参加了竞赛，并评出了个人一、二、三等奖和单位组织奖。

九、加强会员单位联系，提供信息交流平台

四川省快递协会秘书处与会员单位通过邮箱、QQ等方式建立了网络联系，同时建立QQ群，为各会员单位加强沟通、增进交流、共享资料、讨论工作提供了良好平台。协会还编制了会刊——《四川快递》，及时反映政府和主管部门的政策规定、服务标准、行为规范等，报道企业的信息、动态、企业文化等，为全省快递企业提供了信息交流的平台，促进了我省快递服务业健康、有序、快速地发展。

贵州省快递协会工作情况

作为贵州省内代表企业联系政府、服务用户的行业组织，贵州省快递协会积极了解和倾听会员单位的诉求与问题，推进区域内快递行业的健康发展，并协助开展地方政府及贵州省邮政管理局的相关工作。

一、推进行业安全管理

深入贯彻《邮政行业安全监督管理办法》，保障十八大期间贵州省邮路安全畅通，贵州省快递协会在会员企业中广泛宣传安全知识，并配合贵州省邮政管理局根据办法的有关规定，于三四月份对贵州省主要快递企业执行收寄验视制度情况进行了现场寄递测试。九月，在贵州省邮政管理局及相关部门组织召开的十八大邮路安保专题会议上，贵州省快递协会各成员单位就十八大邮路安保工作还签订了安全保障承诺书，并在实际工作中加以贯彻落实，切实为十八大期间的邮路安全贡献了自己的力量。

二、规范经营行为，确保市场秩序

根据国家邮政局及贵州省邮政管理局开展的快递服务质量专项整治活动的部署和安排，贵州省快递协会密切关注会员企业的经营情况，指导和协助广大会员单位合法经营、守法经营、规范经营，并倡导会员对市场中发现的不合法行为积极向贵州省快递协会或贵州省邮政管理局反映，坚决打击快递市场违法违规经营，防止和杜绝损害消费者利益和破坏国家安全行为的发生，共同净化贵州省的快递市场经营秩序。

三、推进快递发展环境优化

贵州省快递协会为深入落实邮政业“十二五”规划和贵州省快递物流专项规划，积极配合贵州省邮政管理局以帮助快递企业解决用地难为重点突破口，与贵州省发改委等相关政府部门多次协调商讨，实地考察贵阳龙洞堡机场附近的项目园区，着力推进快递园区的建设。贵州省快递协会还继续加大与快递企业总部的联系，在现有的基础上更多地获取各快递总部对贵州快递企业的支持。针对城市电动三轮车、摩托车等情况影响会员企业正常运营，贵州省快递协会根据会员企业诉求，多次深入实地向当地政府反映企业面临的实际困难，积极寻求解决措施，将相关政策措施对快递企业的影响降到了最低。

四、协助快递行业行政立法及政策研究工作

保障和提升贵州省寄递服务时限和服务规范能力，2012 年贵州省快递协会配合协助贵州省邮政管理局在贵州省快递企业中开展《贵州省邮政业省内寄递时限和服务规范补充规定》的调研、起草、修订等工作，并且继续推动《贵州省关于加快快递服务发展的意见》尽早出台。

针对国家邮政局新修订的《快递市场管理办法》，贵州省发改委、贵州省交通运输厅、贵州省邮政管理局组织编制的《贵州省现代邮政交通物流体系规划》等行政法规及规划，贵州省快递协会也结合贵州省行业实际，及时向国家邮政局、贵州省邮政管理局及中国快递协会提交了修改建议。

云南省快递协会工作情况

云南省近年来快递行业崛起迅速，云南省快递协会协助云南省邮政管理局对会员单位进行统一管理，并积极推进区域快递行业健康有序发展。

一、召开云南省快递协会二届一次会员大会

2012年3月19日，云南省快递企业的47名单位会员代表和12名个人会员代表出席了云南省快递协会二届一次会员大会。大会听取《协会成立四年来的工作回顾》工作报告，审议通过了《协会2008－2011年会费收支情况报告》，并采用“无记名投票、等额选举”的方式，选举产生了新一届理事会理事、会长、副会长和秘书长。

二、竭尽全力解决快递车辆进城停靠难问题

昆明市快递车辆进城停靠难是个“老大难”问题，成为影响昆明快递企业乃至全省快递业发展和提高服务质量的“瓶颈”。云南省邮政管理局和云南省快递协会多次赴昆明市交警支队商谈解决方案。克服重重困难，经过不懈努力，2012年7月29日，经省人大十一届常委会第三十二次会议审议通过新修改的《云南省邮政条例》第三十一条第二款正式明确：“快递企业专用车辆在城区运递快件，需要通过禁行路线或者在禁止停车地段停车的，凭公安机关交通管理部门核发的通行证，在确保安全和畅通的前提下，可以通行或者临时停车”，最终解决了快递车辆进城停靠难的问题。

三、为昆明快递园区规划建设努力

规划建设昆明快递园区，是关乎云南省快递业持续、健康发展的大事，是快递企业的热切期盼，云南省邮政管理局和省快递协会一直关注，并为之坚持不懈地进行努力。从2010年4月开始，协会做了大量的沟通协调工作，推动园区项目落地。

四、积极协调化解矛盾，为企业转型升级平稳过渡

在快递企业加盟变直营的转型中，由于利益的多元化以及总部对兼并重组中的诸多问题缺乏慎重考虑等因素，从而产生了一系列的问题和矛盾，这些问题和矛盾若不能及时予以解决和化解，将直接关系到企业转型升级的成败。为此，协会对企业兼并重组中出现的问题和矛盾主动进行协调和疏导。无论是加盟企业集体到协会上访还是个别企业单独到协会反映兼并重组的问题及诉求，协会始终坚持细心倾听，反复核实，不偏听偏信。对于确实存在的问题及合理诉求及时与直营企业负责人约谈沟通或亲自上门与其交换意见，并对如何化解矛盾和解决好问题提出积极建议；对于加盟企业不合理的要求耐心疏导，并因势利导地宣传兼并重组的重大意义，引导加盟企业正确对待兼并重组中出现的问题和矛盾，同心协力化解矛盾和解决问题。由于把握大局，坚持原则，及时协调，反复疏导，有效地化解矛盾，使问题得到及时解决，使得该企业在转型升级的兼并重组中平稳过渡。

五、协助云南省邮政管理局和企业做好职业鉴定工作

快递业务员职业技能鉴定工作的开展，为企业培养了一大批骨干，提升了员工队伍的整体素质，为提升企业的服务质量发挥着越来越重要的作用。协会始终将这项工作作为一项经常性的工作，积极配合和协助省邮政管理局抓好抓紧抓落实，并积极参与监考和批改考卷。同时，还利用各种机会通过不同方式指导和督促企业做好职鉴工作。

六、为企业提供信息服务和搭建信息交流平台

截至2012年年底，《彩云之南快递》已刊出四

期,《快递行业资讯》已出刊十二期。两个刊物刊登的信息各有侧重,《彩云之南快递》作为会刊,主要刊登相关法律法规,国家邮政局和省邮政管理局的政策规定及政务活动,本省快递企业的动态信息和员工风采,协会工作和快递行业的重大事件及探索研讨文章等。《快递行业资讯》主要选登国内国际快递动态信息,经验教训,热点关注等,具有信息收集的广泛性和信息传播的及时性以及信息引导的可行性。两刊的创办,为全省快递业了解掌握行业动态和相互沟通交流信息以及宣传展示我省快递企业提供了平台。同时,协会还按照国家邮政局和省邮政管理局的要求,组织快递企业参加《全国快递企业开展"诚实守信为本,争做道德模范"征文活动》,从征文中选择了云南邮政 EMS 昆明分公司唐子瑜撰写的《心在哪儿　收获就在哪儿》、云南邮政 EMS 曲靖市分公司撰写的《以一颗真诚的心做好工作》、昆明韵达陈辉森撰写的《在客户的快乐中成长》、云南顺丰龚杨撰写的《我在顺丰这一年》等四篇文章报送国家邮政局参加征文评奖。

七、深入企业排忧解难

为增进协会与会员企业彼此之间的了解沟通,及时掌握会员企业的情况,找准协会工作的切入点,更好地为会员企业服务,协会秘书长和专职工作人员定期走访会员企业。通过实地走访调研和面对面的交谈,不仅增进了协会与会员企业之间的彼此了解,还能及时掌握全省快递市场的现状,以及会员企业的需求。针对走访调研中会员企业反映的困难及问题,协会及时地与相关部门沟通协调,积极为会员企业排忧解难。

西藏自治区快递协会工作情况

2012 年,西藏快递协会在自治区邮政管理局的正确领导和大力支持下,按照《协会章程》,坚持协会宗旨,在促进快递行业自律、为会员服务、发挥桥梁和纽带作用的同时,增强协会服务意识,加强快递企业交流与合作、提高快递服务水平、促进快递市场稳定、有序、健康发展等方面积极开展工作,促进协会工作开创新局面。

一、深入贯彻落实《邮政法》,发展迈上新台阶

2009 年颁布的《邮政法》明确规定:快递是邮政业不可分割的重要组成部分,这是国家以法律形式作出的重要决策。新《邮政法》的实施,使快递企业经营、政府监管、消费者合法权益保护都有了明确的法律依据和保障。协会也鼓励企业坚定信心,加大投入,鼓足干劲,为服务西藏人民的需求贡献力量。西藏快递协会积极配合业务主管部门进行快递业务经营许可证的考核、发放和监管工作,区内快递企业的业务量比 2011 年有了新的突破。

二、配合邮政行业主管部门抓好行业监管和安保工作

配合区邮政监管部门联合自治区安全厅、自治区公安厅召开专题会议,对十八大期间安保工作进行缜密的部署,严格要求各快递企业对境内外的非法出版物进行认真查堵。切实做好寄递物品安全,杜绝违规行为及安全责任事故发生;积极配合管局行业主管部门抓好行业监管和协调工作,总结经验,努力创新,推动快递企业诚信经营,提升快递企业的管理水平与服务水平,促进快递市场健康发展。

三、强化消费者申诉受理工作

协会在认真做好本职工作的同时,积极配合邮政市场监部门,做好消费者申诉受理工作;更好地发挥“12305”消费者申诉受理中心的作用,畅通申诉渠道,认真解决邮件、快件延误、丢失、损毁及赔偿等消费者关心的热点、难点问题,切实维护消费者权益。

对本区受理、国家邮政局转办的网上各类申诉,及时通知、监督快递企业,对消费者投诉的服务态度、快件延误、投送邮件不及时等问题,依据新的《邮政法》,从维护消费者利益为出发点,认真核查及时处理,杜绝此类现象在今后的工作中不再发生。并将处理结果及时反馈给用户,大大提升了管局在这方面工作上的满意度和公信度。

四、认真做好吸纳会员、收交会费工作,保障协会工作的正常运行

协会根据“章程”规定,在做好发展会员工作的同时,认真落实协会章程所规定的会费收交工作。会员单位、快递企业的发展与管理是协会的组织基础,发展会员、壮大组织是协会发展的根本任务。2012 年协会将各地区的快递加盟企业积极发展成为会员,使快递发展不断壮大。

2012 年以来,西藏快递行业协会立足本质以服务为中心,做了一些工作,但与快递行业改革发展的新形势,与中国快递协会的要求,与各兄弟省区市快递协会相比还有一定差距。一是协会与时俱进创造性地开展工作不强。二是协会宣传和与外界交流沟通,尤其是各快递企业多方面交流沟通不够。三是自身建设和基础管理工作还有待加强。

陕西省快递协会工作情况

一、按照章程,顺利完成协会换届工作

2012 年,按照协会章程规定,陕西省快递协会需完成换届工作。为此,陕西省快递协会按照章程,积极筹备做好相关工作:一是对协会成立四年来的工作进行认真总结,并对下届工作提出建议;二是依据新《邮政法》对协会章程提出修改意见;三是提出下届协会理事会及会长、副会长人事安排建议;四是报告四年会费收缴及使用情况。

省邮政管理局党组对协会的换届工作十分重视,专题听取了换届筹备情况汇报,并就做好换届工作提出要求。换届报告报经省民政厅民间组织管理局批准后,协会第二届会员大会于 2012 年 3 月 14 日在西安顺利召开,各项换届任务圆满完成。第二届理事会人员由原来的 16 人增至 30 人,新一届理事会增加了地市级民营快递企业的代表、外企代表和 EMS 地市分公司的代表,组织力量增强,更具代表性,为协会发挥作用、推动行业健康有序发展奠定了组织基础。

新一届协会按照《邮政法》继续把行业自律作为履行职责的首要任务来抓;继续做好新会员发展工作,全年新增会员 6 家,会员数达到 96 家,占到陕西省快递企业的 74%。会员单位认真履行义务,按标准上缴会费,全年会费收缴 34.3 万元,会费上缴是协会成立以来最好的一年。

二、依据《邮政法》,作好行业自律工作

陕西省快递协会把学习《邮政法》作为履行职责的重要工作来抓。一是组织新一届理事会认真学习《邮政法》,树立依法办会、依法履行协会职责的意识;二是继续组织会员单位学习贯彻《邮政法》,增强企业和员工依法经营快递业务、依法做好快递服务的自觉性;三是把学法和提升快递服

务质量结合起来，在快递业快速发展中，通过法律保护消费者合法权益和企业自身利益。2012 年快递业随着网络购物的飞速发展，业务量大幅度增长，企业早做准备，积极应对，在节假日网店促销，业务量成倍增加的情况下，保证了及时投送，无积压、无爆仓，这与企业自身加强管理、依法经营意识增强分不开。

三、结合《快递服务》国家标准的颁布，组织会员单位做好贯标工作

《快递服务》国家标准于 2011 年 12 月 30 日发布，2012 年 5 月 1 日实施。国家标准与行业标准相比，服务标准提高、内容细化、实用性增强。国家标准的实施，为政府进行科学管理，规范市场提供了有效手段；使消费者维护自身合法权益的标准更具有权威性；同时，促进快递企业完善管理制度，提高服务质量，以更加积极的姿态参与竞争，做大做强。协会将国家标准的宣传贯彻工作列入 2012 年的工作重点：一是印制《快递服务》国家标准学习手册，发放到会员单位，为学习和贯彻国家标准创造条件。二是制作 PPT 课件，深入企业举办《快递服务》国家标准学习讲座，通过国家标准与行业标准的对比解读，使企业和员工对国家标准有了更全面的了解。三是促进企业对照国家标准，完善企业管理制度和服务办法，做好服务。四是在业务旺季，深入企业了解旺季生产情况，检查企业贯标工作。

四、加强与媒体的联系，继续利用网站、杂志，做好行业宣传工作

随着网络技术的快速普及，电子商务快速发展，网络购物给快递业提供了巨大的市场空间。但网络购物业务量的不均衡性，又给快递企业在劳动力使用、业务场地配备、网络组织等方面提出了新课题。快递服务涉及千家万户，是关系民生的一个行业，自然也成为了媒体关注的焦点。

陕西省快递协会在这种新形势下：一是主动接受媒体采访，加强与媒体的沟通，通过介绍快递发展情况，分析快递业发展现状，特别是就快递业发展中存在的问题和困难，引起媒体的关注和理解；建议记者深入企业现场，跟随快递业务员送件等，亲身体验和感受快递服务的艰辛。使他们多一些客观正面的报道，为社会各界了解快递行业提供渠道。二是通过不断提升《陕西快递》杂志质量，努力把杂志办成服务会员单位、交流行业动态、传递工作信息、学习政策法规的园地。杂志得到了会员单位的认可和支持，投稿的多了，反映行业的信息增加了。三是办好网站，为社会了解行业动态提供服务。陕西快递协会网站开办相对较早，这几年我们把提高网站质量的重点放在宣传行业政策法规、行业发展动态、协会工作情况通报等方面，点击率逐年提高。四是为拓宽企业融资渠道，协会申请加入了民生银行西安分行小微企业城市商业合作社，为会员单位探索拓宽金融服务的新路子。

五、配合中国快递协会，积极做好快递企业等级评定有关工作

按照国家邮政局要求，为提升快递服务，促进企业规模化发展，由中国快递协会负责组织快递企业等级评定工作，要求各省快递协会配合做好本省评定有关工作。按照工作要求，陕西成立了由省邮政管理局、协会共同组成的等级评定领导小组并开展工作。陕西省快递企业规模较小，大都是快递品牌企业在陕西的分公司，不具备申报条件，但作为快递服务网络的一部分，提升管理水平，提高服务质量也是为品牌等级评定打基础。受省邮政管理局委托，由协会组织地市级以上未达标快递企业开展达标活动。

为做好这项工作，陕西省快递协会首先通过以会代培的方式，对陕西省地市级以上的 50 多家未达标企业领导进行培训，逐条解读《快递服务》国家标准，并对达标条件、验收标准和达标程序进

行讲解。会后，各企业按照达标要求组织学习，对照标准自查整改。按照自愿申报的原则，有13家企业在规定的时间上报了达标申请。评审组深入企业，按照评定标准逐条检查打分。了解企业发展情况，并现场针对问题进行指导。经综合评审13家企业全部达标，至此陕西省已经达标企业达到52家。达标是企业学习标准、自我规范的过程，是企业的一项经常性工作，是企业的服务标准，用户维权的标准，通过达标活动，企业的这种意识进一步增强。

甘肃省快递协会工作情况

2012年，甘肃省快递协会在省邮政管理局的领导下，认真贯彻落实国家有关快递业发展的方针政策和法律法规，为政府制定快递业发展规划和政策法规建言献策；根据快递业的特点制定行规行约，健全行业自律机制，促进行业公平竞争，维护行业正常经营秩序；协调行业内各种关系，向政府部门反映会员合理诉求，维护行业信誉和会员的合法权益。经过一年的努力，各项工作取得了一定的成效。

一、换届选举工作顺利完成

按照《甘肃省社会团体登记管理条例》和《甘肃省快递协会章程》的有关规定，甘肃省快递协会于2012年3月9日在兰州召开了甘肃省快递协会第二届第一次会员代表大会，选举产生了第二届理事会，顺利完成了换届选举工作。

二、发展环境得到进一步优化

本着“服务社会、服务政府、服务企业”的宗旨，甘肃省快递协会十分注重对快递企业发展的服务，努力为快递企业争取和创造有利的发展政策和扶持措施。如一直以来制约甘肃省快递业发展的车辆通行问题，经省邮政管理局多次向省委省政府、市委市政府、省非公办，协会向省、市信访办专题报告，并经共同努力与相关部门协调，交警部门为部分快递车辆核发了通行证，兰州市快递车辆尾号限行问题得到妥善解决。

三、行业自律能力不断加强

为促进甘肃省快递业科学发展，本着共同协商、严守法律、公平竞争、诚实守信、顾全大局、加强自律的积极态度，甘肃省快递协会组织会员签订了《甘肃省快递行业自律公约》。公约的签订对企业牢记社会责任，合法开展经营活动，为广大消费者提供优质服务，及规范快递市场秩序，营造良好经营环境，反对和抵制不正当竞争，起到了积极作用。

为强化自律，根据全国快递服务质量满意度调查报告，甘肃省会员单位快递服务质量满意度偏低，主要反映在提供快递服务过程中存在态度不好、业务不精、超时限、赔偿难等方面，为促进企业提升服务质量，维护企业信誉，协会在与会员单位签订了《快递服务质量自律公约》的基础上，委托中介机构开展快递服务质量测评，以此作为快递企业服务质量的奖惩依据，督促和指导会员进一步完善管理制度，取到了较好效果，服务水平得到了较大提升，以此推动全省快递服务水平上台阶。经过连续五年组织会员签订《行业自律公约》，经过协会和会员的共同努力，甘肃省快递行业自律能力不断加强，行业风貌和经营秩序持续好转，受到了主管部门和社会用户的肯定和好评。

四、安全生产保障得到进一步加强

为确保国家重大活动和节日期间寄递渠道安

全畅通，协会积极配合邮政管理部门，认真贯彻落实相关规定，督促各会员单位健全各项安全生产制度措施，完善应急预案，细化应急机制，建立安全生产长效机制，做到防患于未然，指导各会员单位根据企业自身的实际情况全面开展安全隐患排查工作，对发现的问题采取措施及时整改，要求各会员单位要按照"谁经营谁负责"的原则，加强对分支机构的管理，层层分解落实责任，逐级签订责任书，严格落实收寄验视制度，尤其是加强对进京邮件快件的安全检查。通过开展一系列卓有成效的工作，在国家重大活动和节日期间为寄递渠道安全平稳运行提供了强有力保障，受到了主管部门的肯定和表扬。

五、技能培训成绩显著

为进一步提升快递人员的业务技能，促进快递业又好又好发展，甘肃省快递协会积极配合职业技能鉴定中心于2012年5月和10月，举办了两批快递业务员职业技能鉴定培训班，共培训快递企业员工540多人，并积极配合组织全省邮政业职业技能鉴定考试2次，430名考生顺利通过考试取得快递业务员资格证书，合格率达到了79.6%。截至目前，协会已累计培训快递业务员1985人，经协会培训后参加全国职业技能鉴定考试并顺利取得资格证书的有1488人，合格率一直保持在75%以上，位居全国前列。

六、考察交流机制不断完善

为加快甘肃省快递企业标准化建设，甘肃省快递协会组织全省重点快递企业负责人召开了"快递企业标准化建设座谈会"，各企业负责人现场参观了邮政EMS揽投点部、顺丰速运分拨中心和申通快递分拨中心，观摩学习标准化建设和标准化操作情况。会上，邮政速递物流有限公司就如何建设标准化点部介绍了自己的经验，申通快递、顺丰速运分别介绍了分拨中心建设及快递分拣标准化操作情况，多家快递企业进行了交流发言。通过实地现场观摩和交流，进一步促进了全省快递行业标准化建设及规范操作。

青海省快递协会工作情况

一、建章立制

青海快递行业协会自成立以来，先后制定出台了《青海省快递行业协会章程》、《青海省快递行业协会选举办法》、《青海省快递行业协会会议制度》、《青海省快递行业协会财务管理制度》、《青海省快递行业协会会费缴纳标准与收费办法》和《青海省快递行业自律公约》等系列规章制度，范围涵盖了协会工作的各个方面，做到了有章可循，为协会工作打下了良好的基础。

二、健全机构

加强协会人员配置，依照程序选举出新一届理事会，定期召开协会工作会议，解决日常出现的问题。健全、扩大协会组织。协会会员企业由成立时的12家发展到25家会员企业。努力做好会费收缴、使用、管理工作，为协会各项工作开展提供了基础保障。加强对会员单位的监督检查，对检查中发现的问题，严格按照协会《自律公约》的有关规定，追究责任。通过自律工作的开展，使会员单位明确是非标准，自觉规范，创造了良好的行业风气。

三、加强宣传

2012年出版《青海快递》（内部资料）6期，会刊设有“政策法规”、“领导讲话”、“综合信息”、“行业动态”、“快递观察”、“协会工作”等栏目，内容丰富，题材多样，立足行业，图文并茂。重点宣传国家的相关政策，传达国家邮政局、中国快递协会、青海省邮政管理局相关文件精神及工作要求，报道全省快递企业管理、经营、服务、发展等动态，成为快递信息交流的平台和企业文明建设的园地。

四、做好服务

在青海省邮政管理局的指导下，青海省快递协会积极加强与会员的联系，强化沟通，深入了解会员的困难、愿望和要求，积极为会员服务，帮助企业排忧解难。探索建立适宜的协调机制，充分发挥协会秘书处和会员单位的作用，在指导、规范、促进行业发展方面出主意、想办法，为企业争取政府支持、优惠政策，优化发展环境，取得了显著成效。

青海省快递协会积极与青海省交通厅、高速公路管理局协调，争取快递车辆高速公路收费优惠政策，出台《青海省快递服务车辆高速公路通行费优惠实施办法(试行)》，规定西宁地区快递企业服务车辆往返机场收费按趟次优惠30%，对降低企业营运成本、扶持快递企业加快发展起到了推动作用。在青海省邮政管理局的大力协助下，与西宁市交警支队协调，对快递企业收取、派送快件的机动车辆通行、停靠和装卸作业等问题作出了明确规定，解决了快递企业车辆通行问题。

受青海省邮政管理局委托，青海省快递协会开展电子商务与快递市场发展的软课题研究，了解了全省快递企业办理电子商务配送业务现状，对目前存在的问题和不足进行了分析，从而帮助快递企业寻找业务发展突破点，为企业拓展业务范围提供了第一手资料。

积极主动配合青海省邮政管理局抓好生产安全防范工作和业务旺季保障工作;开展全省快递服务公众满意度调查，针对调查中反映出的问题，及时采取措施，督促会员企业提高服务质量。结合全省快递行业现状，利用各种形式加强对企业负责人的培训力度，使企业负责人参政议政意识和管理水平得以提升，积极为政府建言献策，促进行业健康发展。组织会员企业外出学习先进的管理模式和经营理念，推进了快递企业体制机制创新、科技创新、管理创新、服务创新和产品创新。

宁夏回族自治区快递协会工作情况

一、组织中国快递论坛征文工作

2012年4月向宁夏政府部门、快递企业、高校、科研单位及相关行业的企业和协会等发出邀请，组织中国快递论坛宁夏地区的征文活动。

二、抓好行业自律

协会坚持把企业学习《邮政法》、《宁夏回族自治区邮政条例》等法律法规作为企业普法、行业自律的基础性工作。认真抓好《自律公约》的落实，发挥协会作用，引导企业改善服务质量，为消费者提供货真价实的优质服务。协会今年将按照国家邮政局的统一部署，实施企业分等分级管理，开展评选优秀品牌企业活动。组织人员对企业服务质量进行评估，引导企业自觉遵守自律公约，自觉抵制低价竞争等不良行为，为用户提供优质服务，提升行业形象。

三、加大培训力度，提高员工素质

充分开发人力资源，重视提高劳动者素质，协会从年初开始，就积极协助企业狠抓基层员工的教育培训计划工作，采用集中培训、授课等有效方式，提高员工素质，改善服务质量，树立良好的行业形象。积极协助宁夏邮政行业职鉴中心开展职鉴考试工作，2012 年 5 月 19 日，组织全区 230 余名快递员参加职鉴考试，其中：初级 187 人，通过 151 人，通过率 80.75%；中级 54 人，通过 49，通过率 90.74%。

四、组织协会一届五次理事会

根据协会章程，于 2012 年 4 月 19 日召开协会一届五次理事会：一是对协会一年来的工作进行认真总结，并对下一年度工作提出建议；二是依据《邮政法》对协会章程提出修改意见；三是向全体会员报告一年来会费收缴及使用情况。自治区邮政管理局副局长张宁成出席并代表邮政管理局发言，对协会新一年度的工作提出如下要求：一是进一步加强自身建设，增强服务企业、服务行业的职能；二是深入贯彻落实《邮政法》，促进行业又好又快发展；三是按照国家邮政局和中国快递协会的安排部署，认真做好 2012 年工作。

五、编辑出版《宁夏快递》杂志

充分发挥《宁夏快递》杂志宣传国家和自治区法律法规、方针政策、行业动态等方面的优势，努力搭建宣传、教育、培训、沟通的桥梁纽带，促进宁夏快递与中国快递协会、企业总部、各级政府部门的沟通，有力地促进了宁夏快递企业走出去。全年共编辑杂志 6 份。

新疆维吾尔自治区快递协会工作情况

一、加强法律法规宣传教育

在新疆邮政管理局的领导下，积极做好《邮政法》、《新疆维吾尔自治区邮政条例》等法律法规的宣传贯彻工作，在行业内开展法律知识竞赛，组织快递企业骨干进行培训。利用协会专刊《天山快递》扩大宣传阵地，开辟学习园地，定期推出学习专辑和学习板报，并利用协会各类会议向会员单位提出贯彻落实的要求。

二、切实加强行业自律

对《新疆快递行业自律公约》执行情况进行检查和评估，并根据实际情况及工作需要进行修订和补充完善，使其更加适应快递行业的发展需要，适应社会公众的需求。组织会员单位进行签订修订后的《自律公约》，强化了内部举报制度和监督检查工作。通过《自律公约》的签订和落实，努力构建新疆快递行业诚信、规范、自律机制，营造良好的经营环境。

三、推进快递企业规范化管理工作

为加强会员单位的基础管理工作，引导企业提升服务质量，促进我区快递市场健康有序发展，2012 年，新疆快递行业协会在全体会员单位中继续组织开展新疆快递企业规范化的工作，即：企业形象统一化，生产操作规范化，安全工作制度化，营业网点标准化。进一步完善规范化活动方案，明确各项工作的基本要求，制定了检查考核标准。这项工作的推进，使会员单位在企业生产各环节有了便于操作的工作标准，有利于会员单位强化企业管理，提升企业服务，树立企业形象，促进企业发展，各项工作稳步推进。

四、协助做好寄递渠道安保工作

配合区管局做好第二届中国-亚欧博览会寄

递渠道安全保障工作，要求企业全面加强安全基础管理，加强从业人员宣传教育，深刻认识做好寄递渠道安全保障工作的重要性和必要性，尤其是根据新疆区情，把安全教育和维护社会稳定、加强民族团结教育结合起来，始终做到把安全放在第一位，确保行业稳定发展、安全发展。

五、围绕协会中心工作开展相关活动

根据区管局部署，组织会员单位开展民族团结教育活动，确保行业稳定发展，为新疆社会稳定和民族团结贡献力量。组织开展讲座、研讨会、撰写论文和省际学习考察活动。围绕区管局及协会中心任务，组织会员单位举办各类活动 20 余次，深入推动各项工作发展。

六、加强协会党建工作

新疆快递行业协会党总支成立后，认真做好党员的摸底统计工作。由于快递企业分布全疆各地，企业的党员多为流动式党员，做好党员数量的统计工作难度大。经过认真细致的工作，基本上摸清党员情况，新疆快递行业共有党员 45 名，分布在全疆 16 个快递企业。加强党员的学习教育，购买《中国共产党党章》、党支部工作手册等资料，发给各党支部和党员，并组织学习，切实发挥党员的先锋模范作用，为快递行业快速、健康、有序发展贡献自己的力量。协会党总支在加强党建工作的同时，注重新党员的发展工作，今年新发展党员 2 名，另有 3 名已报上级党组织审批。

第九篇　行业展望

中国快递市场发展趋势

一、监管机构逐级完善

2012年国务院办公厅印发了《关于完善省级以下邮政监管体制的通知》，完善省级以下邮政监管体制实施工作正式拉开序幕。通知中要求在27个省(区、市)按照市(地)行政区划设置332个市(地)邮政管理局，在4个直辖市和海南省(除海口市、三亚市)跨区域设置25个邮政监管派出机构。

各省(区、市)局按照国家局的总体部署，积极争取地方党委、政府支持，主动协调有关方面解决问题，取得重大阶段性成果。通过完善省级以下邮政监管体制，加快建立健全政府依法监管、权责关系明确、上下运转顺畅的国家邮政管理体制，为促进新时期邮政业发展提供组织保障，有利于发挥中央和地方两个的积极性，促进邮政业更好地服务地方经济社会发展。

二、业务规模不断扩大

随着我国快递市场发展环境的进一步优化，快递业务保持了高速增长的发展态势。2012年全国规模以上快递服务企业业务量完成56.9亿件，同比增长54.8%(图9-1)；实现业务收入1055.3亿元，同比增长39.2%(图9-2)。2012年我国快递业务收入占行业总收入的比重为53.3%，比上年末提高4.8个百分点。我国快递日均处理量超过1500万件，最高日处理量突破3000万件，位列世界第二。

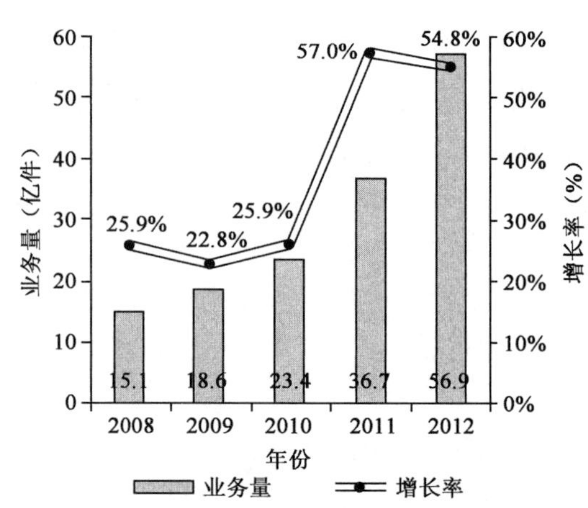

图9-1　近5年我国快递业务量增长

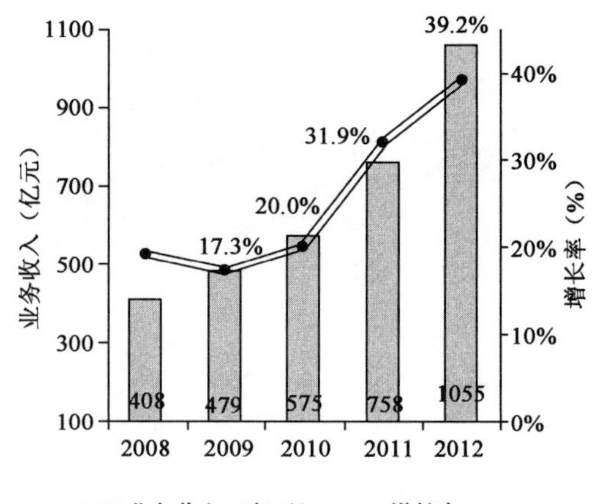

图9-2　近5年我国快递业务收入增长

三、产业协同日趋紧密

随着我国快递服务的发展，快递服务对相关产业的支撑作用显著增强，与相关产业协同发展趋势日趋明显，特别是与电子商务、制造业、交通运输等产业。

国家邮政局对快递服务与相关产业协同发展提出了指导意见,2009年国家邮政局联合民航总局出台了《关于促进快递与民航产业协同发展的意见》,2012年国家邮政局联合商务部出台了《关于促进快递服务与网络零售协同发展指导意见》,鼓励快递企业与电子商务、制造业等关联企业加强联合,建立战略联盟,开展一体化经营,积极融入产业链、供应链和服务链。构建快递企业与大型制造企业、电子商务企业合作发展平台。建设适应制造业和电子商务发展的快递配送体系,形成若干具有区域优势,网络覆盖全国的电子商务快递服务联合体。大力发展生产性快递物流服务,鼓励快递企业与世界著名企业和国内大型制造企业建立长期稳定的战略合作关系。

四、产品种类日益丰富

为适应多层次、多样化的市场需求,快递企业适时推出个性化服务。限时达、当日递、次晨达、次日递等服务项目不断涌现,满足了消费者对于快递服务的差异化需求。快递企业适时开办网上下单、代收货款等增值服务,适应了电子商务、网络购物快速发展的需求。

作为服务生活、服务生产的基础性服务业,主动适应市场,主动细分市场,主动创新服务,提供多层次多样化的增值服务,必将成为快递业发展的趋势。市场竞争将由价格竞争为主,逐渐转向以增值服务和承诺服务为主的高附加值竞争,服务产品不断细分,保价服务、代收货款、代理报关、代售火车票飞机票等增值服务不断推广,快递企业提供的产品种类将更加丰富。

五、快递电商融合显著

我国快递市场高速发展,快递企业对网络购物的支撑作用日益增强,电商企业也发现这一机遇,纷纷申请快递业务经营许可证。2012年凡客诚品(北京如风达快递有限公司)、苏宁易购(苏宁电器股份有限公司)、一号店(上海益实多有限公司)等电商企业获得快递业务经营许可证。电子商务企业涉足快递领域,一方面丰富了我国快递市场主体结构,一定程度上缓解了当前我国快递服务供给能力不足的问题,有利于提高行业的服务水平。另一方面电商自建快递是对我国快递企业发展模式的一种探索。

与电商企业涉足快递相对应的就是快递向电商领域延伸,圆通推出的圆通新龙、顺丰推出的顺丰优选等。快递企业涉足电商领域可以分散企业投资风险,创造新的业务增长点,同时,电商和快递的协同发展环境日益优化,快递和电商衔接日益紧密,无论是电商跨界还是快递跨界,均是对两者协同发展模式的一种有益尝试。

六、服务质量逐步改善

2012年,全国邮政市场监管工作会明确提出以提高服务水平为核心,着力构建两个体系,努力实现四个转变,全力抓好八项工作,着力完善"便捷高效、竞争有序、技术先进、服务优质"的快递服务体系,确保快递服务水平得到提高。

快递企业的服务质量一直广受关注,为提升快递服务水平,改善服务质量,2011年国家邮政局研究制定了多项规章制度,如《快递业务操作指导规范》、《关于做好快递业务旺季服务保障工作的意见》、《快递企业等级评定管理办法(试行)》、《快递服务》国家标准等,研究推行快递服务质量保证金制度,对快递企业的经营活动进行规范,鼓励引导快递企业改善服务质量,提高服务水平。

七、信息安全高度关注

2012年12月,部分媒体报道快递运单信息正被大面积泄露,甚至衍生出多个专门交易快递运单信息的网站,引起了社会公众的高度关注。

针对媒体报道的快递运单信息泄露问题,国家邮政局高度重视,随即下发《关于严密防范寄递企业及从业人员非法泄露用户使用邮政服务或快递服务信息的通知》,要求全行业迅速开展寄递企业信息安全检查工作。2012 年 12 月 17 日,国家邮政局召开全系统电视电话会议,针对寄递服务信息安全管理工作部署和安排专项整治行动,打击泄露寄递服务信息的行为。要求各级邮政管理部门要集中力量全面排查寄递企业的信息安全隐患,查堵漏洞。将寄递服务信息安全列为日常执法检查的重要内容,并建立起寄递服务信息安全监督检查的长效机制。对存在问题的企业,要下达书面整改通知书;对于整改不到位的,确实不具备信息安全保障条件、不适合继续从事寄递服务的,要依法责令其停业整顿,直至吊销其快递业务经营许可证;对监督检查过程中发现的从事寄递服务信息买卖的寄递企业与从业人员,在证据确凿的情况下,要依照法律规定从严从重给予行政处罚,构成刑事犯罪的,要依照程序移送司法机关处理。

八、旺季服务得到改善

2012 年业务旺季时间范围从 2012 年 11 月 1 日至 2013 年 2 月 9 日(除夕),共计 100 天。旺季期间,商务快递高峰和网购促销活动的叠加和持续,使得全行业快递业务量一直保持高位运营,具有时间跨度长、稳定生产任务重、安全保障要求高的特点。数据显示,2012 年 11 月份和 12 月份,全行业共完成快递业务量 13.27 亿件,占全年总量的 23.4%,同比增长 55%。整个旺季期间总计完成业务量 20.17 亿件,日均处理量超过 2000 万件,同比增长 53.8%。旺季期间,我国快递最高日处理量突破 3000 万件,同比增长 67%,位列世界第二。

针对业务量的激增,国家邮政局按照“提前准备,周密计划;围绕中心,全力保障;全程全网,统一调度;加强监管,统筹协调”的原则,积极采取措施保障旺季生产。一是提前准备、周密部署,国家邮政局召开全国旺季服务保障工作电视电话会议,明晰责任,落实旺季服务保障工作机制,督促快递企业合理组织人力物力,做好旺季生产应对准备工作。二是加强信息技术支撑。借助邮政业市场信息系统的数据分析功能,实时监测全网运转的快递业务量变动情况,监测主要快递企业的生产现场处理状况,指导企业合理调配服务运能。三是实现服务能力的最大化。邮政、快递企业服务能力的增加主要体现在三个方面:保持网络正常运行,充分挖掘运输能力,增加业务处理频次和人员。四是及时发布消费提示,引导消费。继续在网站首页开辟旺季保障工作专栏,为广大消费者提供业务量变化、流量、流向信息公告以及消费提示。五是强化监督检查。各地邮政管理部门加强了对快递企业服务和安全生产的现场检查,督导旺季服务保障工作,指导疏通邮路,保障寄递渠道安全畅通。六是全力确保寄递渠道的安全。把确保寄递渠道的安全运行作为最关键的工作来抓,严格落实安全生产责任制和安全保障措施。

在全行业高度重视、认真筹划下,快递企业将会努力保持寄递渠道的安全畅通,圆满完成旺季服务保障工作,逐渐提高用户的满意度。

附　录

相关文件(索引)

•《社区服务体系建设规划(2011－2015 年)》
详见网址 http://www.gov.cn/zwgk/2011－12/29/content_2032915.htm

•《商务部关于“十二五”时期促进零售业发展的指导意见》
详见网址 http://www.mofcom.gov.cn/aarticle/b/d/201202/20120207953815.html

•《现代服务业科技发展“十二五”专项规划》
详见网址 http://www.most.gov.cn/fggw/zfwj/zfwj2012/201202/t20120222_92619.htm

•《“十二五”综合交通运输体系规划》
详见网址 http://www.sdpc.gov.cn/nyjt/fzgh/t20120723_493135.htm

•《电子商务“十二五”发展规划》
详见网址 http://www.miit.gov.cn/n11293472/n11293832/n11293907/n11368223/14527814.html

•《国务院关于进一步支持小型微型企业健康发展的意见》
详见网址 http://www.gov.cn/zwgk/2012－04/26/content_2123937.htm

•《关于鼓励和引导民间投资进入物流领域的实施意见》
详见网址 http://www.sdpc.gov.cn/zcfb/zcfbtz/2012tz/t20120608_484998.htm

•《国务院关于深化流通体制改革加快流通产业发展的意见》
详见网址 http://www.gov.cn/zwgk/2012－08/07/content_2199496.htm

•《国内贸易发展“十二五”规划》
详见网址 http://www.gov.cn/zwgk/2012－09/10/content_2220743.htm

获得《快递业务经营许可证》企业名录

（截至2012年12月31日）

一、跨省（区、市）经营国内快递业务并经营国际快递业务的企业

企业名称	分支机构	许可证号	有效期限
民航快递有限责任公司	详见分支机构名录	国邮20100001A/C	2010.09.29至2015.09.28
内蒙古德美多式联运有限公司	详见分支机构名录	国邮20100004A/C	2010.09.29至2015.09.28
中国邮政速递物流股份有限公司	详见分支机构名录	国邮20100028A/C	2010.06.10至2015.06.09
顺丰速运（集团）有限公司	详见分支机构名录	国邮20100031A/C	2010.09.29至2015.09.28
北京顺丰速运有限公司	详见分支机构名录	国邮20100031－2A/C	2010.09.29至2015.09.28
吉林省顺丰速递有限公司	详见分支机构名录	国邮20100031－18A/C	2010.09.29至2015.09.28
广州顺丰速运有限公司	详见分支机构名录	国邮20100031－56A/C	2010.09.29至2015.09.28
深圳市原飞航物流有限公司	详见分支机构名录	国邮20100067A/C	2010.09.29至2015.09.28
中外运—敦豪国际航空快件有限公司	详见分支机构名录	国邮20100146A/C	2010.09.29至2015.09.28
上海圆通速递有限公司	详见分支机构名录	国邮20100209A/C	2010.09.29至2015.09.28
深圳市亚风速递有限公司	详见分支机构名录	国邮20100215A/C	2010.09.29至2015.09.28
捷特亨达货运代理（上海）有限公司	详见分支机构名录	国邮20100278A/C	2010.12.24至2015.12.23
广东港中能达物流有限公司	详见分支机构名录	国邮20100306A/C	2010.12.24至2015.12.23
上海圆通速递物流（集团）有限公司	详见分支机构名录	国邮20100307A/C	2010.12.24至2015.12.23
上海林道国际货运代理有限公司	详见分支机构名录	国邮20110337A/C	2011.01.25至2016.01.24

二、跨省（区、市）经营国内快递业务的企业

企业名称	分支机构	许可证号	有效期限
江苏京东信息技术有限公司	详见分支机构名录	国邮20100206A	2010.09.29至2015.09.28
红楼（上海）快递有限公司	详见分支机构名录	国邮20100207A	2010.09.29至2015.09.28
北京宅急送快运股份有限公司	详见分支机构名录	国邮20100208A	2010.09.29至2015.09.28
上海韵达货运有限公司	详见分支机构名录	国邮20100210A	2010.09.29至2015.09.28
上海中通吉速递服务有限公司	详见分支机构名录	国邮20100212A	2010.09.29至2015.09.28
申通快递有限公司	详见分支机构名录	国邮20100213A	2010.09.29至2015.09.28
上海全毅快递有限公司	详见分支机构名录	国邮20100214A	2010.09.29至2015.09.28
北京星晨急便速递有限公司	详见分支机构名录	国邮20100218A	2010.09.29至2015.09.28
北京世纪卓越信息技术有限公司	详见分支机构名录	国邮20100219A	2010.09.29至2015.09.28
北京世纪卓越快递服务有限公司	详见分支机构名录	国邮20100220A	2010.09.29至2015.09.28
杭州爱彼西商务配送有限公司	详见分支机构名录	国邮20100223A	2010.09.29至2015.09.28
中运蓝宇联合（北京）快递有限责任公司	详见分支机构名录	国邮20100237A	2010.09.29至2015.09.28
北京日益通速递有限责任公司	详见分支机构名录	国邮20100239A	2010.09.29至2015.09.28

续上表

企业名称	分支机构	许可证号	有效期限
东莞市鸿鹏快递有限公司	详见分支机构名录	国邮20100246A	2010.09.29至2015.09.28
重庆华宇物流有限公司	详见分支机构名录	国邮20100248A	2010.09.29至2015.09.28
北京乐畅快递有限公司	详见分支机构名录	国邮20100251A	2010.09.29至2015.09.28
广东快捷快物流有限公司	详见分支机构名录	国邮20100255A	2010.09.29至2015.09.28
广州宅急送快运有限公司	详见分支机构名录	国邮20100264A	2010.09.29至2015.09.28
上海宅急送物流有限公司	详见分支机构名录	国邮20100265A	2010.09.29至2015.09.28
沈阳宅急送快运有限公司	详见分支机构名录	国邮20100266A	2010.09.29至2015.09.28
武汉宅急送快运有限公司	详见分支机构名录	国邮20100267A	2010.09.29至2015.09.28
西安宅急送快运有限公司	详见分支机构名录	国邮20100268A	2010.09.29至2015.09.28
成都宅急送快运有限公司	详见分支机构名录	国邮20100269A	2010.09.29至2015.09.28
天天快递有限公司	详见分支机构名录	国邮20100270A	2010.09.29至2015.09.28
优速物流有限公司	详见分支机构名录	国邮20100272A	2010.11.25至2015.11.24
深圳速尔物流有限公司	详见分支机构名录	国邮20100279A	2010.12.24至2015.12.23
上海特能市场推广有限公司	详见分支机构名录	国邮20100290A	2010.12.24至2015.12.23
哈尔滨市尼尔物流发展有限公司	详见分支机构名录	国邮20110316A	2011.01.25至2016.01.24
上海飞羚速递有限公司	详见分支机构名录	国邮20110321A	2011.01.25至2016.01.24
深圳市鑫飞鸿快递有限公司	详见分支机构名录	国邮20110322A	2011.01.25至2016.01.24
北京安信达快递服务有限公司	详见分支机构名录	国邮20110323A	2011.01.25至2016.01.24
北京飞康达物流服务有限公司	详见分支机构名录	国邮20110327A	2011.01.25至2016.01.24
广州市快捷快货运服务有限公司	详见分支机构名录	国邮20110331A	2011.01.25至2016.01.24
北京中通大盈物流有限公司	详见分支机构名录	国邮20110332A	2011.01.25至2016.01.24
沈阳冠达快递有限公司	详见分支机构名录	国邮20110349A	2011.01.25至2016.01.24
杭州百世网络技术有限公司	详见分支机构名录	国邮20110354A	2011.8.30至2016.8.29
德邦物流股份有限公司	详见分支机构名录	国邮20120378A	2012.01.18至2017.01.17
联邦快递(中国)有限公司	详见分支机构名录	国邮20120147A	2012.09.06至2017.09.05
优比速包裹运送(广东)有限公司	详见分支机构名录	国邮20120010A	2012.09.06至2017.09.05
北京如风达快递有限公司	详见分支机构名录	国邮20120412A	2012.10.10至2017.10.09
上海佳吉快运有限公司	详见分支机构名录	国邮20120423A	2012.12.28至2017.12.27
苏宁云商集团股份有限公司	详见分支机构名录	国邮20120424A	2012.12.28至2017.12.27
中铁快运股份有限公司	详见分支机构名录	国邮20130435A	2013.02.06至2018.02.05
上海益实多电子商务有限公司	详见分支机构名录	国邮20130436A	2013.02.06至2018.02.05
山东海盟投资有限公司	详见分支机构名录	国邮20130445A	2013.05.14至2018.05.13
北京全峰快递有限责任公司	详见分支机构名录	国邮20130456A	2013.05.14至2018.05.13

三、经营国际快递业务的企业

企业名称	分支机构	许可证号	有效期限
大连民航快递有限公司	无	国邮20100001－1C	2010.06.21至2015.06.20
中外运空运发展股份有限公司	详见分支机构名录	国邮20090002－0C	2010.01.01至2014.12.31
河南东方商贸国际货运代理有限公司	无	国邮20090003C	2010.01.01至2014.12.31

续上表

企业名称	分支机构	许可证号	有效期限
宁德市彼岸国际货运代理有限公司	无	国邮20100005C	2010.01.15至2015.01.14
珠海市隆运国际货运代理有限公司	无	国邮20100006C	2010.01.15至2015.01.14
深圳均辉华惠国际货运有限公司	无	国邮20100007C	2010.01.15至2015.01.14
汉高货运代理(深圳)有限公司	详见分支机构名录	国邮20100008C	2010.01.15至2015.01.14
东莞市天峰快递有限公司	无	国邮20100009C	2010.01.15至2015.01.14
优比速包裹运送(广东)有限公司	详见分支机构名录	国邮20100010C	2010.05.17至2015.05.16
北京时代瑞丰进出口服务有限公司	详见分支机构名录	国邮20100011C	2010.05.17至2015.05.16
成岳国际货物运输代理(上海)有限公司	无	国邮20100012C	2010.05.17至2015.05.16
友航(中国)国际货代有限公司	详见分支机构名录	国邮20100013C	2010.05.17至2015.05.16
东莞市常安国际货物运输代理有限公司	无	国邮20100014C	2010.05.17至2015.05.16
北京明邦运通运输服务有限公司	详见分支机构名录	国邮20100015C	2010.05.17至2015.05.16
安徽东方国际物流有限公司	详见分支机构名录	国邮20100016C	2010.05.17至2015.05.16
东莞市正东国际货物运输代理有限公司	无	国邮20100017C	2010.05.17至2015.05.16
深圳市递四方速递有限公司	详见分支机构名录	国邮20100018C	2010.05.17至2015.05.16
芜湖恒诚国际货运代理有限公司	无	国邮20100019C	2010.05.17至2015.05.16
广东永邦经贸国际货运代理有限公司	无	国邮20100020C	2010.05.17至2015.05.16
杭州泛远国际物流有限公司	详见分支机构名录	国邮20100021C	2010.05.17至2015.05.16
广东易连国际货物运输代理有限公司	无	国邮20100022C	2010.05.17至2015.05.16
联合包裹物流(上海)有限公司	无	国邮20100023C	2010.05.17至2015.05.16
保利佐川物流有限公司	详见分支机构名录	国邮20100024C	2010.05.17至2015.05.16
呼和浩特市君立国际货运代理有限责任公司	无	国邮20100025C	2010.05.17至2015.05.16
厦门东港国际运输有限公司	详见分支机构名录	国邮20100026C	2010.05.17至2015.05.16
福建联运国际货运代理有限公司	详见分支机构名录	国邮20100027C	2010.05.17至2015.05.16
嘉里大通物流有限公司	详见分支机构名录	国邮20100029－0C	2010.06.21至2015.06.20
惠州市联捷国际货运代理有限公司	详见分支机构名录	国邮20100032C	2010.06.21至2015.06.20
福建泰航国际物流有限公司	详见分支机构名录	国邮20100033C	2010.06.21至2015.06.20
东莞市晖翔国际货运代理有限公司	无	国邮20100034C	2010.06.21至2015.06.20
日通国际物流(中国)有限公司	详见分支机构名录	国邮20100035C	2010.06.21至2015.06.20
深圳港中旅供应链贸易有限公司	无	国邮20100036C	2010.06.21至2015.06.20
重庆安捷国际运输代理有限公司	详见分支机构名录	国邮20100037C	2010.06.21至2015.06.20
宁波雅戈尔国际贸易运输有限公司	详见分支机构名录	国邮20100039C	2010.06.21至2015.06.20
深圳市迅达国际货运代理有限公司	无	国邮20100040C	2010.06.21至2015.06.20
江西中迅国际货运代理有限公司	无	国邮20100041C	2010.06.21至2015.06.20
上海迪比翼国际快件有限公司	详见分支机构名录	国邮20100042C	2010.06.21至2015.06.20
威海通达货运代理有限责任公司	无	国邮20100043C	2010.06.21至2015.06.20
上海雅仕国际物流有限公司	详见分支机构名录	国邮20100044C	2010.06.21至2015.06.20
珠海庞志国际货运代理有限公司	详见分支机构名录	国邮20100045C	2010.06.21至2015.06.20
江苏弘业国际物流有限公司	无	国邮20100046C	2010.06.21至2015.06.20
全一快递有限公司	详见分支机构名录	国邮20100047C	2010.06.21至2015.06.20
中国外运秦皇岛公司	无	国邮20100049C	2010.06.21至2015.06.20

续上表

企业名称	分支机构	许可证号	有效期限
上海亚东国际货运有限公司	详见分支机构名录	国邮20100050C	2010.06.21至2015.06.20
运必送物流(深圳)有限公司	无	国邮20100051C	2010.06.21至2015.06.20
德莎国际货运代理(上海)有限公司	详见分支机构名录	国邮20100052C	2010.06.21至2015.06.20
中国外运股份有限公司	详见分支机构名录	国邮20100053C	2010.06.21至2015.06.20
青岛经汉物流服务有限公司	详见分支机构名录	国邮20100054C	2010.06.21至2015.06.20
大连国际机场集团有限公司	无	国邮20100055C	2010.06.21至2015.06.20
江门市中岸国际船舶货物运输代理有限公司	详见分支机构名录	国邮20100056C	2010.06.21至2015.06.20
深圳市华信国际货运有限公司	详见分支机构名录	国邮20100057C	2010.06.21至2015.06.20
北京燕文物流有限公司	详见分支机构名录	国邮20100058C	2010.06.21至2015.06.20
上海天霖星洲国际货运有限公司	详见分支机构名录	国邮20100059C	2010.06.21至2015.06.20
武汉中贸发国际货运代理有限公司	详见分支机构名录	国邮20100060C	2010.06.21至2015.06.20
杭州日晟国际货运代理有限公司	无	国邮20100061C	2010.06.21至2015.06.20
中外运湖北有限责任公司	详见分支机构名录	国邮20100062C	2010.06.21至2015.06.20
深圳市和安国际货运代理有限公司	详见分支机构名录	国邮20100063C	2010.06.21至2015.06.20
广东秀驿物流有限公司	详见分支机构名录	国邮20100064C	2010.06.21至2015.06.20
饶平县泰昌快递有限公司	无	国邮20100065C	2010.06.21至2015.06.20
饶平铠信速递有限公司	无	国邮20100066C	2010.06.21至2015.06.20
威时沛运货运(广州)有限公司	详见分支机构名录	国邮20100068C	2010.06.21至2015.06.20
厦门雅顺达国际物流有限公司	详见分支机构名录	国邮20100069C	2010.06.21至2015.06.20
上海东方福达运输服务有限公司	无	国邮20100070C	2010.06.21至2015.06.20
上海华兴国际货运公司	无	国邮20100071C	2010.06.21至2015.06.20
饶平县达邦快件有限公司	无	国邮20100072C	2010.06.21至2015.06.20
饶平万丰快件有限公司	无	国邮20100073C	2010.06.21至2015.06.20
浙江中外运有限公司	详见分支机构名录	国邮20100074C	2010.06.21至2015.06.20
青岛中远国际航空货运代理有限公司	详见分支机构名录	国邮20100075C	2010.06.21至2015.06.20
深圳市利航国际货运代理有限公司	详见分支机构名录	国邮20100076C	2010.06.21至2015.06.20
亨达国际货运代理有限公司	详见分支机构名录	国邮20100080C	2010.07.16至2015.07.15
深圳棋洋国际物流有限公司	详见分支机构名录	国邮20100081C	2010.07.16至2015.07.15
福建金诚国际物流有限公司	无	国邮20100082C	2010.07.16至2015.07.15
中航技国际储运厦门有限责任公司	详见分支机构名录	国邮20100083C	2010.07.16至2015.07.15
深圳华世达国际货运代理有限公司	无	国邮20100084C	2010.07.16至2015.07.15
伟光达国际货运代理(深圳)有限公司	无	国邮20100085C	2010.07.16至2015.07.15
佛山中新创业国际货运代理有限公司	无	国邮20100086C	2010.07.16至2015.07.15
深圳市安达顺国际物流有限公司	无	国邮20100087C	2010.07.16至2015.07.15
深圳市意顺达国际货运有限公司	无	国邮20100088C	2010.07.16至2015.07.15
中外运速递有限公司	详见分支机构名录	国邮20100090C	2010.07.16至2015.07.15
广州中远国际航空货运代理有限公司	详见分支机构名录	国邮20100091C	2010.07.16至2015.07.15
东莞市南翔国际货运代理有限公司	无	国邮20100092C	2010.07.16至2015.07.15
海程邦达国际物流有限公司	无	国邮20100093C	2010.07.16至2015.07.15
厦门东方环球货运代理有限公司	详见分支机构名录	国邮20100094C	2010.07.16至2015.07.15

续上表

企业名称	分支机构	许可证号	有效期限
东莞市东港国际货运代理有限公司	无	国邮20100095C	2010.07.16至2015.07.15
江苏苏迈克斯国际货运有限公司	详见分支机构名录	国邮20100096C	2010.07.16至2015.07.15
饶平县润东快件有限公司	无	国邮20100097C	2010.07.16至2015.07.15
饶平县龙骏快递有限公司	无	国邮20100098C	2010.07.16至2015.07.15
潮州市佳奇物流有限公司	无	国邮20100099C	2010.07.16至2015.07.15
饶平县捷诚快件有限公司	无	国邮20100100C	2010.07.16至2015.07.15
饶平县新科港快件有限公司	无	国邮20100101C	2010.07.16至2015.07.15
东莞市中亚联发运输有限公司	无	国邮20100102C	2010.07.16至2015.07.15
东莞市骅达国际货运代理有限公司	详见分支机构名录	国邮20100103C	2010.07.16至2015.07.15
佛山市冠鸿国际货运代理有限公司	详见分支机构名录	国邮20100104C	2010.07.16至2015.07.15
深圳市海捷运物流管理有限公司	无	国邮20100105C	2010.07.16至2015.07.15
广州番禺中新国际货物运输代理有限公司	无	国邮20100106C	2010.07.16至2015.07.15
深圳万邦国际物流运输有限责任公司	无	国邮20100107C	2010.07.16至2015.07.15
汕头市三驰国际货运代理有限公司	无	国邮20100108C	2010.07.16至2015.07.15
汕头市友华快递有限公司	无	国邮20100109C	2010.07.16至2015.07.15
汕头市捷铭国际货运代理有限公司	无	国邮20100110C	2010.07.16至2015.07.15
汕头市恒利国际货运代理有限公司	无	国邮20100111C	2010.07.16至2015.07.15
中外运－日新国际货运代理有限公司	详见分支机构名录	国邮20100112C	2010.07.16至2015.07.15
广东全顺国际货运代理有限公司	无	国邮20100113C	2010.07.16至2015.07.15
青岛大亚空运有限公司	无	国邮20100114C	2010.07.16至2015.07.15
烟台德鸿国际货运代理有限公司	无	国邮20100115C	2010.07.16至2015.07.15
深圳市亿翔国际货运代理有限公司	详见分支机构名录	国邮20100116C	2010.07.16至2015.07.15
东莞市迅达国际货运有限公司	无	国邮20100117C	2010.07.16至2015.07.15
武汉市邮政速递有限公司	无	国邮20100118C	2010.07.16至2015.07.15
中山市金洋国际货运代理有限公司	详见分支机构名录	国邮20100119C	2010.07.16至2015.07.15
青岛金王国际运输有限公司	无	国邮20100120C	2010.07.16至2015.07.15
东莞市日安国际货运代理有限公司	无	国邮20100121C	2010.07.16至2015.07.15
嘉里大通物流(深圳)有限公司	无	国邮20100122C	2010.07.16至2015.07.15
南阳春龙国际货运代理有限公司	无	国邮20100124C	2010.07.16至2015.07.15
梅县荣嘉国际远洋货运有限公司	无	国邮20100125C	2010.07.16至2015.07.15
深圳市恒立达国际货运代理有限公司	详见分支机构名录	国邮20100126C	2010.07.16至2015.07.15
德莎国际货运代理(深圳)有限公司	详见分支机构名录	国邮20100127C	2010.07.16至2015.07.15
福建中旅国际客货运代理有限公司	无	国邮20100128C	2010.07.16至2015.07.15
招商局物流集团有限公司	详见分支机构名录	国邮20100129C	2010.07.16至2015.07.15
招商局物流深圳有限公司	无	国邮20100130C	2010.07.16至2015.07.15
中国外运山东有限公司	详见分支机构名录	国邮20100131C	2010.07.16至2015.07.15
瀚洋国际货运代理(深圳)有限公司	详见分支机构名录	国邮20100132C	2010.07.16至2015.07.15
饶平县长新快件有限公司	无	国邮20100133C	2010.07.16至2015.07.15
山东盛欣国际货运代理有限公司	无	国邮20100134C	2010.07.16至2015.07.15
南通新干线国际货运代理有限公司	无	国邮20100135C	2010.07.16至2015.07.15

续上表

企业名称	分支机构	许可证号	有效期限
江门市邮政速递服务有限公司	无	国邮 20100136C	2010.07.16 至 2015.07.15
深圳市华惠国际货运有限公司	无	国邮 20100137C	2010.07.16 至 2015.07.15
中远国际航空货运代理有限公司	无	国邮 20100138C	2010.07.16 至 2015.07.15
汕头市天嘉快件有限公司	无	国邮 20100139C	2010.07.16 至 2015.07.15
深圳市文辰国际货运代理有限公司	无	国邮 20100140C	2010.07.16 至 2015.07.15
汕头经济特区平野对外运输有限公司	无	国邮 20100141C	2010.07.16 至 2015.07.15
深圳市平宇物流有限公司	详见分支机构名录	国邮 20100142C	2010.07.16 至 2015.07.15
北京华惠国际货运有限公司	详见分支机构名录	国邮 20100143C	2010.07.16 至 2015.07.15
深圳市凯鑫国际货运代理有限公司	详见分支机构名录	国邮 20100144C	2010.07.16 至 2015.07.15
天地国际运输代理(中国)有限公司	详见分支机构名录	国邮 20100145C	2010.08.03 至 2015.08.02
联邦快递(中国)有限公司	详见分支机构名录	国邮 20100147C	2010.08.25 至 2015.08.24
深圳迈豪国际货运代理有限公司	无	国邮 20100148C	2010.09.27 至 2015.09.26
青岛宏洋国际货运代理有限公司	无	国邮 20100149C	2010.09.27 至 2015.09.26
江苏亨通海晨物流有限公司	详见分支机构名录	国邮 20100150C	2010.09.27 至 2015.09.26
上海优益喜国际货物运输代理有限公司	无	国邮 20100151C	2010.09.27 至 2015.09.26
山东盛世海丰国际货运代理有限公司	无	国邮 20100152C	2010.09.27 至 2015.09.26
广州派亚物流有限公司	无	国邮 20100154C	2010.09.27 至 2015.09.26
青岛翔通国际运输代理有限公司	无	国邮 20100155C	2010.09.27 至 2015.09.26
上海翼速国际物流有限公司	无	国邮 20100156C	2010.09.27 至 2015.09.26
莆田市航鹏货运有限公司	详见分支机构名录	国邮 20100157C	2010.09.27 至 2015.09.26
广州市赛时多式国际货运代理有限公司	无	国邮 20100158C	2010.09.27 至 2015.09.26
北京天霖骐骥国际航空运输代理有限公司	无	国邮 20100159C	2010.09.27 至 2015.09.26
北海海志船舶代理有限责任公司	无	国邮 20100160C	2010.09.27 至 2015.09.26
汕头市乐递快件有限公司	无	国邮 20100161C	2010.09.27 至 2015.09.26
上海恒荣国际货运有限公司	详见分支机构名录	国邮 20100162C	2010.09.27 至 2015.09.26
东莞市金泰辉国际货运代理有限公司	无	国邮 20100165C	2010.09.27 至 2015.09.26
上海空海货运代理有限公司	详见分支机构名录	国邮 20100166C	2010.09.27 至 2015.09.26
杭州佳成国际货运代理有限公司	详见分支机构名录	国邮 20100167C	2010.09.27 至 2015.09.26
东莞一辉货运服务有限公司	详见分支机构名录	国邮 20100168C	2010.09.27 至 2015.09.26
珠海崇宏货运代理有限公司	详见分支机构名录	国邮 20100169C	2010.09.27 至 2015.09.26
中国外运河南公司	详见分支机构名录	国邮 20100170C	2010.09.27 至 2015.09.26
佛山市快图仕国际货运代理有限公司	无	国邮 20100171C	2010.09.27 至 2015.09.26
中国外运长江有限公司	详见分支机构名录	国邮 20100172C	2010.09.27 至 2015.09.26
江阴中外运物流有限公司	无	国邮 20100172 - 1C	2010.09.27 至 2015.09.26
昆山中外运物流有限公司	无	国邮 20100172 - 2C	2010.09.27 至 2015.09.26
南京出口加工区中外运物流有限公司	无	国邮 20100172 - 3C	2010.09.27 至 2015.09.26
安徽宇环储运有限公司	无	国邮 20100174C	2010.09.27 至 2015.09.26
宁波泛洋国际货运代理有限公司	无	国邮 20100175C	2010.09.27 至 2015.09.26
苏州国信集团太仓港东润物流有限公司	无	国邮 20100177C	2010.09.27 至 2015.09.26
福建华夏货运有限公司	无	国邮 20100178C	2010.09.27 至 2015.09.26

续上表

企 业 名 称	分 支 机 构	许 可 证 号	有 效 期 限
上海华惠国际货运有限公司	详见分支机构名录	国邮20100179C	2010.09.27至2015.09.26
汕头市龙骑士快件有限公司	无	国邮20100180C	2010.09.27至2015.09.26
浙江外运台州有限公司	详见分支机构名录	国邮20100181C	2010.09.27至2015.09.26
湖州新元国际货运有限公司	详见分支机构名录	国邮20100182C	2010.09.27至2015.09.26
上海百福东方国际物流有限责任公司	无	国邮20100183C	2010.09.27至2015.09.26
上海长发国际货运有限公司	无	国邮20100184C	2010.09.27至2015.09.26
汕头中外运有限公司	详见分支机构名录	国邮20100185C	2010.09.27至2015.09.26
中国外运广东有限公司	详见分支机构名录	国邮20100186C	2010.09.27至2015.09.26
招商局物流集团江苏有限公司	无	国邮20100187C	2010.09.27至2015.09.26
深圳市安梭国际货运代理有限公司	无	国邮20100188C	2010.09.27至2015.09.26
大连乾瀚国际物流有限公司	详见分支机构名录	国邮20100189C	2010.09.27至2015.09.26
中国外运山西公司	无	国邮20100190C	2010.09.27至2015.09.26
大连双雄国际货运代理有限公司	详见分支机构名录	国邮20100191C	2010.09.27至2015.09.26
大连迪比翼爱克斯快递有限公司	无	国邮20100192C	2010.09.27至2015.09.26
昆明荣建国际货运有限公司	无	国邮20100193C	2010.09.27至2015.09.26
义乌天虎快递有限公司	详见分支机构名录	国邮20100194C	2010.09.27至2015.09.26
上海泓丰国际货物运输代理有限公司	详见分支机构名录	国邮20100196C	2010.09.27至2015.09.26
上海翔运国际货运有限公司	无	国邮20100197C	2010.09.27至2015.09.26
包头开源鸿瑞国际货运代理有限责任公司	无	国邮20100198C	2010.09.27至2015.09.26
大庆国际货物运输代理有限公司	无	国邮20100199C	2010.09.27至2015.09.26
黄石中外运国际货运代理有限公司	无	国邮20100200C	2010.09.27至2015.09.26
珠海市中景国际货物运输代理有限公司	无	国邮20100201C	2010.09.27至2015.09.26
杭州百福东方国际货运代理有限公司	无	国邮20100202C	2010.09.27至2015.09.26
天津泛艺国际货运代理服务有限公司	详见分支机构名录	国邮20100203C	2010.09.27至2015.09.26
河北外运廊坊公司	无	国邮20100204C	2010.09.27至2015.09.26
黑龙江省乾瀚国际货物运输代理有限公司	无	国邮20100205C	2010.09.27至2015.09.26
雅玛多(中国)运输有限公司	详见分支机构名录	国邮20100216C	2010.09.29至2015.09.28
欧西爱司物流(上海)有限公司	详见分支机构名录	国邮20100217C	2010.09.29至2015.09.28
郑州市程驰速递有限公司	无	国邮20100221C	2010.09.29至2015.09.28
深圳市国鑫快递有限公司	无	国邮20100222C	2010.09.29至2015.09.28
南通三佳快运代理有限公司	无	国邮20100224C	2010.09.29至2015.09.28
河北佳通物流有限公司	无	国邮20100225C	2010.09.29至2015.09.28
亚诺士物流(厦门)有限公司	无	国邮20100226C	2010.09.29至2015.09.28
菏泽市通世运送服务有限公司	无	国邮20100227C	2010.09.29至2015.09.28
深圳市盈安达国际货运代理有限公司	详见分支机构名录	国邮20100228C	2010.09.29至2015.09.28
南通恒丰国际货运代理有限公司	无	国邮20100229C	2010.09.29至2015.09.28
合肥圣捷快运有限公司	详见分支机构名录	国邮20100230C	2010.09.29至2015.09.28
惠州市辉宇天地货物运输有限公司	无	国邮20100231C	2010.09.29至2015.09.28
湖南迪比翼快递服务有限公司	无	国邮20100232C	2010.09.29至2015.09.28
珠海市宇立物流有限公司	无	国邮20100233C	2010.09.29至2015.09.28

续上表

企业名称	分支机构	许可证号	有效期限
东莞市亚世国际货运代理有限公司	详见分支机构名录	国邮20100234C	2010.09.29至2015.09.28
东莞市东急捷运有限公司	详见分支机构名录	国邮20100235C	2010.09.29至2015.09.28
嘉兴市乍浦百通速递服务有限公司	详见分支机构名录	国邮20100236C	2010.09.29至2015.09.28
嘉兴环洋国际货运代理有限公司	详见分支机构名录	国邮20100238C	2010.09.29至2015.09.28
偌亚奥国际货运代理(深圳)有限公司	详见分支机构名录	国邮20100240C	2010.09.29至2015.09.28
天津泰利宝国际货运代理有限公司	无	国邮20100241C	2010.09.29至2015.09.28
北京网易速达国际货运代理有限公司	详见分支机构名录	国邮20100242C	2010.09.29至2015.09.28
金华中外运国际物流有限公司	无	国邮20100243C	2010.09.29至2015.09.28
潮州市外运有限公司	无	国邮20100244C	2010.09.29至2015.09.28
中山市康力国际货运代理有限公司	详见分支机构名录	国邮20100245C	2010.09.29至2015.09.28
广州市快时递快递有限公司	详见分支机构名录	国邮20100247C	2010.09.29至2015.09.28
中山祥运通国际货运代理有限公司	详见分支机构名录	国邮20100249C	2010.09.29至2015.09.28
饶平县联港快件有限公司	无	国邮20100250C	2010.09.29至2015.09.28
浙江旭日国际货运代理有限公司	详见分支机构名录	国邮20100252C	2010.09.29至2015.09.28
中山龙盛达国际货运代理有限公司	无	国邮20100253C	2010.09.29至2015.09.28
金华市天达国际货运代理有限公司	详见分支机构名录	国邮20100254C	2010.09.29至2015.09.28
威海田园凯鸽快递有限公司	无	国邮20100256C	2010.09.29至2015.09.28
丹阳市海尚国际商务有限公司	无	国邮20100257C	2010.09.29至2015.09.28
深圳市三态速递有限公司	无	国邮20100258C	2010.09.29至2015.09.28
潍坊联捷国际物流有限公司	无	国邮20100259C	2010.09.29至2015.09.28
吉林市飞虎快递有限公司	详见分支机构名录	国邮20100260C	2010.09.29至2015.09.28
中国外运广西桂林公司	无	国邮20100261C	2010.09.29至2015.09.28
吉林省华虎快递有限公司	无	国邮20100262C	2010.09.29至2015.09.28
青岛金驿路国际物流有限公司	无	国邮20100273C	2010.11.25至2015.11.24
浩通国际货运代理有限公司	详见分支机构名录	国邮20100274C	2010.11.25至2015.11.24
一三九快递(北京)有限公司	无	国邮20100275C	2010.11.25至2015.11.24
东莞市天地通速递有限公司	详见分支机构名录	国邮20100276C	2010.11.25至2015.11.24
常熟外贸运输有限责任公司	无	国邮20100277C	2010.12.24至2015.12.23
天津美亚集运国际货运代理有限公司	无	国邮20100280C	2010.12.24至2015.12.23
温州天翔货运服务有限公司	详见分支机构名录	国邮20100281C	2010.12.24至2015.12.23
福州中贸英联航空国际货运代理有限公司	无	国邮20100282C	2010.12.24至2015.12.23
包头市中天国际货运代理有限公司	无	国邮20100283C	2010.12.24至2015.12.23
深圳市秀驿国际物流有限公司	详见分支机构名录	国邮20100284C	2010.12.24至2015.12.23
昆山外服迪比翼国际货运代理有限公司	详见分支机构名录	国邮20100285C	2010.12.24至2015.12.23
常州市奥翔物流有限公司	无	国邮20100287C	2010.12.24至2015.12.23
湖南东讯速递有限公司	无	国邮20100288C	2010.12.24至2015.12.23
中国外运广西梧州有限公司	无	国邮20100289C	2010.12.24至2015.12.23
川妮(厦门)国际货运代理有限公司	无	国邮20100291C	2010.12.24至2015.12.23
无锡城晓国际货运代理有限公司	无	国邮20100292C	2010.12.24至2015.12.23
青岛昊坤达国际物流有限公司	详见分支机构名录	国邮20100293C	2010.12.24至2015.12.23

续上表

企业名称	分支机构	许可证号	有效期限
辽宁天地国际物流有限公司	无	国邮20100294C	2010.12.24至2015.12.23
宁波睿达国际物流有限公司	无	国邮20100295C	2010.12.24至2015.12.23
泉州顺鑫快递有限公司	无	国邮20100296C	2010.12.24至2015.12.23
厦门安世通国际快递物流有限公司	详见分支机构名录	国邮20100297C	2010.12.24至2015.12.23
上海伟邦快递服务有限公司	详见分支机构名录	国邮20100298C	2010.12.24至2015.12.23
宁波富成国际货运代理有限公司	无	国邮20100299C	2010.12.24至2015.12.23
天津易运物流有限公司	无	国邮20100300C	2010.12.24至2015.12.23
厦门宸迅物流有限公司	无	国邮20100301C	2010.12.24至2015.12.23
温州金邦盛德国际货运代理有限公司	详见分支机构名录	国邮20100302C	2010.12.24至2015.12.23
广西柳州外运有限责任公司	详见分支机构名录	国邮20100303C	2010.12.24至2015.12.23
张家港顺捷国际货运代理有限公司	无	国邮20100304C	2010.12.24至2015.12.23
上海义达国际物流有限公司	无	国邮20100305C	2010.12.24至2015.12.23
包头鼎力通国际货物运输代理有限公司	详见分支机构名录	国邮20110308C	2011.01.14至2016.01.15
上海中外运钱塘有限公司	无	国邮20110309C	2011.01.14至2016.01.15
上海柯莱国际货运有限公司	详见分支机构名录	国邮20110310C	2011.01.14至2016.01.15
苏州百福东方国际物流有限责任公司	无	国邮20110311C	2011.01.14至2016.01.15
福建鼎佳国际货运代理有限公司	无	国邮20110312C	2011.01.14至2016.01.15
山东中外运弘志物流有限公司	无	国邮20110313C	2011.01.14至2016.01.15
中国外运江苏集团公司扬州公司	详见分支机构名录	国邮20110315C	2011.01.25至2016.01.24
青岛翔通报关行有限公司	详见分支机构名录	国邮20110317C	2011.01.25至2016.01.24
绍兴希凯易国际货运代理有限公司	无	国邮20110318C	2011.01.25至2016.01.24
深圳福霖冠宇国际货运代理有限公司	无	国邮20110319C	2011.01.25至2016.01.24
浙江亲和货运代理有限公司	详见分支机构名录	国邮20110320C	2011.01.25至2016.01.24
长春天地快件有限公司	详见分支机构名录	国邮20110324C	2011.01.25至2016.01.24
大连通商急便国际物流有限公司	无	国邮20110325C	2011.01.25至2016.01.24
深圳市快迅捷运输服务有限公司	无	国邮20110326C	2011.01.25至2016.01.24
大连通达货运有限公司	详见分支机构名录	国邮20110328C	2011.01.25至2016.01.24
绍兴天越货运有限公司	无	国邮20110329C	2011.01.25至2016.01.24
湖南省华通国际货运代理有限公司	无	国邮20110330C	2011.01.25至2016.01.24
深圳市迪比翼贸易发展有限公司	无	国邮20110333C	2011.01.25至2016.01.24
襄樊亚樊敦豪航空快件有限公司	无	国邮20110334C	2011.01.25至2016.01.24
宁波金腾国际货运代理有限公司	无	国邮20110335C	2011.01.25至2016.01.24
宁波长运国际物流有限公司	无	国邮20110336C	2011.01.25至2016.01.24
上海经贸和光旅运有限公司	无	国邮20110338C	2011.01.25至2016.01.24
宜昌市联合国际货运代理有限公司	无	国邮20110339C	2011.01.25至2016.01.24
嘉兴市锦剑物流有限公司	详见分支机构名录	国邮20110340C	2011.01.25至2016.01.24
宁波华迅甬通航空货运代理有限公司	无	国邮20110342C	2011.01.25至2016.01.24
杭州荣城国际货运有限公司	无	国邮20110343C	2011.01.25至2016.01.24
中国外运黑龙江齐齐哈尔公司	无	国邮20110344C	2011.01.25至2016.01.24
安徽亚太航空代理有限公司	无	国邮20110345C	2011.01.25至2016.01.24

续上表

企业名称	分支机构	许可证号	有效期限
深圳市汇通天下国际货运代理有限公司	详见分支机构名录	国邮 20110346C	2011.01.25 至 2016.01.24
长春顺捷速递有限公司	无	国邮 20110347C	2011.01.25 至 2016.01.24
黄石天海物流有限公司	无	国邮 20110348C	2011.01.25 至 2016.01.24
杭州七逸国际货运代理有限公司	详见分支机构名录	国邮 20110350C	2011.01.25 至 2016.01.24
广州霆宇国际货运代理有限公司	无	国邮 20110351C	2011.01.25 至 2016.01.24
中国货运航空有限公司	无	国邮 20110352C	2011.01.25 至 2016.01.24
宁波万邦速运有限公司	无	国邮 20110353C	2011.01.25 至 2016.01.24
北京冠捷国际物流有限公司	详见分支机构名录	国邮 20110355C	2011.8.30 至 2016.8.29
深圳市久荣物流有限公司	无	国邮 20110356C	2011.8.30 至 2016.8.29
溧阳溧金速达物流有限公司	无	国邮 20110357C	2011.8.30 至 2016.8.29
中国对外贸易运输总公司浙江嘉兴支公司	无	国邮 20110358C	2011.8.30 至 2016.8.29
中国外运陆桥运输有限公司	详见分支机构名录	国邮 20110359C	2011.8.30 至 2016.8.29
浙江云豹国际货运代理有限公司	详见分支机构名录	国邮 20110360C	2011.8.30 至 2016.8.29
上海服友速递有限公司	无	国邮 20110361C	2011.8.30 至 2016.8.29
建德市宏强货运中介有限公司	无	国邮 20110362C	2011.8.30 至 2016.8.29
山东天泽航国际货运代理有限公司	无	国邮 20110363C	2011.8.30 至 2016.8.29
东莞市创运国际货运代理有限公司	无	国邮 20110364C	2011.10.18 至 2016.10.17
厦门通宇报关有限公司	无	国邮 20110365C	2011.10.18 至 2016.10.17
延边多源快运有限公司	详见分支机构名录	国邮 20110366C	2011.10.18 至 2016.10.17
安阳市敦豪货运代理有限公司	无	国邮 20110367C	2011.10.18 至 2016.10.17
濮阳市敦豪货运代理有限公司	无	国邮 20110368C	2011.10.18 至 2016.10.17
DHL 空运服务(上海)有限公司	无	国邮 20110369C	2011.12.01 至 2016.11.30
上海合久成越国际货运代理有限公司	无	国邮 20110370C	2011.10.18 至 2016.10.17
深圳市升蓝物流有限公司	详见分支机构名录	国邮 20110371C	2011.10.18 至 2016.10.17
中外运安迈世(上海)国际航空快递有限公司	无	国邮 20110372C	2011.11.04 至 2016.11.03
义乌市联信国际货运代理有限公司	无	国邮 20110373C	2011.12.01 至 2016.11.30
佛山市兆航国际货运代理有限公司	详见分支机构名录	国邮 20110374C	2011.12.01 至 2016.11.30
龙口亚航船务代理有限公司	详见分支机构名录	国邮 20110375C	2011.12.01 至 2016.11.30
华世达物流(福建)有限公司	详见分支机构名录	国邮 20110376C	2011.12.01 至 2016.11.30
常州市美亚国际货运代理有限公司	无	国邮 20110377C	2011.12.01 至 2016.11.30
嘉兴市天地迅捷国际货运代理有限公司	无	国邮 20110379C	2011.10.18 至 2011.10.17
杭州天豹国际货运代理有限公司	无	国邮 20120380C	2012.01.18 至 2017.01.17
杭州旭泽报关有限公司	无	国邮 20120381C	2012.01.18 至 2017.01.17
宇航国际物流(大连)有限公司	无	国邮 20120382C	2012.01.18 至 2017.01.17
浏阳市东豪仓储咨询服务有限公司	详见分支机构名录	国邮 20120383C	2012.01.18 至 2017.01.17
青岛世进国际物流有限公司	详见分支机构名录	国邮 20120384C	2012.01.18 至 2017.01.17
北京快达国际物流服务有限公司	无	国邮 20120385C	2012.01.18 至 2017.01.17
深圳市中技物流有限公司	详见分支机构名录	国邮 20120386C	2012.01.18 至 2017.01.17
上海印华国际货运代理有限公司	无	国邮 20120387C	2012.01.18 至 2017.01.17
常州华彩国际货运代理有限公司	无	国邮 20120388C	2012.01.18 至 2017.01.17

续上表

企业名称	分支机构	许可证号	有效期限
广州晨阳国际货运代理有限公司	详见分支机构名录	国邮20120389C	2012.01.18至2017.01.17
北京群航国际货运代理有限公司	无	国邮20120390C	2012.01.18至2017.01.17
上海美鹰国际货物运输代理有限公司	无	国邮20120391C	2012.01.18至2017.01.17
东莞市泛亚国际货运代理有限公司	无	国邮20120392C	2012.03.22至2017.03.21
东莞市启盛国际货运服务有限公司	无	国邮20120393C	2012.03.22至2017.03.21
东莞市泽盈国际货运代理有限公司	无	国邮20120394C	2012.03.22至2017.03.21
苏州昊盛国际货运代理有限公司	无	国邮20120395C	2012.03.22至2017.03.21
上海马风达快递服务有限公司	详见分支机构名录	国邮20120396C	2012.03.22至2017.03.21
厦门琳龙物流有限公司	无	国邮20120397C	2012.03.22至2017.03.21
东莞市怡和国际货运代理有限公司	无	国邮20120398C	2012.03.22至2017.03.21
中山市中泰国际货运代理有限公司	无	国邮20120399C	2012.03.22至2017.03.21
深圳市康力国际货运代理有限公司	无	国邮20120400C	2012.03.22至2017.03.21
东莞市康力国际货运代理有限公司	详见分支机构名录	国邮20120401C	2012.03.22至2017.03.21
徐州丸全外运有限公司	无	国邮20120402C	2012.03.22至2017.03.21
深圳市宅急送快运有限公司	详见分支机构名录	国邮20120403C	2012.07.13至2017.07.12
上海捷利货运有限公司	无	国邮20120404C	2012.07.13至2017.07.12
泉州市华国货运代理有限公司	无	国邮20120405C	2012.07.13至2017.07.12
湖南安迅物流运输有限公司	无	国邮20120406C	2012.07.13至2017.07.12
广西中外运物流有限公司	详见分支机构名录	国邮20120407C	2012.07.13至2017.07.12
南通全球通速递有限公司	无	国邮20120408C	2012.07.13至2017.07.12
苏州霞丰国际货运代理有限公司	详见分支机构名录	国邮20120409C	2012.07.13至2017.07.12
北京福鑫快递服务有限公司	无	国邮20120410C	2012.07.13至2017.07.12
上海骏佳国际物流有限公司	无	国邮20120411C	2012.07.13至2017.07.12
北京宅急送快运股份有限公司	详见分支机构名录	国邮20100208C	2012.07.13至2017.07.12
上海宅急送物流有限公司	详见分支机构名录	国邮20100265C	2012.07.13至2017.07.12
杭州百世网络技术有限公司	详见分支机构名录	国邮20110354C	2012.07.13至2017.07.12
南京朗沁国际物流有限公司	无	国邮20120413C	2012.10.10至2017.10.09
上海创兴国际货运代理有限公司	无	国邮20120414C	2012.10.10至2017.10.09
上海恒信泓艺国际货物运输代理有限公司	无	国邮20120415C	2012.10.10至2017.10.09
上海圆通国际货物运输代理有限公司	无	国邮20120417C	2012.10.10至2017.10.09
唐山世骐国际货运代理有限公司	无	国邮20120418C	2012.10.10至2017.10.09
东莞市吉通国际货运代理有限公司	无	国邮20120419C	2012.10.10至2017.10.09
青岛永广泰国际货运代理有限公司	无	国邮20120420C	2012.10.10至2017.10.09
飄达通运输（深圳）有限公司	无	国邮20120421C	2012.10.10至2017.10.09
郑州宇迅快递有限公司	无	国邮20120422C	2012.10.10至2017.10.09
上海韵达货运有限公司	详见分支机构名录	国邮20120210C	2012.10.10至2017.10.09
许昌启明快递有限公司	无	国邮20120416C	2012.12.28至2017.12.27
上海馨翔航空地面服务有限公司	无	国邮20120425C	2012.12.28至2017.12.27
上海晋越货物运输代理有限公司	无	国邮20120426C	2012.12.28至2017.12.27
宝应县佳捷货运有限公司	无	国邮20120427C	2012.12.28至2017.12.27

续上表

企业名称	分支机构	许可证号	有效期限
上海爱文琪货运代理有限公司	无	国邮20120428C	2012.12.28至2017.12.27
温州亚泰物流有限公司	无	国邮20120429C	2012.12.28至2017.12.27
太仓和信国际货运代理有限公司	无	国邮20120430C	2012.12.28至2017.12.27
惠州市鑫田物流有限公司	无	国邮20120431C	2012.12.28至2017.12.27
宁波海曙易成货运代理有限公司	无	国邮20120432C	2012.12.28至2017.12.27
深圳市有信达物流集团有限公司	无	国邮20120433C	2012.12.28至2017.12.27

四、中国邮政速递物流股份有限公司31家子公司

企业名称	分支机构	许可证号	有效期限
北京市邮政速递物流有限公司	详见分支机构名录	国邮20100028-1C	2010.09.27至2015.09.26
天津市邮政速递物流有限公司	详见分支机构名录	国邮20100028-2C	2010.09.27至2015.09.26
河北省邮政速递物流有限公司	详见分支机构名录	国邮20100028-3C	2010.09.27至2015.09.26
山西省邮政速递物流有限公司	详见分支机构名录	国邮20100028-4C	2010.09.27至2015.09.26
内蒙古邮政速递物流有限公司	详见分支机构名录	国邮20100028-5C	2010.09.27至2015.09.26
辽宁省邮政速递物流有限公司	详见分支机构名录	国邮20100028-6C	2010.09.27至2015.09.26
吉林省邮政速递物流有限公司	详见分支机构名录	国邮20100028-7C	2010.09.27至2015.09.26
黑龙江省邮政速递物流有限公司	详见分支机构名录	国邮20100028-8C	2010.09.27至2015.09.26
江苏省邮政速递物流有限公司	详见分支机构名录	国邮20100028-9C	2010.09.27至2015.09.26
浙江省邮政速递物流有限公司	详见分支机构名录	国邮20100028-10C	2010.09.27至2015.09.26
安徽省邮政速递物流有限公司	详见分支机构名录	国邮20100028-11C	2010.09.27至2015.09.26
上海市邮政速递物流有限公司	详见分支机构名录	国邮20100028-12C	2010.09.27至2015.09.26
福建省邮政速递物流有限公司	详见分支机构名录	国邮20100028-13C	2010.09.27至2015.09.26
江西省邮政速递物流有限公司	详见分支机构名录	国邮20100028-14C	2010.09.27至2015.09.26
山东省邮政速递物流有限公司	详见分支机构名录	国邮20100028-15C	2010.09.27至2015.09.26
河南省邮政速递物流有限公司	详见分支机构名录	国邮20100028-16C	2010.09.27至2015.09.26
湖北省邮政速递物流有限公司	详见分支机构名录	国邮20100028-17C	2010.09.27至2015.09.26
湖南省邮政速递物流有限公司	详见分支机构名录	国邮20100028-18C	2010.09.27至2015.09.26
广东省邮政速递物流有限公司	详见分支机构名录	国邮20100028-19C	2010.09.27至2015.09.26
广西壮族自治区邮政速递物流有限公司	详见分支机构名录	国邮20100028-20C	2010.09.27至2015.09.26
海南省邮政速递物流有限公司	详见分支机构名录	国邮20100028-21C	2010.09.27至2015.09.26
重庆市邮政速递物流有限公司	详见分支机构名录	国邮20100028-22C	2010.09.27至2015.09.26
四川省邮政速递物流有限公司	详见分支机构名录	国邮20100028-23C	2010.09.27至2015.09.26
贵州省邮政速递物流有限公司	详见分支机构名录	国邮20100028-24C	2010.09.27至2015.09.26
云南省邮政速递物流有限公司	详见分支机构名录	国邮20100028-25C	2010.09.27至2015.09.26
西藏自治区邮政速递物流有限公司	无	国邮20100028-26C	2010.09.27至2015.09.26
陕西省邮政速递物流有限公司	详见分支机构名录	国邮20100028-27C	2010.09.27至2015.09.26
甘肃省邮政速递物流有限公司	详见分支机构名录	国邮20100028-28C	2010.09.27至2015.09.26
青海省邮政速递物流有限公司	详见分支机构名录	国邮20100028-29C	2010.09.27至2015.09.26
宁夏回族自治区邮政速递物流有限公司	详见分支机构名录	国邮20100028-30C	2010.09.27至2015.09.26
新疆维吾尔自治区邮政速递物流有限公司	详见分支机构名录	国邮20100028-31C	2010.09.27至2015.09.26

顺丰速运(集团)有限公司

企业名称	分支机构	许可证号	有效期限
安徽顺丰速运有限公司	详见分支机构名录	国邮20100031-1C	2010.09.29至2015.09.28
顺丰运输(常州)有限公司	详见分支机构名录	国邮20100031-3C	2010.09.29至2015.09.28
大连顺丰速运有限公司	详见分支机构名录	国邮20100031-4C	2010.09.29至2015.09.28
顺丰速运(东莞)有限公司	详见分支机构名录	国邮20100031-5C	2010.09.29至2015.09.28
福州顺丰速运有限公司	详见分支机构名录	国邮20100031-6C	2010.09.29至2015.09.28
贵州顺丰速运有限公司	详见分支机构名录	国邮20100031-7C	2010.09.29至2015.09.28
海南顺丰速运有限公司	详见分支机构名录	国邮20100031-8C	2010.09.29至2015.09.28
浙江顺丰速运有限公司	详见分支机构名录	国邮20100031-9C	2010.09.29至2015.09.28
河北顺丰速运有限公司	详见分支机构名录	国邮20100031-10C	2010.09.29至2015.09.28
河南省顺丰速运有限公司	详见分支机构名录	国邮20100031-11C	2010.09.29至2015.09.28
黑龙江省顺丰速运有限公司	详见分支机构名录	国邮20100031-12C	2010.09.29至2015.09.28
武汉顺丰速运有限公司	详见分支机构名录	国邮20100031-13C	2010.09.29至2015.09.28
湖南顺丰速运有限公司	详见分支机构名录	国邮20100031-14C	2010.09.29至2015.09.28
顺丰速运(湖州)有限公司	详见分支机构名录	国邮20100031-15C	2010.09.29至2015.09.28
淮安顺丰速运有限公司	详见分支机构名录	国邮20100031-16C	2010.09.29至2015.09.28
顺丰速运(惠州)有限公司	详见分支机构名录	国邮20100031-17C	2010.09.29至2015.09.28
山东顺丰速运有限公司	详见分支机构名录	国邮20100031-19C	2010.09.29至2015.09.28
嘉兴顺丰运输有限公司	详见分支机构名录	国邮20100031-20C	2010.09.29至2015.09.28
江西顺丰速运有限公司	详见分支机构名录	国邮20100031-21C	2010.09.29至2015.09.28
金华市顺丰速运有限公司	详见分支机构名录	国邮20100031-22C	2010.09.29至2015.09.28
云南顺丰速运有限公司	详见分支机构名录	国邮20100031-23C	2010.09.29至2015.09.28
丽水市顺丰速运有限公司	详见分支机构名录	国邮20100031-24C	2010.09.29至2015.09.28
连云港顺丰速运有限公司	详见分支机构名录	国邮20100031-25C	2010.09.29至2015.09.28
辽宁顺丰速运有限公司	详见分支机构名录	国邮20100031-26C	2010.09.29至2015.09.28
顺丰运输(南京)有限公司	详见分支机构名录	国邮20100031-27C	2010.09.29至2015.09.28
南平市顺丰速运有限公司	详见分支机构名录	国邮20100031-28C	2010.09.29至2015.09.28
南通顺丰速递有限公司	详见分支机构名录	国邮20100031-29C	2010.09.29至2015.09.28
宁波顺丰速运有限公司	详见分支机构名录	国邮20100031-30C	2010.09.29至2015.09.28
宁德市顺丰速运有限公司	详见分支机构名录	国邮20100031-31C	2010.09.29至2015.09.28
顺丰速运(宁夏)有限公司	无	国邮20100031-32C	2010.09.29至2015.09.28
莆田市顺丰速运有限公司	详见分支机构名录	国邮20100031-33C	2010.09.29至2015.09.28
青岛顺丰速运有限公司	详见分支机构名录	国邮20100031-34C	2010.09.29至2015.09.28
顺丰集团衢州运输有限公司	详见分支机构名录	国邮20100031-35C	2010.09.29至2015.09.28
泉州顺丰运输有限公司	详见分支机构名录	国邮20100031-36C	2010.09.29至2015.09.28
三明市顺丰速运有限公司	详见分支机构名录	国邮20100031-37C	2010.09.29至2015.09.28
绍兴顺丰速运有限公司	详见分支机构名录	国邮20100031-38C	2010.09.29至2015.09.28
四川顺丰速运有限公司	详见分支机构名录	国邮20100031-39C	2010.09.29至2015.09.28
苏州工业园区顺丰速运有限公司	详见分支机构名录	国邮20100031-40C	2010.09.29至2015.09.28

续上表

企 业 名 称	分 支 机 构	许 可 证 号	有 效 期 限
台州顺丰速运有限公司	详见分支机构名录	国邮 20100031－41C	2010.09.29 至 2015.09.28
泰州顺丰运输有限公司	详见分支机构名录	国邮 20100031－42C	2010.09.29 至 2015.09.28
顺丰速运(天津)有限公司	详见分支机构名录	国邮 20100031－43C	2010.09.29 至 2015.09.28
温州顺衡速运有限公司	详见分支机构名录	国邮 20100031－44C	2010.09.29 至 2015.09.28
无锡市顺丰速运有限公司	详见分支机构名录	国邮 20100031－45C	2010.09.29 至 2015.09.28
西安顺丰速运有限公司	详见分支机构名录	国邮 20100031－46C	2010.09.29 至 2015.09.28
厦门市顺丰速运有限公司	详见分支机构名录	国邮 20100031－47C	2010.09.29 至 2015.09.28
徐州顺衡速运有限公司	详见分支机构名录	国邮 20100031－48C	2010.09.29 至 2015.09.28
盐城顺丰速运有限公司	详见分支机构名录	国邮 20100031－49C	2010.09.29 至 2015.09.28
扬州顺丰速运有限公司	详见分支机构名录	国邮 20100031－50C	2010.09.29 至 2015.09.28
湛江顺丰速运有限公司	详见分支机构名录	国邮 20100031－51C	2010.09.29 至 2015.09.28
顺丰运输(漳州)有限公司	详见分支机构名录	国邮 20100031－52C	2010.09.29 至 2015.09.28
肇庆市顺丰速运有限公司	详见分支机构名录	国邮 20100031－53C	2010.09.29 至 2015.09.28
镇江市顺丰速运有限公司	详见分支机构名录	国邮 20100031－54C	2010.09.29 至 2015.09.28
中山顺丰速运有限公司	详见分支机构名录	国邮 20100031－55C	2010.09.29 至 2015.09.28
佛山顺丰速运有限公司	详见分支机构名录	国邮 20100031－57C	2010.09.29 至 2015.09.28
江门顺丰速运有限公司	详见分支机构名录	国邮 20100031－58C	2010.09.29 至 2015.09.28
珠海顺丰速运有限公司	详见分支机构名录	国邮 20100031－59C	2010.09.29 至 2015.09.28
舟山顺丰速运有限公司	详见分支机构名录	国邮 20100031－60C	2010.09.29 至 2015.09.28
顺丰速运重庆有限公司	详见分支机构名录	国邮 20100031－61C	2010.09.29 至 2015.09.28
潍坊顺丰速运有限公司	详见分支机构名录	国邮 20100031－62C	2010.09.29 至 2015.09.28
上海顺意丰速运有限公司	详见分支机构名录	国邮 20100031－63C	2010.09.29 至 2015.09.28
上海顺啸丰运输有限公司	详见分支机构名录	国邮 20100031－64C	2010.09.29 至 2015.09.28
上海顺衡物流有限公司	详见分支机构名录	国邮 20100031－65C	2010.09.29 至 2015.09.28
顺丰速运集团(上海)速运有限公司	详见分支机构名录	国邮 20100031－66C	2010.09.29 至 2015.09.28
汕头市顺丰速运有限公司	详见分支机构名录	国邮 20100031－67C	2010.09.29 至 2015.09.28
汕头市澄海区顺丰快递服务有限公司	详见分支机构名录	国邮 20100031－68C	2010.09.29 至 2015.09.28
山西顺丰速运有限公司	无	国邮 20100031－69C	2010.09.29 至 2015.09.28
内蒙古顺丰速运有限公司	无	国邮 20100031－70C	2010.09.29 至 2015.09.28
龙岩顺丰速运有限公司	详见分支机构名录	国邮 20100031－71C	2010.09.29 至 2015.09.28
顺丰速运(沈阳)有限公司	详见分支机构名录	国邮 20100031－72C	2010.09.29 至 2015.09.28
揭阳市顺丰速运有限公司	详见分支机构名录	国邮 20100031－73C	2010.09.29 至 2015.09.28
广西顺丰速运有限公司	详见分支机构名录	国邮 20100031－74C	2010.09.29 至 2015.09.28
潮州市顺丰速运有限公司	详见分支机构名录	国邮 20100031－75C	2010.09.29 至 2015.09.28
梅州市顺丰速运有限公司	详见分支机构名录	国邮 20100031－76C	2010.09.29 至 2015.09.28
江苏顺丰速运有限公司	详见分支机构名录	国邮 20100031－77C	2010.09.29 至 2015.09.28
新疆顺丰速运有限公司	详见分支机构名录	国邮 20100031－78C	2010.09.29 至 2015.09.28
兰州顺丰速运有限公司	详见分支机构名录	国邮 20100031－79C	2010.09.29 至 2015.09.28

“2012 中国快递论坛”论文集目录

第一部分　服务提升

第二部分　收派模式

第三部分 经营模式

1. 关于我国跨境网购寄递服务的几点思考

徐婧 国家邮政局发展研究中心

2. 我国快递经营模式探索

刘江 国家邮政局发展研究中心

3. 快递企业高校运营模式下服务质量问题研究

——以暨南大学广州本部为例

陈思蕾 李娇玲 暨南大学法学院/知识产权学院

4. 民营快递企业发展多元连锁经营模式的研究

王玖河 胡举 燕山大学经济管理学院

5. 聚焦 B2C 打造电商物流服务品牌

汪映极 北京宅急送快运股份有限公司

第四部分 信息应用

1. 移动互联网在快递服务中的应用

李慧 国家邮政局发展研究中心

李华 中国联通集团研究院

2. “云”时代将揭开中小快递企业发展新篇章

朱晓磊 国家邮政局发展研究中心

3. 基于云平台异地快递服务监控模式的研究

段李杰 湖北经济学院网络与教育技术中心

第五部分 产业关系

1. 打造快递物流企业与电子商务企业相容共赢的生态圈

王为民 石家庄邮电职业技术学院

2. 我国电子商务涉足快递的阶段与路径分析

冯力虎 国家邮政局发展研究中心

3. 制造企业特征与快递服务需求模式

徐林清 暨南大学经济学院暨南大学快递研究中心

4. 如何让快递服务在电子商务发展中翩翩起舞

王立刚 顺丰速运(沈阳)有限公司

5. 多方合力推进快递服务与电子商务联动发展

许良锋 国家邮政局发展研究中心

6. 浅析快递服务与电子商务协同平台的建设

高亮 陈娟 工业和信息化部电信规划研究院

7. 快递服务与电子商务协同发展的 SWOT 分析

苏炜　北京邮电大学经济管理学院

8. 辽宁省快递服务与电子商务网购协同发展研究

辽宁省邮政管理局

9. 快递服务与电子商务融合发展研究

金牛　中国邮政速递物流股份有限公司

10. 对快递与电子商务共生的几点认识

琚蕾　宁夏邮政管理局

第六部分　兼并重组

1. 中国快递业对外资全面开放后的市场绩效分析

杨帆　刘似臣　北京交通大学经济管理学院

2. 快递企业兼并重组策略探讨

郭冬芬　都继萌　石家庄邮电职业技术学院

第七部分　法律法规

1. 探讨快递企业“代收货款”的长效监管机制

徐勇　上海朗策企业管理咨询有限公司

2. 快递安全法律制度研究

张毅　贾玉平　河北经贸大学邮政法研究中心

3. 解析快递服务标准

张毅　贾玉平　河北经贸大学邮政法研究中心

4. 探析我国快递服务保价标准化

陈娟　高亮　工业和信息化部电信规划研究院

5. 快递投诉及纠纷处理问题刍议

李莉　孙飞龙　石家庄邮电职业技术学院

6. 违法寄递国家机关公文引发的思考

陈华　福建省邮政管理局厦门办事处

第八部分　发展趋势

1. 电子商务环境下邮政包裹业务发展研究

李琳　中国邮政集团上海研究院

2. 快递服务区域性发展分析

赵玉洲　石家庄邮电职业技术学院

3. 试论构建完善民营快递企业应急管理机制的途径

张生泰　四川省邮政管理局

4. 试论快递企业保持持续健康发展的有效举措

——践行服务承诺

马福建　黑龙江省快递行业协会

5. 浅谈加盟式快递企业的发展

余金顺　浙江义乌申通快递有限公司

6. 浅析民营快递企业的发展趋势

王陈雪　北京邮电大学经济管理学院